13판

Brealey,
Myers,
Allen

재무
관리의
이해

13판

# Brealey, Myers, Allen
# 재무 관리의 이해

RICHARD A. BREALEY, STEWART C. MYERS, FRANKLIN ALLEN 지음

곽승욱 감수 | 강경훈, 곽승욱, 김류미, 김성연, 이희수, 최향미 옮김

McGraw Hill

교문사

# Principles of Corporate Finance, 13th Edition

1 2 3 4 5 6 7 8 9 10 GMS 20 21

Original: Principles of Corporate Finance, 13th Edition © 2020
    By Richard Brealey, Stewart Myers, Franklin Allen
    ISBN 978-1-260-01390-0

This authorized Korean translation edition is published by Gyomoonsa. in arrangement with McGraw-Hill Education Korea, Ltd. This edition is authorized for sale in the Republic of Korea.

This book is exclusively distributed by Gyomoonsa.

**When ordering this title, please use ISBN 978-89-363-2206-9**

**Printed in Korea**

### 리처드 A. 브릴리(Richard A. Brealey)

- 현재 런던경영대학원 재무관리 교수
- 유럽재무관리학회 전임 회장
- 미국재무관리학회 전임 이사
- 영국학사원 회원
- 잉글랜드은행장 특별 고문
- 『보통주의 위험과 수익률(Introduction to Risk and Return from Common Stocks)』저자

### 스튜어트 C. 마이어스(Stewart C. Myers)

- 현재 매사추세츠공과대학교 슬로언 경영대학 금융·경제학 교수
- 미국재무관리학회 회장 역임
- 국립경제연구소(NBER) 연구원
- 브래틀 그룹(경영자문회사) 창립멤버
- 엔터지(종합에너지기업) 명예 이사
- 연구분야: 금융 및 부동산 자산가치평가, 기업금융정책, 금융사업규제 등

### 프랭클린 앨런(Franklin Allen)

- 현재 임피리얼 칼리지 런던 금융·경제학과 교수
- 펜실베이니아대학교 경영대학원 재무관리 명예교수
- 미국재무관리학회, 서부재무관리학회, 금융연구회, 금융중개연구회, 재무관리학회 회장 역임
- 계량경제학연구회 회원
- 영국학사원 회원
- 연구분야: 금융혁신, 자산가격거품, 금융시스템분석, 금융위기 등

# 서언

이 책은 기업의 재무관리자(재무담당자)가 필수적으로 알아야 할 기업재무의 이론과 실무를 다룬다. 재무관리자가 직무와 관련한 실무적 지식과 기술을 터득해야 함은 두말하면 잔소리다. 그러나 실무의 이론적 배경까지 습득해야 하는 이유는 선뜻 이해하기 힘들 것이다.

대부분의 재무관리자들은 경험을 통해 기업의 일상적인 문제에 대한 대응법과 해결법을 터득한다. 그중 탁월한 능력으로 주목받는 관리자들은 공통적으로 변화에 민첩하고 유연하게 대처하며 새로운 것을 학습하고 실험하는 것을 게을리하지 않는다. 변화에 대한 민첩하고 유연한 대응은 경험으로 터득한 어림짐작만으로 성취하기 어렵다. 기업과 시장의 운영 및 작동 원리, 즉 재무이론을 근본적으로 이해해야만 비로소 가능하다.

아마 재무관리에 대한 사전지식이 없는 독자들은 막연한 의구심과 두려움으로 혼란스러울 수도 있다. 저자들은 감히 '그럴 필요가 전혀 없다'고 단언한다. 이 책에는 재무이론이 재무와 관련된 기업의 실무적인 문제를 어떻게 발견하고 해결하는지에 대한 다양한 방법과 자세한 설명이 기술되어 있다. 이론을 차근차근 그리고 꼼꼼히 습득하고 나면 기업, 재무의사결정, 경제, 더 나아가 세상이 어떻게 움직이는지에 대한 이해도가 상당한 수준에 있는 자신을 발견하게 될 것이다. 재무의사결정 과정에서 중요한 것과 중요하지 않은 것, 고민해야 할 부분과 고민할 필요가 없는 부분을 구분하는 선구안도 갖게 된다.

어떤 이론도 완벽하거나 완전할 수 없다. 재무이론도 마찬가지다. 이 책에는 재무관리학자들 사이에서 논쟁의 여지가 다분한 또는 논쟁 중인 이론적, 실무적 주제도 꽤 있다. 저자들은 이러한 주제들을 생략하는 대신 상반되는 의견을 모두 제시한 후 저자들의 소견을 피력하는 접근법을 택했다. 논쟁거리에 대한 판단은 독자들의 몫이다.

이 책은 대부분의 지면을 재무관리자가 무엇을, 왜 하는지(do)에 할애한다. 그러나, 재무관리의 목표인 기업가치 극대화를 위해 재무관리자가 무엇을, 왜 해야만(should do) 하는지에 대한 토론도 비중 있게 다룬다. 재무이론에 근거해서 재무관리자의 오류를 명확히 지적하기도 하지만 재무이론의 한계에 대한 비판도 서슴지 않는다. 이를 통해 독자들이 다각적이면서도 공정한 재무적 관점을 갖게 되기를 바란다.

재무관리를 처음 접하는 독자는 다음 세 가지 좌우명을 마음에 담고 이 책을 보길 추천한다: 1) 지금까지 접하지 못한 새로운 아이디어가 무엇인지 확인하자, 2) 재무이론이 실무에 어떻게 적용되는지 확실히 이해하자, 3) 독서를 즐거움과 기쁨으로 승화시키자. 세 가지 좌우명을 명심하며 읽고 배우면, 후일 재무의사결정을 내릴 때 이 책이 유용한 참고문헌 및 실무 안내서가 될 것이다.

사람들에게 재무관리를 전공한다고 하면 흔히 돌아오는 반응이 "회계 공부하느라 힘들죠?", "돈 버는 방법 좀 알려주세요.", "어떤 주식이 대박 날까요?" 등이다. 틀린 말은 아니지만, 이것들은 재무관리의 본질과는 거리가 멀다. 그렇다고 재무관리를 간단히 정의하는 것도 쉽지 않다. 재무관리 교과서나 서적을 봐도 개념이 명확하게 서지 않는 것이 일반적이다. 재무관리가 다루는 분야는 투자, 영업, 자금조달, 가치평가, 파생상품, 지배구조, 재무구조, 금융시장 및 기관, 인간심리와 행동, 경제정책 및 경제분석, 산업 및 기업분석 등 그 폭이 넓고 내용의 깊이를 헤아리기 어렵다. 이러한 학문을 한 마디로 정의한다는 것은 어불성설일지도 모른다. 그래서 많은 재무관리 서적이 재무관리에 대한 명확한 정의를 피하고 세부 분야를 독립적으로 다루면서 재무관리에 대한 이해를 더욱 어렵게 만드는지도 모르겠다. 재무관리가 무엇이고 무엇을 배우는 학문인지 명확히 이해하려면 어떻게 해야 할까? 여행을 떠날 때 목적지를 정해야 정확한 여행계획을 세울 수 있듯이 어떤 새로운 분야를 공부하려면 그 목적을 정확히 알아야 한다. 그것이 재무관리 이해의 출발점이다.

재무관리란 무엇인가를 논할 때 가장 많이 언급되고 연상되는 단어가 있다. 바로 돈이다. 재무관리를 돈과 관련된 학문, 돈을 버는 방법을 알려주는 분야 정도로 생각한다. 다듬어지지 않은 면이 있지만 일리가 있는 말이다. 재무관리에서 논의의 대상으로 가장 많이 사용하는 주식회사를 예로 들어보자. 주식회사는 수많은 주인(주주)이 모여서 공동의 목적을 추구하려고 만들어진 법적인 인격체(법인)이다. 사람처럼 주식을 사고 팔 수도 있고 각종 계약의 당사자가 될 수 있다. 그렇다면 주주들이 피땀 흘려 모은 그들의 소중한 돈을 주식회사에 투자하는 공동의 목적은 무엇일까? 주주의 입장에서 생각한다면 대답은 간단하고도 명료하다. 투자한 돈을 불리는 것이다. 좀 더 고상한 표현으로 재산증식이라고 할 수 있겠다. 주인의 목적이 재산증식이니 주인들의 집합체인 주식회사의 목적도 당연히 재산증식이어야 한다. 경제학적 관점에서 보면 재산은 많을수록 좋은 것이니 이를 재산가치 극대화라고 표현할 수 있다. 좀 더 공식적인 용어를 쓰자면 기업가치 극대화 또는 주주가치 극대화라고 한다. 기업가치 극대화 또는 주주가치 극대화를 목적으로 하는 활동을 연구하고 분석해 이론과 실무기술을 개발하는 분야가 바로 기업재무이다. 우리가 흔히 재무관리라고 하는 학문은 협의의 의미로서 기업재무를 가리킨다. 재무관리의 주요 대상이 기업이니 기업재무라고 불리는 것은 한편으로 당연지사다.

그렇다면 재무관리의 대상이 바뀌면 다른 유형의 재무관리가 되는 것인가? 그렇다. 기업이 아닌 특정 개인의 재산 극대화를 목적으로 하는 재무관리는 개인재무(Personal Finance)이다. 기업이나 특정 개인이 아닌 국가를 대상으로 하는 재무관리는 공공재무(Public Finance)라고 한다. 둘 다 재무관리의 하위 분야임과 동시에 독립적인 경영, 경제학 분야이기도 하다. 재무관리의 종류와 역할은 여기서 멈추지 않는다. 대상이 바뀔 때마다 새로운 재무관리 분야가 생긴다. 기업재무의 원리원칙, 활동, 분석법이 학교를 대상으로 적용되면 학교재무, 군대에 적용되면 군대재무, 가정에서 쓰이면 가정재무, 요즘 남성들도 관심이 많은 미용에 활용되면 미용재무가 탄생한다. 재무관리의 각종 분야마다 목적도 명확하다. 학교재무의 목적은 학교가치 극대화, 군대재무는 군대가치 극대화, 가정재무는 가정가치 극대화, 미용재무는 미용가치 극대화이다. 학교의 가치는 학생들의 만족도, 대학진학, 취업을 증대할 때 증가할 것이고, 군대의 가치는 전투력 향상이나 군인들의 사기진작과 관련이 있고, 가정의 가치는 가정의 평화와 행복을 통해 고양되고 미용의 가치는 멋지고 아름다운 외모로 표출된다. 기업의 가치나 주주의 가치에 비하면 추상적이기는 하지만 가치의 극대화라는 측면에서는 다를 바가 없다. 이러한 모든 재무를 아우르는 것이 광의의 의미로서 재무관리이고 재무관리의 목적은 그 대상의 가치를 극대화하는 것이다. 관심의 대상이 있는 곳에 재무관리도 있다. 여러분이 로봇에 관심을 가지기 시작했다면 여러분은 로봇재무의 길로 들어선 것이다. 환경보호에 관심이 있다면 환경재무가 무엇인지 고민해봐야 한다. 그래야만 환경보호의 가치를 극대화하는 방법과 활동이 눈에 들어온다. 우리의 관심이 있는 곳에 재무관리가 있고 그 목적은 관심대상의 가치를 최대한 끌어올리는 데 있음을 마음에 새겨 놓자. 이 책을 통해 기업재무를 배우고 나면 위에서 언급한 다채로운 재무관리의 세계에 첫발을 내딛는 것이다.

가치에는 물질적 측면과 비물질적 측면이 함께 존재한다. 행복, 자기만족, 자긍심, 이타심 등의 비물질적 가치는 전통적 재무관리 관점에서 홀로 다루기가 벅차다. 인문학과 과학과의 융합적 접근이 필요한 부분이고 여러분이 개척해야 할 지적 여정이다. 이 책이 그 여정의 첫걸음이 될 것이라 확신한다.

# 차례

# 기업재무 개요

기업은 이익을 창출하기 위해 유형, 무형의 실물자산에 투자한다. 이때 재무관리자는 보통 두 가지 재무적 문제에 봉착한다 — 1) 어떤 투자안을 선택할 것인가?, 2) 선택한 투자안을 실행하기 위한 비용을 어떻게 조달할 것인가? 전자의 투자결정은 지출을 발생시키고 후자의 자금조달결정은 투자지출을 지원하기 위한 자금조달방식을 정하게 된다.

규모가 큰 기업에는 수십만 명의 주주가 있다. 주주들은 부의 수준, 위험회피성향, 투자기간 등에서 차이가 있지만 기업가치와 주식가격 증가라는 동일한 재무적 목적을 공유한다. 따라서 재무관리의 목적도 기업가치와 주주의 재산가치 증가여야 한다. 가치를 증가시킨다는 말은 '낮은 가격에 사고 높은 가격에 팔라'는 주식시장 격언과 같이 말은 쉽지만 실현은 어렵다. 그래서 어떻게 실현할 것인지를 다루는 체계적인 교육과 훈련이 필요하다. 이 책은 올바른 재무적 의사결정에 필수적인 핵심 개념들을 중심으로 가치증대라는 재무관리의 목적을 달성하는 데 필요한 재무이론, 실무, 도구들을 소개한다.

제1장은 유명 기업들의 최근 투자 및 자금조달결정의 구체적 예를 제시한다. 주식회사의 정의와 특징도 기술하고 재무관리자의 직무 역시 다룬다. 또한 기업의 가치를 증대하는 것이 왜 타당한 재무관리의 목적인지도 설명한다.

주주의 대리인인 경영진(재무관리자 포함)은 자신들의 이익을 추구하고 개인적 주변 환경에 영향을 받는 보통 사람들이다. 따라서 경영진이 주주의 충실하고 완벽한 대리인이 될 것이라는 바람은 과욕이다. 대신 경영진과 주주의 목표를 일치시키려고 노력하는 편이 바람직하다. 기업의 지배구조와 각종 인센티브(경제적 보상)의 현실적 목적이 바로 경영진과 주주의 이해관계를 일치시키는 것이다.

건전한 지배구조와 적절한 인센티브는 비합법적, 비윤리적 행위로 주주가치를 증가시키려는 유혹으로부터 경영진을 보호하는 역할도 한다. 올바른 주주들은 불법적, 비윤리적 수단과 방법으로 주가가치를 극대화하는 경영을 거부하고, 정직하고 정당한 수단과 방법으로 성취할 수 있는 최대의 가치를 추구한다.

이 장은 다음과 같은 다섯 가지 주제를 중심으로 논의가 진행된다.

1. 기업재무는 주주가치를 극대화하는 것이 궁극의 목표다.
2. 자본의 기회비용은 투자결정의 기준이 되는 지표이다.
3. 사람들은 안전한 이익을 위험한 이익보다 선호한다.
4. 적절한 투자결정이 창출하는 가치가 적절한 자금조달결정이 창출하는 가치보다 크다.
5. 건전한 지배구조는 필수다.

## 1-1   투자결정과 자금조달결정

기업이 사업을 계속해서 영위하려면 지속적으로 **실물자산**(real asset)에 투자해야 한다. 그러나 실물자산은 하늘에서 뚝 떨어지지 않는다. 대가를 지불하고 구매해야 한다. 기업은 실물자산 자체에 대한 청구권(채권, 주식)과 실물자산이 창출하는 현금흐름에 대한 청구권을 팔아서 실물자산 구매 자금을 마련한다. 이러한 청구권이 **금융자산**(financial asset) 또는 **증권**(securities)이다. 은행 대출을 예로 들어 보자. 은행은 기업으로부터 이자와 원금을 갚겠다는 약정이 적힌 증서(금융자산)를 받고 현금을 빌려준다. 그러나 은행 대출은 보통 금융시장에서 유통되는 금융자산이 아니므로 증권이라 칭할 순 없다.

이번엔 회사채를 예로 들어 보자. 기업은 이자와 액면금액을 만기에 지급하겠다는 약속이 적힌 채권을 투자자에게 팔아 투자를 위한 자금을 마련한다. 채권은 금융시장에서 활발히 거래되기 때문에 금융자산인 동시에 증권이다. 증권은 채권과 주식 외에도 헤아릴 수 없을 만큼 많은 형태로 존재한다. 제4장에서는 채권, 제5장에서는 주식, 특수한 형태의 증권들은 다른 장에서 수시로 소개될 것이다.

지금까지 이야기한 투자와 재무에 관한 의사결정 내용을 요약하면 다음과 같다.

$$투자결정 = 실물자산 구매(매입)$$
$$자금조달결정 = 증권과 금융자산 판매(매각)$$

그렇지만 실제로 투자와 자금조달결정의 범위는 위의 식과 같이 간단하지 않다. 투자결정은 구매한 자산이 더 이상 기업가치 증대에 기여하지 못할 때 자산을 폐기하거나 매각하는 결정도 포함한다. 투자자산의 위험을 관리하고 통제하는 활동도 투자결정 과정의 연속이다. 자금조달결정도 증권이나 금융자산을 팔아 자금을 마련하는 데 그치지 않는다. 은행, 채권투자자, 주주들에게 기업의 이익을 분배하는 의무를 수행해야 한다. 기업은 약속된 기간에 부채를 갚아야 한다. 그렇지 않으면 지급불이행이라는 재무적 곤경에 처하게 되고 최악의 경우 부도가 나서 존폐의 갈림길에 몰리게 된다. 기업은 또한 주주들의 기대에 부응하기 위해 각종 배당정책을 시행한다.

실례를 가지고 투자와 자금조달결정을 보다 구체적으로 살펴보자. 표 1.1은 누구에게나 친숙한 10개의 세계적 기업과 그들이 최근 내린 투자 및 자금조달결정을 나열하고 있다.

### 투자결정

표 1.1의 두 번째 열은 10개 기업의 최근 투자결정을 보여준다. 이러한 투자결정을 **자본예산**(capital budget) 또는 **자본지출결정**(capital expenditure, CAPEX)이라고도 한다. 엑슨모빌(ExxonMobil)의 새로운 원유 생산지나 레노버(Lenovo)의 공장 등은 유형자산의 구매에 해당한다. 그러나 기업은 연구개발, 광고, 컴퓨터 소프트웨어와 같은 무형자산에도 투자해야 한다. 글락소스미스클라인(GlaxoSmithKline)과 다른 주요 제약사들은 신약의 연구개발비로 매년 수십억 달러를 지출한다. 프록터앤드갬블(Procter & Gamble) 같은 소비재 기업들이 제품 광고와 마

| 기업 | 최근 투자결정 | 최근 자금조달결정 |
|---|---|---|
| 아홀드 델하이즈 (네덜란드) | 미국과 유럽 지역의 슈퍼마켓에 €14억 투자 | €10억 주식 환매 발표 |
| 엑슨모빌(미국) | 가이아나 공화국 근해 대규모 유전 발굴 개발사업 발표 | $85억 영업현금흐름 재투자 |
| 페이스북(미국) | 영국의 가상현실 음향회사 투빅이어즈(Two Big Ears) 인수 | 샌프란시스코 소재 대규모 오피스빌딩 임대 |
| 피아트 크라이슬러 (이탈리아) | 페라리 럭셔리 자동차 사업부 분리 | $18억 은행 부채 상환 |
| 글락소스미스클라인 (영국) | 신약 연구개발비로 $36억 지출 | 단기 유로화폐 부채 발행 |
| 레노버(중국) | 인도에 개인용 컴퓨터와 스마트폰 생산시설 설립 계획 발표 | 5년 만기 $8억 5,000만 채권 발행 |
| 맥도날드(미국) | 중국에 2,000개 지점 판매 계획 | C$10억 채권 발행 |
| 프록터앤드갬블(미국) | 광고에 $70억 이상 지출 | $46억 주식 환매 $72억 배당금 지급 |
| 테슬라 자동차(미국) | 네바다주 소재 공장에서 전기자동차용 배터리 생산 개시 | 신주 발행으로 약 $2억 5,000만 자금조달 |
| 발레(브라질) | 아마존 밀림 소재 철광석 광산에서 $143억 규모 철광석 최초 선적 | 5년 만기 자동연장신용한도를 $20억로 상향 |

》**표 1.1** 주요 공개기업의 최근 투자 및 자금조달결정 사례

케팅에 투자하는 돈도 어마어마하다. 이러한 지출은 모두 기업이 장기간에 걸쳐 노하우, 브랜드 가치, 평판을 쌓는 데 이바지하는 주요 투자활동이다.

오늘의 투자는 미래의 수익을 창출한다. 때때로 투자가 창출하는 현금흐름은 수십 년간 지속되기도 한다. 예를 들어 많은 미국의 핵발전소는 미국핵규제위원회(Nuclear Regulatory Commission)로부터 사업 라이선스(허가)를 받아 40년 동안 현금흐름을 창출했는데, 최근 추가로 20년을 더 할 수 있는 라이선스를 받아 총 80년 정도는 독점적 사업을 영위할 것으로 예상된다.

물론 모든 투자가 핵발전소처럼 오랫동안 현금흐름을 창출하는 것은 아니다. 월마트(Walmart)는 휴가철이 오기 전 전국에 있는 매장과 물류창고를 채우기 위해 매년 약 $500억를 지출(투자)한다. 이 경우 투자가 창출하는 현금흐름은 재고와 상품이 소진되는 기간과 비슷한 수개월 정도에 지나지 않는다.

투자는 때로는 벅찬 성공이 되기도 하고 때로는 뼈아픈 실패로 귀결되기도 한다. 예를 들어 세계 시장에 즉석 전화통화 서비스를 제공했던 이리듐(Iridium)의 위성통신시스템은 1998년 서비스를 개시하기 전에 $50억의 비용이 들었다. 이를 상쇄하려면 최소 40만 명의 계약자가 필요했는데 실제 계약 수는 그 수준에 턱도 없이 못 미쳤다. 결국 이듬해인 1999년에 채권의무를 이행하지 못해 파산신청을 하기에 이르렀다. 이리듐 위성통신시스템은 2000년에 $2,500만에

매각되었다. 참고로 이 책의 출간 시점에 이리듐 위성통신시스템은 초기비용을 모두 회복했고 이익을 내기 시작했다.

역사상 최악의 투자 중 하나로 꼽히는 투자는 휴렛팩커드(Hewlett-Packard, HP)가 영국의 소프트웨어 개발업체인 오토노미(Autonomy)를 인수한 사례이다. HP는 오토노미 인수에 $111억라는 천문학적인 비용을 지출했다. 인수 후 13개월이 지나자 오토노미의 기업가치는 $88억가 감소했다. HP는 회계상 오류라고 항변했다. 그럼에도 불구하고 오토노미 인수 건은 최악의 투자라는 오명을 벗지 못했고 HP의 최고경영자는 얼마 안 가 해고되었다.

잘못된 투자로 인한 비용과 위험은 감당하기 힘들 정도로 클 수 있다. 예를 들어 호주 소재 고르곤 천연가스전을 개발하는 데 드는 비용은 $400억를 초과할 것으로 추정된다. 그러나 재무관리자가 이러한 대규모 투자결정을 일상으로 하지는 않는다. 대부분의 투자결정은 이보다 작고 간단하다. 트럭, 기계장비, 컴퓨터시스템 등이 그 예이다. 기업은 매년 수천 개의 소규모 투자안을 평가하고 선택하는 투자결정 과정을 거친다. 빈번한 소규모 투자들에 든 누적 비용은 간헐적인 대규모 투자들에 쓰인 누적 비용과 대등하다. 또한 재무관리자는 주요 투자결정을 혼자 하지 않는다. 마케팅, 생산, 그 밖의 다른 부서에서 근무하는 엔지니어, 관리자들과 팀을 이루어 일하는 경우가 다반사다.

## 자금조달결정

표 1.1의 셋째 열에는 각 기업의 최근 자금조달결정이 요약되어 있다. 기업은 채권자로부터 자금을 빌리거나 주식투자자(주주)에게 소유권(주식)을 팔아 자금을 조달할 수 있다. 채권자로부터 빌린 자금은 부채(타인자본)가 되고 주식투자자로부터 받은 투자금은 자기자본이 된다. 부채로 자금을 조달하면 기업은 채권자에게 원금과 정기적으로 고정이자를 지급할 것을 약속한다. 반면에 주식 발행으로 유입되는 현금에는 원금이나 고정이자에 대한 약속이 없다. 대신 기업이 창출하는 미래의 수익과 현금흐름에 대해 소유 지분에 따라 청구권이 있을 뿐이다. 미래 수익과 현금흐름이 많으면 많을수록 기업의 주인인 주주에게 돌아가는 분배금(배당)은 커지게 된다. 부채와 주식(자기자본) 중 어떤 방식을 선택할 것인가는 **자본 구조**(capital structure) 의사결정에 속한다. 여기서 **자본**은 기업의 장기 자금조달 원천, 즉 장기 타인자본과 자기자본을 의미한다.

규모가 큰 기업이 활용할 수 있는 자금조달방식은 매우 다양하다. 어떤 기업이 부채로 자금을 조달하기로 했다고 가정해보자. 채권자 유형, 만기, 계약조건, 발행위치, 발행화폐 등에 따라 부채의 종류는 천차만별이다. 은행으로부터 빌릴 수도 있고 회사채를 발행할 수도 있다. 만기는 1년이 될 수도 있고 20년이 될 수도 있다. 조기상환권을 부채약관에 포함하는 것도 가능하다. 파리에서 채권이나 주식을 발행해 유로 자금을 조달하기도 하고 뉴욕에서 발행해 미국 달러를 받을 수도 있다. 기업가치 극대화라는 궁극적 목표에 맞는 방식을 선택하려는 노력에 따라 그 종류는 그야말로 무궁무진하다.

기업이 자기자본으로 자금을 조달하는 방식은 두 가지다. 첫째, 신주를 발행하는 방식이다. 기업의 주인으로 소유권을 확대하거나 새로이 소유권을 갖고 싶어 하는 투자자에게 새로운 주식을 판매하고 판매 대금을 재투자와 운영에 사용한다. 둘째, 기존 투자자산이 영업을 통해 창출한 현금흐름으로 자금을 조달하는 방식이다. 이 경우 기업은 주주들을 대신해서 기업이 창출한 현금흐름(자기자본)을 재투자와 운영에 활용하는 투자결정을 내리는 것이기 때문에 신주를 발행하는 것과 구별된다.

기업이 기존 투자자산으로 창출한 현금흐름을 재투자나 기업 운영에 사용하지 않으면 어떻게 해야 하는가? 미래의 투자기회를 놓치지 않기 위해 현금의 형태로 기업 내에 보유하기도 하고 주주들에게 분배하기도 한다. 표 1.1을 보면 프록터앤드갬블이 주식 환매를 통해 $46억를 주주들에게 분배한 경우가 있다. $46억의 주식 환매는 $72억의 현금배당에 더해져서 분배된 금액이다. 배당의사결정에 대한 내용은 나중에 더 자세히 다룰 것이다.

자금조달결정은 투자결정에 비해 중요성이나 무게감이 떨어진다. 가치창출은 주로 대차대조표의 차변에 있는 투자자산으로부터 발생하기 때문이다. 사실 성공한 기업 대부분은 매우 단순한 자금조달전략을 구사한다. 세계에서 가장 규모가 큰 기업 중 하나인 마이크로소프트를 예로 들어 보자. 2017년 12월, 마이크로소프트 주식은 주당 약 $88에 거래되었고 당시 주식 수는 77억 주였다. 이를 시총으로 환산하면 $6,776억($88×77억)가 된다. 그렇다면 이렇게 거대한 시장가치의 원천은 무엇일까? 마이크로소프트의 제품 개발, 브랜드 파워, 두터운 글로벌 소비자층, 연구개발 역량, 성장성 등에서 그 답을 찾을 수 있다. 마이크로소프트의 거대한 시장가치는 복잡한 자금조달방식에 기인하지 않는다. 오히려 마이크로소프트의 자금조달전략은 매우 단조롭다. 즉 부채는 최소화하고 되도록 기존의 투자와 영업으로 창출한 현금흐름으로 재투자한다.

합리적 투자결정이 기업가치를 증가시키는 것과 비교할 때, 자금조달결정으로 가치를 늘리는 것은 분명한 한계가 있다. 오히려 적절치 못한 자금조달결정으로 인한 가치 파괴를 조심해야 한다. 예를 들면 2007년 일단의 투자회사들은 대규모 에너지 기업인 TXU를 인수하기 위해 $500억에 이르는 부채로 추가 자금을 조달했다. 인수 당시에는 아마도 적절한 자금조달방식이었다고 판단할 수도 있었겠지만, 그로 인한 결과는 참담했다. 인수단은 셰일가스 생산의 확대를 예상하지 못했고 이로 인한 천연가스와 전기 가격의 급락은 불행으로 이어졌다. TXU[에너지퓨처홀딩스(Energy Future Holdings)로 개명]는 결국 2014년에 부채에 대한 지급불이행 상태에 빠져 파산신청을 해야만 했다. 잘못된 자금조달전략은 거대한 기업조차도 순식간에 폐업의 나락에 떨어지게 할 수 있다. 물론 잘못된 투자결정도 비슷한 결과를 초래할 수도 있다는 것을 명심하자.

위험을 감수하지 않는 사업은 없다. 재무관리자는 위험을 파악하고 관리해야 하는 책무가 있다. 부채는 장점이 꽤 많지만, 과도하면 앞의 TXU 사례에서 보았듯 기업을 부도에 이르게 할 수 있다. 기업은 또한 상품가격, 이자율, 환율의 변화, 정치적 불안, 경제불황 등에 의해 휘청거리기도 한다. 각종 위험을 관리하기 위해 기업은 헤징(hedging, 위험 회피, 감소, 제거 행위)이나 보험 등을 활용한다.

## 주식회사란?

**주식회사**(corporation)는 법적으로 인격이 부여된 조직(법인)이다. 법적인 관점에서 보면, 주주들이 소유한 법인이다. 법으로 사람과 같은 인격체임을 보장받았으므로 사람이 할 수 있는 대부분을 할 수 있다. 계약의 당사자가 될 수 있고, 사업을 수행하기도 하고, 돈을 빌리거나 대출할 수도 있고, 소송을 제기하기도 하고 당하기도 한다. 타 기업을 인수하거나 합병하는 결정을 내릴 수도 있다. 개인처럼 세금도 낸다. 다만 국민투표권은 없다.

미국에서 주식회사는 각 주의 법이 정한 대로 사업의 목적과 구조 및 운영을 규정한 **정관**에 기초해 설립된다. 정관은 이사회의 구성과 역할을 규정한다. 이사회 이사들은 주주들의 선거에 의해 임명되어 최고경영진을 선출하고 돕고 합병과 배당 등 주요 기업 의사결정을 내린다.

주식회사는 주주들의 소유지만 법적으로는 구별된다. 따라서 주주는 기업의 부채를 개인적으로 책임지지 않는 **유한책임**(limited liability)을 갖게 된다. 2008년 리먼브러더스(Lehman Brothers)가 파산했을 때, 아무도 주주들에게 리먼브러더스의 막대한 부채를 갚기 위해 개인 재산을 처분하라는 요구를 하지 않았다. 주식회사의 주주가 잃을 수 있는 손실은 주주 개인이 투자한 투자금액을 넘지 않는다.

주식회사는 초기에 소수의 주주들이 소유하고 운영하는 소규모 비공개기업의 형태를 갖기도 한다. 이 경우 주식은 시장에서 거래되지 않고 회사는 소수의 주주가 주식 대부분을 소유하고 지배하는 폐쇄적인 구조를 갖는다. 그렇지만 소규모 비공개기업이 성장을 거듭하게 되면 기업공개를 통해 대규모 자금을 조달해야 하는 시점에 이르게 되고 이후부터는 뉴욕증권거래소와 같은 주식시장에서 자유롭게 거래가 되는 공개기업의 지위를 갖는다. 미국에서 널리 알려진 기업들은 대부분 수많은 주주로 이루어진 공개기업이다. 그러나 미국 밖에서는 여전히 규모가 큰 기업도 비공개기업 형태인 경우도 많고 공개기업이라 하더라도 소수의 대주주에 의해 지배되는 경우도 비일비재하다. 세계적 자동차 회사인 독일의 폴크스바겐(Volkswagen), 중국의 거대 온라인 상거래 회사인 알리바바(Alibaba), 일본의 투자회사인 소프트뱅크(Softbank), 스위스의 명품시계 제조사인 스와치그룹(Swatch Group) 등이 그 예이다.

대규모 공개기업은 수십만 명의 주주를 갖기도 한다. 당연히 다수의 주주가 기업경영에 참여하는 것은 불가능할 뿐만 아니라 비효율적, 비현실적이다. 주식회사의 특징 중 하나인 **소유와 경영의 분리**가 생긴 이유이다. 소유와 경영의 분리는 기업의 영속성을 제공한다. 경영진이 기업을 떠나도, 해고되거나 교체되어도 기업은 계속해서 존속한다. 주주들은 기업 경영에 아무런 피해나 방해를 주지 않으면서 언제든지 자신들의 주식을 거래시장에서 처분할 수 있다. 주식회사는 이론상 영원히 존속하는 것이 가능하다. 실제로도 기업 수명은 몇 세대의 인간 수명을 능가하는 경우가 많다. 가장 오래된 주식회사 중 하나인 허드슨베이 컴퍼니(Hudson's Bay Company)는 1670년 캐나다에서 설립되어 지금까지 영국과 모피 거래를 주사업으로 영위하는 대표적인 소매체인이다.

소유와 경영의 분리는 단점도 있다. 경영자라는 대리인을 세우기 때문에 주주의 이익과 대리인의 이익이 대립할 수 있다. 이를 대리인 문제라고 하며, 대리인이 고용인인 주주의 이익을 대변하지 않고 자기 자신의 이익을 먼저 추구하는 문제를 일컫는다. 대리인 문제는 이 장의 뒷부분에서 좀 더 자세히 다룬다.

이 밖에 복잡한 구조의 주식회사를 관리하는 데 드는 시간과 금전적 비용이 문제가 될 수 있다. 특히 소규모 기업에게는 큰 부담이 될 수 있다. 과세에 있어서도 불리하다. 법인인 주식회사는 기업의 세전이익에 부과되는 법인세를 내야 하고 주주들은 기업으로부터 받은 배당금이나 주식을 팔고 얻은 자본이득에 대해 소득세를 납부해야 하는 이중과세 문제가 발생한다. 주식회사의 형태를 띠지 않는 기업들의 경우 법인세 없이 소득세만 내는 단일과세이다.

## 재무관리자의 역할(직무)

재무관리자의 핵심 역할은 무엇일까? 그림 1.1이 일목요연하게 보여준다. 그림은 돈이 투자자들로부터 기업으로, 반대로 기업으로부터 투자자들로 어떻게 이동하는지를 추적한다. 돈 흐름은 투자자들로부터 현금이 유입되면서 시작한다(그림의 화살표 1). 현금 유입은 은행으로부터의 차입금일 수도 있고 금융시장에서 발행된 증권 판매 대금일 수도 있다. 일단 현금이 은행이나 금융시장으로부터 유입되면 사업에 필요한 실물자산을 구매(장기적 투자안 평가, 선택, 실행과 같은 의미)하기 위해 지출된다(화살표 2). 투자자산은 영업과 운영을 통해 현금흐름을 만들어낸다(화살표 3). 이렇게 영업을 통해 창출된 현금흐름은 재투자에 사용(화살표 4a)되거나 자금을 제공한 투자자들에게 분배된다(화살표 4b). 재투자와 분배 사이의 선택은 투자자와의 약정 및 약속에 따라 다양한 비율로 나타난다. 예를 들어 기업이 은행으로부터 차입을 통해 현금을 마련하면 기업은 반드시 차입금과 이자를 분배의 형태로 상환해야 한다(화살표 1과 4b).

표 1.1에도 4a와 4b에 해당하는 예가 있다. 엑슨모빌은 유보이익을 가지고 새로운 투자안을 지원했고(4a에 해당) 프록터앤드갬블은 현금배당과 주식 환매를 통해 현금흐름을 주주들에게 직접 환원했다(4b에 해당). 재무관리자는 이 모든 현금흐름을 중간에서 매개하는 역할을 한다.

이 밖에도 재무관리자는 회사 내에서 기업가치를 증대하는 투자결정을 주도함으로써 기업의 운영을 돕는다. 또한 주주와 은행 같은 금융기관이 기업을 어떻게 평가하고 있는지 분석하고 금융시장의 최근 변화와 경제동향을 파악하고 대응책을 마련한다.

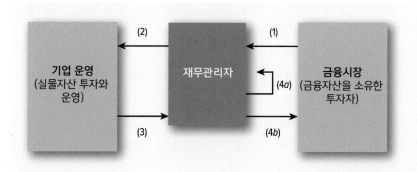

▶ **그림 1.1** 기업과 금융시장 간 현금흐름과 재무관리자의 역할
(1) 증권을 발행해 조달한 현금
(2) 영업과 실물자산에 투자한 현금
(3) 영업활동을 통해 창출한 현금
(4a) 재투자에 사용한 현금
(4b) 투자자들에게 분배한 현금

**1-2**  **기업의 목표**

### 주주가 경영진에게 바라는 것: 주식가격 극대화

　수십만 명의 주주가 소유한 기업을 주주들이 직접 경영하는 것은 불가능하다. 마치 뉴욕시를 시민모임이 운영하는 것과 같이 말도 안 되는 일이다. 다수의 주주로 구성된 주식회사가 주주는 소유하고 전문경영인은 경영하는 구조를 갖는 이유이다. 문제는 대리인인 경영진이 어떻게 주주의 이익을 최대한 대변하도록 하는가이다. 주주들의 관심사나 이해관계도 복잡다단하다. 현금배당을 선호하는 주주가 있는 반면 노후를 위해 자본이득을 선호하는 주주도 있다. 위험을 감수하더라도 과감한 투자를 원하는 주주가 있는 반면 위험이라면 몸서리를 치는 안전투자 우선 주주도 있다. 따라서 주주들의 천차만별한 투자, 분배, 위험에 대한 선호와 태도를 아우를 수 있는 목표가 필요하다. 주주들의 부는 그들이 소유한 주식의 양과 시장가치에 따라 결정된다. 주식의 시장가치(주가)가 증가하면 주주들의 부도 따라서 증가한다. 주가가 극대화하면 주주의 주식투자 수익도 최고가 된다. 이를 마다할 주주는 아무도 없다. 주식가격(주가) 극대화라는 목표 아래 천차만별의 성향을 지닌 주주들은 불만 없이 하나가 된다.

　영리하고 능력 있는 경영진은 주식의 현재 가격을 높여 주주가치(주주의 부)를 늘리는 의사결정을 한다. 오른 주가로 인해 늘어난 재산으로 주주들은 자신의 개인적 목표를 개인의 선호에 따라 제각각 추구할 수 있다. 하나의 공동 목표로 셀 수 없이 많은 개인 목표를 동시에 만족시킨다. 어떤 주주는 번 돈으로 기부를 하고 다른 주주는 고급스러운 나이트클럽에서 즐거운 시간을 보내는 데 사용한다. 소비성향에 따라 저축을 할 수도 있고 소비를 할 수도 있다. 개인적 취향이나 목표가 무엇이든 주가가 오르면 모든 주주가 바라던 것을 더 많이, 더 자주 할 수 있다.

　주가 극대화(주주가치 또는 주주의 부 극대화)가 제대로 작동하려면 효율적인 금융시장이 존재해야 한다. 효율적인 금융시장은 주주들이 스스로 위험을 관리하고 투자 및 저축 계획을 수립하도록 돕는다. 효율적인 금융시장이 존재함으로써 주주들은 경영진에게 주가 극대화라는 목표 외엔 바라는 것이 없고 경영진은 주주들의 다양한 성향과 이해관계에 신경 쓰지 않고 주가를 상승시키는 투자와 운영, 분배에 전념할 수 있다.

　주주들의 위험에 대한 선호 혹은 태도는 매우 다채롭다. 위험을 극도로 싫어하는 주주도 있고 위험을 기꺼이 감수하며 높은 수익을 갈망하는 주주도 있다. 전자는 경영진에게 "주가를 극대화하라. 그러나 고위험 투자는 삼가시오"라고 할 것이고 후자는 "주가를 극대화하라. 투자수익이 위험을 감수해도 좋을 만큼 충분히 높으면 고위험 투자도 좋소. 너무 위험하다고 느껴지면 내가 알아서 위험관리를 하겠소"라며 태연하게 말할 것이다. 구체적인 예를 들면 위험에 매우 민감한 주주는 기업이 고위험 투자를 너무 많이 한다 싶으면 미연방채권과 같은 안전자산 투자를 늘려 위험관리를 할 수 있다. 또는 경영진의 주가 극대화 전략이 수용하기 어려울 정도로 위험하다고 판단되면 단순히 보유주식을 전량 처분하고 보다 안전한 주가 극대화 전략을 가진 기업의 주식을 사면 된다.

## 재무관리자의 과업: 주주가치 극대화

주주가치 극대화는 이론과 실무에서 폭넓게 받아들여지고 있는 재무관리 목표다. 이 목표가 왜 중요한지 차근차근 살펴보자. 논의는 재무관리자가 주주들의 이익을 충실히 대변하고 있다는 가정에서 출발한다.

주주의 바람은 크게 세 가지, 즉 1) 현재의 부를 지속적으로 극대화해 가능한 최대 부 축적, 2) 축적한 부는 현재 소비를 위한 지출과 미래 소비를 위한 투자 사이 최적의 소비계획으로 균형 유지, 3) 소비계획에 따른 위험의 관리로 나뉜다. 주주들이 소비계획을 세우고 위험을 관리하는 데 재무관리자의 도움은 필요하지 않다. 효율적인 금융시장은 투자계획이나 위험관리를 도와줄 다양한 금융상품을 주주들에게 제공하기 때문이다. 그렇다면 주주들이 재무관리자에게 바라는 것은 무엇일까? 오직 하나, 주주가치 극대화이다. 다시 말해 기업의 가치와 주식가격을 끊임없이 증가시키는 것이다.

주주 모두가 정말 주가 극대화만을 유일한 목표로 삼을까 하는 의문이 생길 수 있다. 예를 들면 이익 극대화를 바라는 주주도 있지 않을까? 기업이 이익을 최대한 많이 내는 것을 마다할 주주는 없을 것이므로 꽤 설득력 있는 목표다. 그러나 이익 극대화는 두 가지 결정적 단점이 있다. 첫째, 이익 극대화에서 이익은 어떤 이익을 일컫는가? 현재의 이익을 말한다면 미래의 이익을 깎아내리더라도 현재의 이익만 늘리면 된다는 뜻인가? 기업이 자산관리비용이나 직원훈련비를 삭감하면 현재의 이익을 쉽게 늘릴 수 있다. 하지만 이는 미래의 이익을 감소시킬 공산이 크다. 공장이나 기계를 제대로 관리, 보수, 유지하지 않고 직원들의 숙련도나 충성도를 높여줄 교육 및 직능훈련을 없애면 생산성과 품질, 사기 저하로 이어져 미래의 이익이 심각히 훼손될 수 있다. 어떤 주주도 이런 시나리오를 바라지 않는다. 둘째, 기업은 올해의 배당을 삭감하고 재투자에 더 많은 자금을 투입해 미래의 이익을 증가시킬 수 있다. 그러나 이 경우에도 재투자 수익률이 배당수익률보다 낮다면 주주들의 이익을 대변했다고 할 수 없다. 이 밖에 비용 극소화, 시장 점유율 극대화 등 다른 그럴듯한 목표도 있다. 주주가치 극대화를 제외한 다른 목표들은 이익 극대화와 비슷한 결정적 단점들이 존재해 주주의 이익과 심각히 배치되는 상황을 초래한다. 결론적으로, 주주가치 극대화를 대체할 만한 목표는 아직 없다.

## 투자의 양면성

이제부터는 재무관리의 궁극적 목표는 기업가치 또는 주주가치 극대화라는 점을 항상 기억하며 세부내용을 공부하자. 기업이 영업을 통해 창출한 현금흐름은 재투자에 쓰일 수도 있고 투자자에게 분배될 수도 있다. 재무관리자는 어떤 기준을 가지고 둘 중 하나를 선택할까? 해결책은 그림 1.2가 제시한다.

재무관리자가 주주들의 이익을 위해 최선을 다한다고 가정하자. 주주들의 이익을 최선을 다해 대변한다는 의미는 주주가치를 올리는 방향으로 의사결정을 한다는 뜻이다. 만약 어떤 투자안의 수익률이 주주들이 배당을 받아 금융시장에 투자해서 벌 수 있는 수익률을 초과할 것이 예상된다면 재무관리자는 당연히 배당 대신 투자안을 선택할 것이다. 주주들도 투자안이

▶ **그림 1.2**　분배와 투자

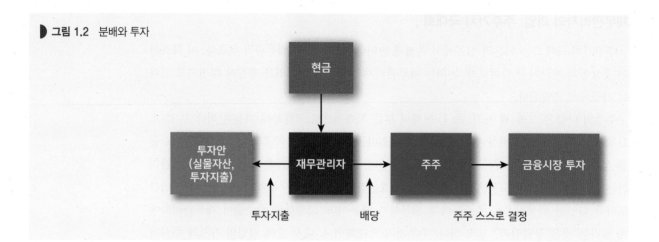

자신들의 부를 더 늘려줄 것이라 믿기에 기꺼이 재무관리자의 의사결정에 동조한다. 하지만 투자안의 수익률이 금융시장 수익률에 미치지 못한다면 투자안을 폐기하고 현금배당을 받는 길을 택할 것이다. 다시 말해 재무관리자가 투자안을 평가할 때 금융시장 평균수익률(시장수익률)은 평가의 기준점(벤치마크)이 되고 투자수익률이 기준점인 시장 수익률보다 클 때 배당보다는 투자를 선택하게 된다. 그래야 주주가치가 더 많이 늘어나기 때문이다.

　테슬라 자동차(Tesla Motors)의 새로운 전기차 관련 투자안 평가의 예를 살펴보자. 테슬라가 2020년에 신형 전기차를 선보이기 위한 충분한 투자자금을 확보하고 있다고 가정해보자. 테슬라는 선택의 기로에 있다. 하나는 계획대로 투자안을 실행하고 자금을 활용해 신차를 시장에 내놓는 것이고 다른 하나는 투자안을 없던 것으로 하고 보유하고 있는 자금을 주주들에게 배당으로 나누어 주는 것이다. 주주들은 배당을 받으면 스스로 금융시장에서 투자처를 찾게 될 것이다.

　테슬라의 투자안이 미국 주식시장과 비슷한 위험수준을 가지고 있고 주식시장의 평균 기대수익률(주주들이 주식시장에 투자하면 얻을 것으로 기대하는 수익률; 시장 수익률)은 10%라고 가정해보자. 만약 신차 투자안의 기대수익률이 20%라면 주주들은 현금배당을 받아 주식시장에 투자하는 대신 신차에 투자해서 20%의 수익을 올리는 것을 선호할 것이다. 그러나 신차 투자안의 기대수익률이 5%라면 배당을 받아 주식시장에 투자하는 쪽을 선택하는 것이 주주가치 극대화에 더 부합하므로 재무관리자는 신차 투자안을 포기하는 결정을 내려야 한다.

　재무관리자가 채택한 투자안들의 평균수익률이 주주들이 주식시장 또는 다른 금융시장에서 벌 수 있는 수익률을 능가한다면 그 기업의 주식에는 주식투자자의 수요가 몰리게 되고 결과적으로 주식가격은 상승하게 되어 주주가치 극대화의 목표와 일치하고 재무관리자는 주주의 이익을 충실히 대변한 유능한 대리인으로 인정받는다. 반대의 경우 실망한 주주들이 주식을 처분하게 되어 주가는 하락하고 주주가치 극대화의 목표와 멀어지게 되고 재무관리자는 주주가치 극대화의 책무를 저버린 대리인이 되어 실업의 위기에 직면하게 될 것이다.

　테슬라의 예에서 벤치마크로 사용된 최소수익률 10%를 **장애율**(hurdle rate) 또는 **자본비용**

이라고 부르기도 한다. 명칭은 다르지만 모두 **자본의 기회비용**(opportunity cost of capital)이라는 공통점을 갖고 있다. 왜냐하면 자본비용은 주주가 금융시장에서 투자자에게 찾아온 투자기회를 포기하는 대가를 뜻하기 때문이다. 기업이 새로운 투자안을 위해 창출한 현금흐름을 사용할 때마다 주주들은 그 돈으로 금융시장에 투자할 기회를 놓친다. 그러나 기업은 자본의 기회비용보다 높은 투자수익률을 성취해 주주가치를 증가시킴으로써 주주들의 이익을 충실히 대변한다.

한편으로 자본비용은 투자안의 위험성을 반영한다. 기업의 투자를 포함해서 모든 투자는 위험이 따른다. 투자자는 위험회피성향이 있어서 위험한 자산(예: 주식)에 투자할 때 반드시 위험에 대한 대가로 보상(수익률)을 요구하기 마련이다. 주식과 같이 위험성이 높은 자산에 투자할 때는 높은 수익률을 요구하고 미연방채권과 같이 위험성이 낮은 투자에는 낮은 수익률을 요구한다. 투자자가 요구하는 수익률은 기업이 만족시켜야 하는 최소수익률(기회비용)이므로 기업에게는 비용이 되어 자본비용이라 불린다. 따라서 자본비용과 투자자의 요구수익률, 기회비용은 명칭과 정의, 관점(기업 또는 투자자)만 다르지 모두 동일한 개념이다.

자본비용이나 기회비용은 기업이 은행의 차입금에 지급하는 이자율(금리)과는 다르다. 기업이 주주의 돈으로 위험한 투자를 하면 주주는 동일한 위험을 감수하며 금융시장에서 얻을 수 있는 기대수익률(기회비용)을 요구하게 된다. 주식과 같은 위험자산의 기대수익률은 은행의 대출이자율보다 훨씬 높다.

재무관리자는 투자안 평가를 위한 자본비용을 산출하기 위해 금융시장을 분석한다. 등급이 높은(안전한) 채권에 대한 자본비용은 채권의 시장이자율을 관찰해 쉽게 산출할 수 있지만, 주식과 같은 위험자산의 자본비용(기회비용) 산출은 매우 어렵다. 보통 계량경제모형을 이용해 추정하며, 이러한 모형은 제8장에서 더 상세히 다룰 것이다.

## 주주가치 극대화 목표의 타당성

지금까지 우리는 재무관리자나 경영진이 주주의 이익을 충실히 대변해 그들의 부를 극대화하는 방향으로 의사결정을 한다는 가정을 했다. 그렇다면 경영진이 주주들의 이기적인 이익을 만족시키기 위해 행동하는 것이 바람직한가? 약자나 소외된 자들의 입장이나 이익은 전혀 개의치 않고 자신들을 고용한 주주들을 부자로 만드는 일에 탐욕스러운 용병처럼 일하는 것이 과연 바람직한가?

이 책의 대부분은 주주가치를 늘리는 재무정책에 초점이 맞춰져 있다. 소개된 재무정책 중 어떤 것도 약자나 소외된 자를 무시하는 내용은 없다. 대부분의 경우 일을 제대로 하는 것(즉 주주가치 극대화 노력)과 올바른 일을 하는 것 사이의 갈등은 거의 없다. 소비자 만족도가 높고 직원들의 충성도가 높은 기업이 수익도 많이 올리고 주식가격도 상승하기 마련이다.

기반이 잘 잡힌 안정된 기업은 소비자와 우호적 유대관계를 유지하는 데 장기적으로 공을 많이 들이고 공정한 거래와 정직한 경영을 통해 좋은 평판을 쌓기 위해 노력한다. 이러한 정성과 노력이 부가가치로 이어진다. 만약에 평판을 해치는 부정한 사건에 휘말리거나 부정행위가 발각되면 그에 따른 비용은 상상을 초월할 수 있다.

기업의 목표가 주주의 부를 극대화하는 것이라 해서 수단과 방법을 가리지 말고 목적을 이루라는 것은 아니다. 경영진이 노골적이고 의도적으로 부정한 의사결정을 하게 되면 법의 처벌을 받는다. 그렇다고 경영진이 법령의 문항 하나하나에 신경을 써 가며 기업을 경영하면 효율성과 효과성을 기대하기 어렵다. 우리가 일상을 살아갈 때 보이지 않는 일상의 규칙에 따라 움직이듯 경영과 재무관리에도 보이지 않는 행동규칙이 있다. 보이지 않는 규칙은 어떤 상호작용이나 거래의 두 당사자가 서로를 신뢰해야 효력을 발휘한다. 이러한 규칙이 있기 때문에 재무관리자는 매일 발생하는 수많은 재무업무를 무리 없이, 법에 저촉됨 없이 소화할 수 있는 것이다.

평판이 훼손되는 경우와 마찬가지로 서로의 신뢰를 훼손하는 일이 발생하면 그 비용은 상상을 초월할 수 있다. 폴크스바겐은 자사의 디젤차에 오염 발생량을 적게 보이게 하는 소프트웨어를 은밀히 설치해 차량검사를 받게 했다. 비밀 소프트웨어 덕분에 폴크스바겐 디젤차는 배기가스 오염검사를 무사히 통과했다. 그러나 2015년에 비밀 소프트웨어의 존재가 발각되어 엄청난 풍파를 겪게 되었다. 주식가격은 35%p 폭락했고 최고경영자는 해고되었다. 팔리지 않은 폴크스바겐 디젤차는 창고에 산더미처럼 쌓였다. 이 사건은 미국에서만 벌금과 보상액을 합쳐 $200억 이상의 비용을 지불할 것으로 예상된다.

협잡꾼이나 사기꾼은 종종 호황을 누리는 시장 안에서 암약한다. 그들이 모습을 드러낼 때는 호황의 밀물이 썰물이 되어 나갈 때이다. 2008년에 호황이 멈추고 금융위기가 찾아왔다. 자연스럽게 많은 금융사기의 실체가 드러났다. 그중에서도 악명 높은 사건이 뉴욕 증권가의 유명인사였던 버나드 메이도프(Bernard Madoff)의 폰지(Ponzi) 사기다. 2008년 폰지 사기가 들통날 때까지 개인 및 기관 투자자들은 약 $650억를 메이도프에게 투자했다. 사기를 은폐하기 위해 초기 투자자들에게 지급한 현금지출을 제외하더라도 막대한 액수의 투자금을 메이도프가 어떻게 했는지 아직 명확히 밝혀지지 않았다.

메이도프의 폰지 사기는 평생에 한 번 있을까 말까 할 정도의 사건이다. 놀라울 정도로 비윤리적이고 비합법적이었다. 사기의 끝이 비극이라는 것도 매우 분명했다. 그럼에도 불구하고 많은 개인 및 기관 투자자들이 그의 속임수에 속절없이 넘어갔다. 그러나 현실적으로 윤리와 비윤리의 경계는 생각보다 명확하지 않고, 많은 경제적 사건들이 희미한 경계선 근처에 몰려 있어 윤리적 판단을 더욱 어렵게 한다. 윤리적 판단이 명확했던 메이도프 사건에도 수많은 피해자가 발생했는데 명확하지 않은 비윤리적 사기행각에는 얼마나 많은 희생자가 발생할까?

비윤리적 사업행위를 하는 근본적 이유는 무엇일까? 아마도 행위자가 단순히 정직하지 못한 사람이었을 수 있다. 그러나 비윤리적 행위는 보통 기업문화에 기인한다. 매출에 대한 압박이나 예사가 되어 버린 부정거래는 비윤리적 행위를 조장한다. 이런 경우 문제의 근원은 비윤리적 행위를 조장하는 불건전한 기업문화를 통해서라도 기업가치를 끌어올리려 한 최고경영진이다. 기업의 건전한 지배구조 확보가 중요한 이유이다.

## 대리인 문제와 기업 지배구조

**소유와 경영이 분리된** 주식회사에서 주주가 경영진을 직접적으로 통제하는 것은 거의 불가능하다. 이사회를 통한 간접적인 통제가 주를 이룬다. 소유와 경영의 분리는 장점이기도 하지만 주주들에게 추가적인 비용을 발생시키는 위험요소이기도 하다. 예를 들면 경영진은 주주가치 증대와는 별 상관도 없는 사치스러운 제트비행기 구입에 열을 올리거나 사업 모임을 호화로운 리조트에서 열려는 유혹에 빠지기 쉽다. 때로는 기업가치를 크게 증가시킬 매력적이지만 위험한 투자안을 의도적으로 포기한다. 주주가치 극대화보다는 자신들의 안정된 직장생활이 우선이기 때문이다. 때론 경영진 자신들의 보너스를 최대한으로 끌어올리기 위한 행동도 서슴지 않는다. 경영진이 변제 능력이 취약한 부적격 채무자에게 묻지마 주택담보대출을 발 벗고 나서서 해준 결과가 2008년 금융위기이다.

주주와 경영진의 목표 또는 이익이 충돌할 때 **대리인 문제**가 발생한다. 대리인 문제는 **고용인**이 **대리인**을 고용해 생기는 대리인관계(agency relationship)로부터 출발한다. 주주는 고용인이고 경영진은 대리인이다. **대리인 비용**(agency cost)은 대리인 문제가 불거지면 생겨나는 비용이다. 대리인 비용은 크게 두 가지 요소로 이루어지는데, 첫째는 경영진이 주주가치 극대화를 위해 애쓰지 않기 때문에 감소하는 무형의 가치, 둘째는 주주가 경영진을 감시하고 통제하는 데 지출하는 유형의 비용이다.

대리인 문제는 간혹 어처구니없는 행동을 낳기도 한다. 예를 들면 타이코(Tyco)의 최고경영자인 데니스 코즐로브스키(Dennis Kozlowski)는 아내의 40번째 생일을 축하하기 위해 $200만를 썼는데 이 중 절반인 $100만를 회사비용으로 처리했다. 극단적인 이해충돌이요 불법행위이다. 대리인 문제는 타이코 사례와 같이 구별이 용이한 경우도 있지만 판단이 쉽지 않은 경우도 많다. 큰 원칙은 경영진이 기업의 자금을 자신들의 돈이라는 마음가짐으로 투자와 운영에 사용하지 않는 경우는 모두 대리인 문제와 대리인 비용을 발생시킨다고 보면 무리가 없다. 대리인 비용은 재무제표에 보이는 것은 아니지만 우리가 예상하는 것 이상의 규모이고 주주가치 극대화를 방해하는 암적 요인임을 명심해야 한다.

대리인 문제를 해결하는 최선의 방법은 건전한 지배구조를 확립하고 적용하는 것이다. 건전한 지배구조 안에는 경영진과 주주들의 목표를 일치시키는 갖가지 장치가 마련되어 있다. 주식가격과 연계된 경영진 보수와 인센티브, 투명한 회계기준과 정보공개, 독립적인 이사회, 주주가치 극대화에 반하는 경영행위에 대한 강력한 처벌규정 등이 그 예이다. 기업에서 스캔들이 발생했다는 것은 기업 지배구조가 취약하다는 의미이므로 즉각적인 개선작업을 해야 한다. 기업 지배구조가 정상적으로 건전하게 작동하는 기업은 스캔들 없이 경쟁하고 성장하며 주주들을 위한 지속가능한 부가가치를 창출한다. 주주가치 극대화의 초석과 뼈대는 기업 지배구조라고 해도 과언이 아니다.

**요점정리**

- 투자결정＝실물자산 구입(매입)
- 자금조달결정＝증권과 금융자산 판매(매각)
- 실제로 투자와 자금조달결정의 범위는 위의 식과 같이 간단하지 않다. 투자결정은 구입한 자산이 더는 기업가치 증대에 기여하지 못할 때 자산을 폐기하거나 매각하는 결정도 포함한다. 투자자산의 위험을 관리하고 통제하는 활동도 투자결정 과정의 연속이다. 자금조달결정도 증권이나 금융자산을 팔아 자금을 마련하는 데 그치지 않는다. 은행, 채권투자자, 주주들에게 기업의 이익을 분배하는 의무를 수행해야 한다. 기업은 약속된 기간에 부채를 되갚아야 한다. 그렇지 않으면 지급불이행이라는 재무적 곤경에 처하게 되고 최악의 경우 부도가 나서 존폐의 위기에 몰리게 된다. 기업은 또한 주주들의 기대에 부응하기 위해 각종 배당정책을 시행한다.
- 부채와 주식(자기자본) 중 어떤 방식을 선택할 것인가는 자본 구조 의사결정에 속한다. 여기서 자본은 기업의 장기 자금조달 원천, 즉 장기 타인자본과 자기자본을 의미한다.
- 기업이 자기자본으로 자금을 조달하는 방식은 두 가지인데, 첫째는 신주를 발행하는 것이고 둘째는 기존 투자자산이 영업을 통해 창출한 현금흐름으로 자금을 조달하는 방식이다.
- 주식회사의 정관은 이사회의 구성과 역할을 규정한다.
- 이사회 이사들은 주주들의 선거에 의해 임명되어 최고경영진을 선출하고 돕고 합병과 배당 등 주요 기업 의사결정을 내린다.
- 주식회사는 주주들의 소유지만 법적으로는 구별된다. 따라서 주주는 기업의 부채를 개인적으로 책임지지 않는 유한책임을 갖게 된다.
- 재무관리자는 기업의 현금흐름을 중간에서 매개하고, 회사 내에서 기업가치를 증가시키는 투자결정을 주도함으로써 기업의 운영을 돕는다. 또한 주주와 은행과 같은 금융기관이 기업을 어떻게 평가하고 있는지 분석하고 금융시장의 최근 변화와 경제동향을 파악하고 대응책을 마련한다.
- 주식가격(주가) 극대화라는 공동 목표는 셀 수 없이 많은 개인(주주)의 목표를 동시에 만족시킨다.
- 주가 극대화(주주가치 또는 주주의 부 극대화)가 제대로 작동하려면 효율적인 금융시장이 존재해야 한다. 효율적인 금융시장은 주주들이 스스로 위험을 관리하고 투자 및 저축 계획을 수립하도록 돕는다. 효율적인 금융시장이 존재함으로써 주주들은 경영진에게 주가 극대화라는 목표 외엔 바라는 것이 없고 경영진은 주주들의 다양한 성향과 이해관계에 신경 쓰지 않고 주가를 상승시키는 투자와 운영, 분배에 전념할 수 있다.
- 소유와 경영이 분리된 주식회사에서 주주가 경영진을 직접적으로 통제하는 것은 거의 불가능하다. 이사회를 통한 간접적인 통제가 주를 이룬다. 소유와 경영의 분리는 장점이기도 하지만 주주들에게 추가적인 비용을 발생시키는 위험요소이기도 하다.
- 주주와 경영진의 목표 또는 이익이 충돌할 때 대리인 문제가 발생한다. 대리인 문제는 고용인이 대리인을 고용해 생기는 대리인관계로부터 출발한다. 주주는 고용인이고 경영진은 대리인이다. 대리인 비용은 대리인 문제가 불거지면 생겨나는 비용이다. 대리인 비용은 크게 경영진이 주주가치 극대화를 위해 애쓰지 않기 때문에 감소하는 무형의 가치와 주주가 경영진을 감시하고 통제하는 데 지출하는 유형의 비용의 두 가지로 이루어진다.
- 대리인 문제를 해결하는 최선의 방법은 건전한 기업 지배구조를 확립하고 적용하는 것이다. 건

전한 지배구조 안에는 경영진과 주주들의 목표를 일치시키는 갖가지 장치가 마련되어 있다. 주식가격과 연계된 경영진 보수와 인센티브, 투명한 회계기준과 정보공개, 독립적인 이사회, 주주가치 극대화에 반하는 경영행위에 대한 강력한 처벌규정 등이 그 예이다.

1. 다음 구절의 빈칸을 아래의 용어들로 채워라: "기업들은 보통 (a) 자산을 산다. 여기에는 (b)와 같은 유형자산과 (c)와 같은 무형자산이 모두 포함된다. 이러한 자산에 대한 대금을 지급하기 위해 (d)와 같은 (e)자산을 매도한다. 어떤 자산을 살 것인지에 대한 결정은 보통 (f) 또는 (g) 의사결정이라고 불린다. 투자에 필요한 자금을 마련하는 의사결정은 보통 (h) 의사결정이라고 한다."

   사용 가능 용어: 자금조달, 실물, 채권, 투자, 경영진용 항공기, 금융, 자본 예산, 브랜드.

2. 다음의 예를 실물자산과 금융자산으로 나누라.
   a. 주식
   b. 개인 차용증서
   c. 상표(권)
   d. 공장
   e. 미개발 토지
   f. 당좌예금
   g. 경험과 능력을 겸비한 영업팀
   h. 회사채

3. 아래 용어의 차이점을 설명하라.
   a. 실물자산과 금융자산
   b. 자본예산과 자금조달결정
   c. 비공개기업과 공개기업
   d. 유한책임과 무한책임

4. 소유와 경영의 분리의 의미와 장단점을 서술하라.

5. 재무관리자가 회사의 주주들을 대신해 수행하는 일을 상상해보라. 합리적인 주주들은 재무관리자가 다음의 활동 중 하나를 수행하는 것을 선호할 것이다. 어떤 것을 선호하겠는가? 이유는 무엇인가?
   a. 실물자산에 투자해 주주들을 최대한 부유하게 만들기
   b. 주주들의 소비 패턴에 맞춰 회사의 투자계획 수정
   c. 주주의 위험 선호도에 맞게 고위험 자산 또는 저위험 자산 선택
   d. 주주들에게 정기적으로 기업의 이익 분배

6. F&H는 사양산업에 지속적으로 막대한 투자를 하고 있다. 다음은 F&H CFO의 최근 연설에서 발췌한 내용이다.

"우리는 F&H의 수익과 배당금 성장이 둔화하고 있다는 일부 지각 없는 투자자들과 전문성이 부족한 증권분석가들의 지적을 잘 알고 있습니다. 그들의 잘못된 인식과 달리, 전통적인 F&H 제품에 대한 소비자 수요는 견고하다고 확신합니다. 따라서 우리는 기존 시장에서 우리의 점유율을 유지하기 위한 투자를 지속하기로 결정했습니다. F&H의 투자승인 절차는 매우 까다롭습니다. 전문인력들이 관련 정보를 수집하고 분석해서 기업가치를 늘릴 수 있는 투자안을 골라냅니다. 덕분에 연간 투자수익률 8%를 무난히 달성할 것을 확신합니다. 이는 현금을 은행에 예치하고 벌어들이는 수익률보다 훨씬 높습니다. 예측하지 못한 위험이나 투자기회에 대응하기 위해 보유한 현금은 모두 연리 4%의 단기 연방채권에 투자했습니다. 단기 연방채권은 투자위험이 제로에 가까운 투자처임을 여러분도 잘 아실 겁니다."

a. 기존 사업의 8% 기대수익률이 안전자산인 단기 연방채권 수익률 4%보다 더 나은가? 이유를 설명하라.

b. F&H의 기회비용을 4%로 보는 것이 적절한가? CFO가 자본비용을 결정하는 기본 원칙은 무엇인가?

7. 어떻게 하면 경영진이 주주가치를 극대화하기 위해 최선을 다하겠는가?

8. 많은 기업이 M&A 방어수단을 고안해 기업의 인수나 합병을 까다롭게 하고 그 비용을 높인다. 그러한 방어가 회사의 대리인 문제에 어떤 영향을 미칠 수 있는가? 강력한 M&A 방어수단을 가진 기업의 경영자는 자신이 아닌 주주의 이익을 위해 행동할 가능성이 더 높은가, 아니면 그 반대인가? 경영진이 M&A 방어수단을 강화하면 주가는 어떻게 반응할 것으로 예상하는가?

## CHAPTER 2

# 재무비율분석

능력 있는 재무관리자는 항상 미래를 위한 대비를 한다. 법인세 납부일과 배당금 지급일에 충분한 현금을 보유하고 있는지, 기업의 성장을 위한 투자는 어느 정도 해야 하는지, 투자자금은 어떻게 마련할 것인지 등을 고민하는 것은 일상이다. 예기치 않은 수요의 감소와 원자재 비용 상승 등의 위험요소를 관리하는 것도 재무관리자의 몫이다.

기업의 과거와 현재 경영 성과, 수익성, 안정성, 생산성, 효율성, 재무상태를 정확히 파악하는 것은 기업의 미래를 예측하는 필요조건이다. 기업이 과거에 무엇을 했고 현재 무엇을 하고 있는지를 가장 잘 나타내는 정보가 재무제표에 기록되어 있다. 따라서 재무제표가 무엇이고, 재무제표에는 어떤 정보가 있으며, 그 정보가 무엇

을 의미하는지를 이해하는 것은 재무관리자나 투자자가 갖추어야 할 기본적, 필수적 책무이자 소양이다.

재무제표 정보를 요약하고 분석하는 데 가장 많이 사용하는 방법 중 하나가 재무비율분석이다. 재무비율은 복수의 재무제표 회계항목을 간단히 줄인 수치로 기업의 강점, 약점, 경쟁력, 위기, 문제점 등을 파악하는 데 매우 유용하다. 그러나 재무비율이 미래를 꿰뚫어보는 신비의 거울은 아니다. 거대한 양의 회계자료를 요약하고 기업의 과오를 비교하고 분석하는 도구에 불과하다. 다시 말해 재무비율은 기업의 현주소가 어디이고 효율적인 기업경영을 위해 무엇이 필요한지는 알려주지만(강점, 약점, 경쟁력, 위기, 문제점) 그것들을 가지고 무엇을 해야 하는지에 대한 해답은 주지 못한다.

## 2-1 재무비율

재무비율의 계산은 비교적 쉽다. 문제는 재무비율의 종류가 너무 많다는 것이다. 더구나 재무비율은 이해하는 것이 아니라 암기하는 것이라는 선입견이 강하다. 수십 개의 재무비율을 외워서 학습하는 방법은 재무비율을 제대로 이해하는 데 도움이 되지 않을 뿐만 아니라 매우 비효율적이다. 암기보다는 재무비율이 무엇을 측정하고 기업가치와 주주가치 증대에 어떻게 이바지할 수 있는지를 이해하는 것이 급선무다.

주주가치는 부가가치를 창출하는 투자결정을 통해 늘어난다. 기업의 여러 투자기회를 평가해 주주가치를 극대화하는 최적의 투자안을 선택하고 실행하는 일련의 과정에 재무관리자는 결정적 역할을 한다. 최적의 투자안을 선택하기 위한 합리적 평가를 위해서 재무관리자가 필연적으로 해야 하는 질문에는 '투자안이 창출할 것으로 기대되는 수익(또는 수익률)이 투자비

용(또는 자본비용)을 초과하는가?', '수익성을 개선하는 요인에는 어떤 것들이 있는가?' 등이 있다.

주주가치는 또한 자금조달결정의 영향을 받는다. 재무관리자는 투자안을 평가함과 동시에 투자안을 실행할 충분한 자금조달이 가능한지를 따져 봐야 한다. 자금 없이는 투자와 성장도 불가능하다. 재무관리자는 자금조달계획에 신중을 기해야 한다. 부채를 이용한 자금조달을 과도하게 하면 기업이 영업위험 또는 부도위험에 직면할 수 있다. 유동성도 중요하다. 충분한 현금과 현금성자산(유동자산)을 충분히 소유하고 있지 않으면 재료비, 운영비, 이자와 원금을 제때에 지급하지 못할 수 있다. 또한 유동성이 부족하면 예측하지 못했던 투자기회를 놓칠 수도 있고 갑자기 발생한 위기상황에 신속하고 능동적으로 대처하지 못해 기업을 존폐의 위험에 빠뜨릴 수 있다.

그림 2.1은 주주가치를 극대화하는 두 가지 의사결정(투자와 자금조달)과 이들과 연관이 있는 재무비율을 일목요연하게 보여준다. 투자결정에 영향을 미치는 재무비율은 크게 두 가지로 나뉘는데 하나는 자산의 효율적 활용 정도를 측정하는 회전율이고 다른 하나는 매출, 자산, 자기자본 대비 이익의 수준을 표시하는 수익성비율이다. 자금조달결정과 밀접한 관계가 있는 2개의 재무비율은 부채비율과 유동성비율로 나뉜다. 부채비율은 부채 사용(레버리지) 정도가 적정한지, 부채로 인한 추가 위험은 잘 관리되고 있는지에 대한 재무제표의 암시를 파악하는 데 도움을 주고 유동성비율은 단기 지급의무를 충족하기에 충분한 유동자산이 확보되어 있는지, 유동자산의 수준은 적절한지에 대한 재무관리자의 궁금증을 푸는 열쇠 중 하나이다. 요약하면, 재무비율은 크게 1) 회전율 또는 효율성비율, 2) 수익성비율, 3) 부채비율 또는 레버리지

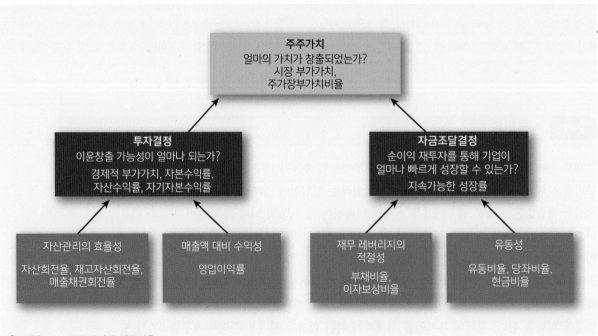

▶ **그림 2.1** 주주가치와 재무비율

비율, 4) 유동성비율로 나뉜다. 각 비율은 이어지는 논의에서 구체적으로 다루어진다.

## 2-2 재무제표

공개기업 안팎에는 주주, 채권투자자, 은행, 공급업체, 직원, 경영진, 정부 등 여러 이해관계자가 있다. 이들은 모두 자신의 이익이 침해되는 것을 막기 위해 기업을 감시한다. 가장 중요한 감시수단은 기업에 관한 가장 믿을 만한 정보를 담고 있는 재무제표이다. 미국 기업은 재무제표를 포함한 기업활동과 관련된 중요한 정보를 매년, 분기마다 공시해야 한다. 매년 공시하는 보고서를 연간보고서(10-K), 분기마다 공시하는 보고서를 분기보고서(10-Q)라고 한다.

재무제표를 읽고 해석할 때 한 가지 기억해야 할 사실은 재무제표를 준비하는 회계사들에게 어느 정도의 재량권이 주어진다는 것이다. 예를 들면 감가상각법을 취사선택할 수 있고 자산가치의 결손을 인식하는 시점을 유연하게 정할 수 있다. 회계사들이 유사한 회계기준을 따르며 재무제표를 준비하지만, 한편으로는 나라마다 꽤 큰 차이점을 보이는 부분도 있다. 투자자나 다국적기업들에는 활발한 투자를 저해하는 요인이 되기도 한다. 회계기준의 단일화를 위해 국제적 공조가 계속되고 있지만, 아직 갈 길이 멀다.

## 2-3 홈디포 재무제표

미국 최대의 가정용 건축자재 유통업체인 홈디포(Home Depot)의 최근 대차대조표(재무상태표)와 손익계산서를 보고 전반적인 재무구조와 영업이익을 평가해보자.

### 대차대조표

표 2.1은 홈디포의 2016년도와 2017년도 대차대조표를 요약한 내용이다. 대차대조표는 일정 회계기간 말 시점 기업의 자산현황(왼쪽; 차변)과 자산을 구매하는 데 필요한 자금을 조달한 원천(오른쪽; 대변)을 기록하는 장부이다.

자산은 유동성(liquidity, 공정가격에 현금화하는 속도)이 높은 자산부터 낮은 자산의 순으로 기록된다. 유동성이 높은 자산의 그룹을 유동자산, 유동성이 낮은 자산그룹을 비유동자산(고정자산)이라 한다. 대표적인 유동자산에는 현금 및 현금성자산(cash & marketable securities), 매출채권(외상매출금), 재고자산(원재료, 재공품, 완제품으로 구분)이 있다. 비유동자산은 대지, 건물, 공장, 창고, 장비, 판매점, 설치물, 운송수단 등을 포함한다.

대차대조표에 기록되는 자산의 장부가치는 자산 취득 시점에 지급한 비용이기 때문에 시장가치를 제때에 반영하지 못한다. 건물, 공장, 장비 등의 자산은 취득비용에서 감가상각비를 차감한 금액으로 기록되어 장부가치와 시장가치의 차이가 더 클 수 있다. 대차대조표의 자산을 분석할 때 주의할 점은 자산이 기업가치의 큰 부분을 차지하고 있지만 대차대조표에 기록되지

| | 회계연도 | | | | 회계연도 | |
|---|---|---|---|---|---|---|
| 자산 | 2017 | 2016 | 부채와 자기자본 | | 2017 | 2016 |
| 유동자산 | | | 유동부채 | | | |
|   현금 및 현금성자산 | $3,595 | $2,538 |   단기상환 부채 | | $2,761 | $1,252 |
|   매출채권 | 1,952 | 2,029 |   매입채무 | | 7,244 | 7,000 |
|   재고자산 | 12,748 | 12,549 |   기타 유동부채 | | 6,189 | 5,881 |
|   기타 유동자산 | 638 | 608 |     유동부채 합계 | | $16,194 | $14,133 |
|     유동자산의 합계 | $18,933 | $17,724 |   장기부채 | | $24,267 | $22,349 |
| 고정자산 | | |   기타 장기부채 | | 2,614 | 2,151 |
|   유형고정자산 | | |   부채 합계 | | $43,075 | $38,633 |
|     부동산, 공장, 설비 | $41,414 | $40,426 | 자기자본 | | | |
|     누적 감가상각비(차감) | 19,339 | 18,512 |   보통주 | | 10,281 | $9,008 |
|     순유형고정자산 | $22,075 | $21,914 |   유보이익 | | 39,935 | 35,519 |
| 무형자산(영업권) | $2,275 | $2,093 |   자사주 | | −48,762 | −40,194 |
| 기타 자산 | 1,246 | 1,235 |     자기자본 합계 | | 1,454 | $4,333 |
| | | |   부채와 자기자본 합계 | | $44,529 | $42,966 |
| 자산 합계 | $44,529 | $42,966 | | | | |

**》표 2.1**  홈디포의 연간 대차대조표(단위: $100만)

않은 무형자산이 꽤 있다는 것이다. 평판, 경영능력, 인적자원 등이 그 예이다. 무형자산은 명확히 식별되어 합리적 가치를 산출할 수 있는 경우를 제외하곤 일반적으로 대차대조표에 표시되지 않는다.

대차대조표의 대변(오른쪽)에 기록되는 대표 항목에는 **유동부채**(current liabilities, 단기부채), 장기부채(long-term liabilities), 자기자본(equity)이 있다. 유동자산이 차변에 먼저 기입되는 것처럼 유동부채가 대변의 상단에 위치한다. 유동부채는 1년 내에 상환해야 하는 단기성 부채, 매입채무, 단기 차입금 등을 포함한다. 유동자산에서 유동부채를 차감한 액수를 **순유동자산**(net current assets) 또는 **순운전자본**(net working capital)이라 칭하는데 기업이 보유하는 대략적인 현금성자산을 나타낸다. 홈디포의 2017년도 순운전자본(NWC)은 다음과 같다.

$$NWC = 유동자산 - 유동부채 = 18,933 - 16,194 = \$2,739$$

대변의 남은 부분은 장기부채와 자기자본으로 구성되는데 이 두 항목은 유동부채로 조달한 자금으로 구매한 유동자산을 제외한 순운전자본(현금성자산)과 비유동자산을 마련하는 데 필요한 자금을 제공한다. 장기부채는 수년에 걸쳐 이자와 원금을 상환하는 회사채, 장기 차입금, 리스 등을 포함한다. 그리고 총자산에서 총부채(유동부채＋장기부채)를 차감하고 남는 부분이 순수한 주주들의 몫인 자기자본(순자본이라고 함)이다. 요약하면, 자기자본은 다음과 같다.

$$자기자본＝총자산－총부채＝순운전자본＋비유동자산－장기부채$$

자기자본을 자산이나 부채의 관점이 아닌 자체의 관점에서 바라보면 구성요소가 2개임을 알 수 있다―1) 주식을 발행할 때 유입되는 자금, 2) 창출한 순이익 중 재투자를 위해 유보되는 자금(유보이익). 신주를 발행하면 주주들이 지불하는 주식매입대금(현금)만큼 자기자본은 증가하고 순이익의 일부 또는 전부를 새로운 투자에 투입하기로 결정하고 유보해도 자기자본은 증가하게 된다.

## 손익계산서

대차대조표는 일정 시점(분기 말이나 연말)에 찍은 기업의 재무상태를 보여주는 스냅사진과 같다. 반면에 손익계산서는 기업이 달성한 수익과 수익 달성을 위해 지급한 비용의 분기간 또는 연간 흐름을 기록한 장부이다. 일정 시점에서 순간적으로 관찰한 투자와 재무활동의 결과(스냅사진)를 보여주는 대차대조표와 달리 손익계산서는 일정 기간의 초부터 말까지 수익창출 활동의 흐름을 보여주므로 동영상에 비유할 수 있다.

표 2.2의 홈디포 손익계산서를 이용해 2017년도의 영업이익을 구해보자. 홈디포가 2017년도에 판매한 상품의 매출액은 \$1,009.78억이고 영업비용은 \$844.12(＝665.48＋178.64)억이다. 영업비용은 매출원가(cost of goods sold, COGS)와 일반판매관리비(selling, general, and administrative expenses, 간단히 판관비)를 더한 값이다. 수익을 실현하기 위해 직접적으로 지출

》**표 2.2  홈디포의
연간 손익계산서**

| | \$100만 |
|---|---:|
| 매출액 | \$100,978 |
| 매출원가 | 66,548 |
| 일반판매관리비 | 17,864 |
| 감가상각비 | 1,811 |
| 영업이익(EBIT) | \$14,755 |
| 이자비용 | 1,057 |
| 세전이익 | \$13,698 |
| 법인세 | 5,068 |
| 순이익 | \$8,630 |
| 　　　배당금 | 4,212 |
| 　　　유보이익 | 4,418 |

한 비용인 영업비용 외에 제품을 생산하기 위해 운영한 고정자산의 감가상각비가 $18.11억가 발생했으므로 홈디포의 영업이익(earnings before interest and taxes, EBIT)은 다음과 같다.

$$EBIT = 매출액 - 매출원가 - 감가상각비 = 1{,}009.78 - 844.12 - 18.11 = \$147.55억$$

영업이익 $147.55억 중 $10.57억가 장단기 부채의 이자비용으로 지급됐다. 그리고 $50.68억의 법인세를 낸 후 $86.3억의 순이익을 창출했다. 홈디포는 순이익 $86.3억의 약 48.8%인 $42.12억를 주주에게 배당하고 나머지는 기업 내에 유보해 재투자에 활용했다.

## 2-4  홈디포의 경영 성과 측정

재무제표를 이용해 홈디포가 기업활동을 통해 얼마만큼의 성과를 이루었는지 살펴보자. 기업의 성과에 가장 예민하게 반응하는 곳이 주식시장이므로 홈디포 주식의 시장가격을 먼저 알아보니 주당 $204.92에 거래가 되고 있었다. 주주들이 소유한 주식 수가 11억 7,000만 주이므로 홈디포 주식의 **시가총액**(market capitalization, 시총)은 $2,397.56억(=204.92×11.7)이다. 재무제표 용어를 사용하면 자기자본의 시장가치라고 할 수 있다. 홈디포의 기업 규모를 고려하면 그리 놀랄 액수는 아니다. 반면에, 같은 시점에 홈디포의 자기자본 장부가치는 $14.54억였다. 이는 홈디포의 주주들이 그 당시까지 $14.54억를 회사에 투자했다는 의미이다. 즉 홈디포는 주주들이 투자한 금액 $14.54억를 양의 NPV를 가진 사업에 투자해 시총과 장부가치의 차액인 $2,383.02억의 부가가치를 창출한 결과, 투자금액의 가치를 $2,397.56억로 증가시키는 성과를 냈다. 창출된 부가가치는 **시장부가가치**(market value added, MVA)라고 한다.

표 2.3은 컨설팅기업인 EVA디멘션스(EVA Dimensions)가 계산한 미국 주요 기업의 MVA와 **주가장부가치비율**[market-to-book(M/B) 혹은 price-to-book ratio(P/B)]을 보여준다. 애플의 MVA가 약 $8,000억로 가장 높고 뱅크오브아메리카(Bank of America)는 자기자본의 시가총액이 장부가치보다 약 $660억나 낮아 최하위의 MVA를 기록한다. 표 2.3에 나와 있는 기업들은

| 주식 | 시장부가가치 | 주가장부가치비율 | 주식 | 시장부가가치 | 주가장부가치비율 |
|---|---|---|---|---|---|
| 애플 | 782,164 | 7.15 | 프리포트-맥모란 | −5,781 | 0.85 |
| 마이크로소프트 | 461,134 | 5.84 | CBS | −16,858 | 0.65 |
| 존슨앤드존슨 | 277,722 | 3.38 | AIG | −30,134 | 0.64 |
| 월마트 | 209,010 | 3.41 | 코노코 | −53,141 | 0.47 |
| 코카콜라 | 202,102 | 8.59 | 뱅크오브아메리카 | −65,878 | 0.80 |

》**표 2.3**  2017년 9월 시장부가가치와 주가장부가치비율(단위: $100만)
출처: EVA Dimensions.

모두 대기업이다. 중소기업은 대기업이 만든 MVA를 창출하기 어렵다. 따라서 대기업의 MVA와 중소기업의 MVA를 직접 비교해 상대적 성과를 측정하는 것은 의미가 없다. 규모가 다른 기업들의 성과를 비교, 분석하기 위해 나온 비율이 주가장부가치비율(P/B)이다. P/B는 장부가치 $1를 시장가치로 환산하면 얼마인지를 측정한다. 다시 말해 주주들이 투자한 $1가 시장에서는 얼마로 평가되는지를 보여준다. 홈디포의 주식 시총과 장부가치를 이용해 P/B를 계산하면

$$\frac{P}{B} = \frac{\text{자기자본 시가총액}}{\text{자기자본 장부가치}} = \frac{2{,}397.56}{14.54} = 164.9$$

이다. 이는 홈디포가 주주들의 투자금액을 164.9배로 늘렸다는 뜻이다. 이 수치는 보통 P/B보다 훨씬 큰 편이다. 이유는 당시에 홈디포가 자사주를 대거 매입해서 자기자본의 장부가치가 대폭 줄었기 때문이다. 이는 경영 성과에 상관없이 단순히 자사주 매입을 통한 P/B 상승이 가능하다는 의미이기도 하다. 따라서 P/B를 가지고 기업의 경영 성과를 평가할 때는 성과와 직접적 관련이 없는 기업활동이 있는지 확인하고 적절히 조정하는 주의 깊은 분석이 필요하다.

표 2.3에서 코카콜라의 P/B(8.59)는 존슨앤드존슨의 P/B(3.38)보다 훨씬 높다. 그렇지만 코카콜라의 MVA는 존슨앤드존슨의 MVA에 크게 미치지 못한다. 이는 두 기업의 규모 차이에서 오는 결과이다.

자기자본의 시장가치를 활용해서 기업의 성과를 평가하는 경우 세 가지 단점이 있다. 첫째, 시장가치는 기업의 **미래** 성과에 대한 투자자들의 기대를 포함한다. 투자자들의 기대와 실제 성과 사이에는 항상 예측할 수 없는 오차(noise)가 존재하기 때문에 시장가치를 활용해 현재의 기업 성과를 측정하는 방식은 부정확한 평가가 될 가능성이 높다.

둘째, MVA와 P/B는 경영 성과를 제대로 분석하고 이해하려는 긴 여정의 첫걸음에 불과하다. 이들을 보고 경영진의 경쟁력을 파악할 수 있는가? 이들 수치가 경영진의 경영능력에 기반한 성과를 보여주는 게 아니라 경영진이 통제할 수 없는 사건들이나 투자자 센티먼트(investor sentiment)를 반영하는 것은 아닌가? 이러한 질문에 명확히 '아니요'라고 할 수 있어야 성과 측정치로서의 신뢰성과 타당성을 높일 수 있지만, 현실적으로 이런 요인들을 분리하는 것은 매우 어렵다.

셋째, 비공개기업들의 주식은 주식시장에서 거래가 되지 않기 때문에 시가총액 자체를 계산할 수 없다. 공개기업이라 하더라도 기업 내 특정 사업부나 제조공장의 시장가치는 관찰할 수 없다. 예를 들면 홈디포라는 기업의 모든 주식의 시장가치를 구하기는 쉽지만 해외나 미국 특정 지역 매장의 공식적 시장가치는 존재하지 않는다.

경영 성과를 평가하는 MVA와 시장가치비율의 단점을 보완하기 위해 많이 사용하는 것이 수익성을 나타내는 회계수치와 재무비율을 활용하는 것이다.

## 경제적 부가가치

회계사들이 손익계산서를 작성할 때 가장 먼저 기록하는 것이 매출액이다. 그리고 영업비용, 영업외비용 등의 비용을 차감한다. 그러나 손익계산서에 반영되지 않는 중요한 비용이 있다. 바로 기업이 투자자들로부터 자금을 조달하기 위해 지급하는 자본비용액(amount of cost of capital)이다. 그러므로 기업이 진정으로 부가가치를 창출했는지를 알려면 **자본비용을 포함한** 모든 비용을 차감한 후에 남은 이익이 얼마인지를 봐야 한다. 자본비용을 포함하는 비용을 차감한 후 얻는 이익을 **경제적 부가가치**(economic value added, EVA)라고 하고 세후영업이익[EBIT×(1 − 법인세율)]에서 '자본비용×총자본'을 차감해서 구한다. 총자본(total long-term capital)은 보통 장기부채와 자기자본 장부가치의 합으로 나타낸다. 자본비용은 백분율이고 총자본액은 화폐가치임을 잊지 말자.

기업의 자본비용은 기업이 조달한 자금(자본)을 가지고 투자를 해서 달성해야 하는 최소한의 수익률을 말한다. 최소한 자금조달비용만큼은 벌어야 손해를 안 보기 때문이다. 자본비용은 자본의 기회비용이라고도 한다. 기업의 투자수익률은 적어도 투자자들이 금융시장에 있는 다른 투자상품(대안 투자기회)에 투자해서 벌 수 있는 수익률은 되어야 한다. 그렇지 않으면 대안 투자기회를 포기함으로써 생기는 기회비용이 기업에 투자해서 기대하는 수익률보다 크기 때문에 투자자들은 대안 투자기회를 포기하지 않을 것이다. 따라서 기업은 자금조달의 기회를 놓치고 투자기회도 놓친다. 주주가치 극대화의 목표도 그만큼 멀어진다.

홈디포의 2017년도 EVA를 계산해보자. 먼저 자본비용액을 계산하려면 총자본액과 자본비용이 필요하다. 표 2.1을 보면, 홈디포의 2017년도 초 장기부채액은 \$223.49억이고 자기자본은 \$43.33억이다. 그러므로 총자본은 \$266.82억(=223.49+43.33)이 된다. 가중평균자본비용(간단히 자본비용)을 8.2%라고 하면 자본비용액은 다음과 같다.

$$자본비용액 = 0.082 \times 266.82 = \$21.88억$$

즉 홈디포는 2017년도 1년 동안 채권투자자와 주주들의 자금(\$266.82억)을 가지고 최소한 \$21.88억의 수익을 내야 한다. 채권투자자와 주주들도 홈디포가 2017년도에 최소 \$21.88억의 수익을 낼 것으로 기대한다.

표 2.2를 참조해서 홈디포의 2017년도 세후영업이익을 구하면(법인세율 37%)

$$세후영업이익 = EBIT \times (1 − 법인세율) = 147.55 \times (1 − 0.37) = \$92.96억$$

이고, 순이익을 이용해 계산해도 같은 금액을 얻게 된다.

$$세후영업이익 = 순이익 + 세후이자비용 = 86.3 + 10.57(1 − 0.37) = \$92.96억$$

여기서 세후이자비용은 '이자비용×(1 − 법인세율)'로 정의한다. 두 수치는 산술적으로 같아야 한다. 직관적 설명을 더하자면 EVA는 채권투자자와 주주 모두에게 이익이 되는 부가가치이므로 손익계산서의 이익 개념 중에서 채권자와 주주 모두에게 분배가 가능한 이익은 매출에서 영업비용을 차감한 영업이익이다. 그러나 세금도 영업비용에 속하므로 차감을 해주어야 한다. 그러므로 매출액에서 세금을 포함한 모든 영업비용을 제외하고 채권자와 주주 모두에게

분배가 가능한 이익은 세후영업이익이다. 순이익의 경우 법인세는 제외되었지만 채권자에게
분배되는 이자비용도 차감된 항목이기 때문에 이로부터 세후영업이익을 구하려면 이자비용을
다시 더해주어야 한다. 그런데 이자비용에 (1 – 법인세율)을 곱해주는 이유는 이자비용의 세금
감면효과를 제거하기 위함이다. 이자비용의 세금감면효과는 나중에 자본비용을 산출할 때 반
영이 되므로 세후영업이익 산출에서는 제거해야 그 효과를 두 번 포함하는 오류(EVA 과대평
가)를 피할 수 있다. 그러므로 홈디포의 EVA는 다음과 같다.

$$EVA = 세후영업이익 - 자본비용액 = 92.96 - 21.88 = \$71.08억$$

때로는 EVA를 다음과 같이 표현하는 것이 도움이 된다.

$$EVA = \left(\frac{순이익 + 세후이자비용}{총자본} - 자본비용\right) \times 총자본 = (자본수익률 - 자본비용) \times 총자본$$

**자본수익률**(return on capital, ROC)은 기업이 채권투자자와 주주들을 위해 번 수익(세후영업
이익)을 총자본으로 나눈 비율이다. 기업의 자본수익률이 자본비용보다 높을 때 EVA는 양의
값을 갖게 된다. 이 식을 이용해 홈디포의 EVA를 다시 구하면(자본비용 8.2%)

$$EVA = \left(\frac{86.3 + 10.57(1 - 0.37)}{266.82}\right) \times 266.82 = \$71.08억$$

이다. 이 식에서 $\frac{86.3 + 10.57(1 - 0.37)}{266.82}$은 34.8%의 ROC를 나타낸다. ROC가 자본비용 8.2%보

| | 1. 세후이자비용<br>+ 순이익 | 2. 가중평균자본비용<br>(WACC,%) | 3. 총자본 | 4. EVA=1−(2×3) | 5. 자본수익률<br>(ROC,%)(1÷3) |
|---|---|---|---|---|---|
| 애플 | $52,051 | 7.1 | $203,569 | $37,638 | 25.6 |
| 마이크로소프트 | 20,626 | 7.1 | 61,619 | 16,269 | 33.5 |
| 존슨앤드존슨 | 17,599 | 5.7 | 112,367 | 11,160 | 15.7 |
| 월마트 | 14,891 | 2.8 | 206,206 | 9,076 | 7.2 |
| 코카콜라 | 8,713 | 5.8 | 44,678 | 6,144 | 19.5 |
| CBS | 1,863 | 6.1 | 55,820 | −1,559 | 3.3 |
| 프리포트-맥모란 | 1,710 | 7.1 | 52,991 | −2,068 | 3.2 |
| 뱅크오브아메리카 | 18,370 | 6.7 | 310,587 | −2,439 | 5.9 |
| AIG | 457 | 6.4 | 90,107 | −5,300 | 0.5 |
| 코노코 | −1,494 | 6.7 | 102,820 | −8,373 | −1.5 |

》**표 2.4**  기업 성과를 측정하는 회계수치와 재무비율(단위: $100만)
출처: EVA Dimensions.

다 약 27%p나 크니 EVA가 양의 값을 갖는 것은 당연하다.

표 2.4는 10개의 미국 기업을 대상으로 EVA를 구하는 과정을 보여준다. 애플은 MVA 때와 마찬가지로 EVA도 가장 높은 수치를 기록한다. 애플은 투자자들을 만족시키는 최소한의 수익률(7.1%)을 만족시키고도 $376.38억의 부가가치를 추가로 더했다. 투자자들의 만족도도 당연히 그만큼 상승했을 것이다. 뱅크오브아메리카는 여전히 후순위에 머물렀다. 세후영업이익은 $183.7로 상위권을 기록했지만, 이보다 큰 자본비용액 때문에 결국 $24.39억의 경제적 손실을 봐야 했다. 다시 말해 최소 수익률을 달성하기 위해 필요한 최소 수익 $208.09억(= 183.7 + 24.39)에 $24.39억나 부족한 저조한 경영 성과를 냈다.

## 수익성비율

MVA와 마찬가지로 EVA도 규모가 다른 기업의 경영 성과를 비교하는 데는 한계가 있다. 자산규모가 큰 기업의 EVA가 자산규모가 작은 기업의 EVA보다 클 가능성이 높다. 따라서 EVA는 능력 있는 경영진이 경영하는 소규모 기업보다 무능한 경영진이 이끄는 큰 기업의 성과가 더 우수하다는 잘못된 판단을 하기도 쉽다. 이러한 MVA의 단점을 보완하기 위해 P/E를 사용했듯 EVA의 단점을 보완하기 위해 표준화된 수익성비율(profitability ratio)을 사용할 수 있다. 가장 많이 사용되는 수익성비율에는 앞서 논의되었던 ROC 외에 **자기자본수익률**(return on equity, ROE)과 **자산수익률**(return on assets, ROA)이 있다.

표 2.4의 마지막 열에는 10개 기업의 ROC가 계산되어 있다. 마이크로소프트의 ROC는 33.5%로 자본비용 7.1%보다 약 26%p 이상 크다. 마이크로소프트와 애플의 자본비용은 7.1%로 같지만 ROC는 마이크로소프트가 애플(25.6%)보다 약 8%p가 높다. 그럼에도 불구하고 EVA는 애플이 마이크로소프트를 압도한다. 이유는 간단하다. 마이크로소프트의 총자본이 애플의 1/3 정도밖에 안 되기 때문이다. 즉 규모의 차이에서 오는 차이다. EVA가 높다고 애플이 마이크로소프트보다 경영 성과가 우수하다고 말할 수 없다. 오히려, 표준화된 지표인 ROC와 자본비용의 차이를 보면 마이크로소프트 경영진의 성과가 더 우수하다고 할 수 있다.

다음으로 ROE에 대해 알아보자. ROE는 순이익을 자기자본(연초 장부가치)으로 나눈 비율이다. 표 2.1과 표 2.2를 참조해 홈디포의 ROE를 구하면 다음과 같다.

$$ROE = \frac{순이익}{자기자본} = \frac{86.3}{43.33} = 1.992(199.2\%)$$

홈디포는 주주들이 만족할 만한 ROE를 창출했는가? 이 물음에 답하려면 ROE와 비교할 벤치마크(benchmark)가 필요하다. ROE가 자기자본 대비 수익률이므로 적절한 벤치마크는 자기자본비용(cost of equity, 주주들이 요구하는 최소 수익률)이다. 홈디포의 자기자본비용을 9%라고 가정하면 홈디포의 ROE는 주주들이 요구하는 최소 수익률을 훌쩍 넘는다. 오히려 너무 높은 탓에 ROE의 정확성과 신빙성에 의문을 제기할 수 있다. 홈디포는 당시에 자사주 매입을 활발히 했기 때문에 자기자본 장부가치가 매우 낮아 ROE가 비상식적으로 높아질 수밖에 없었다. 그러므로 ROE 199.2%를 액면 그대로 받아들이는 것은 위험하다.

마지막으로 살펴볼 수익성비율은 자산수익률(ROA)이다. 총자산은 총부채와 자기자본의 합으로 ROC에서 분모로 사용한 총자본(장기부채 + 자기자본)보다 큰 액수임을 기억하자. 자산수익률은 자산 $1당 세후영업이익을 뜻하므로 비율이 높을수록 투자자산이 창출하는 이익이 높다고 볼 수 있다. 다시 홈디포의 예로 돌아가서 자산수익률을 계산하면 다음과 같다.

$$\text{ROA} = \frac{\text{세후영업이익}}{\text{총자산}} = \frac{\text{순이익} + \text{세후이자비용}}{\text{총자본}} = \frac{86.3 + 10.57(1 - 0.37)}{429.66} = 0.216(21.6\%)$$

이와 같이 이자비용의 세금감면효과를 빼준 세후영업이익을 분자에 사용한 자산수익률은 자본 구조가 매우 다른 기업들의 수익성을 비교할 때 유용하다. 자산수익률을 단순히 순이익/총자산 혹은(순이익 + 이자비용)/총자산으로 정의하곤 하는데 이런 경우에는 자산수익률을 활용해서 자본 구조가 다른 기업들의 수익성 우열을 비교하는 것은 적절치 않다.

## EVA와 수익성비율의 문제점

EVA와 수익성비율은 경영 성과를 측정하는 분석법으로서 명확한 장점이 있다. 앞서 언급한 것처럼 MVA나 시장가치비율은 투자자들의 미래 기업 성과에 대한 기대가 반영되어 노이즈를 일으키고 이는 오차를 유발해 분석의 정확성, 타당성, 신뢰성을 저하한다. 이와 달리 EVA와 수익성비율은 미래에 대한 기대를 반영하는 시장가치가 개입하지 않아 현재의 성과를 노이즈 없이 측정한다. 또한 이들은 기업 전체의 성과를 평가할 뿐만 아니라 기업 내 사업부나 특정 제조공장 등의 성과 평가에도 쉽게 적용할 수 있다.

그러나 EVA와 수익성비율이 자산, 부채, 자기자본의 장부가치를 기반으로 산출된다는 것을 잊지 말아야 한다. 대차대조표에는 기록되지 않은 또는 기록하기 어렵지만 기업의 수익창출에 막대한 기여를 하는 자산이 꽤 있다. 예를 들면 홈디포는 자사의 브랜드 평판(brand reputation)을 높이기 위해 마케팅에 막대한 자금을 투입하고 있지만 브랜드 평판은 대차대조표의 어디에도 기록되지 않는다. 만약에 브랜드 평판이 제대로 평가되어 무형자산으로 기록되었다면 홈디포의 EVA, ROC, ROE, ROA는 그렇게 높지 않았을 것이다. 즉 기록되지 않은 자산으로 인해 홈디포의 EVA와 수익성비율은 과대평가되었다고 할 수 있다. 정리하면, EVA와 수익성비율에 의존해서 경영 성과를 평가하게 되면 대차대조표에는 생략되었지만 기업의 수익에는 큰 영향을 미치는 자산들의 기여를 무시하는 결과를 낳게 되고 정확한 성과 평가를 할 수 없다. 따라서 표 2.3과 2.4의 자료를 제공한 EVA디멘션스 같은 기업컨설팅회사는 재무제표에 기록된 회계자료를 그대로 사용하지 않고 여러 가지 조정과정을 거친 수정된 회계자료를 바탕으로 EVA와 수익성비율을 산출한다. 그렇지만 보이지 않는 모든 자산을 포함시키는 것은 불가능하고 또한 그들의 감가상각비를 산출하는 문제도 해결하기 어렵다. 예를 들어 표 2.4를 보면 마이크로소프트가 2017년에 기록한 ROC는 33.5%이고 EVA는 약 $160억이다. 이때까지 마이크로소프트는 윈도우 및 다른 소프트웨어 개발과 광고에 막대한 자금을 투자했지만 대차대조표에 적절히 반영되지 못했다. 적절히 반영되었다면 마이크로소프트의 ROC와 EVA는 훨씬 낮은 수준이었을 것이다. 이는 마이크로소프트뿐만 아니라 EVA와 수익성비율로 성과를 평가하는 모든 기업에 해당하므로 항상 예의주시해야 한다.

대차대조표에 기록된 항목들의 장부가치가 현재 시장가치를 반영하지 않는다는 것을 기억하자. 자산의 장부가치는 보통 자산을 구매하기 위해 지출한 비용에서 감가상각비(감가상각을 할 수 있는 자산에 국한)를 차감한 금액이다. 그러므로 장부가치는 현재의 시장상황과 미래 시장상황에 대한 기대까지 내포한 시장가격보다 현저히 낮게 책정되어 있는 것이 보통이다. 그러므로 현재의 높은 ROC가 과거에 한 투자의 성과를 정확히 측정하고 있을 수는 있지만 미래에도 지금과 같은 높은 ROC를 성취할 것이라는 보장은 없다. 다시 말해 현재의 높은 ROC를 만든 장본인인 대차대조표상의 자산을 장부가치만 지불하고 시장에서 구입할 가능성은 매우 낮다.

## 2-5 효율성비율

지금까지 수익성을 평가하는 개념과 수치를 배웠다. 따라서 다음은 수익성을 개선하는 데 영향을 미치는 요인들을 논의하는 것이 자연스러운 순서일 것이다. 첫째 요인으로 자산을 얼마나 효율적으로 운영하고 관리하는지를 측정하는 효율성비율을 다룬다.

**자산회전율** 자산회전율(asset turnover ratio)은 매출액을 기간 초(예: 연초) 총자산으로 나누어 산출하며 자산 $1가 생산하는 매출액을 뜻한다. 다시 말해 자산을 얼마나 잘 운영하고 관리해서 얼마의 매출을 만들어내는지를 측정한다. 자산회전율이 높다는 것은 자산에 투자된 $1가 만들어내는 매출액이 높다는 의미이므로 자산효율성이 높음을 나타낸다. 표 2.1과 2.2를 참조해 홈디포의 2017년도 자산회전율을 구해보자.

$$\text{자산회전율} = \frac{\text{매출액}}{\text{연초 총자산}} = \frac{1,009.78}{429.66} = 2.35$$

이 식에서 분모에 들어가는 총자산은 2017년도 초(2016년도 말)의 장부가치를 사용했다. 그러나 재무분석가들은 연초와 연말의 평균치를 사용해서 자산회전율을 구하는 방식을 선호한다. 이유는 위 식에서 분자인 매출액은 연초부터 연말까지의 흐름인 반면 분모인 연초 총자산은 연초 시점의 고정값(흐름이 아닌)이므로 일관성이 없기 때문이다. 따라서 분모도 연초의 고정값이 아니라 연초부터 연말까지의 흐름을 나타내는 연초와 연말 총자산의 평균값을 쓰는 것이 적절하다는 논리다. 평균값을 사용해 홈디포의 2017년도 자산회전율을 구하면 다음과 같다.

$$\text{자산회전율} = \frac{\text{매출액}}{\text{평균 총자산}} = \frac{1,009.78}{\left(\dfrac{445.29 + 429.66}{2}\right)} = 2.31$$

두 방식 중 어느 것이 우월한가에 대한 논의는 그리 바람직하지 않다. 비교하고자 하는 기업들의 자산회전율을 동일한 공식으로 산출하는 일관성을 유지한다면 굳이 자산회전율 산출 방식에는 크게 신경 쓸 필요가 없다.

**재고자산회전율** 재고자산회전율(inventory turnover ratio)은 손익계산서의 매출원가를 연초 재고자산으로 나누어 계산하고 재고자산이 얼마나 빨리 매출(판매)로 전환되는지를 측정한다. 당연히 회전율이 높을수록 재고자산의 판매가 빠르게 이루어지는 것이므로 보다 효율적으로 재고자산이 운용, 관리되고 있다는 뜻이다. 자산회전율은 분자에 매출액을 쓰지만 재고자산회전율은 매출원가를 사용하는 것이 보통이다(교과서에 따라 매출액을 사용하는 경우도 자주 있다). 재고자산의 장부가치는 재고자산의 투자비용을 나타내므로 매출액 중 비용원가를 나타내는 매출원가와 매칭(matching)하는 것이 분자와 분모의 일관성 원칙에 맞다고 보기 때문이다.

자산회전율이 전체 자산의 효율성을 측정하는 반면 재고자산회전율은 자산 중에서도 재고자산의 효율성에 초점을 맞춘다. 효율적인 기업은 원재료나 완성품을 필요 이상으로 창고에 쌓아 놓지 않는다. 상대적으로 적은 양의 재고자산을 유지하면서 빠르게 회전(매출)시키려 노력한다. 홈디포의 재고자산회전율을 계산해보자.

$$재고자산회전율 = \frac{매출원가액}{연초\ 재고자산} = \frac{665.48}{125.49} = 5.3$$

이는 홈디포가 1년 동안 재고자산을 5.3회 매출로 연결했다는 의미이다. 재고자산회전율이 12라면 1년(12개월) 동안 재고자산을 12회 회전(판매)했다는 의미이므로 재고자산의 창고가 채워졌다 비워졌다를 매월 반복했다는 뜻이기도 하다. 재고자산회전율의 역수(1/5.3)에 365일을 곱하면 재고자산판매기간(inventory period)이 된다.

$$재고자산판매기간 = \frac{연초\ 재고자산}{매출원가} \times 365 = \frac{125.49 \times 365}{665.48} = 68.83(69일)$$

$\frac{연초\ 재고자산}{매출원가}$ 은 달리 표현하면 $\frac{연초\ 재고자산}{일별\ 매출원가} = \frac{연초\ 재고자산}{매출원가/365}$ 이다. 홈디포가 재고자산을 판매하는 데 걸리는 시간이 약 69일이라는 뜻이다. 이는 재고자산이 1년 동안 5.3회 회전했다는 의미와 같은 뜻, 다른 표현에 불과하다. 재고자산판매기간이 짧을수록 재고자산을 더 빨리 판매한다는 의미이니 효율성이 높다는 뜻이다. 반대로 재고자산회전율은 높을수록 재고자산이 매출로 더 빠르게 전환되어 효율성이 높다는 뜻이다. 재고자산회전율과 재고자산판매기간은 수치와 해석이 다를 뿐 측정하고자 하는 바는 재고자산의 효율성으로 똑같다. 동일한 공식을 공유하니 당연한 결과이다.

**매출채권회전율** 매출채권은 아직 회수하지 못한 판매대금이다. 매출채권회전율(receivables turnover ratio)은 매출액을 매출채권으로 나눈 비율이고 매출채권이 얼마나 빨리 회수되는가를 나타낸다. 홈디포의 매출채권회전율은

$$매출채권회전율 = \frac{매출액}{연초\ 매출채권} = \frac{1,009.78}{20.29} = 49.8$$

로, 이는 매출채권이 연간 49.8회 회수되었음을 보여준다. 소비자들이 외상으로 산 홈디포 상품을 빨리 상환한다면 매출액 대비 매출채권의 비율은 낮아질 것이고 매출채권회전율은 높아지게 된다. 그러므로 높은 회전율은 홈디포의 신용담당부서가 외상매출에 대한 관리를 매우 효율적으로 하고 있다고 볼 수 있다. 그러나 때로는 매출채권관리의 효율성 때문이 아니라 매우 제한적인 신용판매정책으로 인해 매출채권이 자연스럽게 줄어들어 회전율이 높아지는 경우도 있음을 기억하자. 재고자산회전율로부터 재고자산판매기간을 간단한 계산으로 추정한 것처럼 매출채권회전율도 역수(1/49.8)에 365를 곱해 회수기간으로 쉽게 전환할 수 있다.

$$\text{매출채권회수기간} = \frac{\text{연초 매출채권}}{\text{일별 매출액}} = \frac{\text{연초 매출채권}}{\text{매출액}} \times 365 = \frac{1}{49.8} \times 365 = 7.3\text{일}$$

홈디포의 소비자들이 외상매입금을 갚는 데 걸리는 시간은 평균 7.3일이다. 회전율과 반대로 작으면 작을수록 매출채권의 회수가 빨라지므로 더 효율적이다. 이 밖에도 사업의 특성에 맞는 다양한 효율성비율이 존재한다. 예를 들어 수많은 점포를 통해 매출을 올리는 홈디포는 자산회전율 대신에 점포 1제곱피트당 매출액으로 자산관리의 효율성을 측정해도 된다. 제철회사는 철강 1톤당 제조비용, 항공사는 승객이 여행한 1마일당 매출액, 법률회사는 파트너 1인당 매출액으로 자산관리의 효율성을 측정하곤 한다.

## 2-6 ROA 분석: 듀퐁 시스템

기업의 성과가 좋고 나쁨은 매출액의 크기뿐만 아니라 매출액 대비 이익의 수준(수익성비율 중 하나)에 의해 결정된다. 매출액 대비 이익을 표시하는 수익성비율로 많이 사용하는 것이 **순이익률**(profit margin, PM)이다. 홈디포의 순이익률은 다음과 같다.

$$\text{순이익률} = \frac{\text{순이익}}{\text{매출액}} = \frac{86.3}{1,009.78} = 0.0855(8.55\%)$$

그러나 순이익률을 수익성비율로 사용할 때는 주의할 점이 있다. 순이익은 이자비용을 뺀 이익의 개념이기 때문에 부채를 많이 사용하는 기업과 부채비중이 매우 낮은 기업을 비교할 때는 적절하지 않다. 부채비중이 높은 기업은 더 많은 영업이익을 창출해도 이자비용을 차감한 후의 순이익이 부채비중이 낮은 기업보다 작아 순이익률은 열등해 보일 수 있다. 하지만 결국에는 영업이익을 지속적으로 많이 창출하는 기업의 현금흐름과 기업가치가 커질 수밖에 없으니 부채비중이 높아 일시적으로 낮은 순이익률을 기록한 기업의 수익성을 저평가하는 것은 비합리적이다. 순이익률의 이러한 단점을 극복하기 위한 대안으로 개발된 수익성비율이 영업이익률(operating profit margin)이다. 영업이익률은 순이익 대신 세후영업이익이 매출액 중에서 차지하는 비율을 보여준다. 세후영업이익은 이자비용을 지급하기 이전의 이익이므로 기업의 부채구조에 따라 변화하는 수익의 개념이 아니다. 홈디포의 영업이익률을 구해보자.

$$영업이익률 = \frac{세후영업이익}{매출액} = \frac{순이익 + 세후이자비용}{매출액} = \frac{86.3 + (1 - 0.37) \times 10.57}{1,009.78} = 0.092(9.2\%)$$

## 듀퐁 시스템

홈디포의 ROA는 세후영업이익을 총자산으로 나눈 값으로 21.7%였다. 오리지널 ROA는

$$ROA = \frac{세후영업이익}{매출액} = \frac{순이익 + 세후이자비용}{매출액}$$

으로 정의되어 하나의 비율(요인)로 나타낸다. 이를 다음과 같이 2개의 요인을 가진 공식으로 바꿀 수 있다.

$$ROA = \frac{매출액}{총자산} \times \frac{순이익 + 세후이자비용}{매출액}$$

**듀퐁공식**(Du Pont formula)이라고 불리는 이 공식의 결괏값은 일반적인 ROA의 값과 동일하다. 반면에 ROA를 구성하는 요인을 세분화함으로써 ROA에 직접적 영향을 미치는 2개의 중요한 요인인 자산회전율과 영업이익률을 손쉽게 파악할 수 있다. 듀퐁공식을 이용해 홈디포의 ROA를 다시 구하면 다음과 같다.

$$ROA = \frac{1,009.78}{429.66} \times \frac{86.3 + (1 - 0.37) \times 10.57}{1,009.78} = 2.35 \times 0.092 = 0.216(21.6\%)$$

모든 기업이 높은 자산수익률을 올리고 싶어 한다. 그러나 치열한 경쟁으로 인해 쉬운 과업이 아니다. 듀퐁공식은 기업이 넘어야 할 장벽을 명확히 보여준다. 패스트푸드체인점은 보통 자산회전율이 매우 높은 반면 영업이익률은 낮은 편이다. 이와 반대로 고급호텔은 높은 영업이익률을 자랑하지만 자산회전율은 상대적으로 낮은 추세다. 기업의 특성이나 산업의 특성에 따라 ROA의 수준이 달라질 뿐만 아니라 구성요인들(자산회전율과 영업이익률)도 상이한 패턴을 보인다. 또는 ROA가 유사한 기업이라 할지라도 효율성과 매출액 대비 수익성에서는 큰 차이를 보일 수 있다.

표 2.5는 두 기업의 합병 전과 후 ROA와 구성요소를 구분해 보여준다. 애드미럴자동차

| | 매출액 | 세후영업이익 | 자산 | 자산회전율 | 영업이익률 | 자산수익률 |
|---|---|---|---|---|---|---|
| 애드미럴자동차 | $20 | $4 | $40 | 0.50 | 20% | 10% |
| 다이애나 | 8 | 2 | 20 | 0.40 | 25 | 10 |
| 다이애나자동차(합병기업) | 20 | 6 | 60 | 0.33 | 30 | 10 |

》**표 2.5** 듀퐁공식을 이용한 수익성 분석

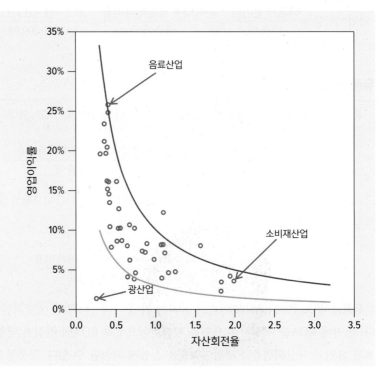

**▶ 그림 2.2**
자산회전율과 영업이익률의 부적 상관관계:
미국 45개 산업 사례
출처: U.S. Census Bureau, *Quarterly Financial Report Manufacturing, Mining, Trade, and Selected Service Industries*, Third Quarter 2017.

(Admiral Motors)의 자산회전율은 0.5로 다이애나(Diana Corporation)의 0.4보다 높아 효율성 측면에서는 다이애나를 앞섰다. 영업이익률은 다이애나가 25%로 애드미럴자동차의 20%보다 높아 수익성 측면에서는 다이애나가 우세했다. 상이한 자산회전율과 영업이익률에도 불구하고 두 기업의 합병 전 ROA는 모두 10%였다. 상대적 우위가 상대적 열세를 상쇄한 모양새다. 합병 후 합병회사의 자산과 세후영업이익은 개별회사일 때보다 증가했지만 매출액은 애드미럴자동차의 개별 매출액과 같았다. 다이애나가 생산한 부품을 애드미럴자동차가 모두 소비하고 타사 매출을 하지 못해 생긴 현상으로 보인다. 늘어난 자산과 변동이 없는 매출액 때문에 합병 후 자산회전율(0.33)은 합병 전 개별 자산회전율(0.5와 0.4)보다 훨씬 낮았다. 반대로 영업이익은 증가하고 매출액은 변동이 없으니 영업이익률은 월등히 개선되었다. 합병 전 개별적 영업이익률은 20%와 25%였는데 합병 후에는 30%로 뛰어올랐다. 개선된 영업이익률의 긍정적 수익효과는 악화한 자산회전율의 부정적 수익효과에 의해 상쇄되어 합병 후 ROA는 여전히 10%에 머물렀다.

　그림 2.2는 2017년 9월 현재 미국 45개 산업의 평균 자산회전율과 영업이익률의 상충관계를 보여준다. 평균 자산회전율이 높은 산업의 영업이익률은 상대적으로 낮은 경향이 있는 반면 평균 영업이익률이 높은 산업은 상대적으로 낮은 자산회전율을 갖는 추세가 뚜렷하다. 그림에 표시된 2개의 곡선은 3~10% 사이의 ROA 구간을 나타낸다. 당시 낮은 제품가격으로 어려움을 겪던 광산업을 제외한 대부분 산업이 이 구간 내에 위치한다.

## 2-7 레버리지 효과

기업은 채권자로부터 자금을 빌릴 때 채권의 만기가 도래하기 전까지 정기적인 이자를 지급할 것을 약속한다. 또한 만기가 도래하면 원금을 상환해야 한다. 기업의 이익이 증가해도 채권자들은 여전히 약속된 이자와 원금만 받기 때문에 늘어난 이익은 모두 주주의 몫이 된다. 반대로 기업이익이 많이 감소하면 약속된 이자와 원금을 갚는 것도 힘들 수 있다. 심각한 경우에는 지급불이행 상황에 직면할 수 있고 궁극적으로 파산에 이를 가능성도 배제할 수 없다. 기업이 실제로 파산에 이르게 되면 주주는 투자액의 대부분 혹은 전부를 잃게 된다.

부채는 경기상황이나 기업실적이 좋을 때는 주주에게 돌아가는 이익을 늘리는 긍정적 역할을 하고 경제나 실적이 악화하면 주주가치를 감소시키는 부정적 역할을 한다. 부채가 자본 구조(capital structure)에서 차지하는 비중에 따라 부채의 이러한 긍정적, 부정적 레버리지(부채) 효과도 변한다. 부채가 만드는 이러한 긍정적, 부정적 효과를 통틀어 레버리지 효과라고 한다.

레버리지비율(leverage ratio)은 기업이 어느 정도의 재무 레버리지를 유지하고 있는지를 측정하는 재무비율들의 총칭이다. 최고재무관리자(CFO)는 부정적 레버리지 효과를 통제하고 긍정적 레버리지 효과는 극대화하기 위해 레버리지비율의 변화에 항상 주의를 기울인다. 이런 노력 없이는 지급불이행과 파산에 대한 채권자의 잠재적 불안을 잠재울 수 없고 부채를 통한 자금조달비용이 증가해 주주가치 극대화의 목표를 훼손하게 된다.

**부채비율**  재무 레버리지는 보통 장기부채(long-term debt)와 총자본(long-term capital)의 비율인 장기부채비율(long-term debt ratio, LTD비율)로 표시한다. 장기부채는 회사채뿐만 아니라 상환기간이 1년 이상인 장기 차입금이나 장기 리스를 포함한다. 그러므로 홈디포의 LTDE비율은

$$\text{LTDE비율} = \frac{\text{장기부채}}{\text{총자본}} = \frac{\text{장기부채}}{\text{장기부채} + \text{자기자본}} = \frac{242.67}{242.67 + 14.54} = 0.94(94\%)$$

로, 이는 자본 투자액 $1당 장기부채 청구액이 $0.94란 뜻이다. 이 수치가 높을수록 부채부담이 커져 지급불이행 및 파산위험도 상승한다.

장기부채자기자본비율(long-term debt-equity ratio, LTDE비율)은 재무 레버리지를 나타내는 또 다른 대표적인 비율이다. 명칭이 말해주듯 장기부채를 자기자본으로 나누어 구한다. 홈디포의 장기부채자기자본비율을 구해보면 다음과 같다.

$$\text{LTDE비율} = \frac{\text{장기부채}}{\text{자기자본}} = \frac{242.67}{14.54} = 16.69$$

장부가치에 기초한 LTDE비율에 따르면 홈디포의 장기부채는 자기자본의 16.69배로 비상식적으로 높은 액수이다. 이는 앞서 언급했듯 홈디포의 자사주 매입으로 인한 결과이다. 그러나 홈디포의 CFO는 LTDE비율이 자사의 부채 수준을 제대로 반영하지 못한다고 주장하며 홈디포 자기자본의 시장가치 대비 장기부채는 2%에도 미치지 않음을 증거로 제시한다. 이는 장부가치를 이용한 재무비율분석의 한계이기도 하다.

어떤 기업은 의도적으로 매우 높은 부채비율을 유지하기도 한다. 예를 들어 인수합병 시장에서 차입매수(leveraged buyout, LBO)로 타 기업을 인수하는 경우에 인수대상기업의 부채비율은 순식간에 급상승한다. 왜냐하면 인수기업이 인수에 필요한 자금의 상당 부분을 인수대상기업의 자산을 담보로 한 부채로 조달하기 때문이다. LBO는 1990년대에 매우 유행했는데 LBO 인수대상기업들의 평균 LTD비율은 약 90%에 달했다.

지금까지 살펴본 부채비율들은 모두 단기부채를 제외한 비율이다. 단기부채는 장기간에 걸쳐 정기적으로 이자와 원금을 지급하는 부채가 아니라 일시적으로 기업 운영의 묘미를 살리기 위해서 빌리는 것이기도 하고 유동자산과 매칭을 시키는 경우가 많아서 부채비율에 포함하지 않아도 큰 문제는 없다. 그러나 기업이 다양한 투자활동을 단기부채로 지속적, 반복적으로 지원하는 경우에는 단기부채를 포함한 총부채비율(total debt ratio, TD비율)을 사용하는 것이 더 적절할 수 있다. TD비율은 LTD비율을 확장한 개념으로 총부채를 총자산으로 나누어 계산한다. 홈디포의 TD비율은

$$\text{TD비율} = \frac{\text{총부채}}{\text{총자산}} = \frac{430.75}{445.29} = 0.97(97\%)$$

이다. 즉 홈디포는 97%의 자금을 장기부채와 단기부채, 3%의 자금을 자기자본을 통해 조달했다는 뜻이다. LTDE비율과 유사한 총부채자기자본비율(total debt to equity ratio, TDE비율)도 자주 쓰이는 부채비율이다. 홈디포의 TDE비율은 다음과 같다.

$$\text{TDE비율} = \frac{\text{총부채}}{\text{자기자본}} = \frac{430.75}{14.54} = 29.6$$

TDE비율이 유난히 큰 이유는 앞에서 설명한 내용을 참조하기 바란다.

**이자보상비율**  이자보상비율(times-interest-earned ratio, TIE비율)은 재무 레버리지를 측정하기 위해 실무에서 자주 사용하는 또 다른 재무비율이다. TIE비율은 영업이익(EBIT)을 이자비용으로 나눈 값으로 기업이 영업을 통해 창출한 영업이익이 이자비용을 감당하기에 충분한지를 보여준다. 영업이익이 이자비용보다 클수록 이자지급의무를 이행할 확률이 높기 때문에 재무위험이 감소하므로 은행과 같은 채권자 입장에서는 TIE비율이 높은 기업을 선호하게 된다. 홈디포의 TIE비율은 다음과 같다.

$$\text{TIE비율} = \frac{\text{EBIT}}{\text{이자비용}} = \frac{147.55}{10.57} = 14.0$$

EBIT가 이자비용보다 14배나 크니 홈디포의 이자지급능력은 꽤 괜찮아 보인다. 그러나 영업이익은 기업이 보유하고 있는 실제 영업현금흐름을 나타내지 않는, 회계장부에 기록된 많은 이익 개념 중 하나이다. 따라서 이자비용의 지급에 실제 사용될 수 있는 영업현금흐름을 이용한 이자보상비율이 더 실용적이다. 그래서 만들어진 재무비율이 **현금보상비율**(cash coverage ratio, CC비율)이다. CC비율은 분자에 영업이익을 사용하는 대신에 영업이익에 감가상각비를

더한 금액을 넣는다. 이유는 간단하다. 영업이익은 매출액으로부터 세금을 제외한 모든 영업비용과 감가상각비를 차감한 금액이다. 그러나 감가상각비는 실제 현금비용이 아니라 고정자산의 가치 감소를 추정해 비용으로 처리한 가상의 현금유출이다. 그러므로 현금흐름 관점에서 보면 영업이익은 감가상각비의 크기만큼 과소평가되어 있다. 과소평가된 영업이익을 실제 영업현금흐름과 비슷하게 만들기 위해서는 감가상각비를 다시 더해주면 된다. 홈디포의 CC비율을 계산해보면

$$CC비율 = \frac{EBIT + 감가상각비}{이자비용} = \frac{147.55 + 18.11}{10.57} = 15.7$$

로 여전히 홈디포의 이자지급능력은 우수해 보인다.

### 레버리지와 ROE

기업이 채권자에게 자금을 빌리면 반드시 이자를 지급해야 한다. 알다시피 이자비용은 주주에게 돌아갈 순이익을 감소시킨다. 다른 한편으로, 신주 발행을 하는 대신에 부채로 자금을 조달하게 되면 순이익을 분배해야 할 주주의 수가 늘지 않아 부채자금의 투자로 늘어난 순이익은 모두 기존 주주의 몫이 된다. 다시 말해 부채는 주주가치를 줄이는 효과도 있고 늘리는 효과도 있다. 어느 효과가 더 우세할까? 이에 대한 답은 또 다른 듀퐁공식에서 힌트를 얻을 수 있다. 이전에 설명한 듀퐁공식은 ROA의 구성요인을 밝혀주는 공식이었으므로 ROA 듀퐁공식이라고 하자. 이번 듀퐁공식은 자기자본수익률(ROE)을 구성하는 네 가지 요인을 보여주는 공식이므로 ROE 듀퐁공식이라고 할 수 있다.

$$ROE = \frac{순이익}{자기자본} = \frac{총자산}{자기자본} \times \frac{매출액}{총자산} \times \frac{세후영업이익}{매출액} \times \frac{순이익}{세후영업이익}$$

네 가지 요인을 순서대로 설명하면 첫째 요인(총자산/자기자본)은 부채비율이다. 부채를 많이 사용할수록 이 비율은 높아지게 된다. 이 비율은 (총부채＋자기자본)/자기자본, 즉 1＋TDE비율과 같으므로 명확히 부채와 자기자본의 상대적 비중을 나타내는 수치이다. 둘째 요인(매출액/총자산)은 자산회전율이다. 자산효율성이 우수하면 이 비율도 높다. 셋째 요인(세후영업이익/매출액)은 수익성비율의 하나인 영업이익률이므로, 이 수치가 높을수록 채권자와 주주가 활용할 수 있는 이익도 상승한다. 넷째 요인(순이익/세후영업이익)은 부채로 인한 부담을 측정한다. 순이익과 세후영업이익의 차이는 다름 아닌 이자비용이므로 이 비율이 높을수록 이자에 대한 부담은 낮아지고 반대로 낮을수록 부채부담은 높아진다.

둘째와 셋째 요인의 곱은 ROA다. 이 두 요인은 기업의 생산성과 마케팅 기술 등의 영향을 받지만, 부채의 사용 여부 및 비중과는 무관하다. 그러나 첫째와 넷째 요인은 부채의 사용 여부와 비중의 직접적인 영향을 받는다.

오직 자기자본만으로 자금을 조달하는 기업을 상상해보자. 이 경우 첫째 요인(부채비율)과 넷째 요인(부채부담)은 모두 '1'이 되고 ROE는 ROA가 같아진다. 기업이 부채로 자금을 조달

하기 시작하면 첫째 요인은 1보다 크게 되고 넷째 요인은 1보다 작아진다. 따라서 부채의 사용은 ROE를 증가시킬 수도, 감소시킬 수도 있는 것이다. 즉 부채의 양면효과(부정적, 긍정적)이다. 보통 기업이 안정적인 영업이익과 순이익을 유지하고 ROA가 부채의 이자율보다 높으면 부채의 증가는 ROE의 증가로 이어진다.

## 2-8 유동성비율

기업에 단기로 돈을 빌려준 은행이나 외상으로 물자를 제공한 공급업체 등은 기업이 빌린 자금을 상환할 유동자산을 충분히 보유하고 있는지에 관심이 많다. 투자자와 재무분석가도 기업의 **유동성**(liquidity)이 기업가치와 주주가치에 영향을 미치는 지급불이행 위험과 연관이 있기 때문에 항상 주의를 기울인다. 유동자산(current assets)은 기업이 보유한 자산 중에서 공정한 가격을 받고 신속히 처분해 현금화할 수 있는 자산을 말한다. 현금 및 현금성자산, 매출채권, 재고자산이 대표적인 유동자산에 속한다. 기업이 보유한 유동자산의 비중을 상대적으로 보여주는 재무비율이 유동성비율이다.

갑자기 지급해야 할 비용이 발생했을 때 은행에 예치해둔 현금이 있으면 바로 결재가 가능하다. 공개기업의 주식을 보유하고 있으면 주식시장에서 즉시 매도해 현금을 마련하면 된다. 매출채권은 외상매입자에게서 수금을 하면 현금이 발생한다. 재고자산은 현금, 주식, 매출채권만큼 유동성이 높진 않지만 보통 단기간에 판매가 되어 매출채권이나 현금으로 전환된다. 이들 유동자산의 공통점은 토지, 공장, 장비, 빌딩 등과 같은 비유동자산에 비해 훨씬 빠른 시일 안에 현금화가 가능하다는 것이다. 토지나 빌딩과 같은 부동산은 구매자를 찾기부터 쉽지 않고, 찾더라도 공정가를 정하기 위한 긴 협상을 하기가 일쑤여서 단기간에 필요한 현금을 마련하는 수단으로는 적절하지 않다.

그러나 유동자산의 규모는 변동이 심하다는 점을 잊지 말자. 부동산의 가치는 하루아침에 변하지 않지만 현금은 하루아침에 지출되어 사라지기 일쑤다. 유동성이 좋은 자산이 별안간 비유동자산으로 탈바꿈하는 경우도 있다. 2007년 금융위기 때 많은 금융기관이 **구조화투자회사**(structured investment vehicle, SIV)라는 펀드회사를 만들어 주택모기지(residential mortgages, 주택담보대출)를 담보로 한 단기부채증권을 남발했다. 평상시 단기부채증권은 소유한 기업이나 투자자의 자산 중에서도 유동성이 양호한 자산에 속했다. 그러나 주택모기지로 주택을 장만한 개인들이 모기지 대금(이자+원금)을 지불할 수 없는 지급불능 상태에 빠지면서 금융위기가 본격적으로 시작되자 주택모기지를 담보로 발행된 단기부채증권의 유동성은 급격히 악화해 나중에는 반값도 못 받고 매도한 투자자가 부지기수였다.

더불어 유동자산의 비중이 높다는 것이 좋은 징후만은 아니다. 실제로 자산을 효율적으로 운용하는 기업은 은행에 잉여현금을 예치하지 않고, 구매자들이 매입채무(기업에게는 매출채권)의 상환을 연장하는 것을 허락하지 않으며, 재고창고에 필요 없는 재고자산이 쌓이는 것을 막는다. 다시 말해 유동성이 높다는 것이 때로는 소중한 자본을 낭비하고 있다는 암시일 수도 있다.

**순운전자본비율**  순운전자본(NWC)은 유동자산에서 유동부채를 뺀 금액을 일컫는다. 보통 유동자산이 유동부채보다 크기 때문에 NWC는 양의 값을 갖는 것이 일반적이다. NWC를 총자산으로 나누면 순운전자본비율(net-working-capital-to-total-assets ratio, NWC비율)을 손쉽게 구할 수 있다. 총자산 중 순운전자본의 비중을 측정한다. 홈디포의 NWC와 NWC비율을 구해 보자.

$$NWC = 유동자산 - 유동부채 = 189.33 - 161.94 = \$27.39억$$

$$NWC비율 = \frac{NWC}{총자산} = \frac{27.39}{445.29} = 0.062(6.2\%)$$

**유동비율**  NWC가 유동자산과 유동부채의 차액을 나타내는 수치인 반면 유동비율(current ratio)은 유동자산을 유동부채로 나눈 값이다. 유동비율은 두 항목의 상대적 비중을 보여주며, 당연히 높을수록 유동성이 높다. 홈디포의 유동비율은

$$유동비율 = \frac{유동자산}{유동부채} = \frac{189.33}{161.94} = 1.17$$

로, 홈디포는 유동부채 \$1당 유동자산 \$1.17를 보유하고 있다.

그러나 유동비율이 변한다고 꼭 유동성도 변하는 것은 아니다. 예를 들어 기업이 은행에서 단기 차입금을 빌리고 그 돈으로 유가증권(marketable securities)에 투자했다고 가정해보자. 이 경우 같은 금액을 유동자산과 유동부채에 더하므로 NWC는 그대로이다. 그러나 유동비율은 큰 폭으로 변할 수 있다. 증분(incremental) NWC가 0이기 때문에 현재의 유동성을 변화시킬 추가 유동성이 없는 경우에도 유동비율은 기업의 유동성이 변화했다는 신호를 줄 수 있다. 이런 문제를 해결하기 위해 유동비율의 분자를 유동자산 대신 NWC로 대체하기도 한다.

**당좌비율**  당좌비율[quick ratio, 또는 산성비율(acid-test ratio)]은 유동비율이 변형된 형태로 유동자산 중 유동성이 상대적으로 뒤처지는 재고자산을 제외한 유동자산을 분자로 사용한다. 재고자산을 처분해서 신속히 현금을 마련하려면 때로는 할인가 또는 생산원가에 가까운 금액으로 팔아야 한다. 이는 유동성의 정의에 어긋난다. 이런 상황이 발생할 확률이 다른 유동자산보다 높기 때문에 경영진이나 재무분석가는 재고자산을 유동자산의 반열에서 제외하고자 한다. 홈디포의 당좌비율을 구하면 다음과 같다.

$$당좌비율 = \frac{유동자산 - 재고자산}{유동부채} = \frac{현금 및 현금성자산 + 매출채권}{유동부채} = \frac{35.95 + 19.52}{161.94} = 0.343$$

**현금비율**  유동자산 중 가장 유동성이 뛰어난 자산은 당연히 현금 및 현금성자산이다. 현금비율(cash ratio)은 유동자산의 자리에 현금 및 현금성자산만을 배치한 재무비율이다. 즉 현금 및 현금성자산을 유동부채로 나눈 비율이다. 홈디포의 현금비율은 다음과 같다.

$$현금비율 = \frac{현금 \ 및 \ 현금성자산}{유동부채} = \frac{35.95}{161.94} = 0.222$$

현금비율이 낮다고 하더라도 유동성에는 큰 문제가 없을 가능성이 많다. 왜냐하면 기업들은 보통 거래은행으로부터 상당한 액수의 현금을 신용만으로 사용할 수 있기 때문이다. 이를 신용한도(line of credit)라고 한다. 유동자산이 부족하더라도 신용한도를 이용해 현금을 인출해 단기부채의 이자와 원금을 상환하면 된다. 유동성비율의 단점 중 하나가 이러한 기업의 숨은 유동성 확보 능력을 반영하지 못한다는 것이다.

## 2-9 재무비율의 해석: 벤치마크

지금까지 여러 종류의 재무개념과 재무비율을 정의하고 홈디포의 재무제표 자료를 이용해 계산도 해보았다. 비율의 높고 낮음이 무엇을 의미하는지에 대한 일반적인 해석도 시도했다. 그렇지만 산출한 수치가 너무 높은지, 너무 낮은지, 적절한지에 대한 판단은 할 수 없었다. 이유는 판단의 기준점(reference point) 또는 벤치마크(benchmark)가 없었기 때문이다. 몇 가지 경우에는 절대적 벤치마크(absolute benchmark, natural benchmark)가 있기도 하다. 예를 들어 어떤 기업이 0보다 작은 EVA나 자본비용보다 낮은 ROA를 갖는다면 주주가치가 창출에 실패했다고 판단할 수 있다. 하지만 대부분의 다른 재무비율(예: 자산회전율, 순이익률 등)에는 이와 같은 명확하고 자연스러운 벤치마크가 존재하지 않는다. 따라서 재무비율을 이용해서 경영 성과를 평가할 때는 일반적으로 1) 재무비율이 시간이 경과함에 따라 어떻게 변했는지를 살펴보거나(즉 자사의 과거 재무비율을 벤치마크로 이용), 2) 비슷한 사업을 하는 경쟁사들의 평균 재무비율을 벤치마크로 활용한다.

두 방식을 이용해 홈디포의 2017년도 경영 성과를 평가해보자. 먼저 그림 2.3을 보면 홈디포의 자산회전율, 세후영업이익률, ROA가 1996년부터 2017년까지 어떻게 변했는지, 어떤 추세를 보이는지 확인할 수 있다. ROA선은 자산회전율선과 세후영업이익률선의 가운데에 위치하는데 ROA는 자산회전율과 세후영업이익률의 곱과 같다는 사실을 기억하면 쉽게 이해할 수 있을 것이다. 1999년부터 수년간 홈디포의 자산회전율(효율성)은 지속적인 하향곡선을 나타낸다. 반면에 같은 기간 세후영업이익률(수익성)은 비교적 상향곡선을 그려 자산회전율의 ROA 감소효과를 상쇄해 그 기간 ROA는 비교적 안정된 수준에 머무른다. 금융위기가 본격적으로 확대되던 2008년도에는 세후영업이익률이 급격히 악화해 ROA도 가장 낮은 수준에 이른다. 새로운 경영진이 진용을 갖추고 홈디포를 이끌기 시작했던 2009년부터 자산회전율과 세후영업이익률은 모두 추세를 반전해 2017년까지 상향곡선을 그려 ROA의 가파른 상승을 견인한다. 그러므로 현재 최상의 ROA는 과거(벤치마크)와 비교할 때 경영진의 효율적 자산관리 및 우수한 수익성 창출 능력을 반영한 결과로 판단할 수 있다.

경쟁사들과 비교하면 어떨까? 위와 똑같은 결론에 도달할 수 있을까? 홈디포의 라이벌 기업인 로우스(Lowe's)를 벤치마크로 삼아 두 번째 방식으로 홈디포의 경영 성과를 평가해보자. 표

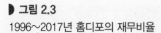

▶ 그림 2.3
1996~2017년 홈디포의 재무비율

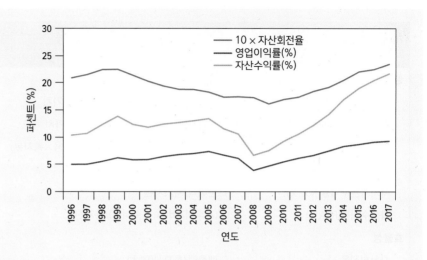

2.6은 홈디포와 로우스의 재무비율을 비율공식과 더불어 요약해 놓았다. 홈디포의 자산회전율과 세후영업이익률은 로우스의 비율들보다 월등히 높아 결과적으로 홈디포의 ROA를 로우스의 ROA보다 2배 가까이 크게 만들었다.

홈디포의 장기부채비율과 총부채비율은 모두 로우스보다 높아 부채의 상대적 비중이 높았지만 높은 수익성(ROA)으로 이자보상비율과 현금보상비율은 오히려 로우스를 훨씬 앞섰다. 유동성 측면에서도 홈디포는 로우스를 압도했다. 순운전자본비율, 유동비율, 당좌비율, 현금비율 모두 홈디포가 월등히 높았다.

재무비율분석의 핵심 중 하나가 평가하려는 기업과 비슷한 사업을 영위하며 동일한 산업군으로 분류되는 진정한 유사기업(comparables)을 선택하는 작업이다. 아니면 오렌지를 사과와 비교하는 오류를 범하게 된다. 홈디포와 로우스는 비슷한 업종, 동일 산업에 속하는 매우 가까운 경쟁자이므로 이들을 서로 비교하며 평가하는 것은 별 문제가 없다. 그러나 보석회사의 수익성비율을 음료회사나 금융회사의 수익성비율을 벤치마크로 삼아 평가하는 것은 이치에 맞지 않는다. 표 2.7은 북미지역 기업들을 14개 산업군으로 나누어 다양한 재무비율의 중앙값(median)을 구해 제시한다. 산업별 재무비율이 천차만별인 것은 사업의 이질성이 그대로 반영된 결과다. 예를 들면 통신산업(telecom)과 공익설비산업(utilities)은 상대적으로 높은 부채비율을 경기의 흐름과 상관없이 일정 수준으로 유지하는 경향이 강하다. 반대로 생산설비산업(business equipment)에 속한 기업들은 훨씬 낮은 수준의 부채비율을 유지한다. 소매산업(retail)의 자산회전율은 14개 산업 중 최고지만 세후영업이익률은 하위권을 면치 못한다. 반면에 공익설비산업의 경우 세후영업이익률은 최상위를 기록하지만 자산회전율은 최하위권에 속한다. 벤치마크를 잘못 선택하면 재무비율분석은 무용지물이 된다.

| | | 회계연도: 2017 | |
|---|---|---|---|
| | | 홈디포 | 로우스 |
| **성과** | | | |
| 시장부가가치($100만) | 자기자본 시장가치−자기자본 장부가치 | $238,302 | $80,467 |
| 주가장부가치비율 | 자기자본 시장가치/자기자본 장부가치 | 164.9 | 13.5 |
| 경제적 부가가치(EVA, $100만) | (세후이자비용 + 순이익) − (자본비용×총자본) | $6,366 | $2,150 |
| 자본수익률(ROC,%) | (세후이자비용 + 순이익)/총자본 | 34.9 | 18.5 |
| 자기자본수익률(ROE,%) | 순이익/자기자본 | 199.2 | 53.6 |
| 자산수익률(ROA,%) | (세후이자비용 + 순이익)/총자산 | 21.7 | 11.2 |
| **효율성** | | | |
| 자산회전율 | 매출액/총자산(연초) | 2.35 | 1.99 |
| 재고자산회전율 | 매출원가/재고자산(연초) | 5.3 | 4.3 |
| 재고자산판매기간 | 재고자산(연초)/일별 매출원가 | 68.8 | 84.4 |
| 매출채권회전율 | 매출액/매출채권(연초) | 49.8 | 자료 없음 |
| 매출채권회수기간 | 매출채권(연초)/일별 매출액 | 7.3 | 자료 없음 |
| 순이익률(%) | 순이익/매출액 | 8.55 | 5.03 |
| 영업이익률(%) | (세후이자비용 + 순이익)/매출액 | 9.23 | 5.63 |
| **레버리지** | | | |
| 장기부채비율 | 장기부채/(장기부채 + 자기자본) | 0.94 | 0.73 |
| 총부채비율 | 총부채/총자산 | 0.97 | 0.83 |
| 이자보상비율 | 영업이익/이자비용 | 14.0 | 9.7 |
| 현금보상비율 | (영업이익 + 감가상각비)/이자비용 | 15.7 | 12.0 |
| **유동성** | | | |
| 순운전자본비율 | 순운전자본/총자산 | 0.06 | 0.02 |
| 유동비율 | 유동자산/유동부채 | 1.17 | 1.06 |
| 당좌비율 | (현금 및 현금성자산 + 매출채권)/유동부채 | 0.34 | 0.05 |
| 현금비율 | (현금 및 현금성자산)/유동부채 | 0.22 | 0.05 |

》**표 2.6** 2017년 홈디포와 로우스의 재무비율

| 산업 | 주가<br>장부<br>가치<br>비율 | ROE<br>(%) | 자산<br>회전율 | 재고<br>자산<br>회전율 | 매출<br>채권<br>회전율 | 순<br>이익률<br>(%) | 장기<br>부채<br>비율 | 총부채<br>비율 | 이자<br>보상<br>비율 | 유동<br>비율 | 당좌<br>비율 | 현금<br>비율 |
|---|---|---|---|---|---|---|---|---|---|---|---|---|
| 자동차 | 2.19 | 14.1 | 1.26 | 6.97 | 6.45 | 3.8 | 0.29 | 0.46 | 5.99 | 2.05 | 1.38 | 0.39 |
| 주류 | 3.55 | 12.2 | 0.82 | 3.99 | 9.07 | 9.5 | 0.22 | 0.42 | 6.52 | 2.31 | 0.98 | 0.19 |
| 생산<br>설비 | 2.09 | 3.2 | 0.82 | 4.14 | 6.14 | 2.3 | 0.09 | 0.24 | 5.72 | 2.80 | 2.13 | 1.18 |
| 화학 | 2.04 | 9.1 | 0.80 | 4.48 | 6.28 | 5.2 | 0.43 | 0.53 | 5.23 | 2.36 | 1.48 | 0.59 |
| 의류 | 2.19 | 15.1 | 1.37 | 3.10 | 8.99 | 5.9 | 0.17 | 0.29 | 20.60 | 2.73 | 1.77 | 0.61 |
| 건설 | 1.70 | 7.7 | 1.06 | 5.83 | 7.01 | 3.2 | 0.35 | 0.44 | 3.80 | 2.12 | 1.49 | 0.32 |
| 전기<br>설비 | 1.82 | 3.7 | 0.88 | 3.79 | 5.85 | 2.3 | 0.14 | 0.31 | 5.32 | 2.64 | 1.67 | 0.70 |
| 식품 | 2.77 | 10.0 | 0.98 | 5.84 | 11.41 | 6.3 | 0.38 | 0.47 | 7.89 | 1.97 | 1.12 | 0.29 |
| 석유 | 0.84 | −15.8 | 0.26 | 18.85 | 5.72 | −35.1 | 0.36 | 0.47 | −3.12 | 1.32 | 1.15 | 0.37 |
| 제지 | 2.65 | 14.7 | 1.04 | 5.81 | 8.07 | 4.4 | 0.48 | 0.60 | 7.32 | 1.58 | 1.07 | 0.21 |
| 소매 | 1.99 | 11.4 | 1.96 | 4.64 | 52.34 | 2.3 | 0.28 | 0.49 | 8.54 | 1.64 | 0.69 | 0.31 |
| 철강 | 1.17 | 1.2 | 1.04 | 5.35 | 7.08 | −0.6 | 0.34 | 0.43 | 3.13 | 2.93 | 1.47 | 0.33 |
| 통신 | 1.84 | 3.4 | 0.47 | 16.76 | 7.12 | 3.4 | 0.55 | 0.58 | 1.92 | 1.71 | 1.55 | 0.58 |
| 공익<br>설비 | 1.17 | 6.2 | 0.28 | 11.91 | 9.22 | 8.6 | 0.49 | 0.54 | 3.46 | 0.86 | 0.71 | 0.07 |

》**표 2.7** 2015년 12월 현재 산업별 재무비율
출처: WRDS Financial Ratios Suite.

**요점정리**

- 기업이 과거에 무엇을 했는지, 현재 무엇을 하고 있는지를 가장 잘 나타내는 정보가 재무제표에 기록되어 있다.

- 재무제표 정보를 요약하고 분석하는 데 가장 많이 사용하는 방법 중 하나가 재무비율분석이다. 재무비율분석은 수많은 재무제표 항목을 주요 재무비율로 요약해 기업의 강점, 약점, 경쟁력, 위기, 문제점 등을 파악하는 데 매우 유용하다.

- 대차대조표는 일정 회계기간 말 시점 기업의 자산현황(왼쪽; 차변)과 자산을 구입하는 데 필요한 자금을 조달한 원천(오른쪽; 대변)을 기록하는 장부이다. 대차대조표의 자산을 분석할 때 주의할 점은 자산이 기업가치의 큰 부분을 차지하고 있지만 대차대조표에 기록되지 않은 무형자산이 꽤 있다는 것이다.

- 손익계산서는 기업이 달성한 수익과 수익 달성을 위해 지불한 비용의 분기간 또는 연간 흐름을 기록한 장부이다.

- 재무비율은 크게 1) 회전율 또는 효율성비율, 2) 수익성비율, 3) 부채비율 또는 레버리지비율, 4) 유동성비율의 네 가지로 나눌 수 있다.

- 자기자본의 시가총액(시총)과 장부가치의 차액을 시장부가가치(market value added, MVA)라고 한다. 그러나 대기업의 MVA와 중소기업의 MVA를 직접 비교해서 상대적 성과를 측정하는 것은 의미가 없다. 규모가 다른 기업들의 성과를 비교, 분석하기 위해 나온 비율이 주가장부가치비율(P/B)이다. P/B는 장부가치 \$1가 시장가치로 환산하면 얼마인지를 측정한다.

- 기업이 진정으로 부가가치를 창출했는지 알려면 자본비용을 포함한 모든 비용을 차감한 후에 남은 이익이 얼마인지를 봐야 한다. 자본비용을 포함하는 비용을 차감한 후 얻는 이익을 경제적 부가가치(economic value added, EVA)라 하고 세후영업이익[EBIT × (1 − 법인세율)]에서 '자본비용 × 총자본'을 차감해서 구한다. 총자본(total long-term capital)은 보통 장기부채와 자기자본 장부가치의 합으로 나타낸다.

- MVA의 단점을 보완하기 위해 P/E를 사용했듯 EVA의 단점을 보완하기 위해 표준화된 수익성비율(profitability ratio)을 사용할 수 있다. 가장 많이 사용되는 수익성비율에는 자본수익률(return on capital, ROC), 자기자본수익률(return on equity, ROE), 자산수익률(return on assets, ROA)이 있다.

- 자산회전율은 매출액을 기간 초(예: 연초) 총자산으로 나누어 산출하며 자산 \$1가 생산하는 매출액을 뜻한다. 다시 말해 자산을 얼마나 잘 운용하고 관리해서 얼마의 매출을 만들어내는가를 측정한다.

- 재고자산회전율은 손익계산서의 매출원가를 연초 재고자산으로 나누어 계산하고 재고자산이 얼마나 빨리 매출(판매)로 전환되는지를 측정한다. 회전율이 높을수록 재고자산의 판매가 빠르게 이루어지는 것이므로 보다 효율적으로 재고자산이 운용, 관리되고 있다는 뜻이다. 재고자산회전율의 역수에 365일을 곱하면 재고자산판매기간(inventory period)이 된다.

- 매출채권회전율은 매출액을 매출채권으로 나눈 비율이고 매출채권이 얼마나 빨리 회수되는지를 나타낸다. 매출채권회전율의 역수에 365일을 곱해 매출채권회수기간으로 쉽게 전환할 수 있다.

- ROA 듀퐁공식은 ROA를 자산회전율과 영업이익률로 세분화한다.

$$ROA = \frac{매출액}{총자산} \times \frac{순이익 + 세후이자비용}{매출액}$$

- 부채는 경기상황이나 기업실적이 좋을 때는 주주에게 돌아가는 이익을 늘리는 긍정적 역할을 하고 경제나 실적이 악화하면 주주가치를 감소시키는 부정적 역할을 한다. 부채가 자본 구조에서 차지하는 비중에 따라 부채의 이러한 긍정적, 부정적 레버리지(부채)효과도 변한다. 부채가 만드는 이러한 긍정적, 부정적 효과를 통틀어 재무 레버리지(financial leverage)라고 한다.

- 장기부채비율(long-term debt ratio, LTD비율)은 재무 레버리지를 측정하는 재무비율로 장기부채를 총자본으로 나누어 구한다. 장기부채는 회사채뿐만 아니라 상환기간이 1년 이상인 장기 차입금이나 장기 리스를 포함한다.

- 장기부채자기자본비율(long-term debt-equity ratio, LTDE비율)은 재무 레버리지를 나타내는 또 다른 대표적인 비율이다. 명칭이 말해주듯 장기부채를 자기자본으로 나누어 구한다.

- 기업이 다양한 투자활동을 단기부채로 지속적, 반복적으로 지원하는 경우에는 단기부채를 포함한 총부채비율(total debt ratio, TD비율)을 사용하는 것이 더 적절할 수 있다. TD비율은 LTD비율을 확장한 개념으로 총부채를 총자산으로 나누어 계산한다.

- LTDE비율과 유사한 총부채자기자본비율(total debt to equity ratio, TDE비율)도 자주 쓰이는 재무 레버리지비율이다.

- 이자보상비율(TIE비율)은 재무 레버리지를 측정하기 위해 실무에서 자주 사용하는 재무비율이다. 이는 영업이익(EBIT)을 이자비용으로 나눈 값으로 기업이 영업을 통해 창출한 영업이익이 이자비용을 감당하기에 충분한지를 보여준다.

- 현금보상비율(CC비율)은 분자에 영업이익을 사용하는 대신에 영업이익에 감가상각비를 더한 금액을 넣는다. 이는 과소평가된 영업이익을 실제 영업현금흐름과 비슷하게 만들기 위함이다.

- ROE 듀퐁공식: $ROE = \dfrac{순이익}{자기자본} = \dfrac{총자산}{자기자본} \times \dfrac{매출액}{총자산} \times \dfrac{세후영업이익}{매출액} \times \dfrac{순이익}{세후영업이익}$

  첫째 요인(총자산/자기자본)은 부채비율이다. 부채를 많이 사용할수록 이 비율은 높아지게 된다. 둘째 요인(매출액/총자산)은 자산회전율이다. 자산효율성이 우수하면 이 비율도 높다. 셋째 요인(세후영업이익/매출액)은 수익성비율의 하나인 영업이익률로, 이익률이 높을수록 채권자와 주주에게 돌아가는 이익도 상승한다. 넷째 요인(순이익/세후영업이익)은 부채로 인한 부담을 측정한다. 순이익과 세후영업이익의 차이는 다름 아닌 이자비용이므로 이 비율이 높을수록 이자에 대한 부담은 낮아지고 반대로 낮을수록 부채부담은 높아진다.

- 기업이 보유한 유동자산의 비중을 상대적으로 보여주는 재무비율이 유동성비율이다.

- 순운전자본비율(NWC비율)은 NWC를 총자산으로 나누어 계산한다. 유동비율은 유동자산을 유동부채로 나눈 값이다. 당좌비율은 유동비율이 변형된 형태로 유동자산 중 유동성이 상대적으로 뒤처지는 재고자산을 제외한 유동자산을 분자로 사용한다. 현금비율은 유동자산의 자리에 현금 및 현금성자산만을 배치한 재무비율이다.

- 재무비율을 이용해서 경영 성과를 평가할 때는 일반적으로 1) 재무비율이 시간이 경과함에 따라 어떻게 변했는지 분석하거나(즉 자사의 과거 재무비율을 벤치마크로 이용), 2) 비슷한 사업을 하는 경쟁사들의 평균 재무비율을 벤치마크로 활용한다.

**연습문제**

1. 아래에 주어진 회계자료를 사용해 대차대조표를 작성하고 자기자본의 장부가치를 구하라.

| | |
|---|---|
| 현금 | $25,000 |
| 재고자산 | $30,000 |
| 공장/기계/장비 | $140,000 |
| 매출채권 | $35,000 |
| 매입채무 | $24,000 |
| 장기부채 | $130,000 |

2. K화장품은 영업이익률 8%와 자산회전율 3을 유지하고 있다. 총자산은 $50만, 자기자본은 $30만이다. 이자비용은 $3만, 세율은 25%라고 가정하고 다음 물음에 답하라.
   a. 자산수익률은 얼마인가?
   b. 자기자본수익률은 얼마인가?

3. 표 2.8은 월마트의 약식 대차대조표와 손익계산서를 보여준다. 월마트는 2017 회계연도 말 현재 29억 6,000만 주의 주식을 보유하고 있고, 주가는 $106이다. 가중평균자본비용(WACC)은 5%이고 법인세율은 35%라고 가정하고 다음을 계산하라.
   a. 시장부가가치
   b. 주가장부가치비율
   c. 경제적 부가가치
   d. 자본수익률(총자본은 연초 장부가치 사용)

4. 표 2.8에 있는 월마트의 대차대조표와 손익계산서를 사용해 아래의 재무비율을 계산하라. 법인세는 35%로 가정하고 비율에서 사용되는 대차대조표 항목은 연초 장부가치를 사용하라.
   a. 자산수익률
   b. 영업이익률
   c. 자산회전율
   d. 재고자산회전율
   e. 총부채자기자본비율(TDE비율, 총부채/자기자본)
   f. 유동비율
   g. 당좌비율

5. 다음 문장은 참인가, 거짓인가?
   a. 기업의 TDE비율은 항상 1보다 작다.
   b. 당좌비율은 유동비율보다 항상 작다.
   c. 자기자본수익률은 자산수익률보다 항상 작다.

6. 다음의 두 질문에 답하라.
   a. 기업의 총자산 장부가치 $1만는 200일간의 매출액과 같다. 이 기업의 연간 매출액은 얼마

| | 회계연도: 2017 | 회계연도: 2016 |
|---|---|---|
| **대차대조표** | | |
| **자산** | | |
| 유동자산 | | |
| 　현금 및 현금성자산 | $6,756 | $6,867 |
| 　매출채권 | 5,614 | 5,835 |
| 　재고자산 | 43,783 | 43,046 |
| 　기타 유동자산 | 3,511 | 1,941 |
| 　유동자산의 합계 | $59,664 | $57,689 |
| 고정자산 | | |
| 　순고정자산 | $114,818 | $114,178 |
| 　기타 장기 자산 | 30,040 | 26,958 |
| 　　자산 합계 | $204,522 | $198,825 |
| **부채와 자기자본** | | |
| 유동부채 | | |
| 　매입채무 | $46,092 | $41,433 |
| 　기타 유동부채 | 32,429 | 25,495 |
| 　　유동부채 합계 | $78,521 | $66,928 |
| 장기부채 | 36,825 | 42,018 |
| 기타 장기부채 | 11,307 | 12,081 |
| 　부채 합계 | $126,653 | $121,027 |
| 　자기자본 합계 | 77,869 | 77,798 |
| 　부채와 자기자본 합계 | $204,522 | $198,825 |
| **손익계산서** | | |
| 매출액 | $500,343 | $485,873 |
| 매출원가 | 373,396 | 361,256 |
| 일반판매관리비 | 95,981 | 91,773 |
| 감가상각비 | 10,529 | 10,080 |
| 영업이익(EBIT) | $20,437 | $22,764 |
| 이자비용 | 2,178 | 2,267 |
| 세전이익 | $8,259 | $20,497 |
| 법인세 | 4,600 | $6,204 |
| 순이익 | $13,659 | $14,293 |

》**표 2.8**　월마트의 대차대조표와 손익계산서(단위: $100만)

인가?

 b. 자산회전율은 얼마인가?

7. 마이크로배터리의 소비자들이 외상으로 매입한 상품의 대금을 상환하는 데 평균 60일이 걸린다면 매출채권회전율은 얼마인가?

8. 매직플루트의 매출채권 장부가치는 $3,000이고 이는 20일간의 매출액에 해당한다. 총자산의 장부가치는 $75,000, 영업이익률은 5%일 때 매직플루트의 자산회전율과 자산수익률을 구하라.

9. 어떤 기업의 자기자본 대비 장기부채비율은 0.4이고 자기자본의 장부가치는 $100만이다. 유동자산과 총자산은 각각 $20만와 $150만이다. 유동비율이 2.0이라면 이 기업의 총부채자기자본비율은 얼마인가? 총자본은 장기부채와 자기자본의 합으로 정의한다.

10. 아래의 A무역주식회사 약식 대차대조표를 사용해 다음의 재무비율과 회계항목을 계산하라. 총자본은 장기부채와 자기자본의 합으로 정의한다.

| 유동자산 | $100 | $60 | 유동부채 |
|---|---|---|---|
| 장기자산(비유동자산) | 500 | 280 | 장기부채 |
| | | 70 | 기타 부채 |
| | | 190 | 자기자본 |
| | $600 | $600 | |

 a. 총부채자기자본비율

 b. 순운전자본과 장기부채

 c. 총부채비율(=총부채/총자본)

11. 남극항공사는 현재 대차대조표상 유동자산 $3억와 유동부채 $2억를 가지고 있다. **현금**비율이 0.05라면 남극항공사가 보유하고 있는 현금 및 현금성자산은 얼마인가?

12. 아래의 기업활동이 기업의 유동비율에 어떤 영향을 미치는지 평가하라.

 a. 재고자산 판매

 b. 은행으로부터 추가로 차입금을 받아 매입채무 상환

 c. 은행에 신용한도(line of credit) 계정 개설

 d. 매출채권 회수

 e. 생산에 필요한 재고자산을 현금으로 구입

13. 급속한 인플레이션은 대차대조표와 손익계산서에 기재된 회계정보의 정확성과 연관성에 어떤 영향을 미치는가? 회사의 부채비율에도 영향을 미치는가?

14. 주식의 위험도를 추정하려고 할 때 어떤 재무비율이 적절한가? 주식의 위험을 측정하는 다른 회계척도에는 어떤 것이 있는가?

# 가치평가

기업이 투자한 자산은 매우 다양하다. 공장, 기계, 사무실 등의 유형 자산도 있고 특허나 상표권과 같은 무형자산도 있다. 자산의 형태나 특성은 달라도 목적은 같다. 지금 수익 전망이 좋은 자산에 투자해 미래에 투자비용보다 더 많은 수익을 내는 것이다. 개인도 투자를 한다. 예를 들면 많은 젊은이가 졸업 후 더 많은 연봉을 받을 것을 기대하면서 대학에 진학해 매년 약 $4만를 교육투자비용으로 지출한다. 후일에 과실을 거두기 위해 지금 씨를 뿌리는 격이다. 기업은 투자자금을 마련하기 위해 은행으로부터 차입을 하고, 개인은 교육자금을 마련하기 위해 대출을 받는다.

이러한 투자와 자금조달결정은 모두 현재와 미래의 현금흐름을 비교하는 과정을 거치고 다음과 같은 질문에 답을 할 수 있어야 한다 ─ 졸업 후 받을 연봉으로 대학등록금 대출을 갚을 수 있는가? 대학을 졸업할 때까지 빌린 대출금을 일시불 또는 일정 기간 동안 상환하려면 얼마의 자금이 필요하고 급여 수준은 어느 정도여야 하는가? 이 장에서 화폐의 현재가치와 미래가치를 평가하는 방법을 터득하고 나면 이러한 질문에 어렵지 않게 답할 수 있을 것이다. 더불어 명목이자율, 유효이자율, 복리 등 이자율의 다양한 쓰임새도 다룬다.

## 3-1  미래가치와 현재가치

### 미래가치평가

투자하면 수익을 기대하기 마련이다. 오늘의 100달러와 1년 후의 100달러 중 선택을 해야 한다면 누구나 오늘 100달러를 받겠다고 할 것이다. 가장 기본적인 재무관리 원칙 중 하나가 '오늘의 1달러가 내일의 1달러보다 더 값지다'이다. 이를 화폐의 **시간가치**라고 한다.

$100를 은행의 저축예금에 투자한다고 생각해보자. 저축예금의 이자율(금리)은 연리로 7%라고 가정하자. 만약 $100를 1년 동안 저축예금에 예치해두면 예금주는 약속된 이자 $7(=7%×$100)를 수령해서 저축예금에 있는 총액은 $107가 된다. 이를 식으로 표현하면 아래와 같다.

$$1년 후 투자의 가치 = \$100 \times (1+r) = \$100 \times (1+0.07) = \$107$$

이 경우, 투자자는 저축예금이라는 금융상품에 투자하기 위해 현재 $100를 소비할 기회를 포기하는 대신 1년 후 $107를 소비할 계획을 세우게 된다.

1년이 아닌 2년을 기다리면 투자의 가치는 어떻게 변할까? 1년 후 투자가치인 $107에 다시 7% 이자가 붙어서 $114.49가 된다. 다시 식으로 표현하면 다음과 같다.

$$2년\ 후\ 투자의\ 가치 = 1년\ 후\ 가치 \times (1 + r) = \$107 \times (1 + 0.07)$$
$$= \$100 \times (1 + 0.07) \times (1 + 0.07)$$
$$= \$100 \times (1 + 0.07)^2 = \$114.49$$

| 오늘 | | 2년 후 |
|---|---|---|
| | $\longrightarrow$ | |
| $100 | $\times 1.07^2$ | $114.49 |

여기서 주목해야 할 점은 2년 차에 초기 투자비용($100)과 1년 차에 번 이자($7) 둘 다 이자를 생산한다는 것이다. 그래서 투자가치는 1년 차보다 2년 차에 더 빨리 성장한다. 이러한 이자율을 **복리**(compound interest)라고 한다. 우리가 재무관리에서 접하는 이자율은 특별한 언급이 없는 한 복리를 의미한다.

투자가치가 복리로 성장하는 원리를 일반화해보자. 오늘 $100가 매년 'r'의 복리로 't'년 동안 성장한다면 't'년 후 $100의 가치는 얼마일까?

$$\$100의\ t년\ 후\ 미래가치 = \$100 \times (1 + r)^t$$

이자율이 높을수록 투자의 미래가치는 더 빠르게 성장한다. 그림 3.1은 이자율이 증가할 때 변화하는 미래가치를 보여준다. 예를 들어 $100가 10% 복리로 20년 동안 성장하면 $672.75 ($=\$100 \times 1.10^{20}$)가 된다. 이자율이 5%라면 $265.33($=\$100 \times 1.05^{20}$)에 그친다.

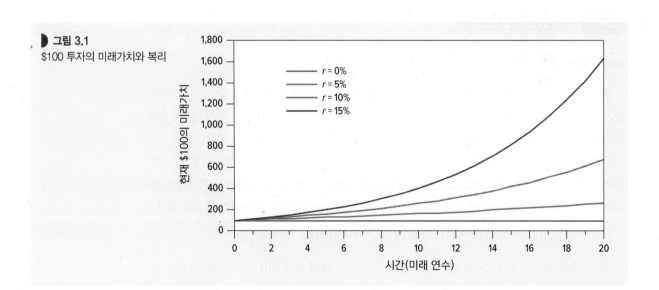

▶ **그림 3.1**
$100 투자의 미래가치와 복리

## 현재가치평가

현재 $100를 수익률 7% 자산에 2년 동안 투자하면 2년 후 예상되는 투자가치는 $114.49가 됨은 이미 배웠다. 투자를 바라보는 시점을 반대로 해보자. 즉 오늘의 투자가 미래에 얼마가 되는지에 초점을 맞추지 말고 미래의 일정한 가치가 오늘 시점에 얼마의 가치로 평가되는지를 알아보자. 예를 들면 이자율(투자수익률)을 7%로 가정할 때 지금부터 정확히 2년 후에 $114.49 의 가치를 창출하기 위해 오늘 얼마를 투자해야 하는가? 다시 말해서 2년 후 $114.49의 현금흐름을 창출하는 투자의 **현재가치**(present value, PV)는 얼마인가? 우리는 답이 $100라는 것을 알고 있다. 미래가치평가 과정을 거꾸로 돌리면 답을 바로 얻을 수 있다.

$$2년 후 현금흐름의 현재가치(PV) = \frac{\$114.49}{(1.07)^2} = \$100$$

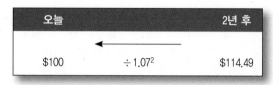

그렇다면 이자율을 $r$로 가정할 때 $t$년 후 현금흐름($C_t$)의 현재가치는 $PV = C_t/(1+r)^t$라는 일반화가 가능하다. 이 식에서 이자율($r$)은 미래현금흐름을 현재 시점으로 할인하는 데 사용된 이자율이라 하고 할인율, $1/(1+r)^t$은 $t$년도에 발생하는 $1(미래가치)를 현재가치로 변환시키는 **현가요소**(discount factor)라고 한다. 예를 들면 연 7%의 할인율을 가정할 때 2년 후 $1를 현재가치로 환산하는 현가요소는 $0.8734(=1/1.07^2)이다. 2년 후 $1를 벌기 위해 어떤 투자자는 오늘 $0.8734를 기꺼이 투자한다는 의미이기도 하다. 현가요소 0.8734를 이용해서 2년 후 $114.49의 현재가치를 구하면 역시 $100(= 0.8734×$114.49)가 된다.

미래현금흐름이 발생하는 시점이 길어질수록 현재가치는 낮아진다. 그림 3.2는 이러한 현재 가치, 미래현금흐름, 할인율, 시간과의 상관관계를 보여준다. 할인율이 조금만 변해도 먼 미래 현금흐름의 현재가치는 현저히 작아진다. 할인율이 5%일 때 20년 후의 $100는 현재가치로 환산하면 $37.69이다. 그러나 할인율이 10%일 때는 그 값이 $14.86에 그친다.

## 투자가치평가

투자안을 평가하고 선택하는 데 앞에서 배운 가치평가법을 적용해보자. 소규모 기업을 경영하는 소유경영자가 시골에 사무용 빌딩을 건설하려는 투자 계획을 갖고 있다. 부지를 구입하고 빌딩을 짓는 데 $70만가 소요된다. 기업은 이 투자안을 지원하기 위한 충분한 현금을 사내에 보유하고 있다. 경영자의 투자고문(부동산 전문가)은 곧 업무용 사무실 부족사태가 올 것이기 때문에 건축 후 1년이 지나서 팔면 $80만를 받을 수 있을 것으로 예측한다.

경영자는 부동산 전문가의 말을 믿고 $70만를 들여 건물을 지었다. 그리고 1년이 지난 후 실제로 $80만에 건물을 매각한다고 가정하면 1년간 기대수익률은 매우 쉽게 계산할 수 있다. 1년간 기대수익이 $10만(=$800,000−$700,000)이고 투자액이 $70만이니 1년간 기대수익률은

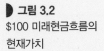

**그림 3.2**
$100 미래현금흐름의
현재가치

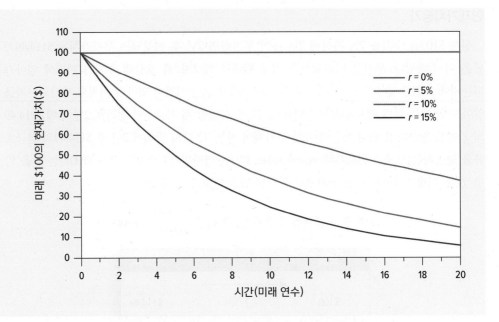

100,000/700,000 = 0.143 또는 14.3%가 된다.

그림 3.3은 경영자(재무관리자)의 여러 가지 선택경로를 보여준다. 보유하고 있는 현금 $70 만를 건물투자에 투입할 수도 있고 주주에게 현금배당으로 지급할 수도 있다. 주주들은 금융 시장에서 본인의 판단으로 투자해 수익을 얻을 수 있는 기회가 있다. 미연방채권과 같은 안전 자산에 투자할 경우 7%의 수익률, 위험자산인 주식에 투자할 경우 12%의 수익률을 기대한다. 경영자가 $70만를 주주에게 지급하지 않고 건물투자에 사용한다는 것은 주주로 하여금 7% 또 는 12%의 수익률 실현 기회를 잃게 하는 것(기회비용)이므로 건물투자를 통해 최소한 이 정도 의 수익률은 올려야 한다. 기회비용은 바로 이런 과정에서 생겨난 중요한 개념이다. 그렇다면

**그림 3.3**    기회비용

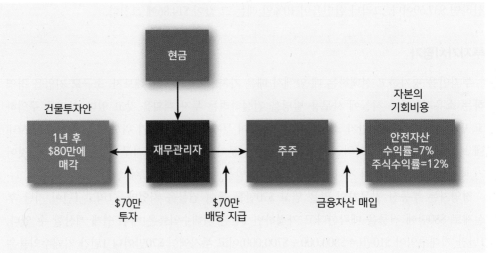

이 경우 7%와 12% 중 어느 수익률을 기회비용으로 삼아야 하는가? 선택은 건물투자안의 위험 수준에 달려 있다. 만약 건물투자안이 1년 후 $80만에 팔릴 것이 100% 확실하다면 적절한 기회비용은 7%이다. 사과는 사과와 비교하고 오렌지는 오렌지와 비교해야 하기 때문이다. 이는 일관성의 법칙이라고도 한다. 만약 건물투자안의 1년 후 현금흐름의 변동성(확실한 $80만가 아니라 $60만, $70만, $80만, $90만 등일 가능성이 있을 때)이 주식에 투자한 후 1년이 지난 시점에서의 현금흐름의 변동성과 비슷하다면 적절한 기회비용은 12%가 되어야 한다. 건물투자안의 경우 $80만에 매각이 확실하다고 가정했을 때 기대되는 수익률이 14.3%이고 기회비용(자본비용)은 7%이므로 기대되는 비정상수익률(기대수익률 − 기회비용)은 0보다 훨씬 큰 7.3%이다. 따라서 주주들은 모두 기업의 보유현금을 건물투자안에 투입하는 것을 찬성할 것이다.

## 순현가

이제 건물투자안이 창출할 것으로 기대되는 부가가치는 얼마인지 알아보자. 먼저 투자안의 1년 후 미래가치인 $80만의 현재가치를 계산해보자. 적절한 기회비용인 7%를 할인율로 이용해서 $80만의 현재가치를 구하면 다음과 같다.

$$PV = \frac{800.000}{1.07} = \$747,664$$

다시 말하면, 투자안 평가자(재무관리자)가 건물투자안을 추진하기 위해 지급할 의향이 있는 최대 비용은 $747,664이다. 다시 말해 평가자에게 건물투자안의 가치는 $747,664이다. 그런데 $70만를 지출하면(가격) 건축을 할 수 있으니 남는 장사(부가가치)가 된다. 예상되는 부가가치의 크기는 747,664 − 700,000 = $47,664이고 이를 **순현가**(net present value, NPV)라고 한다. 비용을 회수하고도 $47,664가 남는 장사이니 상당히 매력적인 투자안이다.

순현가 '0'보다 크다는 것은 투자의 현재가치가 투자를 지금 실행하면 지출해야 하는 투자비용보다 크다는 뜻이고 기업의 가치는 정확히 순현가만큼 증가하게 된다. 순현가가 크면 클수록 기업의 목표인 주주가치 극대화에 가까워진다. 순현가가 현재 시점에서 투자가치와 투자비용의 차액이므로 앞의 예제를 식으로 표현하면 다음과 같다.

$$NPV = 투자가치 − 투자비용 = \frac{800,000}{(1 + 1.07)^1} − \$700,000 = \$47,664 > 0$$

미래가치와 현재가치를 계산할 때는 항상 시점과 현금흐름을 표시한 시간선(timeline)을 활용하는 것이 좋다. 그림 3.4는 건물투자안을 순현가법으로 평가하는 과정을 시간선을 이용해 보여준다.

## 위험과 현재가치

건물투자안 평가에서 투자안의 미래현금흐름인 $80만가 발생할 확률이 확실하다(100%)고

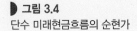

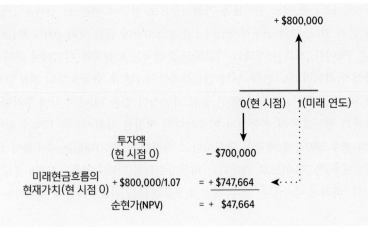

**그림 3.4**
단수 미래현금흐름의 순현가

가정했는데, 이는 매우 비현실적이다. 예상되는 미래현금흐름은 최선을 다해 추측한 예측치임은 분명하지만 보장된 금액은 아니다. 그러므로 순현가 $47,664도 보장된 부가가치가 아니다. 미래현금흐름이 $80만와 다르면 순현가도 따라서 변하게 된다. 위험을 감수하지 않고 7%의 무위험수익을 얻으려면 $747,664만큼의 안전자산을 매입하는 것이 옳다. 그러면 1년 후에 확실히 $80만를 받을 수 있다. 또는 미래현금흐름의 변동성이 주식과 비슷하다면 할인율로 7%가 아닌 12%를 사용해야 하고 투자안의 현재가치도 $747,664보다 작아진다.

여기서 재무관리의 두 번째 원칙이 나온다―**안전자산의 $1 화폐가치가 위험자산의 $1 화폐가치보다 높다.** 투자자들은 위험한 모험을 좋아하지 않는다. 위험한 자산에 투자하게 하려면 반드시 위험에 대한 보상, 즉 높은 수익률이 필요하다. 위험이 높아질수록 투자자가 요구하는 수익률(요구수익률)도 높아진다. 가치평가에서 할인율로 사용되는 투자자의 요구수익률은 위험수준이 동일한 투자기회를 포기할 때 생기는 기회비용의 개념임을 항상 기억하자.

투자안마다 위험수준은 가지각색이다. 건물투자안의 위험수준은 국채보다는 높지만 신생바이오 기업보다는 낮다. 만약에 어떤 투자자가 건물투자안의 위험수준을 주식시장의 평균과 비슷하게 생각한다면 그 투자자에게는 주식시장 평균수익률인 12%가 기회비용, 요구수익률, 투자안 평가에 사용되는 할인율이 된다. 이 경우의 순현가를 계산하면 다음과 같다.

$$NPV = \frac{\$800.000}{1.12^1} - \$700,000 = \$14,286$$

할인율이 12%일 때도 건물투자안은 기업가치를 $14,286 증가시키므로 기업의 목표에 부합하는 투자안이다. 요약하면, 투자안의 가치와 순현가는 투자안이 창출하는 현금흐름, 현금흐름이 발생하는 시점, 투자안의 위험수준에 의해 결정된다. $80만의 현금흐름을 지금 당장 받을 수 있다면 $80만의 현재가치는 할인할 필요가 없으니 그 자체인 $80만가 된다. 그러나 $80만의 현금흐름이 1년 후에 발생하면 할인율이 7%일 경우에는 현재가치가 $80만보다 $52,336가 적은 $747,664이고 할인율이 12%일 경우에는 현재가치가 $80만보다 $85,714가 적은 $714,286

가 된다. 이는 화폐의 시간가치와 위험의 영향을 여실히 보여준다.

　실제 투자안 평가는 현금흐름 발생 기간과 크기뿐만 아니라 여러 잠재적 위험요소를 반영하는 복잡하고 난해한 과정이다. 이 책은 모든 가치평가 요인을 과학적으로 예측하고 경제나 기업 상황에 맞게 조정하는 구체적, 실무적 과정을 다루는 대신 가치평가 요인이 임의로 주어졌을 때 투자안의 가치를 계산하는 기술적 측면에 초점을 맞춘다. 가치평가의 핵심과정인 요인 예측은 재무관리원론 강좌에서 다루기에는 그 내용이 방대하고 어렵다. 따라서 가치평가 강좌에서 심층적으로 배울 것을 추천한다. 위험에 대한 기초지식은 금융시장 및 수익률과 연계해 다른 장에서 소개한다.

## 현재가치와 수익률

　앞의 예에서 건물투자안을 선택하기로 결정한 이유는 투자안의 가치가 비용을 초과했기 때문이다. 즉 순현가가 0보다 커서 가치증대라는 기업의 목표와 부합했기 때문이다. 투자안을 평가하는 또 다른 방법으로 '수익률법(rate of return method)'이 있다. 보다 잘 알려진 명칭은 '내부수익률법(internal rate of return method)'이다. 다른 장에서 자세히 다룰 것이기 때문에 여기서는 간략히 소개하겠다. 수익률법은 순현가법과 관점만 다를 뿐 근본적인 평가기준은 동일하다. 즉 기업가치를 증가시키는 투자안은 선택하고 그렇지 않은 경우는 포기한다. 건물투자안을 수익률법으로 다시 평가해보자. 먼저 투자안의 비용과 미래현금흐름이 예정대로 발생한다는 가정하에 투자비용 대비 수익의 비율인 수익률(기대수익률＝내부수익률)을 계산한다.

$$수익률 = \frac{(\$800,000 - \$700,000)}{\$700,000} = 0.143\,(14.3\%)$$

자본비용은 여전히 금융시장에 투자해서 벌 수 있는 수익률을 포기하는 기회비용이므로 건물투자안이 주식시장과 비슷한 수준의 위험에 노출되어 있다면 12%가 된다. 건물투자안으로부터 성취할 것으로 기대되는 수익률인 14.3%는 투자에 들어가는 자본비용(기회비용)인 12%보다 크므로 2.3%의 비정상수익률이 예상된다. 비용을 초과하는 수익만큼 기업가치는 증가하는 것이니 선택하는 것이 기업의 목표와 부합한다. 순현가법과 수익률법의 투자안 선택규칙을 요약하면 다음과 같다.

- **순현가법 투자안 선택규칙**: 순현가가 0보다 크면 선택, 아니면 포기.
- **수익률법 투자안 선택규칙**: 수익률(내부수익률)이 기회비용(자본비용＝할인율)보다 크면 선택, 아니면 포기.

　일반적으로 두 평가법은 동일한 결론에 이른다. 하지만 수익률법은 몇 가지 결정적 단점이 있어서 때로 순현가법과 다른 선택을 하기도 한다. 따라서 두 평가법의 결정이 상이할 경우 순현가법의 결정을 따르는 것이 안전하다.

## 복수 현금흐름의 현재가치

지금까지는 단수의 미래현금흐름을 현재가치화하는 방법을 배웠다. 이제 복수의 미래현금흐름을 현재가치화하는 과정을 살펴보자. 먼저 현재가치와 미래가치를 구하는 기본원리는 같다는 점과 현재가치화된 미래현금흐름은 서로 자유롭게 가감할 수 있다는 점을 기억하자. 다시 말해 미래 동일 시점에서 발생하는 현금흐름 A와 B를 더한 값의 현재가치는 현금흐름 A의 현재가치와 현금흐름 B의 현재가치를 더한 값과 같다.

$$PV(A+B) = PV(A) + PV(B)$$

어떤 투자안이 창출하는 미래현금흐름($C$)이 '$T$'번 발생한다고 가정해보자. 편의상 $T$는 투자안의 기대수명 연한(연도 수)으로 생각하자. 그러므로 미래현금흐름은 1년도 차 현금흐름 ($C_1$), 2년도 차 현금흐름 ($C_2$), 3년도 차 현금흐름 ($C_3$), …, 마지막 연도인 $T$년도 차 현금흐름 ($C_T$)로 구성된다. 그러므로 모든 미래현금흐름 발생 시점과 할인율 '$r$'을 고려해 개별적으로 현재가치화해서 더한 값이 투자안의 현재가치가 된다.

$$투자안\ 현재가치(PV) = \frac{C_1}{(1+r)} + \frac{C_2}{(1+r)^2} + \frac{C_3}{(1+r)^3} + \cdots + \frac{C_T}{(1+r)^T}$$

위 식을 **현금흐름할인**(discounted cash flow, DCF)공식이라고 한다. 수학의 합산기호를 써서 투자안 $PV = \sum_{t=1}^{T} \frac{C_t}{(1+r)^t}$로 표기하기도 한다.

순현가는 투자안 PV에서 초기 투자비용($C_0$)을 차감한 금액이므로 다음과 같다.

$$NPV = C_0 + PV = C_0 + \sum_{t=1}^{T} \frac{C_t}{(1+r)^t}$$

예제 3.1을 보며 복수의 현금흐름을 가진 투자안의 순현가를 구하는 법을 연습해보자. 실제 투자안 평가는 훨씬 복잡하고 많은 현금흐름을 고려해야 하므로 재무계산기나 엑셀을 활용하는 경우가 많다.

### 예제 3.1 • 복수 현금흐름의 현재가치 계산

부동산 전문가가 수정된 투자안을 가지고 왔다. 이전 투자안에서는 1년 후 $80만에 매각하는 시나리오였지만 이번엔 2년에 걸친 현금흐름을 예측했다. 건물을 지은 뒤 1년 후에 매각하는 대신, 2년 동안 임대로 주고 매년 임대료 수입($3만)을 2차에 걸쳐 받은 후 건물을 $84만에 매각하는 방안이다. 초기 투자비용은 $70만로 동일하고 할인율은 주식시장의 평균수익률인 12%를 적절한 기회비용이라 판단해 사용한다. 현금흐름할인공식을 사용해 순현가를 계산하면 다음과 같다.

$$NPV = \frac{C_1}{(1+r)^1} + \frac{C_2}{(1+r)^2} - C_0 = \frac{30,000}{(1+1.12)^1} + \frac{870,000}{(1+1.12)^2} - 700,000$$

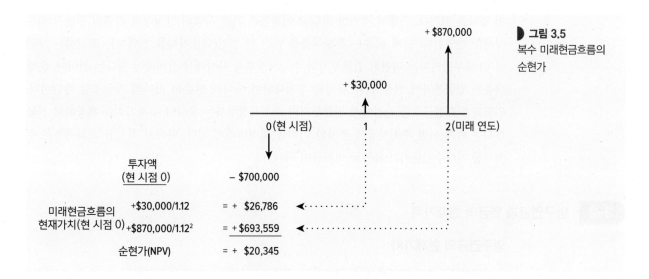

▶ **그림 3.5**
복수 미래현금흐름의 순현가

$$= 26,786 + 693,559 - 700,000 = 720,345 - 700,000 = \$20,345$$

여기서 $C_2$는 두 번째 임대료 \$3만와 같은 시점에서 발생하는 매각대금 \$84만를 합한 값이다. 같은 시점에서 발생하는 2개의 현금흐름이니 합해서 현재가치를 구해도 무방하다. 그림 3.5는 이 과정을 시각적으로 보여준다.

## 자본의 기회비용

예제 3.1에서 사용한 12%는 주식시장의 기대수익률이다. 건물투자안이 주식시장과 비슷한 위험에 노출되어 있다는 가정하에 사용된 기회비용이다. 건물투자안을 선택해서 실제로 투자하게 되면 같은 투자금으로 주식시장에 투자해서 벌 수 있는 12%의 수익률을 포기해야 하므로 비용이라고 설명한 바 있다. 그러므로 기회비용인 12%를 할인율로 삼아 계산한 투자안의 현재가치 720,345달러는 평가자나 주주들이 예제 3.1의 건물투자안을 추진하기 위해서 지불할 의향이 있는 최고 금액이다.

자본비용 또는 기회비용의 개념을 좀 더 명확히 이해하기 위해 다음의 예를 살펴보자. 건물투자안을 놓고 고민하고 있는 재무관리자에게 거래은행이 투자비용 \$70만를 8%의 이자율로 빌려주겠다는 제안을 한다. 기업의 부채비율이 낮고 사업도 그동안 안정되게 운영해 온 것을 잘 알기에 평균 기업대출 이자율보다 낮은 8%의 이자율을 제공한다고 덧붙이면서 말이다. 만약 재무관리자가 은행의 제안을 고려해 투자안을 평가한다면 자본비용(할인율)은 8%가 되어야 하는가? 8%를 할인율로 사용해 예제 3.1의 건물투자안을 평가하면 순현가는 투자안의 현재가치 $30,000/1.08 + 870,000/1.08^2 = \$773,663$에서 투자비용 \$70만를 뺀 \$73,663가 된다. 맞는 계산법인가?

당연히 틀린 답이다. 첫째 이유는 차입금에 대한 이자율과 투자안의 위험과는 아무런 상관이 없다는 점이다. 은행이 제안한 차입금 이자율은 기존 사업의 안정성과 기업의 전반적 재무상태를 반영한다. 둘째 이유는 은행대출을 받건 안 받건(대출기회를 선택하든 포기하든 상관없이) 재무관리자는 여전히 건물투자와 주식시장투자 사이에서 선택해야 한다는 점이다. 은행대출은 건물투자에 견줄 만한 유력한 투자대안이 아니라 단순히 하나의 자금조달 수단이다. 위험과 미래현금흐름 관점에서 건물투자와 주식시장투자는 유사한 투자기회를 제공하고 건물투자를 하게 되면 주식시장에 투자할 기회를 잃어버리게 된다. 따라서 적절한 기회비용은 주식시장 기대수익률이지 차입금 이자율이 아니다.

## 3-2   영구연금과 연금의 현재가치

### 영구연금의 현재가치

미래현금흐름의 형태에 따라 현재가치 계산이 용이할 수도 있고 복잡할 수도 있다. 가치평가에서 자주 활용하는 몇 가지 현금흐름의 형태는 효율성과 적용성이 뛰어나 알아두어야 한다.

영국과 프랑스는 많은 전쟁으로 엄청난 자금을 낭비했다. 영국은 프랑스와의 전쟁에서 승리하기 위한 전쟁자금을 마련하기 위해 전쟁 중에 여러 차례 채권을 발행했다. 여러 차례에 걸친 프랑스와의 전쟁을 끝내고 나니 우후죽순으로 발행한 채권이 쌓였다. 이에 영국 정부는 모든 전쟁채권을 하나로 묶어 콘솔(consol)이라는 채권을 발행했다. 콘솔의 특징은 만기가 없다. 만기가 없으니 만기에 지급하는 액면가의 개념도 없다. 오직 매년 일정한 이자만 지급한다. 동일한 현금흐름이 영원히 반복되는 형태의 현금흐름 구조이다. 이런 형태의 현금흐름 구조를 가진 자산을 **영구연금**(perpetuity)이라고 한다. 할인율을 $r$, 동일한 현금흐름을 $C$라고 할 때, 영구연금의 현재가치는 수학적으로 $C/r$와 같다.

당신이 빌 게이츠나 워런 버핏과 같은 억만장자이고 또한 그들처럼 불우한 이웃을 돕는 데 매우 열정적이라고 상상해보라. 그래서 말라리아로 고통 받는 사람들을 돕기 위해 말라리아 퇴치 재단을 설립하고자 한다. 당신의 목표는 설립한 재단이 매년 $10억의 퇴치자금을 영구히 제공케 하는 것이다. 할인율을 10%라고 가정할 때 오늘 얼마의 자금을 재단에 투입해야 목표를 달성할 수 있을까? 영구연금 공식에 목표 현금흐름과 할인율을 대입하면

$$영구연금 \ 현재가치 = 1{,}000{,}000{,}000/0.1 = \$10{,}000{,}000{,}000 \ (\$100억)$$

이다. 영구연금 공식을 사용할 때 두 가지 주의할 점이 있다. 첫째, 단수의 현금흐름을 현재가치화할 때 사용하는 현가요소와 영구연금의 현가요소를 혼동하면 안 된다. 둘은 완전히 다른 개념이다. 예를 들어 1년 후 단수 현금흐름의 현가요소는 $1/(1+r)$이고, 영구연금의 현가요소는 $1/r$이다.

둘째, 영구연금의 현금흐름은 각 기간의 말에 발생하는 현금흐름을 가정한다. 따라서 영구연금의 현금흐름이 매 기간 초에 발생한다면 영구연금 공식을 이용한 현재가치에 지금 발생하는 첫 번째 현금흐름을 더해주어야 한다. 이를 선영구연금(perpetuity due)이라고 한다. 다른 형태의 현금흐름 구조도 모두 기간 말 현금흐름을 가정한다. 그러므로 기간 초 현금흐름을 가정

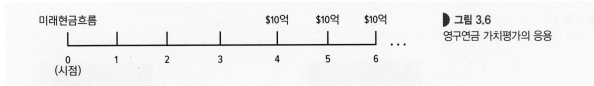

미래현금흐름 $10억 $10억 $10억 ▶ **그림 3.6**
영구연금 가치평가의 응용

해야 하는 경우에는 기존 공식을 이용해서 현금흐름을 계산한 후 최초 현금흐름을 더해주는 과정을 추가해야 한다. 앞의 재단 설립 예에서 $10억 영구연금이 선영구연금이라면 $100억에 $10억를 더해 $110억가 현재가치가 된다.

때로 영구연금의 시작이 1년 후가 아니라 몇 년 후일 수도 있다. 예를 들면 재단 설립 후 첫 영구연금 $10억의 지급 시점이 1년 후가 아니라 4년 후라고 가정해보자. 이 경우 영구연금 공식을 적용하는 과정은 동일하지만 영구연금의 가치를 계산한 시점이 현재 시점이 아니라 3년 도 시점이니 이를 다시 한 번 현재 시점으로 할인해야 한다. 그림 3.6은 이와 같은 영구현금의 형태를 시간선을 이용해 보여준다.

앞에서도 언급한 것처럼 가치평가를 할 때는 항상 시간선을 이용하도록 하자. 그래야 주어 진 현재가치 공식을 잘못 사용하는 오류를 피할 수 있다.

영구연금이 4년도 차에서부터 영구히 발생하므로 영구연금 공식을 사용해 그 가치를 쉽게 구할 수 있다 — 1,000,000,000/0.1 = $100억. 그러나 여기서 주의할 점은 이 가치가 현재 시점(0 년도)의 가치가 아니라 3년도 시점의 가치라는 것이다. 우리가 원하는 것은 바로 지금 시점에 서의 가치이므로 3년도 차 현금흐름 $100억를 할인율 10%를 써서 '0' 시점으로 다시 한 번 할 인해야 한다 — $10,000,000,000/(1 + 1.1)^3 = $7,510,000,000($75억 1,000만).

## 연금의 현재가치

다음으로 살펴볼 현금흐름 형태는 **연금**(annuity)이다. 연금이란 매년 같은 현금흐름을 유한 기간 반복해 창출하는 자산을 뜻한다. 주택담보대출의 매월 납입금, 할부금 약정, 회사채의 이 자비용 등이 전형적인 연금의 예다. 회사채는 다음 장에서 자세히 다룬다.

연금은 유한한 복수 현금흐름이기 때문에 각 현금흐름을 개별적으로 현재 시점으로 할인해 더하면 연금의 현재가치가 된다. 그러나 현금흐름 발생횟수가 크면 계산에 오랜 시간이 걸릴 수도 있고 계산하는 과정에서 오류를 범할 수도 있다. 영구연금처럼 연금도 규칙성이 존재하 므로 수학적 공식으로 간단히 구할 수 있다. 할인율이 $r$, 연금의 현금흐름은 $C$, 현금흐름의 발 생횟수(연도 수)를 $t$라고 하면 연금의 현재가치는 다음과 같다.

$$\text{PV(연금)} = C\left[\frac{1}{r} - \frac{1}{r(1+r)^t}\right]$$

대괄호 안의 수식을 $t$년 만기 **연금현가요소**(annuity factor)라고 한다. 그림 3.7은 2개의 영구연금 으로부터 3년 만기 연금 공식을 도출하는 과정을 보여준다.

그림의 각 행을 해석하면 다음과 같다.

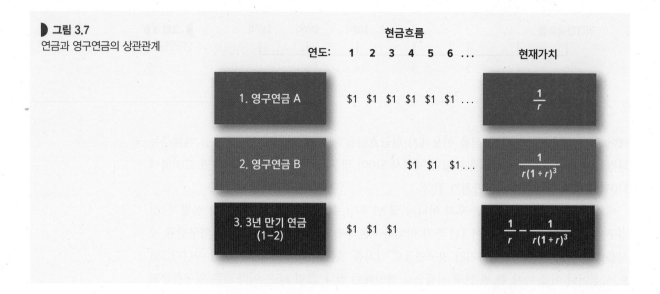

▶ 그림 3.7
연금과 영구연금의 상관관계

제1행: 첫 연도부터 $1의 현금흐름이 발생하기 시작해 영구히 반복되는 전형적인 영구연금 현금흐름 형태로 앞서 배운 영구연금 공식을 사용해 손쉽게 현재가치를 구할 수 있다. 영구연금의 현재가치는 $1/r$이다.

제2행: 그림 3.6의 영구연금 형태와 비슷한 구조의 영구연금이다. 4년도 차부터 $1의 현금흐름이 영구히 발생한다. 앞에서 설명했듯이 영구연금 공식을 이용해서 3년도 차 시점에서의 가치($1/r$)를 구하고 이를 다시 현재 시점으로 할인해[$1/(1+r)^3$을 곱해] 영구연금의 현재가치를 구하면 $\dfrac{1}{(1+r)^3}$이다.

제3행: 제1행의 영구연금 현금흐름에서 제2행의 영구연금 현금흐름을 빼면 우리가 원하는 3년 만기 $1 연금 형태의 현금흐름을 만든다. 이것의 현재가치는 당연히 제1행의 영구연금의 현재가치에서 제2행의 영구연금을 차감한 값인 $\dfrac{1}{r} - \dfrac{1}{r(1+r)^3}$이 된다. 가치평가 공식은 무작정 외우기보다는 그림 3.7과 같은 도출과정을 이해하면 훨씬 쉽게 실무에 적용할 수 있다.

### 선불연금(선연금)의 현재가치

특별한 언급이 없는 한 연금의 현금흐름은 각 기간(예: 연도)의 말에 발생한다고 생각하면 된다. 각 연도의 말이 아닌 초에 현금흐름을 발생시키는 연금을 **선불연금**[혹은 **선연금**(annuity due)]이라고 한다. 예제 3.2를 보자.

**예제 3.2 • 자동차 할부구매**

티뷰론 자동차(Tiburon Autos)는 최근 소비자에게 계약금 없이 매년 말 $5,000씩 5년 동안 할부로 신형 차를 구매할 수 있는 금융 프로그램을 운영하기로 결정했다. 이 경우 신형 차의 현

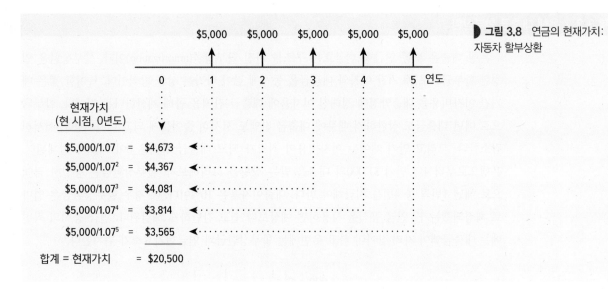

▶ **그림 3.8** 연금의 현재가치: 자동차 할부상환

재가치는 얼마인가? 적정 이자율(할인율)은 7%라고 가정하자. 연금 공식을 활용하면 신형 차의 현재가치는 $PV(\text{신형 차}) = 5{,}000 \left[ \dfrac{1}{0.07} - \dfrac{1}{0.07(1+0.07)^5} \right] = 5{,}000 \times 4.1 = \$20{,}500$이다. 이 과정을 연금 공식을 이용하지 않고 그림 3.8처럼 각 현금흐름의 현재가치를 구하고 합한 값으로 할부금의 현재가치를 구할 수도 있다.

그러나 할부금을 매년 말에 지급하는 것이 아니라 매년 초에 지급하는 경우에는 신형 차의 가치는 얼마일까? 연말 지급을 가정했을 때 구한 현재가치 \$20,500에 $(1+0.07)$을 곱한 \$21,935가 된다. 이유는 연금의 경우에 각 현금흐름에 현가요소 $\dfrac{1}{(1+0.07)^1} \sim \dfrac{1}{(1+0.07)^5}$를 곱해 현재가치를 구하지만 선불연금의 경우는 첫 현금흐름에는 현가요소를 곱할 필요가 없기 때문에 사용하는 현가요소가 $\dfrac{1}{(1+0.07)^1} \sim \dfrac{1}{(1+0.07)^4}$이다. 그러므로 연금의 현재가치는 선불연금의 현재가치보다 $\dfrac{1}{(1+0.07)^1}$만큼 작게 된다. 따라서 연금의 현재가치로부터 선불연금의 현재가치를 유추하려면 전자에 $(1+0.07)$을 곱하면 된다. 이를 일반화하면 다음과 같다.

$$\text{선불연금의 현재가치} = \text{연금의 현재가치} \times (1+r)$$

## 연금 현금흐름 추정

연금 관련 계산문제는 처음 접하면 어렵게 느껴질 수 있지만 익숙해지면 생각보다 편리하고 간단하다. 예제 3.3은 은행 대출금 할부상환 문제를 다룬다. 대출금액과 만기, 이자율이 주어진 상황에서 정기적으로 상환해야 하는 동일한 액수의 할부금을 구하는 문제이다.

**예제 3.3 • 은행 대출금 할부상환**

　　은행 대출은 보통 연금형 현금흐름 구조를 가진 할부상환(amortization)이다. 할부상환은 일정한 할부금으로 매 기간 이자와 대출금을 동시에 갚아 나가는 상환 방식이다. 특이할 점은 매 기간 이자비용은 대출약정에 정해진 이자율에 대출금 잔액을 곱해 계산한다는 것이다. 할부금으로 매년 대출금도 상환하기 때문에 대출금 잔액도 서서히 줄어들게 되고 이자비용도 서서히 감소한다. 그리고 만기 때에는 이자비용이 최소가 되고 대출금 잔액은 0이 되도록 설계된다. 은행으로부터 4년 만기 $1,000의 대출을 받는 상황을 고려해보자. 할부상환금은 동일한 금액으로 매년 1번씩 총 4번을 지급해야 한다. 대출이자율은 10%이다. 이 경우 할부상환금은 얼마로 책정되겠는가? 연금 공식을 사용하면 예상보다 쉽고 간단하게 해결된다. 연금 공식의 좌변에는 대출금액이 자리 잡아야 하고 우변에는 할부상환금과 연금현가요소가 위치한다.

$$1,000 = C \left[ \frac{1}{0.1} - \frac{1}{0.1(1.10)^4} \right]$$

하나의 등식에 하나의 미지수가 존재하므로 할부상환금(C)은 쉽게 계산할 수 있다.

$$C = \frac{1,000}{\left[ \dfrac{1}{0.1} - \dfrac{1}{0.1(1+0.1)^4} \right]} = \frac{1,000}{3.170} = \$315.47$$

　　표 3.1은 할부상환금($315.47)이 매년 이자와 대출금(원금 $1,000) 사이에 어떻게 배분되면 만기에 대출금이 전액 상환되어 잔고가 0이 되는지 그 과정을 시간별로 보여준다. 첫해 말에는 $315.47의 할부금 중 $100가 이자비용($1,000×0.1)으로 나가고 나머지 $215.47는 대출금을 갚는 데 사용되어 대출금 잔액은 $784.53(1,000−215.47)가 된다. 둘째 연도 말에 지급하는 동일한 할부상환금은 이자비용으로 $78.45(784.53×0.1), 대출금 상환으로 나머지인 $237.02가 쓰여 대출금 잔액은 $547.51(784.53−237.02)로 감소한다. 이러한 과정을 거치며 매년 대출금 잔액에 대한 10% 이자비용을 지불하고 대출금을 상환하면 만기인 4년도 말에는 $315.47로 마지막 이자비용 $28.68를 지급하고 대출금 잔액 $286.79를 전액 상환하며 대출금 잔액은 0이 되어 상환이 완료된다.

| 연도 | 연초 대출금 잔액 | 이자비용 | 할부상환금 | 대출금 상환 | 연말 대출금 잔액 |
|------|------------------|----------|------------|-------------|------------------|
| 1 | $1,000.00 | $100.00 | $315.47 | $215.47 | $784.53 |
| 2 | 784.53 | 78.45 | 315.47 | 237.02 | 547.51 |
| 3 | 547.51 | 54.75 | 315.47 | 260.72 | 286.79 |
| 4 | 286.79 | 28.68 | 315.47 | 286.79 | 0 |

》**표 3.1**　은행 대출금 할부상환표

**예제 3.4 • 주택담보대출 할부상환**

대부분의 담보대출은 할부상환 방식을 따른다. 저축은행으로부터 30년 만기 주택담보대출을 받는 경우를 예로 들어보자. 이자율은 12%이고 대출금은 $25만이다. 상환은 30년 할부상환 방식이다. 예제 3.3에서처럼 할부상환금은 연금 공식을 이용해 쉽게 산출할 수 있다.

$$250,000 = C\left[\frac{1}{0.12} - \frac{1}{0.12(1+0.12)^{30}}\right]$$

$$\text{그러므로 } C = \frac{250,000}{\left[\dfrac{1}{0.12} - \dfrac{1}{0.12(1+0.12)^{30}}\right]} = \frac{250,000}{8.055} = \$31,036$$

그림 3.9는 이자비용과 대출금 상환의 시간별 변동을 막대그래프로 보여준다. 상환 초기에는 할부상환금 중 이자비용이 차지하는 비중이 훨씬 높다. 그러나 시간이 흐를수록 이자비용의 비중은 서서히 감소하다가 만기에 가까울수록 급속도로 감소한다. 반대로 할부상환금 중 대출금 상환의 비중은 대출기간 초기에는 매우 미미하지만 만기에 가까울수록 급속도로 증가한다.

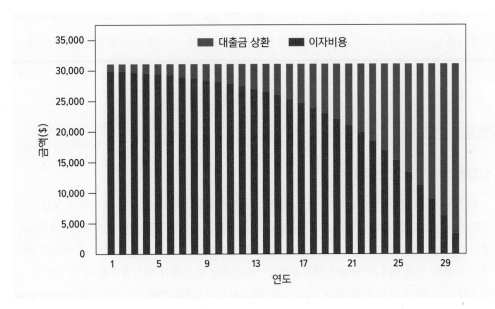

▶ **그림 3.9**
주택담보대출 할부상환

## 연금의 미래가치

연금의 미래가치는 연금의 현재가치를 계산한 후 복리와 만기까지의 기간 수를 고려해 간단히 산출할 수 있다. 연금의 현재가치는 연금의 모든 현금흐름을 현재 시점으로 할인해 얻은 값이므로 이 한 수치에 연금의 모든 현금흐름이 포함되어 있다. 여기서 이 연금의 $t$년 후 미래가치를 구하려면 연금의 현재가치가 복리 이자율 $r$로 $t$년 동안 성장한 후의 가치를 구하면 된다. 전형적인 미래가치 평가법이다. 예를 들어 매년 1달러의 현금흐름이 $t$년 동안 지속되는 연금이 있다고 가정하고 앞에서 설명한 2단계 과정을 활용해 연금의 미래가치를 계산해보자. 먼저 연금의 현재가치는 $\$1\left[\dfrac{1}{r}-\dfrac{1}{r(1+r)^t}\right]$ 이다. 이 경우 현금흐름 1달러는 생략해도 상관없다. 그리고 $t$년 후 미래가치는 현재가치에 $(1+r)^t$를 곱한 값이니 $\left[\dfrac{1}{r}-\dfrac{1}{r(1+r)^t}\right]\times(1+r)^t$이다. 이를 정리하면 $\dfrac{(1+r)^t-1}{r}$ 과 같다.

---

**예제 3.5 • 요트 장만 저축 전략**

당신은 요트로 항해를 해보는 것이 꿈이다. 그래서 5년 후에 베네토(Beneteau)의 40피트(약 12미터) 요트를 사려는 야심 찬 계획을 세우고 올해부터 매년 \$2만를 8%의 수익률이 기대되는 자산에 투자하기로 결심했다. 모든 것이 계획대로 된다면 5년 후에 당신은 얼마의 자금을 마련할 수 있는가? 연금의 현재가치를 이용한 연금의 미래가치 계산법을 이용해 구해보자. 먼저 연금의 현금흐름이 \$2만, 기간은 5년, 이자율은 8%인 연금의 현재가치는 $20{,}000\left[\dfrac{1}{0.08}-\dfrac{1}{0.08(1+0.08)^5}\right]$ $=\$79{,}854$이다. 그러므로 연금의 미래가치는 $\$79{,}854\times(1+0.08)^5=\$117{,}332$이다. 이 계획이 잘 진행되면 당신은 5년 후에 \$117,000짜리 요트를 구매해 꿈에 그리던 요트 항해를 할 수 있다.

---

**3-3    성장형 영구연금과 연금**

### 성장형 영구연금의 현재가치

현금흐름이 동일하게 영구히 또는 일정 기간 동안 발생할 수도 있지만 일정한 성장률로 변화할 수도 있다. 말라리아 퇴치를 위해 매년 \$10억를 기부하는 영구연금의 예로 돌아가보자. 당신은 매년 \$10억의 기부금이면 충분할 것으로 생각했는데 말라리아의 확산 추세를 고려하면 기부금도 첫해 이후부터(둘째 연도부터)는 매년 4%p 증가해야 퇴치효과를 볼 수 있다는 전문가의 충정 어린 조언을 들었다. 그러므로 10% 이자율과 영구연금을 가정해서 계산한 현재가치 \$100억로는 효과적인 말라리아 퇴치재단을 설립하기 어렵다. 그렇다면, 4%p의 현금흐름 성장률을 고려한 미래현금흐름의 현재가치는 얼마인가? 이 경우 첫째 연도의 필요 현금흐름은 \$10억, 둘째 연도의 현금흐름은 4%p가 증가한 \$10억$\times(1+0.04)$, 셋째 연도 현금흐름은 두 번째 현금흐름[\$10억$\times(1+0.04)$]에서 다시 4%p가 증가한 \$10억$\times(1+0.04)\times(1+0.04)=$\$10억$\times(1+0.04)^2$ 등 현금흐름은 매년 4%p로 영구히 성장한다. 이러한 형태의 현금흐름을 성장형 영구연금이라고 한다. 성장형 연구연금의 현재가치를 구하는 과정을 일반식으로 표현하면 다음과 같다.

$$PV = \frac{C_1}{(1+r)} + \frac{C_1(1+g)}{(1+r)^2} + \frac{C_1(1+g)^2}{(1+r)^3} + \frac{C_1(1+g)^3}{(1+r)^4} + \cdots$$

위 식에서 $g$는 성장형 영구연금에서 가정되는 일정한 성장률을 의미한다. 영구연금보다 복잡하고 계산이 불가능할 것 같지만 다행히 위 식은 수학적 간략화 작업을 거치면 간단한 수식으로 탈바꿈한다.

$$\text{성장형 영구연금의 현재가치} = \frac{C_1}{r-g}$$

성장형 영구연금의 현금흐름 구조가 확인되면 바로 위의 간단한 공식을 사용하면 된다. 즉 미래현금흐름이 매 기간 일정한 성장률($g$)로 영구히 증가한다는 가정이 성립하면 평가자가 필요한 정보는 이자율, 성장률, 첫 번째 현금흐름($C_1$)이 전부다. 두 번째 현금흐름, 세 번째 현금흐름, 또는 그 이후의 현금흐름 정보는 필요치 않다. 그런 정보가 없어도 있을 때와 똑같은 결론에 이른다. 수학적 증명이 이를 보장하니 안심하고 사용해도 된다.

그러므로 말라리아 퇴치재단이 필요한 자금(지원금의 현재가치)은 $PV = \dfrac{\$10억}{0.1 - 0.04} = \$16.667억$이다. 성장형 영구연금 공식은 주식가치평가에 광범위하게 사용되므로 잘 기억해 두자.

## 성장형 연금의 현재가치

현금흐름이 동일한 성장률로 증가하기는 하는데 일정 기간 후에 멈추는 구조를 가진 자산을 성장형 연금이라고 한다. 성장형 영구연금의 현금흐름이 특정 연도에 멈추는 형태를 상상하면 이해하기 쉽다. 그림 3.7에서 연금 공식을 도출하기 위해 2개의 영구연금 현금흐름을 사용한 것처럼 성장형 연금 공식도 2개의 성장형 영구연금을 활용해 유추할 수 있다. 첫해의 현금흐름이 1달러이고 이후 모든 현금흐름이 매년 동일한 성장률 $g$로 영구히 성장하는 현금흐름의 현재가치는 성장형 영구현금 공식을 적용하면 $\dfrac{1}{r-g}$이다. 이를 성장형 영구연금 A라고 하자. 두 번째 성장형 영구연금 B는 넷째 연도부터 현금흐름이 시작되고 그 값은 성장형 영구연금 A의 네 번째 현금흐름과 같은 $(1+g)^3$이고 이후의 현금흐름도 A와 동일하다. 따라서 성장형 영구연금 B의 현재가치를 계산하려면 먼저 4년도와 그 이후의 현금흐름을 3년도 시점으로 가치평가를 해야 한다. 이 경우는 성장형 영구연금 공식을 그대로 적용하면 되므로 $\dfrac{(1+g)^3}{r-g}$이다. 그러나 이 값은 3년도 시점에서의 성장형 영구연금의 가치이므로 이를 다시 현재 시점으로 할인하는 과정을 거쳐야 한다. 즉 $\dfrac{(1+g)^3}{r-g}$을 $(1+r)^3$으로 나누어야 한다: $\dfrac{(1+g)^3}{r-g} \times \dfrac{1}{(1+r)^3}$. 성장형 영구연금 A에서 B를 차감하면 남는 것은 1년도, 2년도, 3년도 현금흐름뿐이다. 차례로 $\$1$, $(1+g)$, $(1+g)^2$이다. 이는 첫해 현금흐름이 1달러이고 항상 성장률이 $g$이며 투자기간은 3년인 성장형 연금이다. 이 연금의 현재가치는 A의 현재가치에서 B의 현재가치를 빼면 되므로 $\dfrac{1}{r-g} - \left[\dfrac{(1+g)^3}{(1+r)^3} - \dfrac{1}{(1+r)^3}\right]$이 된다. 정리하면 $\dfrac{1}{r-g}\left[1 - \dfrac{(1+g)^3}{(1+r)^3}\right]$과 같다. 이를 투자기간이 $t$년, 이자

| 연도 | 0 | 1 | 2... | ... $t-1$ | $t$ | $t+1$... | 현재가치 |
|---|---|---|---|---|---|---|---|
| 영구연금 | | 1 | 1... | 1 | 1 | 1... | $\dfrac{1}{r}$ |
| 연금 | | 1 | 1... | 1 | 1 | | $\dfrac{1}{r}-\dfrac{1}{r(1+r)^t}$ |
| 선불연금 | 1 | 1 | 1... | 1 | | | $(1+r)\left(\dfrac{1}{r}-\dfrac{1}{r(1+r)^t}\right)$ |
| 성장형 영구연금 | | 1 | $1\times(1+g)...$ | $1\times(1+g)^{t-2}$ | $1\times(1+g)^{t-1}$ | $1\times(1+g)^{t}...$ | $\dfrac{1}{r-g}$ |
| 성장형 연금 | | 1 | $1\times(1+g)...$ | $1\times(1+g)^{t-2}$ | $1\times(1+g)^{t-1}$ | | $\dfrac{1}{r-g}\left[1-\dfrac{(1+g)^t}{(1+r)^t}\right]$ |

》표 3.2　각종 연금 공식

율은 $r$, 항상 성장률은 $g$, 최초 현금흐름이 $C_1$인 성장형 연금의 현재가치 계산에 적용하면 $C_1$ $\times\dfrac{1}{r-g}\left[1-\dfrac{(1+g)^t}{(1+r)^t}\right]$ 이 된다. 성장형 연금을 포함해 지금까지 논의한 영구연금, 연금, 선불연금, 성장형 영구연금, 성장형 연금의 공식이 표 3.2에 요약되어 있다.

## 예제 3.6 • 로또 당첨 행운

2017년 8월에 미국 매사추세츠주에 사는 한 여성이 파워볼 복권을 구매(투자)해 1등에 당첨되었다. 당첨금은 당시 화폐가치로 $7억 5,870만라는 천문학적 액수였다. 그러나 이 액수는 일시불로 지급되는 것이 아니라 30년에 걸쳐 나누어 지급되었다. 첫해에 $1,142만가 지급되고 이후 매년 5%p씩 증가해 마지막 30번째 지급액은 $4,700만였다. 이 모든 지급액을 화폐의 시간가치를 고려하지 않고 단순히 합한 금액이 $7억 5,870만이다. 그렇다면 이 복권의 실제 가치는 얼마였을까?

이자율을 2.7%로 가정하고 계산해보자. 매년 똑같은 5%p 성장률로 30년 동안 성장하는 현금흐름 형태이므로 성장형 연금이다. 그러므로 성장형 연금 공식 $C_1\times\dfrac{1}{r-g}\left[1-\dfrac{(1+g)^t}{(1+r)^t}\right]$ 에 관련 수치를 대입하면 $11.42\times\dfrac{1}{0.027-0.05}\left[1-\dfrac{(1+0.05)^{30}}{(1+0.027)^{30}}\right]$ 으로 $4억 6,800만가 된다. 여전히 천문학적 금액이지만 명목상 금액인 $7억 5,870만와는 큰 차이가 난다. 이 예제는 화폐의 시간가치가 가진 영향력을 여실히 보여준다.

## 3-4 이자율 지급과 인용

### 명목이자율과 유효이자율

지금까지 가치평가의 이해를 돕고자 활용한 미래현금흐름은 편의상 매년 말에 발생한다고 가정했다. 프랑스나 독일에서는 국채의 이자를 매년 말에 지급하니 현금흐름이 매년 발생한다는 가정이 새삼스럽지 않다. 그러나 미국이나 영국에서는 국채의 이자를 반기마다 지급한다. 즉 국채의 현금흐름이 매년이 아닌 반기마다 발생한다. 그러므로 연리 10%를 지급한다는 것은 프랑스나 독일에서는 액면 그대로 매년 10%의 이자수익을 얻는다는 뜻이고 미국이나 독일에서는 6개월마다 5%의 이자수익을 올린다는 의미이다. 아마도 같은 의미가 아니냐고 반문하는 독자가 있을지도 모르겠다. 그러나 대부분의 독자는 복리의 개념을 배웠으니 둘의 의미가 엄연히 다름을 파악했을 것이다. 2개의 상이한 국채를 예로 들어 차이점을 살펴보자. 국채 A는 만기 1년에 연리 10%이고 이자를 연말에 지급한다. 국채 B는 만기 1년에 연리 10%는 같은데 이자를 6개월 한 번씩 2번 지급한다. $100를 각각의 국채에 투자한다면 1년 후 투자가치와 투자수익률은 얼마인가?

국채 A의 경우 100달러가 10% 이자율로 1년 동안 증가하니 투자가치는 $100 \times (1 + 0.1) = $ $110이고 투자수익률은 액면이자율[즉 **명목이자율**(annual percentage rate, APR)]인 10%[$= (110 - 100)/100$]와 같다. 국채 B의 경우 100달러가 5% 이자율($= 10\%/2$)로 1년 동안 6개월씩 두 차례 증가하니 투자가치는 $100 \times (1 + 0.05) \times (1 + 0.05) = 100 \times (1 + 0.05)^2 = $ $110.25이고 투자수익률은 명목이자율 10%보다 0.25% 높은 10.25%[$= (110.25 - 100)/100$]이다. 투자 B의 투자수익률을 **유효이자율**(effective annual rate, EAR)이라고 한다. 유효이자율이 명목이자율보다 높은 이유는 복리효과 때문이다.

이해를 돕기 위해 다른 예를 들어보자. 어떤 은행의 1년 만기 자동차대출 계약을 살펴보니 명목이자율(APR)은 연 12%지만 대출이자는 매월 납입해야 한다는 조항이 있다. 이 경우 유효이자율은 무엇인가? 명목이자율과 다른 이유는 무엇인가? 연리가 12%이니 월리는 1/12인 1%이다. 1달러 대출금에 대한 이자를 매월 1%씩 12번을 내야 하니 12개월이 지난 후의 대출금 1달러의 가치는 $(1 + 0.01)^{12} = $ $1.1268이고 투자자가 지급하는 유효이자율은 12.68%[$= (1.1268 - 1)/1$]로 명목이자율 12%보다 높다. 이유는 국채의 예와 마찬가지로 복리효과 때문이다. 예상했겠지만 이자를 매년 1회 지급한다면 명목이자율과 유효이자율은 같게 된다. 반대로 이자를 매년 1회를 초과해서 지급하면[예: 반기별(2회), 분기별(4회), 월별(12회) 등] 유효이자율이 명목이자율보다 크다. 유효이자율과 명목이자율의 관계를 수식으로 표현해보자. 연리 $r$(명목이자율)로 연 $m$회에 걸쳐 이자를 나누어 지급하는 자산에 1달러를 투자하면 1년 후 투자가치는 $[1 + (r/m)]^m$이다. 투자수익률(유효이자율)을 계산하려면 '1'을 빼주면 된다. 국채와 자동차대출의 유효이자율도 이 식을 이용하면 쉽게 구할 수 있다.

## 연속복리

이자의 연 지급횟수는 이론상 제한이 없다. 매월, 매주, 매일이 될 수도 있다. 더 나아가 매순간 이자를 지급한다는 가정(연속복리)도 가능하다. 이 경우 유효이자율 등식에 있는 연이자 지급횟수인 '$m$'이 무한대가 된다. 많은 재무관리 이론과 모형이 연속복리를 가정해 고안되었다. 연속시간을 가정한 블랙-숄즈 옵션가격결정모형이 대표적인 예다. 연속복리를 가치평가에 사용한다는 것은 현재가치평가에 사용하는 할인율 또는 미래가치평가에 사용하는 복리이자율을 무한대로 쪼개는 과정을 거쳐야 하므로 가치평가가 훨씬 복잡하고 어려워질 것으로 생각하기 쉽다. 그러나 로그함수를 사용하면 가치평가 과정이 이전보다 더 단순해진다. 수학적으로 $[1+(r/m)]^m$의 $m$이 무한대에 가까워진다는 것은 $2.718^r$에 가까워진다는 의미이다. 생소한 설명이지만 수학적 공리이니 그대로 사용하면 된다. 이 수학적 관계가 주는 유용성 때문에 고등학교 수학 교과과정에서 대수학(logarithm)을 배운다. 여기서 2.718이란 숫자는 '$e$'(자연로그 혹은 자연대수의 밑)로 부르고 숫자 대신 사용한다. 그러므로 $2.718^r$은 $e^r$로 표기한다. 연 명목이자율 $r$과 1년 동안 수없이 많은(무한대) 이자를 지급하는 자산이 있다고 하자. 이 자산에 1달러를 투자하면 1년 후 투자가치는 $e^r(=2.718^r)$이다. $t$년 후 투자가치는 $e^{rt}(=2.718^{rt})$가 된다. 1년 투자가치의 지수에 '1'이 생략되었다고 생각하면 이해가 쉬울 것이다. 같은 조건에 1년 동안 1회의 이자만 지급하는 자산의 1년 후 투자가치 $(1+r)$, $t$년 후 투자가치는 $(1+r)^t$과 잘 대비된다.

**보기 1**    연리 11%와 연속복리를 약속하는 자산에 1달러를 투자했다. 1년 후 투자가치는 앞의 공식을 이용하면 바로 $e^{0.11}$이라는 것을 알 수 있다. 계산기로 계산을 하면 \$1.116이다. 그러므로 투자수익률(유효이자율, 유효수익률)은 명목이자율 11%보다 0.6%가 큰 11.6%이다. 다시 말해 1년에 1회만의 복리를 허용하는 자산의 연 명목이자율 11.6%와 1년에 연속복리를 허용하는 자산의 명목이자율 11%는 1년 후 투자가치나 유효이자율 관점에서는 동일한 가치를 창출하는 자산인 셈이다.

**보기 2**    명목이자율이 11%인 연속복리 자산에 투자하고 2년을 기다렸다. 투자가치는 얼마인가? 투자기간이 1년이 아닌 2년이므로 지수에 변화가 생긴다. 즉 투자가치는 $e^{rt}=e^{0.11 \times 2}=e^{0.22}=$ \$1.246이다. 2년의 투자기간 동안의 누적 투자수익률은 24.6%라는 뜻이다.

때때로 미래현금흐름이 한 해에 걸쳐 고르게 발생한다는 가정이 연말에 일시에 발생한다는 가정보다 현실을 더 잘 반영한다. 이런 경우 연속복리의 개념과 공식을 이용하면 손쉽게 가치평가를 할 수 있다. 예를 들어 매년 $C$달러의 현금흐름을 영구히 창출하는 자산의 현재가치는 영구연금 공식인 $C/r$를 이용해 쉽게 산출된다. 그러나 현금흐름 $C$가 매년 말에 발생하는 것이 아니라 해마다 기간 전체에 걸쳐 균등하게 지속적으로 발생하는 경우를 상정해보자. 이 경우에도 똑같은 연금 공식을 사용해야 하지만 분모의 할인율은 연 이자율 $r$이 아니라 연속복리이자율로 대체해야 한다. 여기서 연속복리이자율이란 연속복리를 가정했을 때 연 이자율 $r$과 동일한 1년 후 투자수익률을 낳는 이자율을 일컫는다. 식으로 표시하면 $e^p=(1+r)$이다. 이자율 $r$은 명목이자율이고 $p$는 연속복리이자율로 모두 연리로 표시한다.

연 이자율이 18.5%인 영구연금 투자기회를 가정해보자. 현금흐름이 매년 말에 $100 발생한다면 현재가치는 100/0.185＝$540.54가 된다. 만약에 현금흐름을 매년 말 한꺼번에 $100를 받는 것이 아니라 매년 한 해에 걸쳐 균등하게, 지속적으로 받는다면 현재가치는 100/0.17＝$588.24가 된다. 여기서 분모로 쓰인 0.17은 연속복리를 가정했을 때 연 이자율로 $e^p = 1 + 0.185$에서 '$p$'를 구하면 17%가 된다($e^{0.17} = 1.185$). 투자자들은 현금흐름을 매년 1회 연말에 지급하는 영구연금보다 해마다 전 기간에 걸쳐 끊임없이 지급하는 영구연금에 더 많은 돈을 지불할 의향이 있다.

**보기 3** 당신은 퇴직 후 20년 동안 매년 $20만를 소비하며 살고 싶다. 연 이자율은 10%이다. 퇴직할 때까지 얼마의 저축을 해야 당신의 계획을 실현할 수 있는가?

현금흐름의 형태가 연금이므로 연금 공식을 이용하면 매년 말 $20만를 받을 수 있는 투자금액을 산출할 수 있다.

$$\text{PV(연금)} = \$200{,}000 \left[ \frac{1}{0.1} - \frac{1}{0.1(1 + 0.1)^{20}} \right] = \$200{,}000 \times 8.514 = \$1{,}702{,}800$$

매년 $20만를 연말에 일시불로 소비한다는 가정(일시불로 받는다는 가정)은 비현실적이다. 한 해에 걸쳐 골고루 소비하는 행태가 더 일반적이다. 따라서 이번엔 $20만를 연속해서 소비한다는 가정하에 저축해야 하는 투자금액을 산정해보자. 먼저 $e^p = (1 + r)$을 활용해 연속복리이자율($p$)을 구하면 9.53%이다($e^{0.0953} = 1 + 0.1$). 이를 다시 연금 공식에 대입하면 다음과 같다.

$$\text{PV(연금)} = \$200{,}000 \left( \frac{1}{0.0953} - \frac{1}{0.0953} \times \frac{1}{e^{0.0953 \times 20}} \right) = 200{,}000 \times 8.932 = \$1{,}786{,}400$$

$20만를 한 해에 걸쳐 균등하고 지속적으로 소비하며 20년을 살려면 추가적으로 $83,600(＝1,786,400 − 1,702,800)가 필요하다.

•  •  •  •  •  •
**요점정리**

- 재무관리의 제1원칙(화폐의 시간가치): 오늘의 $1가 내일의 $1보다 더 값지다.
- 재무관리의 제2원칙(위험회피 성향): 안전한 $1가 위험한 $1보다 더 값지다.
- 미래가치는 현재 시점의 화폐가치가 미래 특정 시점까지 일정한 이자율(복리)로 증가한 값이다.
- 현재가치는 일정한 이자율을 가정할 때 미래 특정 시점에 특정 가치를 창출하기 위해 오늘 투자해야 하는 값 또는 미래 특정 시점의 특정 가치를 일정한 이자율(할인율)을 가지고 현재 시점으로 할인한 값이다.
- 순현가(net present value, NPV)는 투자안의 가치에서 투자비용을 차감한 값이다. 투자안의 순현가가 0보다 크면 선택하고, 아니면 포기한다.
- 수익률법은 순현가법과 관점만 다를 뿐이지 근본적인 평가기준은 동일하다. 수익률법에서 수익률은 내부수익률(internal rate of return, IRR)로 많이 알려져 있는데 순현가를 '0'으로 만드는 할인율을 뜻한다. 내부수익률이 기회비용(자본비용)보다 크면 선택하고 아니면 포기한다.
- 영구연금(perpetuity)은 동일한 현금흐름이 영원히 반복되는 형태의 현금흐름 구조를 일컫는다. 할인율을 $r$, 동일한 현금흐름을 $C$라고 할 때, 영구연금의 현재가치는 $C/r$와 같다.
- 연금(annuity)이란 매년 동일한 현금흐름을 유한 기간 반복하는 현금흐름 형태이다. 주택담보대출의 매월 납입금, 할부금 약정, 회사채의 이자비용 등이 전형적인 연금의 예다. 할인율이 $r$, 연금의 현금흐름은 $C$, 현금흐름의 발생횟수(연도 수)를 $t$라고 하면 연금의 현재가치는 다음과 같다.

$$PV(연금) = C\left[\frac{1}{r} - \frac{1}{r(1+r)^t}\right]$$

- 성장형 영구연금(growing perpetuity)은 현금흐름이 일정한 성장률로 영구히 성장하는 현금흐름 형태를 말한다. 성장형 영구연금의 현재가치 $PV(성장형 영구연금) = \dfrac{C_1}{r-g}$이다.
- 동일한 성장률로 증가하던 현금흐름이 일정 기간 후에 멈추는 구조를 가진 현금흐름 형태를 성장형 연금이라고 한다. 성장형 연금의 현재가치는 $C_1 \times \dfrac{1}{r-g}\left[1 - \dfrac{(1+g)^t}{(1+r)^t}\right]$이다.
- 연리 $r$(명목이자율)로 연 $m$회에 걸쳐 이자를 나누어 지급하는 자산에 $1를 투자하면 1년 후 투자가치는 $[1+(r/m)]^m$이다. 투자수익률(유효수익률)을 계산하려면 '1'을 빼주면 된다.
- 이자의 연 지급횟수는 이론상 제한이 없다. 매월, 매주, 매일이 될 수도 있다. 더 나아가 매 순간 이자를 지급한다는 가정(연속복리)도 가능하다. 이 경우 유효이자율 등식에 있는 연 이자 지급횟수인 '$m$'이 무한대가 된다. 연 이자율이 $r$일 때, $t$년 후 $1의 투자가치는 $e^{rt}(=2.718^{rt})$이 된다.

•  •  •  •  •  •
**연습문제**

**1.** 자본의 기회비용에 관한 다음 설명 중 옳은 것은?

   a. 기업이 대출할 때 지급해야 하는 이자율이다.

   b. 현금흐름의 변동성(위험)에 따라 달라진다.

   c. 주주들이 스스로 다른 대안에 투자해 올릴 수 있는 수익률의 기대치에 따라 달라진다.

   d. 이자지급이 없는 은행 계좌에 잉여현금을 가지고 있는 기업의 자본의 기회비용은 0이다.

**2.** 단순히 '자본비용'이나 '할인율'이 아닌 자본의 기회비용이라는 용어를 강조하는 이유를 설명

하라.

**3.** 올드타임저축은행은 저축예금에 4%의 이자를 지급한다. 저축예금에 $1,000를 입금했다는 가정하에 다음 물음에 답하라.

 a. 첫해에 받는 이자금액은 얼마인가?

 b. 둘째 해에 받는 이자금액은 얼마인가?

 c. 10년째 되는 해에 받는 이자금액은 얼마인가?

**4.** 뉴타임저축은행은 저축예금에 4%의 이자를 지불한다. 이 예금에 $1,000를 입금하고 그대로 두면 투자액이 2배로 늘어나는 데 25년 이상 걸릴까, 아니면 25년 미만으로 걸릴까? 계산기 사용 없이 답하라.

**5.** 레오나르도 다빈치의 작품인 살바토르 문디(Salvator Mundi)가 2017년에 사상 최고가인 약 $4억 5,000만에 팔렸다. 같은 그림이 1958년에는 $125였다. 이는 2017년도 구매력으로 환산하면 약 $1,060이다. 이 그림은 1500년 즈음에 프랑스의 루이 12세가 의뢰해 완성되었다. 월스트리트 저널은 1519년 루이 12세가 다빈치에게 $57만 5,000를 지급했을 것으로 추정했다. 이 자료를 바탕으로 다음 질문에 답하라.

 a. 1958~2017년 사이 그림값의 연간 상승률은 얼마였는가? 인플레이션을 고려한 실질상승률을 구하라.

 b. 1519~2017년 사이에 인플레이션에 따라 조정된 그림 가격의 연간 상승률은 얼마였는가?

**6.** 15%의 금리로 $100를 투자하면 8년 후에 얼마가 되겠는가?

**7.** 다음과 같은 이자율($r$)과 투자기간($t$)이 주어질 때 $100 투자의 미래가치를 계산하라.

 a. $r=6\%$, $t=10$년

 b. $r=6\%$, $t=20$년

 c. $r=4\%$, $t=10$년

 d. $r=4\%$, $t=20$년

**8.** 2016년 말 이전 5년간 아마존 주가는 연 34% 올랐다. 만약 당신이 2011년도 초에 아마존에 $100를 투자했다면, 2016년도 말에는 얼마가 되었겠는가?

**9.** 다음 물음에 답하라.

 a. 만약 $139의 현재가치가 $125라면, 현가요소(discount factor)는 얼마인가?

 b. 만약 그 $139를 5년도 차(5년도 말)에 받는다면, 이자율은 얼마인가?

**10.** 자본비용이 9%라면 지금부터 9년 후에 지불하는 $374의 현재가치는 얼마인가?

**11.** 어떤 투자안이 1년도 차에 $432, 2년도 차에 $137, 3년도 차에 $797의 현금흐름을 창출한다. 자본비용이 15%라면 이 투자안의 현재가치는 얼마인가? 만약 이 투자안을 시행하는 데 $1,200의 투자비용이 필요하다면, 투자안의 순현가(NPV)는 얼마인가?

**12.** 다음 각 조건하에 미래현금흐름 $100의 현재가치는 얼마인가?

 a. 10년 후(할인율 1%)

 b. 10년 후(할인율 13%)

c. 15년 후(할인율 25%)

d. 향후 3년 동안 매년 100달러(할인율 12%)

13. 어떤 기업이 새로운 기계에 투자하는 것을 고려하고 있다. 이 투자안은 $38만의 비용이 들며 다음과 같은 현금흐름을 창출할 것으로 예상된다.

| 연도 | 1 | 2 | 3 | 4 | 5 | 6 | 7 | 8 | 9 | 10 |
|---|---|---|---|---|---|---|---|---|---|---|
| 현금흐름($1,000) | 50 | 57 | 75 | 80 | 85 | 92 | 92 | 80 | 68 | 50 |

자본비용이 12%라면 투자안의 NPV는 얼마인가?

14. $80만의 초기 비용을 들여 어떤 투자안을 시행하면 향후 10년 동안 연간 $17만의 순현금흐름을 창출할 것으로 예상한다. 자본의 기회비용이 14%라면 투자안의 순현가(NPV)는 얼마인가? 투자안의 5년 후 미래가치는 얼마인가?

15. 예제 3.1의 건물투자안의 NPV를 5%, 10%, 15%의 금리로 다시 계산하라. 그리고 세로축을 NPV, 가로축을 할인율로 하는 그래프에 계산한 값들을 표시하라. 투자안의 NPV가 0인 할인율은 얼마인가?

16. 핼시온은 $800만를 들여 새로운 벌크선을 구입하는 것을 고려하고 있다. 수익은 연간 $500만, 운영비는 연간 $400만로 예상된다. 5년, 10년 후에는 각각 $200만의 수리비용이 필요하다. 15년 후, 이 배는 $150만에 팔릴 것으로 예상된다.

a. 자본의 기회비용이 8%일 경우 NPV는 무엇인가?

b. 핼시온은 투자금 전액을 4.5%의 금리로 빌려 선박을 구입할 수 있었다. 이 차입 기회가 NPV 계산에 어떤 영향을 미치는가?

17. 어떤 투자안에 초기 비용으로 $1,548를 투자하면 첫해부터 $138의 현금흐름을 영구적으로 창출할 수 있다. 이자율이 9%라면 투자안의 NPV는 무엇인가?

18. "당신이 우리에게 앞으로 10년 동안 매년 $100를 지급하면, 당신에게 그 후(11년도 차부터) 매년 $100를 영구적으로 지급하겠다"는 투자 광고를 보았다. 만약 이 투자가 공정한 거래라면 이자율은 얼마인가?

19. 어떤 주식이 내년에 $4의 현금배당을 한다. 그 이후에는 배당금을 연간 4%p로 영구히 늘릴 계획이다. 할인율이 14%라면 주식의 현재가치는 얼마인가?

20. 이자율을 10%로 가정하고 다음 문제에 답하라.

a. 매년 $1를 영구적으로 지급하는 자산의 현재가치는 무엇인가?

b. 연 10%로 성장하는 자산의 가치는 약 7년 후에 2배가 된다. 8년도 차부터 매년 $1를 영구적으로 지급하는 자산의 대략적인 현재가치는 무엇인가?

c. 향후 7년간 매년 $1를 지급하는 자산의 대략적인 현재가치는 무엇인가?

d. 어떤 토지의 수입은 연 5%씩 증가한다. 첫해 소득이 $1만라면 토지의 가치는 얼마인가?

21. 캥거루오토는 $1만짜리 차를 구매하는 소비자에게 이자 없는 할부를 허용하고 있다. $1,000를 구입과 동시에 지급한 후 다음 30개월 동안 매달 $300를 지불하면 된다. 바로 옆에 위치한 터틀

모터는 무이자 할부 대신 할인가격에 똑같은 차를 판매한다. $1만짜리 차를 $9,000에 살 수 있고 월 이자율 0.83%로 30개월 할부를 제공한다. 어느 회사가 더 좋은 거래를 제안하고 있는가?

22. 데이비드와 헬렌은 5년 후에 배를 사기 위해 저축하고 있다. 만약 배의 가격이 $2만이고 그들이 저축한 돈으로 연간 10%를 벌 수 있다면, 1차 연도부터 5차 연도 말까지 매년 얼마를 저축해야 하는가?

23. 지그프리드 바셋은 현재 65세이고 앞으로 12년을 더 살 것으로 예측한다. 그는 자신이 죽을 때까지 매년 말에 연금을 받을 수 있는 투자처에 $2만를 투자하기를 원한다. 이자율이 8%라면, 바셋이 받을 수 있는 매년 연금소득은 얼마인가?

24. 나의 배우자와 나는 각각 62세로 3년 후에 은퇴하기를 희망한다. 퇴직 후 우리는 고용주들의 연금 계획으로부터 매달 세후 연금 $7,500를 받을 것이고 사회보장제도로부터 매달 세후 연금 $1,500를 받을 것이다. 하지만 불행히도 우리의 한 달 생활비는 $15,000다. 우리는 $100만를 비과세 채권펀드에 투자했다. 펀드 수익률은 연 3.5%이다. 우리는 매년 채권펀드에서 인출해 두 연금소득과 생활비의 차액을 보전할 계획이다. 돈이 바닥나기 전까지 몇 년이나 남았겠는가?

25. 당신은 방금 $4,000만의 복권에 당첨되었다. 당첨금은 지금부터 매년 말 $200만씩 20년 동안 나누어 지급된다.
    a. 복권의 현재가치는 얼마인가? 이자율은 8%로 가정하라.
    b. 당첨금이 매년 초에 지급된다면 복권의 현재가치는 얼마인가?

26. 한 상점은 구매한 물품 대금을 상환하기 위해 할부 상환과 일시불 상환 두 가지 계획을 갖고 있다. 할부 상환 계획하에서는 대금의 25%는 즉시 상환하고 나머지 대금은 3년 동안 매년 동일한 금액을 상환할 예정이다. 즉 4년 동안 매년 초 동일액을 지급하는 방식이다. 일시불 상환 시에는 10%의 할인 혜택을 받고 즉시 상환한다.
    a. 어느 계획이 상점에게 더 이익인가? 이자율은 5%로 가정하라.
    b. 할부 상환 시 대금의 상환이 매년 말에 이루어진다면 어느 계획이 더 나은가?

27. 당신은 은행으로부터 8%의 이자율로 돈을 빌렸다. 매년 말 $7만를 8년 동안 갚아야 한다.
    a. 이 대출의 현재가치는 얼마인가?
    b. 매년 대출금 상환액($7만)에서 이자비용과 원금지급액을 구분하고 대출잔액을 계산하라. 힌트: 8년 차 말의 대출잔액은 0이다.

28. 콘도를 사기 위해 $20만, 20년짜리 주택담보대출을 받는다고 가정해보자. 대출 금리는 6%이고 대출금 상환은 매년 말에 이루어진다.
    a. 매년 말 대출금 상환액은 얼마인가?
    b. 최초 대출금 상환액 중 이자 금액은 얼마인가? 마지막 대출금 상환액 중 이자 금액은 얼마인가?

29. 다음 물음에 답하라.
    a. 신형 자동차를 사려면 $1만가 필요하다. 5년 후에도 신차 가격은 $1만라고 가정하고 지금 얼마를 적립해야 5년 후에 $1만를 마련할 수 있는가? 적립금은 매년 5%의 복리로 늘어난다.

b. 앞으로 6년 동안 매년 교육비로 $12,000를 내야 한다. 저축예금의 이자율을 8%로 가정할 때 지금 저축예금에 얼마를 입금해야 교육비를 감당할 수 있는가?

c. 연리 8%를 지급하는 저축예금에 $60,476를 투자했다. 앞 문제에서 언급한 교육비를 모두 지급한 후 6년 차 말에는 저축예금에 얼마가 남아 있겠는가?

30. 당신은 35년 후 은퇴할 때까지 누적 저축액이 $200만에 이르고 은퇴 후 15년을 더 살 수 있을 것으로 예측한다. 예상 저축액으로 은퇴 후 15년 동안 연간 어느 정도의 지출을 감당할 수 있겠는가? 이자율은 8%로 가정하라.

31. 당신은 S&A골프클럽 회원권 구매를 고려하고 있다. S&A의 연회비는 $5,000이다. 연회비는 매년 말에 지불해야 하며 연간 6% 인상될 것으로 예상된다. 그러나 오늘 $12,750를 일시불로 지급하면 향후 3년간 회원이 될 수 있다. 할인율은 10%이다. 어느 쪽이 더 유리한가?

32. 이자율이 12%라고 가정할 때 아래의 상금 중 가장 높은 가치를 가진 것은 무엇인가?
   a. 지금 당장 $10만 수령
   b. 5년 후에 $18만 수령
   c. 매년 말 $11,400씩 영구히 수령(영구연금)
   d. 앞으로 10년 동안 매년 $19,000씩 수령(연금)
   e. 1년 후에 $6,500 수령하고 이후 매년 5%씩 증가한 액수를 영구히 수령(성장형 영구연금)

33. 어떤 임대차 계약의 지급조건은 다음과 같다—즉시 $10만를 지불하고 이후 6개월 간격으로 $10만를 9회 추가로 지불. 연간 할인율이 8%일 경우 임대차 계약의 현재가치는 얼마인가?

34. 다음 중 투자가치가 가장 큰 투자는 무엇인가?
   a. 연리 12%로 이자 매년 지급
   b. 연리 11.7%로 이자 6개월마다 지급
   c. 연리 11.5%로 이자 연속 지급(연속복리)

35. 연리 6%의 투자안에 투자하려고 한다. 투자액은 $1,000만이다. 다음 중 4년 후 투자가치가 가장 큰 것은 무엇인가?
   a. 이자지급 횟수 1년에 1회
   b. 이자지급 횟수 1년에 12회
   c. 이자지급 횟수 1년에 무한

36. 연리 15%의 투자안에 오늘 $100를 투자하려고 한다. 이자지급 횟수가 연 1회일 때 20년 후 투자가치(미래가치)는 얼마인가? 이자지급 횟수가 연 무한대일 때 20년 후 투자가치(미래가치)는 얼마인가?

37. 연리 12%에 1년 동안 이자지급 횟수는 무한대인 투자안이 있다. 다음 물음에 답하라.
   a. 지금 $1,000를 투자하면 5년 후 투자가치는 얼마인가?
   b. 8년 후의 현금흐름 $500만의 현재가치는 얼마인가?
   c. 1년 동안의 합계액이 $2,000인 무한현금흐름이 15년 동안 지속된다. 이 현금흐름의 현재가치는 얼마인가?

# 채권가치평가

공장이나 장비에 투자하려면 자금이 필요하다. 기업은 영업을 통해 만든 순이익의 일정 부분을 남겨 투자에 사용하기도 하고 투자자들로부터 추가 자금을 조달하기도 한다. 어떤 이유로 신주를 발행해서 자금을 마련하는 방안을 꺼리면 남은 방법은 부채를 활용하는 것이다. 단기 자금이 필요한 경우는 은행으로부터 차입을 하게 되고 장기 자금이 필요하면 보통 채권을 발행한다.

기업만 채권을 발행하는 것은 아니다. 지방정부나 중앙정부도 정부사업을 추진하기 위해 채권을 발행한다. 중앙정부가 발행하는 채권을 국채라고 한다. 이 장의 주제는 채권의 가치평가이다. 먼저 국채의 가치평가에 영향을 미치는 요인을 살펴보며 채권시장의 구조와 작동원리를 분석한다. 국채이자율과 기업의 자본비용을 혼동해서는 안 된다. 기업이 추진하는 투자안은 모두 상당한 위험을 감수해야 하는 투자기회이기 때문에 투자자들은 기업의 투자안에 투자할 때 국채에 투자할 때보다 높은 수익률을 요구한다. 다시 말해 기업이 채권투자자들에게 자금을 조달하는 경우 국가보다 더 많은 비용(자본비용)을 지불해야 한다. 위험수준이 높으니 투자자의 요구수익률(기업에게 자본비용)도 높을 수밖에 없다.

국채시장의 규모는 실로 어마어마하다. 2018년 초 미국 국채의 소유 현황을 보면 기관 및 개인투자자가 $14조 8,000억, 미국의 각종 정부기관들이 $5조 7,000억을 보유하고 있다. 채권시장은 규모가 클 뿐만 아니라 그 구조도 매우 복잡해서 일반투자자가 이해하기 쉽지 않다. 전문적인 채권거래인들은 아주 작은 가격 변화에도 매우 민감하게 반응하며 수시로 막대한 액수의 거래를 행한다. 유능한 재무관리자가 되려면 채권의 가치를 공학적으로 평가하는 것을 넘어 각종 금융 미디어에서 다루는 채권 관련 주제나 시사문제를 꿰뚫고 있어야 하고 현물이자율(spot rate) 또는 만기수익률과 같은 여러 가지 상이한 채권이자율의 의미도 알고 있어야 한다. 단기이자율이 보통 장기이자율보다 낮은 이유, 장기채의 가격이 단기채보다 이자율의 변화에 더 민감한 이유 등도 파악하고 있어야 한다. 실질이자율과 명목이자율이 무엇인지, 두 이자율이 차이를 보이는 이유는 무엇인지, 기대 인플레이션(미래 인플레이션)이 채권이자율에 어떻게 영향을 미칠지도 파악해야 한다.

기업의 채권이자율이 국채이자율과 같을 수 없다. 회사채의 투자위험이 국채의 투자위험보다 높기 때문이다. 회사채이자율은 최소한 국채이자율을 초과하는 게 정상이다. 다시 말해 국채이자율은 국채와 다른 모든 채권의 이자율 산정의 시작점이고 기준점(benchmark)이다. 따라서 국채이자율이 오르내릴 때 회사채이자율도 대략적으로 비례해서 오르내린다. 유능한 재무관리자는 국채이자율이 어떻게 결정되는지, 국채이자율의 변화가 기업의 자금조달정책에 어떤 파장을 일으킬지 항상 예의주시해야 한다.

회사채는 국채보다 구조가 더 복잡하다. 지급불이행 또는 부도상태에 이를 확률도 국채보다 높다. 유동성도 국채에 뒤져 단기간에 많은 양의 회사채를 사거나 파는 건 쉽지 않다. 회사채와 국채의 이러한 차이가 둘 사이의 이자율 '격차(spread)'를 만든다.

이 장에서는 위에서 언급한 채권 관련 주제들을 가치평가의 프레임 안에서 세부적으로 분석한다.

채권을 소유하게 되면 채권자는 채권계약서에 약정된 고정 현금흐름을 받게 된다. 만기 전까지 정기적으로 이자를 수령하고 만기에는 마지막 이자와 **액면가액**(face value)이라고도 불리는 **원금**(principal, 이 또한 채권계약서에 기재)을 받게 된다.

### 국채의 기초

국채의 구조와 가치평가 메커니즘을 설명하기 위해 구조가 간단한 프랑스 국채(Obligations Assimilables du Trésor, OAT)를 예로 들어보자. OAT는 매년 말 1회의 이자와 만기에 원금을 유로로 지급한다.

2017년 10월에 액면가액이 €100이고 표면이자율(coupon rate)이 6%, 만기가 8년인 OAT를 구입했다고 가정해보자. 매년 말에 받는 이자는 표면이자율 6%와 액면가액 €100를 이용해 손쉽게 계산된다 — €100×0.06 = €6. 이 액수를 **표면이자**(coupon)라고 한다. 8년 후인 2025년 만기가 되면 마지막 표면이자 €6와 액면가액(원금) €100를 받게 된다. 모든 현금흐름을 시간별로 표현하면 아래의 표와 같다.

| 현금흐름(€) | | | | | | | |
|---|---|---|---|---|---|---|---|
| 2018 | 2019 | 2020 | 2021 | 2022 | 2023 | 2024 | 2025 |
| 6.00 | 6.00 | 6.00 | 6.00 | 6.00 | 6.00 | 6.00 | 106.00 |

채권의 현재가치는 이 모든 현금흐름의 현재가치이다. 그러나 현재가치를 구하는 데 필수요소인 할인율이 필요하다. 할인율은 투자자가 비슷한 다른 자산에 투자할 기회를 포기함으로써 잃게 되는 기회비용이라고 이미 배웠다. 2017년 10월 현재, 비슷한 프랑스 국채의 평균이자율은 0.3%이다. 0.3% 이자율은 8년 만기, 6% 표면이자율을 제공하는 프랑스 국채에 투자하게 되면 잃게 되는 기회비용이므로 평가하고자 하는 국채의 할인율이 된다. 이제 현금흐름, 투자기간, 할인율 등 모든 가치평가요소를 확인했으므로 프랑스 국채의 현재가치를 평가하면 다음과 같다.

$$\text{PV} = \frac{6}{1.003} + \frac{6}{1.003^2} + \frac{6}{1.003^3} + \frac{6}{1.003^4} + \frac{6}{1.003^5} + \frac{6}{1.003^6} + \frac{6}{1.003^7} + \frac{6}{1.003^8} = €144.99$$

프랑스 국채의 현재가치를 좀 더 쉽게 구하는 방법이 있다. 위의 식에서 프랑스 국채의 현금흐름 형태를 자세히 보면 두 가지로 나뉜다. 하나는 매년 말 €6가 8년 동안 발생하는 연금 형태, 또 하나는 8년도 차 말에 단일 현금흐름으로 발생하는 €100다. 그러므로 €6 연금의 현재가치와 €100 단일 현금흐름을 0.3%의 할인율을 사용해 구한 후 더해도 €144.99를 얻을 수 있다. 이를 식으로 표현하면 다음과 같다.

$$PV = PV(\text{표면이자}) + PV(\text{원금})$$

$$= 6\left[\frac{1}{0.003} - \frac{1}{0.003(1.003)^8}\right] + \frac{100}{1.003^8} = 47.36 + 97.63 = €144.99$$

지금까지는 채권의 만기, 현금흐름(표면이자와 원금)과 할인율을 이용해서 채권의 가치 (value)를 구했다. 여기서 가치의 의미는 채권의 위험과 현금흐름을 감안했을 때 채권투자자가 지급할 의향이 있는 최대 금액이다. 이는 채권시장에서 결정되는 채권의 가격(price)과는 대비 되는 개념임을 명심하자. 그러면 채권의 시장가격과 현금흐름을 활용해서 채권의 시장이자율 을 계산해보자. OAT의 가격이 144.99%라면 시장이자율은 얼마인가? 채권의 가격을 144.99% 라고 표현했는데 이는 액면가액 €100의 144.99%로 €144.99와 같은 뜻이다. 채권의 가격을 액면가액의 백분율로 표시하는 채권시장의 전통을 따른 것이다. 이제 채권의 시장이자율을 계 산해보자. 먼저 주어진 조건에 맞는 채권가치평가 등식을 세우는 것이 중요하다. 시장가격, 표 면이자와 원금, 만기를 모두 알고 있으니 이를 채권가치평가 등식에 대입하면 다음과 같다.

$$144.99 = \frac{6}{1+r} + \frac{6}{(1+r)^2} + \frac{6}{(1+r)^3} + \frac{6}{(1+r)^4} + \frac{6}{(1+r)^5} + \frac{6}{(1+r)^6} + \frac{6}{(1+r)^7} + \frac{6}{(1+r)^8}$$

$$\text{또는 } 144.99 = 6\left[\frac{1}{r} - \frac{1}{r(1+r)^8}\right] + \frac{100}{r(1+r)^8}$$

하나의 등식에 하나의 미지수($r$)이므로 시행착오법(trial and error method)을 사용해 $r$을 구하 면 0.3%가 된다. 낮은 이자율부터 차례대로 채권가치평가 등식에 대입하기 시작해서 등식의 오른쪽 값이 채권가격과 같아지는 이자율이 시장이자율($r$)이 된다. 시행착오법을 실행하는 알 고리즘과 빠른 연산능력을 가진 엑셀이나 재무계산기를 사용하면 시장이자율을 빠르고 쉽게 계산할 수 있다.

OAT 경우는 채권의 가치와 가격이 같으므로 할인율(기회비용)과 시장가격을 기반으로 추 정한 시장이자율이 동일하다. 그러나 가치와 가격은 보통 상이하므로 할인율과 시장이자율 도 다른 경우가 대부분이다. 시장이자율은 **만기수익률**(yield to maturity, YTM)로 더 많이 알려 져 있다. 만기수익률은 채권투자자가 채권을 시장가격에 매입한 후 만기까지 채권을 팔지 않 고 모든 표면이자를 수령한 후 만기 시점에 원금까지 받았을 때 얻는 연 수익률을 의미한다. 따라서 채권투자자가 OAT를 €144.99에 사서 매년 €6를 8년 동안 받고 만기와 동시에 원금 을 수령하면 매년 0.3%의 채권수익률을 올리게 된다. 표면이자 €6와 가격 €144.99의 비율은 4.14%(= 6/144.99)인데 이를 **표면이자수익률**(current yield)이라 한다.

OAT의 경우 만기수익률이 표면이자율보다 낮은 이유는 무엇일까? 채권의 가격이 액면가 액(원금)인 €100보다 월등히 높기 때문이다. 이와 같은 채권을 **프리미엄(할증)채권**(premium bond)이라 한다. 프리미엄채권의 가격은 만기에 가까워질수록 원금에 접근하기 때문에 시간이 지나면서 자본 손실(capital loss, 채권가격이 매입가격보다 낮아지면서 생기는 손실)을 보기 때 문에 만기수익률이 항상 표면이자수익률보다 낮다. 반대로 가격이 액면가액보다 낮은 채권은 **할인채권**(discount bond)이다. 할인채권의 가격은 만기에 다가갈수록 원금으로 수렴하기 때문에 시간이 지나면서 자본이득(capital gain)을 얻게 되고 만기수익률은 표면이자수익률보다 항상 크다.

## 미국 국채: 반기 표면이자와 채권가격

미국 재무부는 국채를 정기적으로 발행하는데 경매 형식으로 투자자에게 판매해 자금을 조달한다. 만기는 3개월, 6개월 9개월, 10년, 20년, 30년 등 다양하다. 만기가 1년 미만인 국채는 **단기국채**(Treasury bills), 1년 이상 10년 이하인 국채는 **중기국채**(Treasury notes), 10년을 초과하는 국채는 **장기국채**(Treasury bonds)라 불리고 부채시장에서 매우 활발하게 거래된다.

장기국채의 예를 들어보자. 1991년 미국 재무부는 표면이자 8%, 만기 30년인 장기국채를 발행했다. 미국 중장기 국채는 액면가액이 $1,000이고 표면이자는 6개월마다 지급한다. 매년 이자를 지급하는 프랑스 국채와 확연히 다른 차이점이다. 그러므로 이 국채에 투자한 채권투자자는 6개월마다 연 표면이자율 8%의 절반인 4%를 이자로 받게 된다. 액면가액이 $1,000이므로 반기 표면이자는 자동으로 $40(= 4%×1,000)가 된다. $40의 이자를 30년에 걸쳐 60회 받게 되고 만기가 도래하면 $1,000의 원금(액면가액)을 수령하게 되는 구조다.

국채는 채권이니 당연히 주식시장에서 사고팔 수 없다. 채권의 거래는 채권시장에서 중간거래인의 역할을 하는 채권딜러들의 네트워크를 통해 이루어진다. 이것이 채권시장을 딜러시장이라고 부르는 이유이다. 채권딜러들은 채권의 **매도가**(asked price)와 **매입가**(bid price)를 제시하고 투자자는 최적의 가격을 찾아 채권을 사고판다.

국채의 가격은 일간 경제신문이나 온라인 금융사이트에서 쉽게 확인할 수 있다. 2017년 11월 현재 발행된 미국 중장기 국채의 종류는 총 310개에 이른다. 표 4.1은 그중 몇 가지 예를 적시하고 있다. 앞서 언급한 만기 30년 8% 장기국채(1991년 발행, 2021년 만기, 표 4.1의 두 번째

| 만기 | 표면이자율 | 매도가(%) | 만기수익률(%) |
|---|---|---|---|
| 2020년 11월 | 2.625 | 102.38 | 1.807 |
| **2021년 11월** | **8.00** | **123.41** | **1.893** |
| 2022년 11월 | 1.625 | 98.05 | 2.036 |
| 2023년 11월 | 2.75 | 103.48 | 2.128 |
| 2024년 11월 | 7.50 | 134.46 | 2.166 |
| 2025년 11월 | 2.25 | 99.80 | 2.278 |
| 2026년 11월 | 6.50 | 134.28 | 2.267 |
| 2027년 11월 | 6.125 | 133.99 | 2.300 |
| 2028년 11월 | 5.25 | 128.58 | 2.344 |

》**표 4.1** 미국 국채 구성요소(2017년 11월 기준)
출처: *The Wall Street Journal website*, www.wsj.com.

행, 만기까지 4년 남음)를 보자. 매도가를 보면 123.41%인데 이는 투자자가 이 국채를 사려면 액면가액의 123.41%를 지불해야 한다는 뜻이다. 다시 말해 $1,234.1를 내야 이 국채를 매입할 수 있다는 뜻이기도 하다.

표 4.1의 마지막 열은 만기수익률을 보여준다. 중장기채는 반기마다 이자를 지급하므로 만기수익률(연리)은 국채가격과 현금흐름이 주어진 상태에서 시행착오법으로 계산한 수익률(반기)의 2배가 된다. 그러므로 만기수익률 1.893%를 2로 나누면 시행착오법으로 산출한 반기수익률 0.9465%를 쉽게 유추할 수 있다. 반기수익률을 계산하는 과정을 등식으로 표현하면

$$1,234.1 = \frac{40}{1+r} + \frac{40}{(1+r)^2} + \frac{40}{(1+r)^3} + \cdots + \frac{1,040}{(1+r)^8} = 40\left[\frac{1}{r} - \frac{1}{r(1+r)^{60}}\right] + \frac{1,000}{(1+r)^{60}}$$

이다. 위 식을 풀면 반기수익률 $r$은 0.9465%이다. 그러므로 만기수익률은 0.9465%×2=1.893%가 된다. 유의할 점은 이자가 반기마다 남은 4년 동안 지급되므로 이자지급 횟수가 4회가 아니라 8회이고 시행착오법으로 산출하는 이자율 $r$도 반기수익률(semiannual rate)이라는 것이다. 채권투자자가 자신의 기회비용을 할인율로 사용해 채권의 가치를 평가하는 경우에도 위의 프레임을 그대로 적용하면 된다. 단지 투자자가 가치(채권 매입 시 지급할 의향이 있는 최대 금액)를 계산할 때는 등식의 왼쪽이 미지수(현재가치, PV)가 되고 오른쪽은 표면이자, 원금, 투자자의 기회비용(할인율)이 모두 대입된 수치, 즉 가치가 된다는 점이 다르다. 투자자의 반기별 기회비용(반기할인율)을 4%라고 하면

$$PV = \frac{40}{1+0.04} + \frac{40}{(1+0.04)^2} + \frac{40}{(1+0.04)^3} + \cdots + \frac{1,040}{(1+0.04)^8} = \$1,000$$

$$\text{또는 } PV = 40\left[\frac{1}{0.04} - \frac{1}{0.04(1+0.04)^8}\right] + \frac{1,040}{(1+0.04)^8} = \$1,000$$

## 4-2 채권가격 또는 채권가치와 이자율의 관계

그림 4.1은 1900년도부터 2017년까지 10년 만기 미국 국채의 만기수익률 변화 추이를 보여준다.

이자율(만기수익률)의 변동성에 주목해보자. 당시 미국연방준비은행(The Fed)이 인플레이션을 잡기 위해 긴축재정을 운영했던 1979년을 기점으로 2년 동안 이자율이 9%에서 15.8%로 가파르게 올랐다. 이와는 반대로 2016년 여름 시점의 이자율은 1.4%로 곤두박질쳤다.

이자율이 변하면 채권가격도 덩달아 출렁인다. 앞에서 예로 들었던 30년 만기, 8% 표면이자 국채의 반기 시장이자율이 0.9465%가 아니라 2%라고 가정해보자. 이 경우 채권가격은 $1,146.51로 감소한다.

$$PV = \frac{40}{1+0.02} + \frac{40}{(1+0.02)^2} + \frac{40}{(1+0.02)^3} + \cdots + \frac{1,040}{(1+0.02)^8} = \$1,146.51$$

▶ **그림 4.1**
10년 만기 미국 국채의
만기수익률 변화

가치평가 구조를 이해한다면 이는 매우 당연한 결과이다. 현재가치와 이자율(할인율)은 음
(−)의 상관관계를 가지므로 서로 반대 방향으로 움직여야 한다. 즉 할인율이 오르면 현재가
치는 떨어지고 할인율이 내리면 현재가치는 올라가야만 한다. 마찬가지로, 만기수익률이 올라
가면 채권가격은 내려가고 반대의 경우는 채권가격이 올라야만 한다. 투자자의 기회비용(할인
율)이 높아지면 채권가치는 낮아지고 기회비용이 낮아지면 채권가치는 올라야 정상이다.

채권투자자들은 채권을 매입한 후에는 이자율이 떨어지기를 바란다. 그래야 그들이 매입한

▶ **그림 4.2**
채권가격과 만기수익률의
상관관계

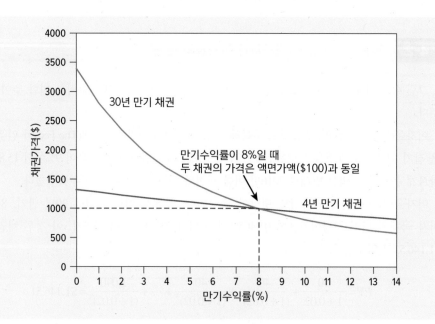

채권의 가격이 올라 되팔 때에 더 큰 이득(자본이득)을 취할 수 있기 때문이다. 그들의 바람과 달리 이자율이 오르면 채권가격은 떨어지고 자본이득률도 더불어 떨어지니 마음이 편치 않다.

이자율의 변화는 가까운 미래에 발생하는 현금흐름보다 먼 미래에 발생하는 현금흐름에 더 큰 영향을 끼친다. 가치평가에서 현가요소가 시간이 갈수록 기하급수적으로 작아지는 현상을 생각하면 이해가 쉬울 것이다. 그러므로 장기채권의 가격이 단기채권의 가격보다 이자율(할인율) 변화에 더 민감하게 움직이는 것은 당연지사다. 그림 4.2에 나와 있는 두 곡선을 비교해 보자.

갈색 선은 4년 만기, 8% 표면이자율을 가진 채권의 가격이 이자율 변동에 어떻게 변화하는지를 보여준다. 파란색 선은 30년 만기, 8% 표면이자율을 가진 채권의 이자율 변동에 따른 채권가격의 변동을 보여준다. 30년 만기 채권의 가격이 이자율의 변화에 훨씬 민감하게 반응함을 관찰할 수 있다. 할인율이 8%일 때 두 채권의 가격은 액면가액과 같은 $1,000로 동일하다.

## 듀레이션(가중평균채권만기)과 변동성

그림 4.2에서 할인율 변화에 따른 장기채권의 가격 변동성이 단기채권의 가격 변동성보다 크다는 사실을 보았다. 그렇다면 장기와 단기는 어떻게 구별하는가? 30년 만기에 표면이자를 지급하는 채권은 약속한 기간(6개월, 1년 등)마다 꼬박꼬박 이자를 지급한다. 이런 채권을 30년 만기 채권이라고 부르는 것은 부정확한 표현이다. 왜냐하면 각기 다른 시점에 발행하는 채권의 현금흐름을 받는 데 걸리는 평균 시간은 30년보다 작기 때문이다.

**듀레이션**(duration)은 채권의 현금흐름을 창출하는 데 걸리는 시간의 가중평균값이다. 시간은 1년도, 2년도, 3년도 등 초기 연도부터 만기($T$)까지 현금흐름이 발생하는 모든 시점을 의미한다. 각 시간(연도)의 가중치는 각 연도에 받는 현금흐름의 현재가치를 채권의 현재가치로 나눈 값이다. 듀레이션은 가중치에 해당 연도를 곱해서 다음과 같이 구한다.

$$듀레이션 = 1 \times \frac{PV(C_1)}{PV(채권)} + 2 \times \frac{PV(C_2)}{PV(채권)} + 3 \times \frac{PV(C_3)}{PV(채권)} + \cdots + T \times \frac{PV(C_T)}{PV(채권)}$$

표 4.2는 표면이자를 연간 지급한다는 가정하에 만기 7년, 표면이자 9% 채권의 듀레이션을 구하는 과정을 보여준다.

먼저, 각각의 표면이자 $90와 만기 시 현금흐름 $1,090(= 원금 + 마지막 표면이자 = 1,000 + 90)의 현재가치를 계산한다. 물론 이들의 합은 채권가격인 $1,300.1와 같다. 그리고 각 현재가치를 채권의 현재가치($1,300.1)로 나눈 값에 각 현금흐름이 발생한 시점을 곱해준다. 마지막으로 현금흐름 가중치에 해당 시간을 곱한 값들을 더해주면 듀레이션인 5.69년이 구해진다. 표 4.3에 있는 표면이자 3%, 만기 7년의 채권도 동일한 과정을 거쳐서 구하면 6.4년이 된다.

표 4.4는 표 4.1에 소개됐던 2017년 현재 미국 국채들의 듀레이션을 보여준다. 모든 국채의 가중평균만기가 약정된 만기보다 짧고 둘 사이의 격차는 표면이자율이 높을수록 벌어진다.

| 연도 | | | | | | | | |
|---|---|---|---|---|---|---|---|---|
| | 1 | 2 | 3 | 4 | 5 | 6 | 7 | |
| 현금흐름 | $90 | $90 | $90 | $90 | $90 | $90 | $1,090 | |
| 현금흐름의 현재가치 (할인율=4%) | $86.54 | $83.21 | $80.01 | $76.93 | $73.97 | $71.13 | $828.31 | PV = $1,300.10 |
| 가중치 | 0.0666 | 0.0640 | 0.0615 | 0.0592 | 0.0569 | 0.0547 | 0.6371 | |
| 시간 × 가중치 | 0.0666 | 0.1280 | 0.1846 | 0.2367 | 0.2845 | 0.3283 | 4.4598 | 합계=듀레이션=5.69년 |

》표 4.2  듀레이션

| 현금흐름($) | | | | | |
|---|---|---|---|---|---|
| 표면이자 | 가격 | 1년도 | 2년도… | 6년도 | 7년도 |
| 3% | $939.98 | $30 | $30 | $30 | $1,030 |
| 9% | 1,300.10 | 90 | 90 | 90 | 1,090 |

》표 4.3  채권의 가치평가

| 만기 | 표면이자율(%) | 만기수익률(%) | 듀레이션(연수) |
|---|---|---|---|
| 3 | 2.625 | 1.807 | 2.906 |
| 4 | 8.00 | 1.893 | 3.559 |
| 5 | 1.625 | 2.036 | 4.820 |
| 6 | 2.75 | 2.128 | 5.581 |
| 7 | 7.50 | 2.166 | 5.797 |
| 8 | 2.25 | 2.278 | 7.365 |
| 9 | 6.50 | 2.267 | 7.274 |
| 10 | 6.125 | 2.300 | 7.993 |
| 11 | 5.25 | 2.344 | 8.831 |

》표 4.4  미국 국채의 듀레이션

| 표면이자율 | 만기수익률=4% 가격($) | 만기수익률=3% 가격($) | 가격 변화(%) |
|---|---|---|---|
| 3% | $939.98 | $1,000.000 | +6.4% |
| 9% | 1,300.10 | 1,373.82 | +5.7 |

》**표 4.5** 수정된 듀레이션: 1% 이자율 변화가 채권가격에 미치는 영향

투자자들과 재무관리자는 듀레이션의 변화에 민감하다. 왜냐하면 듀레이션이 이자율이 오르고 내릴 때 채권가격이 어떻게 변화하는가를 나타내는 지표이기 때문이다. 이러한 목적으로 쓰이기 위해 나온 통계치가 **수정된 듀레이션**[또는 **변동성**(volatility)이라 부르기도 함]인데 듀레이션을 (1 + 만기수익률)로 나누어서 구한다.

$$\text{수정된 듀레이션} = \text{변동성(\%)} = \frac{\text{듀레이션}}{(1 + \text{만기수익률})}$$

수정된 듀레이션은 이자율이 1%p 변할 때 채권가격은 몇%p 변하는지를 측정한다. 표 4.5에 있는 7년 만기, 9% 표면이자 채권을 가지고 수정된 듀레이션을 계산하고 그 의미를 짚어보자. 듀레이션이 5.69이니 이를 (1 + 0.04)로 나누면 수정된 듀레이션 5.47을 얻는다. 이는 이자율이 1%p 오를 때 채권가격은 5.47%p 하락한다는 뜻이다. 반대로 이자율이 1%p 내릴 때 채권가격은 5.47%p 상승한다는 뜻이기도 하다.

동일한 채권(7년 만기, 9% 표면이자)을 가지고 위의 논리를 검증해보자. 만기수익률이 0.5%p 증가 혹은 감소하는 경우를 상정해보자. 현재 만기수익률이 4%이므로 이자율이 4.5% 혹은 3.5%로 변한다는 뜻이다. 만기수익률이 4%일 때 채권가격은 $1,300.1이다. 만기수익률이 4.5%로 변한다면 채권가격은 $1,265.17로 감소하고 변화율은 −2.687%[ = (1,265.17 − 1,300.1)/1,300.1]이다. 만기수익률이 3.5%로 변한다면 채권가격은 $1,336.3으로 증가하고 변화율은 +2.784%이다. 이 두 변화율을 합하면 정확하게 앞에서 산출한 수정된 듀레이션 5.47%( = 2.687 + 2.784)와 같다. 따라서 이자율이 1%p 변할 때 채권가격은 5.47%p 변한다는 수정된 듀레이션의 예측과 일치한다.

## 4-3 이자율의 기간구조

**이자율 기간구조**(term structure of interest rates)는 장단기 현물이자율(spot rate)의 상호 관계를 의미한다. 현물이자율이란 현재 채권시장에서 거래되는 무이표채(표면이자 지급이 없는 채권)의 시장이자율을 뜻한다. 그림 4.3은 이자율 기간구조를 시각화한 것으로 수익률 곡선(yield curve)이라 한다.

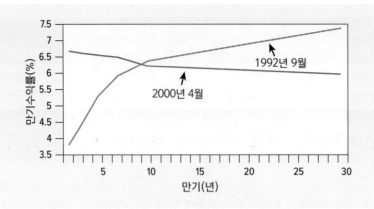

**그림 4.3**
수익률 곡선

그림 4.3에는 2개의 수익률 곡선이 있는데 하나는 1992년 9월, 다른 하나는 2000년 4월에 측정된 표면이자 지급이 없는 국채(무이표채)의 장단기 현물이자율을 기록한 것이다. 2000년 4월에 기록된 수익률 곡선은 만기가 길어질수록 수익률은 서서히 떨어지는 음의 기울기를 갖고 있다. 즉 장기 무이표채의 현물이자율이 단기 무이표채의 현물이자율보다 낮은 경향을 보인다. 1992년 9월에 관찰된 수익률 곡선을 보면, 수익률은 만기가 단기에서 중기로 변화할 때 급속도로 상승하고 장기로 갈수록 상승률은 떨어진다. 이 경우에는 장기국채의 현물이자율이 단기국채의 현물이자율보다 월등히 높다. 이와 같이 수익률이 단기와 중기 초반에는 급상승, 장기로 갈수록 점진적 상승을 하는 형태가 전형적인 수익률 곡선의 모습이다. 이제 기간구조를 어떻게 측정하고 장단기 현물이자율이 왜 다른지 살펴보자.

1년 후에 $1를 지급해야 하는 아주 간단한 대출을 예로 들어보자. 이 대출의 현재가치는

$$PV = \frac{1}{(1+r_1)^1}$$

이다. 여기서 $r_1$을 1년 만기 무이표채의 **현물이자율**(spot rate)이라 한다. 이번엔 2년 후에 $1를 지급해야 하는 2년 만기 대출의 현재가치를 구해보자.

$$PV = \frac{1}{(1+r_2)^2}$$

1년 만기 무이표채의 현물이자율을 $r_1$이라 칭했듯 $r_2$는 2년 만기 무이표채의 현물이자율이다. $r_1$과 $r_2$ 모두 연리(annual rate)임을 기억하자. 실제로 시중의 모든 이자율은 특별한 언급이 없는 한 연리이다. 이와 같은 방법으로 $r_1, r_2, r_3, \cdots, r_t$를 측정(관찰)하면 이자율 기간구조를 계량화한 것이고 이를 그래프에 옮기면 수익률 곡선이 된다.

### 현물이자율, 채권가격, 일물일가의 법칙

1년 후와 2년 후에 각각 $1의 현금흐름을 일으키는 채권의 현재가치를 구해보자. 1년 만기 현물이자율($r_1$)은 3%, 2년 만기 현물이자율($r_2$)은 4%라 가정하자. 채권의 현재가치는

$$PV = \frac{1}{(1+r_1)^1} + \frac{1}{(1+r_2)^2} = \frac{1}{(1+0.03)^1} + \frac{1}{(1+0.04)^2} = \$1.895$$

이다. 그리고 미래현금흐름이 같고 가격이 \$1.895인 채권의 단일 만기수익률을 구하면 다음과 같다.

$$1.895 = \frac{1}{(1+y)^1} + \frac{1}{(1+y)^2}$$

시행착오법으로 만기수익률을 구하면 **3.66%**이다. 즉 만기수익률은 만기가 다른 현물이자율의 기하학적 평균이다. 이 과정은 만기수익률이 계산되는 전형적인 과정이다. 실무에서는 채권가격, 현금흐름(이자와 원금), 만기가 주어지면 시행착오법을 이용해 자동으로 계산되는 값이 만기수익률이지만 그 이면에서 채권시장의 역동성과 일물일가의 법칙이 끊임없이 작용한 결과이다.

효율적인 시장에서 동일 상품은 동일 가격에 판매되어야 한다는 원리가 **일물일가의 법칙** (law of one price)이다. 일물일가의 법칙을 채권의 가치평가에 적용하면, 만기가 다른 국채(안전자산)들이 미래 일정 시점에 만들어내는 현금흐름들은 그 시점과 일치하는 만기를 가진 국채의 현물이자율(무위험 이자율)로 동일하게 할인해야 한다. 표 4.6은 일물일가의 법칙이 국채의 가격과 만기수익률 결정에 관여하는 과정을 보여준다. 세 종류의 국채 A, B, C가 있다. 표면이자율은 모두 8%, 이자지급 횟수는 매년 1회로 동일하다. 국채 A의 만기는 2년, B의 만기는 3년, C의 만기는 4년이다. 표면이자율과 매년 지급 횟수가 동일하므로 국채 A는 \$80의 이

| | 연도 | | | | 채권가격(PV) | 만기수익률(%) |
|---|---|---|---|---|---|---|
| | 1 | 2 | 3 | 4 | | |
| 현물이자율 | 0.03 | 0.04 | 0.05 | 0.06 | | |
| 현가요소 | 0.9709 | 0.9246 | 0.8638 | 0.7921 | | |
| 국채 A(표면이자율=8%) | | | | | | |
| 　현금흐름 | \$80.00 | 1,080.00 | | | | |
| 　현금흐름의 현재가치 | \$77.67 | 998.52 | | | \$1,076.19 | 3.96 |
| 국채 B(표면이자율=8%) | | | | | | |
| 　현금흐름 | \$80.00 | 80.00 | 1,080.00 | | | |
| 　현금흐름의 현재가치 | \$77.67 | 73.96 | 932.94 | | \$1,084.58 | 4.90 |
| 국채 C(표면이자율=8%) | | | | | | |
| 　현금흐름 | \$80.00 | 80.00 | 80.00 | 1,080.00 | | |
| 　현금흐름의 현재가치 | \$77.67 | 73.96 | 69.11 | 855.46 | \$1,076.20 | 5.81 |

》**표 4.6**  국채와 일물일가의 법칙

자를 2년 동안, B는 3년 동안, C는 4년 동안 지급한다. 만기가 다른 국채지만 모두 안전자산이므로 동일 연도에 발생하는 이자의 현재가치는 이자를 기간이 일치하는 동일한 현물이자율로 할인해 구한다. 예를 들어 첫해의 이자 $80의 현재가치는 국채의 종류와 상관없이 모두 $77.67(=80/1.03)이다. 3%는 만기 1년 국채의 현물이자율이고 이 경우 할인율로 쓰인다. 2년후 $80의 현재가치는 여전히 국채의 종류와 상관없이 $73.96(=80/1.04²)이다. 이번에는 2년만기 국채의 현물이자율 4%를 할인율로 사용한다. 이런 과정을 거쳐 모든 현금흐름의 현재가치를 기간별 현물이자율(3년 만기 국채는 5%, 4년 만기 국채는 6%)을 할인율로 사용해 구한후 합해주면 채권의 가격이 된다. 국채 A의 가격은 $1,076.19, B의 가격은 $1,084.58, C의 가격은 $1,076.2이다. 이들 가격과 각 국채의 현금흐름 및 만기를 채권가치평가 등식에 대입해 만기수익률을 구하면 국채 A는 3.96%, B는 4.9%, C는 5.81%이다. 앞에서 설명한 것처럼 국채 A의 만기수익률은 1년과 2년 만기 현물이자율(3%와 4%)의 기하평균, B의 만기수익률은 1~3년 만기 현물이자율(3%, 4%, 5%)의 기하평균, C의 만기수익률은 1~4년 만기 현물이자율(3%, 4%, 5%, 6%)의 기하평균이다. 국채의 만기가 증가할수록 만기수익률도 증가하는 전형적인 이자율 기간구조를 볼 수 있다.

### 표면이자분리채권(스트립)

표 4.6에서와 같은 현물이자율과 만기수익률 구조를 가지려면 기간별 무이표채가 존재해야한다. 그러나 현실적으로 국채의 종류는 만기 1년부터 30년까지 순차적으로 있는 것이 아니라 1, 2, 3, 5, 7, 10, 30년 만기로 구분된다. 무이표채도 만기 1년 이하의 단기국채에 국한된다. 이런 현실적 문제를 해결하기 위해 등장한 채권이 **표면이자분리채권**(stripped bonds, 스트립)이다. 기존의 10년 이상 국채의 표면이자와 원금을 분리해 표면이자의 수와 원금을 합한 수만큼의 무이표채를 만들어 판매한다. 1년 후 표면이자는 1년 만기 무이표채, 2년 후 표면이자는 2년 만기 무이표채, 10년 후 표면이자 혹은 원금은 10년 만기 무이표채로 거래된다. 이렇게 탄생한 현물이자율은 표 4.6에서와 같이 만기수익률과 유기적 관계를 형성하게 된다.

### 화폐의 시간가치와 차익거래

제3장에서 배운 대로 화폐의 가치는 시간이 지날수록 감소한다. 내년의 $1가 내후년의 $1보다 더 값지다. 가치평가 산술식을 이용해서 설명하면 내년 $1의 현재가치는 $\frac{1}{1+r}$이고 내후년 $1의 현재가치는 $\frac{1}{(1+r)^2}$이다. 후자의 가치가 작은 것은 당연하다. 이와 같이 가치평가에서는 모든 현금흐름에 동일한 할인율(현물이자율의 기하평균)을 적용한다. 만약 현금흐름이 발생하는 시점에 따라 할인율이 다르다면 어떨까? 이런 경우에도 내년의 $1가 내후년의 $1보다 더 값어치가 높을까? 꼭 그렇지는 않다.

1년 만기 현물이자율($r_1$)은 20%, 2년 만기 현물이자율($r_2$)은 7%라 가정해보자. 1년 후 $1의 현재가치는 $\frac{1}{1+r_1}=\frac{1}{1+0.2}$이므로 $0.833, 2년 후 $1의 현재가치는 $\frac{1}{(1+r_2)^2}=\frac{1}{(1+0.07)^2}$

이니 $0.873이다. 2년 후 $1가 1년 후 $1보다 더 큰 상황이 발생한다. 이런 현상이 발생하면 영리한 투자자는 은행에서 2년 만기, 7% 이자율로 $873를 빌린다. 즉 2년 후에 $1,000를 갚아야 하는 대출을 받는다. 대출금 중 $833로 1년 만기, 20% 무이표채를 산다. 이 거래를 통해 투자자는 즉시 $40의 차액이 생긴다. 1년 후 $833는 $1,000가 되고 이를 은행의 저축예금에 1년 동안 예치하면 다시 1년이 지난 후에 대출금 $1,000를 안전하게 갚을 수 있다. 결과적으로 투자자는 빌린 돈(투자액 제로)으로 $40의 무위험수익을 손쉽게 챙긴다. 이러한 투자행위를 **차익거래(arbitrage)**라고 한다. 투자자가 2년 만기, 7% 대출금을 $21,778,584로 늘리고 이 중 $20,778,584어치의 1년 만기, 20% 무이표채에 투자하면 투자자는 즉시 백만장자가 된다 — $21,778,584 − $20,778,584 = $1,000,000. 2년 후 갚아야 할 대출금 $24,934,300.8($= 21,778,584 \times 1.07^2$)과 1년 후 저축예금에 넣을 투자의 가치($20,778,584 \times 1.2$)가 같기 때문에 $100만의 차액은 고스란히 투자자의 무위험 투자수익이 된다. 한마디로 현금제조기(money machine)와 같은 투자기회다.

물론 이런 일을 현실에서 경험하는 것은 거의 불가능하다. 시장이 완벽하지는 않지만 꽤 효율적으로 작동하기 때문에 이런 차익거래의 기회는 혹시 발생한다고 하더라도 순식간에 사라지게 된다. 백만장자가 되고 싶은 수많은 개인투자자와 억만장자가 꿈인 수많은 백만장자가 이런 절호의 기회를 두 눈 부릅뜨고 찾아 헤매기 때문이다. 차익거래의 꿈이 물거품이 되었다고 실망하긴 이르다. 차익거래의 개념을 통해 이전에 배운 지식을 더욱 공고히 할 수 있기 때문이다. 오늘의 $1는 내일의 $1보다 여전히 더 값지다.

## 4-4  이자율 기간구조의 이해

그림 4.4의 수익률 곡선은 전형적인 상승 곡선이다. 장기이자율은 2.5% 전후를 가리키고 단기

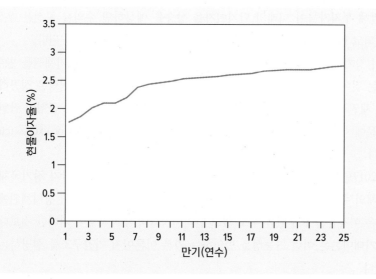

**▶ 그림 4.4**
2017년 12월 미국 국채 스트립의 현물이자율

이자율은 1.8% 근처에 머무른다. 그런데 투자자들은 왜 높은 이자율을 지급하는 장기채권만을 고집하지 않을까? 낮은 이자율을 지급하는 단기채권에 투자하는 사람들은 제정신이 아닌가?

2017년 12월에 1년 만기 국채를 산 투자자의 입장이 되어보자. 왜 이 투자자는 낮은 이자율에도 불구하고 단기국채를 소유하고 있을까? 세 가지 이유를 생각해볼 수 있다.

1. 투자자가 미래의 단기국채 이자율이 지금보다 높을 것으로 예측한다.
2. 투자자가 이자율 변화에 매우 민감하게 반응하는 장기국채의 높은 변동성(위험)을 걱정한다.
3. 투자자가 미래에 인플레이션이 더 높아질 위험을 걱정한다.

위 세 가지 이유를 하나씩 되짚어보자.

### 기대이론

어떤 투자자가 1년 만기 단기국채를 소유하고 있다. 1년이 지나고 만기가 되면 투자자는 원금을 받아 채권시장에 재투자할 계획이다. 만약 2년도 차의 채권이자율이 전반적으로 첫해의 1년 만기 이자율보다 월등히 높다고 예상된다면 굳이 지금 장기국채를 보유해서 1년 후에 높은 수익을 올릴 기회를 포기할 필요는 없다. 이자율 기간구조가 상승 곡선을 그린다는 의미는 바로 미래의 현물이자율이 현재보다 높을 것이란 의미이기에 더욱 그렇다.

**기대이론**(expectations theory)에 의하면 채권시장이 효율적으로 작동한다는 가정하에 1년 만기 단기채권을 매년 갈아타며 여러 번(예를 들면 T년 동안) 투자하는 것과 T년 만기 장기채권에 한 번 투자하는 것의 기대수익률은 같다. 즉 장기이자율은 단기이자율의 기하평균이다. 그러므로 장단기채권 사이의 선택은 투자기간과 위험에 대한 선호도에 따라 바뀌는 것이지 이자율의 단순한 높고 낮음에 따라 바뀌지 않는다.

수익률 곡선의 기울기가 플러스이면 채권투자자들이 미래의 단기이자율이 상승할 것으로 예측한다는 의미이고, 반대로 마이너스이면 미래의 단기이자율이 하락할 것으로 예측한다는 뜻이다. 다시 말해 투자자들이 미래의 단기이자율 상승을 예상하면 수익률 곡선은 우상향의 기울기를 갖게 되고 단기이자율 하락을 예상하면 수익률 곡선은 우하향하게 된다.

단기이자율이 장기이자율과 비교해 현저히 낮은 경우, 장기채권보다 단기채권을 발행해서 자금을 조달하는 것이 유리하다고 생각하기 쉽다. 그러나 이러한 자금조달전략은 성공하기 어렵다. 효율적인 채권시장에서는 시장에서 결정된 모든 이자율은 경제적으로 균형이 잡힌 적정 이자율이기 때문에 이자율의 단순한 높고 낮음이 비정상 수익률(abnormal or excess return)을 의미하지 않는다.

1900년부터 2017년까지 연도별 이자율 기간구조를 분석한 결과, 30년 만기 장기국채의 수익률은 단기국채의 수익률에 비해 연평균 1.5%p 높았다. 아마도 투자자들이 장기채권에 투자할 때 좀 더 높은 이자율을 요구했을 수도 있고 단기이자율이 투자자들이 기대한 것보다 낮았을 수도 있다. 기대이론은 이런 가능성을 반영하는 기본 이론이지 기간구조를 설명하는 완벽한 이론이 아니다.

기대이론을 신봉하는 사람은 드물다. 그러나 대부분 경제학자는 미래 이자율에 대한 투자자들의 기대가 기간구조에 의미 있는 영향을 미친다는 데는 이견이 없다. '현재 6개월 국채이자율이 3개월 국채이자율보다 높으니 시장은 중앙은행이 곧 이자율을 올릴 것으로 기대한다'는 논평을 경제나 금융 방송에서 자주 듣는 것은 우연이 아니다.

## 위험과 기간구조

기대이론이 간과하는 기간구조의 핵심 요소는 위험이다. 미래 이자율을 확실하게 예측할 수 있다면 단순히 가장 높은 수익률을 제공하는 채권투자전략을 선택하면 된다. 그러나 미래 이자율의 변화 방향이나 규모가 불확실하면 투자자의 예측도 불확실성을 내포하게 되고 위험회피성향의 투자자들은 기대수익률이 낮더라도 보통 덜 위험한 투자전략을 선택하게 된다. 물론 기대수익률이 충분히 높으면 좀 더 위험한 전략을 구사하기도 한다. 요점은 투자전략이 투자대상인 채권의 위험수준과 투자자의 위험에 대한 태도에 따라 정해진다는 것이다.

듀레이션이 긴 채권의 가격은 짧은 채권의 가격보다 이자율의 변화에 더 민감하다. 이자율의 급격한 상승은 종종 장기채권의 가격을 30~40%p 깎아내리기도 한다. 그러나 어떤 투자자들은 장기채권의 추가 변동성에 별로 개의치 않는다. 예를 들어 연금펀드나 생명보험사는 장기적으로 지급해야 할 고정 부채가 있기 때문에 듀레이션이 긴 채권에 투자해 장기간 확실한 현금흐름을 창출하는 것을 선호한다. 그러나 장기지급의무가 없는 투자자들에게는 이러한 장기채권이 가져오는 가격 변동성(위험)을 감내하기 힘들다. 이런 투자자들이 장기채권을 매입하게 하려면 추가적인 위험을 기꺼이 감수할 정도로 충분한 보상(높은 수익률)을 제공해야 한다. 이러한 이유로 기간구조는 보통 우상향 곡선의 형태를 갖게 된다. 물론 미래 이자율이 하락할 것으로 누구나 예측하면 기간구조는 우하향하게 될 것이다. 그러나 듀레이션이 길어질수록 커지는 가격 변동성, 즉 위험에 대한 보상 때문에 급락하는 수익률 곡선은 찾아보기 힘들다.

## 인플레이션과 기간구조

20년 후 퇴직을 준비하기 위해 저축을 한다고 가정해보자. 다음 두 가지 전략 중 어느 것이 더 위험한가? 첫 번째 전략은 1년 만기 국채에 매년 반복해서 투자하는 전략, 두 번째는 20년 만기 무이표국채에 투자하고 20년 후 액면가액을 받는 투자전략이다. 해답은 투자자가 미래 인플레이션의 변화를 예측하는 자신감에 따라 다르다.

20년 만기 무이표국채를 사는 투자자는 20년 후에 얼마를 받을지 정확히 알지만 그 수령액으로 무엇을 살 수 있는지는 모른다. 현재 인플레이션이 적정 수준이라고 해서 10년, 15년 후에도 비슷하리라고는 아무도 장담하지 못한다. 미래의 불확실한 인플레이션 위험 때문에 20년 만기 무이표국채를 산 투자자는 불안할 수밖에 없다.

이 불안을 없애기 위해 1년 만기 국채를 매년 갱신하는 투자를 택한 경우, 투자자는 미래 단기이자율은 모르지만 미래 이자율이 불확실한 인플레이션 위험을 반영할 것이라는 사실은 안다. 인플레이션이 높아지면 단기이자율도 높아지니 더 높은 수익률을 올릴 수 있게 된다.

인플레이션은 장기투자자들에게 매우 중요한 위험요소이다. 이것이 미래 인플레이션을 예측하기 매우 힘들 때 수익률 곡선이 가파른 우상향 기울기를 갖는 이유이다. 즉 장기채권 투자 시 인플레이션 위험에 대한 보상을 더 많이 요구하기 때문이다.

## 4-5    실질이자율과 명목이자율

인플레이션과 이자율의 관계를 좀 더 심층적으로 들여다보자. 어떤 투자자가 1년 후 $1,100를 지급하는 국채를 $1,000에 매입했다. 이 경우 투자자가 미 연방정부가 보증하는 미래현금흐름 $1,100를 받을 가능성은 100%에 가깝다. 그러나 그 돈을 가지고 무엇을 살 수 있는지는 전혀 모른다. 같은 기간에 재화와 용역의 가격이 10%p를 초과해 오른다면 투자자의 구매력은 오히려 1년 전에 비해서 떨어진다. 즉 채권투자로 10%의 수익률을 올렸지만 구매력을 기준으로 보면 1년 전에 살 수 있던 물건을 지금을 살 수 없게 된다.

인플레이션을 측정하는 통계치로 가장 잘 알려진 것이 소비자 물가지수(consumer price index, CPI)다. CPI는 전형적인 한 가정이 일정 기간 소비하는 금액을 지수화해 얻은 수치이다. CPI가 1년 동안 변화한 값을 비율로 표시하면 물가의 변화율, 인플레이션율(rate of inflation, 물가 상승률)이 된다.

그림 4.5는 1900년부터 2017년까지 미국 인플레이션율의 변동패턴을 보여준다. 이 기간 동안 최고점은 제1차 세계대전이 끝날 때 즈음에 기록한 21%이다. 그러나 21%의 인플레이션율이 미국과 같은 선진국에서는 아주 높은 수치지만 2008년 짐바브웨의 인플레이션에 비하면 아무것도 아니다. 2008년 짐바브웨에서는 50조 짐바브웨달러를 가지고 빵 한 조각을 겨우 살 수 있었다.

물가는 오르기만 하는 것이 아니다. 때로 무섭게 떨어지기도 하며 등락을 거듭한다. 대공황 때 미국은 물가가 3년간 24%가 하락하는 심각한 **디플레이션**(deflation)을 경험했다. 일본도

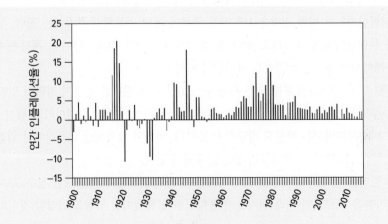

▶ **그림 4.5**  1900~2017년
미국의 연간 인플레이션율

출처: E. Dimson, P. R. Marsh, and M. Staunton, *Triumph of the Optimists: 101 Years of Investment Returns* (Princeton, NJ: Princeton University Press, 2002), 업데이트된 자료는 저자들이 제공함.

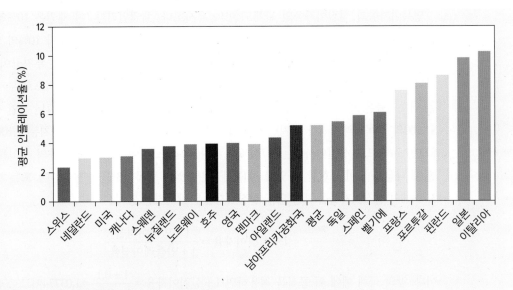

▶ **그림 4.6** 1900~2017년 20개국의 평균 인플레이션율

출처: E. Dimson, P. R. Marsh, and M. Staunton, *Triumph of the Optimists: 101 Years of Investment Returns* (Princeton, NJ: Princeton University Press, 2002), 업데이트된 자료는 저자들이 제공함.

2017년까지 약 20년 동안 물가가 거의 오르지 않았다. 건강한 경제가 적당한 인플레이션을 유지하며 성장하는 것을 고려할 때 20년 동안 물가변동이 거의 없었다면 디플레이션으로 봐도 무방하다.

1900년부터 2017년까지 117년 동안 미국의 평균 인플레이션율은 연 3%였다. 그림 4.6을 보면 주요 20개국 중 스위스, 네덜란드와 더불어 미국은 매우 안정된 인플레이션율을 유지했다. 전쟁을 겪은 국가들은 보통 매우 높은 인플레이션을 겪었다. 이탈리아와 일본이 좋은 예다. 두 국가의 인플레이션은 1900~2017년 기간 동안 미국의 3배가 넘는 연 10%에 가까웠다.

**명목화폐가치**(nominal dollars)와 **실질화폐가치**(real dollars)를 비교해보자. 1년 후에 $1,100를 지급하는 1년 만기 채권의 명목상 현금흐름은 $1,100이다. 만약 같은 기간 동안 물가가 6%p 오른다면 1년 후 명목상 현금 $1로 살 수 있는 물품의 양은 6%가 줄어든다(구매력 감소). 다시 말해 1년 후 $1,100의 구매력 가치는 1,100/1.06 = $1,037.74가 된다. $1,037.74가 6% 늘어난 값이 $1,100이므로 6% 줄어든 값은 자연히 늘어난 값을 1.06으로 나눈 값이 되기 때문이다.

따라서 미래($t$)의 명목화폐가치를 현재의 실질화폐가치로 변환하는 공식은 다음과 같다.

$$실질화폐가치 = \frac{명목화폐가치_t}{(1 + 인플레이션율)^t}$$

20년 후 $1,000를 지급하는 20년 만기 무이표국채에 투자하는 경우를 생각해보자. 20년 동안 물가가 매년 6%로 상승한다고 하면, 이 국채의 실질화폐가치를 현재가치로 환산하면 1,000/1.06^{20} = $311.80이다. 다시 말해 현재 $1의 화폐가치는 20년이 지나면 $0.31 정도에 지나지 않는다.

명목이자율과 실질이자율의 관계도 이와 유사하다. 채권딜러가 '이 채권은 10%의 이자율을 지급한다'라고 말한다면 명목상 이자율을 언급하는 것이다. 즉 $1,000가 10%의 명목이자율로 1년 동안 증가하면 $1,100가 된다. 명목이자율(nominal rate of return)은 투자금이 매년 얼마나 빠르게 불어나는지를 측정한다. 그러나 인플레이션율이 6%라면 실질적으로 투자자가 얻는 연수익률은 3.774%에 지나지 않는다. 즉 $1,000가 10%의 명목이자율로 1년 동안 증가하면 $1,100의 명목화폐가치가 되지만 6%p의 인플레이션을 고려한 실질화폐가치는 $1,100/1.06 = $1,037.74이므로 실질이자율은 3.774%가 된다. 그러므로 이 경우 채권투자의 수익률을 설명할 때 다음과 같이 표현할 수 있다 — 1) 채권은 10%의 명목이자율을 제공한다. 또는 2) 채권은 3.774%의 실질이자율을 제공한다. 실질이자율을 계산하는 공식은

$$1 + 실질이자율 = \frac{1 + 명목이자율}{1 + 인플레이션율}$$

이다. 앞의 국채 예에 이 공식을 적용하면 $1 + 실질이자율 = \dfrac{1 + 0.1}{1 + 0.06} = 1.03774$이므로 실질이자율은 역시 3.774%이다. 실질이자율의 근삿값을 구하는 간편한 식도 있다 — 실질이자율 = 명목이자율 − 인플레이션율. 국채 예에 적용하면 실질이자율은 10% − 6% = 4%로 3.774%에 가까운 근사치가 된다. 인플레이션율이 높지 않을 경우는 근삿값 공식을 사용해도 괜찮지만 인플레이션이 높아질수록 차이가 커지므로 오리지널 공식을 사용하는 것이 좋다.

## 지수채권과 실질이자율

대부분 채권의 구조와 특징은 국채와 비슷하다. 약정된 명목이자율(표면이자율)에 따른 정기적 이자지급과 만기 시 액면가액 지급을 약속한다. 실질이자율은 인플레이션에 따라 변하는데, 인플레이션이 불확실하게 움직이므로 실질이자율도 불확실하다. 인플레이션이 예상보다 높을 경우 실질이자율도 덩달아 예상보다 낮아지게 되는 구조다.

그러나 실질이자율의 불확실성을 극복하는 방법이 있다. 미래현금흐름이 인플레이션과 연동되어 변하는 **지수채권**(indexed bond)에 투입하면 된다. 미국에서는 1997년부터 물가연동국채(Treasury Inflation-Protected Securities, TIPS)를 발행하고 있다. TIPS의 현금흐름은 인플레이션의 변화와 비례해서 조정이 되기 때문에 명목화폐가치로 표시되는 명목현금흐름(nominal cash flows, 이자와 원금)은 인플레이션이 변할 때마다 연동되어 달라지지만 실질현금흐름(real cash flows)은 변함이 없다. 예를 들어 미국 재무부가 3% 표면이자율(명목이자율), 20년 만기의 TIPS를 액면가액($1,000)과 같은 가격으로 발행한 상황을 생각해보자. 이자는 매년 말 지급한다. 발행 1년 후 CPI가 10%p 상승하면 표면이자도 10%p가 올라 $33(=30×1.1)가 된다. 또한 만기에 지급하는 원금 $1,000도 10%p 증가한 $1,100가 된다. 이자와 원금의 구매력은 본래와 같은 $30(=$33/1.1), $1,000(=1,100/1.1)로 변동이 없다. 그러므로 TIPS를 액면가액인 $1,000에 구입한 투자자의 실질이자율은 명목이자율과 동일한 3%를 유지하게 된다.

2017년 12월에 발행된 명목이자율 0.5%를 제공하는 장기 TIPS의 장단점을 살펴보자. 앞서 설명했듯 TIPS의 명목이자율은 실질이자율과 같다. 그러므로 0.5% 명목이자율은 이 장기

TIPS의 실질이자율이기도 하다. 채권시장에서 만기가 같은 일반 국채의 명목이자율을 살펴보니 장기 TIPS의 이자율(0.5%)보다 1.9%p가 높다(2.4%)고 가정해보자. 인플레이션이 아무리 변동해도 장기 TIPS의 실질이자율은 0.5%임을 기억하자. 인플레이션율이 3%라면 장기 TIPS와 일반 국채 중 어디에 투자하는 것이 좋을까? 답은 장기 TIPS이다. 이 경우 일반 국채의 실질이자율은 $(1.024/1.03) - 1 = -0.58\%$이고 장기 TIPS는 여전히 0.5%이다. 인플레이션율이 1%라면 어떨까? 이 경우에는 일반 국채에 투자하는 것이 바람직하다. 장기 TIPS의 실질이자율은 0.5%이지만 일반 국채의 실질이자율은 $(1.024/1.01) - 1 = 1.39\%$이기 때문이다. 이자율 변화추이를 살피는 것이 채권투자에서 얼마나 중요한지 잘 보여준다.

## 실질이자율 결정요소

실질이자율에 영향을 미치는 필수요소에는 1) 지금 소비하지 않고 투자하려는 의지(자본의 공급), 2) 정부나 기업이 제공하는 투자기회(자본의 수요)가 있다. 시간이 지날수록 더 나은 투자기회가 지속적으로 생겨나는 이상적인 상황을 상상해보자. 부가가치를 창출하는 투자안이 늘어날수록 기업은 더 많은 투자자금이 필요하다. 증가한 투자자금을 조달하기 위해서는 투자자들에게 이전보다 더 매력적인 이자율을 제공해야 한다. 그래야 투자자들이 소비 대신 기업들의 투자안에 저축(투자)하는 기회를 선택할 확률이 높기 때문이다. 그러므로 실질이자율도 높아진다. 반대로 기업들이 마땅한 투자기회를 포착하기 어려워지면 추가 자금조달에 대한 수요가 감소하고, 자본의 수요가 자본의 공급에 비해 적어지니 실질이자율도 떨어지게 된다.

실질이자율은 중앙은행의 통화정책(monetary policy)에도 영향을 받는다. 경제상황에 따라서 중앙은행은 높은 인플레이션율에도 불구하고 단기 명목이자율을 낮게 유지하곤 한다. 이 경우 실질이자율은 마이너스가 되기 쉽다. 그러나 명목이자율은 플러스가 정상이다. 시장에 플러스 이자율을 제공하는 투자자산이 존재하지 않으면 투자자는 현금을 가지고 있으면 된다. 이자율이 제로지만 마이너스는 아니다. 그림 4.7은 10년 만기 TIPS와 10년 만기 일반 국채의 실질이자율과 명목이자율을 비교한다. 실질이자율이 명목이자율에 비해 변동성이 작음을 알 수 있고 2008년 금융위기 이후 두 이자율 모두 급락하는 추세를 보인다.

## 인플레이션과 명목이자율

인플레이션에 대한 전망이 명목이자율의 변화에 어떤 영향을 미칠까? 경제학자 어빙 피셔(Irving Fisher)의 해답을 살펴보자. 소비자들이 지금 받는 100개의 사과와 1년 후에 받을 103개의 사과로부터 받는 만족감이 같다고 한다. 다시 말해 소비자들이 요구하는 사과의 실질이자율은 3%이다. 사과의 가격이 시간과 상관없이 항상 $1라면, 오늘 받는 $100가 주는 행복감(경제학적 용어로 효용)이나 1년 후 받을 $103가 주는 행복감은 동일하다. 소비자들은 $3의 추가 현금흐름으로 3개(=3%×100)가 늘어난 103개의 사과를 1년 후에 손에 넣을 수 있다.

상황을 조금 바꾸어보자. 1년 후 사과 가격이 5%p 증가해 개당 $1.05가 되는 경우에 소비자들의 선택은 어떻게 바뀔까? 소비자들은 오늘 $100 받을 기회를 포기하고 내년에 $103를 받는

**그림 4.7**    명목이자율과 실질이자율

선택을 하지 않는다. 1년 후 103개의 사과를 사려면 소비자들은 $108.15(=$1.05×103)가 필요하다. 즉 명목이자율도 인플레이션율(5%)만큼 증가해서 8.15%가 되어야 한다.

이를 피셔이론(Fisher's theory)이라 한다. 기대 인플레이션율이 변하면 동일한 비율로 명목이자율도 변한다. 그러나 실질이자율에는 아무런 영향이 없다. 이를 공식으로 표현하면

$$1+명목이자율=(1+실질이자율)(1+인플레이션율)=1+r_{명목이자율}=(1+r_{실질이자율})(1+i)$$

이다. 이 식을 사과의 예에 적용해 명목이자율을 계산하면 8.15%[=(1.03×1.05)−1]로 이전에 구한 값과 같다.

그림 4.8은 1953년부터 2016년까지 미국, 영국, 독일의 단기국채 명목이자율과 실제인플레이션율의 상대적 변화추이를 보여준다. 대부분의 경우 단기국채 명목이자율이 인플레이션율보다 약간 위에 위치한다. 투자자들은 평균 1~2%의 낮지만 안정된(변화가 작은) 실질이자율을 벌었다. 따라서 피셔이론은 이자율을 예측하는 데 있어 확실치는 않지만 유용한 가이드라인(기준)을 제시한다. 인플레이션율이 변할 것으로 기대하면 명목이자율도 같은 방향, 비슷한 규모로 변할 것이라는 합리적 예측이 가능하다. 다시 말해 단기채권에 수시로 투자하는 전략이 불확실한 인플레이션에 대처하는 위험관리전략의 일환이 될 수 있다.

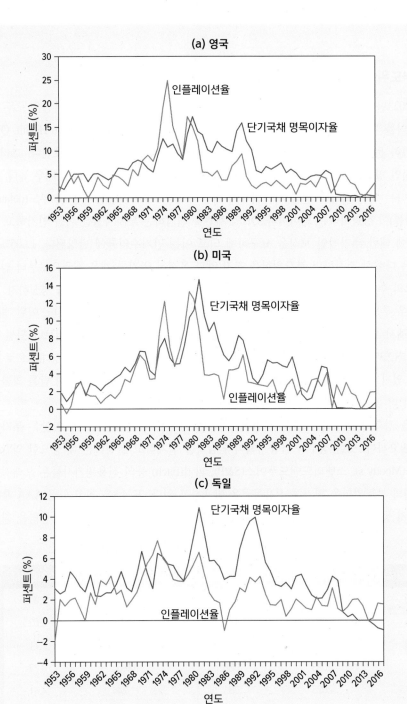

▶ 그림 4.8
1953~2016년 영국, 미국, 독일의
단기국채 명목이자율과 인플레이션율
출처: E. Dimson, P. R. Marsh,
and M. Staunton, *Triumph of the
Optimists: 101 Years of Investment
Returns* (Princeton, NJ: Princeton
University Press, 2002), 업데이트된
자료는 저자들이 제공함.

## 4-6    부도위험

### 회사채와 부도위험

표 4.7은 2023년에 만기가 도래하는 회사채의 만기수익률을 보여준다. 만기 시점은 모두 같지만 만기수익률은 천차만별이다. 13.05%의 만기수익률을 가진 쿼럼헬스(Quorum Health, QH)의 채권이 특히 눈에 띈다. 수익률만 보자면 매우 매력적인 투자처인 것처럼 보인다. 그러나 QH는 지속적인 영업손실을 추가적인 채권을 포함한 부채로 지탱해 부채비율이 매우 높다. 부채비율이 높다는 것은 이자와 원금 지급의무에 대한 부담이 크고 지급불이행 및 부도(default)의 가능성(확률)이 상당하다는 의미이다. QH의 채권을 매입하는 투자자들은 이를 인지하고 높은 부도위험에 대한 추가적인 보상을 요구하게 되고 이는 만기수익률에 반영된다. 13.05%의 만기수익률은 다행히 걱정하던 부도위험을 겪지 않고 온전히 만기를 채운 채권으로부터 얻을 수 있는 최고의 수익률이다. 상황에 따라 얼마든지 이보다 낮아질 수 있다는 것을 명심하자.

최악의 경우 부도가 나서 남은 이자와 원금을 한 푼도 못 받을 수도 있는 것이다. 이런 경우까지도 고려해서 요구한 이자율이 13.05%이다. 존슨앤드존슨의 채권은 QH 채권보다 훨씬 낮은 만기수익률(2.3%)을 제공한다. 투자자들이 존슨앤드존슨 채권의 부도위험을 상대적으로 낮게 평가하고 있기 때문이다. 즉 존슨앤드존슨 채권을 사면 이자와 원금을 온전히 받을 확률이 QH 채권보다 더 높다는 투자자들의 믿음을 고스란히 반영한다.

부도위험을 정확히 측정하는 것은 채권투자자들이 자신들의 위험선호도에 알맞은 투자를 하는 데 꼭 필요하다. 또한 정부가 금융정책이나 감독을 설계하고 실행하는 데 중요한 역할을 한다. 무디스(Moody's), 스탠더드앤드푸어스(S&P), 피치(Fitch) 등의 신용평가사들은 오래전부터 각종 채권의 부도위험을 평가해 신용등급을 발표하고 있다. 표 4.8은 최고 등급(AAA 혹은 Aaa)부터 최저 등급(C)까지 차례대로 보여준다. AAA등급은 이자와 원금을 갚을 능력을 최상

| 발행회사 | 표면이자율(%) | 만기 | S&P 신용등급 | 가격(%) | 만기수익률(%) |
|---|---|---|---|---|---|
| 존슨앤드존슨 | 6.73 | 2023 | AAA | 125.05 | 2.30 |
| 월마트 | 6.75 | 2023 | AA | 122.95 | 2.62 |
| 앨러배마전기 | 3.55 | 2023 | A | 104.74 | 2.71 |
| PSEG | 4.3 | 2023 | BBB | 105.65 | 3.23 |
| 프리포트-맥모란 | 3.875 | 2023 | BB | 117.44 | 4.41 |
| NGL에너지 | 7.5 | 2023 | B | 99.50 | 7.60 |
| 쿼럼헬스 | 11.625 | 2023 | CCC | 94.50 | 13.05 |

》표 4.7   회사채 구성요소: 표면이자, 만기, 신용등급, 가격, 만기수익률
출처: Bond transactions reported on FINRA's TRACE service: http://finra-markets.morningstar.com/BondCenter/Screener.jsp.

| 무디스 | S&P |
|---|---|
| **투자등급채권** | |
| Aaa | AAA |
| Aa | AA |
| A | A |
| Baa | BBB |
| **투기등급(정크)채권** | |
| Ba | BB |
| B | B |
| Caa | CCC |
| Ca | CC |
| C | C |

》**표 4.8** 채권신용등급

의 수준으로 유지하는 채권에 주어진다. C등급은 부도 직전의 채권을 의미한다. BBB 이상의 등급을 획득한 채권들을 투자등급(investment grade)채권, BB(또는 Ba) 이하 등급을 받은 채권들을 투기등급[speculative grade, 정크(junk) 또는 고수익(high-yield)등급]채권으로 분류하기도 한다. 표 4.8의 상위 4개의 채권은 모두 투자등급이고 나머지 채권은 투기등급에 속한다. 존슨앤드존슨 채권은 등급이 AAA이고 QH 채권은 CCC이다. QH의 만기수익률(13.05%)이 존슨앤드존슨의 만기수익률(2.3%)보다 훨씬 높은 이유가 여기에 있다. 기업은 부도위험의 심각성에 따라 그 보상을 충분히 해야 한다. 그렇지 않으면 채권을 통한 자금조달이 어렵게 된다.

회사채이자율이 국채이자율보다 높은 주요 이유도 부도위험의 차이에 기인한다. 그림 4.9는 1953~2017년 동안 두 등급(Baa와 Aaa)의 회사채 평균 만기수익률과 10년 만기 미국 국채 만기수익률 간의 이자율 격차(스프레드)를 대비시킨다. 예상대로 두 스프레드 모두 몇 차례를 제외하곤 플러스 값을 갖는다. 경제가 불황이나 위기로 전반적인 부도위험이 증가할 때 스프레드도 그 격차를 넓혔다. 금융위기가 절정으로 치닫던 2007~2009년 기간에는 6%를 넘기기도 했다.

## 국채와 부도위험

투자자들이 회사채를 살 때 혹은 은행이 기업에게 대출을 할 때, 그들은 모두 부도의 가능성을 예측하기 위해 기업의 신용위험(credit risk)을 평가하는 데 많은 시간과 노력을 들인다. 그러나 국채를 살 때는 약속된 이자와 원금을 제때에 받을 것을 의심치 않는다. 즉 회사채나 기업대출의 경우와 달리 국채에 투자할 때는 부도위험에 대한 걱정을 거의 하지 않는다. 국가의 부도확률(특히 미국의 경우)은 기업의 부도확률에 비하면 거의 제로에 가깝기 때문이다. 물론 국

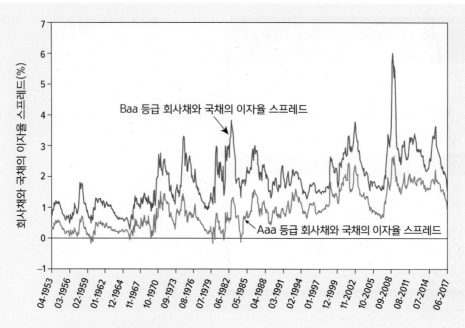

▶ **그림 4.9**    1953～2017년 회사채와 국채의 이자율 스프레드

채를 사더라도 인플레이션 위험에서는 자유로울 수 없다. 인플레이션의 방향이나 크기는 불확실하고 인플레이션의 영향권에서 벗어날 수 있는 경우는 거의 없다.

국채가 일반적으로 회사채보다 덜 위험한 것은 사실이지만 항상 그런 것은 아니다. 국가도 그들이 발행한 국채의 이자와 원금을 제때에 지불하지 못하는 상황을 맞을 수 있다. 이런 경우 그 파급효과는 실로 대재앙에 가깝다. 국가가 부도를 낼 수 있는 세 가지 상황을 살펴보자.

**외화부채**(foreign currency debt)    대부분의 국채 부도는 외국 정부가 미국달러로 자금을 조달하고 다시 달러로 갚아야 하는 경우이다. 국채로 달러 자금을 조달한 정부가 세수가 부족하거나 이자나 원금 지급 시점에 충분한 달러를 보유하고 있지 않으면 지급불이행 사태에 직면할수 있다. 이러한 사태가 가시화되면 채권가격과 만기수익률에 영향을 미친다. 예를 들어 아르헨티나 정부는 $820억의 만기 국채 지급의무를 이행하지 못했다. 부도 가능성이 수면 위로 떠오르기 시작할 즈음에 아르헨티나 국채의 가격은 곤두박질쳤고 이자율은 미국 국채이자율보다 40%p 이상 치솟았다. 아르헨티나는 1970년 이후 100회 이상의 국채부도사태가 일어났다. 이들 뒤에는 항상 외화부채라는 그림자가 있었다.

**자국화폐부채**(own currency debt)    정부가 자국의 화폐로 국채를 발행하면 부도 가능성은 줄어든다. 최악의 경우 조폐권을 가진 정부가 새로운 화폐를 찍어내 지불하면 된다. 그러나 실상은 이와 사뭇 다르다. 비우호적인 경제상황과 세수 부족, 정치불안 등으로 국채의 지급의무를 충족하기 어려운 극한 상황에 처한 국가들은 화폐를 발행해서 빚을 갚기보다는 부도를 택하는 경우가 많다. 1998년 여름에 러시아가 겪었던 상황을 살펴보자. 당시 러시아는 정치적 불안정,

석유가격 급락, 세수 감소, 환율 급등 등으로 심각한 어려움에 처해 있었다. 그해 8월에는 러시아 루블화로 발행된 국채의 이자율이 200%에 이르렀다. 이런 상황에서 새로운 루블화를 찍어내어 빚을 갚는다는 것은 밑 빠진 독에 물 붓기와 비슷했다. 러시아 정부는 결국 루블화 가치를 평가절하하는 동시에 자국화폐부채에 대한 부도를 택했다.

**유로존부채**(eurozone debt)  유로화를 사용하는 19개 유럽국가는 그들의 국채를 갚는 목적으로 화폐를 발행하지 못한다. 왜냐하면 자국화폐의 공급권을 유럽중앙은행에 일임했기 때문이다. 이러한 현실이 2009년 그리스 금융위기를 촉발했다. 당시 그리스의 국가부채는 약 $4,400억에 달했다. 2010년 10월, 다른 유로존 국가들과 국제통화기금(International Monetary Fund, IMF)은 그리스에 막대한 구제금융을 제공했다. 그러나 그들의 긴급지원이 충분할 것이라 믿는 투자자들은 거의 없었다. 이런 가운데 10년 만기 그리스 국채의 이자율은 27% 가까이 치솟았다. 2012년에는 추가 구제금융에 대한 조건으로 그리스 국채 투자자들은 그들이 소유한 국채의 가치를 $1,000억만큼 평가절하(write-down)하는 요구를 받아들여야 했다. 이는 당시까지 최대의 국가부도 사례였다. 그러나 그리스의 금융위기는 거기서 끝나지 않았다. 외부 구제금융 패키지는 그리스 정부와 국민에게 긴축정책을 받아들이도록 요구했다. 이로 인해 그리스의 국가소득은 급락하고 국민은 궁핍한 생활을 감내해야 했다. 그럼에도 불구하고 그리스는 거대한 부채의 늪에서 헤어나올 수 없었고 2015년에는 IMF에 대한 부채의무를 이행하지 못했다. 이후에도 추가적인 구제금융이 있었지만 2017년까지도 그리스는 위기에서 탈출하지 못했다.

유럽에서의 국채위기는 그리스에 국한되지 않는다. 키프로스도 국채 상환을 미룬 적이 있고, 아일랜드와 포르투갈 국채는 투기등급으로 추락하기도 했다. 투자자들은 이러한 일련의 사태를 겪은 후에 '유로존 국가들의 국채는 무위험수익률을 보장하는 투자가 아니라 무수익위험을 제공하는 투자'라고 조롱하곤 했다.

- 채권을 소유하게 되면 채권자는 채권계약서에 약정된 고정 현금흐름을 받게 된다. 만기 전까지 정기적으로 이자를 수령하고 만기에는 마지막 이자와 액면가액(face value)이라고도 불리는 **원금**(principal)을 수령하게 된다.
- 채권의 거래는 채권시장에서 중간거래인의 역할을 하는 채권딜러들의 네트워크를 통해 이루어진다. 이것이 채권시장을 딜러시장이라고 부르는 이유이다. 채권딜러들은 채권의 매도가와 매입가를 제시하고 투자자는 최적의 가격을 찾아 채권을 사고판다.
- 채권의 가치는 표면이자와 원금을 현재가치로 환산해 더한 값이다.

$$PV(채권) = PV(표면이자) + PV(원금)$$

- 듀레이션(가중평균채권만기)은 채권의 현금흐름을 창출하는 데 걸리는 시간의 가중평균값이다. 시간은 1년도, 2년도, 3년도 등 초기 연도부터 만기($T$)까지 현금흐름이 발생하는 모든 시점을 의미한다. 각 시간(연도)의 가중치는 각 연도에 받는 현금흐름의 현재가치를 채권의 현재가치로 나눈 값이다. 듀레이션은 가중치에 해당 연도를 곱해서 다음과 같이 구한다.

$$듀레이션 = 1 \times \frac{PV(C_1)}{PV(채권)} + 2 \times \frac{PV(C_2)}{PV(채권)} + 3 \times \frac{PV(C_3)}{PV(채권)} + \cdots + T \times \frac{PV(C_T)}{PV(채권)}$$

- 수정된 듀레이션[또는 변동성(volatility)이라 부르기도 함]은 이자율이 1%p 변할 때 채권가격은 몇%p 변하는지를 나타내는 지표인데 듀레이션을 (1 + 만기수익률)로 나누어서 구한다.

$$수정된 듀레이션 = 변동성(\%) = \frac{듀레이션}{1 + 만기수익률}$$

- 이자율 기간구조는 장단기 현물이자율(spot rate)의 상호 관계를 의미한다. 현물이자율이란 현재 채권시장에서 거래되는 무이표채(표면이자 지급이 없는 채권)의 시장이자율을 뜻한다. 이자율 기간구조를 그래프로 나타낸 것이 수익률 곡선(yield curve)이다.
- 만기수익률은 상이한 만기를 가진 현물이자율의 기하학적 평균이다.
- 무이표채는 만기 1년 이하의 단기국채에 국한된다. 이런 현실적 문제를 해결하기 위해 등장한 채권이 표면이자분리채권(스트립)이다. 기존의 10년 이상 국채의 표면이자와 원금을 분리해 표면이자의 수와 원금을 합한 수만큼의 무이표채를 만들어 판매한다. 1년 후 표면이자는 1년 만기 무이표채, 2년 후 표면이자는 2년 만기 무이표채, 10년 후 표면이자 혹은 원금은 10년 만기 무이표채로 거래된다.
- 투자자가 낮은 이자율에도 불구하고 단기국채를 소유하는 이유는 크게 세 가지이다 — 1) 투자자가 미래의 단기국채 이자율이 지금보다 높을 것으로 예측한다. 2) 투자자가 이자율 변화에 매우 민감하게 반응하는 장기국채의 높은 변동성(위험)을 걱정한다. 3) 투자자가 미래에 인플레이션이 더 높아질 위험을 걱정한다.
- **기대이론**에 의하면 채권시장이 효율적으로 작동한다는 가정하에 1년 만기 단기채권을 매년 갈아타며 여러 번(예를 들면 T년 동안) 투자하는 것과 T년 만기 장기채권에 한 번 투자하는 것의 기대수익률은 같다. 즉 장기이자율은 단기이자율의 기하평균이다. 그러므로 장단기채권 사이의 선택은 투자기간과 위험에 대한 선호도에 따라 바뀌는 것이지 이자율의 단순한 높고 낮음에 따

라 바뀌지 않는다.

- 미래($t$)의 명목화폐가치를 실질화폐가치로 변환하는 공식은

$$\text{실질화폐가치} = \frac{\text{명목화폐가치}_t}{(1+\text{인플레이션율})^t}$$

- 피셔 공식: $1+\text{실질이자율} = \dfrac{1+\text{명목이자율}}{1+\text{인플레이션율}}$

- 부도위험을 정확히 측정하는 것은 채권투자자들이 자신들의 위험선호도에 알맞은 투자를 하는 데 꼭 필요하다. 또한 정부가 금융정책이나 금융감독을 설계하고 실행하는 데 중요한 역할을 한다. 무디스(Moody's), 스탠더드앤드푸어스(S&P), 피치(Fitch) 등의 신용평가사들은 오래전부터 각종 채권의 부도위험을 평가해 신용등급을 발표하고 있다. BBB 이상의 등급을 획득한 채권들을 투자등급(investment grade) 채권, BB(또는 Ba) 이하 등급을 받은 채권들을 투기등급[speculative grade, 정크(junk) 또는 고수익(high-yield) 등급] 채권으로 분류한다.

- 국채가 일반적으로 회사채보다 덜 위험한 것은 사실이지만 항상 그런 것은 아니다. 국가도 그들이 발행한 국채의 이자와 원금을 제때에 지불하지 못하는 상황을 맞을 수 있다. 이런 경우 그 파급효과는 실로 대재앙에 가깝다.

**연습문제**

1. 액면가액 $1,000의 10년 만기 채권이 발행되어 연 $60의 이자를 지급한다. 채권 발행 직후 금리가 인상되면 다음의 채권요소는 어떻게 변하는가?
   a. 표면이자
   b. 채권가격
   c. 만기수익률

2. 간단한 예를 들어 아래의 질문에 답하라.
   a. 이자율이 오르면 채권가격은 오르는가, 아니면 내리는가?
   b. 만기수익률이 표면이자보다 크면 채권가격은 액면가액보다 큰가, 아니면 작은가?
   c. 채권가격이 액면가액을 초과하면 만기수익률은 표면이자율보다 큰가, 아니면 작은가?
   d. 표면이자율이 높은 채권은 표면이자율이 낮은 채권보다 높은 가격에 팔리는가, 아니면 낮은 가격에 팔리는가?
   e. 이자율이 변할 때 표면이자율이 높은 채권이 낮은 채권보다 변동성이 더 심한가?

3. 10년 만기 독일 국채는 액면가 €100에 매년 5%의 표면이자를 지급한다. 이 국채의 요구수익률(할인율)이 6%라면, 국채의 현재가치는 얼마인가?

4. 액면가 $1,000인 10년 만기 미국 국채는 5.5%의 표면이자를 6개월마다(즉 6개월마다 액면가의 2.75%) 지급한다. 만기수익률은 5.2%(6개월 만기수익률=5.2/2=2.6%)이다.
   a. 국채의 현재가치(가격)는 얼마인가?
   b. 6개월 만기수익률이 1%에서 15%로 1%씩 증가할 때 채권의 가격은 어떻게 변하는지 그래프로 표현하라.

5. 다음 두 질문에 답하라.

    a. 8%의 표면이자와 5년의 만기를 가진 채권의 만기수익률은 6%이다. 만기수익률이 변하지 않는다고 가정할 때 1년 후 채권의 가격은 얼마인가? 표면이자는 매년 말 지급되고 액면가액은 $1,000이다.

    b. 채권의 1년 후 총수익률은 얼마인가?

6. 6년 만기 국채는 5%의 표면이자를 매년 지급한다. 현재 만기수익률은 3%이다. 1년이 지난 후에도 채권의 만기수익률은 여전히 3%라고 가정하자. 이 국채의 1년간 총수익률은 얼마인가? 만약 1년 후 채권의 만기수익률이 3%가 아니라 2%라면 1년간 총수익률은 얼마인가?

7. 다음 문장이 참 혹은 거짓인지 판단하고 그 이유를 설명하라.

    a. 채권의 만기가 길어지면 듀레이션도 반드시 길어진다.

    b. 채권의 듀레이션이 길어지면 변동성은 낮아진다.

    c. 다른 모든 조건이 동일하다면, 표면이자가 낮아질수록 변동성은 높아진다.

    d. 이자율이 상승하면 듀레이션 또한 증가한다.

8. 아래의 현금흐름을 이용해 채권 A, B, C의 듀레이션과 변동성을 계산하라. 이자율은 8%이다.

| | 1년도 | 2년도 | 3년도 |
|---|---|---|---|
| A | 40 | 40 | 40 |
| B | 20 | 20 | 120 |
| C | 10 | 10 | 110 |

9. 표 4.3에 있는 3%의 표면이자를 가진 채권의 듀레이션과 수정된 듀레이션을 구하라. 표 4.2에 있는 9%의 표면이자를 가진 채권의 듀레이션과 수정된 듀레이션 계산과정을 그대로 따라 하면 된다. 그리고 수정된 듀레이션이 이자율 변화가 채권가격에 미치는 영향을 제대로 예측하는지 확인하라.

10. 매년 표면이자를 영구적으로 균등하게 지급하는 채권(영구연금채권)의 듀레이션 공식은 (1 + 만기수익률)/만기수익률이다. 영구연금채권과 15년 만기 제로–표면이자 채권(무이표채) 중 어느 것이 더 긴 듀레이션을 갖는가? 만기수익률은 5%라고 가정하라. 만기수익률이 5%가 아니라 10%라면 답이 달라지는가?

11. 표 4.6의 현물이자율이 모두 4%로 동일(즉 이자율 기간구조가 수평)하다고 가정하고 다음 물음에 답하라.

    a. 국채들의 만기수익률을 다시 구하라.

    b. 국채 A의 가격을 다시 계산하라.

12. 표 4.6의 현물이자율이 1년 차 4.6%, 2년 차 4.4%, 3년 차 4.2%, 4년 차 4.0%로 감소(즉 이자율 기간구조가 하향 곡선)하고 있다고 가정하고 각 국채의 현가요소, 국채가격, 만기수익률을 다시 산출하라.

13. 표면이자가 1년에 1회 지급된다고 가정하고 다음 질문에 답하라.

a. 현물이자율을 사용해서 2년 만기, 5% 표면이자율을 가진 채권의 가치를 구하는 공식은 무엇인가?

b. 만기수익률을 사용해서 2년 만기, 5% 표면이자율을 가진 채권의 가치를 구하는 공식은 무엇인가?

c. 2년 만기 채권의 현물이자율이 1년 만기 채권의 현물이자율보다 높다면, 2년 만기 채권의 만기수익률은 2년 만기 채권의 현물이자율보다 큰가?

**14.** 이자율 기간구조가 어떤 추세(하향 또는 상향)일 때 표면이자율이 높은 채권의 만기수익률이 표면이자율이 낮은 채권의 만기수익률보다 클 가능성이 높은가?

**15.** 아래의 현물이자율을 이용해 물음에 답하라.

$$r_1=5.00\%,\ r_2=5.40\%,\ r_3=5.70\%,\ r_4=5.90\%,\ r_5=6.00\%$$

a. 각 연도의 현가요소(즉 $1의 현재가치)는 무엇인가?

b. 다음 세 채권의 현재가치를 구하라. 표면이자는 매년 1회 지급되고, 액면가액은 $1,000이다—i) 5% 표면이자율, 2년 만기 채권, ii) 5% 표면이자율, 5년 만기 채권, iii) 10% 표면이자율, 5년 만기 채권.

**16.** 1년 만기 채권의 현물이자율은 5%($r_1=5\%$), 2년 만기 채권의 현물이자율은 6%($r_2=6\%$)이다. 기대이론이 옳다면 지금부터 1년 동안의 기대이자율은 얼마인가?

**17.** 아래의 현물이자율을 이용해 물음에 답하라.

$$r_1=5.00\%,\ r_2=5.40\%,\ r_3=5.70\%,\ r_4=5.90\%,\ r_5=6.00\%$$

a. 기간구조 기대이론이 옳다면 3년 차 1년 만기 채권의 현물이자율에 어떤 추론이 가능한가?

b. 장기채권에 투자하면 추가적인 위험을 감수해야 한다는 상식을 고려할 때 3년 차 1년 만기 채권의 현물이자율에 어떤 추론이 가능한가?

**18.** 2년 만기 채권의 명목이자율이 10%이고 기대 인플레이션은 5%이다. 다음 물음에 답하라.

a. 기대 실질이자율은 얼마인가?

b. 기대 인플레이션율이 갑자기 7%로 상승한다면, 피셔이론은 실질이자율과 명목이자율의 변화에 대해 어떤 예측을 하겠는가?

**19.** 2년 만기, 표면이자율 8%의 채권을 액면가액에 구입했다고 가정하고 다음 물음에 답하라.

a. 인플레이션이 첫해에 3%, 둘째 해에 5%로 예측될 때 2년간 총명목이자율과 총실질이자율은 얼마인가?

b. 구입한 채권이 TIPS(물가연동국채)라면 2년간 총명목이자율과 총실질이자율은 얼마인가?

**20.** 채권의 신용등급은 채권의 가격에 영향을 미친다. 2017년 가을 Aaa 채권의 평균 만기수익률은 3.6%, Baa 채권의 평균 만기수익률은 4.3%였다. 만약 예기치 않은 부정적 소식으로 인해 표면이자율 10%, 5년 만기 채권이 Aaa에서 Baa로 등급이 하락했다면, 채권가격에 어떤 영향을 미치겠는가? 표면이자는 연간 지급된다.

# 주식가치평가

일반 투자자들이 재무전문가에게 하는 가장 흔한 질문 또는 가장 하고 싶은 질문 중 하나가 "어떻게 하면 주식에 투자해서 대박을 터뜨릴 수 있는가?"이다. 결론부터 말하자면 주식투자를 통해 쉽게 돈을 벌 수 있는 방법은 없다. 이 장의 주제는 주식투자 비법을 전수하는 것이 아니라 주식의 가치를 높이고 낮추는 근본적인 결정요인[흔히 펀더멘털(fundamentals)이라고 함]에 대한 분석이다.

이 장의 첫 번째 주제는 주식거래이다. 주식이 시장에서 어떻게 거래되는지를 심도 있게 다룬다. 다음으로 주식가치평가의 기본 원칙을 설명하고 현금흐름할인모형(discounted cash flow model, DCF 모형)으로 주식가치와 기업 전체의 가치를 평가하는 과정을 고찰한다. DCF 모형을 활용한 기대수익률 계산법도 배운다. 더불어 성장주(growth stock)와 소득주(income stock)의 개념과 차이, 그리고 이들과 주가순이익비율(price-earnings ratio, PER)과의 상관관계도 살펴본다.

## 5-1  주식의 거래

보잉사 주주들은 총 5억 9,600만 주의 보통주를 소유하고 있다. 연금펀드, 보험사 등과 같은 기관투자자들이 대다수 주식을 보유한다. 개인투자자들의 소유권은 소량에 불과하다. 개인투자자로서 보잉 주식을 소유하고 있다면 아마도 그 투자자의 소유 지분은 0.0000002%(거의 0에 가까운) 정도일 것이고 기업이익에 대한 청구권도 이 소유 지분에 비례한 만큼만 갖게 된다. 다시 말해 주식을 더 많이 소유할수록 소유 지분도 올라간다.

보잉이 신주 발행으로 신규자금을 조달하고자 하면 **발행시장**(primary market)을 이용해야 한다. 발행시장은 말 그대로 주식이 주식시장에 처음으로 소개되는 곳이다. 처음으로 소개되는 만큼 주식 발행 총액(신주 수×신주 가격)이 기업으로 유입된다. 이 신규자금을 가지고 기업은 투자 및 영업활동을 계속 이어가게 된다. 발행시장에서 발행된 주식을 주주가 팔고자 할 때는 **거래시장**(secondary market)으로 가야 한다. 우리가 익히 알고 있는 뉴욕증권거래소(New York Stock Exchange, NYSE) 또는 나스닥(Nasdaq)은 거래시장이다. 이곳에서 기존에 발행된 주식들을 사고파는 거래가 이루어진다. 매도자(파는 투자자)와 매수자(사는 투자자) 사이에 주식의 거래가격(시장가격)이 교환될 뿐 기업으로 유입되는 자금은 없다는 것이 발행시장과 큰 차이점이다.

NYSE와 나스닥과 경쟁하는 또 하나의 거래시장은 **전자증권거래네트워크**(electronic communication networks, ECN)이다. ECN은 주식거래자들을 전 세계에 퍼져 있는 온라인 컴퓨터 네트워크로 연결해 투자자들이 중개인 또는 딜러를 거치지 않고 직접 거래할 수 있게 한 자동거래시스템이다. 미국의 주요 기업들은 런던증권거래소나 유로넥스트 같은 외국의 거래시장에서도 거래가 된다. 반대로 많은 외국기업도 미국의 거래시장에서 활발히 거래되고 있다. 예를 들어 소니(Sony), 로열더치셸(Royal Dutch Shell), 캐나다퍼시픽(Canadian Pacific), 타타자동차(Tata Motors), 도이치은행(Deutsche Bank), 텔레포니카브라질(Telefonica Brasil), 중국동방항공사(China Eastern Airlines) 외 500개 이상의 외국기업들이 NYSE에서 활발히 거래되고 있다.

보잉 주식을 소유한 주주는 주식을 매도하고 싶을 때 거래시장이 열려 있는 한 언제든지 다른 투자자에게 양도할 수 있다. 매수자는 매입한 주식이 총주식가치에서 차지하는 비중에 따른 소유 지분(소유권)을 획득하게 되고 매도자는 반대로 그만큼의 소유 지분을 포기한다. 이 과정에서 새로운 주식의 발행은 없다. 보잉은 이와 같은 소유권 이전에 관심도 없고 알지도 못한다.

보잉 주식의 매도자와 매수자는 상대방과 직접 거래를 하지 않는다. 그들의 매도 및 매수 주문이 주식중개회사(brokerage firm)로 모여 처리된다. 매도자가 되도록 빨리 팔고자 할 때는 **시장주문**(market order)을 낸다. 시장주문은 가장 유리한 시장가격에 주식을 즉각 매도하는 방법이다. 매수자가 매수가의 상한(최대 매수가)을 정해 놓고 매수를 원하는 경우 **지정가주문**(limit order)을 낸다. 이 경우 거래가 즉각 성사되지 않으면 거래가 성사될 때까지 거래소의 지정가주문장부(limit order book)에 남아 있게 된다.

표 5.1은 최대 규모 ECN의 하나인 배츠전자증권거래시장(BATS BZX Exchange)으로부터 발췌한 보잉 주식의 지정가주문장부이다. 매수가(bid price)는 현재 보잉 주식 1주를 사기 위해 투자자들이 지불할 의향이 있는 가격이고 매도가(ask price)는 매도를 원하는 투자자들이 받고 싶

| 매수 | | 매도 | |
|---|---|---|---|
| 가격 | 주식 수 | 가격 | 주식 수 |
| 263.76 | 1,100 | 264.07 | 200 |
| 263.73 | 100 | 264.12 | 1 |
| 263.67 | 100 | 264.13 | 100 |
| 263.61 | 100 | 264.18 | 200 |

》**표 5.1** 보잉 주식의 지정가주문장부

은 가격이다. 매수가와 매도가는 항상 가장 매력적인 가격부터 위에서 아래로 제시된다. 매수
가의 경우 가장 높은 가격($263.76)이 최상위에 오고 매도가의 경우 가장 낮은 가격($264.07)이
최상위에 오게 된다. 보잉 주식을 사고자 하는 투자자가 시장주문을 냈다면 아마도 거래가격
은 현재 최상의 매도가인 $264.07가 될 것이고 보잉 주식을 팔고자 하는 투자자가 시장주문을
냈다면 거래가격은 현재 최상의 매수가인 $263.76가 될 것이다. 매수가 대비 매도가 차이(bid-
ask spread)는 $0.31(=264.07-263.76)가 된다.

   NYSE와 ECN은 모두 경매방식으로 거래가 이루어지는 시장이다. NYSE와 ECN은 투자자
들이 낸 수천수만의 매수 및 매도 주문을 모아 서로에게 최선의 거래상대를 짝지어 준다. 매도
자에게는 최고가 매수주문을 낸 매수자, 매수자에게는 최저가 매도주문을 낸 매도자와 연결시
켜 거래를 성사시킨다. 도쿄증권거래소, 상하이증권거래소, 런던증권거래소, 도이치증권거래
소 등 잘 알려진 해외 거래시장은 모두 경매시장에 속한다. 요즘은 대부분의 거래가 컴퓨터 시
스템에 의해 자동으로 이루어지고 있어 브로커가 매수주문과 매도주문을 일일이 연결하는 옛
날의 경매방식은 보기 힘들다. 나스닥은 경매방식 대신 딜러방식을 따른다. 매수자와 매도자
사이에는 항상 딜러가 있어 매수자에겐 매도자, 매도자에겐 매수자의 역할을 한다. 경매방식
에서는 매수자와 매도자가 서로 원하는 가격(호가)을 제출하면 브로커(컴퓨터 시스템)가 최선
의 거래를 찾아 성사시키는 구조지만 딜러방식에서는 매수자와 매도자 사이에 브로커 대신 딜
러(dealer)가 있어 이들이 직접 매수자에겐 매도가를, 매도자에겐 매수가를 제시하고 거래를 성
사시킨다. 경매시장에서 브로커는 시스템 사용료를 받아 이익을 챙기고 딜러시장에서 딜러는
자신들이 내는 매도가와 매수가의 차액으로 이익을 챙긴다.

## 보잉 주식거래 사례

   보잉을 비롯해 다른 공개기업의 거래내역은 온라인에서 쉽게 찾아볼 수 있다. 예를 들어 야
후금융사이트(finance.yahoo.com)에 방문해서 기업약자(ticker symbol) 'BA'를 검색창에 입력하
고 실행하면 아래의 표와 같은 결과를 볼 것이다.

### 보잉사 보통주(NYSE)

**264.63 + 2.37(+0.90%) 11월 20일 오후 4:00**

| | | | |
|---|---:|---|---:|
| 전날 종가 | $262.26 | 시총 | $1,576.1억 |
| 시가 | $263.00 | 베타 | 1.31 |
| 당일 주가 범위 | $262.76–$265.62 | 주가순이익비율 | 23.2 |
| 52주 주가 범위 | $146.52–$267.62 | 주당순이익 | $11.41 |
| 거래량 | 2,404,762 | 예측배당금 | $5.68 |
| 평균 거래량 | 3,187,640 | 배당수익률 | 2.17% |

출처: finance. yahoo.com.

   보잉 주식의 2017년 11월 20일 종가는 $264.63로 하루 전보다 $2.37 또는 0.9%p가 상승
했다. 보잉의 주주 보유주식 수(Shares Outstanding)는 595,580,000주이고 시총은 $1,576.1억

(=595,580,000×$264.63)이다. 지난 12개월 동안의 주당 순이익(earnings per share, EPS)과 주가순이익비율(price-earnings ratio, P/E ratio)은 각각 $11.41와 23.2이다. 여기서 P/E 계산에 사용된 EPS는 과거값이다. EPS 예측치를 사용한 P/E가 보통 더 유용하다. EPS 예측치를 사용한 P/E를 **선행 P/E**(forward P/E)라고 하는데 보잉의 선행 P/E는 재무분석가들이 예측한 EPS($11.68)를 사용해 계산하면 22.7이 된다. 예상된 현금배당이 주당 $5.68이므로 **배당수익률**(dividend yield, 예측배당금/주가)은 2.17%이다. 보잉의 베타 1.31은 보잉 주식의 시장위험을 나타내는데 제8장에서 자세히 다룰 것이기 때문에 자세한 설명은 생략한다.

2017년 11월 20일을 기준으로 보잉 주식의 연수익률은 81%로 대박 수준이다. 그러나 주식투자에는 항상 위험이 도사리고 있다. 81%의 수익률은 언제든지 마이너스 81%로 돌변할 수 있음을 명심하자. 제너럴일렉트릭(GE)의 예를 들어보자. GE는 한때 미국에서 가장 존경받고 영향력 있는 기업이었다. 그러나 2017년 11월 16일까지 12개월 동안 주가가 40%p 폭락했다. 새로운 최고경영자가 배당금을 반으로 줄이고 대규모 구조 조정 계획을 발표했던 마지막 한 달 동안의 주가 하락만 23%p였으니 실로 믿기 어려운 추락이었다. 같은 기간 S&P 500 지수는 18.5%의 수익률을 기록했다.

NYSE와 나스닥에서 거래되는 대다수의 증권은 보통주(common stocks)이지만 우선주(preferred stocks)나 신주인수권(warrants)과 같은 증권의 매매도 이루어진다. 또한 수백 개의 **상장펀드**(exchange-traded funds, ETFs)도 선택의 범위 안에 있다. 상장지수펀드는 수많은 주식을 한데 묶어 하나의 주식처럼 사고팔 수 있도록 만든 금융상품이다. 대부분의 상장지수펀드들은 잘 알려진 지수들(다우존스 지수나 S&P 500 지수 등)이 포함하고 있는 주식들을 보유한다. 특정 산업이나 상품에 집중하는 상장지수펀드도 꽤 있다. 투자자들은 상장지수펀드 대신 폐쇄형 뮤추얼펀드(closed-end mutual funds)에 투자할 수도 있다. ETF와 다르게 대부분의 폐쇄형 뮤추얼펀드는 시장이자율보다 높은 수익률을 얻기 위해 공격적인 투자를 한다. 따라서 구성 주식을 빈번하게 사고파는 것을 주저하지 않는다. 멕시코 펀드, 인도 펀드 등 특정 국가의 주식으로 구성된 국가펀드(country funds)가 그 예다.

## 5-2 보통주 가치평가

공개기업들은 모두 분기와 연간 대차대조표를 공개한다. 대차대조표는 기업이 보유한 자산(assets)과 갚아야 할 부채(liabilities 또는 debt, 타인자본), 주주의 청구권을 나타내는 자기자본(equity)을 기록한 재무제표이다. 예를 들어 2017년 9월 말 시점 GE의 자산(공장, 기계, 원재료, 보유현금 등)의 **장부가치**는 $3,780억였다. 부채는 기업이 은행으로부터 차입한 돈, 내야 할 세금, 회사채 투자자에게 갚아야 할 돈 등을 포함하는데 GE의 같은 시점 부채의 장부가치는 $2,985억였다. 그러므로 자산의 장부가치와 부채의 장부가치의 차액은 $795억인데 이는 GE의 자기자본장부가치가 된다.

매년 미국의 가장 큰 회계법인 중 하나인 KPMG가 GE의 재무제표를 감사하고 감사의견을 공표한다. 재무제표에 문제가 없다면 'GE의 재무제표가 일반준용회계원칙(generally accepted accounting principles, GAAP)에 따라 적정(혹은 공정)하게 작성되어 GE의 재무상태를 모든 중요성의 관점에서 신뢰할 수 있다'라는 적정의견을 표시한다. 그러나 자산의 장부가치는 자산의 역사적 비용에서 감가상각충당금을 뺀 값을 나타내기 때문에 자산이 현재 얼마의 가치가 있는지를 알려주기에는 미흡하다.

장부가치는 인플레이션을 반영하지 않은 역사적 가치이다(인플레이션이 심한 나라에서는 종종 인플레이션을 반영한 장부가치의 표시를 요구하기도 한다). 장부가치는 보통 상표권이나 특허권 같은 무형자산을 포함하지 않는다. 따라서 자산의 장부가치를 모두 더한 값이 미래에도 계속 수익을 창출하는 기업의 가치, 즉 **계속기업가치**(going-concern value)라고 할 수 없다. 계속기업가치는 미래의 현금흐름과 그 변동성(위험)을 동시에 고려한 가치도 포함해야 하기 때문이다.

장부가치의 많은 단점에도 불구하고 여전히 그 중요성을 인정받는 이유가 있다. 첫째, 장부가치는 매우 유용한 벤치마크이다. 예를 들어 홀스타인오일(Holstein Oil) 주식의 시가총액(시총)이 $9억, 주식의 장부가치는 그 절반인 $4억 5,000만라고 해보자. 이 경우 홀스타인 주식의 시장가치는 장부가치의 2배이다. 다시 말해 홀스타인은 지금까지 투자자들이 홀스타인에 투자한 투자금 총액(장부가치)을 2배로 늘려 **시장부가가치**(market value added)를 $4억 5,000만 (=$9억 − $4.5억) 창출한 상태다. 장부가치 대비 기업가치를 $4억 5,000만 증가시켰다는 의미이기도 하다.

장부가치는 또한 **청산가치**(liquidation value)를 추정하는 데 유용하다. 청산가치는 기업이 사업을 접고 그 자산을 매각할 때 받을 수 있는 금액이다. 땅, 빌딩, 차량, 기계 등 유형자산의 장부가치는 잠재적 청산가치에 근접한 경우가 많다. 그렇다고 무턱대고 장부가치를 청산가치의 대체 값으로 사용하는 것은 금물이다. 장부가치에 반영되지 않은 특허권과 같은 무형자산의 청산가치가 때로는 엄청난 가치로 환산되기도 하기 때문이다. 예를 들어 1960년대 투자자들이 최고로 선호하는 50개 성장주(Nifty Fifty growth stocks) 중 하나였던 코닥(Eastman Kodak)은 오랜 기간 쇠퇴를 거듭하다가 2012년 결국 부도를 냈다. 부도 후 가장 가치 있는 자산은 무엇이었을까? 코닥이 보유한 79,000개의 특허권이었다. 이들은 나중에 총 $5억 2,500만의 청산가치에 매각되었다. 장부가치의 유용성 뒤에는 결정적 단점이 공존한다는 것을 명심하자.

## 주식가격(주가)과 배당금

모든 기업이 주주에게 배당금을 지급하지는 않는다. 특히 급성장을 거듭하는 기업들은 순이익의 대부분을 재투자에 사용한다. 그러나 연륜이 오래되고 안정된 수익 창출을 지속해 온 기업은 정기적으로 현금배당을 하는 경우가 많다.

제4장에서 배운 채권의 가치평가 과정을 기억해보자. 채권의 가격은 채권의 미래현금흐름(이자와 원금)을 현재 시점으로 할인해 얻은 값이다. 여기서 할인율은 가치가 아닌 가격을 얻기 위해 사용된 이자율이므로 시장이자율임을 잊지 말아야 한다. 가격은 투자자가 개별적으로 결정하는 값이 아니라 시장에서 시장의 원리(수요와 공급)에 의해 결정되는 것이니 당연하다.

채권가치평가의 원리를 그대로 주식가치평가에 적용해보자. 보통주의 소유자가 기대하는 미래현금흐름의 대표적 예는 배당금이다. 모든 주식투자자가 주식에 투자할 때 배당금을 기대한다고 해도 과언이 아니다. 그러므로 주식의 현재가치는 미래에 받을 것으로 기대되는 배당금의 현재가치를 합한 값과 같다(채권의 가치평가와 정확히 같은 원리).

$$PV(주식) = PV(미래 배당금)$$

어떤 이들에게 이 등식은 미완성이다. 왜냐하면 주식투자자들은 배당금에 대한 기대와 더불어 자본이득(capital gains, 주가 상승으로 인한 이익)도 동시에 기대하기 때문이다. 그렇다면 왜 주식의 현재가치는 자본이득을 반영하지 않는가? 자본이득을 반영하지 않으므로 위 식은 잘못된 것인가? 이 물음에 답을 하기 위해서 주식의 가치평가 과정을 단계별로 살펴보자.

**현재 주식가격(현재 주가)**    주식소유자가 기대하는 수익의 원천은 두 가지, 즉 1) 배당금과 2) 자본이득(주가 상승으로 인한 이익)으로 분류할 수 있다. 현재의 주가를 $P_0$, 1년 후에 예상되는 주가와 배당금을 각각 $P_1$과 $DIV_1$이라 하자. 이 경우 현재부터 1년 후 시점까지 투자자가 예상하는 연간 기대수익률은 배당수익률과 자본이득률의 합이 된다.

$$기대수익률 = r = \frac{DIV_1 + P_1 - P_0}{P_0}$$

플레즐링전기(Fledgling Electronics)의 주식이 현재 주식시장에서 주당 \$100에 거래가 되고 있다고 가정해보자($P_0 = \$100$). 투자자들은 1년 후 배당금이 \$5, 주가는 \$10가 상승한 \$110가 될 것으로 기대하고 있다($DIV_1 = \$5$, $P_1 = \$110$). 이 경우 주식의 연간 기대수익률을 계산하면 다음과 같다.

$$r = \frac{DIV_1}{P_0} + \frac{P_1 - P_0}{P_0} = \frac{5}{100} + \frac{110 - 100}{100} = 15\%$$

이번에는 같은 식을 이용해 기대수익률이 아니라 가격을 계산해보자. 즉 $P_1$과 $DIV_1$, 기대수익률($r$)이 주어진 상황에서 현재 시점의 주가($P_0$)를 구하려면 다음의 식을 이용하면 된다.

$$P_0 = \frac{DIV_1 + P_1}{1 + r}$$

이 식은 앞서 이용한 기대수익률 산출공식을 재배열해 얻은 것에 불과하다. 주가는 미래의 현금흐름, 배당금과 1년 후 주가를 할인율(기대수익률)을 이용해 현재가치화한 값이다. 여기서 할인율은 시장이 주식의 위험수준을 반영한 후 기대하는 수익률, 즉 시장수익률이다. 이는 재무분석가나 개인투자자 등 개인 평가자가 주식의 위험을 고려해 요구하는 수익률(요구수익률)과는 완전히 다른 개념이다. 주식가치와 주식가격의 차이가 그대로 반영된다고 보면 된다. 주식가치는 평가자 개인이 특정 주식의 위험수준을 충분히 분석하고 반영한 할인율(요구수익률)을 이용해 주식의 미래현금흐름을 할인해 얻은 값으로 평가자가 지불할 의향이 있는 최대 금

액을 뜻한다. 반대로 주식가격은 특정 주식에 대한 주식시장의 전망과 수요-공급 원칙에 의해
결정되는 주식의 시장균형가이다. 다시 말해 가치는 평가자가 가치평가 과정을 거쳐 직접 산
출하는 것이지만 가격은 시장에서 단순히 관찰되는 것이다. 가격은 시장가치(market value)라
고도 자주 표현되니 가치평가자가 산출하는 가격의 상대적 개념인 가치(value)와 명확히 구별
해 사용해야 한다.

다시 플레즐링전기의 예로 돌아가 배당금, 미래 주가, 시장수익률을 이용해 가격을 계산하면

$$P_0 = \frac{5+110}{1+0.15} = \$100$$

이다. 가격이 $100가 되는 것은 당연지사다. 할인율로 쓰인 15%가 시장수익률이니 이를 이용
해 얻는 가치는 다름 아닌 시장가치, 즉 가격이기 때문이다.

할인율 $r$에 대해 조금 더 살펴보자. 시장이 이용하는 할인율은 주식에 대한 **시장수익률**
(market capitalization rate), 시장이 아닌 다른 가치평가자(예: 재무분석가 혹은 개인투자자)가
사용하는 할인율은 주식에 대한 요구수익률(required rate of return)이라고 설명한 바 있다. 기업
의 관점에서 바라보면 시장수익률이나 요구수익률 모두 자기자본비용이다. 주식을 발행해서
투자자금을 조달하려면 투자자들이 만족할 수 있는 수익률을 제공해야 한다. 투자자에겐 수익
률이지만 기업에는 비용이다. 시장수익률은 시장에 있는 모든 투자자의 개별 기대수익률을 평
균한 수익률이다. 기업이 주식시장에서 수많은 투자자의 기대에 부응하려면 시장의 평균수익
률, 즉 시장수익률을 만족시켜야 하고 이는 자금조달 주체인 기업에게는 부담이자 비용이 되
는 것이다. 그러므로 주식(자기자본)을 이용해 자금을 조달할 때 드는 비용, 자기자본비용이다.

평가자의 요구수익률도 같은 논리이다. 다만 시장이 아닌 평가자 개인의 요구수익률을 만족
해야 하는 것이 다를 뿐이다. 개인 평가자가 요구수익률을 추정하는 방법 중 하나가 비슷한 자
산의 수익률을 참고하는 것이라고 이전 장에서 설명한 바 있다. 평가자가 평가하는 주식과 비
슷한(예를 들어 사업의 종류나 위험수준 측면에서) 주식 중 최고의 대안에 투자해서 얻을 수
있는 수익의 기회를 포기함으로써 생기는 비용, 즉 기회비용을 요구수익률 추정치로 사용할
수 있다.

플레즐링전기와 비슷한 사업으로 수익을 창출하고 현금흐름의 변동성(위험)도 비슷한 기업
중 제일 잘 나가는 기업의 주식 수익률이 20%라고 하자. 플레즐링전기의 가치를 평가하고자
하는 투자자는 할인율로 기회비용인 20%를 사용하게 된다. 만약에 플레즐링전기의 기대수익
률(가격과 미래현금흐름에 기초한 시장수익률)이 20%에 미치지 못한다면 투자자는 플레즐
링전기의 주식에 투자하지 않을 것이다. 현재 주가 $100와 예상된 현금흐름을 고려할 때 플레즐
링전기 주식의 기대수익률은 15%이므로 매력이 없다. 또는 '주가가 너무 비싸다'라고 표현할
수 있다. 이를 플레즐링전기의 입장에서 보면 이러한 투자자로 하여금 플레즐링전기의 주식을
사게 해서 자금을 조달하려면 최소 20%의 수익률을 제시해야 한다. 이는 플레즐링전기의 관
점에서는 주식 발행으로 자금을 조달하는 비용, 자기자본비용이 되는 것이다.

**1년 후 주가** 이전의 예에서 주가를 결정하는 미래현금흐름 중 하나가 $P_1$이었다. 그렇다면 $P_1$은 어떻게 예측하는가? $P_0$을 계산하는 논리를 그대로 적용하면 다음과 같다.

$$P_1 = \frac{\text{DIV}_2 + P_2}{1+r}$$

1년 후 시점에서부터 다시 1년이 지난 후의 배당금과 주가를 미래 1년도 시점으로 할인해 구하면 된다. 현재 시점에서의 주가($P_0$)를 결정하는 요소가 $\text{DIV}_1$과 $P_1$이다. 같은 논리로 1년이 지난 시점에서의 주가($P_1$)를 추정하려면 그 이후의 현금흐름인 $\text{DIV}_2$와 $P_2$가 필요하다.

지금까지 논의한 내용을 플레즐링전기 주식의 가치평가에 적용해보자. $\text{DIV}_1$은 앞의 예와 마찬가지로 \$5이고, 추가로 $\text{DIV}_2$와 $P_2$를 기업상황, 경제상황, 산업현황과 전망 등을 고려해 예측했는데 각각 \$5.5와 \$121라고 하자. 주식시장이 플레즐링전기 주식의 위험성을 반영해 산출한 시장수익률(시장할인율)은 여전히 15%라고 가정하자. 현재 플레즐링전기의 주가는 예측한 모든 미래현금흐름을 15%를 가지고 현재 시점으로 할인해 합한 값이다.

$$P_0 = \frac{\text{DIV}_1}{1+r} + \frac{\text{DIV}_2 + P_2}{(1+r)^2} = \frac{5}{1+0.15} + \frac{5.5+121}{(1+0.15)^2} = \$100$$

위 식에서 $\dfrac{5.5+121}{(1+0.15)^2}$은 $P_1$을 현재 시점으로 할인한 값이다.

$$P_1 = \frac{\text{DIV}_2 + P_2}{1+r} = \frac{5.5+121}{(1+0.15)^2}$$

다시 $P_1$의 현재가치는

$$\frac{\left(\dfrac{\text{DIV}_2 + P_2}{1+r}\right)}{1+r} = \frac{\left(\dfrac{5.5+121}{1+0.15}\right)}{1+0.15} = \frac{5.5+121}{(1+0.15)^2}$$

미래 배당금과 주가 예측치, 시장할인율을 활용한 주식의 가격평가 구조는 미래 주가를 예측하는 시점을 2년을 초과하는 시점에도 적용할 수 있다. 3개의 배당금과 3년 후 주가를 가지고 현재 주가를 구하려면 다음의 식을 이용하면 된다.

$$P_0 = \frac{\text{DIV}_1}{1+r} + \frac{\text{DIV}_2}{(1+r)^2} + \frac{\text{DIV}_3 + P_3}{(1+r)^3}$$

미래 주가 예측시점을 임의의 시점인 $H$로 확장하면 현재 주가는

$$P_0 = \frac{\text{DIV}_1}{1+r} + \frac{\text{DIV}_2}{(1+r)^2} + \frac{\text{DIV}_3 + P_3}{(1+r)^3} + \cdots + \frac{\text{DIV}_H + P_H}{(1+r)^H} = \sum_{t=1}^{H} \frac{\text{DIV}_t}{(1+r)^t} + \frac{P_H}{(1+r)^H}$$

이다. 여기서 $\displaystyle\sum_{t=1}^{H} \frac{\text{DIV}_t}{(1+r)^t}$는 미래 1년도 차부터 $H$년도 차 배당금의 현재가치를 더한 값이고

| | 미래가치 | | 현재가치 | | |
|---|---|---|---|---|---|
| 투자기간($H$) | 배당금(DIV,) | 가격($P_t$) | 누적배당금 | 미래가격 | 합계 |
| 0 | – | 100 | – | – | 100 |
| 1 | 5.00 | 110 | 4.35 | 95.65 | 100 |
| 2 | 5.50 | 121 | 8.51 | 91.49 | 100 |
| 3 | 6.05 | 133.10 | 12.48 | 87.52 | 100 |
| 4 | 6.66 | 146.41 | 16.29 | 83.71 | 100 |
| 10 | 11.79 | 259.37 | 35.89 | 64.11 | 100 |
| 20 | 30.58 | 672.75 | 58.89 | 41.11 | 100 |
| 50 | 533.59 | 11,739.09 | 89.17 | 10.83 | 100 |
| 100 | 62,639.15 | 1,378,061.23 | 98.83 | 1.17 | 100 |

》**표 5.2** 주식가치평가: 플레즐링전기

$\dfrac{P_H}{(1+r)^H}$는 $H$년도 주가 예측치($P_H$)의 현재가치이다.

표 5.2는 주식가치평가 공식을 플레즐링전기 주식에 적용해 구한 현재가치(주가)를 보여준다. 각 행은 배당금과 주가는 매년 10%의 성장률로 증가한다는 가정하에 투자기간(horizon period), 즉 주식을 처분하는 시점을 달리할 때 변화하는 미래의 현금흐름(배당금과 주가 예측치)과 주식의 현재가치(주가)이다. 그림 5.1은 표 5.2를 그래프로 표현한 것이다. 두 자료에서 볼 수 있듯이 투자기간이 길어질수록 배당금의 현재가치는 커지고 미래 주가의 현재가치는 작아진다(0에 가까워진다). 표에 주어진 조건하에서 현재 주가는 항상 $100로 일정하다.

주식의 수명은 시간이 오래 지난다고 줄어들지 않는다. 부도나 인수합병 등을 제외하면 주식의 수명은 무한하다고 봐도 무방하다. 투자기간도 이론적으로 무한대로 늘어날 수 있다. 즉 주식을 영원히 팔지 않고 자손 대대로 물려줄 수도 있다. 그러므로 투자기간을 무한대로 확장한 주식의 현재 가격은

$$\sum_{t=1}^{\infty} \frac{\text{DIV}_t}{(1+r)^t}$$

이다. 이것이 배당금을 이용한 주식의 현재가치 평가방법인 **배당할인모형**(dividend discount model, DCF)의 탄생 배경이다. 미래의 배당금을 주식의 위험 또는 주식의 기회비용을 반영한 이자율로 할인해 현재 시점의 주식가치 혹은 주식가격을 산출한다. 시장의 할인율을 이용해 결정된 값은 가격이고 가치평가자의 할인율을 이용해 구한 값은 가치임을 절대 잊지 말자.

미래 배당금으로 주식의 현재가치를 평가할 수 있다면 미래의 순이익을 할인해서 얻은 값도 주식의 현재가치라고 주장할 수 있지 않을까? 순이익은 주식의 가격이나 가치와 연관이 있는 중요한 펀더멘털의 하나임은 틀림없지만 미래 순이익의 현재가치가 미래 배당금의 현재가치

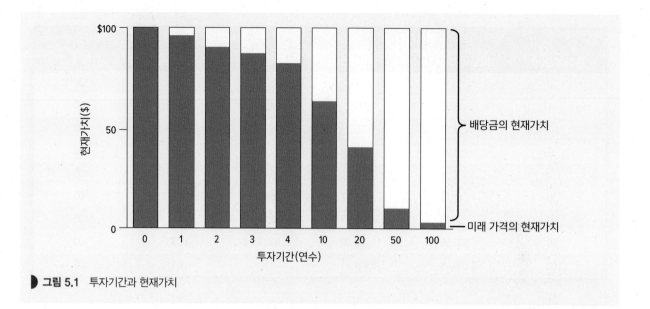

**그림 5.1** 투자기간과 현재가치

를 대신해서 주식의 가격이나 가치를 대신할 수는 없다. 순이익은 보통 배당금보다 크다. 왜냐하면 순이익에서 공장, 장비, 운전자본 등에 투자할 자금을 일부 확보하고 남은 돈을 배당금으로 지급하기 때문이다. 순이익을 사용한 주식가치평가는 순이익 일부분을 재투자함으로써 발생하는 추가적인 순이익과 배당금은 포함하고 이를 위해 희생하는 배당금 감소분은 반영하지 않음으로써 주식의 현재가치를 과대평가하게 된다. 따라서 이러한 문제점에서 자유로운 배당할인모형이 더 적합하다. 순이익과 주가와의 연관성은 나중에 더 다룰 것이다.

성숙 단계에 접어들어 안정된 수익을 내는 기업들은 보통 현금배당을 하는 편이지만 여전히 많은 기업이 배당을 하지 않는다. 예를 들어 아마존은 지금까지 한 번도 주주들에게 배당금을 지불하지 않았지만 2018년 1월 시점의 주식 시가총액(시총, market capitalization)은 $6,200억에 이른다. 왜 아마존과 같은 성공한 기업들은 배당을 하지 않을까? 두 가지 이유를 생각해볼 수 있다. 첫 번째 이유는 성장기에 접어든 기업은 순이익 모두를 재투자해야 기업가치 극대화를 성취할 가능성이 높아지기 때문이다. 이런 경우 주주들도 무배당정책을 반대할 이유가 없다. 기업가치가 극대화된다는 것은 재투자로부터 얻는 수익률이 주주들이 기대하는 수익률(기회비용, 주주들이 다른 데 투자해서 벌 수 있는 수익률)보다 높을 때 달성되므로 주주가치도 동시에 극대화됨을 의미한다. 만약 순이익을 모두 재투자할 만한 매력적인 투자처가 많다면 주주들은 당장 배당금을 받지 않는 것에 개의치 않게 된다. 오히려 미래에 더 많이 받게 될 배당금을 고대하는 행복을 누린다.

배당할인모형은 배당금을 안정적으로 지급하는 기업의 주식가치평가에 가장 적합하다. 배당금을 지급하지 않거나 배당금의 예상된 지급 시점이 아주 먼 미래일 경우는 적용하기가 쉽지 않다. 이럴 경우, 가치평가 전문가들은 다른 기본적 가치평가모형(fundamental valuation models)이나 상대적 가치평가모형(relative valuation models)을 사용한다. 이들 모형은 재무관리

원론과 같은 강좌에서 다루는 것보다 독립된 가치평가 과목에서 심도 있게 배울 수 있다.

배당을 하지 않는 두 번째 이유는 현금배당 대신 주주들로부터 주식을 되사는 분배방법(환매, repurchase)을 활용하기 때문이다. 환매가 비록 현금배당과 같이 주주들에게 현금을 직접 분배하는 형식은 아니지만, 현금이 필요한 주주들의 주식을 기업이 창출한 수익으로 매입해 주는 것이므로 현금을 제공한다는 측면에서 둘은 매우 유사하다. 그러므로 환매가 정기적으로 이루어져서 예측하기가 용이하면 배당할인모형에 환매를 반영한 주식가치평가가 가능하다. 그러나 환매가 불규칙하고 예측이 어려울 때는 적용이 어려운 것도 사실이다. 이런 경우는 일반적으로 자유현금흐름모형(free cash flow model, FCFM)을 이용해 주식가치를 추정한다. FCFM은 배당할인모형과 같이 미래현금흐름을 적절한 할인율로 할인해 현재가치를 구하는 기본적 가치평가모형의 하나이다. 자유현금흐름(free cash flow, FCF)이란 기업이 배당과 환매를 위해 필요한 자금 또는 부채의 이자와 원금을 갚는 데 지출하는 자금으로 자유롭게 쓸 수 있는 현금흐름을 일컫는다.

## 5-3 배당할인모형의 적용

특수한 형태의 현금흐름을 가진 주식의 현재가치를 배당할인모형을 활용해 산출해보자. 제3장에서 영구연금, 연금, 성장형 영구연금 등 다양한 형태의 현금흐름을 할인해 현재가치를 구하는 방법을 다루었다. 이 중 성장형 영구연금 공식을 주식가치평가에 적용해보자. 이 경우 미래 배당금이 일정한 성장률($g$)로 영구히 증가한다는 가정이 필요하다. 그리고 현재(가장 최근)의 배당금($DIV_0$)과 시장할인율($r$)이 주어지면 주식의 현재가치(가격)는 다음과 같다.

$$P_0 = \frac{DIV_0(1+g)}{r-g} = \frac{DIV_1}{r-g}$$

성장형 영구연금 공식은 할인율이 성장률보다 클 때만 적용할 수 있다는 것을 명심하자. 할인율이 성장률과 같으면 현재가치는 무한대가 되고 할인율이 성장률보다 작으면 현재가치가 마이너스가 되어 의미가 없다.

성장형 영구연금 공식을 재배열해 시장할인율 공식을 유추할 수도 있다.

$$r = \frac{DIV_1}{P_0} + g$$

시장할인율(또는 시장의 기대수익률)이 2개의 요소[**배당수익률**(dividend yield)과 배당성장률]로 구성된다는 것을 잘 보여준다.

### 현금흐름할인모형을 활용한 전기, 가스, 수도 가치평가

성장형 영구연금 공식 현금흐름을 가정한 배당할인모형을 간단히 영구성장모형(constant growth model) 또는 고든성장모형(gordon growth model)이라고 한다. 영구성장모형을 이용해 주식의 기대수익률을 추정하는 연습을 해보자. 아쿠아 아메리카(Aqua America)는 미국의 상하수도 공급업체이다. 수백만 명의 시민에게 식수를 공급하고 하수를 처리하는 전형적인 공익사업체이기 때문에 정부의 철저한 관리와 규제를 받는다. 공익사업이므로 상하수도 이용가격의 공정성을 보장하는 것이 정부의 가장 큰 관심사 중 하나이다. 동시에 기업에도 공정한 수익률이 돌아가도록 해야 한다. 여기서 공정한 수익률은 보통 주식의 시장수익률, 즉 시장이 아쿠아의 주식가격을 결정할 때 사용하는 할인율을 의미한다. 이전에도 강조했듯이 시장수익률은 기업의 관점에서는 자기자본비용(cost of equity)임을 잊지 말자. 기업 경영진이나 정부관계자는 모두 자기자본비용의 작은 변화가 소비자가 지불해야 하는 상하수도 이용가격과 기업의 이익에 큰 영향을 미친다는 것을 잘 안다. 그래서 공정한 자기자본비용을 산출하기 위해 무던히 애를 쓴다. 다행히 아쿠아와 같은 공익사업체들은 대부분 소비자로부터 안정된 현금흐름이 유입되기 때문에 정기적인 배당을 하는 경우가 많다. 따라서 영구성장모형을 적용하기에 안성맞춤이다.

아쿠아의 자기자본비용을 먼저 추정해보자. 아쿠아의 2017년 9월 시점 주가는 $33.62이다. 다음 해의 배당금($DIV_1$)은 주당 $1.18로 예상한다. 그러므로 배당수익률은 다음과 같다.

$$\frac{DIV_1}{P_0} = \frac{1.18}{33.62} = 3.5\%$$

배당성장률의 예측은 배당수익률보다 어렵다. 많이 사용하는 추정치는 재무분석가들이 내놓는 5년 치 연간 성장률 예측치이다. 2017년 9월 시점에 재무분석가들은 향후 5년간은 아쿠아의 순이익과 배당금이 연간 6.6%p로 성장할 것으로 내다봤다. 이 수치를 배당금의 영구성장률로 사용해 자기자본비용(기대수익률)을 구하면 다음과 같다.

$$r = \frac{DIV_1}{P_0} + g = 3.5\% + 6.6\% = 10.1\%$$

성장률을 추정하는 또 하나의 방법은 **배당비율**(payout ratio)과 **자기자본수익률**(return on equity, ROE)을 이용하는 것이다. 배당비율은 주당 배당금을 주당 순이익으로 나눈 값이고 자기자본수익률은 주당 순이익을 주당 자기자본장부가치로 나눈 수치이다. 아쿠아의 경우 배당비율은 60%이다. 다시 말해 아쿠아는 순이익의 40%를 유보해 재투자에 사용한다는 의미이다.

$$\text{유보비율(plowback ratio)} = 1 - \text{배당비율} = 1 - \frac{DIV}{EPS} = 1 - 0.6 = 0.4$$

또한 아쿠아의 자기자본수익률은 약 12.6%이다.

$$ROE = \frac{EPS}{\text{주당 자기자본장부가치}} = 0.126$$

아쿠아가 12.6%의 자기자본수익률을 달성하고 순이익의 40%를 재투자한다면 자기자본은 5%p(=40%×12.6%)로 성장한다. 즉 주당 순이익과 주당배당금 역시 5%로 증가하게 된다.

$$배당금 성장률 = g = 유보비율 \times ROE = 0.4 \times 0.126 = 0.05(또는\ 5\%)$$

유보비율과 ROE로 추정한 성장률을 이용해 자기자본비용을 다시 산출하면 다음과 같다.

$$r = \frac{DIV_1}{P_0} + g = 3.5\% + 5\% = 8.5\%$$

영구성장모형을 이용해서 자기자본비용을 추정하는 방법이 이론적, 실무적으로 인정받는 접근법이기는 하지만 주의할 점이 있다. 첫째, 배당금 성장률의 가정치(재무분석가 예측치 또는 유보비율과 ROE 활용한 예측치)는 기껏해야 추정치에 불과하다는 것이다. 둘째, 자기자본비용을 신뢰할 만한 모형과 자료를 바탕으로 구했다 하더라도 배당금과 그 성장률을 추정할 때 불가피한 요소가 추정오류이다. 이론적으로 완벽한 모형과 뛰어난 분석가가 추정한 미래 배당금과 성장률도 미래의 불확실성이 야기하는 오류를 피할 수는 없다.

영구성장모형을 사용해서 자기자본비용을 산출해서 이를 주식가치평가에 활용할 때 주의할 점도 있다. 개별 기업의 자기자본비용을 단독으로 사용하는 것보다는 비슷한 기업들(유사기업)의 자기자본비용 평균치를 쓰는 것이 안전하다. 개별 자기자본비용은 평균치보다 변동성이 커서 평가오류도 덩달아 커지기 마련이기 때문이다.

표 5.3의 여섯 번째 열에 있는 자기자본비용(DCF cost of equity)은 영구성장모형을 사용해서 추정한 아쿠아를 비롯한 7개 유사기업의 자기자본비용을 보여준다. 표에 인용된 기업들은 모두 성숙기에 접어든 기업(mature companies)이기 때문에 영구성장모형의 적용이 적절하다고 볼 수 있다. 유사기업들이라 하더라도 기업별 위험도는 얼마든지 다를 수 있기 때문에 자기자본비용이 적잖은 차이를 보이는 건 당연하다. 그러나 이 차이의 전부가 위험을 반영한다고 할

| | 주식가격 | 배당금 | 배당수익률 | 장기성장률 | 자기자본<br>(영구성장모형 가정) | 자기자본비용<br>(다기간 성장모형 가정) |
|---|---|---|---|---|---|---|
| 아메리칸<br>스테이츠워터 | $49.84 | $1.57 | 3.2% | 6.2% | 9.3% | 6.6% |
| 아메리칸<br>워터웍스 | 81.20 | 3.24 | 4.0% | 7.8% | 11.8% | 6.8% |
| 아쿠아아메리카 | 33.62 | 1.18 | 3.5% | 6.6% | 10.1% | 7.1% |
| 캘리포니아워터 | 38.25 | 1.01 | 2.6% | 7.1% | 9.8% | 6.5% |
| 코네티컷워터 | 56.15 | 1.92 | 3.4% | 4.8% | 8.2% | 6.4% |
| 미들섹스워터 | 38.48 | 1.24 | 3.2% | 8.1% | 11.4% | 7.1% |
| SJW | 54.73 | 1.27 | 2.3% | 5.7% | 8.1% | 6.0% |
| 요크워터 | 33.73 | 0.87 | 2.6% | 8.0% | 10.6% | 6.7% |
| | | | | 평균 | 9.9% | 6.6% |

》**표 5.3**  배당할인모형을 활용한 자기자본비용 산출

수는 없다. 일정 부분은 단순한 노이즈(noise, 예측 불가한 변동성)다. 이러한 예측 불가한 자기자본비용의 불규칙한 움직임을 최소화할 수 있는 방법이 평균치를 사용하는 것이다. 8개 사의 평균 자기자본비용은 9.9%이다. 그러므로 이들 기업의 주식가치를 개별적으로 평가할 때 사용할 최적의 할인율(자기자본비용)은 9.9%라고 할 수 있다.

## 영구성장모형의 숨은 위험

영구성장모형은 자기자본비용을 추정하기 위한 매우 유용한 도구지만 항상 신중하게 사용해야 한다. 잘못 사용하면 예기치 않은 평가오류로 그릇된 판단과 결정에 이르기 쉽다. 이 때문에 평가오류를 줄이기 위해 사업 위험성이 비슷하고 사업의 종류와 형태가 유사한 기업들의 평균 자기자본비용을 쓴다. 물론 이러한 신중한 접근에도 불구하고 오류는 발생한다. 오류를 줄이는 또 하나의 습관은 성장률을 추정할 때 보수적인 관점을 견지하는 것이다. 재무분석가든 투자자든 현금흐름의 미래 성장을 매우 낙관적으로 보는 경향이 있다. 이 때문에 성장률도 합리적 수치보다는 높은 수준으로 예측한다. 어떤 기업도 높은 성장률을 영원히 지속할 수 없다. 영구성장모형에 높은 성장률 추정치를 대입하는 것은 기업이 높은 성장률로 영원히 성장한다는 비합리적 가정을 하는 것이다. 이로 인해 주식가치는 심각하게 왜곡되기 마련이다.

**사례**    미국육상교통위원회(U.S. Surface Transportation Board, STB)는 정기적으로 미국철도산업의 '수익적정성(revenue adequacy)'을 추적하기 위해 ROE(자기자본수익률)와 자기자본비용을 비교한다. 자기자본비용을 추정하기 위해 STB는 전통적으로 영구성장모형을 사용했다. 순이익과 배당금이 같은 성장률로 증가한다는 가정하에 재무분석가들의 장기 순이익성장률을 배당성장률로 수정 없이 사용한다. 보통 재무분석가들의 장기 순이익성장률 예측치는 그 예측기간이 5년을 넘지 않는다. 철도사업이 활황이면 활황일수록 재무분석가들은 점점 더 낙관적 성향으로 변한다. 2009년까지 재무분석가의 연간 순이익성장률 예측치는 평균 12.5%, 평균 배당수익률은 2.6%였다. 영구성장모형으로 철도산업 평균 자기자본비용을 산출하면 15.1%(=2.6+12.5)가 된다.

그렇지만 철도산업의 순이익과 배당금이 연간 12.5%로 성장한다고 믿을 투자자는 없다. 따라서 영구성장모형을 적용해 철도산업의 수익적정성을 평가하는 것은 비현실적이고 부정확하다. 이를 보완하기 위해 나온 평가법이 성장률이 다른 복수의 기간을 상정하는 다기간 성장모형(multistage growth model)이다.

1년 후 배당금($DIV_1$)과 현재 주가($P_0$)가 각각 $0.5와 $50인 기업을 GTI(Growth-Tech Inc.)라고 하자. GTI는 순이익의 80%를 회사에 유보해 왔고 ROE는 연평균 25%를 유지하고 있다. 그러므로 **과거** 배당성장률은 다음과 같다.

$$배당성장률 = 유보비율 \times ROE = 0.8 \times 0.25 = 0.2$$

과거의 실적을 근거로 미래 장기성장률도 20%라고 가정하면 자기자본비용은 다음과 같다.

| | 연도 | | | |
|---|---|---|---|---|
| | **1** | **2** | **3** | **4** |
| 연초 자기자본장부가치 | 10.00 | 12.00 | 14.40 | 15.55 |
| 주당 순이익(EPS) | 2.50 | 3.00 | 2.30 | 2.48 |
| 자기자본수익률(ROE) | 0.25 | 0.25 | 0.16 | 0.16 |
| 배당비율 | 0.20 | 0.20 | 0.50 | 0.50 |
| 주당 배당금(DIV) | 0.50 | 0.60 | 1.15 | 1.24 |
| 배당성장률(%) | – | 20 | 92 | 8 |

**》표 5.4**  GTI의 순이익과 배당금 예측치

$$자기자본비용 = \frac{0.5}{50} + 0.2 = 0.21$$

그러나 이는 터무니없는 수치이다. 엄청난 인플레이션 상황이 지속되는 경우를 제외하곤 어떤 기업도 매년 20%로 영원히 성장하지 못한다. 시간이 지날수록 수익성은 정상치(평균치)로 감소하고 투자는 그에 맞게 축소되는 것이 일반적이다.

이제 GTI의 ROE가 3년도부터 16%로 떨어지고 유보비율도 보조를 맞추어 50%로 낮아진 상황을 고려해보자. 이 경우 배당성장률은 8%(=0.5×0.16)로 감소한다.

표 5.4는 GTI의 배당비율(=1−유보비율)과 ROE가 변화할 때 성장률과 배당금(주당)이 변화하는 과정을 보여준다. GTI의 제1년도 초 예상 자기자본장부가치는 주당 $10, ROE는 25%, 배당비율은 20%이다. 따라서 주당 순이익(EPS)은 $2.5(=10×0.25)이고 순이익의 20%를 배당금($0.5)으로 지급하고 나머지 80%(유보비율)는 유보이익($2)으로 남긴다. 제2년도 초의 자기자본 장부가치는 1년도 장부가치 $10에 유보이익 $2를 더한 값, $12가 된다. ROE와 배당비율은 전년도와 동일하기 때문에 EPS는 $3(=12×0.25), 배당금은 $0.6(=3×0.2), 유보이익은 EPS와 배당금의 차액인 $2.4가 된다. 그러므로 제3년도 초 자기자본 장부가치는 $12에 $2.4를 더해 $14.4가 된다. 제3년도부터 ROE는 16%로 떨어지고 배당비율은 50%로 상승할 것으로 예측하기 때문에 3년도의 EPS는 $14.4의 16%인 $2.3이고 배당금은 EPS의 50%인 $1.15가 된다. 유보이익도 배당금과 같은 $1.15가 되어 제4년도 초 자기자본 장부가치는 3년도 장부가치($14.4)에 $1.15를 더한 $15.55이다. 제2, 3, 4년도의 배당성장률을 계산하면 각각 20%(=0.6/0.5−1), 92%(=1.15/0.6−1), 8%(=1.24/1.15−1)이다. 제3, 4년도 배당성장률은 반올림해서 얻은 값이다. 제4년도부터 배당성장률은 영구히 8%일 것으로 기대한다. 즉 첫 세 해 동안은 배당금이 불규칙하게 성장하다가 4년도 초부터는 성장률 8%로 영구히 성장하는 구조이다. 그러므로 GTI의 주식의 현재가격을 구하는 기본식은 다음과 같다.

$$P_0 = \frac{DIV_1}{1+r} + \frac{DIV_2}{(1+r)^2} + \frac{DIV_3 + P_3}{(1+r)^3}$$

제3년도 말 시점에서 보았을 때 현금흐름(배당금)이 8%로 영구히 성장하기 때문에 3년도 말 시점에서는 영구성장모형을 적용할 수 있다. 그러므로 제3년도 말 시점에서 주식의 예상 가격 $(P_3)$은

$$P_3 = \frac{DIV_4}{r - 0.08}$$

이고, 위 두 식을 결합하면 다음과 같다.

$$P_0 = \frac{DIV_1}{1+r} + \frac{DIV_2}{(1+r)^2} + \frac{DIV_3}{(1+r)^3} + \frac{1}{(1+r)^3} \times \frac{DIV_4}{r - 0.08}$$

$$= \frac{0.5}{1+r} + \frac{0.6}{(1+r)^2} + \frac{1.15}{(1+r)^3} + \frac{1}{(1+r)^3} \times \frac{1.24}{r - 0.08}$$

GTI의 현재 주식가격이 $50이므로 이를 대입하고 시행착오법으로 할인율($r$)을 구하면 약 0.099가 된다. 이는 이전 영구성장모형만을 이용해서 얻은 할인율 21%와 큰 차이를 보인다. 이와 같은 가치평가모형을 **2단계** 배당할인모형(two-stage DCF valuation model)이라 부른다 ─ 제1단계는 처음 3개 연도, 제2단계는 3년도 말 이후 영구기간.

배당성장률은 여러 가지 이유로 변동한다. 예를 들면 오랜 저성장에서 회복하기 시작하는 시점에서 단기간 고성장이 기대되고 배당성장률에 대한 예측치는 매우 높아진다. 표 5.5는 피닉스(Phoenix Corp.)의 다가오는 4년 동안의 순이익과 배당금 예측치를 제시한다. 피닉스는 최근까지 문을 닫을 위기에 직면했던 기업이다. 다행히 지난해부터 재무구조가 개선되면서 회복기로 접어들었다. 자기자본장부가치는 4% 정도의 안정된 성장률을 보일 것으로 예상된다. 그러나 다가오는 해의 ROE 예측치는 4%로 아직 추가 성장이 필요한 터라 제1년도에는 순이익 전액(주당 $0.4)을 유보하기로 했다. 따라서 배당금 지급 계획은 없다. 제2, 3년도부터 수익성이 개선될 것으로 예상되어(ROE가 각각 7%, 10%로 상승 예상) 배당금 지급도 다시 시작할 예정이다. 제3년도에는 $0.31, 제4년도에는 $0.65의 배당금이 예상된다. 제4년도부터는 사업이 안정기에 접어들어 자기자본, 순이익, 배당금 모두 4%의 안정된 성장률을 영구히 유지할 수

| | 연도 | | | |
|---|---|---|---|---|
| | 1 | 2 | 3 | 4 |
| 연초 자기자본장부가치 | 10.00 | 10.40 | 10.82 | 11.25 |
| 주당 순이익(EPS) | 0.40 | 0.73 | 1.08 | 1.12 |
| 자기자본수익률(ROE) | 0.04 | 0.07 | 0.10 | 0.10 |
| 주당 배당금(DIV) | 0 | 0.31 | 0.65 | 0.67 |
| 배당성장률(%) | – | – | 110 | 4 |

》**표 5.5** 피닉스의 순이익과 배당금 예측치

있을 것으로 본다. 주식시장의 평균 자기자본비용(할인율)을 10%라고 가정할 때, 피닉스의 현재 주식가격은 $9.13이다.

$$P_0 = \left[ \frac{0}{1+0.1} + \frac{0.31}{(1+0.1)^2} + \frac{0.65}{(1+0.1)^3} \right] + \left[ \frac{1}{(1+0.1)^3} \times \frac{0.67}{0.1-0.04} \right] = \$9.13$$

첫 번째 대괄호가 제1단계 불규칙한 배당금의 현재가치, 두 번째 대괄호는 제3단계 성장형 영구연금 형태를 가진 배당금의 현재가치다. 기업이 처한 상황과 여건에 따라 2단계 모형은 3, 4, 5단계 등으로 확장되어 적용될 수 있다. 그러나 가치평가 기본원리는 변하지 않는다. 불규칙한 현금흐름의 현재가치는 개별적으로 산출하고 일정 시점 이후부터는 영구연금이나 성장형 영구연금 형태의 현금흐름을 가정하고 현재가치를 구한 후 모든 단계의 현재가치 값을 더해주면 된다. 표 5.3의 마지막 열은 2단계 배당할인모형을 가정하고 산출한 자기자본비용이다.

배당할인모형을 적용해 주식가치나 자기자본비용을 평가할 때 두 가지 유의할 점이 있다. 첫째, 표 5.4와 5.5처럼 가치평가에 필요한 필수 정보를 스프레드시트에 일목요연하게 정리하는 습관을 기르자. 그래야 예상되는 기업의 순이익과 재투자를 적절히 반영한 배당금 예측치를 구하기 쉽고 가치평가 요소 간의 일관성도 유지할 수 있다. 다시 말해 비상식적인 현금흐름 및 성장률 예측을 미연에 방지하기가 수월하다. 둘째, 배당할인모형으로 평가한 주식의 가치(가격이 아님)를 가지고 주식의 시장가격(주가)의 옳고 그름을 판단할 때 매우 냉철하고 보수적인 관점을 견지해야 한다. 평가자 개인이 수집한 자료와 선택한 평가법으로 산출한 주식가치가 주가와 다르다고 성급하게 주식이 과대 또는 과소평가되었다고 판단하는 것은 금물이다. 먼저 평가자 자신의 오류를 찾는 것이 우선이다. 배당금 예측이 적절한가, 활용한 평가법엔 문제가 없나, 각종 심리적 편향의 작용을 잘 통제했나, 기업 및 시장분석을 면밀히 했나 등 오류를 자신에게서 찾는 습관을 길러야 한다. 다시 한 번 강조하지만 주식시장에서 간단히, 쉽게 돈 버는 방법은 존재하지 않는다. 주식시장은 이길 수 있는 대상이 아니다. 이긴 적이 있다면 운이 좋았을 뿐이다.

**5-4** **주식가격과 순이익의 연결고리(상관관계)**

투자자들은 **성장주**와 **소득주**를 분리하는 데 익숙하다. 주가가 상승할 가능성이 높아 자본이득이 기대되고 당장의 배당보다는 미래현금흐름의 성장에 초점을 맞춘 주식을 성장주라 하고 지속적이고 안정적인 현금배당을 제공하는 주식을 소득주라고 한다. 투자자들은 자신들의 선호에 맞는 선택을 하면 된다. 자본이득과 현금배당 사이의 상대적 비율에 따라 성장주와 소득주를 구분하는 방법이 얼마나 타당한지 살펴보자.

성장 가능성이 전혀 없는 기업을 상상해보자. 성장 가능성이 없다는 것은 성장의 동력이 될 투자안이 없다는 뜻이니 이익을 유보할 이유도 없다. 순이익을 낼 때마다 배당금으로 전액 분배하는 것이 옳다. 기업이 투자할 대상이 없으니 번 돈을 모두 주주에게 분배하고 주주가 알아서 투자하게 하면 된다. 성장을 하지 않으니 편의상 순이익도 배당금도 영구히 변하지 않는다고 가정하면 영구연금의 형태를 가진 주식이 된다. 이 경우 주식의 기대수익률(expected return)은 배당금을 주가로 나누면 쉽게 계산되고 배당수익률과도 같다. 순이익이 전부 배당금으로 지급되기 때문에 배당수익률은 다시 순이익주가비율(earnings-price ratio, E/P), 즉 순이익을 주가로 나눈 비율과 동일하다. 예를 들어 무성장주식의 예상 배당금이 주당 $10이고 주가가 $100라고 하면, 주식의 기대수익률, 배당수익률, 순이익주가비율(E/P)은 다음과 같다.

$$기대수익률(r) = \frac{DIV_1}{P_0} = \frac{EPS_1}{P_0} = \frac{10}{100} = 0.1$$

그리고 기대수익률을 가지고 배당금을 나누면 당연히 주가가 나온다.

$$P_0 = \frac{DIV_1}{r}$$

**성장하는** 기업의 기대수익률 역시 순이익주가비율로 나타낼 수 있다. 중요한 점은 유보이익을 재투자해서 얻는 수익률이 시장수익률과 같은지 여부를 판단하는 것이다. 예를 들어 무성장기업이 별안간 투자기회가 생겨서 내년에 순이익($10) 모두를 유보하는 경우를 생각해보자. 내년이 지나면 다시 순이익 100%를 배당금으로 지급하는 과거로 돌아간다. 즉 재투자기회는 1년 후 한 번밖에 없다. 1년 후 순이익이 모두 유보되니 제1년도($t=1$)의 배당금은 0이 될 것이다. 배당금을 포기하고 재투자를 한 결과 기업은 매년 $1의 추가 이익을 영구히 얻을 것으로 기대한다. 그러므로 제2년도부터 영구히 배당금은 $1가 추가된 $11가 된다. 즉 재투자의 수익률은 10%이다.

$$10 = \frac{1}{재투자수익률}$$

할인율은 여전히 10%라고 가정할 때 제1년도 말 시점에서 재투자의 순현가(NPV)는

$$순현가(NPV) = -10 + \frac{1}{0.1} = = 0$$

이다. 이 식에서 영구연금 현금흐름이 $10가 아니라 $1라는 데 주의하자. 주식의 순현가를 구하는 것이 아니라 재투자의 순현가를 구하는 것이기 때문에 재투자에 들어간 비용($10)과 재투자가 창출하는 추가 현금흐름($1)을 사용해야 한다. 그러므로 재투자기회는 주식에 아무런 가치도 더하지 못한다. 다시 말해 재투자의 수익률은 자본의 기회비용(자기자본비용)과 똑같다. 번 돈이 지불해야 할 비용과 같다는 뜻이다.

무성장기업이 처음처럼 계속 순이익 모두를 배당금으로 지급하든 1년 후 재투자기회를 이용해서 미래 배당금을 약간 늘리든 주식의 가치에는 아무런 변화가 없다. 1년 후 포기하는 배당금($10)이 재투자로 창출하는 추가적인 현금흐름의 현재가치($10)와 같기 때문에 결과적으로 순효과(net effect)는 0이 된다. 앞서 언급했듯이 순효과가 0이 된 결정적 이유는 재투자의 수

| 투자수익률 | 증분현금흐름 | 1년 후 순현가 | 1년 후 순현가 현재가치 | 현재 주가 | 순이익주가비율 | 자기자본비용 |
|---|---|---|---|---|---|---|
| 0.05 | $0.50 | −$5.00 | −$4.55 | $95.45 | 0.105 | 0.10 |
| 0.10 | 1.00 | 0 | 0 | 100.00 | 0.10 | 0.10 |
| 0.15 | 1.50 | +5.00 | +4.55 | 104.55 | 0.096 | 0.10 |
| 0.20 | 2.00 | +10.00 | +9.09 | 109.09 | 0.092 | 0.10 |

**》표 5.6** 투자수익률이 주가에 미치는 영향

익률과 할인율(자기자본비용)이 10%로 같기 때문이다. 이 수치는 현재의 주가와 예상 현금흐름을 기초로 계산된 시장수익률 또는 시장 평균 자기자본비용이다. 그러므로 시장수익률($r$)은 여전히 순이익주가비율과 같다.

$$r=\frac{\text{EPS}_1}{P_0}=\frac{10}{100}=0.1$$

투자수익률(주식수익률)과 투자비용(자기자본비용)이 같으면 기업이나 주식의 가치는 변함이 없다. 즉 성장이 0이다. 또한 시장수익률과 순이익주가비율도 동일하다. 표 5.6은 앞의 과정을 반복하며 투자수익률의 변화가 주식가격에 미치는 영향을 보여준다. 순현가가 0일 때 시장수익률과 순이익주가비율이 같음을 확인할 수 있다. 그러나 순이익이 0이 아닐 때는 이 두 비율도 달라진다. 이 둘의 관계를 정확히 이해하지 못하면 자금조달결정을 내릴 때 중대한 오류를 범할 수 있다.

현재의 주식가격은 무성장을 가정하고 산출한 주식의 가치와 **성장기회의 현재가치**(present value of growth opportunities, PVGO)의 합으로 표현할 수 있다.

$$P_0=\frac{\text{EPS}_1}{r}+\text{PVGO}$$

그러므로 순이익주가비율은 다음과 같다.

$$\frac{\text{EPS}}{P_0}=r\left(1-\frac{\text{PVGO}}{P_0}\right)$$

따라서 PVGO가 0보다 크면(양수) 순이익주가비율은 시장수익률보다 작고, PVGO가 0보다 작으면(음수) 시장수익률보다 크게 된다. 그러나 후자의 사례는 드물다. 순현가가 0보다 작은 투자안에 자주 투자하는 기업은 흔치 않기 때문이다.

## 성장기회의 현재가치: 플레즐링전기회사

순이익과 배당금이 증가함에도 주식가격은 제자리인 경우를 앞의 예에서 살펴보았다. 수익률의 원천이 자본이득이 아니라 배당소득이라는 점에서 이런 주식은 '소득주'라고 할 수 있다. 이 사례의 중요한 시사점은 기업의 성과와 순이익의 성장을 동일시하면 안 된다는 것이다. 투자의 수익률이 시장수익률(자기자본비용)보다 낮은 투자안에 투자를 하더라도 순이익은 증가할 수 있다. 그러나 주식의 가치는 반드시 감소한다. 비용도 감당하지 못하는 기업의 주식가치가 떨어질 것으로 예상하는 것은 당연한 이치다.

이제 잘 알려진 성장주로 논의를 옮겨보자. 플레즐링전기의 시장수익률이 15%임을 기억할 것이다. 플레즐링의 1년 후 배당금은 $5로 예측된다. 그 후의 배당금은 성장률 10%로 영구히 증가할 것으로 판단한다. 주어진 정보와 영구성장모형을 이용해 플레즐링의 주가를 구하면 다음과 같다.

$$P_0 = \frac{DIV_1}{r-g} = \frac{5}{0.15-0.1} = \$100$$

플레즐링의 1년 후 EPS(주당 순이익)를 $8.33라고 가정하면, 배당비율은 다음과 같다.

$$배당비율 = \frac{5}{8.33} = 0.6$$

다시 말하면, 플레즐링은 순이익의 40%(=1−배당비율)를 회사에 유보할 예정이다. 추가로 플레즐링의 ROE를 25%라고 하면 주가 추정에 사용한 배당성장률 10%가 적절한 수치라는 것을 알 수 있다.

$$g = 유보비율 \times ROE = 0.4 \times 0.25 = 0.1$$

무성장을 가정했을 때 플레즐링의 주가는

$$\frac{EPS_1}{r} = \frac{8.33}{0.15} = \$55.56$$

이다. 그러나 우리가 이미 추정한 플레즐링의 주가는 $100이다. 따라서 $100와 무성장주가 $55.56의 차액인 $44.44는 투자자들이 플레즐링의 성장 가능성 또는 성장기회(growth opportunity)를 보고 추가로 지불한 금액임을 알 수 있다. 이를 좀 더 풀어서 설명해보자.

플레즐링은 매년 순이익의 40%를 재투자하고 매년 재투자액의 25%(ROE)만큼의 현금흐름을 영구히 생성한다. 즉 1년 후 플레즐링은 $8.33의 40%인 $3.33를 새로운 투자안(사업)에 투자하고 그로부터 1년 후부터(미래 제2년도) 매년 $0.83(=3.33×25%)의 현금흐름을 영구히 창출(영구연금)한다. 그러므로 제1년도 시점에서 재투자의 순현가(NPV)를 구하면 다음과 같다.

$$NPV_1 = 투자비용 + 투자가치 = -3.33 + \frac{0.83}{0.15} = \$2.22$$

제2년도에도 순이익($9.16, 제1년도 순이익이 성장률 10%p 상승한 금액)의 40%인 $3.67를 재투자하게 되고 이 재투자는 매년 $0.917(=3.67×25%)의 영구연금 현금흐름을 발생시킨다. 그러므로 제2년도 시점에서 재투자의 NPV는 다음과 같다.

$$NPV_2 = -3.67 + \frac{0.917}{0.15} = \$2.44$$

여기서 재투자액($0.917)은 직전 연도 재투자액 $0.83에 (1+0.1)을 곱해서 산출해도 된다. 반올림의 차이로 두 방법 간 금액은 약간 다를 수 있다. 위와 같은 방법으로 제3, 4, 5, … 연도의 NPV도 차례로 구할 수 있다($NPV_3$, $NPV_4$, $NPV_5$, …). 또한 NPV가 매년 10%p로 성장한다는 것도 쉽게 파악할 수 있다. 위 내용을 요약하면 플레즐링 주식의 가격은 1) 무성장을 가정할 때 주식의 현재가치와 2) 재투자의 현재가치[즉 재투자로 인해 창출되는 추가 가치(순현가)를 현재가치로 환산한 값] 두 가지 요소로 구성된다.

이미 살펴본 바와 같이 무성장을 가정할 때 주식의 가치는 $55.56이다.

$$\frac{EPS_1}{r} = \frac{8.33}{0.15} = \$55.56$$

재투자의 현금흐름은 $NPV_1$, $NPV_2$, $NPV_3$, …인데 매년 동일한 성장률(10%p)로 영구히 성장하므로 성장형 영구연금 형태를 가진다. 그러므로 성장기회의 현재가치(PVGO)를 나타내는 재투자의 현재가치는

$$PVGO = \frac{NPV_1}{r-g} = \frac{2.22}{0.15-0.1} = \$44.44$$

이므로 주가 공식이 완성된다.

$$주가 = 무성장주가 + PVGO = \frac{EPS_1}{r} + \frac{NPV_1}{r-g} = 55.56 + 44.44 = \$100$$

플레즐링 주식이 성장주인 이유는 회사의 순이익이 매년 10%로 성장해서가 아니라 미래 성장기회의 현재가치가 주가의 상당한 비중(44%)을 차지하고 있기 때문이다. 현재의 주가는 기업의 현재와 미래 투자자산의 수익성에 대한 기대를 반영한다. 예를 들어 구글의 모회사인 알파벳(Alphabet)은 한 번도 배당을 한 적이 없다. 순이익 모두를 사업에 재투자한다. 2018년 초 알파벳의 주가는 $1,130였고 당시 시점에서 1년 후 순이익 예측치($EPS_1$)는 $41.54였다. 알파벳의 자기자본비용을 8%라고 가정하면 알파벳의 무성장주가(주당)는

$$무성장주가 = \frac{EPS_1}{r} = \frac{41.54}{0.08} = \$519.25$$

이다. 이는 $1,130보다 약 $611가 적은 금액이다. 다시 말해 투자자들은 알파벳의 성장 가능성을 보고 추가로 $611를 지불한 것이다. 그러므로 알파벳 주식은 성장주이다. 왜냐하면 주가의 상당 부분(54%)이 미래의 성장기회를 대변하기 때문이다.

**현금흐름할인모형으로 사업가치 평가**

　세계 최대의 광산업체인 BHP가 미국의 셰일사업을 매각하려고 할 때 구매의향이 있는 기업들은 BHP 셰일사업의 가치를 정확히 평가하기 위해 현금흐름할인모형을 사용했다. 현금흐름할인모형은 주식가치평가뿐만 아니라 특정 사업 또는 기업 전체의 가치를 평가하는 데도 유용하다. 주식가치를 평가할 때는 미래 배당금을 예측해서 현재가치를 구하고 사업가치나 기업가치를 평가할 때는 사업이나 기업이 창출하는 미래현금흐름을 예측해서 현재가치를 구하면 된다. 즉 모형과 현금흐름의 종류나 형태는 다르지만 가치평가의 원리[미래 현금흐름을 적절한 할인율(기회비용)로 현재가치화하는 과정]는 동일하다.

### 연결기사업 가치평가

　연결기사업(concatenator manufacturing business)은 성장잠재력이 매우 우수한 사업분야로 각광받고 있고 당신이 주주로 있는 기업이 연결기사업부를 가지고 있다고 가정해보자. 워낙 인기 있는 사업이라 연결기사업부를 떼어서 팔면 꽤 많은 자금을 조달할 수 있다. 그래서 경영진은 공정한(적절한) 값을 받을 수 있다면 매각할 의향이 있다. 문제는 공정한 값이 무엇인지 밝혀야 하는 데 있다.

　표 5.7은 연결기사업부가 창출할 것으로 예상되는 미래 자유현금흐름을 제시한다. **자유현금흐름**(free cash flow, FCF)이란 기업이 영업을 통해 번 현금흐름(영업현금흐름)에서 성장을 위해 꼭 필요한 투자비용(투자현금흐름)을 지출하고 남은 금액으로 투자자들(채권투자자와 주식투자자)에게 자유롭게 분배할 수 있는 현금을 일컫는다. 양의 값을 갖는 것이 상식적이지만 급속도로 성장하는 사업이나 기업의 자유현금흐름은 종종 음의 값을 띤다. 급성장기라 투자기회가 워낙 많다 보니 투자현금흐름이 영업현금흐름을 초과하는 현상이다.

| | 1 | 2 | 3 | 4 | 5 | 6 | 7 | 8 | 9 | 10 |
|---|---|---|---|---|---|---|---|---|---|---|
| 연초 자산가격 | 10.00 | 11.20 | 12.54 | 14.05 | 15.31 | 16.69 | 18.19 | 19.29 | 20.44 | 21.67 |
| 순이익 | 1.20 | 1.34 | 1.51 | 1.69 | 1.84 | 2.00 | 2.18 | 2.31 | 2.45 | 2.60 |
| 투자비용 | 1.20 | 1.34 | 1.51 | 1.26 | 1.38 | 1.50 | 1.09 | 1.16 | 1.23 | 1.30 |
| 자유현금흐름(FCF) | 0.00 | 0.00 | 0.00 | 0.42 | 0.46 | 0.50 | 1.09 | 1.16 | 1.23 | 1.30 |
| 연말 자산가치 | 11.20 | 12.54 | 14.05 | 15.31 | 16.69 | 18.19 | 19.29 | 20.44 | 21.67 | 22.97 |
| 자산수익률(ROA) | 0.12 | 0.12 | 0.12 | 0.12 | 0.12 | 0.12 | 0.12 | 0.12 | 0.12 | 0.12 |
| 자산성장률 | 0.12 | 0.12 | 0.12 | 0.09 | 0.09 | 0.09 | 0.06 | 0.06 | 0.06 | 0.06 |
| 순이익성장률(연초 대비) | | 0.12 | 0.12 | 0.12 | 0.09 | 0.09 | 0.09 | 0.06 | 0.06 | 0.06 |

》**표 5.7** 　연결기사업부의 자유현금흐름 예측치

연결기사업부의 자본비용(cost of capital)을 10%라고 가정하자. 이 경우 주의할 점이 한 가지 있다. 여기서 자본비용은 자기자본비용이 아니라는 것이다. 사업이나 기업을 평가할 때 할인율로 사용하는 자본비용은 자기자본비용과 타인자본(부채)비용을 가중평균한 자본비용(weighted average cost of capital, WACC)임을 기억하자. 사업부나 기업이 투자를 위한 자금조달을 할 때는 보통 주식과 부채를 함께 이용하므로 기회비용은 주식 외에도 부채를 포함해야 한다.

표 5.7에서 순이익(earnings)은 영업현금흐름, 투자비용(investment)은 투자현금흐름을 나타낸다. 실제영업현금흐름과 투자현금흐름을 계산하는 과정은 이보다 더 복잡하다. 가치평가의 원리에 초점을 맞추기 위해 편의상 현금흐름의 복잡한 추정은 생략했다. 순이익의 성장률은 고성장기인 1~4년도에는 12%, 그 이후 중기(5~7년도)의 9%를 거쳐 장기(제8년도 차부터 영구기간)에는 6%로 안정화된다.

처음 3년 동안의 자유현금흐름은 모두 0이다. 왜냐하면 순이익과 투자비용이 같기 때문이다. 초기의 제로 자유현금흐름은 나쁜 징조일까? 이 경우는 '아니다'이다. 초기에 자유현금흐름이 0인 이유는 단기간 급속한 성장이 기대되므로 상대적으로 고투자비용이 초기에 집중되기 때문이다. 자유현금흐름이 0인 초기 3년 동안에도 자산수익률(ROA)은 12%이고 가중평균자본비용은 10%이기 때문에 2%의 비정상수익률을 기록하고 이는 사업가치 증가로 이어진다.

사업가치는 보통 미래 일정 시점[**가치평가기간**(valuation horizon)]까지의 자유현금흐름의 현재가치와 가치평가기간이 끝나는 시점에서의 사업가치[**잔존가치**(horizon value)]를 합한 값으로 정의된다.

$$PV = \frac{FCF_1}{1+r} + \frac{FCF_2}{(1+r)^2} + \cdots + \frac{FCF_H}{(1+r)^H} + \frac{PV_H}{(1+r)^H}$$

물론 연결기사업은 가치평가기간($H$) 후에도 계속될 것이고 자유현금흐름도 계속 창출될 것이다. 그렇지만 자유현금흐름을 영구히 예측하고 평가하는 것은 불가능하다. 그래서 어느 시점에서는 연간 예측을 멈추고 영구연금모형이나 영구성장모형을 사용해 장기 현금흐름을 현재가치화하는 작업이 필요하다. 위 식에 있는 $PV_H$(잔존가치)가 바로 그런 역할을 한다. 즉 잔존가치는 $H+1$, $H+2$, 그리고 그 이후 모든 시점에서의 자유현금흐름을 '$H$' 시점으로 현재가치화한 값으로 '$H$' 시점에서의 사업가치이다. 이를 다시 현재 시점으로 할인$\left(\frac{PV_H}{(1+r)^H}\right)$해서 앞의 값들에 더해주면 현재 시점에서의 사업가치가 된다. 가치평가기간을 정하는 공식은 없다. 가치평가자가 경제상황, 사업현황 및 전망, 위험 및 그 밖의 평가요소를 감안해 임의로 정하는 경우가 많다. 예를 들어 연결기사업이 지금부터 6년간 고성장, 중도성장을 거쳐 7년도 차부터 안정된 장기 성장 추세를 따를 것으로 예상되면 연결기사업의 가치평가기간은 6년이 적절하다.

## 잔존가치평가

잔존가치를 평가하는 방법에는 크게 1) 유사기업법(Method of Comparables)과 2) 현금흐름할인모형이 있다. 유사기업법은 상대적 가치평가법(relative valuation)의 하나로 비슷한 사업을 하는 경쟁기업들의 평균 시장가치비율(market value ratios)을 활용한다. 가장 많이 사용되는 시장가치비율은 주가순이익비율(price-to-earnings ratio, P/E ratio)과 주가장부가치비율(price-to-book ratio, P/B ratio)이다. 지금까지 가치평가의 기본원리를 상대적 가치평가가 아닌 기본적 가치평가(fundamental valuation)를 가지고 설명했으므로 유사기업법은 생략하고 현금흐름할인모형을 이용한 잔존가치평가에 집중하도록 하겠다.

연결기사업부의 경우 잔존가치평가기간이 6년이고 7년도부터 자유현금흐름은 성장률 6%(순이익 성장률과 동일)로 영구히 성장하므로 제6년도 시점에서 자유현금흐름의 형태는 성장형 영구연금과 일치한다. 그러므로 제6년도 시점에서 사업가치(잔존가치)를 구하려면 그 시점에서 1년 후의 자유현금흐름($FCF_7$), 성장률, 할인율이 필요하다. 연결기사업부의 자본비용은 10%라고 했고, $FCF_7$과 성장률은 표 5.7에 주어져 있으므로 연결기사업부의 잔존가치는 다음과 같다.

$$PV_6 = \frac{FCF_7}{r-g} = \frac{1.09}{0.1-0.06} = \$27.3백만$$

이를 다시 현재 시점으로 할인하면

$$PV(PV_6) = \frac{27.3}{(1+0.1)^6} = \$15.4백만$$

처음 6년 동안 자유현금흐름의 현재가치는

$$PV_{1\sim6} = \frac{0}{1+0.1} + \frac{0}{(1+0.1)^2} + \frac{0}{(1+0.1)^3} + \frac{0.42}{(1+0.1)^4} + \frac{0.46}{(1+0.1)^5} + \frac{0.5}{(1+0.1)^6} = \$0.9백만$$

그러므로 연결기사업부의 현재 시점에서의 사업가치는 다음과 같다.

$$사업가치 = PV_{1\sim6} + PV(PV_H) = 0.9 + 15.4 = \$16.3백만$$

가치평가의 과정은 산술적으로나 논리적으로 완벽한 듯하다. 그렇다. 산술적 평가방식에는 아무런 문제가 없다. 그러나 특정 평가방식을 적용하기 위해 사용하는 가정이나 평가요소들의 추정치가 적절치 않으면 평가방식이 생산하는 주식가치, 사업가치, 기업가치도 적절치 않다. 연결사업부의 사업가치로 돌아가보자. 사업가치가 $1,630으로 평가되었는데 이 값의 94%(=15.4/16.3)가 잔존가치로부터 나온다. 사업가치의 대부분이 먼 미래의 현금흐름, 불확실성이 더 큰 현금흐름에 의존한다는 사실에 마음이 편한 평가자는 흔치 않다. 더구나 잔존가치는 평가요소, 특히 성장률의 작은 변화에도 크게 요동친다.

장기성장률이 6%가 아니라 7%라고 가정해보자. 이는 자산가치가 매년 1%p 추가로 성장한다는 의미이므로 제7년도 투자현금흐름도 자산가치($18.19)의 1%p인 $0.18만큼 증가해야 한다. 투자현금흐름이 증가한 만큼 자유현금흐름은 감소하므로 제7년도의 자유현금흐름(FCF$_7$)은 $0.91(= 1.09 − 0.18)가 된다. 할인율은 그대로 10%라고 가정하면 제6년도 말 시점의 새로운 잔존가치와 사업가치는 각각 순식간에 $300만, $1,700만가 증가한다.

$$PV_6 = \frac{FCF_7}{r - g} = \frac{0.91}{0.1 - 0.07} = \$30.3$$

$$PV(PV_6) = \frac{30.3}{(1 + 0.1)^6} = \$17.1 백만$$

그러므로 가치평가를 할 때는 항상 두 가지를 유의해야 한다.

**유의점 1:** 영구성장모형을 사용해서 잔존가치를 구할 때는 성장률, 투자현금흐름, 자유현금흐름 간의 유기적 상호관계를 기억하라. 성장률이 오르면 투자로 지출하는 현금흐름은 늘어나고 결과적으로 자유현금흐름은 감소하게 된다. 자유현금흐름이 영업현금흐름에서 투자현금흐름을 뺀 것이므로 당연한 결과이다. 반대로, 낮은 성장률은 적은 액수의 현금흐름이 투자명목으로 유출되고 이는 자유현금흐름의 유입액을 증가시킨다.

앞의 연결기사업부 가치평가에서 성장률이 1%p 증가할 때 사업가치는 $1,700만가 늘어나는 것을 확인했다. 이 과정에서 성장률이 오를 때 투자지출은 증가하고 자유현금흐름은 감소한다는 '유의점 1'을 간과하지 않고 성장률과 자유현금흐름을 동시에 조정함으로써 평가오류를 줄이려 노력했다.

그러나 아직도 변하지 않는 가정은 자산수익률(ROA)은 12%이고 자본비용은 10%라는 것이다. 즉 잔존가치에 반영된 영구한 미래 기간 동안에 매년 2%의 비정상수익률, 다시 말해서 양의 순현가가 영원히 창출된다는 뜻이고 이들을 현재가치화해서 합하면 PVGO가 된다. 늘어난 PVGO는 잔존가치를 증가시키고 다시 사업가치를 증가시킨다. 그런데 과연 사업이 성장을 쉬지 않고 거듭해서 양의 순현가를 영구히 만든다는 가정이 타당한가?

시간이 흐르면서 상대적 또는 절대적 우위를 점한 재화와 용역으로부터 얻은 비정상수익률(양의 순현가)은 새로운 경쟁자들의 등장으로 서서히 잠식된다. 경쟁기업들의 세찬 도전은 비정상수익률의 독점을 허락하지 않는다. 결국 비정상수익은 시간과 더불어 '0'에 근접하게 된다. 그러므로 비정상수익을 영구히 누릴 수 있다는 가정은 허상이다. PVGO는 투자한 자산이 벌어들이는 수익률(투자수익률, 표 5.7에서 ROA)이 자본비용을 초과할 때만 '0'보다 크다는 것을 잊지 말자.

**유의점 2:** 잔존가치가 가치평가기간 이후의 PVGO를 포함하는지 확인하라. 확인하는 법은 간단하다. 장기성장률을 상향 조정한 후에도 잔존가치가 증가한다면 가치평가기간 이후의 PVGO가 포함되었다는 뜻이다. 비정상수익을 영구히 달성할 수 없다면 그에 맞게 예측치를 조정해야 한다. 잔존가치에 PVGO가 포함되었는지 안 되었는지를 확인하는 절차를 알아보자. 주식의 현재 가격($P_0$)을 무성장주가와 PVGO를 이용해서 표현하면 다음과 같다.

$$P_0 = \frac{EPS_1}{r} + PVGO$$

그러므로 잔존가치($P_H$)는 다음과 같이 정의할 수 있다.

$$P_H = \frac{\text{EPS}_{H+1}}{r} + \text{PVGO}$$

따라서 평가기간 말 시점(time = $H$) PVGO가 '0'이면, 잔존가치는

$$P_H = \frac{\text{EPS}_{H+1}}{r}$$

이다. 다시 말해 기업 간 경쟁으로 말미암아 기업들의 투자수익률이 자본비용과 같다면(즉 PVGO = 0) 주가순이익비율(P/E ratio)은 다음과 같이 간략히 표현할 수 있다.

$$\frac{P_0}{\text{EPS}_1} = \frac{\left(\dfrac{\text{EPS}_1}{r}\right)}{\text{EPS}_1} = \frac{1}{r}$$

연결기사업의 PVGO가 0이라고 가정하고 사업가치를 다시 구해보자.

$$\text{PV}_6 = \frac{\text{EPS}_7}{r} = \frac{2.18}{0.1} = \$21.8\text{백만}$$

$$\text{PV}(\text{PV}_6) = \frac{21.8}{(1+0.1)^6} = \$12.3\text{백만}$$

$$\text{사업가치} = \text{PV}_{1\sim6} + \text{PV}(\text{PV}_H) = 0.9 + 12.3 = \$13.2\text{백만}$$

이는 장기성장률을 6%라고 가정하고 산출한 연결기사업부 사업가치인 $1,630만보다 약 $300만가 부족한 액수이다. 가치평가에서 이 정도의 차이는 자주 볼 수 있다. 가치평가모형으로 주식이나 기업의 현재가치 또는 미래가치를 추정할 수는 있지만 추정한 값의 오류가 어느 정도인지는 아무도 모른다. 모형에 투입되는 예측치와 여러 가정이 변할 때 가치도 크게 변한다는 사실을 고려하면 가치평가의 결과를 해석할 때 매우 신중해야 함을 짐작할 수 있다. 가치평가는 과학임과 동시에 예술의 영역임을 잊지 말자.

- 신주 발행으로 신규자금을 조달하고자 하면 발행시장(primary market)을 이용해야 한다. 발행시장은 말 그대로 주식이 주식시장에 처음으로 소개되는 곳이다. 처음으로 소개되는 만큼 주식 발행 총액(신주 수×신주 가격)이 기업으로 유입된다. 이 신규자금을 가지고 기업은 투자 및 영업 활동을 계속 이어가게 된다.

- 발행시장에서 발행된 주식을 주주가 팔고자 할 때는 거래시장(secondary market)으로 가야 한다. 우리가 익히 알고 있는 뉴욕증권거래소(NYSE) 또는 나스닥(Nasdaq)은 거래시장이다. 이곳에서 기존에 발행된 주식들을 사고파는 거래가 이루어진다. 매도자와 매수자 사이에 주식의 거래가격 (시장가격)이 교환될 뿐 기업으로 유입되는 자금은 없다는 것이 발행시장과의 큰 차이점이다.

- NYSE, 나스닥과 경쟁하는 또 하나의 거래시장은 전자증권거래네크워크(electronic communication networks, ECN)이다. ECN은 주식거래자들을 전 세계에 퍼져 있는 온라인 컴퓨터 네트워크로 연결해 투자자들이 중개인 또는 딜러를 거치지 않고 직접 거래할 수 있게 한 자동거래시스템이다.

- NYSE와 나스닥에서 거래되는 대다수의 증권은 보통주(common stocks)이지만 우선주(preferred stocks)나 신주인수권(warrants) 같은 증권의 매매도 이루어진다. 또한 수백 개의 상장지수펀드 (exchange-traded funds, ETFs)도 선택의 범위 안에 있다. 상장지수펀드는 수많은 주식을 한데 묶어서 하나의 주식처럼 사고팔 수 있도록 만든 금융상품이다.

- 장부가치는 인플레이션을 반영하지 않은 역사적 가치이다. 장부가치는 보통 상표권이나 특허권 같은 무형자산을 포함하지 않는다. 따라서 자산의 장부가치를 모두 더한 값이 미래에도 계속 수익을 창출하는 기업의 가치, 즉 계속기업가치(going-concern value)라고 할 수 없다. 계속기업가치는 미래의 현금흐름과 그 변동성(위험)을 동시에 고려한 가치도 포함해야 하기 때문이다.

- 장부가치의 많은 단점에도 불구하고 여전히 그 중요성을 인정받는 이유가 있다. 첫째, 장부가치는 매우 유용한 벤치마크이다. 둘째, 장부가치는 청산가치(liquidation value)를 추정하는 데 유용하다.

- 주식의 현재가치는 미래에 받을 것으로 기대되는 배당금의 현재가치를 합한 값과 같다(채권의 가치평가와 정확히 동일한 원리).

$$PV(주식) = PV(미래 배당금)$$

- 주식의 기대수익률은 배당수익률과 자본이득률의 합이다.

$$기대수익률 = r = \frac{DIV_1}{P_0} + \frac{P_1 - P_0}{P_0}$$

- 주식가치는 평가자 개인이 특정 주식의 위험수준을 충분히 분석하고 반영한 할인율(요구수익률)을 이용해 주식의 미래현금흐름을 할인해 얻은 값으로 평가자가 지불할 의향이 있는 최대 금액을 뜻한다. 반대로 주식가격은 특정 주식에 대한 주식시장의 전망과 수요-공급 원칙에 의해 결정되는 주식의 시장균형가이다. 다시 말해 가치는 평가자가 가치평가 과정을 거쳐 직접 산출하는 것이지만 가격은 시장에서 단순히 관찰되는 것이다.

- 시장이 이용하는 할인율은 주식에 대한 시장수익률(market capitalization rate), 시장이 아닌 다른 가치평가자(예: 재무분석가 혹은 개인투자자)가 사용하는 할인율은 주식에 대한 요구수익률(required rate of return)이다. 기업의 관점에서 바라보면 시장수익률이나 요구수익률 모두 자기자본비용이다.

- 투자기간을 무한대로 확장한 주식의 현재 가격은 $\sum_{t=1}^{\infty} \frac{DIV_t}{(1+r)^t}$이고 이를 배당할인모형이라 한다.

- 배당성장률은 배당비율(payout ratio)과 자기자본수익률(ROE)을 이용해 예측할 수 있다(배당성장률=유보비율×ROE). 여기서 유보비율은 (1 − 배당비율)을 의미한다.

- 순이익이 전부 배당금으로 지급되면 배당수익률은 순이익주가비율(earnings-price ratio)과 동일하다.

- 현재의 주식가격은 무성장을 가정하고 산출한 주식의 가치와 성장기회의 현재가치(present value of growth opportunities, PVGO)의 합으로 표현할 수 있다 ─ $P_0 = \frac{EPS_1}{r} + PVGO$.

- 자유현금흐름(free cash flow, FCF)이란 기업이 영업을 통해 번 현금흐름(영업현금흐름)에서 성장을 위해 꼭 필요한 투자비용(투자현금흐름)을 지출하고 남은 금액으로 투자자들(채권투자자와 주식투자자)에게 자유롭게 분배할 수 있는 현금을 일컫는다.

- 사업가치는 보통 미래 일정 시점(가치평가기간)까지의 자유현금흐름의 현재가치와 가치평가기간이 끝나는 시점에서의 사업가치(잔존가치)의 현재가치를 합한 값으로 정의된다.

$$PV = \frac{FCF_1}{1+r} + \frac{FCF_2}{(1+r)^2} + \cdots + \frac{FCF_H}{(1+r)^H} + \frac{PV_H}{(1+r)^H}$$

잔존가치는 보통 영구성장모형을 적용해 추정한다.

$$PV_H = \frac{FCF_{H+1}}{r-g}$$

- 잔존가치($PV_H$)는 주식의 현재 가격($P_0$)을 무성장주가와 PVGO를 이용해서 표현하듯이 다음과 같이 정의할 수 있다.

$$P_H = \frac{EPS_{H+1}}{r} + PVGO$$

- 기업들의 투자수익률이 자본비용과 같다면(즉 PVGO=0), 주가순이익비율(P/E ratio)은 다음과 같이 간략히 표현할 수 있다.

$$\frac{P_0}{EPS_1} = \frac{\left(\dfrac{EPS_1}{r}\right)}{EPS_1} = \frac{1}{r}$$

**연습문제**

1. 다음 문장은 참인가, 거짓인가?
   a. 매입가는 매도가보다 항상 크다.
   b. 주식을 즉시 매도하려면 지정가주문(limit order)을 내야 한다.
   c. 대주주가 다량의 주식을 판매하는 장소는 보통 발행시장이다.

2. 아래 2개의 주문을 지정가주문과 시장주문으로 구분하라. 월마트의 주가가 $50, 해터슬리의 주가가 $60라면 어떤 주문이 먼저 실행되겠는가?
   a. 나는 월마트 주식 1,000주를 가능한 한 빨리 팔기를 원한다.
   b. 나는 해터슬리 주식 500주를 $50 혹은 그 미만으로 사기를 원한다.

3. 아래는 메스퀴트식품 주식의 주문장부이다. 이를 보고 다음의 물음에 답하라.

| 매수 | | 매도 | |
|---|---|---|---|
| 가격 | 수량 | 가격 | 수량 |
| 103 | 100 | 103.5 | 200 |
| 102.5 | 200 | 103.8 | 200 |
| 101 | 400 | 104 | 300 |
| 99.8 | 300 | 104.5 | 400 |

    a. 조지나는 그녀가 소유한 메스퀴트식품 주식 100주를 팔기 위해 시장주문을 냈다. 그녀가 받는 금액은 얼마인가?

    b. 노먼은 메스퀴트식품 주식 400주를 사기 위해 시장주문을 냈다. 그가 지불할 최대 금액은 얼마인가?

    c. 카를로스는 $105에 지정가매입주문(limit bid order)을 냈다. 그의 주문은 즉시 실행될 것인가?

4. 다음 문장은 참인가, 거짓인가?

    a. 동일한 위험을 내포한 주식들은 모두 동일한 기대수익률을 제공한다.

    b. 주식의 주당 가치는 미래 주당 배당금의 현재가치와 같다.

    c. 주식의 주당 가치는 무성장을 가정하고 산출한 주식의 가치와 성장기회의 순현가의 합이다.

5. X사는 1년 후 주당 $5의 배당금을 지급할 것으로 예상된다. 배당 후 주식가격이 $110이고 시장수익률이 8%라면 현재 주가는 얼마인가?

6. Y사는 순이익을 한 푼도 재투자에 투입하지 않고 주당 $5의 균등한 배당금을 영구히 지급할 예정이다. 현재 주가가 $40라면 시장수익률(할인율)은 얼마인가?

7. Z사의 주당 순이익과 배당금은 연간 5%씩 영구히 성장할 것으로 예상된다. 내년 주당 배당금이 $10이고 시장수익률이 8%라면 현재 주가는 얼마인가?

8. 파미콜로지(Pharmecology)는 방금 주당 $1.35의 배당금을 지불했다. 향후 주당 순이익과 배당금은 인플레이션율과 동일하게 연간 2.75%p로 성장할 것으로 전망된다. 다음 물음에 답하라.

    a. 명목상의 자기자본비용(할인율)이 9.5%일 때, 파미콜로지의 현재 주가는 얼마인가?

    b. 실질배당금과 실질할인율을 이용해 파미콜로지의 현재 주가를 계산하라.

9. 아래 표는 두 회사(A, B)의 ROE, 주당 순이익과 배당금 추정치를 보여준다. 이 정보를 이용해 물음에 답하라.

| | A | B |
|---|---|---|
| ROE | 15% | 10% |
| 주당 순이익 | $2.00 | $1.50 |
| 주당 배당금 | $1.00 | $1.00 |

    a. 각 회사의 배당비율을 구하라.

b. 각 회사의 배당성장률 기대치를 구하라.

c. 주식투자자들의 요구수익률이 15%라고 가정할 때, 주식 A와 주식 B의 현재가치를 구하라.

**10.** 어떤 조건에서 주식의 시장수익률과 순이익주가비율($EPS_1/P_0$)이 같아지는가?

**11.** 아래의 세 주식(A, B, C)의 특징을 참조해 다음 물음에 답하라. 세 주식의 시장수익률(할인율)이 모두 10%일 때, 가장 가치가 높은 주식은 어느 주식인가? 시장수익률이 7%라면 어느 주식이 가장 높은 가치를 가지는가?

a. 주식 A: 매년 주당 $10의 배당금을 영구히 지급

b. 주식 B: 내년에는 주당 $5의 배당금을 지급하고 그 이후에는 배당금이 매년 4%p로 영구히 성장

c. 주식 C: 내년에는 주당 $5의 배당금을 지급하고 2년도 차부터 6년도 차까지 5년 동안 배당금이 매년 20%p씩 성장한 후 성장률 0의 배당금 영구히 지급(즉 2~6년도는 매년 20%p 성장, 그 이후는 6년도 차 배당금 영구히 지급)

**12.** 기업 Q의 현재 자기자본수익률(ROE)은 14%이고 순이익의 절반을 현금배당(배당비율＝50%)으로 지급한다. 현재 주당 자기자본장부가치는 $50인데 재투자를 통해 주당 장부가치가 커질 것으로 예측한다. ROE와 배당비율은 향후 4년간 일정하게 유지되지만 그 이후에는 치열한 경쟁으로 인해 ROE는 11.5%로 낮아지고 배당비율은 80%로 상승할 것이다. Q의 자기자본비용(할인율)은 11.5%이다. 다음 물음에 답하라.

a. Q의 1년 후(내년) 주당 순이익과 배당금은 얼마인가? 내년 이후의 주당 순이익과 배당금 추정치를 구하라.

b. Q 주식의 주당 현재가치는 얼마인가? 4년도 차 이후의 배당비율과 배당성장률은 이 가치에 어떤 영향을 미치는가?

**13.** CSI는 보스턴의 하수 찌꺼기를 비료로 바꾸는 사업을 하고 있다. 사업은 그다지 수익성이 높지 않다. 보스턴지역발전위원회(MDC)는 CSI가 이 사업을 중단하는 것을 막기 위해 CSI의 ROE가 10%가 되도록 보장하는 데 필요한 금액을 보조하기로 전격 합의했다. 올해 말에는 CSI가 $4의 배당금을 지급할 것으로 예상된다. CSI는 지금까지 순이익의 40%를 재투자해 연 4%대의 성장을 거듭하고 있다. CSI가 이러한 성장 추세를 계속한다고 가정하고 CSI 주식을 $100에 매수했을 때 예상되는 장기 기대수익률은 얼마인가? $100 가격 중 성장기회의 현재가치(PVGO)에 해당하는 금액은 얼마인가?

**14.** Z사의 내년 배당금은 $10로 예측되고 자기자본비용은 8%이다. 주당 순이익과 배당금은 연간 5%씩 영구히 성장할 것으로 기대된다. 그러나 만약 Z사가 모든 순이익을 배당금으로 분배한다면 주당 $15의 동일 배당금을 영구히 유지할 수 있다. 성장기회의 현재가치(PVGO)를 계산하라.

**15.** 투자기간(horizon period)을 기업이 양의 NPV를 창출하는 투자기회가 사라지는 시점으로 정의할 때 잔존가치(horizon value)는 어떻게 계산할 수 있는가? [힌트: 성장기회의 현재가치(PVGO)가 0일 때 주가순이익비율(P/E)은 무엇인가?]

**16.** 표 5.7의 내용을 다음의 수익성 전망을 반영해 수정한 후 연결기사업부의 가치를 다시 계산

하라 — 연결기사업의 경쟁이 심화함에 따라 투자(기존 및 신규 모두)의 수익성이 6년 차에 11.5%, 7년 차에 11%, 8년 차에 10.5%, 9년 차에 8%로 감소할 것으로 전망된다.

17. 멕시코모터스의 시가총액은 2,000억 페소다. 내년 자유현금흐름은 85억 페소로 예상된다. 증권분석가들은 향후 5년간 자유현금흐름이 매년 7.5% 증가할 것으로 전망하고 있다. 다음 물음에 답하라.

   a. 7.5%의 성장률이 영원히 지속될 것으로 가정할 때 투자자들의 기대수익률은 얼마인가?

   b. 멕시코모터스의 자기자본수익률(ROE)은 12%이다. 순이익의 50%는 재투자에 사용하고 나머지 50%는 자유현금흐름으로 사용했다. 멕시코모터스가 장기적으로 동일한 ROE와 재투자율(50%)을 유지한다고 가정할 때 순이익과 자유현금흐름의 성장률은 어떤 의미를 갖는가? 같은 가정이 자기자본비용에 미치는 영향은? 새로운 가정으로 인해 (a)의 답변을 수정해야 하는가?

18. 피닉스는 최근 불황으로 어려움을 겪었지만 현재 회복 중이다. 자유현금흐름이 급속히 증가하는 추세이다. 피닉스는 2024년까지 완전히 회복할 것으로 기대한다. 2019년에 예측한 자료는 아래와 같다.

| ($100만) | 2020 | 2021 | 2022 | 2023 | 2024 |
|---|---|---|---|---|---|
| 순이익 | 1.0 | 2.0 | 3.2 | 3.7 | 4.0 |
| 투자비용 | 1.0 | 1.0 | 1.2 | 1.4 | 1.4 |
| 자유현금흐름 | 0 | 1.0 | 2.0 | 2.3 | 2.6 |

2024년 이후에는 순이익과 자유현금흐름의 성장은 없을 것으로 판단한다. 이 정보를 바탕으로 다음 물음에 답하라.

   a. 자기자본비용을 9%라고 가정하고 자유현금흐름의 현재가치를 구하라.

   b. 주당 주식가격은 얼마인가? 피닉스의 주식 수는 120만 주이다.

   c. 피닉스의 기대수익률이 2020년부터 2024년까지 매년 9%임을 확인하라.

# 순현가법과 기타 투자결정기준

회사의 주주들은 부유해지고 싶어 하지, 가난해지고 싶어 하지는 않는다. 따라서 주주들은 회사가 투자하는 모든 투자안의 가치가 투자비용보다 더 크기를 바란다. 투자안의 가치와 투자비용의 차이를 투자안의 순현재가치 또는 순현가(net present value, NPV)라고 한다. 주주에게 가장 보탬이 되는 것은 회사가 양(+)의 NPV를 갖는 투자안은 채택하고, 음(−)의 NPV를 갖는 투자안은 기각하는 것이다.

우선, 순현가법을 다시 검토한 후 기업이 투자결정을 할 경우 고려할 수 있는 다른 기준들도 알아보겠다. 이들 중 처음 두 가지 기준인 회수기간법과 장부수익률법은 경험법칙(rules of thumb)이나 다름없어 계산과 의미 전달이 용이하다. 그러나 우리가 사는 세상에는 이러한 경험법칙이 필요한 곳도 있지만, 기술자가 100층 건물을 설계할 경우 더 정확한 무언가가 필요하듯이 재무관리자는 상당한 자본 투자결정을 할 경우 경험법칙 이상을 요구하게 된다.

투자안의 NPV를 구하는 대신에, 회사는 투자안에 투자함으로써 얻는 기대수익률과 주주들이 금융시장에서 투자안과 동일한 위험을 가진 투자상품에서 얻을 수 있는 수익률을 비교하기도 한다. 따라서 회사는 주주들 스스로가 얻을 수 있는 수익률보다 더 높은 수익률을 제공하는 투자안을 채택한다. 이 수익률 기준을 알맞게 사용하면 기업가치를 증가시키는 투자안을 항상 찾을 수 있다. 그러나 부주의할 경우 이 기준의 몇 가지 함정에 빠질 수 있다는 것도 알게 될 것이다.

기업이 한정된 자본만을 보유하고 있을 경우 어떤 식으로 대처해야 하는지 살펴보면서 이 장을 마무리할 것이다. 이러한 경우에는 두 가지 문제가 발생한다. 하나는 계산상의 문제이다. 간단한 경우에는 투자된 금액 한 단위당 가장 높은 NPV를 제공하는 투자안을 단순히 채택하면 되지만, 가능한 투자대안들을 면밀히 살피려면 때때로 더 정교한 기법들이 필요하다. 다른 하나는 자본할당이 실제로 존재하는지와 자본할당이 순현가법을 훼손하는지를 판단하는 문제이다. 당신이라면 어떤 판단을 하겠는가? 순현가법은 올바른 방식으로 적용만 한다면 결국에는 훌륭한 투자의사결정기준으로 남게 된다.

6-1  **기본개념의 복습**

베지트론(Vegetron)의 최고재무책임자(CFO)는 투자안 X라는 암호명이 붙은 $100만의 신규 사업 투자제안에 대한 분석을 어떻게 해야 할지 고민 중이다. 그는 이에 대해 당신의 의견을 듣고자 한다.

당신의 조언은 분명 다음과 같을 것이다. "첫째, 투자안 X가 진행되는 동안 발생하는 현금흐름을 추정합니다. 둘째, 적절한 자본의 기회비용(r)을 결정합니다. 이때 화폐의 시간가치와 투자안 X의 위험성을 모두 고려해 자본의 기회비용을 결정해야 합니다. 셋째, 자본의 기회비용을 사용해 투자안 X의 미래현금흐름을 할인합니다. 할인된 현금흐름의 합은 현재가치(PV)라고 합니다. 넷째, 투자안 X의 순현가(NPV)를 계산합니다. NPV는 현재가치에서 초기 투자금 $100만를 차감해 구합니다. 투자안 X의 현금흐름을 $C_0$, $C_1$ 등이라 놓으면, NPV는 아래와 같이 계산할 수 있습니다.

$$NPV = C_0 + \frac{C_1}{1+r} + \frac{C_2}{(1+r)^2} + \cdots$$

여기서 $C_0$은 초기 투자금 $100만이며, 음(−)의 값을 가집니다. 따라서 NPV가 양(+)의 값을 가지면 투자안 X에 투자하십시오."

그러나, 이 CFO는 당신의 훌륭한 설명에도 왠지 무덤덤한 반응이다. 그는 NPV가 왜 그리 중요한지 당신에게 묻는다.

**여러분의 답변**: 베지트론의 주주들이 무엇을 가장 원하는지 한 번 살펴봅시다. 주주들은 회사 주식의 가치가 가능한 높이 평가되기를 바랄 것입니다.

현재 베지트론의 시가총액(주가에 발행 주식 수를 곱한 값)은 $1,000만입니다. 이 시가총액에는 투자안 X에 투입될 현금 $100만도 포함되어 있습니다. 따라서 베지트론이 보유한 기타 자산 및 투자 기회들의 가치는 $900만가 될 것입니다. 이제 투자안 X를 포기하고 현금 $100만를 보유하는 것이 이득인지, 아니면 $100만를 투자해 투자안 X를 진행하는 것이 이득인지를 결정하면 됩니다. 투자안 X의 가치를 PV라고 하면, 아래와 같은 선택이 가능합니다.

| 자산 | 시장가치($100만) | |
| --- | --- | --- |
| | 투자안 X 기각 | 투자안 X 채택 |
| 현금 | 1 | 0 |
| 기타 자산 | 9 | 9 |
| 투자안 X | 0 | PV |
| | 10 | 9 + PV |

투자안 X의 현재가치(PV)가 $100만를 초과하면, 즉 NPV가 양(+)의 값을 가진다면, 투자안 X는 분명히 추진할 만한 가치가 있습니다.

**CFO의 질문**: 베지트론의 시가총액에 투자안 X의 현재가치가 실제로 반영된다는 것을 어떻게 알 수 있다는 것입니까?

**여러분의 답변**: 투자안 X만을 자산으로 보유한 독립적인 회사 X를 설립한다고 가정합시다. 그러면 회사 X의 시장가치는 얼마가 될까요?

투자자들은 회사 X가 향후 지급할 배당금을 추정한 후, 이 회사와 유사한 위험을 가진 주식의 기대수익률로 이 배당금들을 할인하려 할 것입니다. 아시는 바와 같이, 주가란 미래에 지급이 예상되는 배당금의 현재가치와 동일합니다.

회사 X의 유일한 자산이 투자안 X이므로, 회사 X의 예상배당지급액과 투자안 X의 추정 현금흐름은 정확히 일치하게 됩니다. 또한 투자자들이 회사 X의 배당금을 할인하기 위해 사용하는 할인율과 우리가 투자안 X의 현금흐름을 할인하기 위해 사용하는 할인율도 정확히 일치합니다.

다시 말하지만, 회사 X는 가상의 회사입니다. 그러나 투자안 X가 추진된다면, 베지트론 주식을 소유한 투자자들은 투자안 X 및 베지트론의 기타 자산들로 구성된 포트폴리오를 실제로 보유하게 됩니다. 베지트론의 기타 자산들을 $900만의 가치를 지닌 독립적인 사업체라고 간주합시다. 그러면 자산들의 가치는 합산이 가능하므로, 독립된 사업체인 투자안 X의 가치(즉 회사 X의 가치)를 계산해 위 포트폴리오의 가치를 쉽게 알 수 있습니다.

투자안 X의 현재가치를 구하는 것은 금융시장에서 회사 X의 주식가치를 평가하는 과정과 같다는 것입니다.

**CFO의 질문:** 할인율을 어떻게 정하는지 아직 이해가 되지 않습니다.

**여러분의 답변:** 정확한 할인율을 찾기란 어렵다는 것에 동의합니다만, 무엇을 찾으려는지는 쉽게 알 수 있습니다. 할인율이란 투자를 금융시장에 하는 대신 투자안에 함으로써 발생하는 기회비용입니다. 다시 말해 회사는 투자안을 채택하는 대신 언제든지 현금을 주주들에게 나누어 주고, 그들이 직접 이 현금을 금융자산에 투자하도록 할 수 있습니다.

그림 6.1은 회사의 현금 사용에 대한 두 가지 선택안을 보여줍니다. 투자안에 현금을 투자함으로써 발생하는 기회비용은 회사의 주주들이 직접 그 현금을 금융자산에 투자해 얻을 수 있는 수익입니다. 즉 투자안이 창출하는 현금흐름을 금융자산에 대한 기대수익률로 할인한다는 의미는, 투자안을 선택함으로써 투자자들이 어느 정도의 금전적인 희생을 감수할지를

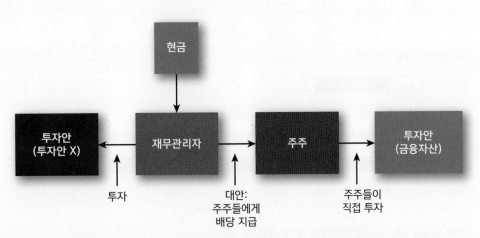

▶ **그림 6.1** 기업은 현금을 유보해 재투자하거나, 주주에게 배당으로 지급할 수 있다. (화살표는 가능한 현금흐름 혹은 현금의 이전을 나타낸다.) 기업이 현금을 재투자할 때 반영해야 하는 기회비용은 주주가 금융자산에 투자해 얻을 수 있는 기대수익률이다.

보여주는 것입니다.

**CFO의 질문**: 그런데, 어떤 금융자산을 사용해 할인율을 정합니까? IBM 주식에 대한 기대 투자수익률이 단지 12%라고 해서, 13%의 투자수익이 기대되지만 신뢰가 안 가는 플라이바이나이트일렉트로닉스(Fly-by-Night Electronics) 주식에 투자할 수는 없지 않습니까.

**여러분의 답변**: 기회비용이라는 개념이 통하는 경우는 동일한 위험을 가진 자산들을 비교할 때뿐입니다. 보통은, 투자안과 유사한 위험을 가진 자산들을 선택한 후 이들 자산의 기대수익률을 구하고, 이를 기회비용으로 사용합니다.

## 순현가법 외의 투자결정기준

당신이 베지트론의 CFO에게 조언했던 순현가법은 투자결정 시 널리 사용되는 방법이다. 현재 75%의 회사가 투자안 결정 시 거의 항상 순현가법을 활용한다. 그러나 그림 6.2에서 볼 수 있듯이, 기업의 투자의사결정에는 순현가법만 사용되는 것이 아니며, 자주 하나 이상의 기준을 사용해 투자안의 수익성을 평가한다.

약 3/4의 기업이 투자안의 내부수익률(internal rate of return, IRR)을 사용해 투자결정을 하며, 이는 순현가법을 사용하는 비율과 거의 동일하다. 내부수익률법은 순현가법과 밀접한 관련이 있어, 이를 올바르게 활용하면 순현가법과 동일한 결과를 얻게 된다. 따라서 내부수익률법을 사용할 때 어떠한 주의를 기울여야 하는지를 이해하는 것이 중요하다.

이 장의 대부분은 내부수익률법을 설명하지만, 투자안의 수익성 평가 시 활용하는 두 가지 다른 투자기준, 즉 회수기간법과 장부수익률법을 먼저 살펴보겠다. 추후에 설명하겠지만, 이 두 가지 방법에는 명백한 결점들이 존재한다. 투자결정에 이들 기준을 쓰는 기업은 거의 없으나, 투자결정이 애매한 투자안인 경우 이 방법들을 보충적으로 활용하면 투자결정을 용이하게 하는 데 도움이 될 수도 있다.

이 장의 후반부에서 수익성 지수라는 투자결정기준을 추가로 설명하겠지만, 그림 6.2에서 보듯이, 수익성 지수는 자주 사용되는 기준은 아니다. 그러나 이 수익성 지수법이 몇 가지 특

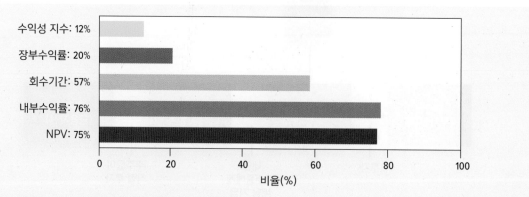

▶ **그림 6.2**  기업의 CFO가 주로 사용하는 투자안 평가기준 비율

출처: J. R. Graham and C. R. Harvey, "The Theory and Practice of Corporate Finance: Evidence from the Field," *Journal of Financial Economics* 60(2001), pp. 187-243.

별한 이점을 갖게 되는 경우들이 있어 이에 대해 살펴보겠다.

## 순현가법과 관련된 세 가지 중요점

순현가법 이외의 투자결정기준들을 분석하다 보면, 순현가법에는 다음과 같은 중요한 특성들이 있다는 점을 분명히 알게 된다. 첫째, 순현가법에서는 **오늘의 $1가 내일의 $1보다 더 가치 있다**는 점을 반영한다. 이는, 오늘 $1를 투자하면 즉시 이자가 발생하기 때문이다. 이러한 **화폐의 시간가치**를 무시하는 투자기준들은 모두 그릇된 방식이다. 둘째, 순현가법은 투자안의 **추정현금흐름**과 **자본의 기회비용**만을 활용하는 투자기준이다. 경영자의 취향, 회계처리방식의 선택, 기존 사업의 수익성, 혹은 여타 개별 투자안들의 수익성에 따라 영향을 받는 투자기준은 잘못된 투자결정을 하게 한다. 셋째, **현재가치는 오늘의 화폐가치로 평가되므로, 서로 합산이 가능**하다. 따라서 2개의 투자안 A와 B를 결합한 투자안의 NPV는 다음과 같다.

$$NPV(A+B) = NPV(A) + NPV(B)$$

이러한 가산성은 중요한 의미를 내포하고 있다. 투자안 B의 NPV가 음($-$)의 값을 가진다고 가정해보자. 이때 투자안 B와 투자안 A를 결합하게 되면, 이렇게 결합된 투자안($A+B$)의 NPV는 단독 투자안 A의 NPV보다 낮아지게 된다. 따라서 부실한 투자안(B)이 우량한 투자안(A)과 결합되었다는 이유만으로 투자안 B를 채택하는 실수를 범하지는 않게 될 것이다. 추후에 살펴보겠지만, 순현가법 이외의 다른 투자기준들은 이러한 가산성을 가지고 있지 않다. 따라서 주의를 기울이지 않는다면, 우량한 단독 투자안을 채택하는 대신 우량 투자안과 부실 투자안이 결합된 투자안을 채택하는 실수를 범할 수도 있다.

## 6-2  장부수익률법 및 회수기간법

### 장부수익률법

NPV는 투자안의 현금흐름과 자본의 기회비용만을 기초로 해 구하게 된다. 그러나 기업이 주주들에게 제출하는 사업보고서를 보면, 단순히 현금흐름만이 보고되는 것은 아니며, 이 보고서에는 장부(즉 회계)이익과 장부자산이 포함된다.

재무관리자들은 때때로 이러한 회계이익과 장부자산을 사용해 투자안에 대한 장부(혹은 회계)수익률을 계산한다. 즉 장부수익률은 투자로부터 얻어지는 향후 회계이익과 기업이 취득하려는 자산의 장부가치의 비율로 나타낸다.

$$장부수익률 = \frac{회계이익}{자산의 장부가치}$$

일반적으로 재무관리자들은 이렇게 얻은 투자안의 장부수익률과 기업의 현재 장부수익률을 비교한다.

보통은 현금흐름과 회계이익 사이에 큰 차이가 있다. 예를 들어 회계사들은 어떤 현금유출은 **자본 투자**(capital investment)로 분류하고, 다른 현금유출은 **영업비용**(operating expense)으로 분류한다. 영업비용은 당해연도의 수익에서 즉시 차감되지만, 자본지출은 기업의 대차대조표에 계상된 후 감가상각 처리된다. 1년 동안 발생하는 감가상각비용은 당해 연도의 수익에서 차감된다. 따라서 장부수익률법은 회계사가 어떤 항목을 자본지출로 처리하는지, 또 이를 얼마나 조속히 감가상각 처리하는지에 따라 영향을 받게 된다.

회계사들의 현금흐름 분류방식에 의해 투자안의 채택 여부가 결정되어서는 안 되므로, 최근에는 장부수익률법만을 사용해 투자결정을 내리는 기업은 거의 없다. 그러나 기업의 경영층에서도 주지하는 사실은 주주들이 회계적 수익성에 큰 관심이 있으며, 당연히 이들 주주들은 중요한 투자안들이 기업의 장부수익률에 어떠한 식으로 영향을 미치는지 고려(그리고 우려)한다는 것이다. 따라서 기업의 장부수익률을 감소시키는 투자안들의 경우에는 회사 최고경영층의 좀 더 면밀한 검토가 있어야 할 것이다.

장부수익률법에는 어떠한 문제점이 있는지 살펴보았다. 따라서 장부수익률법은 정확한 수익성을 판단하는 좋은 기준이 될 수 없다. 또한 기업의 장부수익률이란 기업의 과거 모든 투자활동을 통해 나온 평균 수익률을 일컫는다. 일반적으로, 과거 투자활동의 평균 수익성이 신규 투자활동을 결정하는 올바른 기준은 아니다. 예를 들어 정말로 운이 좋아 성공한 기업이 있고, 이 기업의 장부수익률은 주주들의 요구수익률 12%의 2배인 24%라고 하자. 기업 입장에서 볼 때, 앞으로 모든 신규투자 수익률이 24%이거나 혹은 그 이상이 되어야 하는가? 분명히 그렇지 않을 것이다. 만약 이 기업이 장부수익률법을 고수한다면, 12~24% 사이의 수익률이면서 양(+)의 NPV가 나오는 많은 투자기회를 놓치게 될지도 모르기 때문이다.

11장에서 장부수익률법을 다시 다룰 것이며, 재무적 성과에 영향을 끼치는 회계처리방식에 대해 좀 더 자세히 살펴보고자 한다.

## 회수기간법

아마 당신은 다음과 같은 대화를 종종 들은 적이 있을 것이다. "빨래방에서 일주일에 $6, 그러면 1년에 약 $300를 쓰는데, 세탁기를 $800를 주고 사면 3년 안에 본전이거든. 그러니까, 세탁기를 사는 게 좋겠어." 당신은 방금 회수기간법과 관련된 대화를 들은 것이다.

투자안의 **회수기간**(payback period)은 누적현금흐름이 초기투자액을 회수하는 데 소요되는 기간을 계산한 것이다. 위 세탁기 예의 경우에는 회수기간이 3년이 채 걸리지 않는다. **회수기간법**(payback rule)에서는 투자액의 회수기간이 기업이 정한 목표회수기간(cutoff period)보다 빠르면 투자안을 채택하게 된다. 위의 세탁기 예에서 목표회수기간이 4년일 경우, 세탁기 구매는 옳은 투자선택이 된다. 그러나 목표회수기간이 2년이라면 세탁기를 구매하지 말아야 한다.

회수기간을 투자의사결정 시 하나의 설명자료로 사용하는 데는 아무런 문제가 없다. 위의 세탁기 예의 경우, 투자원금의 목표회수기간은 3년이라고 주장해도 무방하다. 그러나 회수기간을 결코 투자결정의 **원칙**으로 삼아서는 안 된다.

## 예제 6.1 • 회수기간법

아래 세 가지 투자안을 살펴보자.

| | 현금흐름($) | | | | | |
|---|---|---|---|---|---|---|
| 투자안 | $C_0$ | $C_1$ | $C_2$ | $C_3$ | 회수기간(년) | 10%일 때 NPV |
| A | −2,000 | 500 | 500 | 5,000 | 3 | +2,624 |
| B | −2,000 | 500 | 1,800 | 0 | 2 | −58 |
| C | −2,000 | 1,800 | 500 | 0 | 2 | −50 |

투자안 A의 초기투자액은 $2,000($C_0 = -2,000$)이며, 그 후 3년간 현금의 유입이 발생한다. 자본의 기회비용은 10%라고 하자. 그러면 투자안 A의 NPV는 +$2,624가 된다.

$$NPV(A) = -2,000 + \frac{500}{1.10} + \frac{500}{1.10^2} + \frac{5,000}{1.10^3} = +\$2,624$$

투자안 B 역시 초기투자액은 $2,000이지만, 현금의 유입이 1년 차에는 $500이고, 2년 차에는 $1,800가 발생한다. 자본의 기회비용이 10%일 경우, 투자안 B의 NPV는 −$58이다.

$$NPV(B) = -2,000 + \frac{500}{1.10} + \frac{1,800}{1.10^2} = -\$58$$

세 번째 투자안 C의 초기투자액은 투자안 A, B와 같지만, 1년 차에 유입되는 현금은 더 많다. 투자안 C의 NPV는 +$50이다.

$$NPV(C) = -2,000 + \frac{1,800}{1.10} + \frac{500}{1.10^2} = +\$50$$

순현가법을 사용하면 투자안 A와 C는 채택하고, 투자안 B는 기각한다.

이제 각각의 투자안이 얼마나 빨리 투자원금을 회수하는지 알아보자. 투자안 A는 투자원금을 회수하는 데 3년이 걸리고, 투자안 B와 C는 2년 만에 투자원금을 회수한다. 만약 이 기업이 **회수기간법**을 사용하고 목표회수기간이 2년이라면, 투자안 B와 투자안 C만을 채택할 것이다. 그러나 이 기업의 목표회수기간이 3년 이상일 경우에는 세 가지 투자안을 모두 채택할 것이다. 따라서 설정된 목표회수기간과는 무관하게, 회수기간법은 순현가법과는 다른 결과를 가져다준다.

이와 같이 회수기간법이 잘못된 결과를 가져다주는 이유를 알아보자.

1. **회수기간법은 목표회수기간 이후에 발생하는 모든 현금흐름을 무시한다.** 목표회수기간이 2년이라면, 회수기간법에서는 3년 차 현금유입의 크기와는 상관없이 투자안 A가 기각된다.

2. **회수기간법은 목표회수기간 전에 발생하는 모든 현금흐름에 대한 화폐의 시간가치를 고려하지 않는다.** 따라서 회수기간법에서는 투자안 B와 투자안 C가 똑같이 만족스러운 투자안이다. 그러나 투자안 C의 현금유입이 더 빨리 발생하므로, 할인율이 양(+)일 경우에는 투자안 C의 NPV는 투자안 B의 NPV보다 크다.

회수기간법을 사용하려면 회사는 적절한 목표회수기간을 선택해야 한다. 투자안의 사업기간을 고려하지 않고 동일한 목표회수기간을 사용한다면, 쉽게 단기 투자안은 채택하고 장기 투자안은 기각하게 된다.

회수기간법의 사용에는 이점이 별로 없다. 그런데도 많은 기업이 여전히 회수기간법을 사용하는 이유는 무엇인가? 기업의 최고경영자들도 회수기간 이후에 발생하는 현금흐름의 중요성을 모르는 것은 아니다. 그럼에도 기업들이 이 기준을 사용하는 이유는 다음 세 가지로 설명할 수 있다. 첫째, 회수기간법은 투자안의 수익성을 이해하는 데 가장 쉬운 의사소통 방법이다. 투자는 회사 내 모든 부서 사람들 간의 토론과 협상에 의해 결정된다. 이때 모든 사람이 이해할 수 있는 기준이 있다는 것은 중요하다. 둘째, 대기업의 경영자들은 이익을 빨리 내야 빨리 승진한다는 생각 때문에 회수기간이 짧은 투자안을 선택할 수도 있다. 제1장에서 경영자와 주주들의 목표를 일치시킬 필요가 있다고 한 얘기를 상기시키는 대목이다. 셋째, 자금조달에 제약이 있는 소규모 공개기업의 기업주들은 기업의 향후 자금조달능력에 대한 우려를 할 수 있다. 이러한 우려 때문에, 회수기간이 긴 투자안이 더 큰 현재가치를 가지더라도 회수기간이 짧은 투자안을 선호할 수 있다.

## 할인회수기간법

때때로 기업들은 현금흐름을 할인해 회수기간을 계산한다. 위의 세 가지 투자안에 할인회수기간법을 적용하면 다음과 같다.

| 투자안 | $C_0$ | $C_1$ | $C_2$ | $C_3$ | 할인회수기간 (년) | 10%일 때 NPV |
|---|---|---|---|---|---|---|
| | | | **현금흐름할인($)** | | | |
| A | −2,000 | $500/1.10=$ 455 | $500/1.10^2=$ 413 | $5,000/1.10^3=$ 3,757 | 3 | +2,624 |
| B | −2,000 | $500/1.10=$ 455 | $1,800/1.10^2=$ 1,488 | | − | −58 |
| C | −2,000 | $1,800/1.10=$ 1,636 | $500/1.10^2=$ 413 | | 2 | +50 |

할인회수기간은 할인된 현금으로 투자원금을 회수하는 데 소요되는 기간을 계산한 것이다. 위 표에서 보듯이, 투자안 B에서 나오는 현금흐름으로는 결코 투자원금을 회수할 수 없으므로 할인회수기간법을 사용하면 투자안 B는 반드시 기각되어야 한다. 따라서 할인회수기간법에서는 음(−)의 NPV를 갖는 투자안은 결코 채택되지 않는다. 그러나 할인회수기간법에서도 여전

히 목표회수기간 이후에 발생하는 현금흐름은 고려되지 않으므로, 투자안 A와 같이 장기적으로 수익이 나는 투자안이 기각될 우려가 있다.

많은 경영자들은 할인회수기간이 장기인 투자안을 무조건 기각하기보다는 이러한 긴 회수기간을 하나의 경고신호로 생각한다. 이들 경영자는 회수기간이 긴 투자안을 경솔히 기각하지는 않는 대신, 투자안의 제안자가 투자안의 장기적 현금창출능력에 대해 지나치게 낙관적이지는 않았는지를 점검한다. 또한 이들 경영자는 투자안에 투입되는 생산설비의 수명이 길고, 경쟁자들이 시장에 진입해 투자안의 현금흐름을 잠식하지 않는다면 회수기간이 장기인 투자안도 받아들인다.

## 6-3  내부(혹은 현금흐름할인)수익률법

회수기간법과 장부수익률법은 임시방편인 반면에, 내부수익률법은 훨씬 더 신뢰할 만한 근거를 가지고 있어 많은 재무 교과서에서 이 방법을 추천하고 있다. 여기서 내부수익률법의 결점을 자세히 설명하는 이유는 내부수익률법의 결점이 많아서가 아니라 그 결점들이 덜 명확하기 때문이다.

제3장에서 수익률로도 순현가법을 설명할 수 있다고 언급했는데, 그렇다면 다음과 같은 기준이 도출된다. "자본의 기회비용을 초과하는 수익률을 제공하는 투자기회는 채택하라." 이 말을 제대로 이해한다면, 이는 전적으로 올바른 기준이 되지만, 장기 투자안의 경우 이 기준으로 판단하는 것이 항상 간단한 문제는 아니다.

투자 시점에서 1기간 후에 투자금 회수가 1회만 발생하는 투자안의 정확한 수익률은 쉽게 구할 수 있다.

$$수익률 = \frac{투자회수액}{투자액} - 1$$

수익률을 구하는 대신 투자안의 NPV를 0으로 만드는 할인율을 구할 수도 있다.

$$NPV = C_0 + \frac{C_1}{1 + 할인율} = 0$$

즉

$$할인율 = \frac{C_1}{-C_0} - 1$$

물론 $C_1$은 투자 시점에서 1기간 후의 투자회수액이고, $-C_0$은 투자액을 말한다. 따라서 위의 두 식은 정확히 같은 의미를 갖는다. 즉 **NPV를 0으로 만드는 할인율이 수익률이기도 한 것이다.**

그러면 현금흐름이 몇 년에 걸쳐서 발생하는 경우 투자안의 수익률은 어떤 방식으로 구하는가?

**답변**: 수명이 1년인 투자안에서 정립한 개념을 그대로 쓰면 된다. 즉 **투자안의 수익률은 NPV를 0으로 만드는 할인율이다.** 이 할인율을 우리는 **현금흐름할인**(discounted cash flow, DCF)**수익률** 혹은 **내부수익률**(internal rate of return, IRR)이라고 부르며, 재무에서는 이 내부수익률이 자주 사용되는 기준이다. 내부수익률은 편리한 기준이긴 하지만 잘못된 기준으로 사용될 수도 있으므로 내부수익률을 계산하는 방법과 사용하는 방법을 올바로 알아야 한다.

### 내부수익률 계산

내부수익률은 NPV를 0으로 만드는 할인율로 정의된다. 따라서 $T$년간 지속되는 투자안의 내부수익률을 구하기 위해서는 아래의 식을 사용하면 된다.

$$\text{NPV} = C_0 + \frac{C_1}{1 + \text{IRR}} + \frac{C_2}{(1 + \text{IRR})^2} + \cdots + \frac{C_T}{(1 + \text{IRR})^T} = 0$$

실제로 내부수익률을 계산하려면 시행착오가 필요하다. 예를 들어 아래와 같은 현금흐름이 발생하는 투자안을 생각해보자.

| 현금흐름($) | | |
|:---:|:---:|:---:|
| $C_0$ | $C_1$ | $C_2$ |
| −4,000 | +2,000 | +4,000 |

아래 식에 포함된 IRR이 내부수익률이다.

$$\text{NPV} = -4,000 + \frac{2,000}{1 + \text{IRR}} + \frac{4,000}{(1 + \text{IRR})^2} = 0$$

임의로 할인율을 0%라고 하자. 이 경우 NPV는 0이 아니라 +$2,000가 된다.

$$\text{NPV} = -4,000 + \frac{2,000}{1.0} + \frac{4,000}{(1.0)^2} = +\$2,000$$

NPV가 양(+)의 값이므로 내부수익률은 0%보다 커야 한다. 다음은 할인율을 50%로 해보자. 이 경우에는 NPV가 −$889가 된다.

$$\text{NPV} = -4,000 + \frac{2,000}{1.50} + \frac{4,000}{(1.50)^2} = -\$889$$

NPV가 음(−)의 값이므로 내부수익률은 50%보다는 작아야 한다. 그림 6.3의 그래프는 할인율에 따라 변하는 NPV를 보여준다. 이 그래프에서 우리가 원하는 0의 NPV를 만드는 할인율은 28.08%라는 것을 알 수 있다. 따라서 내부수익률은 28.08%이다.(반올림으로 생기는 혼란을 피하기 위해 소수점 두 자리까지만 계산한다. 실제로 0.08%는 아무도 신경 쓰지 않는다.)[1]

---

[1] 투자안의 내부수익률은 채권의 만기수익률과 유사한 개념으로 이해할 수 있다. 제4장에서 살펴본 바와 같이,

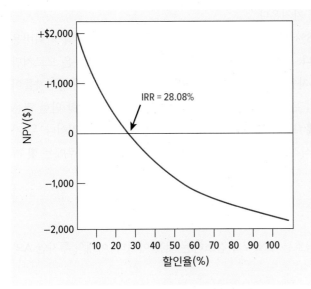

▶ **그림 6.3** 이 투자안의 초기투자금은 $4,000이며, 1년 후 $2,000와 2년 후 $4,000의 현금유입을 제공한다. NPV가 0이 되게 하는 할인율인 내부수익률은 28.08%이다.

그림 6.3과 같은 그래프를 그려 내부수익률을 구할 수도 있지만, 스프레드시트나 공학용 계산기를 사용해 계산하는 것이 더 빠르고 정확하다.

내부수익률과 자본의 기회비용을 혼동하는 사람들이 더러 있는데, 이는 아마 양쪽 모두를 NPV 공식에서 할인율로 사용하기 때문일 것이다. 내부수익률은 오직 투자안의 현금흐름 크기 및 발생 시점에 따라 결정되는 투자안의 **수익성 지표**(profitability measure)이다. 반면에 자본의 기회비용은 투자안의 **수익성 기준**(standard of profitability)이며, 이를 사용해 투자안의 현재가치를 계산한다. 자본의 기회비용은 금융시장에서 결정된다. 즉 투자안 평가 시 금융시장에서 거래되는 투자안과 동일한 위험을 가진 다른 자산의 기대수익률을 자본의 기회비용으로 사용한다.

### 내부수익률법

**내부수익률법**(internal rate of return rule)에 따르면, 기업은 자본의 기회비용이 내부수익률보다 작으면 투자안을 채택해야 한다. 그림 6.3을 다시 살펴보면 이 개념에 숨겨진 논리를 알 수 있을 것이다. 자본의 기회비용이 내부수익률인 28.08%보다 작은 경우, 이 투자안을 자본의 기회비용으로 할인하면 NPV는 **양**(+)의 값을 갖는다. 자본의 기회비용과 내부수익률이 같으면 투자안의 NPV는 0이다. 만약 자본의 기회비용이 내부수익률보다 클 경우 투자안은 **음**(−)의 NPV를 갖는다. 따라서 이 투자안의 자본의 기회비용과 내부수익률을 비교하는 것은 사실상 이 투자안이 양(+)의 NPV를 갖는지를 물어보는 것과 같다. 이는 위의 예에만 국한되는 것은 아니다. **할인율이 증가함에 따라 투자안의 NPV가 지속적으로 감소하는 모든 경우에** 내부수

---

채권의 만기수익률은 채권의 이자와 액면가의 현재가치를 채권의 시장가격과 같게 하는 할인율로 계산된다. 따라서 채권을 시장가격에 구입해 만기까지 보유할 경우, 이 채권투자의 내부수익률은 바로 이 채권의 만기수익률과 같은 것이다.

익률법과 순현가법은 동일한 결과를 가져온다.

위 투자안의 내부수익률이 28.08%라는 것은, 이 투자안을 기각하려면 자본의 기회비용이 얼마나 높아야 하는지를 말해준다. 비록 이 투자안의 정확한 자본의 기회비용은 모르지만 28.08%보다 낮다고 확신하면, 이 투자안은 적극적으로 추진할 수 있다. 따라서 왜 경영자들이 투자안의 내부수익률을 알면 도움이 된다고 생각하는지 이해가 될 것이다. 우려할 만한 것은 투자결정의 기준으로서 **NPV 대신에** 내부수익률을 사용하는 경영자들이 있다는 것이다. 두 기준을 올바르게 사용한다면, 비록 형식적으로는 같다 하더라도 내부수익률법의 경우에는 몇 가지 결점이 있다.

### 결점 1 – 대출인가 차입인가?

할인율이 증가함에 따라 모든 현금흐름의 NPV가 감소하는 것은 아니다. 아래의 투자안 A와 B를 살펴보자.

| 투자안 | 현금흐름(\$) | | 내부수익률 | 10%일 때 NPV |
| --- | --- | --- | --- | --- |
| | $C_0$ | $C_1$ | | |
| A | −1,000 | +1,500 | +50% | +364 |
| B | +1,000 | −1,500 | +50% | −364 |

두 투자안의 내부수익률은 모두 50%이다($-1,000+1,500/1.50=0,\ +1000-1,500/1.50=0$).

이는 양쪽 투자안이 똑같이 만족스럽다는 것인가? 분명히 그렇지 않다. 왜냐하면 처음에 현금 \$1,000가 유출되는 투자안 A의 경우에는 50%에 돈을 **빌려준**(대출) 것이고, 처음에 현금 \$1,000가 유입되는 투자안 B의 경우에는 50%에 돈을 **빌린**(차입) 것이다. 대출 시에는 **높은** 수익률을 원하고, 반대로 차입 시에는 **낮은** 수익률을 원하게 된다.

투자안 B에 대해 그림 6.3과 같은 그래프를 그려보면, 할인율이 증가함에 따라 NPV도 증가한다는 것을 알 수 있다. 이 경우에는 내부수익률법이 위에서 설명한 바와 같이 적용되지 않는 것이 분명하다. 즉 자본의 기회비용보다 낮은 내부수익률을 찾아야 한다.

### 결점 2 – 복수의 내부수익률

서호주에 위치한 헴슬리 아이언(Helmsley Iron)은 새로운 노천광산 개발을 계획 중이다. 이 광산의 초기투자액은 A\$300억이며, 향후 9년 동안 매년 A\$10억의 현금유입이 발생할 것으로 예상된다. 마지막에는 환경정화비용으로 A\$650억가 유출된다. 따라서 이 투자안에서 발생하는 현금흐름은 다음과 같다.

| 현금흐름(A\$10억) | | | | |
| --- | --- | --- | --- | --- |
| $C_0$ | $C_1$ | ... | $C_9$ | $C_{10}$ |
| −30 | 10 | | 10 | −65 |

이 회사가 계산한 투자안의 내부수익률과 NPV는 다음과 같다.

| 내부수익률(%) | 10%일 때 NPV |
|:---:|:---:|
| +3.50과 19.54 | A$25.3억 |

NPV를 0으로 만드는 할인율이 **2개** 있다는 것에 주목하자. 즉 아래의 두 가지 경우가 모두 가능하다.

$$\text{NPV} = -30 + \frac{10}{1.035} + \frac{10}{1.035^2} + \cdots + \frac{10}{1.035^9} - \frac{65}{1.035^{10}} = 0$$

$$\text{NPV} = -30 + \frac{10}{1.1954} + \frac{10}{1.1954^2} + \cdots + \frac{10}{1.1954^9} - \frac{65}{1.1954^{10}} = 0$$

다시 말해 이 투자안은 3.50%와 19.54% 2개의 내부수익률을 갖는다. 그림 6.4는 어떻게 이러한 결과가 나오는지를 보여준다. 할인율이 증가함에 따라 처음에는 NPV가 증가하다가 그 후 감소한다. 이러한 이유는 현금흐름의 부호가 두 번 바뀌기 때문이다. 즉 현금흐름의 부호가 변하는 횟수만큼 투자안의 내부수익률이 존재한다.[2]

해체 및 환경정화비용은 투자안 말기에 때로는 엄청난 현금유출을 유발한다. 영국 북해에 있는 석유굴착장치의 해체에 소요되는 예상비용은 $750억이며, 원자력발전소 한 기의 해체에는 $5억 이상의 비용이 소요된다. 이러한 투자안들은 현금흐름이 양(+)에서 음(−)으로 바뀌는 명백한 경우지만, 나중에 현금유출이 수반되어 회사가 이에 대한 계획을 세워야 하는 많은 다른 경우도 있다. 예를 들면 배가 수리를 위해 정기적으로 드라이 도크에 들어가고, 호텔이 대대적인 수선을 하거나, 기계부품을 교체하는 등의 경우가 있다.

현금흐름의 부호가 한 번 이상 바뀌게 되면 일반적으로 1개 이상의 내부수익률이 존재하게 된다. 심지어 내부수익률이 **존재하지 않는** 경우도 있다. 예를 들면 투자안 C는 모든 할인율에서 양(+)의 NPV를 갖는다.

| | 현금흐름($) | | | | |
|:---:|:---:|:---:|:---:|:---:|:---:|
| 투자안 | $C_0$ | $C_1$ | $C_2$ | 내부수익률 | 10%일 때 NPV |
| C | +1,000 | −3,000 | +2,500 | 없음 | +339 |

이러한 경우를 위해, 내부수익률을 변형한 많은 방법이 고안되었다. 예를 들면 복수의 내부수익률 문제를 해결하기 위해 현금흐름의 부호 변화가 단 한 번만 남을 때까지 나중에 발생하는 현금흐름을 자본비용으로 할인한다. 이렇게 수정된 현금흐름에 대해서 수정내부수익률(modified internal rate of return, MIRR)을 계산한다. 2개의 내부수익률을 갖는 위의 헴슬리 아이언 투자안의 수정내부수익률은 다음과 같이 계산한다.

---

[2] 데카르트의 '부호의 법칙'에 따르면, 다항식은 부호가 변하는 횟수만큼의 해를 가질 수 있다.

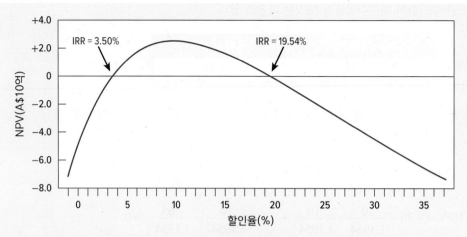

▶ **그림 6.4** 헴슬리 아이언 광산 투자안은 2개의 내부수익률을 제공하는 것으로 나타난다. 할인율이 +3.50%와 +19.54%일 때 NPV가 0이 된다.

1. 5차 연도에 모든 후속 현금흐름의 현재가치(PV)를 계산한다.

$$5차 연도의 PV = 10/1.1 + 10/1.1^2 + 10/1.1^3 + 10/1.1^4 - 65/1.1^5 = -8.66$$

2. 5차 연도 현금흐름을 위에서 계산한 후속 현금흐름의 현재가치에 더한다.

$$C_5 + 5차 연도의 PV = 10 - 8.66 = 1.34$$

3. 이제 현금흐름의 부호의 변화가 오직 한 번만 있기 때문에, 수정된 현금흐름에서는 다음 과 같이 하나의 내부수익률 13.7%만이 존재한다.

$$NPV = -30 + 10/1.137 + 10/1.137^2 + 10/1.137^3 + 10/1.137^4 + 1.34/1.137^5 = 0$$

수정내부수익률 13.7%가 자본비용보다 높기 때문에, 이 투자안을 자본비용으로 평가하게 되면 투자안의 가치는 양(+)의 NPV를 갖게 된다.

이와 같이 고안된 방법들은 부적절할 뿐만 아니라 불필요하기까지도 하다. 왜냐하면 NPV를 사용해 이러한 문제를 해결하면 간단하기 때문이다.

### 결점 3 – 상호 배타적인 투자안

기업은 종종 동일한 작업을 수행하거나 동일한 설비를 사용하는 여러 투자 대안 중에서 하나를 선택해야 한다. 즉 기업은 **상호 배타적인 투자안**(mutually exclusive project) 중에서 하나를 선택해야 한다는 것이다. 이러한 경우에서도 역시 내부수익률은 잘못된 결과를 초래할 수 있다.

다음의 투자안 D와 E를 살펴보자.

| 현금흐름($) | | | | |
|---|---|---|---|---|
| 투자안 | $C_0$ | $C_1$ | 내부수익률 | 10%일 때 NPV |
| D | −10,000 | +20,000 | 100 | +8,182 |
| E | −20,000 | +35,000 | 75 | +11,818 |

투자안 D는 수동제어 기계장치이고, 투자안 E는 컴퓨터제어가 추가된 동일한 기계장치라고 하자. 양쪽 모두 좋은 투자안이지만, NPV가 더 높은 투자안 E가 더 나은 투자안이다. 하지만 내부수익률법에 따라 선택해야 한다면 더 높은 내부수익률을 가지는 투자안 D를 채택해야 할 듯하다. 내부수익률법에 따라 투자안 D를 선택하면 100%의 수익률을 얻을 수 있는 반면, 순현가법에 따라 투자안 E를 채택하면 $11,818의 부의 증가를 얻을 수 있다.

이런 경우에는 **증분**현금흐름에 대한 내부수익률을 고려함으로써 내부수익률법을 계속 사용할 수 있다. 그 방법은 다음과 같다. 우선 규모가 작은 투자안(여기서는 투자안 D)을 검토해보자. 투자안 D의 내부수익률은 자본의 기회비용 10%를 훨씬 초과하는 100%이다. 따라서 투자안 D는 당연히 채택된다. 다음에는 투자안 D보다 $10,000를 추가로 더 투자해야 하는 투자안 E에 투자할 가치가 있는지 질문해보자. 투자안 D 대신 투자안 E를 수행함으로써 발생하는 증분현금흐름은 아래와 같다.

| 현금흐름($) | | | | |
|---|---|---|---|---|
| 투자안 | $C_0$ | $C_1$ | 내부수익률(%) | 10%일 때 NPV |
| E−D | −10,000 | +15,000 | 50 | +3,636 |

위 표에서 알 수 있듯이, 추가 투자에 대한 내부수익률은 50%이다. 이는 투자안 D의 내부수익률보다는 높지 않지만, 자본의 기회비용인 10%를 훨씬 초과하는 수준이다. 따라서 투자안 D보다는 투자안 E가 선호된다.[3]

내부수익률은 추가되는 지출을 고려하지 않고서는 규모가 다른 투자안의 순위를 정하는 데 도움이 되지 않는다. 또한 시간이 흐르면서 상이한 현금흐름의 패턴을 가지는 투자안의 순위를 정하는 데도 내부수익률은 신뢰할 수 있는 기준이 되지 못한다. 예를 들어 단지 몇 년 동안만 훨씬 높은 수익률을 제공하는 투자안보다는 장기간에 걸쳐 양호한 수익률을 제공하는 투자안을 채택하는 것이 좋을 수 있다. 이를 설명하기 위해 기업이 투자안 F 또는 투자안 G를 추진할 수 있지만, 두 투자안 모두를 추진할 수는 없다고 가정하자.

---

[3] 불행하게도 증분현금흐름은 부호가 수차례 변할 수 있어 복수의 내부수익률이 구해질 수 있다. 이러한 경우에는 어쩔 수 없이 NPV를 사용해야 한다.

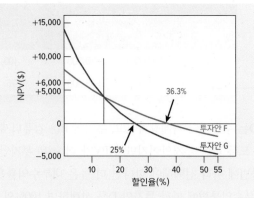

▶ **그림 6.5** 투자안 F의 내부수익률이 투자안 G보다 높지만, NPV의 경우 할인율이 13.9%보다 클 때만 투자안 F가 투자안 G보다 높은 NPV를 갖는다.

| 현금흐름($) | | | | | | | | | | | |
|---|---|---|---|---|---|---|---|---|---|---|---|
| 투자안 | $C_0$ | $C_1$ | $C_2$ | $C_3$ | $C_4$ | $C_5$ | $C_6$ | $C_7$ | $C_8$ | 내부수익률(%) | 10%일 때 NPV |
| F | −10,000 | +6,000 | +6,000 | +6,000 | 0 | 0 | 0 | 0 | 0 | 36.3 | 4,921 |
| G | −10,000 | +3,000 | +3,000 | +3,000 | +3,000 | +3,000 | 3,000 | 3,000 | 3,000 | 25.0 | 6,005 |

단기투자안인 F의 내부수익률이 더 높기는 하지만 자본의 기회비용이 10%일 때 투자안 G의 NPV가 더 크기 때문에 투자안 G가 주주들의 부를 더 증가시킨다.

그림 6.5는 할인율에 따라 2개의 투자안 중 어떤 투자안을 선택해야 하는지 보여준다. 만약 투자자들이 상대적으로 낮은 수익률을 요구한다면, 사업기간이 장기임에도 불구하고 투자자들은 투자안 G를 채택하게 된다는 것에 주목하자. 단기투자안 F가 더 나은 경우는 투자자들의 요구수익률이 높아서(13.9% 초과), 먼 미래의 현금흐름에 낮은 가치를 두는 때일 뿐이다. 이는 투자안들의 내부수익률을 단순히 비교해서는 알 수 있는 사항이 아니다.

투자안 F와 G의 NPV를 비교한 후 하나의 투자안을 선택하는 것이 가장 쉬운 방법이지만, 내부수익률법을 꼭 사용하고자 한다면 증분현금흐름에 대한 수익률을 살펴보아야 한다. 이에 대한 절차는 앞에서 설명한 바와 동일하다. 우선 투자안 F의 내부수익률이 만족스러운지 확인하고, 그렇다면 투자안 G에서 발생하는 증분현금흐름에 대한 내부수익률을 살펴본다.

투자안 G에서 발생하는 증분현금흐름에 대한 수익률이 자본의 기회비용보다 높은 13.9%이므로, 투자안 F 대신에 투자안 G를 채택한다.[4]

| 현금흐름($) | | | | | | | | | | | |
|---|---|---|---|---|---|---|---|---|---|---|---|
| 투자안 | $C_0$ | $C_1$ | $C_2$ | $C_3$ | $C_4$ | $C_5$ | $C_6$ | $C_7$ | $C_8$ | 내부수익률 | 10%일 때 NPV |
| G−F | 0 | −3,000 | −3,000 | −3,000 | +3,000 | +3,000 | +3,000 | +3,000 | +3,000 | +13.9 | +1,084 |

---

[4] 투자안 F와 G는 10%인 동일한 자본비용을 가지고 있으므로, 증분현금흐름의 내부수익률을 단순히 10%와 비교해 두 투자안 중 하나를 채택할 수 있다. 그러나 투자안 F와 G의 위험이 상이해 자본비용이 동일하지 않은 경우에는 증분현금흐름의 내부수익률을 단순히 비교할 수 있는 기준이 없게 된다.

## 결점 4 – 자본의 기회비용이 2개 이상 존재하는 경우

지금까지는 모든 현금흐름 등에 대한 자본의 기회비용이 동일하다는 가정하에 자본예산에 대한 논의를 단순화했다. NPV를 구하는 가장 일반적인 공식을 다시 살펴보자.

$$NPV = C_0 + \frac{C_1}{1 + r_1} + \frac{C_2}{(1 + r_2)^2} + \frac{C_3}{(1 + r_3)^3} + \cdots$$

즉 $C_1$을 1차 연도 자본의 기회비용으로 할인하고, $C_2$를 2차 연도 자본의 기회비용으로 할인하는 등으로 NPV를 계산한다. 내부수익률법을 사용하면 자본의 기회비용보다 내부수익률이 더 높은 투자안을 채택하면 된다. 그러나 자본의 기회비용이 여럿인 경우에는 어떻게 해야 할까? 내부수익률을 $r_1$, $r_2$, $r_3$, …과 비교하면 되는가? 결국은 이들 자본의 기회비용의 복합가중평균을 계산해 내부수익률과 비교해야 할 것이다.

이자율의 기간구조를 나타내는 수익률 곡선(yield curve)이 평평하지 않을 경우, 장단기 할인율의 차이는 중요하다. 2017년에는 미국 장기국채의 수익률이 단기국채보다 거의 2% 이상 높았다. 기업의 재무관리자가 새로운 사무실의 임대료를 계산한다고 생각해보자. 이때 사무실 임대료는 확정부채라고 가정하자. 이 관리자는 15년 차 임대료에 사용할 할인율을 똑같이 1년 차 임대료에 사용하지는 않을 것이다.

그러나 위험 투자안의 할인율로 사용하기 위해 수익률 곡선을 아주 정확히 그리는 노력의 대가는 미미하다. 투자안의 현금흐름을 정확히 추정해 얻는 이득이 할인율을 정확히 구해 얻는 이득보다 훨씬 크다. 따라서 수익률 곡선이 평평하지 않을 경우에도 내부수익률을 주로 사용한다.

## 내부수익률에 대한 평가 및 결론

지금까지 내부수익률의 결점과 관련해 네 가지 예를 살펴보았다. 회수기간과 장부수익률의 결점들에 대해서는 이보다 적은 지면을 할애했다. 이것이 내부수익률이 다른 두 방법보다 못하다는 것을 의미하는가? 이와는 정반대이다. 회수기간이나 장부수익률의 결점들을 지적하는 것은 별 의미가 없다. 이들은 분명 임시방편적인 방법이며, 종종 그릇된 결정에 이르게 한다. 내부수익률법이 훨씬 신뢰할 수 있는 근거를 가진 방법이다. 내부수익률법은 순현가법보다는 사용이 용이하지 않지만, 올바른 방식으로 사용한다면 순현가법과 동일한 결과를 제공한다.

최근에는 회수기간 혹은 장부수익률법을 주된 방법으로 사용해 투자안의 수익성을 평가하는 대기업은 거의 없다. 대부분의 기업은 현금흐름할인(DCF)을 사용하며, 많은 기업에게 할인 현금흐름을 사용한다는 것은 순현가법보다는 내부수익률법을 사용한다는 의미이다. 초기 현금유출 이후 일련의 현금유입이 발생하는 '일반적인' 투자안일 경우 내부수익률을 사용해 단순한 채택/기각 결정을 내리는 데는 아무런 문제가 없다. 그러나 내부수익률을 사용하려는 재무관리자들은 세 번째 결점에 더 많은 주의를 기울일 필요가 있다고 생각한다. 대부분의 투자안은 생산관리자들이 제안하므로, 재무관리자들이 가능한 투자안 모두를 다 알 수는 없다. 기업이 비재무전무가에게 투자안의 내부수익률을 우선 검토하라고 지시하는 것은 결국 가장 높은 NPV를 갖는 투자안보다는 가장 높은 내부수익률을 가진 투자안을 찾으라고 유도하는 것일 뿐만 아니라, 투자안을 **수정해** 내부수익률을 높게 만들도록 조장하는 것이다. 일반적으로 어떠한 투자안이 높은 내부수익률을 제공하는가? 초기 투자금액이 적은 단기 투자안이 높은 내부수익률을 제공하지만, 이러한 투자안들은 기업의 가치 증대에 별 도움이 되지 않을 것이다.

왜 많은 기업들이 내부수익률에 큰 관심을 두는지는 모르겠지만, 아마도 기업의 경영층이 그들에게 보고되는 추정현금흐름을 신뢰하지 않는다는 사실이 반영된 것으로 짐작된다. 예를 들어 2명의 공장장이 신규 투자안을 가지고 온다고 가정하자. 2개의 투자안 모두 회사의 자본비용 8% 수준에서 양(+)의 NPV $1,400를 제공하지만, 경영층은 투자안 A를 채택하고, 투자안 B는 기각하는 결정을 내린다. 경영층의 이러한 행동은 비합리적인가?

2개의 투자안의 현금흐름과 NPV는 아래의 표에 나와 있다. 양쪽 투자안이 모두 동일한 NPV를 갖지만, 투자안 A의 투자액은 $9,000인 반면, 투자안 B의 투자액은 $900만이다. 현금 $9,000를 투자해 $1,400의 수익을 내는 것은 분명 만족스러운 제안이며, 이는 투자안 A의 내부수익률이 거의 16%에 가깝다는 사실에서 알 수 있다. 투자안 B와 같이, 현금 $900만를 투자해 $1,400의 수익을 올리는 것도 가치 있는 일이긴 하지만 이 경우 경영층은 공장장이 제시한 추정현금흐름에 대한 확신이 있어야 할 것이다. 하지만 투자안 B의 경우에는 실수를 허용할 만한 여유가 사실상 거의 없다. 당신은 시간과 돈을 써 가며 현금흐름이 제대로 추정되었는지 확인해볼 수도 있겠지만, 이것이 정말 그만한 노력을 기울일 가치가 있겠는가? 대부분의 경영자들은 내부수익률을 검토한 후, 자본비용이 8%일 때 내부수익률이 8.01%인 투자안은 시간 들여 고민할 필요도 없다고 결정할 것이다.

| | 현금흐름($1,000) | | | | | |
|---|---|---|---|---|---|---|
| 투자안 | $C_0$ | $C_1$ | $C_2$ | $C_3$ | 8%일 때 NPV | 내부수익률(%) |
| A | −9.0 | 2.9 | 4.0 | 5.4 | 1.4 | 15.58 |
| B | −9,000 | 2,560 | 3,540 | 4,530 | 1.4 | 8.01 |

한편, 경영층 입장에서는 투자안 A가 즉시 착수할 가치가 있는 분명히 좋은 투자안이라고 결정하겠지만, 투자안 B의 경우에는 좀 더 명확한 결정을 내리기 위해 1년 정도 두고 보는 것도 아마 틀린 생각은 아닐 것이다. 따라서 경영층은 요구수익률을 자본의 기회비용보다 높게 책정해 투자안 B와 같은 투자안에 대한 결정을 미루기도 한다.

**6-4** **자원의 제약하에서 자본 투자의 선택**

자본예산기법에 대해 지금까지 진행했던 전반적인 논의는 기업이 양(+)의 NPV를 가지는 **모든** 투자안을 채택한다면 기업 주주들의 부가 최대가 된다는 전제를 기초로 했다. 그러나 기업이 이러한 모든 투자안을 채택할 수 없는 투자계획상의 제약이 존재한다고 가정해보자. 경제학자들은 이를 **자본할당**(capital rationing)이라고 부른다. 자본을 할당할 경우에는 기업이 보유한 자원의 범위 내에서 가능한 가장 큰 NPV를 제공하는 투자안들의 조합을 선택하는 방법이 필요하다.

## 자본할당의 간단한 예

우선 간단한 예를 들어 보자. 자본의 기회비용은 10%이며, 회사에는 아래와 같은 투자기회들이 존재한다.

| 투자안 | 현금흐름($100만) $C_0$ | $C_1$ | $C_2$ | 10%일 때 NPV |
|---|---|---|---|---|
| A | −10 | +30 | +5 | 21 |
| B | −5 | +5 | +20 | 16 |
| C | −5 | +5 | +15 | 12 |

3개의 투자안 모두가 만족스럽지만, 회사는 $1,000만까지만 자금을 사용할 수 있다고 가정하자. 이 경우 회사는 투자안 A에 투자하거나, 혹은 투자안 B와 C에 투자할 수는 있지만, 3개의 투자안 모두에 투자할 수는 없다. 개별적으로는 투자안 B와 C의 NPV가 투자안 A보다는 작지만, 2개의 프로젝트를 결합하면 이들의 NPV는 투자안 A보다 더 크게 된다. 하지만 여기서 단지 NPV만을 기준으로 삼아 투자안을 선택해서는 안 된다. 이처럼 자금이 한정적일 경우에는 어떤 투자안이 가장 큰 투자 효과를 내는지에 초점을 맞추어야 한다. 즉 초기 투자 1달러당 가장 높은 NPV를 제공하는 투자안을 선택해야 한다는 것이다. 이러한 비율을 **수익성 지수**(profitability index)라고 한다.[5]

$$수익성\ 지수 = \frac{NPV}{투자액}$$

위 3개 투자안의 수익성 지수는 다음과 같다.[6]

| 투자안 | 현금흐름($100만) | 10%일 때 NPV | 수익성 지수 |
|---|---|---|---|
| A | 10 | 21 | 2.1 |
| B | 5 | 16 | 3.2 |
| C | 5 | 12 | 2.4 |

---

[5] 투자안에서 지출이 두 기간 혹은 그 이상의 기간 동안 발생할 경우, 분모는 모든 지출의 현재가치로 산정해야 한다.

[6] 수익성 지수는 초기 지출에 대한 현금흐름의 현재가치 비율, 즉 PV/투자액으로 정의되기도 하며, 이 척도를 편익-비용 비율(benefit-cost ratio)이라고 한다. 편익-비용 비율은 단순히 수익성 지수에 1을 더해서 구할 수 있으며, 투자안의 순위에는 변동이 없다.

투자안 B의 수익성 지수가 가장 높으며, 그다음으로 높은 것은 투자안 C이다. 따라서 예산이 $1,000만로 제한되어 있다면 이들 두 투자안을 선택해야 한다.[7]

그러나 이런 식으로 단순하게 순위를 정하는 방법은 몇 가지 한계가 있다. 가장 심각한 것 중 하나는 자원이 두 번 이상 할당될 경우에는 이 방법의 사용에 문제가 있다는 것이다.[8] 예를 들어 회사가 0차 연도와 1차 연도에 각각 $1,000만의 자금을 조달할 수 있으며, 투자 가능한 투자안이 확장되어 다음 해에 시작되는 투자안 D를 포함시킬 수 있다고 가정하자.

| 현금흐름($100만) | | | | | |
|---|---|---|---|---|---|
| 투자안 | $C_0$ | $C_1$ | $C_2$ | 10%일 때 NPV | 수익성 지수 |
| A | − 10 | +30 | +5 | 21 | 2.1 |
| B | − 5 | +5 | +20 | 16 | 3.2 |
| C | − 5 | +5 | +15 | 12 | 2.4 |
| D | 0 | − 40 | +60 | 13 | 0.4 |

한 가지 전략은 투자안 B와 C를 채택하는 것이겠지만, 이럴 경우에는 1차 연도 예산의 한도를 초과해 비용이 발생하는 투자안 D는 채택할 수 없게 된다. 한 가지 대안은 0차 연도에 투자안 A를 채택하는 것이다. 이 경우 투자안 A의 NPV가 투자안 B와 C를 합한 것보다는 낮지만, 투자안 A에서는 1차 연도에 $3,000만의 양(+)의 현금흐름이 발생한다. 이 현금과 $1,000만의 예산을 합하게 되면, 다음 해에 투자안 D 또한 착수할 수 있게 된다. 투자안 A와 D의 수익성 지수는 투자안 B와 C보다는 **낮지만**, 이들 투자안의 총 NPV는 더 높다.

이 예에서 수익성 지수로 순위를 정하는 것이 문제가 되는 이유는 각각의 두 기간마다 자원의 제약이 있기 때문이다. 사실, 투자안의 선택에 있어 어떠한 다른 제약이 존재하는 모든 경우에 이러한 순위법은 적합하지 않다. 즉 2개의 투자안이 상호 배타적이거나 혹은 한 투자안이 다른 투자안에 종속되어 있는 경우에도 이 순위법을 사용할 수 없다.

예를 들어 올해와 내년에 착수 가능한 여러 투자안이 있다고 가정하자. 각 연도마다 투자할 수 있는 자금에는 제약이 있다. 또한 투자안 A와 B를 동시에 착수할 수 없고(양쪽 투자안 모두 동일한 토지를 필요로 한다), 투자안 D에 투자를 하지 않으면 투자안 C에도 투자할 수가 없다(투자안 C는 단순히 투자안 D에 추가되는 투자안이다). 이 모든 제약을 충족하면서 가장 높은 NPV를 제공하는 투자안들의 조합을 찾아야 한다.

이러한 문제를 해결하는 한 방법은 모든 가능한 투자안들의 조합을 하나하나 찾아보는 것이

---

[7] 수익성 지수가 양(+)인 투자안의 NPV는 역시 양(+)의 값을 가져야 한다. 따라서 기업은 자본 제약이 없는 경우 투자안 선택 시 수익성 지수를 사용하기도 한다. 그러나 상호 배타적인 투자안 중에서 선택할 경우, 수익성 지수는 IRR처럼 잘못된 선택을 하게 할 수 있다. 예를 들면 당신은 (1) $100를 투자해 현금유입의 현재가치가 $200인 투자안과 (2) $100만를 투자해 현금유입의 현재가치가 $150만인 투자안 중에서 선택해야 한다고 가정하자. 투자안 (1)이 더 높은 수익성 지수를 제공하지만, 투자안 (2)가 당신의 부를 더 증가시킨다.

[8] 투자안 선택 후 자본의 일부가 남는 경우에도 이 방법을 사용하는 것에 문제가 있다. 수익성 지수가 약간 낮은 투자안을 채택하더라도, 할당된 자본을 모두 사용하는 것이 더 나을 것이다.

다. 우선 각 조합의 투자안들이 이러한 제약들을 충족하는지 확인하고, 그다음 NPV를 계산한다. 그러나 더 현명한 방법은 이러한 가능한 조합들의 탐색을 위해 특별히 고안된 선형계획법을 사용하는 것이다.

## 자본할당모형의 사용

선형계획 모형은 자원제약하의 자본예산 문제들을 해결하는 데 매우 적합한 것으로 보인다. 그렇다면 왜 이러한 모형들이 이론이나 실무에서 널리 사용되지 않는 것일까? 첫째로는 이러한 모형들이 너무 복잡할 수 있다는 것이고, 둘째로는 모든 정교한 장기 계획 모형에서 그렇듯이 좋은 데이터를 얻기가 어렵다는 일반적인 문제가 있다는 것이다. 빈약한 데이터에는 비용이 많이 드는 정교한 모형을 사용할 만한 가치가 없다. 게다가 이러한 모형들은 모든 미래의 투자기회들이 알려져 있다는 가정을 바탕으로 한다. 그러나 현실에서는 투자계획들이 진행 과정을 통해 점차적으로 알려지게 된다.

자금조달에 제약이 있다는 기본 가정에 약간의 의구심이 생긴다. 이 가정은 미국, 유럽, 일본처럼 자본시장이 완전히 발달하지 않은 중국과 인도 같은 국가들에게는 해당될지도 모르겠다. 그러나 추후에 기업의 자금조달에 대해 다루게 될 때, 전자의 경제에 속하는 대기업들은 자본할당 문제에 직면하지 않고 공정한 조건에서 대규모 자금을 조달할 수 있음을 알게 될 것이다. 그러면 왜 이들 국가의 대기업 경영자는 투자 관련 직원들에게 자금조달에 제약이 있다고 말하는가? 이들 경영자들이 옳다면, 자본시장은 심각하게 불완전한 시장인 것이다. 자본시장이 불완전하다면, 도대체 경영자들은 왜 NPV를 극대화하려 하는가?[9] 단순히 생각해보면, 자본이 할당되지 않는 경우(즉 완전한 자본시장) 경영자는 선형계획법을 사용할 필요가 없게 되고, 자본이 할당되는 경우(즉 불완전한 자본시장) 경영자는 당연히 선형계획법을 사용해서는 안 된다. 그러나 이는 너무 성급한 판단일지도 모른다. 이 문제에 대해 조금 더 신중하게 살펴보자.

**내부제약/연성할당**(soft rationing)　많은 기업들의 경우 자본 제약은 '연성(soft)'이다. 이러한 자본 제약에는 금융시장의 불완전성이 전혀 반영되어 있지 않다. 대신에 이 제약은 경영층에서 재무 통제를 수월하게 하기 위해 채택하는 일시적인 제한이다.

몇몇 의욕적인 부서장들은 자주 투자기회들을 과대평가한다. 따라서 회사에서는 이러한 문제를 쉽게 해결하기 위해 어떤 투자안들이 정말로 가치가 있는지를 선별하기보다는 단순히 부서별 지출에 상한을 두고 각 부서에서 우선순위를 스스로 정하게 한다. 이런 경우 예산의 제약은 추정현금흐름의 왜곡을 막는 개략적이기는 하지만 효과적인 방법이다. 예산 제약의 또 다른 경우는 경영층에서 기업의 고속 성장이 경영과 기업조직에 커다란 부담을 줄 수 있다고 판단할 때이다. 이러한 부담을 명백하게 수량화하기는 어렵기 때문에 예산의 제약은 하나의 대용으로써 사용될 수도 있다.

---

[9] 순현가법은 금융시장이 완전하다는 가정하에서 도출된다.

이러한 예산의 제약은 금융시장의 어떠한 비효율성과도 관련이 없기 때문에, 예산의 제약하에서 NPV를 극대화하기 위해 부서에서 선형계획모형을 사용하는 것은 전혀 모순이 되지 않는다. 그러나 부서에서 현금흐름의 추정을 심각하게 왜곡한 경우, 공들여 투자안들을 선별하는 절차를 행하는 것은 별 의미가 없다.

반드시 자본이 아니더라도, 다른 자원들도 할당될 수 있다. 관리시간 및 숙련된 노동력의 가용성, 혹은 여타 자본설비의 가용성조차도 기업 성장에 중요한 제약이 되는 것으로 여겨진다. 이러한 경우에도, NPV를 극대화하는 일련의 투자안들을 선별함에 있어 선형계획모형을 사용하는 것은 전혀 모순이 되지 않는다.

**외부제약/경성할당**(hard rationing)　　연성할당으로 기업이 치르는 대가는 전혀 없다. 엄격한 자본 제약으로 상당한 양(+)의 NPV를 가진 투자안들이 기각되는 것과 같은 피해가 생기는 경우, 기업에서는 더 많은 자금을 조달하고 제약을 완화하면 된다. 그러나 기업이 자금을 조달하지 못한다면, 즉 **경성**할당에 처한다면 어떻게 될까?

경성할당에는 시장의 불완전성이 내포되어 있기는 하지만 반드시 자본예산의 기준으로서의 NPV를 버려야 한다는 것을 의미하지는 않는다. 이는 불완전성의 성질에 달려 있다.

애리조나 아쿠아컬쳐(Arizona Aquaculture Inc., AAI)는 은행에서 대출한도만큼 자금을 차입하고 있으나, 여전히 좋은 투자기회들을 가지고 있다. 이런 경우에도 AAI가 주식 발행을 통해 자금을 조달할 수 있다면 경성할당에 해당하지 않는다. 그러나 회사가 주식을 발행하지 않을 수도 있다. 회사의 창업자와 대주주들이 경영권 상실에 대한 우려로 주식 발행에 반대할 수도 있을 것이고, 또한 주식 발행으로 인한 절차적 혹은 법적 문제로 비용이 많이 들 수도 있을 것이다.

이러한 경우에도 순현가법이 훼손되는 것은 아니다. AAI의 **주주들**은 자금의 차입이나 대출이 가능하고, 자신들의 주식을 매도하거나 추가로 더 매입할 수 있다. 즉 이 회사의 주주들은 증권시장을 자유롭게 이용할 수 있다는 것이다. 주주들이 보유하는 포트폴리오의 형태는 회사의 자금조달이나 투자의사결정의 제약을 받지 않는다. AAI가 주주들에게 도움을 줄 수 있는 유일한 방법은 주주들의 부를 증대시키는 것이다. 따라서 AAI는 가용한 현금을 가장 높은 총 순현가를 제공하는 투자안들의 조합에 투자해야 한다.

회사와 금융시장 사이에 놓인 장벽이 단지 시장 불완전성이라면, 이로 인해 순현가법이 훼손되지는 않는다. 중요한 것은 회사의 **주주들이** 잘 작동하는 금융시장을 자유로이 이용할 수 있다는 것이다.

순현가법이 훼손되는 경우는 시장 불완전성으로 인해 주주들의 포트폴리오 선택에 제한이 가해지는 때이다. 네바다 아쿠아컬쳐(Nevada Aquaculture Inc., NAI)의 주식을 이 회사의 창업자인 알렉산더 터보트(Alexander Turbot)가 100% 소유하고 있다고 가정하자. 터보트에게는 현금이나 신용이 남아 있지 않지만, 사업 확장을 위한 투자를 통해 높은 NPV를 얻을 수 있다고 확신한다. 따라서 그는 주식의 처분을 통해 자금을 조달하려 했지만, 사막에 어류 양식을 한다는 사업전망에 회의적인 투자희망자들이 그가 생각하는 회사가치보다 훨씬 낮게 주식을 매입하겠다고 제안한다는 것을 알게 되었다. 터보트에게는 금융시장이란 거의 존재하지 않는다. 터보트가 미래의 현금흐름을 시장에서 결정되는 자본의 기회비용으로 할인한다는 것은 현실적이지 않다.

●　●　●　●　●
**요점정리**

- 순현가법 이외의 투자평가기준으로는 올바른 결정을 하지 못할 수 있다.
- 투자안의 장부수익률은 투자로부터 얻는 향후 회계이익과 투자의 장부가치에 대한 비율로 계산 된다. 최근에는 장부수익률만을 고려해 투자결정을 하는 기업은 거의 없지만, 주주는 기업의 장 부수익률에 관심을 갖는다. 따라서 재무관리자는 기업의 장부수익률에 나쁜 영향을 주는 투자안 에는 특별한 주의를 기울여야 한다.
- 회수기간법에서는 목표회수기간 내에 초기 투자금을 회수할 수 있는 투자안만을 채택한다. 회수 기간법은 회수기간 내에 발생하는 현금흐름의 시점을 고려하지 않으며, 회수기간 이후에 발생 하는 현금흐름은 전부 무시한다. 따라서 회수기간법에서는 자본의 기회비용이 고려되지 않는다.
- 내부수익률은 0의 NPV를 갖게 하는 할인율로 정의되며, 매우 편리하고 널리 사용되는 투자평가 기준이다. 내부수익률법에서는 내부수익률이 자본비용보다 높은 투자안을 채택한다. NPV와 마 찬가지로 내부수익률은 할인된 현금흐름에 바탕을 둔 기준이므로, 알맞게 사용하면 올바른 결 정을 내릴 수 있다. 그러나 투자안이 차입 또는 대출인 경우, 복수의 내부수익률이 존재하는 경 우, 상호 배타적인 투자안인 경우, 수익률 곡선이 평평하지 않은 경우에는 내부수익률법을 잘못 적용할 수 있으므로 각별한 주의가 요구된다.
- 자본할당이 한 기간에서만 이루어질 경우에는 각 투자안의 수익성 지수(투자된 금액 한 단위당 NPV)를 계산해 자본이 소진될 때까지 가장 높은 수익성 지수를 갖는 투자안을 선택한다. 자본 이 한 기간을 초과해 할당되거나, 혹은 투자안 선택에 다른 제약이 있는 경우에는 선형계획법을 사용한다.
- 경성할당은 금융시장의 불완전성을 항상 반영하지만, 순현가법의 훼손이 발생하는 경우는 금융 시장의 불완전성으로 인해 기업의 주주들이 잘 작동하는 금융시장을 자유롭게 이용하지 못하는 때이다. 대부분의 기업은 재무계획 및 통제를 위해 자발적으로 자본할당을 하는 연성할당을 사 용한다.

●　●　●　●　●
**연습문제**

1. a. 다음 각 투자안의 회수기간은 얼마인가?

| 투자안 | 현금흐름($) | | | | |
|---|---|---|---|---|---|
| | $C_0$ | $C_1$ | $C_2$ | $C_3$ | $C_4$ |
| A | −5,000 | +1,000 | +1,000 | +3,000 | 0 |
| B | −1,000 | 0 | +1,000 | +2,000 | +3,000 |
| C | −5,000 | +1,000 | +1,000 | +3,000 | +5,000 |

　　b. 목표회수기간을 2년으로 해 회수기간법을 사용한다면, 어느 투자안을 채택할 것인가?

　　c. 목표회수기간을 3년으로 한다면, 어느 투자안을 채택할 것인가?

　　d. 자본의 기회비용이 10%이면, 어느 투자안이 양(＋)의 NPV를 가지는가?

　　e. "회사가 모든 투자안에 단일한 목표회수기간을 사용한다면, 단기 투자안을 과다하게 채택 할 수 있다." 이 말은 맞는가, 틀리는가?

　　f. 회사가 할인회수기간법을 사용한다면, 회사는 음(−)의 NPV를 가진 투자안을 혹시라도 채

택할 것인가? 회사는 양(+)의 NPV를 가진 투자안을 혹시라도 기각할 것인가?

2. 투자안의 내부수익률(IRR)을 정의하는 식을 쓰라. 실무에서는 내부수익률을 어떻게 구하는가?

3. a. 할인율 0%, 50%, 100%에서 다음 투자안의 NPV를 구하라.

| 현금흐름($) | | |
|---|---|---|
| $C_0$ | $C_1$ | $C_2$ |
| −6,750 | +4,500 | +18,800 |

   b. 이 투자안의 내부수익률은 얼마인가?

4. 다음 투자안의 내부수익률을 구하라.

| $C_0$ | $C_1$ | $C_2$ | $C_3$ |
|---|---|---|---|
| −3,000 | +3,500 | +4,000 | −4,000 |

   이 투자안이 양(+)의 NPV를 갖게 되는 할인율의 범위는 무엇인가?

5. 다음과 같은 현금흐름을 갖는 투자안이 있다.

| 현금흐름($) | | |
|---|---|---|
| $C_0$ | $C_1$ | $C_2$ |
| −100 | +200 | −75 |

   a. 이 투자안은 몇 개의 내부수익률을 갖는가?
   b. 이 투자안의 내부수익률은 다음 중 무엇인가 — (i) −50%, (ii) −12%, (iii) +5%, (iv) +50%?
   c. 자본의 기회비용이 20%이다. 이 투자안은 만족스러운 투자안인가? 간단히 설명하라.

6. 다음과 같이 투자안 A와 B가 있다.

| 현금흐름($) | | | | |
|---|---|---|---|---|
| 투자안 | $C_0$ | $C_1$ | $C_2$ | 내부수익률(%) |
| A | −400,000 | +241,000 | +293,000 | 21 |
| B | −200,000 | +131,000 | +172,000 | 21 |

자본의 기회비용은 8%이다. 투자안 A와 B 중 하나만 선택할 수 있다고 가정하자. 내부수익률법을 사용해 투자안을 선택하라.(힌트: 투자안 A에서 증분투자금은 얼마인가?)

7. 다음과 같은 2개의 상호 배타적인 투자안이 있다.

| 현금흐름($) | | | | |
|---|---|---|---|---|
| 투자안 | $C_0$ | $C_1$ | $C_2$ | $C_3$ |
| A | −100 | +60 | +60 | 0 |
| B | −100 | 0 | 0 | +140 |

a. 할인율 0%, 10%, 20%에서 각 투자안의 NPV를 구하라. 세로축에는 NPV, 가로축에는 할인율을 표시해 그래프를 그려보라.

b. 각 투자안의 적절한 내부수익률은 무엇인가?

c. 어떤 경우에 회사는 투자안 A를 채택해야 하는가?

d. 할인율 0%, 10%, 20%에서 증분투자액(B − A)의 NPV를 구하라. 이를 그래프로 그려보라. 증분투자액의 내부수익률이 자본의 기회비용보다 낮을 경우 투자안 A를 채택한다는 것을 보여라.

8. 자이언트 엔터프라이즈의 회장은 투자 가능한 2개의 투자안 중에서 하나를 선택해야 한다.

| | 현금흐름($100만) | | | |
|---|---|---|---|---|
| 투자안 | $C_0$ | $C_1$ | $C_2$ | 내부수익률(%) |
| A | − 400 | +250 | +300 | 23 |
| B | − 200 | +140 | +179 | 36 |

자본의 기회비용은 9%이다. 자이언트 엔터프라이즈의 회장은 내부수익률이 더 높은 투자안 B를 채택하고 싶어 한다.

a. 회장에게 이 방법이 옳지 않다는 것을 설명하라.

b. 회장에게 최상의 투자안을 선택하기 위해 내부수익률법을 조정하는 방법을 보여라.

c. 회장에게 위의 투자안이 더 높은 NPV를 갖는다는 것을 보여라.

9. 다음과 같은 2개의 투자안이 있다.

| 현금흐름 | 투자안 A | 투자안 B |
|---|---|---|
| $C_0$ | − $200 | − $200 |
| $C_1$ | 80 | 100 |
| $C_2$ | 80 | 100 |
| $C_3$ | 80 | 100 |
| $C_4$ | 80 | |

a. 자본의 기회비용이 11%이면, 2개의 투자안 중 어느 투자안을 채택할 것인가(투자안 A인가 B인가, 아니면 투자안을 모두 채택할 것인가)?

b. 이들 투자안 중 하나만 선택할 수 있다고 가정하자. 어느 투자안을 선택할 것인가? 할인율은 여전히 11%이다.

c. 자본비용이 16%일 경우, 어느 투자안을 선택하겠는가?

d. 각 투자안의 회수기간은 얼마인가?

e. 회수기간이 가장 짧은 투자안이 가장 높은 NPV를 갖는가?

f. 두 투자안에 대한 내부수익률은 얼마인가?

g. 이 경우 내부수익률법을 사용한 결과와 순현가법을 사용한 결과가 동일한가?

h. 자본의 기회비용이 11%일 경우, 각 투자안의 수익성 지수는 얼마인가?

**10.** 6.3절에 나오는 투자안 D와 E를 다시 보자. 이 투자안들은 상호 배타적이며, 자본의 기회비용이 10%라고 가정하자.

  a. 각 투자안의 수익성 지수를 구하라.

  b. 더 나은 투자안을 선택하는 데 수익성 지수법이 어떻게 활용되는지 설명하라.

**11.** 다음과 같은 투자기회들이 있으나, 투자 가능한 금액이 $90,000로 한정되어 있다고 가정하자. 어떤 투자안을 채택해야 하는가?

| 투자안 | NPV($) | 투자($) |
|---|---|---|
| 1 | 5,000 | 10,000 |
| 2 | 5,000 | 5,000 |
| 3 | 10,000 | 90,000 |
| 4 | 15,000 | 60,000 |
| 5 | 15,000 | 75,000 |
| 6 | 3,000 | 15,000 |

**12.** 보르기아제약은 자본적 지출로 $100만를 할당했다. 이 $100만 예산 내에서, 회사는 다음 중 어떤 투자안을 채택해야 하는가? 회사의 시장가치로 볼 때, 예산의 제약으로 인해 회사가 부담하는 비용은 얼마인가? 각 투자안에 대한 자본의 기회비용은 11%이다.

| 투자안 | 투자($1,000) | NPV($1,000) | 내부수익률(%) |
|---|---|---|---|
| 1 | 300 | 66 | 17.2 |
| 2 | 200 | − 4 | 10.7 |
| 3 | 250 | 43 | 16.6 |
| 4 | 100 | 14 | 12.1 |
| 5 | 100 | 7 | 11.8 |
| 6 | 350 | 63 | 18.0 |
| 7 | 400 | 48 | 13.0 |

# 순현가법을 사용한 투자결정

인텔(Intel)은 2017년 애리조나주 챈들러시에 위치한 자사의 생산시설에서 7나노 반도체 칩의 생산을 위해 $70억가 넘는 투자를 하겠다는 계획을 발표했다. 인텔과 같은 기업이 대규모 투자를 감행하는 결정은 어떻게 하는가? 이에 대한 답은 원론적으로는 간단하다. 회사는 투자안의 현금흐름을 추정하고 이를 자본의 기회비용으로 할인해 투자안의 NPV를 구하면 되는 것이다. 양(+)의 NPV를 가진 투자안은 주주의 부를 증대시킨다.

그러나 이러한 현금흐름을 추정하는 것은 간단한 일이 아니다. 예를 들면 인텔의 재무관리자들은 몇 가지 기본적인 질문에 대한 답이 필요했을 것이다. 언제 신규공장이 가동에 들어갈 수 있는가? 반도체 칩이 매년 어떤 가격에 얼마나 팔리겠는가? 신규생산시설에 소요되는 투자금액과 생산비용은 얼마나 되겠는가? 이 칩들을 얼마나 오래 생산할 수 있으며, 생산 종료 시 공장과 설비는 어떻게 할 것인가?

이러한 예측들을 모두 취합해 투자안에 대한 일련의 현금흐름을 추정해야 하며, 이를 위해서는 세금, 운전자본의 변화, 인플레이션, 투자사업 종료 시 공장설비 및 자산의 잔존가치 등을 자세히 살펴보아야 한다. 또한 재무관리자는 숨은 현금흐름은 찾아내고, 현금흐름처럼 보이지만 실제로는 그렇지 않은 비현금흐름은 배제하도록 잘 살펴야 한다.

우선 이 장에서는 투자안에서 발생하는 일련의 현금흐름을 추정하는 방법을 알아보고, 올바른 재무실무를 위해 필요한 여러 규칙을 제시한다. 이 장 후반부에서는 실질적이며 종합적인 예를 통해 자본 투자분석에 대해 살펴본다.

끝으로 공장기계설비의 경제적 수명이 상이한 투자안 중에서 선택을 해야 할 경우 재무관리자가 현재가치법을 어떻게 적용해야 하는지에 대해 살펴본다. 예를 들면 내용연수가 5년인 기계 Y와 내용연수가 10년인 유사한 기계 Z 중에서 하나를 선택해야 한다고 가정하자. 기계 Z의 수명이 기계 Y의 2배이므로, 기계 Y의 총투자비와 운영비의 현재가치는 당연히 기계 Z보다는 작을 것이다. 이러한 이유로, 기계 Y가 반드시 더 나은 선택안이 되어야 하는가? 물론 아니다. 이런 종류의 문제를 접하게 되면, 현금흐름의 현재가치를 **연간 등가현금흐름**(자산의 구입과 운영에 소요되는 연간 총현금)으로 전환해야 한다는 것을 알게 될 것이다.

많은 투자안이 신규 생산설비에 대한 대규모의 초기 지출을 요한다. 그러나 대규모 투자는 종종 무형자산을 취득하는 형태로 이루어진다. 예를 들어 미국 은행들은 매년 엄청난 자금을 새로운 정보기술(IT)에 투자한다. 이러한 지출의 대부분은 시스템 설계, 프로그래밍, 테스팅, 교육 등 무형자산에 투자된다. 또한 연구개발(R&D)에 대한 제약회사들의 대규모 지출도 생각해보자. 대형 제약회사 중 하나인 머크(Merck)는 매년 연구개발에 $70억 이상을 지출한다. 신약 **하나**를 시장에 출시하기 위해서는 $20억 이상의 연구개발비가 소요되는 것으로 추정된다.

정보기술이나 연구개발에 대한 지출도 신규 공장이나 설비에 대한 지출과 똑같은 투자이다. 이러한 무형자산이나 유형자산의 투자에 기업이 현재의 자금을 지출하는 것은, 이러한 지출이 미래에 이익을 창출하리라는 기대감 때문이다. 기업은 자본 투자의 대상이 유형자산이든 혹은 무형자산이든 상관없이 모든 자본 투자에 동일한 기준을 적용하는 것이 바람직하다.

미래현금흐름의 할인가치가 초기투자비용을 초과하면 어떤 자산에 투자하든 기업의 부는 증가한다고 배웠으나, **무엇**을 할인할 것인가에 대한 문제와 관련해서는 지금까지 간과하고 지나갔다. 당신이 이러한 문제에 직면하게 되면 아래의 다섯 가지 일반적인 규칙을 잘 지켜야 한다.

1. 이익이 아니라 현금흐름을 할인하라.
2. **증분**현금흐름을 할인하라.
3. 인플레이션을 일관성 있게 고려하라.
4. 투자결정과 자금조달결정을 분리하라.
5. 세금을 추정한 후 차감하라.

각각의 규칙에 대해 차례로 논의하겠다.

### 규칙 1: 이익이 아니라 현금흐름을 할인하라

무엇보다 가장 중요한 점은 순현가는 예상되는 미래현금흐름에 의해 결정된다는 것이다. 현금흐름이란 단순하게 현금유입과 현금유출의 차이다. 그러나 많은 사람이 현금흐름과 회계이익을 혼동한다. 회계이익의 목적은 기업의 실적이 어떠한가를 보여주는 것이다. 따라서 회계사들은 **우선** '현금의 유입'과 '현금의 유출'을 살펴보지만, 회계이익을 구하기 위해 이들은 두 가지 주요한 방식으로 현금의 유입과 유출을 조정한다.

**자본지출** 회계사들이 비용을 계산할 경우 **경상적** 지출은 포함하지만, **자본적** 지출은 포함하지 않는다. 여기에는 타당한 이유가 있다. 기업이 대규모 자본이 투입되는 투자안에 큰 자금을 지출할 때, 많은 현금이 유출된다고 해서 기업의 실적이 나쁘다는 결론을 내리지는 않는다. 따라서 회계사들은 자본지출이 발생할 때 바로 이를 차감하는 대신에, 몇 년에 걸쳐 이 지출액을 감가상각해 처리한다.

기업의 실적을 판단하는 데는 이러한 방식이 타당하지만, 순현가를 구하는 데는 문제가 된다. 예를 들어 다음과 같은 투자안을 분석한다고 하자. 초기투자비용은 $2,000이고 1차 연도에 $1,500, 2차 연도에 $500의 현금흐름이 예상된다. 만약 회계사가 이 자본지출을 2년에 걸쳐 정액법으로 감가상각한다면, 회계이익은 1차 연도에는 $500이고, 2차 연도에는 −$500이다.

| | 1차 연도 | 2차 연도 |
|---|---|---|
| 현금유입 | +$1,500 | +$500 |
| 감가상각 차감 | −1,000 | −1,000 |
| 회계이익 | +$500 | −$500 |

이러한 추정이익을 단순하게 10%로 할인한다고 가정하면, 순현가는 양(+)의 값이 나온다.

$$\text{표면상 순현가} = \frac{\$500}{1.10} + \frac{-\$500}{1.10^2} = \$41.32$$

이는 명백한 오류로, 택해서는 안 되는 투자안이다. 즉 지금 $2,000를 지출해서 나중에 그저 $2,000를 되돌려 받을 뿐이다. 어떠한 양(+)의 할인율로 할인하더라도, 이 투자안은 음(−)의 순현가를 갖게 된다. 이 예가 나타내는 시사점은 분명하다. 순현가를 계산할 경우 자본지출은 발생 즉시 현금유출로 명시해야 하는 것이지, 나중에 감가상각해 처리하는 것이 아니라는 것이다. 회계이익으로부터 현금흐름을 계산하려면, 감가상각비(현금유출이 아님)를 다시 가산해주고, 자본지출(현금유출임)을 차감해주면 된다.

**운전자본** 회계사들이 이익을 측정하는 시점은 이익이 발생한 때이지, 기업과 고객들 간에 대금지불이 이루어지는 때가 아니다.

예를 들어 제품 생산을 위해 1차 연도에 $60를 지출하는 기업이 있다고 하자. 이 기업은 생산된 제품을 2차 연도에 $100에 판매하지만, 이를 매입한 고객은 대금을 3차 연도에 지불한다. 아래 그림은 이 기업의 현금흐름을 보여준다. 1차 연도에는 $60의 현금**유출**이 발생하고, 고객이 대금을 지불하는 3차 연도에는 $100의 현금**유입**이 발생한다.

이 기업이 1차 연도(음의 현금흐름이 발생)에 적자를 내고 있다거나, 혹은 3차 연도(양의 현금흐름이 발생)에 큰 이익이 났다고 말하는 것은 잘못이다. 따라서 회계사는 제품의 판매가 이루어진 때(위의 예에서는 2차 연도)를 바탕으로 판매와 관련된 모든 수입과 비용을 수집한다. 위의 예에서, 회계사는 2차 연도에 대해 다음과 같이 작성할 것이다.

| 매출 | +$100 |
|---|---|
| 매출원가 차감 | −60 |
| 이익 | +$40 |

물론 회계사는 현금의 지출과 지급이 발생한 실제 시점을 무시해서는 안 된다. 따라서 1차 연도에 발생한 $60의 현금지출은 비용이 아니라 재고에 대한 **투자**로 처리된다. 이후 2차 연도에 제품이 재고에서 나와 판매가 이루어지면, 회계사는 재고가 $60 **감소**한다고 기록한다.

회계사는 회사가 제품판매 대금을 회수하는 데 시간이 걸린다는 사실도 주지하고 있다. 판매가 이루어진 2차 연도에 회계사는 매출채권 $100를 기록함으로써 고객이 미지급대금 $100를 회사에게 빚지고 있다는 것을 보여준다. 이후 고객이 판매 대금을 3차 연도에 지급하면, 매출채권은 $100만큼 줄어든다. 이익으로부터 실제 현금흐름을 계산하려면 이러한 재고와 매출채권의 변화를 다시 가산해줄 필요가 있다.

| | 연도 | | |
|---|---|---|---|
| | 1 | 2 | 3 |
| 회계이익 | 0 | +40 | 0 |
| −재고에 대한 투자 | −60 | +60 | 0 |
| −매출채권에 대한 투자 | 0 | −100 | +100 |
| =현금흐름 | −60 | 0 | +100 |

순운전자본(흔히 간단하게 **운전자본**이라 함)은 기업의 유동자산과 유동부채의 차이를 말한다. 매출채권, 원자재재고, 재공품 및 완제품 등이 주요한 유동자산이다. 주요 유동부채에는 매입채무(미지급 청구서)와 미지급 세금 등이 있다.[1]

대부분의 투자안에는 운전자본에 대한 투자가 수반되므로 매년 발생하는 운전자본의 변화를 반영해 현금흐름을 추정해야 한다. 마찬가지로, 투자사업이 종료되면 일반적으로 어느 정도는 투자금을 회수하게 되어 현금유입이 발생하게 된다. (위의 예를 보면, 운전자본에 대한 투자가 1차 연도에는 $60, 2차 연도에는 $40가 이루어졌다. 그리고 고객이 대금을 지급한 3차 연도에는 $100의 **투자금이 회수**되었다.)

자본투자금의 계산 시 대개 운전자본으로 인해 혼동이 발생한다. 가장 일반적으로 발생하는 실수들은 아래와 같다.

1. **운전자본을 전혀 고려하지 않는다.** 당신은 이러한 실수를 하지 않기 바란다.

2. **투자사업이 진행되는 동안 운전자본이 변한다는 사실을 고려하지 않는다.** 회사는 매년 $10만의 제품을 판매하고, 고객들은 평균적으로 6개월 후에 대금을 지급한다고 가정하자. 이 경우 미회수대금 $5만가 발생하게 된다. 이제 판매가격을 10% 올린다고 하자. 그

---

[1] 대금의 지불을 연기하면 순운전자본은 감소하고, 지불을 완료하면 순운전자본은 증가한다.

러면 매출은 $11만로 증가하게 된다. 거래처가 계속해서 6개월 후에 대금을 지급하게 되면, 미회수대금은 $5만 5,000로 증가하게 된다. 따라서 운전자본에 대한 $5,000의 추가 투자가 필요하게 된다.

3. **운전자본은 투자사업 말기에 회수된다는 것을 고려하지 않는다.** 투자사업이 종료되면 재고는 소진되고 모든 미회수대금이 상환되어, 운전자본에 대한 투자금을 회수하게 된다. 따라서 현금유입이 발생한다.

## 규칙 2: 증분현금흐름을 할인하라

투자안의 가치는 투자안을 채택한 후 발생하는 모든 추가적인 현금흐름에 기초한다. 어떠한 현금흐름을 포함할지 결정해야 할 때 주의해야 할 몇 가지 사항을 아래에서 살펴보겠다.

**모든 부수효과를 고려하라** 신규 투자안이 기업의 기존 사업에 미치는 영향을 반드시 고려해야 한다. 예를 들어 소니가 신판 비디오 게임기 플레이스테이션 X 출시를 계획하고 있다고 가정하자. 이 신제품에 대한 수요 때문에 소니의 기존 게임기 판매는 틀림없이 감소하게 된다. 증분현금흐름을 파악하기 위해서는 이러한 부수효과를 감안할 필요가 있다. 물론 소니는 자사의 기존 제품군들이 경쟁자들로부터 더 큰 위협을 받을 것이기 때문에 신제품 출시를 밀고 나갈 필요가 있다고 생각할 수도 있다. 따라서 소니가 새로운 게임기를 생산하지 않기로 결정하더라도, 머지않아 경쟁자들로 인해 기존 게임기 판매가 줄어들 것이므로 현재의 판매 수준을 유지할 것이라는 보장은 없다.

때때로 신규 투자사업으로 인해 기업의 기존 사업이 **이득**을 보기도 한다. 당신이 항공사의 재무관리자이고, 이 항공사는 펜실베이니아주 해리스버그에서 시카고의 오헤어 비행장까지의 단거리 신규 노선 취항을 고려 중이라고 가정하자. 이 사업만 놓고 보면, 이 신규 노선은 음(−)의 순현가를 가질 수도 있다. 하지만 이 항공사의 오헤어 공항에서 출발하는 기존 항공편에 대한 추가적인 항공 수요를 감안한다면, 이 신규 노선 취항은 가치 있는 투자일 수도 있다.

**평균수익과 증분수익을 혼동하지 말라** 대부분의 경영자들은 당연히 적자가 나는 곳에 재투자하는 것을 꺼린다. 예를 들면 경영자들은 추가적인 자금을 적자사업부에 투입하는 것을 망설이게 된다. 그러나 때로는 적자사업부에 투자해서 발생하는 **증분순현가**가 현저히 양(+)의 가치를 가지는 호전의 기회를 맞기도 한다.

반대로, 흑자가 나는 곳에 재투자하는 것이 항상 타당한 것은 아니다. 과거에 많은 이익을 창출한 사업부도 이제는 운이 다했을 수도 있다. 이성적으로 생각한다면, 여러 대회에서 많은 우승을 했거나, 혹은 많은 우승마를 낳은 경주마라 할지라도, 당신은 나이가 20살인 말을 사려고 많은 돈을 지불하지는 않을 것이다.

평균수익과 증분수익의 차이를 보여주는 다른 예를 들어보자. 어떤 철도교량이 급히 수리가 필요하다고 가정해보자. 이 교량이 있어야 철도가 운영되며, 이 교량 없이는 철도 운영이 불가능하다. 이런 경우 수리작업으로부터 나오는 수익은 철도 운영에서 나오는 모든 수익이다. 이러한 투자로부터 창출되는 증분순현가는 아주 클 것이다. 물론 이러한 수익들은 모든 기타 비용과 추후 발생하는 수리비용을 차감한 순수익이어야 한다. 그렇지 않다면 이 기업은 수익성 없는 철도를 계속 수리해서 운영하는 실수를 범할 수도 있다.

**매출로 인한 현금흐름을 추정할 뿐만 아니라 매출 후 현금흐름도 인식하라** 재무관리자들은 투자로부터 창출되는 모든 증분현금흐름을 추정해야 한다. 때로는 이러한 증분현금흐름이 수십 년간 지속되기도 한다. GE가 신규 제트엔진의 설계와 생산에 투자할 경우, 현금의 유입은 우선 엔진의 판매에서 발생하며, 그 후 서비스와 예비부품들의 판매에서 현금유입이 발생한다. 제트엔진의 내용연수는 30년 정도이다. 이 기간 동안 서비스와 예비부품의 판매에서 나오는 수입은 엔진 판매가격의 대략 7배가 된다.

여타 많은 제조기업들도 제품이 판매된 **이후에** 발생하는 수입에 의존한다. 예를 들면 컨설팅 기업인 액센츄어(Accenture)의 추정에 따르면, 자동차회사의 경우 서비스와 부품 판매가 매출의 약 25%와 이익의 약 50%를 차지한다.[2]

**기회비용을 포함하라** 자원에 대한 비용은 아무런 현금유출이 없는 경우에도 투자결정에 영향을 줄 수 있다. 예를 들어 신규제조활동에 $10만에 매각 가능한 토지를 사용한다고 가정하자. 이 경우 토지를 무료로 사용하는 것은 아니다. 즉 기회비용이라는 것이 발생하며, 이는 투자안이 기각되어 토지가 매각되거나, 혹은 다른 생산적인 용도로 토지가 사용되어 기업에 유입되는 현금을 말한다.

위의 예는 투자안의 채택 '전과 후(before versus after)'를 비교해 투자판단의 기준으로 삼으면 안 된다는 것을 보여준다. 올바른 투자판단기준은 자원의 '보유 혹은 미보유(with or without)'이다. 기업은 투자안의 채택 전과 후에 토지를 계속 보유하게 되므로, 경영자가 투자안의 채택 전과 후를 비교해 투자판단을 하는 경우 토지에 어떠한 가치도 부여하지 않게 된다.

| 전 | 투자안 채택 | 후 | 채택 전 대 채택 후 현금흐름 |
|---|---|---|---|
| 회사가 토지 보유 | → | 회사가 계속 토지 보유 | 0 |

자원의 보유 혹은 미보유를 올바른 투자판단기준으로 사용하면 다음과 같다.

| 보유 | 투자안 채택 | 후 | 투자안 채택 시 현금흐름 |
|---|---|---|---|
| 회사가 토지 보유 | → | 회사가 계속 토지 보유 | 0 |

| 미보유 | 투자안 기각 | 후 | 투자안 기각 시 현금흐름 |
|---|---|---|---|
| | → | 회사가 $10만에 토지 매각 | $10만 |

---

[2] Accenture, "Refocusing on the After-Sales Market," 2010.

투자안을 채택한 '후' 혹은 기각한 '후'의 두 경우를 비교해서 알 수 있는 것은, 기업은 투자안을 채택함으로써 $10만를 포기하게 된다는 것이다. 기업이 토지를 매각하지 않더라도 다른 용도로 토지를 사용해 $10만의 가치를 얻을 수 있으므로, 투자안을 채택하게 되면 기업은 여전히 $10만를 포기하는 것이 된다.

기회비용을 추정하기란 때때로 매우 어렵지만, 자원이 자유롭게 거래되는 경우, 이 자원의 기회비용은 단순히 시장가격과 동일하다. 널리 사용되는 항공기인 보잉 737의 경우를 생각해보자. 중고 737 항공기들은 자주 거래되며, 가격은 인터넷에서 알 수 있다. 따라서 항공사가 자사의 737 항공기 1대를 계속 사용하는 데 발생하는 기회비용을 알려면 동종 항공기의 시장가격을 찾기만 하면 된다. 이 항공기를 사용하는 데 소요되는 기회비용은 이 항공기를 대체할 유사한 항공기를 사는 데 소요되는 비용과 같다.

**매몰비용은 잊어라** 매몰비용이란 엎질러진 우유와 같다. 즉 매몰비용은 이미 발생해 돌이킬 수 없는 현금유출인 것이다. 이러한 점 때문에 매몰비용은 투자안의 채택 혹은 기각 결정과는 무관하다. 투자결정 시 이 매몰비용은 무시해야 한다.

제임스 웹(James Webb) 우주망원경의 경우를 생각해보자. 이 우주망원경은 원래 2011년에 발사되고, 비용은 $16억가 소용될 예정이었다. 그러나 이 투자안의 비용은 점차 증가하게 되었고, 발사시기는 예정보다 훨씬 늦춰졌다. 최근의 전망에 따르면, 비용은 $88억에 달하고, 발사시기는 2019년이라고 한다. 미 의회가 이 투자안을 중단할지에 대한 토론을 벌일 때, 투자안 찬성론자의 주장은 이미 많은 자금이 투자된 투자안을 포기하는 것은 어리석은 짓이라는 것이었다. 한편, 투자안 반대론자의 주장은 손해가 입증된 투자안을 계속 진행하는 것은 훨씬 더 어리석은 짓이라는 것이었다. 양측 모두 **매몰비용의 오류**를 저질렀던 것이다. 즉 미 항공우주국(NASA)이 이미 사용한 자금은 회수가 불가능하므로, 이 투자안을 채택 혹은 기각하는 결정을 내리는 것과는 아무런 연관이 없다는 것이다.

**배분된 간접비를 살펴보라** 이미 언급했듯이, 회계사의 목표와 투자분석가의 목표가 항상 같은 것은 아니다. 대표적인 예가 간접비의 배분에 있다. 간접비에는 감독관의 급료, 임대료, 난방비, 전력비 등과 같은 항목들이 포함된다. 이러한 간접비들은 어느 특정 투자안과는 관련이 없을 수도 있지만, 어떻게든 지급이 되어야 하는 비용들이다. 따라서 회계사가 이러한 비용을 기업의 여러 투자안에 나누어 배분할 때, 보통은 간접비로 부과한다. 이제 증분현금흐름에 대한 중요한 원칙을 생각해보자. 즉 투자안 평가 시에는 투자안으로 인한 **추가적인** 비용만이 고려되어야 한다는 것이다. 투자안으로 인해 추가적인 간접비가 발생할 수도 있고, 한편으로는 발생하지 않을 수도 있다. 따라서 회계사가 배분하는 간접비가 실제 추가 발생 비용이라고 가정하는 데는 매우 신중해야 한다.

**잔존가치를 기억하라** 투자사업 종료 시, 유형고정자산을 매각하거나, 이러한 자산들을 그 밖의 다른 사업장에 재배치할 수 있을 것이다. 유형고정자산이 매각되면, 자산의 매각가격과 장부가치 사이의 차액에 대한 세금을 납부해야 한다. 기업에게 이러한 잔존가치(세후순가치)는 양(+)의 현금흐름을 의미한다.

어떤 투자안들에서는 대규모의 폐쇄비용이 발생하게 되며, 이 경우 말기의 현금흐름이 음(−)이 되기도 한다. 예를 들어 광산회사인 FCX는 뉴멕시코에 있는 자사의 광산들에서 향후 발생할 매립 및 폐쇄비용을 부담하기 위해 자금 $4억 5,100만를 배정했다.

### 규칙 3: 인플레이션을 일관성 있게 고려하라

제4장에서 지적했듯이, 이자율이란 주로 **실질**이자율보다는 **명목**이자율을 가리킨다. 예를 들어 8%의 이자를 지급하는 미국 국채 1매를 매입한다는 것은, 매년 $80의 이자를 지급하기로 미국 정부가 약속을 하는 것이지, 이 $80로 무엇을 살 수 있는지를 미국 정부가 보장하는 것은 아니다. 따라서 투자자들은 인플레이션을 고려한 알맞은 이자율을 결정하게 된다.

만약 명목가치로 할인율이 정해지면, 일관성을 유지하기 위해 현금흐름도 판매가격, 인건비 및 재료비 등의 추세를 감안한 명목가치로 추정해야 한다. 이때 현금흐름을 구성하는 모든 부분에 단순히 단일한 추정 인플레이션율(물가 상승률)을 적용하기는 곤란하다. 예를 들어 생산성 향상으로 인해 작업시간당 인건비는 소비자물가지수보다 더 빠르게 상승한다. 한편, 감가상각을 통한 세금절감은 인플레이션에 맞춰 증가하지 **않는다**. 즉 많은 국가는 세법상 자산의 원가만을 감가상각할 수 있도록 허용하므로, 명목가치상 세금절감은 일정하다.

물론, 실질현금흐름을 실질할인율로 할인해도 아무런 문제는 없다. 사실, 인플레이션이 높고 변동성이 큰 국가에서는 이 방법이 필요하다. 실질할인율과 명목할인율이 올바르게 사용되는 경우에는 이 두 할인율이 동일한 현재가치를 가져다준다는 것을 보여주는 간단한 예를 들어 보겠다.

어떤 기업이 평소 명목가치로 현금흐름을 추정하고, 명목할인율 15%를 사용한다고 가정하자. 그러나 특별히 이 예에서는 투자안의 현금흐름이 실질가치, 즉 현재의 화폐가치로 주어져 있다.

| 실질현금흐름($1,000) | | | |
|---|---|---|---|
| $C_0$ | $C_1$ | $C_2$ | $C_3$ |
| −100 | +35 | +50 | +30 |

위의 실질현금흐름을 15%의 명목할인율로 할인하는 것은 일관성이 없다. 두 가지 대안이 있는데, 현금흐름을 명목가치로 바꾸어 15%로 할인하거나, 할인율을 실질가치로 변경해 실질현금흐름을 할인하는 것이다.

인플레이션율이 연 10%로 추정된다고 가정하면, 현재의 화폐가치로 $35,000인 1차 연도의 현금흐름은 1차 연도의 화폐가치로는 $38,500(35,000×1.10=38,500)가 된다. 마찬가지로, 현재의 화폐가치로 $50,000인 2차 연도의 현금흐름은 2차 연도의 화폐가치로는 $60,500[50,000×(1.10)$^2$]가 되며, 계속해서 이런 식으로 하면 된다. 이렇게 나온 명목현금흐름을 15%의 명목할인율로 할인하면 다음과 같이 된다.

$$NPV = -100 + \frac{38.5}{1.15} + \frac{60.5}{(1.15)^2} + \frac{39.9}{(1.15)^3} = 5.5, \text{ 즉 } \$5,500$$

현금흐름 추정치를 명목가치로 바꾸는 대신, 할인율을 아래와 같은 방법으로 실질할인율로 바꿀 수 있다.

$$\text{실질할인율} = \frac{1 + \text{명목할인율}}{1 + \text{인플레이션율}} - 1$$

위의 예의 경우, 실질할인율은 다음과 같이 된다.

$$\text{실질할인율} = \frac{1.15}{1.10} - 1 = 0.045, \text{ 즉 } 4.5\%$$

이제 실질현금흐름을 실질할인율로 할인하면 순현가는 위와 동일하게 $5,500가 나온다.

$$NPV = -100 + \frac{35}{1.045} + \frac{50}{(1.045)^2} + \frac{30}{(1.045)^3} = 5.5, \text{ 즉 } \$5,500$$

여기서 시사하는 바는 아주 간단하다. 명목현금흐름은 명목할인율로, 실질현금흐름은 실질할인율로 할인하라는 것이다. **절대로** 실질현금흐름을 명목할인율로, 혹은 명목현금흐름을 실질할인율로 할인해서는 안 된다.

### 규칙 4: 투자결정과 자금조달결정을 분리하라

투자안에 소요되는 자금의 일부를 차입을 통해 조달한다고 가정하자. 이 경우 차입금과 이에 대한 원리금 지급은 어떤 식으로 처리해야 할까? 필요한 투자금에서 차입금을 차감하지 않아야 하고, 또한 차입금에 대한 원리금 지급을 현금유출로 인식하지 않아야 한다. 실제로 자금조달이 어떤 식으로 이루어졌던 간에, 투자금은 모두 자기자본으로 조달되었다고 간주해야 한다. 즉 투자안에서 필요한 현금은 주주들로부터 조달하는 것으로 처리하고, 투자안으로 인해 유입되는 현금은 주주의 몫으로 취급한다.

이렇게 함으로써, 여타 자금조달계획을 통해 발생하는 현금흐름이 아니라 오직 **투자안**으로부터 발생하는 현금흐름에 전적으로 중점을 둘 수 있게 되어, 투자결정에 대한 분석과 자금조달결정에 대한 분석을 분리할 수 있게 된다. 제18장에서는 자금조달결정이 투자안의 가치에 미치는 효과를 어떻게 알 수 있는지에 대해 설명하겠다.

### 규칙 5: 세금을 추정한 후 차감하라

세금도 급료나 재료비와 똑같은 비용이므로, 세후 기준으로 현금흐름을 추정해야 한다. 즉 세전 현금흐름에서 세금으로 인한 현금유출을 차감한 후 산출된 최종적인 현금흐름을 할인해야 한다.

어떤 기업들은 세금을 차감하지 않는 대신에, 세전 현금흐름을 자본비용보다 높은 할인율로 할인함으로써 이를 상쇄하려고 한다. 하지만 불행하게도 할인율을 이런 식으로 조정해주는 신뢰할 만한 공식은 없다.

현금납부세금만을 차감하도록 주의해야 한다. 통상적으로 현금납부세금과 주주들에게 제공되는 손익계산서상의 세금은 차이가 있다. 예를 들어 일반적으로 손익계산서에서는 미국 세법에서 허용되는 가속감가상각법 대신에 정액법이 사용된다.

정액법과 가속감가상각법의 차이에 대해서는 이 장 후반부에서 살펴보겠다.

## 7-2    예: IM&C의 비료 투자안

### 투자안 현금흐름의 세 가지 요소

투자안의 현금흐름은 세 가지 요소로 구성된다.

$$총현금흐름 = 자본\ 투자로\ 인한\ 현금흐름$$
$$+ 영업현금흐름$$
$$+ 운전자본의\ 변화로\ 인한\ 현금흐름$$

**자본 투자**    투자사업을 시작하기 위해, 일반적으로 기업은 공장, 설비, 연구, 조업준비 비용 및 다양한 여러 지출에 대한 초기투자를 진행한다. 기업으로부터 현금이 유출되는 이러한 지출들은 음(−)의 현금흐름을 보인다.

투자사업 종료 시 기업은 공장 및 설비를 매각하거나 이를 여타 다른 사업장에 재배치할 수 있다. 이 경우 잔존가치(공장 및 설비의 매각 시 세금을 차감한 순가치분)는 양(+)의 현금흐름을 보인다. 하지만 앞에서 언급했듯이, 대규모 폐쇄비용이 발생하는 경우에는 투자사업 말기의 현금흐름이 음(−)이 될 수 있다는 것을 기억해야겠다.

**영업현금흐름**    신규 투자안에서 창출되는 매출에서 생산비, 마케팅비, 유통비 및 기타 비용에 대한 지출을 차감하면 영업현금흐름이 된다. 세금 역시 차감해준다.

$$영업현금흐름 = 매출액 − 현금비용 − 세금$$

매출이 전혀 발생하지 않는 투자들도 많다. 이러한 투자들은 단지 기업의 기존 영업에서 발생하는 비용을 절감하기 위해 계획되기 때문이다. 이러한 투자안들 역시 기업의 영업현금흐름에 기여하게 되는데, 이는 절세로 인해 현금흐름이 좋아지기 때문이다.

감가상각비는 현금흐름과는 무관하다는 사실을 잊지 말아야 한다. 감가상각비가 기업이 납부해야 하는 세금에 영향을 주기는 하지만 감가상각으로 인한 기업의 현금유출이 없으므로 영업현금흐름 계산 시 감가상각비를 차감해서는 안 된다.

**운전자본에 대한 투자**    기업에 원재료나 완성품의 재고가 쌓이면, 이러한 재고투자로 인해 현금이 필요하게 된다. 또한 거래처로부터 대금 지급이 지연될 경우에도 현금이 필요하다. 이러한 경우, 기업은 매출채권에 투자하게 되는 것이다. 반면에 현금이 절약되는 경우는 기업이 대금 지급을 미룰 때이다. 따라서 매입채무는 어떤 면에서는 자금조달원이라고 할 수 있다.

운전자본에 대한 투자는 공장 및 설비에 대한 투자와 마찬가지로 음(−)의 현금흐름을 보인다. 반면에, 투자사업 말기에 재고가 처분되고 매출채권이 회수되어 운전자본이 감소하면 기업의 현금흐름은 양(+)이 된다.

## 비료 투자안의 현금흐름 추정

인터내셔널 멀치 앤드 컴포스트(International Mulch and Compost Company, IM&C)의 새로 임명된 재무관리자는 구아노(guano)를 정원용 비료로 판매하는 제안서를 분석하려 한다(회사에서 계획하고 있는 광고에는 채소밭을 나오면서 "All my troubles have guano way"라고 노래하는 한 시골 신사가 등장한다.)[3]

표 7.1은 투자안의 추정 현금흐름을 보여주며, 모든 항목은 명목가치로 표시되어 있다. 즉 추정치들은 수입과 비용에 영향을 줄 것으로 보이는 인플레이션을 감안한 것이다. 우선, 회사는 세금 계산 시 정액법을 사용해 감가상각 처리를 한다고 가정한다. 즉 매년 과세대상이익을 계산할 때 초기투자의 1/6에 해당하는 금액을 차감한다.

표 7.1의 패널 B에 나와 있는 세후이익의 계산은 IM&C의 손익계산서상 세후이익의 계산과 유사하다. 하지만 한 가지 중요한 차이점이 있다. 손익계산서에 보고되는 감가상각비를 계산할 경우, IM&C는 공장 및 설비를 예상 잔존가치까지 감가상각하기로 결정할 수도 있다. 반면에, IRS(Internal Revenue Service, 미국 국세청) 규칙에 따라 기업의 법인세를 계산할 경우, 표 7.1의 패널 B와 같이 공장 및 설비의 잔존가치는 없는 것으로 항상 가정하고 감가상각한다.

**자본 투자** 표 7.1의 1행에서 4행까지는 고정자산에 대한 투자로 발생하는 현금흐름을 보여주고 있다. 이 비료 투자안은 공장 및 기계장치에 대한 투자로 $1,200만가 필요하다. 회사는 7차 연도에 이들 설비를 $194만 9,000에 매각할 것으로 예상한다. 설비의 매각금액과 장부가치의 차액은 과세대상이익이다. 회사는 7차 연도까지 이들 설비를 완전히 감가상각 처리해 $194만 9,000의 자본이득에 대한 세금이 부과된다. 세율이 21%이면, 회사가 납부해야 할 세금은 $0.21 \times 1.949 = $40만 9,000가 되어, 설비 매각에서 나오는 순현금흐름은 $1.949 − 0.409 = $154만가 된다. 이는 표 7.1의 2행과 3행에 나와 있다.

**영업현금흐름** 표 7.1의 패널 B는 구아노 투자안에서 발생하는 영업현금흐름을 계산한 것이다. 영업현금흐름은 구아노 매출에서 생산에 소요된 현금비용과 모든 세금을 차감하면 된다. 세금은 감가상각비를 차감한 후 산출된 이익에 대해 부과한다. 따라서 세율이 21%일 경우에 세금은 다음과 같이 구한다.

$$세금 = 0.21 \times (매출액 − 현금비용 − 감가상각비)$$

---

[3] 광고 효과를 위해 "have gone away" 대신에 "have guano way"를 사용했다.(이는 오로지 번역자의 개인적인 견해임을 밝혀둔다.)

| 연도 | 0 | 1 | 2 | 3 | 4 | 5 | 6 | 7 |
|---|---|---|---|---|---|---|---|---|
| **패널 A 자본 투자** | | | | | | | | |
| 1 고정자산 투자에서 발생한 현금흐름 | −12,000 | | | | | | | |
| 2 고정자산 매각 | | | | | | | | 1,949 |
| 3 세금 차감 | | | | | | | | 409[a] |
| 4 자본 투자에서 발생한 현금흐름(1+2−3) | −12,000 | | | | | | | 1,540 |
| | | | | | | | | |
| **패널 B 영업현금흐름** | | | | | | | | |
| 5 매출액 | | 523 | 12,887 | 32,610 | 48,901 | 35,834 | 19,717 | |
| 6 매출원가 | | 837 | 7,729 | 19,552 | 29,345 | 21,492 | 11,830 | |
| 7 기타 비용[b] | 4,000 | 2,200 | 1,210 | 1,331 | 1,464 | 1,611 | 1,772 | |
| 8 감가상각비[c] | | 2,000 | 2,000 | 2,000 | 2,000 | 2,000 | 2,000 | |
| 9 세전이익(5−(6+7)−8) | −4,000 | −4,514 | 1,948 | 9,727 | 16,092 | 10,731 | 4,115 | |
| 10 세금(0.21×9) | −840[d] | −948 | 409 | 2,043 | 3,379 | 2,254 | 864 | |
| 11 세후이익(9−10) | −3,160 | −3,566 | 1,539 | 7,684 | 12,713 | 8,477 | 3,251 | |
| 12 영업현금흐름(11+8) | −3,160 | −1,566 | 3,539 | 9,684 | 14,713 | 10,477 | 5,251 | |
| | | | | | | | | |
| **패널 C 운전자본에 대한 투자** | | | | | | | | |
| 13 운전자본 | | 550 | 1,289 | 3,261 | 4,890 | 3,583 | 2,002 | 0 |
| 14 운전자본의 변화 | | 550 | 739 | 1,972 | 1,629 | −1,307 | −1,581 | −2,002 |
| 15 운전자본에 대한 투자에서 발생하는 현금흐름(−14) | | −550 | −739 | −1,972 | −1,629 | 1,307 | 1,581 | 2,002 |
| | | | | | | | | |
| **패널 D 투자안 가치평가** | | | | | | | | |
| 16 투자안의 총현금흐름(4+12+15) | −15,160 | −2,116 | 2,800 | 7,712 | 13,084 | 11,784 | 6,832 | 3,542 |
| 17 20% 할인요소 | 1.0 | 0.833 | 0.694 | 0.579 | 0.482 | 0.402 | 0.335 | 0.279 |
| 18 할인된 현금흐름(16×17) | −15,160 | −1,763 | 1,944 | 4,463 | 6,310 | 4,736 | 2,288 | 988 |
| 19 순현가 | +3,806 | | | | | | | |

》표 7.1　IM&C의 구아노 비료 투자안의 현금흐름과 순현가 계산 ― 정액 감가상각을 가정한 추정치(단위: $1,000)
[a] 고정자산은 세금목적으로 완전히 감가상각되어 매각대금이 세금부과 대상이 된다.
[b] 1차 연도와 2차 연도는 투자안 조업 준비 비용이고, 2차 연도~6차 연도는 일반관리 비용이다.
[c] 초기투자비용 $1,200만에 대한 정액 감가상각비이다.
[d] IM&C가 구아노 투자안에서 발생한 결손금을 사용해 회사의 다른 사업에서 발생한 소득의 공제가 가능하다고 가정하면, 음(−)의 세금 납부는 현금유입을 의미한다.

표 7.1에서는 회사가 정액법을 사용해 감가상각을 처리한다고 가정한다. 즉 설비의 내용연수가 6년일 경우, 회사는 초기투자금액 $1,200만의 1/6을 이익에서 차감할 수 있다. 따라서 8행에 나와 있듯이, 정액법으로 매년 감가상각처리하면 다음과 같다.

$$연간 감가상각비 = (1/6 \times 12.0) = \$200만$$

세전이익과 세금은 9행과 10행에 나와 있다. 예를 들어 2차 연도에는 다음과 같다.

$$세전이익 = 12.887 - (7.729 + 1.210) - 2.000 = \$1.948백만$$
$$세금 = 0.21 \times 1.948 = \$0.409백만$$

세금 계산이 완료되면, 영업현금흐름을 구하는 것은 간단하다.

$$2차 연도의 영업현금흐름 = 매출액 - 현금비용 - 세금$$
$$= 12.887 - (7.729 + 1.210) - 0.409 = \$3.539백만^4$$

투자안의 자금조달을 위해 일부는 부채를 사용했을 수도 있지만, 영업현금흐름 산출 시 이를 무시했다는 점에 주목하자. 전술한 규칙 4에 따라, 초기투자액에서 부채를 차감하지 않았고, 현금유입액에서 이자지급액을 차감하지 않았다. 일반적인 관행상 투자안은 모두 자기자본으로 자금조달이 이루어지는 것으로 간주해 현금흐름을 추정한다. 자금조달결정의 결과로 인해 추가적으로 발생하는 가치는 분리해 고려한다.

**운전자본에 대한 투자**  표 7.1에서 알 수 있듯이, 운전자본은 투자안의 초기와 중간연도에서 증가한다. 그 이유는 무엇일까? 설명 가능한 몇 가지 이유를 제시해보겠다.

1. 매출 증가와 거래처의 대금 지급이 지연됨에 따라, 손익계산서상의 매출이 구아노의 출하로 유입되는 실제 현금보다 과대계상되어 있다. 따라서 매출채권이 증가하게 된다.
2. 가공 처리된 구아노가 알맞게 숙성되려면 몇 개월이 걸린다. 따라서 예상 판매량의 증가로 인해 더 많은 재고가 숙성고에서 보관되어야 한다.
3. 구아노 생산에 사용되는 재료나 서비스에 대한 대금 지급의 지연으로 인한 상쇄효과가 발생한다. 이 경우에는 매입채무가 증가한다.

따라서 추가적인 운전자본에 대한 투자는 다음과 같이 구하면 된다.

추가적인 운전자본에 대한 투자 = 재고의 증가 + 매출채권의 증가 - 매입채무의 증가

---

4  몇 가지 다른 방식을 통해서도 영업현금흐름을 구할 수 있다. 예를 들면 세후 이익에 감가상각비를 추가한다.

$$영업현금흐름 = 세후 이익 + 감가상각비$$

따라서 구아노 투자안의 2차 연도의 경우

$$영업현금흐름 = 1.539 + 2.000 = \$3.539백만$$

또 다른 방식은 감가상각비가 없다는 가정하에 세후 이익을 계산한 후, 감가상각 충당금으로 인해 발생하는 세금 절감액을 더해준다.

$$영업현금흐름 = (매출액 - 비용) \times (1 - 세율) + (감가상각비 \times 세율)$$

따라서 구아노 투자안의 2차 연도의 경우

$$영업현금흐름 = (12.887 - 7.729 - 1.210) \times (1 - 0.21) + (2.000 \times 0.21) = \$3.539백만$$

운전자본의 증감을 구하기가 번거로우면 다른 방법을 사용해도 된다. 즉 거래처로부터 유입되는 현금은 가산하고, 물품 공급업자에게 유출되는 현금은 차감하는 식으로 현금흐름을 직접 추산할 수 있다. 이때 재고상품에 사용된 현금을 포함해 생산활동에 소요된 모든 현금 역시 차감한다. 다시 말해

1. 각 연도의 매출액을 당해 거래처에서 수령한 현금으로 대체할 경우, 매출채권은 신경 쓸 필요가 없다.
2. 매출원가를 인건비, 재료비 및 기타 생산비 명목으로 지급된 현금으로 대체할 경우, 재고나 매입채무를 추적할 필요가 없다.

그러나 여전히 세금추산을 위해 추정손익계산서는 작성해야 할 것이다.

**투자안의 가치평가**    표 7.1의 16행부터 19행까지를 보면 투자안의 순현가에 대한 계산이 나와 있다. 16행에는 자본 투자, 영업현금흐름 및 운전자본에 대한 투자를 모두 더한 구아노 투자안의 총현금흐름이 나와 있다. IM&C는 이런 유형의 투자안에 대한 자본의 기회비용을 20%로 추정한다.

만약 $t$차 연도에 발생하는 현금흐름의 현재가치를 구하려면, 이 현금흐름을 $(1+r)^t$으로 나누어 주거나, 혹은 할인요소 $1/(1+r)^t$로 곱해주면 된다. 17행에는 20%의 할인율에 대한 할인요소들이 나와 있고, 18행에는 할인요소와 현금흐름을 각각 곱해서 나온 현금흐름의 현재가치가 나와 있다. 할인된 모든 현금흐름을 가산하면, 이 투자안의 순현가는 $380만 6,000가 된다.

## 가속감가상각법 및 투자당해연도 전액비용처리

감가상각이 중요한 이유는 현금유출이 없는 비용임에도 과세대상이익을 감소시켜 주기 때문이다. 감가상각을 통한 연간 **절세효과**(tax shield)는 감가상각비와 한계세율을 곱해서 나온 금액이다. 구아노 투자안의 경우는 다음과 같다.

연간 절세효과＝감가상각비×세율＝2,000×0.21＝420, 즉 $420,000

이렇게 절감된 세금(매년 $420,000씩 6년 동안)의 현재가치는 20% 할인율을 적용하면 $139만 7,000가 된다.

표 7.1은 IM&C가 초기투자금을 매년 균등하게 상각하는 정액법을 사용해 감가상각 처리를 한다는 가정하에 작성되었다. 정액법이 가장 일반적인 방법이지만, 미국을 포함한 일부 국가에서는 기업들이 투자금을 더 신속히 상각하도록 여러 방식의 가속감가상각을 허용하고 있다.

예를 들면 기업은 이중체감잔액법(double-declining-balance method)을 사용해 감가상각을 할 수 있다. IM&C에게 이중체감잔액법에 의한 감가상각이 허용된다고 가정하자. 이 경우 회사는 투자금의 장부상 잔존가치의 1/6이 아닌 2×1/6=1/3을 매년 상각할 수 있다.[5] 따라서 1차 연

---

[5]  예를 들어 IM&C가 150% 체감잔액 감가상각을 사용한다면, 장부상 잔존가치의 1.5×1/6＝1/4을 매년 상각할 수 있다.

도에는 12/3＝$400만를 감가상각해, 설비의 상각 후 가치는 12−4＝$800만로 감소한다. 2차 연도에는 8/3＝$270만를 감가상각해, 설비의 상각 후 가치는 더 하락한 $8−2.7＝$530만가 된다. 5차 연도에 회사는 정액법으로 전환 시 감가상각액이 커진다는 것을 알게 되어, 설비의 남은 수명 2년 동안 잔액 $240만를 정액법으로 상각한다. 이 경우 IM&C의 연도별 감가상각 충당금은 아래와 같다.

| | 연도 | | | | | |
|---|---|---|---|---|---|---|
| | 1 | 2 | 3 | 4 | 5 | 6 |
| 연초 잔존가치($100만) | 12 | 8 | 5.3 | 3.6 | 2.4 | 1.2 |
| 감가상각비($100만) | 12/3＝4 | 8/3＝2.7 | 5.3/3＝1.8 | 3.6/3＝1.2 | 2.4/2＝1.2 | 1.2 |
| 연말 잔존가치($100만) | 12−4＝8 | 8−2.7＝5.3 | 5.3−1.8＝3.6 | 3.6−1.2＝2.4 | 2.4−1.2＝1.2 | 1.2−1.2＝0 |

이중체감잔액법으로 감가상각해 절감된 세금의 현재가치는 $160만 8,000이며, 이는 회사가 정액법을 사용할 경우보다 $212,000만큼 크다.

1986년부터 2017년 말까지 미국 기업들은 이중체감잔액법을 약간 변형한 수정가속상각법 (Modified Accelerated Cost Recovery System, MACRS)을 사용했다. 그러나 2017년 개정세법 (Tax Cuts and Jobs Act of 2017)에 의해 보너스 감가상각이 가능해져, 기업들은 투자가 집행되는 첫해에 투자지출액의 100%를 감가상각할 수 있게 되었다. 표 7.2는 전체 투자금액 $1,200만가 즉시 감가상각 된다는 가정하에 다시 계산한 구아노 투자안의 순현가를 보여준다.

우선 정액법을 사용해 6년 동안 구아노 투자안을 감가상각한다고 가정하면, 이 투자안의 순현가는 $380만 6,000이다. 그런 다음, 이중체감잔액법을 사용해 계산하면 순현가는 $21만 2,000 증가한 $401만 8,000가 된다. 마지막으로, 표 7.2에서 알 수 있듯이 2017년 세제개혁으로 도입된 1차 연도 전액상각 방법을 사용하면 순현가는 더욱 증가해 $492만 9,000로 된다.

## 세금 관련 사항

끝으로, 두 가지 사항을 언급하고자 한다. 첫째, 구아노 투자안에 소요된 자본 투자액 $1,200만는 모두 유형고정자산에 투자되어, 현행 미국세법상 즉시 비용처리가 가능하다는 것에 주목하자. 또한 초기 연구개발비 지출로 $50만가 필요하다고 가정하면, 2017년 개정세법 하에서는 2021년 이후에 발생하는 연구개발비용은 즉시 비용으로 처리되지 않고 5년에 걸쳐 상각된다.

둘째, 미국의 모든 대기업은 별도의 두 가지 회계장부를 비치하고 있는데, 하나는 주주보고용 장부이며, 다른 하나는 국세청에 제출하는 세무보고용 장부이다. 주주보고용 장부에서는 정액법, 세무보고용 장부에서는 가속감가상각법을 사용하는 것이 일반적이다. 미국 국세청도 기업들의 이러한 두 가지 감가상각법의 혼용을 반대하지 않는데, 이는 회사가 모든 용도에 가속감가상각법을 사용하는 것보다는 더 많은 소득을 신고하게 되기 때문이다. 세무보고용 장부

| | 연도 | | | | | | | |
|---|---|---|---|---|---|---|---|---|
| | **0** | **1** | **2** | **3** | **4** | **5** | **6** | **7** |
| **패널 A 자본 투자** | | | | | | | | |
| 1 고정자산 투자에서 발생한 현금흐름 | −12,000 | | | | | | | |
| 2 고정자산 매각 | | | | | | | | 1,949 |
| 3 세금 차감 | | | | | | | | 409 |
| 4 자본 투자에서 발생한 현금흐름 (1+2+3) | −12,000 | | | | | | | 1,540 |
| **패널 B 영업현금흐름** | | | | | | | | |
| 5 매출액 | 0 | 523 | 12,887 | 32,610 | 48,901 | 35,834 | 19,717 | |
| 6 매출원가 | 0 | 837 | 7,729 | 19,552 | 29,345 | 21,492 | 11,830 | |
| 7 기타 비용 | 4,000 | 2,200 | 1,210 | 1,331 | 1,464 | 1,611 | 1,772 | |
| 8 감가상각비 | 12,000 | 0 | 0 | 0 | 0 | 0 | 0 | |
| 9 세전이익(5−6−7−8) | −16,000 | −2,514 | 3,948 | 11,727 | 18,092 | 12,731 | 6,115 | |
| 10 세금(0.21×9) | −3,360 | −528 | 829 | 2,463 | 3,799 | 2,674 | 1,284 | |
| 11 세후이익(9−10) | −12,640 | −1,986 | 3,119 | 9,264 | 14,293 | 10,057 | 4,831 | |
| 12 영업현금흐름(8+11) | −640 | −1,986 | 3,119 | 9,264 | 14,293 | 10,057 | 4,831 | |
| **패널 C 운전자본에 대한 투자** | | | | | | | | |
| 13 운전자본 | | 550 | 1,289 | 3,261 | 4,890 | 3,583 | 2,002 | 0 |
| 14 운전자본의 변화 | | 550 | 739 | 1,972 | 1,629 | −1,307 | −1,581 | −2,002 |
| 15 운전자본에 대한 투자에서 발생하는 현금흐름(−14) | | −550 | −739 | −1,972 | −1,629 | 1,307 | 1,581 | 2,002 |
| **패널 D 투자안 가치평가** | | | | | | | | |
| 16 투자안의 총현금흐름(4+12+15) | −12,640 | −2,536 | 2,380 | 7,292 | 12,664 | 11,364 | 6,412 | 3,542 |
| 17 20% 할인요소 | 1,000 | 0.833 | 0.694 | 0.579 | 0.482 | 0.402 | 0.335 | 0.279 |
| 18 할인된 현금흐름(16×17) | −12,640 | −2,113 | 1,653 | 4,220 | 6,107 | 4,567 | 2,147 | 988 |
| 19 순현가 | 4,929 | | | | | | | |

》**표 7.2**  IM&C의 구아노 비료 투자안의 현금흐름과 순현가 계산 — 1차 연도 전액상각을 가정한 추정치(단위: $1,000)

와 주주보고용 장부 사이에는 기타 여러 가지 차이점이 있다.[6]

재무분석가는 자신이 어떤 장부를 살펴보는지 반드시 생각해야 한다. 자본예산에서는 세무

---

[6] 이러한 세무보고용 장부와 주주보고용 장부의 분리가 모든 국가에서 행해지는 것은 아니다. 예를 들어 일본에서는 주주에게 보고된 세금이 정부에 지불한 세금과 같아야 하며, 이는 프랑스 및 많은 다른 유럽 국가에서도 그러하다.

보고용 장부만이 필요하지만, 외부 분석가에게는 주주보고용 장부만이 유용하다.

## 투자안 분석

다시 살펴보기로 하자. 이 절 초반부에서 당신은 IM&C가 계획하고 있는 구아노 투자안에 대한 분석에 착수했다. 당신은 기본적으로 정액법을 사용해 일련의 현금흐름을 추정했고, 그 후 가속감가상각법이 떠올라 다시 현금흐름과 순현가를 계산했다. 마침내 미국의 2017년 개정 세법하에서는 IM&C가 자본지출을 실행한 당해 연도에 100% 감가상각 처리할 수 있다는 것을 알게 되었다.

다행히도 당신은 순현가 계산을 단지 세 번 만에 했지만, 실무에서는 오류와 실수를 모두 제거하기 위해 몇 번이나 다시 계산하기도 한다. 이제 당신은 몇 가지 대안에 대한 분석도 해볼 필요가 있다고 생각할 것이다. 예를 들면 투자안의 규모를 더 늘려야 하는가, 아니면 더 줄여야 하는가? 비료를 도매상을 통해 판매하는 것이 나은가, 아니면 소비자에게 직접 판매하는 것이 나은가? 노스다코타 남부에 100,000제곱피트 규모의 구아노 숙성고를 예정대로 짓기보다는, 오히려 사우스다코타 북부에 90,000제곱피트 규모의 숙성고를 지어야 하는가? 각각의 경우 당신은 가장 높은 순현가가 나오는 대안을 선택해야 한다. 가끔은 대안을 즉시 선택하기가 어려울 때도 있다. 예를 들어 구아노 투자안에는 고가의 고속 포장라인 2개가 필요할 것 같으나, 만일 구아노에 대한 수요가 계절에 따라 변한다면 기본수요에 대비해서 고속 포장라인 하나를 설치하고, 여름 성수기를 위해 느리지만 저렴한 라인 2개를 설치하는 것이 이득이 될 수도 있다. 그런데 두 가지 안에 대한 순현가를 비교해보지 않으면 이에 대한 답을 알 수가 없다.

또한 당신은 "만약 ~이 확실하다면 어떻게 될까(what if clear)"라는 질문 몇 가지를 해야 한다. 예를 들면 만약 인플레이션이 억제되지 않고 심해지는 것이 확실하다면, 순현가는 어떠한 영향을 받을까? 만약 기술적인 문제 때문에 조업의 지연이 확실하다면 어떻게 될까? 만약 정원사들이 자연산 비료인 구아노보다 화학비료를 더 좋아하는 것이 확실하다면 어떻게 될까? 경영자들은 이러한 예상치 못한 부정적인 소식들이 어떻게 순현가에 악영향을 미칠 수 있는지를 더 잘 이해하기 위해 다양한 기법을 사용한다. 예를 들면 경영자들은 **민감도 분석**(sensitivity analysis)을 통해 어떤 변수에 대한 부정적인 소식으로 인해 투자안이 얼마나 예상궤도를 벗어나는지를 점검하거나, 혹은 여러 가지 **시나리오**(scenario)를 작성해 각각의 시나리오가 순현가에 미치는 영향을 추정한다. 또 **손익분기점 분석**(break-even analysis)을 통해 매출이 예상보다 얼마만큼 떨어지면 투자안이 적자로 변하는지를 살펴본다.

## 외국에서 현지 통화로 순현가 계산하기

구아노 투자안은 미국 기업이 자국에서 시행한 투자안이지만, 자본 투자의 원칙들은 세계 어디서나 동일하게 적용된다. 당신이 독일 기업 KGR의 재무관리자이며, 독일에서 시행하는 구아노 투자안과 유사한 €1,000만의 투자기회가 있다고 가정하자. 그러면 구아노 투자안과의 차이점은 무엇인가?

1. KGR 역시 일련의 현금흐름을 추정해야 하지만 이 경우 투자안의 현금흐름은 유로존에서 통용되는 화폐인 유로화로 표시한다.
2. 현금흐름을 추정할 때, 회사는 가격과 비용이 독일의 인플레이션율에 영향을 받는다는 것을 인식해야 한다.
3. 이 투자안에서 발생하는 이익에는 독일의 법인세율이 적용되며, 세율은 현재 15%이다. 여기에 지방자치단체에서 부과하는 높은 거래세가 가산된다.
4. KGR은 독일의 감가상각 충당금 제도를 따라야 한다. 다른 여러 나라들과 마찬가지로, 독일에서도 기업들은 정액법을 사용한다. 따라서 회사는 투자액의 1/6을 매년 상각한다.
5. KGR은 유로화로 측정된 독일에서 구한 자본비용을 적용해 유로화로 표시된 투자안의 현금흐름을 할인한다.

이제 당신이 동일한 투자를 독일에서 하려는 미국 기업의 재무관리자라고 가정하자. 당신은 KGR이 한 것과 똑같은 단계를 밟을 것이다. 미국은 법인세와 관련해 속지주의 과세제도를 시행하므로, 독일에서 발생하는 사업소득에 대한 세금을 미국에 납부해야 하는 걱정은 하지 않아도 된다. 그러나 투자안 순현가의 화폐 표시는 유로화에서 미국 달러로 전환하고, 자본비용도 달라질 것이다.

## 7-3    투자안 선택 시 순현가법의 사용

현실에서는, 거의 모든 투자결정 시 대안들 중에서 양자택일을 해야 한다. 이러한 선택을 **상호 배타적**(mutually exclusive)이라고 한다. 제3장에서 상호 배타적인 투자대상들의 예를 보았다. 즉 사무용 건물을 지어 즉시 매각하는 것과 임대를 주고 2년 후에 매각하는 것 중 어느 것이 더 나은 결정인지를 살펴보았다. 이들 중 하나를 선택하기 위해 각각의 순현가를 구한 후 순현가가 더 높은 대안을 선택했다.

이렇게 2개의 투자안 중 하나를 선택하는 것이 미래의 어떤 의사결정에도 영향을 미치지 않는 한, 위와 같은 절차로 의사결정을 하는 것은 옳은 방식이다. 그러나 때로는 현재의 의사결정이 미래의 투자기회에 영향을 **줄 수도** 있고, 이러한 경우 양자택일의 선택은 복잡해진다. 이와 관련해 다음의 네 가지 중요한 문제를 살펴보자.

- **투자시기의 문제**. 지금 투자할 것인가, 아니면 내년까지 기다려서 다시 고려해볼 것인가?(이 경우, 현재의 투자대상은 미래의 가능한 투자대상들과 경쟁하게 된다.)
- **내용연수가 장기인 설비와 단기인 설비 사이의 선택**. 당장 자금을 절약하기 위해 내용연수가 그리 길지 않은 저렴한 기계장치를 선택할 것인가?(이 경우, 현재의 의사결정으로 향후 기계 대체와 관련된 투자를 앞당기게 된다.)

- **기존 설비의 대체 시기와 관련된 문제**. 현재 사용 중인 기계장치를 언제 대체할 것인가?(기존의 기계장치를 1년 더 사용함으로써, 더 현대적인 설비에 대한 투자를 지연시킬 수 있다.)
- **잉여용량에 대한 비용**. 일시적으로 사용하지 않는 설비를 사용할 때 발생하는 비용은 얼마인가?(이러한 설비의 사용 증가로 인해 추가적인 설비용량이 필요한 시기가 앞당겨질 수 있다.)

이러한 각각의 문제들을 차례로 살펴보겠다.

## 문제 1: 투자시기의 결정

투자안에서 양( + )의 순현가가 나온다고 해서 바로 투자를 실행하는 것이 최선은 아니다. 오히려 미래에 투자를 진행한다면 투자안의 가치가 훨씬 더 높아질 수도 있다. 최적 투자시기 결정은 현금흐름을 분명히 알 수 있는 경우에는 그리 어려운 문제는 아니다. 우선 대안으로 고려되는 투자안들의 착수시점($t$)을 검토하고, 각각의 시점에 해당하는 순미래가치를 계산한다. 그런 다음, 어느 착수시점이 **현재**의 기업가치 증대에 가장 도움이 되는지를 알기 위해 이들 순미래가치를 할인해 현재가치를 구한다.

$$t\text{시점에서 착수되는 투자의 순현가} = \frac{(t\text{시점의 순미래가치})}{(1+r)^t}$$

예를 들면 접근이 어려운 넓은 면적의 삼림지가 있다고 가정하자. 나무를 벌목하기 위해서는 많은 자금을 투자해 접근도로와 다른 시설들을 건설해야 한다. 투자를 지연할수록 더 많은 투자금이 필요하게 된다. 반면에 투자를 지연함으로써 목재가격은 상승하게 되고, 나무는 더디게라도 점차 자라게 된다. 미래의 상이한 시점에 행하는 벌목의 순미래가치는 다음과 같다고 가정하자.

| | 벌목 연도 | | | | | |
|---|---|---|---|---|---|---|
| | 0 | 1 | 2 | 3 | 4 | 5 |
| 순미래가치($1,000) | 50 | 64.4 | 77.5 | 89.4 | 100 | 109.4 |
| 전년도 대비 가치 변화(%) | | +28.8 | +20.3 | +15.4 | +11.9 | +9.4 |

위의 표에서 알 수 있듯이, 벌목을 미루면 미룰수록 더 많은 돈을 벌게 된다. 하지만 당신이 관심을 두어야 할 사항은 **현재**의 기업가치에 공헌하는, 즉 투자의 순현가를 극대화하는 시기이다. 따라서 각 벌목 시점의 순미래가치를 할인해 현재가치로 다시 계산해야 한다. 적정 할인율을 10%라고 가정하면, 벌목을 1차 연도에 하는 경우 순현가는 $58,500가 된다.

$$1\text{차 연도에 벌목을 할 경우의 순현가} = \frac{64.4}{1.10} = 58.5, \text{ 즉 } \$58,500$$

다른 벌목 시점의 순현가는 다음과 같다.

| | 벌목 연도 | | | | | |
|---|---|---|---|---|---|---|
| | 0 | 1 | 2 | 3 | 4 | 5 |
| 순미래가치($1,000) | 50 | 58.5 | 64.0 | 67.2 | 68.3 | 67.9 |

최적의 벌목 시기는 순현가가 극대화되는 4차 연도이다.

4차 연도 전까지는 목재의 순미래가치가 매년 10% 이상 증가하는 데 주목하자. 즉 가치의 증가가 투자안의 자본비용보다 크다는 것이다. 4차 연도 후에도 가치의 증가는 여전히 양(+)을 보이지만 요구수익률에는 미치지 못한다. 따라서 벌목을 더 미루는 것은 주주의 부를 감소시킬 뿐이다.

### 문제 2: 내용연수가 장기인 설비와 단기인 설비 사이의 선택

한 광고대행사가 2개의 디지털 인쇄기 중에서 하나를 선택해야 한다고 하자. 이 두 인쇄기를 기계 A와 기계 B라고 하자. 이 두 기계의 설계는 다르지만, 동일한 기능으로 정확히 동일한 업무를 수행한다. 기계 A의 비용은 $15,000이며, 내용연수는 3년이고 매년 운영비로 $5,000가 든다. 기계 B는 '경제형' 모델로 비용은 단지 $10,000이지만, 내용연수는 2년밖에 되지 않으며, 운영비로는 매년 $6,000가 소요된다.

이 두 기계 중 하나를 선택하는 유일한 방법은 비용을 토대로 하는 것이다. 각 기계에 소요되는 비용의 현재가치는 다음과 같다.

| | 비용($1,000) | | | | |
|---|---|---|---|---|---|
| 연도: | 0 | 1 | 2 | 3 | 6%일 때 현재가치($1,000) |
| 기계 A | 15 | 5 | 5 | 5 | $28.37 |
| 기계 B | 10 | 6 | 6 | – | 21.00 |

이 광고대행사는 비용의 현재가치가 낮은 기계 B를 선택해야 하는가? 반드시 그렇지는 않다. 현재 알 수 있는 것은 기계 B가 내용연수 3년인 기계 A보다 더 낮은 총비용으로 2년을 사용할수 있다는 것이다. 그러나 기계 B의 **연간** 사용비용이 기계 A보다 낮을까?

재무관리자가 기계 A의 구입비와 운영비를 자신의 예산에서 지급하기로 동의한다고 가정하자. 그리고 재무관리자는 기계 A에 대한 사용료로 1차 연도부터 시작해 매년 동일한 금액의 지급을 청구한다. 재무관리자는 이들 지급액의 현재가치가 기계비용의 현재가치와 반드시 같도록 해야 한다.

할인율을 6%로 할 때, 기계 A 비용의 현재가치를 갖는 연간지급액은 $10,610가 된다. 즉 기계의 구입비와 3년간의 운영비를 합한 금액이 매년 $10,610씩 3년간 청구하는 금액과 같다는 것이다.

| 비용($1,000) | | | | |
|---|---|---|---|---|
| 연도: | 0 | 1 | 2 | 3 | 6%일 때 현재가치($1,000) |
| 기계 A | 15 | 5 | 5 | 5 | 28.37 |
| 연간등가비용 | | 10.61 | 10.61 | 10.61 | 28.37 |

이 **연간등가비용**(equivalent annual cost)은 기계 A에 소요되는 총비용과 동일한 현재가치를 갖는 3년 만기 연금(annuity)을 찾아서 계산했다.

$$연금의 현재가치 = 기계 A 비용의 현재가치 = 28.37$$
$$= 연금지급액 \times 기간 3년의 연금계수$$

자본비용이 6%일 때, 기간 3년의 연금계수는 2.673이다. 따라서

$$연금지급액 = \frac{28.37}{2.673} = 10.61$$

이다. 기계 B에 대해서도 같은 계산을 해보면, 연간등가비용은 $11,450가 나온다.

| 비용($1,000) | | | |
|---|---|---|---|
| 연도: | 0 | 1 | 2 | 6%일 때 현재가치($1,000) |
| 기계 B | 10 | 6 | 6 | 21.00 |
| 연간등가비용 | | 11.45 | 11.45 | 21.00 |

기계 A의 연간등가비용($10,610)이 기계 B($11,450)보다 작으므로, 기계 A가 더 나은 선택이다.

**연간등가현금흐름, 인플레이션 및 기술의 변화**   위에서 살펴본 기계 A와 B의 연간등가비용은 인플레이션이 없다는 전제하에서 계산되었다. 그러나 실제로는 기계들을 구입하고 운영하는 비용은 인플레이션과 함께 증가하므로, 기계운영의 실질비용은 변하지 않더라도 명목비용은 증가하게 된다. 따라서 두 기계의 연간등가비용을 비교할 때는 실질가치로 계산할 것을 강력히 권고한다. 즉 연간등가현금흐름을 **명목**연금으로 계산해서는 안 된다. 연간등가현금흐름을 명목연금으로 계산하게 되면 인플레이션율이 높을 때 연간등가현금흐름의 순위가 달라질 수 있다.

두 기계를 구입하고 운영하는 데 필요한 실질현금흐름조차도 변하는 경우가 있다. 예를 들면 기술의 발전으로 새 기계의 구입 및 운영비용이 실질가치 기준으로 매년 20%씩 감소한다고 가정하자. 이 경우 더 저렴한 새 기계의 미래 소유주는 (실질)임대료를 20%씩 낮출 수 있을 것이며, 헌 기계의 소유주는 이러한 임대료 감소에 맞출 수밖에 없을 것이다. 따라서 이제 이런 질문을 해볼 필요가 있다 ― 실질 임대료 수준이 매년 20%씩 감소하는 경우, 각 기계를 임대 받는 데 소요되는 초기 비용은 얼마일까? 1차 연도의 실질임대료를 임대료$_1$이라 하면, 2차 연도의 실질임대료는 임대료$_2$=0.8×임대료$_1$이다. 3차 연도의 실질임대료는 임대료$_3$=0.8×임

대료$_2$ 혹은 0.64×임대료$_1$이다. 각 기계의 소유주들은 실질임대료를 충분히 높게 책정해 현재 가치로 환산된 비용을 회수해야 한다. 실질자본비용이 6%이면

$$\text{기계 A 임대료의 현재가치} = \frac{\text{임대료}_1}{1.06} + \frac{\text{임대료}_2}{(1.06)^2} + \frac{\text{임대료}_3}{(1.06)^3} = 28.37$$

$$= \frac{\text{임대료}_1}{1.06} + \frac{0.8(\text{임대료}_1)}{(1.06)^2} + \frac{0.64(\text{임대료}_1)}{(1.06)^3} = 28.37$$

임대료$_1$ = 12.94, 즉 $12,940

기계 B의 경우

$$\text{기계 B 임대료의 현재가치} = \frac{\text{임대료}_1}{1.06} + \frac{0.8(\text{임대료}_1)}{(1.06)^2} = 21.00$$

임대료$_1$ = 12.69, 즉 $12,690

이제는 두 기계에 대한 평가가 바뀌었다. 기술의 발전으로 새 기계의 실질비용이 감소할 것으로 예상된다면, 3차 연도에 기계 A의 보유로 인해 노후화된 기술에서 벗어나지 못하는 것보다는 오히려 내용연수가 짧은 기계 B를 구매하는 것이 이득이다.

다른 복잡한 경우도 생각해볼 수 있겠다. 어쩌면 훨씬 낮은 연간등가비용을 가진 기계 C가 1차 연도에 나올 수도 있다. 그렇다면, 1차 연도에 기계 B의 폐기나 매각을 고려할 필요가 있을 것이다(이러한 결정에 대해서는 추후에 좀 더 다루겠다). 재무관리자는 각각의 기계가 어떤 기계로 대체될 수 있는지에 대한 면밀한 검토 없이는 현 시점(연도 0)에서 기계 A와 B 사이에서 선택을 할 수가 없을 것이다.

연간등가현금흐름을 기계적으로 비교해서는 안 되며, 어떤 전제하에서 비교가 이루어지는지 항상 생각해야 한다. 마지막으로 강조하건대, 연간등가현금흐름이 필요한 이유는 바로 기계 A와 B가 장래의 상이한 시기에 교체가 이루어지기 때문이다. 따라서 이들 두 기계 중 하나를 선택하는 것은 미래의 투자결정에 영향을 미친다. 만약 미래 의사결정이 현재의 선택에 의해 영향을 받지 않는 경우(예를 들어 두 기계가 모두 교체가 안 되는 경우), **미래 의사결정을 고려해 현재의 선택을 할 필요가 없다.**[7]

**연간등가현금흐름과 세금** 지금까지는 세금 문제를 다루지 않았다. 그러나 기계 A와 B의 사용기간 동안 발생한 비용은 세후로 계산되어야 하는 것은 틀림없다. 기계의 운영비는 세금공제를 할 수 있으며, 자본 투자는 감가상각으로 인한 절세효과가 있기 때문이다.

### 문제 3: 노후한 기계의 대체 시기

앞에서 기계 A와 B를 비교할 때, 각 기계의 수명이 정해져 있다고 간주했다. 실제로 기계의

---

[7] 그러나 두 기계를 모두 교체하지 않는 경우, 기계 A는 가동되지만 기계 B는 가동되지 않는 3차 연도에 기계 A가 창출하는 추가 매출을 고려해야 한다.

대체 시기를 결정하는 것은 기계의 물리적 마모가 아니라 경제성이다. 따라서 기계의 대체 시기는 사람이 판단해 결정하는 것이지, 기계 자체의 상태에 의해 결정되는 것은 아니다.

일반적으로 발생하는 문제를 살펴보자. 당신은 내년과 내후년에 각각 $4,000의 순현금유입이 기대되고, 그 이후에는 수명을 다하게 되는 노후한 기계를 운영하고 있다고 하자. 당신은 지금 이 기계를 새 기계로 교체할 수 있으며, 이럴 경우 새 기계에 소요되는 비용은 $15,000지만 훨씬 더 효율적이며 향후 3년간 매년 $8,000의 현금유입을 가져다준다고 하자. 당신은 이 기계를 지금 교체해야 할지, 아니면 1년을 기다려야 할지를 알고 싶다.

새 기계의 순현가와 연간등가현금흐름을 계산할 수 있으며, 이 연간등가현금흐름은 새 기계의 순현가와 동일한 순현가를 갖는 3년 만기 연금을 말한다.

| 현금흐름($1,000) | | | | |
|---|---|---|---|---|
| | $C_0$ | $C_1$ | $C_2$ | $C_3$ | 6%일 때 NPV($1,000) |
| 새 기계 | −15 | +8 | +8 | +8 | 6.38 |
| 연간등가현금흐름 | | +2.387 | +2.387 | +2.387 | 6.38 |

달리 말하면, 새 기계의 현금흐름은 연 $2,387가 발생하는 연금과 동일하다. 따라서 '노후한 기계를 매년 $2,387의 현금유입을 창출하는 새 기계로 언제 교체할 것인가'라고 질문할 수 있다. 질문이 이런 식으로 주어진다면, 이에 대한 답은 명료하다. 노후한 기계가 매년 $4,000의 현금흐름을 가져다주는 한, 누가 1년에 단지 $2,387의 현금흐름을 창출하는 새 기계로 교체하겠는가?

기계의 잔존가치를 계산에 포함하는 것은 간단하다. 기계의 현재 잔존가치는 $8,000이고, 내년에는 $7,000가 된다고 하자. 내년까지 기다렸다가 기계를 매각할 경우 어떤 결과가 나오는지 살펴보자. 우선은 $7,000의 이득이 있겠으나, 현재의 잔존가치와 이 돈을 1년 동안 투자해서 얻을 수 있는 수익을 합한 것만큼 손실이 생기게 된다. 즉 손실 금액은 $8,000 \times 1.06 = \$8,480$이다. 따라서 순손실은 $8,480 - 7,000 = \$1,480$가 되며, 이는 기계 운영이익의 일부분만을 상쇄하게 된다. 따라서 아직은 기계를 교체하지 말아야 한다.

위와 같은 비교를 하려면 논리상 이 새 기계가 이용 가능한 대안 중 가장 좋은 기계여야 하며, 또한 결국 최적의 시점에서 교체가 되어야 한다는 것을 기억하자.

## 문제 4: 잉여용량에 대한 비용

중앙집중 정보처리시스템(컴퓨터 서버, 저장장치, 소프트웨어 및 원격통신링크)이 구비된 회사의 경우에는 신규 투자사업에 이 시스템을 사용하려는 요청이 많기 마련이다. 최근 설치된 시스템은 잉여용량을 갖는 경향이 있으며, 시스템 사용에 따른 직접적인 한계비용이 아주 적으므로 경영층은 흔히 이 잉여용량에 대한 사용을 장려한다. 그러나 머지않아 시스템의 사용량이 증가해 경영층은 처음에 장려했던 시스템 사용을 중지시키거나, 혹은 계획보다 몇 년 일찍 시스템에 추가 투자해야 하는 상황에 놓이게 된다. 이러한 문제를 피하려면 잉여용량 사용 시 적절한 비용을 부과하면 된다.

기존의 정보시스템을 많이 이용해야 하는 새로운 투자안이 있다고 가정하자. 이 투자안을 채택하게 되면 더욱 성능이 우수한 새로운 시스템의 구입 시기를 4차 연도에서 3차 연도로 앞당겨야 한다. 새로운 시스템의 내용연수는 5년이며, 할인율이 6%일 경우 시스템 구입비 및 운영비의 현재가치는 $500,000이다.

우선, 새 시스템에 소요되는 비용의 현재가치인 $500,000를 연간등가현금흐름으로 전환하면 5년간 매년 $118,700가 발생한다.[8] 물론 새 시스템이 결국 노후화되면 다른 시스템으로 교체하게 된다. 따라서 향후 정보시스템에 소요되는 비용으로 연간 $118,700가 예상된다. 신규 투자안이 착수되면 비용은 4차 연도부터 발생하나, 그렇지 않을 경우 비용은 5차 연도부터 발생한다. 따라서 신규 투자안으로 인해 4차 연도에 $118,700의 **추가**비용이 발생하게 된다. 이 비용의 현재가치는 $118,700/(1.06)^4$, 즉 약 $94,000이다. 이 비용은 신규 투자안에 정확히 부과된다.

이 비용을 받아들일 경우에는 투자안의 순현가가 음(−)으로 나올 수도 있다. 그렇다면, 투자안을 지금 착수했다가 나중에, 즉 현재 시스템의 잉여용량이 사라지는 때에 포기하는 것이 가치가 있는지도 검토해보아야 한다.

---

[8]  5년간 매년 $118,700의 현금흐름을 6%로 할인하면, 이 현금흐름의 현재가치는 $500,000가 된다.

**현금흐름 추정과 현재가치 계산 시 유의사항**

1. 이익이 아니라 현금흐름을 할인하라.
   a. 감가상각은 세금에 영향을 줄 수 있지만, 현금흐름이 아니라는 것을 기억하라.
   b. 운전자본에 대한 투자를 고려하라. 매출이 증가하면 기업은 운전자본에 추가로 투자해야 하며, 투자사업이 종료되면서 운전자본에 대한 투자는 회수된다.
   c. 배분된 간접비에 주의하라. 배분된 간접비가 투자안으로 인해 추가로 발생한 비용이 아닐 수도 있다.

2. 투자안의 **증분**현금흐름, 즉 투자안을 채택했을 때와 채택하지 않았을 때의 현금흐름 차이를 추정하라.
   a. 투자안의 모든 부수 효과를 고려하라. 예를 들면 투자안이 기업의 다른 제품 판매에 끼치는 영향 등을 고려하라.
   b. 매몰비용은 무시하라.
   c. **기회비용**을 포함하라. 예를 들어 투자안을 채택하지 않는 경우 매각할 대지의 가치를 포함하라.

3. 인플레이션은 일관성 있게 고려하라.
   a. 현금흐름을 명목가치로 추정했다면 명목할인율을 사용하라.
   b. 실질현금흐름을 할인할 때는 실질이자율을 사용하라.

4. 투자안에 필요한 자금은 모두 자기자본으로 조달되었다는 가정하에 현금흐름을 추정하라. 따라서 차입금에 대한 원리금 상환은 투자안 현금흐름에서 배제되어야 한다. 이렇게 함으로써 투자결정과 자금조달결정을 분리할 수 있게 된다.

5. 세후 현금흐름에 집중하라. 세무보고용 감가상각비와 주주보고용 감가상각비의 차이에 유의하라.

1. 신규 제조공장에 대한 투자결정 시, 다음 중 어떤 것을 증분현금흐름으로 취급해야 하는가? 공장 부지는 이미 회사의 소유지만, 기존 건물들은 철거해야 한다.
   a. 부지와 기존 건물들의 시가
   b. 철거비용과 부지정리비용
   c. 작년에 개설된 신규 진입 도로의 비용
   d. 신규 시설에 소요된 업무시간으로 인한 타 제품들에 대한 이익 감소
   e. 회장의 제트기 임대 비용의 할당분
   f. 신규 공장의 미래 감가상각비
   g. 신규 공장의 감가상각으로 인한 법인세 절감
   h. 원자재재고에 대한 초기투자
   i. 신규 공장의 기술설계에 이미 사용된 비용

2. 다음 문장은 참인가, 거짓인가?

   a. 투자안의 현금흐름에는 투자안의 자금조달을 위해 빌린 모든 차입금에 대한 이자를 감안해야 한다.

   b. 미국에서는 세무당국에 보고하는 수입과 주주들에게 보고하는 수입이 동일해야 한다.

   c. 가속상각은 투자안의 초기현금흐름을 감소시켜 투자안의 순현가를 줄인다.

3. A는 1년 후 $10만를 보수로 지급받는다. 이는 명목현금흐름이며, 8%의 명목할인율로 할인한다. 인플레이션율은 4%이다.

$$PV = \frac{100,000}{1.08} = \$92,593$$

   A가 받는 보수의 현재가치를 실질등가현금흐름과 실질할인율을 사용해 구하라.(A가 얻은 답과 정확히 똑같은 답이 나와야 한다.)

4. 아래 표는 수명기간이 4년인 투자안의 수행기간 동안 발생하는 운전자본과 관련한 주요 요소들을 보여준다.

| | 2019 | 2020 | 2021 | 2022 | 2023 |
|---|---|---|---|---|---|
| 매출채권 | 0 | 150,000 | 225,000 | 190,000 | 0 |
| 재고자산 | 75,000 | 130,000 | 130,000 | 95,000 | 0 |
| 매입채무 | 25,000 | 50,000 | 50,000 | 35,000 | 0 |

   순운전자본을 구하라. 또한 운전자본에 대한 투자로 인한 현금의 유입과 유출을 구하라.

5. B회사의 연구소에서 새로운 쥐덫을 개발했다. 이 투자안은 공장 및 설비로 $600만의 초기투자가 필요하다. 이 투자금은 5년에 걸쳐 정액법으로 전액 감가상각되어 가치가 0이 된다. 그러나 투자사업이 종료되는 5년 차 말에, 설비는 사실상 $50만에 매각될 것이다. 회사는 운전자본이 다음 연도 추정 매출액의 10%로 항상 유지되어야 한다고 생각한다. 생산원가는 매출액의 25%로 추정된다. (마케팅비용은 없다.) 추정 매출액은 아래 표에 나와 있다. 법인세율은 25%이고, 이 투자안의 요구수익률은 12%이다. 이 투자안의 순현가는 얼마인가?

| 연도 | 0 | 1 | 2 | 3 | 4 | 5 |
|---|---|---|---|---|---|---|
| 매출액($100만) | 0 | 2.0 | 2.4 | 4.0 | 4.0 | 2.4 |

6. 어떤 투자안에 필요한 초기투자금이 $100,000이고, 5년간 매년 $26,000의 세전 현금유입이 발생한다. A회사에는 상당한 금액의 결손금이 발생한 상태로, 가까운 장래에 세금을 납부할 가능성이 없다. B회사는 21%의 법인세를 납부하고 있으며, 투자금에 대해 100%의 보너스 상각을 할 수 있다. 자본의 기회비용은 8%로 가정하고, 인플레이션은 무시한다.

   a. 각 회사별 투자안의 순현가를 구하라.

   b. 각 회사별 세후 현금흐름에 대한 내부수익률은 얼마인가? A회사와 B회사의 내부수익률이 같은 이유는 무엇인가?

7. 표 7.1의 엑셀 스프레드시트를 사용해 다음 질문에 답하라.

a. 새로운 기술적 판단에 근거해 자본 투자액이 $1,200만를 초과해, 어쩌면 $1,500만 정도가 될 것이라는 가능성이 제기되고 있다. 반면에, 당신은 20%의 자본비용은 비현실적으로 높게 평가된 것으로, 사실 자본비용이 약 11% 정도라고 생각한다. 이런 식으로 가정들을 수정해도 투자안은 여전히 만족스러운가?

b. 계속해서 자본 투자액은 $1,500만이고, 자본비용은 11%이다. 매출, 매출원가, 순운전자본 모두 매년 10%씩 증가할 경우에는 어떠한가? 순현가를 다시 계산하라.(**비고:** 표 7.1의 스프레드시트에 수정된 매출, 비용, 운전자본 추정치를 입력하라.)

8. 7-2절의 IM&C 예에서, 투자안 초기의 손실을 회사의 다른 사업 부문에서 발생한 과세대상 이익과 상쇄하는 데 사용할 수 있다고 가정했다. 이제는 이러한 손실이 이월되어, 당해 투자안의 미래 과세대상 이익과 상쇄된다고 가정하자. 투자안의 순현가는 어떻게 변하겠는가? 회사가 즉시 세금공제에 사용할 수 있는 금액은 얼마인가?

9. 한 회사가 신규공장에 $1,000만의 투자를 계획하고 있다고 가정하자. 투자금은 10년에 걸쳐 정액법으로 감가상각할 수 있다. 세율은 40%이고, 할인율은 10%이다.

a. 감가상각을 통한 세금절감액의 현재가치는 얼마인가?

b. 회사가 이중체감잔액 감가상각법을 사용하면서 언제든지 정액법으로 변경할 수 있도록 정부가 허용한다고 가정하자. 이 경우 감가상각을 통한 세금절감액의 현재가치는 얼마인가?

c. 회사가 이 공장을 즉시 감가상각할 수 있도록 정부가 허용한다면, 감가상각을 통한 세금절감액의 현재가치는 얼마가 되겠는가?

10. 대학기숙사의 에어컨 설치비용으로 $150만가 소요되고, 연간 운영비는 현 시세로 $20만이다. 이 에어컨은 25년간 사용하게 된다. 실질자본비용은 5%이며, 대학은 세금을 납부하지 않는다. 연간등가비용은 얼마인가?

11. 당신은 오늘 광학스캐너를 $400에 구매할 수 있다. 이 스캐너로 매년 $60 가치의 이득을 얻게 되며, 스캐너의 기대수명은 10년이다. 스캐너는 매년 20%씩 가치가 감소하게 된다. 할인율은 10%로 가정한다.

a. 이 스캐너를 오늘 구매해야 하는가, 아니면 구매를 미루어야 하는가?

b. 구매의 최적시기는 언제인가?

12. 제품 설계의 향상으로, A회사는 2개의 절삭기계 중 하나를 매각할 수 있게 되었다. 두 기계 모두 동일한 기능을 하지만 수명에서 차이가 난다. 나중에 구입한 기계는 오늘 $50,000에 매각 가능하다. 이 기계의 연간 운영비는 $20,000이지만, 5년 차 말에는 점검비용(세금공제가 가능함)으로 $20,000가 소요된다. 그 이후에는 운영비로 매년 $30,000가 소요되며, 10년 차에는 $5,000에 이 기계를 매각하게 된다. 먼저 구입한 기계는 오늘 $25,000에 판매 가능하다. 만약 이 기계를 계속 보유하면, 점검비용(세금공제가 가능함)으로 $20,000가 즉시 발생한다. 그 이후에는 운영비로 $30,000가 소요되며, 5년 차에는 $5,000에 매각하게 된다. 두 기계 모두 세금 목적상 전액 감가상각 처리되며, 회사는 21%의 세금을 납부한다. 현금흐름은 실질가치로 추정되었고, 실질자본비용은 12%이다. 이 회사는 어떤 기계를 매각해야 하는가? 이 답을 얻기

위한 가정들을 설명하라.

13. 기계 A와 B는 상호 배타적이며, 아래와 같은 실질현금흐름을 창출한다.

| 기계 | 현금흐름($1,000) | | | |
|------|------|------|------|------|
| | $C_0$ | $C_1$ | $C_2$ | $C_3$ |
| A | −100 | +110 | +121 | |
| B | −120 | +110 | +121 | +133 |

자본의 실질기회비용은 10%이다.

a. 각 기계의 순현가를 구하라.

b. 각 기계에서 발생하는 연간 등가현금흐름을 구하라.

c. 어떤 기계를 구매해야 하는가?

14. 당신은 향후 3년간 매년 $5,000의 현금유입을 발생시키는 노후한 기계를 가동 중이다. 이 기계를 신규 기계로 교체할 경우 $20,000의 비용이 소요되나, 기계의 효율성이 훨씬 뛰어나서 4년간 매년 $10,000의 현금흐름을 창출한다. 당신은 노후한 기계를 바로 교체해야 하는가? 할인률은 15%이다.

15. 회장의 전용 제트기가 충분히 사용되지 않고 있다. 만약 다른 직원들이 이 제트기를 사용한다면 연간 운영비는 단지 $20,000가 증가하지만, 연간 항공비 $100,000를 절감할 수 있다. 반면에, 사용 증가로 인해 회사는 4년 차가 아닌 3년 차 말에 이 제트기를 교체해야 한다. 신규 제트기의 비용은 $110만이며, (현재의 낮은 사용률에서는) 수명은 6년이다. 회사는 세금을 납부하지 않는다고 가정하며, 모든 현금흐름은 실질가치로 추정된다. 자본의 실질 기회비용은 8%이다. 다른 직원들도 이 비행기를 사용할 수 있도록 회장을 설득해야 하는가?

# 위험과 수익률

제7장까지는 위험에 대한 문제를 직접적으로 다루지 않아 이 장에서 살펴보고자 한다. 더는 '자본의 기회비용은 투자위험에 의해 결정된다'와 같은 모호한 말로 충분하지 않다. 즉 위험은 어떻게 정의되고, 위험과 자본의 기회비용 사이에는 어떤 연관성이 있으며, 재무관리자들은 실제로 위험을 어떻게 다루는지 알아야 한다.

이 장에서는 첫 번째 문제에 집중하고, 두 번째와 세 번째 문제는 제9장, 제10장에서 다루겠다. 우선, 100년이 넘는 자본시장에서의 수익률 자료를 요약해 살펴본다. 이어서 투자위험을 살펴보고, 포트폴리오 분산을 통해 이러한 투자위험을 어떻게 감소시키는지 알아본다. 또한 개별 증권에 대한 일반적인 위험측정치인 베타에 대해서도 설명할 것이다.

따라서, 이 장에서 다루는 주제는 포트폴리오 위험, 개별 증권의 위험, 분산투자이다. 대부분의 경우 일반투자자의 관점에서 다루겠지만, 이 장의 후반부에서는 시각을 달리해 분산투자가 기업의 목적에 부합하는지에 대해서도 살펴보고자 한다.

## 8-1 자본시장 100년 역사의 한 가지 교훈

재무분석가들이 다루는 자료의 양은 상당히 많다. 데이터베이스에는 광범위한 자료들이 들어 있으며, 여기에는 미국 주식, 채권, 옵션 및 상품의 가격뿐만 아니라, 많은 양의 해외 주식 및 채권과 관련된 자료들이 포함되어 있다. 이 절에서는 미국 주식과 채권으로 구성된 3개의 포트폴리오의 과거 성과를 측정한 딤슨(Dimson), 마쉬(Marsh), 스톤튼(Staunton) 세 학자의 연구에 중점을 두겠다.[1]

1. 미국 단기국채(Treasury bills, 만기가 1년 이하인 미국 정부 발행 채무증권)로 구성된 포트폴리오[2]

---

[1]  E. Dimson, P. R. Marsh, and M. Staunton, *Triumph of the Optimists: 101 Years of Global Investment Returns* (Princeton, NJ: Princeton University Press, 2002)를 참조하라.

[2]  미국 단기국채는 1919년 이후에 발행되었다. 그 이전에 사용된 이자율은 상업어음(commercial paper)의 이자율이다.

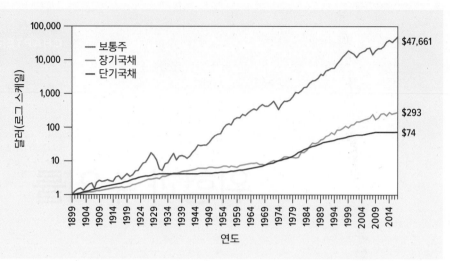

**그림 8.1** 모든 배당 및 이자 수입을 재투자한다고 가정할 경우 1899년 말에 투자한 $1는 2017년 말이 되면 얼마나 증가했겠는가?
출처: E. Dimson, P. R. Marsh, and M. Staunton, *Triumph of the Optimists: 101 Years of Global Investment Returns*(Princeton, NJ: Princeton University Press, 2002), 업데이트된 자료는 저자들이 제공함.

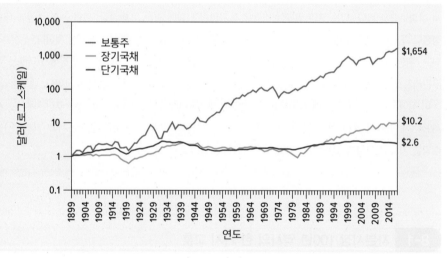

**그림 8.2** 모든 배당 및 이자 수입을 재투자한다고 가정할 경우 1899년 말에 투자한 $1는 2017년 말이 되면 실질가치 기준으로 얼마나 증가했겠는가? 그림 8.1과 비교해보면 인플레이션이 투자수익률의 구매력을 얼마나 감소시켰는지 알 수 있다.
출처: E. Dimson, P. R. Marsh, and M. Staunton, *Triumph of the Optimists: 101 Years of Global Investment Returns*(Princeton, NJ: Princeton University Press, 2002), 업데이트된 자료는 저자들이 제공함.

2. 미국 장기국채(U.S. government bonds)로 구성된 포트폴리오

3. 미국 보통주(U.S. common stocks)로 구성된 포트폴리오

각 포트폴리오 투자로부터 발생하는 위험의 정도는 상이하다. 미국 단기국채는 가장 안전한 투자대상으로 채무불이행의 위험이 없으며, 짧은 만기로 인해 가격이 비교적 안정적이다. 실제로, 3개월 동안 자금 운용을 원하는 투자자는 3개월 만기 미국 단기국채를 매입함으로써 매우 확실한 투자성과를 얻을 수 있다. 그러나 인플레이션(물가 상승)에 대한 불확실성이 여전히 존재하므로, 투자자에게 **실질** 수익률이 보장되는 것은 아니다.

장기국채로 투자대상을 변경하면, 투자자는 이자율의 변화에 따라 가격이 변동하는 자산을 취득하게 된다. (채권가격은 이자율이 상승하면 하락하고, 이자율이 하락하면 상승한다.) 채권에서 보통주로 전환하는 투자자는 주식을 발행한 기업의 부침과 함께 하게 된다.

| | 연평균수익률 | | |
|---|---|---|---|
| | 명목 | 실질 | 평균 위험프리미엄<br>(미국 단기국채 대비 비정상수익률) |
| 미국 단기국채 | 3.8 | 0.9 | 0 |
| 미국 장기국채 | 5.3 | 2.5 | 1.5 |
| 미국 보통주 | 11.5 | 8.4 | 7.7 |

》**표 8.1** 1900~2017년 미국 단기국채, 장기국채, 보통주의 평균수익률(수치는 연간%)

출처: E. Dimson, P. R. Marsh, and M. Staunton, *Triumph of the Optimists: 101 Years of Global Investment Returns*(Princeton, NJ: Princeton University Press, 2002), 업데이트된 자료는 저자들이 제공함.

그림 8.1은 1899년도 말에 위의 3개 포트폴리오에 각각 $1를 투자하고, 여기서 나오는 모든 배당금과 이자수익을 각각의 포트폴리오에 재투자했을 경우 이 $1가 얼마나 증가했는지를 보여준다.[3] 그림 8.2는 이러한 증가를 포트폴리오의 **실질**가치로 나타낸 것을 제외하고는 그림 8.1과 동일하다. 여기서는 명목가치에 초점을 맞춰 다루겠다.

그림을 보면 위험도가 높다고 직관적으로 생각되는 포트폴리오의 투자성과가 높다는 것을 알 수 있다. 가장 안전한 투자대상인 미국 단기국채에 $1를 투자했다면 2017년 말에는 $74로 증가했는데, 이는 인플레이션을 간신히 따라잡을 정도의 수준이다. 미국 장기국채에 똑같이 투자했다면 $293가 되었을 것이다. 최고의 투자성과를 보인 것은 보통주에 대한 투자이다. 미국 대기업 주식에 $1를 투자한 투자자라면 $47,661의 투자성과를 거두었을 것이다.

또한 이들 포트폴리오의 1900년부터 2017년까지의 각 연도별 수익률을 계산할 수 있다. 이 수익률에는 각 연도에 현금으로 수취하는 배당 및 이자와 자본이득 및 자본손실이 반영되어 있다. 표 8.1에는 각 포트폴리오별 118년간의 연평균수익률이 나와 있다.

이 기간 동안 미국 단기국채의 평균수익률이 가장 낮으며, **명목**가치로는 연 3.8%이고 **실질**가치로는 연 0.9%이다. 다시 말해 이 기간 동안 평균 인플레이션율(물가 상승률)은 대략 연 3% 수준이었다는 것이다. 보통주가 여기서도 역시 최고의 성과를 보여주고 있다. 명목가치 기준으로 대기업 주식들의 평균수익률은 11.5%였다. 위험이 큰 보통주에 투자함으로써, 투자자는 단기국채 수익률을 초과하는 7.7%(11.5 − 3.8)의 **위험프리미엄**(risk premium)을 얻었다.

왜 이렇게 장기간에 걸친 평균수익률을 측정하는지 궁금할 것이다. 그 이유는 보통주의 경우 연간 수익률의 변동이 너무 심해서 단기간에 걸친 평균수익률은 의미가 없기 때문이다. 따라서 과거의 수익률이 의미가 있으려면 반드시 수익률을 장기간에 걸쳐 살펴보아야 한다.[4]

---

[3] 포트폴리오들의 가치는 로그 스케일(log scale)을 사용해 나타내었다. 로그 스케일을 사용하지 않았다면, 다른 포트폴리오보다 주식 포트폴리오 가치가 월등히 높아서 3개의 포트폴리오를 한 그래프에 모두 그릴 수 없었을 것이다.

[4] 이 기간이 전체를 대표할 수 있는 기간에 해당하는지에 대해서는 확신할 수 없으며, 또한 소수의 비정상적으로 높거나 낮은 수익률에 의해 평균값이 왜곡된 것은 아닌지에 대한 확신도 없다. 평균값 추정치의 신뢰도는 일반적으로 **표준오차**(standard error)로 측정한다. 예를 들어 위에 나온 보통주에 대한 평균 위험프리미엄 추정치의 표준오차는 1.9%이다. 실제 평균값이 추정치인 7.7%로부터 표준오차의 2배 안의 범위에 속할 확률은 95%이다. 다시 말해 실제 평균값이 3.9~11.5% 사이에 있다고 말하는 것이 옳을 확률이 95%라는 것이다. **기술적 비고**: 평

## 산술평균과 연복리수익률

표 8.1에 나온 평균수익률은 산술평균수익률인 것에 유의하자. 즉 단순히 118개의 연간 수익률을 합해 118로 나눈 것이다. 산술평균수익률이 같은 기간 동안의 연복리수익률보다 높다. 보통주의 118년간 연복리수익률은 9.6%였다.[5]

과거 투자의 산술 및 복리수익률을 올바르게 사용하는 데 있어 가끔 혼동이 발생하는 경우가 있다. 따라서 간단한 예를 들어 이를 명확히 설명해보겠다.

빅오일(Big Oil)의 보통주 가격이 $100라고 하자. 연말에 이 주식의 가격이 $90, $110, 혹은 $130가 될 확률이 같다면, 수익률은 각각 −10%, +10%, +30%가 될 것이다(회사는 배당금을 지급하지 않는다고 가정하자). 따라서 기대수익률은 $1/3(-10+10+30) = +10\%$이다.

이 과정을 역으로 수행해 기대현금흐름을 기대수익률로 할인하면 빅오일 주식의 가치를 얻게 된다.

$$PV = \frac{110}{1.10} = \$100$$

따라서 10%의 기대수익률은 빅오일 주식에서 발생하는 기대현금흐름을 할인하는 데 필요한 적정한 할인율이다. 또한 이 기대수익률은 빅오일과 동일한 위험 정도를 가진 투자대상에 대한 자본의 기회비용이다.

이제 장기간에 걸쳐서 빅오일 주식의 수익률을 관찰한다고 가정하자. 확률이 변하지 않을 경우, 첫 1/3기간 동안의 수익률은 −10%, 그다음 1/3기간 동안의 수익률은 +10%, 나머지 1/3기간 동안의 수익률은 +30%가 될 것이다. 이들 연간 수익률의 산술평균은 다음과 같다.

$$\frac{-10 + 10 + 30}{3} = +10\%$$

따라서 산술평균수익률은 빅오일과 유사한 위험을 가진 투자대상에 대한 자본의 기회비용을 정확하게 나타낸다.

빅오일 주식의 연복리수익률[6]은 다음과 같을 것이다.

$$(0.9 \times 1.1 \times 1.3)^{1/3} - 1 = 0.088, \text{ 즉 } 8.8\%$$

이는 자본의 기회비용보다 **낮다**. 투자자들이 자본시장에서 10%의 기대수익률을 얻을 수 있는 한, 이들은 8.8%의 기대수익률을 제공하는 투자안에는 투자하지 않을 것이다. 이러한 투자안의 순현가는 다음과 같다.

---

균값의 표준오차는 표준편차를 관측치 개수의 제곱근으로 나눈 값과 같다. 위의 예의 경우, 위험프리미엄의 표준편차는 20.2%이고, 따라서 표준오차는 $20.2/\sqrt{118} = 1.9\%$이다.

[5]  이것은 식 $(1+r)^{118} = 47,661$로부터 계산된 것인데, 이 경우 $r$은 0.096이다. **기술적 비고**: 수익률이 로그정규분포를 따를 경우, 연복리수익률은 산술평균수익률에서 분산의 절반을 차감한 값과 같다. 예를 들면 미국 시장수익률의 연간 표준편차는 약 0.20, 즉 20%였고, 따라서 분산은 $0.20^2$, 즉 0.04였다. 연복리수익률이 산술평균수익률보다 $0.04/2 = 0.02$, 즉 2% 낮게 나온다.

[6]  연복리수익률은 종종 기하평균(geometric average) 수익률로 불린다.

$$NPV = -100 + \frac{108.8}{1.1} = -1.1$$

따라서 꼭 기억해야 할 점은 자본비용을 과거수익률 혹은 위험프리미엄을 이용해 추정한다면, 연복리수익률이 아니라 산술평균수익률을 사용해야 한다는 것이다.

## 과거 자료를 통한 현재의 자본비용 평가

S&P 종합지수(Standard and Poor's Composite Index)와 동일한 위험을 가진 투자안이 있다고 가정하자. 이 경우 투자안은 **시장포트폴리오**(market portfolio)와 동일한 위험을 가진다고 일반적으로 말한다(S&P 종합지수가 모든 위험 투자대상을 포함하는 것은 아니므로, 이는 정확한 말은 아니다). 이 투자안의 추정 현금흐름을 할인하려면 어떤 할인율을 사용해야 하는가?

이런 경우에는 분명히 시장포트폴리오에 대한 현재의 기대수익률을 사용해야 할 것이다. 즉 이 기대수익률은 제안된 투자안에 투자함으로써 투자자들이 포기해야 하는 수익률이다. 이를 시장수익률 $r_m$이라고 하자. $r_m$을 추정할 수 있는 한 방법은 미래에도 과거와 같은 패턴이 반복될 것이고, 현재의 투자자들은 표 8.1의 평균값과 같은 '정상적인' 수익률을 기대한다고 가정하는 것이다. 이 경우 $r_m$은 과거 시장수익률의 평균인 11.5%로 결정될 것이다.

유감스럽게도, $r_m$을 이런 식으로 결정하는 것은 타당하지 않다. 그 이유는 $r_m$은 시간이 흐르면서 변할 수 있기 때문이다. 무위험 이자율 $r_f$와 위험프리미엄의 합이 $r_m$이라는 것을 기억하자. 모두가 알듯이, $r_m$은 변한다. 예를 들어 1981년 미국 단기국채의 이자율은 약 15%였다. 이 경우 투자자들이 기대수익률이 단지 11.5%인 보통주의 보유에 만족한다고 믿기는 어려울 것이다.

투자자들의 기대수익률을 추정하는 데 있어 조금 더 합리적인 방법은 단기국채의 이자율과 표 8.1에 나온 평균 **위험프리미엄** 7.7%를 더하는 것이다. 예를 들어 단기국채의 현재 이자율이 2%라고 하자. 여기에 평균 위험프리미엄을 더하면 다음과 같다.

$$r_m = r_f + 정상적인 \ 위험프리미엄$$
$$= 0.02 + 0.077 = 0.097, 즉 \ 9.7\%$$

여기서 중요한 가정은 정상적이고 안정적인 시장포트폴리오의 위험프리미엄이 존재하기 때문에, **미래**의 기대 위험프리미엄은 과거의 평균 위험프리미엄으로 측정 가능하다는 것이다.

그러나 100년이 넘는 자료를 통해서도 시장위험프리미엄을 정확히 추정할 수는 없다. 또한 50년 전 혹은 100년 전의 투자자들이 위험에 대해 요구한 보상을 현재의 투자자자들도 동일하게 요구한다고 확신할 수도 없다. 따라서 위험프리미엄이 실제로 얼마인지에 대해 많은 논란의 여지가 남아 있다.[7]

---

[7] 위험프리미엄은 종종 다른 방식으로 정의되기 때문에 차이를 보이기도 한다. 한편에서는 주식 수익률과 장기 채권 수익률의 평균 수익률 차이로 측정하기도 하고, 다른 한편에서는 주식의 복리 수익률과 이자율의 차이로 위험프리미엄을 측정하기도 한다. 앞에서 설명한 바와 같이, 이런 식으로 측정된 위험프리미엄은 자본비용의 적절한 척도가 아니다.

많은 재무관리자와 경제학자들은 장기간에 걸친 과거의 수익률이 사용 가능한 가장 좋은 위험프리미엄의 척도라고 생각한다. 반면에, 주식 보유를 위해 투자자들이 과거와 같이 그렇게 높은 위험프리미엄을 요구할 필요는 없다고 생각하는 사람들도 있다. 예를 들면 기업인과 학자들을 상대로 한 여러 조사에 따르면, 이들은 공통적으로 과거의 평균보다 약간 낮은 시장 위험프리미엄을 기대하는 것으로 나타났다.

기대 시장위험프리미엄이 과거의 평균보다 낮다고 생각하는 것은 과거 미국 시장이 투자자들에게 예상외로 호의적이었고, 이러한 행운이 되풀이되기는 어렵다고 생각하는 것과 같은 의미일 것이다. 다음 두 가지 이유로 과거의 위험프리미엄이 현재 투자자가 예상하는 위험프리미엄을 과대평가할 수도 있다고 한다.

**첫 번째 이유**    1900년 이래로 미국은 세계에서 가장 번창한 국가 중 하나였다. 다른 국가들의 경제는 전쟁 혹은 정치, 사회적 불안으로 쇠퇴하거나 붕괴되었다. 따라서 미국 시장의 과거 주식 수익률만 놓고 보면 과거 투자자들의 **기대**수익률이 높았다는 편향된 생각이 들 수 있다. 그러나 과거 주식 수익률의 평균값이 높다는 이러한 사실 때문에, 우리는 미국이 특별히 운이 좋은 국가가 아니었을 수도 있다는 가능성을 간과하고 있는지도 모르겠다.

그림 8.3은 이 문제를 조명하고 있다. 그림 8.3은 딤슨과 마쉬, 스톤튼이 수행한 20개 국가의 시장수익률에 관한 광범위한 연구에서 옮겨 왔으며, 1900년부터 2017년까지의 각 국가별 평균 위험프리미엄을 보여주고 있다. 그림 8.3을 보면, 미국 투자자들이 특별히 운이 좋았다는 근거는 없다. 즉 위험프리미엄의 경우 미국은 평균 정도에 위치하고 있다.

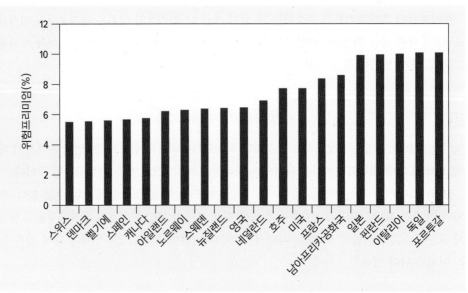

▶ **그림 8.3**  1900~2017년 평균 시장위험프리미엄(주식의 명목수익률−단기국채의 명목수익률)
출처: E. Dimson, P. R. Marsh, and M. Staunton, *Triumph of the Optimists: 101 Years of Global Investment Returns*(Princeton, NJ: Princeton University Press, 2002), 업데이트된 자료는 저자들이 제공함.

한편, 스위스의 평균 위험프리미엄은 단지 5.5%로 20개 국가 중 최하위에 위치한 반면, 포르투갈의 위험프리미엄은 10%로 20개 국가 중 최상위에 위치한다. 국가 간에 나타나는 이런 위험프리미엄의 차이는 위험에 있어서 서로 차이가 있기 때문일 것이다. 그러나 각 투자자들 간의 경우에는 기대하는 위험프리미엄을 정확히 추정하는 것은 매우 어렵다는 것을 기억해야 한다. 각 국가 내에서는 **기대** 위험프리미엄이 동일하다고 결론을 내린다 하더라도 크게 틀린 것은 아닐 것이다.[8]

**두 번째 이유**   과거의 위험프리미엄이 현재 투자자가 예상하는 위험프리미엄을 과대평가할 수도 있다고 생각하는 경제학자들은 수년간 미국 내 주가의 상승이 기업의 배당 혹은 이익의 성장을 능가했다는 사실을 지적한다.

그림 8.4는 1900년부터 2017년까지의 미국 내 배당수익률을 보여준다. 초기 배당수익률은 4.4%였다. 배당수익률은 1917년 들어 10%를 약간 넘어섰지만, 그 후로 장기간에 걸쳐 명백한 하락을 보여 2017년에는 1.9%까지 하락했다. 투자자들이 이 정도로 큰 배당수익률의 하락을 예상했을 것 같지는 않다. 그렇다면, 이 기간 동안 발생한 실제 투자수익의 일부분은 예상치 못한 것이었다.

배당수익률의 이러한 하락을 어떻게 설명해야 하는가? 주식에 투자한 투자자들이 지속적인 배당의 성장($g$)을 기대한다고 가정하자. 그러면 주식의 가치는 $PV = DIV_1/(r-g)$이며, 배당수익률은 $DIV_1/PV = r - g$가 된다. 이 경우 배당수익률은 기대수익률과 배당 성장률의 차이를 나타낸다. 따라서 배당수익률의 하락이 관찰된다면, 이는 투자자들이 배당성장률의 상승을 기대했거나, 혹은 투자자들이 낮은 기대수익률에 만족하기 때문이다.

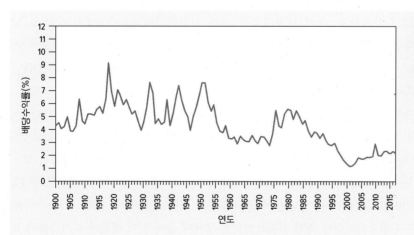

▶ **그림 8.4**  1900~2017년 미국 시장의 배당수익률

출처: Federal Reserve Bank of St. Louis, Economic Data.

---

[8] 여기서 다루고 있는 것은 명목 시장수익률과 명목이자율의 차이다. 가끔은 **실질** 위험프리미엄, 즉 **실질** 시장수익률과 **실질**이자율의 차이도 다루게 될 것이다. 인플레이션율이 $i$일 경우, 실질 위험프리미엄은 $(r_m - r_f)/(1+i)$이다. 인플레이션율이 높은 이탈리아와 같은 나라의 경우에는, 이러한 실질 위험프리미엄이 명목 위험프리미엄보다 현저히 낮을 수도 있다.

그렇다면, 배당 성장률이 상승하는 이유는 무엇일까? 한 가지 가능성은 향후 사업의 번창으로 이익이 폭증한다고 현재 투자자들이 기대하는 것이다. 하지만 더 간단하면서도 타당한 이유는 기업들이 자사주 매입을 통한 현금의 배분을 점점 더 선호했다는 것이다. 제15장에서 설명하겠지만, 현금으로 자사주를 매입하게 되면 현재의 배당수익률을 감소시키고 미래의 배당 성장률을 증가시키는 효과가 있다. 따라서 자사주 매입으로 인해 현재의 배당수익률은 낮아지더라도, 기대수익률은 변하지 않는다.

기대수익률이 하락하는 이유는 무엇일까? 위험의 감소로 투자자들이 낮은 수익률에 만족하는 것일까? 과거에 당신은 경제가 잘 운영되어 주식투자의 위험이 예전보다는 낮아졌다는 말을 들은 적이 있겠지만, 2007-2009 금융위기로 인해 투자자들은 이 말이 사실이라고 믿지 않는다. 그러나 뮤추얼펀드의 성장으로 개인들은 위험의 일부분을 분산하기 쉬워졌고, 연기금 및 다른 금융기관들은 자금의 일부를 해외에 투자함으로써 위험을 감소시킬 수 있다는 것을 알게 되었다. 이들 투자자들이 과거보다 많은 위험을 제거할 수 있다면, 낮은 위험프리미엄에도 만족할 것이다.

기대 시장위험프리미엄이 하락하게 되면, **실현** 수익률이 상승하는 효과가 있다. S&P 지수에 포함되어 있는 주식들의 총배당금이 $4,000억($DIV_1 = 400$)이며, 배당이 계속해서 연 6%($g = 0.06$) 성장할 것으로 예상된다고 가정하자. 배당수익률이 2%라면, 기대수익률은 $r = 6 + 2 = 8$%가 된다. 이 숫자들을 연구 성장 배당할인모형(constant-growth dividend-discount model)에 대입해보면, 시장포트폴리오의 가치는 $PV = DIV_1/(r - g) = 400/(0.08 - 0.06) = $20조$가 되며, 이는 2017년의 실제 총가치와 비슷하다.

물론, 8%의 기대수익률에는 위험프리미엄이 포함되어 있다. 예를 들어 무위험 이자율이 1%라면, 위험프리미엄은 7%이다. 이제 투자자들이 주식시장을 예전보다 안전한 투자처라고 생각한다고 가정하자. 이에 투자자들은 기대 위험프리미엄을 7%에서 6.5%로 낮추게 되어, 기대수익률을 8%에서 7.5%로 수정할 것이다. 그 결과 시장 포트폴리오의 가치 $PV = DIV_1/(r - g) = 400/(0.075 - 0.06) = $26조 6,670억$로 증가하며, 배당수익률은 $DIV_1/PV = 400/26,667 = 0.015$, 즉 1.5%로 하락하게 된다.

따라서 투자자들이 기대하는 위험프리미엄이 0.5% 하락함으로써, 시장가치는 $20조에서 $26조 6,670억으로 33%가 상승하게 된다. 이 경우 투자자가 얻는 총수익률은 배당수익률 2%를 포함해 $2 + 33 = 35$%가 된다. 이자율이 1%일 경우, 투자자들이 얻은 위험프리미엄은 $35 - 1 = 34$%이며, 이는 투자자들이 기대했던 것보다 훨씬 크다. 혹시라도 이 34%의 위험프리미엄이 과거 위험프리미엄 샘플에 들어 있다면, 이중의 실수로 이어질 수 있다. 첫째, 이와 같이 비정상적으로 높은 위험프리미엄이 과거 위험프리미엄 샘플에 들어 있기 때문에 투자자들이 과거에 기대했던 위험프리미엄이 과대평가될 것이며, 둘째, 이로 인해 투자자들이 미래에 더 낮은 기대 위험프리미엄을 요구한다는 것을 모를 수 있다.

지금까지의 설명으로부터 한 가지 확실한 결론을 얻을 수 있다. 즉 시장위험프리미엄을 정확히 찾아내려 하는 것은 마치 스파게티를 갈래가 하나인 포크를 사용해 먹으려는 것과 같이 불가능하다는 것이다. 과거 자료를 통해 어느 정도 시장위험프리미엄을 추정할 수는 있더라도 투자자들이 대체적으로 자신들이 기대했던 시장위험프리미엄을 얻었는지는 궁극적으로 투자자 스스로 판단해야 한다. 많은 재무경제학자들이 과거 자료에 의존해 약 7%의 위험프리미엄을 사용한다. 그 외의 사람들은 일반적으로 이보다는 약간 낮은 수치를 사용한다. 이 책의 저자들은 이와 관련해 공식적인 입장은 없지만, 5~8%의 범위가 미국의 위험프리미엄으로 적당하다고 생각한다.

## 8-2  분산투자와 포트폴리오 위험

이제 몇 가지 기준을 알게 되었다. 과거 자료를 통해 안전한 자산에 적용하는 할인율을 알게 되었고, 위험 정도가 보통인 자산에 적용하는 할인율의 추정치도 얻게 되었다. 하지만 이런 간단한 경우에 해당하지 않는 자산들에 적용하는 할인율을 어떤 식으로 추정하는지 아직은 모른다. 따라서 (1) 위험을 측정하는 방법과 (2) 부담하는 위험과 요구하는 위험프리미엄 간의 관계를 알아야 한다.

그림 8.5는 118개 미국 보통주의 연간 수익률을 보여주며, 매년 수익률의 변동폭이 매우 크다는 것을 알 수 있다. 가장 높은 연간 수익률은 1933년의 57.6%로, 이는 1929~1932년 사이에 일어난 주식시장 폭락에 대한 부분적인 반등이었다. 그러나 6년 만에 25%가 넘는 손실이 발생했다. 최악의 수익률을 보인 해는 −43.9%를 기록한 1931년이었다.

그림 8.5의 자료를 보여주는 다른 방법은 히스토그램, 즉 도수분포도를 그리는 것이다. 그림 8.6은 연간 수익률의 히스토그램을 보여주고 있으며, 수익률 '분포의 확산 정도(spread)'가 크다는 것을 통해 연간 수익률의 변동성을 알 수 있다.

### 분산과 표준편차

분포의 확산 정도를 측정하는 표준 통계량은 **분산**(variance)과 **표준편차**(standard deviation)이

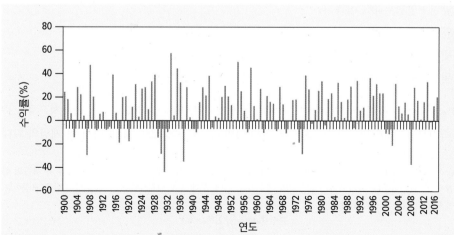

**▶ 그림 8.5**  주식시장은 수익성은 높지만 변동성이 심한 투자대상이다.

출처: E. Dimson, P. R. Marsh, and M. Staunton, *Triumph of the Optimists: 101 Years of Global Investment Returns*(Princeton, NJ: Princeton University Press, 2002), 업데이트된 자료는 저자들이 제공함.

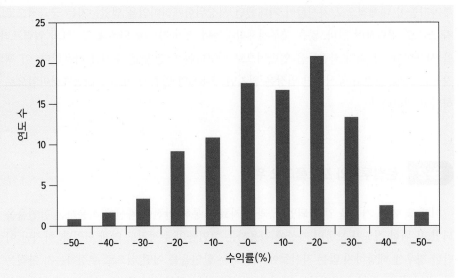

**그림 8.6** 1900~2017년 미국 주식시장의 연간 수익률 히스토그램으로, 주식의 투자 수익률 분포가 넓게 확산되어 있다는 것을 보여준다.

출처: E. Dimson, P. R. Marsh, and M. Staunton, *Triumph of the Optimists: 101 Years of Global Investment Returns*(Princeton, NJ: Princeton University Press, 2002), 업데이트된 자료는 저자들이 제공함.

다. 시장수익률의 분산은 기대수익률로부터의 편차를 제곱한 것의 기댓값이다.

$$시장수익률의 분산 = (\tilde{r}_m - r_m)^2의 기댓값$$

여기서 $\tilde{r}_m$은 실제 수익률이며, $r_m$은 기대수익률이다.[9] 표준편차는 단지 분산의 제곱근이다.

$$시장수익률의 표준편차 = \sqrt{시장수익률의 분산}$$

일반적으로 표준편차는 $\sigma$, 분산은 $\sigma^2$으로 나타낸다.

아주 간단한 예를 들어 분산과 표준편차를 구하는 방법을 알아보자. 당신에게 다음과 같은 게임을 할 기회가 주어졌다고 가정하자. 우선 \$100를 걸고 게임을 시작한다. 그리고 동전 2개를 던진다. 던져서 나온 각 앞면마다 건 돈의 20%를 얻게 되고, 각 뒷면마다 건 돈의 10%를 잃게 된다. 이 경우 동일한 확률을 가진 다음의 네 가지 결과가 나오게 된다.

- 앞면 + 앞면 = 40% 이득
- 앞면 + 뒷면 = 10% 이득
- 뒷면 + 앞면 = 10% 이득
- 뒷면 + 뒷면 = 20% 손실

40%의 이득을 올릴 가능성은 4번 중 1번, 즉 0.25이며, 10%의 이득을 올릴 가능성은 4번 중 2번, 즉 0.5이다. 20%의 손실을 입을 가능성은 4번 중 1번, 즉 0.25이다. 따라서 이 게임의 기대

---

[9] 기술적인 점에 대해 한 번 더 다루어보자. 관찰된 수익률의 표본을 사용해 분산을 추정할 경우, 편차 제곱의 합을 $N-1$로 나누어준다. 여기서 $N$은 관측치의 개수이다. 이때, $N$ 대신 $N-1$로 나누어 자유도의 손실을 교정한다. 이에 대한 공식은 다음과 같다.

$$분산(\tilde{r}_m) = \frac{1}{N-1}\sum_{t=1}^{N}(\tilde{r}_m - r_m)^2$$

여기서 $\tilde{r}_{mt}$는 $t$기간에서의 시장수익률이고, $r_m$은 $\tilde{r}_{mt}$의 평균이다.

| (1)<br>수익률($\tilde{r}$) | (2)<br>기대수익률로부터의<br>편차($\tilde{r}-r$) | (3)<br>편차 제곱<br>($\tilde{r}-r$)$^2$ | (4) 확률 | (5)<br>확률×편차 제곱 |
|---|---|---|---|---|
| +40 | +30 | 900 | 0.25 | 225 |
| +10 | 0 | 0 | 0.5 | 0 |
| −20 | −30 | 900 | 0.25 | 225 |

분산 = ($\tilde{r}-r$)$^2$의 기댓값 = 450

표준편차 = $\sqrt{변수}$ = $\sqrt{450}$ = 21

》**표 8.2**  동전 던지기 게임:
분산과 표준편차 계산하기

수익률은 가능한 네 가지 결과의 가중평균이 된다.

$$기대수익률 = (0.25 \times 40) + (0.5 \times 10) + (0.25 \times -20) = +10\%$$

표 8.2는 수익률의 분산이 450임을 보여준다. 표준편차는 450의 제곱근인 21이다. 이 숫자는 수익률과 같은 단위이므로, 이 게임의 변동성은 21%라고 할 수 있다.

결과가 불확실하다는 것은 기대하는 것보다 더 많은 결과가 발생할 수 있다는 것이다. 동전 던지기 게임에서처럼, 자산의 위험은 모든 가능한 결과와 각 결과가 나올 확률로 완벽히 나타낼 수 있다. 실제로는 이렇게 하는 것이 번거롭고, 가끔은 불가능하기도 하다. 따라서 가능한 결과들의 확산 정도를 요약하기 위해 분산 또는 표준편차를 사용한다.[10]

분산과 표준편차는 위험을 나타내는 자연스러운 지표들이다.[11] 만약 동전 던지기 게임의 결과가 확실했다면, 표준편차는 0이었을 것이다. 어떤 일이 발생할지 **모르기** 때문에, 실제 표준편차는 양(+)의 값이다.

두 번째 게임을 예로 들어보자. 이 게임은 앞의 첫 번째 게임과 동일하나, 던져서 나온 각 앞면마다 35%의 이득이 생기고, 각 뒷면마다 25%의 손실이 생긴다는 점만 다르다. 이번에도 동일한 확률을 가진 다음 네 가지 결과가 나오게 된다.

- 앞면＋앞면＝70% 이득
- 앞면＋뒷면＝10% 이득
- 뒷면＋앞면＝10% 이득
- 뒷면＋뒷면＝50% 손실

이 게임의 경우 기대수익률은 10%로 첫 번째 게임의 기대수익률과 같다. 그러나 표준편차는 42%로 첫 번째 게임의 표준편차인 21%의 2배이다. 표준편차에 의하면, 두 번째 게임은 첫 번

---

[10] 분산과 표준편차 중 어떤 것을 사용할 것인가는 오로지 편리성의 문제이다. 표준편차는 수익률과 단위가 같으므로 일반적으로는 표준편차를 사용하는 것이 더 편리하다. 그러나 어떤 요인(factor)에 기인하는 위험의 **비율**(proportion)을 다룰 경우에는 분산을 사용하는 편이 이해하기 쉽다.

[11] 제9장에서 설명했듯이, 수익률이 정규분포를 따른다면 분산과 표준편차는 위험의 올바른 척도이다.

째 게임보다 2배 더 위험하다.

## 변동성의 측정

원칙적으로는, 위에서 설명한 방식으로 주식 또는 채권으로 구성된 모든 포트폴리오의 변동성을 추정할 수 있다. 발생 가능한 결과들을 찾아내서 각 결과에 확률을 부여한 다음, 위에서 설명한 방식으로 계산을 해 나가면 될 것이다. 하지만 확률은 어디에서 찾는가? 신문에서는 찾을 수 없다. 신문은 주식이나 채권의 전망에 대한 확실한 언급을 하지 않으려고 하기 때문이다. 예전에 한 신문에서 '채권가격이 급격히 상승하거나 하락할 가능성이 있다'는 제목이 붙은 기사가 보도된 적도 있다. 주식 중개인들도 별반 차이가 없다. 주식 중개인에게 시장 전망을 묻는다면 아마 다음과 같이 대답할 것이다.

현재 주식시장은 바닥을 다지는 양상인 듯합니다. 경기회복이 지속된다면, 중기적으로는 시장에 대해 긍정적인 전망을 합니다. 저물가가 지속되면, 시장은 지금부터 1년 동안 20% 혹은 그 이상 상승할 수도 있겠습니다. 반면에, …

이 증권 중개인은 조언은 해주었으나, 확률을 제공하지는 않았다.

대부분의 재무분석가들은 우선 과거의 변동성을 관찰하는 것으로 분석을 시작한다. 물론 과거의 위험은 이미 지나간 것이지만, 과거에 높은 변동성을 보인 포트폴리오가 미래의 성과를 예측하기가 가장 어려울 것이라고 추정하는 것이 타당하다.

앞에 언급한 세 가지 포트폴리오의 1900년부터 2017년까지의 연간 표준편차와 분산은 다음과 같다.[12]

| 포트폴리오 | 표준편차($\sigma$) | 분산($\sigma^2$) |
|---|---|---|
| 미국 단기국채 | 2.9 | 8.1 |
| 미국 장기국채 | 9.0 | 80.6 |
| 미국 보통주 | 19.7 | 388.7 |

예상대로, 단기국채의 변동성이 가장 낮고, 보통주가 가장 높은 변동성을 보였다. 장기국채의 변동성은 이들의 중간에 위치한다.

동전 던지기 게임과 주식시장을 대체 투자안으로 비교해보는 것은 흥미로울 것이다. 주식시장은 19.7%의 표준편차로 연평균 11.5%의 수익률을, 동전 던지기 게임은 21%의 표준편차로

---

[12] **채권**의 위험에 대해 설명할 경우에는, 채권의 기간과 더불어 채권의 수익률이 실질수익률인지 아니면 명목수익률인지를 구체적으로 밝혀야 한다. 장기국채의 **명목수익률**은 만기까지 채권을 보유한 투자자에게는 확실하게 제공되는 수익률이다. 다시 말해 인플레이션율을 감안하지 않을 경우, 이 채권의 수익률은 무위험 수익률이다. 왜냐하면 미국 정부는 부채의 상환을 위해 언제든지 화폐를 발행할 수 있기 때문이다. 그러나 화폐의 가치가 미래에 어떻게 변할지는 아무도 모르기 때문에 정부 채권의 실질수익률은 불확실성을 가지게 된다.

표 8.1에 나온 채권 수익률은 연간 수익률이다. 이 수익률에는 채권의 이자 및 채권 가격의 연간 변화가 반영되어 있다. 장기채권의 **1년** 수익률의 경우, 수익률의 실질가치와 명목가치는 **모두** 위험성을 가지게 된다.

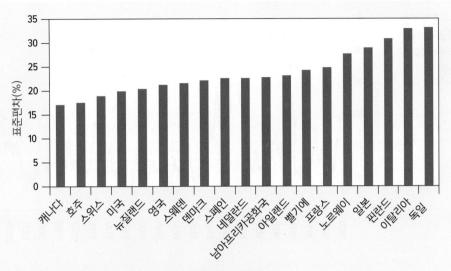

▶ **그림 8.7**  1900~2017년 세계 주식시장의 위험(연간 수익률의 표준편차)

출처: E. Dimson, P. R. Marsh, and M. Staunton, *Triumph of the Optimists: 101 Years of Global Investment Returns* (Princeton, NJ: Princeton University Press, 2002), 업데이트된 자료는 저자들이 제공함.

연평균 10%의 수익률을 보였다. 동전 던지기 게임의 변동성은 주식시장과 거의 같으나 수익률은 약간 떨어진다. 이를 보면 주식시장도 동전 던지기 게임과 크게 다르지 않다고 말하는 사람도 있을 수 있겠다.

그림 8.7은 118년 동안의 20개국 주식시장 수익률의 표준편차를 비교하고 있다. 포르투갈의 표준편차가 38.8%로 가장 높으며, 대부분 다른 국가들의 표준편차는 20% 초반에 집중되어 있다.

물론 시장의 변동성이 100년이 넘는 기간 동안 일정해야 한다고 가정할 이유는 없다. 예를 들면 독일, 이탈리아, 일본의 경제 및 주식시장은 제2차 세계대전까지의 기간에 비해 현재 훨씬 더 안정적이다.

그림 8.8은 미국 주식시장의 변동성이 장기적으로 상승 추세인지 하락 추세인지를 보여주지 않는다.[13] 오히려, 변동성이 큰 기간과 변동성이 작은 기간이 모두 상존해 왔다. 변동성이 아주 작았던 1995년에는 수익률의 표준편차가 8% 미만이었지만, 그 후 금융위기 때는 표준편차가 급등해 40%를 넘었다. 2017년이 되어서 표준편차는 다시 1995년 수준으로 하락했다.

일별, 주별, 월별과 같이 짧은 기간 동안의 시장 변동성은 매우 높다. 블랙먼데이(Black Monday)로 알려진 1987년 10월 19일에는 미국 주식시장이 **단 하루 만에** 23%나 하락했다. 블랙먼데이를 전후한 1주일 동안의 표준편차는 연간으로 환산하면 89%의 표준편차와 맞먹는 수준이었다. 다행히도, 변동성은 폭락이 있은 후 몇 주 만에 정상 수준으로 회복했다.

---

[13] 이 추정치는 주간 수익률로 구한 것이다. 연간 수익률의 분산은 주간 수익률의 분산에 52를 곱해 구한다. 분산은 증권이나 포트폴리오의 수익률이 측정되는 단위 기간에 거의 비례하기 때문에, 표준편차는 단위 기간의 제곱근에 비례한다.

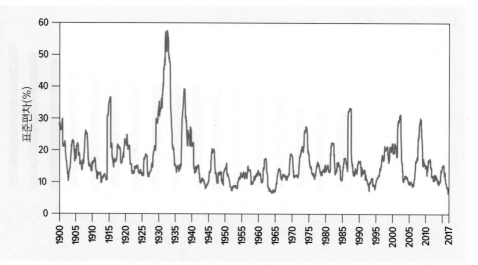

**그림 8.8** 다우존스산업평균의 과거 52주간 수익률의 연간 표준편차(1900년 1월~2017년 12월)

## 분산투자는 어떻게 위험을 낮추는가

개별 채권 및 주식과 마찬가지로, 이들로 구성된 포트폴리오에 대해서도 변동성을 측정할 수 있다. 물론 특정 기업의 100년에 걸친 변동성 수준은 같은 기간 시장포트폴리오의 변동성 수준보다는 관심이 덜 가게 된다. 그 이유는 100년 전의 위험 수준과 현재의 위험수준이 동일한 사업을 영위하는 기업은 드물기 때문이다.

표 8.3은 10개의 잘 알려진 주식의 최근 5년간 표준편차를 보여준다.[14] 틀림없이 이들 표준편차가 크다는 생각이 들 것이다. 이 기간 동안 시장포트폴리오의 표준편차는 약 12%였지만, 이 표에 나와 있는 모든 주식은 이보다 더 높은 변동성을 보여준다. 이들 중 5개 주식은 시장포트폴리오보다 2배 이상 변동이 심하다.

표 8.4는 여러 국가의 몇 가지 잘 알려진 주식과 이들 주식이 거래되는 시장의 표준편차를 보여준다. 이들 주식 중 일부는 다른 주식들보다 변동성이 크다. 그리고 대부분의 개별 주식들은 시장지수보다 변동성이 크다는 것을 다시 한 번 알 수 있다.

여기서 한 가지 중요한 의문이 제기된다. 즉 시장포트폴리오는 개별 주식들로 구성되어 있는데, 어떤 이유로 시장포트폴리오의 변동성은 구성 주식들의 변동성 평균과 같지 않은가? 이에 대한 답은 **분산투자가 변동성을 감소시킨다**는 것이다.

우산 장사에는 위험이 따른다. 비가 오면 큰 돈을 벌지만, 무더위에는 큰 손해를 본다. 아이스크림 장사도 안전하지는 않다. 무더위에는 장사가 잘 되지만, 비가 오면 장사가 부진하다. 그러나 우산 장사와 아이스크림 장사 양쪽에 모두 투자한다고 가정해보자. 양쪽에 걸쳐 사업을 분산함으로써 날씨에 상관없이 평균 수준의 이익을 얻게 된다.

투자자들의 경우, 약간의 분산투자만으로도 상당한 변동성의 감소를 얻을 수 있다. 1개의 주식으로 구성된 포트폴리오, 2개의 주식으로 구성된 포트폴리오, 5개의 주식으로 구성된 포트

---

[14] 표준편차들은 월간 자료를 사용해 추정했다.

| 주식 | 표준편차 σ | 주식 | 표준편차 σ |
|---|---|---|---|
| US 철강 | 73.0 | 콘솔리데이티드 에디슨 | 16.6 |
| 테슬라 | 57.2 | 트래블러스 컴퍼니 | 16.4 |
| 뉴몬트 | 42.2 | 엑슨모빌 | 14.0 |
| 사우스웨스트항공 | 27.9 | 존슨앤드존슨 | 12.8 |
| 아마존 | 26.6 | 코카콜라 | 12.6 |

》**표 8.3** 2013년 1월~2017년 12월 미국 주요 주식의 표준편차(수치는 연간%)

| | 표준편차 σ | | | 표준편차 σ | |
|---|---|---|---|---|---|
| | 주식 | 시장 | | 주식 | 시장 |
| BHP 빌리턴(호주) | 26.1 | 11.8 | LVMH(프랑스) | 21.4 | 13.2 |
| BP(영국) | 21.6 | 10.1 | 네슬레(스위스) | 12.8 | 10.9 |
| 지멘스(독일) | 18.9 | 14.8 | 소니(일본) | 46.7 | 16.7 |
| 삼성(한국) | 26.5 | 8.8 | 토론토 도미니언 은행(캐나다) | 15.7 | 7.6 |
| 중국농업은행(중국) | 18.5 | 25.2 | 타타 자동차(인도) | 35.2 | 14.1 |

》**표 8.4** 2012년 7월~2017년 6월 주요 외국 주식 및 시장지수의 표준편차(수치는 연간%)

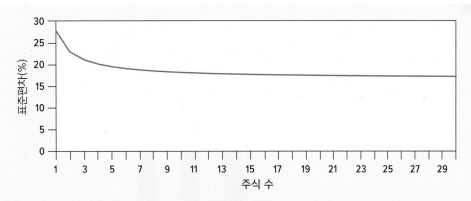

▶ **그림 8.9** 주식 수를 달리해 구성한 포트폴리오들의 평균 위험(표준편차). 주식은 2007~2017년 뉴욕증권거래소(NYSE)에서 거래되었던 주식에서 무작위로 추출했다. 처음에는 분산투자로 인해 위험이 빠르게 감소하다가 이후 위험의 감소가 느려지는 것을 보여준다.

▶ **그림 8.10** 분산투자는 위험을 줄인다. (a), (b)는 2013년 1월~2017년 12월 사우스웨스트 항공과 아마존 주식의 월간 수익률 히스토그램을 보여준다. (c)는 두 주식이 균등하게 포함된 포트폴리오 수익률의 유사한 히스토그램을 보여준다. 포트폴리오 수익률 분포의 확산 정도가 개별 주식보다 훨씬 작다.

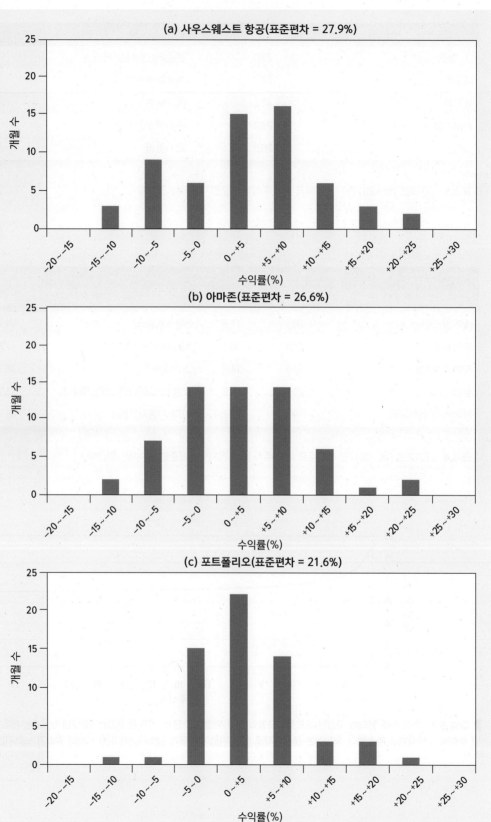

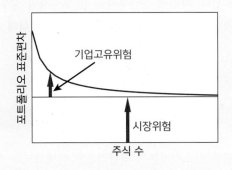

▶ **그림 8.11** 분산투자를 함으로써 기업고유위험을 제거할 수 있지만, 분산투자로도 제거할 수 없는 위험이 있다. 이것을 **시장위험**이라고 한다.

폴리오 등의 표준편차를 2007~2017년 동안 계산해 비교한다고 가정하자. 그림 8.9에서 볼 수 있듯이, 분산투자로 수익률의 변동성을 약 1/3 정도 감소시킬 수 있다. 또한 대부분의 변동성 감소는 상대적으로 적은 수의 주식으로 달성할 수 있다는 것에 주목하자. 즉 주식 수가 가령 20개 혹은 30개 이상으로 늘어나도 변동성 감소 효과는 훨씬 작게 나타난다.

분산투자가 효과적인 이유는 상이한 주식들의 가격이 서로 똑같이 움직이지 않기 때문이다. 통계학적으로 말하면, 주가의 변동이 완전한 상관관계를 보이지 않는다고 할 수 있다. 그림 8.10의 예를 보자. 패널 (a)와 (b)는 사우스웨스트 항공과 아마존 주식의 월간 수익률 분포를 보여준다. 두 회사의 주가 움직임이 상당히 컸지만, 정확히 같이 움직이지는 않았다. 종종 한 주식의 가치 하락은 다른 주식의 가치 상승으로 상쇄가 되었다.[15] 따라서 두 회사의 주식에 균등하게 나누어 투자한다면 투자 가치의 월간 변동성이 감소하게 된다. 이는 패널 (c)를 보면 알 수 있는데, 포트폴리오에 두 주식이 균등하게 포함된 경우, 수익률이 중간 정도가 되는 달이 더 많아지고, 극단적인 수익률을 보이는 달이 훨씬 적어졌다는 것을 알 수 있다.

분산투자로 제거 가능한 위험을 **기업고유위험**(specific risk)이라고 부른다.[16] 그 이유는 개별 기업을 둘러싼 많은 위험은 그 기업과 어쩌면 그 기업의 직접적인 경쟁자들에게 고유한 위험이기 때문이다. 그러나 아무리 분산투자를 잘 하더라도 피할 수 없는 위험이 있다. 이런 위험을 일반적으로 **시장위험**(market risk)이라고 부른다.[17] 시장위험은 모든 기업에게 위협이 되는 경제 전반적인 위험이다. 이러한 시장위험 때문에 주식들은 서로 같이 움직이는 경향을 보이게 되고, 또한 투자자가 아무리 많은 주식을 보유하더라도 시장의 불확실성에 노출될 수밖에 없다.

그림 8.11을 보면 위험이 두 부분, 즉 기업고유위험과 시장위험으로 나뉘어 있다. 1개의 주식만 보유한다면 기업고유위험이 매우 중요하지만, 20개 혹은 그 이상의 주식들로 구성된 포트폴리오를 보유하게 되면 분산투자가 효과적으로 이루어진다. 비교적 분산투자가 잘된 포트

---

[15] 이 기간 동안 두 주식의 수익률 상관계수는 0.26이다.

[16] 기업고유위험은 **비체계적 위험**(unsystematic risk), **잔여위험**(residual risk), **기업특유의 위험**(unique risk), **분산가능위험**(diversifiable risk)이라고도 부른다.

[17] 시장위험은 **체계적 위험**(systematic risk) 혹은 **분산불가위험**(undiversifiable risk)이라고도 부른다.

폴리오의 경우에는 시장위험만이 문제가 된다. 따라서 분산투자를 한 투자자의 경우, 불확실성의 주된 근원은 시장이 상승하거나 하락할 때 투자자의 포트폴리오가 시장과 함께 움직이는 것이다.

## 8-3    포트폴리오 위험의 계산

지금까지 분산투자가 어떤 식으로 위험을 감소시키는지 직관적으로 이해하도록 설명했다. 그러나 분산투자의 효과를 완전히 이해하려면, 포트폴리오의 위험이 개별 주식의 위험에 따라 어떻게 결정되는지를 알아야 한다.

포트폴리오의 60%는 사우스웨스트 항공에 투자하고, 나머지 40%는 아마존에 투자한다고 가정하자. 아마존은 10%의 수익률을, 사우스웨스트 항공은 15%의 수익률을 내년에 가져다 줄 것으로 기대한다. 포트폴리오의 기대수익률은 단순히 개별 주식 기대수익률의 가중평균치이다.[18]

$$포트폴리오의\ 기대수익률 = (0.6 \times 15) + (0.4 \times 10) = 13\%$$

포트폴리오의 기대수익률을 계산하는 것은 쉬운 일이지만, 포트폴리오의 위험을 계산하는 것은 그렇지가 않다. 과거 아마존의 경우 수익률의 표준편차는 26.6%였고, 사우스웨스트 항공의 경우는 27.9%였다. 이 수치들이 잠재적인 **미래** 수익률 분포의 확산 정도를 잘 설명해준다고 생각된다. 얼핏 보면 포트폴리오의 표준편차는 두 주식 표준편차의 가중평균, 즉 $(0.4 \times 26.6) + (0.6 \times 27.9) = 27.4\%$가 된다. 그러나 이 계산은 두 주식이 똑같이 움직일 경우에만 성립된다. 이외의 경우에는 분산투자로 인해 위험이 감소해 표준편차는 27.4%보다 작게 된다.

그림 8.12는 2개의 주식으로 구성된 포트폴리오의 위험을 계산하는 정확한 방법을 보여준다. 그림에 있는 4개의 칸에 들어가는 항목들을 살펴보자. 왼쪽 위칸의 경우 주식 1의 수익률 분산($\sigma_1^2$)에 주식 1에 투자된 비율의 **제곱**($x_1^2$)으로 가중치를 주는 항목이 들어간다. 마찬가지로, 오른쪽 아래칸에는 주식 2의 수익률 분산($\sigma_2^2$)에 주식 2에 투자된 비율의 **제곱**($x_2^2$)으로 가중치를 주는 항목이 들어간다.

대각선상의 두 칸에 들어갈 항목들은 주식 1과 주식 2의 분산에 따라 결정된다. 그리고 나머지 두 칸에 들어가는 항목들은 두 주식 간의 **공분산**(covariance)에 따라 결정된다. 짐작하듯이, 공분산이란 두 주식이 '같이 움직이는(covary)' 정도를 나타내는 측정치이다. 공분산은 상관계수와 두 주식의 표준편차들의 곱으로 나타낼 수 있다.[19]

---

[18] 예를 들어 살펴보자. 당신이 $40는 아마존에, $60는 사우스웨스트 항공에 투자한다고 가정해보자. 아마존에서 기대되는 수익금은 $0.1 \times 40 = \$4.00$이며, 사우스웨스트 항공에서 기대되는 수익금은 $0.15 \times 60 = \$9.00$이다. 따라서 포트폴리오로부터 기대되는 수익금은 $4.00 + 9.00 = \$13.00$이고, 포트폴리오의 수익률은 $13.00/100 = 0.130$, 즉 13.0%이다.

[19] 공분산을 다음과 같이 정의할 수도 있다.

$$주식\ 1과\ 주식\ 2의\ 공분산 = \sigma_{12} = (\tilde{r}_1 - r_1) \times (\tilde{r}_2 - r_2)의\ 기댓값$$

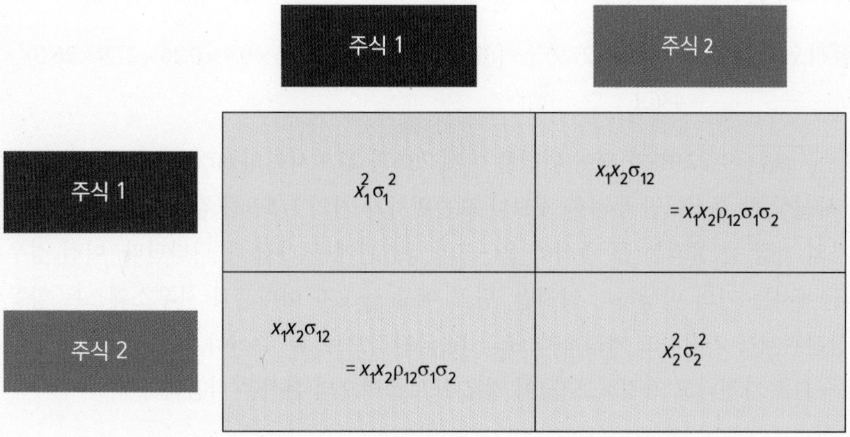

주식 1  주식 2

주식 1
$x_1^2\sigma_1^2$

$x_1 x_2 \sigma_{12}$
$= x_1 x_2 \rho_{12}\sigma_1\sigma_2$

주식 2
$x_1 x_2 \sigma_{12}$
$= x_1 x_2 \rho_{12}\sigma_1\sigma_2$

$x_2^2\sigma_2^2$

▶ **그림 8.12** 2개의 주식으로 구성된 포트폴리오의 분산은 이들 네 칸 안의 항들을 모두 합해 계산할 수 있다. 여기서 $x_1$, $x_2$는 각각 주식 1과 주식 2에 투자된 비율이고 $\sigma_1^2$, $\sigma_2^2$은 각각 주식 1과 주식 2의 수익률 분산, $\sigma_{12}$는 두 주식 수익률 간의 공분산($\rho_{12}\sigma_1\sigma_2$), $\rho_{12}$는 주식 1과 주식 2 수익률 간의 상관계수이다.

$$\text{주식 1과 주식 2의 공분산} = \sigma_{12} = \rho_{12}\sigma_1\sigma_2$$

대개 주식들은 함께 움직이는 경향을 보인다. 이러한 경우, 상관계수 $\rho_{12}$는 양(+)이며, 따라서 공분산 역시 양(+)이다. 만약 주식들이 움직이는 방향이 전혀 관련이 없으면, 상관계수와 공분산 모두 0이 될 것이다. 그리고 만약 두 주식이 반대 방향으로 움직이는 모습을 보이면, 공분산은 음(−)이 될 것이다. 수익률 분산에 각 주식에 투자된 비율의 제곱으로 가중치를 준 것처럼, 공분산에도 두 주식의 보유비율 $x_1$과 $x_2$의 **곱**으로 가중치를 주어야 한다.

위의 네 칸을 다 채우게 되면, 이들 4개의 항목을 단순히 더해서 포트폴리오의 분산을 구한다.

$$\text{포트폴리오의 분산} = x_1^2\sigma_1^2 + x_2^2\sigma_2^2 + 2(x_1 x_2 \rho_{12}\sigma_1\sigma_2)$$

물론, 포트폴리오의 표준편차는 분산의 제곱근이다.

이제 사우스웨스트 항공과 아마존과 관련된 수치들을 대입해보자. 이들 두 기업의 주식이 완전한 상관관계를 가질 경우, 포트폴리오의 표준편차는 두 주식의 표준편차 사이 60% 지점에 위치할 것이다. 상관계수 $\rho_{12} = +1$로 하고 칸을 채워 확인해보자.

포트폴리오의 분산을 구하려면 각 칸들에 있는 항목들을 모두 더해주면 된다.

$$\begin{aligned}\text{포트폴리오의 분산} &= [(0.6)^2 \times (27.9)^2] + [(0.4)^2 \times (26.6)^2] + 2(0.6 \times 0.4 \times 1 \times 27.9 \times 26.6) \\ &= 749.7\end{aligned}$$

표준편차는 $\sqrt{749.7} = 27.4\%$이며, 이는 26.6과 27.9 사이 60% 지점에 위치한다.

최근 자료에 따르면, 사우스웨스트 항공과 아마존 두 주식 사이의 상관계수는 0.26으로, 두 주식이 완벽히 같이 움직이지는 않는다. $\rho_{12} = 0.26$으로 하고, 위에서와 같은 방법으로 계산하

---

모든 증권의 경우, 자기 자신과의 공분산은 정확히 그 증권의 분산이다.
$$\sigma_{11} = (\tilde{r}_1 - r_1) \times (\tilde{r}_1 - r_1) \text{의 기댓값}$$
$$= (\tilde{r}_1 - r_1)^2 \text{의 기댓값} = \text{주식 1의 분산} = \sigma_1^2$$

면 포트폴리오의 분산은 다음과 같다.

$$\text{포트폴리오의 분산} = [(0.6)^2 \times (27.9)^2] + [(0.4)^2 \times (26.6)^2] + 2(0.6 \times 0.4 \times 0.26 \times 27.9 \times 26.6)$$
$$= 486.1$$

표준편차는 $\sqrt{486.1} = 22.0\%$가 되어 위험은 이제 26.6과 27.9 사이의 60% 지점보다 낮은 곳에 위치한다. 사실상 한 주식에만 투자한 것보다 표준편차가 거의 1/5만큼 감소하게 된다.

분산투자의 가장 큰 효과는 두 주식이 음(−)의 상관관계를 가질 때 나타난다. 이런 경우는 실제 주식들에서는 거의 발생하지 않지만, 단지 예를 들고자 아마존과 사우스웨스트 항공이 음(−)의 상관관계를 가진다고 가정하자. 조금 더 극단적으로, 두 주식이 완전한 음(−)의 상관관계($\rho_{12} = -1$)를 가진다고 가정해보자. 이 경우 포트폴리오의 분산은 다음과 같다.

$$\text{포트폴리오의 분산} = [(0.6)^2 \times (27.9)^2] + [(0.4)^2 \times (26.6)^2] + 2(0.6 \times 0.4 \times (-1) \times 27.9 \times 26.6]$$
$$= 37.2$$

표준편차는 $\sqrt{37.2} = 6.1\%$가 되어, 위험이 거의 제거된다. 위험을 더 감소시키려면 아마존에 51.2%, 사우스웨스트 항공에 48.8%의 비율로 투자하면 된다.[20] 이 경우 표준편차는 거의 정확히 0이 된다. (스스로 계산해 확인해보라.)

완전한 음(−)의 상관관계일 경우, 포트폴리오를 구성하는 각 증권의 투자비율을 특정하게 조합해 위험을 완전히 제거하는 포트폴리오 전략이 항상 존재한다. 하지만 실제로는 주식들 간에는 완전한 음(−)의 상관관계가 발생하지 않는다.

## 포트폴리오 위험을 계산하는 일반 공식

포트폴리오의 위험을 계산하는 방법은 3개 혹은 그 이상의 증권들로 구성된 포트폴리오에 대해서도 쉽게 적용할 수 있으며, 단지 더 많은 칸을 채우기만 하면 된다. 그림 8.13을 보자. 대각선을 따라 내려가는 빨간색의 각 칸에는 각 증권에 투자한 비율의 제곱으로 가중치를 준 분산이 들어간다. 나머지 칸들에는 두 증권에 투자한 비율의 곱으로 가중치를 준 이들 증권 간의 공분산이 들어간다.[21]

---

[20] 사우스웨스트 항공 주식 표준편차는 아마존 주식 표준편차의 27.9/26.6=1.049배이다. 그러므로 2개의 주식으로 구성된 포트폴리오의 위험을 모두 제거하려면 사우스웨스트 주식보다 아마존 주식에 1.049배만큼 더 투자해야 한다. 따라서 위험을 완전히 제거하는 두 주식의 포트폴리오 구성 비율은 아마존 주식 0.512, 사우스웨스트 항공 주식 0.488이다.

[21] 모든 칸에 들어 있는 항목들을 더하는 것을 수식으로 정리하면 아래와 같다.

$$\text{포트폴리오 분산} = \sum_{i=1}^{N} \sum_{j=1}^{N} x_i x_j \sigma_{ij}$$

이때 $i = j$일 경우 $\sigma_{ij}$는 주식 $i$의 분산이다.

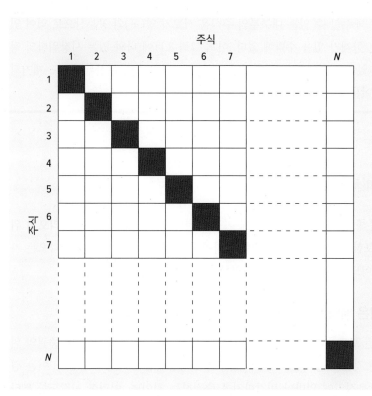

**▶ 그림 8.13** $N$개의 주식으로 구성된 포트폴리오의 분산을 계산하기 위해서는 이와 같은 행렬 안에 각각의 항목을 입력해야 한다. 대각선 칸에는 분산항($x^2\sigma^2$), 그 외의 칸에는 공분산항($x_i x_j \sigma_{ij}$)을 입력해야 한다.

---

## 예제 8.1 • 분산투자의 한계점

그림 8.13을 보면 포트폴리오에 더 많은 증권들이 추가됨에 따라 공분산이 더욱 중요해진다는 것을 알 수 있다. 포트폴리오에 2개의 증권만 포함될 경우, 분산이 들어가는 칸과 공분산이 들어가는 칸의 수는 같다. 그러나 포트폴리오에 많은 증권들이 포함될 경우 공분산의 수가 분산의 수보다 훨씬 많게 된다. 따라서 잘 분산된 포트폴리오의 변동성은 주로 공분산에 의해 결정된다.

$N$개의 주식에 동일한 비율로 투자된 포트폴리오가 있다고 가정하자. 따라서 각 주식에 투자되는 비율은 $1/N$이다. 그러면 분산 칸에는($1/N)^2$과 분산을 곱한 값이 들어가고, 공분산 칸에는 $(1/N)^2$과 공분산을 곱한 값이 들어간다. 분산이 들어가는 칸의 개수는 $N$이며, 공분산이 들어가는 칸의 개수는 $N^2 - N$이 된다. 따라서

$$\text{포트폴리오의 분산} = N\left(\frac{1}{N}\right)^2 \times \text{분산의 평균} + (N^2 - N)\left(\frac{1}{N}\right)^2 \times \text{공분산의 평균}$$

$$= \frac{1}{N} \times \text{분산의 평균} + \left(1 - \frac{1}{N}\right) \times \text{공분산의 평균}$$

$N$이 증가함에 따라, 포트폴리오의 분산이 점차 공분산의 평균에 접근한다는 것에 주목하자. 공분산의 평균이 0일 경우, 충분히 많은 수의 증권을 보유함으로써 **모든** 위험을 제거하는 것이 가능하다. 안타깝게도 주식들은 독립적으로 움직이는 것이 아니라 서로 같이 움직인다. 따

라서 투자자들이 실제로 매수할 수 있는 대부분의 주식은 서로가 양(+)의 공분산으로 엮여 있어 분산투자의 효과에는 한계가 있을 수밖에 없다. 이제 그림 8.11에 나와 있는 시장위험의 정확한 의미를 이해할 수 있을 것이다. 시장위험이란 공분산의 평균이며, 분산투자로도 제거되지 않는 위험의 근간을 이룬다.

## 8-4    개별 증권이 포트폴리오 위험에 미치는 영향

지금까지의 설명을 통해 우리는 중요한 결론에 이르게 된다. 즉 **잘 분산된 포트폴리오의 위험은 그 포트폴리오에 포함된 증권들의 시장위험에 따라 결정된다.** 이것은 이 책에 나오는 가장 중요한 개념 중 하나이므로, 이것을 반드시 기억하기 바란다.

### 개별 증권의 시장위험은 베타로 측정한다

개별 증권이 잘 분산된 포트폴리오의 위험에 기여하는 바를 알고 싶다면, 이 개별 증권의 위험을 단독으로 측정하는 것은 소용이 없으며, 개별 증권의 **시장위험**을 측정해야 한다. 이는 결국 개별 증권이 시장의 움직임에 얼마나 민감한지를 측정하는 것이며, 이러한 민감도를 **베타** (beta, $\beta$)라고 부른다.

베타가 1보다 큰 주식들은 시장의 전체적인 움직임을 확대하는 경향이 있다. 베타가 0과 1 사이에 있는 주식들은 시장과 같은 방향으로 움직이는 경향이 있지만, 그 움직임의 폭은 시장보다는 작다. 물론 여기서 시장이란 전체 주식들로 구성된 포트폴리오를 의미한다. 따라서 '평균적인' 주식은 베타가 1이다. 표 8.5는 앞에서 언급한 10개의 잘 알려진 주식들의 베타를 보여준다.

2013년 1월부터 2017년 12월까지 5년 동안 아마존 주식의 베타는 1.47이었다. 아마존의 베타가 앞으로도 이와 같을 경우, 시장이 1% 추가 상승하면 아마존의 주가는 **평균적으로 1.47%** 추가 상승하게 된다. 반대로, 시장이 2% 추가 하락하면 아마존의 주가는 **평균적으로 2.94%** (2×1.47) 추가 하락하게 된다. 따라서 그림 8.14와 같이 아마존 수익률과 시장수익률의 관계를

| 》표 8.5  2013년 1월~2017년 12월 미국 주요 주식의 추정 베타 | 주식 | 베타(β) | 주식 | 베타(β) |
|---|---|---|---|---|
| | US 철강 | 3.01 | 엑슨모빌 | 0.82 |
| | 아마존 | 1.47 | 존슨앤드존슨 | 0.81 |
| | 사우스웨스트 항공 | 1.35 | 코카콜라 | 0.70 |
| | 트래블러스 컴퍼니 | 1.26 | 콘솔리데이티드 에디슨 | 0.11 |
| | 테슬라 | 0.94 | 뉴몬트 | 0.10 |

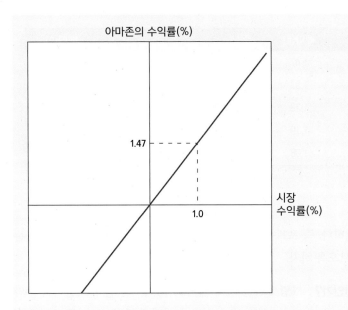

아마존의 수익률(%)

1.47

1.0

시장
수익률(%)

▶ **그림 8.14** 시장수익률이 1% 추가로 변동할 때, 아마존 주식 수익률은 평균적으로 1.47% 변한다. 따라서 베타는 1.47이다.

하나의 직선으로 나타내면, 그 기울기는 1.47이 된다.

물론 아마존 주식의 수익률과 시장수익률이 완전한 상관관계를 이루는 것은 아니다. 아마존 역시 기업고유위험의 영향을 받게 되어, 실제수익률은 그림 8.14의 직선 부근에 흩어져 있게 된다. 가끔은 시장수익률이 상승할 때 아마존 주식의 수익률은 하락하기도 하고, 그 반대일 경우도 있을 수 있다.

표 8.5에 나와 있는 10개의 주식 중에 US 철강(U.S. Steel)의 베타가 가장 높으며, 뉴몬트(Newmont)의 베타는 반대로 가장 낮다. 뉴몬트의 수익률과 시장수익률을 대응시켜 선을 긋게 되면, 그 기울기는 완만할 것이다. 즉 기울기는 단지 0.1밖에 되지 않는다. 표준편차가 큰 주식들 대부분의 베타가 높지만, 항상 그런 것은 아니다. 예를 들어 뉴몬트는 상대적으로 높은 표준편차를 갖지만, 표 8.5의 오른쪽 열에 나와 있는 베타가 낮은 기업들 중에서도 가장 낮은 베타를 가지고 있다. 따라서 뉴몬트는 그 자체로는 위험한 투자대상일 수 있으나, 잘 분산된 포트폴리오의 위험에는 영향을 주지 않는다.

미국 주식의 수익률이 미국 시장의 변동성으로부터 어떻게 영향을 받는지를 측정할 수 있듯이, 다른 국가의 주식들이 그 국가의 시장 움직임으로부터 어떻게 영향을 받는지도 측정할 수 있다. 표 8.6은 다른 국가 주식들의 베타를 보여준다.

## 왜 증권 베타가 포트폴리오 위험을 결정하는가

개별 증권의 위험과 포트폴리오 위험에 관한 두 가지 중요한 점을 다시 살펴보자.

- 잘 분산된 포트폴리오의 위험 중 대부분은 시장위험이 차지한다.
- 개별 증권의 베타는 시장 움직임에 대한 그 개별 증권의 민감도를 측정한다.

》**표 8.6** 2012년 7월~2017년 6월 주요 외국 주식의 베타(베타는 각 주식의 해당 국내시장을 상대로 측정됨)

| 주식 | 베타(β) | 주식 | 베타(β) |
|---|---|---|---|
| 타타자동차(인도) | 1.47 | 토론토 도미니언 은행(캐나다) | 1.05 |
| 삼성(한국) | 1.33 | 지멘스(독일) | 1.01 |
| BP(영국) | 1.28 | 하이네켄(네덜란드) | 0.82 |
| LVMH(프랑스) | 1.19 | 네슬레(스위스) | 0.76 |
| 소니(일본) | 1.08 | 중국공상은행(중국) | 0.56 |

이것이 의미하는 바는 명백하다. 즉 포트폴리오에 포함된 증권의 위험은 베타로 측정한다는 것이다. 이에 대한 설명을 해보도록 하자.

**제거 가능한 위험은 어디까지인가?** 그림 8.11을 다시 살펴보자. 이 그림은 포트폴리오 수익률의 표준편차가 그 포트폴리오를 구성하는 증권의 수에 따라 어떻게 달라지는지를 보여준다. 포트폴리오에 포함된 증권의 수가 많을수록, 즉 분산투자가 더 잘 될수록 포트폴리오 위험은 모든 기업고유위험이 제거되어 시장위험만이 남을 때까지 감소한다.

그렇다면, 분산투자된 포트폴리오의 위험은 어떻게 정해지는가? 이는 포트폴리오를 구성하는 증권들의 평균 베타에 따라 다르다. 전체 시장에서 무작위로 뽑은 많은 수의 주식, 가령 500개의 주식으로 구성된 포트폴리오를 만들었다고 가정하자. 이 포트폴리오는 어떠한 포트폴리오겠는가? 이 포트폴리오는 시장 그 자체거나, 또는 시장과 **매우** 비슷한 포트폴리오일 것이다. 이 포트폴리오의 베타는 1일 것이며, 시장과의 상관관계도 1일 것이다. 시장의 표준편차가 20%이면(1900년부터 2017년까지의 대략적인 시장평균), 이 포트폴리오의 표준편차 역시 20%일 것이다. 그림 8.15에서 초록색 선이 이것을 보여준다.

평균 베타가 1.5인 많은 수의 주식들로 구성된 포트폴리오를 구성했다고 가정하자. 이번에도 위에 나온 500개 주식들로 구성된 기업고유위험이 사실상 없는 포트폴리오와 같은 결과를 얻게 될 것이다. 즉 시장과 거의 똑같이 움직이는 포트폴리오이다. 그러나 이렇게 구성된 포트폴리오의 표준편차는 30%로, 시장 표준편차의 1.5배가 될 것이다.[22] 베타가 1.5인 잘 분산된 포트폴리오는 시장 움직임보다 50%만큼 확대되어 움직이며, 결국 시장위험의 150%가 되는 위험을 가지게 되는 것이다. 그림 8.15에서 빨간색 선이 이 경우를 보여주고 있다.

물론 베타가 0.5인 주식들로 동일하게 반복해보면, 시장위험의 절반인 위험을 가진 잘 분산된 포트폴리오를 얻을 수 있다. 이 또한 그림 8.15에서 볼 수 있다.

요점을 다음과 같이 정리해 보겠다. 잘 분산된 포트폴리오의 위험은 해당 포트폴리오 베타로 나타내며, 이 베타는 포트폴리오를 구성하는 증권들의 평균 베타와 같다. 이것은 포트폴리

---

[22] 베타가 1.5인 500개 주식으로 구성된 포트폴리오는 여전히 약간의 기업고유위험을 갖는다. 따라서 이 포트폴리오의 실제 표준편차는 30%보다 약간 높을 것이다. 제9장에서는 차입으로 시장 포트폴리오에 투자함으로써 완전히 분산된 베타 1.5의 포트폴리오를 구성하는 방법을 제시할 것이다.

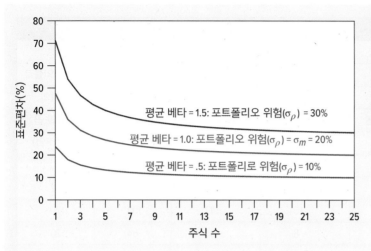

▶ **그림 8.15** 초록색 선은 무작위로 선택한 주식으로 구성된 잘 분산 투자된 포트폴리오로 β = 1이고, 표준편차는 시장과 같이 20%임을 보여준다. 위쪽 빨간색 선은 β = 1.5인 잘 분산 투자된 포트폴리오의 표준편차가 약 30%, 즉 시장의 1.5배임을 보여준다. 아래쪽 파란색 선은 β = 0.5인 잘 분산 투자된 포트폴리오의 표준편차가 약 10%, 즉 시장의 1/2임을 보여준다. 주: 이 그림에서는 개별 주식의 총위험이 단순히 시장위험에 비례한다고 가정한다.

오 위험이 개별 증권의 베타에 의해 결정된다는 것을 보여준다.

**베타의 계산**  통계학에서 주식 $i$의 베타는 다음과 같이 정의된다.

$$\beta_i = \sigma_{im}/\sigma_m^2$$

여기서 $\sigma_{im}$은 주식의 수익률과 시장수익률 간의 **공분산**이며, $\sigma_m^2$은 시장수익률의 분산이다. 결과적으로, 공분산과 분산의 비율로 포트폴리오의 위험에 대한 개별 주식의 기여도를 측정하게 된다. 이해를 위해 그림 8.13을 다시 살펴보자. 이 행렬의 각 행은 특정 증권의 포트폴리오 위험에 대한 기여도를 보여준다. 예를 들어 주식 1의 기여도는 아래와 같다.

$$x_1 x_1 \sigma_{11} + x_1 x_2 \sigma_{12} + \cdots = x_1(x_1 \sigma_{11} + x_2 \sigma_{12} + \cdots)$$

여기서 $x_i$는 주식에 대한 투자비중이고, $\sigma_{ij}$는 주식 $i$와 주식 $j$ 사이의 공분산이다($\sigma_{ii}$는 주식 $i$의 분산과 같다). 즉 포트폴리오 위험에 대한 주식 1의 기여도는 주식 1의 비중($x_1$)을 주식 1과 포트폴리오 내의 모든 주식 간의 평균 공분산에 곱한 값과 같다. 다시 말해 포트폴리오 위험에 대한 주식 1의 기여도는 주식 1의 보유 비중($x_1$)을 주식 1과 전체 포트폴리오 간의 공분산($\sigma_{1p}$)에 곱한 값과 같다.

포트폴리오 위험에 대한 주식 1의 **상대적** 기여도를 구하려면, 이를 포트폴리오 분산으로 나누어 구한다[$x_1(\sigma_{1p}/\sigma_p^2)$]. 즉 이것은 주식 1의 보유 비중($x_1$)과 주식 1의 포트폴리오에 대한 베타[$x_1(\sigma_{1p}/\sigma_p^2)$]를 곱한 값과 같다.

**어떠한** 포트폴리오에 대한 개별 주식의 베타도 그 주식과 포트폴리오의 공분산을 포트폴리오 분산으로 나누어서 간단히 구할 수 있다. 개별 주식의 **시장포트폴리오에 대한** 베타는 그 주식과 시장 포트폴리오 간의 공분산을 시장의 분산으로 나누어 계산하면 된다.

개별 주식의 시장 포트폴리오에 대한 베타(간단하게, 베타) $= \dfrac{\text{주식과 시장 간의 공분산}}{\text{시장의 분산}} = \dfrac{\sigma_{im}}{\sigma_m^2}$

| 1 | (1) | (2) | (3) | (4) | (5) | (6) | (7) |
|---|---|---|---|---|---|---|---|
| 2 | | | | | | | |
| 3 | | | | | | 평균 시장수익률 | 평균 수익률로 |
| 4 | | | | 평균 시장수익률 | 평균 앤초비퀸 | 로부터의 | 부터의 |
| 5 | | 시장 | 앤초비퀸 | 로부터의 편차 | 수익률부터의 편차 | 편차 제곱 | 편차의 곱 |
| 6 | 월 | 수익률 | 수익률 | | | | (4열×5열) |
| 7 | 1 | −8% | −11% | −10 | −13 | 100 | 130 |
| 8 | 2 | 4 | 8 | 2 | 6 | 4 | 12 |
| 9 | 3 | 12 | 19 | 10 | 17 | 100 | 170 |
| 10 | 4 | −6 | −13 | −8 | −15 | 64 | 120 |
| 11 | 5 | 2 | 3 | 0 | 1 | 0 | 0 |
| 12 | 6 | 8 | 6 | 6 | 4 | 36 | 24 |
| 13 | 평균 | 2 | 2 | | 합계 | 304 | 456 |
| 14 | | | | 분산 $= \sigma_m^2 = 304/6 = 50.67$ | | | |
| 15 | | | | 공분산 $= \sigma_m = 456/6 = 76$ | | | |
| 16 | | | | 베타($\beta$) $= \sigma_{im}/\sigma_m^2 = 76/50.67 = 1.5$ | | | |

》**표 8.7**　시장수익률의 분산 및 시장수익률과 앤초비퀸 수익률 간의 공분산 계산하기. 베타는 시장수익률 분산 대비 공분산의 비율이다 (즉 $\beta = \sigma_{im}/\sigma_m^2$).

베타의 계산 방법에 대해 간단한 예를 들어 살펴보자. 표 8.7의 2열과 3열은 어떤 특정한 6개월간의 시장수익률과 앤초비퀸(Anchovy Queen) 레스토랑 체인의 주식 수익률을 보여준다. 양쪽 모두 2%의 평균수익률을 보이지만, 앤초비퀸 주식이 특히 시장의 움직임에 민감해, 시장이 상승하면 더욱 상승하고 시장이 하락하면 더욱 하락했다.

4열과 5열은 각 월별 수익률 평균으로부터의 편차를 보여준다. 시장 분산을 구하려면, 시장수익률의 편차들을 제곱해서 평균을 구해야 한다(6열). 주식 수익률과 시장수익률의 공분산을 구하려면, 양쪽의 편차들을 곱한 후에 평균을 구해야 한다(7열). 베타는 공분산과 시장분산의 비율, 즉 76/50.67 = 1.5이다. 앤초비퀸과 동일한 베타를 가진 잘 분산된 포트폴리오는 시장보다 1.5배 더 변동성이 크다.

## 8-5 　분산투자와 가치의 가산성

분산투자는 위험을 감소시키므로 투자자들에게 의미가 있다는 것을 알게 되었다. 그렇다면, 분산투자가 기업의 경우에도 의미가 있을까? 다양한 사업에 분산투자를 함으로써 사업의 다각화를 이룬 기업이 그렇지 않은 기업보다 투자자들에게 더 매력적일까? 만약 그렇다면, **아주 혼란스러운** 결과를 마주하게 된다. 분산투자가 기업의 진정한 목표라고 한다면, 각 투자사업으로 인해 기업의 기존 자산 포트폴리오 가치가 향후 추가적으로 증가하는지 분석해야 한다. 분산투자된 사업을 하나로 묶은 전체의 가치가 개별 사업 가치의 합보다 크게 된다면, 개별 사업의 현재가치를 더하는 것은 더 이상 의미가 없게 된다.

분산투자가 유리하다는 것은 분명하다. 그러나 기업도 분산투자를 해야 한다는 의미는 아니다. 만약 투자자들이 많은 증권을 보유할 수 없다면, 자신들을 대신해 기업이 분산투자 해주기를 바랄 것이다. 하지만 투자자들도 분산투자를 **할 수 있다**. 투자자들은 기업들보다 여러모로 더 용이하게 분산투자를 할 수 있다. 개인투자자들은 이번 주에 철강산업에 투자하고 다음 주에 빠져나올 수 있지만, 기업은 그럴 수가 없다. 물론 개인투자자들은 철강회사의 주식거래로 매매수수료를 내야 하기는 하지만 반면에 만약 기업이 철강회사를 인수하거나 혹은 새로이 철강사업을 시작하는 경우에는 엄청난 시간과 비용이 소요될 것이다.

따라서 다음과 같은 결론에 이르게 된다. 투자자 스스로 분산투자를 할 수 있다면, 기업이 분산투자를 한다고 해서 그 기업의 가치를 **더 높게** 평가해주지는 않을 것이다. 그리고 투자자가 선택할 수 있는 증권들이 충분히 많다면, 기업이 분산투자를 하지 않는다고 해서 그 기업의 가치를 **더 낮게** 평가하지도 않을 것이다. 따라서 미국과 같이 규모가 크고 경쟁적인 자본시장을 가진 국가에서는 기업의 분산투자가 기업 가치를 증가시키지도 않고, 감소시키지도 않는다. 그러므로 전체 가치는 부분가치들의 합과 같게 된다.

이 결론은 기업재무에 있어서 중요하며, 그 이유는 현재가치의 가산성을 정당화하기 때문이다. **가치의 가산성**(value additivity)이라는 개념은 매우 중요하기 때문에, 이에 대한 공식적인 정의를 내려보겠다. 만약 자본시장에서 자산 A의 가치를 PV(A), 자산 B의 가치를 PV(B)라고 규정하면, 이들 두 자산만을 보유한 기업의 시장가치는 다음과 같다.

$$PV(AB) = PV(A) + PV(B)$$

3개의 자산 A, B, C를 보유한 기업의 가치는 PV(ABC) = PV(A) + PV(B) + PV(C)가 될 것이며, 몇 개의 자산을 보유하든 이 규칙은 똑같이 적용된다.

직관적인 근거에 기초해 가치의 가산성을 설명했다. 그러나 이 개념은 여러 다른 방법을 통해 증명될 수 있는 일반적인 개념이다. 많은 경영자들이 평소에 가치의 가산성 개념에 대해 생각하지 않은 채로 매일 수많은 현재가치들을 합산하는 것을 보면, 이 개념이 널리 받아들여지고 있는 것 같다.

- 자본시장의 역사를 통해 얻은 교훈은 투자자들이 얻는 수익률은 그들이 부담하는 위험에 따라 변한다는 것이다. 따라서 안전한 투자안의 평가 시에는 현재의 무위험 이자율을 사용해 할인하고, 평균적인 위험의 투자안 평가 시에는 평균적인 보통주에 대한 기대수익률을 사용해 할인한다.
- 위험은 포트폴리오의 관점에서 논의해야 한다. 왜냐하면 개별 증권의 수익률에 대한 불확실성의 일부는 해당 증권이 포트폴리오 내의 다른 증권들과 결합함으로써 분산되어 사라지기 때문이다.
- 투자위험은 미래 수익률이 예측 가능하지 않다는 것을 의미하며, 일반적으로는 발생 가능한 결과의 분포의 확산 정도인 표준편차로 측정된다. S&P 종합지수로 대표되는 **시장포트폴리오**의 표준편차는 연평균 약 20%를 보여 왔다.
- 개별 주식의 경우 변동성의 대부분은 **기업고유위험**이며, 이는 분산투자를 통해 제거할 수 있지만, **시장위험**은 분산투자를 통해서도 제거하지 못한다.
- 개별 증권의 잘 분산된 포트폴리오에 대한 기여도는 그 개별 증권의 시장에 대한 민감도인 **베타**에 따라 결정된다. 베타는 시장이 추가로 1% 변동할 때마다 투자자들이 기대하는 개별 주식 가격의 변화를 나타낸 것이다. 모든 주식의 베타 평균은 1이다. 베타가 1보다 큰 주식은 일반적으로 시장 움직임에 민감한 반면, 베타가 1보다 작은 주식은 일반적으로 시장 움직임에 둔감하다.
- 잘 분산된 포트폴리오의 표준편차는 포트폴리오 베타에 비례한다. 따라서 베타가 2인 주식들로 구성된 분산된 포트폴리오는 베타가 1인 주식들로 구성된 분산된 포트폴리오보다 2배의 위험을 갖게 된다.
- **투자자**에게 분산투자가 유리하다는 것이 **기업**도 분산투자를 해야 한다는 의미는 아니다. 분산투자는 기업 가치에 영향을 주지 않으므로, 명백히 위험을 고려하더라도 현재가치를 합산하는 것은 가능하다. 이와 같은 **가치의 가산성**으로 인해 자본예산에서 순현가법은 불확실성하에서도 유용하다.

1. S 시장지수는 연초에 21,000, 연말에는 25,500이었다. 이 지수에 대한 배당수익률은 4.2%이다.
    a. 이 기간 동안 지수에 대한 수익률은 얼마인가?
    b. 이자율이 6%일 경우, 이 기간 동안 위험프리미엄은 얼마인가?
    c. 인플레이션율이 8%일 경우, 이 기간 동안 지수에 대한 **실질**수익률은 얼마인가?

2. C국가의 주식시장에서 95%의 수익률이 발생했다. 이 한 해 동안 C국가의 인플레이션율은 80%였다. R국가 주식시장에서는 12%의 수익률이 발생했으나, 인플레이션율은 단지 2%에 그쳤다. 어느 나라에서 더 높은 실질수익률이 발생했는가?

3. IPC(Integrated Potato Chips)는 배당을 지급하지 않는다. 이 회사의 현재 주가는 $150이며, 내년도의 수익률은 동일한 확률로 −10%, +20%, 혹은 +50%가 될 것이다.
    a. 연말 **기대주가**는 얼마인가?
    b. 미래 수익률에 대한 확률에 변함이 없고, 다년간 IPC 주식의 수익률을 관찰할 수 있다면, (산술)평균수익률은 얼마가 되겠는가?
    c. 이 평균수익률로 위 (a)에서 얻은 IPC 연말 기대주가를 할인한다면, 이 주식의 현재가치는

과소평가되는가, 과대평가되는가, 아니면 적절하게 평가되는가?

d. 다년간 IPC 주식의 수익률을 관찰할 수 있다면, 복리(기하평균)수익률은 얼마가 되겠는가?

e. 이 복리수익률로 위 (a)에서 얻은 IPC의 연말 기대주가를 할인한다면, 이 주식의 현재가치
는 과소평가되는가, 과대평가되는가, 아니면 적절하게 평가되는가?

4. 다음 표는 1929~1933년 사이의 인플레이션율, 미국 주식시장의 수익률, 미국 단기국채의 수익
률을 보여준다.

| 연도 | 인플레이션율(%) | 주식시장 수익률(%) | 미국 단기국채 수익률(%) |
|------|------|------|------|
| 1929 | −0.2 | −14.5 | 4.8 |
| 1930 | −6.0 | −28.3 | 2.4 |
| 1931 | −9.5 | −43.9 | 1.1 |
| 1032 | −10.3 | −9.9 | 1.0 |
| 1933 | 0.5 | 57.3 | 0.3 |

a. 각 연도별 주식시장에 대한 실질수익률은 얼마인가?

b. 평균 실질수익률은 얼마인가?

c. 각 연도별 위험프리미엄은 얼마인가?

d. 평균 위험프리미엄은 얼마인가?

5. 다음 문장은 사실이 아니거나, 오류가 있다. 그 이유를 설명하라.

a. 미국의 장기국채는 틀림없이 항상 안전하다.

b. 주식의 장기 수익률이 채권보다 더 높으므로 모든 투자자들은 주식을 선호한다.

c. 주식시장에 대한 미래 수익률의 가장 실제적인 추정치는 과거 5년 혹은 10년간의 평균수익
률이다.

6. 다음과 같은 확률로 수익이 나오는 도박게임이 있다. 이 게임을 한 번 하는 데는 $100의 비용
이 소요되어, 게임당 순이익은 수익에서 비용 $100를 차감해야 한다.

| 확률 | 수익 | 순이익 |
|------|------|------|
| 0.10 | $500 | $400 |
| 0.50 | 100 | 0 |
| 0.40 | 0 | −100 |

이 게임의 현금 수익의 기댓값과 기대수익률은 얼마인가? 이 수익률의 분산과 표준편차를 구
하라. (주석 9에서 설명한 자유도에 대한 조정은 하지 않는다.)

7. 최고의 뮤추얼펀드 매니저인 다이애나는 2010년부터 2014년까지의 호황기에 다음과 같은 수
익률을 거두었다. 비교를 위해 시장수익률이 주어져 있다.

| | 2010 | 2011 | 2012 | 2013 | 2014 |
|---|---|---|---|---|---|
| 다이애나 | +24.9 | −0.9 | +18.6 | +42.1 | +15.2 |
| S&P 500 | +17.2 | +1.0 | +16.1 | +33.1 | +12.7 |

다이애나의 뮤추얼펀드 평균수익률과 표준편차를 구하라. 이 수치들을 보면 다이애나는 시장보다 좋은 성과를 얻었는가, 아니면 나쁜 성과를 얻었는가?

8. L광산회사의 연간 표준편차는 42%이고, 베타는 +0.1이다. A광산회사의 연간 표준편차는 31%이고, 베타는 +0.66이다. 분산투자자들에게는 L광산회사에 투자하는 것이 왜 더 안전한지 설명하라.

9. 2개 주식에 대한 수익률이 다음과 같다.

   a. 각 주식 수익률의 월간 분산과 표준편차를 구하라. 1개의 주식만 보유한다면, 어느 주식이 더 위험한가?

   b. 매달 2개의 주식에 동일한 금액이 투자되는 포트폴리오에 대한 수익률의 분산과 표준편차를 구하라.

   c. (b)에서 구한 분산은 두 개별 주식 분산들 사이의 중간 정도에 위치하는가?

| 월 | A주식 | B주식 |
|---|---|---|
| 1월 | +15% | +7% |
| 2월 | −3 | +1 |
| 3월 | +5 | +4 |
| 4월 | +7 | +13 |
| 5월 | −4 | +2 |
| 6월 | +3 | +5 |
| 7월 | −2 | −3 |
| 8월 | −8 | −2 |

10. 2개의 주식에 분산투자함으로써 위험을 가장 크게 줄일 수 있는 경우는 다음 중 어느 것인가?

    a. 두 주식은 완전한 상관관계를 갖는다.

    b. 두 주식은 상관관계를 전혀 갖지 않는다.

    c. 두 주식은 보통의 음(−)의 상관관계를 갖는다.

    d. 두 주식은 완전한 음(−)의 상관관계를 갖는다.

11. 다음 문장은 참인가, 거짓인가?

    a. 투자자들은 사업을 다각화한 기업들이 덜 위험하기 때문에 이들을 선호한다.

    b. 주식들이 완전한 양(+)의 상관관계를 갖는다면, 분산투자로 위험은 줄어들지 않을 것이다.

    c. 많은 자산들로 분산투자를 하면 위험이 완전히 제거된다.

    d. 분산투자는 자산들이 상관관계를 갖지 않을 경우에만 유효하다.

    e. 분산투자는 포트폴리오 베타를 감소시킨다.

f. 베타가 1인 주식들로 구성된 포트폴리오의 베타는, 만약 이들 주식의 수익률이 완전한 상
관관계를 갖지 않는다면, 1보다 작다.

g. 표준편차가 낮은 주식은 표준편차가 높은 주식보다 포트폴리오 위험에 항상 적게 기여한다.

h. 주식이 잘 분산된 포트폴리오의 위험에 영향을 미치는 정도는 그 주식의 시장위험에 따라
다르다.

i. 베타가 2인 잘 분산된 포트폴리오의 위험은 시장포트폴리오 위험의 2배이다.

j. 베타가 2인 잘 분산되지 않은 포트폴리오의 위험은 시장포트폴리오 위험의 2배보다 낮다.

**12.** 어떤 사람이 자금의 60%는 주식 I에 투자하고, 나머지는 주식 J에 투자한다. 주식 I와 J의 수익
률 표준편차는 각각10%와 20%이다. 다음과 같은 가정하에서 포트폴리오 수익률의 분산과 표
준편차를 구하라.

a. 두 주식 수익률 간의 상관관계는 1이다.

b. 두 주식 수익률 간의 상관관계는 0.5이다.

c. 두 주식 수익률 간의 상관관계는 0이다.

**13.** 다음 표에 나온 각 주식의 베타는 얼마인가?

| 주식 | 시장수익률이 다음과 같을 때의 주식 수익률 | |
|------|------|------|
|      | −10% | +10% |
| A | 0 | +20 |
| B | −20 | +20 |
| C | −30 | 0 |
| D | +15 | +15 |
| E | +10 | −10 |

**14.** 10개의 주식에 동일한 금액을 투자하는 포트폴리오가 있다. 이 중 5개 주식은 베타가 1.2이고,
나머지 5개 주식의 베타는 1.4이다. 이 포트폴리오의 베타는 얼마인가?

a. 1.3.

b. 포트폴리오가 완전히 분산되어 있지 않기 때문에 1.3보다 크다.

c. 분산투자로 베타가 감소하기 때문에 1.3보다 작다.

# 포트폴리오 이론 및 자본자산가격결정모형(CAPM)

제8장에서는 위험을 측정하는 문제를 다루었다. 그 내용을 요약하면 다음과 같다.

주식시장이 위험한 것은 발생 가능한 결과들이 넓게 퍼져 있기 때문이다. 이러한 확산의 정도는 일반적으로 표준편차 혹은 분산을 사용해 측정한다. 모든 주식의 위험은 두 부분으로 나뉜다. 하나는 그 주식에 특정한 기업고유위험 혹은 분산 가능 위험이고, 또 다른 하나는 시장 전반의 변화와 관련된 시장위험이다. 투자자는 분산이 잘 이루어진 포트폴리오를 보유함으로써 기업고유위험을 제거할 수 있지만, 시장위험은 제거하지 못한다. 따라 분산이 잘된 포트폴리오의 위험은 모두 시장위험이다.

개별 증권이 분산이 잘된 포트폴리오의 위험에 기여하는 정도는 시장의 움직임에 대한 개별 증권의 민감도에 따라 결정되며, 이러한 민감도를 **베타**라고 한다. 베타가 1인 증권은 시장의 평균적인 위험을 가지므로, 이러한 증권들로 구성된 분산이 잘된 포트폴리오는 시장지수와 동일한 표준편차를 갖게 된다. 한편, 베타가 0.5인 증권은 시장평균 이하의 위험을 갖는다. 이러한 증권들로 구성된 분산이 잘된 포트폴리오는 시장 움직임의 절반 정도만 움직이는 편이며, 표준편차도 시장의 절반이다.

이 장은 이렇게 새롭게 습득한 지식들을 바탕으로 하고 있다. 경쟁시장에서의 위험과 수익률의 관계를 보여주는 선도적인 이론들을 제시하고, 재무관리자들이 어떻게 이러한 이론들을 사용해 여러 증권시장에서 투자자들이 요구하는 수익률을 측정하는지를 보여준다. 우선, 가장 널리 사용되는 이론인 자본자산가격결정모형(capital asset pricing model, CAPM)을 다루겠다. CAPM은 제8장에서 전개된 개념에 직접적인 기반을 두고 있다. 또한 차익거래가격결정모형 혹은 요인모형으로 알려진 다른 종류의 모형도 살펴볼 것이다. 그리고 제10장에서는 재무관리자들이 자본예산을 실무적으로 다룰 경우, 이러한 모형들이 어떻게 도움이 될 수 있는지 설명하겠다.

## 9-1 마코위츠와 포트폴리오 이론의 탄생

제8장에서 나온 대부분의 개념은 1952년에 해리 마코위츠(Harry Markowitz)가 쓴 한 논문으로 거슬러 올라간다.[1] 마코위츠는 흔히 행해지던 포트폴리오 분산투자에 주목해, 수익률이 함께 움직이지 않는 주식들을 선택함으로써 투자자가 어떤 식으로 포트폴리오 수익률의 표준편

---

[1]  H. M. Markowitz, "Portfolio Selection," *Journal of Finance* 7(March 1952), pp. 77–91.

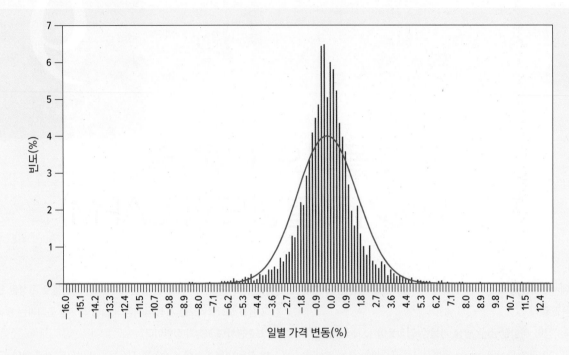

**그림 9.1** 이 그림은 1997~2017년 IBM 주식의 일별 가격 변동을 나타내며, 이것은 거의 정규분포를 따르고 있음을 보여준다.

차를 감소시킬 수 있는지를 정확히 보여주었다. 그러나 마코위츠는 여기서 멈추지 않고 더 나아가 포트폴리오 구성의 기본 원칙들을 세웠다. 이 기본 원칙은 위험과 수익률의 관계에 대한 많은 저술의 바탕이 되었다.

우선 그림 9.1을 살펴보자. 이 그림은 1997~2017년 IBM 주식의 일별 수익률 히스토그램을 보여준다. 이 히스토그램 위에 종 모양의 정규분포를 겹쳐 놓으면, 두 그래프의 분포가 비슷한 모양을 보이게 된다. 이는 전형적으로 나타나는 결과로, 과거 모든 주식의 단기 수익률 분포는 정규분포에 거의 가깝게 된다.[2]

정규분포는 두 가지 숫자로 완벽하게 정의할 수 있다. 하나는 평균 혹은 기댓값이고, 또 다른 하나는 분산 혹은 표준편차이다. 이제 제8장에서 왜 기대수익률과 표준편차의 계산에 대해 설명했는지 알 수 있을 것이다. 이 두 숫자는 그저 사소한 측정치가 아니다. 수익률이 정규분포를 보인다면, 기대수익률과 표준편차만이 투자자가 고려해야 할 측정치이다.

그림 9.2는 세 가지 투자안의 발생 가능한 수익률 분포를 보여준다. 투자안 A와 투자안 B의 기대수익률은 10%지만, 투자안 A의 경우 발생 가능한 수익률 분포가 훨씬 넓다. 투자안 A의

---

[2] 장기 수익률을 측정할 경우 수익률 분포는 한쪽으로 기울어질 것이다. 예를 들면 투자자는 100% 이상의 수익을 실현할 수 있지만, −100% 미만의 수익률은 불가능하다. 여러 기간에 걸친 수익률 분포는 **로그정규분포**에 근접한다. 로그정규분포도 정규분포처럼 평균과 표준편차로 정확히 특정지을 수 있다. 가격 변화의 분포는 정규분포 또는 로그정규분포보다 꼬리가 긴 분포를 보일 것이다. 이러한 분포에서는 극단적인 사건 또는 '블랙스완(black swans)'이 이례적인 빈도로 발생한다.

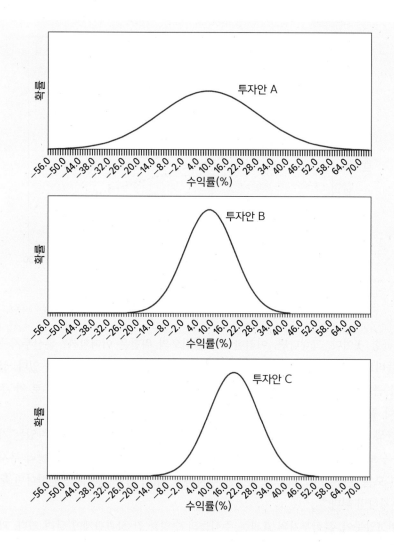

표준편차는 15%이며, 투자안 B의 표준편차는 7.5%이다. 대부분의 투자자들은 불확실성을 싫어하기 때문에, 투자안 A보다는 투자안 B를 선호할 것이다.

이제 투자안 B와 투자안 C를 비교해보자. 여기서는 두 투자안이 **동일한** 표준편차를 갖지만, 투자안 C의 기대수익률은 20%이고, 투자안 B의 기대수익률은 단지 10%이다. 대부분의 투자자들은 높은 기대수익률을 좋아하기 때문에, 투자안 B보다는 투자안 C를 선호할 것이다.

## 주식으로 구성된 포트폴리오

8-3절로 돌아가 생각해보자. 투자금의 60%는 사우스웨스트 항공 주식에, 나머지 40%는 아마존 주식에 투자할지를 두고 고민하고 있었다. 사우스웨스트 항공의 기대수익률은 15%, 아마존의 기대수익률은 10%였다. 두 주식의 과거 변동성을 살펴보니, 수익률의 표준편차는 사우스웨스트 항공이 27.9%, 아마존이 26.6%였다.

두 주식으로 구성된 이 포트폴리오의 기대수익률은 13%이며, 이는 단순히 두 주식의 기대

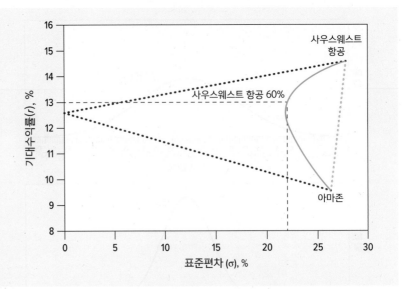

▶ **그림 9.3** 파란색 곡선은 2개의 주식을 상이한 조합으로 보유할 때 얻게 되는 기대수익률과 표준편차의 변화를 보여준다. 예를 들어 투자금의 60%를 사우스웨스트 항공에 투자하고 나머지 40%는 아마존에 투자한다면, 기대수익률은 13%이다. 이것은 두 주식의 기대수익률 사이의 60% 지점이다. 또한 이 포트폴리오의 표준편차는 22%로 각 주식의 표준편차보다 낮은 수준이며, 이것은 분산투자로 인해 위험을 줄일 수 있기 때문에 가능한 것이다.

수익률을 가중평균한 것이다. 그렇다면, 이러한 포트폴리오의 위험은 어떠할까? 분산투자를 하게 되면, 포트폴리오의 위험은 개별 주식들의 평균 위험보다는 낮아진다고 알려져 있다. 실제로 과거 자료를 근거로 이 포트폴리오의 표준편차를 계산해보면, 표준편차는 22%로 각 주식의 표준편차보다 훨씬 낮다.[3]

그림 9.3의 파란색 곡선은 이들 두 주식 간의 투자비율을 상이하게 조합해 얻을 수 있는 기대수익률과 위험을 보여준다. 어떤 조합이 최적일지는 투자자의 성향에 달려 있다. 빨리 부자가 되길 원한다면 모든 돈을 사우스웨스트 항공에 투자하면 되고, 평화로운 삶을 원한다면 두 주식에 나누어 투자하면 된다.[4]

제8장에서 살펴보았듯이, 분산투자의 효과는 주식들의 수익률 간 상관관계에 달려 있다. 과거 자료를 보면, 다행히도 사우스웨스트 항공과 아마존의 수익률 간에는 높지 않은 상관관계($\rho = +0.26$)가 존재한다. 만약 두 주식이 정확히 함께 움직인다면($\rho = +1$), 분산투자로 인한 효과는 전혀 없을 것이다. 그림 9.3의 노란색 점선이 이를 보여준다. 이 그림의 빨간색 점선은 다른 극단적이면서 비현실적인 경우를 보여준다. 이러한 경우에는 두 주식이 완전한 음(−)의 상

---

[3] 8-3절에서 사우스웨스트 항공 주식과 아마존 주식 간의 상관계수는 0.26이라고 밝혔다. 사우스웨스트 항공에 60%, 아마존에 40%가 투자된 포트폴리오의 분산과 표준편차를 구해보자.

$$분산 = x_1^2\sigma_1^2 + x_2^2\sigma_2^2 + 2x_1x_2\rho_{12}\sigma_1\sigma_2$$
$$= [(.6)^2 \times (27.9)^2] + [(.4)^2 \times (26.6)^2] + 2(.6 \times .4 \times .26 \times 27.9 \times 26.6)$$
$$= 486.1$$

따라서 표준편차는 $\sqrt{486.1} = 22.0\%$이다.

[4] 최소 위험을 갖는 포트폴리오에는 53%를 약간 상회하는 아마존 주식이 포함되어 있다. 그림 9.3에서 가정하고 있는 것은 어느 한 주식도 음(−)의 형태로는 보유할 수 없다는 것이다. 따라서 공매도(short sale)는 허용되지 않는다.

| | 기대수익률(%) | 표준편차(%) | 세 가지 효율적 포트폴리오– 각 주식의 투자 비율(%) | | |
|---|---|---|---|---|---|
| | | | A | B | C |
| US 철강 | 17.2 | 73.0 | 0 | 0 | |
| 트래블러스 | 12.5 | 16.4 | 0 | 30 | |
| 아마존 | 10.0 | 26.6 | 1 | 0 | |
| 뉴몬트 | 18.1 | 42.2 | 2 | 20 | 100 |
| 존슨앤드존슨 | 8.0 | 12.8 | 14 | 0 | |
| 콘솔리데이티드 에디슨 | 11.8 | 16.6 | 20 | 18 | |
| 엑슨모빌 | 10.3 | 14.0 | 30 | 0 | |
| 사우스웨스트 항공 | 15.0 | 27.9 | 5 | 21 | |
| 코카콜라 | 9.4 | 12.6 | 24 | 0 | |
| 테슬라 | 16.7 | 57.2 | 4 | 10 | |
| 포트폴리오 추정 수익률 | | | 10.7 | 14.0 | 18.1 |
| 포트폴리오 표준편차 | | | 9.3 | 12.1 | 72.8 |

》**표 9.1** 10개의 주식으로 구성된 효율적 포트폴리오의 예
주: 2013년 1월부터 2017년 12월의 월별 수익률 자료를 사용해 주식 수익률의 표준편차와 상관계수를 추정했으며, 공매도가 금지된다는 가정하에 효율적 포트폴리오를 구성했다.

관관계($\rho = -1$)를 가지고 있어, 두 주식을 조합해 위험을 완전히 제거할 수 있다.[5]

실제로는, 단지 두 주식에만 국한해 투자하지는 않는다. 예를 들면 표 9.1의 첫 번째 열에 열거된 10개의 주식으로 포트폴리오를 구성할 수도 있다. 각 회사에 대한 전망 분석과 주식 중개인의 조언을 통해 수익률을 추정해보았다. 추정수익률 18.1%로 뉴몬트의 전망이 가장 좋아 보인다. 이와 반대로, 존슨앤드존슨의 수익률은 단지 8%로 추정된다. 과거 5년간의 자료를 사용해 각 주식의 위험과 각 쌍의 주식들의 수익률 간 상관관계를 추정했다.[6]

이제 그림 9.4를 살펴보자. 각 점들은 서로 다른 개별 주식들의 위험과 수익률의 조합을 나타낸다. 10개 주식을 서로 다른 비율로 보유하게 되면, 위험과 수익률의 조합이 훨씬 더 다양해질 수 있다. 그렇다면, 과연 어떤 보유비율의 조합이 최적일까? 투자자의 목표는 무엇일까? 그림 9.4에서 투자자는 포트폴리오가 어디에 위치하기를 원할까? 이에 대한 답은 분명하다. 즉 투자자는 포트폴리오가 위쪽으로(기대수익률의 상승), 그리고 왼쪽으로(위험의 하락) 위치하기를 원한다. 투자자들이 원하는 포트폴리오는 결국 빨간색 선을 따라 놓여 있는 포트폴리오

---

[5] 사우스웨스트 항공 주식 표준편차에 대한 아마존 주식 표준편차 비율은 26.6/27.9 = 0.953이다. 포트폴리오 위험을 모두 제거하려면 아마존 주식 투자의 0.953배를 사우스웨스트 항공 주식에 투자해야 한다.

[6] 45개의 상관계수가 있는 관계로, 이들을 표 9.1에는 포함시키지 않았다.

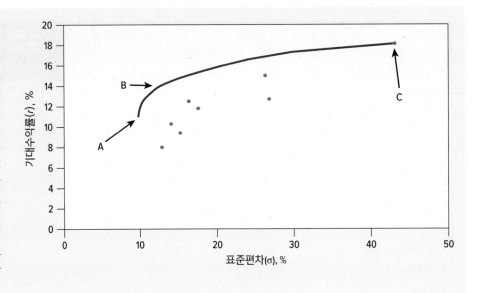

▶ **그림 9.4** 각 점은 표 9.1에 있는 10개 주식의 기대수익률과 표준편차를 나타낸다 (표준편차가 50%보다 높은 2개 주식은 생략함). 이 주식들을 혼합해 투자함으로써 기대수익률과 표준편차의 가능한 조합이 많아진다. 기대수익률이 높은 것을 좋아하고 표준편차는 높은 것을 싫어한다면, 빨간색 선 위에 있는 포트폴리오를 선호할 것이며, 이들이 효율적 포트폴리오이다. 표 9.1에 있는 세 가지 효율적 포트폴리오(A, B, C)를 그림에 표시했다.

들 중 하나이다. 마코위츠는 이들 포트폴리오를 **효율적 포트폴리오**(efficient portfolios)라고 불렀다. 이들 포트폴리오에서는 어떠한 위험수준에서든지 가장 높은 기대수익률이 제공된다.

이제 효율적 포트폴리오를 찾는 방법을 살펴보기로 한다. 6-4절에서 다룬 자본할당 문제를 다시 생각해보자. 거기에서는 한정된 자본을 가장 높은 순현가를 제공하는 투자안들의 조합에 투자하기를 원했다. 그리고 여기에서는 투자자의 자금을 사용해 주어진 표준편차에 대해 가장 높은 기대수익률을 얻기를 원한다. 원칙적으로는 두 문제 모두 일일이 답을 찾아가는 식으로 풀 수 있다. 그러나 이것은 단지 원칙상 그렇다는 것이다. 자본할당 문제를 해결할 때는 선형계획법을 사용할 수 있고, 포트폴리오 문제를 해결할 때는 선형계획법의 변형인 **2차 방정식 프로그래밍**(quadratic programming)을 사용하면 된다. 각 주식의 기대수익률, 표준편차, 두 주식의 수익률 간 상관계수가 주어지면, 2차 방정식의 해를 찾는 컴퓨터 프로그램을 사용해 효율적 포트폴리오를 찾을 수 있다.

그림 9.4에는 이러한 효율적 포트폴리오 중 세 가지 포트폴리오가 표시되어 있다. 이들 포트폴리오의 구성은 표 9.1에 요약되어 있다. 포트폴리오 C의 기대수익률이 가장 높으며, 이는 뉴몬트 한 주식에 전부 투자한 포트폴리오이다. 위험은 포트폴리오 A가 가장 낮으며, 표 9.1에서 알 수 있듯이 이 포트폴리오는 표준편차가 낮은 엑슨모빌, 콘솔리데이티드 에디슨, 코카콜라, 존슨앤드존슨에 많이 투자하고 있다. 그러나 테슬라는 개별적으로는 위험한 주식임에도 포트폴리오 A에 약간은 포함되어 있다. 그 이유는 무엇일까? 과거 자료를 보면, 테슬라의 수익률은 다른 주식들의 수익률과 상관관계가 거의 없으므로 추가적인 분산효과를 제공하기 때문이다.

또한 표 9.1은 중간 수준의 위험과 기대수익률을 가진 세 번째 효율적 포트폴리오가 어떻게 구성되어 있는지도 보여준다.

물론 대규모 투자자금으로 많은 주식에 투자해, 더 다양한 위험과 수익률의 조합을 선택할 수 있다. 이러한 선택들은 그림 9.5의 깨진 계란 모양의 음영 표시된 부분으로 나타나 있다. 효율적 포트폴리오들은 전과 마찬가지로 빨간색 곡선으로 표시되어 있다.

## 자금의 차입과 대출

이제, 또 다른 가능성에 대해 살펴보자. 자금을 무위험 이자율 $r_f$로 대출하거나 차입할 수 있다고 가정하자. 만약 자금의 일부를 미국 단기국채에 투자(즉 자금의 대출)하고, 나머지 자금을 보통주 포트폴리오 S에 투자한다고 하면, 투자자는 그림 9.5에서 $r_f$와 S를 잇는 직선상의 모든 기대수익률과 위험의 조합을 만들어낼 수 있다. 자금의 차입은 단순히 대출의 반대이므로, 이자율 $r_f$로 자금을 차입해 이 자금과 원래의 투자금을 포트폴리오 S에 투자함으로써 투자 가능한 범위를 S의 오른쪽으로 확장할 수 있다.

숫자를 대입해 살펴보자. 포트폴리오 S의 기대수익률은 15%, 표준편차는 16%로 가정하자. 미국 단기국채의 이자율($r_f$)은 5%로 무위험 이자율이다(즉 표준편차는 0이다). 투자금의 50%를 포트폴리오 S에 투자하고, 나머지 50%를 이자율 5%로 대여한다면, 이 투자의 기대수익률은 역시 포트폴리오 S의 기대수익률과 미국 단기국채의 이자율 사이의 중간이 될 것이다.

$$r = \left(\frac{1}{2} \times \text{S의 기대수익률}\right) + \left(\frac{1}{2} \times \text{이자율}\right)$$
$$= 10\%$$

그리고 표준편차는 포트폴리오 S의 표준편차와 미국 단기국채의 표준편차 사이의 중간이 된다.[7]

$$\sigma = \left(\frac{1}{2} \times \text{포트폴리오 S의 표준편차}\right) + \left(\frac{1}{2} \times \text{미국 단기국채의 표준편차}\right)$$
$$= 8\%$$

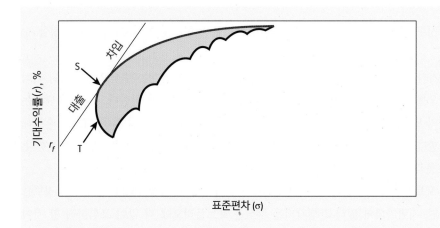

▶ **그림 9.5** 차입과 대출을 함으로써 투자 가능한 범위를 확장할 수 있다. 만약 투자자가 포트폴리오 S에 투자하고 무위험 이자율 $r_f$로 차입 혹은 대출을 한다면, $r_f$와 S를 연결한 직선상의 어느 점이라도 선택할 수 있다. 이 선 위의 점들은 어떤 위험수준에 대해서도 가장 높은 기대수익률을 제공한다. 따라서 T와 같은 포트폴리오에 투자할 필요가 없다.

---

[7] 이것을 확인하기 위해, 2개의 주식으로 구성된 포트폴리오의 표준편차를 구하는 식을 써 보자.
표준편차 $= \sqrt{x_1^2\sigma_1^2 + x_2^2\sigma_2^2 + 2x_1x_2\rho_{12}\sigma_1\sigma_2}$. 여기서 증권 2가 무위험, 즉 $\sigma_2 = 0$인 경우 결과가 나오는지를 보면 된다.

또는, 투자자가 많은 자금을 투자하기로 결정한다고 가정하자. 즉 본래의 투자금과 동일한 금액을 미국 단기국채 이자율로 차입해 이 차입한 금액과 본래의 투자금 전부를 포트폴리오 S에 투자한다고 하자. 포트폴리오 S에 본래의 투자금의 2배를 투자했지만, 차입한 부분에 대해서는 이자를 지급해야 한다. 따라서 기대수익률은 다음과 같다.

$$r = (2 \times \text{포트폴리오 S의 기대수익률}) - (1 \times \text{이자율})$$
$$= 25\%$$

표준편차는 다음과 같다.

$$\sigma = (2 \times \text{포트폴리오 S의 표준편차}) - (1 \times \text{미국 단기국채의 표준편차})$$
$$= 32\%$$

그림 9.5를 보면 알 수 있듯이, 자금의 일부를 대출하게 되면 기대수익률과 표준편차의 가능한 조합은 $r_f$와 S 사이에 있게 되고, 무위험 이자율로 자금을 차입하게 되면 기대수익률과 표준편차 조합의 가능성은 S를 넘어서 확장될 수 있다. 또한 어떠한 위험수준에서도 포트폴리오 S와 자금의 차입 또는 대출을 혼합해 가장 높은 기대수익률을 얻을 수 있다는 것을 알 수 있다. 포트폴리오 S는 **최적의** 효율적 포트폴리오이므로, 가령 T와 같은 다른 포트폴리오를 보유할 이유가 없다.

그림 9.5와 같이 효율적 포트폴리오의 그래프가 있다면, 최적의 포트폴리오를 찾는 것은 쉬운 일이다. 수직축의 $r_f$에서 시작해서 효율적 포트폴리오인 빨간색 곡선에 닿는 가장 기울기가 가파른 직선을 긋게 되면, 이 선은 빨간색 곡선에 접하게 된다. 접점에 위치한 효율적 포트폴리오는 다른 모든 포트폴리오보다 우수하다. 이 포트폴리오는 표준편차 대비 위험프리미엄 비율이 가장 높다는 것에 주목해야 한다. 이러한 비율을 **샤프비율**(Sharpe ratio)이라고 한다.

$$\text{샤프비율} = \frac{\text{위험프리미엄}}{\text{표준편차}} = \frac{r - r_f}{\sigma}$$

투자자들은 샤프비율을 추적해 투자담당자들이 달성한 위험조정 후 투자성과를 측정할 수 있다.

이제 투자자가 해야 할 일을 두 단계로 나눌 수 있다. 첫 번째 단계는 주식으로 구성된 최적의 포트폴리오를 선택하는 것이다. 위의 경우에서는 포트폴리오 S를 말한다. 두 번째 단계는 투자자 자신의 위험감수 성향에 따라, 최적의 포트폴리오와 자금의 차입 혹은 대출을 혼합해 투자결정을 한다. 따라서 투자자는 2개의 대표적인(benchmark) 투자대상에만 투자해야 한다. 즉 위험 포트폴리오 S와 무위험 자산(자금의 차입 혹은 대출)에만 투자해야 한다.

그렇다면, 포트폴리오 S는 어떤 포트폴리오일까? 만약 당신이 경쟁자보다 더 우수한 정보를 가지고 있다면, 저평가되어 있다고 생각되는 주식을 포트폴리오에 더 많이 포함하려 할 것이다. 그러나 경쟁시장에서는 좋은 정보의 독점이 가능하지 않다. 그렇다면, 다른 사람들과 상이한 주식 포트폴리오를 보유할 이유가 없다. 즉 시장포트폴리오를 보유하는 것이 가장 좋다는 것이다. 이런 이유로, 많은 전문투자자들은 시장지수 포트폴리오에 투자하고, 다른 투자자 대부분도 분산이 잘된 포트폴리오를 보유하는 것이다.

## 9-2 위험과 수익률의 관계

제8장에서는 선별된 투자대상들의 수익률을 살펴보았다. 가장 위험이 낮은 투자대상은 미국 단기국채였다. 미국 단기국채의 수익률은 고정되어 있기 때문에 시장상황에 의해 영향을 받지 않는다. 즉 미국 단기국채의 베타는 0과 같다. 또한 위험이 훨씬 큰 투자대상, 즉 주식으로 구성된 시장포트폴리오에 대해서도 살펴보았다. 이 포트폴리오는 시장의 평균적 위험을 가지게 되어 베타는 1이 된다.

실제로 돈이 오가는 투자 세계에서, 현명한 투자자들은 그저 재미 삼아 위험을 부담하지는 않는다. 따라서 투자자들은 시장포트폴리오에 투자 시 미국 단기국채보다 더 높은 수익률을 요구하게 된다. 시장수익률과 무위험 이자율의 차이를 **시장위험프리미엄**(market risk premium)이라고 부른다. 시장위험프리미엄($r_m - r_f$)은 1900년 이래로 연평균 7.7% 수준이었다.

그림 9.6은 미국 단기국채와 시장포트폴리오의 위험과 기대수익률을 보여준다. 여기서 알 수 있듯이, 미국 단기국채의 베타는 0이고, 위험프리미엄도 0이다.[8] 한편, 시장포트폴리오의 베타는 1이고, 위험프리미엄은 $r_m - r_f$이다. 따라서 투자자는 투자대상의 기대 위험프리미엄을 구하는 데 있어 2개의 대표적 투자대상을 갖게 된다. 그러나 베타가 0이나 1이 아닐 경우, 투자자는 어떤 위험프리미엄을 기대할 수 있을까?

1960년대 중반에 3명의 경제학자, 즉 윌리엄 샤프(William Sharpe), 존 린트너(John Lintner), 잭 트레이너(Jack Treynor)가 이에 대한 해답을 제시했다.[9] 그 해답은 **자본자산가격결정모형**(capital asset pricing model, CAPM)이라고 알려져 있다. 이 모형이 보여주는 것은 놀랍고도 단순하다. 경쟁시장에서, 기대 위험프리미엄은 베타에 정비례해서 변한다는 것이다. 따라서 모든 투자대상은 그림 9.6에 있는 **증권시장선**(security market line)이라 불리는 직선 상에 위치하게 된다. 그러므로, 베타가 0.5인 투자대상의 기대 위험프리미엄은 시장 기대 위험프리미엄의 **절반**이며, 베타가 2인 투자대상의 기대 위험프리미엄은 시장 기대 위험프리미엄의 **2배**가 된다. 이러한 관계를 식으로 나타내면 다음과 같다.

$$주식의 \ 기대 \ 위험프리미엄 = 베타 \times 시장 \ 기대 \ 위험프리미엄$$
$$r - r_f = \beta(r_m - r_f)$$

---

[8] 위험프리미엄은 투자대상의 기대수익률과 무위험 이자율 간의 차이를 말한다. 미국 단기국채의 경우, 이 차이는 0이다.

[9] W. F. Sharpe, "Capital Asset Prices: A Theory of Market Equilibrium under Conditions of Risk," *Journal of Finance* 19(September 1964), pp. 425–442; J. Lintner, "The Valuation of Risk Assets and the Selection of Risky Investments in Stock Portfolios and Capital Budgets," *Review of Economics and Statistics* 47(February 1965), pp. 13–37. 트레이너의 논문은 출간되지 않았다.

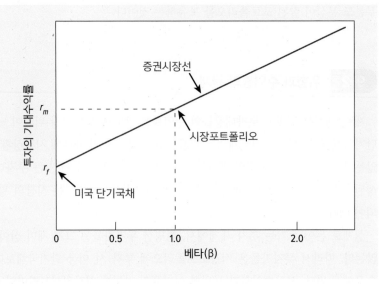

**▶ 그림 9.6** CAPM에 따르면, 각 투자안의 기대 위험프리미엄은 베타에 비례한다. 이것은 각 투자안이 미국 단기국채와 시장포트폴리오를 연결하는 증권시장선 상에 위치한다는 것을 의미한다.

## 기대수익률의 추정치

위의 공식이 어떻게 도출되었는지를 밝히기 전에, 이 공식을 사용해 특정 주식들에 대한 기대수익률을 알아보자. 이를 위해서는 세 가지 수치, 즉 $\beta$, $r_f$, $r_m - r_f$가 필요하다. 표 8.5는 10개 주식에 대한 베타 추정치를 보여준다. 미국 단기국채 이자율은 약 2%로 가정하겠다.[10]

표 9.2는 이들 수치를 사용해 계산한 각 주식의 기대수익률에 대한 추정치를 보여준다. US 철강의 베타가 가장 크며, 기대수익률의 추정치는 22.3%이다. 가장 낮은 베타를 가진 주식은 뉴몬트이며, 기대수익률의 추정치는 2.7%에 불과하다. 여기서 주목할 점은, 이 기대수익률은 효율적 투자선(efficient frontier)을 도출하기 위해 표 9.1에서 가정했던 가상의 수익률 추정치와는 같지 않다는 것이다. 기대수익률이란 주식이 제대로 평가된다면 투자자가 기대할 수 있는 수익률을 말한다.

또한 CAPM을 사용해 신규 자본 투자에 대한 할인율을 구할 수 있다. 예를 들어 당신이 사업확장을 위한 코카콜라의 제안서를 분석한다고 가정하자. 이 경우 어떤 할인율로 추정 현금흐름을 할인해야 하는가? 표 9.2에 따르면, 코카콜라의 위험수준을 갖는 사업에 투자하는 투자자들은 위험에 대한 보상으로 6.9%의 수익률을 기대하게 된다. 따라서 이러한 사업에 추가적인 투자를 할 경우 자본비용은 6.9%가 된다.[11]

실무에서 할인율을 정한다는 것은 결코 쉬운 일이 아니다. (어쨌든, 공식에 그저 숫자만 대입하고 높은 급여를 바랄 수는 없을 것이다.) 예를 들면 회사가 차입을 함으로써 발생하는 추

---

[10] 기대수익률과 관련 있는 것은 현재 이자율이라는 것에 유의하자. 투자자가 현재 기대하는 수익률은 과거 이자율 수준과는 아무런 관계가 없다.

[11] 공장과 기계 장치에 투자하는 대신, 기업은 그 투자금을 주주에게 나누어줄 수 있다. 투자의 기회비용은 주주들이 금융자산의 매입을 통해 얻을 수 있을 것으로 기대하는 수익률이다. 이러한 기대수익률은 자산의 시장위험에 의해 결정된다.

| 주식 | 베타(β) | 기대수익률 $r_f = \beta(r_m - r_f)$ |
|------|---------|------------------------------------|
| US 철강 | 3.01 | 23.1 |
| 아마존 | 1.47 | 12.3 |
| 사우스웨스트 항공 | 1.35 | 11.5 |
| 트래블러스 | 1.26 | 10.8 |
| 테슬라 | 0.94 | 8.6 |
| 엑슨모빌 | 0.82 | 7.7 |
| 존슨앤드존슨 | 0.81 | 7.7 |
| 코카콜라 | 0.70 | 6.9 |
| 콘솔리데이티드 에디슨 | 0.11 | 2.8 |
| 뉴몬트 | 0.10 | 2.7 |

》**표 9.2** CAPM을 사용해 2017년 12월 투자자들의 각 주식에 대한 기대수익률을 추정했다. 무위험 이자율 $r_f$는 2%, 기대 시장위험프리미엄 $r_m - r_f$는 7%로 가정했다.

가적인 위험을 고려해 기대수익률을 조정하는 방법을 익혀야 한다. 또한 장단기 이자율의 차이도 고려해야 한다. 이 책을 쓰고 있는 2018년 2월 미국 단기국채의 이자율은 장기 이자율보다 훨씬 낮은 상태다. 투자자들은 단기적으로는 그리 높지 않은 주식 수익률에 만족할 수도 있었겠지만, 장기적으로는 틀림없이 더 높은 수익률을 요구했을 것이다. 그렇다면, 단기이자율에 기초한 자본비용은 장기 자본 투자안에는 부적절할 것이다. 표 9.2에서는 이자율을 임의적으로 2%라고 가정해 이러한 문제를 거의 비켜 갔다. 추후에 이러한 몇 가지 세밀한 부분에 대해 다시 살펴보겠다.

### 자본자산가격결정모형에 대한 복습

포트폴리오 선택의 기본 원칙들을 복습해보자.

1. 투자자들은 높은 기대수익률과 낮은 표준편차를 선호한다. 주어진 표준편차에 대해 가장 높은 수익률을 제공하는 주식으로 구성된 포트폴리오를 **효율적 포트폴리오**라고 한다.

2. 투자자가 무위험 이자율로 대출과 차입을 할 수 있다면, 하나의 효율적 포트폴리오는 모든 다른 포트폴리오보다 우수하다. 이 포트폴리오는 표준편차 대비 위험프리미엄 비율이 가장 높은 포트폴리오이다(즉 그림 9.5의 포트폴리오 S). 위험 회피형 투자자는 투자금의 일부는 효율적 포트폴리오에 투자하고, 나머지는 무위험 자산에 투자할 것이다. 위험 선호형 투자자는 자금의 전부를 효율적 포트폴리오에 투자하거나, 혹은 차입을 해 이 포트폴리오에 더 많은 자금을 투자할 것이다.

3. 이러한 최적의 효율적 포트폴리오 구성은 기대수익률, 표준편차, 상관관계에 대한 투자자

의 판단에 달려 있다. 하지만 모든 투자자가 동일한 정보를 소유하고 동일한 판단을 한다고 가정하자. 어느 누구도 더 좋은 정보를 가지고 있지 않다면, 각 투자자는 다른 모든 투자자들과 동일한 포트폴리오를 보유해야 한다. 다시 말해 모든 투자자들은 시장 포트폴리오를 보유해야 한다.

이제 개별 주식의 위험에 대해 다시 살펴보자.

4. 개별 주식의 위험을 분리해서 평가하지 말고, 포트폴리오 위험에 대한 기여도를 평가해야 한다. 이러한 기여도는 포트폴리오 가치의 변화에 대한 개별 주식의 민감도에 따라 결정된다.

5. 시장포트폴리오 가치의 변화에 대한 개별 주식의 민감도를 **베타**라고 한다. 따라서 베타는 시장포트폴리오 위험에 대한 개별 주식의 추가적 기여도를 측정한다.

이제 모든 투자자들이 시장포트폴리오를 보유하고, 베타가 시장포트폴리오 위험에 대한 개별 주식의 기여도를 측정한다면, 투자자자들이 요구하는 위험프리미엄이 베타에 비례한다는 것은 당연하다. 이것이 바로 CAPM의 요지이다.

## 주식이 증권시장선 상에 있지 않을 경우

그림 9.7에 있는 주식 A를 생각해보자. 당신이라면 이 주식을 매입하겠는가? 그러지 않기를 바란다. 만약 당신이 베타가 0.5인 주식에 투자하려고 한다면, 투자금의 절반은 미국 단기국채에 투자하고, 나머지 반은 시장포트폴리오에 투자함으로써 더 높은 기대수익률을 얻을 수 있다. 모든 투자자가 주식의 전망에 대해 당신과 같은 생각을 한다면, 주식 A의 기대수익률이 다른 곳에 투자해 얻을 수 있는 기대수익률과 같아질 때까지 주식 A의 가격은 떨어지게 될 것이다.

그렇다면, 그림 9.7에 있는 주식 B는 어떠한가? 높은 수익률에 끌리는가? 당신이 현명한 투자자라면 그렇지 않을 것이다. 본래의 투자금 $1당 50센트를 차입해 시장포트폴리오에 모두 투자함으로써, 동일한 베타에 대해 더 높은 수익을 얻을 수 있다. 모든 투자자가 당신과 같은 판단을 한다면, 주식 B의 가격은 유지될 수 없다. 주식 B의 기대수익률이 자금을 차입해서 시장포트폴리오에 투자해 얻는 기대수익률과 같아질 때까지, 주식 B의 가격은 하락해야 할 것이다.[12]

요점은 다음과 같다. 투자자는 시장포트폴리오와 무위험대출을 혼합해 항상 기대 위험프리미엄을 얻을 수 있다. 따라서 잘 작동하는 시장에서는 아무도 보다 작은 기대 위험프리미엄을 제공하는 주식을 보유하지 않을 것이다. 그렇다면, 다른 가능성은 없을까? 더 높은 기대 위험프리미엄을 제공하는 주식은 존재하는가? 다시 말해 그림 9.7의 증권시장선보다 위쪽에 위치하는 주식은 존재하는가? 투자자가 모든 주식에 투자하게 되면, 이것은 시장포트폴리오를 소

---

[12] 물론, 주식 A 혹은 B에만 투자하는 것은 어리석은 일이다. 왜냐하면 이와 같은 투자로 인해 분산되지 않은 포트폴리오를 보유하게 되기 때문이다.

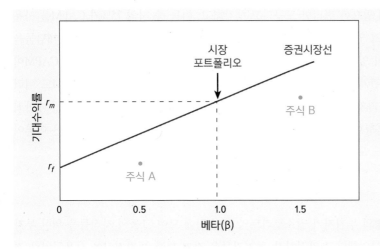

> ▶ **그림 9.7** 어느 주식도 균형 상태에서는 증권시장선 아래에 위치할 수 없다. 예를 들면 주식 A를 사는 대신 투자자는 투자금의 일부를 대출하고 나머지는 시장포트폴리오에 투자하는 것을 선호한다. 또한 주식 B를 사는 대신 투자자는 자금을 차입해 시장 포트폴리오에 모두 투자하는 것을 선호한다.

유하는 것이다. 따라서 주식들은 **평균적으로** 증권시장선 상에 놓이게 된다. 어떤 주식도 이 선 **아래에** 놓이지 않기 때문에, 이 선 **위에** 놓이는 주식도 존재할 수 없다. 따라서 모든 주식이 증권시장선 상에 놓이게 되어 다음과 같은 기대 위험프리미엄을 제공하게 된다.

$$r - r_f = \beta(r_m - r_f)$$

## 9-3 CAPM의 타당성과 역할

모든 경제이론 모형은 현실을 단순화한 것이다. 우리 주변에서 벌어지는 일들을 해석하려면 단순화할 필요가 있다. 그러나 이러한 모형을 얼마만큼 신뢰할 수 있는지도 생각해보아야 한다.

많은 사람들이 동의하는 문제들로부터 시작해보자. 첫째, 투자자가 위험을 부담할 때는 추가적인 수익을 요구한다는 것에 대해서는 사람들 간에 거의 이견이 없다. 이러한 이유로 평균적으로 주식 수익률이 미국 단기국채 수익률보다 높게 된다. 주식이 미국 단기국채와 **동일한** 기대수익률을 제공한다면, 누가 위험한 주식에 투자하겠는가? 당신을 포함한 그 어느 누구도 이러한 주식에는 투자하지 않을 것이다.

둘째, 투자자들은 주로 분산투자로 제거할 수 없는 위험에 대해 염려한다. 그렇지 않다면, 두 회사가 위험을 분산하기 위해 합병할 때마다 주가가 오르게 되고, 또한 다른 회사의 주식에 투자하는 투자회사의 가치가 그 투자회사가 보유하는 주식들의 가치보다 더 높게 평가되는 것을 보게 될 것이다. 하지만 이 두 가지 현상 모두 발생하고 있지 않다. 단지 위험분산 목적으로 이루어지는 합병은 주가를 상승시키지 못하고, 투자회사의 가치는 보유하고 있는 주식의 가치보다 높게 평가되지 않는다.

CAPM은 이러한 개념들을 쉽게 알려준다. 따라서 재무관리자들은 CAPM이 쉽지 않은 개념인 위험을 이해하는 데 필요한 편리한 도구라고 생각하고, 이들 중 거의 75%가 CAPM을 사용해 자본비용을 추정하고 있다.[13] 또한 이러한 이유로 경제학자들도 재무학의 중요한 개념들을 설명할 때, 다른 방법이 있음에도 불구하고 CAPM을 자주 사용한다. 그렇다고 해서 CAPM이 위험과 기대수익률의 관계를 완전히 설명할 수는 없다. 추후에 살펴보겠지만, CAPM도 여러 만족스럽지 못한 점을 가지고 있다. 따라서 대안으로 몇 가지 이론을 살펴보겠다. 이들 대안적 이론 중 하나가 가장 훌륭한 이론으로 밝혀질지, 혹은 위험과 수익을 설명하는 더 좋은 이론이 앞으로 나올지는 아무도 모른다.

### CAPM에 대한 검증

1931년 어느 날, 10명의 투자자가 월스트리트의 한 술집에 모여 그들의 자식들을 위한 투자신탁펀드를 만들기로 합의했다고 가정하자. 투자자들은 각기 다른 투자전략을 사용하기로 결정했다. 투자자 1은 뉴욕증권거래소에서 거래되는 주식들 중 베타가 가장 낮은 하위 10%에 속하는 주식들에 투자하기로 했다. 그리고 투자자 2는 그다음으로 베타가 낮은 10%에 속하는 주식들에 투자하기로 했다. 이런 식으로 계속해서, 투자자 10은 가장 높은 베타를 가진 주식들에 투자하기로 했다. 또한 매년 말에 뉴욕증권거래소의 모든 주식들의 베타를 다시 추정해 그들의 포트폴리오를 재구성하기로 계획했다.[14] 그리고 이 투자자들은 따뜻한 인사와 행운을 빌며 서로 헤어졌다.

시간이 흘러 이들 10명의 투자자는 모두 세상을 떠났고, 그들의 자식들은 2018년 초에 같은 술집에서 만나 포트폴리오들의 성과를 비교해보기로 합의했다. 그림 9.8은 이들 포트폴리오의 실적을 보여준다. 투자자 1의 포트폴리오 베타는 단지 0.48로 시장보다 훨씬 덜 위험한 것으로 나타났지만, 가장 낮은 수익률, 즉 무위험 이자율보다 8.2%가 높은 수익률을 실현했다. 다른 극단에는 있는 투자자 10의 포트폴리오 베타는 1.55로 투자자 1의 포트폴리오 베타의 약 3배지만, 가장 높은 수익률, 즉 무위험 이자율보다 연평균 15.2%가 높은 수익률로 보상받았다. 따라서 이 87년 기간 동안 수익은 확실히 베타와 비례해 증가했다.

그림 9.8에서 알 수 있듯이, 동일한 87년 기간 동안 시장포트폴리오의 평균수익률은 무위험 이자율보다 12.1%가 높았고,[15] 베타는 물론 1이었다. CAPM에 따르면, 위험프리미엄은 베타에 비례해 증가해야 하므로, 각 포트폴리오의 수익률은 그림 9.8에 있는 기울기가 우상향인 증권시장선상에 놓이게 된다. 시장이 12.1%의 위험프리미엄을 제공했기 때문에, 베타가 0.48인 투

---

[13] J. R. Graham and C. R. Harvey, "The Theory and Practice of Corporate Finance: Evidence from the Field," *Journal of Financial Economics*, 60(2001), pp. 187-243 참조. 설문에 응한 많은 관리자들의 경우, 자본비용의 추정 시 하나 이상의 방법을 사용하는 것으로 나타났다. 이들 중 73%는 CAPM을 사용한다고 밝힌 반면, 39%는 과거 평균 주식 수익률을, 34%는 몇 가지 추가적인 위험 요인을 포함한 CAPM을 사용한다고 말했다.

[14] 최근 60개월간의 수익률을 사용해 베타를 추정했다.

[15] 그림 9.8의 '시장포트폴리오'는 포트폴리오에 포함된 주식들에 동일한 가중치를 주어서 구성했다. 소형주 수익률이 대형주 수익률보다 높으므로, 동일가중 지수(equally-weighted index)는 가치가중 지수(value-weighted index)보다 높은 위험프리미엄을 제공한다. 이로 인해 그림 9.8의 시장 위험프리미엄 12.1%와 표 8.1에 보고된 프리미엄 7.7%가 차이를 보인다. 또한 10명의 투자자는 1929년 대폭락 후 주가가 반등하기 직전인 1931년 투자신탁펀드를 설립했다.

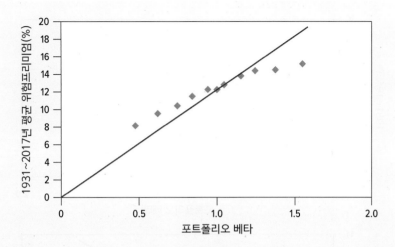

▶ **그림 9.8**  CAPM에 따르면, 모든 투자대상의 기대 위험프리미엄은 증권시장선 상에 위치해야 한다. 각 점은 서로 다른 베타를 가진 포트폴리오들의 실제 평균 위험프리미엄을 나타낸다. CAPM이 예측한 대로, 높은 베타를 가진 포트폴리오들이 높은 평균 수익률을 실현했지만, 높은 베타를 가진 포트폴리오들은 증권시장선 아래쪽에 위치하고, 낮은 베타를 가진 포트폴리오들은 증권시장선보다 위쪽에 위치한다. 10개 포트폴리오 수익률들에 근접하도록 선을 그리면, 이 선은 증권시장선보다 '평평해'진다.

출처: F. Black, "Beta and Return," *Journal of Portfolio Management* 20(Fall 1993), pp. 8–18. 업데이트된 자료는 애덤 콜라신스키(Adam Kolasinski)가 제공함.

자자 1의 포트폴리오는 5.8%의 위험프리미엄을 제공했어야 하고, 베타가 1.55인 투자자 10의 포트폴리오는 18.8%의 위험프리미엄을 가져다주었어야 한다. 베타가 높은 주식들이 베타가 낮은 주식들보다 성과가 좋지만, 그 차이는 CAPM이 예측한 것보다 크지 않음을 알 수 있다.

비록 그림 9.8이 CAPM에 대한 전반적인 지지를 보여주지만, 비평가들은 증권시장선의 기울기가 최근에 특히 평평해졌다고 지적했다. 예를 들면 그림 9.9는 1966~2017년 사이 10명의 투자자의 실적을 보여준다. 이제는 누가 술을 사야 할지 그다지 분명해 보이지 않는다. 즉 대부분 포트폴리오들의 수익률은 대체로 CAPM과 일치하지만, 높은 위험을 가진 2개의 포트폴리오는 예외적인 결과를 보여준다. 높은 베타를 가진 포트폴리오로 인해 큰 변동성을 겪은 투자자 10의 수익률은 시장수익률보다 약간만 높을 뿐이다. 물론 1967년 이전에는 증권시장선의 기울기가 상대적으로 더 가파른 상태였다. 이 또한 그림 9.9에 나타나 있다.

왜 이런 현상이 나타나는 것인가? 이에 대한 답을 하기는 쉽지 않다. CAPM의 옹호자들은 이 모형이 **기대**수익률과 관련되어 있는 반면에, 우리가 관찰할 수 있는 것은 **실제**수익률뿐이라고 강조한다. 실제 주식 수익률은 기대를 반영하기는 하지만 여기에는 많은 '잡음(noise)'이 포함되어 있다. 예기치 않은 일들의 지속적인 흐름인 이 잡음들로 인해 투자자들은 그들이 기대했던 수익률을 평균적으로 얻었는지 알기 어렵다. 따라서 이런 잡음 때문에 CAPM이 어느 한 기간 동안에는 잘 들어맞지만, 다른 기간 동안에는 그보다 못하다는 결론을 내릴 수는 없다.[16] 가

---

[16] 모형 검증과 관련한 두 번째 문제는 시장포트폴리오에 주식, 채권, 상품, 부동산, 그리고 심지어 인적자본 등 모든 위험 투자대상이 포함되어야 한다는 것이다. 대부분의 시장지수에는 보통주들만이 포함되어 있다.

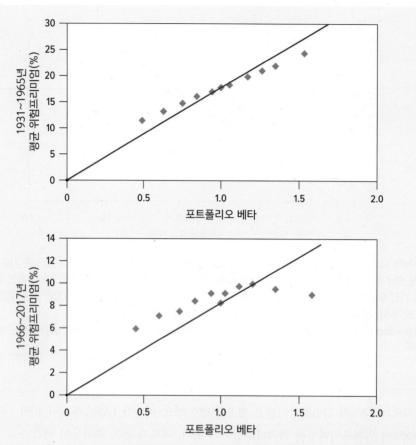

▶ **그림 9.9**    1960년대 중반 이후 베타와 실제 평균수익률 간에는 관련성이 줄어들었으며, 가장 높은 베타를 가진 주식들의 수익률이 저조했다.

출처: F. Black, "Beta and Return," *Journal of Portfolio Management* 20(Fall 1993), pp. 8–18. 업데이트된 자료는 애덤 콜라신스키가 제공함.

장 최선의 방법은 충분한 자료가 존재하는 아주 긴 기간에 초점을 맞추는 것이다. 따라서 다시 그림 9.8을 보게 되면, 비록 CAPM이 예측하는 것보다 완만하기는 하지만 베타가 증가함에 따라 기대수익률도 증가한다는 것을 짐작할 수 있다.

CAPM은 또한 다른 면에서도 비판을 받고 있다. 최근에는 수익률이 베타에 비례해서 증가한 것이 아니라, 다른 요인들 때문이라는 것이다. 예를 들면 그림 9.10의 빨간색 선은 소형주들과 대형주들 간 누적수익률의 차이를 보여주고 있다. 이 선에 따르면, 만약 당신이 소형주를 매입하고 대형주를 매도했다면, 당신의 부에 변화가 있었을 것이다. 소형주들이 항상 성과가 좋았던 것은 아니지만, 장기적으로는 이들 주식을 보유한 투자자들은 아주 높은 수익을 거두었다. 1926년 말 이래로, 소형주와 대형주 간 수익률의 차이는 연평균 3.2%였다.

그림 9.10의 초록색 선은 가치주(value stocks)와 성장주(growth stocks)의 누적수익률 차이를 보여주고 있다. 여기서 가치주는 시장가 대비 장부가 비율이 높은 주식, 성장주는 시장가 대비 장부가 비율이 낮은 주식으로 정의된다. 장기적으로는 가치주가 성장주보다 더 높은 수익률

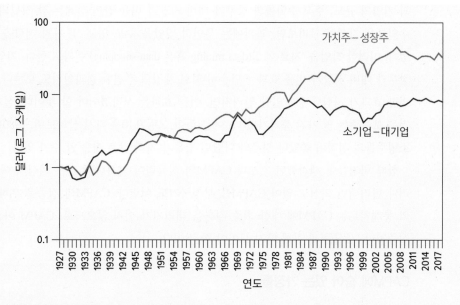

▶ **그림 9.10** 빨간색 선은 1926~2017년 소형주와 대형주 간 누적 수익률의 차이를 나타낸다. 초록색 선은 시장가 대비 장부가 비율이 높은 주식(즉 가치주)과 낮은 주식(즉 성장주) 간 누적 수익률의 차이를 나타낸다.
출처: Kenneth French's website, mba.tuck.dartmouth.edu/pages/faculty/ken.french/data_library.html.

을 가져다주었다는 것에 주목하자.[17] 1926년 이래로 가치주와 성장주의 수익률 차이는 연평균 4.9%를 보이고 있다.

CAPM에 따르면, **단지** 베타로 인해 기대수익률에서 차이가 나는데, 이는 그림 9.10과는 잘 들어맞지 않는다. 투자자들은 베타가 놓친 소형주와 가치주의 위험을 인식한 것으로 보인다.[18] 가치주를 예로 살펴보자. 많은 가치주들은 회사의 심각한 경영난으로 인해 장부가격 이하로 거래되었을 수도 있다. 더군다나, 경제가 예상외로 침체되었을 때, 이런 회사들은 자칫 다같이 무너졌을 수도 있었을 것이다. 따라서 자신들 역시 경기침체에 직면했던 투자자들은 이러한 주식들을 특히 위험하다고 생각해, 더 높은 수익률의 형태로 보상을 요구했을 수 있다. 이럴 경우에는 CAPM이 위험과 기대수익률의 관계를 완전히 설명할 수 없다.

이러한 사실들이 CAPM에 얼마나 심한 타격을 주었는지를 판단하기는 어렵다. 주식 수익률

---

[17] 파마(Fama)와 프렌치(French)는 기업 규모효과 및 시장가 대비 장부가 비율 효과를 나타낼 수 있도록 구성된 포트폴리오들의 수익률을 계산했다. E. F. Fama and K. R. French, "The Cross-Section of Expected Stock Returns," *Journal of Financial Economics* 47(June 1992), pp.427-465 참조. 파마와 프렌치는 이들 포트폴리오의 수익률을 계산할 때 기업 규모 차이에 대한 통제를 해 시장가 대비 장부가 비율이 높은 주식과 낮은 주식을 비교했고, 또한 시장가 대비 장부가 비율 차이에 대한 통제를 해 소형주와 대형주를 비교했다. 방법론에 대한 세부 사항과 기업 규모 및 시장가 대비 장부가 비율 요인의 업데이트된 수익률은 케네스 프렌치의 웹사이트(mba.tuck.dartmouth.edu/pages/faculty/ken.french/data_library.html)를 참조하라.

[18] 소형주를 매입하고 대형주를 매도한 투자자의 경우에는 약간의 위험을 부담했을 것이다. 이 투자자의 포트폴리오 베타는 0.27이었을 것이다. 그러나 이 정도의 베타 크기로는 수익률 차이를 설명하기가 어렵다. 가치주와 성장주로 구성된 포트폴리오의 수익률과 베타 간에는 단순한 관계가 존재하지 않는다.

과 기업의 규모, 주식 수익률과 장부가 대비 시장가 비율 간의 관계는 잘 정립되어 있다. 과거 수익률을 자세히 살펴보면, 과거에는 우연히 맞았을 수도 있는 몇 가지 전략을 찾게 될 수도 있다. 이러한 작업을 '자료 채집(data mining 혹은 data snooping)'이라고 한다. 기업 규모 효과와 장부가 대비 시장가 비율 효과는 단순히 자료 채집의 우연한 결과인지도 모른다. 그렇다면, 이러한 효과가 사람들에게 일단 알려지면, 이들 효과는 사라졌어야 할 것이다. 실제로 그랬다는 것을 보여주는 몇 가지 증거가 있다. 예를 들어 그림 9.10을 다시 살펴보면, 1980년대 중반부터 소형주들의 실적이 좋았던 경우와 나빴던 경우가 거의 같은 것을 알 수가 있다.

한때 학자들이 생각했던 것보다 CAPM의 설득력이 약하다는 것은 의심의 여지가 없다. 그러나 합리적인 의심도 없이 CAPM을 부정하기도 어렵다. CAPM의 검증을 위해 사용한 자료와 통계치로는 CAPM에 대한 최종 결론을 내리기가 쉽지 않으므로, **CAPM 이론**의 타당성은 실증적인 '사실들'과 함께 따져 보아야 할 것이다.

### CAPM에 숨어 있는 가정들

CAPM은 지금까지 우리가 자세히 설명하지 않은 여러 가정에 기초하고 있다. 예를 들면 미국의 단기국채에 투자하는 것은 위험이 없다고 가정했다. 미국 단기국채가 부도날 경우는 거의 없다는 것은 사실이지만, 그렇다고 **실질**수익률을 보장하는 것은 아니다. 즉 인플레이션(물가 상승)에 대한 불확실성이 여전히 존재하고 있다. 또 다른 가정은 투자자들이 대출해주는 금리와 같은 이자율로 그들이 자금을 **차입**할 수 있다는 것이다. 그러나 일반적으로 차입금리는 대출금리보다는 높다. CAPM의 또 다른 가정은 모든 자산이 시장에서 거래가 가능하다는 것인데, 예를 들면 인적자본과 같은 어떤 자산들은 거래가 가능하지 않다.

이러한 가정들 대부분이 결정적으로 중요한 것은 아니므로, 조금만 손을 보면 이러한 가정들에 맞게 CAPM을 수정할 수 있다. CAPM에 있어서 정말로 중요한 점은 투자자들이 제한된 수의 대표적인 포트폴리오들에 만족스럽게 투자할 수 있다는 것이다.(기본적인 CAPM에 있어서, 이러한 대표적인 포트폴리오들은 미국 단기국채와 시장포트폴리오이다.)

수정된 CAPM들의 경우에도 기대수익률은 여전히 시장위험에 기초하지만, 시장위험의 정의는 대표적인 포트폴리오의 성질에 좌우된다. 실제로는, 수정된 CAPM들 중 어느 것도 기본적인 모형만큼 널리 사용되지는 않는다.

## 9-4  CAPM의 대체 이론

CAPM에서는 투자자들이 오로지 투자의 기대수익률과 위험에 대해서만 관심이 있는 것으로 본다. 그러나 이것은 투자자들을 너무 단순하게 보는 것일 수 있다. 예를 들면 특정한 생활 수준에 익숙해진 투자자가 부유했던 과거를 뒤로하고 닥쳐올 가난을 받아들이기는 정말 어려울 것이다. 행동심리학자들이 관찰한 바에 따르면, 투자자들은 그들 자산의 **현재** 가치에 관심을 가질 뿐만 아니라, 그들이 했던 과거의 투자가 수익을 내고 있는지도 돌아본다고 한다. 따라서 아무리 작은 수익일지라도 투자자들에게는 추가적인 만족의 원천이 될 수도 있다. 그러나 CAPM은 투자자들이 자신들이 매입한 주식 가격을 고려해 투자수익이 나면 기뻐하고 투자손실이 나면 낙담할 수 있다는 가능성을 감안하지 않는다.

## 차익거래가격결정이론

CAPM의 출발점은 투자자들이 어떻게 효율적 포트폴리오를 구성하는지를 분석하는 것이다. 스티븐 로스(Stephen Ross)의 **차익거래가격결정이론**(arbitrage pricing theory, APT)는 그 출발점이 완전히 다르다. 이 이론에서는 포트폴리오가 효율적인가는 중요치 않다. 대신에, APT의 출발점은 개별 주식의 수익률 일부는 전반적인 거시경제의 영향들, 즉 '요인들(factors)'에 영향을 받고, 또 일부는 '잡음(noise)', 즉 기업 고유의 사건들에 영향을 받는다고 **가정**하는 것이다. 더구나 주식 수익률은 다음과 같은 단순한 관계를 따른다고 가정한다.

$$수익률 = a + b_1(r_{요인1}) + b_2(r_{요인2}) + b_3(r_{요인3}) + \cdots + 잡음$$

이 이론은 이러한 요인들이 무엇인지는 밝히지 않고 있다. 이러한 요인에는 석유가격 요인, 이자율 요인 등이 있을 수 있다. 시장포트폴리오 수익률은 하나의 요인일 수도 있고, 그렇지 않을 수도 있다.

어떤 주식들은 특정 요인에 대해 다른 주식들보다 더 민감할 수 있다. 가령 석유가격은 코카콜라보다는 엑슨모빌에게 더 민감한 요인일 것이다. 만약 요인 1이 예상치 못한 석유가격의 변화라면, $b_1$은 엑슨모빌의 경우 더 클 것이다.

모든 개별 주식에는 두 가지 위험이 존재한다. 첫째, 전반적인 거시경제적 요인에 기인한 위험이다. 이 위험은 분산투자를 통해 제거할 수 없다. 둘째, 기업 고유의 사건들에 기인한 위험이다. 이러한 기업 고유의 위험은 분산투자를 통해 제거되므로, 분산투자를 하는 투자자들은 어떤 주식의 매입이나 매도를 결정할 때 이러한 위험은 무시할 수 있다. 분산투자된 주식의 기대 위험프리미엄은 요인 위험, 즉 거시경제적 위험에 의해 영향을 받는 것이지, 기업 고유의 위험에 의해 영향을 받지 **않는다.**

APT에 따르면, 주식의 기대 위험프리미엄은 각 요인과 관련된 기대 위험프리미엄과 각 요인에 대한 주식의 민감도($b_1$, $b_2$, $b_3$ 등)에 의해 결정된다. 따라서 다음과 같은 공식으로 나타낼 수 있다.[19]

$$기대 위험프리미엄 = r - r_f$$
$$= b_1(r_{요인1} - r_f) + b_2(r_{요인2} - r_f) + \cdots$$

이 공식은 다음 두 가지를 설명하고 있음에 주목하자.

1. 공식에 있는 각각의 $b$들에 0을 대입하면, 기대 위험프리미엄은 0이 된다. 분산투자된 포

---

[19] 투자자가 전혀 우려를 나타내지 않는 거시경제적 요인들이 있을 수 있다. 예를 들면 일부 거시경제학자들은 투자자들이 통화 공급량을 중요하게 생각하지 않으므로 인플레이션율(물가 상승률)에는 민감하지 않다고 믿는다. 이러한 요인들에는 위험프리미엄이 부여되지 않는다. 기대수익률 모형인 APT 모형은 이러한 요인들을 제외한다.

트폴리오가 각 거시경제적 요인에 민감도가 0이 되도록 구성되면, 이 포트폴리오는 본질적으로 무위험 포트폴리오가 되므로, 이 포트폴리오는 무위험 이자율을 제공하도록 가격이 결정되어야 한다. 만약 이 포트폴리오가 무위험 이자율보다 더 높은 수익률을 가져다준다면, 투자자는 이 포트폴리오를 차입을 통해 매입함으로써 무위험(즉 '차익') 수익을 얻을 수 있다. 만약 이 포트폴리오가 무위험 이자율보다 낮은 수익률을 가져다준다면, 투자자는 위와 반대의 전략을 통해 무위험 수익을 얻을 수 있다. 즉 민감도가 0인 분산투자된 포트폴리오를 **매도**하고, 그 매도대금으로 미국 단기국채에 **투자**하면 된다.

2. 분산투자된 포트폴리오가 예를 들어 요인 1에 민감하도록 구성된다면, 이 포트폴리오의 위험프리미엄은 요인 1에 대한 포트폴리오의 민감도에 정비례해 변화하게 된다. 예를 들어 요인 1에 의해서만 영향을 받는 2개의 포트폴리오 A와 B가 있다고 하자. 만약 요인 1에 대한 민감도가 포트폴리오 A가 포트폴리오 B의 2배라고 한다면, 포트폴리오 A의 위험프리미엄은 2배가 되어야 한다. 따라서 투자금을 미국 단기국채와 포트폴리오 A에 균등하게 절반씩 투자해 새로 구성된 포트폴리오는 요인 1에 대해 포트폴리오 B와 정확히 똑같은 민감도를 갖게 되어 동일한 위험프리미엄을 제공하게 될 것이다.

　　차익거래가격결정 공식이 들어맞지 **않는** 경우를 생각해보자. 예를 들면 미국 단기국채와 포트폴리오 A의 조합으로 구성된 포트폴리오가 포트폴리오 B보다 더 높은 수익을 가져다준다고 가정하자. 이 경우 투자자는 포트폴리오 B를 매도하고, 그 매도대금으로 미국 단기국채와 포트폴리오 A를 매입함으로써 차익거래 수익(arbitrage profit)을 얻을 수 있다.

지금까지 설명한 차익거래는 기업고유위험이 제거된 잘 분산된 포트폴리오에 적용된다. 이 차익거래가격결정 관계가 모든 분산투자된 포트폴리오에 대해 성립한다면, 일반적으로 개별 주식에 대해서도 성립해야 할 것이다. 각 주식들은 그들이 포트폴리오 위험에 기여하는 만큼의 기대수익률을 제공해야 한다. APT에서 이 위험에 대한 기여도를 결정하는 것은 거시경제적 요인들의 예상치 못한 변화에 대한 주식 수익률의 민감도이다.

## CAPM과 APT의 비교

CAPM과 마찬가지로, APT도 기대수익률은 경제 전반에 기인한 위험에 따라 결정되며, 기업고유위험의 영향을 받지 않는다는 것을 강조하고 있다. 따라서 APT의 각 요인들은 경제 전반에 영향을 받는 주식으로 구성된 특별한 포트폴리오라고 생각할 수 있다. 이들 포트폴리오 각각에 대한 기대 위험프리미엄이 그 포트폴리오의 시장 베타에 비례한다면, APT와 CAPM은 동일한 결과를 보여줄 것이다. 그 외의 경우에서는 다른 결과가 나오게 된다.

두 이론을 어떻게 비교할 수 있을까? APT에는 몇 가지 좋은 점이 있다. 예를 들면 시장포트폴리오가 CAPM에서는 중요한 역할을 하지만 APT에는 시장포트폴리오가 들어 있지 않다.[20] 따라서 시장포트폴리오를 측정하는 문제에 대해 걱정할 필요가 없고, 원칙적으로 오로지 위험

---

[20] 물론, 시장포트폴리오가 하나의 요인으로 밝혀질 수 있지만, 이것이 APT에 있어서 중요한 의미는 아니다.

자산에 대한 일부 자료만 있더라도 APT를 검증할 수 있다.

안타깝게도, 얻는 것이 있으면 잃는 것도 있다. APT는 주요 요인들이 무엇인지를 밝히지 않고 있는 반면, CAPM에서는 모든 거시경제적 위험들이 잘 규정된 **하나의** 요인, 즉 시장포트폴리오에 대한 수익률로 귀결된다.

## 3요인 모형

APT를 설명하는 식을 다시 살펴보자. 기대수익률을 추정하려면 세 가지 단계를 거쳐야 한다.

1단계: 주식 수익률에 영향을 미칠 수 있는 소수의 거시경제적 요인들을 확인한다.

2단계: 각각의 요인에 대한 기대 위험프리미엄($r_{요인1} - r_f$ 등)을 추정한다.

3단계: 이 요인에 대한 각 주식들의 민감도($b_1$, $b_2$ 등)를 측정한다.

이 과정을 줄일 수 있는 한 방법은 파마와 프렌치의 연구를 이용하는 것인데, 이 연구의 결과는 소형주와 시장가 대비 장부가 비율(book-to-market ratio)이 높은 주식들이 평균보다 높은 수익률을 제공했다는 것이다. 이는 단순히 우연일 수도 있겠지만, 이들 요인들이 기업의 수익성과 관련이 있고, 따라서 CAPM에서는 고려하지 않은 위험요인들을 찾은 것일지도 모른다는 몇 가지 증거가 존재한다.[21]

만약 투자자가 이들 요인에 노출되는 대가로 추가적인 수익률을 요구한다면, APT와 매우 유사한 방식으로 기대수익률을 구할 수 있다.

$$r - r_f = b_{시장}(r_{시장\ 요인}) + b_{규모}(r_{규모\ 요인}) + b_{시장\ 대비\ 장부}(r_{시장\ 대비\ 장부\ 요인})$$

이 식은 흔히 파마-프렌치의 3요인 모형(three-factor model)으로 알려져 있다. 이 모형을 사용해 기대수익률을 추정하는 것은 APT를 사용해 기대수익률을 추정하는 것과 동일하다. 예를 들어보자.

**1단계: 요인의 확인** 파마와 프렌치는 기대수익률에 영향을 미치는 것으로 보이는 세 가지 요인을 이미 확인했다. 각 요인에 대한 수익률은 다음과 같이 측정된다.

| 요인 | 척도 |
|---|---|
| 시장 요인 | 시장지수 수익률 – 무위험 이자율 |
| 규모 요인 | 소형주 수익률 – 대형주 수익률 |
| 시장 대비 장부 요인 | 시장가 대비 장부가 비율이 높은 주식의 수익률 – 시장가 대비 장부가 비율이 낮은 주식의 수익률 |

**2단계: 각 요인에 대한 위험프리미엄의 추정** 시장위험프리미엄으로 7%를 계속해서 사용하겠

---

[21] E. F. Fama and K. R. French, "Size and Book-to-Market Factors in Earnings and Returns," *Journal of Finance* 50(1995), pp.131-155.

다. 과거 자료를 통해 다른 두 요인에 대한 위험프리미엄도 추정 가능하다. 앞에서 보았듯이, 1926~2017년에 소형주와 대형주 간의 연간 수익률 차이는 연평균 3.2%였고, 시장가 대비 장부가 비율이 높은 주식과 낮은 주식 간의 수익률 차이는 연평균 4.9%였다.

**3단계: 요인 민감도의 추정**    어떤 주식은 다른 주식들보다 세 가지 요인의 수익률 변화에 더욱 민감하다. 이는 표 9.3의 처음 세 열의 숫자들을 보면 알 수 있다. 이 숫자들은 2017년 12월까지 60개월에 걸친 10개 산업군의 요인 민감도에 대한 추정치를 보여준다. 예를 들면 장부 대 시장 요인 수익률이 1% 증가하게 되면, 컴퓨터 주식의 수익률은 0.21%가 감소하게 되지만, 정유 및 가스 주식의 수익률은 1.10%만큼 **증가**하게 된다. 즉 가치주(시장가 대비 장부가 비율이 높은 주식)가 성장주(시장가 대비 장부가 비율이 낮은 주식)보다 성과가 좋을 때 컴퓨터 주식은 상대적으로 성과가 좋지 못하고, 정유 및 가스 주식은 상대적으로 성과가 좋다는 것이다.

일단 요인 민감도들을 추정한 후, 이들 각각의 요인 민감도와 기대 요인 수익률을 곱해서 나온 값들을 더하면 기대 위험프리미엄을 얻게 된다. 예를 들면 제약주들의 기대 위험프리미엄은 $r - r_f = (1.07 \times 7) + (.23 \times 3.2) - (.55 \times 4.9) = 5.5\%$이다. 기대수익률을 계산하려면 무위험 이자율을 더해주어야 하는데, 여기에서는 1.8%로 가정하자. 따라서 3요인 모형에 따르면, 제약주

| | 3요인 모형 | | | | CAPM |
|---|---|---|---|---|---|
| | 요인 민감도 | | | | |
| | $b_{시장}$ | $b_{규모}$ | $b_{시장 대비 장부}$ | 기대수익률[a] | 기대수익률[b] |
| 자동차 | 1.20 | 0.54 | 0.12 | 12.5% | 11.1% |
| 은행 | 1.09 | 0.23 | 0.70 | 13.6 | 10.0 |
| 화학 | 1.32 | 0.05 | 0.18 | 12.1 | 11.2 |
| 컴퓨터 | 1.11 | −0.17 | −0.21 | 8.0 | 9.2 |
| 건설 | 1.24 | 0.75 | −0.07 | 12.5 | 11.6 |
| 식품 | 0.73 | −0.33 | −0.13 | 5.2 | 6.4 |
| 석유 및 가스 | 1.03 | 0.17 | 1.10 | 14.9 | 9.6 |
| 제약 | 1.07 | 0.23 | −0.55 | 7.3 | 9.4 |
| 통신 | 0.95 | −0.25 | 0.08 | 8.1 | 8.1 |
| 유틸리티 | 0.44 | −0.22 | −0.19 | 3.3 | 4.5 |

》**표 9.3**    파마-프렌치 3요인 모형과 CAPM을 사용해 추정한 주요 산업 주식의 기대수익률

[a] 기대수익률은 무위험 이자율에 요인 민감도와 요인 위험프리미엄을 곱한 값을 더해서 추정한 것이다.
    즉 $r_f + (b_{시장} \times 7) + (b_{규모} \times 3.2) + (b_{시장 대비 장부} \times 4.9)$로 추정한 것이다.

[b] 기대수익률은 $r_f + \beta(r_m - r_f)$, 즉 $r_f + \beta \times 7$로 추정한 것이다. CAPM 공식의 $\beta$는 단순회귀분석으로 추정했으며,
    이는 다중회귀식으로 추정한 $b_{시장}$ 값과는 다를 수 있다.

출처: 산업지수는 케네스 프렌치의 웹사이트(mba.tuck.dartmouth.edu/pages/faculty/ken.french/data_library.html)에서 제공한 가치 가중 지수이다.

들의 기대수익률은 1.8+5.5=7.3%이다.

이 숫자와 CAPM을 사용해 얻은 기대수익률 추정치(표 9.3의 마지막 열)와 비교해보자. 3요인 모형을 통해 얻은 제약주들의 기대수익률 추정치가 약간 낮은 것을 알 수 있다. 왜 그럴까? 제약주들은 성장주로서 시장 대비 장부 요인에 대한 노출(−0.55)이 낮은 것이 큰 이유이다. 3요인 모형에 의하면 성장주의 경우 낮은 기대수익률을 보이는 반면, 시장가 대비 장부가 비율이 높은 은행이나 정유주 같은 가치주들은 높은 기대수익률을 보인다.

이 파마-프렌치의 APT 모형은 자본비용 혹은 WACC를 구하는 데 실무에서 널리 사용되고 있지 않다. CAPM에서는 하나의 베타와 하나의 위험프리미엄이 필요한 반면, APT 모형에서는 3개의 베타와 3개의 위험프리미엄이 필요하다. 또한 APT 모형에서 사용하는 3개의 베타들은 추정하거나 설명하기가 CAPM에서 사용하는 베타(전체 시장위험에 대한 노출)보다 쉽지가 않다. 파마-프렌치의 APT 모형은 개별 주식들의 자본비용을 추정하는 데는 적절하지 않지만, 표 9.3에서 보여주듯이 산업의 자본비용을 추정하는 대안이 될 수 있다.

파마-프렌치 모형은 뮤추얼펀드나 연금, 전문가가 운용하는 포트폴리오의 성과를 측정하는 데 가장 널리 사용된다. 포트폴리오 운용자가 S&P보다 좋은 성과를 낸다면, 아마 소형주가 급등한 기간에 소형주에 투자했거나 혹은 성장주가 폭락한 기간에 운 좋게도 아니면 선견지명이 있어 성장주에 투자하지 않았기 때문일 것이다. 포트폴리오 운용자의 성과를 측정하려면, 포트폴리오의 $b_{시장}$, $b_{규모}$, $b_{시장\ 대비\ 장부}$를 추정한 후, 이 포트폴리오의 수익률이 파마-프렌치 요인에 대해 동일한 노출을 가지고 인공지능으로 운용되는 포트폴리오의 수익률보다 높은지를 확인하면 된다.

- 포트폴리오 선택의 기본 원칙은 포트폴리오 기대수익률은 높이고, 수익률의 변동성은 줄이는 것이다. 따라서 주어진 표준편차에서 가장 높은 기대수익률을 제공하는 포트폴리오 혹은 주어진 기대수익률에서 가장 낮은 표준편차를 제공하는 포트폴리오가 **효율적 포트폴리오**(efficient portfolio)이다. 효율적 포트폴리오를 구성하기 위해서는 각 주식의 기대수익률과 표준편차, 각 쌍의 주식들 간 상관관계를 찾아야 한다.

- 주식으로만 구성된 포트폴리오에 투자하는 투자자는 자신의 위험 성향에 맞는 효율적 포트폴리오를 구성해야 한다. 그러나 무위험 이자율로 차입과 대출이 가능할 경우에는 투자자의 위험 성향과는 관계없이 최적의 포트폴리오를 선택한 후, 이 포트폴리오에 자금의 얼마를 투자할지를 결정함으로써 전체적인 포트폴리오의 위험수준이 결정된다.

- 모든 투자자가 동일한 기회와 정보를 갖는다면, 최적의 포트폴리오란 시장포트폴리오가 될 것이다. 따라서 투자자는 시장포트폴리오와 무위험 자산(대출 또는 차입)으로 구성된 포트폴리오에 투자해야 한다.

- **베타**는 **시장포트폴리오**의 위험에 대한 개별 주식의 기여도를 측정한다. 이것이 CAPM의 핵심 개념이며, CAPM은 개별 증권의 기대 위험프리미엄이 베타에 정비례한다는 것을 다음 식과 같이 보여준다.

$$\text{기대 위험프리미엄} = \text{베타} \times \text{시장위험프리미엄}$$
$$r - r_f = \beta(r_m - r_f)$$

- 차익거래가격결정모형은 위험과 수익률 관계에 대한 대안적 모형이다. 이 모형은 다음 식과 같이 주식의 기대 위험프리미엄은 주식 수익률에 영향을 주는 몇 가지 전반적인 거시경제 요인들에 대한 민감도와 이 요인에 대해 투자자들이 요구하는 위험프리미엄에 의해 결정된다는 것이다.

$$\text{기대 위험프리미엄} = b_1(r_{\text{요인1}} - r_f) + b_2(r_{\text{요인2}} - r_f) + \cdots$$

- 파마와 프렌치는 각 주식의 기대수익률이 다음 세 가지 요인, 즉 시장 요인, 규모 요인, 시장 대비 장부 요인에 대한 노출 정도에 따라 결정된다는 3요인 모형을 제시했다.

- 모든 재무경제학자들은 위험과 수익률의 관계에 대해 다음 두 가지 기본 개념에 동의한다.
  - 투자자들은 위험을 부담하는 대가로 추가적인 기대 수익을 요구한다.
  - 투자자들은 일반적으로 분산투자를 통해 제거할 수 없는 위험에 대해 관심을 가지는 것으로 보인다.

1. 다음 각 쌍의 투자대상들 중, 합리적인 투자자라면 항상 어떤 투자대상을 선호할지에 대해 기술하라(이것들이 유일한 투자대상이라고 가정한다).

   a. 포트폴리오 A, $r = 18\%$ $\sigma = 20\%$; 포트폴리오 B, $r = 14\%$ $\sigma = 20\%$

   b. 포트폴리오 C, $r = 15\%$ $\sigma = 18\%$; 포트폴리오 D, $r = 13\%$ $\sigma = 8\%$

   c. 포트폴리오 E, $r = 14\%$ $\sigma = 16\%$; 포트폴리오 F, $r = 14\%$ $\sigma = 10\%$

**2.** 다음 그림은 기대수익률과 표준편차의 가능한 조합의 범위를 보여준다.

　a. 잘못된 그림은 어떤 것이며, 그 이유는 무엇인가?

　b. 어떤 것이 효율적 포트폴리오의 집합인가?

　c. 이자율이 $r_f$일 경우, 최적의 주식포트폴리오에 X로 표시를 하라.

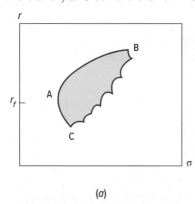

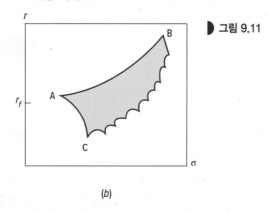

▶ **그림 9.11**

(a)　　　　　　　　　(b)

**3.** a. 다음 표에 나오는 위험포트폴리오를 그래프 위에 나타내라.

| | A | B | C | D | E | F | G | H |
|---|---|---|---|---|---|---|---|---|
| 기대수익률($r$, %) | 10 | 12.5 | 15 | 16 | 17 | 18 | 18 | 20 |
| 표준편차($\sigma$, %) | 23 | 21 | 25 | 29 | 29 | 32 | 35 | 45 |

　b. 이들 중 5개 포트폴리오는 효율적이고, 3개는 효율적이지 않다. 어떤 포트폴리오들이 비효율적인가?

　c. 이자율 12%로 차입과 대출이 가능하다고 가정하자. 어떤 포트폴리오의 샤프 비율이 가장 높은가?

　d. 당신은 25%의 표준편차를 감내할 준비가 되어 있다고 가정하자. 차입과 대출이 불가능할 경우, 얻을 수 있는 최대의 기대수익률은 얼마인가?

　e. 만약 12%의 이자율로 차입 혹은 대출이 가능하고 25%의 표준편차를 감내할 수 있다면, 최적의 전략은 무엇인가? 이 위험에서 얻을 수 있는 최대의 기대수익률은 얼마인가?

**4.** 마크는 2개의 주식 X와 Y에 투자하려고 한다. 그는 주식 X로부터는 12%, 주식 Y로부터는 8%의 수익률을 기대한다. 수익률의 표준편차는 주식 X는 8%, 주식 Y는 5%이다. 두 주식의 수익률의 상관계수는 0.2이다.

　a. 다음 포트폴리오들의 기대수익률과 표준편차를 구하라.

| 포트폴리오 | X의 투자비율 | Y의 투자비율 |
|---|---|---|
| 1 | 50 | 50 |
| 2 | 25 | 75 |
| 3 | 75 | 25 |

　b. 주식 X와 Y로 구성된 포트폴리오들의 집합을 그려라.

c. 마크가 5%의 이자율로 차입과 대출을 할 수 있다고 가정하자. 이로 인해 그의 투자 기회들이 어떻게 변하는지를 그림 위에 나타내라. 차입과 대출이 가능하다면, 주식 포트폴리오에서 주식 X와 Y에 투자해야 하는 비율은 얼마인가?

5. 스크루지는 그의 투자금 중 60%는 주식 A에, 나머지 40%는 주식 B에 투자했다. 그가 평가하는 주식의 전망은 다음과 같다.

| | A | B |
|---|---|---|
| 기대수익률(%) | 15 | 20 |
| 표준편차(%) | 20 | 22 |
| 수익률 간 상관계수 | | 0.5 |

a. 스크루지의 포트폴리오 기대수익률과 수익률의 표준편차는 얼마인가?
b. 상관관계가 0 혹은 −0.5일 경우, 위의 답은 어떻게 변하는가?
c. 스크루지의 포트폴리오는 투자금 전부를 주식 A에 투자한 것보다 더 좋은가 혹은 더 나쁜가, 아니면 답하기가 불가능한가?

6. 다음은 4개의 투자대상에 대한 수익률과 표준편차이다.

| | 수익률(%) | 표준편차(%) |
|---|---|---|
| 미국 단기국채 | 6 | 0 |
| 주식 P | 10 | 14 |
| 주식 Q | 14.5 | 28 |
| 주식 R | 21 | 26 |

다음 포트폴리오의 표준편차를 구하라.
a. 미국 단기국채에 50%, 주식 P에 50% 투자
b. 주식 Q와 R에 각각 50%씩 투자. 단,
   • 두 주식은 완전한 양(+)의 상관관계를 갖는다.
   • 두 주식은 완전한 음(−)의 상관관계를 갖는다.
   • 두 주식은 상관관계를 전혀 갖지 않는다.
c. 상관계수를 0.5라고 가정하고, 주식 Q와 R에 대해서 그림 9.3과 같은 그림을 그려라.
d. 주식 Q는 주식 R보다 수익률은 낮지만, 표준편차는 더 크다. 이는 주식 Q의 가격이 너무 높거나, 혹은 주식 R의 가격이 너무 낮다는 것을 의미하는가?

7. 8-1절과 8-2절의 증권수익률에 대한 장기 데이터를 사용해 시장포트폴리오의 샤프 비율을 구하라.

8. 제8장에 나오는 7번 문제를 다시 보자. 이들 각 연도의 무위험 이자율은 다음과 같았다.

| | 2010 | 2011 | 2012 | 2013 | 2014 |
|---|---|---|---|---|---|
| 이자율(%) | 0.12 | 0.04 | 0.06 | 0.02 | 0.02 |

a. 다이애나의 포트폴리오 및 시장 포트폴리오의 평균수익률과 수익률의 표준편차를 구하라. 이 값들을 사용해 다이애나의 포트폴리오와 시장 포트폴리오의 샤프 비율을 구하라. 이 비율을 보면, 다이애나의 성과는 시장보다 좋았는가, 아니면 나빴는가?

b. 만약 당신이 시장 포트폴리오와 무위험 대출을 조합한 포트폴리오를 보유했다면, 이 기간 동안 얻을 수 있었던 평균수익률을 구하라. 이렇게 조합된 포트폴리오와 다이애나의 포트폴리오가 동일한 베타를 갖도록 하라. 그러면 이 포트폴리오의 평균수익률이 더 높은가, 아니면 더 낮은가? 결과에 대한 설명을 하라.

9. 다음 문장은 참인가, 거짓인가? 그 이유를 설명하고, 거짓인 부분을 수정하라.

a. 투자자는 수익률 변화가 더 큰 주식에 대해서는 더 높은 기대수익률을 요구한다.

b. CAPM에 따르면, 베타가 0인 증권의 기대수익률은 0이다.

c. 미국 단기국채에 $1만, 시장포트폴리오에 $2만가 투자된 포트폴리오의 베타는 2이다.

d. 투자자는 거시경제적 위험에 크게 노출된 수익률을 가진 주식의 경우 더 높은 기대수익률을 요구한다.

e. 투자자는 주식시장의 변동에 매우 민감한 수익률을 가진 주식의 경우 더 높은 기대수익률을 요구한다.

10. 미국 단기국채 금리를 2%가 아닌 6%로 가정하자. 시장의 기대수익률은 9%로 가정한다. 표 9.2의 베타를 사용하라.

a. 존슨앤드존슨의 기대수익률을 구하라.

b. 이 주식들 중 가장 높은 기대수익률을 제공하는 주식을 찾아라.

c. 이 주식들 중 가장 낮은 기대수익률을 제공하는 주식을 찾아라.

d. 만약 이자율이 2%가 아니라 6%면, US 철강의 기대수익률은 더 높은가, 아니면 더 낮은가? 시장의 기대수익률은 9%로 가정한다.

e. 만약 이자율이 8%이면, 코카콜라의 기대수익률은 더 높은가, 아니면 더 낮은가?

11. 어떤 회사가 사업 확장을 검토하고 있다. 투자안의 현금흐름 추정치는 다음과 같다.

| 연도 | 현금흐름($100만) |
|---|---|
| 0 | − 100 |
| 1 – 10 | + 15 |

이 회사의 기존의 자산 베타는 1.4이다. 무위험 이자율은 4%이고, 시장포트폴리오의 기대수익률은 12%이다. 이 투자안의 순현가는 얼마인가?

12. 3요인 APT 모형을 고려해보자. 각 요인 및 이들 요인의 위험프리미엄은 다음과 같다.

| 요인 | 위험프리미엄 |
|---|---|
| GNP 변화 | +5 |
| 에너지 가격 변화 | −1 |
| 장기 이자율 변화 | +2 |

다음 주식들의 기대수익률을 구하라. 무위험 이자율은 7%이다.

a. 수익률이 3요인과 상관관계가 없는 주식

b. 각 요인에 평균적인 노출을 가진 주식(즉 각 요인에 대해 $b=1$)

c. 에너지 요인에 대해서는 높은 노출을 갖지만($b=2$), 다른 두 요인에 대한 노출이 0인 에너지 전업기업의 주식

d. 이자율과 GNP의 변화에 대해서는 평균 민감도를 갖지만, 에너지 요인에 대해서는 $b=-1.5$인 음($-$)의 노출을 갖는 알루미늄 회사의 주식(이 알루미늄 회사는 에너지 집약적이어서, 에너지 가격 상승 시 타격을 받는다.)

**13.** 다음과 같은 간단한 APT 모형을 살펴보자.

| 요인 | 기대 위험프리미엄(%) |
|---|---|
| 시장 | 6.4 |
| 이자율 | −0.6 |
| 수익률 스프레드 | 5.1 |

다음 주식들의 기대수익률을 구하라. $r_f=5$%로 가정한다.

| | 요인에 대한 위험 노출 | | |
|---|---|---|---|
| | 시장 | 이자율 | 수익률 스프레드 |
| 주식 | $(b_1)$ | $(b_2)$ | $(b_3)$ |
| p | 1.0 | −2.0 | −0.2 |
| p² | 1.2 | 0 | 0.3 |
| p³ | 0.3 | 0.5 | 1.0 |

**14.** 다음 표는 파마-프렌치의 3요인에 대한 네 가지 주식의 민감도를 보여준다. 이자율 2%, 시장의 기대 위험프리미엄 7%, 규모 요인의 기대 위험프리미엄 3.2%, 시장 대비 장부 요인의 기대 위험프리미엄은 4.9%라는 가정하에 각 주식의 기대수익률을 추정하라.

| | 포드 | 월마트 | 씨티그룹 | 애플 |
|---|---|---|---|---|
| 시장 | 1.24 | 0.41 | 1.52 | 1.25 |
| 규모 | −0.07 | −0.47 | −0.01 | −0.67 |
| 시장 대비 장부 | 0.28 | −0.25 | 0.85 | −0.72 |

# 위험과 자본비용

위험과 수익률의 관련성에 대한 현대 이론들이 나오기 훨씬 전부터 유능한 재무관리자들은 자본예산의 수립 과정에서 위험에 대한 조정을 했다. 다른 조건이 동일하다면, 이들은 상식적으로 위험한 투자안이 안전한 투자안보다 가치가 낮다는 것을 알고 있었다. 따라서 위험한 투자안에 대해서는 높은 수익률을 요구하거나, 혹은 투자의사결정 시 현금흐름을 보수적으로 추정했다.

현재 많은 기업이 신규 투자에 적용하는 기준 할인율로 우선은 기업자본비용(company cost of capital)을 사용한다. 기업자본비용은 신규 투자의 위험이 기업의 전반적인 사업 위험과 동일할 때만 적절한 할인율이 된다. 투자안의 위험이 기업의 전반적인 사업 위험보다 더 높을 경우에는 자본의 기회비용이 기업자본비용보다 더 높아야 하고, 투자안의 위험이 더 낮을 경우에는 자본의 기회비용이 기업자본비용보다 더 낮아야 한다.

기업자본비용은 일반적으로 가중평균자본비용으로 계산하며, 이는 기업의 부채와 자기자본에 대해서 투자자들이 요구하는 평균수익률이다. 가중평균자본비용을 계산할 때 가장 어려운 부분은 기업의 보통주에 대한 투자자들의 기대수익률인 자기자본비용을 알아내는 것이다. 이를 위해 많은 기업이 자본자산가격결정모형(CAPM)을 적용한다. CAPM에 따르면, 기대수익률은 무위험 이자율에 베타와 시장위험프리미엄에 따라 결정되는 위험프리미엄을 더한 것이다.

베타는 야후파이낸스, 블룸버그 같은 금융 웹사이트에서 찾을 수 있지만, 이러한 베타들은 추정치이며 통계적 오류가 있을 수 있다는 것을 명심해야 한다. 베타를 추정하고 이의 신뢰성을 확인하는 방법을 알아보겠다.

이제 당신이 특정 투자안에 대한 책임을 맡고 있다고 가정하자. 당신은 이 투자안의 위험이 평균적인지, 평균 이상인지, 아니면 평균 이하인지를 어떻게 알 수 있을까? 이를 위해서는, 이 투자안의 현금흐름이 평균적인 위험을 갖는 투자안에 비해 경기순환에 어느 정도 민감한지를 알아보아야 한다. 또한 이 투자안의 고정운영비가 평균적인 위험을 갖는 투자안보다 더 높은지 혹은 더 낮은지(영업레버리지가 큰지 혹은 작은지), 이 투자안이 향후 대규모의 투자를 수반하는지에 대해서도 확인해야 한다.

투자안의 자본비용은 오직 시장위험에 의해서만 결정된다는 것을 기억하자. 분산 가능한 사건들은 투자안의 현금흐름에 영향을 줄 수 있지만, 자본비용을 증가시키지는 않는다. 또한 할인율에 임의로 오차요인을 추가해서는 안 된다. 예를 들면 불안한 지역에 투자할 경우에는 너무 자주 할인율에 오차요인이 추가된다.

일반적으로 재무관리자들은 향후 모든 기간 동안 투자안의 위험이 동일할 것이라는 가정하에 미래의 모든 현금흐름에 대해 단일한 위험조정할인율을 사용한다. 그러나 재무관리자들은 특정한 투자안의 위험 역시 시간이 지나면서 변할 수 있다는 것을 알아야 한다. 예를 들면 일부 투자안은 투자 초기의 위험이 투자 말기의 위험보다 더 크다. 끝으로, 시간이 흐르면서 위험이 어떻게 변하는지를 보여주는 확실성 등가에 대해 알아보겠다.

**10-1** **기업 및 투자안의 자본비용**

　　**기업자본비용**(company cost of capital)은 기업의 모든 부채와 자기자본으로 구성된 포트폴리오의 기대수익률로 정의된다. 이는 기업의 모든 자산에 투자하는 것에 대한 자본의 기회비용이므로, 기업의 평균적인 위험을 갖는 투자안에 대한 적절한 할인율이다.

　　부채가 없는 기업일 경우, 기업자본비용은 바로 기업의 주식에 대한 기대수익률이다. 존슨앤드존슨을 포함한 많은 성공한 대기업들이 이러한 특별한 경우에 속한다. 존슨앤드존슨 보통주의 추정 베타는 0.81이다. 무위험 이자율이 2%이고, 시장위험프리미엄은 7%라고 가정하자. 따라서 CAPM에 의하면 존슨앤드존슨 주식의 기대수익률은 7.7%이다.

$$r = r_f + \beta(r_m - r_f) = 2 + 0.81 \times 7 = 7.7\%$$

존슨앤드존슨이 기존 사업의 확장을 고려할 경우, 추정현금흐름을 7.7%로 할인하는 것이 타당할 것이다.[1]

　　만약 신규 투자안이 기업의 기존 사업의 위험과 동일하지 않을 경우에는, 기업자본비용은 적절한 할인율이 **아니다**. 원칙적으로는 각 투자안의 자본의 기회비용(opportunity cost of capital)으로 그 투자안를 평가해야 한다. 이렇게 해야 제8장에서 소개된 가치의 가산성(value additivity) 원칙에 정확히 부합하게 된다. 자산 A와 자산 B로 구성된 기업의 경우, 기업의 가치는 다음과 같다.

$$기업가치 = PV(AB) = PV(A) + PV(B)$$
$$= 개별\ 자산가치의\ 합$$

여기서 PV(A)와 PV(B)는 자산 A와 자산 B를 마치 주주들이 직접 투자할 수 있는 소형 회사들로 보고 가치를 평가한 값이다. 투자자들이 자산 A의 가치를 평가한다면, 자산 A의 위험을 감안한 할인율로 추정 현금흐름을 할인할 것이다. 자산 B도 마찬가지로, 자산 B의 위험을 감안한 할인율로 할인하게 된다. 일반적으로 이 2개의 할인율은 상이할 것이다. 현재가치의 합산은 가능하다고 알고 있는데, 만약 자산의 현재가치가 그 자산을 구입한 기업에 따라 달라진다면, 현재가치의 합산은 **불가능**하게 된다.(존슨앤드존슨과 토요타에 각각 $100만씩 투자된 포트폴리오를 생각해보자. 어떤 합리적인 투자자가 이 포트폴리오의 가치가 $200만 이상이 된다거나, 혹은 $200만 이하가 된다고 말하겠는가?)

　　만약 회사에서 세 번째 투자안 C의 투자를 고려한다면, 회사에서는 C가 마치 작은 회사라고 생각하고 C의 가치를 평가해야 한다. 즉 회사는 투자자들이 따로 C에 투자할 경우 요구하는 기대수익률로 C의 현금흐름을 할인해야 한다. 즉 **자본의 기회비용은 그 자본이 어떻게 사용되는가에 따라 결정된다.**

---

[1] 여기서는 존슨앤드존슨의 자본이 전액 자기자본으로 조달된 것으로 단순화했다. 존슨앤드존슨의 시장가치 기준 부채비율이 매우 낮긴 하지만 그렇다고 해서 부채가 전혀 없는 것은 아니다. 부채를 통한 자금조달과 가중평균자본비용은 이 장 후반부에 다룰 것이다.

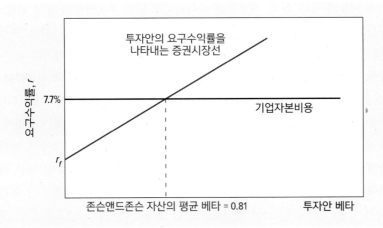

▶ **그림 10.1**  존슨앤드존슨의 기업자본비용은 7.7%이다. 이것은 투자안의 베타가 0.81일 경우 적절한 할인율이 된다. 일반적으로, 투자안의 베타가 증가함에 따라 적절한 할인율도 증가한다. 존슨앤드존슨은 요구수익률과 베타의 관계를 보여주는 증권시장선보다 높은 수익률을 제공하는 투자안을 채택해야 한다.

이는 아마도 당연한 말일 것이다. 존슨앤드존슨을 생각해보자. 이 회사는 건강 및 소비자 관련 제품을 생산하는 거대 기업으로 2017년 매출이 $760억에 달하고 있다. 이 회사의 잘 알려진 제품으로는 밴드에이드 반창고, 타이레놀, 피부관리 및 유아용 제품들이 있다. 또한 존슨앤드존슨은 생명공학(biotech) 연구개발 같이 위험이 훨씬 큰 사업에도 많은 투자를 하고 있다. 유아용 로션의 신규 생산라인에 대한 자본비용과 생명공학 연구개발에 대한 자본비용이 동일하다고 생각하는가? 생명공학 연구개발에 대한 자본비용을 추정한다는 것이 어렵기는 하지만 이 2개의 자본비용이 같지는 않을 것이다.

각 투자안의 위험을 그 투자안의 베타로 측정한다고 가정해보자. 그러면 존슨앤드존슨은 그림 10.1에 나오는 기대수익률과 위험의 관계를 나타내는 우상향 기울기의 증권시장선보다 위에 있는 모든 투자안을 채택해야 한다. 만약 투자안의 위험이 높다면, 존슨앤드존슨은 위험이 낮은 투자안보다 더 높은 기대수익률을 요구할 것이다. 이것은 투자안이 **기업**자본비용보다 높은 수익률을 제공하기만 한다면 투자안의 **위험과 상관없이** 모든 투자안을 채택하는 경우와는 다르다. 기업자본비용을 기준으로 사용할 경우, 존슨앤드존슨은 그림 10.1의 수평인 기업자본비용선보다 위에 있는, 즉 7.7%보다 높은 수익률을 제공하는 투자안은 모두 채택할 것이다.

존슨앤드존슨이 아주 안전한 투자안에 대해 매우 위험한 투자안과 동일한 수익률을 요구해야 한다고 제안하는 것은 분명히 타당하지 않다. 만약 존슨앤드존슨이 기업자본비용을 기준으로 사용한다면 위험이 낮은 많은 좋은 투자안은 기각하고, 위험이 높은 나쁜 투자안은 채택할 수도 있다. 또한 다른 회사의 기업자본비용이 존슨앤드존슨의 기업자본비용보다 훨씬 낮다고 해서 존슨앤드존슨이 기각한 투자안을 채택해도 된다고 제안하는 것 역시 타당하지 않다.

## 절대음감과 자본비용

적절한 자본비용은 투자안의 위험에 의해 결정되는 것이지, 그 투자안을 착수하는 기업에 의해 결정되는 것은 아니다. 그렇다면, 기업자본비용을 구하는 데 왜 그리 많은 노력을 기울이는 것일까?

여기에는 두 가지 이유가 있다. 첫째, 대부분은 아니더라도 많은 투자안들이 평균 위험, 즉 기업의 다른 자산들의 평균보다 높지도 낮지도 않은 위험을 가지는 것으로 취급한다. 이러한 경우 기업자본비용은 적절한 할인율이 된다. 둘째, 기업자본비용은 아주 위험하거나 아주 안전한 투자안에 대한 할인율을 설정하는 데 있어 유용한 출발점이 될 수 있다. 즉 처음부터 각 투자안의 자본비용을 새로 추정하는 것보다 기업자본비용에서 가감하는 것이 더욱 용이하다.

음악을 사용해 좋은 비유를 들어 보자. 절대음감이 없는 대부분의 사람들에게는 음정에 맞춰 노래하기 전에 중간 '도' 음(middle C)과 같은 명확한 기준점이 있어야 한다. 그래서, 노래를 잘 부르는 사람들에게는 뛰어난 **상대**음감이 있다. 사업가들은 적어도 자신들이 잘 아는 산업과 관련해서는 절대적 위험, 즉 요구수익률은 아니더라도 **상대적** 위험에 대한 뛰어난 직관을 가지고 있다. 따라서 이들은 회사의 전반적인 자본비용을 설정하고 이를 기준으로 삼는 것이다. 이것이 회사가 수행하는 모든 투자안의 적절한 할인율은 아니지만, 각 투자안의 위험 정도에 따라 수정해서 사용할 수 있다.

그럼에도, 많은 대기업이 기업자본비용을 하나의 기준으로 사용하는 것을 넘어 일반적으로 모든 투자안에 대한 범용(all-purpose)할인율로도 사용하고 있다. 위험의 차이를 객관적으로 측정한다는 것은 어려운 일이어서, 재무관리자들은 이런 일로 회사 안에서 일어나는 다툼을 피하려고 한다. [다음과 같은 다툼을 상상해보자: "내 투자안이 당신 투자안보다 더 안전하잖아! 할인율을 낮춰야 해!" "그렇지 않아! 당신 투자안은 무방비 콜옵션(naked call option)보다 더 위험하잖아!"][2]

회사가 하나의 기업자본비용만을 고수하는 경우에는, 할인율이 아니라 투자안의 현금흐름으로 위험을 조정해야 한다. 경영층은 매우 위험한 투자안에 대해서는 매우 보수적인 현금흐름 추정치를 요구하게 된다. 또는, 기업자본비용으로 계산된 NPV가 0보다 훨씬 높지 않을 경우에는 위험이 큰 투자안에 대해서 승인을 거절할 수도 있다. 이렇게 위험을 대략적으로라도 조정하는 것이 전혀 하지 않는 것보다는 나을 수도 있다.

## 부채와 기업자본비용

기업자본비용은 '기업의 모든 부채와 자기자본으로 구성된 포트폴리오의 기대수익률'이라고 정의했다. 따라서 자본비용은 **부채비용**(기업 부채에 대한 이자율)과 **자기자본비용**(기업의 보통주 투자자들이 요구하는 기대수익률)을 혼합해 추정하게 된다.

어느 회사의 시장가치로 나타낸 재무상태표가 다음과 같다고 가정하자.

| 자산가치 | 100 | 부채 | $D = 30(7.5\%)$ |
|---|---|---|---|
|  |  | 자기자본 | $E = 70(15\%)$ |
| 자산가치 | 100 | 기업가치평가 | $V = 100$ |

---

[2] '무방비' 콜옵션은 기초 주식이나 다른 옵션을 통한 헤징을 하지 않은 상태로 매입한 옵션이다. 옵션은 제19장에서 다룰 것이다.

부채와 자기자본의 가치를 합하면 전체 기업가치($D+E=V$)가 되며, 기업가치 $V$는 자산가치와 동일하다. 이 수치들은 모두 장부(회계)가치가 아닌 시장가치이다. 일반적으로, 자기자본의 시장가치는 장부가치보다 훨씬 커서, 시장가치로 나타낸 재무상태표에서 구한 부채비율 $D/V$는 장부가치로 나타낸 재무상태표에서 구한 부채비율보다 훨씬 낮다.

부채비용 7.5%는 이 기업의 채권자들에 대한 자본의 기회비용이며, 자기자본비용 15%는 이 기업의 주주들에 대한 자본의 기회비용이다. 양쪽 모두 **기업**자본비용, 즉 이 기업의 **자산**에 투자할 경우 사용할 수 있는 기회비용의 척도는 아니다. 부채비용은 기업자본비용보다 낮은데, 이는 부채가 자산보다 안전하기 때문이다. 자기자본비용은 기업자본비용보다 높은데, 이는 부채를 보유한 기업의 자기자본이 자산보다 더 위험하기 때문이다. 자기자본은 기업의 잉여현금흐름에 대한 직접 청구권이 아니라, 부채보다 후순위인 잔여청구권이다.

기업자본비용은 부채비용도 자기자본비용도 아니며, 이 둘을 혼합한 것이다. 기업의 모든 부채와 자본으로 구성된 포트폴리오를 매입한다고 가정하자. 그러면 이 기업의 모든 자산을 소유하게 되어 기업에서 발생하는 모든 잉여현금흐름을 가지게 된다. 즉 기업의 모든 현금의 주인이 되는 것이다.

이 가상의 포트폴리오에 대한 기대수익률이 기업자본비용이다. 기대수익률은 부채비용($r_D=7.5\%$)과 자기자본비용($r_E=15\%$)을 단지 가중평균한 값이다. 이 가중치는 기업의 부채와 자기자본의 상대적 시장가치로서, $D/V=30\%$와 $E/V=70\%$이다.[3]

$$\text{기업자본비용}=r_D D/V+r_E E/V$$
$$=7.5\times0.30+15\times0.70=12.75\%$$

이렇게 혼합해서 측정된 기업자본비용을 **가중평균자본비용**(weighted-average cost of capital, WACC, '왝'으로 발음한다)이라고 한다. 그러나 WACC를 구하는 것은 위에 나온 예보다는 조금 더 복잡하다. 예를 들면 이자는 기업에게는 세금공제가 가능한 비용이어서, 세후 부채비용은 $(1-T_C)r_D$가 되며, 여기서 $T_C$는 한계 법인세율을 말한다. 2018년 미국에 적용된 세율을 사용해 $T_C=21\%$라고 가정하면, **세후 WACC**는 다음과 같다.

$$\text{세후 WACC}=(1-T_C)r_D D/V+r_E E/V$$
$$=(1-0.21)7.5\times0.30+15\times0.70=12.3\%$$

추후 이 장에서 세후 WACC의 다른 예를 살펴볼 것이며, 제18장에서 이 문제를 좀 더 자세히 다룰 것이다. 지금은 WACC를 구하는 데 있어서 가장 어려운 부분인 자기자본비용의 추정에 대해 알아보자.

---

[3] 이 가상의 포트폴리오에서 사용한 가중치 30%와 70%는 장부가치가 아니라 시장가치에 근거한 것이다. 만약 포트폴리오가 장부가치에 근거한 가중치로 구성되는 경우에는, 가령 50 대 50이라면, 포트폴리오의 수익률은 자산 수익률과 다를 수 있다.

## 10-2 자기자본비용의 측정

WACC를 계산하려면 자기자본비용을 추정해야 하며, 이는 CAPM을 사용하면 문제없이 구할 수 있다. 앞 장에서 보았듯이, 대부분의 미국 대기업은 CAPM을 사용해 자기자본비용을 추정하며, 이 자기자본비용은 기업의 보통주에 대한 기대수익률이다.[4] CAPM에 따르면, 이 기대수익률은 다음과 같다.

$$주식의 \ 기대수익률 = r_f + (r_m - r_f)$$

이제 베타를 추정해야 하며, 실무에서는 어떻게 베타를 추정하는지 살펴보자.

### 베타의 추정

원칙적으로, 우리의 관심 대상은 기업의 주식에 대한 미래의 베타지만, 미래를 알 수 없으니 우선 과거의 자료를 살펴보자. 예를 들면 그림 10.2의 왼쪽 상단에 있는 산점도(scatter diagram)를 살펴보자. 각 점들은 어느 특정 달의 US 철강 주식 수익률과 시장수익률을 나타낸다. 기간은 2008년 1월부터 2012년 12월까지며, 산점도에는 모두 60개의 점이 있다.

왼쪽 두 번째와 세 번째 산점도는 각각 마이크로소프트와 콘솔리데이티드 에디슨 주식에 대한 같은 그림을 보여준다. 각각의 경우마다 점들을 통과하는 선을 적합시켜 보았다. 이 선의 기울기가 베타의 추정치다. 이를 통해 시장수익률이 1% 오르거나 내릴 경우에 주가가 평균적으로 얼마나 변하는지를 알 수 있다.

오른쪽의 산점도는 3개의 주식에 대한 2013년부터 2017년 12월까지의 같은 그림을 보여준다. 추정된 베타들이 일정하지 않다는 것을 알 수 있다. 예를 들면 US 철강의 첫째 기간에서의 베타 추정치는 둘째 기간보다 훨씬 낮은 것을 알 수 있다. 첫째 기간의 베타를 그대로 사용해 둘째 기간의 베타를 예측했다면 정확성에서 문제가 생겼을 것이다. 그러나 분명한 것은 콘솔리데이티드 에디슨의 베타는 US 철강의 베타보다는 훨씬 낮으며, 마이크로소프트의 베타는 이들 두 기업 베타의 중간 어딘가에 있다는 것이다.[5]

각 주식의 전체 위험 중 단지 일부분만이 시장의 움직임에서 나오는 것이다. 나머지는 기업 고유위험, 즉 분산 가능 위험이며, 이는 그림 10.2의 회귀선 주변에 있는 점들의 분산으로 나타난다. **결정계수($R^2$)**는 주식 수익률의 총분산에서 시장 움직임으로 설명 가능한 비율을 나타낸다. 예를 들면 2013~2017년 마이크로소프트의 $R^2$은 0.2였는데, 이는 마이크로소프트의 위험 중 20%는 시장위험이었고, 80%는 분산 가능한 위험이었다는 것이다.[6] 마이크로소프트의 경우,

---

[4]  물론 CAPM이 위험과 수익률에 관해서 가장 확실한 모형은 아니지만, 이 장에서 다루는 원칙과 절차는, 예컨대 파마-프렌치의 3요인 모형과 같은 다른 모형들에서도 마찬가지로 잘 부합한다. 9-4절을 참조하라.

[5]  베타를 추정하기 위해서는 주식 수익률(Y변수)을 시장수익률(X변수)에 대해 회귀분석을 해야 한다. 주가의 변화율과 시장지수의 변화율을 사용해 회귀분석을 할 경우에도 매우 비슷한 추정치가 나오게 된다. 그러나 사람들은 주가 수준을 시장지수의 수준에 대해 회귀분석을 하는 오류를 범해 잘못된 결과가 나오게 되기도 한다.

[6]  첫 번째 기간(왼쪽 산점도)에는 주식이 정상 기간에 비해 시장 요인에 더 많은 영향을 받았던 금융위기 기간이 포함되어 있음에 주목하자. 이것이 이 기간 동안의 $R^2$이 더 높은 이유이다.

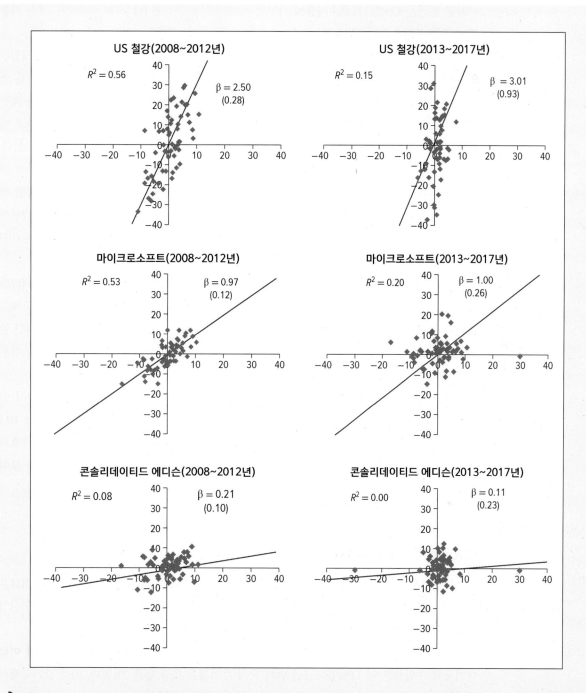

▶ **그림 10.2** 세 주식의 베타를 추정하기 위해 2008년 1월부터 2012년 12월(왼쪽 그림)과 2013년 1월부터 2017년 12월(오른쪽 그림) 기간의 과거 수익률 자료를 사용했다. 베타는 위 그림에 나타난 회귀선의 기울기이다. 두 기간 모두 US 철강이 가장 높은 베타를 보여주었고, 콘솔리데이티드 에디슨의 베타가 가장 낮은 것으로 나타났다. 베타 아래에 있는 괄호 안의 숫자는 베타 추정치의 가능한 오차 범위를 나타내는 표준오차이다. 총위험 중 시장 움직임으로 설명 가능한 부분은 $R^2$으로 나타내었다.

수익률 분산은 439였으므로,[7] 시장에 기인한 주식 수익률 분산은 0.2×439＝88이며, 분산 가능한 수익률 분산은 0.8×439＝351이다.

그림 10.2에 나와 있는 베타 추정치는 그저 추정치일 뿐이다. 이 추정치들은 특정 60개월간의 주식 수익률을 근거로 하고 있다. 수익률에 내재한 잡음(noise)으로 인해 진정한 베타를 알기가 어려울 수도 있다.[8] 따라서 통계학자들은 추정된 베타의 **표준오차**(standard error)를 계산해 측정오차에 대한 가능성의 범위를 나타낸다. 그리고 추정값에 표준오차의 2배를 더하고 뺀 **신뢰구간**(confidence interval)을 설정하며, 어떤 추정치는 다른 추정치보다 더 신뢰할 수 있다. 예를 들면 두 번째 기간 동안 마이크로소프트의 추정 베타의 표준오차는 0.26이다. 따라서 이 베타의 신뢰구간은 추정치 1에 2×0.26을 더하고 뺀 것이다. 만약 마이크로소프트의 **정확한** 베타가 0.48과 1.52 사이에 있다고 말하면, 이 말이 맞을 확률은 95%이다. 2013년부터 2017년까지 US 철강의 베타 추정치에 대해서는 신뢰가 훨씬 낮을 수 있다. 이 경우의 표준오차는 0.93으로, US 철강의 정확한 베타는 추정치인 3.01보다 훨씬 낮을 수 있다.

일반적으로, 당신은 위와 같이 단순하고 재미없는 계산이 보여주는 것보다는, 그림 10.2를 통해 더 많은 정보와 이에 따른 더 높은 확신을 가지게 된다. 예를 들면 콘솔리데이티드 에디슨의 추정 베타는 연속 두 기간 동안 1보다 훨씬 낮았고, US 철강의 추정 베타는 이 두 기간 동안 1보다 훨씬 높았다. 그러나 개별 주식의 베타를 추정할 때는 항상 큰 폭의 오류가 있기 마련이다.

다행히도, **포트폴리오**의 베타를 추정하게 되면 이러한 추정오류들은 상쇄되는 경향이 있다.[9] 이런 이유로, 재무관리자들은 종종 **산업베타**(industry beta)를 사용한다. 예를 들면 표 10.1은 6개 철도회사 주식의 베타 추정치와 이들 추정치의 표준오차를 보여준다. 대부분 표준오차들은 0.3 근방에 있다. 이 표는 6개 철도회사 주식들로 구성된 포트폴리오의 추정 베타도 보여준다. 이 추정 산업베타가 좀 더 신뢰할 만하다는 것에 주목하자. 이런 사실은 표준오차가 더 낮다는 것에 나타나 있다.

## CSX 보통주의 기대수익률

2018년 1월에 CSX의 기업자본비용을 추정해달라는 부탁을 받았다고 가정하자. 표 10.1은 CSX 주식의 정확한 베타에 대한 두 가지 단서를 제공한다. 즉 CSX의 베타 추정치 1.35와 산업베타의 평균 추정치 1.25이다. 여기서는 산업 추정치인 1.25를 사용하겠다.

다음 문제는 무위험 이자율을 어떤 값으로 사용할 것인가이다. 2018년 초 3개월 만기 미국 단기국채 수익률은 약 1.6%였다. 1년 만기 국채 수익률은 조금 높은 2%였다. 미국 장기국채의 수익률은 훨씬 높아서, 20년 만기 국채의 수익률은 약 3%였다.

---

[7] 이것은 연간 분산으로, 월간 분산에 12를 곱해 전환한다(제8장의 주석 13 참조). 표준편차는 $\sqrt{439}=21.0\%$이다.

[8] 한 달 혹은 두 달 사이에 극단적인 수익률이 나타나면 베타 추정치는 왜곡될 수 있다. 이 경우 통계학자들은 이러한 수익률의 가중치를 낮추거나, 또는 이들 수익률 전체를 제외한다.

[9] 관측치들이 독립일 경우, 추정된 베타의 평균값의 표준오차는 포트폴리오 내 주식 수의 제곱근에 비례해 감소한다.

| | 베타 | 표준오차 |
|---|---|---|
| CP(Canadian Pacific) | 1.21 | 0.27 |
| CSX | 1.35 | 0.29 |
| 캔자스시티 서던 (Kansas City Southern) | 0.87 | 0.31 |
| 제네시 & 와이오밍 (Genesee & Wyoming) | 1.80 | 0.31 |
| 노퍽서던(Norfolk Southern) | 1.37 | 0.26 |
| 유니언 퍼시픽(Union Pacific) | 0.90 | 0.22 |
| 산업 포트폴리오 | 1.25 | 0.21 |

》**표 10.1** 2013년 1월부터 2017년 12월 기간의 월별 수익률에 기초한 6개 철도회사 및 이들 회사로 구성된 동일 가중 포트폴리오(산업 포트폴리오)의 베타 추정치와 표준오차. 산업 포트폴리오 베타 추정치는 개별 회사 베타 추정치보다 더 믿을 만하다. 이것은 산업 포트폴리오 표준오차가 더 낮은 것으로 알 수 있다.

CAPM은 기간별 수익률을 추정하는 단기 모델이므로 단기 이자율을 필요로 한다. 그러나 3개월 만기 무위험 이자율 1.6%가 향후 10년 혹은 20년의 현금흐름에 대한 적절한 할인율이 될 수 있을까? 아마 그럴 수 없을 것이다.

재무관리자들은 이 문제를 다음 두 가지 방법 중 하나를 선택해 해결한다. 첫 번째 방법은 CAPM 공식에 장기 무위험 이자율을 단순히 사용하는 것이다. 이러한 손쉬운 방법을 사용하면, 시장위험프리미엄은 시장수익률과 **장기** 국채 수익률 간 차이의 평균이 된다.[10]

두 번째 방법은 시장수익률과 미국 **단기** 국채 수익률 간 차이가 시장위험프리미엄이라는 일반적인 정의를 따르는 것이다. 그러나 이 경우 투자안의 수명기간 동안 미국 단기국채를 보유함으로써 얻는 기대수익률을 추정해야 한다. 제4장에서 투자자들이 미국 단기국채 대신 장기국채를 보유할 경우 요구하는 위험프리미엄에 대해 살펴보았다. 표 8.1을 보면, 지난 100년간 이러한 위험프리미엄의 평균은 약 1.5%였다. 따라서 미국 단기국채에 투자함으로써 기대되는 장기 수익률의 대략적이지만 합리적인 추정치를 얻으려면 장기국채의 현재 수익률에서 1.5%를 차감해주어야 한다. 이 예에서는 다음과 같이 구할 수 있다.

$$\text{미국 단기국채의 장기 기대수익률} = \text{장기 국채 수익률} - 1.5\%$$
$$= 3.0 - 1.5 = 1.5\%$$

이는 미국 단기국채의 미래 평균 기대수익률에 대한 타당한 추정치이므로, 이를 여기서 사용하도록 하겠다.

CSX의 예로 돌아가서, 시장위험프리미엄으로 7%를 사용한다고 가정하자. 그러면 CSX의 자기자본비용 추정치는 다음과 같이 대략 10.3%가 된다.

---

[10] 이 방법을 사용하는 경우, 증권시장선의 절편은 높아지고, 시장위험프리미엄은 낮아지게 된다. 이와 같이 '더 평평한' 증권시장선을 사용하면 과거 자료와 더 잘 부합할 것이다. 과거 자료에 따르면, 베타에 대한 평균수익률의 기울기는 CAPM이 예측하는 것보다 가파르지는 않았다. 그림 9.8과 9.9를 참조하라.

$$자기자본비용 = 기대수익률 = r_f + \beta(r_m - r_f)$$
$$= 1.5 + 1.25 \times 7.0 = 10.3\%$$

## CSX의 세후 가중평균자본비용

이제 CSX의 세후 WACC를 구해보자. 이 기업의 부채비용은 약 4%이다. 법인세율이 21%라면 세후 부채비용은 $r_D(1 - T_c) = 4.0 \times (1 - 0.21) = 3.2\%$이다. 전체 기업가치에 대한 부채비율은 $D/V = 19.2\%$이다. 따라서

$$세후\ WACC = (1 - T_C)r_D D/V + r_E E/V$$
$$= (1 - 0.21) \times 4.0 \times 0.192 + 10.3 \times 0.808 = 8.9\%$$

CSX의 CFO가 위의 추정치에 동의한다면, 회사는 기업자본비용을 8.9%로 정해야 한다.

**유의사항**  부채비용은 항상 자기자본비용보다 낮으며, WACC 공식에는 이들 두 비용이 혼합되어 있다. 이 공식이 위험한 것은 비싼 자기자본을 싼 부채로 대체함으로써 평균 자본비용을 줄일 수 있다고 보여주기 때문이다. 그러나 이런 식으로 되는 것은 아니다! 부채비율 $D/V$가 증가함에 따라 잔여 자기자본비용 역시 증가하므로, 결국 싼 부채를 사용함으로써 발생할 것 같은 이점이 상쇄된다. 제16장에서 이러한 상쇄가 어떻게 발생하고 왜 발생하는지 설명하겠다.

그러나 이자는 세금공제가 가능한 비용이기 때문에 부채는 절세효과를 갖는다. 이러한 이유로 세후 WACC에서 세후 부채비용을 사용하는 것이다. 제17, 18장에서 부채와 세금을 좀 더 자세하게 다루겠다.

## CSX의 자산 베타

세후 WACC는 기업자산의 평균 위험에 의해 결정되지만, 세금과 자금조달 역시 이 결정에 영향을 준다. 만약 투자안의 위험을 직접적으로 측정할 수 있다면 좀 더 용이하게 투자안의 위험을 알 수 있을 것이다. 이러한 직접적인 척도를 **자산 베타**(asset beta)라고 한다.

자산 베타는 각기 다른 부채 베타($\beta_D$)와 자기자본 베타($\beta_E$)를 혼합해 계산한다. CSX의 경우 $\beta_E = 1.25$이며, $\beta_D = 0.15$라고 가정하자.[11] 가중치는 부채조달과 자기자본조달의 비율이므로 $D/V = 0.192$이며, $E/V = 0.808$이다.

$$자산\ 베타 = \beta_A = \beta_D D/V + \beta_E E/V$$
$$= 0.15 \times 0.192 + 1.25 \times 0.808 = 1.04$$

자산 베타를 구하는 것과 가중평균자본비용을 구하는 것은 유사하다. 부채와 자기자본의 가

---

[11] 부채 베타가 양(+)의 값을 갖는 원인은 무엇일까? 두 가지 이유로 설명할 수 있겠다. 첫째, 채권자는 채무불이행의 위험을 부담하며, 경제가 호황에서 불황으로 전환되면 국채에 비해 회사채 가격이 하락하게 된다. 그러므로 채무불이행 위험은 부분적으로 거시경제 및 시장 위험이라고 할 수 있다. 둘째, 모든 채권은 이자율과 인플레이션(물가 상승)과 관련된 불확실성에 노출되어 있다. 심지어 국채도 장기 이자율과 인플레이션이 불안정하고 불확실한 경우 양(+)의 베타를 보여준다.

중치인 $D/V$와 $E/V$를 사용하는 것이 동일하며, 논리 역시 동일하다: 어떤 기업의 모든 부채와 자기자본으로 구성된 포트폴리오를 매입한다고 가정하자. 그러면 이 기업 자산을 모두 보유하게 되어, 포트폴리오 베타는 자산 베타와 일치하게 된다. 당연히, 포트폴리오 베타는 바로 부채와 자기자본 베타의 가중평균이다.

이러한 자산 베타는 CSX가 영위하는 철도사업의 평균 위험 추정치이며, 투자안의 자본비용을 추정하는 데 유용한 기준으로 사용할 뿐이다. 모든 철도 투자가 평균 위험을 갖는 것은 아니다. 만약 철로망을 행성간 송신 안테나로 사용하는 사업을 처음 시작한다면, 처음부터 사용할 자산 베타는 없을 것이다.

투자안이나 사업의 위험이 평균이 **아니라는** 의심이 들 경우, 어떻게 이들의 자본비용에 대해 정보에 근거한 판단을 내릴 수 있을까? 다음 주제에서 이를 다룰 것이다.

## 10-3 투자안 위험의 분석

어떤 탄광회사가 본사로 사용할 신규 사옥의 투자 위험에 대해 평가한다고 가정해보자. 탄광에 적용하는 자산 베타는 도움이 되지 않으며, 부동산의 베타를 알아야 한다. 다행히도, 상업용 부동산으로 구성된 포트폴리오들이 거래되고 있다. 예를 들면 상업용 부동산에 특화되어 있는 부동산 투자신탁(Real Estate Investment Trusts, REITs)의 수익률로부터 자산 베타를 추정할 수 있다.[12] 신규 사옥의 경우, REITs는 거래가 이루어지는 **비교대상**으로서의 역할을 한다. 또한 부동산 가격지수 및 상업용 부동산의 매각이나 평가로부터 나오는 수익률을 이용할 수도 있다.

어떤 특정 사업 분야에 대한 자본비용을 설정하고자 하는 기업은 그러한 사업 분야에 속해 있는 **전업기업**(pure play)을 찾는다. 전업기업이란 한 사업 분야를 전문으로 하는 공개기업이다. 예를 들면 존슨앤드존슨이 제약 사업에 대한 자본비용을 추정하려 한다고 가정하자. 존슨앤드존슨은 밴드에이드 반창고나 베이비 파우더와 같은 소비자 제품으로 다변화하지 않은 제약 회사들의 평균 자산 베타 또는 자본비용으로 이 제약 사업에 대한 자본비용을 추정할 수 있을 것이다.

기업자본비용은 **복합기업**(conglomerates)에는 거의 쓸모가 없다. 복합기업은 관련이 없는 여러 산업으로 다변화되어 있어 산업별 자본비용을 고려해야 한다. 따라서 복합기업의 경우, 관련 산업 내 전업기업을 찾아 자본비용을 추정하게 된다. 리처드 브랜슨(Richard Branson)이 소유한 버진그룹(Virgin Group)을 예로 들어보자. 이 그룹은 항공사(버진 애틀랜틱)와 철도회사(버진 레일그룹)를 포함한 많은 다양한 기업으로 구성되어 있다. 다행히 항공업과 철도업에 집중하는 많은 비교대상 전업기업들이 있다. 따라서 버진그룹 계열 기업들과 가장 유사한 사업

---

[12] REITs는 부동산에 투자하는 투자 펀드이다. REITs는 아파트 빌딩과 쇼핑센터, 삼림지 같은 여러 형태의 부동산에 투자하므로, 고려 중인 신규 사옥과 유사한 상업용 부동산에 투자하는 REITs인지를 주의 깊게 살펴보아야 한다.

위험을 가진 비교대상 기업들을 선택하면 된다.

때로는 좋은 비교대상 기업이 없거나, 혹은 있더라도 특정 투자안과는 잘 맞지 않는 경우가 있다. 이런 경우에는 재무관리자 스스로 판단을 내려야 한다. 따라서 다음과 같은 충고를 제안해본다.

1. **자산 베타의 결정 요인들을 생각해보라.** 베타 그 자체를 알아낼 수 없는 경우에도, 종종 베타가 높은 자산과 낮은 자산의 특징은 알아낼 수 있다.
2. **분산 가능 위험에 현혹되지 말라.**
3. **오차요인을 고려하지 말라.** 제안된 투자안이 잘못될 수 있는 경우를 상쇄하기 위해, 할인율에 오차요인(fudge factor)을 추가하려는 유혹에 빠지지 말라. 대신에 현금흐름 추정치를 조정하라.

## 무엇이 자산 베타를 결정하는가?

**경기순환**    많은 사람이 직관적으로 위험을 이익이나 현금흐름의 변동성과 연관 짓는다. 그러나 이 변동성의 대부분은 분산 가능 위험을 반영한다. 홀로 금을 찾는 금광업자에게는 미래의 수입이 극히 불확실하지만, 이들이 노다지를 캐느냐가 시장포트폴리오 성과에 의해 결정되는 것은 아니다. 이들이 실제 금을 발견한다 해도, 큰 시장위험을 부담한 것은 아니다. 따라서 금맥 발굴에 투자하는 것은 높은 표준편차를 갖지만, 시장 베타는 상대적으로 낮다.

자산 베타를 결정하는 데 있어 정말 중요한 것은 기업의 이익과 시장 전체 실물자산의 총이익 간 관계의 강도이다. 이것은 **이익 베타**(earnings beta) 혹은 **현금흐름 베타**(cash-flow beta)로 측정할 수 있다. 이들 베타는 증권 수익률 변화 대신 이익이나 현금흐름의 변화를 사용한다는 것을 제외하고는 원래의 베타와 다르지 않다. 이익 베타나 현금흐름 베타가 높은 기업은 자산 베타도 높을 가능성이 크다.

이것은 기업의 매출과 이익이 경기순환에 크게 좌우되는 경기민감 기업은 베타가 높은 경향이 있다는 의미이다. 따라서 투자 성과가 경기에 크게 의존하는 경우에는 높은 수익률을 요구해야 한다. 경기민감 사업의 예에는 항공업, 고급 리조트와 레스토랑, 건설업, 철강업이 포함된다. (철강 수요의 대부분은 건설과 자본 투자에 의존한다.) 경기둔감 사업의 예로는 식품과 담배, 그리고 존슨앤드존슨의 유아용품과 같은 유명한 제품들이 있다. MBA 과정은 경기둔감 사업의 또 다른 예이며, 경영대학원에서 1년 혹은 2년 공부하는 것이 직장을 구하기 어려울 때는 손쉬운 선택이 된다. 따라서 우수한 MBA 과정에 입학하려는 지원자 수는 경기침체 시 증가한다.

**영업 레버리지**    변동비와 비교해 높은 고정비를 가진 생산시설은 **영업 레버리지**(operating leverage)가 높다고 말한다. 높은 영업 레버리지는 높은 자산 베타를 의미한다. 이것이 어떤 의미인지 살펴보자.

자산을 통해 발생한 현금흐름은 매출액, 고정비, 변동비로 구분된다.

$$현금흐름 = 매출액 - 고정비 - 변동비$$

생산율에 따라 변하는 비용이 변동비이다. 예를 들면 원재료비, 판매수수료, 인건비 및 유지보수비가 있다. 고정비는 자산의 사용 여부와는 상관없이 발생하는 현금 지출로서, 예를 들면 재산세나 계약 근로자의 임금 등이 있다.

자산의 현재가치도 다음과 같은 방식으로 나눌 수 있다.

$$PV(자산) = PV(매출액) - PV(고정비) - PV(변동비)$$

또는

$$PV(매출액) = PV(고정비) + PV(변동비) + PV(자산)$$

고정비를 **받는** 사람은 투자안의 채권자와 같다. 즉 채권자들은 고정된 지불금을 받을 뿐이다. 그리고 자산에서 발생한 순 현금흐름을 받는 사람은 주주와 같다. 즉 이들은 고정비를 지급한 후 남은 모든 금액을 받게 된다.

이제 자산 베타가 매출액 및 비용 베타와 어떻게 관련되어 있는지 알 수 있다. PV(매출액)의 베타는 매출액 구성요소들의 베타의 가중평균이다.

$$\beta_{매출액} = \beta_{고정비} \frac{PV(고정비)}{PV(매출액)} + \beta_{변동비} \frac{PV(변동비)}{PV(매출액)} + \beta_{자산} \frac{PV(자산)}{PV(매출액)}$$

고정비를 받는 모든 사람은 고정된 현금흐름을 받기 때문에 고정비 베타는 0에 가까워야 한다. 매출액과 변동비는 동일한 기초 변수인 생산율에 따라 결정되기 때문에 베타는 거의 같아야 한다. 따라서 $\beta_{변동비}$를 $\beta_{매출액}$으로 치환해 자산 베타를 구할 수 있으며, $\beta_{고정비} = 0$이라고 가정한다는 것을 기억하자. 또한 PV(매출액) - PV(변동비) = PV(자산) + PV(고정비)이다.

$$\beta_{자산} = \beta_{매출액} \frac{PV(매출액) - PV(변동비)}{PV(자산)} = \beta_{매출액} \left[ 1 + \frac{PV(고정비)}{PV(자산)} \right]$$

따라서 매출액의 경기순환성($\beta_{매출액}$에 반영됨)이 주어지면, 자산 베타는 투자안 현재가치 대비 고정비 현재가치의 비율에 비례한다.

이제는 동일한 투자안을 수행하는 데 필요한 대체 설계나 기술들의 상대적 위험을 대략적으로 판단할 수 있다. 다른 조건이 동일하다면, 대체안 중에서 투자안 가치 대비 고정비 비율이 더 높은 투자안이 더 높은 자산 베타를 갖게 된다. 검증을 통해 확인한 결과, 높은 영업 레버리지를 가진 기업이 실제로 높은 자산 베타를 갖고 있다.[13]

지금까지 고정비를 생산비라고 설명했지만, 고정비는, 예를 들면 미래 투자지출과 같은 다른 형태로 나타날 수도 있다. 전력회사가 대규모 발전소를 건설하기로 발표했다고 가정하자.

---

[13] 다음 두 논문을 참조하라. B. Lev, "On the Association between Operating Leverage and Risk," *Journal of Financial and Quantitative Analysis* 9(September 1974), pp. 627-642; G. N. Mandelker and S. G. Rhee, "The Impact of the Degree of Operating and Financial Leverage on Systematic Risk of Common Stock," *Journal of Financial and Quantitative Analysis* 19(March 1984), pp. 45-57.

발전소 건설에는 몇 년이 소요될 것이고, 건설비용은 확정부채이다. 위의 영업 레버리지 공식이 여전히 적용되지만, PV(고정비)에 PV(미래투자)가 포함된다. 따라서 이 투자 발표는 발전소의 자산 베타를 증가시킨다. 물론 PV(미래투자)는 발전소가 건설되면서 감소하고, 발전소가 완성되어 가동될 때 사라지게 된다. 따라서 발전소의 자산 베타는 단지 건설 중에만 임시적으로 높아진다.

**기타 위험 원천**  지금까지는 현금흐름에 초점을 맞추었다. 하지만 현금흐름 위험이 유일한 위험은 아니다. 투자안의 가치는 기대현금흐름을 위험조정 할인율 $r$로 할인한 값이다. 무위험 이자율이나 시장위험프리미엄이 변동하면 $r$도 변하게 되어, 투자안의 가치도 변한다. 현금흐름이 장기간에 걸쳐 발생하는 투자안은 현금흐름이 단기간에 걸쳐 발생하는 투자안보다 이러한 할인율 변동에 더 많이 노출되어 있다. 따라서 이러한 투자안은 설사 영업 레버리지가 높지 않거나 경기에 민감하지 않더라도 높은 베타를 가질 수 있다.[14]

자산의 상대적 위험을 정확히 측정하기란 어렵지만, 유능한 재무관리자는 각각의 투자안을 여러 각도에서 검토해 위험과 관련된 단서를 찾는다. 이들은 경기민감 사업, 높은 고정비를 가진 사업, 시장 전반적인 할인율 변화에 민감한 사업들에서 높은 시장위험이 나타난다는 것을 알고 있다. 이들은 경제에 영향을 미치는 주요 불확실성들을 찾고, 투자안이 이러한 불확실성들에 의해 어떠한 영향을 받는지를 고려한다.

## 분산 가능 위험에 현혹되지 말라

이 장에서는 위험을 기업, 산업, 또는 투자안의 자산 베타라고 정의했다. 그러나 일반적으로 '위험'이란 쉽게 말해서 '좋지 않은 사건'이라고 할 수 있다. 사람들은 투자안의 위험이란 잘못될 수 있는 일들을 나열한 것으로 생각한다. 예를 들면

- 원유를 찾는 지질학자는 유전 발굴의 실패를 걱정하게 된다.
- 제약회사의 과학자는 신약이 심각한 부작용을 일으킬 수 있다는 걱정을 한다.
- 공장장은 생산라인에 투입되는 신기술의 작동 실패로 인해 발생하는 비싼 교체비와 수리비를 걱정한다.
- 통신회사의 CFO는 통신위성이 우주파편으로 손상되는 것을 걱정한다. (이런 일은 2009년에 실제로 발생했는데, 이리듐 통신위성이 수명이 다한 러시아의 코스모스 2251 위성과 충돌해 두 위성 모두 산산조각이 났다.)

위에 열거한 위험들은 모두 분산 가능하다는 것에 주목하자. 예를 들면 이리듐과 코스모스 두 위성의 충돌은 베타가 0인 사건이었다. 이러한 위험은 자산 베타에 영향을 미치지 않으므로 투

---

[14] J. Y. Campbell and J. Mei, "Where Do Betas Come From? Asset Price Dynamics and the Sources of Systematic Risk," *Review of Financial Studies* 6(Fall, 1993), pp. 567-592 참조. 코넬(Cornell)은 듀레이션이 투자안 위험에 미치는 영향에 대해 다루었다. B. Cornell, "Risk, Duration and Capital Budgeting: New Evidence on Some Old Questions," *Journal of Business* 72(April 1999), pp. 183-200.

자산의 할인율에도 영향을 미치지 않는다.

때때로 재무관리자는 이러한 위험들을 상쇄하려고 할인율을 높이지만, 이것은 타당한 방법이 아니다. 즉 분산 가능 위험은 자본비용을 증가시키지 않는다.

## 예제 10.1 • 발생 가능한 부정적 결과의 고려

투자안 Z는 1차 연도에 단 1회의 추정 현금흐름 $100만를 발생시킨다. 이 투자안은 평균 위험을 가지는 것으로 생각되므로, 적당한 할인율은 기업자본비용인 10%이다.

$$PV = \frac{C_1}{1+r} = \frac{1,000,000}{1.1} = \$909,100$$

그러나 이 투자안에 필요한 기술 개발이 계획보다 늦어지고 있다는 사실을 알게 되었다. 회사의 기술자들은 기술 개발을 자신하지만, 그렇지 못할 수도 있는 가능성이 조금은 있다고 인정한다. **가장 가능성이 큰** 결과로 $100만의 현금흐름을 추정하고는 있지만, 어쩌면 다음 해에 현금흐름이 0일 가능성이 조금은 있다는 것도 알고 있다.

따라서 기술 개발 문제로 인한 우려로 투자안의 전망이 어둡게 되었다. 이 투자안의 가치는 이러한 우려가 발생하기 전에 계산한 $909,100보다 분명히 낮을 것이다. 그렇다면, 이 투자안 가치의 감소는 얼마나 되겠는가? 투자안의 가치를 적절하게 조정해주는 **어떤** 할인율(10% + 오차요인)이 있겠지만, 이 조정된 할인율이 얼마인지는 모른다.

따라서 투자안 Z의 현금흐름의 본래 추정치인 $100만에 대해 재검토할 것을 제안한다. 그리고 이러한 경우 투자안의 현금흐름은 예상되는 결과가 긍정적이든 부정적이든 상관 없이 모든 가능한 결과에 대해 적절한 가중치를 부여한 **불편 추정치**(unbiased forecast)여야 한다. 재무관리자들이 현금흐름을 불편 추정해 얻은 추정치들은 평균적으로는 적절한 추정치들이다. 즉 가끔은 추정치가 실제보다 높거나 낮을 수도 있지만, 이러한 오차는 많은 투자안이 수행되면서 평균화되어 사라진다.

가끔은 현금흐름이 0이 되는 경우도 발생할 수 있기 때문에, Z와 같은 투자안의 현금흐름을 $100만로 추정한다면 평균 현금흐름을 과대평가하게 될 수 있다. 따라서 현금흐름 추정치에 이러한 0의 현금흐름도 '포함되어야' 한다.

많은 투자안의 경우, 가장 발생 가능성이 큰 현금흐름 추정치는 역시 불편 추정치이다. 다음과 같은 확률을 가진 세 가지 가능한 결과가 있다면, 불편 추정치는 $100만이다.(불편 추정치는 확률로 가중치를 준 현금흐름의 합이다.)

| 발생 가능한 현금흐름 | 확률 | 확률 가중 현금흐름 | 불편 추정치 |
|---|---|---|---|
| 1.2 | 0.25 | 0.3 | |
| 1.0 | 0.50 | 0.5 | 1.0, 즉 $100만 |
| 0.8 | 0.25 | 0.2 | |

앞의 표는 투자안 Z의 초기 전망을 보여주고 있다. 그러나 기술 개발과 관련한 불확실성으로 인해 현금흐름이 0이 될 확률이 10%가 된다면, 불편 추정치는 $900,000로 감소하게 된다.

| 발생 가능한 현금흐름 | 확률 | 확률 가중 현금흐름 | 불편 추정치 |
|---|---|---|---|
| 1.2 | 0.225 | 0.27 | |
| 1.0 | 0.45 | 0.45 | 0.90, 즉 $900,000 |
| 0.8 | 0.225 | 0.18 | |
| 0 | 0.10 | 0.0 | |

따라서 현재가치는 다음과 같다.

$$PV = \frac{0.90}{1.1} = 0.818, \text{ 즉 } \$818,000$$

중요한 투자안일 경우, 재무관리자들은 확률을 명백히 해서 발생 가능한 결과들의 범위를 구하기도 한다. 그러나 결과와 확률이 분명하지 않더라도, 재무관리자는 가장 발생 가능성이 큰 결과뿐만 아니라 결과가 긍정적인지 아니면 부정적인지를 알 수 있다. 만약 부정적인 결과가 긍정적인 결과보다 더 많을 경우에는 현금흐름 추정치를 낮추어 다시 균형을 찾아야 한다.

따라서 첫 번째 단계에서는 면밀하게 투자안의 현금흐름 불편 추정치를 산출한다. 이러한 불편 추정치에는 투자안 및 전반적인 경제상황에 기인한 모든 발생 가능한 결과가 포함되어야 한다. 두 번째 단계에서는 분산투자자의 입장이 되어 이 투자안이 평균적인 위험을 가진 투자안과 비교해 더 위험한지 혹은 덜 위험한지를 고려한다. 이 단계에서는 오직 시장위험만이 중요하다.

### 할인율 결정에 오차요인을 고려하지 말라

다시 투자안 Z의 예로 돌아가 생각해보자. 기술 개발의 실패 가능성을 감안해, 이 투자안의 추정 현금흐름을 $100만에서 $900,000로 낮추었다. 따라서 투자안의 현재가치도 $909,100에서 $818,000로 감소되었다. 오차요인을 할인율에 추가해 최초 추정치인 $100만를 할인함으로써 적절한 투자안의 가치를 구할 수도 있다. 그러나 오차요인을 구하려면 적절한 현금흐름을 추정해야 하는데, 일단 현금흐름을 적절히 추정한다면, 오차요인은 필요하지 않게 된다.

할인율에 오차요인을 추가하는 것은 피해야 하며, 그 이유는 오차요인으로 인해 미래현금흐름에 대한 명확한 사고를 할 수 없기 때문이다. 예를 들어보자.

**예제 10.2 • 낙관적인 추정치에 대한 수정**

EZ²회사의 CFO는 투자안들의 현금흐름 추정치가 거의 항상 낙관적이라는 것을 발견하고 고민하게 되었다. 이들 추정치는 평균적으로 10%나 높게 나오고 있다. 따라서 회사의 WACC 인 12%에 10%를 더한 22%를 할인율로 사용해 이 문제를 해결하려고 한다.

현금흐름 추정치에 10%의 상향 편의(upward bias)가 포함되어 있다고 하는 CFO의 생각이 옳다고 가정하자. 그러면 할인율에 10%만 단순히 더하면 되는 것인가?

투자안 ZZ에서는 15년 동안 매년 균등하게 $1,000의 추정 현금흐름이 발생한다. 표 10.2의 첫 두 행은 이러한 현금흐름의 추정치와 이를 12%로 할인한 현재가치를 보여준다. 세 번째 행은 10% 감소된 수정된 현금흐름 추정치를 보여주며, 네 번째 행은 수정된 현금흐름 추정치의 현재가치를 보여준다. 이들 현재가치 역시(당연히) 10%가 감소되었다(다섯 번째 행). 여섯 번째 행은 수정되지 않은 현금흐름 추정치를 22%로 할인했을 때의 현재가치를 보여준다. 마지막 줄인 일곱 번째 행은 22%로 할인했을 경우의 현재가치가 두 번째 행의 할인율을 조정하지 않은 현재가치와 비교해 몇 퍼센트 감소했는지를 보여준다.

다섯 번째 행은 낙관적인 현금흐름 추정을 올바르게 수정(10%)했음을 보여준다. 일곱 번째 행은 10% 오차요인을 할인율에 추가할 경우 어떤 일이 발생하는지를 보여주고 있다. 첫해 현금흐름에 대한 영향은 CFO가 예상한 것보다 2% 낮은 약 8%의 현재가치 감소이다. 그러나 이후에 발생하는 현재가치는 10%보다 훨씬 더 감소하게 되는데, 그 이유는 오차요인이 22% 할인율에서 복리로 계산되기 때문이다. 10년과 15년 차에는 현재가치 감소가 각각 57%와 72%인데, 이는 CFO가 처음에 생각한 10% 편의(bias)보다 훨씬 크다.

| 연도 | 1 | 2 | 3 | 4 | 5 | ... | 10 | ... | 15 |
|---|---|---|---|---|---|---|---|---|---|
| 1. 최초 현금흐름 추정치 | $1,000.00 | $1,000.00 | $1,000.00 | $1,000.00 | $1,000.00 | ... | $1,000.00 | ... | $1,000.00 |
| 2. 현재가치 (12% 할인율) | $892.90 | $797.20 | $711.80 | $635.50 | $567.40 | ... | $322.00 | ... | $182.70 |
| 3. 수정 현금흐름 추정치 | $900.00 | $900.00 | $900.00 | $900.00 | $900.00 | ... | $900.00 | ... | $900.00 |
| 4. 현재가치 (12% 할인율) | $803.60 | $717.50 | $640.60 | $572.00 | $510.70 | ... | $289.80 | ... | $164.40 |
| 5. 현재가치 감소율 | −10.0% | −10.0% | −10.0% | −10.0% | −10.0% | ... | −10.0% | ... | −10.0% |
| 6. 22%로 할인한 최초 현금흐름 추정치 | $819.70 | $671.90 | $550.70 | $451.40 | $370.00 | ... | $136.90 | ... | $50.70 |
| 7. 22%로 할인 시 현재가치 감소율 | −8.2% | −15.7% | −22.6% | −29.0% | −34.8% | ... | −57.5% | ... | −72.3% |

》표 10.2 투자안 ZZ의 최초 현금흐름 추정치(1행)는 너무 낙관적이므로, 추정치와 현재가치를 10% 줄여야 한다(3행과 4행). 그러나 10% 오차요인을 할인율에 더할 경우, 현재가치가 10%보다 훨씬 많이 감소하게 된다(6행). 오차요인을 추가하게 되면 편의(bias)를 과도하게 수정하므로 장기 투자안에 불리하게 작용할 수 있다.

정말로 CFO는 표 10.2의 일곱 번째 행이 나타내는 바와 같이 편의가 누적된다고 생각했을까? 전혀 그러지 않았을 것이다. 처음에 그의 생각대로 진정한 편의가 10%라면, 할인율에 10% 오차요인을 추가하는 것은 현재가치를 급격히 과소평가하게 된다. 또한 오차요인으로 인해 장기 투자안이 회수기간이 빠른 투자안보다 훨씬 좋지 않은 것으로 보인다.[15]

## 10-4    확실성 등가: 위험조정의 다른 방법

실무적으로 자본예산을 다루는 경우에는, 단일 위험조정할인율을 사용해 모든 미래현금흐름을 할인한다. 이는 투자안의 위험이 시간이 흘러도 변하지 않고 항상 일정하다는 것을 가정하고 있다. 기업이 받는 위험은 끊임없이 변하고 있으므로, 엄밀하게는 이러한 가정이 옳다고 말할 수 없다. 따라서 이제 위험을 어떻게 처리해야 할지 약간은 고민스럽지만, 위험이라는 것이 과연 무엇인가에 대해 생각해보면 해결할 수 있는 한 가지 방법이 있다. 그것은 기대 현금흐름을 **확실성 등가**(certainty equivalents)로 변환하는 것이다. 우선 예를 통해 확실성 등가란 무엇인지를 알아본다. 다음으로, 투자에 대한 보상인 확실성 등가를 사용해 단일 위험조정할인율로 일련의 미래현금흐름을 할인할 때 정말로 가정하는 것이 무엇인지를 알아본다. 또한 위험이 시간에 따라 변해 일반적인 할인이 적용되지 않는 투자안도 평가한다.

### 확실성 등가를 사용한 가치평가

현재가치의 개념을 소개하기 위해 제3장에서 다루었던 부동산 투자의 간단한 예를 다시 생각해보자. 사무용 건물을 지어, 1년 후에 $800,000에 매각할 계획이다. 여기서 발생하는 현금흐름은 불확실하며, 위험은 시장위험과 동일해 베타는 1이다. 무위험 이자율($r_f$)은 7%지만, $800,000의 회수금은 12%의 위험조정이자율($r$)로 할인한다. 이 경우 현재가치는 800,000/1.12 = $714,286이다.

한 부동산 회사에서 연말에 이 빌딩을 고정가격에 매입하고 싶다는 제안을 했다고 가정하자. 이 제안으로 인해 투자금 회수에 대한 모든 불확실성이 제거된다. 따라서 회수가 불확실한 $800,000보다는 낮은 가격에 제안을 받아들일 것이다. 그렇다면, 얼마나 낮은 가격에 매각하면 되겠는가? 건물의 현재가치가 $714,286이며, 이자율이 7%라고 하면

$$\text{PV} = \frac{\text{확실한 현금흐름}}{1.07} = \$714,286$$

$$\text{확실한 현금흐름} = \$764,286$$

즉 확실한 현금흐름 $764,286는 불확실한 기대현금흐름인 $800,000와 정확히 동일한 현재

---

[15] 낙관적인 편의는 가까운 미래에 발생하는 현금흐름보다 먼 미래에 발생하는 현금흐름에 더 좋지 않을 수 있다. 이러한 경우, CFO는 시간에 따라 변하는 편의를 명확히 파악하고, 현금흐름 추정치를 그에 맞춰 조정해야 한다.

가치를 갖게 된다. 따라서 $764,286의 현금흐름을 **확실성 등가 현금흐름**(certainty-equivalent cash flow)이라고 한다. 투자금 회수의 지연과 부동산가격의 불확실성을 모두 보상받으려면 $800,000 - 714,286 = $85,714의 수익이 요구된다. 그러나 이 수익의 일부분($800,000 - 764,286 = $35,714)은 부동산가격의 불확실성이 제거된 상태이므로 현금흐름에서 삭감하고, 나머지 부분만 투자금 회수의 지연에 대한 보상으로 요구하면 된다.

위의 예를 통해 위험이 있는 현금흐름의 현재가치를 평가하는 두 가지 방법을 알 수 있다.

**방법 1:** 위험이 있는 현금흐름을 보다 높은 **위험조정할인율**(risk-adjusted discount rate) $r$로 할인한다.[16] 위험조정할인율은 시간과 위험 모두에 대해 조정한다. 그림 10.3의 시계방향 흐름이 이를 보여준다.

**방법 2:** 확실성 등가 현금흐름을 알아내 무위험 이자율 $r_f$로 할인한다. 이 방법을 사용할 경우에는 위험이 있는 현금흐름과 교환할 수 있는 최소한의 **확실한** 회수금이 얼마인지를 구해야 한다. 이것을 **확실성 등가**(certainty equivalent)라고 하며, CEQ로 표기한다. CEQ는 안전한 현금흐름과 가치가 같으므로 무위험 이자율로 할인한다. 확실성 등가 방법은 위험과 시간을 분리해 조정하는 것이다. 그림 10.3의 시계반대방향 흐름이 이를 보여준다.

이제 2개의 식을 사용해 1차 연도 현금흐름의 현재가치를 동일하게 나타낼 수 있다.

$$PV = \frac{C_1}{1+r} = \frac{CEQ_1}{1+r_f}$$

2차 연도, 3차 연도 혹은 $t$차 연도에 발생하는 현금흐름의 경우 다음과 같이 현재가치를 구할 수 있다.

$$PV = \frac{C_t}{(1+r)^t} = \frac{CEQ_t}{(1+r_f)^t}$$

## 장기자산에 단일 위험조정할인율을 사용할 수 있는 경우

이제 현재가치 계산에 일정한 위험조정할인율을 사용할 경우 어떤 의미가 내포되어 있는지 알아보자.

여기에 간단한 2개의 투자안이 있다. 투자안 A는 3년간 매년 $1억의 현금흐름이 발생할 것으로 기대된다. 3년간 무위험 이자율은 6%이며, 시장위험프리미엄은 8%이고, 투자안 A의 베타는 0.75이다. 따라서 투자안 A에 대한 자본의 기회비용은 다음과 같이 계산된다.

$$r = r_f + \beta(r_m - r_f)$$
$$= 6 + 0.75(8) = 12\%$$

각 현금흐름을 12%로 할인할 경우의 현재가치는 다음과 같다.

---

[16] 자산 베타가 음(-)일 경우 할인율 $r$은 $r_f$보다 낮을 수 있다. 그러나 실물자산의 베타는 거의 항상 양(+)이다.

**▶ 그림 10.3** 두 가지 현재 가치 계산 방법. '위험에 대한 보상의 삭감(haircut for risk)'은 추정 현금흐름을 확실성 등가로 낮춘다는 뜻의 금융가 은어이다.

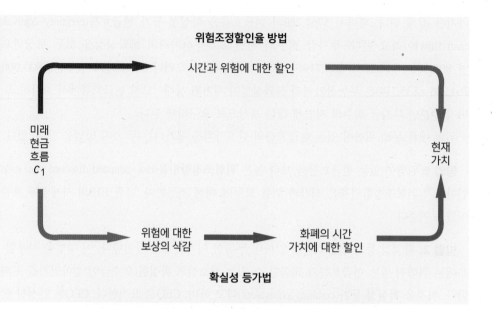

| 투자안 A | | |
|---|---|---|
| 연도 | 현금흐름 | 현재가치(12% 할인율) |
| 1 | 100 | 89.3 |
| 2 | 100 | 79.7 |
| 3 | 100 | 71.2 |
| | 총현재가치 | 240.2 |

이제 이 수치들을 투자안 B의 현금흐름과 비교해보자. 투자안 B의 현금흐름은 투자안 A의 현금흐름보다는 작지만, 안전한 현금흐름이므로 무위험 이자율로 할인해야 한다. 매년 발생하는 현금흐름의 **현재가치**는 두 투자안 모두 동일하다.

| 투자안 B | | |
|---|---|---|
| 연도 | 현금흐름 | 현재가치(12% 할인율) |
| 1 | 94.6 | 89.3 |
| 2 | 89.6 | 79.7 |
| 3 | 84.8 | 71.2 |
| | 총현재가치 | 240.2 |

1차 연도에 투자안 A에서는 위험한 현금흐름 100이 창출된다. 이는 투자안 B에서 발생하는 안전한 현금흐름 94.6과 동일한 현재가치를 갖는다. 따라서 94.6은 100에 대한 확실성 등가이

다. 2개의 현금흐름이 동일한 현재가치를 가지므로, 투자자는 불확실성을 제거하기 위해 1차 연도의 기대수입에서 100-94.6=5.4를 기꺼이 포기하려 할 것이다.

2차 연도에는 투자안 A에서 위험한 현금흐름 100이 발생하며, 투자안 B에서는 안전한 현금흐름 89.6이 발생한다. 두 현금흐름 역시 동일한 현재가치를 갖는다. 따라서 2차 연도의 불확실성을 제거하기 위해 투자자는 100-89.6=10.4의 미래 수입을 포기할 준비가 되어 있다. 3차 연도의 불확실성을 제거하기 위해 투자자는 100-84.8=15.2의 미래 수입을 기꺼이 포기할 것이다.

투자안 A의 가치를 평가하기 위해 각 현금흐름을 동일한 위험조정할인율 12%로 할인했다. 이제는 각 현금흐름에 동일한 위험조정할인율을 적용할 경우 어떤 의미가 내포되어 있는지 알 것이다. 일정한 할인율을 사용함으로써 더 먼 미래에 발생하는 현금흐름의 위험에 대해서는 사실상 더 큰 금액을 삭감한 것이다.

| 연도 | 투자안 A의 추정 현금흐름 | 확실성 등가 현금흐름 | 위험조정 금액 |
|---|---|---|---|
| 1 | 100 | 94.6 | 5.4 |
| 2 | 100 | 89.6 | 10.4 |
| 3 | 100 | 84.8 | 15.2 |

2차 연도에 발생하는 현금흐름은 시장위험에 2년간 노출되기 때문에 1차 연도에 발생하는 현금흐름보다 더 위험하다. 3차 연도에 발생하는 현금흐름은 시장위험에 3년간 노출되기 때문에 훨씬 더 위험하다. 매 기간 일정한 비율로 감소하는 확실성 등가에는 이러한 증가한 위험이 반영되어 있는 것이다.[17]

따라서 일련의 현금흐름들에 대해 일정한 위험조정할인율을 사용한다는 것은 시간에 따라 위험이 일정 비율로 누적된다고 가정하는 것이다. 이런 경우에 해당하는 것은 투자안 베타가 일정하게 유지되는 경우이다.

## 일반적인 실수

먼 미래에 발생하는 현금흐름이 더 위험하기 때문에 초기에 발생하는 현금흐름보다 더 높은 할인율로 할인해야 한다고 주장하는 사람들이 가끔 있다. 그러나 이것은 정말 잘못된 주장이다. 방금 살펴보았듯이, 매년 발생하는 현금흐름에 동일한 위험조정할인율을 사용한다는 것은 더 먼 미래에 발생하는 현금흐름의 위험에 대해서는 더 큰 금액을 삭감한다는 것을 의미한다. 그 이유는 할인율이라는 것은 **매 기간별로** 부담하는 위험에 대한 보상이기 때문이다. 따라서 현금흐름이 더 나중에 발생할수록 기간은 더 길어지고, 조정해야 할 총위험이 **더** 커지게 된다.

---

[17] 실제 현금흐름($C_t$)에 대한 확실성 등가 현금흐름($CEQ_t$) 비율이 다음과 같이 점차 줄어드는 것에 주목하자.
$CEQ_1 = 0.946 \times C_1$, $CEQ_2 = 0.946^2 \times C_2 = 0.896 \times C_2$, $CEQ_3 = 0.946^3 \times C_3 = 0.848 \times C_3$

## 장기자산에 단일 위험조정할인율을 사용할 수 없는 경우

가끔은 단일 위험조정할인율을 사용하는 것이 문제가 되는 경우가 있다. 예를 들면 옵션의 위험은 지속적으로 변하기 때문에 확실성 등가법을 사용해야 한다.

이 책의 저자 중 한 명이 분석 요청을 받은 실제 투자안을 예에 맞도록 각색해 살펴보자. 베지트론(Vegetron)에 근무하는 과학자들이 전자 걸레를 고안해내어, 회사는 시제품을 만들어 시험 마케팅에 들어가려고 한다. 이 예비 단계에서 소요되는 기간은 1년이고, 비용은 $125,000이다. 경영층은 시험생산과 시장테스트가 성공할 확률을 단지 50%로 보고 있다. 만약 성공한다면, 회사는 $100만를 들여 공장을 짓고, 이로부터 매년 영구적으로 세후 $250,000의 기대현금흐름을 창출하게 된다. 만약 실패한다면, 이 투자안은 중단된다.

기대현금흐름(단위는 $1,000)은 다음과 같다.

$$C_0 = -125$$
$$C_1 = 50\% \text{ 확률의 } -1{,}000\text{과 } 50\% \text{ 확률의 } 0$$
$$= 0.5(-1{,}000) + 0.5(0) = -500$$
$$C_t(t = 2, 3, \cdots) = 50\% \text{ 확률의 } 250\text{과 } 50\% \text{ 확률의 } 0$$
$$= 0.5(250) + 0.5(0) = 125$$

소비재에 대한 경험이 별로 없는 회사여서 경영층은 이 투자안이 매우 위험하다고 생각하고 있다. 따라서 경영층은 회사가 사용하는 기준 할인율 10% 대신 25%의 할인율로 현금흐름을 할인한다.

$$\text{순현가} = -125 - \frac{500}{1.25} + \sum_{t=2}^{\infty} \frac{125}{(1.25)^t} = -125, \text{ 즉 } -\$125{,}000$$

이를 보면, 투자안은 채택할 가치가 없는 듯하다.

만약 시험 단계에서 위험의 대부분이 해소된다면, 경영층의 분석은 비난을 면치 못하게 된다. 만약 시험 단계에서 실패하게 되면, 위험은 전혀 없게 된다. 즉 이 투자안은 투자할 가치가 없다는 것이 확실해진다. 만약 시험 단계에서 성공한다면, 그후부터는 정상적인 위험만 존재할 것이다. 이는 베지트론이 1년 차에 **정상적인** 위험을 가진 투자안에 투자할 기회를 얻을 확률이 50%이며, 이 경우 **정상적인** 할인율 10%가 적절하다는 것을 의미한다. 따라서 이 회사는 50%의 확률로 순현가가 $150만인 투자안에 $100만를 투자하게 된다.

시험생산과 시장테스트 $\Big\langle$

성공 → 순현가 $= -1{,}000 + \dfrac{250}{0.10} = 1{,}500(50\% \text{ 확률})$

실패 → 순현가 $= 0(50\% \text{ 확률})$

따라서 이 투자안은 $t = 0$에서 $125,000의 투자를 통해, $t = 1$에서 $0.5(1{,}500) + 0.5(0) = 750$, 즉 $750,000의 기대회수금을 제공하는 투자안으로 볼 수 있다. 물론 회수금의 확실성 등가는 $750,000보다 작지만, 기대회수금과 확실성 등가의 차이가 큰 경우에는 이 투자안의 기각을 정당화할 수 있다. 예를 들어 만약 확실성 등가가 추정 현금흐름의 절반(대규모 현금흐름의 삭감)이고, 무위험 이자율이 7%라고 한다면, 이 투자안의 가치는 $225,500이다.

$$\text{순현가} = C_0 + \frac{\text{CEQ}_1}{1+r}$$

$$= -125 + \frac{0.5(750)}{1.07} = 225.5, \text{ 즉 } \$225,500$$

$125,000를 투자해 이 순현가를 얻는 것은 나쁘지 않을 뿐만 아니라, 경영층이 모든 미래현금흐름을 25%로 할인해 얻은 음(−)의 순현가와는 큰 차이를 보인다.

- 투자안이 기업 자산과 동일한 수준의 시장위험을 가질 경우에는 투자안의 현금흐름을 **기업자본비용**(company cost of capital)으로 할인한다. 일반적으로 기업자본비용은 세후 부채비용과 자기자본비용의 가중평균으로 산출하고, 이를 **세후 가중평균자본비용**이라고 부른다.

- 세후 WACC 계산을 위한 자기자본비용은 일반적으로 CAPM을 사용해 추정한다.

- 기업이 모든 투자안에 대한 할인율로 세후 WACC를 사용할 경우 너무 많은 고위험 투자안들이 채택되고, 또한 너무 많은 저위험 투자안들이 기각되는 위험을 안게 된다. 따라서 투자안의 위험에 맞는 적절한 자본비용으로 투자안을 평가하는 것이 중요하다.

- 분산 가능 위험은 자산 베타 혹은 자본비용에 영향을 미치지 않는다. 투자안으로부터 예상되는 나쁜 결과의 가능성은 현금흐름 추정 시 반드시 고려되어야 하며, 미래의 나쁜 성과에 대한 우려 때문에 할인율에 오차요인을 추가하려 해서는 안 된다.

- 장기 투자안의 기간당 위험이 일정할 경우 단일 위험조정할인율을 사용할 수 있다. 이는 시간에 따라 위험이 일정한 비율로 누적된다고 가정하는 것이다. 그러나 위험이 일정한 비율로 증가하지 않는 투자안인 경우에는 단일 위험조정할인율을 사용할 수 없다.

**1.** 다음 용어를 정의하라.
   a. 부채비용
   b. 자기자본비용
   c. 세후 WACC
   d. 자기자본 베타
   e. 자산 베타
   f. 비교대상 전업기업
   g. 확실성 등가

**2.** 다음 문장은 참인가, 거짓인가?
   a. 일부 투자안의 높은 위험은 다른 투자안의 낮은 위험으로 상쇄되기 때문에, 기업 자본비용은 모든 투자안에 대해 적절한 할인율이다.
   b. 먼 미래에 발생하는 현금흐름은 가까운 미래의 현금흐름보다 더 위험하다. 따라서 장기 투자안은 더 높은 위험조정할인율이 요구된다.
   c. 할인율에 오차요인을 추가함으로써 회수기간이 빠른 투자안에 비해 장기 투자안은 과소평가된다.

**3.** 한 부동산 회사 보통주의 시가총액은 $600만이고, 총부채는 $400만이다. 이 회사의 회계담당자는 주식의 베타가 현재 1.5라고 추정했으며, 기대 시장위험프리미엄은 6%, 미국 단기국채 금리는 4%이다. 편의상 이 회사의 부채는 무위험 부채이며, 회사는 세금을 납부하지 않는다고 가정한다.
   a. 이 회사의 주식에 대한 요구수익률은 얼마인가?
   b. 회사의 기업자본비용을 추정하라.

    c. 현재 사업의 확장 시 회사가 적용하는 할인율은 얼마인가?

    d. 회사가 장밋빛 안경 제조로 사업의 다각화를 원한다고 가정하자. 무차입으로 운영하는 안경 제조사의 베타는 1.2이다. 이 회사의 신규 사업에 대한 요구수익률을 추정하라.

**4.** 다음은 한 금융회사에 대한 정보이다.

| | |
|---|---|
| 장기부채 | $300,000 |
| 현재 만기수익률($r_{부채}$) | 5% |
| 보통주 주식 수 | 10,000 |
| 주가 | $50 |
| 주당 장부가치 | $25 |
| 주식의 기대수익률($r_{자기자본}$) | 15% |

이 회사의 기업 자본비용을 구하라. 세금은 무시한다.

**5.** 어떤 기업의 자본 구조는 다음과 같다.

| 증권 | 베타 | 총시장가치($100만) |
|---|---|---|
| 부채 | 0 | $100 |
| 우선주 | 0.20 | 40 |
| 보통주 | 1.20 | 299 |

    a. 이 기업의 자산 베타는 얼마인가? (힌트: 이 기업의 모든 증권 포트폴리오의 베타는 얼마인가?)

    b. CAPM이 옳다고 가정하자. 자산 베타의 변화 없이 영업활동 규모를 확장하는 투자에 대해 이 기업이 설정해야 하는 할인율은 얼마인가? 무위험 이자율은 5%, 시장위험프리미엄은 6%라고 가정하고, 세금은 무시한다.

**6.** 자금조달의 40%를 무위험 부채로 한 기업이 있다. 이자율은 10%, 기대 시장위험프리미엄은 8%, 이 기업의 보통주 베타는 0.5이다. 20%의 세금을 납부한다고 가정한다면, 세후 WACC는 얼마인가?

**7.** 아래 표는 잘 알려진 2개의 캐나다 주식의 위험 추정치를 보여준다.

| | 표준편차(%) | $R^2$ | 베타 | 베타의 표준오차 |
|---|---|---|---|---|
| 선라이프파이낸셜 (Sun Life Financial) | 18.7 | 0.12 | 0.86 | 0.30 |
| 로블로(Loblaw) | 19.5 | 0.06 | 0.63 | 0.33 |

    a. 각 주식의 위험 중 시장위험과 기업고유위험이 차지하는 비율은 얼마인가?

    b. 선라이프파이낸셜 주식의 경우, 수익률의 분산은 얼마인가? 기업고유위험에 기인한 수익률의 분산은 얼마인가?

    c. 로블로 주식 베타에 대한 신뢰구간은 얼마인가?('신뢰구간'의 정의에 대해서는 258쪽을 참

조하라.)

    d. 만약 CAPM이 옳다면, 선라이프파이낸셜 주식의 기대수익률은 얼마인가? 무위험 이자율은 5%, 기대 시장수익률은 12%라고 가정한다.

    e. 다음 해의 시장수익률은 20%라고 가정하자. 이러한 가정하에, 선라이프파이낸셜 주식의 기대수익률은 얼마인가?

8. 다른 조건이 동일하다면, 다음 2개의 투자안 중 어떤 것이 더 높은 자산 베타를 갖는가?

    a. 투자안 A의 판매 인력은 고정 연봉을 받는다. 투자안 B의 판매 인력은 수수료만 받는다.

    b. 투자안 C는 1등석만 제공하는 항공사이다. 투자안 D는 조식용 시리얼을 제공하는 건실한 항공사이다.

9. EZCUBE사는 자금조달의 50%는 장기채권으로, 50%는 보통주로 하고 있다. 채무증권의 베타는 0.15이고, 보통주 베타는 1.25이다. EZCUBE의 자산 베타는 얼마인가?

10. 당신의 회사는 영구 인케뷰레이터 기계의 운영으로 연평균 $200만의 매출을 올리고 있다. 원자재 비용은 매출의 50%이며, 이 비용은 변동비로서 매출과 항상 비례한다. 기타 다른 영업비용은 없다. 기업자본비용은 9%이고, 장기 차입금에 대한 이자율은 6%이다. 지금 스튜드베이커 캐피털이 10년간 매년 $1,000만의 원자재를 고정가격에 공급하는 계약을 제안해 왔다.

    a. 만약 이 고정가격계약에 동의한다면, 인케뷰레이터 기계의 영업 레버리지와 운영위험에 어떤 변화가 일어나는가?

    b. 고정가격으로 계약할 경우와 그렇지 않을 경우의 인케뷰레이터 기계의 현재가치를 구하라.

11. 많은 투자안이 분산 가능 위험에 노출되어 있다. 여기에서 '분산 가능'이란 무엇을 의미하는가? 투자안의 평가에 있어 분산 가능 위험은 어떻게 설명되어야 하는가? 분산 가능 위험은 완전히 무시되어야 하는가?

12. 한 정유업체가 현재 생산이 진행 중인 유전 주변에서 일련의 신규 유정 시추작업을 하고 있다. 신규 유정의 약 20%는 비생산정들이다. 만약 신규 유정에서 석유가 나오더라도, 석유생산량과 관련해서는 여전히 불확실성이 남아 있다. 석유가 나오는 신규 유정들의 40%에서는 일간 1,000배럴의 석유만이 생산되고, 60%에서는 일간 5,000배럴의 석유가 생산된다.

    a. 신규 유정들에서 나오는 연간 현금 매출액을 추정하라. 미래의 유가는 배럴당 $100로 가정한다.

    b. 한 지질학자는 비생산정의 위험을 상쇄하기 위해 신규 유정에서 나오는 현금흐름을 30%로 할인할 것을 제안했다. 이 정유업체의 정상적인 기업자본비용은 10%이다. 이 제안은 현실적인가? 왜 그런지 혹은 왜 그렇지 않은지를 간단히 설명하라.

13. 어떤 투자안이 1차 연도에 $110, 2차 연도에 $121의 추정 현금흐름을 갖는다. 이자율은 5%, 추정된 시장위험프리미엄은 10%, 그리고 이 투자안의 베타는 0.5이다. 만약 일정한 위험조정 할인율을 사용한다면

    a. 투자안의 현재가치는 얼마인가?

    b. 1차 연도와 2차 연도의 확실성 등가 현금흐름은 얼마인가?

    c. 1차 연도와 2차 연도의 기대현금흐름 대비 확실성 등가 현금흐름의 비율은 얼마인가?

**14.** 어떤 투자안이 아래 표와 같은 추정 현금흐름을 갖는다.

| 현금흐름($1,000) | | | |
|---|---|---|---|
| $C_0$ | $C_1$ | $C_2$ | $C_3$ |
| −100 | +40 | +60 | +50 |

추정된 투자안 베타는 1.5, 시장수익률 $r_m$은 16%, 무위험 이자율 $r_f$는 7%이다.

a. 자본의 기회비용과 투자안의 현재가치를 추정하라(각 현금흐름을 동일한 할인율로 할인한다).

b. 각 연도의 확실성 등가 현금흐름은 얼마인가?

c. 각 연도의 기대현금흐름 대비 확실성 등가 현금흐름의 비율은 얼마인가?

d. 이 비율이 하락하는 이유를 설명하라.

**15.** 한 위스키 회사가 다이어트 스카치를 시장에 내놓으려 한다. 이 제품은 초기비용 $50만를 들여 우선 남부 캘리포니아에서 2년간 시험 판매될 것이다. 이 시험 판매로 인한 수익의 발생은 전혀 예상되지 않지만, 소비자 선호도는 알 수 있게 될 것이다. 이 제품에 대한 소비자의 수요가 만족스러울 확률은 60%이다. 이러한 경우, 회사는 $500만의 비용을 들여 이 제품을 전국적으로 판매 개시해, 영구적으로 연간 $70만의 이익을 기대할 수 있다. 만약 수요가 만족스럽지 못할 경우, 다이어트 스카치는 시장에서 철수될 것이다. 일단 소비자 선호도가 나오게 되면, 이 제품은 평균적인 위험을 갖게 되어 회사는 이 투자에 대해 12%의 수익률을 요구할 것이다. 그러나 초기 시험 판매 단계는 훨씬 더 위험한 투자로 생각되므로, 회사는 이 초기비용에 대해 20%의 수익률을 요구한다. 이 다이어트 스카치 투자안의 순현가는 얼마인가?

# 대리인 문제와 투자

지금까지는 양(+)의 NPV를 갖는 자본 투자를 알아보는 기준과 절차에 초점을 맞추었다. 기업이 모든(그리고 오직) 양의 NPV 투자안을 선택한다면 기업의 가치는 극대화된다. 그러나 회사의 경영자는 기업가치를 극대화하기 바라는가?

경영자는 자신의 개인적인 이해를 자동적으로 외부 투자자의 재무 목표와 맞추는 특별한 유전자를 갖고 있지 않다. 그렇다면 주주들은 최고경영자가 사리사욕을 채우거나 다른 속셈이 있지 않다는 것을 어떻게 확신할 수 있는가? 그리고 최고경영자는 중간 관리자와 고용인들이 양의 NPV 투자안을 찾고 실행하기 위해 가능한 한 열심히 노력한다는 것을 어떻게 확신할 수 있는가?

여기서 우리는 제1장에서 처음 제기된 주인-대리인 문제로 다시 돌아간다. 주주는 근본적으로 주인이고, 최고경영자는 주주의 대리인이다. 그러나 다른 한편으로 중간 관리자와 종업원은 최고경영자의 대리인이다. 따라서 최고재무전문가(chief financial officer, CFO)를 포함한 고위 관리자는 주주에 대해서는 대리인인 동시에

회사의 나머지 고용인에게는 주인이다. 문제는 가치의 극대화를 위해 모든 사람이 함께 일하도록 하는 것이다.

이 장에서는 기업이 이러한 문제를 어떻게 해결하려고 하는지에 대해 설명한다. 먼저 경영자가 주주 가치를 최대화하지 않을 수 있는 상황과, 이러한 상황을 차단하고 최소한 완화할 방법을 설명한다. 주주뿐 아니라 여러 이해관계자들이 경영진의 투자결정을 감시한다. 또한 최고경영자에 대한 보상 계획은 경영진이 가치를 증가시키도록 하는 유인을 제공하도록 설계되었다.

최고경영진에게 유인이 되는 보상에는 주식이나 옵션 제공이 있다. 이는 경영진과 주주의 이익(interest)에 관련되도록 하지만 부작용도 있다. 중간 관리자의 보상은 대부분 수익성의 회계 척도에 의존한다. 이는 절대적인 수익성이 아닌, 자본비용에 상대적인 수익성이다. 여기서는 경제적 부가가치(economic value added, EVA)의 척도가 자본비용을 어떻게 포함하는지, 그로 인해 기업의 낮은 계층에서 대리인 문제가 어떻게 완화되는지 설명한다.

## 11-1 어떠한 대리인 문제를 조심해야 하는가?

CEO, CFO, 기타 경영자는 주주의 완전한 대리인이 될 수 없다. 경영자는 그들의 관심을 완전히 제쳐둘 수 없는 인간이다. 경영자가 모든 그리고 오직 양의 NPV 투자안을 찾고 투자할 것이라는 생각은 순진한 생각이다. 대리인 비용은 그렇지 않을 때 발생한다.

투자의 대리인 비용은 제거할 수 없지만, 완화할 수는 있다. 주주, 은행, 금융기관이 경영진을 감시하며, 비효율적인 투자와 낭비를 하지 않도록 한다. 보상과 유인은 경영자가 기업에 가

치를 발생시켰을 때 적절하게 보상되도록 설계될 수 있다. 또한 경영자는 주주에게 손해를 입히는 행동을 하지 않도록 법과 규정으로 제약을 받는다. 감시, 유인, 제약의 적절한 결합으로 좋은 기업 지배구조가 된다.

이 장의 뒷부분에서 감시와 관리 보상을, 이 책의 뒷부분에서 기업 지배구조를 좀 더 다룬다. 여기서는 가치를 최대화하는 투자를 방해하는 몇 가지 구체적인 대리인 문제를 나열한다.

- **열심히 노력하지 않음.** 양의 NPV 프로젝트를 찾고 실행하는 것은 많은 노력과 압박이 있는 활동일 수 있다. 경영자는 태만해질 수 있다.
- **임직원 특전.** 경영진은 고가의 사무실 시설, 호화로운 휴양지에서의 미팅, 전용기 등에 사치스럽게 소비하고 싶을 수 있다. 경제학자들은 이러한 비금전적인 보상을 사적 이익(private benefit)이라고 한다. 보통의 사람들은 이를 임직원 특전(perk)이라 한다.[1]
- **제국 건설.** 다른 것이 동일하다면, 경영자는 작은 사업보다 큰 사업을 운영하는 것을 선호한다. 작은 사업에서 큰 사업으로 옮기는 것은 양(+)의 NPV가 아닐 수도 있다.
- **방어형 투자.** 경영자 Q가 두 가지 확장 계획을 고려한다고 가정하자. 한 계획은 특별한 기술이 있는 경영자가 필요한데, 경영자 Q가 최근에 갖게 되었다. 다른 계획은 단지 일반적인 경영자를 필요로 한다. Q가 어떤 계획을 선호할 것인가? 기존 경영자의 기술을 필요로 하거나 보상하도록 계획된 투자안을 **방어형 투자**(entrenching investment)라 한다.[2]
- **과잉투자.** 방어형 투자와 제국 건설은 과잉투자(overinvestment)의 전형적인 증상으로, 이는 NPV가 0으로 떨어지는 수준을 넘어서는 투자이다. 과잉투자에 대한 유혹은 회사가 현금을 많이 보유하고 있지만 투자기회는 한정되었을 때 가장 크게 나타난다. 마이클 젠슨(Michael Jensen)은 이를 **잉여현금흐름**(free-cash-flow) 문제라고 했다.[3]
- **불필요한 투자 철수.** 특히 직장에서 자리가 위태로울 때, 과하게 **투자를 축소**하기도 한다. 때로는 공장이나 생산라인을 팔거나, 손실이 나고 있는 사업을 중단하는 것으로 가치를 더한다. 과도한 투자 철수는 부정적인 측면에서 과잉투자와 같다.

## 대리인 문제는 최고 위치에도 있다

CEO와 CFO, 기타 최고경영자는 주인인 주주의 대리인이다. 그러나 최고경영자는 중간 관리자를 감독하고 유인 설정도 해야 한다. 이 경우 최고경영자는 주인이고 중간 관리자는 대리인이다.

---

[1] 라잔(Rajan)과 울프(Wulf)는 모든 임직원 특전을 관리상 낭비로 취급하는 것은 옳지 않다고 주장한다. CEO나 CFO가 공항에서 시간을 허비하기보다 회사의 제트기로 시간을 절약한다면 훌륭한 투자가 될 수 있다. 또한 어떤 대기업은 보안상의 이유로 CEO에게 회사 제트기로 비행할 것을 요구한다. R. Rajan and J. Wulf, "Are Perks Purely Managerial Excess?" *Journal of Financial Economics* 79(January 2006), pp. 1-33 참조.

[2] A. Shleifer and R. W. Vishny, "Management Entrenchment: The Case of Manager-Specific Investments," *Journal of Financial Economics* 25(November 1989), pp. 123-140.

[3] M. C. Jensen, "Agency Costs of Free Cash Flow, Corporate Finance and Takeovers," *American Economic Review* 76(May 1986), pp. 323-329.

대기업 내 모든 위치에서 올바른 유인을 갖는 것은 어렵다. 그렇다면 이런 어려움을 무시하고 CFO나 그 직속 직원들이 직접 중요한 투자결정을 내리면 안 되는가?

적어도 네 가지 이유 때문에 이렇게 하는 것은 잘 안 된다. 첫째, 최고경영자는 매년 수천 가지 투자안을 분석해야 한다. 각각의 투자안에 대해 현명한 선택을 할 수 있을 만큼 충분히 알 수는 없다. 최고경영자는 하위 수준에서 분석한 결과에 의존해야 한다.

둘째, 자본 투자안의 **설계**(design)는 최고경영자가 알지 못하는 투자결정을 포함한다. 새로 공장을 짓는 제안을 생각해보자. 이 공장에 대한 계획을 개발한 관리자는 그 위치를 결정해야 한다. 이 관리자가 숙련된 노동자 풀에 가까이 접근하기 위해 좀 더 비싼 장소를 선택했다고 하자. 이는 투자결정으로, 노동자의 기술에 접근해 추가 현금흐름을 발생시키기 위한 추가적인 투자이다. (예를 들어 교육비용이 적게 들 수 있다.) 저렴하지만 멀리 떨어져 있는 장소에 공장을 짓는 것과 비교해, 이러한 추가 투자가 추가적인 NPV를 만들어내는가? CFO가 어떻게 아는가? CFO는 투자안을 주관한 자들이 고려했지만 기각한 모든 대안을 조사할 시간이나 기술적인 지식이 없다.

셋째, 많은 자본 투자는 자본예산에 나타나지 않는다. 이는 연구와 개발, 노동자 교육, 시장을 확장하거나 만족한 고객들을 붙잡기 위한 마케팅 비용 등을 포함한다.

넷째, **작은 결정도 합치면 커진다.** 영업 관리자는 매일 투자결정을 내린다. 추가적인 원자재 재고를 보유해 부족할 걱정을 하지 않아야 한다. 캔자스주 퀘일시티(Quayle City)의 분쇄기 공장 관리자는 지게차 한 대가 더 필요하다고 결정할 수 있다. 유휴 공구나 매각할 수도 있었던 빈 창고를 계속 보유하기로 결정하기도 한다. 이들은 큰 결정은 아니지만($25,000나 $50,000), 이런 결정이 수천 개 모이면 큰 금액이 된다.

## 위험부담

관리자는 주주만큼 쉽게 위험을 분산할 수 없기 때문에, 이들이 너무 위험회피적일 것으로 생각하기도 한다. 실제로, 일에 대한 압박이 풀릴 때 관리자들은 '평온한 생활'을 추구한다고 제시하는 증거들이 있다.[4] 그러나 많은 예외가 있다.

첫째, 대기업의 상위권에 있는 관리자는 더 위험을 감수할 유인이 있다. 오직 평온한 생활을 추구하는 관리자는 주목을 받지 못하고 빠르게 승진하지 못한다.

둘째, 스톡옵션으로 보상받는 경영자는 더욱 위험을 부담할 유인이 있다. 제19장의 설명과 같이, 기업의 위험이 증가할 때 옵션의 가치는 증가한다.

셋째, 때때로 관리자는 위험을 감수해 잃을 것이 없다. 지역 사무소가 기대치 않은 큰 손실을 입었다고 하자. 지역 관리자의 일자리는 위태로우므로 이에 대한 대응으로, 큰 단기 수익이 발생하지만 그 가능성은 낮은 위험한 전략을 시도한다. 전략이 수익을 발생시키면, 손실은 회

---

[4] S. Mullainathan and M. Bertrand, "Do Managers Prefer a Quiet Life? Corporate Governance and Managerial Preferences," *Journal of Political Economy* 111(2003), pp. 1043-1075. 기업이 기업 인수로부터 더 잘 보호될 때, 임금을 인상하고, 새 공장을 더 적게 짓고, 오래된 공장은 더 적게 폐쇄된다. 생산성과 수익성 또한 감소한다.

복되고 관리자의 일자리도 보존될 것이다. 만약 실패한다면, 관리자는 어쨌든 해고되기 때문에 잃을 것은 없다. 이러한 행동을 **상환을 위한 도박**(gambling for redemption)이라 한다.

넷째, 종종 조직은 많은 이익을 —적어도 일시적으로— 가져다주는 위험행동을 줄이길 주저한다. 2007-2009 금융위기는 냉정한 사례이다. 위기 전 씨티그룹의 CEO인 찰스 프린스(Charles Prince)는 은행의 레버리지 대출 사업을 왜 매우 빠르게 확장했는지 질문 받았다. 그는 "음악이 멈출 때… 상황은 복잡해질 것입니다. 그러나 음악이 나오는 한, 일어나서 춤을 추어야 합니다. 우리는 여전히 추고 있습니다"라고 농담했다. 씨티는 이후 이 부분의 사업에서 $15억의 손실을 보았다.

## 11-2　감시

대리인 비용은 관리자의 노력과 행동을 감시(monitoring)하고 관리자가 이탈할 때 이를 간섭함으로써 줄일 수 있다.

감시는 노골적인 임직원 특전과 같이 아주 명백한 대리인 비용을 방지할 수 있다. 또한 관리자가 직무에 충분한 시간을 투입하고 있는지를 확인할 수 있다. 그러나 감시는 시간과 돈이 든다. 일부 감시는 거의 항상 할 만한 가치가 있지만, 감시에 추가로 소요되는 $1가 대리인 비용을 줄이면서 얻은 추가 $1로 돌아오지 못하는 수준으로 한계는 곧 도달한다. 모든 투자와 마찬가지로 감시는 수확체감한다.

어떤 대리인 비용은 가장 철저한 감시로도 막을 수가 없다. 주주가 자본 투자결정을 감시하기로 한다고 가정하자. 최고경영자가 승인한 자본예산이 (1) 가능한 **모든** 양(+)의 NPV 투자기회를 포함하고, (2) 제국 건설이나 방어형 투자로 인해 음(−)의 NPV를 갖는 투자안이 **없는지**를 주주는 어떻게 확실히 알 수 있는가? 경영자는 분명히 외부자들보다 회사의 미래 전망에 대해 더 잘 안다. 주주가 모든 투자안과 그 NPV를 확인할 수 있다면 경영자는 거의 필요가 없을 것이다!

누가 실제로 감시하는가?

### 이사회

대규모 공개기업에서, 감시는 주주에 의해 선출되고 주주의 이익을 대표하는 이사회(board of directors)에 위임된다. 이사회는 때때로 현직 경영진을 언제나 옹호하는 수동적인 꼭두각시로 보여진다. 그러나 과거 기업 스캔들로 인해 독립성이 더 커지게 되었다. 예를 들어 사베인스-옥슬리법(Sarbanes-Oxley Act, SOX)는 공개기업이 더욱 독립적인 이사회를 두도록 요구한다. 즉 경영자가 아니거나 경영진에 소속되지 않은 이사진(directors)을 더 많이 둔다. 이제는 대기업에서 모든 이사진의 85%는 독립적이다.[5]

---

[5] Spencer Stuart Board Index, www.spencerstuart.com/research-and-insight/spencer-stuart-board-index-2016 참조.

경영자가 일을 할 수 없을 경우에는 흔히 이사진이 개입한다. 최근 포드, CSX, AIG, 웰스파고의 CEO가 모두 교체되었다. 미국 외 지역의 이사진은 전통적으로 경영진에 더 우호적이지만 이들도 성과가 나쁜 경영자를 기꺼이 교체하게 되었다. 캐세이 퍼시픽(Cathay Pacific), 라파지홀심(LafargeHolcim), 도시바(Toshiba), 막스앤스펜서(Marks and Spencer), 한델스방켄(Handelsbanken) 등이 최근에 이러한 경향을 보이기 시작했다.

물론 이사회에 감시를 위임하는 것은 그 자체의 대리인 문제를 가져온다. 예를 들어 많은 이사회 구성원들은 CEO와 오래된 친구일 수도 있고, CEO의 도움이나 충고로 고마운 마음이 있을 수도 있다. 당연하게도, 이들은 CEO를 해고하기를 꺼리거나 CEO의 경영을 너무 깊이 조사할 수도 있다. 다행히, 기업의 이사진은 경영진의 행동을 면밀히 조사만 하는 사람은 아니다. 일부 다른 이사진은 경영진을 경계의 눈으로 주시한다.

## 감사

이사회는 독립적인 회계사를 고용해 회사의 재무제표를 감사하도록 요구된다. 감사 결과 아무런 문제가 없다면 감사인(auditor)은 재무제표가 회사의 재무 상태를 공정하게 나타내고 있으며, **일반준용회계원칙**(generally accepted accounting principles, GAAP)에 따르고 있다는 의견을 발표한다.

문제가 발견되면 감사인은 가정이나 절차를 변경하고자 협상한다. 경영자는 거의 항상 이에 동의한다. 왜냐하면 받아들일 만한 변경을 하지 않으면 감사인은 **한정 의견**(qualified opinion)을 발표할 것이기 때문이고, 이는 회사와 주주에게 나쁜 소식이다. 한정 의견은 경영자가 무엇인가 숨기고 있다는 것을 의미하며, 이는 투자자들의 신뢰를 손상시킨다.

한정 의견은 나쁜 소식일지 모르지만, 투자자들이 발각되지 않은 회계 부정을 알았을 때는 큰 대가를 치를 수도 있다. 2014년 9월, 영국의 거대 슈퍼마켓인 테스코(Tesco)는 중요한 회계 부정을 발견했고, 상반기 수익이 약 \$4억 2,000만가 과장되었다고 발표했다. 스캔들이 밝혀지자 테스코의 주가는 약 30% 하락했고 회사의 시장가치 중 \$80억가 사라져 버렸다.

## 채권자

채권자(lender)도 감시한다. 기업이 대규모의 은행 대출을 받으면 은행은 기업의 자산과 이익, 현금흐름을 추적한다. 대출을 보호하기 위해 감시함으로써 은행은 일반적으로 주주의 이익도 보호한다.[6]

## 주주

주주(shareholders)도 기업의 경영진과 이사회를 예의 주시한다. 기업이 충분한 에너지와 투지를 가지고 주주의 가치를 높이려 하지 않으면, 주주들은 예를 들어 이사회에 후보자를 지명

---

[6] 채권자와 주주의 이익이 항상 일치하는 것은 아니다 —제17장을 보라. 그런데 채권자를 만족시키는 회사의 능력은 보통 주주에게도 좋은 소식이다. 특히 채권자가 감시를 할 수 있는 좋은 위치에 있을 때는 더욱 그렇다.

함으로써 바꾸려 할 수도 있다.

**행동주의 투자자**(activist investor)는 그러한 낮은 성과를 내는 기업을 찾고 이들이 구조조정하도록 설득하는 것을 전문으로 한다. 대표적으로 칼 아이칸(Carl Icahn, Icahn Enterprises), 폴 싱어(Paul Singer, Elliott Management), 대니얼 러브(Daniel Loeb, Third Point), 넬슨 펠츠(Nelson Peltz, Trian Partners) 등이 있다. 펠츠의 펀드는 듀퐁(DuPont)의 많은 지분을 매입해 영업과 연구개발(R&D)에서 삭감하고 전 세계 인력의 10%를 줄이도록 듀퐁에 강하게 영향력을 행사할 수 있었다. 또한 다우 케미칼(Dow Chemical)과 합병하고, 합병한 기업을 보다 집중된 3개의 새로운 기업으로 나누는 데 동의했다. 행동주의 투자자의 최근의 다른 타깃으로는 나비스타(Navistar), 프록터앤드갬블(Procter & Gamble), 식품계 거대기업인 몬델리즈 인터내셔널(Mondelez International)과 네슬레(Nestlé)가 있다. 행동주의자의 5% 지분획득 공시에 주식의 비정상수익률(abnormal return)이 7~8% 상승하는 것으로 보아 기업의 주주들은 행동주의 투자자의 참여를 환영하는 것처럼 보인다.

지분이 더 적은 주주들은 행동주의 투자자의 게임을 할 수 없지만, 주식을 팔고 다른 데 투자하는 '월스트리트 워크(Wall Street Walk)'를 취할 수 있다. 이는 강력한 메시지를 보낼 수 있다. 충분히 많은 주주가 빠져나가면 주가는 급락하게 된다. 이는 최고경영자의 명성과 보상에 손상을 입힌다. 최고경영자의 보상 중 많은 부분이 주어지는 주식과 스톡옵션에서 나오는데, 주가가 상승하면 수익이 발생하지만 주가가 정해진 수준보다 하락하면 아무런 가치가 없어진다. 따라서 주가가 하락하는 것은 경영자의 개인적인 부에 직접적인 영향을 준다. 주가 상승은 주주뿐 아니라 경영자에게도 좋다.

### 기업인수

기업의 경영진은 다른 경영 조직에 의해 정기적으로 감시된다. 만약 자산이 효율적으로 이용되고 있지 않다고 생각된다면, 이들은 사업체를 인수하고 기존 경영진을 몰아내려 할 수 있다.

## 11-3 경영진 보상

감시는 완전할 수 없으므로, 유능한 경영자를 끌어들이고 그들에게 올바른 유인을 주기 위한 보상 계획이 설계되어야 한다.

미국 공개기업의 경우 보상은 이사회의 **보상위원회**(compensation committee)가 책임을 맡고 있다. 미국증권거래위원회(Securities and Exchange Commission, SEC)와 뉴욕증권거래소(NYSE)는 보상위원회의 모든 이사진이 독립적일 것을 요구한다. 즉 경영자나 고용인이면 안 되고, 이들의 독립성을 저하하는 회사와 어떤 다른 관련(예를 들어 수익성 좋은 컨설팅 계약)이 있으면 안 된다. 전통적으로 위원회는 보상 추세와 동종 기업의 보상 수준에 대해 조언할 수 있는 외부의 자문위원을 고용한다.

외부의 자문위원이 제공하는 정보가 어떻게 보상을 서서히 오르게 하는지 알 수 있다. 보상위원회는 평균 이하의 보상을 승인하기를 원하지 않는다. 모든 기업이 평균 이상을 원한다면, 평균은 단계적으로 증가할 것이다.[7]

위원회가 보상 패키지(compensation package)를 승인하면, 보상 토의 및 분석(Compensation Discussion and Analysis, CD&A)에 기술되고, 이는 이사진 후보, 회사의 연간보고서(10-K filing)와 함께 주주에게 보내진다. 2011년 1월 SEC는 보상 토의 및 분석에 대해 적어도 3년에 한 번 주주에게 강제성이 없는 투표권을 주었다.[8] 때때로 경영진 보상에 반대 투표하는 것은 경영자와 이사진에게 유쾌하지 못한 모닝콜과 같다. 예를 들어 자동차 공급업체 보그워너(BorgWarner)의 주주가 2015년에 '반대' 투표를 했을 때, 회사는 보상 프로그램을 바꾸고 CEO의 인센티브를 $240만 삭감했다.

## 보상에 대한 사실과 논란

미국의 임원진 보수에 대한 연구에 따르면 세 가지 일반적인 특징이 있다.

1. 그림 11.1과 같이 미국의 CEO는 다른 나라보다 보수를 더 많이 받는 경향이 있다. 평균적으로 미국의 CEO들은 독일 CEO의 2배, 일본 CEO의 5배 이상 받는다.

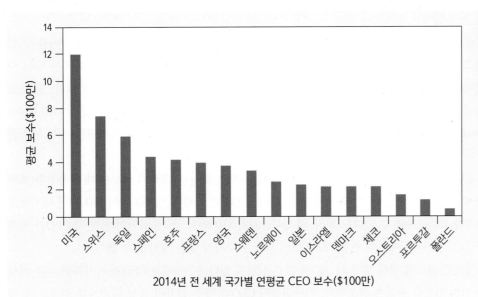

▶ **그림 11.1** 2014년 국가별 CEO의 연평균 보수
https://www.statista.com/statistics/424154/average-annual-ceo-compensation-worldwide.

2014년 전 세계 국가별 연평균 CEO 보수($100만)

---

[7] 비자크, 레몬, 나빈(Bizjak, Lemmon, and Naveen)은 대부분의 회사들은 보수 수준을 경쟁회사들의 중위값과 같거나 그 이상으로 정하며, 일부 회사는 그보다 훨씬 높게 책정한다는 사실을 발견했다. 예를 들어 코카콜라와 IBM은 보수 수준을 경쟁회사 그룹에서 상위 1/4에 속하도록 하고 있다. J. M. Bizjak, M. L. Lemmon, and L. Naveen, "Has the Use of Peer Groups Contributed to Higher Pay and Less Efficient Compensation?" *Journal of Financial Economics* 90(November 2008), pp. 152-168 참조.

[8] 호주, 스웨덴, 영국은 주주에게 보상에 대한 강제성이 없는 투표권을 준다. 네덜란드에서는 주주가 강제성이 있는 투표권을 갖는다.

2. 그림 11.2는 미국에서의 보상 평균이 인플레이션보다 상당히 더 빠르게 성장했음을 보여 준다. 1992~2016년 사이, S&P지수 내 기업의 CEO 총보상은 실질적으로 3배 이상이다.

3. 그림 11.3은 CEO 급여가 보상의 12%만 차지한다는 것을 보여준다. 나머지는 보너스, 주식, 스톡옵션, 기타 성과와 연계된 인센티브이다. 이러한 성과에 기반 한 보상 비율은 급격히 증가하고 있고, 다른 나라보다 더 높다.

먼저 보상 패키지의 규모를 살펴보고, 다음으로 그 내용을 보자.

CEO에 대한 높은 수준의 보상은 틀림없이 CEO가 더 열심히 일하도록 고무시키고, (더욱 중요하게) CEO가 되려는 하위 관리자들에게 매력적인 당근을 제공한다. 그러나 '지나치게 높은' 보수, 특히 그저 그런 성과에 대한 지나친 보수에 대해서는 우려가 널리 퍼져 있다. 예를 들어 로버트 나델리(Robert Nardelli)는 홈디포를 떠나면서 $2억 1,000만를 받았고, 헨리 멕키넬(Henry McKinnell)은 화이자를 그만둘 때 거의 $2억를 받았다. 두 CEO 모두 회사를 떠날 때 회사는 곤란을 겪고 실적이 나쁜 상태였다. 신문 헤드라인이 어땠을지 상상해보라.

2008년에 정부로부터 구제금융을 받은 은행들의 고위 경영자들이 넉넉한 보너스를 받아 간 것으로 밝혀지면서 이런 비판은 더욱 커졌다. 메릴린치(Merrill Lynch)는 서둘러 $36억의 보너스를 지급했는데 그중 $1억 2,100만는 불과 4명의 임원에게 지급되었다. 이는 뱅크오브아메리카(Bank of America)가 납세자들의 돈으로 쓰러져 가는 이 회사의 매입을 마무리 짓기 불과 며칠 전에 일어난 일이었다.

성과가 좋지 않은 경영자가 정당화되기 어려운 큰 보상을 받아 간 경우는 쉽게 찾아볼 수 있다. 그러나 더 일반적인 문제가 있지 않은가? 아마도 높은 수준의 보수는 단순히 재능 있는 사람이 부족하다는 것을 반영한다. 어쨌든 많은 액수를 버는 것은 CEO뿐만이 아니다. 일류 프로 운동선수들의 보수도 똑같이 침이 넘어갈 정도이다. LA 다저스의 클레이튼 커쇼(Clayton Kershaw)는 2017년 $3,300만 이상을 받았다. 다저스는 게임에 이기고 야구장을 가득 메워줄 스타에게 그 정도 돈을 지급할 가치가 있다고 믿었음에 틀림없다.

만약 스타 경영자들이 스타 야구선수만큼 드물다면 회사는 CEO의 재능에 대해 충분한 보수를 지급할 필요가 있을 것이다. 예컨대 우월한 CEO 한 사람이 시가총액이 $100억인 대기업의 가치를 1% 높여줄 수 있다고 하자. 주식시장가치 $100억의 1%는 $1억이다. 만약 CEO가 자기 역할을 다한다면 예컨대 연봉 $2,000만의 보상은 수지가 맞는 계약일 수 있다.[9]

경영진 보수에 관해 별로 너그럽지 않은 설명도 있다. 이 견해는 CEO와 이사회의 다른 이사들 간의 가까운 관계를 강조한다. 이사진들이 CEO와 아주 친하면 보상 패키지를 설정할 때 냉정하기 어려울 수 있다.

따라서 경영진 보수 수준에 대한 두 가지 관점이 있다. 하나는 경영진 보수를 치열한 관리자 능력 시장에서 독립적이고 동등한 입장에서의 계약의 결과로 본다. 다른 하나는 열악한 지

---

[9] 개바익스와 란디어(Gabaix and Landier)는 높은 CEO의 보수는 꾸준히 증가하는 기업가치와 경영 재능에 대한 경쟁의 자연스러운 결과라고 주장한다. X. Gabaix and A. Landier, "Why Has CEO Pay Increased So Much?" *Quarterly Journal of Economics* 123(February 2008), pp. 49–100 참조.

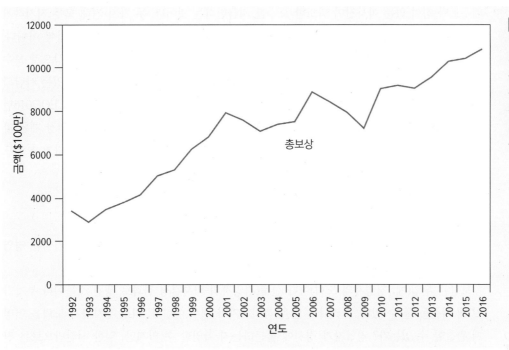

**그림 11.2**
1992~2016년 S&P
지수 내 기업의 CEO
총보수 중간값. 수치
는 인플레이션 조정
된 2016년 기준 달
러로 제시된다.
출처: Execucomp.

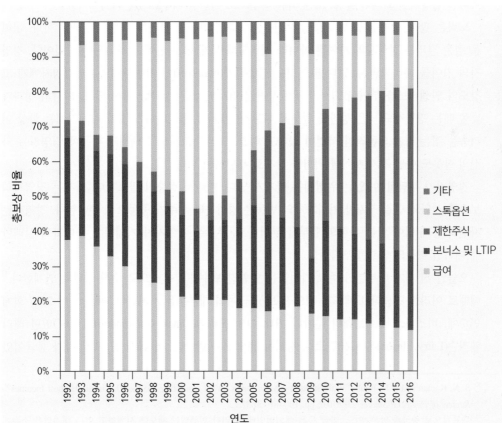

**그림 11.3** CEO
보수에서 급여, 보너
스, 장기 인센티브
제도(LTIP), 주식 포
상, 옵션 포상, 기타
보상이 차지하는 평
균 비율. 주식 포상
과 옵션 포상은 수
여 시점으로 가치
평가되었다. 표본
은 1992~2016년
S&P 지수 내 기업
으로 구성되었다.

배구조와 힘이 없는 이사진이 과도한 보수를 지급한다는 것이다. 두 가지 견해 모두 지지하거나 반대하는 증거가 있다. 예를 들어 최근에 보상이 급격히 증가한 것은 CEO뿐만이 아니다. 회사 고문 변호사, 스포츠 스타, 인기 연예인도 독립적이고 동등한 입장에서의 협상으로 보수가 결정되었음에도 국민소득 중에서 자신들의 몫이 크게 증가했다.[10] 그러나 재능 있는 사람의 부족이라는 논리는 보수의 현격한 차이를 설명하지는 못한다. 예를 들어 포드의 CEO(2016년 $2,200만의 보상)와 토요타의 CEO(약 $300만의 보상), 또는 미국연방준비은행의 의장 제롬 파월(Jerome Powell, $20만)을 비교해보자. 포드의 CEO가 가장 높은 가치를 창출했다거나 포드 CEO의 일이 가장 어렵고 중요한 것이라 주장하기 어렵다.

## 인센티브 보상의 경제학

보상의 크기보다는 보상을 어떻게 구성하는지가 더욱 중요할 수 있다. 보상 패키지는 경영자로 하여금 주주의 부를 극대화하도록 해야 한다.

보상은 투입(예: 경영자의 노력)이나 산출(경영자의 의사결정 결과로 생긴 소득이나 부가가치)에 기준을 둘 수 있다. 그러나 투입은 측정하기가 매우 어렵다. 외부 투자자가 노력을 어떻게 관찰할 수 있는가? 경영자가 정시에 출근하는지 확인할 수 있지만, 일한 시간만으로는 진정한 노력을 측정하지 못한다. (경영자가 어렵고 중압감에 시달리는 선택에 직면하고 있는가, 아니면 일상적인 회의나 출장, 또는 서류 작업으로 시간을 때우고 있는가?)

노력은 관찰할 수 없으므로, 보상은 산출, 즉 증명 가능한 결과를 기반으로 해야 한다. 어려운 점은 결과가 경영자의 기여뿐 아니라 경영자의 통제 밖 사건에도 좌우된다는 것이다. 경영자의 기여를 분리해낼 수 없다면 어려운 상충관계(trade-off)에 직면하게 된다. 경영자에게 고강도의 인센티브를 부여해 회사가 좋아지면 경영자도 높은 성과를 내게 되고, 회사의 성과가 낮을 때는 경영자도 낮은 성과를 얻도록 하고자 한다. 그런데 회사가 경기 침체기에는 항상 어려움을 겪는 경기 의존적인 사업에 있다고 하자. 그러면 고강도 인센티브 때문에 경영자는 자신의 잘못도 아닌 경기 사이클 위험을 강제로 부담하게 된다.

경영자가 부담할 수 있는 위험에는 한계가 있다. 따라서 절충이 필요하다. 회사는 경영자의 보수를 성과와 연결 짓지만 기업가치의 변동은 경영자와 주주가 공동으로 부담한다. 경영자는 자신의 통제 밖에 있는 위험의 일부를 부담하고, 주주는 경영자가 기업가치 극대화에 실패할 때 대리인 비용의 일부를 부담한다.

오늘날 전 세계 대부분의 주요 기업들은 임원진 보수를 부분적으로 주식 성과와 연계한다.[11] 때때로 이러한 인센티브 제도가 경영진 보상 급여의 대부분을 차지한다. 예를 들어 2017 회계연도에, 비즈니스 소프트웨어 분야의 거대 기업 오라클(Oracle Corporation)의 CEO였던 래리 엘리슨(Larry Ellison)은 $210만로 추정되는 총보수를 받았다. 이 금액 중 오직 $1가 봉급이었

---

[10] S. N. Kaplan and J. D. Rauh, "Wall Street and Main Street: What Contributes to the Rise in the Highest Incomes?" *Review of Financial Studies* 23(2010), pp. 1004–1050 참조.

[11] 대표적으로 중국과 일본, 인도, 한국 등은 예외적인데, 이러한 인센티브 제도를 시행하고 있는 대기업은 소수에 불과하다.

다. 보수 중 가장 큰 부분은 주식과 옵션 부여의 형태였다. 더욱이 오라클의 창립자로서 엘리슨은 기업의 주식을 10억 주 이상 보유하고 있다. 누구도 엘리슨이 남다른 보수 패키지를 가지고 얼마나 열심히 일했는지 확실히 말할 수 없다. 그러나 한 가지는 확실하다. 그는 기업의 성공과 시장가치를 증가시키는 데 개인적으로 막대한 지분이 있다.

스톡옵션은 경영자에게 미래 주식을 고정된 행사가격으로 살 수 있는 권리(의무가 아닌)를 준다. 통상적으로 행사가격은 스톡옵션이 부여되는 날의 주가와 동일하게 설정된다. 회사의 경영 상태가 좋아지고 주가가 오르면 경영자는 주식을 매입해서 주가와 행사가격의 차이만큼 이익을 얻을 수 있다. 만약 주가가 떨어지면, 옵션을 행사하지 않고 다른 경로로 보상을 받길 바란다.

회사가 즉각적으로 보상비용을 인식하지 않고도 스톡옵션을 부여할 수 있도록 허용한 미국의 회계 규칙 때문에 스톡옵션의 인기가 더 높아졌다. 이 회계 규칙은 옵션이 부여된 날의 주가에서 행사가격을 차감한 값으로 옵션을 평가하도록 허용했다. 그러나 행사가격은 거의 항상 옵션 부여일의 주가와 **동일하게** 설정된다. 그러므로 그 차이는 0이고, 스톡옵션의 가치도 0이다. (제19장에서 옵션의 실제 가치를 어떻게 계산하는지 설명한다.) 따라서 회사는 비용을 기록하지 않고 회계 이익의 감소 없이 많은 옵션을 부여할 수 있다. 부여되는 옵션의 양이 증가할수록 이익은 더 많이 과장되기 때문에, 자연히 회계사나 투자자들은 이를 우려한다. 수년간 논쟁 끝에 2006년 이 회계 규칙이 개정되었다. 이제 미국 기업들은 임원 스톡옵션을 좀 더 현실성 있게 평가하고, 보상비용으로서 그 값을 차감해야 한다.

또한 옵션은 미국에서는 세제상의 이점이 있었다. 1994년 이후 $100만 이상의 보상은 지나치다고 생각되어 소득공제되는 비용이 아니다. 그러나 2018년까지 스톡옵션과 같은 성과를 기반으로 하는 보상에 대해서는 아무런 제약이 없었다. 이러한 공제는 2017년 12월 개정세법(Tax Cuts and Jobs Act)으로 삭제되었다.

그림 11.3으로 돌아가보면, 인센티브 보상의 형태도 상당히 변했다는 것을 알 수 있다. 1990년대에 스톡옵션의 이용이 급등했고, 2000년까지 CEO 보상의 거의 절반은 일반적으로 옵션의 형태였다. 좀 더 최근에는, 기업들이 **제한주식**(restricted shares) 또는 더 흔하게는 **성과주식**(performance shares)으로 보상하는 경우가 점점 증가하고 있다. 제한주식의 경우 경영자가 기업에 있는 동안 의무적으로 보유해야 하는 기간 끝에 고정된 수의 주식을 받는다. 성과주식은 경영자가 받는 주식 수가 보통 경영자의 성과와 연관되어 결정된다.

옵션이나 주식을 부여함으로써 보상을 주가와 연계하는 것의 이점은 쉽게 생각해볼 수 있다. 경영자가 주가를 높이기 위해 열심히 일하면, 경영자는 주주와 자기 자신 모두에게 이득을 가져다준다. 주가는 정확하진 않지만, 기업의 재무적 성과의 객관적인 지표이다. 또한 이는 미래 기대에 대한 지표이다. 주가는 미래 이익의 현재가치와 미래 성장기회의 현재가치(PVGO)를 포함한다. 따라서 기업이 미래에 번창할 좋은 기회를 가졌다고 확신이 들면, 현재 시점에서 경영진은 보상을 받을 수 있다.

그러나 주가와 연계된 보상은 좋지 못한 부작용이 있을 수 있다. 앞에서 주가를 기반으로 하는 보상이 어떻게 경영자에게 그의 통제 밖의 위험을 부담하게 하는지 보았다. 원유 기업의

CEO를 생각해보자. 기업의 이익과 주가는 세계 원유 가격에 달려 있다. 1974년, 1980년, 2000년대 초 원유 가격이 상승했을 때, 원유 산업의 CEO들은 적절한 시기에 적절한 산업에 있다는 것에 대한 추가 보상을 받았는가? 베르트랑과 멀레이너선(Bertrand and Mullainathan)은 그렇다는 결과를 발견했다. 원유 산업에서 보상은 원유 가격의 수준과 밀접하게 연계되었다. 그러나 그들은 주식의 많은 지분을 보유한 주주들이 이사회에 있을 때 그 연결이 약하다는 것도 발견했다. 이 주주들은 단지 운이 좋았을 뿐인 경우에 대한 많은 보상을 반대하는 것으로 보인다.[12]

어떤 기업들은 동종 산업 내 다른 기업들에 대한 상대적인 성과를 측정하고 이에 대한 보상으로 운의 효과를 제거하고자 한다. 예를 들어 전기 사업의 엔터지(Entergy)는 인센티브 보상의 일부를 엔터지 주식 성과가 필라델피아지수(Philadelphia Index, 미국 유틸리티 기업 중 규모 상위 20개 기업) 대비 얼마나 나은지를 기반으로 결정한다.

성과와 관련된 보수에 대한 두 번째 문제는 주가가 미래 이익에 대한 투자자들의 기대에 달려 있다는 것, 그리고 수익률은 기업이 기대에 비해 얼마나 좋은 성과를 내는지에 달려 있다는 것이다. 기업이 뛰어난 새 경영자의 임명을 발표했다고 가정하자. 주가는 회사 성과 개선에 대한 기대로 뛰어 오른다. 만약 신임 경영자가 투자자들이 기대하는 것과 정확히 같은 좋은 성과를 내면 주식은 단지 정상적인 수익률만 달성할 것이다. 이 경우 경영자가 임명된 이후의 주식 수익률과 연관된 보상제도는 경영자의 특별한 기여를 인식하지 못한다.

스톡옵션은 과도하게 위험을 감수하도록 조장하기도 한다. 예를 들어 2007-2009 금융위기 때 많은 기업이 그랬던 것처럼, 주가가 급격하게 떨어질 때 기존 스톡옵션은 가치가 매우 하락해 거의 없어진다. 이러한 옵션을 보유하는 경영자는 상환에 도박을 걸고 싶을지도 모른다.

## 단기성과주의의 망령

이 결점이 가장 심각할 수 있다. 주가에 따라 보수가 달라지는 경영자는 나쁜 뉴스는 제공하지 않고 회계이익을 조작하려는 유혹에 빠지게 될 수 있다. 또한 가치가 큰 투자안이라도 단기적으로 이익을 부진하게 한다면, 이를 연기하거나 취소하고 싶기도 하다.

공개기업의 CEO들은 지속적으로 조사된다. 이러한 조사의 상당 부분은 이익에 초점을 둔다. 증권 애널리스트(security analyst)들은 주당 순이익(earnings per share, EPS)을 예측하고, 투자자, 증권 애널리스트, 전문적인 포트폴리오 관리자들은 기업이 예측과 일치하거나 더 뛰어 넘을 수 있는지를 기다려 본다. 예측을 충족하지 못하면 커다란 실망을 안겨줄 수 있다.

증권 애널리스트와 포트폴리오 관리자에 의한 감시는 대리인 문제를 억제하는 데 도움이 될 수 있다. 그러나 CEO들은 'EPS의 횡포'와 주식시장이 명백하게 근시안적이라는 것에 대해 불평한다. [영국 사람들은 이를 **단기성과주의**(short-termism)라 한다.] 물론 주식시장은 체계적으로 근시안적이진 않다. 만약 근시안적이라면, 성장 기업은 실제 시장에서 관찰되는 것처럼 높

---

[12] M. Bertrand and S. Mullainathan, "Are CEOS Rewarded for Luck? The Ones without Principals Are," *Quarterly Journal of Economics*(August 2001), pp. 901-932.

은 주가–이익비율(price-earnings ratio)로 팔리지 못할 것이다.[13] 그럼에도 불구하고 지속적이고 예측 가능한 이익 성장을 만들어내도록 CEO들에게 주어지는 압력은 실재한다.

CEO들은 이러한 압력에 대해 불평하는데, 이에 대해 어떤 조치를 취하는가? 유감스럽게도, 400명의 고위 경영자를 대상으로 설문조사한 그레이엄과 하비, 라즈고팔(Graham, Harvey, and Rajgopal)에 의하면 이에 대한 답은 '예'인 것 같다.[14] 대부분의 경영자들은 회계적 이익은 투자자에게 보고되는 가장 중요한 단 한 가지 수치라고 대답했다. 그리고 회사의 운영과 투자를 조정해 이익을 관리한다고 인정했다. 예를 들어 80%는 이익 목표를 달성하는 데 필요하다면 R&D, 광고, 유지에서의 재량지출을 기꺼이 줄일 용의가 있다고 했다. 또한 많은 경영자들은 양(+)의 NPV 투자안을 연기하거나 거부할 준비가 되어 있었다.

기업이 정말로 이익을 관리한다는 충분한 증거가 있다. 예를 들어 디조지, 파텔, 제크하우저(Degeorge, Patel, and Zeckhauser)는 이익 공시에 관한 대규모 표본을 분석했다.[15] 그 결과는 매우 규칙적이었는데, 주당 순이익은 증권 애널리스트들의 예측을 충족하거나 넘었지만 그 금액은 단지 몇 센트 정도였다. CFO들은 상황이 좋을 때는 나중에 보고할 수 있도록 이익을 쌓아두고 보수적으로 보고하는 것으로 나타났다. 법칙은 **애널리스트를 만족시킬 수 있을 정도로 충분히 좋은 결과를 보고하고, 가능하다면 어려운 시기를 대비해 일부 숨겨두라**는 것이다.[16]

이런 조정으로 얼마만큼의 가치가 상실되는가? 건강하고 수익성 있는 회사의 경우, 광고비용을 약간 줄이거나 프로젝트 개시를 몇 달 늦춘다고 해서 크게 손상을 입지는 않는다. 그러나 단순히 이익을 관리하기 위해 기본적인 주주 가치를 희생하는 것은 지지할 수 없다.

이익을 관리하는 것을 비난할 수는 있지만 실제로는 CEO나 CFO가 시장으로부터 달아나기가 매우 어렵다. 그레이엄(Graham)과 공저자들은 이를 다음과 같이 설명한다.[17]

> 잘 운영되고 안정적인 회사는 상황이 다소 안 좋은 해일지라도 '수치를 만들어낼' 수 있어야 한다는 것이 일반적인 믿음이다. 시장은 회사가 이익 목표를 달성하거나 약간 초과할 수 있다고 기대하기 때문에, 그리고 평균적으로 회사들은 그렇게 하고 있기 때문에, 회사가 이를 달성하지 못할 때 문제가 발생할 수 있다. … 이를 달성하지 못하는 것은 잠재적으로 심각한 문제를 드러내

---

[13] 제5장에서 회사가 가치 있는 성장기회(PVGO)를 가지고 있지 않다면 주가–이익비율(price-earnings ratio)은 $1/r_E$ 와 같았다. 여기서 $r_E$는 자기자본비용이다. PVGO가 높을수록 이익–주가비율(earnings-price ratio)은 낮고, 주가–이익비율은 높다. 그러므로 성장 기업에서 관찰되는 높은 주가–이익비율은(타당해 보이는 $1/r_E$의 추정치보다 훨씬 높음) 투자자들이 큰 PVGO를 예측하고 있음을 의미한다. 그러나 PVGO는 미래의 여러 해에 걸쳐 이행되는 투자에 달려 있다. 투자자들이 유의한 PVGO를 인식한다면 체계적으로 근시안적이 될 수 없다.

[14] J. R. Graham, C. R. Harvey, and S. Rajgopal, "The Economic Implications of Corporate Financial Reporting," *Journal of Accounting and Economics* 40(2005), pp. 3–73.

[15] F. Degeorge, J. Patel, and R. Zeckhauser, "Earnings Management to Exceed Thresholds," *The Journal of Business* 72(January 1999), pp. 1–33.

[16] 때때로 회사는 운영을 조정하는 대신 회계 규칙을 왜곡해 이익 목표를 충족한다. 예를 들어 2009년 8월, GE는 이전 수년간의 회계 부정에 대해 $5,000만의 벌금이 부과되었다. SEC는 GE가 1995년부터 2004년까지 매 분기마다 애널리스트들의 이익 목표를 충족하거나 넘었으나, 수석 회계사들이 수치가 좋게 보이도록 해 애널리스트들의 이익 기대치에 미달하는 것을 피하려는 부당한 결정을 승인했다고 했다.

[17] Graham, Harvey, and Rajgopal, op. cit., p. 29.

고 있다고 시장은 가정할 수도 있다(왜냐하면 회사가 위기에 너무 근접해서 이익을 달성할 만큼 돈을 벌지 못하는 것이 분명하기 때문이다…). 한 CFO가 말한 것과 같이 "사람들은 바퀴벌레 한 마리를 보자마자 벽 뒤에 수백 마리가 숨어 있을 것으로 가정한다."

따라서 바퀴벌레 이론으로 이익 감소가 1, 2센트밖에 안 된다고 하더라도 회사의 이익이 기대에 미치지 못할 때 왜 주가가 급격히 떨어지는지를 설명할 수 있다.

물론 비공개기업(private firm)은 이익 관리에 대해 걱정할 필요가 없다. 이는 주식을 전부 사들여 비공개기업으로 전환하는 기업의 수가 왜 증가하는지를 설명해준다. (비공개기업으로의 전환에 관해서는 제14장에서 논의한다.) 일부 다른 국가의 기업들은 분기별 이익을 보고할 필요가 없고 지배구조가 더 관대해 장기적으로 투자하기가 쉽다. 그러나 이런 기업들에서는 아마도 더 많은 대리인 문제가 축적될 것이다. 이런 상충관계에 대한 간단명료한 답이 있었으면 좋겠다.

## 11-4 성과의 측정과 보상: 잔여이익과 EVA

공개기업의 거의 모든 최고경영자들은 부분적으로 주가 성과에 따른 보상 패키지를 가지고 있다. 그러나 그 보상은 이익의 증가나 다른 회계적 성과 측정치에 따르는 보너스도 포함한다. 하위 경영자들의 보상 패키지는 보통 회계적 척도에 더 많이 의존하고 주식 수익률에는 적게 연계되어 있다.

회계적 성과 척도에는 두 가지 이점이 있다.

1. 투자자의 기대에 대한 상대적 성과가 아니라 절대적 성과를 기준으로 한다.
2. 하나의 부서 또는 공장만 책임을 지는 하위 경영자의 성과를 측정할 수 있다.

보상을 회계 수익과 연계하는 것은 몇 가지 명백한 문제도 일으킨다. 예를 들어 보수나 승진이 단기 수익에 따르는 관리자들은 교육, 광고, R&D 등을 축소시킬 수 있다. 이에 대한 경비는 이후 성과를 낼 투자이기 때문에 이러한 축소는 가치를 증가시키는 방안이 아니다. 그럼에도 경비는 현재 비용으로 취급되어 현재 이익에서 차감된다. 따라서 야심 있는 관리자는 장기적인 문제는 그의 후임자에게 남겨두고, 비용을 줄여 현재 이익을 증가시키려는 유혹을 받는다.

또한 회계적 이익과 수익률은 실질 수익성의 측정치로서 심하게 편의(bias)될 수 있다. 여기서는 이 문제를 잠시 무시하고 다음 절에서 다시 살펴본다.

마지막으로, 이익의 성장이 반드시 주주에게 더 낫다는 것을 의미하지는 않는다. 양(+)의 수익률을 갖는 어떤 투자안이라도(1% 또는 2%라도) 궁극적으로는 이익을 증가시킬 것이다. 그러므로 경영자들에게 이익의 성장을 극대화하라고 하면, 충실히 1% 또는 2% 수익률을 제공하는 투자안에 투자할 것인데 이런 투자는 가치를 쇠퇴시킬 수 있다. 그런데 주주들은 이익의 성장 그 자체를 바라는 것은 아니며, 1% 또는 2% 수익에 만족하지 않는다. 주주들은 양의

| 소득 | | 자산(연초) | |
|---|---|---|---|
| 매출 | $550 | 순운전자본[b] | $80 |
| 매출원가[a] | 275 | 부동산, 공장, 설비투자 | 1,170 |
| 판매비와 관리비 | 75 | 누적감가상각 차감 | 360 |
| | $200 | 순투자 | $810 |
| 세금(25%) | 50 | 기타 자산 | 110 |
| 순이익 | $150 | 총자산 | $1,000 |

》**표 11.1** 퀘일시티 분쇄기 공장의 요약 소득 및 자산 상태표($100만)
[a] 감가상각비 포함
[b] 유동자산 – 유동부채

NPV 투자안, 그리고 '오직' 양의 NPV 투자안만을 원한다. 주주들은 기대수익률이 자본비용을 초과할 때만 투자하기를 원한다.

표 11.1을 보자. 이 표는 퀘일시티(Quayle City)라는 기업의 분쇄기 공장의 요약 손익계산서와 대차대조표(재무상태표)를 보여준다. 공장의 수익률이 자본비용보다 높은지를 판단하는 데는 두 가지 방법이 있다.

**투자수익률**(return on investment, ROI)은 자산의 순(감가상각 후) 장부가치에 대한 세후 영업이익의 비율이다.[18] 제6장에서 장부상의 ROI를 자본 투자의 기준으로는 적합하지 않아 배제했는데, 실제로 현재는 단지 소수의 회사만이 이를 자본 투자의 기준으로 사용한다. 그러나 종종 경영자들은 ROI를 자본비용과 비교해 부서나 공장의 성과를 평가한다.

퀘일시티 공장의 성과를 평가해야 한다고 하자. 표 11.1에서 보는 바와 같이 회사는 공장에 $10억를 투자했으며, 이 공장에서 발생하는 이익은 $1억 5,000만이다. 따라서 공장은 150/1,000＝0.15, 즉 15%의 ROI를 얻는다.[19] 자본비용이 (예컨대) 10%라면 이 공장의 운행은 주주의 가치를 증가시킨다. **순수익률**은 15 − 10＝5%이다. 자본비용이 20%라면 주주는 $10억를 다른 곳에 투자하는 것이 더 나을 것이다. 이 경우 순수익률은 15 − 20＝ − 5%로 음수이다.

---

[18] 투자는 공장을 운영하는 데 필요한 순운전자본(유동자산에서 유동부채 차감)도 포함하고 있음에 유의하자. 제시된 투자는 순자산 또는 공장에 투자된 순자본이라고 부르기도 한다. 여기서는 'ROI'라 하지만 '자본수익률(return on capital, ROC)'이라 하기도 한다. 표 11.1에서 보는 바와 같이 때로는 자산수익률(return on asset, ROA)은 순운전자본을 포함한 자산에 대한 수익률로 정의하지만 때로는 유동자산은 포함하고 유동부채는 차감하지 않은 총자산에 대한 수익률을 말하기도 한다. ROI, ROC, ROA를 검토할 때는 정의를 확인하는 것이 좋다.

[19] 이익은 세후로, 지급된 이자는 차감하지 않고 계산되었다. 공장은 전액 자기자본으로 조달되었다고 가정해 평가되었다. 이는 표준적인 관행이다(제7장 참조). 이는 투자와 자금조달결정을 분리하는 데 도움이 된다. 이 공장에서 얻어지는 부채자금조달의 세제상 이득은 공장의 이익이나 현금흐름에서가 아니라 할인율에서 반영된다. 자본비용은 세후 가중평균자본비용(WACC)이다. WACC는 제10장에서 간단히 소개했고, 제16장과 제18장에서 더 자세히 설명한다.

## 잔여이익 또는 경제적 부가가치(EVA®)[20]

회사가 이익을 계산할 때는 수입에서 시작해 임금, 원자재비, 간접비, 세금과 같은 비용을 뺀다. 그러나 일반적으로 빼지 않는 비용이 하나 있다. 바로 자본비용이다. 사실 감가상각을 허용하지만 투자자들은 투자의 회수에 만족하지는 않는다. 또한 투자자들은 투자에 대한 수익을 요구한다. 회계적 이익의 관점에서 손익분기점에 있는 사업은 실제로는 손실을 보고 있다. 그런 사업은 자본비용을 충당하는 데 실패하고 있는 것이다.

가치에 대한 순기여도를 판단하려면 본사와 주주들이 이 공장에 기여한 자본비용을 차감해야 한다. 다시 자본비용이 10%라고 가정하자. 그러면 퀘일시티 공장에 대한 자본비용은 금액으로 0.10×$1,000=$1억이다.

따라서 순이득은 $150-100=$5,000만이다. 경영자가 열심히 일해서(또는 운이 좋아서) 주주의 부를 그만큼 증가시킨 것이다.

투자자가 요구하는 수익금을 뺀 후의 순이익을 **잔여이익**(residual income), 또는 **경제적 부가가치**(economic value added, EVA)라고 한다. 공식은 다음과 같다.

$$EVA = 잔여이익 = 벌어들인 이익 - 요구이익$$
$$= 벌어들인 이익 - 자본비용 \times 투자금$$

이 예에서 EVA를 계산하면 다음과 같다.

$$EVA = 잔여이익 = 150 - (0.10 \times 1,000) = +\$5,000만$$

그러나 자본비용이 20%라면 EVA는 -$5,000만일 것이다.

투자에 대한 순수익률과 EVA는 같은 질문에 초점을 맞추고 있다. 투자수익률이 자본비용과 같을 때 순수익률과 EVA는 모두 0이다. 그런데 순수익률은 퍼센트로 표시되고 회사의 규모는 무시된다. EVA는 사용된 자본의 액수를 고려하며, 창출된 부가가치의 액수이다.

EVA는 다른 명칭으로 이용되기도 한다. 다른 컨설팅 회사들은 자신들만의 잔여이익 척도를 가진다. 맥킨지(McKinsey & Company)는 **경제적 이익**(economic profit, EP)을 이용하는데, 이는 투자된 자본에 투자수익률과 자본비용의 차이를 곱한 것이다. 이는 잔여이익을 측정하는 다른 방법이다. 퀘일시티 공장의 경우, 자본비용이 10%일 때 경제적 이익은 EVA와 같다.

$$경제적 이익(EP) = (ROI - r) \times 투자된 자본$$
$$= (0.15 - 0.10) \times 1,000 = \$5,000만$$

그런데 EVA의 가장 값진 기여는 회사 안에서 나타난다. EVA는 경영자와 고용인들이 단순한 이익 증가가 아닌 가치 증가에 집중하도록 한다.

---

[20] EVA는 컨설팅 회사인 스턴 스튜어트(Stern Stewart)가 만든 용어로, 잔여이익의 측정치로 이를 널리 알리고 사용했다. 스턴 스튜어트의 EVA 업무는 대부분 후속 컨설팅 기업인 EVA 디멘션즈(EVA Dimensions)로 이동되었다. EVA는 개념적으로 일부 회계학자들이 지지하는 잔여이익 척도와 동일하다. R. Anthony, "Accounting for the Cost of Equity," *Harvard Business Review* 51(1973), pp. 81-102; "Equity Interest—Its Time Has Come," *Journal of Accountancy* 154(1982), pp. 76-93 참조.

## EVA의 장단점

장점부터 시작하자. EVA, 경제적 이익, 기타 잔여이익의 척도는 성과를 측정하는 데 있어 이익이나 이익 성장보다 확실히 더 낫다. 많은 EVA를 창출하는 공장은 주주의 가치뿐 아니라 경영자에 대한 포상도 창출해야 한다. 또한 EVA는 성과가 좋지 않은 사업 부분을 드러내줄 수도 있다. 어떤 부서가 양(+)의 EVA를 얻는 데 실패한다면, 경영진은 이 부서의 자산이 다른 곳에서 더 잘 활용될 수 있는지에 대한 날카로운 질문을 받게 될 것이다.

EVA는 경영자에게 다음과 같은 메시지를 보낸다. 이익의 증가가 자본비용을 충당하기에 충분할 때만 투자하라. 이는 이해하기 쉬운 메시지다. 그래서 EVA는 인센티브 보상 체계로서 조직 내 깊숙이 활용될 수 있다. 이는 최고경영자에 의한 노골적인 감시를 대체한다. 공장이나 부서 관리자에게 자본을 낭비하지 말라고 지시하고 이를 잘 따르고 있는가를 파악하려고 하는 대신에, EVA가 그들의 주의 깊었던 투자결정에 대해 보상해준다. 물론 하위 관리자의 보상을 경제적 부가가치와 연계한다면, 그들에게 EVA에 영향을 미치는 결정에 대한 권한을 주어야 한다. 따라서 EVA의 이용은 위임된 의사결정을 의미한다.

EVA는 운영 관리자에게 자본비용을 **볼 수 있도록** 해준다. 공장 관리자는 (1) 이익을 증가시키거나 (2) 사용된 자본을 **감소시켜서** EVA를 개선할 수 있다. 따라서 충분히 활용되지 않는 자산은 제거하고 처분하게 된다.

흔히 잔여이익 척도를 도입하면 이용되는 자산이 놀랍도록 감소하는데, 이는 한두 개의 대규모 자본 투자회수 결정이 아니라 많은 작은 규모의 투자회수에서 오는 것이다. 어바(Ehrbar)는 허먼밀러 주식회사(Herman Miller Corporation)의 재봉사의 말을 다음과 같이 인용했다.

> [EVA]는 자산조차도 비용을 갖는다는 것을 깨닫게 해준다. … 우리는 필요할 때까지 테이블 위에 옷감 더미를 놓아두곤 했다. … 그 옷감은 어쨌든 우리가 이용할 것이니, 옷감을 사서 그곳에 쌓아 둔다고 누가 상관하겠는가? 이제는 아무도 과도한 옷감을 가지고 있지 않다. 단지 오늘 일할 것만 가지고 있다. 그리고 이는 공급자와 거래하는 방법을 변화시켰는데, [공급자들이] 옷감을 좀 더 자주 배달해주도록 한다.[21]

경영자의 보수를 사업의 수익성과 연계하려고 한다면, EVA를 사용하는 것이 투입된 자본비용을 고려하지 않는 회계적 이익을 사용하는 것보다 분명히 낫다. 그렇다면 EVA의 한계는 무엇인가? 여기서 우리는 주식 기반의 성과척도를 괴롭히는 질문으로 다시 돌아간다. 낮은 EVA가 잘못된 경영의 결과인지 아니면 경영자의 통제 밖 요인의 결과인지 어떻게 판단할 수 있는가? 조직 속으로 더 깊이 들어갈수록 관리자들의 독립성은 낮아지고, 따라서 그들의 기여를 측정하는 데 문제가 더 커진다.

많은 회계적 성과척도의 두 번째 한계는 그 척도의 근거가 되는 데이터에 있다. 다음 절에서 이 문제를 살펴본다.

---

**11-5** 　**회계적 성과척도의 편의**

회계적 성과척도를 이용할 때는 회계자료가 정확하기를 바라는 편이 좋다. 불행하게도 회계자료는 자주 정확하지 않고 편의되어 있다. 따라서 EVA나 다른 회계적 성과척도를 적용할 때는 손익계산서와 대차대조표(재무상태표)의 조정이 필요하다.

예를 들어 제약회사 연구 프로그램의 수익성을 측정하는 데 따르는 어려움을 생각해보자. 제약회사 연구 프로젝트는 신약을 발견해 당국의 최종 승인을 얻고 첫 수입이 발생하기까지 통상 10~12년 정도 걸린다. 이는 책임을 맡은 관리자가 모든 것을 적절히 하더라도, 10~12년간의 확실한 손실을 의미한다. 신생 벤처기업에도 비슷한 문제가 발생하는데, 이들은 막대한 자본을 지출하지만 초기 운영에서는 낮거나 음(−)의 이익이 발생한다. 나중의 영업이익과 현금흐름이 충분히 높은 경우, 이런 투자가 음(−)의 NPV를 의미하지 않는다. 그러나 투자안이 높은 양(+)의 NPV로 진행된다 하더라도, 처음 몇 년 동안 EVA 또는 ROI가 음(−)일 수 있다.

이러한 경우 문제는 EVA나 ROI가 아니라 회계 데이터에 있다. 제약 관련 R&D 프로그램은 회계적 손실을 나타낼 수 있다. 일반준용회계원칙(GAAP)은 R&D에 대한 경비를 당기 비용으로 처리하도록 하기 때문이다. 그러나 경제적 관점에서 볼 때는 이런 경비는 투자지 비용이 아니다. 만약 신규 사업 제안이 초기에는 회계적 손실을 예측하지만 그럼에도 양(+)의 NPV를 보인다면, 초기 손실은 실제로 투자이다. 즉 이는 사업이 진전을 보일 때, 더 큰 현금흐름을 창출하기 위해 집행되는 현금 지출이다.

### 예제: 노드헤드 슈퍼마켓의 수익성 측정

슈퍼마켓 체인은 새 점포를 짓고 설비를 갖추는 데 많은 투자를 한다. 한 체인의 지역 관리자가 노드헤드(Nodhead)의 새 점포에 $100만를 투자할 것을 제안하려고 한다. 예상되는 현금흐름은 다음과 같다.

| | 연도 | | | | | |
|---|---|---|---|---|---|---|
| | 1 | 2 | 3 | 4 | 5 | 6 |
| 현금흐름($1,000) | 100 | 200 | 250 | 298 | 297 | 0 |

물론 실제 슈퍼마켓은 6년 이상 지속된다. 그런데 이 수치들은 한 가지 중요한 의미에서 현실적인데, 새 점포는 많은 단골 고객을 확보하는 데 2~3년이 걸릴 수 있다. 따라서 아무리 좋은 위치에서도 처음 몇 년 동안은 현금흐름이 낮다.

자본의 기회비용을 10%로 가정하자. 자본비용 10%에서 노드헤드 점포의 NPV는 0이다. 이는 받아들일 만한 투자안이지만 대단히 좋은 것은 아니다.

$$\text{NPV} = -1{,}000 + \frac{100}{1.10} + \frac{200}{(1.10)^2} + \frac{250}{(1.10)^3} + \frac{298}{(1.10)^4} + \frac{298}{(1.10)^5} + \frac{297}{(1.10)^6} = 0$$

NPV=0일 때, 이 현금흐름의 진정한(내부) 수익률 역시 10%이다.

표 11.2는 점포의 예측된 **장부** 수익성을 보여주는데, 감가상각은 6년 수명에 걸쳐 정액법을 가정했다. 장부 ROI(book ROI)는 처음 2년 동안은 진정한 수익률보다 더 낮고 이후에는 더 높다. 또한 EVA는 처음 2년 동안 음수로 시작해 양수로 돌아서고 6년 차까지 꾸준히 성장한다. 이는 전형적인 결과이다. 투자안 또는 사업이 초창기일 때는 회계적 이익이 너무 낮고, 사업이 성숙해짐에 따라 너무 높아지기 때문이다.

이쯤에서 지역 관리자는 무대에 올라가 다음과 같은 독백을 한다.

노드헤드 점포는 괜찮은 투자이다. 그러나 투자가 실행된다면, 내년 성과 평가에서 매우 좋게 보이지는 않을 것이다. 그리고 내가 러셋(Russet), 그레이브스타인(Gravestein), 쉬프노즈(Sheepnose)에 새로운 점포를 시작한다면 어떻게 될까? 이들의 현금흐름 형태는 상당히 동일하다. 실제로 나는 내년에 손실을 내는 것으로 보일 수 있다. 내가 관리하는 점포들이 4개의 새로운 점포의 초기 손실을 충당할 만큼 충분히 수익을 내지 못할 것이다.

물론 새 슈퍼마켓이 처음에는 손실을 낸다는 것을 모두가 안다. 그 손실은 예산에 포함될 것이다. 나의 상사는, 내 생각에, 이해할 것이다. 그러나 내 상사의 상사는 어떨까? 이사회에서 내 관할 지역의 수익성에 대해 날카로운 질문을 하기 시작한다면 어떻게 될까? 나는 더 많은 이익을 내도록 많은 압력을 받는다. 북부 관리자인 파멜라 퀸스(Pamela Quince)는 양수의 EVA를 창출해 보너스를 받았는데, 확장에 많은 돈을 쓰지 않았다.

지역 관리자는 서로 상충되는 신호를 받고 있다. 한편으로 그는 좋은 투자안을 찾아서 제안하라는 지시를 받는다. **좋다**는 것은 할인된 현금흐름으로 정의된다. 다른 한편으로, 그는 장부 이익을 높이라는 권고도 받는다. 그러나 장부 이익이 진정한 이익의 척도가 아니므로, 두 목표는 상충된다. 즉각적인 장부 수익에 대한 압력이 커질수록 지역 관리자는 좋은 투자안을 단념

| | 연도 | | | | | |
|---|---|---|---|---|---|---|
| | 1 | 2 | 3 | 4 | 5 | 6 |
| 현금흐름 | 100 | 200 | 250 | 298 | 298 | 297 |
| 연초의 장부가치 | 1,000 | 834 | 667 | 500 | 333 | 167 |
| 연말의 장부가치 | 834 | 667 | 500 | 333 | 167 | 0 |
| 장부의 감가상각 | 167 | 167 | 167 | 167 | 167 | 167 |
| 장부이익 | −67 | 33 | 83 | 131 | 131 | 130 |
| 장부 ROI | −0.067 | 0.040 | 0.125 | 0.263 | 0.394 | 0.782 |
| EVA | −167 | −50 | 17 | 81 | 98 | 114 |

》**표 11.2** 제안된 노드헤드 점포의 예상 장부이익, ROI, EVA. 장부 ROI와 EVA는 처음 2년간 저평가되고 그 후로는 고평가되었다.

하거나, 장기적인 투자안이 더 높은 NPV를 갖는다고 해도 그보다는 빨리 회수되는 투자안을 선호하고 싶게 된다.

## 경제적 수익성의 측정

수익성은 원칙적으로는 어떻게 측정되어야 하는지 잠시 생각해보자. 연속적으로 거래되는 보통주의 실제 또는 경제적 수익률을 계산하는 것은 매우 쉽다. 단순히 그 해에 받은 현금수령액(배당)을 기록하고, 그 해의 가격 변화를 더한 다음 초기 가격으로 나눈다.

$$수익률 = \frac{현금수령액 + 가격\ 변화}{초기\ 가격}$$

$$= \frac{C_1 + (P_1 - P_0)}{P_0}$$

수익률 식의 분자(현금흐름 + 가치 변화)는 **경제적 이익**(economic income)이라고 한다.

$$경제적\ 이익 = 현금흐름 + 현재가치의\ 변화$$

현재가치의 감소는 **경제적 감가상각**(economic depreciation)을 나타내며, 현재가치의 증가는 음수의 경제적 감가상각을 나타낸다. 따라서

$$경제적\ 이익 = 현금흐름 - 경제적\ 감가상각$$

이 개념은 어떠한 자산에도 적용할 수 있다. 수익률은 현금흐름에 가치 변화를 더한 뒤 처음 가치로 나눈 것과 같다.

$$수익률 = \frac{C_1 + (PV_1 - PV_0)}{PV_0}$$

여기서 $PV_0$과 $PV_1$은 연도 0과 연도 1의 말 사업의 현재가치를 나타낸다.

경제적 이익을 측정하는 데 있어서 힘든 부분은 오직 현재가치를 계산하는 것이다. 자산이 활발하게 거래된다면 시장가치를 관찰할 수 있다. 그러나 공장, 부서, 또는 자본 프로젝트의 주식이 주식시장에서 거래되는 경우는 거의 없다. 회사 자산 **전체**의 현재 시장가치를 관찰할 수는 있지만, 그중 어느 하나를 따로 분리해서 관찰하기는 어렵다.

회계사들이 현재가치를 측정하려고 시도하는 일조차 드물다. 대신에 회계사들은 순장부가치(book value, BV)를 제공해준다. 여기서 장부가치는 원가에서 어떤 임의의 방법에 따라 계산된 감가상각을 뺀 것이다. 장부의 감가상각과 경제적 감가상각이 다르다면(같은 경우는 드물다), 장부이익은 진정한 이익을 나타내지 못할 것이다. (사실, 회계사들이 진정한 수익성을 측정하려고 해야 하는지조차 명확하지 않다. 회계사들이 주관적인 가치 추정치에 심하게 의존하지 않고서 그렇게 할 수 없을 것이다. 아마도 회계사들은 객관적인 정보를 제공하는 데 집착해야 하고, 가치의 추정은 경영자와 투자자에게 맡겨야 한다.)

노드헤드 점포의 경제적 이익과 수익률을 **예측**하는 것은 어렵지 않다. 표 11.3은 그 계산을

| | 연도 | | | | | |
|---|---|---|---|---|---|---|
| | 1 | 2 | 3 | 4 | 5 | 6 |
| 현금흐름 | 100 | 200 | 250 | 298 | 298 | 297 |
| 연초의 PV | 1,000 | 1,000 | 900 | 740 | 516 | 270 |
| 연말의 PV | 1,000 | 900 | 740 | 516 | 270 | 0 |
| 경제적 감가상각 | 0 | 100 | 160 | 224 | 246 | 270 |
| 경제적 이익 | 100 | 100 | 90 | 74 . | 52 | 27 |
| 수익률 | 0.10 | 0.10 | 0.10 | 0.10 | 0.10 | 0.10 |
| EVA | 0.00 | 0.00 | 0.00 | 0.00 | 0.00 | 0.00 |

》표 11.3  제안된 노드헤드 점포의 예상 경제적 이익, 수익률, EVA. 경제적 이익은 현금흐름에서 경제적 감가상각을 차감한 것과 같다. 수익률은 경제적 이익을 연초의 가치로 나눈 것과 같다. EVA는 이익에서 자본비용과 연초의 가치의 곱을 차감한 것과 같다.
주: 일부 연간 수치는 약간의 반올림 오차가 있다.

보여준다. 현금흐름 예측으로부터, 1~6기간 초의 현재가치를 예상할 수 있다. 현금흐름에서 경제적 감가상각을 빼면 경제적 이익과 같다. 수익률은 경제적 이익을 기초 가치로 나눈 것과 같다.

물론 이는 예측이다. 실제의 미래현금흐름과 가치는 더 높거나 낮을 것이다. 표 11.3은 투자자가 점포의 6년 동안 매년 10%를 벌 것으로 **기대**하는 것을 보여준다. 달리 말하면, 투자자는 이 자산을 보유함으로써 매년 자본의 기회비용을 벌 것으로 기대한다.

현재가치와 경제적 이익을 이용해 계산된 EVA는 노드헤드 투자안의 총기간 동안 매년 0이라는 점에 주목하자. 예를 들어 2차 연도에서는

$$EVA = 100 - (0.10 \times 1,000) = 0$$

이다. 투자안의 진정한 수익률은 자본비용과 같아야 하기 때문에, EVA는 0이어야 한다. 장부이익이 경제적 이익과 같고 자산 가치가 정확히 측정될 때만 EVA는 항상 올바른 신호를 준다.

## 장기적으로 편의는 사라지는가?

노드헤드 점포에 대한 예측이 정확하다고 하더라도, **장부이익**(book income)과 **장부가치**(book value)를 이용한다면 ROI와 EVA는 편의될 것이다. 이 지역이 오래된 점포와 신규 점포가 섞이고도 정상상태(steady state)가 되어 갈 때, 오류가 장기간에 걸쳐 사라진다면 이는 심각한 문제가 아닐 것이다.

그러나 이러한 오류는 정상상태에서도 사라지지 않은 것으로 밝혀졌다. 표 11.4는 1년에 한 점포씩 열 때마다 슈퍼마켓 체인에 대한 정상상태의 장부 ROI와 EVA를 보여준다. 단순화를 위해 회사는 새로 시작하고 각 점포의 현금흐름은 노드헤드 점포와 같다고 가정한다. 따라서

각 점포의 진정한 수익률은 10%이고, 진정한 EVA는 0이다. 그러나 표 11.4에서 보는 바와 같이 정상상태의 장부 ROI와 추정된 EVA는 진정한 수익성을 **과대평가한다.**

그러므로 장기적으로도 문제는 여전히 남아 있다. 오류의 정도는 사업이 얼마나 빨리 성장하는가에 따라 다르다. 앞에서는 성장률이 0인 정상상태를 살펴보았다. 정상상태 성장률이 5%인 다른 회사를 생각해보자. 이러한 회사가 첫해에 $1,000를 투자하고, 두 번째 해에 $1,050를,

| | 연도 | | | | | |
|---|---|---|---|---|---|---|
| | **1** | **2** | **3** | **4** | **5** | **6** |
| 점포의 장부이익[a] | | | | | | |
| 1 | −67 | 33 | 83 | 131 | 131 | 130 |
| 2 | | −67 | 33 | 83 | 131 | 131 |
| 3 | | | −67 | 33 | 83 | 131 |
| 4 | | | | −67 | 33 | 83 |
| 5 | | | | | −67 | 33 |
| 6 | | | | | | −67 |
| 총장부이익 | −67 | −33 | 50 | 181 | 312 | 443 |
| | | | | | | |
| 점포의 장부가치 | | | | | | |
| 1 | 1,000 | 834 | 667 | 500 | 333 | 167 |
| 2 | | 1,000 | 834 | 667 | 500 | 333 |
| 3 | | | 1,000 | 834 | 667 | 500 |
| 4 | | | | 1,000 | 834 | 667 |
| 5 | | | | | 1,000 | 834 |
| 6 | | | | | | 1,000 |
| 총장부가치 | 1,000 | 1,834 | 2,501 | 3,001 | 3,334 | 3,501 |
| | | | | | | |
| 모든 점포의 장부 ROI | −0.067 | −0.018 | 0.020 | 0.060 | 0.094 | 0.126[b] |
| EVA | −166.73 | −216.79 | −200.19 | −118.91 | −20.96 | 92.66[c] |
| | | | | | | ▲ |
| | | | | | | 정상상태 |

》**표 11.4**   노드헤드 점포와 유사한 점포군의 장부 ROI. 정상상태 장부 ROI는 10% 경제적 수익률을 과대평가한다. 정상상태 EVA도 상향 편의되었다.

주: 일부 연간 수치는 약간의 반올림 오차가 있다.
[a] 장부이익＝현금흐름−장부 감가상각
[b] 정상상태 장부 ROI
[c] 정상상태 EVA

세 번째 해에는 $1,102.50 등으로 투자할 것이다. 확실히, 더 빠른 성장은 오래된 투자안에 비해 상대적으로 더 많은 새로운 투자안을 시행하는 것을 의미한다. 낮은 장부 ROI와 외견상 음수의 EVA를 가지는, 시작한 지 얼마 안 되는 투자안에 더 높은 가중치가 주어질수록 사업의 외견상 수익성은 더 낮아진다.[22]

### 회계적 수익성 척도에서의 편의는 어떻게 할 것인가?

회계적 척도로 수익성을 판단하는 데 따르는 위험은 앞의 예시에서 분명히 알 수 있다. 유비무환이지만, 단순히 '조심하라' 이상의 충고를 할 수 있다.

회사가 공장이나 부서의 수익성에 대한 기준을 설정하는 것은 자연스러운 일이다. 이상적으로는, 이 기준이 공장이나 부서의 투자에 대한 자본의 기회비용(opportunity cost of capital)이어야 한다. 이것이 EVA의 전체 요점으로, 실제 수익을 자본비용과 비교하는 것이다. 그러나 성과를 투자수익률 또는 EVA로 측정할 때, 이러한 척도에는 회계적 편의(accounting bias)가 있음을 알아야 한다. 이상적으로는 재무관리자가 EVA나 순투자수익률(net ROI)를 계산하기 전에 회계적 편의를 확인하고 제거해야 한다. 이러한 척도를 실행하는 경영자나 컨설턴트는 장부이익이 경제적 이익에 가깝게 조정되도록 노력해야 한다. 예를 들어 R&D 지출을 비용이 아니라 투자로 기록하거나, R&D 지출을 자산으로 표시하는 대체 대차대조표(재무상태표)를 작성할 수도 있다.

그렇지만, 회계적 편의는 제거하기 어렵기로 악명이 높다. 그래서 많은 기업이 "해당 부서가 작년에 자본비용보다 더 벌었는가?"를 묻지 않고 "해당 부서의 장부 ROI가 동종 산업에서 일반적으로 성공적인 회사의 수치와 같은가?"를 묻게 된다. 이에 대한 기본 가정은 (1) 다른 제조회사들도 비슷한 회계 절차를 이용한다는 점과 (2) 성공적인 회사들은 자본비용만큼은 번다는 점이다.

성과척도의 편의를 줄일 수 있는 간단한 회계 변경이 있다. 이런 편의들은 모두 경제적 감가상각을 하지 않는 데서 온다. 그러면 왜 경제적 감가상각으로 변경하지 않는가? 주된 이유는 각 자산의 현재가치를 매년 재평가해야 한다는 점이다. 이를 시도할 때 생기는 혼돈을 상상해보라. 왜 회계사들은 투자가 이루어질 때 감가상각 계획을 설정하고 이를 고수하는지 이해할 수 있다. 그러나 왜 감가상각 계획의 선택을 정액법과 같은 오랜 관습으로 제한하는가? 왜 적어도 **기대** 경제적 감가상각과 대응되는 감가상각 패턴을 명시하지 않는가? 예를 들어 노드헤드 점포는 표 11.3에서와 같이 기대 경제적 감가상각 계획에 따라 상각할 수 있다. 이렇게 함으로써 어떠한 체계적 편의도 피할 수 있을 것이다. 이는 어떤 법이나 회계 기준도 위반하지 않는다. 또한 간단하고 효과적이어서 회사들이 이를 채택하지 않는 이유를 설명하기 어렵다.

---

[22] 표 11.4의 정상상태 분석을 각기 다른 성장률에 대해서도 반복할 수 있다. 성장률이 내부수익률보다 낮으면 장부이익이 경제적 이익을 과대평가하고, 성장률이 내부수익률을 초과하는 경우에는 경제적 이익을 과소평가하는 것으로 밝혀졌다. 성장률과 내부수익률이 정확히 같으면 편의는 사라진다.

● ● ● ● ●

**요점정리**

- 이상적인 세계에서, 경영자는 모든 양(+)의 NPV 투자를 하고, 오직 양(+)의 NPV 투자를 한다. 그러나 경영진은 주주의 완벽한 고용인이 아니다. 대리인 비용은 경영자가 주주 가치를 극대화하지 않을 때 발생한다.

- 경영자는 태만하거나 사치스러운 임직원 특전을 소비하고 싶을지 모른다. 그들은 여러 사적인 이득을 추구하려 할 수 있다. 또한 개인적인 가치를 강화할 방어적인 투자를 선호하기도 하고, 특히 현금흐름이 풍부할 때는 과잉투자를 하기도 한다. 경영자는 투자 철수에 반대하기도 한다.

- 물론 경영자는 자동으로 이러한 유혹에 굴복하는 것은 아니다. 경영자는 그들의 책임을 알고 있으며, 기업이 효율적이고 경쟁력 있기를 희망한다. 또한 경영진은 주주와 이사진뿐 아니라 감사, 규제기관, 은행, 그 외 채권자가 감시하고 있음을 안다. 보상 패키지도 경영자와 주주의 이익이 일치하도록 설계된다.

- 최고경영자에 대한 보상은 일반적으로 주식과 스톡옵션, 주가 성과를 기반으로 하는 보너스를 포함한다. 따라서 경영자는 주주의 가치를 증가시킬 강한 유인이 있다. 그러나 주가와 연계된 보상은 대리인 문제에 대한 완벽한 해결책은 아니다. 이러한 보상은 경영자가 제어할 수 없는 시장위험이나 거시경제적 위험을 감당하도록 한다. 또한 장기 투자를 희생해 가면서 단기 결과에 지나치게 집중하는 단기성과주의를 부추길 수도 있다. 미국 CEO와 CFO는 주당 순이익이 투자자에게 확실히 좋게 보이기 위해 장기적인 가치를 기꺼이 희생하는 것(예: R&D 축소)으로 나타난다.

- 회사 조직의 아래로 내려갈수록 주가와 관리자의 노력, 결정 간의 연결은 더 약해진다. 따라서 보수의 많은 부분이 회계적 이익에 따라 정해진다. 그러나 회계적 이익의 증가가 가치의 증가와 일치하는 것은 아니다. 회계사들은 자본비용을 비용으로 인식하지 않는다. 많은 회사들은 현재 보상을 경제적 부가가치(EVA)나 다른 잔여이익의 척도와 연결시킨다. 이러한 척도들은 우선 회계적 이익을 이용하지만 투입된 자본에 대한 비용을 차감한다. 이 비용은 경영자와 고용인들이 불필요한 자산을 처분하고, 추가적인 이익이 자본비용을 초과할 때만 새로운 자산을 취득하도록 압박한다.

- EVA나 잔여이익의 유용성은 이익과 투입된 자본의 정확한 척도에 따라 다르다. 척도가 잘못되지 않았음을 확실히 하기 위해 회계 자료를 조정해야 할 수도 있다.

- 원칙적으로, 기업은 회계적 이익 대신에 진정한 또는 경제적 이익을 이용해야 한다. 경제적 이익은 현금흐름에서 경제적 감가상각(즉 자산의 현재가치 감소분)을 뺀 것과 같다. 유감스럽게도, 이익을 계산할 때마다 각 자산의 현재가치를 다시 계산해 달라고 회계사들에게 요청할 수는 없다. 그러나 왜 회계사들이 장부의 감가상각 계획을 경제적 감가상각의 일반적인 패턴과 대응시키려고 최소한 노력하지 않는지 의문을 제기하는 것은 정당한 것으로 보인다.

- 더 중요한 문제는 CEO와 CFO가 평탄한 성장을 유지하고 이익 목표를 충족하기 위해, 적어도 단기적으로는, 이익에 지나치게 많은 주의를 기울이는 것 같다는 점이다. 그들은 부적절한 회계 처리가 아닌 운영과 투자 계획을 수정해 이익을 관리한다. 예를 들어 경영자들이 투자안의 초기 비용을 다음 회계연도로 넘기기 위해 양(+)의 NPV 투자안을 몇 개월 연기할 수도 있다. 이런 행동으로 얼마나 많은 가치가 상실되는지는 분명하지 않지만, 어떠한 가치 손실이라도 유감스러운 일이다.

1. 다음을 정의하라.
   a. 자본 투자에서의 대리인 비용
   b. 사적 이익
   c. 제국 건설
   d. 위임된 감시

2. 감시만으로는 자본 투자에서 대리인 비용을 완전히 제거할 수 없는 이유를 간단히 설명하라.

3. 누가 공개된 미국 기업의 최고경영진을 감시하는가?(이 장에서 여러 종류의 감시를 거론했다.)

4. 다음 문장은 참인가, 거짓인가?
   a. 미국의 CEO들은 다른 나라의 CEO들보다 훨씬 더 많은 보수를 받는다.
   b. 미국 CEO 보상의 많은 부분은 제한주식이나 성과주식으로 이루어져 있다.
   c. 스톡옵션을 지급하면 보통 5년간 경영자에게 해마다 일정한 수의 주식을 준다.
   d. 현재 미국의 회계 규칙은 스톡옵션 지급의 가치를 보상비용으로 인식하도록 한다.

5. 전형적인 보상과 인센티브 협약을 (a) 최고경영자(예: CEO, CFO), (b) 공장이나 부서 관리자에 대해 비교하라. 중요한 차이는 무엇인가? 설명할 수 있는가?

6. 모든 공장과 부서 관리자들이 다른 인센티브나 보너스 없이 단지 정해진 급료만 받는다고 가정하자.
   a. 자본 투자결정에서 나타날 수 있는 대리인 문제를 설명하라.
   b. 관리자의 보상을 EVA에 연결하는 것이 이 문제를 어떻게 줄일 수 있겠는가?

7. 실무적으로 경영자의 보상은 노력보다는 결과에 따라 정해져야 한다고 했다. 왜 그런가? 노력에 대해 보상하지 않는 것은 어떤 문제를 가져오는가?

8. 다음은 최고경영자의 보상을 회사 보통주의 수익률에 연계하는 보상 체계에 대한 질문이다.
   a. 오늘 주가는 미래 성과에 대한 투자자의 기대에 달려 있다. 이는 어떠한 문제를 발생시키는가?
   b. 주식 수익률은 경영자의 통제 밖 요인, 예를 들면 이자율 변화나 원자재 가격 등에 달려 있다. 이는 심각한 문제일 수 있는가? 만약 그렇다면, 부분적인 해결책을 제안할 수 있는가?
   c. 주식 수익률에 의존하는 보상제도는 회계 자료에 따라 달라지지 않는다. 이는 장점인가? 왜 그런가? 또는 왜 그렇지 않은가?

9. 당신은 A 구리 회사 이사회의 보상위원회 위원장이다. 컨설턴트가 CEO를 위한 두 가지 스톡옵션 패키지를 제안했다.
   a. 행사가격이 오늘 주가로 고정된 전통적인 스톡옵션 계획.
   b. 다른 구리 채굴 회사들의 주식 포트폴리오의 미래 시장가치에 따라 행사가격이 정해지는 대체안. 이 계획은 A 구리 회사의 주가가 경쟁회사보다 좋은 성과를 냈을 때만 CEO에게 보상한다. CEO에 대해 더 높은 기준을 설정하므로, 주식 수는 전통적인 계획보다 더 많아야 한다.

각 계획에서 지급하는 주식 수는 두 계획의 현재가치가 같아지도록 조정되었다고 가정한다. 당신이라면 어느 계획을 지지하겠는가? 설명하라.

**10.** 최근에 몇몇 대형 은행들은 경영진 보너스로 일부는 채권과 주식으로 지급했다. 그러한 이유는 무엇이라고 생각하는가? 이는 좋은 아이디어라고 생각하는가?

**11.** 실제로 공개기업의 경영자들은 어떻게 단기 이익 목표를 충족하는가? 분식회계로 하는가?

**12.** 빈칸을 채워라. "어느 해에 투자안의 경제적 이익은 투자안의 ____ 에서 투자안의 ____ 감가상각을 뺀 것과 같다. 새로운 투자안이 수익성 최대치에 도달하기까지 몇 년 걸릴 것이다. 이러한 경우, 투자안의 초기 시점일 때는 장부이익이 경제적 이익보다 ____ 고, 투자안의 후반 시점일 때는 장부이익이 경제적 이익보다 ____ 다."

**13.** 다음 투자안을 생각해보자.

| | | 연도 | | |
|---|---|---|---|---|
| | 1 | 2 | 3 | 4 |
| 순현금흐름 | −100 | 0 | 78.55 | 78.55 |

내부수익률은 20%이다. 자본의 기회비용을 20%로 가정했을 때, NPV는 정확히 0이다. 각 연도의 기대 경제적 이익과 경제적 감가상각을 계산하라.

**14.** 어떤 회사가 순자산 $2,000만로 $160만를 벌었다. 자본비용이 11.5%일 때, 순투자수익률(net ROI)와 EVA를 계산하라.

**15.** 다음 문장은 참인가, 거짓인가? 이유를 간단히 설명하라.
   a. 장부 수익성 척도는 개별 자산에 대한 진정한 수익성의 편의된 척도이다. 그러나 이러한 편의는 회사들이 오래된 자산과 새로운 자산을 균형 있게 보유한다면 '사라진다'.
   b. 회사가 기대 경제적 감가상각과 일치하는 감가상각 계획을 사용한다면 장부 수익성에서의 체계적 편의를 피할 수 있을 것이다. 그러나 피할 수 있더라도, 이렇게 하는 회사는 거의 없다.

**16.** 다음은 경제적 부가가치(EVA)에 대한 문제이다.
   a. EVA는 백분율(percentage)로 표현되는가? 또는 금액으로 표현되는가?
   b. EVA를 계산하는 공식을 써라.
   c. EVA와 잔여이익 간에 차이가 있다면 무엇인가?
   d. EVA의 요점은 무엇인가? 왜 회사들은 이것을 사용하는가?
   e. EVA의 효율성은 회계적 이익과 자산의 정확한 척도에 의존하는가?

**17.** 허벌 리소스는 애완동물의 건강보조식품을 생산하는, 작지만 수익성 있는 회사이다. 첨단기술 산업은 아니지만, 고양이에게 알레르기를 일으키지 않아 특허받은 효소에 힘입어 이 회사의 이익은 평균적으로 세후 약 $120만 정도이다. 이 특허는 8년간 유효하며, 허벌은 특허권에 대해 $400만를 제안받았다. 허벌의 자산은 운전자본 $200만와 자산과 공장, 장비 등의 $800만를 포함한다. 이 특허는 허벌의 장부에 나타나지 않는다. 허벌의 자본비용이 15%라면 EVA는 얼

마인가?

**18.** 표 11.5는 A 구리 회사의 럼퍼드 제련소에 대한 요약 손익계산서와 재무상태표를 보여준다.

　a. 공장의 EVA를 계산하라. 자본비용은 9%라고 가정한다.

　b. 표 11.5가 보여주는 바와 같이 이 공장은 A 구리 회사의 장부에 $4,832만로 기록되어 있다. 그러나 이는 최신형으로 다른 구리 회사에 $9,500만에 판매될 수 있다. 이 사실이 당신의 EVA 계산을 어떻게 바꿀 것인가?

》표 11.5

| 2018년 소득 | | 2018년 12월 31일 자산 | |
|---|---|---|---|
| 매출액 | $56.66 | 순운전자본 | $7.08 |
| 원자재비용 | 18.72 | | |
| 영업비용 | 21.09 | 공장 및 설비투자 | 69.33 |
| 감가상각 | 4.50 | 누적감가상각 차감 | 21.01 |
| 세금차감 전 이익 | $12.35 | 순공장 및 설비 | $48.32 |
| 세금(21%) | 2.59 | | |
| 순이익 | $9.76 | 총자산 | $55.40 |

**19.** OBP(Ohio Building Products)는 새로운 제품의 출시를 고려하고 있는데, 이 제품에 대한 설비의 초기 투자로 $30,800가 필요할 것이다(운전자본의 투자는 필요하지 않다). 이 제품으로 인한 예상 수익은 다음과 같다.

| | 연도 1 | 연도 2 |
|---|---|---|
| 순매출액 | $23,337 | $22,152 |
| 감가상각 | 13,860 | 16,940 |
| 세금차감 전 수익 | 9,477 | 5,212 |
| 세금(21%) | 3,317 | 1,824 |
| 순수익 | $6,160 | $3,388 |

2년 후에는 현금흐름이 발생하지 않을 것으로 예상되고, 설비의 잔존가치는 없다. 자본비용은 10%이다.

　a. 투자안의 NPV는 얼마인가?

　b. 1차 연도와 2차 연도 각각의 기대 EVA와 투자수익률을 계산하라.

　c. 1차 연도와 2차 연도 사이에서 투자수익률은 변화가 없는 데 반해 EVA는 왜 감소하는가?

　d. 경제적 부가가치의 현재가치를 계산하라. 이 값을 투자안 NPV와 비교하면 어떠한가?

　e. 만약 OBP가 투자를 정액법으로 감가상각한다면, 투자수익률과 EVA는 얼마인가? 이러한 방법이 이후 성과를 측정하는 데 더 나은 기준을 제공하는가?

# 효율적 시장과 행동재무학

지금까지는 거의 전적으로 대차대조표의 왼쪽(차변), 즉 기업의 자본 투자결정에 초점을 두었었다. 이제 대차대조표의 오른쪽(대변), 즉 자본 투자에 자금을 조달하는 문제를 다룬다. 쉽게 말하면, 자금을 어떻게 사용하는지 배웠고, 이제는 이 자금을 어떻게 조달하는지를 배운다.

물론 앞 장에서 자금조달을 완전히 무시한 것은 아니었다. 예를 들어 가중평균자본비용을 소개했다. 그러나 대부분의 경우 자금조달 문제를 간과하고 미래현금흐름을 할인하는 데 자본의 기회비용 추정치를 사용했다. 자본비용이 자금조달 방법에 따라 어떻게 영향을 받는지는 묻지 않았다.

이제 문제를 돌려 보자. 기업의 현재 실물자산 포트폴리오와 미래 투자전략을 주어진 것으로 두고, 최선의 자금조달전략을 결정한다. 예를 들면 다음과 같다.

- 기업은 이익의 대부분을 사업에 재투자해야 하는가, 아니면 주주에게 현금으로 나누어 주어야 하는가?
- 현금을 나누어 주기 위해서는 주주에게 배당으로 지급하는 것이 더 나은가? 아니면 자사주 매입이 더 나은가?
- 회사가 자금이 필요한 경우 주식을 더 발행해야 하는가, 아니면 차입해야 하는가?
- 단기로 차입할 것인가, 아니면 장기로 차입해야 하는가?
- 일반적인 장기 채권을 발행해 차입해야 하는가, 아니면 전환사채(채권자가 주식으로 전환할 수 있는 채권)를 발행해 차입해야 하는가?

이 외에 다른 자금조달 상충관계도 셀 수 없을 만큼 많다.

기업의 자본 투자결정을 일정하게 유지하려는 목적은 자본 투자결정과 자금조달결정(financing decision)을 분리하는 데 있다. 엄밀히 말하면, 이는 투자와 자금조달결정이 **독립적**이라고 가정한다. 많은 환경에서 이것은 합리적인 가정이다. 일반적으로 기업은 어떤 증권을 재매입하고 다른 증권을 발행함으로써 기업의 자본 구조를 자유롭게 변경할 수 있다. 이 경우 특정 투자안을 특정 자금 원천과 연계할 필요가 없다. 기업은 먼저 어떤 투자안을 채택할 것인지 생각하고, 그다음에 자금을 어떻게 조달할 것인지 생각할 수 있다.

때때로 자본 구조에 대한 결정은 투자안의 선택에 의해 달라지기도 하고, 그 반대의 경우도 있다. 이 경우에는 투자결정과 자금조달결정을 함께 고려해야 한다. 그러나 자금조달결정과 투자결정이 상호작용하는 경우에 대한 논의는 제18장으로 미룬다.

투자결정과 자금조달결정을 대조하는 것으로 이 장을 시작한다. 두 결정 모두 목표는 같다. NPV를 극대화하는 것이다. 그러나 양(+)의 NPV를 갖는 자금조달기회를 찾기 어려울 수 있다. 현명한 자금조달결정으로도 가치를 증대하기 어려운 이유는 자본시장은 대개 효율적이기 때문이다. 이것이 의미하는 바는, 투자자 사이의 치열한 경쟁으로 인해 이익을 얻을 기회는 사라지고, 부채와 자기자본이 공정한 가격으로 결정되어 발행하게 된다는 것이다. 이 말이 포괄적이라고 생각한다면, 맞는 말이다. 이러한 이유로, 이 장에서는 효율적 시장 가설을 설명하고 평가하는 데 주력한다.

효율적 시장 가설은 12-2절에서 더 신중히 정의한다. 이 가설은 투자자가 이용 가능한 정보에 따라 약형, 중강형, 강형의 세 가지 유형으로 나뉜다. 여기서는 각각의 유형을 지지하는 증거와 반대의 증거를 살펴본다. 효율적인 시장에 대한 증거가 주로 설득력이 있지만, 풀리지 않는 이례현상(anomalies)이 지속적으로 나타난다.

또한 합리적이고 효율적인 시장의 지지자들은 **버블**(bubble)을 설명하기 어렵다. 거의 10년마다 버블이 발생한다. 1980년대 일본의 부동산과 주식시장 버블, 1990년대 기술주 버블, 최근에는 서브프라임 위기를 일으킨 부동산 버블이 있었다. 버블에 대해 부분적으로

는, 가장 합리적인 사람들조차도 괴롭게 하는, 유인과 대리인 문제가 비난받아야 한다. 특히 다른 사람의 자금을 투자할 때 그러하다. 그러나 버블은 행동심리학자들이 잘 증명해 온 비합리적 행동의 패턴을 반영하기도 한다. 여기서는 **행동재무학**의 주요 특징과 효율적 시장 가설에 제기되는 이의에 대해 설명한다.

이 장은 시장 효율성에 대한 다섯 가지 교훈과, 만약 시장이 비효율적이라면 재무관리자에게 끼치는 영향으로 끝을 맺는다.

## 12-1 투자결정과 자금조달결정의 차이

어떤 면에서, 자금조달결정은 투자결정보다 더 복잡하다. 증권의 종류와 자금조달전략은 수백 가지가 넘는다. 이에 대해 자세히 배워야 하고, 자금조달 관련 용어에 익숙해져야 한다. 또한 **레드헤링**(red herring, 예비 사업설명서), **초과배정**(greenshoe), **인수주관사**(bookrunner)에 대해 배워야 한다. 각 용어의 이면에는 재미있는 이야기들이 있다.

한편, 자금조달결정이 투자결정보다 훨씬 수월한 면이 있기도 하다. 첫째, 자금조달결정은 투자결정만큼의 최종적인 성격을 갖지 않는다. 자금조달결정은 번복하기가 더 쉽다. 둘째, 현명한 자금조달전략으로 돈을 벌기는 더 힘들다. 그 이유는 금융시장이 상품시장보다 더 경쟁적이기 때문이다. 이는 양(+)의 NPV 투자전략보다 양(+)의 NPV 자금조달전략을 찾기가 더 어렵다는 것을 의미한다.

기업은 자본 투자결정을 살펴볼 때 완전경쟁시장에 있음을 가정하지 **않는다**. 지리적으로 같은 지역에서 같은 사업에 전문적인 경쟁자는 단지 소수만 있을 것이다. 그리고 기업은 경쟁자보다 유리하게 해주는 특별한 자산을 약간 소유하고 있을 수도 있다. 흔히 이러한 자산은 특허나 전문지식, 명성과 같은 무형자산이다. 이런 모든 자산은 더 많은 이익을 창출하고 양(+)의 NPV 투자안을 발견할 기회를 제공한다.

금융시장에서 경쟁 상대는 자금을 조달하기 위해 뉴욕과 런던, 홍콩, 여타 금융센터를 찾는 주, 지방, 연방정부뿐만 아니라 자금을 구하는 모든 다른 기업이다. 자금을 공급하는 투자자들은 비교적 많으며 그들은 영리하다. 돈은 인재를 끌어들인다.

경쟁은 치열하다. 경쟁은 가격이 잘못 결정된 증권을 찾는 거래자들과 투자자들로 하여금 쉽게 수익을 얻지 못하게 한다. 가격결정이 잘못되기가 드물다면, 적어도 처음에는, 가격이 정확하거나 사람들이 받아들일 수 있는 만큼 정확하다고 가정하는 것이 타당하다.

주식이나 채권의 '가격이 정확하다'고 말할 때, 이는 가격이 안정적임을 의미하지 않는다. 오늘 정확한 가격은, 새로운 정보가 도래하는 내일 변할 것이다. 그저 가격은, 가격이 결정된 그 시간에 거래자와 투자자가 이용 가능한 모든 관련 정보를 포함한다는 것을 가정한다. 다시

말해 가격은 **효율적 금융시장**(efficient financial market)에서 결정된다고 가정한다.

## 항상 NPV로 귀결된다

재무관리자는 투자결정과 자금조달결정을 분리한다. 그러나 공장을 짓는 결정과 채권을 발행하는 결정은 모두 자산의 가치평가를 수반한다. 하나는 실물자산(공장)을 매입하는 것이고 다른 하나는 금융자산을 매도하는 것이라는 사실은 중요하지 않다. 두 경우 모두 매입하고 매도하는 것의 **가치**에 관심이 있다.

예를 들어 GENX의 새로운 10년 만기 채권 발행을 고려해보자. 이 발행으로 새로운 공장을 위한 $1억를 조달할 것이다. 이자율은 7%이다. GENX는 더 낮은 이자율로 타협하려 하지만 잠재적인 투자자들은 7%가 GENX와 동일한 재정 능력과 채권 등급을 가진 다른 기업이 발행한 10년 만기 채권의 일반적인 시장이자율이라고 지적한다. GENX가 새로운 채권을 각각 $1,000에 매도하고 싶다면, 그 $1,000에 7% 이자를 지급해야 할 것이다. 당신은 채권을 이 가격으로 매입할 것인가? 그전에, NPV 계산을 해야 한다. 투자와 이자금액을 써보자.

NPV = −$1,000 + $1,000의 7% 이자금액의 PV + 원금(10차 연도에 상환되는 $1,000)의 PV

할인율, 즉 자본의 기회비용은 얼마인가? 7%여야 한다. 이는 동일한 성숙도와 위험을 가진 다른 채권에서 얻을 수 있는 수익률이다. 따라서 NPV는 다음과 같다.

$$\text{NPV} = -\$1,000 + \sum_{t=1}^{10} \frac{\$70}{(1.07)^t} + \frac{\$1,000}{(1.07)^{10}} = 0$$

GENX 채권 매입으로 일반적인 시장수익률을 제공받기 때문에 NPV=0이다.

GENX의 CFO는 이제 GENX의 채권 발행에 대한 NPV를 계산하고자 한다. 이는 앞의 계산과 비슷하지만, 그 과정에서 부호는 반대이다. 채권 발행으로 $1억를 조달할 것임을 기억하자. GENX가 매도하는 각 채권의 NPV는 다음과 같다.

$$\text{NPV} = +\$1,000 - \sum_{t=1}^{10} \frac{\$70}{(1.07)^t} - \frac{\$1,000}{(1.07)^{10}} = 0$$

다시, NPV=0이다. 7%는 새로운 공장에 기대한 15%의 수익률보다 적으므로, CFO는 처음에 당혹스럽다. 그러나 채권 가격이 투자자에게 공정하게 결정된다면, 기업에게도 공정하게 결정되어야 한다. 주주 가치는 공장으로부터 발생하며(15%가 **공장**의 자본의 기회비용보다 높다는 가정하에), 일반적인 시장수익률의 일반 채권을 발행하는 것으로부터 오는 것은 아니다.(CFO가 투자결정과 자금조달결정을 어떻게 분리하는지 주목하자. CFO는 각각에 별개의 가치를 부여한다.)

GENX의 채권 이자율이 일반적인 시장이자율보다 적을 때만 채권 발행은 양수의 NPV가 될 것이다.[1] 그러한 기회가 간혹 오지만, 거의 항상 일종의 보조금을 필요로 한다. 만약 GENX가

---

[1] GENX가 시장이자율보다 더 지급할 만큼 어리석거나 무슨 이유에서 강제로 그렇게 한다면, NPV는 음수가 될 것이다.

새 공장을 뉴저지 대신 뉴욕에 짓는다고 하면, 뉴욕주는 3%에 대출을 제공한다고 가정하자. 이는 양수의 NPV이다.

$$\text{NPV} = +\$1{,}000 - \sum_{t=1}^{10} \frac{\$30}{(1.07)^t} - \frac{1{,}000}{(1.07)^{10}} = \$281$$

GENX가 보조받은 이자율의 채권은 $281의 NPV를 갖는다. 물론 시장수익률이 7%일 때 3%에 차입하는 것이 좋은 거래인지 알기 위해 계산할 필요는 없다. 그렇지만 NPV 계산은 이 기회의 가치가 얼마인지 알려준다.

이에 반해, GENX가 보조금을 받지 않고 채권을 일반적인 시장수익률에 발행한다면, '가격은 정확'하고, 거래는 GENX와 채권투자자 모두에게 0의 NPV이다. 이 경우 양수의 NPV는 대차대조표의 자산 항목에서 찾아야 한다.

이제 예시에 내재된 가정을 고려해보자. 여기서 거래비용을 무시했다. 이는 제14장에서 다룬다. 세금도 무시했다. 이는 이자금액의 세금 공제에 대한 제17장에서 알아볼 것이다. 그런데 가장 중요한 가정은 채권 시장을 신뢰했다는 것이다. 우리는 시중 이자율을 받아들였다. 이자율이 너무 높거나 너무 낮은지에 대한 질문을 멈추지 않았다. 또한 미래 이자율 예측을 멈추지 않았다. 시중 이자율은 과거, 현재, 가능한 미래 사건 등 이자율과 채권 가격에 영향을 미칠 수 있는 모든 것에 대해 관련된 모든 정보를 포함하며 완전히 최근값이다. 다시 말해 채권에 대한 **효율적 시장 가설**(efficient market hypothesis)을 받아들였다.

다음 절에서는 이 가설에 대한 찬성과 반대의 증거를 검토한다. 주식시장에 초점을 둘 것이지만, 채권이나 다른 증권시장에도 적용된다.

## 12-2  효율적 시장 가설

경제학자들은 증권 가격에 포함된 정보의 종류에 따라 시장 효율성을 세 단계로 정의한다. 첫 단계에서, 가격은 과거 가격의 기록에 포함된 모든 정보를 포함한다. 이를 **약형 효율성**(weak efficiency)이라 한다. 시장이 약형 효율적이라면, 가격은 '랜덤워크(random walk)'를 따른다.

두 번째 단계의 효율성에서 가격은 인터넷, 금융 신문, 기타 공개된 출처에서의 정보를 포함한 모든 공개된 정보를 반영한다. 이를 **준강형 효율성**(semistrong efficiency)이라 한다. 만약 시장이 준강형 효율적이라면 가격은 주당 순이익, 신주 발행, 합병 제안 등의 공시와 같은 새로운 공개 정보에 즉각적으로 반응한다.

**강형 효율성**(strong efficiency)에서, 가격은 기업과 경제를 열심히 분석해 얻을 수 있는 모든 정보를 반영한다. 그러한 시장에서는 운 좋은 투자자와 운 나쁜 투자자를 보겠지만, 지속적으로 시장을 능가하는 수익을 내는 우월한 투자자를 볼 수는 없을 것이다.

이제 각 수준의 효율성을 토의해보자.

## 놀라운 발견: 가격 변동은 무작위적이다

중요한 아이디어가 흔히 그렇듯이, 효율적 자본시장의 개념도 우연한 발견에서 발생했다. 1953년, 영국의 통계학자 모리스 켄달(Maurice Kendall)은 영국 왕립통계학회에 주식과 상품 가격의 행태에 관한 논쟁을 일으키는 논문을 발표했다.[2] 켄달은 가격 변동에서 어떤 규칙적인 주기를 발견할 것으로 기대했으나, 놀랍게도 주기는 존재하지 않았다. 각 주가흐름은 "마치 일 주일에 한 번 확률의 신이 무작위로 한 숫자를 뽑아서, … 이 숫자를 현재 가격에 더해 다음 주의 주가를 결정하는 것처럼 '떠돌아다니는' 것" 같이 보였다. 다시 말해 주식과 상품의 가격은 **랜덤워크**(random walk)를 따르는 것 같았다.

'랜덤워크'의 의미를 확실히 알지 못한다면 다음 예시를 생각해보라. 게임을 하기 위해 $100를 받아, 매 주말 동전을 던진다. 동전의 앞면이 나오면 투자금액의 3%를 받고, 뒷면이 나오면 2.5%를 잃는다. 따라서 첫 주말에 자본은 $103.00이거나 $97.50가 된다. 그리고 두 번째 주말에 다시 동전을 던진다. 이때 일어날 결과는 다음과 같다.

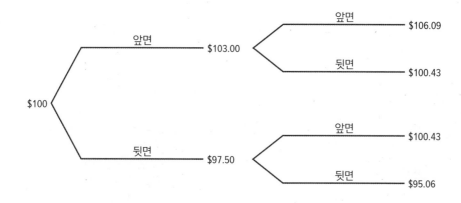

이 과정은 매주 0.25%의 양(+)의 추이(drift)를 보이는 랜덤워크이다.[3] 가치의 연속적인 변화가 서로 독립적이므로, 이 과정은 랜덤워크이다. 즉 매 주초의 가치나 지난주의 앞면과 뒷면의 패턴과 상관없이, 매주 어떤 사건이 일어날 확률은 같다.

모리스 켄달의 주가가 랜덤워크를 따른다는 주장은, 동전 던지기 게임에서 이익과 손실이 서로 독립적인 것처럼 주가 변동도 서로 독립적임을 의미한다. 그림 12.1은 마이크로소프트, 막스앤스펜서, 필립스(Philips), 리오틴토(Rio Tinto)의 주식에서 이러한 사실을 보여주고 있다. 각 그림은 연속되는 날의 주가 변동을 보여준다. 마이크로소프트 그림의 오른쪽 하단 사분면

---

[2]  M. G. Kendall, "The Analysis of Economic Time Series, Part I. Prices," *Journal of the Royal Statistical Society* 96(1953), pp. 11–25 참조. 켄달의 아이디어는 완전히 새로운 것은 아니었다. 이 아이디어는 프랑스의 박사과정 학생이었던 루이 바셸리에(Louis Bachelier)가 53년 전에 쓴, 거의 잊혀진 학위 논문에서 이미 제안되었다. 같은 논문에 실린 바셸리에의 무작위 과정에 대한 수리적 이론의 전개는, 충돌하는 기체 분자의 무작위적 브라운 운동(Brownian motion)에 관한 유명한 아인슈타인의 연구보다 5년 앞서 이루어졌다. L. Bachelier, *Théorie de la Speculation*(Paris: Gauthiers-Villars, 1900) 참조. A. J. Boness가 영어로 번역한 논문이 다음 책에 수록되었다: P. H. Cootner(ed.), *The Random Character of Stock Market Prices*(Cambridge, MA: MIT. Press, 1964), pp. 17–78.

[3]  이 표류는 결과의 기댓값과 같다: $(1/2)(3)+(1/2)(-2.5) = 0.25\%$.

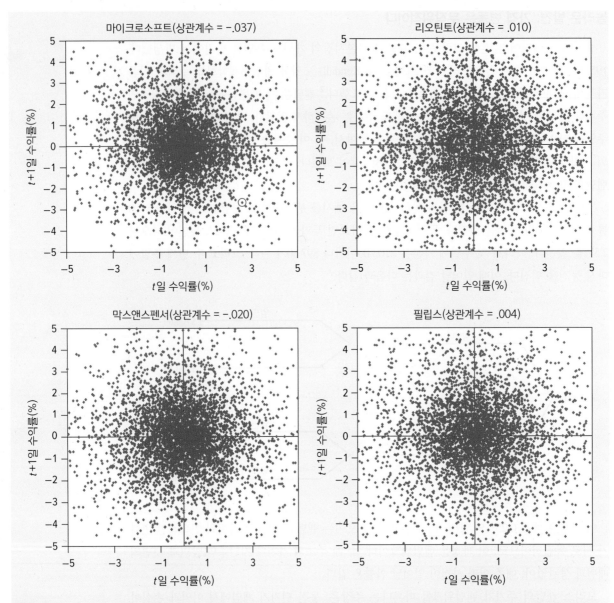

▶ **그림 12.1** 각 점은 1997년 9월부터 2017년 9월 사이의 두 연속적인 날의 주식 수익률 쌍을 보여준다. 마이크로소프트에서 원 안의 점은 +2.9%의 수익률과 다음 −2.9%의 일별 수익률을 나타낸다. 산포도는 연속적인 날의 수익률 사이의 어떤 유의한 관계를 보여주지 않는다.

에서 원 안의 점은, 주가가 2.9% 상승하고 다음 날 2.9%의 하락이 있었던 것이다. 만약 주가가 상승 뒤 하락하는 체계적인 경향이 있다면, 오른쪽 하단 사분면에 많은 점이 있고 오른쪽 상단 사분면에는 거의 없을 것이다. 얼핏 보더라도 주가 움직임에는 패턴이 거의 없음이 명백하다. 그렇지만 이는 당일 주가 변동과 다음 날 주가 변동 간에 상관계수를 계산해봄으로써 더욱 정확하게 증명할 수 있다. 만약 가격 변동이 한 방향으로 지속된다면 상관계수는 양수일 것이고, 아무런 관계가 없다면 상관계수는 0이 될 것이다. 이 예시에서 마이크로소프트 주식의 연속적

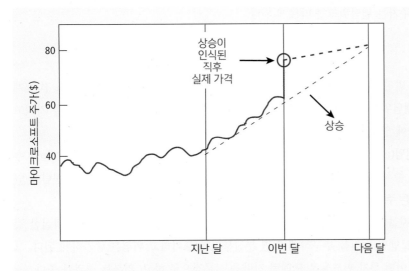

▶ **그림 12.2** 주가는 투자자들에게 인식되자마자 스스로 파괴한다. 주가는 기대 미래 가격의 현재가치로 즉시 뛴다.

인 가격 변동 간 상관관계는 −0.037이다. 가격이 상승한 뒤 하락하는 경향은 미미하다.[4] 막스 앤스펜서도 상관계수가 −0.020으로 음수이다. 그러나 리오틴토의 상관계수는 +0.010로 양수, 필립스의 상관계수도 +0.004로 양수이다.

그림 12.1은 네 주식 모두 실질적으로 연속적인 주가 변동의 상관관계가 없음을 시사하고 있다. 오늘의 가격 변동은 내일 일어날 가격 변동에 거의 아무런 실마리도 제공하지 못했다. 놀라운가? 만약 그렇다면, 실제로는 그렇지 않고 마이크로소프트의 주가 변동이 몇 달 동안 한 방향으로 지속된다고 상상해보자. 그림 12.2는 그러한 예측 가능한 주기(cycle)의 예시를 보여준다. 마이크로소프트의 주가가 지난 달 $40일 때 상승세가 시작되어 다음 달에는 $80까지 올라갈 것으로 예상된다. 투자자들이 이러한 노다지를 인식하게 되면 어떤 일이 일어날까? 자기파괴적(self-destruct)이 될 것이다. 왜냐하면 마이크로소프트의 주가가 $60로 싼 값이므로 투자자들은 사려고 몰려들 것이다. 투자자들은 이 주식이 정상적인 위험조정수익률을 제공할 만큼 가격이 오른 경우에만 매입을 멈출 것이다. 따라서 주기가 분명해지기만 하면 투자자들은 거래를 통해 이를 즉시 사라지게 한다.

이제 왜 경쟁시장에서 가격이 랜덤워크를 따라야 하는지 알아보자. 과거 가격 변동을 미래 가격 변동을 예측하는 데 이용할 수 있다면, 투자자는 쉽게 수익을 올릴 수 있다. 그러나 경쟁 시장에서 그러한 공짜 점심(free lunch)은 없다. 투자자들이 과거 가격에 담긴 정보를 이용하려 함에 따라, 가격 움직임을 분석해 얻는 높은 수익이 사라질 때까지 가격은 즉각적으로 조정된다. 결과적으로 과거 가격에 있는 모든 정보는, 내일의 주가가 아니라 오늘의 주가에 반영된다. 가격 패턴이 더는 존재하지 않으며, 한 기간의 가격 변동은 다음 기간의 가격 변동과 독립적이

---

[4] 연속적인 관측치 간의 상관계수를 **자기상관계수**(autocorrelation coefficient)라 한다. 자기상관계수 −0.037은, 마이크로소프트 주가가 어제 평균보다 1% 오르면 오늘의 가격 변동에 대한 최선의 예측은 평균보다 0.037% **내린다**는 것을 의미한다.

된다. 다시 말해 주가는 랜덤워크를 따르게 된다.

## 랜덤워크: 증거

모리스 켄달의 발견 이후, 통계학자들은 약형 효율적 시장 가설을 무수히 검증했다. 전 세계적으로 주가는 랜덤워크에 가깝게 따르는 것으로 나타났다. 모든 경제이론은 예외를 가지고 있고 주식 수익률에 일부 패턴이 나타나므로, '랜덤워크에 가깝다'고 표현한다.

예를 들어 **모멘텀**(momentum)에 대한 통계학적 증거가 있다. 지난 몇 주 또는 몇 달 동안 수익률이 우월했던 주식은 미래에 수익률이 우월한 경향이 있다. 하방에 대해서도 모멘텀이 있다. 즉 성과가 나쁜 주식은 계속해서 성과가 낮은 경향이 있다.[5]

모멘텀은 투자자들이 쉽게 돈을 벌게 해주진 않는다. 이는 통계적인 경향성이고, 확실한 것은 아니다. 또한 모멘텀 수익을 추구하게 되면 분산투자는 포기하고 위험은 증가하게 된다. 그럼에도 불구하고 어떤 투자 펀드들은 모멘텀 전략을 전문적으로 하고, 일부는 성과가 좋다.

매우 짧은 기간에 주가가 반동하는 것으로 인한 이익 발생 기회도 있다. 그러나 그러한 반동으로 인한 이익의 기회를 갖기 위해서는, 눈 하나는 컴퓨터 스크린을 보고 다른 눈은 연간 보너스를 보고 있는 고빈도거래자(high-frequency trader)가 되어야 한다. 그리고 거래당 적은 액수를 차지하는 것을 목표로, 대량으로 거래하는 알고리즘(algorithm)이 있는 초고속 컴퓨터가 필요하다.[6]

## 준강형 시장 효율성: 증거

준강형의 효율적 시장 가설을 분석하기 위해, 연구자들은 주식가격이 이익이나 배당에 대한 소식, 합병이나 기업인수(takeover)의 공시, 거시경제적 성장 등과 같은 정보의 공표에 어떻게 반응하는지를 살펴보았다. 준강형 효율성은 주가가 관련된 소식에 빠르고 완전히 반응한다는 것을 의미한다.

주가가 새로운 소식에 빨리 반응한다는 것은 의심의 여지가 없다. 폴크스바겐의 배출가스 스캔들을 예로 보자. 2015년 9월 18일 금요일, 미국환경보호국(U.S. Environmental Protection Agency, EPA)은 폴크스바겐이 몇 가지 디젤 자동차 모델에 배출가스 테스트에서만 배출가스를 줄여주는 '조작장치(defeat device)'를 설치했다고 발표했다. 폴크스바겐의 주가는 즉시 주당 약 $160에서 약 $130로 하락했다. 폴크스바겐이 조작장치가 있는 자동차를 세계적으로 1,100만 대 판매했음을 인정한 월요일에는 주당 약 $110까지 더 떨어졌다. 폴크스바겐은 이틀 동안의 거래에서 거의 시가총액의 1/3을 잃었다.

---

[5] N. Jegadeesh and S. Titman, "Returns to Buying Winners and Selling Losers: Implications for Market Efficiency," *Journal of Finance* 48(March 1993), pp. 65-91 참조. 많은 실무자들은 현재 모멘텀 요인을 9-3절에서 논의한 파마-프렌치(Fama-French) 3요인 모형에 추가한다. M. M. Carhart, "On Persistence in Mutual Fund Performance," *Journal of Finance* 52(March 1997), pp. 57-82 참조.

[6] 고빈도거래는 현재 전체 주식시장 거래량의 절반 정도를 차지한다. 고빈도거래에 대한 읽기 쉽고 중요한 책으로는 M. Lewis, *Flash Boys: A Wall Street Revolt*(New York: W. W. Norton & Co., 2014)를 참조하라.

다른 예로, CNBC는 증권 애널리스트 보고서와 개별 주식에 대한 여러 정보를 요약하는 모 닝콜(Morning Call)과 미드데이콜(Midday Call)을 매일 방송한다. 이 방송에서 논의된 322개 주 식에 대한 연구에 따르면, 긍정적인 소식이 처음 방송되고 몇 초 후 긍정적인 보고서가 주가 상승을 유발했음을 발견했다. 투자자들은 처음 15초 안에 매입할 수만 있으면, 비용을 제외하 고 약간의 수익을 낼 수 있었다.[7]

**비정상수익률** 새로운 공개 정보에 대한 주가의 빠른 반응은, 새로운 가격이 정확하고 완전히 새로운 정보를 포함한다는 것을 증명하지 않는다. 준강형 효율성에 대한 좀 더 철저한 분석은 **사건연구**(event study)로 한다. 이는 동일한 종류의 뉴스 보도를 접한 주식 표본의 **비정상수익 률**(abnormal return)을 분석하는 것이다.

기업인수가 처음 공시되었을 때 인수대상기업의 주가가 어떻게 반응하는지 분석한다고 하 자. 첫 번째 시도로, 단순히 인수대상기업 주식에 대해 공시 시점까지의 평균수익률과 공시 직 후의 평균수익률을 계산해볼 수 있다. 많은 수의 인수대상기업 표본의 일별 수익률을 이용하 면, 공시의 평균적인 효과가 분명히 보인다. 공시일 전후로 전체 시장 움직임으로부터의 영향 은 크지 않을 것이다. 왜냐하면 일별 시장수익률을 평균 내면 매우 작기 때문이다.[8] 그러나 주 별 또는 월별 수익률로 하면 잠재적인 시장 영향은 증가한다. 이러한 경우는 보통 시장 움직임 에 대해 조정을 한다. 예를 들어 단순히 시장수익률을 차감할 수도 있다.

조정된 주식 수익률＝주식 수익률－시장지수 수익률

제9장에서는 베타를 기반으로 하는 정밀한 조정을 제시했다. (시장수익률을 차감하는 것은 인 수대상기업의 베타가 1.0이라고 가정하는 것이다.) 이러한 조정을 **시장모형**(market model)이라 한다.

기대 주식 수익률＝$\alpha$＋$\beta$×시장지수 수익률

알파($\alpha$)는 시장지수가 변하지 않을 때 주가가 평균적으로 얼마나 변했는지를 나타낸다. 베타 ($\beta$)는 시장지수가 1% 변할 때 주가가 **추가로** 얼마나 변동하는지를 나타낸다.[9] 이후, 시장수익 률이 $\tilde{r}_m$인 달에 주식 수익률이 $\tilde{r}$이라 하자. 이 경우 이 달의 **비정상수익률**은 다음과 같다.

---

[7] 부정적인 보고서에 대한 주가 반응은 더 오래, 평균적으로 15분이 걸렸다. 이는 아마도 공매도의 비용과 지연 때문일 것이다. J. A. Busse and T. C. Green, "Market Efficiency in Real Time," *Journal of Financial Economics* 65(2002), pp. 415-437 참조.

[8] 예를 들어 시장수익률이 연 12%라고 하자. 1년에 거래일이 250일이라면, 평균 일별 수익률은 $(1.12)^{1/250} - 1 = 0.00045$, 또는 0.045%이다.

[9] $\alpha$와 $\beta$를 추정할 때, 주가가 정상적으로 움직였다고 생각되는 기간을 선택하는 것이 중요하다. 만약 수익률이 비정상적이었다면, $\alpha$와 $\beta$의 추정치는 투자자들이 기대한 수익률을 측정하는 데 사용할 수 없다. 예방 차원에서, 기대수익률의 추정치가 타당한지를 자문해보라. 비정상수익률의 추정 방법은 다음 논문에 분석되어 있다 — A. C. MacKinlay, "Event Studies in Economics and Finance," *Journal of Economic Literature* 35(1997), pp. 13-39; S. P. Kothari and J. B. Warner, "Econometrics of Event Studies," in B. E. Eckbo(ed.), *The Handbook of Empirical Corporate Finance*(Amsterdam: Elsevier/North-Holland, 2007), Chapter 1.

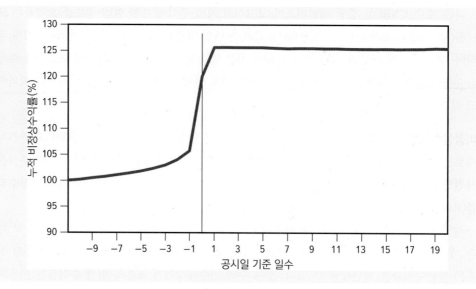

▶ **그림 12.3** 인수대상 기업 주식의 공시일 주위 비정상 성과. 인수대상기업의 주가는 공시 다음 날 뛰어올랐지만, 그 이후 특이한 가격 변화는 없다. 그림은 1975~2016년 사이의 8,668개 미국 인수대상기업의 누적 비정상수익률을 보여준다.
출처: WRDS.

$$비정상\ 주식\ 수익률 = 실제\ 주식\ 수익률 - 기대\ 주식\ 수익률$$
$$= \tilde{r} - (\alpha + \beta\tilde{r}_m)$$

이 비정상수익률은 기업고유(firm-specific)의 뉴스만을 반영한다.[10]

그림 12.3은 뉴스 발표가 비정상수익률에 어떻게 영향을 미치는지를 보여준다. 이 그래프는 기업인수 시도의 대상이었던 미국 기업 표본의 누적비정상수익률(cumulative abnormal return)을 보여준다. 인수기업은 보통 거래를 성사시키기 위해 상당한 **인수프리미엄**(takeover premium)을 지급해야 한다. 따라서 인수를 위한 주식공개매수가 발표되자마자 인수대상기업의 주가는 상승한다. 그림 12.3은 기업인수 공시일(그림에서 0일) 전후로 인수대상의 주식 수익률의 평균적인 패턴를 보여준다. 기업인수가 다가오고 있다는 사실을 투자자가 점점 알게되면서, 주가는 0일 이전에 상승한다. 공시일과 다음 날에는 가격이 17.3%까지 급등한다.[11] 주가 조정은 즉각적이고 완전하다. 주가는 증가든 하락이든 간에 더는 유의미한 변동을 하지 않는다. 그러므로 새로운 주가는 그날 중으로 인수프리미엄의 크기를 (적어도 평균적으로) 반영한다.

기업인수에 대한 주가 반응의 연구는 준강형 효율성에 대해 지지하는 증거를 제공한다. 그러나 가설에 반대하는 증거도 존재한다. 하나의 예시는 '샴쌍둥이(Siamese twins)'라는 특이한 경우이다. 이는 동일한 현금흐름에 청구권이 있는 두 증권이 개별적으로 거래되는 것이다. 네덜란드 기업인 로열 더치 석유회사(Royal Dutch Petroleum)와 영국 기업인 쉘 트랜스포트 앤드 트레이딩(Shell Transport & Trading, T&T)은 두 기업이 2005년 7월에 합병되기 전, 석유 대

---

[10] 또한 비정상수익률은 종종 제9장에서 논의한 파마-프렌치(Fama-French) 3요인 모형을 이용해 계산된다. 주식수익률은 시장수익률, 소기업과 대기업의 수익률 차이, 장부시장가치(book-to-market)비율이 높은 기업과 낮은 기업의 수익률 차이에 대해 조정된다.

[11] 거래시간 동안 공시되었다면 투자자는 0일에 반응할 것이다. 그렇지 않으면 1일에 반응한다.

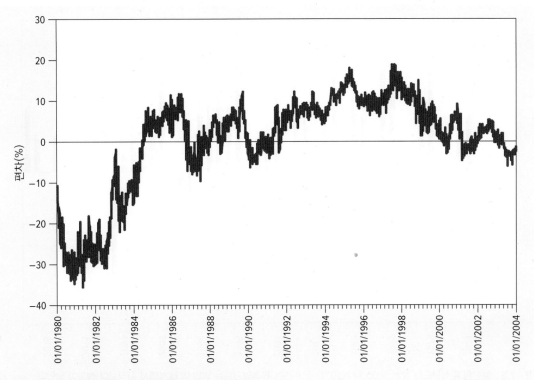

▶ **그림 12.4** 로열 더치 석유회사/쉘 T&T 평형가격으로부터의 로그 편차
출처: Mathijs van Dijk. www.mathijsavandijk.com/dual-listed-companies.

기업의 수익과 배당을 정해진 비율로 나누어 가지는 샴쌍둥이었다. 두 회사는 기본적 현금흐름을 함께 하기 때문에, 주가는 정확히 같은 방식으로 움직일 것으로 예상되었다. 그러나 그림 12.4에서 보는 바와 같이, 두 주식의 가격은 때때로 상당히 벌어졌다.[12]

## 강형 시장 효율성: 증거

강형의 효율적 시장 가설에 대한 검증은 전문적인 포트폴리오 관리자가 일관되게 '시장을 능가하는가'로 한다. 일부 연구자들은 경미하게 지속적으로 성과가 우월하다는 것을 발견했다. 그러나 많은 연구자들은 전문적으로 운영되는 펀드가 관리비용을 회수하지는 못했다고 했다. 예를 들어 분산투자된 주식펀드의 수익률을 윌셔 5000 지수(Wilshire 5000 Index)와 비교한 그림 12.5를 보자. 그림에 따르면, 몇 가지 연도에서는 뮤추얼펀드 수익률이 시장을 능가하고 있으나 기간의 약 60%는 그 반대라는 것을 알 수 있다.

그림 12.5에서는 상당히 대강 비교했다. 왜냐하면 뮤추얼펀드는 낮은 베타의 주식 또는 대기

---

[12] 샴쌍둥이의 가격 결정에 대한 증거는 다음을 참조하라 — K. A. Froot and E. Dabora, "How Are Stock Prices Affected by the Location of Trade?" *Journal of Financial Economics* 53(August 1999), pp. 189-216. 좀 더 최근 자료로는 A. De Jong, L. Rosenthal, and M. A. Van Dijk, "The Risk and Return of Arbitrage in Dual Listed Companies," *Review of Finance* 13(2009), pp. 495-520을 참조하라.

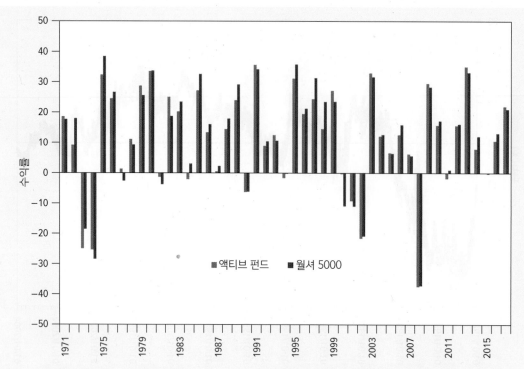

■ 액티브 펀드    ■ 월셔 5000

▶ **그림 12.5**  분산된 주식펀드와 월셔 5000 지수(1971~2017년). 뮤추얼펀드는 연의 약 60%에서 시장보다 성과가 낮았다.

업 주식과 같이 시장의 특정 부문에 전문화하는 경향이 있어, 평균 이하의 수익률을 제공할 수 있기 때문이다. 이러한 차이를 통제하기 위해 각 펀드를 유사한 증권으로 구성된 벤치마크 포트폴리오와 비교해야 한다. 많은 연구들이 이러한 분석을 실시했는데, 대부분은 결과에 변함이 없었다. 펀드들은 비용을 **차감한 후의** 수익률이 벤치마크 포트폴리오보다 낮았으며, 비용을 **차감하기 전에는** 벤치마크 포트폴리오와 거의 유사했다.[13]

자, 일반적으로 뮤추얼펀드는 우월한 수익을 내지 않을지도 모르지만, 확실히 일부 매니저들이 다른 사람들보다 영리해 능력이 덜한 다른 사람들보다 뛰어난 수익률을 올린다. 유감스럽게도, 영리한 매니저를 알아내기는 어려워 보인다. 예를 들어 어느 해 최상위 사분위에 있었던 펀드는 다음 해에 최상위 사분위에 있을 확률이 단지 평균 정도이다.[14] 어느 기간에 최고의

---

[13] 예로서 다음을 참조하라 — B. G. Malkiel, "Returns from Investing in Equity Mutual Funds 1971 to 1991," *Journal of Finance* 50(June 1995),pp. 549–572; M. M. Carhart, "On Persistence in Mutual Fund Performance," *Journal of Finance* 52(March 1997), pp. 57–82. 경미하게 지속하는 성과에 대한 증거는 다음에서 제시한다 — E. F. Fama and K. R. French, "Luck versus Skill in the Cross-Section of Mutual Fund Returns," *Journal of Finance* 65(October 2010), pp. 1915–1947; R. Kosowski, A. Timmermann, R. Wermers, and H. White, "Can Mutual Fund 'Stars' Really Pick Stocks? New Evidence from a Bootstrap Analysis," *Journal of Finance* 61(December 2006), pp. 2551–2595. 또한 다음을 참조하라 — M. J. Gruber, "Another Puzzle: The Growth in Actively Managed Mutual Funds," *Journal of Finance* 51(July 1996), pp. 783–810; J. Berk and J. H. Van Binsbergen, "Measuring Skill in the Mutual Fund Industry," *Journal of Financial Economics* 118(October 2015), pp. 1–20.

[14] 예를 들어 1년에 두 번 S&P가 발표하는 Persistence Scorecard를 참조하라.

성과를 낸 매니저들도 다음 기간에 성과가 나쁠 가능성은 평균 정도이다.

효율적 시장에 대한 증거는 많은 전문투자자나 개인투자자에게 우월한 성과를 추구하는 것을 포기하도록 했다. 그들은 단순히 최대한 분산투자를 하고 비용을 최대한으로 줄이는 '지수 매입(buy the index)'을 한다. 개인투자자는 주식시장 지수를 추종하는 뮤추얼펀드인 **지수펀드** (index fund)를 매입할 수 있다. 이는 적극적으로 관리하지 않아 비용이 매우 낮다. 예를 들어 2018년 중반 S&P 500 지수를 추종하는 뱅가드 500 지수펀드(Vanguard 500 Index Fund)의 관리 수수료는 $1만의 투자금에 대해 연간 0.04%였다. 이 펀드의 크기는 $4,180억였다.

지수에 얼마만큼 투자하는가? 100%는 아니다. 모든 투자자가 지수펀드를 보유한다면 아무도 정보를 수집하지 않아 주가는 새로운 정보가 도달해도 이에 반응하지 않을 것이다. 효율적 시장은 정보를 수집하고 이로써 수익을 얻으려는 영리한 투자자가 필요하다. 비용을 들여 정보를 모으기 위한 유인을 제공하려면, 가격이 **모든** 정보를 반영해서는 안 된다.[15] 정보에 대한 비용이 회수될 만큼 얼마간의 이익이 있어야 한다. 그러나 거래되는 증권의 총시장가치에 비해 비용이 적다면, 금융시장은 여전히 완전한 효율성에 가까울 수 있다.

여러 가지 점에서, 강형 효율성에 대한 증거는 약형이나 준강형 효율성에 대한 증거보다 강하다. 연구자들의 통계학적 분석은 주가에서 패턴, 경향성, 이례현상을 찾는다. 연구자들은 공개정보에 대한 지연반응의 예시를 찾는다. 그러나 지속적으로 우월한 투자성과를 내기는 유난히 어렵다. 연구자들은 지나고 나서야 뒤늦게 시장보다 우월한 성과를 낼 수 있다. 실제 자금을 가진 투자자들은 더 힘들다.

강형 효율성은 투자 포트폴리오를 어떻게 관리할지 자주 결정해야 하는 기업 재무관리자에게 중요한 영향을 미친다. 두 가지 예시가 있다. 미국에서 가장 큰 원자력 발전소를 운영하는 엑셀론(Exelon Corporation)은 미래의 폐쇄 및 원자력 발전소 폐기 비용을 충당할 목적으로 폐기 신탁(trust)을 운영한다. 2017년 현재 신탁 포트폴리오의 가치는 $133억이다. 커민스(Cummins Inc.)는 확정지급형 연금제도(defined-benefit pension plan)가 있으며, 미국과 영국에 은퇴하는 고용인에게 지급할 미래 연금을 충당하기 위해 자금을 따로 두고 투자한다. 연금 자산은 2017년에 $51억였다.

엑셀론과 커민스는 이 투자금을 어떻게 관리해야 하는가? 지속적으로 높은 위험조정수익률을 내는 포트폴리오 매니저를 구해야 하는가? 강형 효율성에 대한 증거에 따르면, 이들은 연금펀드나 다른 투자 포트폴리오를 소극적으로 지수에 투자함으로써 비용을 최소화하는 것이 나을 것이다. 적어도 미국 주식과 채권 투자에 대해서는 점점 더 많은 기업이 이렇게 하고 있다. 그러나 개발도상국의 주식시장과 같이 보다 비효율적인 곳에서는 적극적인 관리자(active manager)를 고용한다.[16]

강형 효율성은 우리에게도 영향을 준다. 이 책의 대부분의 독자는 투자자일 것이다. 당신은

[15] S. J. Grossman and J. E. Stiglitz, "On the Impossibility of Informationally Efficient Markets," *American Economic Review* 70(June 1980), pp. 393-408 참조.

[16] A. Dyck, K. V. Lins, and L. Pomorski, "Does Active Management Pay? New International Evidence," *Review of Asset Pricing Studies* 3(December 2013), pp. 200-228.

적극적인 주식을 고를 것인가? 아니면 분산투자하고 지수 투자로 관리 수수료를 최소화할 것인가? 적극적으로 주식을 고른다면, 즐겁게 하기를 바란다.

## 12-3    버블과 시장 효율성

지금까지 투자자가 보거나 획득할 수 있는 주어진 정보하에서, 개별 주식은 '정확하게 가격결정이 되었는지' 질문했다. 그러나 전체적으로 시장에 대해서는 어떠한가? 가격 전체 수준이 펀더멘털(fundamental)에 지지될 수 없는 경우가 있는가? 여기서 그에 대한 증거를 살펴볼 것이지만, 먼저 보통주의 가치를 평가하고 가격이 비합리적인지 알아내는 것이 얼마나 어려운지에 주목해야 한다.

예를 들어 2017년 중반에 S&P 종합지수를 구성하는 주식의 가격이 공정하게 결정되었는지 확인하고 싶다고 하자. 첫 단계로, 제5장에서 소개한 영구성장공식(constant-growth formula)을 사용할 수 있다. 2017년에, 이 지수에 포함된 회사들이 지급한 연간 배당은 약 $4,200억에 달했다. 이 배당이 연 4.0%의 비율로 안정적으로 성장할 것으로 기대되고, 투자자는 6.0%의 수익률을 요구했다고 하자. 영구성장공식으로 보통주의 가치를 계산하면 다음과 같다.

$$보통주의\ PV = \frac{DIV}{r-g} = \frac{4,200}{0.060 - 0.040} = \$21조$$

이는 2017년 8월의 대략적인 가치이다. 그러나 이 수치를 얼마나 믿을 수 있는가? 예상 배당성장률이 단지 연간 3.5%였다고 하자. 이 경우 보통주의 가치는 다음과 같이 줄어든다.

$$보통주의\ PV = \frac{DIV}{r-g} = \frac{4,200}{0.060 - 0.035} = \$16조\ 8,000억$$

다시 말하면, 배당성장 예측을 단지 0.5%p 감소시키는 것만으로도 보통주의 가치를 약 20% 하락시킬 수 있다.

보통주를 평가하는 일은 처음에는 너무 어려워서 두 가지 중요한 결과가 발생한다. 첫째, 투자자는 보통주를 어제 가격 또는 비슷한 주식의 오늘 가격을 기준으로 상대적으로 가격결정을 하기가 더 쉽다는 것을 알게 된다. 다시 말해 투자자들은 일반적으로 어제 주가를 정확한 것으로 받아들이고 오늘의 정보를 기반으로 가격을 상향 또는 하향 조정한다. 정보가 큰 기복 없이 고르게(smoothly) 도달하면, 시간이 지남에 따라 투자자는 오늘 가격 수준이 정확하다고 점점 확신하게 된다. 그러나 투자자가 어제 가격을 기준으로 삼는 데 확신이 없다면, 새로운 기준이 설정될 때까지는 거래가 혼란스럽고 가격 변동이 커지게 될 것이다.

둘째, 시장 효율성 검증은 대부분 **상대적인** 가격에 중점을 두고 손쉽게 이익을 얻을 수 있는지에 집중한다. 주식이 **정확하게 평가되었는지**를 검증하는 것은 거의 불가능하다. 왜냐하면 아무도 진정한 가치를 정확하게 측정할 수 없기 때문이다. 예를 들어 펩시 주식은 2018년 7월 $116에 거래되었다. 이것이 진정한 가치라는 것을 증명할 수 있는가? 물론 그렇지 않지만, 펩시의 주가가 코카콜라 주가($45)의 2배 이상이라는 것은 좀 더 확신할 수 있다. 왜냐하면 펩시의 이익과 주당 배당금은 코카콜라의 2.5배이고 두 기업은 비슷한 성장 전망을 보이고 있기 때문이다.

시장 수준이 펀더멘털과 일치한다고 또는 일치하지 않는다고 **증명**하는 것은 불가능하다. 그러나 이따금 투자자들은 투기 열풍에 휩싸이는 것처럼 보이고, 자산 가격은 수익이나 배당으로 쉽게 뒷받침할 수 없는 수준으로(적어도 나중에 볼 때는) 상승한다. 투자자는 그러한 경우를 **버블**(bubble)이라고 한다. 자산 가격이 급격히 상승하고, 가격이 **계속해서** 상승할 것이라는 가정으로 점점 더 많은 투자자들이 게임에 참여할 때 버블이 생길 수 있다. 버블은 잠깐은 자체적으로 유지될 수 있다. 내가 파는 주식을 받아줄 더 큰 바보들(greater fools)이 있다고 확신하는 한, 시류에 편승하는 것이 합리적일 수 있다. 그러나 결과적으로 버블이 터지면 많은 돈을 잃게 될 것이라는 점을 잊지 말아야 한다.[17]

일본의 버블은 좋은 예다. 니케이 225 지수(Nikkei 225 Index)는 1985년 초부터 약 39,000의 최고치를 기록한 1990년 1월까지 약 240% 상승했다. 그러나 이자율이 상승한 후 주가는 급격히 하락했다. 1990년 말까지 니케이 지수는 약 23,000으로 떨어졌고, 2010년에는 약 10,000까지 떨어졌다. 지수는 그 후 회복했지만, 2018년 초에 단지 23,000이었다.

일본 주가의 급등에는 땅값의 더 큰 상승이 따른다. 지엠바와 슈워츠(Ziemba and Schwartz)에 의하면 도쿄 왕궁 아래 토지 수백 에이커(acre)는 인근 토지 가격으로 평가했을 때 캐나다 또는 캘리포니아주의 땅 전체만큼의 가치를 가졌다.[18] 그러나 그 뒤 부동산 버블 또한 터졌다. 2005년까지 일본 6대 도시의 땅값은 최고치의 13%로 곤두박질쳤다.

이러한 버블은 일본에만 한정되지 않는다. 20세기 말로 가면서 기술주 투자자들은 보유 주식의 가치가 엄청나게 상승하는 것을 보았다. 첨단기술 주식에 높은 가중치를 두는 나스닥 종합지수(Nasdaq Composite Index)는 1995년 초부터 최고점인 2000년까지 580%가 올랐다. 그런 뒤 시작만큼 상승도 빨리 끝났다. 2002년 10월에 나스닥 지수는 최고치에서 78% 하락했다.

가장 큰 이득과 손실의 일정 부분은 닷컴(dot-com) 주식에서 발생했다. 예를 들어 야후(Yahoo!) 주식은 1996년 4월에 거래되기 시작해 4년간 1,400% 상승했다. 이 흥분되는 시기에, 일부 기업은 단순히 회사 이름에 '닷컴(.com)'을 추가하는 것만으로 주가를 올릴 수 있다는 것을 알았다.[19]

일본과 닷컴 버블을 되돌아보면, 투자자에게 합리적인 수익률을 제공하는 데 미래현금흐름으로 충분하다고 믿기는 어려운 것 같다.[20] 이것이 사실이라면 '버블은 있다'고 결론을 내려야

[17] 버블이 반드시 비합리적인 것은 아니다. M. Brunnermeier, *Asset Pricing under Asymmetric Information: Bubbles, Crashes, Technical Analysis, and Herding*(Oxford: Oxford University Press, 2001)을 참조하라.

[18] W. T. Ziemba and S. L. Schwartz, *Invest Japan*(Chicago: Probus Publishing Co., 1992), p. 109 참조.

[19] M. Cooper, O. Dimitrov, and P. R. Rau, "A Rose.com by Any Other Name," *Journal of Finance* 56(2001), pp. 2371–2388.

[20] 일본 주가를 분석한 것으로 K. French and J. M. Poterba, "Were Japan Stock Prices Too High?" *Journal of Financial Economics* 29(October 1991), pp. 337–363을 보라. 닷컴 주가에 대해 더 알고 싶으면 E. Ofek and M. Richardson, "The Valuation and Market Rationality of Internet Stock Prices," *Oxford Review of Economic Policy*

한다. 버블이 있다면, 시장은 효율적일 수 없다.

## 12-4 행동재무학

왜 가격은 기본적(fundamental) 가치에서 이탈하는가? 어떤 학자들은 행동심리학(behavioral psychology)에 그 답이 있다고 믿는다. 사람들은 100%의 시간 동안 100% 합리적이지는 않다. 이는 투자자의 위험에 대한 태도와 확률을 평가하는 방식에서 나타난다.

**1. 위험에 대한 태도**   심리학자들은 사람들이 위험한 결정을 내릴 때 손실을 입는 것을 특히 싫어하는 것을 관찰했다. 투자자는 보유 자산의 현재가치에만 집중하는 것이 아니라 자신의 투자가 수익이 났는지, 아니면 손해가 났는지를 되돌아본다. 예를 들어 지금 보유한 IBM 주식을 $10,000에 팔 때, 이 주식을 단지 $5,000에 샀었다면 아주 기분이 좋을 것이지만 $11,000에 샀었다면 훨씬 덜 행복할 것이다. 이러한 관찰을 바탕으로 하는 **전망이론**(prospect theory)이 있다.[21] 전망이론은 투자자가 (a) 자산을 획득하거나 보유 자산을 마지막으로 검토한 뒤에 이익이 났는지 또는 손실이 났는지에 따라 그 결과에 대해 평가하고, (b) 매우 작은 손실의 가능성도 특히 싫어해 이에 대한 보상으로 높은 수익을 주어야 한다고 이야기한다.

손실의 아픔은, 손실 직전에 또 다른 손실이 있었는가에 따라 달라질 수 있다. 투자자들은 한 번 손실을 경험하면 더 이상의 손실을 감수하지 않으려고 많은 신경을 쓰게 된다. 반대로 도박사는 내기에 이겼을 때 더 쉽게 큰 내기를 하는 것으로 알려져 있다. 그래서 투자자들은 연속적으로 발생한 예상치 못한 높은 수익률을 즐기고 나서는 주식시장 침체의 위험을 감당할 준비가 훨씬 더 잘되어 있을 것이다.[22] 만약 약간의 손실을 보게 되면, 적어도 그해에 주가가 올랐다는 것으로 위안을 삼는다.

제8장과 제9장에서 포트폴리오 이론을 논의할 때, 투자자들은 오로지 미래에만 관심이 있는 것으로 묘사했고 과거의 이득이나 손실은 언급하지 않았다. 중요한 것은 투자자의 현재 부와, 미래 부의 위험과 기댓값이었다. 니콜라스(Nicholas)는 자신의 투자가 흑자상태이기 때문에 의기양양하지만, 동일한 부를 가진 니콜라(Nichola)는 투자가 적자상태라서 의기소침해할 가능성을 인정하지 않았다.

**2. 확률에 대한 믿음**   투자자 대부분은 확률이론에 대해 깊은 지식을 가지고 있지 않아서

---

18(Autumn 2002), pp. 265-287을 참조하라.

[21] 전망이론은 다음에서 처음 제시되었다 — D. Kahneman and A. Tversky, "Prospect Theory: An Analysis of Decision under Risk," *Econometrica* 47(1979), pp. 263-291.

[22] 이 효과는 R. H. Thaler and J. Johnson, "Gambling with the House Money and Trying to Break Even: The Effects of Prior Outcomes on Risky Choice," *Management Science* 36(1990), pp. 643-660에 설명되어 있다. 주식 수익률에 대한 전망이론의 의미는 다음 논문에서 탐구되었다 — N. Barberis, M. Huang, and T. Santos, "Prospect Theory and Asset Prices," *Quarterly Journal of Economics* 116(February 2001), pp. 1-53.

불확실한 사건의 확률을 계산하는 데 체계적 실수를 범할 수 있다. 심리학자들은, 사람들이 미래에 나타날 수 있는 결과를 판단할 때 몇 가지 비슷한 상황에서 일어났던 일들을 되돌아보는 경향이 있음을 발견했다. 결과적으로 그들은 약간의 최근 사건에 너무 큰 가중치를 두게 된다. 예를 들어 투자자는 어떤 투자관리자가 3년 동안 연속해서 시장보다 우월했으므로 특별히 능력이 있다고 판단하거나, 3년 동안 주가가 빠르게 상승했기 때문에 주식시장에 투자하면 미래 이익도 좋을 것으로 판단하기도 한다. 이 투자자는 3년의 경험으로는 기대수익에 대해 거의 아무것도 알 수 없다는 사실을 생각하지 않는다.

대부분의 사람은 지나치게 **보수적**이다. 즉 새로운 증거를 봐도 믿음에 반영하는 데 너무 오래 걸린다. 사람들은 올바른 방향으로 믿음을 갱신하는 경향이 있지만, 그 변화의 크기는 합리적인 수준보다 작다.

또 다른 체계적 편의는 **과신**(overconfidence)이다. 예를 들어 미국의 소규모 기업은 5년 동안 살아남을 확률이 단지 35%이다. 그러나 기업가의 대부분은 성공 확률이 70% 이상이라 생각한다.[23] 비슷하게, 대부분 투자자는 주식을 선택하는 데 있어 자신이 평균 이상이라고 생각한다. 서로 거래하는 2명의 투기자는, 모두가 그 거래로부터 이익을 볼 수는 없는데도 각자는 상대방이 어수룩하다고 확신하기 때문에 거래를 계속하려고 한다.[24] 과신은 사람들이 자신의 판단을 확실하다고 표현하는 데서도 나타난다. 그들은 끊임없이 미래가 자신이 생각한 대로 나타날 확률을 과대평가하고, 기대하지 않은 사건의 확률은 과소평가한다.

이러한 행동에 대한 특성이 일본과 닷컴 버블을 설명하는 데 도움이 된다는 것을 알 수 있다. 가격이 상승할 때, 미래에 대한 낙관론이 증가하고 추가 수요를 자극했다. 투자자들이 더 많은 이익을 달성할수록 자신의 관점에 대해 더 자신하게 되고, 다음 달에는 그렇게 좋지 않을 것 같은 위험을 더 기꺼이 부담하려고 했다.

## 센티먼트

행동경제학자들은 주식가격을 결정하는 데 투자자 센티먼트(investor sentiment)가 중요함을 강조하고, 심리에서의 주요한 변화에 대한 증거를 제시했다. 예를 들어 미국개인투자자협회(American Association of Individual Investors)는 회원들에게 이후 6개월 동안 시장이 강세일지, 약세, 또는 중립적일지 매주 설문조사를 실시했다. 좋거나 나쁜 모든 뉴스는 이미 주가에 반영되었다고 믿는 사람들은 중립에 체크 표시했다. 그러나 그림 12.6과 같이, 개인투자자들은 강세와 약세 사이에서 상당히 강하게 바꾸곤 했다. 2000년 1월, 닷컴 호황의 절정에서 상당수인 투자자의 75%는 강세라고 했는데, 이는 약세라고 주장한 투자자보다 62% 더 많았다. 이러한

---

[23] D. Kahneman, *Thinking Fast and Slow*(New York: Farrar, Straus, and Giroux, 2011) 참조.

[24] 금융시장에서 과신편의(overconfidence bias)에 대한 자세한 논의는 K. Daniel and D. Hirshleifer, "Overconfident Investors, Predictable Returns, and Excessive Trading," *Journal of Economic Perspectives* 29(Fall 2015), pp. 61-88 을 참조하라.

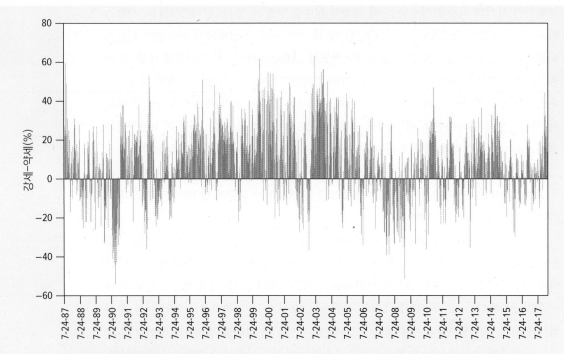

강세와 약세 기간은 앞에서 언급한 단기 모멘텀 효과를 설명할 수 있을 것이다.[25]

## 차익거래의 한계

아마추어 투자자가 때때로 비이성적 과열(irrational exuberance)에 빠져들 수 있다는 것은 어렵지 않게 믿을 수 있다.[26] 그러나 많은 돈을 관리하는 냉정한 전문투자자들도 많이 있다. 왜 이들은 고평가된 주식에서 벗어나 주가가 공정한 가치로 내려가도록 하지 않는가? 한 가지 이유는 **차익거래의 한계**(limits to arbitrage)가 있기 때문이다. 즉 합리적인 투자자가 시장 비효율성을 활용하는 데 한계가 있다는 것이다.

엄밀히 말하면, **차익거래**(arbitrage)는 어떠한 위험도 없이 우월한 수익을 보장하는 투자전략을 의미한다. 실무적으로 차익거래는 시장 비효율성을 이용해 가격이 기본적 가치로 돌아갈 때 우월한 수익을 얻는 전략으로 좀 더 약식으로 정의된다. 그러한 전략은 보상이 클 수 있지만, 위험이 없는 경우는 거의 없다.

---

[25] 심리 척도와 주식 수익률의 연관성에 대한 증거는 M. Baker and J. Wurgler, "Investor Sentiment in the Stock Market," *Journal of Economic Perspectives* 21(2007), pp. 129-151을 참조하라.

[26] '비이성적 과열'이라는 용어는 연방준비제도이사회 전 의장인 앨런 그린스펀(Alan Greenspan)이 닷컴 호황을 묘사하기 위해 만들었다. 또한 이 호황을 연구한 로버트 쉴러(Robert Shiller)의 책 제목이기도 하다. R. Shiller, *Irrational Exuberance*(New York City: Broadway Books, 2001)을 참조하라.

효율적 시장에서는 가격이 궤도를 벗어나면 차익거래가 이를 다시 돌려놓는다. 차익거래자는 저평가된 증권을 사고(가격을 올리고), 고평가된 증권을 판다(가격을 낮춘다). 차익거래자는 낮은 가격에 사고 높은 가격에 팔아 가격이 기본적 가치에 수렴하기를 기다려서 이익을 얻는다. 따라서 차익거래를 흔히 **수렴거래**(convergence trading)라고 한다.

그러나 차익거래는 보기보다 어렵다. 거래비용이 매우 많을 수 있으며, 어떤 거래는 실행하기가 어렵다. 예를 들어 기존 포트폴리오에 포함되어 있지 **않은**, 고평가된 증권을 발견했다고 하자. 이런 주식은 '비싸게 팔고' 싶지만, 보유하지 않은 주식을 어떻게 팔 것인가? **공매도**(sell short) 또는 공매를 할 수밖에 없다.

주식을 공매도하려면, 다른 투자자의 포트폴리오에서 주식을 빌려서 팔고, 가격이 내려갈 때까지 희망을 품고 기다린다. 그러면 팔았던 가격보다 낮은 가격에 주식을 되살 수 있다. 그러나 잘못되어 주가가 상승하면, 조만간 빌린 주식을 대여자에게 상환하기 위해 이 주식을 높은 가격에 되사야 할 것이다(따라서 손실을 본다). 그러나 예상이 맞고 가격이 내려가면, 주식을 재매입해 매도와 매입 가격 간의 차이를 챙기고, 빌린 주식을 상환한다. 어떻게 공매도를 하는지 말로는 쉽지만, 비용과 수수료를 지급해야 하고, 어떤 경우에는 빌릴 주식을 구할 수 없다.[27]

공매의 위험은 2008년의 극적인 예에서 볼 수 있었다. 자동차 산업의 전망이 암담했던 그때, 몇몇의 헤지펀드는 폴크스바겐 주식을 더 낮은 가격에 되살 수 있다고 전망하고 공매하기로 했다. 그 뒤 포르쉐(Porsche)는 폴크스바겐 주식 중 74%의 지배권을 실질적으로 획득했다는 놀라운 발표를 했다. 추가로 20%는 니더작센(Lower Saxony)주가 보유하고 있기 때문에, 공매자가 되살 수 있는 주식이 충분하지 않았다. 그들이 포지션을 서둘러 청산하면서, 폴크스바겐 주가는 이틀 만에 €209에서 €1,005의 높은 가격으로 상승해, 폴크스바겐을 세상에서 가장 가치 있는 회사로 만들었다. 주가는 빠르게 하락했지만, **숏스퀴즈**(short squeeze, 공매손절매수)에 빠진 공매자는 큰 손해를 보았다.

폴크스바겐의 예는 차익거래의 가장 중요한 한계가 가격이 수렴하기 전에 더 벌어질 위험이라는 것을 보여준다. 따라서 차익거래자는, 좋아지기 전에 훨씬 나빠질 수 있는 포지션을 계속 보유할 용기와 자원이 있어야 한다. 그림 12.4의 로열 더치와 쉘 T&T의 상대적인 가격을 다시 보자. 로열 더치가 등가(parity)보다 약 12% 아래일 때인 1980년에, 어느 전문 자금관리자를 생각해보자. 오랜 기다림이 있었던 후에, 이 포지션에서 처음으로 이익을 보게 된 것은 1983년이었다. 그 사이에는 가격오류(mispricing)가 더 악화하고 좋아지지는 않았다. 로열 더치는 1981년 중반에 등가보다 30% 이상 떨어졌다. 따라서 자금관리자는 그해 '차익거래' 전략에서 상당한 손실을 보고해야 했다. 자금관리자는 해고되어 중고차 판매원 같은 새 직장을 찾아야 했을지도 모른다.

---

[27] 증권사는 빌려줄 수 있는 주식을 확인하고 공매도자가 이용하도록 한다. 빌려줄 수 있는 주식의 공급은 제한된다. 주식을 빌리는 수수료를 내야 하고, 주가가 상승해서 공매도자가 주식을 재매입해 상환하는 것이 불가능할 경우에 대비해 대여자를 보호하기 위해 담보를 맡겨야 한다. 공매도자가 이 담보에서 시장이자율을 벌 수 있다면 비용이 없겠지만, 때로는 더 낮은 이자율만 얻게 된다.

1998년 롱텀캐피털매니지먼트(Long Term Capital Management, LTCM)의 파산은 수렴거래의 위험을 보여준 또 다른 사례이다. 1990년대 가장 크고 가장 수익성 있는 헤지펀드(hedge fund) 중 하나인 LTCM은 유로존(Eurozone)의 여러 나라들의 기존 통화가 유로(euro)로 대체될 때 이들 국가의 이자율이 수렴할 것이라고 믿었다. LTCM은 이 수렴으로 수익을 얻고자 하는 대규모 포지션과 다른 가격 불일치를 이용하기 위한 대규모 포지션을 취했다. 그러나 러시아 정부가 1998년 8월 부채 지급의 일부에 대해 지급유예(moratorium)를 선언해 금융시장에 큰 격변이 일었고, LCTM이 돈을 걸었던 여러 가격 불일치가 갑자기 훨씬 더 커졌다.[28] LTCM은 매일 수억 달러씩 손해를 보았다. LTCM의 채권 은행단이 남은 자산을 인수하고 나머지도 차례대로 청산하도록 하는 뉴욕연방준비은행의 조처가 내려졌을 때는 이 펀드의 자본이 거의 사라지고 없었다.

LTCM의 갑작스러운 붕괴도 2000년대 헤지펀드 산업의 급속한 성장을 막지는 못했다. 헤지펀드가 차익거래의 한계를 극복하고 LTCM이 맞닥뜨린 문제들을 피할 수 있다면, 시장은 앞으로 좀 더 효율적이 될 것이다. 그렇지만 완전한 효율성을 요구하는 것은 아마도 너무 많은 것을 요구하는 것일지 모른다. 차익거래 전략의 위험이 기대수익률에 비해 너무 크다면 가격은 정상에서 벗어나버릴 수 있다.

## 유인 문제와 2008-2009 금융위기

가격이 기본적 가치에서 벗어나게 할 수 있는 내재된 편의와 잘못된 생각을 가진 개인투자자는 차익거래의 한계에 빠지게 된다. 그런데 펀더멘털에 합리적으로 주목하는 것을 방해하는 유인(incentive) 문제도 있을 수 있다. 2008년과 2009년의 금융위기를 예로써 간단히 살펴보자.

미국의 주택가격이 2006년까지 10여 년간 거의 3배 상승했음에도, 주택가격이 하락할 것으로 예상한 사람은 거의 없었다. 무엇보다, 1930년대 대공황 이래 미국의 평균 주택가격은 하락한 적이 없다. 그러나 2006년에 버블은 붕괴되었다. 2009년 3월까지, 미국의 주택가격은 최고치에서 거의 1/3까지 떨어졌다.[29]

그러한 폭등과 붕괴가 어떻게 발생할 수 있는가? 부분적으로는 은행과 신용평가기관, 기타 금융기관 모두가 유인을 왜곡했기 때문이다. 부동산 매입은 보통 은행에서 주택담보대출(mortgage loan)로 자금을 조달한다. 미국의 대부분 지역에서는 차입자가 주택담보대출에 대해 채무불이행을 하면 상대적으로 작은 페널티를 받을 수 있다. 부동산 가격이 하락하면 이들은 그냥 채무를 회피해 버릴 수 있다. 그러나 가격이 오르면 이들은 돈을 번다. 따라서 차입자는 기꺼이 큰 위험을 부담하려 할 것이다. 특히 매입 가격 중에서 자기 돈으로 조달한 부분이 적을 때는 더욱 그렇다.

---

[28] 러시아의 부채 지급유예는 예상되지 않았고 일반적이지 않았다. 왜냐하면 부채가 최근에 발행되었으며 루블(rouble)로 표시되었기 때문이다. 러시아 정부는 루블을 발행해 부채를 상환하기보다는 채무불이행을 선택했다.

[29] 주택가격의 하락이 서브프라임(subprime) 붕괴로 이어질 것을 예상한 투자자는 큰 수익을 얻을 수 있었다. 예를 들어 헤지펀드 매니저인 존 폴슨(John Paulson)은 2007년에 최종적으로 $37억를 벌었다(*Financial Times*, *January* 15, 2008과 June 18, 2008).

그러면, 부동산 가격이 크게 하락하면 확실히 채무를 이행하지 않을 사람에게 은행은 왜 자금을 빌려주려고 하는가? 차입자는 대체로 이득을 얻기 때문에, 주택담보대출을 받으려고 기꺼이 은행에 매력적인 선취수수료를 냈다. 그런데 은행은 주택담보대출을 주택담보부증권(mortgage-backed security, MBS)으로 포장하고 재판매해 다른 누군가에게 부도위험(default risk)을 전가할 수 있었다. 신용평가기관이 안전하다고 평가했기 때문에, 많은 MBS 매입자는 이를 안전한 투자라고 생각했다. 그러나 나중에 신용등급이 크게 잘못된 것으로 드러났다. (등급평가기관은 MBS 발행자에게서 돈을 받고 평가했고, 또 MBS 발행에 대해 조언했기 때문에 또 다른 대리인 문제를 발생시켰다.)

'다른 누군가'도 정부였다. 많은 비우량주택담보대출(subprime mortgage)은 FNMA와 FMAC('Fannie Mae'와 'Freddie Mac')에 매각되었다. 이들은 정부가 신용을 지원해주는, 특별한 이점을 갖는 사적 기업이었다. [이 지원은 암묵적이었지만 패니(Fannie)와 프레디(Freddie)가 곤경에 처한 2008년 재빨리 명백하게 했다. 미국 재무부(U.S. Treasury)가 이들을 인수했다.] 따라서 이들 기업은 인위적으로 낮은 이자율로 차입해 주택담보대출 시장에 자금을 공급할 수 있었다.

금융위기에도 비우량(subprime) MBS를 보유한 대형 은행들이 '파산하기엔 너무 컸기' 때문에 정부는 곤란한 입장에 있기도 했다. 따라서 원래 유인 문제인 주택 구매자들이 많은 주택담보대출을 받고 부동산 가격이 더 높아지기를 바라는 유혹은 결코 바로잡히지 못했다. 정부는 위기 전에 패니와 프레디를 억제해 위험을 줄일 수 있었을 텐데 그렇게 하지 않았다. 아마도 정부는 사람들이 자신의 주택을 매입할 수 있다는 것을 더 보고 싶었기 때문이다.

대리인 문제와 유인 문제는 금융 서비스 산업에 널리 퍼져 있다. 미국과 다른 많은 나라에서, 사람들은 돈을 투자하기 위해 연기금(pension fund), 뮤추얼펀드 같은 금융기관에 관심을 갖는다. 이 기관들은 투자자의 대리인이지만 대리인의 유인이 항상 투자자의 이해와 같지는 않다. 부동산에서처럼 이 대리인 관계는 가격을 왜곡하며 잠재적으로 버블을 발생시킨다.[30]

## 12-5 시장 효율성의 다섯 가지 교훈

효율적 시장 가설은 차익거래가 어떠한 이익 기회도 재빨리 제거해 시장가격을 공정한 가치로 되돌릴 것이라는 점을 강조한다. 행동재무학 전문가는 손쉽게 이익을 얻을 수는 없다고 인정하면서도, 차익거래는 비용이 들고 때로는 서서히 작동하기 때문에 가격이 공정한 가치에서 벗어나는 현상이 지속될 수 있다고 주장한다.

수수께끼를 선별하는 데는 시간이 걸리겠지만, 재무관리자는 적어도 처음에는 주식과 채권의 가격을 '정확'하며, 월스트리트에 공짜 점심은 없다고 가정해야 한다.

'공짜 점심은 없다'는 원칙은 시장 효율성에 관한 다음의 다섯 가지 교훈을 준다. 이 교훈을

---

[30] F. Allen, "Do Financial Institutions Matter?" *Journal of Finance* 56(2001), pp. 1165-1175 참조.

살펴보고 난 뒤, 시장 비효율성이 재무관리자에게 어떤 의미가 될 수 있는지 생각해본다.

## 교훈 1: 시장은 기억이 없다

약형의 효율적 시장 가설은 일련의 과거 가격 변화가 미래 가격 변화에 대한 어떠한 정보도 포함하고 있지 않다고 주장한다. 경제학자들은 이 아이디어를 더욱 간결하게, 시장은 기억이 없다고 표현한다. 그러나 흔히 재무관리자들은 그렇지 않은 것처럼 행동하는 것 **같다**. 예를 들면 비정상적으로 가격이 상승한 뒤, 관리자들은 부채보다는 자기자본을 발행하기를 선호한다.[31] 이러한 생각은 가격이 높을 때 시장에 판다는 것이다. 이와 비슷하게, 흔히 재무관리자들은 가격이 하락한 후에는 주식 발행을 꺼리며, 주가의 재반등을 기다리는 경향이 있다. 그러나 시장은 기억이 없으며, 재무관리자들이 기대하는 것 같은 주기는 존재하지 않는다는 것을 이미 알고 있다.[32]

때때로 재무관리자는 회사의 주식이 고평가되어 있다거나 저평가되어 있다는 것을 나타내는 내부정보를 갖고 있다. 예를 들어 내부자는 알고 있으나 시장이 모르는 좋은 뉴스가 있다고 가정하자. 그 뉴스가 드러날 때 주가는 급격히 상승할 것이다. 그러므로 기업이 현재 가격으로 주식을 매각한다면, 기존 주주를 희생해 가면서 새로운 투자자들에게 주식을 싸게 파는 셈이 된다.

당연히, 재무관리자는 유리한 내부정보를 가지고 있을 때 새로운 주식 매각을 주저하게 된다. 그러나 이러한 정보는 주가의 내력과는 아무런 관계가 없다. 자사 주식이 1년 전 주가의 절반 수준에서 거래될 수도 있지만, 회사는 주식이 여전히 고평가되어 있다는 것을 암시하는 특별한 정보를 갖고 있을 수 있다. 또는 주가가 지난해 가격의 2배일지라도 **여전히** 저평가되어 있을 수도 있다.

## 교훈 2: 시장가격을 믿어라

효율적 시장에서는 가격을 믿을 수 있다. 왜냐하면 가격은 각 증권의 가치에 관해 이용 가능한 모든 정보를 포함하고 있기 때문이다. 이는 효율적 시장에서는 대부분 투자자가 지속적으로 우월한 수익률을 달성할 방법이 없다는 것을 의미한다. 그렇게 하려면 투자자가 다른 **어떤 사람**보다도 더 많은 정보를 가질 뿐 아니라, **모든 사람**보다 더 많이 알아야 한다. 이 메시지는 기업의 환율정책이나 부채의 매입과 매각을 책임지는 재무관리자에게 중요하다. 만약 재무관리자가 환율변동이나 이자율변동을 예측하는 데 다른 사람보다 더 영리하다는 전제하에 운영한다면, 그는 종잡을 수 없는 도깨비불 같은 시장 변화에 따라 끊임없이 재무정책을 바꿔야 할

---

[31] 예로 다음을 참조하라 — P. Asquith and D. W. Mullins, Jr., "Equity Issues and Offering Dilution," *Journal of Financial Economics* 15(January-February 1986), pp. 61-89; (for the U.K.) P. R. Marsh, "The Choice between Equity and Debt: An Empirical Study," *Journal of Finance* 37(March 1982), pp. 121-144.

[32] 확대된 투자기회와 이들 새로운 투자에 자금조달이 필요하다는 사실을 높은 주가로 시장에 신호 보낸다면, 역사적으로 주가가 높을 때 기업들이 총체적으로 더 많은 자금을 조달할 것으로 기대된다. 그러나 이는 기업들이 이러한 때에 부채보다는 자기자본을 발행해 추가 현금을 조달하는 것을 선호하는 이유를 설명하지 못한다.

것이다.

프록터앤드갬블(P&G)은 이러한 점에 대한 값비싼 예를 보여준다. P&G는 1994년 초에 $1억 200만를 한순간에 잃었다. 1993년 P&G의 재무부서 직원은 이자율이 안정적일 것으로 믿고 P&G의 차입비용을 줄이기로 결정했다. 이를 위해 P&G는 뱅커스트러스트(Bankers Trust)와 협상하기로 했다. 물론 공짜 점심은 없다. 이자율을 줄이는 대신, 이자율이 급격히 오른다면 P&G는 뱅커스트러스트에 보상해주기로 동의했다. 하지만 이자율은 1994년 초 극적으로 상승해 P&G는 곤란에 처했다. 그런 뒤 P&G는 아무런 정보 없이 투자하는 것이 아닐 텐데도, 거래에 대해 불완전하게 전달했다는 당혹스러운 혐의로 뱅커스트러스트를 고발했다.

결국엔 합의가 된, 이러한 소송의 이점에 대해 여기서는 아무런 입장이 없다. 그러나 채권시장(fixed-income market)에서 거래될 때의 P&G의 경쟁상대를 생각해보자. 경쟁상대는 주요 투자은행(investment bank), 헤지펀드, 채권 포트폴리오 관리자 등 모든 거래창구를 가지고 있다. P&G는 채권 경기장에서 특별한 통찰력이나 경쟁우위가 없다. 이자율에 대해 거대한 내기를 할 결정은 거의 유니콘을 뛰어넘는 놀이만큼 위험하다(그리고 괴롭다).

도대체 왜 이렇게 거래하는가? P&G는 새로운 소비 시장에 경쟁적인 이점이 없다면 이 시장에 진입하기 위해 투자하지 않았다. 기업은 경쟁우위와 경제적 지대(economic rent)의 원천을 확인하지 않는 한 투자하지 않아야 한다. 시장 비효율성은 수렴거래로부터 경제적 지대를 제공할 수 있지만, 경제적 지대를 추구하는 데 경쟁력을 갖는 기업은 거의 없다. 일반적인 규칙에서처럼, 비금융 기업은 평균적으로 금융시장에 투기하는 것으로 아무것도 얻지 못한다. 헤지펀드를 모방하려 하지 말아야 한다.[33]

회사의 자산은 회사의 투자 역량에 대한 경영진의 믿음에 의해 직접적으로 영향을 받을 수도 있다. 예를 들어 단순히 경영진이 다른 기업의 주식이 저평가되었다고 생각하기 때문에 그 기업을 살 수도 있다. 약 절반 정도의 경우, 나중에 분석해보면 인수된 기업의 주식이 과소평가된 것으로 판명될 것이다. 그러나 나머지 절반은 주식이 과대평가된 것이다. 평균적으로 가치는 정확할 것이며, 따라서 인수기업은 인수비용을 제외하면 공정한 게임을 하는 셈이다.

### 교훈 3: 내재된 것을 읽어라

만약 시장이 효율적이라면, 가격은 이용 가능한 모든 정보를 내포한다. 그러므로 내재된 것을 읽는 법을 배울 수만 있다면, 증권 가격은 미래에 대해 많은 것을 알려줄 것이다. 예를 들어 기업의 재무제표 정보는 파산 가능성을 추정하는 데 도움이 될 수 있다. 그러나 회사 증권에 대한 시장의 평가 역시 그 회사의 전망에 관해 중요한 정보를 제공할 수 있다. 그러므로 만약 회사 채권이 낮은 가격에 거래된다면, 이 회사가 아마도 어려움에 처해 있을 것으로 추론할 수 있다.

다른 예를 보자. 투자자들이 다음 해에 이자율이 오를 것으로 확신한다고 하자. 이 경우 투

---

[33] 물론 약간의 예외는 있다. 허쉬(Hershey)와 네슬레(Nestlé)는 코코아 선물시장에서 신뢰할 만한 거래자이다. 주요 정유기업은 에너지 시장에 관련된 특별한 기술과 지식이 있을 것이다.

자자들은 장기로 돈을 빌려주기보다는 기다릴 것을 선호하므로, 오늘 장기 자금을 차입하기를 원하는 기업은 더 높은 이자율이라는 유인을 제공해야 한다. 다시 말해 장기 이자율은 1년 이자율보다 높아야 한다. 그러므로 장기 이자율과 단기 이자율 간의 차이는, 투자자들이 미래 단기 이자율이 어떻게 될 것으로 예상하는지를 말해준다.

### 교훈 4: 스스로 할 수 있는 선택안

효율적 시장에서 투자자들은 그들 자신도 똑같이 잘할 수 있는 일에 대해서는 다른 사람에게 대가를 지급하지 않으려 한다. 앞으로 알게 되겠지만, 기업의 자금조달에 관한 많은 논쟁은 개인이 기업의 재무결정을 얼마나 잘 복제할 수 있는가에 초점을 맞추고 있다. 예를 들어 기업은 종종 다각화를 통해 더 안정적인 기업을 만들 수 있다는 것을 근거로 합병을 정당화한다. 그러나 만약 투자자들이 양쪽 기업의 주식을 모두 소유할 수 있다면, 왜 기업이 다각화하는 것에 고마워해야 하는가? 기업이 다각화하는 것보다 투자자들이 스스로 다각화하는 편이 훨씬 쉽고 비용도 적게 든다.

재무관리자는 부채를 발행할 것인지 아니면 보통주를 발행할 것인지 생각할 때도 같은 질문을 해볼 필요가 있다. 기업이 부채를 발행하면 재무 레버리지를 만들게 된다. 그 결과 주식은 더 위험해질 것이며, 더 높은 기대수익률을 제공해야 할 것이다. 그러나 주주는 기업이 부채를 발행하지 않아도 재무 레버리지를 만들 수 있다. 즉 주주들은 자신의 계정으로 자금을 차입할 수 있다. 그러므로 재무관리자가 직면하는 문제는, 개인 주주들보다 기업이 부채를 발행하는 것에 더 이점이 있는가를 판단하는 일이다.

### 교훈 5: 한 주식을 알면 모든 주식을 안다

어느 상품에 대한 수요의 탄력성(elasticity of demand)은 가격이 1% 올라갈 때 수요량의 백분율 변화로 측정한다. 만약 상품이 가까운 대체재를 가지면, 탄력성은 큰 음수의 값을 가진다. 그렇지 않다면, 탄력성은 0에 가깝다. 예를 들어 주요 산물인 커피는 수요 탄력성이 약 $-0.2$이다. 이는 커피 가격이 5% 증가하면 판매량이 $-0.2 \times 0.05 = -0.01$만큼 변함을 의미한다. 다시 말해 5%의 가격 상승은 수요를 1%만 감소시킨다. 그런데 소비자들은 **다른** 상표의 커피를 아주 가까운 대체재로 생각하는 것 같다. 따라서 특정 상표에 대한 수요 탄력성은, 이를테면 약 $-2.0$일 수도 있다. 이 경우 폴저스(Folgers)의 가격에 비해 상대적으로 맥스웰하우스(Maxwell House)의 가격이 5% 상승하면 수요는 10% 감소한다.

투자자들은 고유의 특성 때문에 주식을 사는 것이 아니다. 투자자들이 주식을 사는 이유는 위험에 대해 공정한 수익률을 제공할 것이란 전망 때문이다. 이는 커피의 매우 유사한 상표들처럼, 주식들도 거의 완전한 대체재임을 의미한다. 그러므로 한 기업의 주식에 대한 수요는 매우 탄력적이다. 만약 미래 수익률이 위험과 비교해 너무 낮으면 **아무도** 그 주식을 보유하기를 원치 않는다. 반대의 경우에는 **모두가** 경쟁적으로 그 주식을 사려고 몰려들 것이다.

주식을 대량으로 매각하고 싶다고 가정하자. 수요는 탄력적이기 때문에, 주식을 팔려면 당연히 공모가격(offering price)을 아주 조금 낮춰야 한다고 생각할 것이다. 유감스럽게도, 반드시 그렇지는 않다. 주식을 팔려고 하면, 다른 투자자들은 이들이 모르는 무엇인가를 매도자가 알고 있기 때문에 주식을 팔려 한다고 의심할 수도 있다. 따라서 그들은 주식의 가치에 대한 평가를 하향 조정한다. 수요는 여전히 탄력적이지만, 수요곡선 전체가 아래로 이동한다. 탄력적 수요는, 대규모 매도 또는 매입이 있더라도 주가가 전혀 변하지 않는다는 것을 의미하지 않는다. **사적 정보를 갖고 있지 않음을 다른 사람들에게 확신시킬 수 있는 경우에만** 시장가격에 가까운 가격으로 대량의 주식을 매각할 수 있다는 것을 의미한다.

## 시장이 효율적이지 않으면 어떻게 될까? 재무관리자를 위한 시사점

앞의 다섯 가지 교훈은 효율적 시장에 의존한다. 시장이 효율적이지 **않으면** 재무관리자는 어떻게 해야 하는가? 답은 그 비효율성의 본질에 달렸다.

**자사 주가가 잘못 결정되면 어떻게 할까?**　재무관리자는 미래 이자율에 대한 특별한 정보를 갖고 있지 않을 수도 있지만, 자기 회사의 주식 가치에 대한 특별한 정보를 확실히 가지고 있다. 또는, 투자자가 경영진만큼의 정보를 가지고 있을지 모르지만, 그 정보에 느리게 반응하거나 행동학적 편의에 물들기도 한다.

때때로 경영자가 다음과 같이 생각하는 경우를 볼 수 있다.

좋아! 우리 주식은 분명히 고평가되어 있어. 이는 우리가 자본을 싸게 조달해 프로젝트 X에 투자할 수 있다는 것을 의미해. 이렇게 높은 주가는 프로젝트 X에 투자할 명분이 없는 것 같은 우리 경쟁자와 비교하면 우리에게 큰 이점이야.

그러나 이는 타당하지 않다. 주식이 정말로 고평가되었다면, 추가로 주식을 매도하고 그 돈으로 다른 자본시장의 증권에 투자해 현재 주주들에게 도움을 줄 수 있다. 그러나 주식을 발행해서 조달한 자금으로 다른 자본시장에서 벌 수 있는 것보다도 수익률이 낮은 투자안에 투자해서는 **안 된다.** 그런 투자안은 음수의 NPV를 가질 것이다. 어떤 경우도 음수의 NPV 투자안에 투자하는 것보다는 항상 더 낫다. 회사는 시장에서 주식을 살 수 있지만, 효율적 시장에서 그러한 매입은 항상 NPV가 **0**이다.

반대의 경우는 어떠한가? 주식이 **저평가되었다**는 것을 안다고 가정하자. 이 경우 추가로 '저렴한' 주식을 매도해 공정하게 가격결정된 다른 주식에 투자하는 것은 분명히 현재 주주에게 이득이 되지 않는다. 주식이 충분히 저평가되었다면, 새로운 투자자에게 주식을 낮은 가격에 매도하는 것보다는, 양수의 NPV 투자안에 투자할 기회를 포기하는 것이 더 이익이 될 수도 있다. 회사의 주식이 저평가되었다고 믿는 재무관리자는 당연히 추가로 주식을 발행하기를 꺼린다. 대신, 부채를 발행해 투자에 필요한 자금을 조달할 수 있다. 이 경우 시장 비효율성은 기업의 자금조달 선택에 영향을 미치지만, 실질 투자결정에는 영향을 미치지 않는다. 제14장에서는 경영진이 주식가격이 잘못 결정되었다고 믿을 경우의 자금조달 선택에 대해 더 논의한다.

**회사가 버블에 처했다면 어떻게 할까?**   가끔, 1990년대 말의 닷컴 폭등과 같이 주가가 버블에 휩쓸릴 수 있다. 버블은 짜릿할 수 있다. 투자자 무리들이 열광적으로 회사 주가를 올리는 데 동참하지 않기는 어렵다.[34] 다른 한편, 버블 **내의** 재무관리자는 어려운 개인적, 윤리적 시험대에 서게 된다. 관리자는 고공 행진하는 주가를 '폄하하기' 원치 않으며, 특히 보너스와 스톡옵션 지급이 주가에 달렸을 때는 더욱 그렇다. 나쁜 소식은 덮어버리고 좋은 소식을 지어내려는 유혹이 매우 강할 수 있다. 버블이 오래갈수록, 마침내 버블이 터졌을 때의 손해가 더 커진다. 폭등한 주가를 유지하기 위해 교묘한 회계나 허위 공시를 이용했던 재무관리자에게는, 버블이 터지면 소송과 아마도 교도소가 기다리고 있을 것이다.

기업의 주가가 버블에 휩쓸려 올라갈 때, CEO와 재무관리자는 주식을 화폐로 사용해 다른 회사를 인수하려는 유혹을 받는다. 한 극단적인 예로, 닷컴 버블이 한창인 2000년에 AOL이 타임워너(Time Warner)를 인수한 바 있다. AOL은 전통적인 닷컴 기업이었다. 이 회사 주식은 1995년 말 \$2.34에서 1999년 말 \$75.88로 상승했다. 타임워너 주가도 이 기간에 상승했지만, \$18.94에서 \$72.31까지만 올랐다. 1995년 AOL의 시가총액은 타임워너의 일부에 불과했으나 1998년에는 타임워너를 추월했다. 1999년 말까지 AOL의 발행주식 가치는 \$1,730억였고 타임워너는 \$950억였다. AOL은 인터넷 버블이 꺼지기 전에 인수를 완성하려고 노력했다. 그 뒤 AOL-타임워너의 주식은 급락했지만 안전한 파트너를 찾아 인수하려 하지 않은 닷컴 회사 주식만큼은 아니었다.[35]

---

[34] J. C. Stein, "Rational Capital Budgeting in an Irrational World," *Journal of Business* 69(October 1996), pp. 429–455 참조.

[35] 세이버와 치루(Savor and Qi Lu)는 다른 많은 기업이 주식 인수에서 이익을 얻을 수 있었다는 증거를 제공한다. "Do Stock Mergers Create Value for Acquirers?" *Journal of Finance* 64(June 2009), pp. 1061–1097을 참조하라.

- 스페인 바르셀로나에 있는 볼사(Bolsa, 증권거래소)의 수호신은 희망의 성모(Nuestra Señora de la Esperanza)이다. 그녀는 높은 주식 수익률을 열망하는 투자자들을 위로하고 격려하는 정신적 후원자이기도 하다. 그러나 주식시장은 기업과 투자자들 사이에 치열한 경쟁이 끊임없이 일어나는 곳이다. 치열한 경쟁은 주식시장을 효율적으로 만든다. 효율적 시장에서 형성되는 가격은 새롭게 유입되는 정보를 신속하게 반영하기 때문에 지속적으로 고수익을 올릴 기회를 찾는 것은 쉽지 않다. 확실히 희망을 가질 수는 있으나, 효율적 시장에서 합리적으로 **기대할** 수 있는 것은 화폐의 시간가치와 우리가 감수하는 위험을 보상하기에 충분한 수익률이다.

- 효율적 시장 가설은 세 가지 다른 형태를 보인다. 약형의 가설은 가격이 일련의 과거 주가에 포함된 모든 정보를 효율적으로 반영한다고 주장한다. 이 경우 단순히 주가의 패턴을 살펴봄으로써 뛰어난 수익률을 올리기는 불가능하다. 다시 말해 가격은 랜덤워크를 따른다. 준강형의 가설은 가격이 모든 공개된 정보를 반영한다고 주장한다. 이는 단지 신문을 읽고, 회사의 연간 회계 보고서를 살피는 것 등으로는 지속적으로 높은 수익률을 얻는 것이 불가능함을 의미한다. 강형의 가설은 주가가 이용 가능한 모든 정보를 효과적으로 포함한다고 주장한다. 이는 뛰어난 정보를 발견하기 어렵다는 것을 말해준다. 왜냐하면 우수한 정보를 찾는 과정에서 수천 또는 수만 명의 적극적이면서도 영리하고 욕심 많은 투자자와 경쟁해야 하기 때문이다. 이 경우에서 할 수 있는 최선은, 증권 가격이 공정하게 결정된다고 상정하고, 어느 날 희망의 성모가 겸손함을 보상해줄 것으로 기대하는 것이다.

- 1960년대와 1970년대에, 이 주제에 대한 모든 논문은 시장이 효율적이라는 추가적인 증거를 제시하는 것처럼 보였다. 그러나 사람들은 같은 메시지를 듣는 데 싫증이 났고, 있을 수 있는 예외를 찾고 싶어 했다. 1980년대와 1990년대에는 점점 더 많은 이례현상과 수수께끼가 발견되었다. 또한 2000년대의 부동산 버블과 1990년대의 닷컴 버블을 포함하는 버블들은 시장이 언제 어디에서나 효율적인가에 의문을 던졌다.

- 차익거래의 한계는 자산 가격이 기본적 가치에서 벗어나는 이유를 설명할 수 있다. 투자자의 행동을 해석할 때 심리적인 증거에 의존하는 행동재무학은, 시장 효율성에서 벗어나는 많은 현상과 일관성이 있다. 행동재무학은 투자자가 매우 작은 손실도 꺼리며, 특히 최근 투자수익률이 실망스러울 때는 더욱 그렇다고 말한다. 투자자는 미래를 예측할 때 최근 몇 가지 사건에 너무 많이 의존한다. 그들은 자신의 예상을 과신하고 새로운 정보에 늦게 반응하기도 한다.

- 인간의 행동에는 특이한 점과 편의가 많다. 따라서 행동재무학은 아직 가공되지 않은 재료가 많다. 그러나 모든 수수께끼나 이례현상이 특이한 점과 편의, 때늦은 깨달음의 조합으로 설명될 수 있다면, 지금까지 배운 것은 무엇인가? 행동재무학 연구는 정보를 제공하고 흥미를 자아내지만, 몇 개의 간략한 모형으로 시장 효율성에서 벗어난 현상 대부분을 설명할 수 있는 단계에 와 있지는 않다.

- 시장이 얼마나 효율적인지에 대한 논쟁이 오래전부터 있었으며, 금방 보편적으로 받아들여지는 결론이 있을 가능성은 보이지 않는 것 같다. 아마도 이 해결되지 않는 논쟁을 설명하는 데 2013년 노벨경제학상을 유진 파마(Eugene Fama)와 로버트 쉴러(Robert Shiller)가 공동 수상한 것보다 나은 것은 없을 것이다. 유진 파마는 '효율적 시장' 가설의 아버지로 불리며, 로버트 쉴러는 시장 **비효율성**에 초점을 두고 연구한다. [2013년 세 번째 노벨상 수상자는 라스 핸슨(Lars Hansen)으

로 자산가격결정이론을 분석하는 데 광범위하게 이용되는 통계학적 방법을 발전시켰다.][36]

• 증권 발행 또는 매입과 관련된 업무를 하는 기업 재무담당자에게는 효율적 시장 이론이 분명한 의미가 있다. 그러나 어떤 의미에서 보면, 효율적 시장 이론은 답을 주기보다는 많은 질문을 제기한다. 효율적 시장의 존재는, 재무관리자에게 자금조달 문제를 내버려두라는 의미가 아니다. 그것은 단지 분석의 출발점을 제공한다. 이제 증권과 발생 과정을 자세히 알아볼 시간이다.

## ●●●●● 연습문제

1. 효율적 시장 가설이 가정하는 것으로 다음은 맞는가, 틀리는가?
   a. 세금이 없다.
   b. 완벽한 예측이 가능하다.
   c. 연속적인 가격 변동은 서로 독립적이다.
   d. 투자자들은 비합리적이다.
   e. 거래비용이 없다.
   f. 예측은 편의되어 있지 않다.

2. 다음 문장은 참인가, 거짓인가?
   a. 자금조달결정은 투자결정보다 번복하기가 쉽지 않다.
   b. 검정 결과, 연속적인 가격 변동 간에 거의 완전한 음(−)의 상관관계가 있었다.
   c. 준강형의 효율적 시장 가설에 따르면, 가격이 공개적으로 이용 가능한 모든 정보를 반영한다.
   d. 효율적 시장 내에서 각 주식의 기대수익률은 같다.

3. 다음 중(있다면) 어느 것이 맞는가? 주가는 다음 중 어느 것처럼 움직이는 것 같은가?
   (a) 주가는 연속적인 값이 난수(random number)인 것처럼 움직이는 것 같다.
   (b) 주가는 연속적인 값이 규칙적인 주기를 따르는 것처럼 움직이는 것 같다.
   (c) 주가는 연속적인 값이 난수만큼 차이가 나는 것처럼 움직이는 것 같다.

4. 빈칸을 채워라: 효율적 시장 가설은 세 가지 형태가 있다. 주식 수익률의 무작위성 검정은 ____형의 가설에 대한 증거를 제공한다. 잘 알려진 뉴스에 대한 주가의 반응을 검정한 것은 ____형에 대한 증거를 제공한다. 그리고 전문적으로 관리된 펀드의 성과에 대한 검정은 ____형에 대한 증거를 제공한다. 시장 효율성은 투자자 사이의 경쟁의 결과로 생긴다. 많은 투자자가 주식을 더 정확히 평가하는 데 도움이 되는 회사 사업에 관한 새로운 정보를 찾는다. 이러한 연구는 가격이 이용 가능한 모든 정보를 확실히 반영하게 하는 데 도움이 된다. 다시 말해 이는 ____형 시장 효율성을 유지하는 데 도움을 준다. 한편, 다른 투자자들은 과거 주가에서 반복되는 패턴을 분석해 우월한 이익을 내고자 한다. 이러한 연구는 가격이 과거 주가에 담긴 모든 이용 가능한 정보를 확실히 반영하게 하는 데 도움이 된다. 다시 말해 이는 ____형의 시장 효율성을 유지하는 데 도움을 준다.

5. 다음의 의견에 대해 어떻게 대응하겠는가?
   a. "효율적 시장, 맙소사! 난 미친 짓을 하는 많은 투자자를 알아."

---

[36] http://www.nobelprize.org/nobel_prizes/economic-sciences/laureates/2013/ for their Prize Lectures 참조.

b. "효율적 시장? 헛소리야! 난 주식시장에서 큰 돈을 번 사람을 최소한 12명은 알고 있어."

c. "효율적 시장 이론의 문제점은 투자자의 심리를 무시했다는 거야."

d. "모든 한계에도 불구하고, 기업의 가치를 평가하는 최고의 안내자는 기록된 장부가치야. 그 것은 일시적인 유행에 의해 좌우되는 시장가치보다 훨씬 더 안정적이야."

6. 다음 문장에 대해 답하라.

a. "주식에 투자하는 것은 룰렛게임을 하는 것과 같다는 의미를 가지는 랜덤워크 이론은 자본 시장에 대한 강력한 도전이다."

b. "만약 모든 사람이 주가 차트를 그려서 돈을 벌 수 있다고 믿으면 주가 변동은 무작위가 아 니다."

c. "랜덤워크 이론은 사건들이 무작위로 나타난다는 것을 의미하지만, 많은 사건이 무작위로 나타나지 않는다. 오늘 비가 온다면, 내일 또 비가 올 상당한 가능성이 있다."

7. "만약 효율적 시장 가설이 맞는다면, 연기금 관리자는 아마도 핀으로 포트폴리오를 선택하는 것이 나을 것이다." 이 말이 맞지 않는 이유를 설명하라.

8. 파마와 프렌치는 소규모 기업의 평균 주식 수익률이 '대규모' 기업의 평균 수익률보다 유의하 게 더 높다는 것을 보인다. 이 결과를 어떻게 설명하겠는가? 이 결과가 시장 효율성을 부정하 는가? 간단히 설명하라.

9. 다음 관찰 중 시장 비효율성을 나타내고 있는 것은 무엇인가? 이 관찰이 효율적 시장 가설의 약형, 준강형, 강형 중 어느 것을 반박하고 있는지 설명하라.

a. 면세되는 지방채는 과세되는 국채보다 낮은 세전 수익을 제공한다.

b. 경영자들은 자기 회사의 주식을 사들여 우월한 수익을 얻는다.

c. 한 분기의 시장수익률과 다음 분기 총이익의 변화 사이에는 양(+)의 관계가 있다.

d. 최근 굉장히 상승한 주식은 미래에도 계속 오를 것이라는 증거가 있다.

e. 인수대상기업의 주가는 합병 발표 전 기간에 오르는 경향이 있다.

f. 예상치 않게 많은 이익을 올린 회사의 주식은 이익 공시 후 수개월 동안 높은 수익률을 보 인다.

g. 아주 위험한 주식은 안전한 주식보다 평균적으로 높은 수익률을 제공한다.

10. 시장 효율성에 의문을 제기하는 연구 결과나 사건의 예를 두세 가지 들고 그 이유를 간단히 설 명하라.

11. 여기 다시 시장 효율성의 다섯 가지 교훈이 있다. 각 교훈에 대해 재무관리자와의 관련성을 보 여주는 예시를 제시하라.

a. 시장은 기억이 없다.

b. 시장가격을 믿어라.

c. 내재된 것을 읽어라.

d. 스스로 할 수 있는 선택안.

e. 한 주식을 알면 모든 주식을 안다.

12. 재무관리자 알파와 베타는 5년 동안의 S&P 종합지수의 실제 성과를 보여주는 차트를 보며 심

숙고하고 있다. 두 관리자의 회사는 내년쯤 보통주 신주를 발행해야 한다.

　**알파**: 우리 회사는 바로 발행할 것이다. 주식시장 주기가 분명히 올라갈 만큼 올라갔고, 다음에는 거의 확실히 내려갈 것이다. 지금 발행해 적절한 가격을 받는 것이 좋을 것이다.

　**베타**: 당신은 걱정이 많다. 우리는 기다릴 것이다. 시장이 지난 몇 년 동안 어느 방향으로도 가고 있지 않다는 것이 사실이지만, 수치는 분명하게 기본적인 상승 추세를 보여주고 있다. 시장은 지금 새로운 정점으로 올라가는 중이다.

　당신은 알파와 베타에게 무슨 말을 해주겠는가?

13. 효율적 시장 가설은 다음 두 진술에 대해 어떻게 말하겠는가?
    a. "나는 단기 이자율이 장기 이자율보다 약 1% 낮은 걸 알았어. 그러므로 단기 자금을 빌려야 해."
    b. "나는 일본의 이자율이 미국보다 낮은 걸 알았어. 그러니까 미국 달러보다는 일본 엔을 빌리는 게 좋을 거야."

14. 다음 문장은 참인가, 거짓인가?
    a. 만약 시장이 효율적이라면, 주주는 그들의 투자에 대해 무위험 이자율만 받기를 기대해야 한다.
    b. 만약 시장이 효율적이라면, 주식시장에의 투자는 어리석은 짓이다.
    c. 만약 시장이 효율적이라면, 투자자는 좋은 경영진과 평균 이상의 실적을 가진 기업에만 투자해야 한다.
    d. 만약 시장이 효율적이라면, 투자자는 주식이 공정가격(fair price)에 거래될 것으로 기대해야 한다.

15. A기업의 보통주의 60개월 월별 수익률을 분석하니, 베타가 1.45, 알파는 월 −0.2%였다. 한 달 뒤, 시장은 5% 상승하고, A기업의 수익률은 6% 올랐다. A기업의 비정상수익률은 얼마인가?

16. 표 12.1의 두 번째 열은 2015년 1월부터 2017년 7월까지의 영국 FTSE 100 지수의 월별 수익률을 보여준다. 나머지 열은 A기업과 B기업의 주식 수익률을 보여준다. 두 회사 모두 2017년 7월에 이익을 공시했다. 이익을 공시한 달 동안 두 주식의 평균 비정상수익률을 계산하라. 둘 중 한 주식의 이익은 투자자가 약간 실망했고, 다른 하나의 이익은 기대보다 약간 더 좋았다. 각각, 어느 주식인가?

| 월 | 시장수익률 | A기업 수익률 | B기업 수익률 |
|---|---|---|---|
| 2015년 1월 | 2.8 | 3.6 | 1.6 |
| 2월 | 2.9 | 7.0 | 1.5 |
| 3월 | −2.5 | −2.2 | −0.7 |
| 4월 | 2.8 | 3.1 | 3.0 |
| 5월 | 0.3 | 0.2 | 0.1 |
| 6월 | −3.9 | −6.5 | 1.1 |
| 7월 | −0.2 | 0.1 | 0.6 |
| 8월 | −6.7 | −9.8 | −4.6 |
| 9월 | −3.0 | −7.2 | −5.3 |
| 10월 | 4.9 | 5.8 | 6.1 |
| 11월 | −0.1 | 0.2 | 0.1 |
| 12월 | −1.8 | −1.0 | −1.2 |
| 2016년 1월 | −2.5 | −3.1 | 0.6 |
| 2월 | 0.2 | 0.3 | 1.7 |
| 3월 | 1.3 | 1.7 | 2.1 |
| 4월 | 1.1 | 1.1 | 3.0 |
| 5월 | −0.2 | 0.1 | 1.6 |
| 6월 | 4.4 | 7.4 | 2.8 |
| 7월 | 3.4 | 4.0 | 0.9 |
| 8월 | 0.8 | 1.2 | 1.0 |
| 9월 | 1.7 | 5.1 | 1.3 |
| 10월 | 0.8 | 3.7 | −1.6 |
| 11월 | −2.4 | −2.7 | −1.2 |
| 12월 | 5.3 | 10.7 | 1.8 |
| 2017년 1월 | −0.6 | −0.4 | −0.7 |
| 2월 | 2.3 | 2.8 | 2.4 |
| 3월 | 0.8 | 0.7 | 0.8 |
| 4월 | −1.6 | −1.0 | −1.2 |
| 5월 | 4.4 | 6.2 | −3.7 |
| 6월 | −2.8 | −3.2 | −1.3 |
| 7월 | 2.7 | 3.0 | 2.9 |

》**표 12.1** 16번 문제를 보라. 수익률은 월별 백분율이다.

17. 여기에 2017년 6월까지 60개월 동안 A회사와 B회사의 알파와 베타가 있다. 알파는 월간 백분율로 표현된다.

| | 알파 | 베타 |
|---|---|---|
| A회사 | 0.48 | 0.70 |
| B회사 | −0.41 | 1.26 |

이 추정치가 비정상수익률을 계산하는 데 어떻게 쓰이는지 설명하라.

18. 유인 문제와 대리인 문제가 증권의 잘못된 가격결정 또는 버블에 어떻게 기여할 수 있는지를 설명하고 예를 들라.

19. 다음 문장은 참인가, 거짓인가?

    a. 대부분의 경영자는 과신하는 경향이 있다.

    b. 심리학자들에 의하면, 사람은 일단 손해를 보면 앞으로 발생할 손해 가능성에 더 관대해진다.

    c. 심리학자들은 사람들이 예측할 때 최근 사건들에 너무 큰 가중치를 두는 경향이 있다는 것을 관찰했다.

    d. 행동학적 편이는 수월한 차익거래 이익의 기회를 열어준다.

20. 많은 평론가들은 서브프라임 위기를 '비이성적 과열'로 비난했다. 당신의 견해는 어떤가? 간단히 설명하라.

# 기업 자금조달 개관

이제 우리는 장기 자금조달결정에 대한 분석을 지금부터 시작할 것이다. 이 장에서는 기업의 자금조달에 대해 소개하고, 다음 장에서부터 자세히 다룰 몇 가지 주제에 대해 대략적으로 살펴본다.

먼저 자금조달의 원천에 대한 총데이터를 먼저 살펴볼 것이다. 신규 투자를 위한 자금은 대부분 기업이 보유하고 재투자하는 이익에서 조달된다. 나머지 부분은 신규 부채나 지분증권(debt or equity securities)을 발행해 마련한다. 이런 자금조달 형태에 대해 몇 가지 재미있는 질문을 할 수 있다. 기업이 신규 부채나 주식 발행보다 내부 자금조달에 너무 의존하고 있는 것 아닐까? 미국 기업의 부채비율이 너무 높아서 위험한 것 아닐까?

이 장에서 우리의 두 번째 과제는 부채와 자기자본의 주요 특징을 살펴보는 것이다. 채권자와 주주는 서로 다른 **현금흐름권**(cash-flow rights)과 서로 다른 **지배권**(control rights)을 가진다. 채권자는 원금과 이자에 대해 확정된 현금 지급을 약속받았으므로 현금흐름에 대해 우선적 청구권을 갖는다. 채권자에게 먼저 지급한 후 얼마가 되었든 남아 있는 금액은 주주에게 귀속된다. 한편 채권자에 대한 지급의무를 지키기만 한다면, 주주는 해당 기업에 대해 완전한 지배권을 갖는다. 주주는 기업의 주인으로서 어떤 자산을 매입하고, 자산 매입을 위한 자금을 어떻게 조달하며, 자산을 어떻게 활용할 것인가에 대한 궁극적인 결정권을 가지게 된다. 물론 대규모 공개기업의 경우 주주는 이러한 결정을 이사회에 위임하고 이사회는 차례로 최고경영진을 임명한다. 이렇게 되면 결국 **실질적인** (effective) 지배는 종종 기업 경영진에게 주어진다.

현금흐름을 단순히 부채와 자기자본으로만 나누면 기업이 발행하는 다양한 유형의 부채는 이야기하기 어렵다. 따라서 부채 및 자기자본에 대한 논의를 마치기 전에 부채의 주요 유형을 간략하게 소개한다. 또한 보통의 자기자본이 아닌 특별한 형태의 자기자본, 특히 우선주에 대해 소개한다.

금융기관은 기업이 필요로 하는 자금을 공급하고 대금 지급 및 위험 관리 등을 돕고, 재무담당 경영자는 이런 금융기관과 기업을 연결하는 역할을 수행한다. 따라서 이 장에서는 주요한 금융기관을 소개하고 금융기관이 기업 자금조달과 경제 전반에 걸쳐 담당하는 역할을 살펴본다. 2007년 여름 시작된 금융위기는 건전한 금융 시장과 금융기관이 얼마나 중요한지를 보여주었다. 이에 금융위기와 그 이후 금융위기의 여파를 돌아본다.

## 13-1 기업 자금조달의 유형

기업은 부동산, 공장, 설비와 같은 장기 자산, 그리고 재고자산과 매출채권 같은 유동자산에 투자한다. 그림 13.1은 미국 기업이 이러한 투자를 하기 위해 어디에서 현금을 조달하는지 보여준다. 대부분의 현금은 내부에서 창출된다. 다시 말하면 감가상각으로 남겨둔 현금흐름 또는 현금배당으로 지급되지 않은 유보이익에서 조달된다.[1] 미국 기업과 앵글로 색슨 국가의 기업들이 이러한 내부로부터의 자금조달에 특히 크게 의존하고 있다. 한편, 대부분의 산업 국가에서 감가상각과 유보이익이 가장 큰 자금조달의 원천으로 남아 있는 것도 사실이다. 주주는 현금이 양의 NPV 프로젝트에 투자된다면 현금이 그 기업으로 재투자되어도 좋다고 생각한다. 양의 NPV를 가진 모든 투자비용은 주주 가치를 증가시키기 때문이다.

만약 내부 현금흐름이 투자를 하기에 충분히 많지 않다면, 기업은 재정 적자(financial deficit) 상태가 된다. 재정 적자를 메우기 위해 기업은 배당을 줄여서 내부 이익을 증가시키거나, 혹은 외부 투자자로부터 신규로 부채나 자기자본을 조달해야만 한다. 이 시점에서 기업은 두 가지 기본적인 자금조달결정을 내려야 한다. 첫째, 어느 정도의 이익이 주주에게 배당으로 지급되지 않고 사업으로 재투자되어야 하는가? 둘째, 부족한 자금의 어느 정도를 주식 발행이 아니라 부채로 조달해야 하는가? 이렇게 기업은 배당 정책(제15장)과 부채 정책(제16, 17장)을 필요로 한다.

그림 13.1에 나타난 미국 기업의 주식 발행을 살펴보자. 거의 매년 주식 순발행은 **음수(−)** 이다. 이는 기업이 주식을 발행해 조달한 금액보다 자기 주식을 취득하기 위해 주주에게 지

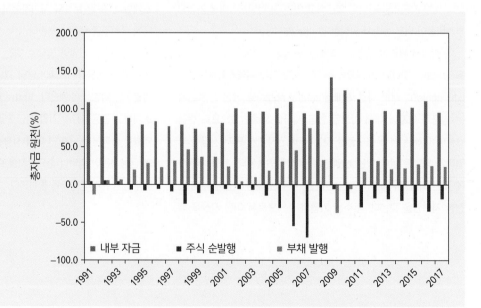

▶ **그림 13.1** 미국 비금융 기업의 자금조달 원천(%)

출처: Board of Governors of the Federal Reserve System, Division of Research and Statistics, Flow of Funds Accounts Table F103 at www.federalreserve.gov/releases/z1/current/default.htm.

---

[1] 그림 13.1에서 내부에서 창출된 현금은 유보이익에 감가상각을 더해 계산했다. 감가상각은 현금유출이 없는 비용이다. 따라서 내부이익은 투자에 사용할 수 있는 현금흐름을 실제보다 적게 나타내고 있다.

급한 금액이 더 많다는 뜻이다(기업은 자기 주식을 다시 사들이거나 또는 인수 합병 과정에서 다른 회사의 주식을 매입해 소각할 수 있다). 현금배당과 자기 주식 매입 사이의 선택은 배당 정책의 한 단면이다.

미국에서 자기 주식 매입 금액은 신주 발행금액보다 일반적으로 더 크다. 이러한 경향은 2006년과 2007년에 특히 두드러져서 당시의 주식 순발행 비율이 다른 해에 비해 특히 더 큰 음수(−)로 나타나고 있다. 반면 부채 발행 비율은 거의 매년 양수(+)로 나타난다.

## 기업은 내부 자금에 지나치게 의존하는가?

살펴본 바와 같이 기업은 평균적으로 투자에 필요한 현금 대부분을 내부 자금(유보이익과 감가상각)으로 충당한다. 내부 자금조달은 주식이나 부채 발행을 통한 외부 자금조달보다 더 간편한 것처럼 보인다. 그러나 일부에서는 경영자가 비이성적이거나 이기적인 이유로 외부 자금조달에 대해 거부감을 가질 수 있다고 우려한다. 자신의 고용 안정성을 추구하는 경영자라면 양의 NPV를 가진 위험한 프로젝트를 위해 신주를 발행하고 미래 투자자로부터 곤혹스러운 질문을 받고 싶어 하지 않을 것이다. 아마도 경영자는 가장 쉬운 방법을 선택하고 '자본시장의 규율(discipline of capital markets)'은 피해 가려 할 것이다.

경영자를 게으른 사람으로 표현하려는 것은 아니다. 때로 내부에서 창출되는 자금에 의지해야만 하는 충분한 이유도 있다. 예를 들면 새로운 증권을 발행하기 위한 비용을 피하기 위해서일 수 있다. 게다가 신주 발행 공시는 대개 투자자에게 나쁜 뉴스인데, 이는 투자자들이 미래 수익이 떨어지고 위험이 커질 때 신주 발행 결정을 하게 된다고 우려하기 때문이다.[2] 만약 주식 발행 비용이 높고 신주 발행이 투자자에게 나쁜 뉴스로 비친다면, 기업은 새로운 주식 발행을 필요로 하는 프로젝트에 대해서 당연히 보다 신중하게 검토해야 할 것이다.

## 기업은 얼마나 많이 빌려야 할까?

자금조달에 있어 부채와 자기자본 사이의 배분은 산업마다, 기업마다 상당히 다르게 나타난다. 특정 기업의 부채비율 역시 시간에 따라 다르게 나타난다. 이러한 변동성은 인생의 한 실상과도 같다. 다시 말해 변하지 않는, 신이 부여한 부채비율이라는 것은 없으며, 설혹 있다고 하더라도 그 역시 변할 것이다. 그러나 최소한의 몇 가지 종합 통계치를 살펴보자.

표 13.1은 미국 제조기업의 재무상태표 총합계를 보여준다. 만약 모든 제조기업을 하나의 거대한 기업으로 합병한다면, 표 13.1은 그 거대 기업의 재무상태표가 될 것이다. 표에서 자산과 부채는 장부가치, 즉 회계적 가치로 기록된다. 이 수치들은 일반적으로 시장가치와 같지는 않지만, 그럼에도 꽤 유익한 정보를 준다. 기업들이 총 $2조 7,790억의 장기부채와 $4조 4,770억의 자기자본을 가지고 있다는 점에 주목해보자. 장기부채와 자기자본의 합에 대한 장기부채의

---

[2] 경영자는 내부자로서 통찰력이 있고 주가가 유리해 보일 때, 다시 말해 외부 투자자가 경영자 자신보다 해당 주식에 대해 더 낙관적인 시각을 가지고 있을 때 당연히 주식을 발행하고 싶어 한다. 외부 투자자는 이를 알고 있으며 따라서 발표 이전의 가격보다 할인된 가격으로만 신주를 사려 할 것이다. 이 내용은 제15장 주식 발행에서 더 자세히 다룬다.

| 자산 | 금액($10억) | 부채 | 금액($10억) |
|---|---|---|---|
| 유동자산[a] | $2,599 | 유동부채[a] | $2,088 |
| 고정자산 | $3,696 | 장기부채 | $2,779 |
| 감가상각 차감 | 1,990 | 기타 장기부채[b] | 1,491 |
| 순고정자산 | 1,705 | 총장기부채[b] | 4,270 |
| 기타 장기자산 | 6,530 | 자기자본 | 4,477 |
| 총자산 | $10,834 | 부채와 자기자본 합계 | $10,834 |

》**표 13.1**  2017년 4사분기 미국 제조기업의 재무상태표 총합(단위: $10억)
[a] 유동자산과 유동부채의 자세한 구분은 표 20.1 참조
[b] 이연세금과 몇 가지 기타 항목 포함

출처: U.S. Census Bureau, *Quarterly Financial Report Monufacturing, Mining, Trade, and Selected Service Industries*, 2017. Fourth Quarter, issued March 2018 (www.census.gov/econ/gfr).

비율은 $2,779/($2,779 + $4,477) = 0.38이 된다.[3]

물론 표 13.1은 단지 스냅샷에 불과하다. 그림 13.2는 보다 장기적인 관점에서 부채비율을 보여준다. 부채비율은 장부가치보다 시장가치로 계산할 때 더 낮다. 이는 자기자본의 시장가치가 일반적으로 장부가치보다 더 크기 때문이다.

그림 13.2에서 장부가치 기준 부채비율은 50년 전보다 오늘날 더 높게 나타난다. 이것은 우리가 우려할 만한 일인가? 심각한 경기불황으로 경제가 타격을 받을 때, 높은 부채비율은 더

▶ **그림 13.2**  1965~2017년 비금융 기업의 부채 및 자기자본 대비 부채비율

출처: Board of Governors of the Federal Reserve System, Division of Research and Statistics, Flow of Funds Accounts Table B.103 at www. federalreserve.gov/releases/z1/current/default .htm.

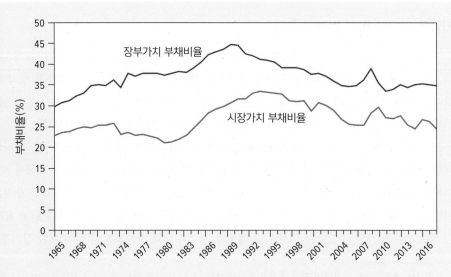

---

[3] '기타 장기부채(other long-term liabilities)'는 보통 부채와 동등한 청구권을 포함하기 때문에 여기서 계산한 부채비율은 과소평가되었을 수도 있다.

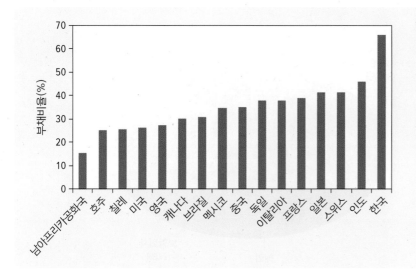

▶ **그림 13.3** 1995~1996년 다양한 국가의 총부채와 자기자본 대비 총부채의 중위수 비율

출처: S. Claessens, S. Djankov, and T. Nenova, "Corporate Risk Around the World," World Bank Policy Research Working Paper 2271, 2000, http://documents.worldbank.org/curated/en/907571468739464629/Corporate-risk-around-the-world.

많은 기업이 재무적 곤경에 빠질 수 있음을 의미한다. 그러나 모든 기업은 어느 정도 이런 위험을 안고 있으며, 위험이 낮다고 해서 반드시 더 좋음을 의미하지는 않는다. 최적의 부채비율을 찾는 것은 최적의 제한속도를 찾는 것과 같다. 시속 30km로 달리는 경우 발생하는 교통 사고는 시속 60km로 달릴 때 발생하는 교통사고보다 덜 위험하다는 것에 우리 모두 동의하지만, 그렇다고 해서 모든 도로의 제한속도를 30km로 설정하지는 않는다. 속도는 위험뿐 아니라 장점도 있기 때문이다. 부채 역시 마찬가지인데 이를 제17장에서 다시 살펴보기로 한다.

미국 기업의 부채 수준과 해외 교역국 기업의 부채 수준을 비교해보는 것은 흥미로운 일이다. 그러나 발달된 채권 시장이 없는 나라에서의 부채란 주로 은행의 단기대출을 의미한다. 따라서 장기부채만 주목하기보다 총부채와 자기자본의 합 대비 총부채의 비율을 비교하는 것이 더 유익할 것이다. 그림 13.3은 46개국 11,000개 기업에 대한 클라센, 드얀코프, 네노바(Claessens, Djankov, Nenova)의 연구에서 발췌했다. 부채비율이 가장 높은 두 나라는 한국과 인도이다. 반면 상대적으로 미국 기업은 부채 사용에 있어 보수적으로 나타난다.

## 13-2 보통주

### 기업의 소유권

기업은 보통주주(common stockholders)가 소유한다. 그림 13.4에서 알 수 있듯이, 미국의 경우 보통주의 39%는 개인 투자자가 보유하고, 비슷한 비율을 뮤추얼펀드, 연기금, 보험회사 등 **금융중개기관**(financial intermediaries)이 보유한다. 뮤추얼펀드와 ETFs(exchange traded funds)는 약 30%를 보유하고 연기금은 12%를 보유한다.[4]

---

[4] 그림 13.4는 미국이 보유하는 해외 주식은 포함하지 않았다. 이는 미국 투자자가 보유하는 전체 지분의 약 20%에 달한다.

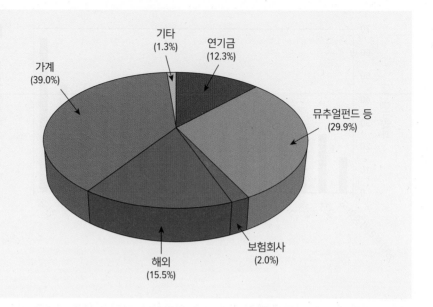

▶ **그림 13.4**    2017년 12월 기업 주식 보유 현황

출처: Board of Goverors of the Federal Reserve System, Division of Research and Statistics, *Financial Accounts of the United States — z1*, Table L.223, at www.federalreserve. gov/releases/z1/current/default.htm.

보통주주가 기업을 **소유**한다고 할 때 이것이 의미하는 바가 무엇인가? 만약 기업이 다른 증권은 전혀 발행하지 않았다면 답은 아주 명백하다. 가령 오직 보통주만으로 자금조달을 했고, 이 보통주는 모두 이 기업의 CEO가 보유하는 가장 간단한 경우를 생각해보자. 이 운 좋은 소유경영자(owner-manager)는 기업의 모든 현금흐름을 갖고 또한 기업의 모든 투자 및 운영에 관한 의사결정을 내린다. 즉 이 CEO는 완전한 **현금흐름권**(cash-flow rights)과 완전한 **지배권**(control rights)을 갖게 된다.

그런데 이러한 권리는 기업이 돈을 빌리는 순간 바로 분할되고 재분배된다. 만약 은행에서 대출을 받으면, 이자를 지급하고 만기에 원금을 갚는다고 약속하는 계약을 은행과 맺게 된다. 은행은 이제 현금흐름에 대해 제한적이기는 하지만 우선적인 권리를 갖게 되고, 이를 제외한 나머지 현금흐름이 보통주주에게 돌아간다. 그래서 보통주는 기업의 자산과 현금흐름에 대한 **잔여청구권**(residual claim)이다.

은행은 일반적으로 기업이 할 수 있는 것과 할 수 없는 것을 제한함으로써 은행이 가진 청구권을 보호한다. 예를 들어 은행은 기업이 미래에 할지 모를 차입을 제한할 수도 있고, 자산 매각이나 과도한 배당 지급을 금지할 수도 있다. 이 경우 보통주주의 지배권은 제한된다. 그러나 은행과 계약을 맺었다고 해도 은행이 기업을 효율적으로 경영하는 데 필요한 모든 운영 및 투자결정을 제약하거나 결정할 수는 없다(일군의 변호사들이 아무리 오래 작업을 해도 일어날 수 있는 우발적인 상황을 모두 포함하는 계약서를 쓸 수는 없다).[5] 보통주를 소유한 이들이 이러한 결정에 대한 잔여 지배권을 가진다. 예를 들어 기업 제품의 판매가격을 올린다거나, 정규

---

[5] 따라서 이론 경제학자들은 **불완전 계약**의 중요성을 오히려 강조한다. 요지는 기업 경영과 관련한 계약은 필연적으로 불완전할 수밖에 없고, 누군가는 반드시 잔여 지배권을 행사해야만 한다는 것이다. 이와 관련해 O. Hart *Firms, Contracts, and Financial Structure*(Oxford: Oxford University Press, 1995)를 참조하라.

직원을 쓰는 대신 임시 직원을 고용한다거나, 혹은 새로운 공장을 할리우드가 아니라 마이애미 비치에 건설한다거나 하는 것들을 결정할 수 있는 것이다.[6]

기업의 소유권은 물론 변할 수 있다. 은행에 약속한 돈을 갚지 못하면 기업은 파산에 내몰릴 수 있다. 일단 기업이 파산법정의 '보호'를 받게 되면, 주주의 현금흐름권 및 지배권은 엄격하게 제한되고 심지어 모두 사라질 수도 있다. 특별한 구제 계획이나 구조조정 계획이 실행되지 않는 한, 은행은 기업의 새로운 주인이 되고 소유자로서 모든 현금흐름권과 지배권을 가지게 된다.

잔여 현금흐름권과 잔여 지배권이 반드시 같아야 한다는 자연법칙은 없다. 예를 들면 채권자가 모든 의사결정을 하는 상황을 생각해볼 수도 있다. 그러나 이는 비효율적이다. 좋은 의사결정의 혜택은 결국 보통주주에게 주어지므로 기업의 자산을 어떻게 사용할지에 대한 지배권도 보통주주에게 주는 것이 이치에 맞는다. 보통주주는 궁극적인 지배권을 가지는 동시에 잔여 현금흐름에 대한 권리를 가지기 때문에 그들의 부를 극대화하는 방향으로 경영이 이루어지게 만드는 유인을 가지고 있다.

공개기업은 수많은 주주가 소유할 수 있다. 이런 공개기업의 보통주주도 여전히 현금흐름에 대한 잔여청구권을 가지고 기업의 업무에 대한 궁극적인 지배권을 가진다. 그러나 실제로 이들의 지배권은 **이사회**(board of directors)를 구성하기 위한 이사의 지명이나 합병 결정과 같은 중요한 문제에 대한 투표권에 국한된다. 많은 주주는 번거롭게 투표까지 하지는 않는다. 이들은 매우 적은 주식을 가지고 있기 때문에 이들의 투표가 결과에 거의 영향을 주지 않을 것이라 생각한다. 문제는 만약 모든 주주가 똑같이 이렇게 생각한다면, 주주는 결국 효과적인 지배권을 포기하는 것이고, 경영자는 자유롭게 자신의 이익을 추구할 수 있게 된다는 점이다.

이러한 무임승차자 문제는 1932년 베를과 민스(Berle and Means)의 책에 잘 드러나 있다.[7] 이들은 외부의 압력으로부터 자유로운 아주 강력한 일군의 경영자가 나타날 것이라고 경고했다. 오늘날 경제학자들은 경영자가 베를과 민스가 예상한 정도의 자유를 누린다고 생각하지는 않는다. 대부분의 기업은 자신의 이익만을 추구하거나 무능한 경영자에게 도전할 수 있는 대주주들이 있다. 예를 들면 클리퍼드 홀더니스(Clifford Holderness)는 미국 공개기업 표본의 약 96%가 적어도 발행주식의 5% 주식을 보유하는 주요주주(blockholder)를 가지고 있다고 밝혔다.[8] 많은 나라에서 이러한 주요주주는 중요성이 더 크다. 가령 그림 13.5는 85개국의 주식 소유에 관한 광범위한 연구 중에서 뽑은 내용이다. 미국에서는 최대주주가 평균적으로 발행주식의 약 21%를 넘는 정도로 주식을 보유하고 있다. 이 경우 대부분 투자자는 경영 감시의 유인을 가지고 있

---

[6] 물론 은행 경영자는 특정한 결정에 대해 좋지 않다고 말할 수도 있고, 심지어 미래에 대출을 줄이겠다고 위협을 할 수도 있다. 그러나 은행은 이러한 의사결정에 대한 어떤 권리도 갖고 있지 않다.

[7] A. A. Berle and G. C. Means, *The Modern Corporation and Private Property*(New York, The Macmillan Company, 1932).

[8] C. Holderness, "The Myth of Diffuse Ownership in the United States," *Review of Financial Studies* 22(April 2009), pp. 1377-1408; R. La Porta, F. Lopez-de-Silanes, and A. Shleifer, "Corporate Ownership around the World," *Journal of Finance* 54(1999), pp. 471-517. 주요주주에 대한 더 자세한 내용은 A. Edmans and C. G. Holderness, "Blockholders: A Survey of Theory and Evidence," *The Handbook of the Economics of Corporate Governance*, 1(2017), pp. 541-636 참조.

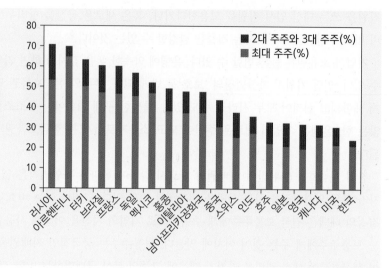

**그림 13.5**  대주주 평균 지분율
(한 가족 주주의 경우 함께 그룹화함)
출처: G. Aminadav and E. Papaioannou, "Corporate Control around the World," National Bureau of Economic Research, Working Paper 23010, December 2016 http://www.nber.org/papers/w23010.

는 최대주주가 있다는 사실 자체로 안심하게 될 것이다. 그러나 주요주주의 존재 자체가 항상 좋은 것만은 아니다. 법규가 약한 나라에서는 주요주주들이 소액주주들을 희생해 자신의 이익을 추구할 수도 있고, 주요주주의 존재가 위로가 되기보다 걱정을 불러일으킬 수도 있다.

### 투표 절차

많은 미국 기업이 매년 이사회 재선출을 위해 전체 이사회를 소집한다. 그러나 10개 기업 중 한 기업은 이사의 3분의 1만을 매년 다시 선출하는 **시차임기제**(classified boards 또는 staggered boards)를 가지고 있다. 이를 지지하는 이들은 시차임기제를 통해 단기적 압력으로부터 경영자를 보호할 수 있고, 기업이 혁신을 추구하고 위험을 감수할 수 있게 한다고 주장한다. 반대로 주주행동주의자는 시차임기제로 인해 의견을 달리하는 주주들이 이사회 내 다수표를 얻기 위해 2년을 기다려야 하며, 그동안 경영자는 자신의 자리를 공고히 한다고 불만을 터뜨린다. 그 결과 최근 주주행동주의자들은 많은 기업이 시차임기제를 폐지하도록 만들었다.

많은 안건은 주주 투표 결과 단순 다수결로 결정된다. 그러나 회사 정관에 **압도적 다수**(supermajority)를 필요로 하는 안건, 가령 투표권이 있는 사람의 75%를 요구하는 안건들을 명시해 놓을 수도 있다. 예를 들어 합병을 승인한다거나, 회사 정관을 변경할 때 이런 압도적 다수표가 필요하다. 주주는 이런 조항들 역시 경영진이 자기 자리만을 보전하게 만들거나 좋은 인수기회를 막는다고 불만을 표출한다.

주주들이 투표하는 안건에 대해 경쟁하는 경우는 많지 않다. 대규모 공개기업의 경우 특히 그렇다. 그러나 가끔씩 기존 경영진과 이사가 기업의 실질적 지배를 위해 외부자들과 경쟁하는 **위임장 경쟁**(proxy contests)이 일어나기도 한다. 내부자들은 이런 상황을 알리고 투표권을 얻기 위해 필요한 비용을 회사가 지불하게 할 수 있기 때문에, 위임장 경쟁은 외부자들에게 불리한 편이다.[9] 그러나 경영 정책에 변화를 요구하는 많은 행동주의 투자자들이 늘고 있다. 만

---

[9] 2010년 SEC는 Rule14a-11을 제의했는데 이는 기업의 위임장 서류에 주주가 지명한 이사 후보를 포함하도록 하

약 이들이 주주들의 충분한 지지를 얻는다면, 기업은 위임장 쟁탈전을 벌이지 않고 이들의 메시지를 수용할 수도 있다. 예를 들면 행동주의 투자자 댄 롭(Dan Loeb)이 네슬레의 $35억 규모 지분을 얻었을 때, 네슬레는 댄 롭의 개혁안 대부분을 채택했다.

## 차등의결권 주식과 사적 이익

일반적으로 기업은 보통주라는 한 종류의 주식을 가지며, 각각의 주식은 하나의 투표권을 갖는다. 그러나 때때로 기업은 두 종류(class)의 주식을 발행하기도 하는데 이 두 종류의 주식은 투표권에 있어서 차이가 있다. 예를 들어 페이스북이 처음으로 보통주를 발행했을 때, 페이스북 창업자는 기업의 지배권을 포기하고 싶지 않았다. 그래서 페이스북은 두 종류의 주식을 발행했다. 일반 대중에게 매각된 A주식(A shares)은 주식당 하나의 투표권을 가졌고, 창업자가 소유한 B주식(B shares)은 주식당 10개의 투표권을 가졌다. 두 종류의 주식 모두 동일한 현금흐름권을 가졌지만, 서로 다른 지배권을 보유했던 것이다.[한국에서는 이와 같은 차등의결권 (dual-class shares) 주식은 발행할 수 없다 — 역주.]

두 종류의 주식이 있을 때 추가적인 투표권을 가진 주주는 이러한 투표권을 이용해 성과가 부진한 경영진을 교체하거나, 혹은 주주 가치를 증대하는 경영 정책을 채택하도록 경영자에게 압력을 가할 수도 있다. 그러나 두 종류의 주식 모두 동일한 현금흐름권을 갖고 있는 한, 모든 주주는 그러한 변화로부터 동일한 혜택을 받게 된다. 자, 이때 다음 질문을 할 수 있다. 만약 개선된 경영으로 인해 모두가 똑같은 혜택을 얻는다면, 도대체 왜 더 많은 투표권을 가진 주식이 일반적으로 더 비싼 값에 팔리는가? 설득력 있는 유일한 이유는 이런 주식을 보유하는 주주가 **사적 이익**(private benefits)를 가질 수 있기 때문이다. 예를 들면 대규모 의결권 주식을 가진 주주는 경영에 있어 자신의 포지션을 지킬 수 있다. 이 주식들은 기업 인수 시 추가적인 협상력을 갖게 할 수도 있다. 혹은 다른 회사가 이런 대규모 의결권 주식을 보유할 수도 있는데, 이때 투표권을 사용해 사업적 우위를 지키도록 할 수도 있다.

일부 국가에서는 이렇게 지배권을 통해 얻을 수 있는 사적 이익이 다른 나라보다 더 큰 것처럼 보인다. 예를 들어 타티아나 네노바(Tatiana Nenova)는 두 종류의 주식 발행이 허용된 국가들을 조사했다.[10] 미국에서 투자자들이 투표권을 얻기 위해 지불하는 프리미엄은 단지 기업가치의 2%에 해당했으나, 이탈리아에서는 이 프리미엄이 29% 이상이었고, 멕시코에서는 36%나 되었다. 이탈리아나 멕시코에서는 대주주들(majority investors)이 매우 큰 사적 이익을 얻을 수 있는 것으로 보인다.

심지어 단지 한 종류의 주식만이 있다고 해도, 소액주주들은 불리한 위치에 있을 수 있다. 기업의 현금흐름과 잠재적 가치가 경영진 또는 대규모 주식을 보유하는 단독 혹은 소수의 지배주주에게 돌아갈 수 있기 때문이다. 미국의 경우 이러한 부당한 유용이 일어나지 않도록 법

---

는 것이었다. 이 규정은 법정에서 무효화되었다. 그러나 주주가 제안한 규정 개정안을 포함하도록 한 SEC 규정은 번복되지 않았다.

[10] T. Nenova, "The Value of Corporate Voting Rights and Control: A Cross-Country Analysis," *Journal of Financial Economics* 68(June 2003) pp. 325-351.

으로 소액주주를 보호하고 있지만, 일부 국가에서 소액주주는 제대로 대우받지 못한다.[11]

재무경제학자들은 때때로 소액주주에 대한 착취를 **터널링**(tunneling)이라고 한다. 즉 대주주가 회사로 통하는 터널을 뚫어 자기 자신을 위해 자산에 대한 지배권을 확보한다는 뜻이다. 러시아 스타일의 터널링을 한 번 살펴보자.

---

**예제 13.1 • 소액주주에 대한 습격**

사기가 어떻게 일어나는지 파악하기 위해서, 먼저 **주식병합**(reverse stock split)을 이해할 필요가 있다. 주식병합은 대량의 저가 주식을 가진 회사가 주로 사용한다. 단순히 기존의 주식 여러 개를 하나로 결합해 간편하게 더 적은 수의 신규 주식으로 만드는 것이다. 가령 주주들은 현재 소유하고 있는 3주 대신에 2주의 새로운 주식을 받게 된다. 모든 지분이 같은 비율로 줄어드는 한, 어느 누구도 이런 변화로 이익이나 손실을 입지 않는다.

그러나 한 러시아 기업의 대주주는 주식병합을 이용해 회사 자산을 약탈할 수 있다는 것을 깨달았다. 이 대주주는 기존 주주들이 현재 보유한 136,000주 대신 1개의 신주를 받을 것을 제안했다.[12]

왜 이 대주주가 '136,000'이라는 숫자를 선택했는가? 답은 바로 이것이다. 2명의 소액주주가 136,000주보다 적게 주식을 소유하고 있어서 새로 발행되는 주식을 1주도 받을 수 없었기 때문이다. 대신 이 소액주주들은 보유주식의 액면가에 해당하는 금액을 현금으로 지급받았으며, 대주주는 회사를 송두리째 소유할 수 있게 되었다. 다른 여러 회사의 대주주들도 이 방법에 크게 고무되어 이들 역시 소액주주들을 몰아내기 위해 유사한 주식병합을 제안했다.

이러한 노골적인 착취는 미국이나 다른 많은 나라에서는 허용되지 않을 것이다.

---

### 위장 자기자본

보통주는 주식회사(corporation)가 발행한다. 그러나 일부 지분 증권(equity securities)은 주식회사가 발행하지 않고 합명회사(partnership)나 신탁(trust)이 발행한다. 이에 대한 간단한 예들을 살펴보자.

**합명회사**  플레인스 올 아메리칸 파이프라인(Plains All American Pipeline LP)은 미국과 캐나다에서 원유 파이프라인을 소유하고 있는 **상장 합자회사**(master limited partnership)이다. 투자자는 뉴욕증권거래소에서 이 합자회사의 단위 지분(units)을 살 수 있으며, 이때 투자자는 플레인스 올 아메리칸 파이프라인의 **유한책임사원**(limited partner)이 된다. 유한책임사원이 입을 수 있는 최대 손실은 그 기업에 투자한 금액이다.[13] 이런 면, 그리고 대부분의 다른 면들을 고려할

---

[11] S. Johnson 등의 다음 논문은 지배주주가 자신의 지위를 이용해 이익을 취하는 것에 대한 국제적 연구를 수행했다. S. Johnson et al., "Tunnelling," *American Economic Review* 90(May 2000), pp. 22-27.

[12] 주식병합을 위해서 단순 다수결 방식의 주주 승인만이 필요했기 때문에, 이 제안은 통과되었다.

[13] 조합은 유한책임사원에게만 유한책임을 부여할 수 있다. 조합은 무한책임을 지는 1명 이상의 무한책임사원

때 합명회사의 단위 지분은 일반 주식회사의 주식과 유사하다. 단위 지분은 사업의 이익을 공유하고 때때로 (배당과 같은) 현금 배분을 받는다.

합명회사는 법인세를 내지 않는다. 모든 이익과 손실은 책임사원(partner) 개인의 세무신고로 바로 전가된다. 그러나 합명회사의 여러 가지 한계점이 이런 세제상의 혜택을 상쇄한다. 예를 들어 법은 합명회사를 단순히 개인의 자발적 협회(voluntary association)로 간주한다. 합명회사의 책임사원과 마찬가지로 합명회사는 유한한 수명을 갖게 된다. 반면에 주식회사는 독립적인 '법인(legal "person")'이고, 자주 회사의 원래 주주들보다 더 오래 살아남는다.

**투자신탁과 부동산투자신탁**   알래스카 북쪽 경사면의 프루도 베이(Prudhoe Bay) 지역에 있는 석유 일부를 소유하고 싶은가? 바로 브로커에게 전화해서 BP 프루도 베이 로열티 트러스트(BP Prudhoe Bay Royalty Trust)의 단위 지분을 조금 사면 된다. BP는 이 신탁을 설립하고 프루도 베이 수익 중 BP 지분에서 나오는 생산에 대한 로열티 이권(royalty interest)을 신탁회사에 넘겨주었다. 석유가 생산됨에 따라 각각의 신탁 단위 지분은 수익에 대한 자신의 몫(share)을 받는다.

이 신탁(trust)은 단일 자산을 소극적으로 소유한다. 이때 단일 자산이란 프루도 베이의 생산으로부터 발생하는 수익(revenue)에 대한 BP의 권리이다. 소극적일 수 없는 운영 사업체들은 신탁 형태로는 거의 설립되지 않는다. 물론 이 경우에도 예외가 있는데 **부동산투자신탁**[real estate investment trusts, REITs('리츠'로 발음)]가 대표적인 예이다.

REITs는 상업 부동산에 대한 일반 대중의 투자를 촉진하기 위해 고안되었다. 이런 REITs로는 쇼핑센터 REITs, 사무실 빌딩 REITs, 아파트 REITs, 부동산개발업자에 대한 대출에 특화된 REITs 등이 있다. REIT '지분(share)'은 마치 보통주처럼 거래된다. REITs는 소유자에게 이익의 95% 이상을 지급하는 한 세금이 부과되지 않는 한편, 소유자는 배당에 대해 부과되는 모든 세금을 납부해야 한다. 그러나 REITs는 부동산투자로 투자가 엄격히 제한된다. 부품 공장을 설립해 놓고 그것을 REITs라고 부른다고 해서 세금을 회피할 수는 없다.

## 우선주

대개 투자자가 '주식(stock)' 또는 '지분(equity)'을 이야기할 때, 일반적으로 이것은 보통주(common stock)를 의미하는 것이다. 그러나 어떤 기업은 **우선주**(preferred stock) 또한 발행해 우선주가 자기자본의 일부를 구성하기도 한다. 이름과는 달리, 우선주는 대부분의 기업이 필요로 하는 자금 중 단지 작은 일부만을 조달해주고, 따라서 앞으로도 우선주 공부에 많은 시간을 할애하지 않을 것이다. 그러나 우선주는 합병이나 혹은 다른 특별한 상황에서 자본을 조달할 수 있는 유용한 수단이 될 수 있다.

부채와 마찬가지로 우선주는 투자자에게 일련의 고정된 금액을 지불하기로 약속한다. 회사는 우선배당(preferred dividend)을 지급하지 않을 수도 있다. 그러나 이 경우에는 보통주주에게

---

(general partner)을 갖고 있어야 한다. 그러나 주식회사가 무한책임사원(general partner)이 될 수 있다. 이는 조합과 궁극적으로 무한책임사원을 소유하고 있는 인격체 사이에 유한책임이라는 보호막을 설치하는 것이다.

도 배당을 지급하지 못한다. 대부분의 우선주는 **누적적 우선주**(cumulative preferred stock)이다. 이는 회사가 과거의 모든 우선배당을 지급한 이후에만 보통주주에게 단 한 푼이라도 배당할 수 있다는 뜻이다. 회사가 우선배당을 지급하지 못하면 대개 우선주주들은 일부 투표권을 얻게 되고, 보통주주들은 우선주주들과 기업의 지배권을 공유해야만 한다. 기업의 이사들은 우선주에 대한 배당을 지급하지 못할 때 회사가 투자자들에게 좋지 않은 기업으로 낙인 찍힌다는 점을 잘 알고 있다. 그래서 우선주에 대한 배당 미지급 결정은 쉽게 내리지 않는다.

## 13-3 부채

기업이 자금을 빌릴 때, 기업은 정기적으로 이자를 지급하고 만기가 되면 원금을 상환하기로 약속을 한다. 그러나 이런 채무는 유한책임이다. 만약 주주들이 기꺼이 회사 자산을 채권자에게 넘겨줄 생각이 있다면, 주주들은 부채를 부도처리(default)할 권리를 갖는다. 회사 자산의 가치가 부채금액보다 적다면 주주들은 분명히 이런 선택을 할 것이다.[14]

부채는 현금흐름에 대한 첫 번째 청구권을 갖지만, 이 청구권은 한정된 것이다. 따라서 자기자본과는 반대로 잔여 현금흐름권을 가지지 않으며 사업이 호황일 때 이를 함께 누리지 못한다. 또한 자기자본과는 다르게 부채는 기업이 부도가 나거나 부채 계약을 위반하지 않는 한 어떤 지배권도 가지지 못한다. 채권자들은 회사의 주인이 아니기 때문에 통상적으로 어떤 투표권도 갖지 못한다.

기업의 이자지급 금액은 비용으로 인정되어 과세 소득에서 공제된다. 따라서 이자는 **세전**(before-tax) 소득에서 지급된다. 반면에 보통주와 우선주에 대한 배당은 **세후**(after-tax) 소득으로부터 지급된다. 그러므로 정부는 자기자본에 대해서는 제공하지 않지만 부채에 대해서는 일종의 세금 보조금을 제공하고 있는 셈이다(그러면서도 때로 기업들이 부채를 너무 많이 사용한다고 불만을 제기한다). 부채와 세금 문제에 관해서는 제17장에서 자세히 논의할 것이다.

지금까지 금융기관이 기업 지분(corporate equity)의 대부분을 소유한다는 것을 확인했다. 그림 13.6은 기업의 채권 역시 금융기관이 대부분 소유하고 있다는 것을 보여준다. 이 경우에는 보험회사가 가장 많은 부분을 보유하고 있다.[15]

### 다양한 형태의 부채

재무관리자는 부채 증권에 대해 당황스러울 정도로 힘든 선택의 문제에 직면한다. 기업이 발행하는 여러 부채증권의 배분 결과는 다음과 같은 여러 문제에 대한 재무관리자의 대응을 보여준다.

---

[14] 실제로 자산의 양도가 그렇게 간단하지는 않다. 때로는 수천 명의 채권자가 그 기업에 대해 서로 다른 청구권을 가지고 있을 수도 있다. 자산 양도의 관리는 보통 파산법정으로 넘어간다.

[15] 그림 13.6은 은행 대출과 같은 단기부채는 포함하지 않는다. 기업이 발행한 거의 모든 단기부채는 금융기관이 보유한다.

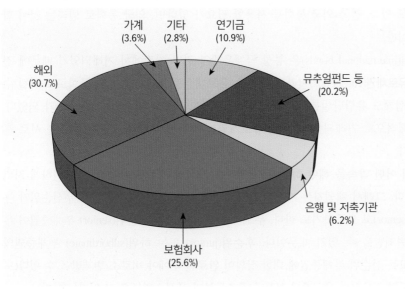

▶ **그림 13.6** 2017년 12월 미국 및 외국 기업이 발행한 미국 내 채권의 보유 현황

출처: Board of Governors of the Federal Reserve System, Division of Research and Statistics, *Financial Accounts of the United States-Z1*, Table L.213, at https://www.federalreserve.gov/releases/z1/current/default.htm.

1. **단기로 빌려야 하는가, 아니면 장기로 빌려야 하는가.** 만약 회사가 단순히 명절을 앞두고 재고의 일시적 증가를 위해 자금을 조달해야 한다면 단기은행대출을 이용하는 것이 합리적일 것이다. 그러나 정유공장을 확장하기 위해 현금이 필요한 경우를 가정해보자. 정유 설비는 15~20년 동안 끊임없이 가동될 것이다. 이 경우에는 장기채권을 발행하는 것이 보다 적절하다.[16]

   어떤 대출은 꾸준히 정기적으로 상환해야 한다. 다른 경우에는 전체 대출이 만기에 상환된다. 가끔 차입자가 대출을 조기에 상환할 수 있는 선택권(option)을 가지는 경우도 있다.

2. **부채는 고정금리여야 하는가, 아니면 변동금리여야 하는가.** 장기채권에 대한 지급이자, 즉 액면이자(coupon)는 통상적으로 발행 시점에 고정된다. 장기 이자율이 10%일 때 액면가 $1,000의 채권을 발행하면, 기업은 앞으로 이자율이 어떻게 변동하든지 상관없이 연 $100를 계속 지급해야 한다.

   대부분의 은행 대출과 일부 채권은 변할 수 있는 **변동**(floating)이자율로 제공된다. 예를 들어 각 기간마다 이자율은 LIBOR(London Interbank Offered Rate)보다 1% 높게 책정될 수도 있다. LIBOR는 주요 국제은행들이 상호간에 달러를 빌려줄 때의 이자율이다. 이때 LIBOR가 변하면, 이러한 대출에 대한 이자율 역시 변한다.

3. **달러를 빌려야 하는가, 아니면 다른 통화를 빌려야 하는가.** 많은 미국 기업이 해외에서 돈을 빌린다. 흔히 기업은 해외에서 달러를 빌릴 수도 있지만(외국 투자자들은 상당한 규모의 달러를 보유하고 있다), 해외 사업체 운영을 하는 기업들은 외국의 통화로 부채를

---

[16] 기업이 미래에 대한 자신감을 보여주기 위해 장기 프로젝트에 필요한 자금을 단기부채로 조달할 수도 있다. 왜냐하면 이익 감소를 예상하는 경우, 부채의 첫 만기가 도래했을 때 신규 대출을 받을 수 없는 위험이 있는데 기업이 이런 위험을 감수하면서까지 단기부채를 사용하지는 않을 것이라고 투자자들은 추론하기 때문이다. 다음의 논문을 참조하라 — D. Diamond, "Debt Maturity Structure and Liquidity Risk," *Quarterly Journal of Economics* 106(1991), pp. 709-737.

조달할 수도 있다. 결국 외국 통화를 사용할 필요가 있다면, 외국 통화로 빌리는 것이 합리적일 것이다.

국제채권(international bonds)은 통상 국제은행의 런던 지점에서 거래되었기 때문에 전통적으로 **유로채권**(eurobonds)이라고 부른다. 유로채권은 달러, 엔, 기타 통화로 표기될 수 있다. 안타깝게도 유럽단일통화가 창설되었을 때, 그 통화의 이름이 **유로**(euro)가 되었다. 그래서(국제적으로 거래되는 채권인) **유로채권**과 통화가 유로로 표시된 채권을 서로 혼동하기 쉽다.

4. **채권자에게 어떤 약속을 해야 하는가.** 채권자는 자신의 채권을 가능한 한 안전하게 지키고 싶어 한다. 그래서 채권자는 자신의 부채증권이 다른 부채에 비해 변제 우선순위가 높아야 한다(senior)고 요구하기도 한다. 부도가 발생하는 경우 **선순위**(senior) 부채증권이 우선적으로 변제받을 수 있기 때문이다. **후순위**(junior) 또는 **하위**(subordinate) 부채증권의 소유자는 모든 선순위 부채증권에 대한 상환이 완료된 후에야 비로소 변제받을 수 있다(모든 부채증권의 소유자가 우선주나 보통주 주주들보다 우선순위를 갖고 있기는 하다).

기업은 또한 특정 채권자를 보호하기 위해 자산의 일부를 특별히 구분해 따로 예치해 놓을 수도 있다. 이때 부채는 **담보되어**(secured) 있다고 하고, 따로 설정해둔 자산을 **담보**(collateral)라고 한다. 그래서 소매업체는 은행대출을 위해 재고나 매출채권을 담보로 제공하기도 한다. 만약 소매업체가 대출금을 상환하지 못하면, 은행은 그 담보를 확보해 부채를 갚는 데 쓸 수 있다.

일반적으로 기업은 지나친 위험을 감수하지 않을 것이라고 채권자에게 확신시킨다. 예를 들어 적당한 정도의 부채를 가진 기업은 최대한도의 부채를 사용하는 기업보다는 곤경에 처할 확률이 낮다. 그래서 차입자는 추가로 발행 가능한 부채 규모를 제한하는 데 동의할 수 있다. 채권자들은 또한 회사가 곤경에 처했을 때 다른 사람들이 부채 상환에서 우선순위를 가로채지 않을지 걱정한다. 그래서 기업은 기존 부채증권의 보유자보다 선순위인 신규 부채를 발행하지 않을 것이며, 다른 채권자들을 위해 회사 자산을 담보로 설정하지 않겠다고 약속하기도 한다.

5. **일반 채권을 발행할 것인가, 아니면 전환사채를 발행할 것인가.** 기업은 종종 채권자에게 보유 채권을 다른 증권으로 전환할 수 있도록 하는 선택권(option)을 가진 증권을 발행한다. 이러한 옵션은 증권의 가치에 상당한 영향을 미친다. 가장 드라마틱한 예가 바로 옵션에 다름 아닌 **신주인수권**(warrant)이다. 신주인수권의 소유자는 정해진 날 이전에 특정 가격으로 정해진 수의 주식을 살 수 있다. 신주인수권과 채권은 종종 패키지로 함께 매각된다.

**전환사채**(convertible bond)는 보유자에게 채권을 미리 정해진 수의 주식으로 교환할 수 있는 옵션을 준다. 전환사채 보유자는 발행 회사의 주가가 급등해 채권이 큰 이익을 내며 주식으로 전환될 수 있기를 기대한다. 그러나 만약 주가가 급락하는 경우 채권을 주식으로 전환할 의무가 있는 것은 아니다. 이 경우 채권 보유자는 계속 채권 보유자로 남는다.

## 다른 이름을 가진 부채

**부채**(debt)라는 이름은 간단하게 들린다. 그러나 기업은 부채로 의심되지만 회계장부에는 부채와 다르게 처리하는 많은 약속을 한다. 이런 위장된 부채 중 일부는 쉽게 발견할 수 있다. 예를 들면 외상매입금은 이미 배송된 상품에 대한 지급의무이므로, 단기부채와 같다.

분명하지 않은 것들도 있다. 예를 들면 새로운 설비를 사기 위해 돈을 빌리지 않고 장기로 설비를 임대하거나 **리스**(lease)할 수도 있다. 이런 경우 기업은 그 설비의 주인에게 일련의 리스료를 지급해야 한다. 이는 부채 잔액에 대해 원리금을 지불해야 하는 의무와 같다. 기업이 깊은 수렁에 빠지더라도 기업은 대출 이자를 갚아야만 하고, 마찬가지로 리스료 지급을 빠뜨려서도 안 된다.

부채가 아닌 것처럼 보이는 부채의 예가 여기 또 하나 있다. 아메리칸 항공(American Airlines)이 2011년 파산 신청을 했을 때, 아메리칸 항공은 근로자들에게 $185억에 달하는 연금을 약속한 상태였다. 아메리칸 항공은 퇴직 종업원에게 연금을 지불해야만 했기 때문에 이 약속은 실질적으로 선순위 채무였다. 불행하게도 이 회사는 이 채무를 이행하기 위해 단지 $83억만을 적립하고 있었다.

연금 지급의무는 부채의 이자율로 미래의 지급액을 할인해 가치를 계산한다. 이 이자율이 변하면 연금 지급의무의 현재가치 또한 변한다. 예를 들면 2015년 5월, 독일 항공사 루프트한자(Lufthansa)는 할인에 사용한 이자율이 2.6%에서 1.7%로 낮아졌기 때문에 2015년 1분기 연금 지급의무의 현재가치가 €72억에서 €102억로 증가했다고 밝혔다.

다른 이름을 가졌다고 해서 이런 리스계약이나 연금 지급의무가 비밀스럽게 이루어지는 것은 아니다. 재무상태표에 명백히 나타나지 않더라도 이런 내용은 재무제표에 주석으로 설명되어 있다. 투자자들은 부채와 동등한 이런 채무사항과 이들이 만들어내는 재무적 위험을 인식한다.[17]

그러나 때때로 기업은 그 기업의 부채가 얼마인지 투자자들이 알지 못하게 하려고 무척이나 애를 쓰기도 한다. 예를 들어 엔론은 **특수목적회사**(special-purpose entities, SPEs)를 설립하는 방법으로 $6억 5,800만를 차입할 수 있었다. 이 특수목적회사는 자기자본과 부채로 현금을 조달했고, 모회사에 자금을 조달하기 위해 이 부채를 사용했다. 이 부채는 엔론의 재무상태표에 전혀 나타나지 않았으나, 2001년 파산으로 치닫던 엔론의 죽음의 소용돌이 속에서 만천하에 모습을 드러냈다.

## 다양성은 인생의 재미

우리는 기업 증권을 분류할 수 있는 여러 측면을 살펴보았다. 이는 재무관리자에게 증권 발행을 고려할 때 많은 선택안을 준다. 매력적인 투자안이라고 투자자들을 설득할 수만 있다면, 당신은 전환사채도, 후순위 채권도, 스웨덴 크로나(kronor)로 표시된 변동금리채권도 발행할

---

[17] 이와 관련해 L. Jin, R.C. Merton, and Z. Brodie, "Do a Firm's Equity Returns Reflect the Risk of its Pension Plan?" *Journal of Financial Economics* 81(2006), pp. 1-26을 참조하라.

수 있다. 기존의 증권 특성을 결합하지 않고 오히려 완전히 새로운 증권을 만들어낼 수도 있다. 한 석탄 회사가 전환사채를 발행하는데, 이때 지급액이 석탄 가격에 따라 함께 움직이는 전환사채를 발행하는 것도 생각해볼 수 있다. 아직까지 이런 증권을 들어본 적은 없지만, 이런 증권을 발행하는 것도 법적으로 전혀 문제가 없다. 누가 알겠는가. 투자자들이 이 증권에 굉장한 관심을 보일 수도 있다.

이상으로 기업이 발행하는 증권에 대한 짧은 여행을 여기서 마친다. 아마 5일 만에 12개 성당을 모두 돌아본 여행자의 기분일 것이다. 그러나 이후 장에서 본 내용에 대해 다시 돌아보고 분석할 충분한 시간이 있다. 지금은 일단 여기서 이동해 증권들이 거래되는 시장과 증권을 보유하는 금융기관에 대해 살펴볼 시간이다.

## 13-4    금융시장과 금융기관

그림 13.7은 대규모 공개기업으로 흘러 들어가는 저축의 경로를 보여준다. 저축은 세계 각지의 투자자로부터 나와 금융시장 또는 금융기관으로 흘러가거나 혹은 두 경로 모두를 거치며 이동한다. 예를 들어 뱅크 오브 아메리카가 신주 발행으로 $3억를 조달한다고 가정해보자. 이탈리아 투자자인 다빈치가 주당 $10에 신주 6,000주를 매입한다. 이제 뱅크 오브 아메리카는 나머지 주식으로 조달한 현금과 $6만를 갖게 된다. 뱅크 오브 아메리카는 엑슨모빌에 $3억의 대출을 해준다. 이 이탈리아 투자자의 저축액은 금융시장(주식시장)을 거쳐 금융기관(뱅크 오브 아메리카)으로 흘러 들어가고, 결국 엑슨모빌에 도착한다.

물론 이 이탈리아 친구의 $6만가 '엘 다빈치(L. DaVinci)로부터'라고 적은 봉투에 담겨 엑슨

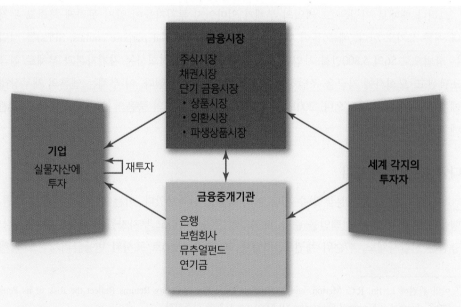

▶ **그림 13.7** 대규모 공개기업에 투자한 저축액의 경로. 저축액은 세계 각지의 투자자에게서 나와 금융시장이나 금융기관을 따라 이동한다. 기업은 주주를 대신해 재투자하기도 한다.

모빌에 진짜 도착한 것은 아니다. 뱅크 오브 아메리카의 신주를 구입한 투자금액은 투자자별로 구분되는 것이 아니고 하나로 모인다. 다빈치는 단지 엑슨모빌에 대한 대출금만이 아니라, 뱅크 오브 아메리카가 보유한 전체 자산의 일부 지분을 소유하게 되는 것이다. 그렇지만 투자자들의 저축액은 엑슨모빌의 자본 투자를 조달하기 위해 금융시장과 은행을 거치게 된다.

이번에는 또 다른 투자자가 뱅크 오브 아메리카에 당좌예금을 개설한다고 가정해보자. 은행은 이 당좌예금의 돈을 엑슨모빌에 대출할 수 있다. 이 경우 저축액은 금융시장을 거치지 않고 직접 금융기관으로 갔다가 다시 금융기관에서 바로 엑슨모빌로 흘러간다.

이제 주요 금융시장과 금융기관을 살펴보면서 그림 13.7을 조금 더 구체적으로 알아보자.

## 금융시장

**금융시장**(financial market)은 금융자산을 발행하고 이들이 거래되는 시장이다. 앞의 예에서 뱅크 오브 아메리카는 금융시장을 통해 신주를 발행해 투자자로부터 자본을 조달했다. 이런 형태의 주식 발행을 가리켜 **발행신주**(primary issues)라고 한다. 그러나 금융시장은 기업이 현금을 조달할 수 있도록 도와주는 한편, 투자자가 주식과 채권을 서로 거래할 수 있도록 도와준다. 예를 들면 로젠크란츠는 보유하고 있던 뱅크 오브 아메리카 주식을 팔아서 현금을 확보하는 동안, 길덴스턴은 저축을 뱅크 오브 아메리카 주식에 투자할 수 있다. 즉 이들은 서로 거래를 하는 것이다. 이러한 거래 결과, 소유권이 한 사람에게서 다른 사람에게로 간단하게 이전되는 한편, 기업의 현금, 자산, 또는 운영에 어떠한 영향도 주지 않는다. 이러한 증권의 매입과 매도를 가리켜 **유통거래**(secondary transactions)라고 한다.

일부 금융자산은 다른 자산만큼 유통시장(secondary market)에서 활발하게 거래되지 않을 때도 있다. 예를 들어 은행이 기업에게 대출을 하면 은행은 금융자산을 갖게 된다(이때 금융자산이라 함은 대출금과 이자를 함께 갚겠다는 약속을 의미함). 은행은 때로 다른 은행에 이러한 대출 패키지를 매각하기도 하지만 일반적으로 은행은 차입자가 대출금을 상환할 때까지 대출을 계속 보유한다. 다른 금융자산은 정기적으로 거래된다. 주식과 같은 일부 금융자산은 뉴욕, 런던, 홍콩의 증권거래소와 같은 조직화된 거래소에서 거래된다. 어떤 경우에는 조직화된 거래소가 없는 경우도 있다. 이런 경우 금융자산은 딜러 네트워크를 통해 거래된다. 이런 시장을 **장외**(over-the-counter, OTC)시장이라고 한다. 예를 들어 미국에서 대부분의 국채와 회사채는 장외시장에서 거래된다.

일부 금융시장은 기업이 현금을 조달하는 데 이용되지 않고 대신 기업이 위험을 관리하도록 도와주기도 한다. 이런 시장에서는 기업이 파생증권(derivatives)을 매입하거나 매도하는데 이때 파생증권의 지급금은 다른 증권이나 상품의 가격에 따라 결정된다. 예를 들어 초콜릿 생산자가 코코아 가격이 오를까봐 걱정한다면, 파생증권시장을 활용해 미래에 필요한 코코아를 정해진 가격으로 매입할 수 있다.

## 금융중개기관

**금융중개기관**(financial intermediary)은 투자자로부터 돈을 모아서 개인이나 기업, 기타 조직에 돈을 공급하는 기관이다. 은행, 보험회사, 투자펀드가 모두 이런 금융중개기관에 해당한다. 금융중개기관은 기업에게 자금을 조달하는 중요한 자금원이다. 이들은 저축과 실물투자 사이를 연결하는 길 위의 정류장과 같다.

그렇다면 왜 금융중개기관은 제조회사와 다른가? 첫째, 금융중개기관은 예를 들면 예금을 받거나 또는 보험을 판매하는 등 다양한 방법으로 자금을 조달한다. 둘째, 금융중개기관은 주식, 채권, 사업체나 개인에 대한 대출 등과 같은 **금융자산**(financial assets)에 투자한다. 이와는 대조적으로 제조기업의 주요 투자대상은 공장이나 설비와 같은 **실물자산**(real assets)이다.

표 13.2는 미국 내 다양한 유형의 금융중개기관이 보유한 금융자산을 보여준다. 이는 서로 다른 금융중개기관의 상대적 중요성을 알려준다. 물론 이 자산들을 모두 비금융 사업에 투자하는 것은 아니다. 예를 들면 은행의 경우 사업체뿐 아니라 개인들에게도 대출을 해준다.[18]

## 투자펀드

먼저 뮤추얼펀드, 헤지펀드, 연기금과 같은 투자펀드(investment funds)를 살펴본다. **뮤추얼펀드**(mutual fund)는 투자자에게 지분을 판매함으로써 자금을 조달한다. 이 자금을 다같이 모아서 증권 포트폴리오에 투자한다.[19] 뮤추얼펀드의 투자자는 지분을 추가 매입함으로써 펀드 포트폴리오에서 자신의 지분을 늘릴 수 있고, 현금을 원할 경우 펀드에 지분을 매각할 수도 있

》**표 13.2** 2017년 12월 미국 금융중개기관의 금융자산 현황

ª 추정

출처: Board of Governors of the Federal Reserve System, Division of Research and Statistics, *Financial Accounts of the United States— Z1*, www.federalreserve.gov; Preqin, https://www.preqin.com/.

| | 금액($10억) |
|---|---|
| 뮤추얼펀드 | $15,899 |
| MMF | 2,847 |
| 폐쇄형펀드 | 275.2 |
| ETF | 3,401 |
| 헤지펀드ª | 3,541 |
| 연기금 | 19,845 |
| 은행 및 저축기관 | 18,925 |
| 보험회사 | 9,340 |

---

[18] 금융중개기관들은 또한 서로에게 투자하기도 한다. 예를 들면 투자자는 뱅크 오브 아메리카의 신주 발행에 투자한 뮤추얼펀드에 가입하기도 한다. 만약 이 자금이 뱅크 오브 아메리카에서 이후 엑슨모빌로 흘러 들어간다면, 이 자금은 뱅크 오브 아메리카의 금융자산(엑슨모빌에 대한 대출)인 동시에 뮤추얼펀드의 금융자산(뱅크 오브 아메리카의 지분)이 된다.

[19] 뮤추얼펀드는 기업이 아니고 투자회사이다. 뮤추얼펀드는 배당 및 가격 변동으로 인한 모든 수익이 펀드 주주들에게 배분된다는 전제로 세금을 납부하지 않는다. 주주가 이 수익에 대한 개인소득세를 납부한다.

다. 매입과 매각 가격은 그때그때 매입 및 상환 시 펀드의 순자산가치(net asset value, NAV)에 따라 달라진다. 만약 펀드로 순현금유입이 있다면 펀드매니저는 이 현금으로 더 많은 주식과 채권을 사려 할 것이고, 만약 순현금유출이 있다면 펀드매니저는 펀드 투자 일부를 매각해 자금을 조달할 필요가 있을 것이다.

미국 내에 8,000개 이상의 주식 및 채권 뮤추얼펀드가 있다. 사실, 공개기업보다 더 많은 뮤추얼펀드가 있다. 뮤추얼펀드는 광범위하고 다양한 투자전략을 추구한다. 일부 펀드는 배당 위주의 안전한 주식에 특화되어 있고, 일부 펀드는 하이테크 고성장 주식에 특화되어 있다. 일부 '균형 잡힌(balanced)' 펀드는 주식과 채권 모두를 혼합해 투자한다. 어떤 펀드는 특정 국가나 지역에 투자한다. 예를 들면 피델리티 인베스트먼트(Fidelity Investment) 뮤추얼펀드 그룹은 캐나다, 일본, 중국, 유럽, 남미 지역의 펀드에 투자한다.

뮤추얼펀드는 투자자에게 낮은 비용으로 분산투자 기회 및 전문적 관리를 제공한다. 대부분의 투자자는 스스로 잘 분산된 주식과 채권 포트폴리오를 구성하기보다 뮤추얼펀드를 사는 것이 더 효율적이다. 또한 대부분의 뮤추얼펀드 매니저는 '시장을 이기기 위해(beat the market)', 즉 평균수익률보다 더 높은 수익률을 보이는 주식을 찾아 더 우월한 성과를 내려고 최선을 다한다. 이들이 이러한 종목들을 지속적으로 찾을 수 있느냐는 또 다른 문제이고 제12장에서 이에 대해 언급했다. 펀드매니저의 역할에 대한 보상으로 펀드매니저는 운용보수를 받는다. 또한 펀드를 운용하는 비용도 있다. 주식에 투자하는 뮤추얼펀드의 경우, 이러한 운용보수 및 비용은 대개 1년에 1% 정도 추가된다.

대부분의 뮤추얼펀드는 주식 혹은 주식 및 채권에 함께 투자한다. 그러나 머니 마켓 펀드(money market funds, MMF)라는 특정 형태의 뮤추얼펀드는 미국 단기국채(Treasury Bills)이나 은행 예금증서(bank certificates of deposit)와 같은 단기 안전 증권에만 투자한다. MMF는 개인이나 중소 사업체에 여유자금을 잠시만 맡길 수 있는 편리한 방법을 제공한다. 미국에는 약 400개의 MMF가 있다. 일부 MMF는 규모가 굉장히 크다. 예를 들어 JP모건 연방정부 MMF는 2017년 자산 규모가 $1,400억에 달했다.

뮤추얼펀드는 **개방형 펀드**(open-end fund)인데, 이는 언제나 새로운 주식을 발행할 수 있고 기존 지분을 매입할 수 있는 것을 말한다. 반면 **폐쇄형 펀드**(closed-end fund)는 주식 수가 정해져서 거래소에서 거래되는 펀드를 뜻한다. 폐쇄형 펀드에 투자하고 싶다면, 그 펀드로부터 주식을 살 수는 없고, 펀드를 가지고 있는 다른 주주들로부터 기존의 주식을 매입해야 한다.

만약 단순히 저비용으로 가능한 분산투자를 원한다면, 한 가지 옵션은 주식시장지수에 포함된 모든 주식에 투자하는 뮤추얼펀드를 사는 것이다. 예를 들면 뱅가드 지수 펀드(Vanguard Index Fund)는 S&P 종합지수에 포함된 모든 주식을 가지고 있다. 또 다른 대안은 **상장지수펀드**(exchange traded fund, ETF)에 투자하는 것인데 이는 한 번의 거래로 매입하거나 매도할 수 있는 주식 포트폴리오이다. S&P의 주식시장 지수와 일치하는 포트폴리오인 Standard & Poor's Depository Receipts(SPDRs, 또는 "spiders")가 여기에 해당한다. 혹은 다우존스산업평균(Dow Jones Industrial Average)을 추종하는 DIAMONDS를 살 수도 있고, 나스닥 100 지수(Nasdaq 100 index)를 추종하는 QUBES 또는 QQQs를 살 수도 있다. 혹은 미국에서 거래되는 거의 모든 주식을 포함한 미국 주식시장지수(U.S Total Stock Market Index)를 추종하는 뱅가드 ETF(Vanguard ETFs)를 살 수도 있고, 해외 주식시장이나 채권, 또는 상품을 추종하는 ETF를 살 수도 있다.

ETF는 여러 측면에서 뮤추얼펀드보다 더 효율적이다. ETF를 사거나 팔기 위해서는 주식을 사고팔 때처럼 단순하게 매입 혹은 매도 거래를 하면 된다. 이런 점에서 ETF는 폐쇄형 펀드와 비슷하다. 그러나 거의 예외 없이 ETF는 매니저에게 성과가 좋은 주식을 찾기 위한("pick winners") 재량권을 주지 않는다. ETF 포트폴리오는 지수나 특정 증권 바스켓에 고정되어 있다. ETF 발행자는 ETF가 기초 지수나 바스켓의 가격을 추종하는지만을 확인한다.

뮤추얼펀드처럼 **헤지펀드**(hedge fund) 역시 다른 투자자들로부터 저축을 끌어 모아서 그들을 대신해 투자한다. 그러나 헤지펀드는 적어도 세 가지 면에서 뮤추얼펀드와 다른 점이 있다. 첫째, 헤지펀드는 보통 복잡한 투자전략을 따르기 때문에, 헤지펀드에 대한 투자는 연기금이나 기부기금(endowment fund), 부유한 개인투자자와 같은 전문지식이 있는 투자자에게로 제한된다. 헤지펀드에 투자하기 위해 $3,000나 $5,000 수표를 보내지 않길 바란다. 대부분의 헤지펀드는 이런 소규모의 '소매' 투자 비즈니스에는 제공되지 않는다. 둘째, 헤지펀드는 보통 합자회사(limited partnership) 형태로 설립된다. 투자 매니저는 무한책임사원(general partner)이고 투자자는 유한책임사원(limited partner)이다. 셋째, 헤지펀드는 잠재적으로 수익이 크게 나는, 성과와 연동된 보수를 제공함으로써 가장 재능 있는 매니저를 끌어오려고 한다.[20] 반대로 뮤추얼펀드는 일반적으로 운용 자산에 대한 고정비율로 보수를 지급한다.

헤지펀드는 많은 다양한 투자전략을 따른다. 어떤 경우는 과대평가된 주식과 시장을 발견하고 공매해 이익을 내려 한다. 어떤 헤지펀드는 합병 협상 중인 기업에 승부를 걸기도 하고, 어떤 헤지펀드는 전환사채의 가격이 잘못 책정된 경우를 찾기도 한다. 또한 일부 헤지펀드는 해외 통화나 이자율에 투자하기도 한다. '벌쳐 펀드(Vulture funds)'는 재무적 곤경에 처한 기업의 증권에만 특화한 펀드이다. 헤지펀드는 뮤추얼펀드보다 더 적은 규모의 자금을 운용하지만 때때로 매우 큰 포지션에 노출되어 있어 시장에 큰 영향력을 준다.

또한 다른 방식으로 돈을 모아 투자하기도 한다. 종업원을 위해 회사나 다른 기관이 제공하는 연금 설계를 떠올려보자. 가장 흔한 형태는 **확정기여형**(defined-contribution) 연금이다. 이 경우 종업원 월급의 일정 비율만큼 **연기금**(pension fund)으로 분담된다. (예를 들면 고용주와 종업원이 각각 5%씩 부담할 수 있다.) 연기금 참가 종업원으로부터 분담된 금액을 모아서 증권이나 뮤추얼펀드에 투자한다. (보통 종업원은 다른 투자전략을 가진 여러 펀드 중에서 선택할 수 있다.) 연금 분담금이 계속되고 투자 수익도 쌓이기 때문에 연금제도에서 각각의 종업원 잔고는 시간에 따라 증가한다. 퇴직 시 사용 가능한 자금은 이렇게 적립된 분담금과 투자 수익률에 따라 달라질 수 있다.[21]

---

[20] 때로 운용보수가 너무 클 때도 있다. 일례로, 포브스(Forbes)는 헤지펀드 매니저 제임스 시몬스(James Simons)가 2016년에 $16억를 벌어들였다고 추정했다.

[21] **확정급여형**(defined-benefit) 연금제는 고용주가 (공식으로 결정된) 일정 수준의 퇴직연금을 약속하는 것으로, 적립된 투자 가치는 약속된 연금을 지급할 수 있을 만큼 충분히 커야 한다. 만약 그렇지 않다면 고용주는 더 많

연기금은 장기투자로 설계된다. 연기금은 전문 경영과 분산투자를 제공한다. 연기금은 중요한 세제 혜택을 받는데, 연기금은 세금 공제가 가능하고 연금제 내의 투자 수익은 현금이 최종적으로 인출될 때까지는 세금이 부과되지 않는다.[22]

이러한 투자 펀드들은 저축에서 시작해 기업 투자로 이르는 여정에 정류장과 같은 것이다. 예를 들어 당신이 투자한 뮤추얼펀드가 뱅크 오브 아메리카가 발행한 신주 일부를 매입한다고 가정해보자. 빨간색 화살표는 저축에서 투자로의 흐름을 보여준다.

## 금융기관

은행과 보험회사는 **금융기관**(financial institutions)[23]이다. 금융기관은 단순히 저축을 모아서 투자하는 것 이상의 역할을 하는 중개기관이다. 금융기관은 예를 들어 예금을 받거나 보험 상품을 파는 등의 특별한 방법으로 자금을 조달하고, 부수적인 금융 서비스를 제공한다. 대부분의 투자 펀드와는 달리, 이들은 증권에 투자할 뿐만 아니라 개인, 사업체, 기타 기관에 직접 자금을 대출한다.

**상업은행** 미국에는 거의 5,000개의 상업은행(commercial banks)이 있다. 이들은 $2조 6,000억 자산의 JP모건체이스(JPMorgan Chase)와 같은 거대 은행부터 $400만 이하의 자산을 가진 EMB(Emigrant Mercantile Bank) 같은 소형 은행까지 다양하게 존재한다.

상업은행은 기업 대출의 주요 공급원이다. (미국은 대부분의 다른 나라와 달리 일반적으로 상업은행이 기업의 지분에 투자하는 것을 허용하지 않는다.) 지역의 목재 회사가 9개월 동안 사용할 $250만 대출을 위해 협상한다고 가정해보자. 저축의 흐름은 아래와 같다.

은행은 이 기업에 부채금융을 제공하는 동시에 예금자가 돈을 안전하게 맡기고 필요할 때 인

---

은 돈을 지불해야 한다. 확정급여형 연금제는 점점 확정기여형 연금제도로 바뀌고 있다.

[22] 확정급여형 연금제도가 이같은 장점을 공유하지만, 종업원 대신 고용주가 투자를 한다. 확정급여형 연금제에서 투자 수익에 대한 세금 이연의 혜택은 고용주에게 생기는 것이다. 이러한 세금의 이연은 연금제를 위해 자금을 조달하기 위한 비용을 줄여준다.

[23] 금융중개기관(financial intermediaries)과 금융기관(financial institution) 사이에 너무 미세한 차이를 만들어내는 것일 수도 있다. 뮤추얼펀드도 금융기관으로 간주될 수 있다. 그러나 '금융기관'은 보통 은행과 같이 더 복잡한 금융중개기관을 의미한다.

출할 수 있는 장소를 제공한다.

**투자은행**　우리는 이제까지 예금자에게서 돈을 모아서 개인이나 사업체에게 대출을 해주는 상업은행에 대해 알아보았다. **투자은행**(investment banks)는 이와는 다르다.[24] 투자은행은 예금을 수신하지 않고 일반적으로 기업에 대출을 제공하지 않는다. 대신 투자은행은 기업이 자금을 조달할 수 있도록 자문하고 돕는 역할을 한다. 예를 들면 투자은행은 증권 발행 기업으로부터 신주를 협상가격에 구입하고 이를 다시 투자자에게 되파는 방식으로 발행 주식을 **인수**(underwrite)한다. 이런 방식으로 발행 기업은 신주에 대해 정해진 가격을 받을 수 있고, 투자은행은 수천 명의 투자자에게 이 주식 배분에 대한 책임을 지게 된다. 우리는 제14장에서 증권 발행에 대해 더 자세히 다룰 것이다.

투자은행은 또한 기업인수, 합병 및 인수에 대한 자문을 제공한다. 이들은 투자에 대해 조언하고 개인 및 기관투자자를 위한 투자 포트폴리오를 관리해주며 외환, 원자재, 채권, 옵션 및 파생상품 트레이딩 데스크를 운영한다.

투자은행은 자신의 돈을 스타트업이나 벤처 기업에 투자할 수 있다. 예를 들면 호주의 맥쿼리 은행(Macquarie Bank)의 경우 공항, 유료 도로, 송전 및 발전, 세계 각국의 사회기반시설 프로젝트에 투자했다.

대규모 투자은행들은 금융의 실세들로서, 골드만 삭스(Goldman Sachs), 모건 스탠리(Morgan Stanley), 라자드(Lazard), 일본의 노무라(Nomura), 맥쿼리 은행 등이 이에 해당한다.[25] 게다가 뱅크 오브 아메리카와 씨티그룹을 포함한 주요 상업은행은 모두 투자은행 영역을 가지고 있다.[26]

**보험회사**　보험 회사는 기업의 **장기** 자금조달을 위해서 은행보다 더 중요하다. 보험회사는 기업의 주식 및 채권에 대한 거대 투자자들이고, 종종 기업에 직접 장기대출을 제공한다.

기업이 9개월 동안이 아니라 9년 동안 $250만의 대출이 필요하다고 가정해보자. 기업은 직접 투자자에게 채권을 발행할 수 있다. 또한 이 기업은 아래와 같이 보험회사와 9년 만기 대출을 협상해볼 수도 있다.

[24] 예금을 받아서 사업체에 자금을 조달해주는 은행을 **상업은행**(commercial banks)이라고 부른다. **저축은행**(savings banks)은 예금 및 저축을 받아서 대부분 개인에게 대출을 해준다. 주택 구매자에게 주택담보대출을 제공하는 것이 그 예다. 투자은행(investment banks)은 예금 수신 업무를 하지 않고, 인수나 다른 거래를 위한 일시적 자금조달인 **브리지 론**(bridge loan)이 아니라면 개인에게든 사업체에게든 대출을 제공하지 않는다.

[25] 엄밀하게 말하면, 골드만 삭스와 모건 스탠리는 투자은행이 아니다. 2008년 이들은 투자은행 인가를 대신해 은행 인가를 받아 예금 수신을 할 수 있게 되었다. 그러나 이들은 투자은행 활동에 집중하고 있다.

[26] 뱅크 오브 아메리카는 최대 투자은행 중 하나인 메릴 린치(Merrill Lynch)를 가지고 있다. 메릴 린치는 2008년 담보대출 관련 투자에서 막대한 손실을 본 후 뱅크 오브 아메리카에 인수되었다.

대출을 구성하는 돈은 주로 보험 계약 판매로부터 나온다. 가령 당신이 집에 대한 화재보험 계약을 체결했다고 가정해보자. 당신은 보험회사에 현금을 지불하고 그에 대한 대가로 금융자산(보험 계약)을 얻는다. 당신은 이 금융자산에 대한 이자를 받지 못하지만 대신 화재가 발생한다면 보험회사가 보험 계약 한도에 따라 손실을 보전해야만 한다. 이것이 당신의 투자에 대한 보상이다. (물론 화재는 피해야만 하는 슬프고 위험한 사건이다. 그러나 만약 화재가 발생한다면, 보험에 투자한 보상을 얻음으로써 당신은 보험을 갖고 있지 않았을 때보다 더 좋은 상황을 맞게 된다.)

보험회사는 단 하나가 아니라 수천 개의 보험 계약을 발행할 것이다. 보통 화재는 평균 빈도로 발생하므로, 보험회사는 보험 계약자 집단에 대해서 예측 가능한 의무를 가지게 된다. 물론 보험회사는 보험 계약 판매 및 관리비용, 보험 계약자의 청구액, 주주를 위한 이익을 부담할 수 있을 정도의 자금은 보유하고 있어야 한다.

## 13-5 금융시장과 중개기관의 역할

금융시장과 중개기관은 비즈니스를 위해 자금조달을 제공한다. 이들은 저축을 실물 투자로 연결한다. 그 부분만큼은 확실히 해야 한다. 그러나 다른 기능은 그렇게 명백하지는 않을 수도 있다. 금융중개기관은 많은 면에서 개인의 복지와 경제의 원활한 운영에 기여한다. 몇 가지 예를 들어보자.

### 지불수단

모든 지불이 현금으로 이루어져야 한다면 얼마나 불편할지 생각해보라. 다행히도 당좌예금, 신용카드, 전자이체 등은 개인과 기업이 먼 거리에서도 빠르고 안전하게 대금을 보내고 받을 수 있도록 해준다. 은행은 지불 서비스의 가장 확실한 제공자지만 은행들만이 이 업무를 수행하는 것은 아니다. 예를 들어 당신이 화폐시장 뮤추얼펀드(money market mutual fund)의 주식을 구입하면, 당신의 돈은 다른 투자자의 돈과 합해져 안전한 단기 증권을 매입하는 데 사용된다. 그러면 투자자는 마치 은행예금을 갖고 있는 것처럼 이 뮤추얼펀드 투자를 바탕으로 수표를 발행할 수 있다.

### 차입과 대출

금융기관이 단지 기업에게만 대출하는 것은 아니다. 금융기관은 저축된 자금이 이를 가장 잘 활용할 수 있는 사람들에게 전달될 수 있게 한다. 그래서 만약 존스가 당장 필요한 것보다 더 많은 돈을 가지고 있고, 앞으로 좋지 않은 때를 대비해 저축하기를 원한다면 존스는 은행의 저축예금에 돈을 맡길 수 있다. 만약 스미스가 지금 새 차를 구입하고 대금은 나중에 지급하고자 한다면 은행으로부터 돈을 빌릴 수 있다. 다시 말해 은행은 존스와 스미스에게 시간에 따라 부를 앞으로 혹은 뒤로 이동시킬 수 있는 타임머신을 제공하는 것이다. 두 사람 모두 현금이

들어올 때 꼭 현금을 써야 하는 경우보다 더 만족스러울 것이다.

제1장에서 살펴본 것처럼, 개인들이 차입과 대출에 접근해도 주주들은 서로 다른 시간 선호도를 가지고 있기 때문에 기업은 걱정할 필요가 없다. 기업은 기업가치 극대화에 집중할 수 있고 투자자는 이와 별개로 그들의 부를 언제 사용할지 선택할 수 있다.

은행은 당좌예금 고객에게 자금을 즉시 인출할 수 있게 해주는 동시에 기업과 개인에게 장기 대출을 해주고 있는 점에 주목하자. 은행의 채무(예금) 유동성과 대부분의 자산(대출) 간의 이러한 불일치는 예금자의 수가 충분히 많을 때에만 가능하다. 왜냐하면 은행은 예금자들 모두가 동시에 자금을 인출하지는 않을 것이라고 상당히 확신할 수 있기 때문이다.

원칙적으로 차입과 대출을 하기 위해 반드시 금융기관이 필요한 것은 아니다. 예를 들면 잉여 현금을 가진 개인이 현금이 부족한 사람을 찾아 신문광고를 낼 수도 있다. 그러나 자금을 빌리는 사람과 빌려주는 사람을 연결하기 위해 은행과 같은 금융중개기관을 이용하는 것이 더 싸고 편리할 수 있다. 예를 들어 은행은 자금을 차입하려는 사람의 신용도 조사와 대출된 자금의 사용을 감시할 수 있는 시스템을 갖추고 있다.[27]

## 위험의 공동부담

금융시장과 금융기관은 기업이나 개인이 위험을 공동으로 부담(pooling risk)할 수 있도록 해준다. 예를 들어 보험회사는 자동차 사고나 주택 화재의 위험을 서로 나누어 부담하는 것을 가능하게 한다. 또 다른 예를 살펴보자. 당신이 투자할 돈이 조금밖에 없다고 가정하자. 당신은 한 회사의 주식을 살 수 있는데 만약 그 회사가 파산하면 투자금액을 전부 날리게 된다. 일반적으로 보통주나 기타 증권 등 분산된 포트폴리오에 투자하는 뮤추얼펀드의 주식을 매입하는 것이 더 낫다. 이 경우에 당신은 증권가격이 전반적으로 하락하는 위험에만 노출된다.

## 금융시장이 제공하는 정보

잘 작동하는 금융시장에서, 당신은 어떤 증권과 어떤 원자재가 가치가 있는지를 알 수 있고 또한 투자자가 그들의 저축에 대해 기대할 수 있는 수익률을 알거나, 최소한 추정할 수 있다. 금융시장이 제공하는 정보는 종종 재무관리자의 업무에 필수적이다. 이런 시나리오를 고려해 보자.

12월, 촉매 변환장치 제조사인 캐털리틱 콘셉츠(Catalytic Concepts)는 다음 해 4월 생산을 계획하고 있다. 변환장치는 뉴욕상품거래소에서 거래되는 백금을 포함한다. 이 기업은 4월 백금

---

[27] 그러나 지난 10년 동안 프로스퍼 앤 렌딩 클럽(Prosper and Lending Club)과 같이 **개인간(peer-to-peer)** 대출회사 (P2PLs)가 많이 설립되었다. 이런 회사는 개인이나 소규모 비즈니스들에게서 대출 신청을 받아 관심 있는 대출자들에게 웹으로 광고한다. 대출자들은 차입자의 신원을 알 수 없지만, 개인간 대출 중개회사는 차입자의 신용점수와 회사의 자체 신용평가를 제공하며, 이 내용들은 제공 금리에 반영된다. P2PL은 차입자와 대출자를 연결하는 시장을 제공한다. 또한 P2PL은 신용정보를 제공하고 차입자로부터 대금을 회수해 대출자에게 전달한다. 이와 대조적으로 은행은 대출 포트폴리오를 소유(own)하고 예금자가 본인의 돈에 즉각적으로 접근할 수 있도록 한다.

구입을 위해 온스당 얼마의 예산을 잡아야 하는가? 답은 간단하다. 이 기업의 CFO는 뉴욕상 품거래소에서 백금의 시장가격을 찾아보면 된다. 즉 4월 인도 백금은 온스당 $1,023이다(이는 다음 해 4월에 인도되는 백금의 2017년 8월 가격이었다). CFO가 원한다면 이 가격에 고정시킬 수 있다.

이제 캐털리틱 콘셉츠의 CFO는 신규 자금조달을 위해 $4억를 조달할 필요가 있다고 가정해 보자. CFO는 30년 만기 채권 발행을 고려해본다. 만약 이 회사 채권이 Baa 등급이라면 신규 채 권 발행에 몇%의 금리를 지불해야 하는가? CFO는 기존의 Baa 채권 수익률이 4.40%라는 것을 확인한다. 이 회사는 신규 채권을 유사한 금리로 발행할 수 있을 것이다.

마지막으로 주가와 기업가치는 기업이 현재 성과 면에서 그리고 미래 전망 면에서 얼마나 잘해내고 있는지에 대한 투자자들의 집합적 평가를 반영한다. 따라서 주가 상승은 투자자가 경영자에게 보내는 긍정적 신호이다.[28] 또한 최고경영진의 보수는 보통 주가와 연결되기 때문 에 경영자는 기업의 시장가치를 증가시키려는 인센티브를 갖게 되고 이는 경영자의 이익과 주 주의 이익을 일치시킴으로써 대리인 비용을 줄인다. 이것이 바로 기업공개의 중요한 장점 중 하나이다. 그러나 비공개기업의 주식은 금융시장에서 가치평가를 받지 않으므로 주가를 성과 지표로 사용할 수 없어 경영자가 주가를 극대화하려는 인센티브를 갖기 어렵다.

금융시장의 기본적 기능은 전 세계에 걸쳐 동일하다. 그래서 유사한 기관이 이러한 기능을 수행하기 위해 출현했다는 것은 놀라운 일이 아니다. 거의 모든 나라에서 은행이 예금을 받고, 대출을 하며, 지불제도를 감시하는 것을 볼 수 있다. 또한 사고에 대비해 생명보험과 보호 기 능을 제공하는 보험회사를 접하게 될 것이다. 만약 그 나라가 상대적으로 번영하고 있다면, 연 기금이나 뮤추얼펀드와 같은 기관들 역시 사람들의 저축을 관리해주기 위해 설립되어 있을 것 이다. 물론 기관의 구조(institutional structure)에 있어서는 차이가 있다. 은행을 예로 들어보자. 증권시장이 상대적으로 덜 발달된 많은 나라에서는 은행이 금융산업에서 훨씬 더 지배적인 역 할을 수행한다. 은행은 종종 미국에서 은행이 수행하는 역할보다 더 광범위한 활동을 한다. 예 를 들어 은행은 산업체에 대해 대규모의 지분을 소유하기도 한다. 그러나 이는 미국에서는 일 반적으로 허용되지 않는다.

## 2007-2009년 금융위기

2007-2009년의 금융위기는 많은 의문을 제기하지만, 단 하나의 의문점은 확실히 해결했다. 금융시장과 금융기관이 중요하다는 점이 바로 그것이다. 금융시장과 금융기관이 제대로 작동 하지 않게 되자, 전 세계는 글로벌 경기침체로 빠져들었다.

금융위기는 2000년 인터넷 및 통신주 주식 버블 붕괴 이후 미국 연방준비제도이사회와 다 른 중앙은행들이 추구한 통화완화 정책에 뿌리를 두고 있었다. 이와 함께 아시아 경제의 대규

---

[28] 투자자들의 가치평가가 항상 옳다고 주장할 수는 없다. 파이낸스는 모험적이며 위험한 비즈니스인데, 말하자면 당신의 부가 위험하다는 뜻이다. 뒤늦은 깨달음이기는 하지만 우리는 투자자가 저지른 끔찍한 실수들을 본다. 예를 들면 2000년 인터넷과 통신사에 대한 엄청난 과대평가 같은 것을 들 수 있다. 그러나 평균적으로 금융시장 은 재빨리 그리고 정확하게 정보를 수집하고 평가한다.

모 국제수지 흑자가 미국 부채증권으로 재투자되었다. 이는 또한 금리를 낮추고 느슨한 신용의 원인이 되었다.

은행은 저소득 차입자에게도 서브프라임 담보대출을 확대 공급하기 위해 이러한 저금리 자금을 이용했다. 많은 은행이 초기에 상환을 적게 하고 이후에 상환을 많이 하는 방식으로 주택 구입 희망자들을 유혹했다[29](일부 주택 구입자는 주택 가격 상승을 확신해 집을 다시 팔거나 또는 더 비싼 상환이 도래하기 전에 리파이낸싱할 수도 있었다). 어떤 대출자는 심지어 '닌자(NINJA)' 대출이라고 이름 붙여 광고했다고 한다. NINJA는 '소득 무, 직업 무, 자산 무(No Income, No Job, and No Assets)'를 뜻한다.

대부분의 서브프라임 담보대출은 다시 팔릴 수 있는 주택저당증권(mortgage-backed securities)으로 포장되었다. 그러나 이 증권을 위험을 감당할 수 있는 투자자에게 파는 대신, 많은 은행들은 대규모의 대출은 그대로 보유하거나 또는 다른 은행에 매각했다.

주택담보대출 금융이 광범위하게 퍼지자 주택 가격 상승이 급격하게 이어져 2006년 6월 주택 가격은 5년 만에 2배가 되었다. 이때부터 주택 가격은 하락하기 시작했고 주택보유자들은 주택담보대출 상환을 할 수 없게 되었다. 1년 후 대규모 투자은행인 베어스턴스(Bear Stearns)는 헤지펀드 두 곳이 투자했던 주택담보대출 투자로부터 입은 막대한 손실을 발표했다. 2008년 봄 베어스턴스는 파산 위기에 몰렸고, 미국 연방준비제도이사회의 주선으로 JP모건 체이스(JPMorgan Chase)는 베어스턴스를 인수했다.

미국 정부가 거대 연방 주택담보대출 업체인 패니 메이와 프레디 맥을 인수해야 했던 2008년 9월, 위기는 최고조에 이르렀다. 이 두 업체는 서브프라임 주택저당증권에 수천억 달러를 투자했다. 며칠 후 금융시스템은 붕괴하기 시작했다. 메릴 린치와 리먼 브러더스는 모두 도산의 위기에 빠져 있었다. 9월 14일, 정부는 뱅크 오브 아메리카가 재정적 보증을 대가로 메릴 린치를 인수하도록 주선했다. 그러나 미국 정부는 리먼 브러더스를 구제하기 위한 조치는 취하지 않았고, 리먼 브러더스는 그다음 날 파산 보호를 신청했다. 이틀 후 미국 정부는 막대한 주택저당증권과 채권의 부도에 대한 보험을 판매했던 거대 보험회사 AIG에 마지못해 $850억를 빌려주었다. 그다음 날 재무부는 '유독성(toxic)' 주택저당증권을 매입하기 위해 $7,000억에 달하는 금액을 지출하는 첫 번째 조치를 발표했다.

2007년과 2008년에 걸쳐 위기가 드러나자, 다음에 쓰러질 도미노가 무엇이 될지 우려한 은행들은 서로에 대한 대출을 꺼리기 시작했고 그 결과 대출 금리는 미국 국채 금리보다 4.6%나 높아졌다(보통 스프레드는 국채 대비 0.5% 이하에 형성되었다). 채권 시장과 단기 자금조달을 위한 시장은 말 그대로 말라붙어 버렸다. 다른 산업으로의 신용 공급에 즉각적인 연쇄반응이 생겨났고, 경제는 대공황 이래 최악의 실패 중 하나에 맞닥뜨리게 되었다.

거의 모든 선진국이 이 위기를 피해 가지 못했다. 많은 외국 은행들은 자국의 주택 시장 붕괴로 타격을 입었을 뿐 아니라, 미국의 서브프라임 모기지에 대규모 투자를 했던 것이다. 각

---

[29] 소위 ARM 옵션 대출로, 최소 대출 상환액이 종종 대출에 대한 해당 월 이자조차 부담하지 못할 정도로 적었다. 그러나 이렇게 미지급된 이자는 이후 대출금액에 더해져서 주택 보유자가 언젠가는 갚아야만 하는 대출금액이 점점 더 크게 증가했다.

국의 정부로부터 구제금융을 받아야만 했던 수많은 은행들이 있었는데 그중 영국의 스코틀랜드 왕립은행(Royal Bank of Scotland), 스위스의 UBS, 아일랜드의 얼라이드 아이리쉬 뱅크(Allied Irish Bank), 벨기에의 포티스(Fortis), 네덜란드의 ING, 오스트리아의 하이포 그룹(Hypo Group), 독일의 WestLb가 대표적이었다.

이 금융위기의 책임은 누구에게 있을까. 일부는 금융 완화 정책을 편 미국 연방준비제도이사회에 있을 것이다. 미국 정부 또한 은행들로 하여금 저소득자 주택 구입을 위한 대출을 확대하도록 장려했다는 점에서 비난을 피할 수는 없다.[30] 신용평가기관은 이후 곧바로 채무불이행에 빠진 많은 모기지 채권에 트리플 에이의 최우량 등급을 주었다는 점에서 책임이 있다. 마지막으로 중요한 당사자로 은행 스스로도 서브프라임 모기지를 장려하고 재판매했다는 점에서 책임을 면할 수 없다.

당시의 금융위기와 이어진 경기 침체는 많은 정부에게 막대한 부채를 남겼다. 2010년에 이르러 오랜 기간 정부 지출이 수입을 훨씬 넘어섰던 그리스 정부의 재정 상황에 대해 투자자들의 위기감이 커지게 되었다. 그리스의 상황은 단일통화를 사용하는 유로지역 가입국이라는 점에서 더욱 복잡했다. 그리스 부채의 대부분이 유로화로 이루어졌으나, 그리스 정부는 통화에 대한 권한이 없었고, 부채를 갚기 위해 간단히 더 많은 유로를 발행할 수 없었다. 투자자들은 그리스 정부의 부도 가능성과 유로존 탈퇴에 대해 고려하기 시작했다. 유로존 국가의 정부들이 그리스 문제에 단호하게 대처하지 못하자 투자자들은 유로존 내 다른 고부채 국가들(아일랜드, 포르투갈, 이탈리아, 스페인)의 전망에 대해서도 우려하게 되었다. 수차례의 구제 금융에도 불구하고 2011년 그리스는 결국 채무불이행 상태가 되었다. 그러나 이것이 끝이 아니었다. 4년 후 추가 구제책을 받지 못하자 그리스는 IMF에 대한 채무불이행을 확정했다.

적어도 지나고 보면, 금융위기로 치달을 때 많은 어리석음과 탐욕이 있었음을 알게 된다. 금융위기 이후 10년이 지났지만 은행가는 여전히 인기 순위 하위권에 머물러 있다. 이는 몇 가지 주요 은행이 금리와 외환시장을 조작했다는 폭로 이후 더욱 강화되었다. 그러나 금융위기와 이에 이어진 스캔들의 교훈은 금융 시스템이 필요 없다는 것이 아니라, 정직하고 제대로 작동하는 금융 시스템이 필요하다는 것이다.

미국과 선진국에서의 금융시장은 대부분 잘 작동하고 있지만, 이 금융시장도 어떤 시 속의 소녀와 마찬가지로 "좋을 때는 정말로 좋지만, 나쁠 때는 무시무시하다". 그리고 금융위기 동안, 시장은 정말로 무시무시했다. 재무관리자가 마주해야 했던 문제 몇 가지를 생각해보자.

- 많은 세계 최대 은행들이 위태롭게 흔들리거나 구제받아야 했기에 현금에 대한 피난처가 어디에도 없었다.
- 주식과 채권가격은 흥분한 티거(Tigger)처럼 널뛰었다.
- 주기적으로, 특정 유형의 증권시장은 완전히 말라버려 현금을 조달하기가 어려웠다.
- 유로존에서 투자자들은 정부가 채권에 대한 지급이 가능한지, 그리고 유로를 통화로 유지

---

[30] 저소득자의 주택 소유 확대를 촉진하는 정책은 일반적으로 정부 내부에서 인기가 있었고, 부시 대통령 행정부의 'Ownership Society'라는 기치 아래 설정한 목표와 잘 맞아떨어졌다.

할 수 있을지조차 확신하지 못했다.

- 2006년 위기가 최고조에 오를 때부터 제조업의 이익은 크게 떨어졌고, 파산한 기업은 3배에 달했다.

당시 재무관리자들은 사방에서 공격받는 것으로 여겨졌을 것이다.

바라건대, 이 몇 년 동안은 아주 운 없는 일시적 시기였으며, 우리의 세계가 그 이후 영원히 더 복잡하고 위험해진 것이 아니기를 바란다.

- 재무관리자는 두 가지의 광범위한 자금조달결정에 직면한다.
  1. 내부적으로 조달된 현금흐름의 얼마만큼을 사업에 재투자해야 하는가? 얼마만큼을 현금배당 이나 주식 재매입으로 주주들에게 지급해야 하는가?
  2. 어느 정도까지 자기자본 대신 부채로 자금조달을 해야 하는가?

이들 질문에 대한 답은 기업의 배당정책과 부채정책(debt policy)에 따라 달라진다.

- 그림 13.1은 미국 기업이 어떻게 자금을 조달하고 사용하는지를 요약하고 있다. 그림을 다시 한 번 보고 수치에 대한 감을 갖도록 하자. 내부에서 창출된 현금은 투자자금의 주요 원천임에 주목 하라. 차입 또한 상당하다. 그러나 순자기자본 발행은 음수이다. 즉 주식 재매입(자사주 매입)이 주식 발행보다 많았다는 뜻이다.

- 보통주는 가장 단순한 형태의 자금조달이다. 보통주의 주주들은 회사를 소유한다. 주주들은 모 든 현금흐름과 회사가 부채를 상환한 후 남는 자산을 모두 차지한다. 그러므로 보통주는 잔여청 구권으로서 사업이 잘될 때, 그리고 곤란할 때 모든 상황을 함께 한다. 부채는 현금흐름에 대한 우선 청구권을 갖지만, 이 청구권은 제한이 있다. 부채는 회사가 부도를 내거나 부채 조항을 위 반하지 않는 이상 어떤 통제권도 갖지 못한다.

- 우선주는 또 다른 형태의 자기자본 조달이다. 우선주는 고정된 배당을 약속한다. 그러나 이사회 가 배당을 지급하지 않기로 결정하면 우선주주들은 이에 대항하지 못한다. 한편, 회사는 보통주 에 대한 배당을 지급하기 전에 우선주에 대한 배당을 먼저 지급해야 한다.

- 부채는 가장 중요한 외부 자금조달의 원천이다. 채권이나 다른 기업 부채의 소유자는 이자지급 과 원금의 상환을 약속받는다. 만약 기업이 이러한 지급금을 지급할 수 없으면 부채 투자자들은 회사가 돈을 지급하도록 소송을 하거나 파산을 강제할 수 있다. 파산은 채권자들이 회사를 넘겨 받아 회사 자산을 매각하거나 또는 새로운 경영진을 선임해 회사를 계속 운영한다는 것을 의미 한다.

- 세무 당국은 이자지급금을 비용으로 취급하므로 기업은 과세소득을 계산할 때 이자를 과세소득 에서 공제할 수 있음에 주목하라. 이자는 세전 소득에서 지급되지만 배당과 유보이익은 세후 소 득으로부터 나온다. 이것이 바로 부채가 우선주보다 더 중요한 자금조달의 원천이 되는 이유이 다. 우선주 배당은 세금 공제의 대상이 되지 않는다.

- 부채증권(debt instruments)의 다양성은 거의 끝이 없다. 부채증권은 만기, 이자율(고정 혹은 변 동), 통화, 우선순위, 담보, 부채가 주식으로 전환될 수 있는지 여부에 따라 서로 다르다.

- 기업의 부채와 주식의 대부분은 은행, 보험회사, 연기금, 뮤추얼펀드 등과 같은 금융중개기관이 소유하고 있다. 이런 기관들이 많은 기업 투자뿐 아니라 부동산과 기타 자산 투자에 대한 재원 조달을 한다. 금융기관은 지불 메커니즘을 운영하고 있으며, 개인이 포트폴리오를 관리하고 분 산할 수 있게 도와주고, 기업이 위험을 관리할 수 있게 도와준다. 2007-2009년의 위기와 그 여파 는 이러한 중개기관이 수행하는 중대한 역할을 극적으로 보여주었다.

1. 다음 용어를 사용해 빈칸을 채워라.

   변동이자율, 보통주, 전환, 후순위, 우선주, 선순위, 신주인수권.

   a. 만약 부도가 났을 때, 대출자가 기업의 일반 채권자보다 순위가 뒤에 놓인다면, 그 사람의 대출은 (       )라고 한다.

   b. 많은 은행대출에 대한 이자는 (       )에 기초하고 있다.

   c. (       ) 채권은 발행기업의 주식으로 교환될 수 있다.

   d. (       )은 그것의 소유자에게 미리 결정된 가격으로 발행회사의 주식을 살 권리를 부여하는 것이다.

   e. (       )에 대한 배당은 기업이 (       )에 대한 배당을 지급하지 않는다면 지급될 수 없다.

2. 다음 문장은 참인가, 거짓인가?

   a. 미국에서 대부분의 보통주는 개인 투자자가 보유한다.

   b. 보험 회사는 금융중개기관이다.

   c. 조합에 대한 투자는 공개시장에서 거래될 수 없다.

3. 다음 문장은 참인가, 거짓인가?

   a. 미국의 비금융 법인에 의한 순주식 발행은 거의 모든 해에 적지만 양(+)이다.

   b. 미국 기업의 자본 투자는 대부분 유보이익과 재투자된 감가상각액에 의해 조달되고 있다.

   c. 미국에서의 부채비율은 대부분의 다른 선진국들보다 낮다.

4. 주주들이 지배권과 잔여 현금흐름권을 가지고 있다고 말할 때 의미하는 바는 무엇인가? 실제로 주주들이 그들의 지배권을 어떻게 행사하는가?

5. 어떤 회사가 의결권이 있는 주식과 무의결권 주식을 발행했다고 가정하자. 투자자들은 의결권이 있는 주의 주주들이 이 회사의 무능한 경영진을 투표로 물러나게 하리라 기대한다. 의결권이 있는 주식은 더 높은 가격에 거래되리라고 예상하는가? 이에 대해 설명하라.

6. 2018년 B회사는 $76만의 총수익을 올렸다.

   a. B회사는 $100만의 부채와 보통주의 조합으로 자금을 조달했다고 가정하자. 이 부채의 이자율은 10%이고 2018년 법인세율은 21%이다. 이자 및 법인세 지급 후 얼마만큼의 이익이 보통주주에게 돌아갈 수 있겠는가?

   b. 이제 부채 발행 대신에, B회사는 $100만의 우선주와 보통주의 조합을 통해 자금을 조달했다고 가정해보자. 우선주에 대한 배당수익률은 8%이고, 법인세율은 역시 21%이다. 우선주에 대한 배당금 및 법인세 지급 후 보통주주에게 어느 정도의 이익이 돌아갈 수 있는지 다시 계산해보라.

7. 다음의 특징 중 어느 것이 회사채의 가치를 증가시키는가? 어떤 특징이 회사채의 가치를 감소시키는가?

   a. 이 채권은 주식으로 전환 가능하다.

   b. 이 채권은 부동산에 대한 담보에 의해 보증된다.

   c. 이 채권은 후순위이다.

8. 다음 중 금융시장은 무엇인가?

   a. 나스닥

   b. 뱅가드 익스플로러 펀드(Vanguard Explorer Fund)

   c. JP모건 체이스

   d. 시카고상품거래소(Chicago Mercantile Exchange)

9. 다음 문장은 참인가, 거짓인가?

   a. 상장지수펀드(ETF)는 거래소에서 사고팔 수 있는 헤지펀드이다.

   b. 헤지펀드는 적은 수의 투자자에게 낮은 비용으로 분산투자를 제공한다.

   c. 보험 계약의 판매는 보험회사에게 자금조달의 원천이 된다.

   d. 확정기여형 연금에서, 연금 계획은 사업주와 종업원의 부담금에 대한 수익률에 따라 달라진다.

10. 일부 개인은 소득이 지급되기 전에 미리 소득을 사용하고 싶어 한다. 다른 이들은 소비를 미루고 싶어 한다. 이러한 개인들에게 관련 서비스를 제공하는 중개기관의 예를 들어보라.

11. 2007년 여름 시작된 금융위기의 주요 사건을 보여주는 연대표(time line)를 그려보라. 위기가 언제 끝났다고 생각하는가? 이 질문에 답하기 전에 더 읽어야 할 문헌의 일부 저작들을 검토하는 것이 좋겠다.

12. 앞에서 금융위기의 여러 원인을 언급했다. 이 밖에 다른 원인들로 무엇을 찾을 수 있겠는가? 이 질문에 답하기 전에 더 읽어야 할 문헌의 일부 저작들을 검토하는 것이 좋겠다.

# 기업은 어떻게 증권을 발행하는가

마빈 엔터프라이즈(Marvin Enterprises)는 21세기 들어 가장 눈부시게 성장한 기업 중 하나이다. 이 회사는 고등학교를 중퇴한 조지 마빈(George Marvin)과 밀드레드 마빈(Mildred Marvin), 그리고 그들의 절친한 친구 찰스 P.(칩) 노튼[Charles P.(Chip) Norton]이 설립했다. 회사를 설립하기 위해 이 세 사업가는 자신들의 저축과 은행으로부터 받은 개인대출에 의존했다. 그러나 회사가 급속히 성장하자, 마빈사는 곧 최대 한도까지 자금을 차입했고, 더 많은 자기자본이 필요하게 되었다. 막 설립된 개인 회사에 대한 지분 투자를 일반적으로 **벤처 캐피탈**(venture capital)이라고 한다. 이와 같은 벤처 캐피탈은 투자기관들이나 부유한 개인들이 주로 제공하는데 그들은 그들의 몫을 기대하면서 이러한 미검증 회사를 지원할 준비가 되어 있다. 이 장의 첫 번째 절에서는 마빈사와 같은 기업들이 어떻게 벤처 캐피탈을 조달하는지에 대해 설명한다.

벤처 캐피탈 조직들은 성장 기업들이 주식을 공개할 수 있을 만큼 커지기 전에 거쳐야 하는 서투른 미숙기를 잘 넘길 수 있도록 도와주는 것을 목표로 한다. 마빈과 같은 성공적인 회사는 보다 광범위한 자본 원천을 찾아야 하기 때문에 보통주의 신규 공모(또는 기업공개)를 결정해야 하는 시점이 찾아오기 마련이다. 이 장의 두 번째 절에서는 미국에서 그러한 주식 발행에 어떤 요소들이 관련되어 있는지 살펴본다. 주식 발행을 증권거래위원회(Securities and Exchange Commission, SEC)에 등록하기 위해 거쳐야 할 과정을 설명하고, 발행 주식을 매입해 투자 대중에게 되파는 인수기관(underwriter)도 소개한다. 또한 새로 발행되는 주식이 일반적으로 발행 이후에 거래되는 가격보다 낮은 수준에서 팔리는 것을 확인한다. 왜 그런지를 이해하기 위해 경매 절차에 관한 내용을 간략하게 살펴볼 필요가 있다.

어떤 회사든 신규 공모가 그 회사의 마지막 주식 발행이 되는 경우는 거의 없다. 제12장에서 기업은 끊임없이 적자 상황을 마주하고 여러 가지 증권을 매도해 이를 극복하고 있음을 배웠다. 그러므로 우리는 이미 정착한 회사들이 어떻게 추가로 자본을 끌어들이는지에 대해서도 살펴본다. 이 과정에서 또 다른 의문점에 직면하게 된다. 기업이 새로운 주식 발행을 발표하면 일반적으로 주가가 떨어진다는 점이다. 이에 대한 설명은 투자자들이 공시된 정보를 어떻게 해석하느냐에서 찾을 수 있을 것이다.

일단 주식이나 채권이 공개 매각되면, 그 증권은 증권시장에서 거래될 수 있다. 그러나 어떤 경우에는 투자자들이 증권을 계속 소유하고 싶어 하며, 매각할 수 있는지에 대해서는 관심이 없다. 이러한 경우에는 공모의 이득이 거의 없으므로 회사는 증권을 1~2개의 금융기관에 직접 매각할 수도 있다. 이 장의 마지막 부분에서 기업이 어떻게 사모(private placement)를 실시하는지에 대해 설명한다.

## 14-1  벤처 캐피탈

2031년 4월 1일, 마빈사의 설립을 축하하기 위해 조지 마빈과 밀드레드 마빈은 (자전거 창고로도 같이 사용되고 있었던) 그들의 연구실에서 칩 노튼과 만났다. 이 세 사업가는 개인 저축과 은행 개인대출금으로 $10만를 조달해 신설회사의 주식 100만 주를 사들였다. 이 **시작 단계**(zero-stage) 투자에서 회사의 자산은 은행에 예치되어 있는 $9만($1만는 회사 설립에 필요한 법률 및 기타 비용으로 사용되었음)와 새로운 제품인 가정용 가글 블래스터(gargle blaster)에 대한 **아이디어**가 전부였다. 그때까지만 해도 매우 값비싼 호기심일 뿐이었지만, 조지 마빈은 가글 블래스터가 미세유전자 공학기술(microgenetic refenestrator)을 이용해 상업적 생산이 가능하다는 것을 처음 깨달은 사람이었다.

마빈사 은행계좌의 잔고는 디자인과 실험이 진행되면서 계속 줄어들어 바닥을 드러내기 시작했다. 현지 은행들은 마빈의 아이디어를 충분한 담보로 보지 않아서 다른 곳으로부터 자기자본의 수혈이 필요해졌다. 꼭 필요한 첫 번째 단계는 **사업계획서**(business plan)를 준비하는 일이었다. 사업계획서는 구상 제품, 잠재적 시장, 근원적 기술, 성공을 위해 필요한 자원(시간, 돈, 종업원, 공장, 각종 설비)에 대해 설명하고 있는 기밀 문서였다.

대부분의 사업가들은 자기 회사에 대해 꽤나 그럴듯한 이야기들을 만들어낼 수 있다. 그러나 벤처 캐피탈리스트를 설득하기란 풋내기 소설을 출판하는 일만큼이나 어렵다.[1] 마빈의 경영진은 말로만 하는 것이 아니라 돈을 투자할 준비가 되어 있다는 사실을 강조할 수 있었다. 경영진은 자신들의 저축을 전부 걸었을 뿐만 아니라 할 수 있는 한도까지 담보대출을 받았다.

퍼스트 메리엄 벤처 파트너스(First Meriam Venture Partners)는 마빈의 경영진과 사업계획에 깊은 인상을 받았고, 주당 $1에 신규 주식 100만 주를 사기로 결정했다. 이러한 **제1단계**(first-stage) 자금조달 후에 이 회사의 시장가치 재무상태표는 다음과 같았다.

**마빈의 제1단계 재무상태표(시장가치, 단위: $100만)**

| | | | |
|---|---|---|---|
| 신규 자기자본에 의한 현금 | $1 | $1 | 벤처 캐피탈로부터의 신규 자기자본 |
| 기타 자산, 대부분 무형자산 | 1 | 1 | 사업가가 보유한 당초의 자기자본 |
| 가치 | $2 | $2 | 가치 |

퍼스트 메리엄이 마빈의 주식에 대해 주당 $1씩 지불하기로 합의했다는 사실은 사업가들이 당초 주식 지분을 $100만로 평가했다는 뜻이다. 이는 사업가들의 원래 아이디어와 회사에 대한 그들의 헌신의 가치를 추정한 것이다. 이 추정치가 맞다면 사업가들은 본래의 투자금 $10만에 대해 $90만의 서류상 이익(paper gain)을 얻은 것을 자축할 수 있을 것이다. 그 대신 이에 대한 대가로 사업가들은 회사 소유권의 절반을 포기하고, 퍼스트 메리엄의 대리인들을 회사 이

---

[1] 벤처 캐피탈리스트가 잠재적 투자에서 원하는 것을 알고 싶다면 다음 논문을 확인하라 — P. Gompers, W. Gornall, S. N. Kaplan, and I. A. Strebulaev, "How Do Venture Capitalists Make Decisions?" ECGI Finance Working Paper 477/2016(August 2016), available on http://ssrn.com/abstract_id=2801385.

사진으로 받아들였다.[2]

새로운 사업의 성공은 결정적으로 경영자들이 회사에 쏟아붓는 노력에 달려 있다. 그러므로 벤처 캐피탈 회사는 경영자들이 열심히 일하도록 강한 동기를 부여하는 거래를 성사시키려 한다. 이는 앞서 제1장과 제11장에서 논의했던 내용을 다시 떠올리게 한다. 이 두 장에서 우리는 기업의 주주(주체)가 어떻게 경영자(대리인)로 하여금 기업가치를 극대화하기 위해 열심히 일하도록 동기화하는지를 설명했다.

만약 마빈의 경영진이 빈틈없는 고용계약과 고액의 봉급을 요구했더라면 벤처 캐피탈을 조달하는 일은 쉽지 않았을 것이다. 대신 마빈의 경영팀은 그다지 많지 않은 봉급을 받는 데 동의했다. 그들은 주가가 상승하는 경우에만 돈을 벌 수 있었다. 만약 마빈이 실패하면 경영진은 아무것도 받지 못한다. 왜냐하면 퍼스트 메리엄은 마빈 엔터프라이즈가 신규 공모에서 성공을 거두거나 또는 지속적으로 목표 수준 이상의 수익을 거둘 경우 보통주로 자동 전환되도록 설계된 **우선주**(preferred stock)를 매입했기 때문이다. 그러나 만약 마빈이 파산한다면 퍼스트 메리엄은 회사의 잔존 자산에 대한 첫 번째 청구권을 갖는다. 이 때문에 회사 경영진의 이해관계 (stake)는 더욱 커졌다.[3]

벤처 캐피탈리스트가 설립한 지 얼마 안 되는 신생 기업에 그 회사가 필요로 하는 자금을 한 꺼번에 주는 경우는 거의 없다. 각 단계에서 벤처 캐피탈리스트는 다음의 주요 단계에 도달하기 충분한 금액만을 제공한다. 따라서 시제품의 설계와 시험이 끝나는 2033년 봄, 마빈 엔터프라이즈는 시험 생산과 테스트 마케팅에 필요한 추가자금을 요청했다. 초기 후원자인 퍼스트 메리엄은 비례적(pro-rata) 권리를 주장했는데 이는 이후의 재원 조달에 참여할 수 있는 권리를 주는 것이었다. 따라서 **제2단계**(second-stage) 자금조달에서 퍼스트 메리엄은 $150만를 투자했고 추가로 2개의 다른 벤처 캐피탈 파트너십과 부유한 개인 투자자들이 $250만를 조달했다. 제2단계 자금조달 이후 회사의 재무상태표는 다음과 같다.

**마빈의 제2단계 재무상태표(시장가치, 단위: $100만)**

| | | | |
|---|---|---|---|
| 신규 자기자본에 의한 현금 | $4 | $4 | 제2단계의 신규 자기자본 |
| 고정자산 | 1 | 5 | 제1단계의 자기자본 |
| 기타 자산, 대부분 무형자산 | 9 | 5 | 사업가가 보유한 당초의 자기자본 |
| 가치 | $14 | $14 | 가치 |

---

[2] 벤처 캐피탈 투자자들이 반드시 이사회의 다수석을 요구하는 것은 아니다. 그들이 다수석을 요구하느냐 그렇지 않느냐는 예를 들면 해당 사업이 얼마나 성숙했는지, 그리고 그들이 얼만큼의 지분을 보유하는지에 달려 있다. 흔하게 타협하는 방법은 창업자와 외부 투자자에게 동일한 수의 이사직을 배정하는 것이다. 그러고 나서 1명 또는 그 이상의 이사를 추가함으로써 창업자와 외부 투자자 간에 갈등이 있을 때 타이 브레이커(tie-breaker)로 활용하기로 한다. 벤처 캐피탈 투자자가 다수 이사직을 가지고 있느냐 여부와 상관없이, 벤처 캐피탈 회사는 거의 조용한 파트너인 경우가 거의 없다. 그들의 판단력과 인적 관계는 종종 상대적으로 경험이 미숙한 경영진에게 유용하게 작용하곤 한다.

[3] 여기서는 상충관계(trade-off)가 있다는 점에 주목하자. 마빈사의 경영진은 계란을 한 바구니에 전부 담도록 요구받고 있다. 이는 경영자가 열심히 일하도록 압력을 넣기도 하지만 분산시켜서 피할 수도 있었던 위험을 부담해야 한다는 의미이기도 하다.

제2단계 자금 지원을 받은 후의 기업가치는 $1,400만가 되었다. 퍼스트 메리엄은 원래의 투자 $100만를 $500만로 평가했으며, 회사 설립자들은 추가적으로 $400만의 서류상 이익을 보고했다.

이건 마치 돈 찍는 기계(money machine)처럼 들리지 않는가? 그렇기는 해도 그것은 시간이 지나 돌아보았을 때만 그렇다. 제1단계에서는 마빈이 제2단계로 진입할 수 있을지조차도 확실하지 않았다. 만약 시제품이 성공적이지 못했다면 퍼스트 메리엄은 추가 자금 지원을 거부했을 것이고, 이는 실질적으로 사업을 중단시켰을 것이다.[4] 그렇지 않으면 제2단계에서 원래보다 불리한 조건으로 더 적은 금액만을 지원했을 것이다. 이사회는 조지와 밀드레드, 칩을 해고하고 다른 사람을 고용해 사업을 개발하려고 했을 수도 있다.

제13장에서 주주와 대출자들은 현금흐름권과 지배권에서 차이가 있다는 점을 주목했다. 주주는 다른 증권 보유자에게 지급을 완료한 후 남는 모든 현금흐름에 대한 권리를 갖는다. 또한 주주들은 회사가 돈을 어떻게 사용할 것인지를 결정한다. 대출자가 개입해 회사를 통제할 수 있는 것은 오직 회사가 채무불이행 상태인 경우에 한한다. 신생 기업이 벤처 캐피탈을 조달하는 경우, 일반적으로 현금흐름권과 지배권은 따로 협상한다. 벤처 캐피탈 회사는 사업의 운영에 대해 의견을 개진하기를 원하고, 이사회의 의석과 상당한 의결권을 요구한다. 벤처 캐피탈리스트는 만약 이후 사업이 좋은 성과를 올리면 이 권한들 중 일부를 양도하는 데 동의할 수 있다. 그러나 성과가 좋지 못하면 벤처 캐피탈리스트는 자동적으로 사업이 어떻게 운영되어야 하는지, 그리고 현 경영진들을 교체해야 하는지에 대해 보다 더 강한 발언권을 갖게 될 수 있다.

마빈의 경우 운 좋게도 모든 것이 순조롭게 진행되었다. 제3단계인 **메자닌 파이낸싱(mezzanine financing)**이 이루어졌고,[5] 본격적인 제품 생산이 계획대로 시작되었으며, 가글 블래스터는 전 세계 음악 평론가들로부터 호평을 받았다. 마빈사는 2037년 2월 3일에 기업을 공개했다. 일단 회사의 주식이 거래되기 시작하자 퍼스트 메리엄과 회사 창업자들이 벌었던 서류상 이익은 대체 가능한 실제의 부(富)로 전환되었다. 이러한 신규 공모에 대해 논의하기 전에 오늘날의 벤처 캐피탈 시장을 간단히 살펴보자.

## 벤처 캐피탈 시장

대부분의 신생회사들은 처음에 가족 자금과 은행 대출금에 의존한다. 일부 회사는 **엔젤투자자(angel investors)**라고 하는 부유한 개인들이 제공하는 지분투자의 도움으로 꾸준히 성장하기도 한다. 그러나 마빈 엔터프라이즈와 같은 수많은 풋내기 회사들은 전문적인 벤처 캐피탈 회사로부터 자본을 조달한다. 이러한 전문적인 벤처 캐피탈 회사들은 다양한 투자가로부터 자

---

[4] 만약 퍼스트 메리엄이 제2단계 투자를 거부했더라면 다른 투자자에게 그 자리를 대신하도록 설득하기란 엄청나게 어려웠을 것이다. 다른 외부 투자자들은 퍼스트 메리엄보다 마빈에 대한 정보가 부족한 것을 알고 있으며, 퍼스트 메리엄이 투자를 거부했다는 것은 마빈의 사업 전망에 대한 나쁜 징조임을 알았을 것이다.

[5] 메자닌 파이낸싱이 반드시 제3단계에서 일어나는 것은 아니다. 제4단계 혹은 제5단계에 일어날 수도 있다. 여기서 주목할 점은 처음부터 관여하는 벤처 캐피탈리스트들과 달리 메자닌 투자자들은 뒤늦게 합류한다는 것이다.

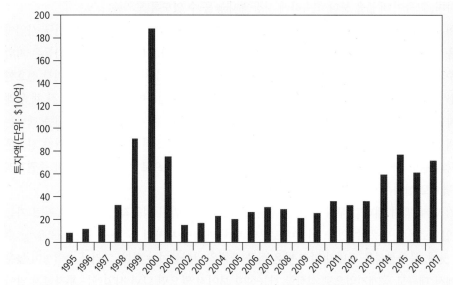

**그림 14.1** 미국 벤처 캐피탈 투자

출처: Thomson Reuters data in MoneyTree Report, Q4, 2017, PricewaterhouseCoopers, National Venture Capital Association.

금을 모으고, 투자 가치가 있는 갓 설립된 회사들을 물색하고, 그리고 나서 이런 회사들이 성장함에 따라 함께 협력하며 일한다. 많은 대기업은 신생 혁신기업에 자기자본을 제공함으로써 **기업 벤처사업가**(corporate venturers)의 역할을 담당한다. 예를 들면 지난 20년 동안 인텔은 56개국에서 1,300개 이상의 기업에 투자했다. 최근에는 신생 스타트업들이 소규모 투자자로부터 재원을 조달하기 위해 웹(Web)을 이용했다.

그림 14.1은 벤처 캐피탈 투자의 변화 양상을 보여준다. 2000년의 아찔한 시기에 펀드들은 거의 $2,000억를 투자했으나, 닷컴 붐이 끝난 이후 벤처 캐피탈 투자는 1년에 $600억 정도로 회귀했다.

대부분의 벤처 캐피탈 펀드는 대략 10년 정도의 고정된 수명을 가진 개인합자회사(limited private partnership)로 조직된다. 연기금이나 다른 투자자들도 합자회사이다. 관리회사는 무한책임사원이며, 투자를 집행하고 감시하는 책임을 진다. 이에 대한 대가로 관리회사는 고정된 수수료와 이익 일부를 분배받는데, 이를 가리켜 **성과 보수**(carried interest)라고 한다.[6] 이들 벤처 캐피탈 합자회사는 종종 유사한 회사끼리 한데 뭉쳐 곤경에 처한 기업에 자금을 제공하거나 공개기업 전체나 특정 부문을 통째로 사서 상장을 폐지한다. 이런 일을 일반적으로 **사모펀드 투자**(private equity investing)라고 한다.

벤처 캐피탈 회사는 수동적인 투자자가 아니다. 이들은 평가하기 어려운 신생 첨단기술 회사에 전문화하고, 그 회사들을 면밀히 감시하려 한다. 벤처 캐피탈 회사는 또한 자사가 투자하고 있는 회사에 지속적인 조언을 해주며, 종종 고위 경영진을 선임하는 데 중요한 역할을 한다. 벤처 캐피탈 회사의 판단과 인적 관계는 아직 초기 단계에 머물러 있는 사업체들에 매우

---

[6] 관리회사가 2%의 수수료와 이익의 20% 정도를 받는 것이 전형적인 방식이다.

중요하며, 그들이 제품을 보다 신속하게 시장에 내놓을 수 있도록 도와준다.[7]

벤처 캐피탈리스트들은 두 가지 방법으로 투자로부터 현금을 회수한다. 일단 신규 사업이 실적을 쌓으면 그 사업을 다른 더 큰 기업에 팔아 넘길 수 있다. 그러나 많은 사업가들은 기업 관료주의(corporate bureaucracy)에 쉽게 적응하지 못하며, 그래서 차라리 보스로 남기를 선호한다. 이러한 경우 회사는 마빈처럼 기업공개를 결정해 원래 사업가에게 지배권을 남긴 채 원래 후원자들은 주식을 팔고 '현금화(cash out)'할 수 있는 기회를 줄 수 있다. 기업공개를 택하는 기업의 약 50%가 벤처 캐피탈 회사의 후원을 받았다. 그러므로 번창하는 벤처 캐피탈 시장은 나스닥과 같이 빠른 속도로 성장하는 신생 기업 주식을 전문적으로 거래하는 활발한 증권거래소를 필요로 한다.[8]

초기 단계 벤처 캐피털 투자 10개 중 단지 2~3개의 투자만이 성공적이고 스스로 자립 가능한 사업으로 살아남을 수 있다. 이 수치로부터 벤처 캐피탈 투자의 두 가지 성공 규칙을 알 수 있다. 첫째, 불확실성을 겁내지 말고 낮은 성공 확률을 받아들여야 한다. 그러나 수익성이 높은 시장에서 대규모 공개기업으로 성장할 가능성이 보이지 않으면 그런 사업에는 투자하지 말아야 한다. 성공하는 경우 상당한 이익을 제공하지 않는데도 가능성이 낮은 투자를 하는 건 어리석은 일이다. 둘째, 손실을 줄여야 한다. 가능성이 없는 기업은 초기에 확인하고, 예를 들어 경영진을 교체하는 등의 방법으로 문제를 해결할 수 없다면, 귀중한 돈을 나쁜 사업에 투자해서는 안 된다.

벤처 캐피탈 회사들은 많은 실패 경험도 가지고 있지만, 인텔, 애플, 마이크로소프트, 구글(현재 회사명은 알파벳)처럼 많은 화려한 성장 기업에 초기 투자를 하기도 했다. 고날과 스트레불라에프(Gornall and Strebulaev)는 초기 벤처 캐피탈의 후원을 받은 기업들을 조사했다. 그들은 2014년 이 기업들이 미국 공개기업 전체 시장가치 중 20%, R&D 지출의 44%를 차지한다고 추정했다.[9]

벤처 캐피탈 투자는 일반적으로 얼마나 성공적인가? 그림 14.2는 775개 벤처 캐피탈 펀드의 최초 투자를 기준으로 투자자에게 돌아간 수익률을 보여준다.[10] 전반적으로 이 펀드에 대한 평균수익률은 약 17%로, 이는 주식 시장에 동일한 수준의 투자 수익률보다 15% 이상 높은 수치다. 그러나 이 수익률이 펀드가 설립된 해에 따라 얼마나 달라지는지 주목하라. 1998년 이전에

---

[7] 신생 기업들을 지원해주는 벤처 캐피탈리스트의 역할에 관한 실증 자료는 다음 논문을 참조하라 — T. Hellman and M. Puri, "The Interaction between Product Market and Financing Strategy: The Role of Venture Capital," *Review of Financial Studies* 13(2000), pp. 959–984; S. N. Kaplan and P. Stromberg, "Characteristics Contracts, and Actions: Evidence from Venture Capitalist Analyses," *Journal of Finance* 59(October 2004), pp. 2177–2210.

[8] 이 주장은 다음의 논문에서 제시되었다 — B. Black and R. Gilson, "Venture Capital and the Structure of Capital Markets: Banks versus Stock Markets," *Journal of Financial Economics* 47(March 1998), pp. 243–277.

[9] 다음 논문을 참조하라 — W. Gornall and I. A. Strebulaev, "The Economic Impact of Venture Capital: Evidence from Public Companies," Stanford University Working Paper(2015).

[10] 다음 논문을 참조하라 — R. Harris, T. Jenkinson, and S. Kaplan, "Private Equity Performance: What Do We Know?" *Journal of Finance* 69(October 2014) pp. 1851–1882. 월 스트리트 저널에서 신생 스타트업 사업체의 가치를 찾아볼 수 없기 때문에, 해당 기업이 궁극적으로 팔리거나, 공개기업이 되거나 혹은 사업을 끝낼 때까지 해당 기업의 성공 역시 확신하지 못한다. 1984년부터 1998년 사이에 시작된 펀드는 거의 모든 투자가 이 카테고리에 속했다. 이후 시기에 대해서는 많은 투자 가치가 추정에 근거한다.

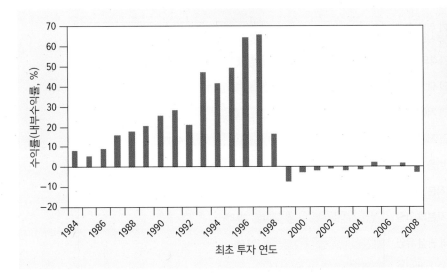

▶ **그림 14.2**  최초 투자 시점에 따른 벤처 캐피탈 펀드의 평균 내부수익률

출처: R. S. Harris, T. Jenkinson, and S. N. Kaplan, "Private Equity Performance: What Do We Know," *Journal of Finance* 69 (2014) pp. 1851-1882.

설립된 펀드는 꿈같은 수익률을 얻은 반면, 이후 설립된 펀드는 대부분 손실을 입었다.

## 14-2  신규 공모

많은 신생 회사들에게 주식 **신규 공모**(initial public offering, IPO)를 결정해야 하는 시점이 도래한다. 이것은 추가 현금을 마련하기 위해 새로운 주식을 파는 신규 발행(primary offering)일 수도 있다. 혹은 기존의 주주가 보유분 일부를 팔아 현금을 확보하는 구주 매출(secondary offering)의 방식일 수도 있다.

많은 IPO는 신규 발행과 구주 매출을 함께 사용한다. 예를 들면 2014년 알리바바(Alibaba)는 IPO로 $250억를 조달했다. 이때 주식의 1/3은 회사가 판 것이고, 나머지는 기존 주주가 판 것이었다. 가장 큰 2차 IPO는 정부가 특정 기업에 대한 지분을 팔 때 발생한다. 예를 들어 2010년 미국 재무부는 제너럴 모터스(General Motors)의 보통주와 우선주를 팔아 $200억를 조달했다. 같은 해 중국 정부는 중국농업은행(Agricultural Bank of China)의 국유 주식을 팔아 비슷한 금액을 조달했다.

최초로 주식을 파는 것은 회사나 기존 주주에게 현금을 조달해준다. 그러나 그림 14.3에서 알 수 있듯이, 이것이 반드시 공개기업이 되려는 유일한 이유는 아니다. IPO의 이유로 가장 흔한 것은 IPO를 통해 기업은 미래 인수를 위해 주식을 사용할 수 있으며 주식에 대한 시장가격을 정할 수 있기 때문이다. 기업이 사용할 수 있는 자기자본을 조달하는 것은 IPO 동기 중에서 상당히 후순위에 해당한다.

### 공개기업과 비공개기업의 선택

공개기업이 되면서 많은 유리한 점이 있지만, 단점 또한 존재한다. 실제 가치보다 더 적은

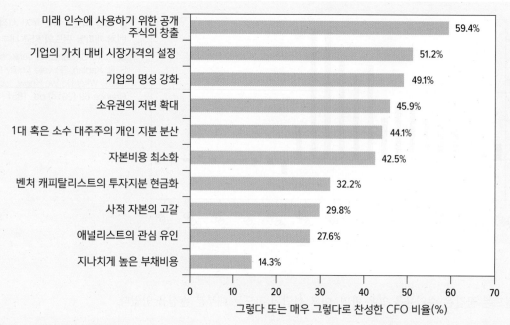

**그림 14.3** 공개기업이 되는 동기에 대한 조사 결과

출처: J. C. Brau and S. E. Fawcett, "Evidence on What CFOs Think about the IPO Process: Practice, Theory and Managerial Implications," *Journal of Applied Corporate Finance* 18 (October 2006), pp. 107-117.

가치로 주식을 팔게 되는 사실, 그리고 공개기업으로 기업을 운영하는 데 장기적으로 비용이 들어간다는 점이 바로 그것이다.[11] 공개기업의 경영자는 종종 이익 증가를 보고하라는 주주들의 끊임없는 압박에 힘들어하고 공개기업 운영과 관련된 관료적 형식주의에 대해 불만을 가진다. 관료적 형식주의와 관련된 이러한 불만은 엔론ㅅ과 월드컴(WorldCom)의 몰락을 가져왔던 기업 스캔들의 재발을 막기 위해 사베인즈-옥슬리법(Sarbanes-Oxley Act, SOX)이 통과된 이후 더욱 커졌다. SOX가 통과된 이후 보고 부담이 늘어났는데 이는 특히 소기업들에게 더욱 부담스러웠고, 기업은 비공개기업으로 남아 있으려는 의향이 명백히 더 커지게 되었다.[12] 비공개로 인해 기업이 재원 조달로의 접근이 어려워지면 비공개기업으로 운영하는 것도 곤란해질 수 있다. 그러나 최근에는 금융기관들이 비공개기업에게도 자기자본을 제공하려 하고 있다. 예를 들면 2017년에 에어비앤비(Airbnb)는 신규 펀딩 단계에서 $10억의 사모펀드를 조달했다.

카길(Cargill), 코크 인더스트리즈(Koch Industries), 마스(Mars Inc.) 같은 미국의 일부 대규모 기업은 평생 비공개기업으로 남아 있다. 또한 미국의 주식 발행 과정이 일방 통행이라 생각해서는 안 된다. 종종 공개기업이 거꾸로 사적 소유(privately owned) 상태로 되돌아가기도 한다. 예를 들면 델은 1988년 공개기업이 되었는데 2013년 마이클 델(Michael Dell)과 사모회사가 기

---

[11] 신규 주식이 일반적으로 저가에 팔린다는 근거에 대해 이후 논의할 것이다.

[12] 기업은 주주 수를 300명 미만으로 줄이고 주식을 거래소의 목록에서 빼버림으로써 이러한 보고 부담을 줄일 수 있다. 이러한 절차를 가리켜 '상장폐지(going dark)'라고 한다. 최근에는 이렇게 상장폐지를 하는 기업의 수가 증가했다.

업을 사버리고 비공개기업으로 회귀했다. 이런 회귀의 또 다른 극단적인 예로 식품서비스 회사 아라마크(Aramark)를 들 수 있다. 이 회사는 1936년에 설립된 비공개기업이었는데 1960년에 처음으로 기업을 공개했다. 1984년에 경영자 차입매수(management buyout)로 이 회사는 다시 비공개기업이 되었고, 2001년 두 번째로 기업공개를 할 때까지 사기업으로 남아 있었다. 그러나 이 실험 역시 오래 가지 않았다. 기업공개 5년 후 아라마크는 한 번 더 차입매수의 표적이 되어 비공개기업으로 바뀌었다. 그리고 2013년 아라마크는 세 번째로 기업공개를 했다.

몇 해 동안 더 적은 수의 미국 기업이 기업공개를 하게 되었고, $10억 혹은 그 이상의 가치가 있는 많은 신생 성장 기업들은 점점 더 비공개기업으로 남고 있다. 이 글의 작성 시점인 2017년에 이러한 소위 유니콘 기업들은 우버(Uber), 드롭박스(Dropbox), 에어비앤비와 같이 유명한 기업들을 포함하고 있다. 미국의 대규모 기업들 다수는 공개기업이지만, 전체 공개기업의 수는 1996년 정점을 찍은 이후 50%나 떨어졌다. 그리고 비공개기업으로 남아 있는 경우는 과거보다 훨씬 더 많은 것처럼 보인다.

이러한 우려에 대응해 국회는 잡스법[Jumpstart Our Business Startups(JOBS) Act]을 통과시켰다. 이는 SOX가 제정한 규제 일부를 소기업들에게 완화해주는 법이었다. 그러나 SOX가 IPO 감소에 책임이 있다는 데 모두 동의하는 것은 아니다. 예를 들면  가오, 리터, 주(Gao, Ritter, and Zhu)는 공개기업 수의 감소가 벤처 캐피탈이 후원한 작은 기업들에게 집중되어 있다는 점을 지적했다.[13] 이들은 오늘날 급변하는 시장에서 이런 기업을 운영하는 것은 더 어려워지며, 그렇기 때문에 기업공개를 하기보다 더 큰 규모의 기업에 이들을 매각하는 것이 더 타당하다고 주장한다.

많은 나라에서 비공개기업은 미국에서보다 더 중요하다. 예를 들면 미텔슈탄트(Mittelstand)라는 총칭으로 알려진 독일의 중소 제조업체들은 국민소득의 약 50%를 차지하고 노동인구의 약 80%를 차지한다. 이러한 미텔슈탄트 기업들은 전형적으로 비공개기업이며 재정 적자를 메우기 위해 은행 대출에 크게 의존하는 가족 소유 기업이다.[14] 점점 더 많은 사모펀드 회사들이 이들이 필요로 하는 자기자본을 공급하기 위해 활동하고 있다.

## 신규 공모 준비

마빈이 어떻게 기업공개를 준비했는지 살펴보자. 2037년까지, 이 회사는 2세대 생산기술을 실행하기 위해 더 많은 자본이 필요한 단계까지 성장했다. 동시에 회사의 창업자들은 보유 지분의 일부를 매각하려고 했다.[15] 지난 몇 달 동안 하이테크 회사들의 IPO가 쏟아져 나왔고, 이

---

[13] 이와 관련해 다음 논문을 참조하라 — X. Gao, J. R. Ritter, and Z. Zhu, "Where Have All the IPOs Gone?" *Journal of Financial and Quantitative Analysis* 48(December 2013), pp. 1663–1692.

[14] 슈바르츠 그룹(Schwarz Gruppe), 알디(Aldi), 미디어 대기업 베텔스만(Bertelsmann) 같은 많은 독일 대기업들도 역시 비공개기업으로 남아 있기도 한다. 미텔슈탄트의 자금조달은 다음 연구를 참조하라 — U. Hommel and H. Schneider, "Financing the German Mittelstand," *EIB Papers* 8(2003), pp. 53–90.

[15] 퍼스트 메리엄 역시 투자지분을 현금화하기 원했다. 그러나 벤처 캐피탈 회사는 일반적으로 기업이 IPO를 할 때 보유 지분을 매각하는 것은 투자자들에게 나쁜 신호를 보낸다고 믿는다. 그러므로 퍼스트 메리엄은 IPO 후 상당 기간 동안 기다렸다가 보유 지분을 매각하든가, 아니면 퍼스트 메리엄 펀드의 투자자들에게 지분을 배분

런 주식은 일반적으로 불티나게 팔려 나갔다. 그러므로 마빈의 경영진은 투자자들이 마빈의 주식 역시 비슷하게 사고 싶어 할 것이라 생각했다.

경영진의 첫 번째 과업은 **인수기관**(underwriter)을 선정하는 일이었다. 인수기관은 새로운 주식 발행에 있어 금융 산파역을 담당한다. 통상 인수기관은 세 가지 역할을 담당한다. 먼저 기업에 공모 절차와 금융에 관한 조언을 하고, 그리고 나서 발행된 주식을 매입하고, 마지막으로 대중에 인수한 주식을 다시 매각한다.

논의 후에 마빈은 클라인 메릭(Klein Merrick)을 주간사 인수기관으로, 그리고 골드만 스탠리(Goldman Stanley)를 공동간사 인수기관으로 정했다. 클라인 메릭은 발행된 모든 주식을 인수한 후 이를 투자 대중에 재매각할 인수단(syndicate of underwriters)을 결성했다.

IPO를 관리할 주간사로 클라인 메릭을 선택한 것은 마빈이 주식 발행 이후 몇 주 동안 자사 주식에 대한 활발한 시장을 유지하겠다는 메릭의 제안서에 영향을 받은 결과이다.[16] 메릭은 또한 마빈의 사업설명서에 대한 본격적인 분석보고서를 배포함으로써 투자자의 지속적인 관심을 불러일으킬 계획도 가지고 있었다.[17] 마빈은 이 보고서로 투자자들이 자사 주식을 계속 보유하게 될 것이라 기대했다.

주간사 인수기관인 클라인 메릭과 여러 법률회사 및 회계법인들과 함께 마빈은 미국 증권거래위원회(SEC)의 승인을 받기 위해 유가증권 발행신고서(registration statement)를 준비했다.[18] 이 신고서는 자금조달 계획, 회사의 연혁, 현재의 사업, 앞으로의 계획에 관한 정보를 담고 있는 세부적이면서도 약간은 번거로운 서류이다.

유가증권 발행신고서에서 가장 중요한 부분은 사업설명서(prospectus)의 형태로 투자자들에게 배포된다.

SEC에 주식 발행을 등록하는 일 외에도 해야 할 일이 또 있다. 마빈은 주식 발행이 각 주(州)에서의 증권매각을 규제하는 이른바 주증권법(blue sky law)에 위반되지 않는지 점검해야 했다.[19] 마빈은 또한 새로 발행되는 자사의 주식이 나스닥 거래소에서 매매될 수 있도록

---

하려는 계획을 가지고 있었다.

[16] 평균적으로 주간사 인수회사는 IPO 후 60일 동안 주식 거래량의 40~60%를 담당한다. 관련해 다음 논문을 참조하라 — K. Ellis, R. Michaely, and M. O'Hara, "When the Underwriter Is the Market Maker: An Examination of Trading in the IPO Aftermarket," *Journal of Finance* 55(June 2000), pp. 1039-1074.

[17] 공모 후 40일은 휴지기(quiet period)로 지정된다. 메릭이 회사의 평가를 시작하려면 이 기간 이후까지 기다려야 한다. 설문조사 자료에 의하면 인수회사를 선정함에 있어서 회사는 후속 분석보고서를 제공할 수 있는 능력에 상당한 중요성을 둔다. L. Krigman, W. H. Shaw, and K. L. Womack, "Why Do Firms Switch Underwriters?" *Journal of Financial Economics* 60(May 2001), pp. 245-284를 참조하라.

[18] 유가증권의 매각에 관한 규정들은 대부분 1933년도에 제정된 증권법(Securities Act)에서 연유하고 있다. SEC는 오로지 기업내용공시(disclosure)에 관해서만 관여할 수 있고, 정당한 기업내용공시가 이루어지는 한 주식 발행을 막을 권한이 전혀 없다. 일부 공모는 등록이 면제된다. 이는 소기업의 주식 발행 또는 만기가 9개월 이내인 차입증권 발행 등의 경우이다.

[19] 애플 컴퓨터가 주식을 공개한 1980년에, 매사추세츠주 정부는 이 주식 발행이 너무 위험하다고 결정하고 개인 투자자들에 대한 주식 매각을 금지했다. 주 정부는 발행된 주식이 모두 팔리고 주가가 오르고 나서야 주식 거래에 대한 제제를 완화했다. 말할 필요도 없이, 이 조치는 매사추세츠주 투자자들에게 환영을 받지 못했다. 주 정부는 보통 인정된 인수기관을 통해 이루어지는 정직한 회사의 유가증권 발행은 막지 않는다. 이 예를 인용하는 이유는 유가증권 거래에 대한 각 주의 법이 가지는 잠재적 권한에 대해 설명하고, 인수기관들이 그러한 법의 내

준비했다.

## 마빈 주식의 매각

유가증권 발행신고서 승인을 기다리는 동안 마빈과 인수기관들은 발행 가격(issue price)을 결정하기 시작했다. 첫 번째로 마빈의 주요 경쟁사 주식의 주가이익비율(price-earnings ratio)을 알아보았다. 그다음에 제5장에서 설명한 것과 유사한 현금흐름할인 계산을 여러 번 실시했다. 대부분의 증거 자료들은 주당 시장가격이 $74~76 범위임을 나타내고 있었으며, 따라서 회사는 이 잠정적인 수치를 수정 사업설명서에 포함시켰다.[20]

마빈과 클라인 메릭은 잠재적인 투자가들과의 의견 교환을 위해 **투자설명회**(road show)를 주선했다. 잠재적 투자자는 대부분 뮤추얼펀드와 연기금의 매니저 같은 기관투자가들이다. 투자자들은 발행주식에 대한 반응과 함께 인수기관에 얼마만큼의 주식을 매입하려는지에 대한 의사를 전달한다. 어떤 투자자들은 자신이 지불할 용의가 있는 최대의 가격을 제시하기도 하고, 또 다른 투자자들은 발행 가격이 얼마든 상관없이 단순히 마빈에 얼마만큼의 돈을 투자하기를 원한다는 의사만 전달한다. 펀드매니저들과 이런 논의를 통해 클라인 메릭은 잠재적 주문에 대한 수요예측(build up a book)을 할 수 있게 되었다.[21] 펀드매니저들은 자신이 한 말에 구속당하지는 않지만, 그들이 인수기관들의 우대 투자자 목록에 오르고 싶다면 자신이 표명한 관심을 철회하지 않도록 조심해야 한다는 사실을 잘 알고 있다. 인수기관 역시 모든 투자자를 똑같이 대우해줄 필요는 없다. 마빈의 주식을 꼭 매입하려고 했던 일부 투자자들은 결과적으로 자신에게 배분된 몫이 예상보다 적어 실망하기도 한다.

SEC로부터 허가가 떨어지자마자 마빈과 인수기관들은 발행 가격을 확정하기 위한 만남을 가졌다. 투자가들은 회사가 설명하는 내용에 관해 상당히 높은 관심을 나타냈고, 주당 $76 이상을 지불할 준비가 되어 있음이 분명했다. 마빈의 경영자는 가능한 한 가장 높은 가격을 책정하려는 유혹을 받고 있었으나 인수기관은 이 문제에 대해 좀 더 신중했다. 만약 투자자들의 수요를 과대 추정한다면 인수기관은 매각되지 않은 주식을 떠안아야 할 상황이 올 수도 있다. 뿐만 아니라 투자자들이 주식을 사도록 유인하기 위해서는 어느 정도의 저가발행이 필요하다고 주장했다. 그래서 마빈과 인수기관은 발행주식 가격을 1주당 $80로 타협했다. 잠재적 투자자들은 제시 가격이 레드헤링에서 제안했던 $74~76보다 높다는 사실에 고무되었고, 인수기관이 발행주식에 대해 상당한 관심을 확인한 것으로 믿었다.

마빈사의 인수기관들은 회사로부터 단지 90만 주의 주식만을 사겠다고 약속했음에도 불구하고 투자자들에게는 103만 5,000주의 주식을 팔기로 결정했다. 이 때문에 인수기관들은 13만 5,000주 또는 발행주식의 15%가 모자르게 되었다. 만약 마빈사의 주식이 투자자들 사이에서 별로 인기가 없어서 발행 가격보다 낮게 거래되었다면 인수업자들은 시장에서 이 주식을 되사

---

용을 신중하게 따르는 이유를 보여주기 위한 것이다.

[20] 회사는 SEC가 유가증권 발행신고서를 승인하기 이전이라도 예비적인 사업설명서[레드헤링(red herring)라고 함]를 배포하도록 허용된다.

[21] 그래서 주간사 인수기관을 종종 **북러너**(bookrunner), 즉 사무간사회사라고도 한다.

들일 수 있었을 것이다. 그렇게 하는 것은 주가를 안정시키고, 추가로 매각한 주식으로부터 이익을 얻을 수 있었을 것이다. 결과적으로는 투자자들이 서로 마빈 주식을 사려 몰려들었고, 첫 거래일이 끝나 갈 무렵에는 주당 $105에 거래가 이루어지고 있었다. 만약 $105에 주식을 다시 매입해야 한다면 인수기관들은 큰 손해를 입었을 것이다. 그러나 마빈은 인수기관들이 회사로부터 추가로 13만 5,000주를 매입할 수 있도록 하는 **초과배정옵션**(greenshoe option)을 부여했다. 인수기관들이 손실에 대한 두려움 없이 투자가들에게 추가로 주식을 팔 수 있도록 보장해 준 것이다.

매각 후 강제적인 40일간의 '휴지기(quiet period)'가 지나, 마빈의 일부 인수기관들은 이 회사에 대한 분석 보고서를 발행하고 주식 매입을 추천했다.

## 인수기관

마빈의 인수기관은 발행회사로부터 총액인수(firm commitment) 방식으로 신주를 인수해 일반투자자에게 매각할 준비가 되어 있었다. 그러므로 인수기관은 신주발행이 실패해 아무도 원하지 않는 주식을 떠안을 위험을 감수했던 것이다. 때때로 신규 공모 주식이 특별히 위험하다고 여겨지는 경우, 인수기관은 **모집주선**(best effort) 방식으로만 인수업무를 취급한다. 모집주선 방식에서는 인수회사가 최선을 다해 신주발행 매각을 약속하지만 전체 물량을 다 팔아 주겠다는 보증은 하지 않는다.[22]

성공적인 인수를 위해서는 자금조달 능력과 풍부한 경험이 필요하다. 마빈의 인수를 담당한 회사 이름은 물론 허구이다. 그러나 표 14.1에서 보는 바와 같이 인수업무는 주요 투자은행과 대형 상업은행들이 지배하고 있다. 국제적으로 발행되는 증권을 인수하는 데는 외국의 투자자

》**표 14.1** 2017년 주식 발행에 선도적인 주간사 인수회사
출처: Financial Times.

| 1 | JP모건 |
| --- | --- |
| 2 | 골드만삭스 |
| 3 | 뱅크 오브 아메리카 메릴 린치 |
| 4 | 시티그룹 |
| 5 | 모건 스탠리 |
| 6 | 크레딧 스위스 |
| 7 | 바클레이즈 |
| 8 | 도이치은행 |
| 9 | 웰스파고 |
| 10 | 캐나다왕립은행 |

---

[22] 이에 대한 대안으로 **전부 아니면 전무**(all-or-none) 방식이 있다. 이 경우는 공모가격으로 주식 전부를 매각하든가 아니면 계약이 취소된다. 주식을 발행하는 회사는 자금을 한 푼도 조달하지 못한다.

들과 금융기관들도 깊숙이 관여한다.

증권 인수가 항상 재미있기만 한 일은 아니다. 2008년 4월 영국 은행 HBOS는 주주들에게 주당 £2.75의 가격으로 보유 주식 5주에 대해 신주 2주씩을 배정하겠다고 제안했다.[23] 이 발행업무를 맡은 인수회사인 모건스탠리와 드레스너 클라인워트(Dresdner Kleinwort)는 8주 후 주주들이 원치 않는 주식은 얼마라도 자신들이 매입하겠다고 보증했다. 이 제안을 했을 당시 HBOS의 주가는 약 £5였기 때문에 인수기관들은 이 약속을 지킬 필요가 없을 것으로 확신하고 있었다. 아쉽게도 인수회사들은 그 해 급변하는 은행주 시장을 고려하지 않았다. 은행 주주들은 자신들이 제공하는 자금이 대부분 채권자와 예금자를 구제하는 데 쓰일 것으로 우려했다. 신주발행 8주 후에 HBOS 주가가 발행 가격 이하로 급락했고, 인수회사들은 9억 3,200만 주, 금액으로는 £36억의 원치 않는 주식을 떠안게 되었다.

회사는 한 번 IPO를 하고 말지만, 인수기관은 이 일을 계속 해야 한다. 그래서 현명한 인수기관은 신주 인수가 자신의 명성이 걸려 있는 일로 생각하며, 모든 사실 관계가 투자자들에게 공정하게 제공되지 않으면 그 주식을 취급하려 하지 않는다. 따라서 신주발행이 잘못되면 인수회사가 신주를 과대포장하고 '선관주의 의무(due diligence)'를 다하지 못했다고 비난을 받게 된다. 예를 들어 1999년 12월 소프트웨어 회사 Va 리눅스(Va Linux)는 주당 $30의 가격으로 기업을 공개했고, 다음 날 거래 주가가 $299로 치솟았다. 그러나 곧이어 주가가 가라앉기 시작하더니 2년도 못 가서 $2 밑으로 떨어졌다. 몹시 화가 난 Va 리눅스 주주들은 인수기관에 대한 소송을 제기하면서 사업설명서가 '실질적으로 허위(materially false)'라고 항의했다. 2000년 닷컴 주식의 몰락과 함께 다른 많은 하이테크 IPO의 투자자들이 인수기관에 소송을 제기하면서 수많은 인수기관들이 똑같은 어려움을 당했다.

## 신주발행 비용

마빈의 인수기관은 세 가지 역할을 수행한다고 설명했다. 주식 발행에 대한 자문과 신주의 매입, 매입된 신주를 투자자에게 매각하는 일이 바로 그것이다. 이러한 서비스에 대한 대가로 인수기관은 **스프레드(spread)**의 형태로 보수를 받는다. 다시 말해 인수회사는 투자자들에게 매각하는 **공모가격(offering price)**보다 낮은 가격으로 주식을 살 수 있다.[24] 클라인 메릭은 인수단의 주간사로서 이 스프레드의 20%를 받았다. 스프레드의 다른 25%는 신주를 매입한 인수기관들에 지급되었다. 나머지 55%는 판매 부서와 같은 청약사무를 취급한 회사들에게 돌아갔다.

마빈 주식에 대한 인수 스프레드는 투자자들로부터 조달된 총금액의 7%에 달했다. 인수기관이 부담하는 비용의 많은 부분은 고정적이기 때문에 주식 발행 규모가 증가하면 스프레드의 비율은 떨어질 것으로 기대할 수 있다. 이는 부분적으로는 사실이다. 예를 들어 $500만 규모의 IPO는 10%의 스프레드를 필요로 하는 반면, $3억 신규 발행에 대한 스프레드는 5% 선에서 그

---

[23] 이러한 방식을 **주주배정 유상증자(rights issue)**라고 한다. 주주배정 유상증자는 이 장의 후반부에서 설명한다.

[24] 위험 부담이 조금 더 큰 주식의 경우, 인수기관은 나중에 추가로 보통주를 살 수 있는 옵션과 같이 비금전적 보상을 추가로 받는다.

칠 수도 있다. 그러나 첸과 리터(Chen and Ritter)는 $2,000만에서 $8,000만 사이의 규모를 가진 거의 모든 신규 공모의 스프레드는 정확히 7%에 이르고 있다는 사실을 발견했다.[25] 이렇게 규모가 다른 주식 발행의 비용이 모두 같다는 것은 믿기 힘들기 때문에, 스프레드가 7%에 몰려 있는 현상은 하나의 수수께끼이다.[26]

인수 스프레드 이외에도 마빈의 신주발행은 상당한 관리 비용이 들어간다. 유가증권 발행신 고서와 사업설명서의 준비를 위해서 인수기관과 자문관들뿐만 아니라 경영, 법률적 자문 및 회계사들의 도움이 필요하다. 또한 회사는 새 증권을 등록하는 데 드는 수수료, 인쇄비, 우편 요금 및 기타 비용도 별도로 부담해야 한다.

## IPO의 저가발행

마빈의 신규 공모 주식 발행은 또 다른 면에서 많은 비용이 든다. 공모 가격은 일반적으로 발행 증권의 진정한 가치보다 낮게 책정이 되기 때문에, 신주를 매입하는 투자자는 회사의 원래 주주의 희생으로 이를 싸게 산 것이다.

이런 **저가발행**(underpricing)의 비용은 숨겨져 있음에도 불구하고 실재하는 것이다. 일반적으로 신규 공모의 저가발행 비용은 모든 다른 발행 비용을 초과한다. 회사가 주식을 공개할 때마다 투자자들이 해당 주식에 얼마만큼 지불하려 할지 가늠하는 일은 매우 어렵다. 가끔은 인수회사들이 엄청나게 잘못 판단하기도 한다. 예를 들어 이베이(eBay) IPO의 사업설명서가 처음으로 발간되었을 때, 인수회사는 이베이가 주당 $14~16에 350만 주를 매각할 수 있을 것이라고 했다. 그러나 이베이의 웹 기반 경매 시스템의 인기가 너무 높아서 인수회사는 발행 가격을 $18로 높였다. 다음 날 아침 증권회사 창구는 이베이 주식을 사려는 사람들로 홍수를 이루었다. 그날 450만 주가 넘게 거래되었고, 주가는 $47.375로 마감되었다.

물론 이베이의 주식 발행은 예외적인 경우이다.[27] 그러나 연구자들은 발행 가격에 주식을 매입하는 투자자들은 평균적으로 첫 거래 후 얼마 동안 아주 높은 수익률을 실현하고 있음을 발견했다. 예를 들어 미국에서 1960~2017년 사이에 이루어진 약 13,000건 이상의 IPO를 분석한 연구는 평균 16.8%의 저가발행 현상을 발견했다.[28]

그림 14.4는 저가발행 IPO가 이루어지고 있는 것은 비단 미국뿐만이 아니라는 사실을 보여준다. 사우디아라비아에서는 IPO 주식 공모로 얻은 평균수익률이 240%에 달한다.

주주들이 시가보다 낮은 가격에 주식을 팔고 싶지 않을 것이라고 생각할 수도 있다. 그러나

---

[25] H. C. Chen and J. R. Ritter, "The Seven Percent Solution," *Journal of Finance* 55(June 2000), pp. 1105-1131.

[26] 첸과 리터는 이처럼 고정된 스프레드가 인수 시장이 경쟁적이지 못하다는 점을 시사하는 것이라 주장했다. 미국 법무부는 고정 스프레드가 가격 담합(price-fixing)의 증거인지 조사에 착수했다. 로버트 한센(Robert Hansen)은 시장이 경쟁적이지 않다는 주장에 동의하지 않는다. 특히 한센은 7%의 스프레드가 비정상적으로 큰 수익이 아니라는 근거를 제시했고, 오히려 경쟁적이고 효율적인 시장의 일부임을 주장한다. R. Hansen, "Do Investment Banks Compete in IPOs?: The Advent of the "7% Plus Contract," *Journal of Financial Economics* 59(2001), pp. 313-346을 참조하라.

[27] 그러나 이베이의 주식 발행이 최고 기록은 아니다. 이 방면의 최고 기록은 VA 리눅스가 보유하고 있다.

[28] 이 수치는 발행 후 첫 거래일의 동일가중평균 수익률이며, https://site.warrington.ufl.edu/ritter/ipo-data/에 실려 있는 자료로 계산되었다.

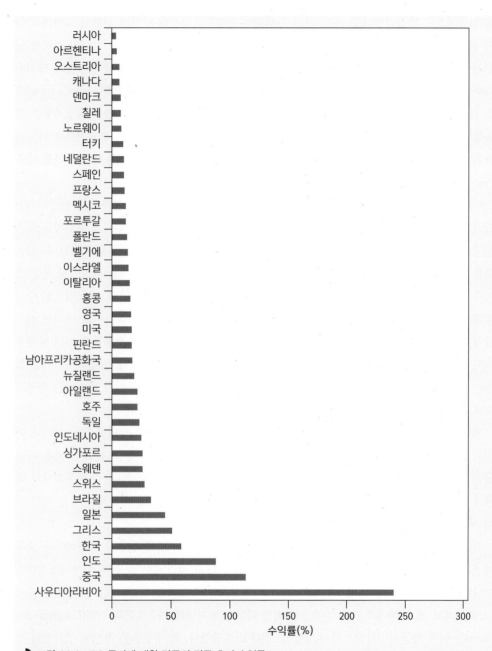

**▶ 그림 14.4**  IPO 투자에 대한 각국의 평균 초기 수익률

출처: T. Loughran, J. R. Ritter, and  K. Rydqvist, "Initial Public Offerings: International Insights," *Pacific-Basin Finance Journal* 2 (May 1994),  pp. 165-199, extended and updated September 2017 on bear.cba.ufl.edu/ritter.

많은 투자은행과 기관투자자들은 저가발행이 발행회사의 이해관계와 부합한다고 주장한다. 신규 공모에서 낮게 매겨진 공모 가격은 나중에 시장에서 거래될 때 회사의 주가를 올려주고, 따라서 회사가 향후 추가로 자본을 조달할 수 있도록 해준다는 것이다.

신주발행이 저가에 이루어지는 또 다른 이유가 있다. 당신이 미술품 경매장에서 어떤 그림을 성공적으로 낙찰받았다고 하자. 과연 기뻐해야 할까? 짐작컨대 당신이 원했던 그림의 주인이 된 것은 기쁜 일이지만, 경매에 참여했던 다른 모든 사람들은 분명히 그 그림의 가치가 당신이 생각했던 것보다는 적다고 생각할 것이다. 다시 말해 경매에서 성공했다는 것은 당신이 너무 높은 값을 지불했을 수도 있다는 뜻이다. 이런 문제를 흔히 **승자의 저주**(winner's curse)라고 한다. 경매에서 최고 입찰가를 부른 사람은 거의 틀림없이 물건의 가치를 과대평가했을 가능성이 높으며, 이런 문제가 있다는 사실을 깨닫지 못하는 한 구매자들은 평균적으로 과도한 금액을 지불할 것이다. 만약 입찰자들이 이런 위험을 알고 있다면 이에 상응해 입찰가를 낮출 가능성이 크다.

이와 같은 문제가 신주발행 청약에도 일어난다. 예를 들어 당신이 보통주 신주발행이라면 가리지 않고 모두 청약한다고 가정해보자. 아무도 원치 않는 인기 없는 주식을 매입하는 일은 쉽다. 그러나 발행주식이 아주 매력적이라면 인수회사는 모든 투자자들을 만족시킬 수 있을 만큼 충분한 수량을 보유하지 못하며, 따라서 당신은 원하는 만큼의 주식을 배정받지 못할 것이다. 그 결과 당신의 돈벌이 전략은 실패할 수도 있다. 현명한 사람이라면, 평균적으로 주식 발행이 상당히 저가에 이루어지고 있는 경우에만 그 게임에 참여할 것이다. 바로 여기서 신주발행이 저가에 이루어지는 합리적 근거를 찾을 수 있다. 정보가 없는 투자자들은 어떤 발행주식이 매력적인 주식인지 구분하지 못하므로 승자의 저주에 노출되어 있다. 발행회사와 인수회사는 이런 사실을 잘 알고 있으며, 정보를 갖지 못한 투자자들을 끌어들이기 위해서는 평균적으로 저가발행을 할 필요가 있다.[29]

이런 주장은 저가발행 현상이 일어나는 이유에 대해 어느 정도까지 설명해준다. 그러나 이것이 가끔 있는 100%가 넘는 저가발행을 설명할 수 있는지는 분명하지 않다. 의심 많은 사람들은 이런 저가발행이 인수회사의 이해관계에 따라 이루어진다고 주장한다. 즉 인수회사가 대체로 원치 않는 주식을 떠맡을 위험을 줄이고 우대고객들에게 주식을 배정해 환심을 사기 위해 저가발행을 한다는 것이다.

만약 이들의 말이 맞는다면 발행회사가 실제 가치보다 훨씬 낮게 신주를 발행하라는 요구에 반기를 들 것이라 생각할 수 있다. 이베이의 예를 다시 생각해보자. 만약 이베이가 $18가 아니라 $47.375로 350만 주를 매각했더라면 $1억 300만의 자금을 더 조달할 수 있었을 것이다. 그런데도 왜 이베이의 기존 주주들이 화를 내며 날뛰지 않는가? 로런과 리터(Loughran and Ritter)는 이를 행동심리학적으로 설명할 수 있다고 주장한다. 즉 주주들은 자신이 생각했던 것보다 훨씬 부자라는 것을 알게 된 뜻밖의 반가움에 저가발행 비용을 크게 생각하지 않는다는 것이다. 이베이의 최대주주는 창업자이자 회장인 피에르 오미디아르(Pierre Omidyar)인데 그는 당시 1,520만 주를 보유하고 있었다. 주가가 상장 첫날 $18에서 $47.375로 뛰어오르면서 오미디아르의 재산은 $4억 4,700만가 늘어났다. 당연히 오미디아르는 저가발행 비용을 바로 잊어

---

[29] 투자자들이 시장가격이 어떻게 될지 아는 경우에는 승자의 저주가 사라질 것이다. 한 가지 방법은 증권이 발행되기 전에 미리 그 증권의 거래를 허용하는 것이다. 이 시장을 가리켜 **비공개시장**(gray market)이라고 하며, 이는 미국에서 부채 발행 시 가장 보편적으로 나타난다. 투자자들은 비공개시장에서의 가격을 관찰할 수 있으며, 실제 발행 시 과도하게 높은 가격을 지불하지 않을 것이라는 확신을 갖게 된다.

버렸을 것이다.[30]

## 신주발행 과열기

그림 14.5는 저가발행의 정도가 해마다 크게 달라진다는 것을 보여준다. 닷컴 붐이 절정을 이루고 있던 1999년 신주발행으로 $650억가 조달되었고, IPO의 상장 첫날 평균수익률은 70%에 달했다. 그 해 저가발행으로 거의 $370억가 발행기업으로 흘러가지 못한 셈이다(money left on the table).[31] 그러나 신주발행 수가 급감하면서 저가발행 금액도 감소했다.

일부 관찰자들은 투자자들이 과도한 낙관주의의 시기에 빠져들고, 신주발행을 원하는 기업은 이런 시기에 맞춰서 IPO를 하기 때문에, 이렇게 신주발행이 과열되는 시기가 나타난다고 믿는다. 또 다른 이들은 자본비용 감소나 경제전망의 개선으로 많은 신규 투자나 정체된 프로젝트의 수익성이 갑자기 높아질 수 있다는 점을 강조한다. 이러한 시기에 많은 사업가들은 이들 프로젝트에 투자할 신규 자금을 서둘러 조달하려 한다는 것이다.[32]

## IPO 주식의 장기 성과

발행 가격에 IPO 주식을 산 투자자들은 평균적으로 고수익을 즉시 실현한다. 그러나 장기적으로 그들의 수익률은 어떨까. 1980~2015년까지의 시기에 상장 첫날 종가로 IPO 주식을 산 투

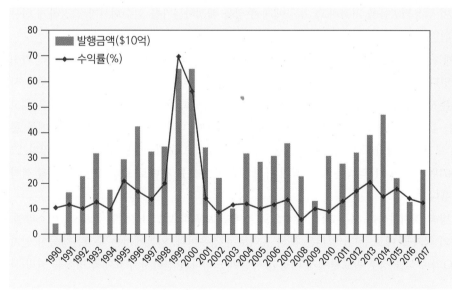

▶ **그림 14.5** 1990~2017년 미국의 IPO 금액과 상장 첫날 평균수익률

출처: J. R. Ritter, "Monthly Number of IPOs and the average first-day return," February, 2018, bear.cba.ufl.edu/ritter.

---

[30] T. Loughran and J. Ritter, "Why Don't Issuers Get Upset about Leaving Money on the Table in IPOs?" *Review of Financial Studies* 15(2002), pp. 413-444.

[31] 'money left on the table'은 주식에 대한 투자자의 평가 가치와 투자자가 지불한 금액의 차이를 말한다.

[32] 이런 설명의 예를 보기 위해 다음을 참조하라 — A. P. Ljungqvist, V. Nanda, and R. Singh, "Hot Markets, Investor Sentiment, and IPO Pricing," *Journal of Business* 79(July 2006), pp. 1667-1702; L. Pastor and P. Veronesi, "Rational IPO Waves," *Journal of Finance* 60(2005), pp. 1713-1757.

자자들은 시장과 비교해 그후 3년 동안 상대적으로 18.7%의 손실을 입었다. 이는 신주에 대한 초기 반응이 과도하게 나타났음을 의미한다. 그러나 이런 저조한 성과의 상당수는 IPO 주식이 주로 소규모 성장기업이라는 사실을 반영하는 것으로 보인다. IPO 주식을 유사한 기업의 수익률과 비교하는 경우에는 저조한 수익률이 나타나지 않는다.[33]

## 14-3  신주발행의 다른 방법

표 14.2는 미국에서 주식의 신규 공모를 시행하는 데 거쳐야 할 주요 절차들을 간략하게 보여준다. 마빈의 신주발행은 거의 모든 측면에서 전형적인 IPO의 모습을 보여준다. 특히 미국에서 이루어지는 대부분의 신규 공모는 **수요예측**(bookbuilding) 방식을 사용한다. 이 수요예측 방식은 인수회사가 예측되는 수요에 관한 정보를 장부에 기록하고 이 정보를 이용해 발행 가격을 결정하는 방법이다.

수요예측 방식은 어떤 면에서 경매와 유사한데, 잠재적 매입자가 주어진 가격에 얼마의 주식을 매입하려고 한다는 의사를 나타내기 때문이다. 그러나 이런 의사는 구속력이 없고 단지 신주의 가격을 결정하기 위한 지침으로 사용될 뿐이다. 수요예측 방식의 이점은 인수회사가 발행 신주의 가격을 정하는 데 가장 도움이 되는 입찰자에게 우선권을 주고, 그들에게 저가발행의 형태로 보상을 해줄 수 있다는 것이다.[34] 수요예측 방식에 비판적인 사람들은 1990년대에 이 방식이 남용되었음을 지적하고, 누구에게 주식을 배정하는가를 인수회사가 결정하게 하는 방식의 위험성을 강조한다.

수요예측 방식은 전 세계적으로 빠르게 확산되었지만 이외에도 신주를 발행하는 여러 가지 방법이 있다. 한 가지 대안은 공개경매(open auction) 방식이다. 이 경우 투자자들은 몇 주를 사려고 하는지, 그리고 그 가격을 표시한 입찰서를 제출하도록 요청받는다. 그리고 증권은 최고 입찰가를 부른 사람에게 매각된다. 미국 재무부를 포함한 대부분의 정부기관들은 경매를 통해 정부 채권을 매각한다. 미국에서는 보통주를 경매 방식으로 매각하는 경우가 흔치 않다. 그러나 2004년 구글이 $17억라는 세계 최대 규모의 신규 공모를 경매로 조달하면서 세계를 깜짝 놀라게 했다.[35]

경매 방식 지지자들은 신주 매각 방식으로 경매를 보편적으로 사용했던 프랑스, 이스라엘, 일본 등의 국가를 예로 든다. 일본은 특히 흥미로운 경우이다. 일본에서는 투자은행들이 인기 있는 IPO의 주식을 정부 관료들에게 배정한 사실이 드러나기 전까지 수요예측 방식을 널리 사

---

[33] 관련해서 다음 논문을 참조하라 — M. Lowry, R. Michaely, and E. Volkova, "Initial Public Offerings: A Synthesis of the Literature and Directions for Future Research," 2017, *Foundations and Trends in Finance*, 11(February 10, 2017), pp. 154-320.

[34] L. M. Benveniste and P. A. Spindt, "How Investment Bankers Determine the Offer Price and Allocation of New Issues," *Journal of Financial Economics* 24(1989), pp. 343-361; F. Cornelli and D. Goldreich, "Bookbuilding and Strategic Allocation," *Journal of Finance* 56(December 2001), pp. 2337-2369 참조.

[35] 구글의 신주발행 이후 2005년에는 모닝스타(Morningstar)가 경매로 $1억 4,000만의 주식을 매각했다.

1. 회사가 기업공개를 하게 되기 약 1년 전에 회사가 주간사회사(bookrunner)와 공동 간사회사를 지명한다. 인수단을 구성한다.

2. 인수회사와의 합의 내용은 스프레드(중간 규모 IPO의 경우 통상 7%)와 초과배정옵션(전형적으로 인수업자가 매입 주식의 수를 15% 증가시킬 수 있도록 허용)을 포함한다.

3. 발행일 약 3개월 전, 발행할 주식을 SEC에 등록하고 레드헤링을 발행하고 예정 가격 범위를 제안한다.

4. 잠재적 투자자에게 발행주식을 마케팅하기 위한 투자설명회를 주선한다. 주간사회사는 잠재적 수요 예측을 작성하고 필요시 새로운 예정 가격 범위를 정한다.

5. SEC가 유가증권 등록을 승인하면 회사와 인수회사는 발행 가격에 합의한다.

6. 다음 날, 인수회사는 주식을 배정하고(통상적으로 초과배정 포함) 거래가 시작된다.

7. 인수기관은 시장에서 주식을 매입하거나 초과배정옵션을 행사해 매도포지션을 해소한다.

8. 40일의 휴지기가 끝나면, 주 인수기관은 회사의 향후 전망에 대한 보고서를 작성하고 주식 매입을 추천할 수 있게 된다.

》**표 14.2** 미국 주식 신규 공모 발행(IPO)과 관련한 주요 단계

용했다. 1989년 일본 재무성은 이 스캔들에 대한 반응으로 미래의 모든 IPO는 경매를 통해야 한다고 규정했다. 그 결과 저가발행 현상이 현저하게 줄어들었다. 그러나 1997년 이러한 규제는 완화되었고, 수요예측 방식이 다시 인기를 얻으면서 저가발행 수준도 증가했다.[36]

## 경매의 형태: 여담

어떤 정부가 400만 개의 채권을 경매에 붙이고자 하고, 이 경매에 3명의 잠재적 매입자가 입찰 의향서를 제출한다고 가정해보자. A투자자는 100만 개의 채권에 대해서 채권당 $1,020로 입찰하고, B투자자는 300만 개의 채권에 대해 채권당 $1,000로 입찰하고, C투자자는 200만 개의 채권에 대해 $980로 입찰한다. 가장 높은 가격 2개를 부른 A투자자와 B투자자에게 발행된 모든 채권이 낙찰되고, C투자자는 빈손으로 남겨진다. 입찰을 성사시킨 A와 B투자자는 얼마를 지불하는가?

이에 대한 답은 매각이 **차등가격 경매**(discriminatory auction)와 **균일가 경매**(uniform-price auction) 중 어느 방식으로 이루어지는가에 따라 달라진다. 차등가격 경매에서는 모든 낙찰자가 자신이 제출한 입찰가를 지불해야 한다. 이 경우 A투자자는 $1,020를 지불하고, B투자자는 $1,000를 지불한다. 균일가 경매에서는 A와 B투자자 모두가 $1,000를 지불하는데 이는 최저가 낙찰자(B투자자)가 제출한 가격이다.

앞의 사례에서 보면 균일가 경매에서 받은 수익금(proceeds)이 차별가격 경매에서 받은 수익금보다 낮은 것처럼 여겨질 것이다. 그러나 이렇게 생각하는 것은 균일가 경매가 승자의 저주로부터 더 안전할 수 있다는 사실을 간과하고 있다. 현명한 입찰 참여자들은 단일가격 경매의

[36] T. Kaneko and R. Pettway, "Auctions versus Book Building of Japanese IPOs," *Pacific-Basin Journal* 11(2003), pp. 439–462.

경우 실제 가격보다 높은 가격을 불러도 비용이 거의 없으나, 차등가격 경매의 경우 섣불리 높은 가격을 불렀다가는 감수해야 할 잠재적 비용이 매우 크다는 것을 알고 있다.[37] 그래서 경제학자들은 균일가 경매가 결과적으로 더 큰 수익금을 가져온다고 주장한다.[38]

미국 재무부의 채권 매각은 차등가격 경매의 형태로 이루어져 성공적인 매입자들이 자신이 제시한 입찰가를 지불하도록 했다. 그러나 1998년 미국 정부는 균일가 경매 형태로 전환했다.[39]

## 14-4 공개기업의 증권 발행

신규 공모가 그 회사의 마지막 주식 발행이 되는 경우는 거의 없다. 회사가 성장함에 따라 신규 공모에 이어 추가로 채권과 주식을 발행할 가능성이 크다. 공개기업은 일반투자자에게 증권을 공모발행하거나 기존 주주들을 대상으로 주주배정 유상증자를 통해 새로 증권을 발행할 수 있다. 미국에서 발행되는 거의 모든 부채나 주식 발행에 사용되는 일반 공모(general cash offer) 방식을 먼저 살펴보기로 하자. 그리고 나서 다른 나라에서 보통주 발행에 널리 사용되는 주주배정 유상증자에 대해 설명한다.

### 일반 공모

미국에서는 회사가 채권이나 주식을 일반 공모할 경우 처음으로 기업을 공개할 때와 비슷한 절차를 다시 밟게 된다. 다시 말해 회사는 SEC에 발행주식을 등록하고,[40] 그다음에 인수회사(혹은 인수단)에 증권을 매각하고, 인수회사는 이를 다시 일반투자자에게 매각한다. 발행 가격이 확정되기 전에 인수회사는 마빈의 신규 공모 때처럼 증권에 대한 수요예측을 한다.

SEC 규정 415호는 대기업이 향후 3년 동안의 재무계획에 대해서는 하나의 유가증권 발행 신고서만 제출해도 되도록 허용한다. 회사는 자금이 필요하거나 만족스러운 가격으로 증권을 발행할 수 있다고 생각하면 아무 때라도 간단한 추가 문서작업만으로 실제 증권 발행을 할 수 있다. 이를 **일괄등록제도**(shelf registration)라고 부른다. 이는 유가증권 발행신고서를 '선반 위에 올려놓았다가(put on the shelf)' 필요할 때마다 가지고 와 사용한다는 의미에서 붙여진 이름

---

[37] 더욱이 균일가 경매에서 가격은 B의 견해뿐만 아니라, A의 견해에 의해서도 좌우된다(예를 들어 A가 입찰가로 $1,020가 아니라 $990를 제안했다면 A와 B 모두 각 채권당 $990를 지불했을 것이다). 균일가 경매는 A와 B 견해의 이점을 모두 수용하므로 승자의 저주를 줄여준다.

[38] 경매는 때때로 사전에 통보받지 않은 자들도 비경쟁적 입찰(noncompetitive bid)에 참여할 수 있도록 허락함으로써 승자의 저주를 줄여준다. 이러한 비경쟁적 입찰에서 입찰자들은 수량에 대해서만 입찰하고 가격은 입찰하지 않는다. 예를 들어 미국 재무부 경매에서 투자자들은 비경쟁적 입찰을 할 수 있고, 입찰한 양을 전부 배정받는다.

[39] 미국에서의 균일가 경매에 대한 경험은 이 방식이 정말로 승자의 저주 문제를 줄여주고 매도자에게 높은 가격을 실현시켜 준다는 점을 시사한다. D. Goldreich, "Underpricing in Discriminatory and Uniform-Price Treasury Auctions," *Journal of Financial and Quantitative Analysis* 42(June 2007), pp. 443–466.

[40] 2005년 SEC는 '잘 알려진 발행 기업(well-known seasoned issuer, WKSI)'이라는 회사 범주를 신설했다. 이들 회사는 일부 등록요건을 면제받는다.

이다.

당신이 재무관리자라면 일괄등록 방식을 어떻게 활용할 수 있을지 생각해보라. 내년쯤 회사가 최대 $2억까지의 새로운 장기부채가 필요할 것이라고 가정하자. 회사는 $2억의 증권 발행을 위해 발행신고서를 제출한다. 그러면 회사는 $2억의 채권 발행에 대한 사전승인을 얻게 되지만 단 한 푼도 당장 발행해야 할 의무는 없다. 뿐만 아니라 어떤 특정 인수회사와 반드시 같이 일해야 하는 것도 아니다. 발행신고서에 함께 일할 수도 있는 1~2개 인수회사를 써넣기도 하지만 나중에 다른 회사와 일할 수도 있다.

이제 회사는 느긋한 마음으로 필요한 만큼의 채권을 원하는 만큼 조금씩 나누어 발행할 수 있다. 만약 모건 스탠리가 회사채에 $1,000만를 투자할 준비가 된 보험회사를 찾았다고 하자. 당장 당신의 전화가 울릴 것이다. 전화의 발신인은 모건 스탠리로, 예를 들어 8.5%의 이자율로 당신 회사의 $1,000만 채권을 사겠다고 제안한다. 만약 조건이 괜찮다고 생각된다면 당신은 오케이라고 이야기하고 약간의 서류상 절차를 거친 후 계약이 성사된다. 그러고 나서 모건 스탠리는 이 채권을 지불한 가격보다 더 높은 가격으로 보험회사에 되팔아 중개업자로서의 이익을 얻고자 하는 것이다.

또 다른 거래 방법이 있다. 당신이 이자율이 일시적으로 낮아진 좋은 기회를 포착했다고 가정하자. 당신은 발행할 채권 $1억에 대한 입찰을 받는다. 어떤 입찰은 단독으로 움직이는 대형 투자은행들이 접수한 것일 수도 있고, 또 다른 입찰들은 특정 목적을 가지고 임시로 조직된 조합으로부터 들어온 것일 수도 있다. 그러나 여기서 입찰이 누구로부터 들어오는지는 중요한 문제가 아니다. 가격 조건이 맞으면, 당신은 그중에서 가장 좋은 조건의 입찰을 받아들이기만 하면 된다.

그렇다고 해서 일괄등록제도가 허용되는 모든 기업이 실제로 공모를 할 때마다 이 제도를 활용하는 것은 아니다. 때때로 회사들은 전통적 경로를 통해 대규모 발행을 한꺼번에 시행함으로써 더 좋은 조건의 계약을 따낼 수 있다고 믿는다. 특히 발행될 증권이 흔치 않은 내용을 포함하거나, 회사가 투자은행으로부터 조언이나 발행승인을 받을 필요가 있다고 느낄 때는 이와 같이 전통적인 방법을 택한다. 그 결과 흔한 종류의 일반 회사채 발행에 비해 보통주나 전환증권 발행 시에는 일괄등록제도를 그다지 사용하지 않는다.

## 국제 증권 발행

기업은 종종 국내 시장에서 차입하는 대신 종종 외국 시장에서 소위 **외국채**(foreign bonds)를 발행한다. 이 경우 채권 발행은 그 나라의 법규를 따라야 한다.

두 번째 대안은 **유로채권**(eurobonds)을 발행하는 것인데, 이는 일단의 국제 은행들이 채권을 인수해 동시에 여러 나라의 투자자들에게 매각하는 방식이다. 차입 기업은 사업설명서 (prospectus)나 자세한 발행 조건을 담은 설명서를 제공해야 한다. 인수회사는 잠재적 투자자들로부터 수요예측을 하고, 이를 바탕으로 가격을 정해 매각한다. 아주 큰 규모의 부채 발행은 **글로벌 채권**(global bonds)으로 발행되기도 한다. 글로벌 채권이란 발행 채권의 일부는 유로채권 시장에서 매각하고, 나머지는 국내 시장에 매각하는 것을 말한다.

주식 또한 해외 시장에서 발행해 팔릴 수 있다. 전통적으로 뉴욕은 이러한 증권 발행의 본거지였다. 그러나 최근에 와서는 많은 회사들이 런던이나 홍콩에서의 주식 상장을 더 선호한다. 이 때문에 많은 미국의 논평가들은 뉴욕이 다른 금융 중심지에 비해 경쟁우위를 잃고 있다고 걱정하게 되었다.

## 일반 공모의 비용

기업이 증권 일반 공모를 실시할 때는 항상 상당히 많은 관리비용이 발생한다. 또한 기업은 증권을 인수회사에 매각할 때 투자자로부터 받을 수 있는 가격보다 낮은 가격에 매각함으로써 인수회사에게 보상해줄 필요도 있다.

이러한 직접 비용 이외에도, 유상증자 발행 가격은 평균적으로 전일 밤 종가보다 약 3% 밑에서 결정이 된다.[41] 이런 저가발행은 IPO의 경우보다는 훨씬 적지만, 주식 발행 비용의 상당한 비중을 차지한다.

표 14.3은 최근의 몇 가지 주식 발행의 인수 스프레드(underwriting spreads)를 보여준다. 부채 증권(debt securities)에 대한 인수 스프레드는 보통주의 스프레드보다 낮다는 것에 주목하라. 많

》**표 14.3** 선별된 발행 증권의 총인수 스프레드. 스프레드는 총수익금의 백분율이다.
*인수기관들이 행사한 초과배정옵션 미포함

| 형태 | 회사 | 발행금액($100만) | 인수 스프레드(%) |
|---|---|---|---|
| **보통주** | | | |
| IPO | 알리바바 그룹 | $21,767 | 1.2% |
| IPO | 인비테이션 홈스 | 1,540 | 4.5 |
| IPO | 뮬소프트 | 221 | 7.0 |
| IPO | 자운스 테라퓨틱스 | 102 | 7.0 |
| IPO | 아이코아 홀딩스 | 53 | 7.0 |
| IPO | 비욘드스프링 | 3 | 7.0 |
| 유상증자 | AMC 엔터테인먼트 홀딩스 | 600 | 3.5 |
| 유상증자 | 키사이트 테크놀로지 | 400 | 3.5 |
| 유상증자 | 존 빈 테크놀로지 | 170 | 5.5 |
| 유상증자 | 인트레피드 포타시 | 52 | 3.9 |
| 유상증자 | 에이커스 바이오사이언스 | 2 | 7.0 |
| **부채** | | | |
| 4.5% 부채 2057* | 마이크로소프트 | $2,000 | 0.75% |
| 5.291% 부채 2046* | 포드자동차 | 1,300 | 0.88 |
| 3.75% 부채 2046* | 유나이티드 테크놀로지 | 1,100 | 0.88 |
| 5.75% 선순위 전환사채 2021 | 쉽 파이낸스 인터내셔널 | 225 | 2.0 |

[41] O. Altinkilic and R. S. Hansen, "Discounting and Underpricing in Seasoned Equity Offers," *Journal of Financial Economics* 69(2003), pp. 285-323 참조.

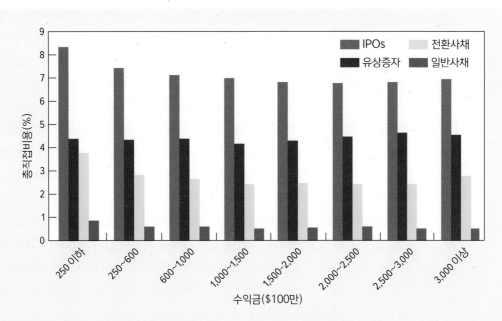

**▶ 그림 14.6** 전체 수익금의 백분율로 표시한 총직접비용. 신규 공모(IPO), 유상증자(SEO), 전환사채, 일반사채에 대한 총직접비용은 인수회사의 스프레드와 기타 직접비용으로 구성되어 있다.
출처: SDC Platinum.

은 경우 부채증권의 인수 스프레드는 1%가 되지 않는다. 대규모 발행 시 적은 규모의 발행보다 스프레드가 더 낮은 경향이 있다. 이는 부분적으로는 증권을 매각하는 데 고정비용이 발생하며, 주로 대기업이 대규모로 발행하는데 이들 대기업은 잘 알려져 있고, 인수회사가 모니터링하기 쉽다는 사실 때문이다. 그러므로 작은 회사가 무시할 만한 비율의 스프레드로 대규모 발행을 할 수 있다고 추정해서는 안 된다.[42]

그림 14.6은 2004~2008년 사이에 시행된 수천 건의 발행에 들어간 총발행 비용(스프레드에 관리비용을 합친 것)에 대한 연구 내용을 요약하고 있다.

## 주식 발행에 대한 시장의 반응

보통주의 유상증자에 관해 연구한 경제학자들은 대개 신주발행 발표가 주가를 약 2~4% 떨어뜨린다는 것을 발견했다.[43] 이 수치가 그리 대단하게 들리지 않을 수도 있지만, 시장가치의 하락폭은 평균적으로 주식 발행으로 조달하는 신규자금의 거의 1/3에 달한다.

도대체 어찌 된 일인가? 한 가지 견해는 추가 공급에 대한 전망이 단순히 주가를 하락시킨

---

[42] 다음 논문에서 이러한 점을 강조하고 있다 — O. Altinkiliç and R. S. Hansen, "Are There Economies of Scale in Underwriting Fees? Evidence of Rising External Financing Costs," *Review of Financial Studies* 13(Spring 2000), pp. 191–218.

[43] 관련 사례로 다음을 참조하라 — Altınkılıç and Hansen, "Are There Economies of Scale in Underwriting Fees?"; K. Jung, Y-C. Kim, and R. Stulz, "Timing, Investment Opportunities, Managerial Discretion, and the Security Issue Decision," *Journal of Financial Economics* 42(October 1996), pp. 159–185.

다는 것이다. 한편, 주가의 하락 정도가 주식 발행 규모와 비례해 커진다는 증거는 없다. 사실과 더 잘 부합하는 또 다른 설명이 있다.

한 레스토랑 체인의 최고재무책임자(CFO)가 매우 낙관적인 사업전망을 하고 있다고 가정해보자. 이 CFO의 시각에서는 회사의 주가가 너무 낮다. 그럼에도 불구하고 회사는 신설된 북부 캘리포니아주로 사업을 확장하는 데 필요한 자금을 마련하기 위해 주식을 발행하려고 한다.[44] 어떻게 해야 할까? 선택할 수 있는 모든 방안은 각기 나름대로의 결점을 가지고 있다. 이 레스토랑 체인이 보통주를 발행한다면 기존 주주들의 희생으로 새로운 주주들이 혜택을 보게 된다. 만약 투자자들이 CFO와 똑같이 낙관적인 전망을 가진다면 주가는 올라갈 것이고, 새로운 주주들에게 매각되는 주식이 싼 값이라는 건 분명해진다.

CFO가 미래에 대한 장밋빛 전망을 다른 투자자들에게 설득할 수만 있다면, 신주를 공정한 가격으로 발행할 수 있을 것이다. 그러나 일이 그리 쉽지만은 않다. CEO나 CFO들은 늘 낙관적으로 보이려 애쓴다. 그래서 단지 "나는 낙관적으로 생각합니다"라고 발표를 하는 것은 거의 효과가 없다. 그렇지만 사업계획과 이익 예측에 대한 상세한 정보를 제공하는 것은 많은 비용이 들고, 또한 경쟁사들을 도와주는 꼴이 된다.

CFO는 회사의 주가가 회복될 때까지 계획했던 확장 규모를 줄이거나 연기할 수도 있다. 이 방법 또한 비싼 대가를 치러야 한다. 그러나 만약에 주가가 극도로 저평가되어 있고 주식 발행이 자금조달의 유일한 원천이라면, 아마도 이 방법이 합리적일 수도 있다.

CFO가 자기 회사 주식이 과대평가되어 있다고 생각한다면 상황은 반대가 된다. 회사가 주식을 높은 가격에 발행하면 새로운 주주들의 희생으로 기존 주주들이 혜택을 보게 된다. 경영자는 조달한 현금을 그냥 은행에 넣어둘지라도 아마 주식을 발행하려고 할 것이다.

물론 투자자들은 바보가 아니다. 투자자들은 경영자가 주식이 과대평가되었다고 생각할 때 주식을 발행하려 하고, 미래 전망에 대해 낙관적인 경영자는 주식 발행을 연기하거나 아예 취소해 버릴 수도 있다는 것을 예측할 수 있다. 그러므로 주식 발행 공시가 나면, 투자자들은 그런 이유로 주가를 낮게 평가하게 된다. 그러므로 신주발행 시 일어나는 주가 하락은 공급의 증가와는 아무런 관계가 없으며, 신주발행이 전달하는 정보와 관련된 것이다.[45]

코르넷과 터래니안(Cornett and Tehranian)은 이런 점을 제대로 증명해준 자연 실험을 고안했다.[46] 그들은 상업은행의 주식 발행 사례를 고찰해보았다. 이러한 발행 중 일부는 은행 감독기구가 설정한 자기자본 기준을 충족하기 위해 필요한 조치였다. 나머지는 회사의 다양한 목적을 위해 자본을 조달하려고 하는 일반적이고 자발적인 주식 발행이었다. 자발적인 주식 발행에 비해 꼭 필요한 주식 발행의 경우에는 주가 하락폭이 훨씬 적었다. 이는 정말로 합리적이다. 만약 주식 발행이 경영자의 재량 밖에 있다면, 발행 공시는 회사 전망에 관한 경영자의 견

---

[44] 북부 캘리포니아주는 캘리포니아주로부터 분리되어 2027년 미국의 52번째 주가 되었다.

[45] 다음 논문에서 이런 설명을 제시했다 — S. C. Myers and N. S. Majluf, "Corporate Financing and Investment Decisions When Firms Have Information That Investors Do Not Have," *Journal of Financial Economics* 13(1984), pp. 187–221.

[46] M. M. Cornett and H. Tehranian, "An Examination of Voluntary versus Involuntary Security Issuances by Commercial Banks," *Journal of Financial Economics* 35(1994), pp. 99–122.

해에 대해 어떠한 정보도 전달하지 못한다.[47]

대부분의 재무경제학자들은 이제 주식 발행 공시에 따른 주가 하락을 추가 공급이 가져온 결과가 아니라 정보효과로 해석한다.[48] 그러나 우선주나 부채의 발행은 어떤가? 우선주나 부채의 발행도 회사의 미래 전망에 관한 정보를 똑같이 전달하는 것으로 보이지 않는가? 비관적 견해를 가진 경영자는 투자자들이 나쁜 소식을 알아채기 전에 채권을 발행하고 싶은 충동을 느낄 것이다. 그러나 가격이 높게 책정된 채권을 팔아서 주주를 위해 얼마만큼의 수익을 올릴 수 있는가? 아마도 1~2% 정도일 것이다. 투자자들은 비관적인 경영자가 우선주나 채권보다 보통주 발행을 선택할 유인이 더 크다는 걸 알고 있다. 그러므로 회사가 우선주나 채권 발행을 공시할 때는 인지할 수 있을 만큼 큰 주가 하락이 거의 일어나지 않는다.[49]

## 주주배정 유상증자

일반 투자자를 상대로 주식을 발행하는 대신, 회사는 간혹 기존 주주들에게 먼저 우선권을 주기도 한다. 이와 같이 이루어지는 발행을 가리켜 **지분율에 따른 신주발행**(privileged subscription issue) 또는 **주주배정 유상증자**(rights issue)라고 한다. 미국에서는 주주배정 유상증자가 거의 대부분 폐쇄형 투자회사에 국한되어 실시된다. 그러나 미국 이외의 대부분 나라에서는 주주배정 유상증자가 유상증자의 가장 보편적인 방법이다. 예를 들면 주주배정 유상증자는 중국, 독일, 프랑스, 브라질에서 가장 지배적인 방법이다.[50]

우리는 이미 주주배정 유상증자의 예로 인수회사들에게 넘어간 영국 은행 HBOS의 주식 발행을 살펴보았다. 또 다른 주식 발행을 좀 더 자세히 살펴보자. 2017년 도이치은행은 부채비율을 줄이기 위해 €80억의 자본을 조달해야 했다. 도이치은행은 기존 주주들에게 현재의 보유 주식 2주당 1주의 신주를 매입할 수 있는 권리를 부여해 자금을 조달했다. 신주의 가격은 주당 €11.65로 매겨졌는데 이는 공시 이전의 주가인 €18.00에 비해 35%나 낮은 것이었다.

주주배정 유상증자가 시행되기 바로 직전 당신은 도이치은행 주식 2주를 보유했고 그 가치는 $2 \times €18 = €36.00$이었다고 상상해보라. 도이치은행의 제안은 당신에게 €11.65의 추가 지출로 신주 1주를 살 수 있는 권리를 주는 것이다. 이 제안을 받아들이면 당신의 보유 주식은 3주로 늘어나고, 가치는 추가 지출 금액만큼 늘어나 $€36.00 + 11.65 = €47.65$가 된다. 그러므로 유상증자 이후 각 주식의 가치는 더이상 €18가 아니고, $€47.65/3 = €15.88$로 약간 더 낮아진다. 이를 권리락 가격(ex-rights price)이라고 한다.

---

[47] '비자발적 발행자'도 결정을 내리긴 했다. 그들은 주식 발행을 포기하고 규정상의 자본기준을 충족하지 못할 위험을 감내할 수도 있었다. 이와 같은 잠재적 위험을 더 가진 회사들은 주식 발행을 할 가능성이 더 크다. 그러므로 코르넷과 터래니안이 비자발적인 주식 발행에서도 주가 하락 현상을 발견한 것은 놀라운 일이 아니다.

[48] 또 다른 정보효과도 가능하다. 배당금이 예상보다 클 때 투자자들은 회사가 그들이 생각한 이상으로 수익을 올린다고 판단하듯이, 신주발행 공시는 투자자들에게 반대의 의미로 해석될 수 있다. 그러나 이 효과는 왜 채권 발행 공시가 비슷한 주가 하락을 유발하지 않는지에 대해서는 설명하지 못한다.

[49] L. Shyam-Sunder, "The Stock Price Effect of Risky vs. Safe Debt," *Journal of Financial and Quantitative Analysis* 26(December 1991), pp. 549-558 참조.

[50] M. Massa, T. Vermaelen, and M. Xu, "Rights Offerings, Trading, and Regulation: A Global Perspective," INSEAD Working Paper 2013/120/FIN, December 13, 2013, available at SSRN: https://ssrn.com/abstract=2340504 참조.

신주를 €11.65에 살 수 있는 권리의 가치는 얼마인가? 답은 €15.88 − €11.65 = €4.23이다.[51] 주당 실제 가치가 €15.88인 주식을 €11.65에 살 수 있는 투자자라면 이 권리에 대해 기꺼이 €4.23를 지불하려 할 것이다.[52]

도이치은행이 다른 다양한 조건으로도 똑같은 금액의 자본을 조달할 수 있음은 분명하다. 예를 들어 도이치은행은 주주들에게 보유하고 있는 주식 하나당 하나의 신주를 €5.825에 살 수 있는 권리를 주었을 수도 있다. 이 경우 주주들은 반값에 2배나 많은 주식을 살 수 있을 것이다. 애초에 주식 2주를 보유했던 주주는 4주의 주식을 갖게 될 것이고, 그 가치는 총 2× €18.00 + 2 × €5.825 = €47.65가 된다. 각 주당 가치는 €47.65/4 = €11.91가 된다. 이러한 조건에서는 권리락 가격이 더 낮아지지만, 당신은 3주가 아니라 4주를 갖게 된다. 보유 주식에 대한 총가치는 여전히 같다. 만약 당신이 €5.825에 신주 1주를 살 수 있는 권리를 팔고 싶어 한다고 가정해보자. 투자자들은 이 권리에 대해 €6.09를 지불해야 할 것이다. 그들은 그 후 도이치은행에 €5.825를 지불하고 €11.91의 가치를 갖는 주식 1주를 받는다.

도이치은행의 주주들에게 신주발행 제안을 받아들일지 결정하는 데 약 2주의 시간이 주어졌다. 그동안 주가가 발행가 이하로 떨어지면 주주들은 신주를 매입할 유인이 전혀 없다. 이런 이유 때문에 주주배정 유상증자를 실시하는 회사는 일반적으로 인수회사들이 남겨진 주식을 매입하도록 협정을 한다. 인수회사들이 매각되지 않은 주식을 떠안는 일은 흔치 않다. 그러나 앞에서 본 HBOS 주식 발행의 경우에는 인수회사들이 아주 크고 엄청난 부담을 떠맡아야 했다.

이 예는 회사가 성공적으로 신주를 모두 팔 수만 있다면 주주배정 유상증자에 있어서 발행가격은 전혀 상관이 없다는 점을 설명해준다. 그러나 일반 공모의 경우는 그렇지 않다. 만약 회사가 시장이 받아들일 수 있는 가격 이하로 신주를 발행한다면 이는 기존 주주들의 희생으로 새로운 주주들이 이득을 얻는 것이다. 앞서 언급한 것처럼 일반 공모는 전형적으로 전일 종가에서 약 3% 정도 할인한 가격으로 발행되기 때문에 저가발행은 크게 염려할 문제가 아니다. 그러나 이런 비용은 주주배정 유상증자를 통해 완전히 피할 수 있는데도 회사들이 왜 일반 공모를 선호하는지는 여전히 수수께끼이다.

---

[51] 실제로 투자자는 이보다 약간 높은 값을 지불할 것이다. 왜냐하면 주식을 강제로 사야 하는 것은 아니며, 안 사기로 결정할 수도 있다. 실제로 이런 옵션은 보통 내가격 상태가 되어 있고, 만기가 짧기 때문에 그 가치는 통상 무시할 수 있을 정도로 작다.

[52] 북미와 유럽의 주주배정 유상증자 사이에는 사소하지만 잠재적으로 혼란을 가져올 수 있는 차이가 있다. 도이치은행의 경우 주주들은 신주 1주를 사기 위해 하나의 신주인수권이 필요했다. 그러나 이 신주인수권을 받기 위해서는 2개의 주식을 가지고 있어야 했다. 북미에서는 유사한 신주발행의 경우 보통 보유 주식 1주당 1개의 신주인수권이 부여된다. 그러나 주주는 신주 1주를 사기 위해 더 많은 신주인수권이 필요하며, 따라서 각 신주인수권의 가치는 비례적으로 낮아진다. 만약 도이치은행이 미국 회사였다면, 주주들은 보유하고 있는 주식 하나당 하나의 신주인수권을 받았을 것이며, 그럼에도 불구하고 하나의 신주를 사기 위해 2개의 신주인수권을 필요로 했을 것이다. 신주인수권 각각의 가치는 반으로 줄어들었을 것이다. 독자들은 종종 신주인수권의 가치를 계산하는 공식을 접할 것이다. 공식에서 주식 발행이 미국 방식인지 유럽 방식인지를 확인하라. 더 좋은 방법은 신주인수권의 가치를 직접 계산해보는 것이다.

## 14-5 사모와 공모

회사가 공모를 시행할 때는 그 발행 증권을 SEC에 등록해야 할 의무가 있다. 그런데 회사는 사적으로 증권을 발행함으로써 많은 비용이 드는 이런 절차를 피할 수도 있다. **사모**(private placement)가 되기 위한 규칙은 까다롭다. 사모에 의해 발행되는 증권은 무제한으로 많은 금융기관에게 매각할 수 있지만 덜 부유한 개인 투자자의 경우에는 참가하는 투자자 수에 제한을 둔다.

사모가 지니는 단점 중 하나는 투자자가 한 번 사들인 증권은 쉽게 되팔 수 없다는 것이다. 그러나 생명보험회사와 같은 기관투자자들은 장기간 동안 회사채에 엄청나게 많은 돈을 투자하지만 그것의 시장성(marketability)에 대해서는 신경을 쓰지 않는다. 그 결과 거래가 활발하게 이루어지고 있는 사모 시장은 회사채를 중심으로 진화했다. 흔히 이러한 부채는 기업과 대부자 사이에서 직접적으로 협상이 이루어진다. 그러나 만약 발행 규모가 너무 커서 한 기관이 감당하기 어려우면 회사는 일반적으로 투자은행을 고용해 사업설명서를 작성하고 잠재적인 매입자들을 찾아내려고 한다.

예상하는 바와 같이 공모보다는 사모를 시행하는 것이 비용이 적게 든다. 이는 소규모로 증권을 발행하고자 하는 회사들에 특히 유리하다.

1990년에 SEC는 규정 144A를 채택했는데 이 규정은 누가 미등록 증권(unregistered securities)을 매입하고 거래할 수 있는지에 대한 규제를 완화했다. 이 규정은 대형 금융기관들 [**자격을 갖춘 기관 매입자**(qualified institutional buyers)라고 알려짐]이 자기들끼리 미등록 증권을 거래할 수 있도록 허용하고 있다. 규정 144A는 유동성을 증가시키고 이자율과 사모에 드는 발행비용을 낮출 목적으로 도입되었다. 이 규정은 대체로 미국에서의 등록 요건 때문에 주저하고 있는 외국 기업들을 겨냥해 만들어진 것이었다. SEC는 미국 대형 금융기관들이 자유롭게 거래할 수 있는 미등록 주식과 채권을 외국 기업들이 발행할 수 있기 때문에 이를 환영할 것이라고 주장했다.

규정 144A에 의한 발행이 매우 인기가 높은 것으로 나타났고, 이는 특히 외국 발행자들 사이에서 더욱 인기가 있었다. 또한 규정 144A에 의해 발행된 증권에 대한 유통거래(secondary trading)도 점점 규모가 커지고 있다.

●●●●●
요점정리

이 장에서는 기업이 증권을 발행할 때 거쳐야 할 다양한 절차를 요약했다. 먼저 신생기업이 어떻게 벤처 캐피탈을 조달해 첫 번째 주식 공모발행 시점까지 성장해 나가는지를 살펴보았다. 그다음으로 기업이 일반 공모를 통해 어떻게 추가적인 주식 발행을 하는지 살펴보았다. 마지막으로 사모의 절차도 검토해보았다.

개요를 다시 요약하는 일은 언제나 쉽지 않다. 대신 자금조달 방법에 대해 결정을 내려야 하는 재무관리자가 꼭 염두에 두어야 할 가장 중요한 몇 가지 사항을 상기해보기로 한다.

- **규모가 클수록 비용이 낮다.** 증권 발행에는 규모의 경제가 있다. 필요한 자금 $1억를 한 번에 조달하는 것이 이를 나누어 $5,000만씩 두 번 진행하는 것보다 비용이 적게 든다. 따라서 회사는 보통 증권 발행을 하나로 묶어서 실행한다. 이는 대규모 발행이 정당화될 때까지 단기 자금조달에 의존해야 한다는 의미로 해석될 수 있다. 아니면, 훗날 또다시 증권을 발행하는 일을 피하기 위해 현 시점에서 필요한 자금 규모 이상의 주식 발행을 추진해야 한다는 의미일 수도 있다.
- **저가발행에 유의하라.** 저가발행은 기존 주주들에게는 알려지지 않은 비용이다.
- **신규 공모에서는 승자의 저주가 심각한 문제일 수 있다.** 신규 공모에서 잠재 투자자들은 다른 사람들이 그 주식을 어떻게 평가할 것인지 잘 모르고 지나치게 높은 가격으로 너무 많은 주식을 배정받게 될까 봐 걱정한다. 발행 절차를 신중하게 설계한다면 승자의 저주를 줄일 수도 있다.
- **주식 발행은 주가를 떨어뜨릴 수도 있다.** 주가에 대한 압박 정도는 변한다. 그러나 미국의 일반기업의 경우에는 기존 주가의 하락이 조달되는 자금의 상당한 비율에 이른다. 이러한 가격 압박은 시장이 주식 발행 회사의 사정을 파악하는 정보 때문에 일어난다.
- **우량회사들의 채권 발행에서는 일괄등록제도가 적합하다.** 일괄등록제도는 새로운 발행을 준비하는 데 걸리는 시간을 줄여주고, 유연성을 증가시키고 인수비용을 낮출 수 있다. 이 제도는 투자은행을 바꾸려고 하는 대기업의 채권 발행에 가장 적합한 방식인 듯하다. 그러나 이 방식은 전례 없이 위험 부담이 크거나 복잡한 증권 발행, 혹은 투자은행과 가까운 관계를 유지함으로써 혜택을 얻을 수 있는 중소기업을 위한 증권 발행에는 그다지 적합하지 않다.

●●●●●
연습문제

1. 다음에 제시된 각각의 용어는 아래 제시된 사건과 관련되어 있다. 각 용어를 사건과 연결하라.
    a. 모집주선
    b. 수요 예측
    c. 일괄등록제도
    d. 규정 144A

    **사건**
    a. 투자자들은 신규발행에서 몇 주를 매입하고자 하는지 인수회사에 의사 표시를 한다. 이렇게 언급된 내용들은 주가를 결정하는 데 도움을 준다.
    b. 인수기관은 오로지 발행주식을 매각하기 위해 최선을 다한다는 책임만을 인정한다.
    c. 일부 발행은 등록되지 않으나 자격을 갖춘 기관 매입자 사이에서 자유롭게 거래가 된다.
    d. 같은 증권의 여러 군(tranche)은 같은 등록 아래에서 매각될 수 있다. ('트랑쉐'는 대규모 발

행의 일부분을 가리킨다.)

**2.** 다음의 각 용어가 지니고 있는 의미를 설명하라.
    a. 벤처 캐피탈
    b. 수요예측
    c. 인수 스프레드
    d. 유가증권 발행신고서
    e. 승자의 저주

**3.** 아래에 용어 관련 퀴즈가 더 있다. 다음을 간단히 설명하라.
    a. 제로(시초) 단계 대 첫 번째나 두 번째 단계의 자금조달
    b. 성과 보수
    c. 주주배정 유상증자(rights issue)
    d. 투자설명회(road show)
    e. 모집주선 발행(best-efforts offer)
    f. 자격을 갖춘 기관 매입자(qualified institutional buyer)
    g. 주(州)증권법(blue-sky laws)
    h. 초과배정옵션(greenshoe option)

**4.** 다음 문장은 참인가, 거짓인가?
    a. 벤처 캐피탈리스트들은 전형적으로 첫 번째 단계의 자금조달에서 개발에 필요한 모든 비용을 지원해준다. 두 번째 단계의 자금조달은 최초 공모에서 발행된 주식을 통해 이루어진다.
    b. IPO의 저가발행은 단지 기존 투자자가 지분 일부를 매각할 때 문제가 된다.
    c. 회사가 주식의 신규 발행을 시행할 것임을 발표할 때 일반적으로 주가는 떨어진다. 이에 대한 원인은 발행을 시행키로 한 결정에 의해 유출된 정보에서 찾을 수 있다.
    d. 주주배정 유상증자는 주주에게 시가보다 낮은 가격으로 신주를 살 수 있는 기회를 준다.

**5.** 최근 시행되었던 IPO에 대한 사업설명서를 구하라. 거기에 나타나 있는 발행 비용을 아래 보기와 각각 비교하라.
    a. 마빈의 발행 비용과 비교하라.
    b. 표 14.3에 나타나 있는 발행 비용과 비교하라. 차이가 나는 이유를 설명하라.

**6.** 영국에서는 신규 공모에 어떤 투자자도 주식 매입을 시도할 수 있다. 벤은 이런 주식들이 평균적으로 약 9% 정도 저가발행되고 있다는 사실을 파악하고, 몇 년 동안 발행되는 주식의 일정량을 계속해서 신청하는 전략을 취하고 있었다. 그런데 이러한 전략이 이익을 내지 못하자 벤은 실망하고 혼란스러워하고 있다. 그에게 왜 이 전략이 이익을 내지 못했는지를 설명하라.

**7.** 다음에 제시된 경우를 보여주는 간단한 예를 구성해보라.
    a. 기존의 주주들은 시가보다 낮은 가격으로 신주의 현금공모가 이루어지면 형편이 나빠진다.
    b. 기존의 주주들은 새로운 주주들이 그들의 권리를 이행하길 바라지 않는데도 회사가 시가보다 낮은 가격으로 신주에 대한 주주배정 유상증자를 실시하면 형편이 나빠지지 않는다.

8. 회사의 주식 발행에 드는 비용보다 채권 발행에 드는 비용이 더 낮은 이유는 무엇인가? 가능한 이유들을 나열해보라.

9. 보통주 발행이 주가 하락을 불러올 수도 있는 이유로 다음 세 가지를 들어보았다.
   a. 주가의 하락은 추가 공급을 소화해내기 위해 필요하기 때문이다.
   b. 신주발행은 그것이 완전히 소화될 때까지 일시적 가격 압박을 일으키기 때문이다.
   c. 경영진은 주주들이 알고 있지 못하는 정보를 보유하고 있기 때문이다.
   이러한 이유들에 대해 더 상세하게 설명하라. 이 이유들 중 어느 것이 가장 설득력이 있는가? 당신이 선택한 이유가 옳은지 검증할 수 있는 방법이 있는가?

10. 어소시에이티드 맥주회사(Associated Breweries)는 무알코올 맥주를 시장에 출시할 계획을 세우고 있다. 이 모험적 계획(venture)을 실행에 옮기는 데 필요한 자금을 마련하기 위해 보유 주식 2주당 신주 1주를 주당 $10에 매각하는 주주배정 유상증자를 제안한다(현재 이 기업의 기발행주식은 100,000주로 주당 $40에 가격이 형성되어 있다). 신규자금이 상당한 수익률을 올리기 위해 투자되었다고 가정하고 다음 수치를 말하라.
   a. 신주의 수
   b. 새로운 투자금액의 규모
   c. 발행 후 기업의 총가치
   d. 발행 후 총주식의 수
   e. 발행 후의 주가

11. 2012년 P기업은 이미 소유하고 있는 주식 4주당 신주 1주를 주당 €5에 매각하는 유상증자를 실시했다. 발행이 있기 전에 기발행주식 수는 1,000만 주에 달했고, 주당 가격은 €6였다.
   a. 새로 조달한 자금의 총액수는 얼마인가?
   b. 유상증자는 주주에게 시가보다 낮은 가격으로 신주를 살 수 있는 기회를 주었다. 신주 1주를 살 수 있는 권리의 가치는 얼마인가?
   c. 신주발행 이후 주가를 얼마로 예상하고 있는가?
   d. 주주들이 권리를 이행하지 않으려 하기 전에 회사의 총가치는 어느 정도까지 떨어질 수 있는가?

12. 위의 11번 문제는 P기업이 시행한 주주배정 유상증자에 대한 세부 사항들을 포함하고 있다. 이 기업이 주당 €4에 신주를 발행하기로 결정했다고 가정하자. 같은 금액의 자금을 조달하기 위해 몇 주의 주식을 매각했어야 하는가? 11번의 문제 (b)~(d)에 대한 답을 다시 계산하라. 회사가 주당 €5보다 낮은 €4에 주식을 발행하더라도 주주들의 형편은 더 나빠지지 않고 똑같은 상태를 유지할 것이라는 사실을 증명하라.

13. €4의 가격으로 신주에 대한 주주배정 유상증자를 시행하는 대신(11번 문제 참조), P기업은 €4로 일반 공모를 시행하기로 결정했다고 하자. 기존 주주들은 여전히 이전과 똑같이 좋은 상태를 유지할 수 있는가? 이에 대해 설명하라.

14. 당신은 공모와 사모 중 한 가지를 선택해야 한다. 각 경우 모두 액면가 $1,000만에 10년 만기 채권을 발행해야 한다. 각 경우에 대한 데이터는 다음과 같다.

- 공모: 채권에 대한 이자율은 8.5%이고, 채권은 액면가로 발행된다. 인수 스프레드는 1.5% 이고, 이외의 다른 비용은 $8만이다.
- 사모: 사모에 대한 이자율은 9%지만, 총발행 비용은 단지 $3만에 그칠 것이다.

a. 회사가 들인 비용에 비해 벌어들인 순이익의 정도를 비교하라.

b. 다른 조건들이 모두 같다면 어느 것이 더 좋은 거래인가?

c. 이자율과 발행 비용 이외에 두 종류의 발행 중 하나를 택하기 전에 고려하고자 하는 다른 요소들은 무엇인가?

# 배당정책

배당정책은 두 가지 문제를 해결한다. 첫째, 회사는 주주들에게 얼마나 많은 현금을 지불해야 하는가? 둘째, 현금은 현금배당을 통해 배분되어야 하는가, 아니면 자사주 매입을 통해 배분되어야 하는가? 이 문제들에 대해 역순으로 먼저 '어떻게' 배분하는지를 살펴보고 그런 뒤 '얼마나 많이' 지불해야 하는지를 살펴본다.

기업이 잉여현금이 있다고 가정해보자. 이 기업은 배당금을 지불해 현금을 분배해야 하는가, 아니면 자사주 매입을 통해 분배해야 하는가? 이상적이고 거래비용이 없는 세상이라면 배당금과 자사주 매입 사이의 선택 여부는 문제가 되지 않는다. 그러나 실제로 이 선택은 매우 중요하다.

첫째, 투자자는 정기 배당 지급을 해온 회사가 지속적으로 배당 지급을 할 것이고, 수익이 증가하면 배당금 지급 역시 꾸준히 증가할 것이라 기대한다. 배당금은 기업이 지속적이고 심각한 손실을 기록하지 않는 한 웬만하면 축소되지 않는다. 또한 경영자들도 지속될 수 있다고 확신하지 않는 한 배당금을 증가시키지 않는다. 따라서 배당금 증가 공시는 경영자들이 미래에 대해 확신한다는 것을 의미하므로 주주들에게 좋은 소식이다. 반면 자사주 매입은 좀 더 유연하게 사용할 수 있어 투자자에게 배당금만큼의 정보를 주지는 않는다.

둘째, 자사주 매입은 세제 혜택이 있다. 주주들이 팔 때, 자본소득 세율에 따라 세금을 납부해야 하는데 배당에 대한 세율보다 일반적으로 더 낮다.

자사주 매입은 지난 30년 동안 극적으로 증가했다. 미국에서 자사주 매입은 배당금 지급과 비슷하게 중요하다. 물론 현금배당도 여전히 지급되고 있다. 대규모의 성숙 기업은 배당금으로 엄청난 금액을 지급한다. 그러나 이런 기업들 대부분은 자사주도 또한 매입하고 있다. 많은 다른 기업들은 자사주 매입만 하기도 한다.

그다음 '얼마나 많이'에 대해 살펴본다. 재무관리자는 정말 잉여현금이 있는지 어떻게 판단할 수 있는가? 배당금 지급이나 자사주 매입을 결정하기 전에 재무관리자는 일련의 질문을 던진다. 첫째, 사업이 양의 NPV를 가진 모든 투자를 수행하고 나서도 양의 잉여 현금흐름을 만들어내고 있는가? 이러한 양의 잉여현금흐름이 지속될 것으로 보이는가? 둘째, 기업의 부채비율이 건전한가? 만약 부채비율이 너무 높다면, 부채를 상환하는 것이 보통 우선순위를 갖는다. 셋째, 기업의 현금 보유가 갑작스러운 차질에 충분히 대비할 수 있고, 예상하지 않았던 기회를 잡을 수 있을 만큼 충분히 여유로운가? 만약 이 세 가지 질문에 대한 대답이 모두 '그렇다'라면, 잉여현금이 맞다. 만약 기업이 잉여현금을 가지고 있다면, 현금을 주주에게 지급하는 게 최선이다. 기업이 잉여현금을 지불함으로써 주주들은 기업이 불확실한 투자에 현금을 낭비하거나 임직원 특전과 과도한 보상으로 현금을 허비하고 있지 않다는 것에 안심하게 된다.

이 장에서는 먼저 배당금이 어떻게 지급되고 자사주 매입이 어떻게 이루어지는지 살펴본다. 또한 배당금과 자사주 매입이 전달하는 **정보**에 대해 알아본다. 다시 말해 투자자들이 경영자의 배당 결정으로부터 어떤 정보를 얻고, 주가가 배당 공시에 어떻게 반응하는지 살펴보기로 한다. 그리고 나서 현금배당과 자사주 매입의 장점과 단점을 검토한다. 마지막으로 기업이 총배당, 즉 배당과 자사주 매입의 합을 어떻게 관리해야 하는지 논의한다.

## 15-1   배당에 대한 사실

기업은 배당을 지급하거나, 이미 발행된 주식 일부를 다시 사들임으로써 주주에게 현금을 지급할 수 있다. 자사주 매입은 1980년대 초기만 해도 거의 없었으나 그림 15.1은 미국에서 자사주 매입 총가치가 이제는 총배당금과 비슷한 정도로 증가했음을 보여준다.

그림 15.1에 나타나듯이 배당금은 자사주 매입보다 더 안정적이다. 2000년대 초와 2007-2009년 금융위기 시에 자사주 매입이 얼마나 줄어들었는지 주목하라. 배당금 역시 당시 위기 시에 줄었지만 자사주 매입보다는 감소 폭이 작았다.

현금이 풍부한 기업은 때로 대규모의 자사주 매입 프로그램을 시행하기도 한다. 그러나 그들은 종종 배당도 동시에 증가시킨다. 네 가지 사례를 들어보자.

- 시스코 시스템스(Cisco Systems): $250억 자사주 매입 프로그램과 14%의 배당금 증가
- 마스터카드(Mastercard): $40억 자사주 매입 프로그램과 주당 $0.88에서 $1.00로의 연간 배당 증가
- 보잉(Boeing): $180억 자사주 매입 프로그램과 주당 $1.71로 20%의 배당금 증가
- 제약회사 애브비(AbbVie): $100억 자사주 매입 프로그램과 주당 $0.71에서 $0.96로 배당금 증가

배당금을 지급한 공개 산업체의 비율은 1980년 57%였다. 그러나 1980년대와 1990년대를 거치며 그 비율은 꾸준히 줄어들어 20세기 말에는 16%로 감소했다가 2017년에는 약 42%로 다시 증가했다. 1980년에 자사주 매입은 극히 미미했으나 2017년에 이르러서는 전체 산업체의 약 48%가 자사주를 매입했다. 배당금을 지급한 은행 비율은 산업체보다 훨씬 더 높았으나, 자사주를 매입한 은행 비율은 비슷한 수준에 머물러 있다.[1]

다음은 2011년부터 2017년까지 비금융기업의 배당 현황을 보여주는 표이다.

| | | 배당금 지급 여부 | |
|---|---|---|---|
| | | 지급 | 미지급 |
| 자사주 매입 여부 | 매입 | 23.4% | 20.6% |
| | 비매입 | 13.9% | 42.1% |

출처: Compustat.

평균적으로 매년 23.4%의 기업들이 배당을 지급했고 자사주 또한 매입했다. 배당을 지급했으나 자사주를 매입하지 않은 비율은 13.9%였다. 자사주를 매입했으나 배당은 지급하지 않은

---

[1] E. Floyd, N. Li, and D. J. Skinner, "Payout Policy through the Financial Crisis: The Growth of Repurchases and the Resilience of Dividends," *Journal of Financial Economics* 118(November 2015), pp. 299-316, Table 1. 유럽에서 배당 지급 기업의 감소는 특히 독일에서 급격하게 진행되었다. D. J. Denis and I. Osobov, "Why Do Firms Pay Dividends? International Evidence on the Determinants of Dividend Policy," *Journal of Financial Economics* 89(July 2008), pp. 62-82 참조.

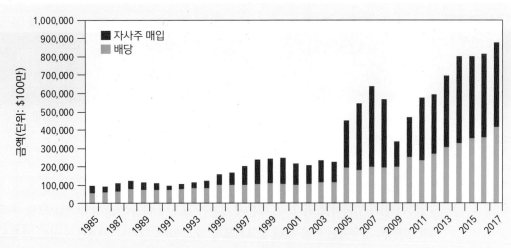

▶ **그림 15.1**  1985~2017년 미국 비금융기업들의 배당 및 자사주 매입(단위: $100만)
출처: Standard & Poor's Compustat.

비율은 20.6%였다. 그러나 전체 기업의 42.1%는 배당을 지급하지도, 자사주를 매입하지도 않았다.

어떤 기업이 배당을 지급하지 않는가? 일부 기업은 과거 배당을 지급했으나 그 이후 힘든 시간을 거치며 배당을 지급하지 않게 되었다. 그러나 배당을 지급하지 않는 기업 대부분은 아직 배당을 한 번도 지급한 적이 없고, 향후에도 당분간은 배당을 지급하지 않을 성장 기업들이다. 이렇게 배당금을 전혀 지급하지 않는 기업 중에는 버크셔 해서웨이(Berkshire Hathaway), 알파벳(구글), 아마존 같은 누구나 아는 회사들도 포함되어 있다.

## 기업은 어떻게 배당을 지급하는가?

2017년 12월 18일, 화이자(Pfizer) 이사회는 분기 현금배당으로 주당 $0.34를 지급하기로 발표했다. 누가 이 배당금을 받았는가? 이 질문은 아주 단순하게 들리지만, 주식은 끊임없이 거래되고 있기 때문에 누가 주식을 보유하는지에 대한 기록은 계속해서 수정되어야 한다. 그렇기 때문에 기업은 특정일을 기준으로 배당금을 받을 자격이 있는 주주 명부를 명시한다. 예를 들면 화이자의 경우 2018년 2월 2일(기준일, record date) 주주 명부에 기록된 모든 주주들에게 3월 1일(지급일) 배당 수표를 보낼 것이라고 발표했다.

기준일 하루 전, 화이자 주식은 배당락(ex-dividend) 가격으로 거래되기 시작했다. 기준일 또는 이후에 주식을 산 투자자들은 기준일까지 주주 명부에 기록되지 않으며 배당을 받을 자격이 없다. [참고: 미국에서는 배당이 먼저 확정되고 이에 따라 배당락이 이루어진다. 한국에서는 미국과는 달리 주주총회에서 배당이 확정되는 것이 원칙이다. 주주총회에 참여할 주주권의 확정을 위해 결산일을 기준으로 주주 명부가 폐쇄되기 때문에 이 날짜가 배당 기준일이 되며, 따라서 배당락은 결산일(기준일) 이전에 일어난다. 즉 주주총회에서 배당이 확정되기 전에

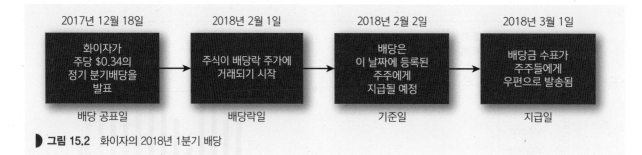

| 2017년 12월 18일 | 2018년 2월 1일 | 2018년 2월 2일 | 2018년 3월 1일 |
|---|---|---|---|
| 화이자가 주당 $0.34의 정기 분기배당을 발표 | 주식이 배당락 주가에 거래되기 시작 | 배당은 이 날짜에 등록된 주주에게 지급될 예정 | 배당금 수표가 주주들에게 우편으로 발송됨 |
| 배당 공표일 | 배당락일 | 기준일 | 지급일 |

▶ **그림 15.2** 화이자의 2018년 1분기 배당

배당락이 먼저 일어나게 된다. 이 때문에 투자자 보호에 허점이 생길 수 있으므로 주식배당(뒤에서 설명)의 경우에는 이를 미리 공표하도록 하고 있다. 그러나 2008년의 상법 개정으로 한국에서도 정관에 정함이 있는 경우 이사회에서 배당을 결정할 수 있게 되었다. 이에 따라 배당제도에 따른 혼란이 해소되고 기업의 배당 관행에도 많은 변화가 올 것으로 예상된다.]

다른 모든 조건이 같다면 배당금을 받을 기회가 없을 때 해당 주식의 가치는 그렇지 않은 경우보다 더 낮아질 것이다. 그래서 주식이 '배당락이 되면(goes ex-dividend)', 해당 주식의 가격은 배당금 금액만큼 떨어진다. 그림 15.2는 일련의 주요 배당 일정을 예시로 보여준다. 이 순서는 기업이 배당을 지급할 때마다 동일하게 이루어진다(물론 실제 날짜는 예시와는 다름).

기업들이 마음대로 배당 수준을 결정하는 것은 아니다. 브라질이나 칠레와 같은 일부 국가에서는 법에 따라 이익의 **최소**(minimum) 비율 이상을 의무적으로 배당해야 한다. 반대로, 과도한 배당으로 자신들이 빌려준 대출금 상환에 어려움이 있지 않을까 염려한 채권자들은 배당제한 조항을 부과하기도 한다. 미국에서는 주 법률이 과도한 배당 지급을 못하게 함으로써 채권자를 보호하려 한다. 예를 들어 기업은 보통 발행주식의 액면가로 정의되는 법정 자본금(legal capital)을 배당으로 지급할 수 없다.[2]

대부분의 미국 기업은 분기마다 **정기 현금배당**(regular cash dividend)을 지급하지만, 가끔은 일회적인 **추가 배당**(extra dividend) 혹은 **특별 배당**(special dividend)을 지급하기도 한다. 많은 기업은 주주에게 배당자동재투자계획(automatic dividend reinvestment plans, DRIPs) 가입을 권유한다. 신주는 보통 시장 가격에서 5% 할인된 가격에 발행된다. 때로는 배당금 총액의 10% 이상이 이러한 기금에 재투자되기도 한다.[3]

배당이 항상 현금 형태로만 지급되는 것은 아니다. 기업들은 **주식배당**(stock dividends) 또한 실시한다. 예를 들어 기업이 5%의 주식배당을 하면, 주주 각자에게 현재 소유한 100주당 5주를 추가로 교부한다. 주식배당은 주식분할(stock split)과 본질적으로 같다. 두 가지 방법 모두

---

[2] 액면가가 없는 경우에는 주식 발행으로 받은 금액 전부 또는 일부가 법정 자본금으로 정의된다. 광산회사처럼 소멸성 자산을 가진 기업들은 법정 자본금을 배당으로 지급하는 것이 허용되기도 한다.

[3] 때로 기업들은 주주들이 배당금을 재투자하도록 할 뿐만 아니라, 할인된 가격에 주식을 추가로 살 수 있도록 허용한다. 가난뱅이에서 부자로 재탄생하는 재미있는 실제 사례를 위해 다음 논문을 참조하라 — M. S. Scholes and M. A. Wolfson, "Decentralized Investment Banking: The Case of Discount Dividend-Reinvestment and Stock-Purchase Plans," *Journal of Financial Economics* 23(September 1989), pp. 7–35.

주식 수를 증가시키지만, 기업의 자산이나 이익, 또는 기업가치에 영향을 미치지는 않는다. 따라서 두 경우 모두 **주당**(per share) 가치는 감소한다.[4] 이 장에서는 **현금**(cash)배당에 초점을 맞춘다.

### 기업은 어떻게 자사주 매입을 하는가?

기업은 주주에게 배당을 지급하는 대신 자사주를 매입하는 데 현금을 사용할 수도 있다. 이렇게 재취득한 주식은 회사가 보유하며, 현금이 필요할 때는 다시 매각할 수 있다. 주식을 재매입하는 네 가지 방법은 다음과 같다. 가장 보편적인 방법은 다른 일반 투자자와 마찬가지로 기업이 공개시장에서 자사주를 사들일 계획이라고 발표하는 것이다.[5] 그러나 때때로 기업들은 주식공개매수(tender offer)를 이용해 통상 시장가격보다 20% 이상 높게 정해진 가격으로 일정 수량의 자사주를 매입하겠다고 제안하기도 한다. 주주들은 이러한 제안에 응할지를 결정하게 된다. 세 번째 방법은 **네덜란드식 경매**(Dutch auction)를 이용하는 방식이다. 이 경우 기업은 자사주 매입이 가능한 일련의 가격대를 제시한다. 주주들이 각 가격대에 팔고자 하는 수량을 적어 제출하면, 회사는 희망 수량의 주식을 살 수 있는 최저 가격을 산출한다. 마지막으로, 주요 주주와 직접 협상해 자사주를 매입할 수도 있다.

과거에는 많은 나라에서 자사주 매입을 금지하거나 심하게 규제했다. 그 결과 대규모의 현금을 축적한 기업들은 이를 현금이 부족한 기업에게 재투자할지도 모르는 주주에게 돌려주기보다 낮은 수익률에라도 현금을 투자하고 싶어 했다. 그러나 대부분의 제한조항들이 이제는 없어져 많은 다국적 기업들은 이제 엄청난 규모의 자사주를 매입한다. 예를 들면 로열 더치 쉘, 지멘스(Siemens), 토요타, 노바티스(Novartis) 같은 회사들은 자사주를 매입하는 데 대규모 금액을 쓰고 있다.

## 15-2 배당과 자사주 매입에 담긴 정보

2004년 기업 고위임원들을 대상으로 기업의 배당정책에 대한 설문조사가 실시되었다. 그림 15.3은 그들의 답변을 보여주며, 세 가지 특징이 나타난다.

1. 경영자들은 추후 지켜지지 못할 수도 있는 배당 변화를 꺼린다. 그들은 특히 배당금 인상을 할 수 없는 상황을 걱정하며, 필요하다면 신주를 발행하거나 대출을 받아서라도 배당금 수준을 유지하려 한다.
2. 경영자들은 배당을 '평준화(smooth)'한다. 배당 변화는 장기적으로, 그리고 이익 규모가

---

[4] 주식배당과 주식분할의 구분은 기술적인 것이다. 주식배당은 장부에서 유보이익이 자본금 계정으로 이체되는 것으로 표시되고, 주식분할은 주당 액면가의 감액으로 표시된다.

[5] 미국증권거래위원회(SEC) 규정 10b-18은 재매입하는 기업을 주가 조작 혐의로 기소하지 않도록 보호하고 있다. 그러나 공개시장 재매입에는 몇 가지 제한이 있다. 예를 들어 재매입은 일일 거래량의 작은 일정 비율을 초과할 수 없다.

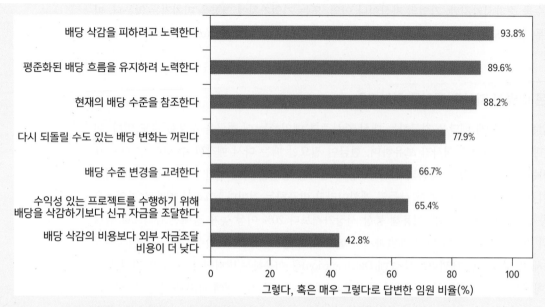

**그림 15.3**  2004년 재무담당 임원 대상의 배당정책 설문조사

출처: A. Brav, J. R. Graham, C. R. Harvey, and R. Michaely, "Payout Policy in the 21st Century," *Journal of Financial Economics* 77 (September 2005), pp. 483-527.

지속 가능한 수준에서 이루어진다. 일시적인 이익 변동은 배당 지급에 별다른 영향을 미치지 않는다.

3. 경영자들은 배당금의 절대적인 크기보다는 배당 **변화**에 더 많은 관심을 둔다. 따라서 작년 배당금이 $1.5였다가 올해 $2를 지급하는 것은 중요한 재무적 의사결정이지만, 작년에도 $2를 지급했다면 특별한 일이 아니다.

이들의 답변으로부터 배당 증가가 왜 투자자에게 좋은 소식인지 알 수 있다. 경영자는 배당을 줄이는 것을 꺼리며, 또한 배당금이 유지될 수 있음을 확신하지 않는 상황에서 경영자가 배당금을 늘리지 않으려 한다는 것을 투자자들 역시 잘 알고 있다. 따라서 배당금이 증가한다는 공시는 미래 수익에 대한 경영자의 확신을 알려주는 것이다. 바로 이 때문에 투자자와 재무관리자는 **배당에 담긴 정보**(information content of dividends)를 참고하는 것이다.

배당에 담긴 정보란 배당 증가를 통해 미래 수익성을 예측할 수 있다는 것이다. 이에 대한 근거가 명확하지는 않다. 그러나 힐리와 팔레푸(Healy and Palepu)는 배당을 처음으로 지급한 회사들이 평균적으로 배당이 지급된 해에 이익이 43% 급등했음을 발견했다. 만약 경영자들이 일시적인 이익이라고 생각했다면 현금배당을 실시하는 데 신중했을 것이다. 그러나 이 경영자들은 미래 전망에 대해 확신할 만한 충분한 근거가 있었던 걸로 보인다. 왜냐하면 이익이 그다음 해에도 지속적으로 상승했기 때문이다.[6]

---

[6]  P. Healy and K. Palepu, "Earnings Information Conveyed by Dividend Initiations and Omissions," *Journal of Financial Economics* 21(1988), pp. 149-175. 배당 변화에 어떤 정보도 없음을 주장한 연구로 다음 논문을 참조

반면, 이미 정기적으로 배당을 지급하는 기업들의 배당 증가는 미래 이익을 예견하는 것 같지는 않다. 대신 이때의 배당 증가는 더 **안전한**(safer) 이익을 예견한다. 미래 이익 및 현금흐름의 변동성과 불확실성이 평소보다 낮다고 예상할 때 경영자들은 배당을 증가시키려 할 것이다. 만약 비정상적 위험이 목전에 있다고 생각하면, 경영자들은 배당금을 증가시키려 하지 않고 오히려 배당금을 줄이려 할 것이다.[7]

투자자들은 확실히 배당이 증가하면 안도하는 것 같다. 배당 증가가 주가 상승을 촉발하고, 배당 감소가 주가 하락을 불러온다는 것은 그리 놀랍지 않다. 예를 들어 힐리와 팔레푸가 연구한 배당 개시 사례에서는 배당 공시가 평균적으로 4%의 주가 상승으로 이어졌다.[8]

투자자들은 배당의 **수준**(level)에 대해서는 크게 놀라지 않지만, 배당 **변화**(change)는 이익의 지속 가능성에 대한 중요 지표로 생각하고 더 신경을 쓴다는 점에 주목하라.

## 자사주 매입에 담긴 정보

자사주 매입 공시는 이후에도 계속해서 자사주를 매입하겠다는 뜻이 아니다. 따라서 자사주 매입 공시에 담긴 정보가 배당 증가 공시에 담긴 정보만큼 강하게 긍정적인 것은 아니다. 그럼에도 불구하고 코멘트와 자렐(Comment and Jarrell)은 공개시장에서 자사주 매입 계획의 공시를 살펴보았는데, 자사주 매입 공시는 평균적으로 2%의 비정상적 가격 상승을 가져왔다는 것을 발견했다.[9]

투자자들이 경영자가 자신에 대한 특전이나 수익성 없는 제국 건설에 돈을 허비할지 몰라 걱정한다면, 투자자들은 자사주 매입을 환영할 것이다. 자사주 매입 또한 미래에 대한 경영자의 확신을 전달하는 신호로 사용될 수 있다. 경영자로서 당신은 자사 주식이 상당히 저평가되었다고 믿고 있다고 가정해보자. 당신은 현재 주가보다 20% 높은 가격에 발행주식의 1/5을 재매입할 준비가 되어 있다고 발표하면서, 이 가격에는 자신이 보유한 주식은 절대로 팔지 않을 것이라고 말한다. 투자자들은 분명히 경영자가 믿는 주가가 현재 시가보다 20% 높은 가격, 그 이상이라고 결론을 내릴 것이다.

기업이 현재 가격보다 높은 가격으로 주식을 재매입하겠다고 발표한 경우, 고위 경영진과 이사들은 통상적으로 자기 주식을 계속 보유할 것을 약속한다.[10] 그러므로 시가보다 높은 가격

---

하라 — G. Grullon, R. Michaely, and B. Swaminathan, "Are Dividend Changes a Sign of Firm Maturity?" *Journal of Business* 75(July 2002), pp. 387-424.

[7] R. Michaely, S. Rossi and M. Weber, "The Information Content of Dividends: Safer Profits, Not Higher Profits," Chicago Booth Research Paper 17-30, January 2018.

[8] 평균수익률 4%는 시장수익률로 조정한 것이다. 힐리와 팔레푸는 배당 지급을 중단한 기업에 대해서도 연구했다. 이 경우에는 발표 시점의 주가 하락률이 평균 9.5%였고, 다음 4분기에 걸쳐 이익이 줄어들었다.

[9] R. Comment and G. Jarrell, "The Relative Signalling Power of Dutch-Auction and Fixed Price Self-Tender Offers and Open-Market Share Repurchase," *Journal of Finance* 46(September 1991), pp. 1243-1271. 다음 논문은 자사주 매입 공시 이후에도 우월한 성과가 지속적으로 나타난다는 증거를 발견했다 — D. Ikenberry, J. Lakonishok, and T. Vermaelen, "Market Underreaction to Open Market Repurchases," *Journal of Financial Economics* 39(October 1995), pp. 181-208.

[10] 평균적으로, 경영자들은 보유 주식을 유지할 뿐만 아니라, 자사주 매입 발표 이전에 보유 주식 수를 증가시

으로 주식을 재매입한다는 공시가 큰 폭의 주가 상승, 평균적으로 약 11%의 상승을 가져온다는 연구 결과들이 그리 놀라운 것은 아니다.[11]

## 15-3 배당과 자사주 매입 사이의 논란

배당과 자사주 매입 공시는 경영진의 확신과 관련한 정보를 전달할 수 있고, 그래서 주가에도 영향을 미친다. 그러나 다른 채널을 통해 정보가 새나가면서 주가 변동은 결국 어떻게든 일어날 것이다. 배당정책이 장기적으로 가치를 변동시키는가?

당신이 수익성 높은 성공한 공개기업의 CFO라고 가정해보자. 점점 시간이 흘러 업력이 높아지고 성장성은 둔화되고 있다. 그리고 당신은 주주들에게 잉여현금흐름을 배분할 계획이다. 이때 배당금을 줄 것인지, 자사주 매입을 할 것인지가 중요할까? 이 선택이 근본적으로 기업의 시장가치에 영향을 미칠까?

경제학의 매력적인 특징 중 하나는 서로 상반되는 견해를 두 가지뿐만 아니라 세 가지도 상정할 수 있다는 것이다. 배당과 자사주 매입 사이의 선택에 있어서도 마찬가지다. 오른쪽에는 보수적인 이들이 있는데 이들은 투자자가 안정적인 고배당 기업을 선호한다고 주장한다. 왼쪽에 있는 그룹은 배당이 자본이익보다 더 높은 세율을 부담해야 하므로 자사주 매입이 더 낫다고 주장한다. 그리고 정가운데에는 중도파가 있는데 이들은 배당과 자사주 매입 사이의 선택은 가치에 어떤 영향도 미치지 않는다고 주장한다.

### 완전 자본시장에서 배당정책은 아무 관련이 없다

중도파는 1961년 밀러와 모딜리아니(Miller and Modigliani, 보통 'MM'이라고 부름)를 시작으로 결성되었는데, MM은 세금이나 거래비용, 다른 시장 불완전성이 없는 세계에서 배당정책은 가치와 관련이 없음을 증명하는 논문을 발표했다.[12]

MM은 기업의 자산, 투자, 차입 정책이 고정된 이후 배당정책을 고려해야 한다고 주장했다. 이들이 고정되지 않은 경우를 가정해보자. 예를 들어 기업이 자본적 투자를 줄이는 대신 모인 현금을 배당금으로 지불한다고 가정해보자. 이 경우 배당이 주주 가치에 미치는 영향은 삭감된 투자 수익성과 얽혀 나타날 것이다. 아니면 기업이 보다 공격적으로 대출을 받아 이 부채로

킨다. 다음 논문을 참조하라 — D. S. Lee, W. Mikkelson, and M. M. Partch, "Managers' Trading around Stock Repurchases," *Journal of Finance* 47(December 1992), pp. 1947-1961.

[11] 앞서 언급한 코멘트와 자렐의 논문을 참조하라.

[12] M. H. Miller and F. Modigliani, "Dividend Policy, Growth and the Valuation of Shares," *Journal of Business* 34(October 1961), pp. 411-433. MM의 주장은 1938년 다음 책에서 예견되었다. J. B. Williams, *The Theory of Investment Value*(Cambridge, MA: Harvard University Press, 1938). 또한 MM과 비슷한 증명이 다음 논문에서 제시되었다 — J. Lintner, "Dividends, Earnings, Leverage, Stock Prices and the Supply of the Capital to Corporations," *Review of Economics and Statistics* 44(August 1962), pp. 243-269. MM은 배당이 정보를 전달할 수도 있다는 것을 알았으나, MM의 증명은 가치에 대한 정보가 아니라 가치 그 자체에 집중되어 있었다. 이 사례에서는 배당에 담긴 정보는 고려하지 않는다.

배당을 지급하는 경우를 가정해보자. 이 경우 배당의 영향은 추가적인 대출의 영향에서 분리할 수 없다.

만약 투자 정책이나 자본 구조에 대한 변화 없이 배당을 증가시키려 한다면 무엇이 발생할지 생각해보라. 어디에선가 추가로 배당을 위한 현금이 나와야 한다. 회사의 차입 규모가 정해져 있다면, 추가 배당금에 소요될 자금을 조달할 수 있는 유일한 방법은 주식을 조금 더 발행하는 것이다. 또 다른 대안은 배당을 증가시키고 신주를 발행하는 대신, 기업은 더 낮은 배당을 지급할 수 있다. 투자 정책과 차입이 정해져 있다면, 이로 인해 누적된 현금은 기업의 기존 주식을 매입하는 데 사용될 수 있다. 따라서 배당 지급 변화는 주식 발행이나 매입으로 상쇄되어야 한다.

MM이 논문을 작성하던 1961년에는 자사주 매입이 드물었다. 그러나 우리는 MM의 논리를 배당과 자사주 매입 사이의 선택에 쉽게 적용할 수 있다. MM의 무관련성을 보여주기 위해 간단한 사례 하나면 충분하다. 그리고 기업이 배당을 증가시키고 신주발행으로 배당 증가액을 조달해도 기업의 가치는 여전히 변하지 않는다는 것을 살펴본다.

### 배당이냐, 자사주 매입이냐에 대한 사례

현재 래셔널 데미컨덕터(Rational Demiconductor)는 주식 100만 주와 다음과 같은 재무상태표를 가지고 있다.

**래셔널 데미컨덕터 재무상태표(시장가치, 단위: $100만)**

| | | | |
|---|---|---|---|
| 잉여현금 | $1.0 | $0 | 부채 |
| 고정자산과 순운전자본 | 10.0 | 11.0 | 자기자본 시가총액<br>(주당 $11, 주식 100만 주) |
| | $10.0 | $11.0 | |

단순하게, 부채는 없다고 가정한다. 고정자산은 모두 지급 완료되었고 운전자본은 영업을 할 수 있을 만큼 충분한 현금을 가지고 있다. 따라서 재무상태표 좌상단에 기입된 $100만의 현금은 잉여현금이다.

래셔널의 시가총액은 $1,100만이고 100만 주 주식의 가치는 주당 $11이다. 만약 잉여현금을 지급한다면 시가총액은 $1,000만로 떨어질 것이다.

**래셔널 데미컨덕터 재무상태표(배당 지급 이후 시장가치, 단위: $100만)**

| | | | |
|---|---|---|---|
| 잉여현금 | $0 | $0 | 부채 |
| 고정자산과 순운전자본 | 10.0 | 10.0 | 자기자본 시가총액 |
| | $10.0 | $10.0 | |

그러나 잉여현금으로 배당을 지급했는지, 자사주를 매입했는지에 따라 **주당** 가격이 달라진다. 만약 주당 $1의 배당이 지급된다면, 주식 수는 100만 주이고 주가는 $10이다. 주주의 부는 현금배당을 포함해 주당 $10+1=$11가 된다.

만약 래셔널이 현금배당을 하지 않고, 대신 자사주 매입을 했다고 가정해보자. 각각 $11에 90,909주의 주식을 매입하기 위해 $100만를 지출한다. 즉 주식은 909,091주가 남아 있게 된다. 주주의 부는 주당 $11가 된다. 만약 주주가 이를 매각하면, 현금으로 주당 $11를 받게 된다. 만약 주주가 매각을 원치 않으면, 주주는 주당 $11의 가치를 가진 주식을 보유하게 된다.

따라서 주주의 부는 배당을 하든 자사주 매입을 하든 상관없이 동일하다. 만약 래셔널이 현금배당을 실시하면 부는 배당을 포함해 $10+1=$11가 된다. 만약 래셔널이 자사주 매입을 실시하면, 배당금은 없고 각 주는 $11의 가치를 갖게 된다.

당신은 자사주 매입이 주가를 상승시킨다는 주장을 들어보았을 것이다. 이 사례에서 보듯이 반드시 그런 것만은 아니다. 자사주 매입이 주가를 증가시키지는 않는다. 그러나 자사주 매입에 필요한 금액이 현금배당으로 사용되었을 때 배당락으로 나타나는 주가 하락을 피할 수 있다. 자사주 매입이 더 높은 주가를 보장하는 것은 아니며, 다만 자사주 매입 대신 배당금을 지급했을 때보다 더 높은 주가를 보장할 뿐이다. 자사주 매입은 또한 주식 수를 줄이기 때문에 만약 같은 금액이 배당으로 배분되는 경우보다 주당 미래 이익이 더 높아진다.

만약 MM과 중도파가 옳고, 배당정책이 가치에 영향을 주지 않는다면, 배당이냐, 자사주 매입이냐 사이의 선택은 단지 전술의 문제이다. 가치 있는 투자기회가 있을 때, 유연하게 지급을 줄이기를 원하는 기업이라면 자사주 매입을 선택할 것이다. 무심하게 지출하는 유혹을 막고 바짝 다잡으며 기업을 운영한다는 것을 주주에게 확신시키고자 하는 기업이라면 잉여현금흐름으로 배당 지급을 결정할 수도 있다.

## 자사주 매입과 주가 DCF 모델

이 사례는 현금배당과 자사주 매입 사이의 일회성 선택을 살펴보았다. 그러나 실제적으로 오늘 배당을 지급한 기업은 이후에도 배당을 평준화하고 이익이 증가함에 따라 배당을 증가시켜 지급하겠다는 암묵적 약속을 하는 것이다. 자사주 매입은 배당과 같은 방식으로 평준화하지 않는다. 예를 들어 2014년 유가가 폭락했을 때, 쉐브론(Chevron)은 2015년 자사주 매입 계획을 폐기할 것이라고 발표했다. 쉐브론은 자사주 매입을 필요시 에너지를 저장하거나 보급할 수 있는 '플라이휠(flywheel)'에 비유했다. 자사주 매입 계획을 폐기하는 동시에 쉐브론은 현재 배당 수준을 유지하는 것이 '최우선 순위'임을 강조했다.

자사주 매입 계획은 주식의 수를 줄이고 주당 이익과 배당을 늘린다. 따라서 제5장에서 적용했던 배당할인모형에 자사주 매입이 무슨 의미인지 잠시 생각해보아야 한다. 이 모형에서 주가는 **주당**(per share) 미래 배당의 현재가치와 같다. 만약 주식 수가 변한다면, 이 모형을 어떻게 적용해야 하는가?

자사주 매입이 중요할 때 보통주 가치평가에는 두 가지 접근 방법이 있다.

1. 주주에게 지급되는 잉여현금흐름을 예측하고 할인해 시가총액(**모든** 주식의 총가치)을 계산하라. 그리고 시가총액을 현재 주식 수로 나누어 주당 가격을 계산하라. 이 방법을 사용할 때, 잉여현금흐름이 배당과 자사주 매입 사이에 어떻게 배분되는지 고민할 필요가 없다.

2. 주당 배당의 현재가치를 계산하라. 이때 자사주 매입으로 주식 수가 줄어들면서 발생한 주당 배당의 성장률 증가를 함께 고려해야 한다.

첫 번째 가치평가 방법은 주주에게 지급 가능한 총잉여현금흐름에 집중했기 때문에 미래 자사주 매입이 불규칙하거나 예측이 어려운 경우 더 쉽고 안전하게 사용할 수 있다.

계속해서 래셔널 데미컨덕터 사례로 살펴보자. 래셔널이 주당 $1의 현금배당을 지불하고 배당락 시가총액은 $1,000만로 줄어들었다고 가정해보자. 래셔널의 자기자본 가치가 어디에서 오는지 살펴보자. 래셔널의 영업은 매년 비슷한 수준의 영속적인 이익 및 잉여현금흐름(FCF) $100만를 만들어낼 것으로 기대된다(성장이나 하락이 예상되지 않음). 자본 비용은 $r=0.1$ 또는 10%이다. 따라서 래셔널의 현재 모든 주식의 시가총액은 PV=FCF/$r$=1/0.1=$1,000만이다.

### 래셔널 데미컨덕터 재무상태표(0년도의 배당락 시장가치, 단위: $100만)

| | | | |
|---|---|---|---|
| 잉여현금 | $0 | $0 | 부채 |
| 1년도부터 매년 잉여현금흐름 $100만의 현재가치 | 10.0 | 10.0 | 자기자본 시가총액(주당 $10, 100만 주) |
| | $10.0 | $10.0 | |

주당 가격은 현재 주식 수로 시가총액을 나눈 값과 같다. 즉 $1,000만를 100만 주로 나누면 주당 $10가 된다. 이것이 첫 번째 가치평가 방법이다.

두 번째 가치평가는 미래 배당정책에 대한 가정을 필요로 한다. 래셔널이 단지 배당만 지급하고 자사주 매입을 하지 않으면 간단할 것이다. 이 경우 미래 예상 배당 흐름은 주당 $1로 비슷하게 영속적으로 이루어진다. 따라서 성장률 $g=0$을 사용해 영구성장 DCF 모형을 이용할 수 있다. 주가는 다음과 같다.

$$PV = \frac{DIV}{r-g} = \frac{1}{.10-0} = \$10$$

그러나 래셔널이 앞으로 이익 50%는 배당으로, 그리고 나머지 50%는 자사주 매입으로 지급하겠다고 발표했음을 가정해보자. (이때 주식을 회사에 파는 주주도 배당을 받는 것으로 가정한다.) 따라서 다음 해 배당은 단지 $0.5가 될 것이다. 한편 래셔널은 $50만(이익의 50%)로 자사주를 사들일 것이다. 주당 $10.5의 배당락 가격으로 47,619주를 매입할 것이다. 그리고 주식 수는 1,000,000−47,619=952,381주로 줄어들 것이다.[13] 두 번째 해(year 2)의 주당(per share) **기대** 순이익은 $100만/952,381=$1.05/주로 증가할 것이다. 따라서 첫 번째 해의 $0.5 배당 감소는 미래 주당 순이익이 $1에서 두 번째 해 $1.05로 5% 증가하면서 상쇄된다. 만약 이 사례에

---

[13] 다음 해의 배당락 가격이 주당 $10.5여야 자사주 매입이 이루어질 수 있다. 주주들은 $10.5보다 낮은 가격에 주식을 팔지 않을 것이다. 왜냐하면 그런 경우 $50만로 47,619주 이상의 주식을 매입할 수 있기 때문이다. 이렇게 되면 952,381주보다 적은 주식이 남게 되며 자사주 매입이 완료되면 주가는 $10.5 이상이 될 것이다. 한편, 회사가 $10.5 이상의 가격을 제시하면 47,619주보다 적은 수를 매입할 수 있으며, 이 경우 매각하는 주주에게 공짜 선물을 주는 격이므로 $10.5 이상의 가격을 제시해서도 안 된다.

서 세 번째 해와 그 이후까지 계속 생각해본다면, 이익의 50%를 자사주 매입에 사용함으로써 주당 순이익과 배당 증가율이 매년 계속해 5% 성장한다는 것을 알 수 있을 것이다.

따라서 DCF 모형을 사용하면, MM이 예측한 것처럼 오늘날 래셔널의 주가와 정확하게 일치하게 된다. 자사주 매입 계획은 다음 해의 배당을 $1에서 $0.5로 줄이지만, 주당 순이익과 주당 배당은 5% 증가하게 된다.

$$PV = \frac{DIV_1}{r - g} = \frac{.50}{.10 - .05} = \$10$$

따라서 우리는 두 가지 방법으로 래셔널의 주가를 측정했다. 첫 번째의 간단한 방법은 전체 잉여현금흐름에 기초해 시가총액을 계산한 다음 현재 발행(outstanding) 주식 수로 나누는 것이다. 두 번째 조금 더 까다로운 방법은 자사주 매입으로 발생한 주당 배당 증가를 고려한 후, 주당 배당을 예측하고 할인하는 방법이다. 자사주 매입이 중요할 때는 첫 번째 방법을 사용하길 권한다. 이 사례에서는 잘 맞아떨어지지만, 자사주 매입이 불규칙하고 예측하기 어려울 때 두 번째 방법은 정확하게 사용하기 쉽지 않다는 것을 명심하라.

이 사례는 몇 가지 요점을 설명해준다. 첫째, 세금 효과나 다른 거래비용이 없다면, 오늘 시가총액과 주가는 미래의 배당과 자사주 매입이 어떻게 나누어지느냐와는 무관하다. 둘째, 배당을 자사주 매입으로 변경할 때 **현재의**(current) 배당은 줄어들지만, 이 부분은 미래 주당 순이익과 주당 배당이 증가해 상쇄된다. 셋째, 주당 현금흐름의 가치를 측정할 때, 주당 배당 예측치와 자사주 매입으로 받는 현금을 모두 포함하는 것은 중복 계산이 된다. 만약 주식을 되판다면, 이후에는 배당을 받을 수 없다.

## 배당과 신주발행

지금까지 현금배당과 자사주 매입 사이의 선택과 같은 배당정책을 살펴보았다. 배당과 자사주 매입의 총지급액을 동일하게 할 때, 더 적은 배당은 더 많은 자사주 매입을 의미한다. 그러나 앞서 살펴본 바와 같이 MM은 자사주 매입이 거의 이루어지지 않던 시대에 배당 무관련성 이론을 추론했다. MM이 가졌던 의문은 기업이 현금배당을 **더 많이** 지급함으로써 가치를 증가시킬 수 있느냐였다. MM은 투자와 부채조달 정책은 고정한 상태를 가정했다.

래셔널 데미컨덕터처럼 어떤 기업이 잉여현금을 이제까지 배당으로 지급했다고 가정해보자. 이 기업은 심지어 더 많은 배당을 지급해 투자자를 감동시키기를 원하고 있다. 추가로 필요한 돈은 어딘가에서 조달되어야 한다. 만약 이 기업이 부채를 늘리지 않는다면, 추가 배당에 필요한 돈을 조달하는 유일한 방법은 더 많은 주식을 발행해 매각하는 것이다. 새로운 주주는 이 주식이 그들이 지불하는 돈만큼의 가치가 있을 때에만 주식을 사기 위해 돈을 지불하려 할 것이다. 그러나 이 기업의 자산, 이익, 투자 기회가 그대로이고, 그에 따라 기업의 시장가치가 하나도 변하지 않은 상태에서, 어떻게 이 기업은 더 많은 주식을 팔 수 있을까? 이에 대한 대답은 기존의 주주에서 새로운 주주로 **가치의 이전**(transfer of value)이 이루어져야 한다는 것이다. 새로운 주주들은 배당 변경이 발표되기 이전과 비교하면 주당 가치가 낮아진 신주를 보유

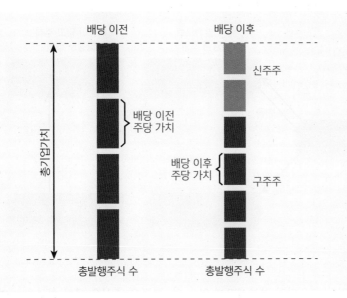

배당 이전     배당 이후

신주주

배당 이전
주당 가치

배당 이후
주당 가치

구주주

총기업가치

총발행주식 수     총발행주식 수

▶ **그림 15.4**  Z회사는 기업가치의 1/3을 배당금으로 지급하며, 신주 매각으로 자금을 조달한다. 새로운 주주로의 가치 이전은 배당 지급액과 같은 크기이다. 총기업가치는 영향을 받지 않는다.

하게 되고, 기존 주주들은 보유 주식에 대해 자본 손실(capital loss)을 입게 된다. 기존 주주들이 부담하는 자본 손실은 바로 그들이 받는 추가 배당금과 정확하게 상쇄된다.

래셔널 데미컨덕터의 첫 번째 재무상태표를 다시 보자. 래셔널의 잉여현금은 $100만이고 주당 $1였다. 래셔널이 주당 $2의 연간 배당을 지급하기로 했다고 가정해보자. 이를 위해서 래셔널은 추가로 $100만의 현금을 대체할 신주를 조만간 발행해야 할 것이다. 배당락 주가는 $9이고 따라서 래셔널은 $100만를 조달하기 위해 111,111주를 발행해야 할 것이다. 신주발행으로 래셔널의 주식 시가총액은 1,111,111×$9=$1,000만가 된다. 이렇게 래셔널의 주주는 $1가 아닌 $2의 배당을 받게 되지만, 주머니에 들어온 추가 현금은 더 낮아진 주가로 상쇄된다. 래셔널이 111,111주의 새로운 주식을 발행해 추가 배당을 지급했기 때문에, 주주는 더 적은 비율의 지분을 보유하게 된다.[14]

그림 15.4는 이러한 가치 이전이 어떻게 발생하는지를 보여준다. Z회사가 전체 기업가치 중 1/3을 배당으로 지급하며, 이를 위해 신주를 매각해 자금을 조달한다고 가정해보자. 기존의 주주가 감내하는 자본 손실은 빨간색 상자의 크기가 줄어드는 것으로 표시했다. 그렇지만 그 자본 손실은 신규로 조달된 자금(파란색 상자)이 자신들에게 배당금으로 지급되기 때문에 정확히 상쇄된다. 더 많은 배당금을 지급하기 위해 신주를 발행하는 기업은 단순히 현금을 재활용하는 것과 다름없다. 이런 방법으로 주주에게 혜택이 돌아간다고 하는 것은 마치 요리사에게 냉장고 문을 열어서 주방을 서늘하게 하라고 조언하는 것과 같다.

기존의 주주들이 추가로 배당을 받고 그 대신 자본 손실을 부담하는 것이 기존 주주들에게 의미 있는 일일까? 기존 주주들이 배당을 통해서만 유일하게 현금을 확보할 수 있다면 의미

---

[14] 앞서 래셔널의 자사주 매입으로 배당이 1년에 5% 증가($g=0.05$)하는 것을 살펴보았다. 이 예에서는 주식 매각의 결과, 주당 배당이 1년에 10% **감소한다**($g=-0.1$). 따라서 주가는 $2.0/(0.10+0.10)=$10$가 된다. 가치는 변하지 않는다.

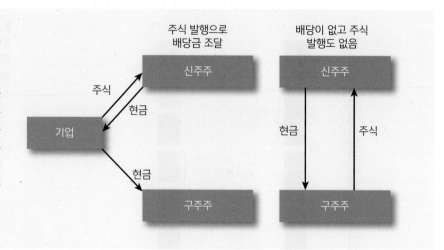

▶ **그림 15.5** 기업의 구주주를 위해 현금을 조달하는 두 가지 방법. 각각의 경우 받은 현금은 구주주의 기업에 대한 청구권 가치 감소로 상쇄된다. 만일 기업이 배당금을 지급한다면 기업의 자산을 기초로 더 많은 주식이 발행되므로 각 주식의 가치는 작아진다. 만약 구주주가 주식 일부를 매각하면, 주당 가치는 그대로지만 구주주는 더 적은 수의 주식을 보유하게 된다.

있을지도 모른다. 그러나 효율적인 자본시장이 있는 한, 그들은 주식을 팔아 현금을 마련할 수 있다. 따라서 기존 주주는 많은 배당을 지급하도록 경영자를 설득하거나, 아니면 보유 주식의 일부를 팔아서 현금을 마련할 수가 있다. 두 경우 모두 기존의 주주에게서 새 주주로 가치 이전이 일어난다. 유일한 차이는 전자는 기업 주식의 주당 가치가 낮아져서 가치 이전이 일어나고, 후자는 기존 주주의 보유 주식 수가 감소하는 것으로 생긴다는 점이다. 그림 15.5는 두 대안을 비교하고 있다.

투자자가 현금을 확보하는 방법에 배당만 있는 것은 아니므로 투자자들은 고배당 기업의 주식에 더 높은 가격을 지불하지 않을 것이다. 그러므로 기업은 낮은 배당을 지급한다거나, 배당을 지급하지 않는 것에 대해 걱정할 필요가 없다.

물론 이러한 결론은 세금, 발행 비용, 복잡하고 다양한 요인을 고려하지 않은 것이다. 잠시 후 이 문제에 대해 다시 이야기하기로 하자. 이 논거에서 정말로 중요한 가정은 신주가 공정한 가격에 팔린다고 가정한 것이다. 이 기업이 $100만에 매각한 주식의 가치는 $100만여야만 한다. 다시 말하면 우리는 효율적 시장을 가정했던 것이다.

## 15-4 우파

MM은 배당정책이 주주의 부에 영향을 주지 않기 때문에 배당정책은 무관하다고 했다. MM은 배당이 무작위로 변하거나 불규칙적이어야 한다고 말하지는 않았다. 예를 들어 배당은 기업의 수명 주기에 따라 변할 수 있다. 시작한 지 얼마 안 되는 성장기업은 투자에 필요한 현금 흐름을 보유하기 위해 배당을 전혀 지급하지 않거나, 하더라도 아주 적게 지급할 것이다. 기업의 업력이 성숙해짐에 따라 양의 NPV를 가진 투자기회를 잡기 힘들어지고 성장은 느려진다. 주주에게 지급할 수 있는 현금이 생겨난다. 기업이 오래되면 수익성 있는 성장 기회가 없어지고 주주에 대한 배당 지급은 더 많아진다.

물론 MM은 절대적으로 완전하고 효율적인 자본시장을 가정했다. MM의 세계에서 모든 사람은 합리적인 최적주의자(optimizer)이다. 배당의 우파들은 현실세계의 불완전성 때문에 높은 배당 성향이 낮은 배당 성향보다 더 낫다고 주장한다. 예를 들어 배당 성향이 높은 주식을 당연히 원하는 고객들이 있다고 주장한다. 신탁기금과 기부기금(endowment funds)의 경우 자본이득은 '원금의 증식'으로 간주되지만, 배당은 소비 가능한 '수입'으로 간주하므로 고배당 주식을 선호할 수 있다.

생계에 쓰일 안정적인 현금의 원천으로 주식 포트폴리오를 선택하는 노년층과 같은 자연발생적인 투자자 계층도 존재한다.[15] 원칙적으로, 이런 현금은 배당을 전혀 지급하지 않는 주식에서도 쉽게 얻을 수 있다. 투자자가 자신의 보유 주식 일부를 때때로 조금씩 매각하면 된다. 그렇지만 주주가 예를 들어 3개월마다 1주씩 파는 것보다는 회사에서 분기마다 배당 수표를 우송하는 편이 더 간단하고 비용도 저렴하다. 정기 배당은 많은 주주들에게 거래비용과 불편을 상당히 줄여준다.

일부 관찰자들은 우리가 왜 주식 일부를 팔기보다 정기 배당을 선호하는지에 대해 행동심리학을 이용해 설명한다.[16] 이들이 말한 바로는 우리는 모두 유혹에 약하다. 우리 중 일부는 살찌는 음식을 갈망하고, 일부는 술을 간절히 원하기도 한다. 우리는 의지로 이러한 욕망을 통제하려 하지만 이는 고통스러운 투쟁일 수 있다. 대신에 스스로 ('초콜릿 줄이기'나 '와인은 식사 때만'과 같이) 단순한 규칙을 정해두는 것이 편할 수도 있다. 이와 같은 방식으로, 우리는 배당소득만 소비한다는 스스로의 규칙을 만들어서 원금에서 얼마만큼 빼내야 하느냐 하는 곤란한 결정을 비켜 갈 수도 있다.

확실히, 일부 투자 고객들은 정기적이고 안정적인 현금배당을 주는 주식을 선호한다. 이런 투자자들은 자사주 매입보다는 배당으로 현금을 지급하는 기업의 주식에 더 높은 값을 지불하려 할 것이다. 그러나 정말 이들이 더 높은 값을 지불해야 하는가? 기업은 수요에 맞게 배당의 공급을 조정할 수 있다. 만약 단순히 자사주 매입에서 현금배당으로 변경하는 것만으로 주가를 올릴 수 있다면, 기업들은 아마도 이미 그렇게 했을 것이다. 현금배당을 선호하는 투자자는 이미 많은 배당주 가운데 주식을 선택할 수 있다. 만약 배당주가 이러한 투자자를 만족시킬 정도로 충분히 많다면, 추가로 기업들이 자사주 매입에서 현금배당으로 전환할 인센티브가 없다. 이것이 진정한 결론이라면, 우파가 현금배당을 선호하는 고객들을 정확하게 가려냈다고 하더라도, 결국 중도파의 말이 맞다.

## 배당정책과 투자정책, 경영진 인센티브

우파의 주장을 지지하는 가장 설득력 있는 주장은 아마도 주주에게 돈을 지급함으로써 경영

---

[15] 이와 관련해 다음 논문을 참조하라—J. R. Graham and A. Kumar, "Do Dividend Clienteles Exist? Evidence on Dividend Preferences of Retail Investors," *Journal of Finance* 61(June 2006), pp. 1305–1336; M. Baker, S. Nagel and J. Wurgler, "The Effect of Dividends on Consumption," *Brookings Papers on Economic Activity*(2007), pp. 231–291.

[16] 다음 논문을 참조하라—H. Shefrin and M. Statman, "Explaining Investor Preference for Cash Dividends," *Journal of Financial Economics* 13(June 1984), pp. 253–282.

자는 자금을 남용하거나 낭비하지 못하게 된다는 것이다.[17] 회사에 풍부한 잉여현금이 있지만, 수익성 있는 투자기회는 거의 없다고 가정해보라. 주주들은 경영자가 유보이익을 현명하게 지출하리라고 믿지 않을 수 있으며, 돈이 수익성 있는 분야가 아니라 경영자의 제국 건설에 사용되지 않을까 우려할 수 있다. 이 경우 투자자들이 더 많은 배당을 요구하는 것은 그것이 자신들에게 가치가 있어서가 아니라, 보다 신중하고 가치 지향적인 투자정책을 장려하기 위해서일 수도 있다.

현금이 많은(cash-cow) 기업들이 현금 쓰는 것을 꺼릴 수도 있다. 그러나 현금이 낭비될 것을 투자자가 알아챈다면 주가도 떨어질 것임을 경영자들은 알고 있다. 특히 가치 있는 스톡옵션을 갖고 있는 최고경영자라면, 주가가 떨어질지 모르는 위험은 잉여현금을 지급하기 위한 최고의 인센티브를 제공한다.

## 15-5    세금과 급진 좌파

배당정책 좌파의 신조는 단순하다. 배당이 자본이득보다 더 무겁게 과세되는 한, 기업들은 가능한 한 최소한의 현금배당을 지급해야 한다는 것이다. 주주에게 지급할 수 있는 현금은 자사주 매입에 사용해야 한다.

분배정책을 이런 식으로 바꾸면 기업은 배당을 자본이득으로 바꿀 수 있다. 이러한 재무적 연금술로 투자자들이 더 낮은 세금을 낼 수 있다면, 세금을 내는 모든 투자자는 이를 환영할 것이다. 이것이 좌파가 배당 대신 자사주 매입을 주장하는 기본 요점이다.

배당에 대한 높은 세금이 이런 차이를 만들어낸다는 것은 의심의 여지가 없다. 그러나 이를 주장하는 좌파는 곧 두 가지 문제에 직면한다. 첫째, 만약 그들이 옳다면, 현금배당을 하는 기업이 왜 하나라도 있는가? 기업이 현금을 지급하려 할 때 세금을 내는 주주가 있는 한, 자사주 매입이 언제나 최선의 지급 방법이어야 한다.[18] 둘째, 배당이든 자사주 매입이든 소득에 따라서 0%, 15%, 또는 최대 20% 세율이 부과되기 때문에 이제 세율에 있어서의 차이는 거의 없어졌다.[19] 그러나 자본이득은 이런 낮은 세율에서도 여전히 세제상의 혜택을 제공한다. 배당에 대한 세금은 즉시 지급해야 하지만 자본이득에 대한 세금은 주식을 팔고 수익을 실현할 때까

---

[17] 이와 관련해 다음의 논문을 참조하라 — F. Easterbrook, "Two Agency Cost Explanations of Dividends," *American Economic Review* 74(1984), pp. 650-659; 특히 다음 논문을 참조하라 — M. Jensen, "Agency Costs of Free Cash Flow, Corporate Finance, and Takeovers," *American Economic Review* 76(May 1986), pp. 323-329.

[18] 배당을 전혀 지급하지 않고 정기적으로 자사주 매입을 실시하는 기업에 대해 국세청(IRS)은 자사주 매입을 사실상의 배당으로 보고 이에 대한 세금을 부과할 수도 있다. 하지만 실질적으로 이런 세금 위험은 비공개기업에게만 적용되는 위험이다. 그럼에도 불구하고, 공개기업은 일반적으로 투자자에게 배당에 대한 세금 부담을 줄여주기 위해 자사주 매입을 실시한다고 발표하지 않는다. 아마도 이렇게 이야기할지 모른다. "우리 주식은 좋은 투자처입니다." 또는 "우리는 미래에 있을지 모를 인수에 대비해 주식을 확보하려 합니다." 이런 논리에 대한 어떻게 생각하는가?

[19] 많은 투자자들은 또한 투자 소득에 대해 3.8%의 의료보험 추가세(Medicare surtax)를 지불하기 때문에 배당과 자본이득에 대한 최대 세율은 23.8%에 이른다.

지로 연기할 수 있다. 투자자가 늦게 팔수록, 납부 세금에 대한 현재가치는 더 낮아진다.[20]

배당이냐 자본이득이냐 사이의 구분은 세금에서 자유로운 많은 금융기관에게는 중요하지 않다. 예를 들면 연기금의 경우 비과세이다. 이들 기금은 $5조 7,000억의 보통주를 보유하므로 미국 주식시장에서 엄청난 영향력을 가진다. 오직 주식회사만이 세금을 이유로 현금배당을 선호한다. 주식회사는 수취 배당금의 50%에 대해서만 법인세를 낸다.[21] 그러므로 수취한 배당금 $1에 대해 회사는 $1-(0.50\times0.21)=\$0.895$를 지킬 수 있다. 따라서 실효세율은 단지 10.5%가 된다. 그러나 주식회사는 이자소득이나 실현된 자본이득에 대해서는 21%의 세금을 내야 한다.

## 배당과 세금에 관한 실증 근거

투자자에게 세금이 중요하다는 것을 부인하기는 어렵다. 채권 시장을 보면 알 수 있다. 주정부 채권(municipal bonds)에 대한 이자는 면세이기 때문에 보통 낮은 세전 수익률로 팔린다. 연방정부 채권에 대한 이자는 과세되기 때문에 더 높은 세전 수익률로 팔린다. 이런 투자자들이 주식시장에 투자할 때 세금에 대해 잊어버릴 리는 없다.

과거에 세금이 미국 투자자들의 주식 선택에 영향을 주었다는 몇 가지 증거가 있다.[22] 세금 부담이 적은 기관투자자는 배당수익률이 높은 주식을 보유하려는 경향이 있고, 개인투자자의 경우 배당수익률이 낮은 주식을 선호했다. 게다가 배당수익률이 낮은 주식을 선호하는 경향은 고소득의 개인들에게 보다 두드러진다. 그럼에도 불구하고 높은 세율을 내는 개인이 세금 때문에 상당한 양의 배당 지급 주식을 보유하지 않는 것은 아니다.

투자자들이 세금을 염려한다면, 배당의 세금 부담이 높을 때 기업은 배당을 증가시키는 것을 재고할 것으로 예상된다. 미국 재무관리자 중 1/5 정도만이 회사의 배당결정에 투자자의 세금이 중요한 영향을 미친다고 언급했다. 한편 기업들은 때때로 투자자에 대한 과세 방식의 중대한 변동에 반응하기도 한다. 예를 들어 1987년 호주에서 국내 투자자들의 배당에 대한 세금 부담을 사실상 없애는 세법을 도입하자 기업들은 배당을 올리는 데 더 적극적이 되었다.[23] 또

---

[20] 증권을 팔면 매도가격과 매입가격, 즉 **베이시스**(basis)와의 차이에 대해 자본이득세를 내게 된다. 2011년 $20(베이시스)에 사고 2017년 $30에 팔았다면, 주당 $10의 자본이득이 생기고, 세금은 세율 23.8%가 적용된 주당 $2.38가 된다.

이제 이 투자자가 매도를 2018년으로 1년간 연기하기로 했다고 하자. 이자율이 5%라면, 2017년을 기준으로 세금의 현재가치는 2.38/1.05=$2.27로 떨어진다. 따라서 실효 자본이득세율은 22.7%이다. 매도를 더 연기하면 할수록 실효세율은 더욱 줄어든다. 현재 미국 상속세법상 투자자의 상속자는 아무런 과세대상 이득을 실현시키지 않고도 베이시스를 '올리게' 되므로 투자자가 팔기 전에 사망하면 실효세율은 0이 된다. 투자자가 사망한 시점에 주가는 $30라고 가정해보자. 상속자는 $30에 팔고 베이시스가 $30라고 주장해 세금을 내지 않을 수 있다. 그럼에도 이 투자자의 주식 보유는 상속세를 따른 것이 된다.

[21] 주식회사가 배당금 지불회사의 20% 이상을 보유할 때는 배당금의 과세가 35%로 줄어든다. 그리고 만약 80% 이상을 보유할 때는 배당금 과세가 없어진다.

[22] 다음 논문을 참조하라 — Y. Grinstein and R. Michaely, "Institutional Holdings and Payout Policy," *Journal of Finance* 60(June 2005), pp. 1389-1426; J. R. Graham and A. Kumar, "Do Dividend Clienteles Exist? Evidence on Dividend Preferences of Retail Investors," *Journal of Finance* 61(June 2006), pp. 1305-1336.

[23] K. Pattenden and G. Twite, "Taxes and Dividend Policy under Alternative Tax Regimes," *Journal of Corporate Finance* 14(2008), pp. 1-16.

한 2011년 일본의 세제 개편을 생각해보라. 한 기업의 주식을 3~5% 소유한 개인을 대상으로 배상 소득에 대한 최상위 한계세율은 10%에서 43.6%로 늘어났다. 이 투자자들의 50% 이상이 세금이 대폭 인상되기 전에 주식을 팔았고 그러한 대규모 투자자를 유지했던 기업은 재빨리 기업의 배당정책을 조정했다.[24]

세금 문제에 대한 고려가 중요하다면, 고배당 주식은 저가에 거래되어 배당에 대한 세율이 자본이득보다 훨씬 높았던 최소한 지난 수십 년 동안은 더 높은 세전 수익률을 보였을 것이라 기대할 수 있다. 그러나 불행하게도 이러한 경향성에 대한 증거는 기껏해야 애매한 정도이다.[25]

세금은 중요하지만 배당에 관한 모든 것은 아니다. 많은 기업들이 1960년대와 1970년대에 배당을 후하게 지급했다. 이때 배당에 대한 미국 세율은 오늘날보다 훨씬 높았다. 2000년대 들어 배당 및 자본이득에 대한 세율이 역사적 수준보다도 더 낮아졌을 때, 배당에서부터 자사주 매입으로 변화가 가속화되었다. 주주에 대한 배분은 다른 나라에서도 자사주 매입으로 변했는데, 이는 귀속세제를 통해 배당에 대한 이중 과세를 없앤 호주에서도 마찬가지였다.

그럼에도 불구하고, 자사주 매입에 대한 세금 혜택이 미국과 다른 선진국에서 자사주 매입이 그렇게 성장한 이유라고 이야기하는 것이 안전할 것이다.

### 대안적인 세제

미국에서 주주의 수익은 두 번 과세된다. 기업에서 법인세로 한 번, 그리고 다시 주주에게 소득세 또는 자본이득세로 한 번 과세된다. 이러한 두 단계 과세가 표 15.1에 제시되어 회사가 모든 이익을 배당으로 지급하는 경우 주주의 세후 수익률을 보여준다. 회사가 세전에 주당 $100를 번다고 가정하면, 0.21×100=$21를 법인세로 내야 한다. 나머지 $79는 배당으로 지급되고, 여기에 두 번째 세금이 부과된다. 예들 들어 배당에 대한 세율이 15%인 주주는 0.15×79=$11.85의 세금을 낸다. 비과세 연기금이나 자선단체만이 $79를 모두 가질 수 있다.

물론 이와는 전혀 다른 세제에서 운영되는 회사들도 배당을 규칙적으로 지급한다. 예를 들어 호주와 뉴질랜드 같은 국가에서는 주주의 소득이 두 번 과세되지 않는다. 예를 들면 호주에서는 배당에 대해 세금을 내지만 회사가 지급한 법인세 중 배당 세금 몫에 해당하는 금액을 차감한다. 이를 **귀속세제**(imputation tax system)라고 한다. 표 15.2는 귀속세제가 어떻게 작동하는

---

[24] 다음 논문을 참조하라 ─ K. Onji and M. Orihara, "Taxes, Stock Ownership, and Payout Policy: Evidence from a 2011 Tax Reform in Japan," April 5, 2016, available at SSRN: https://ssrn.com/abstract=2811034.

[25] 영향력 있는 2개의 초기 연구는 서로 다른 상반된 결론을 보이고 있다. 리첸버거와 라마스와미(Litzenberger and Ramaswamy)는 투자자들이 주식 가치평가를 할 때 배당소득이 마치 14~23%의 추가 세율을 부담하는 것과 같다고 추정했다. 밀러와 숄즈(Miller and Scholes)는 다른 방법론을 적용해 세율 차이는 4%로 이는 무시할 만한 수준이라고 보고했다. 이와 관련해 다음 논문을 참조하라 ─ R. H. Litzenberger and K. Ramaswamy, "The Effects of Dividends on Common Stock Prices: Tax Effects or Information Effects," *Journal of Finance* 37(May 1982), pp. 429-443; M. H. Miller and M. Scholes, "Dividends and Taxes: Some Empirical Evidence," *Journal of Political Economy* 90(1982), pp. 1118-1141. 배당에 대한 세금과 보통주 수익률에 대한 후속 연구를 위해 다음 논문을 참조하라 ─ J. Farre-Mensa, R. Michaely, and M. Schmalz, "Payout Policy," in A. Lo and R. C. Merton, eds., *Annual Review of Financial Economics* 6(December 2014), pp. 75-134.

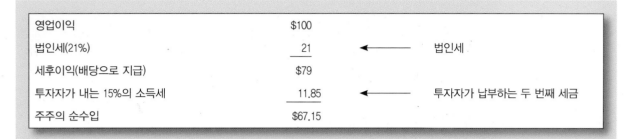

| | | |
|---|---|---|
| 영업이익 | $100 | |
| 법인세(21%) | 21 | ← 법인세 |
| 세후이익(배당으로 지급) | $79 | |
| 투자자가 내는 15%의 소득세 | 11.85 | ← 투자자가 납부하는 두 번째 세금 |
| 주주의 순수입 | $67.15 | |

》**표 15.1**  미국에서 주주의 이익은 두 번 과세된다. 이 예는 법인세 납부 후 모든 이익이 소득세율이 가장 높은 투자자에게 현금배당으로 지급된다고 가정한다(단위는 주당 $).

지를 보여준다.

한 호주 회사가 주당 A$100의 세전 이익을 얻는다고 가정하자. 법인세로 30%를 지급하고 나면 이익은 주당 A$70이다. 회사는 이제 A$70의 배당을 발표하고, 각 주주에게 이 금액의 수표를 보낸다. 이와 함께 회사가 주주를 대신해 A$30의 세금을 이미 지급했다는 세액공제 증명서를 동봉한다. 따라서 주주는 총배당으로 70＋30＝A$100를 받고, A$30는 세금으로 낸 것처럼 간주된다. 만약 주주의 세율이 30%라면, 더는 내야 할 세금이 없으며, A$70를 배당으로 갖는다. 주주가 47%의 최고 개인세를 낸다면 A$17의 세금을 추가로 내야 한다. 세율이 15%라면 (호주 연기금에 대한 세율) 주주는 30-15＝A$15의 **환급금**(refund)을 받는다.[26](참고: 한국에서는 소수 주주가 받는 소액의 현금배당에 대해서는 15.4%의 분리과세로 세금 부담을 낮추어 주고 있으나, 이 경우에도 이중과세는 피할 수 없다. 대주주가 받는 배당이나 일정 금액 이상의 금융소득에 대해서는 누진세로 종합과세 하는데, 이때는 배당소득에 대해 부분적으로 귀속세제를 적용해 세액공제를 인정하고 있다.)

귀속세제에서도 백만장자는 배당에 대해 개인 세금을 더 내야 한다. 이 개인 세금이 자본이득에 대해 내는 세금보다 더 많다면 백만장자는 회사가 이익을 분배하지 않기를 원할 것이다. 그 반대라면 그들은 배당을 선호할 것이다.[27] 세율이 낮은 투자자는 이 문제에 대해서는 입장이 확실하다. 회사가 배당을 지급한다면 이 투자자는 회사가 지급한 초과 세금에 대해 국세청에서 세금 환급을 받게 되며, 따라서 높은 배당 성향을 선호한다.

표 15.2를 다시 보고 법인세가 0이라면 어떻게 될지 생각해보자. 세율이 15%인 주주는 여전히 A$85를 갖게 되며, 세율이 47%인 주주는 마찬가지로 A$53를 받는다. 따라서 귀속세제에서는 회사가 이익을 전부 배당으로 지급할 때 실질적으로는 단 한 번의 세금, 즉 주주에 대한 세금만이 부과된다. 국세청은 회사를 통해 이 세금을 받고 나서 주주에게 부족한 세금을 요구하

---

[26] 호주에서 주주는 지급되는 법인세의 총액에 대해 세액공제를 받는다. 다른 나라에서는 세액공제율이 법인세율보다 낮다. 이러한 나라의 세제는 호주와 미국 세제 중간에 있는 것으로 생각할 수 있다(한국도 마찬가지이다).

[27] 호주는 자본이득과 배당에 대한 세율이 같다. 그러나 12개월 이상 보유하는 증권에 대해서는 자본이득의 절반에 대해서만 과세한다.

| | 소득세율 | | |
|---|---|---|---|
| | 15% | 30% | 47% |
| 영업이익 | $100 | $100 | $100 |
| 법인세($T_c$=0.30) | 30 | 30 | 30 |
| 세후이익 | $70 | $70 | $70 |
| 법인세 공제 전 배당 | 100 | 100 | 100 |
| 소득세 | 15 | 30 | 47 |
| 법인세 지급 세액공제 | −30 | −30 | −30 |
| 주주의 세금 | −$15 | $0 | $17 |
| 주주의 순수입 | 85 | 70 | 53 |

》표 15.2  호주에서와 같은 귀속세제에서 주주는 회사가 낸 법인세에 대해 세액공제를 받는다(단위는 주당 A$).

거나 초과한 금액을 환불해준다.[28]

## 15-6  배당정책과 기업의 수명주기

MM은 배당정책이 주주 가치에 영향을 주지 않는다고 했다. 주주 가치는 기업의 미래 성장 기회를 포함해 투자정책의 영향을 받는다. 제17장에서 살펴보겠지만 부채와 자기자본의 선택과 같은 자금조달정책 역시 가치에 영향을 줄 수 있다.

MM의 분석에서 배당은 다른 재무정책의 잔여 결정이며, 부산물이다. 기업은 투자와 자금조달결정을 해야 하고, 그 뒤 얼마가 되었든 남는 현금을 지급할 수 있다. 따라서 얼마나 배분할지는 기업의 수명주기에 따라 변한다.

MM은 완전하고 합리적인 세계를 가정했지만, 이 장에서 논의했던 많은 복잡한 문제들이 실제로는 배당의 수명주기를 강화한다. 수명주기 이야기를 살펴보자.[29]

시작한 지 얼마 안 되는 성장기업은 수익성 있는 투자기회를 많이 가지고 있다. 이 시기에는 모든 영업 현금흐름을 유보하고 재투자하는 것이 효율적이다. 기업이 차입하거나 주식을 발행해 현금을 조달해야 하는데 왜 투자자에게 현금을 지급하는가? 현금을 유보하면 증권을 발행하는 비용을 피할 수 있고, 주주의 세금도 최소화한다. 투자자는 과도하게 낭비하는 투자를 염

---

[28] 이는 배당으로 지급되는 이익에만 해당한다. 유보이익은 법인세 과세 대상이다. 주주는 자본이득의 형태로 유보이익의 혜택을 얻는다.

[29] 여기에서는 다음 문헌에서 제시된 수명주기 이론을 따른다 ― H. DeAngelo, L. DeAngelo, and D. Skinner, "Corporate Payout Policy," *Foundations and Trends in Finance* 3(2008), pp. 95-287.

려하지 않아도 된다. 왜냐하면 투자기회들이 좋고 경영자의 보상이 주가와 연계되어 있기 때문이다.

기업이 성숙해지면서 양의 NPV 투자안이 현금흐름에 비해 상대적으로 적어진다. 기업은 현금을 축적하기 시작한다. 이제 투자자는 과도한 투자나 지나친 특권적 소비(perks)를 염려하기 시작한다. 투자자는 경영자에게 현금을 지급하라고 압력을 넣는다. 조만간 경영자는 동의한다. 그렇지 않으면 주가는 정체된다. 주주에게 지급하는 방법으로 자사주 매입을 할 수도 있지만, 정기 현금배당을 시작하는 것이 더 강력하고 확실한 금융 규율(financial discipline) 신호를 보낸다. 금융 규율을 약속하는 것은 배당의 세금 비용보다 더 중요하다. (중도파는 현금배당을 지급할 때 세금 비용은 그렇게 많이 들지 않을 것이며, 특히 배당과 자본이득에 대한 개인세율이 낮은 최근 미국에서는 더욱 그렇다고 주장한다.) 또한 정기 배당은 일부 투자자들, 예를 들어 생계비를 배당에 의존하는 퇴직자 같은 투자자들에게도 매력적일 것이다.

기업이 더 오래되면, 주주는 점점 더 많은 지급을 요구한다. 지급은 배당을 더 많이 하거나 자사주 매입을 더 많이 하는 방식으로 이루어진다. 때때로 지급은 기업 인수의 형태로 이루어진다. 주주들은 주식을 모두 팔고, 기업의 새로운 소유자는 자산을 팔고 구조조정을 통해 현금을 창출한다.

기업의 수명주기가 늘 예측 가능한 것은 아니다. 기업이 언제 '성숙'해지는지, 그리고 언제 주주에게 현금을 지불할 준비가 되는지 늘 명확하지는 않다. 다음 세 가지 질문은 재무관리자의 결정을 도울 수 있을 것이다.

1. 기업은 모든 양의 NPV를 가진 투자를 진행하고 나서도 여전히 양의 잉여현금흐름을 만들어내는가? 또한 이러한 양의 잉여현금흐름이 지속적으로 발생할 것인가?
2. 기업의 부채비율이 안전한가?
3. 회사의 현금 보유가 갑작스러운 차질에 충분히 대비할 수 있고, 예상하지 않았던 기회를 잡을 수 있을 만큼 충분히 여유로운가?

만약 이 세 가지 질문에 대한 대답이 모두 '그렇다'고 하면, 진정한 잉여현금흐름이 맞고 배당을 지급할 필요가 있다.

애플에 이 세 가지 질문을 던져보자. 2012년 3월, 이 세 가지 질문에 대한 애플의 대답은 모두 '그렇다'였다. 그렇다. 애플은 매년 $300억의 현금을 지속적으로 축적해오고 있었다. 그렇다. 애플은 이렇다 할 만한 부채도 없었다. 정녕 그렇다. 생각할 수 있는 어떤 투자나 인수도 애플의 초과 현금흐름을 빨아들일 수는 없었기 때문이다.

일부 비평가들은 애플이 1년에 1% 이하의 이자 수익을 얻고 있기 때문에 현금을 배당해야 한다고 주장했다. 그러나 그것은 비논리적인 주장이었다. 왜냐하면 주주들에게도 더 나은 기회가 없었기 때문이다. 안전한 이자율은 매우 낮고, 애플도, 투자자들도, 이자율에 대해서 할 수 있는 것은 없었다.

두 가지 면은 또한 주목할 만하다. 첫째, 애플은 현금배당만을 시작한 것이 아니다. 애플은 배당과 자사주 매입을 모두 진행한다고 발표했다. 이제는 이 두 가지 지급 전략이 대규모 성숙

기업에게는 표준적인 방법이다. 둘째, 애플은 주가가 과소평가되어 있어서가 아니라 잉여현금이 있었기 때문에 자사주 매입을 진행했다. 어떤 비평가들은 수익이 실망스러운 어려운 시기에 자사주를 사야 하고, 수익이 좋은 호황의 시기에 자사주 매입을 하지 않아야 한다고 주장한다. 때때로 경영자가 주식이 과소평가되어 있다고 믿을 때 자사주 매입을 시도하는 것은 사실이다. 그러나 자사주 매입은 근본적으로 잉여현금을 투자자에게 배분하는 하나의 방법이다. 수익이 높고 더 많은 잉여현금이 있을 때 자사주 매입이 증가하는 것은 놀라운 일이 아니다.

## 배당과 기업 지배구조

이 장의 대부분은 좋은 기업 지배구조를 가진 선진국의 공개기업을 대상으로 배당정책을 고려했다. 배당은 기업이 불투명하고 기업 지배구조가 덜 효율적인 나라에서 여전히 더 중요한 역할을 수행한다.

일부 국가에서는 기업이 제공하는 재무 정보를 항상 믿을 수 있는 것은 아니다. 비밀스럽고, 여러 겹의 복잡한 기업조직을 만드는 성향은 의심스럽고 때로는 무의미한 수익 수치들을 만들어낸다. 2002년 사베인즈-옥슬리법이 통과된 이후 회계 기준이 더 엄격해졌지만, 창조적 회계 덕분에 미국의 일부 기업들도 상황은 비슷하다.

기업 지배구조가 약하고 기업이 불투명할 때, 투자자는 어떻게 승자와 패자를 구분할 수 있을까? 한 가지 단서가 배당이다. 투자자가 경영자의 마음을 읽을 수는 없으나, 경영자의 행동에서 무언가를 알 수는 있다. 투자자들은 좋은 실적을 발표하고 수익의 상당 부분을 배당으로 지급하는 회사라면 말을 행동으로 보여준다는 것을 알고 있다. 따라서 지속적인 배당정책으로 뒷받침되지 않을 때 왜 투자자들이 회계 이익에 회의적인지 이해할 수 있다.

물론 기업은 이익을 과장하고 배당을 위한 현금을 긁어 모아 단기적으로 투자자를 속일 수 있다. 그렇지만 충분한 돈을 벌지 못하는 기업은 지급할 현금이 충분치 않기 때문에 장기적으로 투자자를 속이기는 어렵다. 기업이 충분한 현금흐름을 만들어내지 않으면서 높은 배당을 지급하고 상당한 규모의 자사주를 매입하려 한다면, 결국 추가로 부채나 자기자본을 조달해야 한다. 새로운 자금조달을 위한 필요조건들은 경영진이 투자자를 상대로 하고 있는 게임을 드러낼 것이다.

개발도상국에서 배당의 의미는 두 가지 면에서 나타난다. 주주 가치에 최선을 다하는 경영자들은 기업 지배구조가 약하고 기업의 재무제표가 불투명할 때 현금배당 동기가 더 강해진다. 배당은 기업의 회계 이익을 더 신뢰할 수 있게 만든다. 한편, 약한 기업 지배구조는 주주들에 대한 경영자의 책무도 약하게 만들 수 있다. 이 경우 경영자는 배당을 적게 하려 할 것이고, 대신 그들 자신의 이익을 위해 현금을 사용하려 할 것이다. 결국 기업 지배구조가 약한 곳에서 기업의 배당 성향은 평균적으로 더 낮게 나타난다.[30]

---

[30] R. LaPorta, F. Lopez de Silanes, A. Shleifer, and R. W. Vishny, "Agency Problems and Dividend Policy around the World," *Journal of Finance* 55(February 2000), pp. 1-33 참조.

- 기업의 배당정책은 다음 두 가지 질문에 대한 대답이다. 첫째, 기업은 얼마나 많은 현금을 주주에게 지불해야 하는가? 둘째, 현금은 현금배당으로 지급해야 하는가, 아니면 자사주 매입에 사용되어야 하는가?

- '얼마나 많이'에 대한 대답은 보통 0이다. 수익성 있는 성장기회가 많은 신생기업들은 현금을 배당하거나 자사주를 거의 매입하지 않는다. 이들은 가능한 많은 투자에 내부 발생 현금흐름으로 자금을 조달한다. 그러나 이 기업들도 성숙해감에 따라 성장기회는 점차 사라지고 잉여현금이 축적된다. 투자자는 방치되는 현금이 너무 많이 쌓이면 경영자가 과잉투자를 하게 될 것을 우려하기 때문에 배당을 요구하게 된다. 현금은 아래 세 가지 기준이 충족될 때 잉여(surplus) 상태라고 할 수 있다.

  1. 양의 잉여현금흐름(free cash flow)이 안정적으로 발생한다. 잉여현금흐름은 기업이 모든 양의 NPV를 가진 투자를 진행하고 난 후에도 남는 영업 현금흐름임을 상기하라.
  2. 기업의 부채 수준은 안전하고 통제 가능해야 한다. 그렇지 않으면 잉여현금흐름은 부채를 줄이는 데 사용하는 것이 더 좋다.
  3. 기업은 갑작스러운 기회나 차질에 사용할 수 있도록 충분한 여유 현금이나 활용 가능한 차입 능력을 보유해야 한다.

- 잉여현금이 있는 기업은 아마도 자사주 매입부터 시작할 것이다. 자사주 매입은 배당보다 더 유연하게 활용할 수 있다. 일단 기업이 정기적인 현금배당을 발표하면, 투자자들은 그 기업이 심각한 재무적 곤경 상태에 빠지지 않는 이상 배당을 지속할 것이라 기대한다. 따라서 재무관리자들은 배당이 지속될 수 있다고 확신하지 않는다면 현금배당을 시작하거나 현금배당을 증가시키지 않는다. 배당 개시나 증가 공시는 경영자의 확신을 보여주기 때문에 대개 주가를 끌어올린다. 이것이 **배당에 담긴 정보**(information content of dividends)이다.

- 수익이 나는 성숙해진 기업은 정기적인 현금배당을 실시한다. 그러나 정기적인 현금배당을 실시하는 기업은 대부분 자사주도 함께 매입한다. 만약 우리가 이상적으로 단순하고 완전한 세상에 산다면, 현금배당과 자사주 매입 사이의 선택은 시장가치에 어떤 영향도 주지 않는다. 예를 들어 기업이 자사주 매입에서 현금배당으로 지급 방법을 변경하면, 주주가 받는 추가 현금은 정확하게 더 낮은 주가로 상쇄된다.

- 가장 확실하고 심각한 시장 불완전성은 배당과 자본이득에 대한 과세가 다르다는 점에 있다. 과거 미국에서는 배당에 대한 세율이 자본이득에 대한 세율보다 훨씬 더 높았다. 2018년에 이르러 배당과 자본이득에 대한 세율이 같아졌지만, 주식을 팔 때까지 세금 납부를 미룰 수 있기 때문에 자본이득에 대한 실효세율은 더 낮게 나타난다. 따라서 세금 면에서 자사주 매입이 더 유리한 조건을 가진다.

- 그러나 세금만으로 배당정책을 모두 설명할 수는 없다. 예를 들면 기업은 배당에 대한 상위 소득 세율이 70% 이상에 달하던 1960년대, 1970년대, 그리고 1980년대 초반에도 엄청난 금액을 현금 배당으로 지급했다.

- 물론 일부 투자자, 예를 들어 배우자나 부모를 잃은 이들은 정기적인 현금배당에 의존할 수도 있다. 그렇지만 배당 지급은 전체 고객이 만족할 수 있는 정도로 이루어져야 한다. 만약 배당 지

급이 이미 이러한 요구를 만족한다면, 어떤 회사도 단지 배당 지급만으로 기업의 시장가치를 증가시킬 수 없다. (배당 공시는 투자자에게 좋은 뉴스가 될 수도 있지만, 이 뉴스도 조만간 다른 방법을 통해 시장에 전해질 것이다.)

- 배당에 대해 독단적으로 말하기는 어렵다. 그러나 투자와 자본 구조에 대한 결정이 일정하다면, 지급 정책에 대한 각 주장은 크게 보면 돈을 한 주머니에서 다른 주머니로 옮기는 것이라는 점을 명심하라. 주머니 간 이동에 대규모의 세금 효과가 수반되지 않는다면, 배당과 자사주 매입 사이의 선택으로 기업 가치가 크게 영향 받을 일은 없다. 단기적 선택은 전술적인 부분이다. 장기적 배당 전략은 성장하는 신생기업에서 수익이 나는 성숙기업으로 변하는 기업의 수명주기에 따라 달라진다.

- 투자자는 대부분 배당 결정에서 파악할 수 있는 정보 때문에 배당에 관심이 많은 것 같다. 투자자는 또한 성숙기업에게 현금을 배당하라고 압력을 넣기도 한다. 정기적인 현금배당을 약속하는 것은 특히나 재무적 규율을 따른다는 효과적인 신호이다.

## 연습문제

1. 2017년에 엔터지는 주당 $0.89의 정기 분기 배당을 지급했다.

   a. 다음 일련의 날짜를 각각 연결하라.

   | | |
   |---|---|
   | (A1) 10월 27일 금요일 | (B1) 기준일(record date) |
   | (A2) 11월 7일 화요일 | (B2) 지급일(payment date) |
   | (A3) 11월 8일 수요일 | (B3) 배당락일(ex-dividend date) |
   | (A4) 11월 9일 목요일 | (B4) 최종 배당부일(last with-dividend date) |
   | (A5) 12월 1일 금요일 | (B5) 배당선언일(declaration date) |

   b. 이 중에서 주가가 대략 $0.89 정도 떨어지는 날이 있다. 그 날짜는 언제인가? 왜 그런가?

   c. 2017년 11월 엔터지의 주가는 $86였다. 배당수익률은 얼마인가?

   d. 엔터지의 2017년 예상 주당 순이익이 약 $6.90였다. 배당 성향은 얼마인가?

   e. 엔터지가 10%의 주식 배당을 지급했다고 가정해보자. 주가는 어떻게 되겠는가?

2. S기업은 잉여현금이 있다. 이 기업의 CFO가 분기당 $1, 혹은 1년에 $4의 정기 배당을 통해 투자자에게 주당 $4를 지급하기로 결정했다. 배당 지급이 발표되자 주가는 $90로 뛰어올랐다.

   a. 왜 주가가 오르는가?

   b. 배당락 시 주가는 어떻게 되겠는가?

3. 2번 문제에서 CFO가 배당 지급 대신에 주당 $4의 자사주 매입을 발표했다고 가정하라.

   a. 자사주 매입이 발표되면 주가는 어떻게 되는가? 주가가 $90까지 오르리라 예상하는가? 간단하게 설명하라.

   b. 발표 직후 자사주 매입이 이루어졌다고 가정하자. 자사주 매입이 추가적인 주가 상승을 가져올 것인가?

4. LA 타임스는 자사주 매입에 대한 기사에서 다음과 같이 말했다. "점점 더 많은 기업이 오늘날 최고의 투자대상은 자사임을 발견하고 있다." 이 견해에 대해 논하라. 자사주 매입이 바람직한 정도에 회사의 전망과 그 회사의 주가가 어떻게 영향을 미치는가?

5. 기업들의 전형적인 배당정책에 대한 몇 가지 '사실(fact)'이 있다. 어떤 것이 맞고 어떤 것이 틀리는가?

    a. 기업들은 해마다 자본지출 필요액을 보고 남는 현금을 배분하는 방법으로 매년 배당을 결정한다.

    b. 경영자와 투자자들은 배당 수준보다 배당 변경에 더 관심을 두는 것처럼 보인다.

    c. 이익이 예기치 않게 한두 해 높아지면, 경영자는 일시적으로 배당을 증가시킨다.

    d. 상당한 규모로 자사주를 매입하는 기업은 보통 현금배당을 그 정도 감소시켜 자금을 조달한다.

6. 투자자와 재무관리자는 현금배당의 수준보다 현금배당의 변화에 더 관심을 갖는다. 이유는 무엇인가?

7. '배당에 담긴 정보'란 무엇인지 설명하라.

8. 배당 증가 공시에 담긴 좋은 뉴스는 해당 기업이 단순히 현금배당을 지불함으로써 장기적으로 주가를 올릴 수 있음을 의미한다. 이에 대해 설명하라.

9. A기업의 주요 재무 데이터가 아래 제시되어 있다.

| | |
|---|---|
| 2025년 주당 순이익 | $5.50 |
| 기발행주식 수 | 4,000만 주 |
| 목표 배당 성향 | 50% |
| 주당 배당 계획 | $2.75 |
| 2025년 말 주가 | $130 |

    A기업은 2026년 1월 초 전체 배당금을 지불할 계획이다. 모든 법인세 및 소득세는 2024년 폐지되었다.

    a. 다른 조건이 같다면, 계획된 배당이 지급된 이후 A기업의 주가는 어떻게 될 것인가?

    b. 이 기업이 배당을 취소하고 그 돈으로 자사주 매입을 하겠다고 발표했다고 가정해보자. 이를 발표한 날 주가는 어떻게 될 것인가? 투자자는 이 발표로부터 이 기업의 전망에 대해 어떤 정보도 얻을 수 없다고 가정하라. 이 기업은 자사주 매입을 위해 얼마나 많은 주식을 매입해야 하는가?

    c. 배당을 취소하는 대신, 이 기업은 배당을 주당 $5.50로 늘리고 배당으로 지급되는 추가 현금을 위해 신주를 발행한다고 가정해보자. 배당부 주가와 배당락 주가는 어떻게 되는가? 얼마나 많은 주식이 발행될 것인가? 다시 한 번 투자자는 A기업의 전망에 대해 어떤 정보도 알지 못한다고 가정하라.

10. H회사는 10년 이상 해마다 주당 $4의 정기 현금배당을 지급했다. 이 회사는 이익을 모두 배당으로 지급하고 있으며 성장을 기대하지 않는다. 발행주식 10만 주는 주당 $80에 거래되고 있다. 이 회사는 다음 연도 배당을 위한 충분한 현금을 보유하고 있다.

    첫 번째 해(year 1)에 H회사가 현금배당을 0으로 축소하기로 하고, 대신에 자사주 매입을 발표한다고 하자.

    a. 즉각적인 주가 반응은 어떻게 되겠는가? 세금은 무시하고, 자사주 매입 계획이 영업의 수익성이나 비즈니스 위험에 대한 어떤 정보도 전달하지 않는다고 가정한다.

    b. H회사는 자사주 몇 주를 사들이는가?

    c. 과거 정책과 새로운 배당정책에 따른 미래 주가를 예측하고 비교하라. 최소한 1, 2, 3차 연도에 대해 예측하고 비교하라.

**11.** L기업의 발행주식은 100만 주이며 총시장가치는 $2,000만이다. 이 회사는 내년에 $100만의 배당을 지급할 것으로 예상하며, 이후 배당 지급액은 해마다 5%씩 영원히 성장할 것으로 예상한다. 따라서 예상되는 배당금은 두 번째 해(year 2)에 $105만, 세 번째 해(year 3)에 $110만 2,500 등으로 성장할 것이다. 그런데 이 회사는 배당 흐름에 따라 주가가 달라진다는 말을 듣고, 다음 해 배당을 $200만로 높일 것이며 추가 현금은 주식 발행으로 즉시 조달될 것이라고 발표했다. 그 후 해마다 지급되는 총액은 전에 예측된 대로 두 번째 해에 $105만이고 계속 해마다 5%씩 증가할 것이다.

    a. 첫 번째 해의 신주 발행 가격은 얼마인가?

    b. 이 회사는 몇 주를 발행해야 하는가?

    c. 이러한 신주에 기대되는 배당 지급액은 얼마인가? 또한 첫 번째 해 이후에 기존의 주주에게 얼마나 지급될 것인가?

    d. 현재 주주에게 돌아가는 현금흐름의 현재가치가 여전히 $2,000만임을 보여라.

**12.** 많은 회사가 주당 순이익(EPS)을 증가시키기 위해 자사주를 매입한다. 예를 들어 다음과 같은 상황의 회사가 있다고 가정하자.

| | |
|---|---|
| 순이익 | $1,000만 |
| 재매입 전 주식 수 | 100만 주 |
| 주당 순이익 | $10 |
| 주가이익비율 | 20 |
| 주가 | $200 |

    이 회사는 이제 주당 $200에 20만 주의 자사주를 매입한다. 발행주식 수는 80만 주로 감소하고 주당 순이익은 $12.50로 증가한다. 주가이익비율이 20에 머물러 있다고 가정한다면, 주가는 $250로 올라야 한다. 이에 대해 논하라.

**13.** 15-3절에서 MM의 배당 무관련 이론은 신주가 공정한 가격에 발행된다고 가정한다고 했다. 11번 문제를 다시 보자. 신주가 첫 번째 해에 주당 $10에 발행되었다고 가정하자. 누가 손해를 보고 누가 이익을 보는지 보여라. 배당정책은 여전히 무관한가? 왜 그런가?

**14.** 마이크는 워런 버핏을 존경하고 버크셔 해서웨이가 좋은 투자처임을 믿고 있다. 그는 버크셔 해서웨이 B 주식에 $10만를 투자하고 싶지만 버크셔 해서웨이가 한 번도 배당금을 지불한 적이 없기 때문에 망설이고 있다. 그는 생활비로 매년 $5,000의 현금이 필요하다. 마이크는 어떻게 해야 하는가?

15. 중도파는 고/중/저배당 성향 주식의 공급이 이미 투자자의 수요를 만족하도록 조정되었기 때문에 배당정책은 중요하지 않다고 주장한다. 후한 배당을 원하는 투자자들은 그들이 원하는 만큼 배당을 지급하는 주식을 보유한다. 자본이득을 원하는 투자자들은 충분히 많은 저배당 주식들을 골라 선택할 수 있다. 그러므로 배당 성향이 높은 기업이 배당 성향이 낮은 기업으로, 또는 배당 성향이 낮은 기업이 그 반대로 변화해도 이로 인한 이득을 얻을 수 없다.

정부가 자본이득세율은 그대로 두고 배당세율을 내린다고 가정하자. 이러한 변화 이전에 배당 공급은 투자자의 수요와 일치했다고 가정하자. 세제 변화가 미국 기업들이 지급하는 현금배당 총액, 그리고 고배당과 저배당 기업의 비율에 어떻게 영향을 줄 것이라 예상하는가? 배당 공급 조정이 모두 완료되고 나서도 배당정책은 여전히 관련이 없는가? 이에 대해 설명하라.

16. 다음 문장에 대해 간단하게 논하라.

a. "배당을 증가시키라는 주주들의 압력을 늘 받고 있는 미국 기업과 달리, 일본 기업들은 이익의 아주 적은 부분만을 배당으로 지급하므로 더 낮은 자본비용을 누릴 수 있다."

b. "지급해야 할 새로운 배당 흐름이 생기는 신규 자본과는 달리, 유보이익은 비용이 없다."

c. "어떤 회사가 배당 지급 대신에 자사주를 매입한다면, 주식 수는 감소하고 주당 순이익은 올라간다. 그러므로 자사주 매입은 배당 지급보다 항상 선호되어야 한다."

# 부채정책은 중요한가

기업의 기본적인 자원은 자산으로부터 발생하는 일련의 현금흐름이다. 기업이 전액 보통주로 자본을 조달한 경우, 모든 현금흐름은 주주의 것이다. 기업이 부채와 자기자본 증권을 발행한 경우, 현금흐름은 둘로 나뉜다. 하나는 채권자에게 가는 상대적으로 안전한 흐름이고, 다른 하나는 주주에게 가는 좀 더 위험한 흐름이다.

기업의 부채와 자기자본의 조합을 **자본 구조**(capital structure)라고 한다. 물론, 자본 구조는 '부채 대 자기자본'만의 문제는 아니다. 다양한 성격을 지닌 부채들이 존재하며, 자기자본에도 보통주와 우선주라는 최소한 두 가지 형태의 자기자본이 있다. 추가로 전환사채(convertible bonds)와 같은 혼합증권도 있다. 기업은 수십 종류의 증권을 여러 가지로 조합해 발행할 수도 있다. 기업은 자사의 시장가치를 극대화하는 특정 조합을 찾으려고 시도한다.

이러한 시도는 해볼 만한 가치가 있는가? 우리는 특정 조합이 다른 모든 조합보다 더 호소력이 있지 않을 가능성도 고려해야 한다. 아마도 정말 중요한 결정은 기업의 자산에 관한 결정이며, 자본 구조 결정은 단지 지엽적인 것, 즉 관심을 두어야 하지만 염려할 필요는 없는 문제이다.

완전 자본시장에서 배당정책이 중요하지 않음을 보인 모딜리아니와 밀러(MM)는 완전 자본시장에서 자금조달결정도 역시 중요하지 않음을 보였다. 그들의 유명한 '명제 1'은 회사가 현금흐름을 여러 흐름으로 나누는 것만으로는 전체 증권의 총가치를 변화시킬 수 없다는 것이다. 따라서 기업의 투자결정이 이미 내려진 이상 자본 구조는 기업가치와 관련이 없다.

MM의 명제 1은 투자결정과 자금조달결정이 완전히 분리될 수 있도록 한다. 이는 기업이 자본지출에 필요한 자금이 어디서 조달되는지를 염려하지 않고, 제6~11장에서 다룬 자본예산 절차를 적용할 수 있음을 의미한다. 이들 장에서는 모두 자기자본으로 조달되었다고 가정하고 자금의 원천에 대해서는 생각하지 않았다. MM이 옳다면 이는 전적으로 올바른 접근 방법이다. 기업이 부채와 자기자본을 조합해 자금을 조달한다면, 기업의 전체적인 자본비용은 전부 자기자본으로 자금을 조달한 기업의 자기자본비용과 정확히 같을 것이다.

자금조달결정은 실제로 중요한데 그 이유는 제17장과 제18장에 자세히 설명되어 있다. 이 장에서는 자본 구조 이론의 출발점이라고 할 수 있는 모딜리아니-밀러의 이론을 설명한다. 출발지를 정확히 이해하지 못하면 목적지를 이해하지 못할 것이다. 예를 들어 세후 가중평균자본비용(WACC)은 세금 조정을 한 번 추가함으로써 MM 명제 1로부터 쉽게 도출된다. MM을 이해하지 못하면 WACC를 이해하지 못할 것이다.

MM 정리는 "재무 레버리지에는 마법이 없다"라고 말하는 것과 같다. MM을 이해하지 못한다면, 과도하게 차입하는 기업들이 마술을 부려 자기자본 수익률을 더 높인다고 주장하는 사람들의 희생양이 될 수도 있다. 마법사가 되려는 사람들은 추가 대출이 추가 재무위험을 초래한다는 사실을 깨닫지 못한다. MM은 추가 재무위험이 더 높은 수익률을 정확히 상쇄함을 보여준다.

제17장에서는 세금과 파산비용, 재무적 곤경, 복잡한 부채 계약을 맺고 이행하는 비용, 정보 불완전성으로 야기되는 차이, 부채가 경영자의 인센티브에 미치는 영향 등 중요한 시장 불완전성을 자세히 분석한다. 제18장에서는 그러한 (특히 세금과 같은) 불완전성이 가중평균자본비용과 기업가치에 어떠한 영향을 미치는지를 알아본다.

**경쟁적이고 세금이 없는 경제에서 재무 레버리지의 효과**

재무관리자는 투자자에게 전체적으로 가장 호소력 있는 증권의 조합, 즉 기업의 시장가치를 극대화하는 조합을 찾아내려고 노력한다. 이 문제를 다루기 전에 기업가치를 극대화하는 정책이 또한 주주의 부를 극대화하는지를 확인해보아야 한다.

왑샷 광산회사의 부채와 자기자본의 시장가치를 각각 $D$와 $E$로 표기하자. 이 회사의 주식 1,000주는 주당 $50에 거래된다. 따라서

$$E = 1,000 \times 50 = \$50,000$$

또한 이 회사는 $25,000를 차입해 발행 증권의 총시장가치 $V$는 다음과 같다.

$$V = D + E = \$75,000$$

왑샷의 주식을 **부채 사용 기업의 주식**(levered equity)이라고 한다. 주주는 **재무 레버리지** (financial leverage), 즉 **부채 사용**(gearing)의 혜택과 비용을 모두 가지게 된다. 왑샷이 추가로 $10,000를 차입해 주주에게 주당 $10의 특별배당을 지급함으로써 '부채비율을 증가(lever up)' 시킨다고 가정하자. 이는 회사의 자산에 영향을 주지 않고 자기자본을 부채로 대체한다.

특별배당이 지급되고 나서 왑샷의 자기자본 가치는 얼마일까? 이때 미지수는 $E$와 $V$, 2개이다.

| | | |
|---|---|---|
| 기존 부채 | $25,000 | |
| 신규 부채 | $10,000 | $35,000 = D$ |
| 자기자본 | | ? = $E$ |
| 기업가치 | | ? = $V$ |

$V$가 전과 같이 $75,000라면, $E$는 $V - D = 75,000 - 35,000 = \$40,000$여야 한다. 주주는 특별배당 $10,000를 정확히 상쇄하는 자본 손실을 입는다. 그러나 자본 구조가 변화한 결과로 $V$가 이를테면 $80,000로 **증가**한다면, $E = \$45,000$가 되고 주주는 $5,000를 번다. 일반적으로 자본 구조의 변화 때문에 생기는 $V$의 증가나 감소는 모두 회사의 주주에게 귀속된다. 기업의 시장가치를 극대화하는 정책이 주주에게도 최선이라고 결론지을 수 있다.

이 결론은 두 가지 중요한 가정에 의존한다. 첫째, 왑샷 광산회사의 주주들은 배당정책에 따라 이득을 보거나 손해를 보지 않는다. 둘째, 자본 구조의 변화 후에 기존 부채와 신규 부채를 합한 **값어치**(worth)는 $35,000이다.

배당정책은 관련이 있을 수도, 없을 수도 있지만, 여기서 제15장의 논의를 반복할 필요는 없다. 우리는 단지 자본 구조의 변화가 때로는 중요한 배당정책 결정으로 이어진다는 점을 인식하기만 하면 된다. 아마도 왑샷 광산회사가 현금배당을 하면 비용 또는 혜택이 따르는데, 이는 재무 레버리지의 증가로 얻는 모든 혜택에 더해 추가로 고려해야 한다.

기존 부채와 신규 부채의 가치가 $35,000라는 두 번째 가정은 문제가 없어 보인다. 그러나 이것이 틀릴 수도 있다. 아마도 신규 차입은 기존 부채의 위험을 증가시켰을 것이다. 기존 부

채의 소유자가 증가한 위험을 보상하는 높은 이자율을 요구할 수 없다면, 그들의 투자 가치는 감소한다. 이 경우 회사의 전체 가치는 불변일지라도, 왑샷 광산회사의 주주는 기존 부채 소유자의 희생을 대가로 이익을 본다.

그러나 이 문제는 제17장에서 다루게 될 예정이다. 이 장에서는 어떤 부채의 발행도 기존 부채의 시장가치에 영향을 주지 않는다고 가정한다.

## 모딜리아니와 밀러의 등장

재무관리자가 기업가치를 극대화하는 증권의 조합을 찾고 싶어 한다고 해보자. 이 조합은 어떻게 구성되는가? MM은 재무관리자가 이런 문제를 염려하지 않아도 된다고 말한다. 완전 시장에서는 어떠한 증권의 조합도 다른 조합과 차이가 없다. 기업가치는 자본 구조의 선택에 영향을 받지 않는다.[1]

영업이익의 흐름이 같고 자본 구조만 다른 두 기업을 상상해보면 이를 확인할 수 있다. 기업 U는 부채가 없다. 따라서 자기자본의 총가치 $E_U$는 전체 기업가치 $V_U$와 같다. 한편, 기업 L은 부채를 사용한다. 그러므로 이 기업의 주식가치는 기업가치에서 부채의 가치를 뺀 값인 $E_L = V_L - D_L$이다.

이제 어느 기업의 주식에 투자할지 생각해보자. 큰 위험을 피하려 한다면, 부채가 없는 기업 U의 보통주를 매입하면 된다. 예를 들어 U 주식의 1%를 사면, 투자금액은 $0.01V_U$이고, 전체 이익의 1%에 대해 권리를 가진다.

| 투자금액 | 투자수익 |
|---|---|
| $0.01V_U$ | $0.01 \times$ 영업이익 |

이제 이것을 기업 L의 부채와 자기자본 모두를 같은 비율로 사는 전략과 비교해보자. 투자금액과 투자수익은 다음과 같다.

| | 투자금액 | 투자수익 |
|---|---|---|
| 부채 | $0.01D_L$ | $0.01 \times$ 이자 |
| 자기자본 | $0.01E_L$ | $0.01 \times$ (영업이익−이자) |
| 합계 | $0.01(D_L + E_L)$ | $0.01 \times$ 영업이익 |
| | $= 0.01V_L$ | |

두 전략은 같은 결과인 기업 영업이익의 1%를 제공한다. 일물일가의 법칙(law of one price)에

[1] F. Modigliani and M. H. Miller, "The Cost of Capital, Corporation Finance and the Theory of Investment," *American Economic Review* 48(June 1958), pp. 261–297. MM의 기본적인 주장은 1938년 J. B. 윌리엄스(J. B. Williams)의 견해와 일치하며, 데이비드 듀랜드(David Durand)의 주장과도 어느 정도 비슷하다. 다음 문헌을 참조하라. J. B. Williams, *The Theory of Investment Value*(Cambridge, MA: Harvard University Press, 1938); D. Durand, "Cost of Debt and Equity Funds for Business: Trends and Problems of Measurement," *Conference on Research in Business Finance*(New York: National Bureau of Economic Research, 1952, pp. 215-262).

따르면, 잘 작동하는 시장에서 같은 현금흐름을 제공하는 두 투자안은 가격이 같아야만 한다. 그러므로 $0.01V_U$는 $0.01V_L$과 같아야 한다. 즉 부채가 없는 기업의 가치는 부채가 있는 기업의 가치와 같아야만 한다.

투자자가 약간 더 위험을 부담할 용의가 있다고 가정하자. 투자자는 **부채 사용** 기업의 발행주식 1%를 사기로 했다. 투자금액과 투자수익은 다음과 같다.

| 투자금액 | 투자수익 |
|---|---|
| $0.01E_L$ <br> $=0.01(V_L - D_L)$ | $0.01 \times$ (영업이익 $-$ 이자) |

다른 투자 대안도 있다. 투자자가 자신의 계좌로 $0.01D_L$을 차입하고 무부채 기업의 주식 1%를 사는 것이다. 이 경우 차입으로 바로 $0.01D_L$의 현금유입(inflow)이 생기지만, 기업 L이 지급하는 이자의 1%에 해당하는 금액을 차입금에 대한 이자로 지급해야 한다. 그러므로 투자금액과 투자수익은 다음과 같다.

| | 투자금액 | 투자수익 |
|---|---|---|
| 부채 | $-0.01D_L$ | $-0.01 \times$ 이자 |
| 자기자본 | $0.01V_U$ | $0.01 \times$ 영업이익 |
| 합계 | $0.01(V_U - D_L)$ | $0.01 \times$ (영업이익 $-$ 이자) |

이 경우에도 역시 두 전략은 이자 차감 후 영업이익의 1%만큼씩 지급한다. 그러므로 두 투자안의 투자금액은 같아야 한다. $0.01(V_U - D_L)$은 $0.01(V_L - D_L)$과 같으며, 따라서 $V_U$도 $V_L$과 같아야 한다.

세상이 위험을 싫어하는 겁쟁이나 모험을 좋아하는 용사로 가득 찼는가는 중요하지 않다. 무부채 기업 U의 가치는 부채 사용 기업 L의 가치와 같아야 한다는 데 모두 동의할 것이다. 투자자들이 자신의 계좌로 기업과 같은 조건으로 차입하거나 대출할 수 있는 한, 투자자들은 기업의 어떤 자본 구조 변화에 따른 효과도 '없었던 것'으로 만들 수 있다. 이것이 MM이 명제 1에 도달한 방법이다. "기업의 시장가치는 자본 구조와 독립적이다."

## 가치 보존의 법칙

부채정책이 무관련하다는 MM의 주장은 놀랍도록 단순한 아이디어를 응용한 것이다. 우리가 두 현금흐름 $A$와 $B$를 갖고 있다면, $A + B$의 현재가치는 $A$의 현재가치와 $B$의 현재가치를 합한 것과 같다. 우리는 자본예산과 관련된 논의에서, 결합된 두 자산의 현재가치는 각 자산을 분리해 고려한 현재가치의 합과 같다는 **가치가산성의 원칙**(principle of value additivity)을 알게 되었다.

지금은 자산을 결합하는 것이 아니라 쪼개고 있는 것이다. 그러나 가치가산성은 반대 방향으로도 잘 작동한다. 하나의 현금흐름을 우리가 원하는 만큼 잘게 나눌 수 있다. 부분의 가치를 합하면 항상 나누기 전의 가치와 같다. (물론 나누는 과정에서 흐름이 전혀 상실되지 않는다고 가정한다. 파이를 나누는 사람이 조금씩 집어 먹으면, '파이의 가치는 나누는 방법과 독립적이다'라고 말할 수 없다.)

이것이 바로 **가치 보존의 법칙**(law of conservation of value)이다. 자산가치는 자산에 대한 청구권의 특성과 관계없이 유지된다. 즉 명제 1: 기업가치는 재무상태표(대차대조표)의 **차변** (left-hand side)에 있는 실물자산에 의해 결정되며, 자산 매입을 위해 발행된 부채와 자기자본의 비율에 의해 결정되는 것이 아니다.

가장 단순한 아이디어가 넓은 응용 범위를 갖는 경우가 많다. 예를 들어 우선주 또는 보통주를 발행할 것인가, 아니면 둘을 섞을 것인가를 선택할 때에도 가치 보존의 법칙을 적용할 수 있다. 이 법칙은 완전 자본시장을 가정하고 기업의 투자와 영업 정책이 정해진 경우, 자본 구조에 대한 선택은 기업가치와 관련이 없음을 의미한다. 자기자본 '파이'(우선주와 보통주를 합한)의 전체 가치가 고정되어 있다면, 기업의 소유자(보통 주주)는 그 파이가 어떻게 나누어지는지 신경 쓰지 않는다.

이 법칙은 기업이 발행한 부채 증권들의 조합(mix)에도 적용된다. 장기와 단기 부채, 담보부와 무담보부 부채, 선순위와 후순위 채무, 그리고 전환과 비전환 부채 사이의 선택은 모두 기업의 전체 가치에 영향을 주지 않는다.

자산의 결합이나 분할은 그 자체가 투자자의 선택에 영향을 주지 않는 한 기업가치에 영향을 주지 않는다. 자본 구조가 선택에 영향을 주지 않음을 보이는 과정에서 우리는 묵시적으로 개인투자자도 회사와 마찬가지로 같은 무위험 이자율로 빌리거나 빌려줄 수 있다고 가정했다. 만약 그렇다면 개인은 기업 자본 구조의 변화에 따른 어떤 영향도 원상태로 되돌릴 수 있다.

현실 세계에서 기업의 부채는 무위험이 아니며, 국채 금리가 적용되지도 않는다. 어떤 사람들의 처음 반응은 이 사실 하나만으로도 MM의 명제를 무효로 만든다는 것이다. 이는 자연스러운 실수지만 부채에 위험이 있을 때도 자본 구조는 관련이 없을 수 있다.

회사가 돈을 빌릴 때는 그 상환을 **보증**(guarantee)하지 않는다. 회사는 자산가치가 채무보다 큰 경우에만 부채를 완전히 상환한다. 그러므로 회사의 주주는 유한책임을 진다.

대다수의 개인도 유한책임으로 차입하고 싶어 한다. 그러므로 **부채 사용 기업의 주식 공급이 수요를 충족하기에 불충분하다면**[2] 그들은 부채 사용 기업의 주식에 약간의 프리미엄을 지급할 준비가 되어 있다. 그러나 부채 사용 기업이 발행한 보통주는 문자 그대로 수천 종목이 있다. 그러므로 부채를 발행한다고 해서 투자자들이 그 회사 주식에 프리미엄을 지급할 것 같지는 않다.[3]

---

[2] 물론 개인들도 선택에 따라 유한책임을 만들어낼 수 있다. 다시 말해 기업 X의 자산가치가 일정 금액보다 큰 경우에만 부채를 완전히 상환해야 한다고 채권자와 채무자가 합의할 수도 있다. 부채 사용 기업의 주식에 투자하면 좀 더 쉽게 유한책임을 확보할 수 있기 때문에 아마도 개인들이 그런 계약을 맺지는 않을 것이다.

[3] 모든 투자자가 완전히 분산투자된 포트폴리오를 갖는다면 자본 구조는 역시 무관련하다. 이 경우 투자자는 기업이 제공하는 모든 위험 증권(부채와 주식 모두)을 소유한다. 모든 위험 증권을 소유한 사람은 현금흐름이 여러 증권 사이에 어떻게 나뉘는지 염려하지 않는다.

## 명제 1의 예제

맥베스 세제 회사(Macbeth Spot Removers)는 자본 구조를 재검토하고 있다. 표 16.1은 회사의 현재 상태를 보여준다. 이 회사는 부채가 없으며, 모든 영업이익을 보통주 주주에게 배당으로 지급한다(아직 세금이 없다고 가정한다). 주당 기대이익과 배당은 $1.50이다. 그러나 이 수치는 결코 확실한 것이 아니다. 이 수치는 $1.50보다 많을 수도, 적을 수도 있다. 주가는 $10이다. 이 회사는 영원히 일정 수준의 이익 흐름을 창출할 것으로 예상되므로 주식에 대한 기대수익률은 이익-주가비율(earnings-price ratio)인 $1.50/10.00 = 0.15$, 즉 15%이다.

이 회사 사장인 맥베스 여사는 회사의 부채와 자기자본이 같은 비율일 때 주주의 부가 증가할 것이라는 결론에 도달했다. 따라서 그녀는 10% 이자율에 $5,000의 부채를 발행해 그 돈으로 자사주 500주를 재매입하자고 제안했다. 맥베스 여사는 이 제안을 뒷받침하기 위해 영업 이익에 대한 여러 가지 가정에서 상황을 분석했다. 계산 결과는 표 16.2에 나와 있다.

레버리지가 주당 이익에 어떤 영향을 미치는지 더 명확히 알기 위해 맥베스 여사는 그림 16.1을 작성했다. 검은색 선은 전액 자기자본으로 조달한 현재 상태에서 영업이익에 따라 주당 이익이 어떻게 변하는지를 보여준다. 빨간색 선은 부채와 자기자본의 비율이 같을 때 주당 이익이 어떻게 변하는지를 보여준다. 따라서 이는 표 16.2의 자료를 그래프로 그린 것이다.

맥베스 여사는 다음과 같이 추론한다. "레버리지 효과는 분명히 기업의 영업이익에 달렸다. 영업이익이 $1,000보다 크면 주주의 수익률은 레버리지에 의해 **증가**한다. 영업이익이 $1,000보다 적으면 수익률은 레버리지에 의해 **감소**한다. 영업이익이 정확히 $1,000인 경우, 수익률은 영향을 받지 않는다. 이 지점에서 자산의 시장가치에 대한 수익률은 10%이고, 이는 정확히 부채의 이자율과 같다. 따라서 자본 구조 결정은 영업이익을 얼마로 전망하는가로 귀결된다. 손익분기점인 $1,000 이상의 영업이익이 예상되므로 $5,000의 부채를 발행하는 것이 주주에게 가장 도움이 될 것으로 믿는다."

맥베스 세제의 재무관리자로서 당신은 다음과 같이 대답한다. "우리 회사의 이익이 $1,000보다 많으면, 레버리지가 주주에게 도움이 될 것이라는 데 동의합니다. 그러나 사장님의 주장

**》표 16.1** 맥베스 세제 회사는 전액 자기자본으로 자금을 조달했다. 이 회사는 영원히 매년 $1,500의 이익을 기대하지만, 이 이익은 확실하지 않다. 이 표는 영업이익에 대한 여러 가정에서 주주의 수익률을 보여준다. 세금은 없다고 가정한다.

| 자료 | | | |
|---|---|---|---|
| 주식 수 | 1,000 | | |
| 주가 | $10 | | |
| 주식의 시장가치 | $10,000 | | |

| 결과 | | | |
|---|---|---|---|
| 영업이익($) | 500 | 1,000 | **1,500** | 2,000 |
| 주당 이익($) | 0.50 | 1.00 | **1.50** | 2.00 |
| 주식 수익률(%) | 5 | 10 | **15** | 20 |
| | | | **기대 결과** | |

| 자료 | | | | |
|---|---|---|---|---|
| 주식 수 | 500 | | | |
| 주가 | $10 | | | |
| 주식의 시장가치 | $5,000 | | | |
| 부채의 시장가치 | $5,000 | | | |
| 10%일 때 이자 | $500 | | | |
| **결과** | | | | |
| 영업이익($) | 500 | 1,000 | **1,500** | 2,000 |
| 지급이자($) | 500 | 500 | **500** | 500 |
| 당기순이익($) | 0 | 500 | **1,000** | 1,500 |
| 주당 순이익($) | 0 | 1 | **2** | 3 |
| 주식 수익률(%) | 0 | 10 | **20** | 30 |
| | | | **기대 결과** | |

》**표 16.2** 맥베스 세제 회사는 이자율 10%에 부채 $5,000를 조달하고, 500주를 재매입할지를 검토하고 있다. 이 표는 영업이익에 대한 여러 가지 가정에서 주주의 수익률을 보여준다.

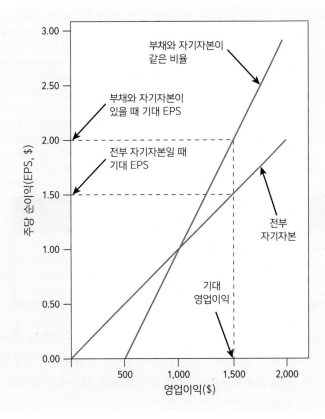

▶ **그림 16.1** 영업이익이 $1,000보다 높을 때, 차입은 맥베스의 주당 순이익(EPS)을 증가시키고 영업이익이 $1,000보다 적을 때는 EPS를 감소시킨다. 기대 EPS는 $1.5에서 $2로 증가한다.

》표 16.3 개인투자자는 맥베스의 레버리지를 복제할 수 있다.

| | 영업이익($) | | | |
|---|---|---|---|---|
| | 500 | 1,000 | 1,500 | 2,000 |
| 2주에 대한 이익($) | 1 | 2 | 3 | 4 |
| 10% 이자 차감($) | 1 | 1 | 1 | 1 |
| 투자의 순이익($) | 0 | 1 | 2 | 3 |
| $10 투자의 수익률(%) | 0 | 10 | 20 | 30 |
| | | | | 기대 결과 |

은 주주들이 스스로 자신의 계좌로 차입하는 대안을 가지고 있다는 사실을 무시하고 있습니다. 예를 들어 투자자가 $10를 빌리고 부채가 없는(무부채) 맥베스의 주식 2주를 $20를 산다고 가정해보겠습니다. 이 경우 자신의 돈은 $10만 있으면 됩니다. 투자에 대한 수익은 표 16.3처럼 영업이익에 따라 변합니다. 이는 투자자가 부채가 있는(부채 사용) 기업 주식 1주를 살 때의 결과와 정확히 같습니다. (표 16.2와 16.3의 마지막 두 줄을 비교해보라.) 따라서 부채 사용 기업의 주식 역시 $10에 매매되어야만 합니다. 우리가 계획대로 차입하더라도, 이 때문에 투자자들이 이전에 스스로 할 수 없었던 일을 새로 할 수 있게 된 것은 아닙니다. 따라서 이는 가치를 증가시키지 않습니다."

당신의 주장은 MM이 명제 1을 증명할 때 사용한 논리와 정확히 같다.

## 16-2 재무위험과 기대수익률

이제 맥베스 주식의 기대수익률에 대한 명제 1의 시사점을 생각해보자.

| | 현재 자본 구조:<br>전액 자기자본 | 제안된 자본 구조:<br>부채와 자기자본이 같음 |
|---|---|---|
| 주당 기대 순이익($) | 1.50 | 2.00 |
| 주가($) | 10 | 10 |
| 주식의 기대수익률(%) | 15 | 20 |

레버리지는 주당 순이익(EPS)의 기대 흐름을 증가시키지만, 주가는 올리지 못한다. 그 이유는 기대 이익흐름의 변화는 이익에 대한 할인율의 변화에 의해 정확하게 상쇄되기 때문이다. 주식의 기대수익률(영구연금의 기대수익률은 이익-주가비율과 같다)은 15%에서 20%로 상승한다. 어떻게 그렇게 되는지 살펴보자.

맥베스 자산의 기대수익률 $r_A$는 기대 영업이익 나누기 회사 증권의 전체 시장가치와 같다.

$$\text{자산의 기대수익률 } r_A = \frac{\text{기대 영업이익}}{\text{모든 증권의 시장가치}}$$

우리는 완전 자본시장에서 기업의 차입결정이 영업이익 또는 증권의 전체 시장가치에 영향을 주지 않음을 알고 있다. 그러므로 차입결정 역시 기업 자산의 기대수익률 $r_A$에 영향을 주지 않는다.

투자자가 기업의 부채와 자기자본을 모두 보유한다고 하자. 이 투자자는 기업의 모든 영업이익에 대해 권리를 가지므로, 포트폴리오의 기대수익률은 바로 $r_A$이다.

포트폴리오의 기대수익률은 개별 보유 자산의 기대수익률의 가중평균과 같다. 따라서 기업의 **모든** 증권으로 구성된 포트폴리오의 기대수익률은 다음과 같다.

$$\text{자산의 기대수익률} = (\text{부채비율} \times \text{부채의 기대수익률})$$
$$+ (\text{자기자본비율} \times \text{자기자본의 기대수익률})$$

$$r_A = \left( \frac{D}{D+E} \times r_D \right) + \left( \frac{E}{D+E} \times r_E \right)$$

이 공식은 물론 제10장에서 익숙해진 바로 그 식이다. 전체적인 기대수익률 $r_A$를 **회사 자본비용**(company cost of capital) 또는 **가중평균자본비용**(weighted-average cost of capital, WACC)이라고 부른다.

이 식을 다시 정렬하면 부채 사용 기업의 자기자본 기대수익률 $r_E$에 대한 공식이 된다.

$$\text{자기자본의 기대수익률} = \text{자산의 기대수익률}$$
$$+ (\text{자산의 기대수익률} - \text{부채의 기대수익률})$$
$$\times \text{부채-자기자본 비율}$$

$$r_E = r_A + (r_A - r_D)\frac{D}{E}$$

## 명제 2

MM의 명제 2는 다음과 같다. 부채 사용 기업의 보통주 기대수익률은 시장가치로 나타낸 부채-자기자본 비율($D/E$)에 비례해서 증가한다. 증가율은 기업의 모든 증권 포트폴리오의 기대수익률 $r_A$와 부채의 기대수익률 $r_D$ 간의 차이에 달렸다. 기업이 부채가 없다면 $r_E = r_A$임에 주목하자.

맥베스 세제 회사에 대해 이 식을 확인해볼 수 있다. 차입결정 전에는 다음과 같다.

$$r_E = r_A = \frac{\text{기대 영업이익}}{\text{모든 증권의 시장가치}}$$
$$= \frac{1,500}{10,000} = 0.15, \text{ 즉 } 15\%$$

기업이 차입계획을 실행에 옮기더라도, 자산의 기대수익률 $r_A$는 여전히 15%이다. 따라서 자기자본의 기대수익률은 다음과 같다.

| 만일 영업이익이 다음과 같이 감소한다면: | | $1,500에서 | $500로 | 변동분 |
|---|---|---|---|---|
| 무부채: | 주당 순이익 | $1.50 | $50 | −$1.00 |
| | 수익률($r_E$) | 15% | 5% | −10% |
| 부채가 50%: | 주당 순이익 | $2.00 | 0 | −$2.00 |
| | 수익률($r_E$) | 20% | 0 | −20% |

》**표 16.4** 재무 레버리지는 맥베스 주식의 위험을 증가시킨다. 영업이익이 $1,000 감소할 때, 전액 자기자본으로 조달한 경우에는 주당 순이익(EPS)이 $1 하락하지만, 50%를 부채로 조달한 경우 $2 하락한다.

$$r_E = r_A + (r_A - r_D)\frac{D}{E}$$
$$= 0.15 + (0.15 - 0.10)\frac{5,000}{5,000} = 0.20, \text{ 즉 20\%}$$

기업이 부채를 사용하지 않으면 자기자본 투자자는 $r_A$의 수익률을 요구했다. 기업이 부채를 사용하면 그들은 위험이 커진 데 대한 보상으로 $(r_A - r_D)D/E$의 프리미엄을 요구한다.

MM의 명제 1에 따르면 재무 레버리지는 주주의 부에 영향을 주지 못한다. MM의 명제 2에 의하면 기업의 부채-자기자본 비율이 높아짐에 따라 주주에게 돌아올 것으로 기대되는 수익률도 증가한다. 레버리지가 증가하면 기대수익률이 높아지는데 어떻게 주주가 레버리지에 무관심할 수 있는가? 그 답은 모든 기대수익률의 증가분이 위험의 증가와 그에 따른 주주의 요구수익률 상승으로 정확하게 상쇄된다는 것이다.

맥베스 예제에서 재무위험이 실제로 어떻게 작동하는지 확인할 수 있다. 표 16.2와 표 16.1에 나와 있는 주당 순이익의 위험을 비교해보라. 또한 표 16.4는 영업이익의 부족이 주주에 대한 보상에 미치는 영향을 보여준다. 회사가 전액 자기자본으로 자금을 조달하는 경우, 영업이익이 $1,000 감소하면 주식의 수익률이 10%p 감소한다. 회사가 연간 $500 고정이자를 지급하는 무위험 부채를 발행하는 경우 영업이익이 $1,000 감소하면 주식 수익률이 20%p 감소한다. 즉 제안된 레버리지의 효과는 맥베스 주식의 변동폭을 2배로 늘리는 것이다. 자본 구조 조정 이전에 회사 주식의 베타가 무엇이든 조정 뒤에는 2배가 될 것이다.

이제 우리는 투자자들이 왜 부채 사용 기업의 자기자본에 대해 더 높은 수익률을 요구하는지 알 수 있다. 요구수익률은 단순히 증가한 위험에 대응해 상승한다.

### 레버리지와 자기자본비용

다음과 같은 시장가치 재무상태표를 갖는 회사를 고려해보자.

| 자산가치 | $100 | 부채($D$) | $33.3 | $r_D$=7.25%일 때 |
|---|---|---|---|---|
| | | 자기자본($E$) | $66.7 | $r_E$=15.5%일 때 |
| 자산가치 | $100 | 기업가치($V$) | $100 | |

전체적인 자본비용은 다음과 같다.

$$r_A = r_D \frac{D}{V} + r_E \frac{E}{V}$$

$$= \left(7.25 \times \frac{33.3}{100}\right) + \left(15.5 \times \frac{66.7}{100}\right) = 12.75\%$$

이 회사가 기존 사업과 동일한 위험을 가진 투자안에 투자할 것을 고려한다면, 이 투자안의 기회자본비용은 이 회사 자본비용과 같은 12.75%이다.

이 회사가 더 많은 부채를 발행하고 그 수입을 주식 매입에 사용해 자본 구조를 변경한다고 가정하자. MM의 명제 2의 의미는 그림 16.2에 나와 있다. 요구 자기자본수익률은 부채-자본비율($D/E$)에 따라 증가한다. 그러나 회사가 얼마를 빌려도 부채 및 자기자본 패키지에 대한 요구수익률 $r_A$는 12.75%로 일정하다. 개별 증권에 대한 요구수익률이 변경될 때 부채 및 자기자본 패키지에 대한 요구수익률이 어떻게 일정하게 유지될 수 있을까? 그 답은 패키지의 부채와 자기자본 비율도 변하고 있기 때문이다. 부채가 많다는 것은 자기자본비용이 증가하는 동시에 자기자본 **비율**이 감소한다는 것을 의미한다.

그림 16.2에서는 회사가 얼마나 많이 차입하는지에 상관없이 부채에 대한 이자율이 일정하게 유지되었다. 이것은 완전히 현실적이지는 않다. 대부분의 크고 보수적인 회사는 지불하는 이자율에 눈에 띄게 영향을 주지 않으면서 소규모 차입을 할 수 있다. 그러나 부채 수준이 높

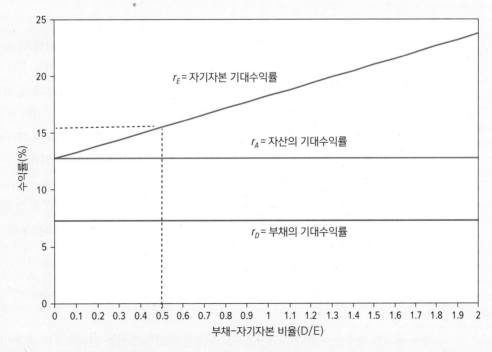

▶ **그림 16.2**  MM의 명제 2는 무위험 부채의 경우 요구 자기자본수익률 $r_E$가 부채-자기자본 비율에 따라 선형적으로 증가하지만 부채 및 자기자본 패키지의 수익률은 변하지 않는다고 예측한다.

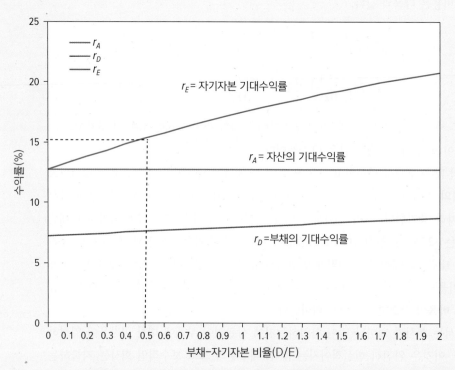

**그림 16.3** 레버리지가 증가하면 부채의 위험이 증가하고 채권자는 더 높은 이자율을 요구한다. 대출기관이 추가 위험을 감수함에 따라 기대 자본수익률이 더 느리게 증가한다. MM의 명제 2는 부채 및 자본 패키지의 예상 수익률이 변하지 않을 것이라고 계속 예측한다.

으면 대출기관은 돈을 돌려받지 못할 수 있다는 우려를 갖게 되며 보상을 위해 더 높은 이자율을 요구한다. 그림 16.3은 이를 반영하기 위해 그림 16.2를 수정한 것이다. 회사가 더 많이 차입할수록 부채 위험이 서서히 증가한다는 것을 알 수 있다. MM의 명제 2는 부채 및 자본 패키지에 대한 기대수익률이 변하지 않을 것이라고 계속 예측한다. 그러나 이제 $r_E$ 선의 기울기는 $D/E$가 증가함에 따라 점점 줄어든다. 왜 그럴까? 이는 본질적으로 부채 보유자가 회사 운영 위험의 일부를 부담하기 시작하기 때문이다. 회사가 더 많이 빌릴수록 더 많은 위험이 주주에서 채권 보유자에게 이전된다.

이 회사가 $16.7만큼의 부채를 추가하고 이 현금을 이용해 주식 $16.7 어치를 매입했다고 가정하자. 이에 따라 변경된 시장가치 재무상태표에서 부채는 $33.3가 아니라 $50가 될 것이다.

| 자산가치 | $100 | 부채($D$) | $50 |
|---|---|---|---|
| | | 자기자본($E$) | $50 |
| 자산가치 | $100 | 기업가치($V$) | $100 |

재무 구조의 변경은 부채와 자기자본으로 구성된 패키지로 가는 현금흐름의 총액이나 위험에는 영향을 미치지 않는다. 그러므로 투자자들이 재금융 이전의 전체 꾸러미에 대해 12.75%의 수익률을 요구했다면, 이후의 기업 자산에 대해서도 12.75%의 수익률을 요구해야만 한다.

재무 구조의 변경은 부채와 자기자본의 전체 **패키지**에 대한 요구수익률에 영향을 주지는 않지만, 개별 증권에 대한 요구수익률에는 확실히 영향을 미친다. 기업은 이전보다 더 많은 부채를 가지기 때문에, 부채 소유자가 더 높은 이자율을 요구할 가능성이 크다. 부채에 대한 기대수익률이 8%로 상승했다고 가정하자. 이제 자산에 대한 기대수익률을 산출하는 기본적인 공식을 다음과 같이 쓰고, $r_E$에 대해 풀면 자기자본의 수익률 $r_E = 17.5\%$이다.

$$r_A = r_D \frac{D}{V} + r_E \frac{E}{V}$$

$$= \left(8.0 \times \frac{50}{100}\right) + \left(r_E \times \frac{50}{100}\right) = 12.75\%$$

부채 증가에 따른 채권자의 위험 증가는 채권자가 요구하는 수익률의 상승으로 이어진다($r_D$는 7.25%에서 8.0%로 상승). 레버리지 증가에 따른 자기자본의 위험 증가는 주주가 요구하는 수익률의 상승으로 이어진다($r_E$는 15.5%에서 17.5%로 상승). 하지만 부채와 자기자본의 가중평균 수익률은 여전히 12.75%로 변하지 않는다.

$$r_A = (r_D \times 0.5) + (r_E \times 0.5)$$

$$= (8.0 \times 0.5) + (17.5 \times 0.5) = 12.75\%$$

대신 기업이 부채를 전액 상환해 자기자본으로 바꿨다고 하자. 이 경우 모든 현금흐름은 주주에게 귀속된다. 기업 자본비용 $r_A$는 12.75%에 머물 것이며, $r_E$ 역시 12.75%일 것이다.

## 자본 구조 변경은 베타에 어떤 영향을 미치는가?

지금까지는 자본 구조 변경이 기대수익률에 미치는 영향을 살펴보았다. 이제 베타에 대한 영향을 살펴보자.

주주와 채권자는 모두 기업의 현금흐름에 대해 일정한 몫을 가지며, 위험의 일정 부분을 부담한다. 예를 들어 기업 자산이 가치가 없어지는 경우 주주나 채권자에게 지급할 현금이 없을 것이다. 그러나 채권자는 주주보다 훨씬 작은 위험을 부담한다. 대형 블루칩 기업 부채의 베타는 통상 0.0~0.2의 범위에 있다.

당신이 기업의 모든 증권을 포트폴리오로 보유하는 경우에는 누구와도 현금흐름을 나누지 않을 것이다. 위험 역시 누구와도 공유하지 않으며 모든 위험을 혼자서 부담할 것이다. 그러므로 기업 자산의 베타는 기업의 모든 부채와 자기자본으로 이루어진 포트폴리오의 베타와 같다.

이 가상 포트폴리오의 베타는 바로 부채 베타와 자기자본 베타의 가중평균이다.

$$\beta_A = \beta_{\text{포트폴리오}} = \beta_D \frac{D}{V} + \beta_E \frac{E}{V}$$

예제로 다시 돌아가자. 자금 재조달 이전에 부채 베타가 0.1이고 자기자본 베타는 1.1이라면 가상 포트폴리오의 베타는 다음과 같다.

$$\beta_A = \left(0.1 \times \frac{33.3}{100}\right) + \left(1.1 \times \frac{66.7}{100}\right) = 0.767$$

자금 재조달 이후에는 어떻게 되는가? 전체 패키지의 위험은 영향을 받지 않지만, 부채와 자기자본 모두 더 위험해졌다. 부채의 베타가 이전과 같이 0.1이라고 하자. 그러면 새로운 자기자본의 베타를 아래와 같이 구할 수 있다.

$$\beta_A = \beta_{\text{포트폴리오}} = \beta_D \frac{D}{V} + \beta_E \frac{E}{V}$$

$$0.767 = \left(0.1 \times \frac{50}{100}\right) + \left(\beta_E \times \frac{50}{100}\right)$$

이 식을 자기자본의 베타에 대해 풀어보자. 당신은 MM의 명제 2에서와 같은 결과를 얻을 수 있을 것이다.

$$\beta_E = \beta_A + (\beta_A - \beta_D)D/V = 0.767 = (0.767 - 0.1)(50/50) = 1.43$$

이 예는 차입이 재무 레버리지, 즉 부채 사용 효과를 어떻게 만들어내는지를 보여준다. 재무 레버리지는 기업 자산의 기대수익률이나 위험에는 영향을 주지 않지만, 보통주의 위험을 끌어올린다. 주주들은 이 **재무위험**(financial risk)에 상응하는 높은 수익률을 요구한다.

이제 자산 베타를 어떻게 부채가 없을 때의 상태로 **되돌리는지**(unlever), 즉 관찰된 $\beta_E$에서 $\beta_A$를 찾아낼 수 있는지 알 수 있다. 자기자본 베타를 예컨대 1.43이라고 하자. 그리고 부채의 베타, 예컨대 0.1과 시장가치에 대한 부채와 자기자본의 비율인 $(E/V)$와 $(D/V)$를 알아야 한다. 전체 가치 $V$에서 부채가 차지하는 비중이 40%라면 부채가 없을 때의 자산 베타는 다음과 같다.

$$\beta_A = \left(0.1 \times \frac{50}{100}\right) + \left(1.43 \times \frac{50}{100}\right) = 0.767$$

이는 앞의 예를 거꾸로 돌린 것이다. 다음 기본 관계를 기억하라.

$$\beta_A = \beta_{\text{포트폴리오}} = \beta_D \left(\frac{D}{V}\right) + \beta_E \left(\frac{E}{V}\right)$$

### 숨겨진 레버리지를 조심하라

MM은 차입이 나쁜 것이라고 말하지 않았다. 그러나 그들은 재무관리자가 차입으로 인해 발생하는 재무위험을 경계해야 한다고 주장했다. 그 위험은 차입이 눈에 띄지 않을 때 특히 위험할 수 있다. 예를 들어 대부분의 장기 리스는 부채에 상응하는 의무이므로 리스는 부채를 숨길 수 있다. 부품 또는 원료 공급자와의 장기 계약은 가격과 수량이 고정될 때 감추어진 부채가 될 수도 있다. 많은 기업에게 직원 퇴직 후 제공하는 의료 서비스 또는 연금부채는 막대한 부채와 동등한 의무이다.

## 16-3 금융 레버리지에는 마법이 없다

MM의 명제는 단순한 경고로 요약된다. **재무 레버리지에는 마법이 없다.** 이 경고를 무시하는 재무관리자는 실제로 오류에 빠질 수 있다. 예를 들어 누군가가 다음과 같이 주장할 수 있다. "주주들은 채권 보유자보다 더 높은 기대수익률을 요구하고 받을 자격이 있다. 따라서 부채는 더 저렴한 자본 원천이다. 더 많이 빌려서 평균 자본비용을 줄일 수 있다." 그러나 안타깝게도 추가 차입으로 인해 주주가 더 높은 기대수익률을 요구하는 경우에는 그렇지 않다. MM의 명제 2에 따르면 자기자본비용 $r_E$는 가중평균자본비용을 일정하게 유지하기에 충분할 만큼만 증가한다. 따라서 실제로 부채비용은 두 가지가 있다. 하나는 대출기관이 요구하는 이자율이고, 다른 하나는 주주가 레버리지로 인한 추가 위험을 보상하기 위해 요구하는 더 높은 수익률이다. 이 두 번째 비용을 무시하면 실수가 발생한다.

이것은 발생할 가능성이 있는 유일한 논리적 허점이 아니다. 이 장의 끝부분에 있는 연습문제 6번에 2개의 사례가 더 있다.

레버리지를 높이면 높일수록 회사의 자본비용이 감소할 수 있다고 생각하는 재무관리자는 거의 없다. 그러나 기대 자기자본수익률 $r_E$를 높이지만 MM의 명제 2에서 예측한 것보다는 작게 높이는 레버리지 수준을 찾을 수 있을까? 그렇다면 이 경우 가중평균자본비용을 최소화하는 최적의 레버리지를 발견할 수 있다.

이 관점을 지지하는 두 가지 주장이 개진될 수 있다. 첫째, 아마도 투자자들은 적당한 차입에 의한 재무위험은 인식하지 못하거나 크게 문제 삼지 않지만, 부채가 '과도'해지면 갑자기 관심을 두게 된다는 것이다. 그렇다면, 적당한 부채를 가진 기업의 투자자는 위험 수준 대비 더 낮은 수익률을 받아들일 수도 있다.

이 논리는 순진해 보인다.[4] 두 번째 주장이 더 낫다. 이들은 완전 자본시장에서는 MM의 논리가 성립하지만, 실제 시장은 불완전하다고 주장한다. 불완전성 때문에 기업의 차입이 투자자들에게 값진 서비스를 제공할 수도 있다. 그렇다면 부채 사용 기업의 주식은 완전시장에서의 이론적인 가치 대비 할증된 가격에 거래될 것이다.

기업이 개인보다 저렴한 금리로 차입할 수 있다고 하자. 그렇다면 차입을 원하는 투자자는 부채가 있는 기업의 주식을 보유해 간접적으로 차입하는 것이 더 유리하다. 그들은 자신이 부담하는 경영위험과 재무위험을 충분히 보상하지 않는 기대수익률이라도 기꺼이 받아들일 것이다.

기업이 정말 더 낮은 금리에 차입하는가? 바로 뭐라고 말하기는 어렵다. 주택담보대출 금리는 높은 등급의 회사채 금리와 거의 비슷하다.[5] 증권회사의 신용대출(margin debt, 투자자의 주식을 담보로 증권회사에서 차입함)은 단기 융자로 기업이 은행에 내는 금리와 별 차이가 없다.

---

[4] 첫 번째 주장은 재무위험과 채무불이행 위험에 대한 혼동을 반영한다. 채무불이행은 차입이 적당할 때는 심각한 위험이 아니다. 기업이 '지나치게 멀리' 갈 때만 주주는 이 점을 염려한다. 그러나 주주는 채무불이행 위험이 거의 없는 경우에도, 수익률의 변동성 증가와 높아진 베타의 형태로 재무위험을 부담한다.

[5] 저자 중 한 사람은 AAA 장기채권 수익률보다 0.5%p 낮은 금리에 주택담보대출을 받은 적이 있다.

그러나 기업 차입이 개인 차입보다 낫다고 생각하는 다수의 투자자가 있다고 가정해보자. 이들은 원칙적으로 레버리지 기업의 주식에 대해 프리미엄을 지불할 의향이 있지만 이를 내지 않아도 될 수 있다. 아마도 똑똑한 재무관리자는 오래전에 이 고객들을 인식하고 필요에 맞게 회사의 자본 구조를 전환했을 것이다. 이러한 전환은 어렵거나 비용이 많이 들지 않을 것이다. 이제 고객이 만족하면 레버리지에 대한 프리미엄을 더 이상 지불할 필요가 없다. 이러한 고객을 처음으로 인식한 재무관리자만이 이러한 전환으로부터 이익을 얻는다.

어쩌면 기업 레버리지 시장은 자동차 시장과 비슷하다. 미국인은 수백만 대의 자동차가 필요하며 기꺼이 대당 수천 달러씩 지불할 용의가 있다. 그렇다고 이 사실이 지금 자동차 산업에 뛰어들면 부자가 될 수 있음을 의미하지는 않는다. 당신은 적어도 100년은 늦었다.

### 오늘의 불만족 고객층은 이색 증권에 관심을 둘 것이다

지금까지는 기업가치가 자금조달에 따라 정해진다는 그럴듯한 사례를 확인하는 데 별다른 진척이 없었다. 그러나 앞의 예는 영리한 재무관리자가 무엇을 찾고 있는지 예시해준다. 그들은 **불만족**(unsatisfied) 고객층, 즉 특별한 종류의 금융상품을 원하지만 시장 불완전성 때문에 그것을 얻거나 싼값에 살 수 없는 투자자들을 찾는 것이다.

기업이 창의적으로 자본 구조를 설계해 그러한 고객층의 욕구를 충족시키는 어떤 **재무 서비스**를 제공할 수 있다면 그것은 MM의 명제 1에 어긋난다. 그 서비스가 새롭고 독특하거나, 기업이 기존 서비스를 다른 기업이나 금융기관보다 싸게 제공하는 방법을 발견해야만 이것이 가능하다.

이제 이렇게 다양한 종류의 부채와 부채 사용 기업의 주식이 있는데도 불만족 고객층이 존재할까? 그것은 의심스러운 일이다. 그러나 이색적인 증권을 고안해 그에 대한 잠재적인 수요를 발견할 수는 있을 것이다.

다음 몇몇 장에서 기업과 금융기관이 고안해낸 수많은 신형 증권을 만나게 될 것이다. 이 증권들은 기업의 기본 현금흐름을 투자자에게 좀 더 매력적이라고 생각되는 방법으로 재포장한다. 그러나 이러한 새로운 증권을 고안해내는 일은 쉽지만, 이를 사려고 달려드는 투자자를 찾는 것은 더 어렵다.

### 불완전성과 기회

자본시장의 가장 심각한 불완전성은 종종 정부가 만들어낸다. MM의 명제 1을 위배하도록 하는 불완전성은 또한 돈 버는 기회를 만들어낸다. 기업과 금융기관은 불완전성에 낙담한 투자자층에 다가가는 방법을 찾을 것이다.

여러 해 동안 미국 정부는 저축예금에 지급하는 금리에 상한선을 설정했다. 이는 예금 쟁탈 경쟁을 제한해 저축기관들을 보호하려는 것이다. 예금자들이 더 높은 수익률을 찾아 저축기관들이 감당할 수 없을 정도의 예금인출 사태를 일으키지 않을까 하는 우려가 있었다. 이러한 규제는 기업과 금융기관들이 금리 상한을 적용받지 않는 새로운 저축상품을 고안할 기회를 만들었다. 이들은 단기국채, 기업어음 및 기타 단기 금융상품에 투자하는 뮤추얼펀드이다. 수천 달러를 투자할 수 있는 사람들은 머니마켓펀드(MMF)를 통해 이러한 상품에 투자할 수 있으며 펀드 잔액을 대상으로 수표를 발행함으로써 언제든지 돈을 인출할 수 있다. 따라서 머니마켓펀드는 시장 이자율에 가까운 금리를 지불하는 당좌 또는 저축 예금과 비슷하다.[6] 이러한 머니마켓펀드는 엄청난 인기를 얻었다. 2008년 인기가 절정에 달했을 때 \$3조 3,000억의 자금을 관리하기도 했다.

금리 상한이 철폐되기 훨씬 전에 새로운 증권을 발행함으로써 발생하는 대부분 이득은 개인 투자자에게 넘어갔다. 고객이 마침내 만족하게 되면 (정부가 새로운 불완전성을 만들 때까지) MM의 명제 1이 회복된다. 이 이야기가 주는 교훈은 다음과 같다. 만족하지 못한 고객을 찾아내면 즉시 무언가 행동으로 옮겨라. 그렇지 않으면 자본시장이 진화해 당신에게서 그 고객을 빼앗아 갈 것이다.

이는 실제로 경제 전체에 대한 격려의 메시지이다. MM이 옳다면 여러 종류의 증권에 대한 투자자들의 수요는 최소 비용으로 충족된다. 자본비용은 단지 경영위험만을 반영할 것이다. 자본은 회사의 자본 구조와 관계없이 양(N)의 NPV를 갖는 투자안이 있는 기업으로 흘러들어 갈 것이다. 이것은 효율적인 결과이다.

## 16-4  세후 가중평균자본비용에 대한 마무리 발언

MM이 남긴 메시지는 단순하다. 기업이 자사의 부채와 자기자본 증권의 조합을 변경하면, 이들 증권의 기대수익률과 위험은 변하지만, 기업의 전체적인 자본비용은 변하지 않는다.

이제 이 메시지가 깔끔하고 단순하다고 생각한다면 바로 맞혔다. 다음 두 장에서는 까다로운 문제들을 분석한다. 그렇지만 한 가지 까다로운 문제는 여기서 다룬다. 기업 차입금에 지급한 이자는 과세소득에서 공제된다. 따라서 **세후(after-tax)** 부채비용은 $r_D(1-T_c)$이다. 여기서 $T_c$는 기업의 한계 법인세율이다. 기업이 평균적인 위험을 갖는 투자안을 할인하는 경우 앞서 계산했던 회사 자본비용을 사용하지 않는다. 기업은 세후 부채비용을 사용해 세후 가중평균자본비용을 계산한다.

$$\text{세후 WACC} = r_D(1-T_c)\frac{D}{V} + r_E\frac{E}{V}$$

이 공식은 제10장에서 간단히 소개했다. 제10장에서는 CSX의 가중평균자본비용을 추정하는 데 이 식을 사용했다. 2017년에 CSX의 장기 차입 금리는 $r_D=4.0\%$였고, 자기자본비용 추정치는 $r_E=10.3\%$였다. 법인세율 21%에서 세후 부채비용은 $r_D(1-T_c)=4.0(1-0.21)=3.2\%$였다. 총

---

[6]  MMF가 완전히 안전하지는 않다. 2008년에 Reserve Primary Fund는 보유하고 있던 리먼 브러더스 부채에 대해 큰 손실을 보았고, \$1에 대해 97센트만 지급해 '\$1 이하로 가치가 떨어진(break the buck)' 역사상 두 번째 MMF가 되었다.

▶ **그림 16.4** 다른 부채-자기자본 비율 수준에서 CSX의 세후 WACC 추정. 이 수치는 19.2% 부채비율 (부채-자기자본 비율 23.76%에 해당)에서 $r_E$ = 10.3%이고 차입 비율 $r_D$ = 4.0%라고 가정한다. 부채에 대한 이자율은 부채 수준이 낮을 때에는 일정하지만 부채비율이 높아지면 증가한다고 가정한다.

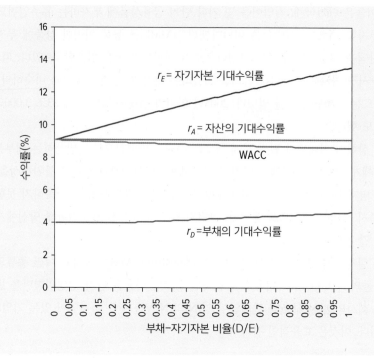

기업가치에 대한 부채비율은 $D/V$ = .192였다. 따라서

$$세후\ WACC = r_D(1 - T_c)\frac{D}{V} + r_E\frac{E}{V}$$
$$= 4.0 \times (1 - 0.21) \times 0.192 + 10.3 \times 0.808 = 8.9\%$$

MM의 명제 2는 **세금이 없을 때** 회사 자본비용은 부채의 액수에 관계없이 같다고 한다. 그러나 이자지급액에 절세효과가 있을 때 세후 WACC는 부채가 증가하면서 감소한다. 이것은 그림 16.4에 나와 있다. 이 그림은 CSX의 WACC가 부채-자기자본 비율이 변함에 따라 어떻게 달라지는지를 보여준다.

대부분의 대기업은 세후 WACC를 사용해 투자안의 현금흐름을 할인한다. 그렇게 함으로써 그들은 부채의 세후 비용을 사용하는 것을 제외하고는 MM의 명제 1을 따르고 있다.[7]

---

[7]  대기업들은 또한 약정 부채수익률을 사용해 단순화하고 있다. 엄밀히 말해서 MM은 불이행 위험을 반영해 약정 수익률보다 낮은 예상 수익률을 사용한다. 그러나 신용도가 높은 회사의 경우 약정 및 예상 수익률은 매우 비슷한 수준이다.

- 기업의 실물자산을 모두 인수해 한 묶음의 증권으로 투자자들에게 매각하는 재무관리자를 생각해보자. 어떤 재무관리자는 가장 간단한 묶음인 전액 자기자본 조달을 선택한다. 어떤 재무관리자는 수십 가지의 부채와 자기자본 증권을 발행한다. 문제는 기업의 시장가치를 극대화하는 특정한 조합을 찾는 것이다. 모딜리아니와 밀러(MM)의 유명한 명제 1은 어떠한 조합도 다른 조합보다 더 낫지 않다고 말한다. 기업의 전체 시장가치(모든 증권의 가치)는 자본 구조와 독립적이다. 차입하는 기업은 투자자에게 좀 더 복잡한 증권 메뉴를 제공한다. 그러나 투자자들은 하품으로 반응한다. 그 메뉴는 중복된다. 투자자는 모든 자본 구조 변경을 복제하거나 '없었던 일'로 만들 수 있다. 투자자가 직접 그만큼 쉽고 저렴하게 차입할 수 있다면, 왜 간접적인 차입에, 즉 부채 사용 기업의 주식을 보유하는 데 추가로 비용을 내야만 하는가?

- MM은 차입이 주주의 기대수익률을 증가시킨다는 데 동의한다. 그러나 차입은 그 기업 주식의 위험도 증가시킨다. MM은 위험 증가가 기대수익률의 증가와 정확히 상쇄되어 주주가 더 좋아지거나 나빠지지 않음을 증명했다.

- 명제 1은 매우 일반적인 결과이다. 이는 부채–자기자본의 상충관계만이 아니라 어떠한 자금조달 수단의 선택에도 적용된다. 예를 들어 MM은 장기와 단기 부채 사이의 선택은 기업가치에 영향을 미치지 않는다고 말할 것이다.

- MM의 이론은 '재무 레버리지에는 마법이 없다'는 결론으로 요약된다. 일부는 차입기업의 주식에 프리미엄을 지불할 의사가 있는 투자자 고객이 있다는 것에 반대할 수도 있다. 차입기업의 주식을 원하는 투자자가 있을 수 있지만 그것만으로 충분하지 않다. **불만족스러운** 이 투자자는 MM이 예상하는 것보다 차입기업 주식에 대해 더 많은 금액을 지불해야 한다. 이미 수천 개의 투자 대상 차입기업들이 있다. 평범한 부채와 주식에 대해 여전히 불만족스러운 고객이 있을까? 이에 대한 대답은 긍정적이지 않다.

- 재무관리자가 아직 충족되지 않은 수요를 발견하고, 어떤 새롭고 다른 것을 발행해 그 수요를 충족시킨다면 명제 1은 성립하지 않는다. MM과 전통주의자들 사이의 논쟁은 이렇게 하는 것이 어려운가, 아니면 쉬운가 하는 것이다. 우리는 MM의 관점으로 기운다. 만족하지 않은 고객을 발견하고 그들의 욕구를 충족시키는 색다른 증권을 고안하는 것은 재미는 있지만 이기기 어려운 게임이다.

- MM이 옳다면, 기업이 발행한 모든 증권의 포트폴리오에 대한 기대수익률인 전체적인 자본비용은 기업이 자금조달을 위해 발행한 증권들의 조합과 관계없이 일정하다. 전체적인 자본비용을 회사 자본비용 또는 가중평균자본비용(WACC)이라고 부른다. MM은 WACC가 자본 구조에 따라 달라지지 않는다고 말한다. 그렇지만 MM은 상당히 많은 까다로운 문제들을 가정을 통해 무시했다. 그 첫 번째 골칫거리는 세금이다. 부채 이자가 세금 공제되므로 세후 이자율로 WACC를 산출하는 경우, 부채비율이 높아짐에 따라 WACC는 하락한다. 이어지는 두 장에서는 세금과 또 다른 골칫거리에 대해 더 살펴본다.

- 순진한 재무관리자가 단순히 '채무 증가'로 기업가치를 늘리려는 곳에 위험이 도사리고 있다. MM은 차입이 나쁜 일이라고 말하지 않았지만 재무위험이 재무 레버리지로 인한 높은 평균 수익을 상쇄한다고 주장했다. 재무위험을 무시하면 안 된다. 특히 리스 또는 연금 채무와 같은 숨겨진 레버리지에 주의해야 한다.

● ● ● ● ●
**연습문제**

1. 크래프트 여사는 시장가치로 주당 $2인 C기업의 보통주 5만 주, 즉 총 $10만 어치를 보유하고 있다. 이 기업은 현재 다음과 같이 자본을 조달했다.

   |  | 장부가치 |
   |---|---|
   | 보통주(800만 주) | $1,600만 |
   | 단기부채 | $200만 |

   C기업은 이제 보통주를 발행해 $100만의 단기부채를 상환한다고 발표했다. 크래프트 여사가 정확히 이전과 같은 비율의 이익을 확실히 얻으려면 어떤 행동을 취할 수 있는가?

2. 기업 A와 B는 자본 구조만 다르다. A는 30% 부채와 70% 자기자본으로, B는 10% 부채와 90% 자기자본으로 조달되었다. 두 기업의 부채는 위험이 없다.

   a. 로젠크란츠는 A의 보통주 1%를 갖고 있다. 그에게 같은 현금흐름을 주는 다른 투자 패키지는 무엇인가?

   b. 길덴스턴은 B의 보통주 2%를 갖고 있다. 그에게 같은 현금흐름을 주는 다른 투자 패키지는 무엇인가?

   c. 기업 A의 총가치가 B의 총가치보다 작다면 로젠크란츠와 길덴스턴 모두 B의 보통주에 투자하지 않음을 보여라.

3. 맥베스 세제 회사가 $2,500의 부채를 발행한 돈으로 주식 250주를 재매입한다고 가정하자.

   a. 이제 주당 순이익과 주식 수익률이 영업이익에 따라 어떻게 변하는지 보이도록 표 16.2를 다시 작성하라.

   b. 맥베스 자산의 베타가 0.8이고 부채에 위험이 없다면 차입이 증가하고 나서 주식의 베타는 얼마인가?

4. R회사는 현재 전액 주식으로 자금을 조달하고 있다. 이 회사의 발행주식은 1만 주이고 현재 주당 $100에 판매되고 있다. 회사는 자본 구조 조정을 고려하고 있다. 먼저 '작은 부채' 계획은 $20만의 부채를 발행해 주식을 매입한다. '큰 부채' 계획은 $40만의 부채를 발행해 이 대금으로 주식을 매입한다. 부채는 10%의 이자율을 지불한다. 이 회사는 세금을 내지 않는다.

   a. $20만를 빌릴 경우 부채비율은 얼마인가?

   b. 영업이익(EBIT)이 $11만인 경우 이 회사가 $20만를 차입하면 주당 순이익(EPS)은 얼마인가?

   c. $40만를 빌리면 주당 순이익(EPS)은 얼마인가?

5. 다음 문장은 맞는가, 틀리는가?

   a. MM의 명제들은 왜곡을 가져오는 세금이나 다른 불완전성이 없는 완전 자본시장을 가정한다.

   b. MM의 명제 1은 기업의 차입이 주당 순이익(EPS)을 높이지만, 주가-이익 비율은 감소시킨다고 말한다.

   c. MM의 명제 2는 차입과 함께 자기자본비용이 상승하며, 이 상승률은 기업가치 대비 부채의 비율인 D/V에 비례한다고 말한다.

   d. MM의 명제 2는 차입 증가가 부채의 금리에 영향을 주지 않는다고 가정한다.

e. 파산 위험이 없는 경우 차입은 재무위험과 자기자본비용을 증가시키지 않는다.

f. 부채를 선호하는 이유를 가진 투자자층이 존재하는 경우 차입은 기업가치를 증가시킨다.

6. 다음 주장에서 무엇이 잘못되었는지 지적하라.

   a. "기업이 더 많이 차입하고 부채가 위험해짐에 따라 주주와 채권자는 모두 더 높은 수익률을 요구한다. 따라서 부채비율을 감소시키면 부채비용과 자기자본비용을 모두 줄일 수 있어 모든 사람을 이롭게 할 수 있다."

   b. "적당한 차입은 재무적 곤경이나 파산 가능성에 크게 영향을 주지 않는다. 결과적으로 적당한 차입은 주주들이 요구하는 기대수익률을 증가시키지 않는다."

   c. "10%의 DCF 수익률을 제공하는 자본 투자기회는 8% 이자율에 100% 부채로 조달될 수 있다면 매력적인 투자안이다."

   d. "기업이 부채를 더 많이 발행할수록 더 높은 금리를 지급해야 한다. 이는 기업들이 보수적인 부채 수준에서 영업해야만 하는 하나의 중요한 이유이다."

7. E기업은 모두 보통주로 자금을 조달했으며 주당 \$10의 시장가격에 주식 2,500만 주를 발행했다. 이제 추가로 \$1억 6,000만의 부채를 발행한 돈으로 보통주를 재매입하려 한다고 발표했다.

   a. 이 발표는 주식의 시장가격에 어떠한 영향을 미치는가?

   b. 새로 발행하는 \$1억 6,000만의 부채로 보통주 몇 주를 재매입할 수 있는가?

   c. 자본 구조 변경 후 기업의 시장가치(자기자본+부채)는 얼마인가?

   d. 자본 구조 변경 후 부채비율은 얼마인가?

   e. 누가 이익을 얻고 손해를 보는가? 이제 다음 문제를 풀어보자.

8. E기업은 시장가치가 \$1억인 부채와 주가가 \$10인 발행주식 1,500만 주를 갖고 있다. 이제 추가로 부채 \$6,000만를 발행한 돈으로 보통주를 재매입한다고 발표했다. 채권자는 커진 위험에 주목해 기존 부채의 가치를 \$7,000만로 하향 조정했다.

   a. 이 발표는 주식의 시장가격에 어떠한 영향을 미치는가?

   b. 새로 발행하는 부채 \$6,000만로 보통주 몇 주를 재매입할 수 있는가?

   d. 자본 구조 변경 후 기업의 시장가치(자기자본+부채)는 얼마인가?

   e. 자본 구조 변경 후 부채비율은 얼마인가?

   f. 누가 이익을 얻고 손해를 보는가?

9. "MM은 더 많이 빌릴 때 더 높은 이자율을 지급해야 한다는 사실을 완전히 무시한다." 이것이 정당한 반대인지 신중히 설명하라.

10. 다음은 한 5행 속요(limerick)이다.

    *옛날에 커라더스라는 이름의 남자가 있었네.*

    *그는 놀라운 젖통을 가진 암소들을 키웠네.*

    *그는 말했네, "멋지지 않니?*

    *암소들은 한 젖꼭지에서 크림을 주고,*

    *다른 젖꼭지들에서 스킴 밀크를 주네!"*

    커라더스의 암소와 기업의 자금조달결정의 유사성은 무엇인가? MM의 명제 1이 적절하게 수정된다면, 커라더스의 암소의 가치에 대해 무엇을 말해주는가? 설명하라.

11. S기업은 보통주만으로 자금이 조달되었으며 베타는 1.0이다. 이 회사는 일정 수준의 이익과 배당 흐름을 영구적으로 발생시킬 것으로 기대된다. 이 주식의 주가-이익 비율은 8이며 자기자본비용은 12.5%이다. 현재 주가는 $50이다. 이 기업은 보통주의 절반을 재매입하고 같은 가치의 부채로 대체하기로 했다. 부채는 무위험으로 금리는 5%이다. 이 회사는 법인세가 면제된다. MM이 옳다고 가정하고 자금 재조달 이후에 대해 다음 항목을 계산하라.

   a. 자기자본비용

   b. 전체 자본비용(WACC)

   c. 주가-순이익 비율(PER)

   d. 주가

   e. 주식의 베타

12. "재무 레버리지의 증가는 부채비용과 자기자본비용을 모두 증가시킨다. 따라서 전체 자본비용은 일정하게 유지될 수 없다." 이 발언에서 혼동하고 있는 것을 보여주기 위해 문제가 고안됐다. B회사는 부채와 자본으로 균등하게 자금을 조달하며 각각의 시장가치는 $100만이다. 부채비용은 5%이고 자기자본비용은 10%이다. 이 회사는 이제 추가로 $25만의 부채를 발행하고 그 수입을 주식 매입에 사용한다. 이로 인해 부채비용은 5.5%까지 상승하고 자기자본비용은 10.83%까지 상승한다. 회사는 세금을 내지 않는다고 가정한다.

   a. 현재 회사의 부채는 얼마인가?

   b. 이제 자기자본은 얼마인가?

   c. 전체 자본비용은 얼마인가?

   d. 자본 구조 조정 후 주당 순이익(EPS) 증가율은 얼마인가?

   e. 주가수익배수(PE multiple)은 얼마인가? (힌트: 주가에 무슨 일이 벌어졌는가?)

13. N기업의 보통주와 부채는 각각 $5,000만와 $3,000만로 평가된다. 투자자들은 현재 보통주에는 16%의 수익률을, 부채에 대해서는 8%의 수익률을 요구한다. N기업이 $1,000만의 보통주를 추가로 발행한 돈으로 부채를 상환한다면, 주식의 기대수익률은 어떻게 되겠는가? 자본 구조의 변화는 부채의 위험에 영향을 주지 않으며 세금이 없다고 가정하자.

14. 16-1절로 돌아가자. 투자은행들이 맥베스 여사에게 새로운 부채 발행은 위험하므로 채권자는 무위험 수익률보다 2.5% 높은 12.5%의 수익률을 요구할 것이라고 알려주었다.

   a. $r_A$와 $r_E$는 얼마인가?

   b. 부채가 없는 회사 주식의 베타는 0.6이라고 가정하자. 자본 구조가 변한 후에 $\beta_A$와 $\beta_E$, $\beta_D$는 얼마가 될 것인가?

15. H기업은 보통주 80%와 채권 20%로 자금을 조달했다. 보통주의 기대수익률은 12%이고 채권 금리는 6%이다. 채권은 채무불이행 위험이 없다고 가정하고, 여러 가지 부채-자기자본 비율에 대해, 기업의 보통주 기대수익률($r_E$)과 보통주와 채권의 패키지에 대한 기대수익률($r_A$)을 보이는 그래프를 그려라.

16. 일정 수준의 영업이익을 낼 것으로 예상하는 기업을 생각해보자. 레버리지가 증가할수록 다음 항목이 어떻게 되는가?

    a. 자기자본의 시장가치 대 이자 공제 후 이익의 비율

    b. (i) MM이 옳을 때, (ii) 전통주의자가 옳을 때 기업의 시장가치 대 이자 공제 전 이익의 비율

17. A회사는 부채와 자기자본을 혼합해 자금을 조달했다. 당신은 자본비용에 대해 다음 정보를 갖고 있다.

| | | |
|---|---|---|
| $r_E =$ _____ | $r_D = 12\%$ | $r_A =$ _____ |
| $\beta_E = 1.5$ | $\beta_D =$ _____ | $\beta_A =$ _____ |
| $r_f = 10\%$ | $r_m = 18\%$ | $D/V = 0.5$ |

빈칸을 채워라.

18. 17번 문제를 다시 보라. 이제 A회사는 부채를 재매입하고 자기자본을 발행해 $D/V = 0.3$이 되도록 한다고 가정하자. 차입 축소로 $r_D$는 11%로 하락한다. 다른 변수들은 어떻게 변하는가?

19. 당신은 투자자에게 매력적인 어떤 새로운 종류의 부채를 개발할 수 있는가? 왜 그것들이 발행되지 않는다고 생각하는가?

20. G회사는 자기자본비용 14%에 전액 자기자본으로 조달해 출범했다. 이 회사가 다음의 시장가치 자본 구조로 자금 재조달을 한다고 가정하자.

| | | |
|---|---|---|
| 부채($D$) | 45% | $r_D = 9.5\%$일 때 |
| 자기자본($E$) | 55% | |

    a. MM의 명제 2를 사용해 새로운 자기자본비용을 계산하라. G회사는 한계세율 $T_c = 40\%$로 세금을 낸다.

    b. G회사의 세후 가중평균자본비용을 계산하라.

21. O기업의 발행주식 수는 1,000만 주이고 현재 주당 $55에 거래된다. 주주의 기대수익률은 12% 정도로 추정된다. 이 회사는 7%의 금리에 장기 채권도 발행했다. 이 회사의 한계세율은 35%이다.

    a. O기업의 세후 WACC는 얼마인가?

    b. O기업이 전혀 부채를 사용하지 않는 경우 WACC는 얼마나 높아지는가? [힌트: 이 문제에서 기업 전체적인 베타($\beta_A$)는 부채 이자가 세금 공제되기 때문에 절약되는 세금이나 자본 구조에 영향을 받지 않는다고 가정할 수 있다.]

22. G회사의 자산 베타는 1.5이다. 무위험 금리는 6%이고 시장위험프리미엄은 8%이다. 자본자산가격결정모형이 옳다고 가정한다. 이 회사의 한계세율은 25%이다. 부채가 없을 때 시작해 $D/E = 1.0$까지 구간에서 부채-자기자본 비율 $D/E$의 함수로 G회사의 자기자본비용과 세후 WACC를 그림으로 그려라. 이 회사의 부채는 $D/E = 0.25$까지 무위험이라고 가정한다. 그러고 나서 금리는 $D/E = 0.5$에 6.5%, $D/E = 0.8$에 7%, $D/E = 1.0$에 8%로 상승한다. 21번 문제에서처럼, 부채 이자의 절세효과나 자본 구조 변경으로 기업 전체적인 베타($\beta_A$)는 영향을 받지 않는다고 가정한다.

# 기업은 얼마나 빌려야 하는가

제16장에서 거래비용이 없고 불완전성도 없는, 잘 기능하는 자본시장에서 부채정책은 거의 중요하지 않음을 알았다. 그러나 이 결론을 그대로 실무 지침으로 받아들이는 재무관리자는 거의 없다. 부채정책이 중요하지 않다면 이에 대해 염려할 필요도 없다. 자금조달결정은 아랫사람에게 위임해도 상관없다. 그러나 재무관리자는 부채정책을 염려한다. 이 장에서는 그 이유를 설명한다.

부채정책이 완전히 무관련하다면 실제 부채비율은 기업별·산업별로 무작위적으로 달라야 한다. 그러나 대부분의 항공사와 공익산업, 은행, 부동산개발회사들은 부채에 아주 많이 의존한다. 그리고 철강이나 알루미늄, 화학, 석유, 광업과 같은 자본 집약적인 산업에서도 많은 기업이 그렇다. 한편 제약회사나 광고대행사들은 대부분 자기자본으로 자금을 조달하며, 그렇지 않은 회사를 찾기 어렵다. 급속히 성장하는 기업은 빠른 확장으로 엄청난 자본이 필요한데도 부채를 많이 사용하지 않는다.

이러한 패턴의 차이는 부분적으로 앞 장에서 아직 논의하지 못하고 남겨둔 여러 가지 요인으로 설명할 수 있다. 앞 장에서는 세금을 거의 무시했다. 파산은 비용이 적게 들고, 빠르고, 고통이 없다고 가정했다. 하지만 실제로는 그렇지 않다. 최종적으로 법적 파산을 피한다 하더라도 재무적 곤경과 관련된 비용이 있다. 우리는 회사 증권 소유자들 간에 이해가 충돌할 가능성을 무시했다. 예를 들면 신규 부채를 발행하거나 투자전략에 따라 회사가 좀 더 위험한 산업으로 진입할 때 '기존' 채권자들에게 어떤 일이 생길지 고려하지 않았다. 새로운 증권을 발행해 현금을 조달할 때 자기자본보다 부채를 선호한다는 정보 문제를 무시했다. 또한 경영자의 투자와 배당결정에서 재무 레버리지의 인센티브 효과를 무시했다.

이제는 이 모든 것을 고려한다. 먼저 세금을 고려하고, 파산과 재무적 곤경 비용을 고려한다. 그리고 나서 이해의 충돌과 정보, 인센티브 문제를 살펴본다. 궁극적으로는 부채정책이 중요함을 인정해야만 할 것이다.

그러나 우리는 제16장에서 매우 주의 깊게 발전시킨 MM 이론을 버리지는 않을 것이다. 우리는 MM의 통찰력에 세금과 파산, 재무적 곤경 비용, 기타 다양한 까다로운 문제들의 영향을 '결합'한 이론으로 나아간다. 그러나 자본시장의 비효율성에 근거한 전통적인 관점으로 되돌아가지는 않을 것이다. 대신에 잘 기능하는 자본시장이 세금과 이 장에서 다루는 다른 요인들에 어떻게 반응하는지 알아본다.

| 산업 | 부채비율 |
|---|---|
| 제약 | 0.01 |
| 컴퓨터 소프트웨어 | 0.06 |
| 반도체 | 0.07 |
| 의류 | 0.17 |
| 기계 | 0.27 |
| 소매 | 0.28 |
| 자동차 | 0.29 |
| 금융 | 0.31 |
| 건설 | 0.35 |
| 석유 | 0.36 |
| 항공우주 | 0.37 |
| 식품 | 0.38 |
| 화학 | 0.43 |
| 제지 | 0.48 |
| 공익설비 | 0.49 |
| 통신 | 0.55 |

》표 17.1  산업별 부채 대비 부채+자기자본비율의 중위값(2015년 장부가치 기준)
출처: WRDS Financial Ratios Suite.

## 17-1  법인세

한국이나 미국을 비롯한 많은 나라의 법인세제에서는 부채에 의한 자금조달에 중요한 이점이 있다. 그것은 기업이 지급하는 이자는 세금이 공제되는 비용이라는 점이다. 배당과 유보이익은 그렇지 않다. 따라서 채권자에게 돌아가는 수익은 기업 수준에서는 세금을 피해간다.

이 세금 혜택에는 한 가지 제한이 있다. 2018년 이후 기업이 공제할 수 있는 이자는 법인세·이자·감가상각 차감 전 영업이익(EBITDA)의 30% 이내로 제한되고 있다. 2022년부터 이 제한은 과세 대상 영업이익(EBIT)의 30% 이내로 변경된다. EBIT가 EBITDA보다 작기 때문에 공제할 수 있는 이자가 작아지는 효과가 있다.[1]

대부분의 대기업은 이러한 제한의 변경에 영향을 받지 않겠지만 일부 기업은 고통스러운 상황에 처할 수 있다. 예를 들어 델 테크놀로지는 2017년 말에 525억 달러의 부채를 안고 있었다. 이는 주로 2016년에 670억 달러를 들여 EMC를 인수한 결과이다. 이 회사는 이자 공제 한도 때문에 연간 2억 달러를 추가 세금으로 지불해야 할 것으로 예상했다. 델은 30% 제한에 따라 사용하지 못하는 이자 공제를 이월해 나중에 사용할 수 있다. 그러나 지연 시간이 길수록 세금 보호의 가치는 낮아지게 된다. 델의 경우 30% 제한 기준의 변경이 없을 때에 비해 더 빨리 부채를 갚을 방법을 찾을 것으로 예상된다.

지금은 EBITDA 또는 EBIT의 비율로 제약하는 이자 공제 한도의 구속력이 없다고 가정한다. 이 제약에 대해서는 이 장의 뒷부분과 제18장에서 추가로 검토할 필요가 있다.

표 17.2는 부채가 없는 기업 U와 8% 이자율로 $1,000를 빌린 기업 L의 요약 손익계산서를 보여준다. L의 세금은 U보다 $17 적다. 이것이 L의 부채가 제공하는 **절세효과**(tax shield)이다. 결과적으로 정부가 L의 이자비용 중 21%를 지급한다. L이 채권자와 주주에게 지급할 수 있는

| | 기업 U의 손익계산서 | 기업 L의 손익계산서 |
|---|---|---|
| 영업이익(EBIT) | $1,0000 | $1,000 |
| 이자비용 | 0 | 80 |
| 법인세 차감 전 이익 | $1,000 | $920 |
| 법인세(세율 21%) | 210 | 193 |
| 당기순이익(주주 배당금) | $790 | $727 |
| 채권자와 주주에게 지급되는 현금흐름 | $0 + 790 = $790 | $80 + 727 = $807 |
| 절세효과(0.21×이자비용) | $0 | $17 |

》**표 17.2**  이자의 세금 공제는 채권자와 주주에게 지급될 수 있는 총이익을 증가시킨다.

---

[1] 이 제한은 독일에서 운영되고 있는 규칙('Zinsschranke'라고 함)과 사실상 동일하다. 유럽연합 집행위원회는 새로운 EU 조세방지지침의 일부로 유사한 규칙을 제안한 바 있다.

총이익은 이 금액만큼 증가한다.

절세효과는 가치 있는 자산일 수 있다. L의 부채가 고정되어 있고 영구적이라고 가정하자. (즉 이 회사는 현재의 부채가 만기가 되면 같은 금액을 재조달해 영원히 만기를 연장하기로 한다.) 그러면 L은 매년 $17의 현금흐름이 영원히 계속될 것으로 기대한다. 이 현금흐름의 위험은 L이 운영하는 자산의 위험보다 작을 것이다. 절세효과는 법인세율[2]과 이자비용을 충당하기 위한 L의 이윤 창출 능력에 달렸다. 법인세율은 매우 안정적이다. L이 이자비용 이상의 이익을 올릴 능력도 어느 정도 확실하다. 그렇지 않으면 8%에 빌릴 수 없기 때문이다. 그러므로 절세효과는 상대적으로 낮은 할인율로 할인해야 한다.

그러나 얼마로 해야 하는가? 일반적인 가정은 절세효과의 위험은 이를 발생시키는 이자지급액의 위험과 같다는 것이다. 따라서 기업의 부채 소유자가 요구하는 기대수익률인 8%로 할인하게 된다.

$$PV(절세효과) = \frac{17}{0.08} = \$210$$

사실상 정부가 L의 채무 $1,000의 21%를 책임진다.

이러한 가정에서 절세효과의 현재가치는 부채의 수익률 $r_D$와 독립적이다. 이것은 법인세율 $T_c$에 차입금액 $D$를 곱한 것과 같다.

$$지급이자 = 부채의 수익률 \times 차입액$$
$$= r_D \times D$$

$$PV(절세효과) = \frac{법인세율 \times 지급이자}{부채의 기대수익률}$$

$$= \frac{T_c r_D D}{r_D} = T_c D$$

물론 기업이 일정 금액을 영구히 차입할 계획이 없거나,[3] 이자 절세효과를 활용할 과세소득이 충분하지 못하다면, PV(절세효과)는 더 작아진다.[4]

---

[2] 항상 평균세율이 아닌 한계세율을 사용한다. 가속 감가상각과 다른 세금 조정 때문에 평균세율은 대개 한계세율보다 훨씬 낮다. 대기업에는 보통 법정세율이 한계세율로 취급된다. 2018년 미국의 법정세율은 21%였다. 그러나 실효 한계세율은 법정세율보다 낮을 수 있다. 미래의 과세이익을 확신하기 어려운, 위험이 큰 소규모 기업은 특히 더 그렇다.

[3] 이 예제에서는 부채 규모가 일정하고 시간에 대해 안정적이라고 가정한다. 자연스러운 대체 가설은 부채 대 기업가치의 **비율**이 고정되어 있다는 것이다. 이 비율이 정해져 있으면 기업가치가 변동함에 따라 부채 규모와 이자 절세효과의 크기도 변동한다. 그런 경우, 추정 이자 절세효과를 부채비용으로 할인할 수 없다. 이 문제에 대해서는 다음 장에서 자세히 다룬다.

[4] L의 이익이 미래 연도의 이자를 충당하지 못해도 절세효과가 꼭 사라지는 것은 아니다. L은 그 손실을 뒤로 소급해서, 최대 과거 2년간 낸 세금의 합계까지 환급받을 수 있다. 연속되는 손실 때문에 환급받을 수 있는 기납부 세금이 없다면 손실을 미래로 이월시켜서 다음 해의 세금을 절약하는 데 사용할 수도 있다.

## 이자 절세효과는 주주지분의 가치에 어떻게 공헌하는가?

MM의 명제 1은 파이의 가치는 파이를 나누는 방법과는 아무런 상관이 없다고 말하는 것과 같다. 그 파이는 기업 자산이고 조각은 부채와 자기자본에 대한 청구권이다. 파이의 크기를 일정하게 유지한다면 부채 가치 $1의 증가는 자기자본 가치 $1의 감소를 의미한다.

그러나 실제로는 정부의 몫인, 세 번째 조각이 있다. 표 17.3을 보라. 확장 재무상태표의 왼쪽에는 **세전**(pretax) 자산가치가, 오른쪽에는 정부 몫의 세금이 부채로 인식되어 있다. MM은 여전히 파이의 가치, 이 경우 세전 자산가치는 조각내기로 변하지 않는다고 말할 것이다. 그러나 정부의 몫을 줄이기 위한 기업의 모든 노력은 분명히 주주의 부를 증가시킨다. 회사가 할 수 있는 한 가지는 돈을 빌려서 세금을 줄이고, 표 17.2와 같이 부채와 자기자본 투자자에게 돌아가는 현금흐름을 증가시키는 것이다. **세후**(after-tax) 기업가치(정상 시장가치 재무상태표에서 표시된 부채와 자기자본 가치의 합)는 PV(절세효과)만큼 증가한다.

## 존슨앤드존슨의 자본 구조 바꾸기

존슨앤드존슨은 상대적으로 장기부채를 별로 사용하지 않는 성공적인 대기업이다. 표 17.4(a)는 2017년 12월 존슨앤드존슨의 장부가치와 시장가치 재무상태표를 보여준다.

존슨앤드존슨의 자본 구조를 전적으로 책임지는 재무관리자가 $100억를 영구적으로 빌려서 이 돈으로 주식을 재매입하기로 했다.

표 17.4(b)는 새로운 재무상태표이다. 장부가치 기준으로는 그저 장기부채 $100억 증가와 자기자본 $100억 감소일 뿐이다. 그러나 새로운 부채에 대한 이자의 21%만큼 세금이 적어지므로 존슨앤드존슨의 자산가치는 증가해야 한다. 다시 말해 존슨앤드존슨은 $T_cD=0.21\times$100$억=$21억인 PV(절세효과)의 증가를 경험하게 된다. 세금 문제 **이외**에는 MM 이론이 성립한다면, 기업가치는 $21억만큼 증가해 $4,473억 5,000만가 된다. 존슨앤드존슨의 자기자본은

》**표 17.3** 정상과 확장 시장가치 재무상태표. 정상 재무상태표에서 자산은 세후 개념으로 평가된다. 확장 재무상태표에서 자산은 세전 개념으로 평가되며, 정부의 세금 청구권 가치는 대변에 인식된다. 이자 절세효과는 정부의 청구권을 감소시키기 때문에 가치가 있다.

| 정상 재무상태표(시장가치) | |
|---|---|
| 자산가치 (세후 현금흐름의 현재가치) | 부채 |
| | 자기자본 |
| 총자산 | 총가치 |

| 확장 재무상태표(시장가치) | |
|---|---|
| 세전 자산가치 (세전 현금흐름의 현재가치) | 부채 |
| | 정부의 청구권 (미래 세금의 현재가치) |
| | 자기자본 |
| 총 세전 자산가치 | 총 세전 가치 |

| 장부가치 | | | |
|---|---|---|---|
| 순운전자본 | $12,551 | $30,675 | 장기부채 |
| | | 35,931 | 기타 장기부채 |
| 장기 자산 | 114,215 | 60,160 | 자기자본 |
| 총자산 | $126,766 | $126,766 | 총가치 |

| 시장가치 | | | |
|---|---|---|---|
| 순운전자본 | $12,551 | $30,675 | 장기부채 |
| PV(절세효과) | 6,442 | 35,931 | 기타 장기부채 |
| 장기 자산 | 426,257 | 378,644 | 자기자본 |
| 총자산 | $445,250 | $445,250 | 총가치 |

》**표 17.4(a)** 2017년 12월 존슨앤드존슨의 요약 재무상태표(단위: $100만)

주: 1. 순운전자본과 장기부채, 기타 장기부채의 시장가치는 장부가치와 같다. 자기자본의 시장가치＝발행주식 수×2017년 12월 종가이다. 장기 자산의 시장가치와 장부가치의 차이는 자기자본의 시장가치와 장부가치 의 차이와 같다.
2. 이자 절세효과의 현재가치는 고정된 영구적인 부채와 세율 21%를 가정한다.

| 장부가치 | | | |
|---|---|---|---|
| 순운전자본 | $12,551 | $40,675 | 장기부채 |
| | | 35,931 | 기타 장기부채 |
| 장기 자산 | 113,829 | 50,160 | 자기자본 |
| 총자산 | $126,766 | $126,766 | 총가치 |

| 시장가치 | | | |
|---|---|---|---|
| 순운전자본 | $12,551 | $40,675 | 장기부채 |
| PV(절세효과) | 8,542 | 35,931 | 기타 장기부채 |
| 장기 자산 | 426,257 | 370,744 | 자기자본 |
| 총자산 | $447,350 | $447,350 | 총가치 |

》**표 17.4(b)** $10억 규모의 부채를 추가로 조달해 자기자본을 대체했을 때 존슨앤드존슨의 재무상태표 (단위: $100만)

$3,707억 4,400만의 가치를 가진다.

이제 재무관리자가 $100억 규모의 주식을 재매입하면, 존슨앤드존슨의 자기자본 가치는

$790억 하락할 뿐이다. 따라서 존슨앤드존슨의 주주는 $21억를 벌었다. 하루 벌이로는 그리 나쁘지 않다.[5]

## MM과 세금

우리는 지금 막 법인세를 반영해 수정한 MM의 명제 1을 도출했다.[6] 새로운 명제는 다음과 같다.

$$기업가치 = 전액 \ 자기자본으로 \ 조달되었을 \ 때 \ 가치 + PV(절세효과)$$

영구 부채인 특별한 경우에는 다음과 같다.

$$기업가치 = 전액 \ 자기자본으로 \ 조달되었을 \ 때 \ 가치 + T_c D$$

우리의 존슨앤드존슨에 대한 가상의 재무적 수술은 이 '수정(corrected)' 이론에 내재하는 문제점들을 완벽하게 보여준다. 이 $21억가 너무 쉽게 생긴 것이다. 돈 찍는 기계 따위는 없다는 법칙에 어긋나는 것 같다. 그리고 존슨앤드존슨의 주주가 $406억 7,500만의 부채 덕분에 더 부자가 된다면 $506억 7,500만 또는 $606억 7,500만은 왜 안 되는가? 존슨앤드존슨은 부채가 얼마일 때 멈춰야 하는가? 우리의 공식은 $D$가 증가하면 기업가치와 주주의 부도 계속 증가함을 의미한다. 최적 부채정책은 당혹스러울 정도로 극단적이다. 모든 기업은 100% 부채로 자금조달을 해야만 한다.

MM은 이에 대해 그렇게 열광적이지는 않았다. 극단적인 부채비율에까지 이 공식이 적용될 것이라고는 아무도 기대하지 않았다. 우리 계산이 이자 절세효과의 가치를 과대평가한 데는 몇 가지 이유가 있다. 첫째, 부채가 고정적이고 영구적이라는 생각이 잘못되었다. 기업의 부채 수용 능력은 이익과 기업가치의 변동에 따라 계속해서 변한다. 둘째, 많은 기업의 한계세율은 21%보다 낮다. 셋째, 절약할 미래 이익이 없다면 이자 절세효과를 활용할 수 없다. 어떤 기업도 이를 절대적으로 확신할 수 없다. 넷째, 2017년 감세 및 일자리 법은 과세 대상 EBITDA 또는 EBIT(2021년 이후)의 30%로 공제할 수 있는 이자 금액을 제한한다.

그러나 이러한 어떤 지적도 왜 존슨앤드존슨과 같은 기업이 낮은 부채비율을 유지하면서도 생존하고 또 번성하는지 설명하지 못한다. 존슨앤드존슨의 재무관리자들이 그저 호기를 놓치고 있다고 생각하기는 어렵다.

우리는 자신을 막다른 골목으로 몰아넣는 주장을 펴온 것 같다. 그러나 2개의 출구가 보인다.

1. 아마도 미국의 법인세와 개인소득세를 더 자세하게 검토하면 절세효과의 현재가치를 상쇄하는, 기업 차입의 세제상 불이익을 발견할 것이다.

---

[5] 채권이 공정한 가격에 매각되기만 하면, 절세효과의 모든 혜택은 주주의 차지임에 주목하자.

[6] MM의 원래 논문에서도 이자 절세효과를 인식하고 있다. F. Modigliani and M. H. Miller, "The Cost of Capital, Corporation Finance and the Theory of Investment," *American Economic Review* 48(June 1958), pp. 261-297. 표 17.4(b)에서 사용된 평가 방법은 그들의 1963년 논문에 나와 있다. "Corporate Income Taxes and the Cost of Capital: A Correction," *American Economic Review* 53(June 1963), pp. 433-443.

2. 차입하는 기업은 아마도 파산비용과 같은 다른 비용들을 부담할지 모른다.

이제 이 두 가지 출구를 살펴보자.

## 17-2 법인세와 개인소득세

개인소득세가 도입되면 기업의 목표는 더 이상 회사의 **법인세**를 최소화하는 것이 아니다. 기업은 이익에 대해 지급하는 **모든** 세금의 현재가치를 최소화하려고 노력해야 한다. '모든 세금'에는 채권자와 주주가 내는 **개인**소득세도 포함된다.

그림 17.1은 레버리지에 의해 법인세와 개인소득세가 어떻게 영향을 받는지 보여준다. 기업의 자본 구조에 따라 영업이익 $1는 부채 이자로, 또는 자기자본 소득(배당이나 자본이득)으로 투자자에게 돌아간다. 즉 소득 $1는 그림 17.1의 어느 쪽 가지(branch)든 따라서 투자자에게 돌아갈 수 있다.

그림 17.1은 이자에 대한 개인소득세율 $T_p$와 자기자본 소득에 대한 실효 개인소득세율 $T_{pE}$를 구별하고 있음에 주목하라. 주주가 실현한 배당과 자본이득의 조합에 따라 $T_{pE}$는 $T_p$보다 상당히 낮을 수도 있다. 현재(2018년) 미국에서 배당과 자본이득에 대한 최고 한계세율은 20%지만, 이자소득을 포함한 기타 소득에 대한 최고 세율은 37%이다. 또한 자본이득세(capital gains taxes)는 주식 매각 시점까지 연기될 수 있으므로, **실효** 최고 자본이득세율은 20%보다 낮은 것이 보통이다. (참고: 한국에서는 일반 투자자들의 자본이득에는 아예 세금이 없다.)

기업의 목표는 세후 이익을 극대화하도록 자본 구조를 조정하는 것이어야 한다. 그림 17.1에

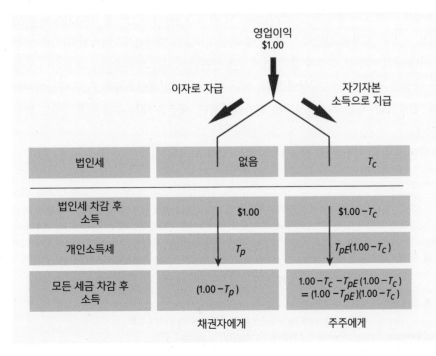

▶ **그림 17.1** 이 회사의 자본 구조는 영업이익이 이자 또는 자기자본 소득으로 지급될지를 결정한다. 이자는 개인에게만 과세된다. 자기자본 소득은 회사와 개인 모두에게 과세된다. 그러나 자기자본 소득의 개인세율 $T_{pE}$는 이자 소득의 개인세율보다 낮을 수 있다.

서 $(1-T_p)$가 $(1-TpE) \times (1-T_c)$보다 클 때는 차입이 더 유리하고, 그렇지 않으면 더 불리하다. 자기자본 대비 부채의 **상대적 세금 이점**(relative tax advantage)은 다음과 같다.

$$부채의\ 상대적\ 세금\ 이점 = \frac{1-T_p}{(1-T_{pE})(1-T_c)}$$

이는 두 가지 특별한 경우를 생각하게 한다. 첫째, 부채와 자기자본 소득에 대한 실효 개인세율이 같다고 하자. 즉 $T_{pE}=T_p$일 때 상대적 이점은 단지 **법인세율**에만 달려 있다.

$$상대적\ 이점 = \frac{1-T_p}{(1-T_{pE})(1-T_c)} = \frac{1}{1-T_c}$$

이 경우 개인소득세는 잊어도 좋다. 기업 차입의 세금 이점은 정확히 MM의 계산과 같다.[7] MM은 개인세가 없다고 가정할 필요가 없었다. 부채와 세금에 대한 그들의 이론은 부채와 자기자본에 대한 세율이 같을 것을 필요로 할 뿐이다.

두 번째 특별한 경우는 법인세와 개인세가 서로 상쇄되어 부채정책이 무관련해지는 경우다. 그 조건은 다음과 같다.

$$1-T_p = (1-T_{pE})(1-T_c)$$

이는 법인세율 $T_c$가 개인소득세율 $T_p$보다 낮고, 동시에 자기자본 소득에 대한 실효세율 $T_{pE}$가 작은 경우에만 성립한다. 머튼 밀러(Merton Miller)는 이자와 배당에 대한 미국의 세율이 지금보다 훨씬 높았던 시기에서 이런 상황을 조사했지만, 여기서 그의 분석을 자세히 살펴보지는 않을 것이다.[8]

어떤 경우든 우리는 간단하고 실용적인 의사결정 규칙을 개발한 것으로 보인다. 기업의 자본 구조를 조정해 그림 17.1에서 영업이익이 세금이 최소가 되는 쪽 가지를 따라가도록 하면 된다. 불행히도 이것은 말처럼 간단하지 않다. 예를 들어 $T_{pE}$는 얼마인가? 대기업의 주주 명부에는 연기금이나 대학 기부금 재단과 같은 면세 투자자뿐만 아니라 백만장자도 포함되어 있을 것이다. 매우 다양한 세금 계층이 뒤섞여 있다. 이는 이자에 대한 개인소득세 $T_p$도 마찬가지이다. 대기업의 '전형적인' 채권자는 면세되는 연기금이지만, 세금을 내는 수많은 투자자도 회사 부채를 소유한다.

어떤 투자자들은 다른 사람보다 훨씬 더 기꺼이 회사 부채를 살지도 모른다. 예를 들면 연

---

[7]  물론 개인소득세는 기업의 이자 절세효과의 금액을 감소시키지만, 개인소득세 납부 후의 현금흐름에 대한 적절한 할인율도 낮아진다. 개인이 $r_D$의 개인소득세 **전** 수익률로 빌려주기를 원한다면 그들은 $r_D(1-T_p)$의 개인소득세 **후** 수익률도 받아들일 것이다. 여기서 $T_p$는 개인소득세의 한계세율이다. 따라서 영구 부채의 절세효과의 개인소득세 차감 후 가치는 다음과 같이 계산할 수 있다.

$$PV(절세효과) = \frac{T_c \times r_D D \times (1-T_p)}{r_D \times (1-T_p)} = T_c D$$

그래서 이전의 기업가치 공식으로 되돌아간다.

$$기업가치 = 전액\ 자기자본으로\ 조달되었을\ 때\ 가치 + T_c D$$

[8]  M. H. Miller, "Debt and Taxes," *Journal of Finance* 32(May 1977), pp. 261-275.

기금은 채권을 보유해도 아무 문제가 없다. 그들은 개인소득세에 관해서는 염려하지 않는다. 그러나 세금을 내는 투자자들은 채권 보유를 더욱 꺼리며, 높은 이자율로 보상받는 경우에만 그렇게 하려고 할 것이다. 이자에 대해 37%의 최고 세율을 적용받는 투자자들은 특히 채권 보유를 꺼릴 것이다. 그들은 보통주나 지방정부가 발행한 면세 채권을 선호할 것이다.

부채의 순 세금 이점을 측정하기 위해 기업은 **한계**(marginal) 투자자, 즉 채권과 자기자본을 소유하는 데 따른 만족도가 같은 투자자가 부담하는 세율을 알아야 한다. 이 때문에 세금혜택을 정확한 수치로 계산하기는 어렵지만, 그래도 어림잡아 계산할 수는 있다. 과거 10년 동안 미국의 대기업들은 평균적으로 당기순이익의 절반 정도를 배당으로 지급했다. 최고 세율을 부담하는 한계 투자자는 이자에 37%, 배당과 자본이득에 20%를 낸다고 하자. 자본이득을 연기해 실현하면 실효 자본이득세는 절반으로 줄어든 20/2=10%라고 가정하자. 그러므로 배당성향이 50%인 대기업의 보통주에 투자하면 자기자본 소득 $1당 세금은 $T_{pE} = (0.5 \times 20) + (0.5 \times 10) = 15\%$이다.

이제 그림 17.1에서 두 가지 각각에 대해 $1의 이익에 대한 효과를 계산할 수 있다.

| | 이자 | 자기자본 이익 |
|---|---|---|
| 세전 이익 | $1.00 | $1.00 |
| 법인세 차감 $T_c = 0.21$ | 0 | 0.21 |
| 법인세 차감 후 이익 | 1.00 | 0.79 |
| 개인세 $T_p = 0.37$과 $T_{pE} = 0.15$ | 0.37 | 0.119 |
| 모든 세금 차감 후 이익 | $0.630 | $0.671 |
| | 부채의 이점=$0.041 | |

부채 조달의 이점은 $1당 약 $0.04이다.

여기에서 계산은 어림셈이라는 점을 강조하고자 한다. 그러나 자기자본 이익의 상대적으로 낮은 개인소득세율을 반영하면 부채의 세금 이점이 어떻게 줄어드는지 살펴보는 것은 흥미롭다. 대다수 재무관리자는 적어도 기업의 절세효과를 거의 확실하게 활용할 수 있는 기업에는 기업 차입에 어느 정도 세금 이점이 존재한다고 믿는다. 절세효과의 혜택을 볼 수 없는 기업에는 아마도 약간의 세금 불이익이 있을 것이다.

개인의 세금까지 고려하면 부채에 대한 세금 혜택이 줄어들지만 완전히 사라지지는 않는다. 따라서 재무관리자는 여전히 세금 절감 효과를 쉽게 넘겨버리는 것으로 보인다. 혹은 그들이 차입 증가로 인해 발생하는 단점을 발견했을지도 모른다. 이제 이 두 번째 경로를 탐색하자.

## 17-3  재무적 곤경의 비용

재무적 곤경(financial distress)은 채권자에게 한 약속이 깨지거나 지키기 어려울 때 발생한다. 재무적 곤경은 파산(bankruptcy)으로 이어지기도 한다. 때때로 이는 살얼음판에서 스케이트를 타는 것과 같다.

앞으로 살펴보겠지만 재무적 곤경은 비용이 많이 든다. 투자자들은 부채 사용 기업이 재무적 곤경에 빠질 수도 있음을 알고, 이에 대해 염려한다. 그 염려는 부채 사용 기업의 증권의 현재 시장가치에 반영된다. 따라서 기업가치는 다음과 같이 세 부분으로 나뉜다.

$$기업가치 = 전액 자기자본으로 조달되었을 때의 가치$$
$$+ PV(절세효과) - PV(재무적 곤경 비용)$$

재무적 곤경 비용은 곤경 발생 확률과 곤경에 처했을 때 부담하는 비용의 크기에 달렸다.

그림 17.2는 세금 혜택과 곤경 비용 사이의 상충관계가 어떻게 최적 자본 구조를 결정하는지를 보여준다. 기업이 더 많이 빌리면 초기에는 PV(절세효과)가 증가한다. 낮은 수준의 부채에서는 재무적 곤경의 확률이 낮다. 따라서 PV(재무적 곤경 비용)은 작고 세금 혜택이 지배적이다. 그러나 어느 시점에 이르면 추가 차입에 따른 재무적 곤경 확률이 급속히 높아진다. 재무적 곤경 비용이 기업가치 중 상당한 부분을 차지하기 시작한다. 또한 기업이 법인세 절감에서 얻는 이익을 확신할 수 없다면 추가 부채에서 나오는 세금 혜택은 점차 작아지고 결국 사라질 것이다. (기업이 이자 세금 공제의 한도인 EBITDA 또는 EBIT의 30% 수준에 도달한 경우 추가 차입의 절세효과는 완전히 사라진다.) 추가 차입에 따른 절세효과의 현재가치가 곤경 비용의 현재가치 증가로 정확히 상쇄될 때 이론적인 최적점에 도달한다. 이를 자본 구조의 **상충이론(trade-off theory)**이라고 한다.

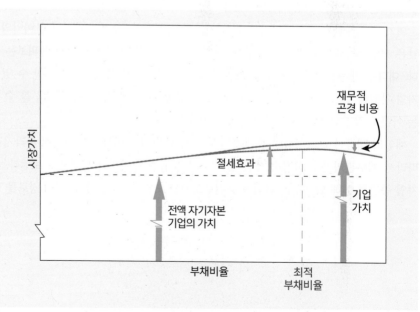

▶ **그림 17.2**  기업가치는 전액 자기자본으로 조달되었을 때의 가치 + PV(절세효과) − PV(재무적 곤경 비용)와 같다. 자본 구조의 상충이론에 따르면 경영자는 기업가치를 극대화하는 부채비율을 선택해야 한다.

**재무적 곤경 비용**에는 몇 가지 항목이 있다. 이제 이러한 비용들을 알아보고 무엇이 이런 비용을 발생시키는지 살펴보자.

## 파산비용

기업 파산에 대해 좋은 이야기는 거의 듣지 못했을 것이다. 그러나 세상의 거의 모든 일에는 좋은 점도 있다. 주주가 **채무불이행 권리**(right to default)를 행사하면 기업 파산이 일어난다. 이런 권리는 가치가 있다. 기업이 곤경에 빠지면, 유한책임을 지는 주주들은 모든 곤란한 문제를 채권자에게 남겨두고 그냥 떠나버릴 수 있다. 과거의 채권자들이 새로운 주주가 되고, 기존 주주들은 빈 손으로 돌아선다.

우리 법체계에서 기업의 모든 주주는 자동으로 **유한책임**(limited liability)의 특권을 누린다. 하지만 그렇지 않다고 가정해보자. 자산과 영업 면에서 동일한 두 기업이 있다고 하자. 두 기업은 모두 부채를 갖고 있으며, 내년에 각각 $1,000의 원리금을 상환하기로 약속했다. 그러나 그중 한 기업, 에이스 유한회사(Ace Limited)만이 유한책임이다. 다른 기업, 에이스 무한회사(Ace Unlimited)는 그렇지 않다. 주주들은 회사의 부채에 대해 개인적으로 책임을 진다.[9]

그림 17.3은 다음 해 이들 두 기업의 채권자와 주주에게 돌아가는 발생 가능한 지급금(payoff)을 비교하고 있다. 유일한 차이는 다음 해의 자산가치가 $1,000보다 적을 때 발생한다. 다음 해 각 회사의 자산가치는 $500라고 하자. 에이스 유한회사는 채무불이행을 선언하고, 주주들은 떠난다. 주주에게 돌아가는 지급금은 없다. 채권자는 가치가 $500인 자산을 갖는다. 그러나 에이스 무한회사의 주주는 빠져나갈 수가 없다. 그들은 자산가치와 채권자의 청구권 간 차이인 $500를 채권자에게 건네주어야만 한다. 무슨 일이 있더라도 부채는 상환된다.

에이스 유한회사가 파산으로 간다고 가정하자. 물론 주주들은 기업가치가 그 정도로 작다는데 실망할 것이다. 그러나 이는 자금조달과 관련이 없는 영업의 문제이다. 영업성과가 부진할 때 파산할 권리, 즉 채무불이행의 권리는 가치 있는 특권이다. 그림 17.3에서와 같이 에이스 유한회사의 주주는 에이스 무한회사의 주주보다 더 유리한 입장이다.

이 예는 파산비용에 대해 사람들이 자주 범하는 실수를 잘 보여준다. 파산은 기업의 장례식이라고 여겨진다. 추모자들(채권자들과 특히 주주들)은 현재 비참한 상태의 기업을 본다. 그들은 자신들의 증권이 과거에 얼마나 가치가 있었고 지금은 얼마나 가치가 없는가를 생각한다. 게다가 그들은 파산비용으로 사라진 가치를 생각한다. 이것은 잘못이다. 자산가치의 감소는 정말 슬퍼해야 할 일이다. 그러나 이것이 자금조달과 반드시 연관된 것은 아니다. 파산은 단지 자산가치의 감소로 채무불이행이 일어날 때 채권자가 기업을 인수하도록 허락하는 법적 장치일 뿐이다. 파산은 가치 감소의 원인이 아니라 그 결과이다.

원인과 결과를 뒤바꾸지 않도록 조심하라. 사람이 죽었을 때 유언의 집행이 사망의 원인이라고 말하지는 않는다.

파산을 기업이 채무를 불이행했을 때 채권자가 기업을 인수하도록 하는 법적 장치라고 했

---

[9] 에이스 무한회사는 합명회사거나 개인회사로, 유한책임을 제공하지 않는다.

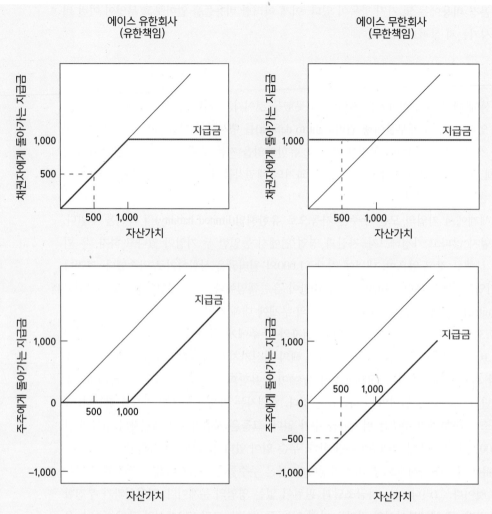

**▶ 그림 17.3** 다른 조건이 모두 같은 유한책임회사와 무한책임회사의 비교. 두 회사의 자산가치가 $1,000보다 작으면, 에이스 유한회사의 주주는 채무불이행을 선언하고 채권자가 자산을 인수한다. 에이스 무한회사의 주주는 계속해서 자산을 보유하지만, 채권자에게 지급하기 위해 자기 호주머니를 털어야 한다. 주주와 채권자 둘에게 가는 몫의 합계는 두 회사에서 동일하다.

다. **파산비용**(bankruptcy costs)은 이러한 장치를 사용하는 비용이다. 그림 17.3에는 파산비용이 전혀 나타나지 않는다. 에이스 유한회사만이 채무를 불이행하고 파산할 수 있다는 점을 주목하라. 그러나 자산가치에 무슨 일이 일어나든 관계없이 에이스 유한회사의 채권자와 주주에게로 가는 가치를 **합친**(combined) 것은 에이스 무한회사의 채권자와 주주에게로 가는 가치를 **합친** 것과 항상 같다. 따라서 지금(올해) 두 기업의 전체 시장가치는 같아야만 한다. 물론 에이스 유한회사의 주식은 채무불이행 권리 때문에 에이스 무한회사의 주식보다 더 가치가 있다. 에이스 유한회사의 부채는 그만큼 가치가 작다.

이 예에서 현실을 엄밀히 나타내려고 하지는 않았다. 법원이나 변호사와 관련된 모든 것이 공짜가 아니다. 에이스 유한회사가 채무를 불이행하는 경우, 재판과 변호사 비용이 $200라고

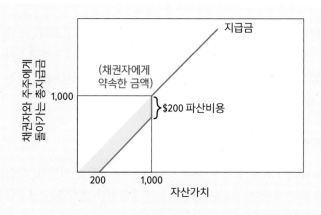

▶ **그림 17.4** 에이스 유한회사 증권 소유자에게 돌아가는 가치의 합계. 채무불이행으로 $200의 파산비용(음영 부분)이 발생한다.

하자. 이 수수료는 에이스 유한회사 자산의 잔존가치에서 지급된다. 따라서 자산가치가 $500라면 채권자는 $300만 갖게 된다. 그림 17.4는 이 파산비용을 빼고 다음 해 채권자와 주주에게 돌아가는 총지급금을 보여준다. 에이스 유한회사는 위험한 부채를 발행함으로써, 채무불이행이 일어나는 경우 변호사와 법원에 기업에 대한 청구권을 준 것이다. 기업의 시장가치는 이 청구권의 현재가치만큼 감소한다.

증가한 레버리지가 재무적 곤경 비용의 현재가치에 어떠한 영향을 주는지는 쉽게 알 수 있다. 에이스 유한회사가 차입을 늘리면, 채무불이행 가능성과 변호사의 청구권 가치도 증가한다. 이는 PV(재무적 곤경 비용)를 증가시키고 에이스 유한회사의 현재 시장가치를 감소시킨다.

파산비용은 주주의 호주머니에서 나온다. 채권자들은 이런 비용을 미리 알고 있으며, 채무불이행이 일어나면 자신들이 그 비용을 지급하리라는 것도 잘 안다. 이 때문에 채권자들은 기업이 아직 채무불이행을 하지 않은 경우에도, 더 높은 이자의 형태로 미리 보상을 요구한다. 즉 더 높은 약정 금리를 요구하게 된다. 이는 주주에게 돌아갈 가능성이 있는 지급금을 감소시키며, 주식의 현재 시장가치를 감소시킨다.

## 파산비용에 관한 증거

파산비용은 빠르게 늘어날 수 있다. 실패한 에너지 대기업 엔론은 파산기간 동안 법률, 회계 및 기타 전문 비용으로 $7억 5,700만를 지불했다. 리먼 브러더스의 자산에 대한 65,000건의 청구를 분류하는 데 드는 비용은 20억 달러를 초과했다.

엄청난 액수로 보이지만, 기업의 자산가치에서 차지하는 비중은 그리 높지 않다. 로렌스 와이스(Lawrence Weiss)는 1980년부터 1986년까지 파산한 31개 기업을 조사한 결과 평균비용은 장부상 총자산가치의 3% 정도, 파산 전년도 시장가치 자기자본의 20% 정도임을 발견했다. 안드라데와 카플란(Andrade and Kaplan)은 곤경에 처해 있고 부채를 많이 사용하는 기업의 표본에서 재무적 곤경 비용의 추정치는 곤경 전 시장가치의 10~20%에 달한다고 했다. 그렇지만 이 비용이 재무적 곤경 때문인지, 파산으로 가게 된 경영상의 실패 때문인지를 구분하기 어려

웠다.[10]

파산비용이 자산가치에서 차지하는 비중은 대기업보다 소기업에서 더 크다. 파산에는 유의한 규모의 경제가 있다. 예를 들어 영국에서 작은 규모의 파산을 연구한 프랭크스와 수스만 (Franks and Sussman)은 (법적 및 회계적) 수수료와 다른 비용이 기업을 청산해서 얻는 금액의 약 20~40%를 차지한다고 했다.[11]

## 직접 파산비용과 간접 파산비용

지금까지는 **직접**(direct) 파산비용(즉 법적 비용과 관리비용)에 관해 논의했다. 그런데 거의 측정이 불가능한 간접비용도 존재한다. 그러나 간접비용의 중요성을 말해주는 엄청나게 많은 증거가 있다.

파산 기업을 관리하기는 쉽지 않다. 자산의 매각이나 새로운 장비에 투자하는 것과 같은 수많은 일상적인 의사결정에 대해서도 파산 법정의 동의가 있어야 한다. 아무래도 시간과 노력이 든다. 최악은 기업의 장기적인 번영에는 거의 관심이 없고 자신에게 지급될 현금만을 원하는 채권자들이 회사를 개혁하고 재생시킬 제안을 훼방한다.

때로는 문제가 역전된다. 파산 법정이 회사가 계속기업으로 유지되기를 간절히 바란 나머지 음(O)의 NPV 활동을 허용하기도 한다. 이스턴 항공이 파산 법정의 '보호'에 들어갔을 때, 회사에는 아직도 가치 있고 수익성 있는 노선과 비행기나 공항 설비처럼 매각 가능한 자산들이 있었다. 채권자에게는 신속한 청산으로 모든 부채와 우선주를 갚는 데 충분한 현금을 확보했더라면 가장 좋았을 것이다. 그러나 파산 담당 판사는 비용이야 어떻든 이스턴 항공의 비행기를 계속 운항시키고 싶어 해서, 엄청난 영업손실을 메우기 위해 많은 자산을 매각하도록 허용했다. 2년 후 결국 이스턴 항공이 문을 닫았을 때는 파산 정도가 아니라 관리비조차도 지급할 수 없는 상태였다. 채권자의 몫으로 거의 아무것도 남지 않았고, 법률비용을 지급할 현금도 부족했다.[12]

직접 파산비용과 간접 파산비용의 합이 어느 정도인지는 아무도 모른다. 우리는 그 액수가 상당할 것이고, 특히 그 과정이 길고 복잡한 대기업에는 더욱 그러리라 생각한다. 채권자가 파산을 강행하는 것을 몹시 꺼린다는 점이 아마도 가장 좋은 증거일 것이다. 원론적으로 그들은

---

[10] 파산비용에 대한 선구적 연구로는 J. B. Warner, "Bankruptcy Costs: Some Evidence," *Journal of Finance* 32(May 1977), pp. 337-347이 있다. 또한 다음을 참조하라—L. A. Weiss, "Bankruptcy Resolution: Direct Costs and Violation of Priority of Claims," *Journal of Financial Economics* 27(October 1990), pp. 285-314; E. I. Altman, "A Further Investigation of the Bankruptcy Cost Question," *Journal of Finance* 39(September 1984), pp. 1067-1089; G. Andrade and S. N. Kaplan, "How Costly Is Financial(not Economic) Distress? Evidence from Highly Leveraged Transactions that Became Distressed," *Journal of Finance* 53(October 1998), pp. 1443-1493.

[11] J. Franks and O. Sussman, "Financial Distress and Bank Restructuring of Small to Medium Size UK Companies," *Review of Finance* 9(2005), pp. 65-96. 카린 소르번(Karin Thorburn)은 스웨덴 파산 시스템이 소규모 기업에는 상당히 효율적이라는 것을 발견했다. "Bankruptcy Auctions: Costs, Debt Recovery and Firm Survival," *Journal of Financial Economics* 58(December 2000), pp. 337-368 참조.

[12] L. A. Weiss and K. H. Wruck, "Information Problems, Conflicts of Interest, and Asset Stripping: Chapter 11's Failure in the Case of Eastern Airlines," *Journal of Financial Economics* 48(1998), pp. 55-97 참조.

고민을 끝내고 가능한 한 빨리 자산을 확보하는 편이 나을 것이다. 그러나 채권자들은 기업이 어려운 기간을 넘기고 성장하기를 바라는 마음에서 종종 채무불이행을 간과한다. 채권자들은 어느 정도는 파산비용을 회피하려고 그렇게 한다. 오래된 재무 속담이 있다. "$1,000를 빌리면 빚쟁이를 얻는다. $1,000만를 빌리면 동업자를 얻게 된다."

채권자는 절대적인 우선권을 갖지 못하게 될 것을 염려해 파산을 꺼릴 수도 있다. **절대적 우선권**(absolute priority)이란 주주가 $1라도 받기 전에 채권자가 전액을 상환받음을 의미한다. 때로는 재조직(reorganization) 협상을 통해서 채권자가 전액을 상환받지 않았음에도 주주에게 주는 위로금을 포함해 모두에게 조금씩 준다. 때로는 다른 청구권이 나타난다. 예를 들어 2009년 크라이슬러가 파산하고 나서, 인디애나주는 크라이슬러 채권에 투자한 지역 연기금의 편에서 (성공하지 못했지만) 소송을 제기했다. 이 기금은 파산 기업의 자산을 피아트(Fiat)에 파는 조건에 대해, 자신은 달러당 $0.29를 받지만, 자신보다 후순위 청구권은 더 많이 받는다고 심하게 불평했다. 그러나 크라이슬러의 파산은 특별한 경우였다. 심각한 불황 속에서 수만 명의 직장을 보호하려고 애를 쓴 미국 정부가 파산 절차 진행에서 중요한 역할을 했다.

## 파산 없는 재무적 곤경

어려움에 처한 모든 기업이 파산으로 가는 것은 아니다. 기업이 부채 이자를 충당할 정도의 현금을 긁어모을 수 있다면, 몇 년이고 파산을 지연시킬 수 있다. 나중에 기업이 회복해 부채를 상환하면 파산도 함께 피할 수 있다.

그러나 재무적 곤경의 징조만으로도 위협받는 기업에는 큰 비용이 들 수도 있다. 고객과 납품 업체는 오래 생존하지 못할 가능성이 있는 기업과 거래하기를 상당히 꺼린다. 고객들은 중고로 팔 때 가격과, 서비스와 대체 부품이 계속 제공될 것인지 염려한다. (파산을 향해 치닫고 있는 자동차 회사에서 새 차를 사겠는가?) 납품업자들은 외상으로 거래하기를 꺼리고, 자사 제품에 대해 현금을 요구할 것이다. 잠재적 종업원은 계약을 맺지 않으려 하며, 기존 직원들은 다른 직장을 알아보려고 책상을 빠져나간다.

부채가 많고 그 때문에 재무위험이 크면 기업은 경영위험을 줄이려고 하는 것으로 보인다. 루이기 진갈레스(Luigi Zingales)는 1970년대 말의 트럭 운수산업 규제 완화 이후 미국의 트럭 운수회사들의 운명을 조사했다.[13] 규제 완화는 경쟁과 구조 조정의 물결을 촉발시켰다. 생존을 위해서는 신규 투자와 운영효율성이 필요했다. 진갈레스는 새로운 경쟁 환경에서 살아남을 확률은 보수적으로 자금을 조달한 트럭회사일수록 높았음을 발견했다. 부채가 많은 기업은 게임에서 탈락할 확률이 높은 경향이 있었다.

## 부채와 인센티브

기업이 어려움에 처하면 채권자와 주주는 모두 회사가 회복되기를 원하지만, 다른 점에서는

---

[13] L. Zingales, "Survival of the Fittest or the Fattest? Exit and Financing in the Trucking Industry," *Journal of Finance* 53(June 1998), pp. 905–938.

이해가 충돌할 수도 있다. 재무적 곤경의 시기에 증권 보유자들은 정당과 비슷해서, 대의는 공유하지만 구체적인 이슈 하나하나에 대해서는 쓸데없는 다툼을 벌인다.

이러한 이해의 충돌이 적절한 영업과 투자, 자금조달결정을 방해하면 재무적 곤경 비용은 커진다. 주주는 기업의 전체적 시장가치 극대화라는 일반적인 목적을 포기하는 대신에 좀 더 편협한 이기적인 이익을 추구하려는 유혹을 받는다. 주주는 채권자의 비용으로 게임을 하려는 유혹을 느낀다. 이제 그러한 게임이 어떻게 재무적 곤경 비용으로 이어지는지 예를 들어보자.

다음은 서큘러 파일 컴퍼니(Circular File Company)의 장부가치 재무상태표이다.

**서큘러 파일 컴퍼니(장부가치)**

| 순운전자본 | $20 | $50 | 발행 채권 |
|---|---|---|---|
| 고정자산 | 80 | 50 | 보통주 |
| 총자산 | $100 | $100 | 총가치 |

주식 1주와 채권 1장만 발행되었다고 가정한다. 주주는 경영자이기도 하다. 채권자는 다른 사람이다.

다음 시장가치 재무상태표에서 서큘러 부채($50)의 액면가치가 기업의 총시장가치($30)보다 높으므로 분명히 재무적 곤경의 상황이다.

**서큘러 파일 컴퍼니(시장가치)**

| 순운전자본 | $20 | $27 | 발행 채권 |
|---|---|---|---|
| 고정자산 | 10 | 3 | 보통주 |
| 총자산 | $30 | $30 | 총가치 |

오늘이 부채 만기라면 서큘러의 소유자는 채무를 이행하지 못하고 기업은 파산에 이른다. 그러나 사실은 지금부터 1년 후가 채권 만기이고, 서큘러가 1년을 그럭저럭 버티기에 충분한 현금이 있으며, 채권자는 그 이전에 '문제를 제기'하거나 파산을 강요할 수 없다고 하자.

1년의 유예기간은 서큘러 주식이 왜 여전히 가치 있는지를 설명한다. 소유자는 기업이 부채를 상환하고도 돈이 남아 기업을 구할 수 있는 행운에 내기를 걸게 된다. 이 내기는 도박에 가깝다. 원칙적으로는 기업가치가 $30에서 $50 이상으로 증가할 때만 이 내기에서 승리한다.[14] 그러나 소유자에게는 비밀 무기가 있다. 그는 투자와 영업 전략을 통제한다.

### 위험의 전가: 첫 번째 게임

서큘러에 $10의 현금이 있다고 하자. 다음과 같은 투자기회가 생겼다.

---

[14] 여기서 주주가 내기에 지급할 공정한 가격이 $3인지를 어떻게 계산하는지에는 관심이 없다.

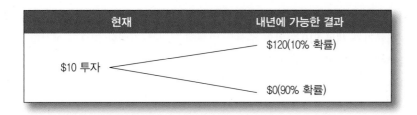

이는 무모한 도박이며, 아마도 형편없는 투자안일 것이다. 그러나 소유자가 어떻게든 이를 채택하려는 이유를 알 수 있다. 왜 끝까지 한 번 버텨보지 않겠는가? 어찌 되든 서큘러는 파산할 가능성이 크다. 따라서 소유자는 본질적으로 채권자의 돈으로 내기하는 것이다. 그러나 투자안이 성공하면 전리품 대부분을 소유자가 차지한다.

투자안의 NPV는 − $2지만 어쨌든 투자된다고 가정하자. 따라서 기업가치는 $2 감소한다. 서큘러의 새로운 재무상태표는 다음과 같을 것이다.

**서큘러 파일 컴퍼니(시장가치)**

| 순운전자본 | $10 | $22 | 발행 채권 |
|---|---|---|---|
| 고정자산 | 18 | 6 | 보통주 |
| 총자산 | $28 | $28 | 총가치 |

기업가치는 $2 하락하지만, 채권가치가 $5 하락했기 때문에 소유자는 $3를 번다.[15] 채권을 지켜주던 현금 $10는 이 경우 $8의 가치만 있는 매우 위험한 자산으로 대체된다.

따라서 게임은 서큘러 채권자의 돈으로 진행되었다. 게임은 다음과 같은 일반적인 논점을 잘 드러내준다 ─ 경영위험이 증가하면 부채 사용 기업의 주주가 이익을 본다. 엄격하게 주주의 처지에서 (채권자의 이익에 **반해서**) 행동하는 재무관리자는 안전한 투자안보다 위험한 것을 더 좋아한다. 그들은 NPV가 음(−)인 위험한 투자안마저 채택할지도 모른다.

이러한 왜곡된 자본예산 전략은 기업과 전체 경제에 막대한 비용을 안긴다. 왜 이 비용을 재무적 곤경과 연관시키는가? 게임의 유혹은 채무불이행의 가능성이 클 때 매우 강하기 때문이다. 엑슨 모빌과 같은 우량기업은 NPV가 음(−)인 도박에는 절대 투자하지 않을 것이다.

## 자기자본 출자 거부하기: 두 번째 게임

주주가 즉각적이고 속 좁은 이기심을 갖고 행동할 때 어떻게 기업의 전체적인 시장가치를 감소시키는 투자안을 채택할 수 있는지를 살펴보았다. 이는 저지름의 오류(errors of commission)이다. 이해의 충돌은 또한 게으름의 오류(errors of omission)를 불러일으킬 수도 있다.

서큘러가 현금을 조금도 마련하지 못해서 그 무모한 게임을 할 수 없다고 하자. 대신에 **좋은** 기회가 나타났다. 비용이 $10이고 현재가치가 $15로 NPV = + $5인 상대적으로 안전한 자산이 있다.

---

[15] 이 $5 하락은 계산한 값이 아니다. 우리는 그저 그럴듯한 가정을 하고 있을 뿐이다.

이 투자안 자체로는 서큘러를 구원하지 못하지만, 올바른 방향으로 한 걸음 나가는 것이다. 그러므로 서큘러가 새로 $10 가치의 주식을 발행해 투자를 진행할 것으로 예상할 수 있다. 본래의 소유주에게서 $10를 받고 2주를 발행했다고 하자. 이 투자안은 채택된다. 새로운 재무상태표는 다음과 같다.

### 서큘러 파일 컴퍼니(시장가치)

| | | | |
|---|---:|---:|---|
| 순운전자본 | $20 | $35 | 발행 채권 |
| 고정자산 | 25 | 10 | 보통주 |
| 총자산 | $45 | $45 | 총가치 |

총기업가치는 $15 상승한다(새로운 자본금 $10와 NPV $5). 서큘러의 채권가치는 이제 $25가 아니라 $35라는 데 유의하자. 기업의 자산에 새롭고 안전한 자산 $15가 포함되기 때문에 채권자는 $8의 자본이득을 얻는다. 채무불이행 확률은 낮아지고, 채무불이행이 발생했을 때 채권자가 받는 가치는 커진다.

주주는 채권자가 얻는 만큼 잃는다. 자기자본 가치는 $15가 아니라 $15 − $8 = $7 상승한다. 소유자는 새로운 자기자본 $10를 투입하지만, 시장가치는 $7 증가에 그친다. 투자는 기업에 이득이 되지만 소유자에게는 이득이 아니다.

이 예는 다시 한 번 일반적인 논점을 제시해준다. 경영위험이 일정하게 유지되는 경우, 모든 기업가치의 증가는 채권자와 주주들이 공유한다. 투자안의 이익을 채권자와 나누어 가져야 하므로 **주주**에게는 모든 투자기회의 가치가 감소한다. 따라서 NPV가 양( + )인 투자기회를 포기하더라도 새로 자기자본을 투입하지 않는 것이 주주 자신에게 이익이 된다.

이 문제는 이론적으로 부채가 있는 모든 기업에 영향을 주지만, 기업이 재무적 곤경에 처해 있을 때 가장 심각하다. 채무불이행 확률이 높을수록 채권자는 기업가치를 증가시키는 투자안으로부터 더 많은 이익을 얻는다.

## 세 가지 다른 게임, 간단히 보기

다른 게임과 마찬가지로 다음 세 게임의 유혹은 기업이 재무적 곤경에 처해 있을 때 특히 커진다.

**현금 챙겨 도망가기**(cash in and run)  주주들은 재무적 곤경에 처한 기업에 돈을 투입하기를 꺼리고, 예컨대 현금배당의 형태로 돈을 찾아가는 것을 좋아한다. 주가는 배당금보다 적게 하락하는데 그 이유는 기업가치 감소분을 채권자와 나누어 부담하기 때문이다. 이 게임은 '자기자본 출자 거부하기'를 역으로 하는 행동이다.[16]

---

[16] 재무적 곤경이나 파산을 예상하고 주주나 경영자가 돈을 빼낸다면 파산 법정은 이 지급금을 **사해적 재산의 양도**(fraudulent conveyance)로 간주하고 이 돈을 기업과 채권자에게 되돌려주도록 할 수 있다.

**시간 벌기**(playing for time)    기업이 재무적 곤경에 처하면 채권자들은 그 기업을 청산해 잔존가치를 확보하려 할 것이다. 자연히 주주들은 가능한 한 이를 지연시키려 한다. 이렇게 하는 데는 여러 가지 교활한 방법이 있다. 예를 들면 당해 영업성과를 더 좋게 보이려고 문제의 진정한 심각성을 감추도록 회계 방법을 변경하거나, 곧바로 회복할 것이라는 잘못된 희망을 부추기거나, 유지보수비와 연구개발비 등을 줄이는 것이다.

**미끼로 유혹해 바꿔치기**(bait and switch)    이 게임이 꼭 재무적 곤경 상황에서만 행해지는 것은 아니지만 빨리 곤경으로 들어가는 방법이다. 회사는 상대적으로 안전한 액수의 부채를 발행하는 보수적인 정책으로 시작한다. 그 후 갑자기 정책을 변경해 부채를 아주 많이 발행한다. 그러면 회사의 모든 부채는 위험해지고, '구' 채권자들은 자본 손실을 입는다. 채권자들의 자본 손실은 곧 주주의 이익이 된다.

미끼로 유혹해 바꿔치기의 가장 극적인 사례는 1988년 10월 RJR 나비스코(RJR Nabisco)의 경영진이 자사를 **차입매수**(leveraged buyout, LBO)하겠다는 발표이다. 이로써 회사는 기존 주주에게서 주식을 사들여 '비공개기업'으로 바꾸는 거래로 '돌입'했다. 차입매수비용은 대부분 부채로 조달되었다. 새로운 비공개기업은 극도로 높은 부채비율을 갖고 출범하게 될 것이다.

나비스코에는 시장가치로 약 \$24억나 되는 부채가 있었다. LBO 계획 발표로 부채의 시장가치는 \$2억 9,800만만큼 하락했다.[17]

## 게임에 드는 비용

성인들 사이에 합의로 이루어지는 게임이라면 왜 반대하는가? 그 이유는 게임을 하게 되면 투자와 영업에서 나쁜 결정을 하게 되기 때문이다. 이 좋지 않은 의사결정이 차입의 **대리인 비용**(agency cost)이다.

기업이 더 많이 빌릴수록 (재무관리자는 주주의 이익을 위해 행동한다고 가정할 때) 게임의 유혹도 커진다. 장래에 나쁜 결정을 할 확률이 커지면 투자자는 기업의 현재 시장가치를 낮게 평가한다. 하락한 가치는 주주의 호주머니에서 나온다. 따라서 유혹을 피하는 것이 궁극적으로 주주에게 이익이다. 이렇게 하는 가장 쉬운 방법은 기업의 부채가 안전하거나 거의 안전한 정도로 차입을 제한하는 것이다.

그러나 은행과 기타 채권자들도 재무에 관한 한 바보가 아니다. 그들은 이 게임이 자신들의 희생으로 실행될 가능성을 인지하고, 대출금을 제한하거나 기업의 활동에 제약을 가하는 방식으로 자신을 보호한다.

---

[17] 이 숫자를 제공해준 폴 애스키스(Paul Asquith)에게 감사한다. RJR 나비스코는 이 회사의 경영진이 아닌 다른 LBO 컨소시엄에 의해 결국 비공개기업이 되었다.

**예제 17.1 • 케첩 여사가 신용할당에 직면하다**

새내기 기업가인 헨리에타 케첩(Henrietta Ketchup)은 다음과 같은 결과가 예상되는 두 가지 투자안 중 하나를 선택해야 한다.

|  | 투자액 | 결과 | 결과의 확률 |
|---|---|---|---|
| 투자안 1 | − 12 | + 15 | 1.0 |
| 투자안 2 | − 12 | + 24 | 0.5 |
|  |  | 0 | 0.5 |

투자안 1은 확실하고 매우 수익성이 높다. 투자안 2는 위험하며 좋지 않은 투자안이다. 케첩 여사는 이제 거래 은행에 가서 $10의 현재가치를 대출해 달라고 요청한다. (나머지 돈은 그녀의 지갑에서 나온다.) 은행은 수익이 다음과 같이 나뉠 것으로 추정한다.

|  | 은행의 기대수익 | 케첩 여사의 기대수익 |
|---|---|---|
| 투자안 1 | + 10 | + 5 |
| 투자안 2 | $(0.5 \times 10) + (0.5 \times 0) = +5$ | $0.5 \times (24 - 10) = +7$ |

케첩 여사가 투자안 1을 받아들이면, 은행 부채는 확실히 전액 상환되고 그녀의 기대수익은 $5이다. 그녀가 투자안 2를 택한다면, 상환될 가능성은 50%이고 은행의 기대수익은 겨우 $5이지만, 케첩 여사의 기대수익은 $7로 투자안 1의 기대수익보다 $2가 많다. 즉 일이 잘되면 그녀가 이익의 대부분을 차지하고, 잘못되면 손실의 대부분을 은행이 부담하므로 케첩 여사는 당연히 투자안 2를 택하려 할 것이다. 케첩 여사가 빌린 돈으로 상환불이행 가능성이 높은 위험한 투자를 하지 않을 것이라고 은행을 설득하지 못한다면 은행은 대출 규모를 제한할 것이다.[18]

• • • • •

예제 17.1에서 케첩 여사는 은행에 그녀의 의도를 어떻게 이해시킬 수 있을까? 확실한 답은 은행에게 잠재적으로 위험한 결정에 대한 거부권을 주는 것이다. 기업의 부채를 뒷받침하는 계약에 숨겨진 모든 불리한 조건은 궁극적으로 경제적 논리에 따른 것들이다. 부채 계약서는 종종 배당이나 주주에게 부를 이전하는 것과 다름없는 행위들을 제한한다. 예를 들어 기업이 순이익보다 많이 배당하지 못하게 하고, 추가로 차입하는 것을 제한한다. 또 다른 예로, 기존 채권 계약서에서 지급이자에 대한 순이익 비율이 2.0을 초과하는 경우에만 장기부채를 추가로 발행하는 것을 허용한다.

---

[18] 케첩 여사가 투자안 2를 선택할지도 모른다고 은행이 의심하면 부채 이자율을 올리려 할 수도 있다. 이 경우 케첩 여사는 투자안 2를 채택하지 않으려 할 것이다. (고약한 투자안으로 그들 모두를 만족하게 할 수는 없다.) 그러나 투자안 1을 채택할 생각이라면, 케첩 여사 또한 높은 금리를 부담하지 않으려 한다. (그녀는 무위험 이자율에 더 적게 빌리는 편이 나을 것이다.) 따라서 단순히 이자율을 올리는 것은 답이 아니다.

일부 기업은 채권자의 동의 없이는 자산의 매각이나 중요한 투자 지출을 하지 못하도록 제한받는다. 회계처리 방법을 분명히 밝히고 채권자에게 기업의 회계장부와 재무예측 자료 열람권을 부여하면 시간 벌기의 위험이 줄어든다.

물론 숨겨진 불리한 조건이 어떻게든 위험 부채를 발행하려는 기업에 대한 완전한 해결책이 되지는 못한다. 이러한 조건 그 자체에도 비용이 수반된다. 돈을 지키려고 돈을 써야 한다. 복잡한 부채 계약이 단순한 계약보다 협상비용이 더 많이 드는 것은 당연한 사실이다. 이후 채권자가 기업 성과를 감시하는 데도 더 큰 비용이 든다. 채권자는 예상되는 감시비용(monitoring cost)에 대해 더 높은 이자율의 형태로 보상을 요구한다. 따라서 부채의 또 다른 대리인 비용인 감시비용은 궁극적으로 주주가 부담하게 된다.

숨겨진 불리한 조건의 가장 심각한 비용은 아마도 영업과 투자 결정에 대한 제한에서 나온다. 예를 들어 위험 전가 게임을 막기 위한 시도는 동시에 기업이 **좋은** 투자기회를 선택하는 것을 방해할 수도 있다. 적어도 채권자의 의심을 없애느라 중요한 투자가 지연된다. 어떤 경우에는 순현재가치가 양(+)인 투자안을, 위험이 크다는 이유로 채권자가 거부하기도 한다. 사실 채권자들도 자신을 위한 게임, 즉 좋은 투자안을 포기하더라도 기업이 현금이나 위험이 작은 자산에 안주하도록 강요하려는 유혹을 받는다.

지금까지 논의한 게임들이 전혀 일어나지 않도록 부채 계약에 모두 명시할 수는 없다. 그렇게 하려는 시도는 모두 절망적일 만큼 비용이 많이 들 뿐만 아니라, 결국에는 실패하게 되어 있다. 인간의 상상력은 잘못될 모든 가능성을 인지하기에 충분하지 않다. 그러므로 계약은 항상 **불완전**(incomplete)하다. 우리는 이전에는 전혀 생각하지도 못했던 차원에서 발생하는 일로 항상 놀라곤 한다.

경영자나 주주는 제약이 없으면 항상 유혹에 굴복한다는 인상을 남기지 않았기를 바란다. 일반적으로 그들은 페어플레이라는 의미뿐만 아니라 실질적인 이유로도 스스로 절제한다. 채권자를 희생시키는 대가로 오늘 주식에서 크게 한몫 벌어 보려는 기업이나 개인은 다음 번 차입에서는 냉대를 받을 것이다. 철저한 사기꾼과 극도의 재무적 곤경에 처한 기업만이 공격적인 게임에 참여한다. 기업은 곤경에 처해 게임을 할 유혹에 노출되기를 바라지 않기 때문에 차입을 엄격하게 제한한다.

## 곤경 비용은 자산의 유형에 따라 변동한다

전액 저당 잡힌, 중심가의 큰 호텔이 당신 회사의 유일한 자산이라고 하자. 불황으로 객실 이용률이 떨어지고 저당 대출금을 갚을 수가 없다. 채권자는 호텔을 인수해 새로운 소유주와 경영자에게 매각한다. 당신 주식은 휴지조각이 되었다.

파산비용은 얼마인가? 아마도 이 예에서는 매우 적을 것이다. 물론 호텔의 가치는 당신이 희망하는 것보다 훨씬 작다. 그러나 그것은 손님이 없기 때문이지 파산 때문은 아니다. 파산은 호텔 그 자체에 손해를 주지 않는다. 직접적인 파산비용은 법률 수수료와 부동산 수수료, 채권자가 일을 처리하는 데 드는 시간 같은 항목으로 제한된다.

우리가 위의 한탄강호텔 이야기를 플레즐링전기(제5장 참조)의 경우에도 똑같이 반복한다고 하자. 기초 실물자산을 제외하고는 모든 것이 같다. 플레즐링전기는 부동산 기업이 아니라 첨단기술 기업, 즉 가장 가치 있는 자산이 신기술과 투자기회, 종업원의 인적 자본 등으로 구성된 성장기업이다.

플레즐링전기에 문제가 생기면, 주주들은 회사의 성장기회에 추가로 돈을 투자하는 것을 꺼릴 것이다. 투자 실패는 한탄강호텔과 같은 부동산 기업보다는 플레즐링전기에 훨씬 더 심각할 것이다.

플레즐링전기가 부채에 대한 채무를 이행하지 못하면 채권자는 자산을 매각해 현금화하기가 훨씬 어려움을 알게 된다. 자산의 대부분을 차지하는 무형자산은 계속기업의 일부일 때만 가치가 있다.

플레즐링전기가 채무불이행과 재조직을 통해 계속기업으로 유지될 수 있을까? 그것은 결혼케이크를 세차기에 넣어 씻으려는 것만큼 희망이 없지는 않겠지만, 수많은 심각한 어려움이 있을 것이다. 첫째, 회사가 재무적 곤경에 처하지 않았을 때보다 핵심 인력의 이탈 가능성이 더 커진다. 이 회사 제품이 계속 서비스될지 의심하는 고객에게는 특별 보증이 주어져야 할 것이다. 신제품과 기술에 공격적인 투자가 어려워진다. 기업이 모험적인 투자에 새로 자금을 투입하는 것이 그들에게도 이익이 된다고 여러 유형의 채권자를 확신시켜야 한다.

좋은 상업용 부동산과 같은 일부 자산은 거의 상처를 입지 않고 파산과 재조직을 통과할 수 있다.[19] 다른 자산의 가치는 상당히 감소할 것이다. 계속기업으로서 기업의 건전성과 관련된 무형 자산, 예를 들어 기술과 인적 자본, 상표 이미지 등에서 손실이 가장 크다. 이러한 이유 때문에 기업가치가 연구개발의 계속적인 성공에 달린 제약업종과 인적 자본에 의존하는 많은 서비스 산업은 부채비율이 낮다. 또한 마이크로소프트와 구글처럼 수익성이 높은 성장기업들이 주로 자기자본으로 자금을 조달하는 이유를 이해할 수 있다.

이들 예의 교훈은 다음과 같다. **차입이 문제를 일으킬 가능성만 생각하지 말라. 문제가 생겼을 때 손상될 가치에 대해서도 생각하라.**

**엔론의 한탄강호텔?**    엔론은 1990년대에 가장 매혹적이고, 빨리 성장하는 (분명히) 수익성 높은 기업 중 하나였다. 이 회사는 미국과 외국에서 전력시장의 규제 완화를 선도했고, 전력 생산과 송배전, 가스 파이프라인, 통신 네트워크, 그리고 다양한 벤처사업에 투자했다. 의욕이 넘치는 에너지 유통회사를 설립하기도 했다. 정점에 있었을 때 엔론의 보통주 시가총액은 $600억를 넘어섰다. 2001년 말에 가서 엔론은 파산하고 주식은 아무런 가치도 없어졌다.

돌아보면 엔론은 앞에서 설명한 수많은 게임을 벌였다. 이 회사는 공격적으로 차입한 부채

---

[19] 1989년 록펠러(Rockefeller) 일가는 맨해튼 요지에 있는 대형 빌딩인 록펠러 센터 지분의 80%를 미쓰비시 부동산회사(Mitsubishi Estate Company)에 $14억에 매각했다. 부동산투자신탁회사(REIT)인 록펠러 센터 부동산(Rockefeller Center Properties)은 이 부동산을 담보로 $13억의 저당 채무(REIT의 유일한 자산)를 갖고 있었다. 그러나 임대와 사용률이 예상치에 도달하지 못했고, 1995년까지 미쓰비시는 약 $6억의 손실을 보았다. 그러고 나서 미쓰비시는 떠나고 록펠러 센터는 파산했다. 이는 일련의 복잡한 책략과 협상으로 이어졌다. 그러나 이 때문에 록펠러 센터 자산의 가치가 감소했는가? 파산 때문에 센터 재산의 일부인 라디오시티뮤직홀(Radio City Music Hall)의 가치가 조금이라도 감소했는가? 우리는 그렇지 않다고 생각한다.

를 '특수목적 법인(special purpose entities, SPE)'에 숨겨두었다. 이 SPE는 회사의 보고된 이익을 과장하는 한편 더 위험한 투자를 하면서 시간 벌기 게임을 하는 데도 이용되었다. 거품이 터지자 남은 자산은 거의 없었다.

애당초 $600억는 존재하지도 않았기 때문에 엔론의 붕괴가 정말로 $600억의 가치를 파괴한 것은 아니었다. 그러나 이는 재무적 곤경 비용의 진수를 보여주었다. 엔론의 에너지 유통사업에 초점을 맞춰보자. 이 사업은 겉보기처럼 그렇게 수익성이 높지 않았지만, 그래도 가치 있는 자산이었다. 엔론은 전기와 천연가스, 기타 상품의 미래 가격과 수량을 확정하는 계약을 사고 팔기를 원하는 에너지 도매업자와 대형 수요자들에게 중요한 서비스를 제공했다.

엔론이 재무적 곤경에 처해 있고 아마도 파산을 향해 가고 있음이 명백해졌을 때 이 회사에 무슨 일이 일어났는가? 사라져 버렸다. 거래량은 즉시 0이 되었다. 엔론이 제 역할을 다하는 거래 상대방이 되기에는 너무 거리가 있음이 명백해졌기 때문에 어떤 고객도 엔론과 새로운 거래를 하지 않으려 했다. 거래량이 없으면 유통사업도 없다. 엔론의 유통사업은 한탄강호텔의 유형자산보다는 플레즐링전기와 더 비슷했다.

엔론의 유통사업 가치는 엔론의 신용도에 달렸었다. 보수적인 자금조달로 이러한 가치를 보호해야만 했었다. 사라진 가치 대부분은 엔론의 공격적인 차입에서 그 이유를 찾을 수 있다. 그러므로 이 상실된 가치는 재무적 곤경 비용이었다.

## 자본 구조의 상충이론

재무관리자는 기업의 부채-자기자본 결정을 이자의 절세효과와 재무적 곤경 비용 간의 교환관계로 생각한다. 물론 이자 절세효과가 얼마나 가치 있고, 어떤 재무적 곤경이 가장 위협적인가에 대해서는 논란이 있지만, 이러한 의견 불일치는 주제를 변형한 것일 뿐이다. 그림 17.2는 부채-자기자본의 상충관계를 보여준다.

이 자본 구조의 **상충이론**(trade-off theory)은 목표 부채비율(target debt ratio)이 기업마다 다를 수 있음을 인정한다. 안전한 유형자산과 절약할 수 있는 많은 과세대상 이익이 있는 기업은 높은 목표 비율을 가져야 한다. 위험하고, 무형자산을 갖는 수익성이 없는 기업은 주로 자기자본 조달에 의존해야만 한다.

자본 구조 조정에 비용이 들지 않는다면 각 기업은 항상 목표 부채비율을 유지할 것이다. 그러나 최적 비율로 조정하는 데는 시간과 비용이 든다. 기업이 목표 자본 구조에서 이탈하게 만드는 무작위적인 사건들을 즉각 상쇄시킬 수는 없다. 따라서 같은 목표 부채비율을 갖는 기업들 사이에서도 실제 부채비율이 무작위적인 차이를 보이게 된다.

대체로 이 자본 구조 선택에 대한 상충이론은 위안이 되는 이야기를 들려준다. 가능하면 많은 부채를 가져야 한다는 MM 이론과는 달리 극단적인 예측을 피하고 적당한 부채비율을 합리화한다. 재무관리자에게 목표 부채비율이 있느냐고 물으면, 종종 목표가 부채비율로 정해지지 않고 부채 등급으로 정해지기는 하지만, 보통 '예'라고 답할 것이다. 예를 들어 기업은 채권 등급을 A로 유지하도록 자본 구조를 관리한다. 비율이든 등급이든, 목표는 상충이론과 일관성

을 가진다.[20]

그러나 실제로 그런가? 자본 구조의 상충이론은 실제로 기업들이 어떻게 행동하는가를 설명할 수 있는가?

답은 '예'와 '아니요' 모두 가능하다. '예' 측면에서 상충이론은 여러 산업별로 자본 구조가 다른 현상을 잘 설명한다. 예를 들어 자산이 위험하고 주로 무형인 첨단기술 성장기업은 일반적으로 부채를 상대적으로 거의 사용하지 않는다. 항공사는 자산이 유형이고 상대적으로 안전하기 때문에 많이 차입할 수 있고 또 실제로 그렇게 한다.[21]

'아니요' 측면에서는 상충이론이 설명할 수 없는 것이 몇 가지 있다. 이것은 가장 성공 적인 일부 기업들이 거의 부채를 사용하지 않고도 번성하는 이유를 설명하지 못한다. 존슨앤드존슨을 생각해보자. 이 회사는 표 17.4(a)에서와 같이 거의 전액 자기자본으로 조달했다. 존슨앤드존슨의 가장 가치 있는 자산은 무형자산인 제약 연구개발의 성과임을 인정하자. 우리는 무형자산과 보수적인 자본 구조가 함께 간다는 것도 잘 안다. 그렇지만 존슨앤드존슨은 엄청난 거액의 법인세를 내면서(약 \$40억), 가장 높은 신용등급을 유지하고 있다. 이 회사는 재무적 곤경의 가능성을 조금도 염려하지 않고 거액을 차입해 수천만 달러를 절약할 수 있다.

존슨앤드존슨은 현실의 자본 구조에 대한 아주 이상한 사실을 보여준다. 가장 수익성이 높은 기업이 보통 가장 적게 빌린다.[22] 여기서 상충이론은 맞지 않는다. 정확히 반대되는 예측을 하기 때문이다. 상충이론에서 많은 이익은 더 많은 부채조달 한도와 더 많은 절약할 수 있는 과세 대상 소득을 의미하고, 따라서 더 높은 목표 부채비율을 의미한다.[23]

2017년 세금감면 및 일자리 법에 따라 미국 기업들이 부채에 대한 의존도를 낮출 것인지는 흥미로운 이슈이다. 상충(trade-off) 이론은 세율을 35%에서 21%로 낮추면 목표 부채비율이 낮아질 것이라고 예측한다. 이자지급액이 EBITDA 또는 EBIT의 30%를 초과하는 기업은 재무적 곤경에 따른 비용이 중요하다면 부채를 줄이려는 추가 인센티브를 갖게 된다.

반면 공개기업은 세금만으로 자본 구조를 크게 바꾸는 경우가 드물며,[24] 기업의 시장가치에

---

[20] J. Graham and C. Harvey, "The Theory and Practice of Corporate Finance: Evidence from the Field," *Journal of Financial Economics* 60(May/June 2001), pp. 187-243 참조.

[21] 모든 항공사가 안전하다는 말은 아니다. 많은 항공사가 그렇지 않다. 항공사는 못하지만, 비행기는 부채를 지탱해줄 수 있다. 올빼미 항공사가 부도가 나면 이 회사의 비행기를 다른 회사가 운항해도 가치가 유지된다. 중고 비행기를 취급하는 잘 작동하는 중고시장이 있다. 따라서 비행기를 담보로 한 부채는 살얼음판 위를 (그리고 어둠 속을) 나는 항공사에 대출되어도 잘 보전될 수 있다.

[22] 예를 들어 왈드(wald)는 국제 비교에서 기업 자본 구조의 단 하나의 가장 중요한 요인은 수익성임을 발견했다. J. K. Wald, "How Firm Characteristics Affect Capital Structure: An International Comparison," *Journal of Financial Research* 22(Summer 1999), pp. 161-187 참조.

[23] 여기서 부채는 기업 자산의 장부가치 또는 대체가치에서 차지하는 비중을 의미한다. 수익성 있는 기업은 시장가치에서 차입이 차지하는 비중이 크지 않을 것이다. 더 높은 수익성은 더 큰 시장가치뿐만 아니라 차입할 유인이 커진다는 것을 의미한다.

[24] 맥키-메이슨(MacKie-Mason)은 세금을 내는 기업은 세금을 내지 않는 기업보다 (자기자본에 비해서) 부채를 더 많이 조달하는 경향이 있음을 발견했다. 이는 세금이 자금조달결정에 영향을 미침을 보여준다. 그러나 이것이 꼭 상충이론을 지지하는 증거는 아니다. 17-2절을 다시 보고 법인세와 개인세가 상쇄되어 부채정책이 무관련한 특별한 경우에 주목하자. 이 경우 세금을 내는 기업은 부채에 순세금이득이 없음을 안다. 기업의 이자 절세효과는 기업의 부채 투자자가 내는 세금으로 상쇄된다. 그러나 적자를 보고 있고, 이자 절세효과의 혜택을 보

서 이자 세금 방패의 현재가치가 얼마나 되는지 파악하기 어렵다.[25] 상충 이론이 중요하다고 말하는 속성들을 감안하더라도 동일한 산업에서 부채가 많은 회사와 부채가 적은 회사의 평균 부채비율 간에는 크고 오래 지속되는 차이가 있다.[26] 반면 드안젤로와 롤(DeAngelo and Roll)은 수십 년 동안의 데이터를 연구한 결과 개별 기업의 부채비율이 급격히 변동했다는 사실을 발견했다. 예를 들어 IBM의 장부 부채비율은 1950년대 중반에 약 40%로 정점을 찍고 1970년대 중반에 거의 0으로 떨어졌다가 세기가 바뀌면서 다시 약 30%로 상승했다. 인터네셔널 페이퍼(International Paper)의 부채비율은 1909년과 제2차 세계대전이 끝날 때까지 20~40% 사이로 변동하다가 1960년대 중반에 20~40% 범위로 복귀할 때까지 0으로 떨어진 바 있다. 드안젤로와 롤의 사례 연구에 따르면 대규모 자본 투자가 이루어지거나 외부 자금조달에 대한 요구가 큰 상황에서 레버리지 증가가 자주 발생했다.[27]

그레이엄, 리어리, 로버츠(Graham, Leary, and Roberts)는 미국 기업의 총레버리지가 1940년대 중반 약 10%에서 1970년대 초부터 2010년까지 약 30%로 꾸준히 증가했음을 발견했다. 그러나 이러한 증가세를 법인세율의 변화로 설명할 수 없었다.[28] 다른 선진국에서 부채비율은 미국과 같거나 더 높다. 이 중 여러 나라에서 이자 절세효과의 가치를 없애는 귀속세제를 채택하고 있다.[29]

이 중 어떤 것도 상충이론을 부정하지 않는다. 조지 스티글러(George Stigler)가 강조한 바와 같이 이론은 상황 증거에 의해 기각되지 않는다. 이론은 이론으로 반박해야 한다. 그래서 이제 자금조달 문제에 관한 완전히 다른 이론을 살펴본다.

## 17-4  자금조달 선택의 우선순위

자금조달순서 이론(pecking-order theory)은 경영자들이 기업의 전망과 위험, 가치에 대해 외부 투자자들보다 더 잘 안다는 의미의 멋진 용어인 **비대칭 정보**(asymmetric information)로부터

지 못하는 기업에는 자기자본이 유리하다. J. MacKie-Mason, "Do Taxes Affect Corporate Financing Decisions?" *Journal of Finance* 45(December 1990), pp. 1471-1493 참조.

[25] 파마와 프렌치(E. F. Fama and K. R. French)의 연구에서는 1965년에서 1992년까지 2,000개 기업을 조사한 결과 이자 절세효과가 기업가치에 도움이 된다는 증거를 발견하지 못했다. "Taxes, Financing Decisions and Firm Value," *Journal of Finance* 53(June 1998), pp. 819-843 참조.

[26] M. L. Lemmon, M. R. Roberts, and J. F. Zender, "Back to the Beginning: Persistence and the Cross-Section of Corporate Capital Structure," *Journal of Finance* 63(August 2008), pp. 1575-1608.

[27] H. DeAngelo and R. Roll, "Capital Structure Instability," *Journal of Applied Corporate Finance* 28(Fall 2016), pp. 38-52.

[28] J. R. Graham, M. T. Leary, and M. R. Roberts, "The Leveraging of Corporate America: A Long-Run Perspective on Changes in Capital Structure," *Journal of Applied Corporate Finance* 28(Fall 2016), pp. 29-37.

[29] 15-5절에서 호주의 귀속세제에 대해 설명했다. 다시 표 15.2를 보자. 호주 기업이 이자로 A$10을 지급한다고 하자. 이는 법인세를 A$3.00만큼 감소시키는 동시에 주주가 받는 세액공제를 A$3.00만큼 감소시킨다. 최종 세금은 기업이나 주주 중 누가 차입했는지와 관계가 없다. 그림 17.2를 호주 제도에 대해 다시 그려서 이를 확인할 수 있다. 법인세율 $T_c$는 상쇄된다. 모든 세금을 낸 후의 소득은 투자자의 세율에만 의존하기 때문에 기업 차입에 따른 특별한 이득은 없다.

시작된다. 경영자는 분명히 투자자들보다 더 많이 안다. 경영자의 발표로 말미암은 주가 변화를 관찰하면 이것이 증명된다. 기업이 정기 배당의 증가를 발표하면 주가는 보통 상승한다. 투자자들은 배당 증가를 미래 이익에 대한 경영자의 자신감의 표시로 해석하기 때문이다. 다시 말하면 배당 증가는 경영자로부터 투자자에게 정보를 전달한다. 이는 경영자가 더 많은 것을 아는 경우에만 일어난다.

비대칭 정보는 내부와 외부 자금조달 간의 선택, 그리고 새로운 부채와 주식 발행 간의 선택에 영향을 미친다. 이는 투자자금이 처음에는 주로 재투자한 이익인 내부자금으로 조달되며, 그리고 나서 신규 부채를 발행하고, 마지막으로 신주를 발행하는 순서로 이어진다. 신주 발행은 기업의 부채조달 한도가 소진되었을 때, 즉 재무적 곤경 비용의 위협이 기존의 채권자와 재무관리자에게 계속적인 불면증을 가져올 때 의존하는 최후의 보루이다.

곧이어 자금조달순서 이론에 대해 더 자세히 살펴볼 것이다. 그보다 먼저, 비대칭 정보가 있을 때 재무관리자는 왜 보통주보다 부채 발행을 선호하게 되는가를 알아야 한다.

## 비대칭 정보가 있을 때 부채와 주식의 발행

바깥세상에서 볼 때, 예로 든 두 기업 스미스 앤드 컴퍼니(Smith & Company)와 존스사(Jones, Inc.)는 같다. 두 회사 모두 좋은 성장기회를 가진 성공적인 기업이다. 그러나 두 기업에는 위험이 있으며, 투자자들은 경험상 현재의 예상과는 다른 결과가 자주 일어난다고 알고 있다. 두 회사의 현재 기대 주가는 $100지만, 진정한 가치는 더 높거나 낮을 수도 있다.

|  | 스미스 | 존스 |
|---|---|---|
| 진정한 가치는 더 높을 수도 있다 | $120 | $120 |
| 현재 최선의 추정치 | 100 | 100 |
| 진정한 가치는 더 낮을 수도 있다 | 80 | 80 |

이제 두 기업 모두 자본 투자를 위해 투자자에게서 신규로 자금을 조달할 필요가 있다고 하자. 채권이나 주식 둘 중 하나를 발행할 수 있다. 어떤 선택을 할 것인가? 한 재무관리자는 다음과 같이 생각할 수 있다.

주식을 주당 $100에 팔아? 웃기는 일이야! 최소한 $120의 가치가 있어. 지금 주식을 발행하면 새로운 투자자에게 공짜 선물을 주는 셈이다. 의심 많은 주주들이 회사의 진정한 가치를 알아주었으면 좋겠어. 새로운 공장 덕분에 우리 생산비는 세계에서 가장 낮을 거야. 기자와 증권 애널리스트들에게 장밋빛 전망을 설명했지만, 별로 믿기지 않는 모양이다. 음, 그렇다면 선택은 분명해. 우리는 저평가된 주식 대신 부채를 발행할 거야. 부채 발행으로 발행 수수료도 절약할 수 있을 거야.

다른 재무관리자는 생각이 다르다.

버팔로 버거는 한동안 히트 상품이었지만, 유행이 시드는 듯해. 즉석식품 사업부가 새로 좋은 상품을 찾아내지 못하면 지금부터는 내리막이다. 수출시장이 지금은 좋지만, 시베리아의 신설 목 장들과 어떻게 경쟁해 나간단 말이야? 기자와 증권 애널리스트들에게 단기적으로 좋은 뉴스들을 알려주었더니 다행히도 주가는 꽤 좋게 유지되었어. 이제 주식을 발행할 때야. 중요한 투자가 진 행 중인데 왜 부채를 늘려서 걱정거리를 보태겠어?

물론 외부 투자자는 재무관리자의 마음을 읽을 수 없다. 읽을 수 있다면 한 주식은 $120에, 다른 주식은 $80에 거래될 것이다.

낙관적인 재무관리자는 투자자들에게 그저 사실을 알려주기만 하면 될 텐데 왜 그렇게 하지 않는 것일까? 그러면 그 회사는 공정한 조건에 주식을 팔 수 있고, 그래서 자기자본보다 부채 를 선호하거나 또는 그 반대로 해야 할 이유가 없을 것이다.

이것이 그렇게 쉽지는 않다. (두 기업 모두 낙관적인 홍보물을 발행하고 있음에 주목하자.) 투자자들에게는 그저 말로만 해서는 안 된다. 그들을 설득해야만 한다. 그러려면 새로운 기술 과 상품 디자인, 마케팅 계획 등에 대한 내부 정보를 포함해 회사의 계획과 전망을 자세하게 정리해 설명해주어야 한다. 이렇게 하려면 기업에는 상당한 비용이 들며, 경쟁사에는 가치 있 는 정보가 된다. 무엇 때문에 문제를 일으키겠는가? 매출액과 이익 정보가 알려지면 투자자는 곧바로 알게 된다. 그런 동안에 낙관적인 재무관리자는 부채를 발행해 성장에 필요한 자본을 조달할 수 있다.

이제 두 가지 언론 발표가 있다고 가정하자.

존스사는 $1억 2,000만의 5년 만기 선순위 채권을 발행할 것이다.

스미스사는 오늘 120만 주의 보통주 신주 발행 계획을 발표했다. 이 회사는 $1억 2,000만를 조달할 것으로 예상한다.

합리적인 투자자인 당신은 금방 두 가지를 알게 된다. 첫째, 존스사의 재무관리자는 낙관 적이고 스미스사의 재무관리자는 비관적이다. 둘째, 스미스사의 재무관리자는 투자자가 주당 $100를 지불하리라 생각하는 바보다. 주식 매각 **시도**는 그 주식이 가치가 작음을 분명히 말해 준다. 스미스사는 확실히 주당 $100가 아닌, $80 정도에 주식을 매각할 수 있을 것이다.[30]

영리한 재무관리자는 이를 미리 염두에 둔다. 최종 결과는? 스미스사와 존스사는 결국 부채 를 발행한다. 존스사의 재무관리자는 낙관적인데 저평가된 가격에 자기자본을 발행하고 싶지 않으므로 부채를 발행한다. 영리하지만 비관적인 스미스사 재무관리자의 주식 발행 시도는 주 가 하락으로 이어지고, 주식 발행의 모든 장점이 사라지므로 결국 부채를 발행한다. (주식 발 행은 즉시 경영자의 비관적인 생각을 알려주게 된다. 대부분 경영자는 기다리는 것을 선호한 다. 부채를 발행하면 나쁜 소식은 다른 채널을 통해서 더 늦게 흘러나오게 된다.)

스미스사와 존스사의 이야기는 비대칭 정보가 어떻게 주식보다 부채 발행에 유리하게 작용

---

[30] 스미스사는 $80로도 발행에 성공하지 못할지도 모른다. 계속해서 $80에 발행하려고 노력하면 투자자들은 그보 다 가치가 없다고 확신하게 된다.

하는지를 보여준다. 경영자는 투자자보다 더 많은 정보를 갖고 있으며 두 그룹이 모두 합리적이라면, 차입할 수 있는 기업은 모두 신주보다는 부채를 발행하려 할 것이다. 다시 말하면 부채 발행이 우선순위가 더 높다.

문자 그대로 해석하면 이러한 논리는 주식 발행 가능성을 배제하는 것처럼 보인다. 비대칭 정보가 항상 중요한 것은 아니며, 다른 힘이 작용하기도 하기 때문에 반드시 그렇지는 않다. 예를 들어 스미스사가 이미 부채가 많아서 더 많이 차입할 경우 재무적 곤경을 무릅써야 한다면, 보통주를 발행하는 것도 타당하다. 이 경우 주식 발행 발표가 완전히 나쁜 소식은 아닐 것이다. 발표는 재무적 곤경에 대한 경영자의 우려를 부각시키기 때문에 여전히 주가 하락 요인이긴 하지만, 주가 하락이 꼭 발행이 현명하지 못한 일이거나 실현 불가능함을 의미하지는 않는다.

첨단기술의 고성장기업 역시 신뢰받는 보통주 발행자가 될 수 있다. 그러한 기업의 자산은 주로 무형이고, 파산이나 재무적 곤경 비용이 아주 크다. 그래서 보수적인 자금조달이 필요하다. 급속히 성장하면서 보수적인 부채비율을 유지하는 유일한 방법은 주식 발행이다. 투자자가 이러한 이유로 주식이 발행되는 것을 이해한다면, 스미스사의 재무관리자가 당면했던 유형의 문제는 훨씬 심각성이 적다.

이런 예외를 제외하면, 비대칭 정보는 신주 발행보다는 부채 조달이 압도적인 현상을 설명할 수 있다. 적어도 성숙한 공개기업에 대해서는 그렇다. 부채 발행은 자주 있지만 주식 발행은 드물다. 주식시장이 매우 정보 효율적인 미국에서도 외부 자금조달 중 많은 부분이 부채로 조달된다. 잘 발달하지 못한 주식시장을 가진 나라에서는 주식 발행이 더 어렵다.

앞의 어떤 논리도 기업이 높은 부채비율을 향해 매진해야 한다는 말은 아니다. 단지 주식 발행보다는 이익 재투자로 자기자본을 증대시키는 편이 더 좋다는 뜻일 뿐이다. 사실 내부에서 창출된 자금이 풍부한 기업은 어떤 종류의 증권도 발행할 필요가 없고, 그래서 발행비용과 정보 문제를 완전하게 피해 나갈 수 있다.

## 자금조달순서의 시사점

기업 자금조달의 **자금조달순서 이론**은 다음과 같다.

1. 기업은 내부 자금조달을 선호한다.
2. 기업은 배당의 갑작스러운 변화를 피하려 하고, 목표 배당성향을 투자기회에 맞춰 조정한다.
3. 잘 변하지 않는 배당정책에 수익성과 투자기회의 예측 불가능한 변동을 더하면, 내부에서 조달된 현금흐름이 자본 지출보다 많을 때도 있고 적을 때도 있다. 더 많다면 기업은 부채를 상환하거나 시장성 있는 증권에 투자한다. 더 적다면 기업은 먼저 현금계좌에서 인출하거나 시장성 있는 증권을 매각한다.
4. 외부 자금조달이 요구되면, 기업은 먼저 아주 안전한 부채를 발행한다. 즉 부채로 시작해 아마도 전환사채와 같은 혼합증권을, 그다음으로 어쩌면 최후의 수단으로 주식을 발행

한다.

이 이론에서는 잘 정의된 목표 부채-자기자본의 조합이 없다. 왜냐하면 내부와 외부 두 종류의 자기자본이 있는데 하나는 가장 우선순위가 높고 하나는 가장 낮기 때문이다. 각 기업의 관찰된 부채비율은 외부 자금조달에 대한 누적된 요구를 반영한다.

자금조달순서 이론은 왜 가장 수익성이 높은 기업이 일반적으로 적게 빌리는지를 설명해준다. 목표 부채비율이 낮아서가 아니라 외부 자금이 필요하지 않기 때문이다. 수익성이 덜한 기업은 자본 투자계획에 충분한 내부자금이 없어서, 그리고 부채가 외부 자금조달에서 우선순위가 가장 높아서 부채로 조달한다.

자금조달순서 이론에서는 이자 절세효과의 매력은 부차적이라고 가정한다. 부채비율은 배당과 실물 투자기회에 필요한 현금을 뺀 내부 현금흐름에 불균형이 있으면 변한다. 투자기회가 제한적이고 수익성이 높은 기업은 부채비율을 낮추려고 한다. 투자기회가 내부 창출 자금보다 많은 기업은 더 많이 빌리게 된다.

이 이론은 동일 산업 내에서 수익성과 재무 레버리지가 역의 관계인 현상을 설명한다. 기업들이 일반적으로 동일 산업의 성장률을 따라잡으려고 투자한다고 하자. 그러면 한 산업 내의 투자율은 비슷할 것이다. 배당성향이 고정적이라면 가장 수익성이 낮은 기업은 내부 자금이 적은 만큼 더 많이 차입하게 된다.

## 상충이론 대 자금조달순서 이론 – 최근의 검증 결과

라잔과 진갈레스(Rajan and Zingales)는 1995년에 캐나다와 프랑스, 독일, 이탈리아, 일본, 영국, 미국에 있는 대기업의 부채와 자기자본 선택에 관한 논문을 발표했다. 라잔과 진갈레스는 개별 기업의 부채비율은 다음 네 가지 주요 요인에 따라 결정되는 것으로 보인다고 보고했다.[31]

1. **기업 규모**(size). 대기업의 부채비율이 더 높은 경향이 있다.
2. **유형자산**(tangible asset). 고정자산 대 총자산의 비율이 높은 기업은 더 높은 부채비율을 갖는다.
3. **수익성**(profitability). 수익성이 높은 기업일수록 부채비율이 낮다.
4. **주가 대 장부가치**(market to book). 주가 대 장부가치비율이 높은 기업일수록 부채비율이 낮다.

이러한 결과는 상충이론과 자금조달순서 이론 모두에 좋은 소식이다. 상충이론의 지지자들은 유형자산으로 이루어진 대기업들은 재무적 곤경에 덜 노출되어 있고 더 많이 차입할 것으

---

[31] R. G. Rajan and L. Zingales, "What Do We Know about Capital Structure? Some Evidence From International Data," *Journal of Finance* 50(December 1995), pp. 1421-1460. 개발도상국에서도 동일한 네 가지 요인이 있는 것으로 보인다. L. Booth, V. Aivazian, A. Demirguc-Kunt, and V. Maksimovic, "Capital Structures in Developing Countries," *Journal of Finance* 56(February 2001), pp. 87-130 참조.

로 예상한다고 말한다. 그들은 주가 대 장부가치비율을 성장기회의 척도로 해석하고, 성장기업은 높은 재무적 곤경 비용에 직면할 수 있고 차입을 적게 할 것으로 기대된다고 주장한다. 우선순위 옹호론자들은 수익성의 중요성을 강조하면서, 수익성이 높은 기업은 내부 자금조달에 의존할 수 있기 때문에 부채를 적게 사용한다고 주장한다. 그들은 주가 대 장부가치비율을 또 다른 수익성 척도로 해석한다.

우리는 2개의 경쟁적인 이론을 가진 것으로 생각되며, 두 이론은 모두 옳다! 이는 안이한 결론이 아니다. 그래서 최근 연구에서는 어느 한 이론이 우월해지는 환경을 알아내기 위한 경주를 시도했다. 공개 채권시장에 접근할 수 있는 성숙기의 대기업에는 자금조달순서 이론이 가장 잘 맞는 것으로 보인다. 이런 기업들은 자기자본(주식)을 거의 발행하지 않는다. 이들은 내부 자금조달을 선호하며, 투자 자금이 필요하면 부채시장으로 간다. 소형의 신생 성장기업들은 외부 자금조달이 필요하면 자기자본 발행에 의존할 가능성이 더 크다.[32]

부채비율에는 **시장 타이밍**(market timing)의 누적 효과가 반영되어 있다는 실증적 증거도 존재한다.[33] 시장 타이밍은 행동재무학의 한 가지 예다. 투자자들이 (1990년대 말처럼) 가끔 비이성적으로 들뜨고, 때로는 비이성적으로 낙담한다고 하자. 재무관리자들의 견해가 투자자들보다 안정적이라면, 주가가 지나치게 높은 경우에는 주식을 발행하고 주가가 너무 낮으면 채권 발행으로 전환해 이점을 활용할 수 있다. 주가가 아주 높았던 기록이 있는 행운의 기업들은 부채는 더 적게, 주식은 더 많이 발행해 결국은 부채비율이 낮아진다. 이런 행운이 없고 인기도 없는 기업들은 주식 발행을 회피하며, 결국은 부채비율이 높아진다.

시장 타이밍은 왜 기업들이 주가 상승이 있고 나서 주식을 발행하며, 전체적인 주식 발행이 강세장에 집중되고 약세장에서는 급감하는지를 설명할 수 있다.

기업 자금조달 정책에 대한 다른 행동학적 설명이 있다. 예를 들어 버트랜드와 쇼어(Bertrand and Schoar)는 개별 CEO와 CFO, 기타 최고경영자의 경력을 추적했다. 그들의 개인적인 '스타일'은 이 기업 저 기업으로 옮겨 갈 때마다 유지되었다.[34] 예를 들어 나이 든 CEO는 좀 더 보수적이어서 부채비율을 낮게 유지하려는 경향이 있었다. MBA 학위를 가진 CEO는 좀 더 공격적인 경향이 있었다. 일반적으로 자금조달결정은 기업의 성질이나 경제적 여건에 달린 것이 아니라 최고경영자의 개성에 달렸다.

---

[32] 샤이암-선더와 마이어스(L. Shyam-Sunder and S. C. Myers)는 1980년대 대기업 표본에서 우선순위 가설이 교환관계 가설보다 우월함을 발견했다. "Testing Static Trade-off against Pecking-Order Theories of Capital Structure," *Journal of Financial Economics* 51(February 1999), pp. 219-244를 참조하라. 프랭크와 고얄(M. Frank and V. Goyal)은 1990년대에는 특히 소기업에서 우선순위 가설의 성과가 저하되었음을 발견했다. 다음 문헌을 참조하라. "Testing the Pecking Order Theory of Capital Structure," *Journal of Financial Economics* 67(February 2003), pp. 217-248. 다음 문헌 역시 참조하라. E. Fama and K. French, "Testing Trade-off and Pecking Order Predictions about Dividends and Debt," *Review of Financial Studies* 15(Spring 2002), pp. 1-33; M. L. Lemmon and J. F. Zender, "Debt Capacity and Tests of Capital Structure Theories," *Journal of Financial and Quantitative Analysis* 45(2010), pp. 1161-1187.

[33] M. Baker and J. Wurgler, "Market Timing and Capital Structure," *Journal of Finance* 57(February 2002), pp. 1-32.

[34] M. Bertrand and A. Schoar, "Managing with Style: The Effect of Managers on Firm Policies," *Quarterly Journal of Economics* 118(November 2003), pp. 1169-1208.

## 재무적 여유의 명암

다른 조건이 같다면, 우선순위가 높은 것이 낮은 것보다 좋다. 외부 자기자본이 필요해서 자금조달 우선순위를 따른 기업은 과다한 부채를 가지게 되거나, 경영자가 공정하다고 생각하는 가격에 주식을 매각할 수 없어서 좋은 투자기회를 포기할 수도 있다.

다시 말해 **재무적 여유**(financial slack)는 가치가 있다. 재무적 여유를 갖는다는 것은 현금, 시장성 유가증권, 즉 처분 가능한 실물자산을 갖고 있거나, 부채시장이나 은행 융자에 쉽게 접근할 수 있음을 의미한다. 쉽게 접근할 수 있으려면 기본적으로 잠재적인 채권자가 기업의 부채를 안전한 투자로 여길 정도로 보수적인 자금조달이 필요하다.

장기적으로, 기업가치는 재무적 결정보다는 자본 투자결정과 경영 의사결정에 더 많이 의존한다. 그러므로 기업은 충분한 재무적 여유를 가져서 좋은 투자안이 있으면 빨리 자금을 확보할 수 있기를 바란다. 재무적 여유는 NPV가 양(+)인 성장기회를 많이 가진 기업에 더욱 가치가 있다. 이는 성장기업이 대개 보수적인 자본 구조를 갖고자 하는 또 다른 이유이다.

재무적 여유에는 어두운 측면도 있다. 너무 많으면 경영자가 돈을 쉽게 생각하고, 주주에게 지급되어야 할 현금을 자신의 특권적 소비(perks)를 확장하거나 제국을 건설하는 데(empire-building) 쓰게 될 가능성이 크다. 다른 말로 하면 재무적 여유는 대리인 문제를 더욱 악화할 수 있다. 마이클 젠슨(Michael Jensen)은 충분한 여유 현금흐름(또는 불필요한 재무적 여유)을 갖는 경영자는 성숙 사업이나 분별없는 기업인수에 너무 많은 현금을 투자하는 경향이 있다고 강조했다. "문제는 경영자가 자본비용보다 낮은 데 투자하거나 조직 비효율성에 낭비하기보다는 현금을 토해내도록 어떻게 동기를 부여하는가이다"라고 젠슨은 말했다.[35]

그것이 문제라면 부채가 답일 수도 있다. 예정된 원리금 지급은 기업의 계약상 의무이다. 부채는 기업이 현금을 지급하도록 한다. 아마도 가장 좋은 부채 수준은 부채를 지급하고 난 후 모든 양(+)의 NPV 투자안에 투자하면 한 푼도 남지 않을 정도의 돈을 은행에 현금으로 남기는 것이다.

우리는 이 정도로 세밀한 조정을 추천하지는 않지만, 이 아이디어는 타당하고 중요하다. 부채는 과잉투자의 유혹을 받는 경영자를 통제할 수 있다. 또한 부채는 운영 효율성을 개선하도록 압력을 가할 수도 있다.

## 최적 자본 구조 이론이 있는가?

아니다. 즉 수많은 기업의 부채와 자기자본 선택을 결정하는 모든 요인을 포함할 수 있는 하나의 이론은 없다. 대신 특정 기업의 자산과 영업, 환경에 따라 다소간 도움이 되는 몇 가지 이론이 있다.

다시 말하면, **긴장을 풀어라**: 최적 부채비율에 대한 마법의 공식을 찾느라 시간을 낭비하지 말라. 또한 가치 대부분은 재무상태표의 차변, 즉 기업의 영업과 자산, 성장기회에서 온다는

---

[35] M. C. Jensen, "Agency Costs of Free Cash Flow, Corporate Finance and Takeovers," *American Economic Review* 76(May 1986), pp. 323-329.

것을 기억하라. 자금조달은 덜 중요하다. 물론 자금조달은 왜곡되면 가치를 급속히 줄일 수 있다. 그러나 당신은 그렇게 하지 않을 것이다.

실무에서 자금조달 선택은 이 장에서 논의한 요인의 상대적인 중요성에 따라 달라진다. 어떤 경우에는 세금을 줄이는 것이 주된 목표이다. 따라서 리스로 자본을 조달하는 기업에서는 높은 부채비율이 발견된다. 장기 리스는 종종 세금을 줄이려는 거래이다. 개발된 상업용 부동산에서도 높은 부채비율이 발견된다. 예를 들어 현대식 도심 사무실 건물은 믿을 만한 임차인에게 임대된다면 안전하고 돈벌이가 되는 자산이다. 파산비용이 적으므로 부채를 많이 사용해 세금을 줄이는 것이 타당하다.

소규모 성장기업에는 이자 절세효과가 재무적 여유를 갖는 것보다 덜 중요하다. 수익성 있는 성장기회는 투자시기가 되었을 때 자금을 조달할 수만 있다면 가치가 있다. 재무적 곤경의 비용은 크다. 그래서 성장기업이 주로 자기자본으로 자금을 조달하려고 하는 것은 놀랍지 않다.

성장기업이 덜 빌리는 또 다른 이유가 있다. 그들의 성장기회는 실물옵션, 즉 실물자산에 투자할 수 있는 옵션이다. 옵션에는 숨겨진 재무위험이 많이 포함되어 있다. 잠재 채무는 일반적으로 옵션 자체의 순가치보다 크다.

따라서 성장기업은 명시적으로 한 푼도 빌리지 않더라도 재무위험을 짊어진다. 그러한 회사는 대차대조표의 부채금액을 줄임으로써 성장 옵션으로 인한 재무위험을 상쇄하는 것이 합리적이다. 성장 옵션의 잠재 부채는 결국 명시적 부채를 대체한다.

성숙한 기업들에게는 성장 옵션이 덜 중요하며 이 기업들은 일반적으로 더 많이 빌릴 수 있다. 이들은 자주 우선순위(pecking order)에 따라 자금을 조달한다. 정보 문제로 인해 대규모 주식 발행이 쉽지 않기 때문에 이러한 기업들은 이익잉여금으로 조달하는 것을 선호한다. 이들 기업은 투자에 필요한 자금을 유보이익으로 조달하기 어려울 때 부채를 발행하고, 이익이 투자기회보다 많으면 부채를 상환한다.

조만간 기업의 영업은 성장기회가 없어지는 시점에 이르게 된다. 이 경우 기업은 많은 액수의 부채를 발행해 자기자본을 줄이고 투자를 억제해 투자자에게 현금을 지급할 수도 있다. 기업은 자발적으로 부채비율을 높이거나 인수되어 부채비율이 높아질 수 있다.

이들 예가 전부는 아니지만, 생각이 깊은 CEO가 자금조달전략을 어떻게 세우는가를 조금은 알려준다.

이 장의 과제는 자본 구조가 왜 중요한지를 보이는 것이었다. 우리는 자본 구조가 무관련하다는 MM의 명제 1을 버리지 않았다. 그것에 더 보탰다. 그러나 최적 자본 구조에 대한 어떤 단순하고 보편적인 이론에 도달하지는 못했다.

상충이론은 이자 절세효과와 재무적 곤경 비용을 강조한다. 기업가치는 다음과 같이 나뉜다.

전액 자기자본으로 조달되었을 때 가치 + PV(절세효과) − PV(재무적 곤경 비용)

이 이론에 의하면, 기업은 PV(절세효과)의 가치가 증분 기준으로 PV(재무적 곤경 비용)의 증가에 의해 정확히 상쇄될 때까지 부채를 증가시켜야만 한다. 재무적 곤경 비용은 다음과 같이 나눌 수 있다.

1. 파산비용
   a. 법률 및 회계 수수료와 같은 직접비용
   b. 청산이나 재조직 중인 기업을 경영하는 데 따르는 어려움을 반영하는 간접비용
2. 파산 직전의 재무적 곤경 비용
   a. 기업의 신뢰성에 대한 의구심 때문에 영업이 비틀거릴 수 있다. 고객과 납품업자들은 내년에는 없을지도 모를 기업과의 거래를 꺼릴 것이다. 핵심 인력은 이탈의 유혹을 받는다. 부채가 과도한 기업은 제품시장 경쟁력이 낮을 것 같다.
   b. 재무적 곤경에 처한 기업의 채권자와 주주의 이해가 충돌해 운영과 투자 결정이 잘못될 수 있다. 자신의 이익만을 위해 행동하는 주주는 전체 기업가치를 감소시키는 '게임'을 해 채권자의 희생으로 이익을 얻을 수 있다.
   c. 부채 계약에 숨겨진 불리한 조건들은 이러한 게임을 막고자 고안되었다. 그러나 이 숨겨진 불리한 조건은 부채 계약을 작성하고, 감독하고, 강제하는 비용을 증가시킨다.

- 이자 절세효과의 가치는 법인세만을 고려한다면 쉽게 계산할 수 있다. 이 경우 차입의 절세효과는 한계 법인세율 $T_c$×이자 지급액 $r_D D$이다. 절세효과는 보통 차입이자율로 할인해 가치를 계산한다. 정해진 액수의 영구 부채의 경우에는 다음과 같다.

$$\text{PV(절세효과)} = \frac{T_c r_D D}{r_D} = T_c D$$

- 미국의 법인세율은 2018년에 35%에서 21%로 낮아져 차입의 세금 인센티브가 감소했다. 이자 비용의 세금 공제는 EBITDA의 30%, (2022년 이후) EBIT의 30%로 제한된다. 이러한 제한은 대부분의 미국 공개기업에 영향을 미치지 않을 것으로 보이지만, 영향을 받는 기업들은 추가 차입이 충분한 가치가 있는지 신중하게 생각해야 한다.
- 또한 법인세는 이야기의 일부일 뿐이다. 투자자가 자기자본에서 얻는 소득(배당과 자본이득)보다 이자 소득에 더 높은 세율로 세금을 낸다면, 기업의 이자 절세효과는 부분적으로 투자자가 내는 더 많은 세금으로 상쇄된다. 배당과 자본이득에 대한 미국의 세율이 (최대 20%로) 낮아 기업 차입의 세제상 이점이 줄어들었다.
- 상충이론은 재무적 곤경 비용과 차입의 세금 이점 사이의 득실을 비교한다. 기업은 기업가치를 극대화하는 목표 자본 구조를 선택한다고 가정한다. 안전한 유형자산과 절세 가능한 과세소득이 많은 기업은 높은 목표 비율을 가져야 한다. 위험한 무형자산을 갖는 수익성 없는 기업은 주로

자기자본 조달에 의존해야 한다.

- 이 자본 구조 이론은 여러 산업 간 자본 구조 차이를 성공적으로 설명한다. 그러나 한 산업 내에서 가장 수익성 높은 기업이 가장 보수적인 자본 구조를 갖는 일반적인 현상을 잘 설명하지는 못한다. 상충이론에서 수익성이 높다는 것은 부채조달 한도가 크고, 이 한도를 활용할 강한 법인세 유인이 있음을 의미한다.

- 경쟁 이론인 자금조달순서 이론에 의하면 기업은 가능하면 내부 자금조달을 이용하며, 외부 자금조달이 필요하면 자기자본보다는 부채를 선택한다. 이는 동일 산업 안에서 수익성이 낮은 기업이 더 많이 차입하는 이유를 설명한다. 그들이 높은 목표 부채비율을 가져서가 아니라 외부 자금조달을 더 많이 필요로 하며, 내부 자금조달이 소진되면 다음 우선순위는 부채이기 때문이다.

- 우선순위는 비대칭 정보의 결과이다. 경영자는 자기 회사에 대해 외부 투자자들보다 더 많이 안다. 주가가 너무 낮다고 믿을 때는 주식 발행을 꺼린다. 주가가 공정한 가격이거나 고평가되어 있을 때 발행하려고 한다. 투자자는 이를 알고 주식 발행 결정을 나쁜 소식으로 해석한다. 이는 주식 발행 발표에 주가가 하락하는 일반적인 현상을 설명한다.

- 이러한 정보 문제들이 중요할 때는 부채가 자기자본보다 좋다. 낙관적인 경영자는 저평가된 자기자본보다는 부채를 선호할 것이고 비관적인 경영자는 선례를 따르도록 압력을 받을 것이다. 자금조달순서 이론은 부채조달 한도가 소진되고 재무적 곤경이 위협으로 다가오는 경우에만 자기자본을 발행한다고 예측한다. 자금조달순서 이론은 재무적 여유의 가치를 강조한다. 충분한 여유가 없으면 기업은 낮은 우선순위에 묶이게 되고 저평가된 주식을 발행하거나, 차입해 재무적 곤경의 위험을 부담하거나, 양(+)의 NPV 투자기회를 포기해야 한다.

- 그러나 재무적 여유에는 어두운 측면도 있다. 잉여 현금이나 신용은 경영자가 과도하게 투자하거나, 안이하고 호화로운 기업 라이프스타일을 조장하도록 유혹한다. 유혹에 빠지거나 빠질 가능성이 크면, 높은 부채비율이 도움 될 수도 있다. 높은 부채비율은 기업이 현금을 토해내거나, 경영자와 조직이 더 효율적이 되려고 노력하도록 자극한다.

**연습문제**

1. 이자 절세효과의 현재가치를 종종 $T_c D$로 나타낸다. 여기서 $D$는 부채 규모이고 $T_c$는 한계 법인세율이다. 어떤 가정에서 이 현재가치가 옳은가?

2. 다음 3건의 부채 발행에 의해 발생하는 이자 절세효과의 현재가치를 계산하라. 법인세만을 고려한다. 한계세율은 $T_c = 0.30$이다.
   a. 8% 금리에 1년 만기 $1,000
   b. 8% 금리에 5년 만기 $1,000. 만기까지 원금이 상환되지 않는다고 가정하라.
   c. 7% 금리에 영구채 $1,000

3. 다음은 UF(United Frypan Company)의 장부가치와 시장가치 재무상태표이다.

| 장부가치 | | | | 시장가치 | | | |
|---|---|---|---|---|---|---|---|
| 순운전자본 | $20 | $40 | 부채 | 순운전자본 | $20 | $40 | 부채 |
| 장기자산 | 80 | 60 | 자기자본 | 장기자산 | 140 | 120 | 자기자본 |
| | $100 | $100 | | | $160 | $160 | |

세금이 있을 때도 MM 이론이 성립한다고 가정하자. 성장 기회는 없으며 $40의 부채는 영구적이라고 예상된다. 40%의 법인세율을 가정한다.

  a. 기업가치 중 얼마만큼이 부채로 말미암은 절세효과에 의해 설명되는가?

  b. 기업이 $20를 더 빌려서 주식을 재매입한다면 UF의 주주는 얼마만큼 이익인가?

4. 17-1절의 존슨앤드존슨의 예를 다시 보라. 존슨앤드존슨이 장기부채를 $450억로 증가시켰다고 하자. 증가한 부채는 주식 재매입에 사용된다. 새로운 자본 구조에서 표 17.4(b)를 다시 작성하라. 표의 가정들이 옳다면 존슨앤드존슨 주주의 가치 증가분은 얼마인가?

5. 법인세율 $T_c = 0.21$이고, 개인세율 $T_p = 0.37$이지만, 모든 자기자본 소득은 자본이득으로 발생해 세금을 완전히 회피할 수 있다면($T_{pE} = 0$), 기업 부채의 상대적인 세금 이점은 얼마인가? 기업이 모든 자기자본 소득을 세율이 20%인 현금배당으로 지급하기로 했다면 상대적인 세금 이점은 어떻게 변하는가?

6. "절약할 (과세)이익이 없으면 기업이 이자 절세효과를 활용할 수 없다." 이 문장은 부채정책에 대해 무엇을 시사하는가? 간략하게 답하라.

7. 연방정부의 재정 적자를 줄이려는 노력의 하나로 의회는 이자와 배당에 대한 최고 개인세율을 35%로 높였지만, 실현된 자본이득에 대한 세율은 15%를 유지한다고 가정하자. 법인세율은 21%를 유지한다. (a) 모든 자본이득이 즉시 실현될 때, 그리고 (b) 자본이득이 영원히 미뤄질 때, 부채와 자기자본에서 얻는 소득에 대해서 지급되는 총법인세와 개인세를 계산하라. 자본이득은 자기자본에서 얻는 소득의 절반이라고 가정한다.

8. "MM의 주장은 사람들이 개인소득세에서 이자를 공제할 수 있다는 사실을 무시한 것이 문제이다." 이자와 자기자본에 대한 개인세율이 같다면 왜 이것이 반론이 아닌지를 보여라.

9. 2019년 2월 29일 PDQ 컴퓨터는 파산을 선언했다. 주가는 $3.00에서 $0.50로 하락했다. 발행주식 수는 1,000만 주이다. 이는 파산비용이 1,000만 × (3.00 − 0.50) = $2,500만임을 의미하는가? 설명하라.

10. 자산의 유형이 다른 실제 기업 몇 개를 조사하라. 재무적 곤경이 있을 때 각 기업은 어떤 운영상의 어려움을 만나겠는가? 자산들은 가치를 얼마나 잘 유지하겠는가?

11. 이 문제는 재무적 곤경에 대한 이해도를 시험한다.

  a. 파산비용은 무엇인가? 이러한 비용들을 정의하라.

  b. "기업은 전혀 파산하지 않고도 재무적 곤경 비용을 부담할 수 있다." 이것이 어떻게 일어날 수 있는지 설명하라.

  c. 채권자와 주주 사이의 이해 충돌이 어떻게 재무적 곤경 비용을 발생시킬 수 있는지 설명하라.

12. 다음 문장은 맞는가, 틀리는가?

  a. 채무불이행 가능성이 높으면 관리자와 주주가 지나치게 위험한 프로젝트를 선택할 것이다.

  b. 채무불이행 가능성이 높으면 회사가 안전한 양의 순현재가치 투자기회가 있더라도 주주들이 자본 기여를 거부할 수 있다.

  c. 회사가 차입을 하면 예상 파산비용이 대출기관의 주머니에서 나오며 이에 따라 주식의 시

장가치에 영향을 미치지 않는다.

13. 17-3절에서는 시간 벌기와 현금 챙겨 도망가기, 미끼로 유혹해 바꿔치기라는 세 가지 게임에 대해 간단히 언급했다. 각 게임에 대해 주주가 채권자의 희생으로 어떻게 이익을 얻는지를 보여주는 (위험 전가 게임의 예처럼) 간단한 수치 예를 만들라. 그러고 나서 이 게임들을 하고자 하는 유혹이 어떻게 재무적 곤경 비용으로 이어질 수 있는지 설명하라.

14. 서큘러 파일의 시장가치 재무상태표로 되돌아가자.

| | | | |
|---|---|---|---|
| 순운전자본 | $20 | $25 | 발행 채권 |
| 고정자산 | 10 | 5 | 보통주 |
| 총자산 | $30 | $30 | 총가치 |

다음 행동에서 누가 이익을 얻고 누가 손해를 보는가?

a. 서큘러는 현금 $5를 긁어모아 배당으로 지급한다.

b. 서큘러는 운영을 중단하고 고정자산을 매각하며, 순운전자본을 현금 $20로 바꾼다. 불행히도 고정자산은 중고시장에서 겨우 $6에 매각되었다. 현금 $26는 단기국채에 투자된다.

c. 서큘러는 NPV=0이고 투자액이 $10인, 받아들일 만한 투자기회를 만난다. 회사는 투자안에 소요되는 자금을 차입하려 한다. 신규 부채는 우선순위 등에서 기존 부채와 동일한 증권이다.

d. NPV=+$2인 새 투자안은 우선주를 발행해 조달된다고 가정하자.

e. 채권자들은 서큘러에 회복할 기회를 주고자 자신들의 대출 만기를 1년에서 2년으로 연장하는 데 동의했다.

15. S석유회사는 시설의 많은 부분을 장기부채로 조달했다. 심각한 채무불이행 위험이 있지만, 아직 궁지에 몰리지는 않았다. 다음에 대해 설명하라.

a. 자기자본 발행으로 자금조달된 양(+)의 NPV 투자안에 투자하면 왜 S석유회사의 주주는 손실을 볼 수 있는가?

b. 현금으로 조달된 음(−)의 NPV 투자안에 투자하면 왜 S석유회사의 주주는 이익을 볼 수 있는가?

c. 대규모 현금배당을 하면 왜 S석유회사의 주주는 이익을 볼 수 있는가?

16. 케첩 여사의 투자안(예제 17.1 참조)에서 가능한 수입은 불변이지만, 이제 투자안 2가 $24를 제공할 확률은 40%이고 $0를 제공할 확률은 60%이다.

a. 은행이 $10의 현재가치를 빌려준다면 은행과 케첩 여사에게 가는 기대수익을 다시 계산하라. 케첩 여사는 어떤 투자안을 채택하겠는가?

b. 케첩 여사가 투자안 1을 채택하도록 유도하기 위해 은행이 빌려줄 수 있는 최대 금액은 얼마인가?

17. a. 회사가 재무적 어려움에 부닥쳤을 때 채권 계약에 숨겨진 불리한 조건으로 누가 이익을 보는가? 한 문장으로 답하라.

b. 채권이 발행될 때 채권 계약에 숨겨진 불리한 조건으로 누가 이익을 보는가? 회사가 (i) 배당 지급, 추가 차입 등에 대해 표준적인 제한을 가하는 채권 발행과 (ii) 최소한의 제약을 두

지만, 금리가 훨씬 높은 채권 발행 중에서 하나를 선택한다고 가정하자. (i)과 (ii)의 금리가 채권자로서는 공정하다고 가정하자. 회사는 어떤 채권을 발행할 것으로 예상하는가? 그 이유는 무엇인가?

**18.** 최적 자본 구조에 대한 전통적인 이론에 의하면 차입에 따른 재무적 곤경의 발생 가능한 비용과 이자 절세효과는 상충관계에 있다. 이 이론은 회계적 수익성과 회계적 목표 부채비율 사이의 관계를 어떻게 예측하는가? 이론의 예측은 현실과 일치하는가?

**19.** "나는 주식 발행을 발표하면 평균적으로 발행대금의 30%만큼 발행 기업의 가치가 하락한다는 놀라운 현상을 발견했다. 이러한 발행의 대가는 인수은행의 스프레드와 발행 사무비용이 무색할 정도로 크다. 이는 보통주 발행비용을 극단적으로 높게 만든다."

    a. 당신은 $1억의 주식 발행을 심사숙고하고 있다. 과거 경험에 의해서, 주식 발행을 발표하면 주가는 3% 하락하고 회사의 시장가치는 조달금액의 30%만큼 하락할 것으로 예상한다. 한편, $4,000만의 양(+)의 NPV를 가진다고 여겨지는 투자안에 소요되는 자금을 충당하려면 추가적인 자기자본이 필요하다. 발행을 진행해야 하겠는가?

    b. 주식 발행 발표로 말미암은 시장가치 하락은 인수은행의 스프레드와 같은 의미가 있는 발행비용(issue cost)인가? 이 문제의 질문에 답하라.

    문항 (b)에 대한 응답을 설명하기 위한 수치 예제로 문항 (a)에 대한 답을 이용하라.

**20.** 비대칭 정보는 왜 기업이 외부 자금조달에서 보통주 발행보다는 차입을 선호하게 하는가?

**21.** 빈칸을 채워라. 자금조달순서 이론에 의하면,

    a. 기업의 부채비율은 _____ 에 의해 결정된다.

    b. _____ 때문에, 부채비율은 과거 수익성에 의존한다.

**22.** 어떤 종류의 기업에 재무적 여유가 더 가치 있는가? 차입한 금액을 주주에게 지급해 재무적 여유를 감소시켜야 하는 상황이 있는가? 설명하라.

**23.** 다음 문장은 참인가, 거짓인가?

    a. 재무적 여유는 은행에 현금이 있거나 부채 시장에 쉽게 접근할 수 있음을 의미한다.

    b. 재무적 여유는 투자기회가 적고 전망이 좋지 않은 기업에게 가장 중요하다.

    c. 재무적 여유가 있는 기업의 경영인은 부실한 투자안을 선택하려는 유혹을 받을 수 있다.

**24.** 라잔과 진갈레스는 여러 나라에서 부채비율이 차이를 보이는 이유를 설명한다고 생각되는 네 가지 변수를 확인했다. 이들은 무엇인가?

**25.** 일부 기업의 부채-자기자본 목표는 부채비율이 아니라 기발행채권의 목표 채권 등급으로 표현된다. 목표 비율이 아니라 목표 등급을 설정하는 것의 장단점은 무엇인가?

# 자금조달과 가치평가

제6장과 제7장에서는 자본 투자안의 4단계 가치평가법을 알아보았다.

1. 전액 자기자본 조달을 가정해 투자안의 세후 현금흐름을 예측
2. 투자안의 위험 평가
3. 자본기회비용 추산
4. 자본기회비용을 할인율로 투자안의 순현재가치(NPV) 계산

이 장에서는 위 4단계 가치평가법을 확장해 자금조달결정에 따른 추가 가치를 포함하는 법을 알아본다. 이에는 다음 두 가지 방법을 이용할 수 있다.

1. **할인율 조정**: 기업들은 이자비용 절세효과를 주로 세후 가중평균자본비용(WACC)을 이용해 할인율을 하향조정하는 방법으로 반영한다. 이미 제10장과 제16장에서 세후 가중평균자본비용을 소개한 바 있지만, 이 장에서는 세후 가중평균자본비용의 계산법 및 사용법을 더욱 자세히 알아본다.
2. **조정현재가치**: 우선 기업 또는 투자안이 전액 자기자본으로 조달되었음을 가정한 기본 사례의 가치평가 후, 이 기본 사례 가치를 자금조달결정을 반영해 조정한다.

자금조달에 따른 부작용을 확인하고 가치평가를 하면, 조정현재가치는 단순 덧셈 또는 뺄셈에 불과하다.

이 장에서는 예제들을 활용해 실제 응용 방법을 알아보는 데 초점을 맞출 것이다. 18-1절에서는 세후 가중평균자본비용을 설명하고 도출하며, 이를 이용해 투자안과 사업의 가치평가를 할 것이다. 그 후 18-2절에서는 더욱 복잡하고 현실적인 가치평가 문제를 다루고, 18-3절에서는 사업위험이나 자본 구조의 변동이 있을 경우에 WACC 입력 요소들을 추산하고 WACC를 조정하는 몇 가지 요령을 제공한다. 18-4절에서는 조정현재가치를 알아본다. 조정현재가치의 개념 자체는 매우 간단하지만, 이를 위해 자금조달의 모든 부작용을 확인하는 것은 까다로울 수 있다. 이 장의 마지막에는 실무진과 학생들이 자주 혼란스러워하는 점들을 요약, 정리하는 질의응답이 있다.

이 장에서는 몇 가지 복합적인 예제를 통해 공식들을 적용하는 법을 알아볼 것이다. 편의상 모든 예제에서 2018년에 시행된 미국의 현행 세법을 따를 것이다(법인세율 21% 및 투자 첫해 감가상각률 100%). 다른 세율 및 감가상각 일정을 사용하는 사례는 연습문제를 통해 알아본다.

## 18-1 세후 가중평균자본비용

제6장과 제7장에서는 가치평가와 자본예산에 관한 문제들을 다루면서 자금조달결정은 고려하지 않았다. 기업의 투자결정과 자금조달결정을 분리해, 만약 투자안의 순현재가치가 양수라면, 자금조달에 따른 가치 조정에 대한 고려 없이 기업은 투자를 실행할 것으로 가정했다. 모든 자금조달 결정은 기업가치와 무관하다는 모딜리아니-밀러(Modigliani-Miller, MM)의 정리를 따른 것이다. 모딜리아니-밀러에 따르면, 기업의 투자안이 전액 자기자본으로 조달한다는 가정하에 이의 가치평가를 할 수 있으며, 실제 자본이 어떻게 조달되는지는 부차적인 문제에 불과하다.

모딜리아니-밀러 가정하에서는 자본의 투자와 조달에 관한 결정을 분리할 수 있었다. 지금부터는 이와 달리 투자와 자금조달결정이 상호작용을 하며, 완전히 분리되지 않는다는 가정하의 자본예산 결정을 알아보자.

투자와 자금조달결정이 상호작용을 하는 하나의 이유는 이자비용이 세금 공제가 되기 때문이다. 제10장과 제16장의 **세후** 가중평균자본비용을 상기하자.

$$\text{WACC} = r_D(1 - T_c)\frac{D}{V} + r_E\frac{E}{V}$$

위의 $D$와 $E$는 각각 기업의 부채와 자기자본의 시장가치이며, $V = D + E$는 기업의 총시장가치, $r_D$와 $r_E$는 각각 부채와 자기자본의 조달비용이며, $T_c$는 기업의 한계 법인세율이다.

WACC 공식에서 차입금의 **세후** 조달비용인 $r_D(1 - T_c)$를 사용하는 점을 주목하자. 이를 통해 세후 가중평균자본비용이 이자비용의 절세효과를 반영한다. 또한 WACC 공식의 모든 변수는 일부 사업부문이 아닌 기업 전체의 값이라는 점 또한 주목하자. 따라서 WACC는 고려 중인 투자안이 기업 전체의 성격과 비슷한 경우에만 적용될 수 있다. 다시 말해 해당 공식은 특정 기업의 '평균' 투자안에는 적용 가능하다. 하지만 고려 중인 투자안의 위험도가 전체 자산의 평균보다 더 높거나 낮다면 해당 공식을 사용할 수 없다. 또한 투자안을 채택함으로써 기업의 목표 부채비율을 상향 또는 하향시키는 투자안에도 이 공식을 사용할 수 없다.

WACC는 기업의 **현재** 상황을 반영해 산출되지만, 경영자들은 이를 **미래** 현금흐름을 할인하는 데 사용한다. 기업의 사업위험과 부채비율이 미래에도 일정하게 유지된다면 문제가 없지만, 만약 사업위험 또는 부채비율이 변할 것으로 예상된다면, 미래현금흐름을 WACC로 할인하는 것은 근사한 방법일 뿐 옳은 방법은 아니다.

많은 기업이 기업 전체에 적용되는 하나의 WACC를 정해 놓고, 위험 및 이자비용에 큰 변화가 있는 경우에만 값을 조정하는 경향이 있다. WACC는 할인율에 관한 사업부문별 이견을 뛰어넘는 전사적(全社的)인 기준치이다.[1] 하지만 모든 재무관리자들은 사업위험과 자금조달에 관한 가정 사항이 변할 경우에 WACC를 조정하는 법을 숙지해야 한다. 이에 대한 내용은 이 장의 후반부에서 다룰 것이다.

---

[1] 10-1절의 '절대음감과 자본비용' 참조.

## 예제 18.1 • 상그리아의 WACC 계산하기

상그리아(Sangria)는 미국 기업이며, 이 기업은 행복하고 스트레스 없는 라이프스타일을 위한 제품들을 판매한다. 이 예제에서는 상그리아의 WACC를 계산하는 방법을 단계별로 알아본다. 이 기업의 장부가치와 시장가치 대차대조표는 다음과 같다.

### 상그리아(장부가치, $100만)

| 자산가치 | $1,000 | $500 | 부채 |
|---|---|---|---|
| | | 500 | 자기자본 |
| | $1,000 | $1,000 | |

### 상그리아(시장가치, $100만)

| 자산가치 | $1,250 | $500 | 부채 |
|---|---|---|---|
| | | 750 | 자기자본 |
| | $1,250 | $1,250 | |

상그리아의 대차대조표상 자기자본의 시장가치는 현재 주가인 $7.50를 발행주식 수 1억을 곱해 계산했다. 해당 기업의 미래 전망이 밝기 때문에 주식이 장부가격보다 높은 가격에서(주당 $7.50 대비 $5.00) 거래된다. 그러나 기업의 부채가 발행된 이후에 금리가 안정적이었으므로 부채의 장부가치와 시장가치는 일치한다.

상그리아의 차입금 조달비용은 6%이다(현재 차입금 및 신규 차입금에 대한 시장이자율).[2] 또한 상그리아의 자기자본 조달비용은 12.5%이다(상그리아 주식에 대한 투자자들의 기대수익률).

시장가치 대차대조표상 자산가치는 $12억 5,000만이다. 물론 기업 자산 자체는 거래되지 않으므로 자산의 시장가치를 직접 관측할 수는 없다. 하지만 주주 및 채권자에게 해당 기업의 자산이 얼마나 가치 있는지는 알 수 있다($500+$750=$1,250백만).

그렇다면 왜 장부가치 대차대조표를 제시했을까? 그 위에 크게 X자를 그리라는 것이다. 지금 바로 그 위에 크게 X자를 그리도록 한다.

WACC가 기업의 자기자본 및 부채로 구성된 **포트폴리오**에 대한 기대수익률이라 생각해보자. 시장가치에 따른 가중치를 적용한 포트폴리오에 대한 기대수익률은 투자자들이 자신들이 힘들게 번 자금을 회사의 자산과 운영에 지불하는 조건으로 요구하는 기대수익률이다.

가중평균자본비용을 추산할 때는 과거의 투자가 아닌 현재의 가치와 미래에 대한 기대를 고려해야 한다. 상그리아의 실질적인 부채비율은 장부상 비율인 50%가 아니라 해당 기업의 자산들의 시장가치 $12억 5,000만을 반영한 40%이다. 자기자본비용인 $r_E=0.125$는 현재 자기자본의 시장가치인 $7.50에 해당 주식을 인수했을 경우의 기대수익률이다. 더는 상그리아의 주

---

[2] 항상 차입금 발생 시점의 이자율이나 채권 액면가에 대한 표면이자율이 아닌 최신 금리(만기수익률)를 사용하라.

식을 \$5에 살 수 없기 때문이다.

상그리아는 지속적으로 이익을 창출하고 있으며, 한계세율인 21%에 따른 세금을 지불한다.[3] 이 한계세율을 마지막으로 상그리아의 WACC를 산출하는 데 필요한 변수의 값을 알아보았다. 필요한 변수들을 요약하면 다음과 같다.

| | |
|---|---|
| 부채비용($r_D$) | 0.06 |
| 자기자본비용($r_E$) | 0.125 |
| 한계세율($T_C$) | 0.21 |
| 부채비율($D/V$) | 500/1,250 = 0.4 |
| 자기자본비율($E/V$) | 750/1,250 = 0.6 |

해당 기업의 세후 WACC는

$$WACC = 0.06 \times (1 - 0.21) \times 0.4 + 0.125 \times 0.6 = 0.094,$$ 즉 9.4%이다.

● ● ● ● ●

가중평균자본비용은 위와 같은 방법으로 산출한다. 이제 상그리아가 가중평균자본비용을 어떻게 사용하는지 알아보자.

## 예제 18.2 • 상그리아의 WACC를 사용해 투자안 가치평가하기

상그리아의 양조기술자들이 영구적으로 사용할 수 있는 분쇄기를 건설하는 데 \$1,250만를 투자하자고 제안했다. 해당 설비는 (편의상) 감가상각되지 않고, 영구적으로 이익을 창출하며, 매년 세전 \$148만 7,000의 현금흐름을 발생시킨다. 해당 투자안의 위험도는 기업의 평균위험과 같기 때문에 WACC를 사용할 수 있다. 이 분쇄기의 세후 현금흐름은 다음과 같다.

| | |
|---|---|
| 세전 현금흐름 | \$148.7만 |
| 세율 21% | 0.312 |
| 세후 현금흐름 | $C$ = \$117.5만 |

주: 이 세후 현금흐름은 영구적 분쇄기 투자로 지원되는 부채에 대한 이자비용 절세효과를 고려하지 않았다. 제7장에서 설명한 바와 같이 표준적인 자본예산의 관행은 투자안이 전체 자기자본으로 조달되었다는 가정하에 세후 현금흐름을 산출한다. 하지만 그렇다고 해서 이자비용의 절세효과를 간과한다는 것이 아니다. 투자안의 현재가치가 세후 부채비용을 사용한 WACC

---

[3] 이는 2018년에 시행된 미국의 법인세율이다. 대부분의 미국 기업들은 매출액, 자산, 소득의 주(州)별 분포에 따라 추가적으로 약 2~3%p를 주(州) 소득세로 지불한다.

를 이용해 산출되기 때문이다. 따라서 이자비용의 절세효과는 세후 현금흐름을 올리는 방식으로 반영하는 것이 아니고, 할인율을 낮추는 방식으로 반영하게 된다.

해당 분쇄기는 영구적으로 $C = \$117.5$만의 세후 현금흐름을 발생시키므로, 순현재가치(NPV)는 다음과 같다.

$$\text{NPV} = -12.5 + \frac{1.175}{0.094} = 0$$

NPV = 0은 투자안 평가에서 턱걸이로 통과하는 투자안이라는 뜻이다. 연 \$117.5만의 현금흐름은 연 9.4%의 투자수익률(1.175/12.5 = 0.094)을 의미하며, 이는 상그리아의 WACC와 정확히 일치한다.

만약 투자안의 순현재가치가 정확히 0이라면 자기자본 투자자들이 얻는 수익률은 자기자본비용인 12.5%와 정확히 일치하게 된다. 상그리아의 주주들이 영구적 분쇄기 투자안을 통해 12.5%의 투자수익률을 기대할 수 있는지 한 번 확인해보자.

상그리아가 해당 프로젝트를 소형 기업의 형태로 설립한다고 가정하자. 이 기업의 시장가치 대차대조표는 다음과 같다.

**영구적 분쇄기(시장가치, \$100만)**

| 자산가치 | $12.5 | $5.0 | 차입금 |
|---|---|---|---|
| | | $7.5 | 자기자본 |
| | $12.5 | $12.5 | |

주주들이 얻게 되는 소득은 다음과 같다.

$$\text{세후 이자비용} = r_D(1 - T_C)D = 0.06 \times (1 - 0.21) \times 5 = 0.237$$
$$\text{자기자본 기대소득} = C - r_D(1 - T_C)D = 1.175 - 0.237 = 0.938$$

해당 프로젝트의 이익은 영원히 일정하므로, 자기자본에 대한 기대수익률은 자기자본 기대소득을 자기자본 가치로 나눈 값과 같다.

$$\text{자기자본 기대수익률} = r_E = \frac{\text{자기자본 기대소득}}{\text{자기자본 가치}}$$
$$= \frac{0.938}{7.5} = 0.125, \text{ 즉 } 12.5\%$$

자기자본에 대한 기대수익률이 자기자본의 조달비용과 일치하므로 해당 투자안의 순현재가치가 0이라는 것은 타당하다.

## 가정사항들에 대한 재검토

상그리아의 WACC를 이용해 영구적 분쇄기의 현금흐름을 할인하는 것은 다음 조건들이 충족될 때에 한해서이다.

- 투자안의 사업 위험은 상그리아의 기타 자산들의 사업 위험과 같고, 투자기간 종료 시까지 일정하게 유지된다.
- 투자안의 부채비율이 상그리아의 전체 자본 구조와 같고, 투자기간 종료 시까지 일정하게 유지된다.

위 두 가정 사항의 중요성을 알아보자. 만약 영구적 분쇄기의 사업위험이 상그리아의 다른 자산들의 사업위험에 비해 크거나, 투자안의 채택이 상그리아 부채비율에 영구적이고도 중대한 변화를 가져온다면 상그리아의 주주들은 이 투자안에 대한 자기자본 기대수익률 12.5%로는 만족하지 못할 것이다.

그러나 WACC를 사용하는 데 있어서 부채비율의 소폭 또는 단기적 오르내림이 큰 문제가 되는 것은 아니다. 또한 투자안 초기에 실제로 자금조달을 어떻게 하느냐도 중요하지 않다. 만약 상그리아가 분쇄기 건설을 시작하기 위해 투자금액 $1,250만를 모두 차입하기로 했다고 하자. 그렇다고 해서 상그리아의 장기 목표 자금조달 비율이 변하는 것은 아니다. 상그리아의 자본 구조에 따르면, 분쇄기의 차입금 규모는 $500만를 초과하면 안 된다. 만약 상그리아가 편의상 사업 초기 분쇄기를 위해 $1,250만를 차입하기로 결정한다면, 조만간 다른 자산들을 위한 차입금을 $1,250만와 $500만의 차액인 $750만만큼 **줄여야** 할 것이다.

영구적 현금흐름을 창출하는 프로젝트를 보기로 WACC 공식을 이용한 할인율의 산출 및 사용법을 알아보았다. 기업이 일정한 부채비율을 유지하기 위해 차입금을 조절한다는 가정하에, WACC 공식은 영구적 현금흐름뿐만이 아닌 어떠한 유형의 현금흐름에도 적용될 수 있다.[4]

---

[4] 이는 다음과 같이 증명할 수 있다. 전체 자기자본 조달을 가정한 세후 현금흐름을 $C_1, C_2, \cdots, C_T$라 하자. 전체를 자기자본으로 조달했으므로, 자본기회비용인 $r$로 이 현금흐름들을 할인할 수 있다. 하지만 해당 투자안을 고려하는 기업은 부채가 있다고 가정하자. 우선, 마지막 현금흐름 전년도의 기업가치부터 시작하자: $V_{T-1} = D_{T-1} + E_{T-1}$. 채권자와 주주에게 돌아갈 총환원액은 최종연도 현금흐름과 이자비용 절세효과이다. 채권자와 주주의 총기대수익률은 다음과 같다.

$$T\text{의 기대 현금환원} = C_T + T_c r_D D_T - 1 \tag{1}$$

$$= V_{T-1}\left(1 + r_D \frac{D_{T-1}}{V_{T-1}} + r_E \frac{E_{T-1}}{V_{T-1}}\right) \tag{2}$$

기업의 부채비율은 일정하게 $L = D/V$라고 가정하자. (1)과 (2)를 같다고 하고 $V_{T-1}$을 풀면 다음과 같다.

$$V_{T-1} = \frac{C_T}{1 + (1 - T_c)r_D L + r_E(1 - L)} = \frac{C_T}{1 + \text{WACC}}$$

이 논리는 $V_{T-2}$에도 적용된다. $V_{T-2}$의 다음 연도 환원액에는 $V_{T-1}$이 포함된다는 것을 주목하자.

$$T-1\text{의 기대 현금환원} = C_{T-1} + V_{T-1} + T_c r_D D_{T-2}$$

$$= V_{T-2}\left(1 + r_D \frac{D_{T-2}}{V_{T-2}} + r_E \frac{E_{T-2}}{V_{T-2}}\right)$$

$$V_{T-2} = \frac{C_{T-1} + V_{T-1}}{1 + (1 - T_c)r_D L + r_E(1 - L)} = \frac{C_{T-1} + V_{T-1}}{1 + \text{WACC}} = \frac{C_{T-1}}{1 + \text{WACC}} + \frac{C_T}{(1 + \text{WACC})^2}$$

하지만 기업이 이러한 차입금 정책을 포기한다면, WACC를 이용한 가치평가는 정확하지 못한 근사치만을 얻게 될 것이다.

## 가중평균 공식 사용 시 범하기 쉬운 실수

위에서 알아본 가중평균 공식은 매우 유용하지만, 주의하지 않으면 공식을 적용하는 데 있어 논리적 오류를 범하기 쉽다. 예를 들어 심혈을 기울인 투자안을 관철시키려 하는 경영자 Q가 다음의 공식을 접했다 하자.

$$\text{WACC} = r_D(1 - T_c)\frac{D}{V} + r_E\frac{E}{V}$$

그는 이 공식을 보고 다음과 같이 생각할지도 모른다. "우리 기업은 신용등급이 좋잖아! 투자 금액의 90%를 차입할 수도 있겠는걸. 그러면 $D/V=0.9$이고 $E/V=0.1$인데, 우리 기업의 차입 이자율이 8%, 자기자본 요구수익률이 15%, 세율이 21%이니, 공식에 따르면

$$\text{WACC} = 0.88(1 - 0.21)0.9 + 0.15(0.1) = 0.72$$

즉 WACC가 7.2%네. 이 할인율로 할인하게 되면 내 투자안은 훌륭하구나!"

하지만 위의 사례에서 경영자 Q는 다양한 오류를 범하고 있다. 첫째로, 가중평균 공식은 기업 전체의 특성과 정확히 일치하는 투자안들에 대해서만 적용할 수 있다. 하지만 해당 기업의 총부채비율이 90%가 아니므로, 투자안의 90%를 차입금으로 조달한다면 WACC를 사용할 수 없다.

둘째로, 투자안에 투입되는 자본의 실제 조달 방법은 투자안의 요구수익률과 직접적인 연관이 없다. 오히려 투자안을 채택함으로써 회사의 차입한도가 얼마나 영향을 받느냐가 중요한 고려 사항이다. Q의 투자안에 $1를 투자한다고 해서 기업의 차입한도가 $0.9만큼 증가하지는 않을 것이다. 만약 기업이 정말로 투자안의 90%를 차입한다고 하면, 실질적으로는 그중 일부는 기업의 타 자산들에 대해 차입하는 것과 같다. 즉 정상적인 부채 수준을 초과하는 차입금은 신규 투자안이 아닌 기업의 기존 투자로 인해 가능한 것이다.

셋째로, 설사 기업이 투자안의 부채비율을 90%까지 올릴 수 있다 하더라도, 7.2%의 자금조 달비용은 Q가 공식을 잘못 적용해 과소평가한 수치다. 부채비율이 90%로 오른다면, 주주 및 채권자가 추가적인 재무 위험을 부담해야 하며, 이에 따라 기업 보통주에 대한 요구수익률이 증가하고 차입이자율 역시 증가할 것이다.

---

위와 같이 현재 시점인 $T=0$까지 계속하면 다음과 같다.

$$V_0 = \sum_{t=1}^{T} \frac{C_t}{(1 + \text{WACC})^t}$$

## 18-2 사업가치평가

　회사의 재무관리자는 일과의 대부분을 투자안의 가치평가, 자금조달, 보다 효율적인 기업 운영을 도모하며 보낸다. 기업 전체의 전반적인 사업의 가치평가는 투자자 및 금융시장의 역할이다. 하지만 재무책임자가 기업 전체의 가치에 대해 입장을 택해야 하는 시기도 있다. 일반적으로, 그런 상황이 생긴다면 중대 의사결정이 임박한 경우이다. 다음의 예들을 살펴보자.

- A기업이 B기업을 공개매수 한다면, A기업의 재무관리자는 A기업의 경영진이 운영하는 합병 후 A와 B의 통합기업의 가치를 판단해야 한다. B기업이 비공개기업이라면, 이는 더욱 어려울 것이다.
- C기업이 사업 일부를 매각하려 한다면, 해당 사업부문의 가치를 자체적으로 평가하고 잠재적 인수자들과의 협상에 임해야 할 것이다.
- 기업공개의 경우, 주간사는 주식 발행가격을 정하기 위해 발행기업의 가치를 평가해야 한다.
- 뮤추얼펀드가 비공개기업의 지분을 인수했다면, 해당 펀드의 이사진은 법적으로 소유 지분의 공정가치를 추산할 의무가 있다.

　그뿐 아니라, 증권회사 및 투자은행의 수많은 애널리스트들은 저평가되어 있는 기업을 찾기 위해 매일 기업가치를 평가하는 업무를 하는데, 이들 중 다수가 우리가 다루고 있는 방법들을 사용해 가치평가를 한다.

　제5장에서는 기업이 전체 자기자본으로 조달되었다는 가정하에, 전 사업으로부터의 잉여현금흐름을 가치평가했다. 이제는 WACC를 이용해 자기자본과 타인자본을 혼합해 자금조달한 기업의 가치평가법을 알아보자. 간단히 말해서 기업을 하나의 큰 투자안이라 생각하고 기업 전체의 잉여현금흐름을 예측한 후에(이 부분이 어려울 것이다) 현재가치로 할인하면 된다. 이에 있어 다음 3개의 요점을 유념하자.

1. WACC를 할인율로 사용한다면, 자본 투자안의 현금흐름을 예측했던 방법과 같은 방식으로 기업의 미래현금흐름을 예측해야 한다. 이자비용을 차감하면 안 되며, 법인세 역시 기업이 전체 자기자본으로 조달된 것을 가정하고 산출해야 한다(WACC 공식에서 세후 부채비용을 사용하기 때문에 이자비용의 절세효과를 간과하지는 않는다).
2. 대부분의 투자안들과 달리 기업은 영속할 가능성이 있다. 그렇다 하더라도 연도별 현금흐름을 영원히 예측할 필요는 없다. 재무관리자들은 일반적으로 중기의 평가기간 동안에만 연도별 현금흐름을 예측하고, 이에 최종가치(terminal value)를 더하는 방법을 사용한다. 최종가치란, 평가기간 종료 후의 모든 현금흐름을 평가기간 종료 시점(horizon)으로 할인한 가치다. 종종 기업가치의 상당 부분이 최종가치로부터 오기 때문에, 최종가치 추산은 신중히 해야 한다.
3. WACC를 할인율로 사용하면, 기업의 전체 자산 및 운영에 대한 가치평가를 하게 된다. 만약 기업의 자기자본, 즉 보통주의 가치를 평가하는 것이 목표라면 기업 전체의 가치에서

타인자본의 가치를 차감해야 한다.

다음 사례를 통해 알아보자.

## 리오 기업의 가치평가

상그리아는 리오 기업(Rio Corporation)을 인수하고자 한다. 리오 역시 느긋하고 행복한 삶을 증진하는 사업을 하며 바비큐, 포도주, 일광욕에 기반 한 브라질 다이어트라는 특별한 체중 감량 프로그램을 개발했다. 리오는 해당 프로그램을 통해 3개월 안에 리오데자네이루의 코파카바나 또는 이파네마 해변에 가도 잘 어울릴 훌륭한 몸매를 만들어줄 것을 보장한다. 하지만 상그리아의 재무관리자는 해변으로 향하기 전에 먼저 리오의 인수가격을 결정해야 한다.

리오는 미국 기업이며 비공개기업이기 때문에 상그리아는 리오의 가치를 계산하는 데 있어 시장가치를 활용할 수 없다. 하지만 리오는 상그리아와 같은 사업에 종사하므로, 리오의 사업 위험이 상그리아와 동일한 수준이며, 차입한도도 상그리아와 같은 기업가치의 40% 수준이라 가정하자. 그런 가정하에 리오의 기업가치를 평가하는 데 상그리아의 WACC를 사용할 수 있다.

리오의 기업가치를 평가하기 위한 첫 단계는 리오의 **잉여현금흐름**을 예측하는 것이다. 잉여현금흐름이란 기업 성장을 위해 필수적인 모든 투자를 한 후 투자자들에게 지불할 여력이 있는 금액이다. 잉여현금흐름은 기업이 전체 자기자본으로 조달되었다는 가정하에 계산하며, 잉여현금흐름을 세후 WACC로 할인하면 자기자본가치와 타인자본가치를 합한 리오의 총기업가치를 구하게 된다. 자기자본가치를 구하기 위해서는 기업가치 중 타인자본으로 조달된 40%를 차감하면 된다.

**평가기간** 종료 시($H$)까지 연도별 잉여현금흐름을 예측하고, 평가기간 종료 시점의 사업가치($PV_H$)를 예측해보자. 그 후 연도별 현금흐름과 평가기간 종료 시점의 사업가치를 현재가치로 할인할 것이다.

$$PV = \underbrace{\frac{FCF_1}{1+WACC} + \frac{FCF_2}{(1+WACC)^2} + \cdots + \frac{FCF_H}{(1+WACC)^H}}_{\text{잉여현금흐름의 현재가치}} + \underbrace{\frac{PV_H}{(1+WACC)^H}}_{\text{최종가치의 현재가치}}$$

물론 사업은 평가기간 후에도 지속되지만 연도별 잉여현금흐름을 영원히 예측하는 것은 비실용적이다. $PV_H$는 평가기간 종료 시점 기준 $H+1$년도, $H+2$년도 등의 사업가치를 뜻한다.

잉여현금흐름과 당기순이익은 여러 측면에서 다른 개념이다.

- 당기순이익은 이자비용 차감 후 주주에게 귀속되는 소득이지만, 잉여현금흐름은 이자비용을 차감하지 않은 금액이다.
- 당기순이익은 감가상각비와 같은 현금 지출이 없는 비용들을 차감한 후의 소득이기 때문에, 잉여현금흐름을 계산하기 위해서는 감가상각비 등을 당기순이익에 다시 더해주어야 한다.

• 자본 지출 및 운전자본에 대한 투자는 손익계산서상에 비용으로 계상하지 않지만, 잉여현
  금흐름은 감소시킨다.

급속히 성장하는 기업들의 경우에는 투자금액이 영업활동을 통한 현금흐름보다 크기 때문에
비록 이익을 낸다 하더라도 잉여현금흐름이 음(−)인 경우도 있다. 기업과 주주에게는 다행히
도 음의 잉여현금흐름은 일반적으로 일시적이다. 기업의 성장이 둔화되고 기존의 투자로부터
이익이 회수되기 시작하면 잉여현금흐름은 양(+)으로 전환될 것이다.

표 18.1에 리오의 잉여현금흐름을 예측하는 데 필요한 정보를 제시했다. 일반적인 방법을 따
라 매출액을 예측하는 것부터 시작해보자. 지난해 리오는 $8,360만의 매출을 달성했다. 최근
몇 년간 리오의 매출액은 5~8% 사이의 성장률을 기록했으므로, 향후 3년간의 매출액 성장률
을 7%로 가정하자. 4년 차부터 6년 차까지는 매년 4%, 7년 차 이후에는 매년 3%의 성장을 할
것으로 가정한다.

표 18.1에 제시된 현금흐름의 기타 항목들은 매출 예측액에 따라 산출될 것이다. 예를 들어
영업비용의 경우, 첫해에는 매출액의 74%로 예측되지만, 경쟁이 치열해짐에 따라 마케팅 비
용이 상승할 것을 감안해 점차적으로 그 비율이 증가해 예측기간 후반부에는 매출액의 76.5%
로 가정했다.

매출액의 증가는 고정자산 및 운전자본에 대한 추가적인 투자를 필요로 할 가능성이 크다.
리오의 순고정자산은 현재 매출액 $1당 $0.79이다. 리오가 잉여 설비가 있거나 기존의 공장 및
설비에서 추가적인 생산을 할 수 있지 않은 한, 매출액의 증가에 따라 고정자산에 대한 투자도
늘어야 한다. 따라서 매출액이 $1 증가할 때마다 순고정자산이 $0.79 증가할 것으로 가정하고,
운전자본 역시 매출액에 비례해 증가하는 것으로 가정한다.

표 18.1은 리오의 잉여현금흐름을 당기순이익에 감가상각비[5]를 더하고 투자금을 차감해 계
산했는데, 투자금은 총고정자산과 운전자본의 전년 대비 증감액으로 구했다. 예를 들어 첫해
의 잉여현금흐름은 다음과 같이 구한다.

$$잉여현금흐름 = 당기순이익 + 감가상각비 − 고정자산 투자금 − 운전자본 투자금$$
$$= 10.6 + 9.9 − (109.6 − 95.0) − (11.6 − 11.1) = \$530만$$

## 평가기간 종료 시점의 가치 추정

첫 6년간은 연도별 현금흐름을 예측하지만, 7년 차 이후의 성장률은 장기성장률로 안정될
것으로 예상한다. 1년 차부터 6년 차까지의 현금흐름 현재가치는 WACC인 9.4%로 할인해 구
한다.

$$PV = \frac{5.3}{1.094} + \frac{5.2}{(1.094)^2} + \frac{5.5}{(1.094)^3} + \frac{8.0}{(1.094)^4} + \frac{8.3}{(1.094)^5} + \frac{8.2}{(1.094)^6} = \$2,900만$$

---

[5] 편의상 이 예제에서는 감가상각비를 매출액에 비례하는 것으로 가정했다. 매년 신규 투자액에 대해 현 미국 세
법하에 적용 가능한 투자 첫해 감가상각률 100%를 적용하지 않았다.

| | | 최근 | | | | | | | |
|---|---|---|---|---|---|---|---|---|---|
| | | 연도 | 예측치 | | | | | | |
| | | 0 | 1 | 2 | 3 | 4 | 5 | 6 | 7 |
| 1 | 매출액 | 83.6 | 89.5 | 95.8 | 102.5 | 106.6 | 110.8 | 115.2 | 118.7 |
| 2 | 매출원가 | 63.1 | 66.2 | 71.3 | 76.3 | 79.9 | 83.1 | 87.0 | 90.8 |
| 3 | EBITDA(1−2) | 20.5 | 23.3 | 24.4 | 26.1 | 26.6 | 27.7 | 28.2 | 27.9 |
| 4 | 감가상각비 | 3.3 | 9.9 | 10.6 | 11.3 | 11.8 | 12.3 | 12.7 | 13.1 |
| 5 | 세전 순이익(3−4) | 17.2 | 13.4 | 13.8 | 14.8 | 14.9 | 15.4 | 15.5 | 14.8 |
| 6 | 법인세 | 3.6 | 2.8 | 2.9 | 3.1 | 3.1 | 3.2 | 3.3 | 3.1 |
| 7 | 당기순이익(5−6) | 13.6 | 10.6 | 10.9 | 11.7 | 11.7 | 12.2 | 12.2 | 11.7 |
| | | | | | | | | | |
| 8 | 고정자산 투자액(총고정자산 증감) | 11.0 | 14.6 | 15.5 | 16.6 | 15.0 | 15.6 | 16.2 | 15.9 |
| 9 | 운전자본 투자액 | 1.0 | 0.5 | 0.8 | 0.9 | 0.5 | 0.6 | 0.6 | 0.4 |
| 10 | 잉여현금흐름(7+4−8−9) | 4.9 | 5.3 | 5.2 | 5.5 | 8.0 | 8.3 | 8.2 | 8.5 |
| | | | | | | | | | |
| | 잉여현금흐름 현재가치(1−6) | 29.0 | | | | | | | |
| | 평가기간 말 가치 | 77.4 | | | 6년 차 시점의 평가기간 가치 | | | 132.7 | |
| | 기업 현재가치 | 106.4 | | | | | | | |
| | | | | | | | | | |
| | 가정 사항: | | | | | | | | |
| | 성장률(%) | 6.7 | 7.0 | 7.0 | 7.0 | 4.0 | 4.0 | 4.0 | 3.0 |
| | 원가(매출액 대비) | 75.5 | 74.0 | 74.5 | 74.5 | 75.0 | 75.0 | 75.5 | 76.5 |
| | 운전자본(매출액 대비) | 13.3 | 13.0 | 13.0 | 13.0 | 13.0 | 13.0 | 13.0 | 13.0 |
| | 순고정자산(매출액 대비) | 79.2 | 79.0 | 79.0 | 79.0 | 79.0 | 79.0 | 79.0 | 79.0 |
| | 감가상각비(순고정자산 대비) | 5.0 | 14.0 | 14.0 | 14.0 | 14.0 | 14.0 | 14.0 | 14.0 |
| | | | | | | | | | |
| | 세율(%) | 21.0 | | | | | | | |
| | WACC(%) | 9.4 | | | | | | | |
| | 예측 장기성장률(%) | 3.0 | | | | | | | |
| | | | | | | | | | |
| | 고정자산 및 운전자본 | | | | | | | | |
| | 총고정자산 | 95.0 | 109.6 | 125.1 | 141.8 | 156.8 | 172.4 | 188.6 | 204.5 |
| | 누적 감가상각비 차감 | 29.0 | 38.9 | 49.5 | 60.8 | 72.6 | 84.9 | 97.6 | 110.7 |
| | 순고정자산 | 66.0 | 70.7 | 75.6 | 80.9 | 84.2 | 87.5 | 91.0 | 93.8 |
| | 순운전자본 | 11.1 | 11.6 | 12.4 | 13.3 | 13.9 | 14.4 | 15.0 | 15.4 |

》**표 18.1**  잉여현금흐름 예측 및 리오의 기업가치(단위: $100만)
주: 반올림으로 인해 각 열의 계산이 정확하지 않을 수 있음.

이제 7년 차 이후 현금흐름의 가치를 알아보자. 제5장에서 평가기간 말 가치를 평가하는 몇 가지 방법을 알아본 바 있다. 그중 영구성장 현금흐름할인 모형을 이용해 평가해보자. 이를 위해 7년 차의 예측 잉여현금흐름을 연 3%의 장기성장률을 적용해 계산하고, 표 18.1의 마지막 열에 제시했다.[6] 잉여현금흐름이 $850만이므로 현재가치는 다음과 같다.

$$PV_H = \frac{FCF_{H+1}}{WACC - g} = \frac{8.5}{0.094 - 0.03} = \$132.7백만$$

$$0년 차의 PV = \frac{1}{1.094^6} \times 132.7 = \$77.4백만$$

이제 필요한 정보를 다 모았으니 사업가치를 평가해보자.

$$PV(기업가치) = PV(1년 차부터 6년 차까지 현금흐름) + PV(평가기간 말 가치)$$
$$= \$29.0 + 77.4 = \$106.4백만$$

이 금액은 리오의 총기업가치이다. 자기자본가치를 구하기 위해서는 단순히 이 금액에서 부채가치인 40%를 차감하면 된다.

$$부채가치 = 0.40 \times 106.4 = \$42.6백만$$
$$총자기자본가치 = \$106.4 - 42.6 = \$63.8백만$$

만약 리오의 발행주식 수가 150만 주라면, 주당 자기자본가치는 다음과 같다.

$$주당 자기자본가치 = 63.8 / 1.5 = \$42.53$$

따라서 상그리아는 리오 주식 1주당 약 $42까지 지불할 수 있다.

이는 기업가치 추산에 기반 한 리오의 적정 인수가격이다. 그러나 당신은 이 숫자를 얼마나 확신할 수 있는가? 평가기간인 첫 6년간의 현금흐름에 기반 한 가치는 전체의 1/4에 불과하다. 그 외의 가치는 모두 평가기간 말 가치이다. 더군다나 평가기간 말 가치는 가정 사항의 미세한 변화에도 큰 영향을 받는다. 예를 들어 장기성장률을 3%가 아닌 4%로 가정한다면, 기업가치는 $106.4백만에서 $110.5백만으로 증가하게 된다.

이와 같이 더 높은 장기성장률은 리오의 평가기간 말 가치, 그리고 기업의 현재가치를 증가시킨다. 이쯤에서 제5장의 연결기(concatenator) 사업부문 가치평가 예제에서 언급한 두 가지 경고를 확인해보자. 첫째, 더 빠른 성장률 달성을 위해 추가로 필요한 투자금을 고려했는가? 그렇다. 성장률을 3%가 아닌 4%로 올리면서 7년 차의 고장자산 투자금액을 $15.9백만에서 $16.9백만로 늘렸으며 운전자본 투자금액 역시 $0.4백만에서 $0.6백만로 증가시켰다. 둘째, 리오가 영구적으로 자금조달비용보다 높은 수익을 얻을 수 있다고 가정했는가? 그렇다. 7년 차

---

[6] 7년 차의 기대 잉여현금흐름이 6년 차에 비해 약 4% 증가한다는 점을 주목하자. 이는 매출액 성장률이 4%에서 3%로 감소함에 따라 성장에 필요한 투자액이 감소하기 때문이다. 그러나 그 후에는 해당 기업이 안정 성장기에 진입하므로 매출, 투자, 잉여현금흐름 모두 연 3% 성장할 것이다. 영구성장 현금할인법 공식상의 첫 현금흐름이 차년도에 시작한다는 점을 기억하자. 이 예제에서는 그 첫 현금흐름이 7년 차에 시작하고, 7년 차 이후부터는 안정 성장률인 3%로 성장한다. 따라서 평가기간 말 가치평가에 있어 3%의 성장률을 사용할 수 있다.

이후의 증가된 투자금액으로 인해 순현재가치가 증가했기 때문이다. 다시 말해 평가기간 말 가치에 양(+)의 성장기회의 현재가치가 포함되어 있는 것이다.

기업 간의 경쟁이 성장기회의 현재가치에 영향을 미칠 수 있기 때문에 재무담당자는 기업의 경쟁구도에 대해서도 심도 있는 분석을 해야 한다. 매출액 대비 76.5%로 가정한 장기원가율이 과도하게 낙관적인 가정일 수도 있기 때문이다.

또한 재무담당자는 상장되어 있는 유사기업들에 대한 투자자들의 가치평가를 감안할 수도 있다. 예를 들어 리오와 유사한 라이프스타일 기업들의 기업가치 대 EBITDA 비율이 약 4.8 에 형성되어 있다고 가정하자. 그렇다면, 상그리아의 경영자는 리오의 평가기간 말 가치가 6년 차 말 시점에서 $4.8 \times \$27.9$백만=$133.9백만이고, 이를 현재가치로 환산하면 $78.1백만이라고 판단할 수도 있다. 그렇다면 리오의 기업가치는 처음 DCF를 이용해 산출한 것보다 약간 높은 $29.0+78.1=$107.1백만이 될 것이다. 재무담당자는 시장 대 장부가치 비율을 참고해 리오의 인수가격을 추산할 수도 있다.

재무담당자들은 사업을 청산하는 것이 지속하는 것보다 나은지 역시 판단해야 한다. 종종 한 기업의 **청산가치**가 지속가치를 초과하는 경우가 있다. 종종 다른 기업에게 매각하는 것이 더 유리한 유휴자산 또는 충분히 활용되지 않고 있는 자산들이 있을 수도 있다. 그러한 자산들 은 매각 가능한 가치로 평가하고, 그 외 사업들은 해당 자산들을 제외하고 평가한다.

## WACC과 지분현금흐름법의 비교

리오의 기업가치를 평가하는 데 있어 기존에는 리오가 전체 자기자본으로 조달되었다는 가 정하에 현금흐름을 예측하고 WACC를 이용해 할인했다. WACC 공식은 이자비용 절세효과를 반영하며, 총기업가치에서 부채가치를 차감해 자기자본가치를 구했다.

만약 기업의 자기자본가치를 결정하는 것이 목표라면, WACC를 이용해 전체 현금흐름을 할 인하는 방법 외의 대안이 있다. 자기자본비용으로 이자비용 및 세금을 차감한 후의 주주 귀속 현금흐름을 할인하는 방법이다. 이를 **지분현금흐름법**(flow-to-equity method)이라 한다. 기업의 부채비율이 일정하다면, 지분현금흐름법을 이용한 가치와 전체 현금흐름을 WACC로 할인한 후 부채가치를 차감한 가치가 동일할 것이다.

리오가 매년 부채를 조정해 일정한 부채비율을 유지한다는 가정하에 지분현금흐름법을 이 용해 기업가치를 산정한다고 가정해보자. 편의상 6년도 말 시점의 리오의 평가기간 말 가치는 이미 주어졌다고 하자.[7] 표 18.1에 평가기간 중 각 연도의 이자비용과 부채의 증감을 추가하고, 이자비용 절세효과를 감안해 세금을 재계산한 후, 잉여현금흐름을 이 예제의 자기자본 조달비 용인 12.5%로 할인하면 간단하다.

안타깝게도 지분현금흐름법이 보기와 같이 간단하지는 않다. 각 회계연도의 이자비용이 기 초의 부채 잔액에 의해 결정되기 때문이다. 가정상 부채는 기업가치의 일정 비율이므로, 기초

---

[7] 아마도 이는 평가기간 후 현금흐름을 WACC로 할인해 구한 것이거나 상장되어 있는 유사한 기업들의 시장가 치를 감안해 구했을 것이다.

부채가치는 기초 기업가치를 따르게 된다. 따라서 이자비용을 구하기 위해 기초 부채가치를 알아야 하고, 기초 부채가치를 구하기 위해 기초 기업가치를 알아야 하며, 기초 기업가치는 기중 이자비용을 알아야 구할 수 있는 순환참조의 문제에 봉착하게 된다. 간단하게 이 문제를 풀수 있는 공식이 있지만, 이 책에서는 다루지 않는다.

## 18-3  실무에서의 WACC 응용

### WACC 계산 시의 요령

위의 상그리아 요약 대차대조표에는 차변에 1개의 자산, 대변에 2개의 자금조달 항목이 있었다. 하지만 실제 기업의 대차대조표는 다음의 예와 같이 훨씬 복잡할 것이다.[8]

| 유동자산 | 유동부채 |
|---|---|
| 현금, 재고자산, 매출채권 등 포함 | 매입채무, 단기차입금 등 포함 |
| 토지, 건물, 기구 등 | 장기부채 |
| | 우선주 |
| 성장기회 | 자기자본 |
| 자산 합계 | 부채 및 자본 합계 |

이 대차대조표를 보면 몇 가지 의문사항이 생긴다.

**자금조달 방법이 기존의 두 가지 외에도 있다면 공식이 어떻게 변할까?** 답은 의외로 간단하다. 각 자금조달 방법별로 조달비용이 발생하며, 그 가중치는 각각의 시장가치에 비례한다. 예를 들어 자본 구조상 자기자본에 보통주와 우선주가 모두 있다 하자. 그렇다면, $r_p$를 우선주에 대한 기대수익률, $P$를 우선주의 시장가치, $V = D + P + E$라 할 때, WACC는 다음과 같이 구한다.

$$\text{WACC} = r_D(1 - T_c)\frac{D}{V} + r_p\frac{P}{V} + r_E\frac{E}{V}$$

---

[8] 이 대차대조표는 기업들의 실제 대차대조표와는 다르다. 차변의 성장기회의 가치는 투자자들에게는 의미가 있지만 회계적으로는 인정되지 않는다. 또한 다수의 회계 항목들이 누락되어 있는데, 대표적으로 이연법인세가 누락되어 있다.

이연법인세는 기업이 세무조정 시에 공시자료상의 감가상각비에 비해 더 빠른 가속상각률을 적용하는 경우 발생한다. 다시 말해 실질 법인세 비용보다 많은 법인세 비용을 공시하는 것이다. 그 차액은 이연법인세로 누적되며, 자산의 사용연수가 지날수록 국세청이 궁극적으로 그 차액을 회수하기 때문에 부채로 간주된다. 하지만 자본 투자 분석에서는 실질적인 세후 현금흐름과 가속상각을 사용하기 때문에 고려대상이 아니다.

이연법인세를 자금조달 방법이나 가중평균 자본비용 공식의 요소로 혼동해서는 안 된다. 이연법인세는 투자자 소유의 유가증권이 아니라 회계 목적으로 만들어진 대차대조표상의 한 항목일 뿐이다.

그러나 특정 규제산업에는 이연법인세가 중요한 고려대상일 수도 있음을 기억하자. 규제기관들은 허용 수익률 및 수익과 소비자 가격 추이를 계산하는 데 이연법인세를 참고하기 때문이다.

**단기부채는 고려하지 않는가?** 보통은 WACC를 계산할 때 장기 자금조달만 고려하고, 단기부채의 조달비용은 제외한다. 원칙적으로 이는 틀린 방법이다. 단기부채의 채권자들 역시 영업이익에 대한 청구권이 있으며, 이를 무시한다면 자본 투자에 대한 요구수익률이 왜곡될 것이다.

하지만 만약 단기부채의 성격이 일시적, 계절적, 부수적이거나, 현금 및 시장성 유가증권으로 상계가 가능하다면 단기부채를 무시하는 것이 큰 문제가 되지는 않는다. 예를 들어 어떤 기업의 해외지사에서 재고자산과 매출채권 증가로 인한 단기 유동성 위기를 6개월 만기 단기부채로 해결했다고 하자. 이 금액은 미국 본사의 재무제표에 달러($)로 환산한 단기부채로 기록될 것이다. 하지만 유동성 위기가 없는 본사에서는 동일 금액의 잉여현금을 단기 유가증권에 투자하는 형태로 대여할 수도 있을 것이다. 만약 이 대여금과 해외지사로 인한 단기부채가 상계된다면, 해당 기업은 단기 자금의 **순**채무자가 아니므로, 굳이 가중평균자본비용에 해당 단기부채를 고려할 이유가 없는 것이다.

**그외 유동부채는 어떻게 처리하는가?** 일반적으로 유동자산이 유동부채보다 크기 때문에, 유동자산에서 유동부채를 차감한 금액을 차변에 순운전자본으로 기입하게 된다. 대변의 장기 자금조달 항목들의 합은 **총시장가치**(total capitalization)라 한다.

| 순운전자본 | 장기 차입금 |
|---|---|
| =유동자산 – 유동부채 | 우선주 |
| 토지, 건물, 기구 등 | |
| 성장기회 | 자기자본 |
| 총자산 | 총시장가치 |

순운전자본을 자산과 같이 취급한다면, 7-2절에서 따라 한 방법같이 자본 투자안의 현금흐름을 예측할 시에 순운전자본의 증가를 현금유출로, 순운전자본의 감소를 현금유입으로 처리해야 한다. 리오의 향후 운전자본 투자를 추정할 때도 이와 같은 방법을 따랐다.

유동부채가 단기 차입금을 포함하므로, 이를 유동자산과 상계하는 과정에서 가중평균 자본비용의 단기 차입금 조달 비용이 제외된다. 상기했듯이 이는 일반적으로 큰 문제가 되지 않는다. 그러나 소기업 또는 미국 외의 많은 기업들과 같이 단기 차입금이 중요하고 영구적인 자금조달 방법이라면, 단기 차입금을 유동자산과 상계하지 말고 대차대조표의 대변에 기록해야 한다.[9] 그리고 단기 차입금의 조달 비용을 가중평균자본비용을 구할 때 포함해야 한다.

**자금조달비용은 어떻게 계산하는가?** 기업 주식에 대한 투자자들의 기대수익률인 $r_E$의 추정치는 종종 주식시장 정보를 이용해 구할 수 있다. 자기자본에 대한 기대수익률이 있다면, 부채

---

[9] 실무적으로는 WACC를 계산하는 데 단기 차입금을 고려해야 하는지 판단하는 요령들이 있다. 그중 하나는 단기 차입금이 총부채의 10% 이상이며 순운전자본이 음수(−)인지를 확인하는 것이다. 만약 이에 해당한다면 장기자산의 자금조달에 단기 차입금이 사용되는 것이 거의 확실하기 때문에 WACC 계산에 포함되어야 한다는 것이다.

조달비용인 $r_D$와 부채비율과 자기자본비율인 $D/V$와 $E/V$는 큰 어려움 없이 구할 수 있기 때문에 WACC를 구하는 것은 어렵지 않다.[10] 우선주의 시장가치와 요구수익률을 구하는 것 역시 일반적으로는 어렵지 않다.

하지만 다른 종류의 유가증권에 대한 요구수익률을 추정하는 것은 까다로울 수 있다. 예를 들어 채권을 주식으로 전환하는 옵션으로부터 수익의 일부를 얻는 전환사채의 경우가 그러하다.

채무불이행 위험이 높은 부실채권(junk debt)의 경우 역시 이에 해당한다. 채무불이행 가능성이 높을수록 채권의 시장가치는 낮고 **만기수익률**(promised rate of interest)[11]이 높다. 하지만 가중평균자본비용은 만기수익률이 아닌 **기대**(평균)**수익률**이다. 예를 들어 2018년 현재 본톤백화점(Bon-Ton Department Stores)이 발행한 3년 만기 채권은 액면가의 12.5%에 거래되고 있으며 만기수익률은 110%이다. 이는 만기가 비슷한 최고 등급 채권들의 수익률보다 약 108%p 높은 것이다. 본톤백화점 채권의 가격 및 만기수익률은 해당 기업의 부실한 재무 상태에 대한 투자자들의 우려를 반영한다. 하지만 110%의 만기수익률은 회사가 부도날 경우에 채권자가 입을 손실을 감안하지 않기에 기대수익률이라 할 수 없다. 따라서 가중평균자본비용을 산출하는 데 있어 부채비용으로 110%를 사용한다면 본톤의 진정한 자본비용을 과대평가하게 된다.

대부분 부실채권의 기대수익률을 쉽게 산출하는 방법이 없다는 것은 나쁜 소식이다. 그나마 안도할 만한 점은 대부분 채권의 채무불이행 가능성이 낮다는 것이다. 따라서 만기수익률과 기대수익률이 비슷하고, 만기수익률을 기대수익률의 근사치로 사용해 가중평균자본비용을 계산할 수 있음을 의미한다.

**기업 WACC 또는 산업 WACC 중 무엇을 이용할 것인가?** 물론 목표가 특정 기업의 WACC를 구하는 것이라 하더라도, 산업 WACC를 사용하는 것이 더 유리한 경우도 있다. 다음의 예를 살펴보자. 캔자스시티서던(Kansas City Southern)은 1) 캔자스시티서던철도(Kansas City Southern Railroad)와 2) 스틸웰금융(Stillwell Financial)으로 구성되어 있었다. 캔자스시티서던철도는 미국 중서부로부터 남부의 텍사스와 멕시코로 이어진 철도를 운영하는 철도회사이며, 스틸웰금융은 대표적으로 야누스뮤추얼펀드를 운용하는 투자자문회사이다. 캔자스시티서던 기업 전체 WACC는 극명하게 다른 이 두 사업부문 어디에도 적용할 수 없다. 이런 경우 철도 사업부문에는 철도산업 WACC를, 투자자문 사업부문에는 투자자문 산업 WACC를 사용하는 것이 일반적이다.[12]

---

[10] 대다수의 기업채권들은 거래가 많지 않기 때문에 시장가치를 직접 구할 수 없다. 그러나 거래량이 많은 채권 중 유사한 채무불이행 위험 및 만기의 채권을 활용해 거래되지 않는 채권의 가치를 가늠할 수 있다.

    재무적으로 건전한 회사의 경우에는 채권의 시장가치와 장부가치의 차이가 크지 않기 때문에 실무적으로는 가중평균자본비용 공식의 $D$로 장부가치를 이용하는 경우가 많다. 하지만 자기자본가치($E$)는 무조건 시장가치를 사용해야 한다는 것을 명심하자.

[11] 만기수익률(yield to maturity)은 표리채의 약정이자가 채무불이행 없이 만기까지 모두 지급된다는 것을 가정하고 산출하는 수익률이다.

[12] 해당 산업 회사 대부분이 부실채권으로 자금조달을 하지 않았다는 가정하에 산업 WACC를 사용하면 앞서 언급한 부실채권 기대수익률 추정의 어려움이 대부분 해결된다.

캔자스시티서던은 2000년에 스틸웰을 분사시켰고, 현재는 순수 철도사업만 운영하고 있다. 그렇다 하더라도 기업 WACC를 산업 WACC와 비교 및 대조해보는 것이 필요하다. 산업 WACC는 기업 WACC에 비해 추정오차나 무작위 잡음(noise)에 의한 왜곡이 적기 때문이다. 다행히도 캔자스시티서던의 경우 순수 철도사업만 운영하는 5개의 대기업[CPC(Canadian Pacific)과 캐나다 국영철도 포함]을 이용해 산업 WACC를 추정할 수 있다. 물론 산업 WACC를 특정 기업의 투자안을 평가하는 데 사용하는 것은 해당 기업의 사업 위험이 전체 산업 위험과 비슷하다는 전제하에 가능하다. 또한 만약 산업 평균 부채비율이 평가대상 투자안의 목표 부채비율과 다르다면, 아래의 세 단계 과정을 통해 산업 WACC를 조정해야 한다.

맹목적으로 산업 WACC를 사용해선 안 된다는 것을 명심하자. 예로 든 철도산업에 속한 기업들은 동질적이기 때문에 철도사업의 WACC를 검토한 것이다. 하지만 기타소비재산업의 산업 WACC는 해당 산업에 속한 특정 기업의 WACC으로는 부적합할 것이다.[13]

**어떤 세율을 적용할 것인가?**   세금은 복잡한 문제이다. 기업들은 종종 세법상의 취약점을 찾아 절세를 하기도 한다. 하지만 WACC를 계산하기 위해서는 **한계**세율을 이용해야 한다. 한계세율이란 자본 투자안으로 얻는 추가수익 $1당 현금으로 지급하는 세금의 비율이다.

이 장의 사례들은 미국의 법인세율인 21%를 사용한다. 실질적으로는 미국 기업들은 약 3~4%p의 주(州)세를 추가적으로 지불한다. 따라서 전국적인 사업으로 대부분의 주(州)에 소득세를 지불하는 기업의 경우 WACC를 계산하는 데 24~25%의 세율을 사용하는 것이 타당하다.

**절세효과를 완전히 이용 못하는 기업의 경우는 어떠한가?**   여기까지는 기업들이 지속적으로 이익을 창출하고 미국의 법정 세율인 21%의 세금을 다 낸다고 가정했다. 그랬기 때문에, 새 투자안이 사업 초기에 손실을 발생시킨다 하더라도 해당 투자에 대한 감가상각비로 인한 절세가 가능했다. 해당 투자안으로 증가하는 감가상각비가 기업 전체의 법인세 차감전 순이익을 감소시키기 때문이다. 동일 맥락에서 새 투자안으로 지원되는 부채의 이자비용의 절세효과 역시 가능했다.

하지만 1) 기업이 전반적으로 적자 상태거나 2) 총이자비용이 EBITDA의 30%를 초과하는 경우 신규 부채비용의 절세효과는 제한적이다.[14] 만약 두 가지 경우 중 하나 이상에 해당한다면, 제한적 부채비용 절세효과를 감안해 WACC를 변경해야 할까?

만약 기업의 적자나 절세효과의 제약조건이 일시적인 것이라면 그럴 필요는 없다. 순손실이나 이자비용은 당해연도가 아니더라도 미래의 이익으로 상계할 수 있기 때문이다(이 경우 절세효과 사용이 지연되는 것을 반영하기 위해 WACC 공식상의 세율을 하향조정하는 것이 가능하다). 그러나 만약 이자비용 절세효과의 사용이 너무 많이 지체된다면 다음 절에서 설명할 조

---

[13] 레비와 웰치(Levi and Welch, 2017)는 산업평균베타를 개별 기업의 베타 예측치로 사용하는 것에 대한 반론을 제기한다. Y. Levi and I. Welch, "Best Practice for Cost-of-Capital Estimates," *Journal of Financial and Quantitative Analysis* 52(April 2017), pp. 427-463 참조.

[14] 제7장에서 소개한 개정세법의 요약을 참조하라. 이자비용 절세효과는 2022년에 영업이익(EBIT)의 30%로 변경된다.

정현재가치(APV)를 이용하는 것이 더 나을 것이다.

## 부채비율과 사업위험이 다를 경우 WACC를 조정하는 방법

WACC 공식의 전제 사항은 평가하고자 하는 투자안 또는 사업이 기업이나 산업 전체의 부채-자기자본비율로 조달된다는 것이다. 만약 그렇지 않다면 어떻게 해야 할까? 예를 들어 상그리아 전체의 부채비율은 40%인데, 영구적 분쇄기 투자안은 20%만 부채로 조달하는 경우를 알아보자.

부채비율을 40%에서 20%로 낮춘다면 WACC 공식에 사용되는 모든 변숫값을 수정해야 한다.[15] 자금조달 가중치가 변하는 것 외에, 재무위험 감소에 따라 자기자본비용($r_E$)도 감소하며, 부채비용 역시 감소할 수 있다.

그림 18.1을 살펴보자. 이 그림은 상그리아의 WACC, 부채비용, 자기자본비용을 부채-자기자본 비율의 함수로 나타냈다. 수평한 선은 자본의 기회비용인 $r$이다. 이는 기업이 전액 자기자본으로 조달되었을 경우 투자자들의 기대수익률이란 점을 기억하자. 자본의 기회비용은 오직 사업 위험만을 반영하기 때문에 우리가 살펴볼 자본비용들의 자연스러운 기준선이다.

만약 상그리아나 영구적 분쇄기 투자안이 전액 자기자본으로 조달되었다면($D/V=0$), 가중평균자본비용과 자본의 기회비용이 동일할 것이다. 그림 18.1의 $D/V=0$인 점부터 점차 부채비율이 증가할수록 재무위험의 증가로 인해 자기자본비용은 상승하지만, WACC는 점차 하락하는 점을 주목하라. WACC가 하락하는 것은 비싼 자기자본 대신 싼 부채를 사용했기 때문이 아니다. 이는 이자비용의 절세효과 때문에 하락하는 것이다. 만약 법인세가 없다면, 가중평균자본비용은 부채비율이 증가한다 해도 일정할 것이며 자본의 기회비용과 일치할 것이다. 이는 제16장에서 이미 설명한 바 있다.

그림 18.1은 자금조달과 WACC의 관계를 시각적으로 보여준다. 처음에는 상그리아의 부채비율 40%를 반영한 수치들만 주어졌지만, 이제 부채비율 20%인 경우의 수치들을 구하고자 한다.

이는 아래의 간단한 3단계 과정을 통해 구할 수 있다.

**1단계**   자본의 기회비용을 계산하라. 다시 말해 전액 자기자본 조달을 가정하고 WACC 및 자기자본비용을 계산하자. 이는 WACC에서 **부채를 없애는 작업이다**(unlevering). 부채를 없애는 가장 간단한 공식은 다음과 같다.

$$\text{자본의 기회비용} = r = r_D\,D/V + r_E\,E/V$$

이 공식은 MM의 첫 번째 정리에서 도출된다(16-1절 참조). 세금이 없는 경우, 부채비율과 상관없이 가중평균자본비용은 자본의 기회비용과 같다.

---

[15] 심지어는 세율마저 변할 수 있다. 예를 들어 상그리아의 법인세 차감 전 순이익이 부채비율 20%인 경우의 이자비용은 부담할 수 있지만 부채비율이 40%인 경우의 이자비용은 감당하지 못할 수 있다. 그렇다면 부채비율 20%인 경우의 실질한계세율이 부채비율 40%인 경우보다 높을 것이다.

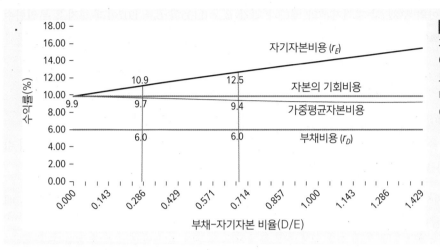

▶ **그림 18.1**  이 그림은 부채-자기자본비율 25%와 67%에서의 상그리아 기업의 WACC를 제시한다. 수치로 제시한 비율들은 부채-자기자본비율이 20%와 40%일 경우의 수치들이다.

**2단계**  새로운 부채비율하의 부채비용을 추정하고, 이에 따라 자기자본비용을 계산한다.

$$r_E = r + (r - r_D)D/E$$

이 공식은 MM의 두 번째 정리이다(16-2절 참조). 단, 이 공식에서는 부채-기업가치비율이 아닌 부채-자기자본 비율을 사용하는 것을 주목하자.

**3단계**  새로운 자금조달 가중치를 이용해 가중평균 자본비용을 다시 계산하자.

새로운 부채비율이 $D/V = 0.20(20\%)$인 경우 상그리아의 값을 계산해보자.

　**1단계**: 상그리아의 현재 부채비율 $D/V = 0.4$이므로 자본의 기회비용은 다음과 같다.

$$r = 0.06(0.4) + 0.125(0.6) = 0.099 \text{ 또는 } 9.9\%$$

　**2단계**: 부채비율이 20%인 경우에도 부채비용은 동일하게 6%인 것으로 가정한다.

$$r_E = 0.099 + (0.099 - 0.06)(0.25) = 0.109 \text{ 또는 } 10.9\%$$

이 경우, 부채-자기자본 비율이 0.2/0.8 = 0.25인 것을 주목하라.

　**3단계**: WACC를 다시 계산하자.

$$\text{WACC} = 0.06(1 - 0.21)(0.2) + 0.109(0.8) = 0.097 \text{ 또는 } 9.7\%$$

그림 18.1의 부채-자기자본 비율 25% 선 상에 해당 수치들을 표시했다.

### β에서 부채를 없애고 다시 부채를 추가하는 작업

위의 3단계 과정은 자기자본비용에서 1) 부채를 없애고 2) 다시 부채를 추가하는 과정(relevering)을 거친다. 일부 재무관리자는 대신에 자기자본 베타(β)에서 1) 부채를 없애고 2) 다시 부채를 추가하는 법을 선호한다. 새로운 부채비율하의 자기자본 베타를 구하면, 자기자본비용은 자본자산가격결정모형(CAPM)을 이용해 구할 수 있다. 그 후 새로운 부채비율하의 WACC를 구하면 된다.

상그리아의 부채 및 자기자본의 베타가 각각 $\beta_D = 0.135$와 $\beta_E = 1.07$이라 하자.[16] 무위험수익률이 5%이고 시장위험프리미엄이 7.0%라 하면, 상그리아의 자기자본 조달비용은 다음과 같다.

$$r_E = r_f + (r_m - r_f)\, \beta_E = 0.05 + (0.07)1.07 = 0.125 \text{ 또는 } 12.5\%$$

이 값은 40/60 부채-자기자본 비율하의 자기자본비용과 일치한다.

부채비율 20%하에서의 상그리아의 가중평균자본비용은 위에서 소개한 3단계 과정과 거의 비슷한 과정을 통해 구할 수 있다.

**1단계**　베타에서 부채를 없애라. 부채를 없앤 베타는 기업의 부채가 없을 경우의 자기자본 베타와 같다. 베타에서 부채를 없애는 공식은 16-2절에서 소개했다.

$$\beta_A = \beta_D(D/V) + \beta_E(E/V)$$

이 공식은 회사 전체 자산의 베타($\beta_A$)는 기업의 모든 자기자본과 타인자본으로 구성된 포트폴리오의 베타와 같다는 것을 보여준다. 만약 그런 포트폴리오에 투자한 투자자가 있다면, 그는 재무위험 없이 사업위험만 부담하게 된다. 상그리아의 경우 이 값은 다음과 같다.

$$\beta_A = \beta_D(D/V) + \beta_E(E/V) = 0.135(0.4) + 1.07(0.6) = 0.696$$

**2단계**　새 부채비율하에서 부채와 자기자본의 베타를 추정하라. 베타에 다시 부채를 추가하는 과정은 수익률 대신 베타를 사용했다는 점을 제외하면 MM의 두 번째 정리와 같다.

$$\beta_E = \beta_A + (\beta_A - \beta_D)D/E$$

이 공식을 이용해 $D/E$가 변하는 경우의 $\beta_E$를 다시 계산한다. 부채-자기자본 비율이 0.2/0.8 = 0.25로 변경되어도 상그리아의 부채 베타가 0.135로 유지된다면, 다음과 같다.

$$\beta_E = \beta_A + \frac{(\beta_A - \beta_D)D}{E} = 0.696 + (0.696 - 0.135)0.25 = 0.836$$

**3단계**　새로운 자금조달 가중치하에서 자기자본비용과 WACC를 다시 계산한다.

$$r_E = r_f + (r_m - r_f)\, \beta_E = 0.05 + 0.07(0.836) = 0.109 \text{ 또는 } 10.9\%$$
$$\text{WACC} = 0.06(1 - 0.21)(0.2) + 0.8(0.109) = 0.097 \text{ 또는 } 9.7\%$$

이는 위에서 계산하고 그림 18.1에 제시한 수치들과 일치한다.

## 자본 재조정의 중요성

WACC 공식 및 기대수익률에서 부채를 없애고 다시 추가하는 공식들은 단순하지만 그 공식들의 가정 사항들은 기억하도록 유의해야 한다. 그중 가장 중요한 것이 **자본 재조정**

---

[16] 부채 베타는 일반적으로 낮으며, 많은 관리자들이 단순히 $\beta_D = 0$으로 가정한다. 그러나 부실채권의 베타는 0보다 상당히 높을 수 있음을 기억하자.

(rebalancing)에 대한 가정이다.

현재의 자본 구조하에서 WACC를 계산하는 데는 현재의 자본 구조가 변하지 않는다는 가정이 필요하다. 다시 말해 기업은 평가기간 중 시장가치에 기반 한 부채비율을 일정하게 유지하기 위해 자본을 재조정해야 한다. 상그리아의 예를 다시 보자. 처음에는 부채-기업가치 비율이 40%였으며, 기업의 시장가치는 $12억 5,000만였다. 상그리아의 제품들이 예상 외의 선전을 해 기업의 시장가치가 $15억으로 증가했다고 하자. 자본을 재조정한다는 것은 상그리아가 차입금을 0.4×1,500＝$6억로 늘려 부채-기업가치비율을 40%로 맞춘다는 것이다. 자본 재조정을 통해 추가된 부채는 다른 투자안에 투입하거나 주주에게 환원할 수도 있다. 만약 시장가치가 감소한다면, 상그리아는 이에 비례해 부채를 상환해야만 한다.

물론 실제 기업들은 이와 같이 의무적이고 기계적으로 자본 재조정을 하지는 않는다. 실무적으로는 장기 목표 자본 구조를 정해 놓고 이 목표를 향해 점진적이고도 지속적으로 조정하면 된다.[17] 하지만 부채 상환과 같이 기업이 자본 구조를 급격하게 조정할 계획이 있다면 WACC 공식을 사용해서는 안 된다. 그런 경우에는 다음 절에서 설명할 APV를 사용하도록 하자.

자본 구조 조정 시에 WACC를 계산하는 위의 3단계 과정도 자본 재조정에 대해 비슷한 가정을 바탕으로 한다.[18] 처음의 자본 구조를 미래에도 유지하기 위해 자본 재조정을 할 것이라는 가정이다.[19]

---

[17] WACC 공식의 일정 부채비율에 대한 가정을 다른 각도로 생각해보자. 투자안의 부채한도가 투자안 가치의 일정 비율이라 가정하자(여기서 '한도'란 투자안에 대해 최대한 차입할 수 있는 금액을 뜻하는 것이 아니고 관리자들이 선택하는 최적의 부채금액을 뜻한다). 설사 기업이 자본을 재조정하지 않아 기업의 모든 투자안의 부채한도를 합한 금액보다 부채의 규모가 크거나 작더라도, 특정 투자안의 현금흐름을 WACC로 할인한다면 해당 투자안의 부채한도에 대한 이자비용의 절세효과를 반영하게 될 것이다.

[18] 비슷하지만 같지는 않다. 기본 WACC 공식은 자본 재조정이 기말에 행해지거나 기중에 지속적으로 행해지더라도 적용된다. 하지만 위의 3단계 과정 중 1단계와 2단계에서 사용한 부채를 없애고 다시 추가하는 공식들은 자본 재조정이 기중에 지속적으로 행해져 일간 또는 주간 부채비율이 일정하게 유지되어야만 정확한 답을 제공한다. 그러나 기말에 재조정해서 생기는 오차들은 매우 작기 때문에 실무적으로는 무시할 수 있다.

[19] 기중 지속적으로 자본을 재조정할 경우에 공식이 적용된다는 것을 이해해보자. 시장가치에 기반 한 대차대조표를 생각해보자. 차변에는 자산과 이자비용의 절세효과가 있고 대변에는 부채와 자기자본이 있으며, $D+E=$PV(자산)$+$PV(이자비용 절세효과)라 하자. 기업의 부채와 자기자본에 대한 총위험(베타)은 기업의 PV(자산)과 PV(이자비용 절세효과)의 위험을 $\alpha$와$(1-\alpha)$의 비율로 혼합한 위험과 같다.

$$\beta_D\frac{D}{V}+\beta_E\frac{E}{V}=\alpha\beta_A+(1-\alpha)\beta_{절세효과} \tag{1}$$

여기서 $\alpha$는 기업가치 중 자산이 차지하는 비중이고, $1-\alpha$는 기업가치 중 이자비용 절세효과가 차지하는 비중이다. 만약 기업이 $D/V$를 일정하게 유지하기 위해 자본 재조정을 한다면 이자비용 절세효과의 베타와 자산의 베타가 같아야 한다. 자본 재조정을 한다면, 기업가치 $V$가 $x\%$ 변할 때 부채 $D$도 $x\%$ 변한다. 그러므로 이자비용 절세효과인 $T_c r_D D$ 역시 $x\%$ 변할 것이다. 따라서 이자비용 절세효과의 위험은 회사 전체의 위험과 같아야 한다.

$$\beta_{절세효과}=\beta_A=\beta_D\frac{D}{V}+\beta_E\frac{E}{V} \tag{2}$$

이는 본문에서 제시한 베타에서 부채를 없애는 공식이다. 기대수익률은 베타에 따라 변하므로 다음과 같이 표현 가능하다.

$$r_A=r_D\frac{D}{V}+r_E\frac{E}{V} \tag{3}$$

공식 (2)와 (3)을 재배열해 $\beta_E$와 $r_E$에 부채를 다시 추가하는 공식을 도출한다(세율인 $T_c$가 누락되어 있는 것을 주목하자).

## 모딜리아니-밀러 공식 및 마지막 조언

만약 기업이 현재의 자본 구조를 유지하기 위한 자본 재조정을 하지 않는다면 어떻게 해야 할까? 그런 경우에는 일반적으로 조정현재가치만을 사용할 수 있다. 하지만 종종 재무담당자들은 MM가 개발한 공식 등의 기타 할인율 공식을 활용하기도 한다. MM은 영구적으로 일정 수준의 부채로 조달된 기업을 가정했다. 또한 이 기업은 일정한 수준의 영구적 현금흐름을 창출한다고 가정했다. 이 경우 세후 할인율($r_{MM}$)과 자본의 기회비용($r$) 사이에 간단한 관계가 성립한다.[20]

$$r_{MM} = r(1 - T_c \, D/V)$$

이 경우는 부채를 없애기 위해 단순히 부채한도($D/V$)를 0으로 설정하면 된다.[21]

MM의 공식은 실무에서 여전히 사용되지만 일정하고 영구적인 현금흐름과 영구적이고 일정한 금액의 부채가 있는 특별한 경우에만 정확한 답을 제공한다. 그러나 부채가 일정하다면 투자안이 영구적이지 않다 하더라도 이 공식의 값은 근사치로서는 나쁘지 않다.[22]

위에서 알아본 부채가 고정되었다고 가정하는 방법과 일정 부채비율을 유지하기 위해 자본을 재조정하는 방법 중 어느 방법을 택하겠는가? 고정 부채 방법을 택하는 사람은 드물다. 대부분의 재무관리자는 일정한 시장가치 기반 부채비율을 가정하고 자본을 재조정하는 기본 세

---

$$\beta_E = \beta_A + (\beta_A - \beta_E)D/E$$
$$r_E = r_A + (r_A - r_D)D/E$$

이 과정에서 유일한 가정 사항은 지속적인 자본 재조정뿐이다. 그렇지 않고 기업이 1년에 한 번 자본 재조정을 하며 올해의 부채로 정해지는 내년의 이자비용 절세효과를 안다고 가정하자. 그렇다면 마일스와 에젤(Miles and Ezzell)이 개발한 공식을 사용하면 된다(J. Miles and J. Ezzell, "The Weighted Average Cost of Capital, Perfect Capital Markets, and Project Life: A Clarification," *Journal of Financial and Quantitative Analysis* 15(September 1980), pp. 719-730 참조).

$$r_{\text{Miles-Ezzell}} = r_A - (D/V)r_D T_t \left( \frac{1 + r_A}{1 + r_D} \right)$$

[20] 이 공식은 F. Modigliani and M. H. Miller, "Corporate Income Taxes and the Cost of Capital: A Correction," *American Economic Review* 53(June 1963), pp. 433-443에 처음 소개되었고, M. H. Miller and F. Modigliani: "Some Estimates of the Cost of Capital to the Electric Utility Industry, 1954-1957," *American Economic Review* 56(June 1966), pp. 333-391에서 더 자세히 설명되었다. 영구적이고 일정한 부채를 가정한다면 다음과 같다.

$$V = \frac{C}{r} + T_c D$$

$$V = \frac{C}{r(1 - T_c D/V)} = \frac{C}{r_{MM}}$$

[21] 이 경우, 자기자본비용에 다시 부채를 추가하는 공식은 다음과 같다.

$$r_E = r_A + (1 - T_c)(r_A - r_D)D/E$$

그리고 베타에서 부채를 없애고 다시 추가하는 공식은 각각 다음과 같다.

$$\beta_A = \frac{\beta_D(1 - T_c)D/E + \beta_E}{1 + (1 - T_c)D/E}$$

$$\beta_E = \beta_A + (1 - T_c)(\beta_A - \beta_D)D/E$$

R. Hamada, "The Effect of a Firm's Capital Structure on the Systematic Risk of Common Stocks," *Journal of Finance* 27(May 1972), pp. 435-452를 참조하라.

[22] S. C. Myers, "Interactions of Corporate Financing and Investment Decisions—Implications for Capital Budgeting," *Journal of Finance* 29(March 1974), pp. 1-25를 참조하라.

후 WACC를 사용한다. 이것이 합리적인 이유는 기업이나 투자안의 부채한도는 기업가치가 변함에 따라 변하기 때문이다.

동시에, 일반적인 재무관리자는 기업의 부채비율이 과도하지 않을 경우 적당한 범위 내에서 부채비율이 상승 또는 하락하더라도 크게 신경 쓰지 않는다. 그들은 이 범위에서 WACC와 부채비율의 관계가 일정한 것처럼 행동한다. 그림 16.4와 18.1에서 세후 WACC가 하락하는 유일한 이유가 이자의 절세효과라는 것을 기억한다면 이것도 일리가 있다. WACC 공식은 재무건전성의 악화에 따른 비용이나 제17장에서 논의한 세금 이외의 문제들을 직접 반영하지는 않는다.[23] 이러한 문제들이 어쩌면 이자비용 절세효과를 거의 상계할 수도 있을 것이다. 그런 경우라면, 재무관리자는 부채비율을 미세조정하는 것보다 회사의 운영 및 투자 결정에 집중하는 것이 더 현명할 것이다.

## 18-4 조정현재가치

이제 기업가치평가에 있어 자금조달 방법을 감안하는 다른 방법을 알아보도록 한다. 이는 **조정현재가치**(adjusted present value, APV)를 계산하는 법이다. APV 이면의 아이디어는 분할하고 정복한다(divide and conquer)는 것이다. 기존의 할인율을 조정해 자금조달 방법을 반영하는 대신, APV는 일련의 현재가치를 계산한다. 첫째로 투자안 또는 회사의 기본사례(base-case)가치를 설정한다. 이 가치는 전액 자기자본으로 조달된 별도 기업의 가치이며, 이는 자본의 기회비용을 이용해 할인한 가치이다. 기본사례 값을 설정한 후, 자금조달 방법에 따른 부작용들을 확인해 각각의 비용이나 효익의 현재가치를 계산한다. 마지막으로, 모든 현재가치를 합해 투자안이 회사가치에 기여하는 총액을 구한다.

조정현재가치＝기본사례 순현재가치＋자금조달 부작용의 현재가치의 합[24]

자금조달에 따른 부작용 중 가장 중요한 것은 바로 투자안으로 지원되는 부채의 이자비용 절세효과이다(긍정적 부작용). 그 외에는 유가증권 발행 비용이나(부정적 부작용) 특정 자금조달 시에 정부나 금융기관이 제공하는 보조금이 있다(긍정적 부작용).

APV는 재무관리자에게 자금조달에 따른 기업가치의 증감 요소들을 명시적으로 보여준다. 따라서 APV는 경영자가 적절한 후속 질문을 할 수 있게 한다. 예를 들어 기본사례 NPV가 양수이긴 하지만 투자안의 자기자본비용보다는 적다고 하자. 그런 경우, 경영자는 투자안 자금조달의 대안들을 고려해 투자 여부를 결정할 수 있을 것이다.

---

[23] 재무건전성 악화에 따른 비용은, 특히 부채비율이 높은 경우에 급격히 상승하는 부채비용 및 자기자본비용으로 나타날 수 있다. 이 비용은 그림 16.4와 18.1의 WACC 곡선을 평평하게 만들 수 있으며, 심지어 부채비율 증가에 따라 WACC가 증가할 수도 있다. 일부 실무자들은 산업 WACC를 계산한 후 이를 일정하게 적용한다(최소한 해당 산업에서 재무적으로 건전한 회사들의 부채 범위 내에 본인 회사의 부채비율이 있다면 말이다).

[24] 조정현재가치는 S. C. Myers, "Interactions of Corporate Financing and Investment Decisions—Implications for Capital Budgeting," *Journal of Finance* 29(March 1974), pp. 1-25에서 개발되었다.

## 영구적 분쇄기에 조정현재가치 적용

APV는 간단한 수치 예를 통해 이해하기 쉽다. 상그리아의 영구 분쇄기 투자안에 적용해보자. 동일한 부채정책을 가정할 경우 APV와 WACC를 이용해 할인하는 방법이 같다는 것을 보여주는 것으로 시작해보자.

분쇄기의 예상 현금흐름에 대한 할인율로 상그리아의 WACC(9.4%)를 사용했다. WACC 계산을 위해 부채가 투자안 또는 기업가치의 40%로 일정하게 유지될 것이라고 가정했다. 이 경우, 이자비용 절세효과의 위험과 투자안의 위험은 동일하다.[25] 그러므로 이자비용 절세효과는 자본의 기회비용($r$)으로 할인하도록 한다. 앞 절에서 상그리아의 WACC에서 부채를 없애는 방법으로 자본의 기회비용 $r=9.9\%$를 계산했다.

첫 번째 단계는 기본사례 NPV를 계산하는 것이다. 이는 전액 자기자본 조달을 가정한 투자안의 순현재가치이다. 이는 투자안의 세후 현금흐름인 $117만 5,000를 자본의 기회비용인 9.9%로 할인한 후 초기 투자금인 $1,250만를 차감해 구한다. 현금흐름은 영구적이라 했으므로 다음과 같이 구할 수 있다.

$$\text{기본사례 현재가치} = -12.5 + \frac{1.175}{0.099} = -\$63만$$

따라서, 만약 전액 자기자본으로 조달한다면 이 투자안에 투자할 가치가 없다. 그러나 실제로 이 투자안은 $500만의 부채를 조달한다는 것을 기억하자. 6%의 금리($r_D = 0.06$) 및 21%의 세율($T_c = 0.21$)을 적용하면 연간 이자비용 절세효과는 약 $0.21 \times 0.06 \times 5 = 0.063$ 또는 $63,000이다.

이 이자비용 절세효과의 가치는 얼마인가? 상그리아가 지속적으로 부채를 재조정한다고 가정하면 다음과 같이 $r=9.9\%$로 할인할 수 있다.

$$\text{부채 재조정 후 이자비용 절세효과} = \frac{63,000}{0.099} = \$63만$$

APV는 기본사례 순현재가치와 부채 재조정 후 이자비용 절세효과의 합이다.

$$\text{APV} = -63만 + 63만 = \$0$$

이 가치는 현금흐름을 WACC로 한 번에 할인해 구한 가치와 동일하다. 둘 중 어떠한 방법을 사용한다 하더라도 영구적 분쇄기 투자안은 손익평형 투자안이라는 결론이다.[26]

그러나 APV를 사용하면 부채를 기업가치의 일정 비율로 유지할 필요가 없다. 상그리아가

---

[25] 즉 $\beta_A = \beta_{절세효과}$. 각주 19 참조.

[26] 투자안이 영구적으로 지속되는 경우 이자비용 절세효과의 현재가치를 계산하는 것이 더 직관적이다. 만약 투자안이 영구적이지 않다면, 투자안의 기대 가치는 시간이 지남에 따라 변할 것이고, 이자비용 절세효과 기댓값도 변할 것이다. 기간이 한정된 투자안 및 투자안 가치의 일정 비율로 유지되는 부채의 경우, 이자비용 절세효과의 현재가치를 구하기 전에 투자안의 기대 가치를 일자별로 계산해야 하는 번거로움이 있다. 따라서 부채비율이 일정하기만 하면 경영자들은 이자비용 절세효과를 WACC로 할인하고, APV는 부채가 상환 일정에 따라 상환되는 경우에만 사용한다.

투자안의 부채를 $500만로 유지한다고 가정해보자. 이 경우 이자비용 절세효과의 위험은 부채의 위험과 같다고 가정하고, 이를 다음과 같이 부채 금리인 6%로 할인해보자.

$$부채 고정 시 이자비용 절세효과 = \frac{63,000}{0.06} = \$105만$$

$$APV = -0.63 + 1.05 = \$42만$$

이제 투자안이 더 매력적으로 보이지 않는가? 부채를 일정 수준으로 유지한다면 이자비용 절세효과가 더 안전하며 그 가치 또한 더 높다(상그리아에게 고정부채가 더 안전한지 여부는 별개의 문제이다. 영구적 분쇄기 투자안이 실패하면 $500만의 고정부채가 상그리아의 다른 자산들에 부담이 될 수도 있다).

## 자금조달의 기타 부작용

상그리아가 부채와 자본을 발행해 영구적 분쇄기의 자본을 조달한다고 가정하자. 7%($0.53백만=$53만)의 발행 비용으로 $750만의 자기자본을 발행하고, 2%($0.10백만=$10만)의 발행 비용으로 $500만의 부채를 발행하게 된다. 부채의 경우, 일단 발행되면 일정하게 유지된다고 가정해 이자비용 절세효과의 가치가 $1.05백만이라고 하자. 자본의 발행 비용들을 차감해 APV를 다시 계산하면 다음과 같다.

$$APV = -0.63 + 1.05 - 0.53 - 0.10 = -\$0.21백만(-\$21만)$$

자본의 발행 비용을 고려하니 APV가 다시 음수가 되었다.

때로는 자금조달에 따른 부작용 중 세금과 관련이 없으면서도 유리한 것들이 있다. 예를 들어 분쇄기 기계 제조업체가 계약 수주를 위해 상그리아에 유리한 조건으로 기계를 리스하겠다고 제안했다고 가정해보자. 그렇다면 APV 계산을 위해 리스 계약의 NPV를 추가해야 한다. 또는, 한 지방정부가 분쇄기를 해당 지역에 설치하고 운영할 경우 $500만의 부채를 매우 낮은 금리로 대출해주겠다고 제안했다고 가정해보자. 이 경우 지방정부의 보조를 받은 부채의 NPV를 추가해 APV를 계산할 수 있다.

## 전체 사업에 대한 조정현재가치

APV는 전체 사업의 가치를 평가하는 데도 사용할 수 있다. 리오의 가치평가를 다시 살펴보자. 표 18.1에서는 40%의 일정한 부채비율을 가정하고 상그리아의 WACC를 이용해 잉여현금흐름을 할인했다. 표 18.2는 부채의 상환 일정이 정해져 있다는 점 외에는 동일한 분석 결과를 제시한다.

상그리아가 리오에게 인수제안을 하기로 결정했다고 하자. 인수제안이 받아들여진다면, $6,200만의 인수자금을 부채로 조달할 계획이며, 6년 차까지 $5,300만로 부채 수준을 낮출 계획이다. 리오의 평가기간 말 가치는 표 18.1에서 계산하고 표 18.2에서 다시 제시했듯이 $1억 3,270만란 것을 기억하자. 리오의 평가기간 말 시점의 부채비율은 53/132.7 = 0.40 또는 40%로 추정된다. 결국 상그리아는 리오의 부채비율을 정상 수준인 40%로 되돌릴 계획이다.[27] 하지만 평가기간 중에는 리오의 부채 부담이 더 클 것이다. 예를 들어 초기 $6,200만의 부채는 표 18.1에서 계산한 기업가치의 약 56%에 달한다.

이와 같이 과감한 부채상환 일정이 리오의 APV에 어떤 영향을 미치는지 살펴보자. 표 18.2는 표 18.1의 잉여현금흐름 예측값을 보여준다.[28] 이제 리오의 기본사례 NPV를 구해보자. 이는 전액 자기자본 조달을 가정해 산출하므로, 현금흐름들을 WACC가 아닌 자본의 기회비용인 9.9%를 사용해 할인한다. 그 결과 리오의 기본사례 NPV는 $28.5 + 75.3 = $103.8백만로 산출된다. 표 18.2는 부채잔액, 지급이자, 이자비용 절세효과의 추정치 또한 제시한다. 부채가 계획대로 상환된다면, 이자비용의 절세효과는 부채비용인 6%로 할인해야 한다. 그렇게 계산한 이자비용 절세효과의 현재가치는 $360만이므로 APV는 다음과 같이 표 18.1의 순현재가치보다 약 $100만 증가한다.

$$APV = 기본사례\ 순현재가치 + 이자비용\ 절세효과\ 현재가치$$
$$= \$103.8 + 3.6 = \$107.5백만$$

가치의 증가는 초기의 높은 부채 수준과 부채 상환일정 및 이자비용 절세효과가 미리 정해져 있고 변동의 위험이 없다는 가정에 기인한다고 할 수 있다.[29]

리오의 잉여현금흐름을 예측하는 데 숨어 있는 모든 위험과 함정을 고려할 때 $100만의 오차는 큰 문제가 되지 않을 수도 있다. 그러나 이 예제를 통해 APV를 이용할 경우 얻는 유연성의 장점을 확인할 수 있다. APV 방법은 일정한 부채비율을 가정하거나 시나리오별로 다른 WACC를 계산할 필요 없이 다양한 자금조달 방법의 영향을 검토하게 해준다.

APV는 투자안이나 사업의 부채가 장부가치에 연동되어 있거나 확정된 상환 일정에 따라 부채를 상환해야 할 때 특히 유용하다. 예를 들어 카플란과 루백(Kaplan and Ruback)은 차입매수(lerveraged buyout, LBO) 표본의 인수가격을 APV를 이용해 분석했다. LBO는 과도한 부채를 이용해 (일반적으로) 성숙 단계의 기업을 인수하는 방법이다. 그러나 기업인수를 위한 신규 부채는 영구적으로 유지하려는 목적으로 차입된 것이 아니다. LBO 사업 계획은 자산 매각, 비용 절감 및 이익률 개선으로 추가적인 현금흐름을 창출하는 것을 목표로 하며, 추가 현금흐름은 인수 부채를 상환하는 데 사용하게 된다. 따라서 LBO의 경우 부채비율이 일정하지 않기 때문에 가치평가를 위해 WACC를 할인율로 사용할 수 없다.

APV는 LBO에도 적용 가능하다. 인수대상 기업을 우선 전액 자기자본 조달을 가정해 가치평가를 하게 된다. 즉 세후 현금흐름을 예측하는 데 인수 부채에 대한 이자비용 절세효과는 고

---

[27] 그렇기 때문에 평가기간 말 가치를 구하기 위해 평가기간 후의 잉여현금흐름을 평가기간 종료 시점인 6년 차로 할인할 때 여전히 WACC를 사용한다. 그러나 이 6년 차 시점의 평가기간 말 가치를 다시 현재가치로 환산할 때는 자본의 기회비용을 이용해서 할인해야 한다.

[28] 표 18.1에 제시한 다수의 가정 및 계산내역이 표 18.2에는 생략되었다.

[29] 표 18.2에 제시한 부채 수준을 리오 사업부문이 **지원**할 수 있는지는 고려해보아야 한다. 만약 그렇지 않다면, 그 부채의 일부는 상그리아의 다른 자산들이 지원하는 것이고, 이자비용 절세효과의 현재가치인 $360만의 일부만 리오 자체에 귀속된다.

| | 최근 | | | | | | | |
|---|---|---|---|---|---|---|---|---|
| | 연도 | 예측치 | | | | | | |
| | 0 | 1 | 2 | 3 | 4 | 5 | 6 | 7 |
| | | | | | | | | |
| 잉여현금흐름 | 4.9 | 5.3 | 5.2 | 5.5 | 8.0 | 8.3 | 8.2 | 8.5 |
| | | | | | | | | |
| **잉여현금흐름 현재가치** | 28.5 | | | | | | | |
| **평가기간 말 현재가치** | 75.3 | | | 6년 차 시점의 평가기간 가치 | | | 132.7 | |
| **기본사례 기업 현재가치** | 103.8 | | | | | | | |
| | | | | | | | | |
| 부채 | 62.0 | 60.0 | 60.0 | 58.0 | 56.0 | 54.0 | 53.0 | |
| 이자비용 | | 3.72 | 3.60 | 3.60 | 3.48 | 3.36 | 3.24 | |
| 이자비용 절세효과 | | 0.78 | 0.76 | 0.76 | 0.73 | 0.71 | 0.68 | |
| **이자비용 절세효과 현재가치** | 3.6 | | | | | | | |
| | | | | | | | | |
| **APV** | 107.5 | | | | | | | |
| | | | | | | | | |
| 세율(%) | 21.0 | | | | | | | |
| 자본의 기회비용(%) | 9.9 | | | | | | | |
| WACC(%)(평가기간 말 가치를 6년 차까지 할인하는 할인율) | 9.4 | | | | | | | |
| 예측 장기성장률(%) | 3.0 | | | | | | | |
| 금리(%)(1~6년 차) | 6.0 | | | | | | | |
| | | | | | | | | |
| 세후 원리금상환액 | | 4.94 | 2.84 | 4.84 | 4.75 | 4.65 | 3.56 | |

》**표 18.2**　리오의 조정현재가치에 따른 가치평가(단위: $100만)

려하지 않는 것이다. 이자비용 절세효과는 별도로 가치평가가 되고, 자금조달에 따른 기타 부작용의 가치도 평가한 후, 모두 기본사례 NPV에 더해 APV를 구하면 되는 것이다.[30] 카플란과 루백(Kaplan and Ruback)은 APV가 경쟁이 치열한 기업인수전의 인수가격을 잘 설명한다고 주장한다. 공개적으로 사용 가능한 데이터만 사용했으며, 기업인수전에 참여한 입찰자들에게 제공된 정보의 일부만이 공개되었다는 점을 고려한다면 말이다.

---

[30] 카플란과 루백은 이자비용 절세효과를 포함한 모든 현금흐름을 자본의 기회비용으로 할인하는 단순 APV 방법을 사용했다. S. N. Kaplan and R. S. Ruback, "The Valuation of Cash Flow Forecasts: An Empirical Analysis," *Journal of Finance* 50(September 1995), pp. 1059-1093을 참조하라.

## 조정현재가치와 이자비용 손금산입의 한계

미국은 현재 이자비용 절세효과를 매년 EBITDA의 30%(또는 2022년부터는 EBIT의 30%)로 제한하고 있다. 독일은 이미 절세효과에 유사한 한도를 적용하고 있으며, 유럽공동체(EC)는 EU 회원국 전체에 비슷한 한도를 적용하자고 제안을 한 상태이다.

대부분의 기업은 이러한 한도의 적용을 받지 않을 것이지만, 한도의 영향을 받는 소수 기업의 경우 어떻게 해야 할까? 그러한 소수 기업의 재무관리자는 가치평가에 있어 이자비용 절세효과에 대한 한도를 어떻게 반영해야 하는지 알아보자.

특정 기업이 현재 그리고 앞으로도 이자비용 절세효과에 대한 30% 한도를 적용받는다고 가정하자. 해당 기업은 이익을 창출하고 있고 세금 역시 납부 중이다. 그렇다면, 신규 투자안에 따른 미래의 이자비용 절세효과는 신규 투자안이 창출하는 EBITDA에 비례한다. 재무관리자는 미래 EBITDA와 이에 따른 이자비용 절세효과를 추정하고 EBITDA의 위험을 반영하는 할인율로 할인해야 한다.[31] APV 공식 자체는 기존과 동일하지만, 이자비용 절세효과의 현재가치를 투자안의 추정 EBITDA에 연동하면 된다.

$$APV = 기본사례\ 순현재가치 + 이자비용\ 절세효과\ 현재가치$$

이 일을 창출하며 이자비용 절세효과에 대한 30% 한도가 실질적으로 적용되는 많은 기업들에게는 EBITDA 규모가 큰 투자안들이 특히 매력적일 것이다. 추가적인 EBITDA가 기업의 기존 부채에 대한 이자비용 절세효과 중 한도 초과로 활용 못한 부분을 풀어주게 되는 것이다.

이와 같이 30% 한도 적용 기업들에 대한 전체 사업부문이나 기업의 조정현재가치는 미래의 추정 EBITDA로 인한 이자비용 절세효과의 현재가치를 고려해야 한다. 만약, 1~2년간 이익이 급감해 일시적으로 이자비용 손금산입이 30% 한도로 제한된다면, 한도를 초과한 부분은 소멸되는 것이 아니고 무기한 이월되어 미래 30% 한도에 미달하는 해에 사용 가능하다. 그렇다면, 이월되는 이자비용 절세효과를 미래의 한도 미달 연도에 반영해 현재가치로 할인한 후 조정현재가치에 포함하면 된다.

## 해외투자와 조정현재가치

조정현재가치는 자금조달 방법의 부작용이 많고 규모가 클 때 가장 유용하게 사용할 수 있다. 대규모 해외 투자의 경우가 종종 이에 해당한다. 대규모 해외 투자의 경우는 투자안 맞춤 형식의 **프로젝트 파이낸싱**(project financing)을 하거나 납품업체, 고객업체 및 정부와의 특별 계약을 맺는 경우가 있기 때문이다. 투자안의 자금조달로 인한 부작용 중 몇 가지 예를 들어 보겠다.

프로젝트 파이낸싱은 일반적으로 극도로 높은 수준의 부채비율로 투자가 이루어지며, 초기 현금흐름의 전부 또는 대부분을 부채를 상환하도록 계획된 자금조달 방법을 뜻한다. 지분 투

---

[31] 대부분의 경우, EBITDA의 위험은 투자안으로 인한 전체 현금흐름의 위험과 비슷하다. 그렇다면, EBITDA에 따른 이자비용 절세효과는 기본사례 순현재가치를 구하는 데 사용하는 자본의 기회비용으로 할인 가능하다.

자자들은 자금 회수를 초기에 못하고 기다려야 하며, 부채비율이 일정하지 않기 때문에 APV를 사용해야만 한다.

프로젝트 파이낸싱에는 유리한 금리의 부채가 포함될 수 있다. 대부분의 정부는 수출을 장려하기 위해 특별한 자금조달 방법들을 제공하며, 산업 장비 제조업체는 거래를 성사시키기 위해 자금을 대여해주기도 한다. 예를 들어 고려 중인 투자안을 위해 현장에 발전소를 건설해야 한다고 가정하자. 여러 국가의 납품업체를 대상으로 공급가격을 제시받는 경우에, 경쟁을 뚫기 위해 납품업체가 낮은 금리의 대출을 함께 제공하거나 유리한 조건으로 발전소를 리스하겠다고 추가적인 제안을 하는 경우가 흔히 있다. 그렇다면 이러한 대출이나 리스의 현재가치를 계산해 투자안의 가치평가에 포함해야 한다.

때로는 해외 투자안이 납품업체나 고객과의 계약을 기반으로 이루어지는 경우가 있다. 어떤 제조업체가 중요한 원자재인 마그네슘 분말의 안정적 공급망을 확보하고자 한다고 가정하자. 그 제조업체는 신규 마그네슘 제련소 건설을 생산량의 75%를 구매하고 최소 구매가격을 보장하는 방법으로 보조할 수 있다. 그 보증은 제련소 투자안의 APV를 확실히 증가시킬 것이다. 설사 마그네슘 분말의 세계 가격이 판매 가능 가격 아래로 떨어지더라도 신규 제련소 투자안은 영향을 받지 않을 것이기 때문이다.

때때로 지방정부가 투자나 투자회수에 비용을 부과하거나 제한하는 경우도 있다. 예를 들어 칠레는 1990년대의 단기 자본 유입을 늦추기 위해 투자자들이 수익의 일부를 무이자 계정에 2년간 유치하도록 했다. 해당 조치에 영향을 받는 투자자였다면 이 규제의 비용을 계산해 APV에서 차감했을 수 있다.[32]

## 18-5  질의응답

**질문:** 이 많은 자본비용 공식 중에서 재무관리자가 실제로 사용하는 공식은 무엇인가?

**답변:** 대부분의 경우 세후 가중평균자본비용이다. WACC는 기업이나 산업에 대해 추정한다. 만약 자산, 영업, 사업위험 및 성장기회가 유사한 기업에 대한 정보가 있는 경우 산업 WACC를 사용하는 것을 권장한다.

물론 2개 이상의 관련 없는 사업부문들을 운영하는 대기업의 경우 하나의 기업 또는 산업 WACC를 사용해서는 안 된다. 그러한 기업들은 각 사업부문에 해당하는 산업 WACC를 산출해 적용해야 한다.

**질문:** 그러나 WACC는 '평균'적인 투자안에만 적용되는 할인율이다. 특정 투자안의 자금조달 방법이 기업 또는 산업의 자금조달 방법과 다른 경우 어떻게 해야 하는가?

**답변:** 일반적으로는 투자안을 위해 별도로 자금을 조달하지 않는다. 설사 별도로 자금을 조

---

[32] 이러한 규제는 금융 끈끈이(roach motel)라고 불리기도 한다. 자금이 들어올 수는 있지만 나갈 수는 없기 때문이다. Roach motel은 미끼로 바퀴벌레를 유인한 후 끈끈이로 가두는 제품으로 한국의 파리 끈끈이와 비슷한 개념이다.

달한다 하더라도, 직접적인 조달 방법보다는 투자안이 기업 전체의 부채한도에 미치는 영향을 반영해야 한다. (설사 은행 대출로 특정 투자안을 전액 조달했다 하더라도 그 투자안이 100% 부채로 조달되었다고 할 수 없다. 해당 투자안뿐만 아니라 기업 전체를 고려해 대출이 이루어지기 때문이다.)

그렇긴 하지만 만약 투자안의 부채한도가 기업의 기존 자산에 비해 근본적으로 다르거나 기업이 전반적인 부채정책을 변경한다면, 그에 따라 WACC를 조정해야 한다. WACC의 조정은 18-3절에서 설명한 3단계 과정으로 조정할 수 있다.

**질문:** 수치 예제를 더 해볼 수 있는가?

**답변:** 물론이다. 30% 부채비율하에서 WACC가 다음과 같이 추정되었다고 가정해보자.

$$WACC = r_D(1-T_c)\frac{D}{V} + r_E\frac{E}{V}$$
$$= 0.09(1-0.21)(0.3) + 0.15(0.7) = 0.126 \text{ 또는 } 12.6\%$$

부채비율 50%에서 올바른 할인율은 무엇인가?

**1단계.**   자본의 기회비용을 계산하라.

$$r = r_D D/V + r_E E/V$$
$$= 0.09(0.3) + 0.15(0.7) = 0.132 \text{ 또는 } 13.2\%$$

**2단계.**   새로운 부채비용과 자기자본비용을 계산하라. 부채비율 50% 상태에서는 30%인 경우보다 부채비용이 더 높을 것이다. 따라서 $r_D = 0.095$라 가정하자. 새 자기자본비용은 다음과 같다.

$$r_E = r + (r - r_D)D/E$$
$$= 0.132 + (0.132 - 0.095)50/50 = 0.169 \text{ 또는 } 16.9\%$$

**3단계.**   WACC를 다시 계산하라.

$$WACC = r_D(1-T_c)D/V + r_E E/V$$
$$= 0.095(1-0.21)(0.5) + 0.169(0.5) = 0.122 \text{ 또는 } 12.2\%$$

**질문:** 자본자산가격결정모형을 사용해 세후 가중평균자본비용을 계산하려면 어떻게 해야 하는가?

**답변:** 먼저 자기자본 베타를 자본자산가격결정모형에 대입해 기대 자기자본수익률인 $r_E$를 구한다. 그 후 WACC 공식에 이 값과 세후 부채비용, 부채-기업가치비율 및 자기자본-기업가치비율을 대입해 계산한다.

물론 CAPM이 자기자본비용을 추정하는 유일한 방법은 아니다. 예를 들어 배당할인모형을 사용할 수도 있다(5-3절 참조).

**질문:** 하지만 CAPM을 사용한다고 가정하고 부채비율이 다른 경우의 자기자본 베타를 다시 구해야 한다면 어떻게 해야 하는가?

**답변:** 자기자본 베타 공식은 자기자본 베타를 $\beta_E$, 자산 베타를 $\beta_A$, 부채 베타를 $\beta_D$라 할 때 다음과 같다.

$$\beta_E = \beta_A + (\beta_A - \beta_D)D/E$$

자산 베타는 자기자본 베타와 부채 베타의 가중평균이다.

$$\beta_A = \beta_A(D/V) + \beta_E(E/V)$$

자본의 기회비용인 $r$을 구해야 한다고 하자. 위의 방법으로 $\beta_A$를 구하고 $r$을 자본자산가격결정모형으로 구하면 된다.

**질문:** 부채한도 또는 부채정책의 차이를 반영해 WACC를 조정하는 방법은 이해하고 있다. 사업위험의 차이는 어떻게 반영하는가?

**답변:** 사업위험이 다르다면 자본의 기회비용인 $r$도 다르다. 비정상적으로 안전하거나 위험한 투자안에 적합한 $r$을 찾는 것은 결코 쉬운 일이 아니다. 때때로 재무관리자는 고려 중인 투자안과 유사한 기업의 사업위험 및 기대수익률을 사용하기도 한다. 예를 들어 전통적인 제약회사가 생명공학연구에 대한 대규모 투자를 고려하고 있다고 가정하자. 해당 재무관리자는 생명공학기업들 중 일부를 선택해 그들의 평균 베타와 자본비용을 계산해 그 추정치를 생명공학 투자의 기준으로 사용할 수 있을 것이다.

그러나 대부분의 경우는 비정상적으로 안전하거나 위험한 투자안과 유사한 기업들을 찾기 어렵다. 그런 경우라면 재무관리자의 판단에 따라 자본의 기회비용을 조정해야 한다. 10-3절을 참조하라.

**질문:** 조정현재가치(APV)는 언제 필요한가?

**답변:** WACC 공식은 단 한 가지 자금조달에 따른 부작용만, 즉 투자안이 지원하는 부채에 대한 이자비용 절세효과만 반영한다. 만약 투자안의 자금조달에 따른 다른 부작용(투자안과 관련된 보조금융 등)이 있다면 APV를 사용해야 한다.

또한 APV를 사용해 이자비용 절세효과를 분리해낼 수도 있다.

$$APV = \text{기본사례 순현재가치} + \text{이자비용 절세효과 현재가치}$$

예를 들어 차입매수 직후의 회사를 가치평가한다고 하자. 그 기업은 초기에 굉장히 높은 수준의 부채를 지고 있지만 가능한 빨리 부채를 상환할 것이다. 이런 경우 APV를 이용해 더 정확한 가치평가를 할 수 있다.

**질문:** 가치평가에 개인소득세는 언제 반영하는가?

**답변:** 가중평균자본비용을 부채비용과 자기자본비용의 가중평균으로 계산할 때는 항상 기업의 한계세율인 $T_c$를 사용하라. 할인율은 법인세에 한해서 조정된다.

원칙적으로, APV는 공식상 기업의 한계세율인 $T_c$를 법인세와 개인세금을 결합한 유효세율로 대체하는 방법으로 개인 세금을 반영해 조정할 수 있다. 이 유효세율은 기업이 지불하는 이자비용 $1당 순절세효과를 반영한다. 17-2절에서 순절세효과를 간단히 계산하는 법을 소개한 바 있다. 유효세율은 거의 확실히 $T_c$보다는 낮지만, 그 차이를 정확하게 파악하기는 쉽지 않다.

그렇기 때문에 실무적으로는 대부분 근사치로 $T_c$를 사용한다.

**질문:** 세금이 정말 그렇게 중요한가? 재무관리자들이 WACC를 실제로 부채비율을 미세 조정하는가?

**답변:** 제17장에서 살펴본 바와 같이, 자금조달결정은 세금 외에도 재무건전성 악화, 정보의 비대칭 및 경영자에 대한 성과보수 등 많은 요소를 고려해 결정된다. 어쩌면 어떠한 오차도 허용하지 않는 최적 자본 구조란 존재하지 않을 수도 있다. 그렇기 때문에 대부분의 재무관리자는 부채비율을 미세조정하지 않으며, 부채비율을 완벽히 일정하게 유지하기 위해 자본을 재조정하지도 않는다. 실질적으로 적당한 수준의 부채비율 범위 내에서는 그들은 실질적으로 WACC가 변하지 않는 것처럼 행동한다.

- 이 장에서는 투자안 및 진행 중인 사업의 가치평가에 자금조달을 반영하는 방법을 알아보았다. 자금조달을 반영하는 방법은 두 가지가 있다. 첫째는 주로 세후 가중평균자본비용(WACC)과 같은 조정된 할인율을 사용해 순현재가치를 계산하는 방법이다. 둘째는 자본의 기회비용으로 할인해 순현재가치를 구한 후 자금조달에 따른 부작용의 현재가치를 더하는 방법이다. 두 번째 방법은 조정현재가치 또는 APV라고 한다.

  $r_D$와 $r_E$가 각각 기업의 부채와 자기자본에 대한 투자자의 기대수익률이라 할 때, 세후 WACC 공식은 다음과 같다.

$$WACC = r_D(1-T_c)+\frac{D}{V}+r_E\frac{D}{V}$$

- $D$와 $E$는 각각 부채와 자기자본의 현재 **시장가치**이며, $V$는 기업의 총시장가치이다($V=D+E$). 물론 우선주와 같이 다른 자금조달 방법이 있다면 이를 반영해 WACC 공식을 확장할 수 있다.
- 엄밀히 말하면, WACC를 할인율로 이용하는 것은 투자안이 기업의 기존 상태와 완벽히 일치하는 경우에만 가능하다. 즉 투자안의 사업위험이 기업 전체의 사업위험과 같고, 기업의 부채-시장가치비율을 유지하는 방법으로 자금조달을 하는 경우이다. 그렇다 하더라도, 기업들은 WACC를 기준으로 사업위험과 자금조달 방법의 차이를 반영해 할인율을 조정할 수 있다. 부채비율의 변경에 따라 WACC를 조정하는 3단계 과정에 대해 알아보았다.
- WACC를 이용해 현금흐름을 할인하는 것은 일정한 부채-시장가치비율을 유지하기 위해 부채를 재조정한다는 가정을 바탕으로 한다. 투자안이 지원하는 부채는 사후적으로 투자안의 성공 또는 실패에 따라 늘어나거나 줄어든다고 가정한다. WACC 공식은 또한 자금조달이 이자비용 절세효과에만 영향을 미친다고 가정한다. 이와 같은 가정들이 위반된다면 APV만이 절대적으로 정확한 답을 구할 수 있다.
- APV는 적어도 개념적으로는 간단하다. 우선 자금조달 방법이 중요하지 않다는 가정하에 투자안 또는 사업의 기본사례 NPV를 계산한다(할인율로 WACC가 아닌 자본의 기회비용을 사용한다). 그 후, 자금조달에 따른 부작용들의 현재가치를 계산하고 이를 기본사례 현재가치에 가감한다. 만약 다음의 값이 양수라면 해당 자본 투자안에 투자해도 된다.

APV = 기본사례 순현재가치 + 자금조달 부작용의 현재가치

- 일반적인 자금조달에 따른 부작용으로는 이자비용 절세효과, 발행 비용, 납품업체나 정부가 제공하는 특혜금융 등이 있다.
- 기업이나 영속하는 사업체의 기업가치는 잉여현금흐름으로 결정된다. 잉여현금흐름이란 신규 투자나 운전자본의 증가를 위해 필요한 현금을 지출하고 난 후, 자기자본과 부채의 투자자들에게 환원할 수 있는 금액이다. 잉여현금흐름 자체에는 이자비용 절세효과가 포함되어 있지 않다. WACC 공식은 이를 세후 부채비용을 이용하는 방법으로 반영하고, APV는 이자비용 절세효과의 현재가치를 기본사례에 추가하는 방법으로 반영한다.
- 기업의 가치평가는 일반적으로 두 단계로 진행된다. 첫째, 평가기간 중의 잉여현금흐름은 전액 자기자본 조달을 전제로 추정하고 이를 WACC를 이용해 현재가치로 할인한다. 그런 뒤 평가기간 말 가치를 계산해 역시 현재가치로 할인한다. 만약 평가기간 말 가치가 지나치게 높다면 다시

한 번 생각해보아야 한다. 평가기간 말까지 경쟁사들이 충분히 격차를 좁힐 수 있기 때문이다. 또한 사업의 가치를 평가한 후 기업의 자기자본 가치를 구하기 위해 부채가치를 차감해야 한다는 점을 잊지 말자.

- 이 장의 모든 예제는 투자안이나 사업으로 지원되는 부채에 대한 가정이 있었다. '지원되는' 부채의 개념을 투자안의 직접적인 부채 조달과 혼동하지 않기 바란다. 예를 들어 편의상 $100만가 필요한 연구 투자안에 $100만의 부채를 조달한다고 가정하자. 하지만 이 연구 투자안이 기업의 부채한도를 $100만 증가시킬 가능성은 희박하다. 연구 투자안을 위해 증가한 $100만 부채의 대부분의 연구투자안이 아닌 기업의 기타 자산으로 '지원되는' 것이다.

- 또한 **부채한도**가 실질적으로 회사가 빌릴 수있는 부채의 최대 금액을 뜻하지 않는다는 것을 기억하자. 부채한도란 기업이 특정 투자안이나 사업을 위해 부채를 얼마나 조달하기로 **선택**했는지를 뜻한다.

## 연습문제

1. 다음 문장은 참인가, 거짓인가? WACC 공식의 사용은 다음의 가정을 전제로 한다.

   a. 투자안의 경제적 수명 동안 일정 금액의 부채를 지원한다.

   b. 투자안의 경제적 수명 동안 일정한 부채-투자안 가치 **비율**을 지원한다.

   c. 일정한 부채-투자안 가치 비율을 유지하기 위해 기업은 매년 부채를 재조정한다.

2. WACC 공식은 부채가 자기자본보다 '저렴'하다는 것을 암시하는 것처럼 보인다. 부채가 많은 회사는 더 낮은 할인율을 사용할 수 있기 때문이다. 이에 동의하는지 간단히 설명하라.

3. 다음 정보를 사용해 F기업에 대한 가중평균자본비용(WACC)을 계산하라.

   - 부채: 장부가 $7,500만. 현재 시장에서 장부가의 90%로 거래되고 있으며, 만기수익률은 9%이다.

   - 자기자본: 발행주식 $250만 주가 주당 $42에 거래되고 있다. F기업 주식의 기대수익률은 18%로 가정한다.

   - 세금: F기업의 한계세율은 $T_C = 0.21$이다.

4. F기업이 부채정책을 보수적으로 전환하기로 했다고 가정하자. 정책 전환에 따라 1년 후 부채비율이 15%($D/V = 0.15$)로 하락했으며 금리도 8.6%로 하락했다. 그 외 기업의 사업위험, 재무위험 및 세율은 변하지 않았다는 가정하에 F기업의 WACC를 다시 계산하라. 18-3절에서 설명한 3단계 과정을 사용하라.

5. W회사는 전액 자기자본 조달을 했다. 기업의 주식에 대한 기대수익률은 12%이다.

   a. 이 회사가 자사 평균과 유사한 위험도의 투자를 한다면, 자본의 기회비용은 얼마인가?

   b. 이 회사가 부채를 발행하고 자사주를 매입해 부채-기업가치비율이 30%($D/V = 0.30$)로 변했다고 가정하자. 새로운 자본 구조하의 가중평균자본비용은 얼마인가? 부채금리는 7.5%, 세율은 21%이다.

6. 표 18.3은 M기업의 장부가치 대차대조표이다. 해당 기업은 부동산을 담보로 한 장기부채 외에 단기 은행 차입금도 영구적인 자금조달 수단으로 사용한다. 은행 차입금의 금리는 10%이며,

담보 부채의 금리는 9%이다. 이 기업의 발행주식 수는 1,000만 주이며 주당 $90에 거래되고 있고, 보통주에 대한 기대수익률은 18%이다.

이 기업의 WACC를 계산하라. 아울러 부채의 장부가치와 시장가치가 같고, 한계세율은 21%로 가정하라.

| 현금 및 단기 유가증권 | 100 | 은행 차입금 | 280 |
|---|---|---|---|
| 매출채권 | 200 | 매입채무 | 120 |
| 재고자산 | 50 | 유동부채 | 400 |
| 유동자산 | 350 | | |
| 부동산 | 2,100 | 장기부채 | 1,800 |
| 기타 자산 | 150 | 자기자본 | 400 |
| 자산 합계 | 2,600 | 부채와 자기자본 합계 | 2,600 |

》**표 18.3**  M기업의 장부가치 대차대조표(단위: $100만)

7. 표 18.4는 네덜란드의 제조업체인 렌셀러 펠트(Rensselaer Felt)의 요약 대차대조표이다. 이 기업의 가중평균자본비용을 계산하라. 부채는 단기 6%, 장기 8%의 금리로 방금 재차입했다. 해당 기업 자기자본의 기대수익률은 15%이다. 발행주식 수는 746만 주이며 주가는 €46이다. 마지막으로 세율은 25%이다.

| 현금 및 단기 유가증권 | 1,500 | 단기 차입금 | 75,600 |
|---|---|---|---|
| 매출채권 | 120,000 | 매입채무 | 62,000 |
| 재고자산 | 125,000 | 유동부채 | 137,600 |
| 유동자산 | 246,500 | | |
| 고정자산 | 212,000 | 장기부채 | 208,600 |
| 이연법인세 | 45,000 | | |
| 기타 자산 | 89,000 | 자기자본 | 246,300 |
| 자산 합계 | 592,500 | 부채와 자본 합계 | 592,500 |

》**표 18.4**  렌셀러 펠트의 요약 장부가치 대차대조표(단위: €1,000)

8. 7번 문제를 참조하라. €5,000만의 자기자본을 신규 발행해 장기부채를 상환한다면, 렌셀러의 WACC는 어떻게 변하는가? 기업의 부채 금리는 변동이 없다고 가정하라. 18-3절의 3단계 과정을 사용하라.

9. 네바다 하이드로는 부채비율이 40%이며 가중평균자본비용은 10.2%이다.

$$\text{WACC}=\frac{(1-T_c)r_D D}{V}+\frac{r_E E}{V}=(1-0.21)(0.85)(0.40)+0.125(0.60)=0.102$$

골든삭스 컴퍼니는 네바다 하이드로에 9%의 배당수익률로 $7,500만의 우선주를 발행하도록 조언하고 있다. 수익금으로는 자사주를 취득하고 상각할 것이다. 우선주는 발행 전 기업 시장가치의 10% 규모이다. 골든삭스는 이 거래로 네바다 하이드로의 WACC를 9.84%로 줄일 수 있다고 다음의 계산을 근거로 주장한다.

$$WACC = (1 - 0.21)(0.85)(0.40) + 0.09(0.1) + 0.125(0.50) = 0.0984 \text{ 또는 } 9.84\%$$

이 계산에 동의하는지 설명하라.

10. M기업(6번 문제 참조)이 위스콘신주 매디슨 카운티의 로맨틱한 장소에 있는 새 모텔 및 리조트를 평가한다고 가정하자. 이 투자안의 세후 현금흐름을 어떻게 추정할 것인지 설명하라. (힌트: 세금, 이자 비용, 운전자본의 변화 등을 어떻게 처리할 것인가?)

11. 지분 현금흐름법(flow-to-equity)은 무엇인가? 이 방법은 어떤 할인율을 사용하는가? 이 방법이 정확하려면 어떤 가정이 충족되어야 하는가?

12. 다음 문장은 참인가, 거짓인가? 조정현재가치(APV)는

 a. 투자안의 기본사례 가치로부터 시작한다.

 b. 전액 자기자본 조달을 가정해 추정한 현금흐름을 WACC를 사용해 할인하는 방법으로 기본사례 가치를 계산한다.

 c. 부채를 확정된 일정에 따라 상환해야 하는 경우에 특히 유용하다.

13. 투자안의 투자비용은 $100만이고 기본사례 NPV가 정확히 0이다(NPV=0). 다음의 경우 투자안의 APV는 무엇인가?

 a. 투자한다면 자기자본으로 $50만를 조달해야 한다. 발행 비용은 순발행수익의 15%이다.

 b. 투자한다면 추가적인 발행 비용은 없이 부채한도가 $50만 증가한다. 이 부채에 대한 이자 비용 절세효과의 현재가치는 $7만 6,000이다.

14. 향후 1년간만 유지되는 투자안을 가정하자. 초기 투자비용은 $1,000이고 예상 현금유입은 $1,200이다. 자본의 기회비용은 $r = 0.20$이며 부채 금리는 $r_D = 0.10$이고, 이자 $1당 절세효과는 $T_c = 0.21$이다.

 a. 투자안의 기본사례 NPV는 얼마인가?

 b. 해당 기업이 투자안에 필요한 투자의 30%를 부채로 조달하는 경우 APV는 얼마인가?

15. 매디슨 카운티 투자안(10번 문제 참조)에 자금을 지원하기 위해 M기업은 추가로 $8,000만의 장기부채를 마련하고 $2,000만의 주식 발행을 해야 한다. 이 자금조달의 발행 수수료, 금리 스프레드 및 기타 비용이 총 $400만로 예상된다. 투자안 평가 시 이들을 어떻게 반영하겠는가?

16. DO(Digital Organics)는 현재 $100만($t = 0$)를 투자할 수 있는 기회가 있다. 투자할 경우, $t = 1$에 $60만, $t = 2$에 $70만의 세후 수익이 기대된다. 이 투자안은 이렇게 2년간만 유지될 것이며, 적정 자본비용은 전액 자기자본 조달일 경우 12%이고 부채 금리는 8%이며, DO는 투자 금액 중 $30만를 부채로 조달할 예정이다. 이 부채는 각각 $15만씩 두 번에 나눠 상환해야 한다. 이자 $1당 $0.30의 이자비용 절세효과를 가정하고 표 18.2에 제시한 방법을 사용해 투자안의 APV를 계산하라.

**17.** 18-1절에서 설명한 분쇄기와 같은 또 다른 영구 투자안을 고려해보자. 초기 투자금은 $100만이고 기대 현금유입은 영구히 연간 $9만 5,000이다. 전액 자기자본으로 조달할 경우 자본의 기회비용은 10%이며, 이 투자안에 대해 회사는 7%의 금리로 부채를 조달할 수 있다. 세율은 21%이다. APV를 사용해 투자안의 가치를 평가하라.

  a. 우선 투자안은 일부 $40만의 부채로 조달되며, 부채 금액은 영구히 일정할 것이라 가정하고 계산하라.

  b. 다음으로, 초기 부채가 투자안의 시장가치 변화에 따라 일정 비율로 변할 것이라 가정하고 계산하라.

  (a)와 (b)의 결과의 차이를 설명하라.

**18.** 17번 문제에서 제시한 투자안이 한 대학교에 의해 실행될 것이라 가정하자. 투자금은 광범위하게 주식 및 채권에 분산 투자한 포트폴리오에 투자되어 있는 대학의 기부금 예치 펀드에서 인출될 것이다. 그러나 해당 대학교는 대안으로 7%에 부채를 조달할 수도 있으며, 대학교의 특성상 면세 기관이다.

  대학교의 회계 담당자는 7%의 금리로 $40만의 영구 채권을 발행하고, 대학 기부금 예치 펀드에서 $60만 상당의 주식을 매각해 투자안의 자금을 조달할 것을 제안했다. 매각대상인 주식의 기대수익률은 10%이다. 따라서 그는 다음과 같이 가중평균자본비용으로 할인해 투자안의 가치평가를 할 것을 제안한다.

$$r = r_D D/V + r_E E/V$$
$$= 0.07(400{,}000/1{,}000{,}000) + 0.10(600{,}000/1{,}000{,}000)$$
$$= 0.088 \text{ 또는 } 8.8\%$$

이 회계 담당자의 접근 방식 중 옳은 점과 틀린 점은 무엇인가? 해당 대학교가 이 투자안에 투자해야 하는가? 만약 그렇다면, 부채를 조달해야 하는가? 만약 회계 담당자가 부채를 조달하는 대신 전액 기부금 예치 펀드의 주식을 매각해 조달한다고 하면 투자안의 가치가 변하는가?

**19.** 태양광을 이용한 온수기를 생산하는 투자안을 고려하자. 이 투자안은 $1,000만의 투자가 필요하며 향후 10년간 연간 $175만의 세후 현금흐름을 창출한다. 자본의 기회비용은 투자안의 사업위험을 반영해 12%라 가정하자.

  a. 투자안이 $500만의 부채와 $500만의 자기자본으로 조달된다고 가정하자. 부채 금리는 8%이고 한계세율은 21%이다. 투자안의 잔존기간 동안 매년 일정 금액의 부채가 상환될 예정이다. APV를 계산하라.

  b. 기업이 $500만의 자기자본을 조달하는 데 $40만의 발행 비용을 발생한다면 APV는 어떻게 변하는가?

**20.** KCS가 비공개기업인 파타고니아 운송을 $5,000만에 인수한다고 가정하자. KCS는 현금 보유액이 $500만에 불과하므로 $4,500만의 은행 대출을 마련했다. 트럭 운송회사의 정상적인 부채-기업가치비율은 최대 50%지만, 은행은 KCS의 신용등급을 감안해 대출을 진행한다.

  표 18.2와 동일한 형식으로 조정현재가치로 파타고니아의 가치평가를 한다고 가정하자. 부채 항목에 얼마를 반영해야 하는지 간단히 설명하라.

21. B기업의 부채비율은 현재 목표 부채비율인 40%이다. 해당 기업은 $100만를 투자해 기존 사업을 확장하는 것을 고려하고 있다. 이 확장을 통해 영구적으로 연간 $13만의 추가적인 현금이 유입될 것으로 기대된다.

    이 기업은 확장 투자 여부와 투자한다면 자금조달을 어떻게 해야 할지에 대해 고민하고 있다. 자금조달의 두 가지 옵션은 보통주를 $100만만큼 발행하거나 $100만만큼 만기 20년의 부채를 조달하는 것이다. 주식 발행 비용은 주식 매각 대금의 약 5%이고 부채 발행 비용은 약 1.5%이다.

    B기업의 재무관리자인 폴리는 기업의 자기자본 요구수익률이 14%라고 추정하지만 주식 발행 비용으로 인해 새로운 자기자본비용이 19%까지 증가한다고 주장하며 이 방법에 의하면 투자안이 가치가 없다고 한다. 반면에 그녀는 신규 부채의 금리는 7%이며 발행 비용을 합할 경우 8.5%이므로 투자안을 부채를 발행해 조달하는 것을 추천한다.

    폴리의 주장이 맞다고 생각하는가? 당신이라면 투자안을 어떻게 평가하겠는가?

22. 18-4절의 영구적 분쇄기 투자안에 대한 조정현재가치 계산을 다시 살펴보자. 이번에는 투자안에 투자하는 기업의 이자비용이 이미 공제한도인 EBITDA의 30%에 달한다고 가정하자. 이 제약조건이 투자안의 APV에 어떤 영향을 미치는가?

    분쇄기의 세전 현금흐름인 연간 $1.487백만($148만 7,000) EBITDA 및 EBIT인 점을 주목하라. 이 투자안은 영구적이므로 감가상각이 없다. 편의상 기업의 기존 부채의 이자비용이 영원히 EBITDA의 30%인 한도에 달하고 21%의 세금을 납부한다고 가정하라.

23. C회사의 경영진은 표 18.5와 같이 추정했다. 이 표를 시작점으로 사용해 기업 전체를 평가하라. C회사의 WACC는 12%이고 5년 차 이후의 장기 성장률은 4%이다. 남아프리카공화국에 위치한 이 회사는 500만 ZAR의 부채가 있고, 발행 주식 수는 865,000주이다. 주당 가치는 얼마인가?

| | | 과거 수치 | | | 추정치 | | | |
|---|---|---|---|---|---|---|---|---|
| 연도 | | −2 | −1 | 0 | 1 | 2 | 3 | 4 | 5 |
| 1 | 매출액 | 35,348 | 39,357 | 40,123 | 36,351 | 30,155 | 28,345 | 29,982 | 30,450 |
| 2 | 매출원가 | 17,834 | 18,564 | 22,879 | 21,678 | 17,560 | 16,459 | 15,631 | 14,987 |
| 3 | 기타 비용 | 6,968 | 7,645 | 8,025 | 6,797 | 5,078 | 4,678 | 4,987 | 5,134 |
| 4 | EBITDA(1 − 2 − 3) | 10,546 | 13,148 | 9,219 | 7,876 | 7,517 | 7,208 | 9,364 | 10,329 |
| 5 | 감가상각비 | 5,671 | 5,745 | 5,678 | 5,890 | 5,670 | 5,908 | 6,107 | 5,908 |
| 6 | 세전 순이익(4 − 5) | 4,875 | 7,403 | 3,541 | 1,986 | 1,847 | 1,300 | 3,257 | 4,421 |
| 7 | 28%의 세금 | 1,365 | 2,073 | 991 | 556 | 517 | 364 | 912 | 1,238 |
| 8 | 당기순이익(6 − 7) | 3,510 | 5,330 | 2,550 | 1,430 | 1,330 | 936 | 2,345 | 3,138 |
| 9 | 운전자본의 변동 | 325 | 566 | 784 | −54 | −342 | −245 | 127 | 235 |
| 10 | 투자(총고정자산의 변동) | 5,235 | 6,467 | 6,547 | 7,345 | 5,398 | 5,470 | 6,420 | 6,598 |

》표 18.5  C회사의 현금흐름 추정(단위: ZAR 1,000)

## CHAPTER 19

# 옵션의 이해

돌발 퀴즈: 다음 사건의 공통점은 무엇인가?

- 허쉬(Hershey)는 미래 코코아를 매입하는 데 지급할 가격에 상한을 두는 옵션을 산다.
- 플래티론(Flatiron)은 회사의 주가가 $120를 넘으면 사장에게 보너스를 제공한다.
- 블리첸 컴퓨터(Blitzen Computer)는 아주 조심스럽게 새로운 시장으로 진입한다.
- 몰티드 헤링(Malted Herring)은 NPV가 양수(+)인 공장에 대한 투자를 연기한다.
- 휴렛팩커드(Hewlett-Packard)는 완성품을 출하하는 것이 더 저렴하다 할지라도 반제품을 수출한다.
- 도미니언(Dominion)은 포섬 포인트(Possum Point) 발전소에 석유 연료나 천연가스를 사용할 수 있는 이원화력장치를 설치한다.
- 2017년 vTv테라퓨틱스(vTv Therapeutics)는 38,006개의 신주인수권(warrant)을 발행한다. 각 신주인수권은 주주에게 클래스 A(Class A) 주식을 $5.92에 추가로 살 수 있는 권한을 준다.
- 트위터(Twitter)는 $18억의 전환사채를 발행한다. 각 채권은 주식 12.9주로 교환할 수 있다.

답: (1) 각 사건은 모두 옵션을 포함한다. 그리고 (2) 기업의 재무관리자가 옵션을 이해해야 하는 이유를 보여준다.

기업은 흔히 상품옵션, 통화옵션, 이자율옵션을 이용해 위험을 줄인다. 예를 들어 소고기 비용에 상한선을 두고자 하는 정육회사는 살아 있는 소를 고정된 가격에 살 수 있는 옵션(option)을 취득하려 할 것이다. 미래 차입비용을 제한하고자 하는 기업은 고정된 가격에 장기채권을 매도할 수 있는 옵션을 취득하려 할 것이다. 이런 예는 이외에도 많다.

많은 자본 투자는 미래에 확장할 수 있는 내재된 옵션을 포함하고 있다. 예를 들어 회사가 신기술 개발에 활용할 수 있는 특허에 투자하거나, 인접한 토지를 미리 사들여 미래에 시설을 확장할 수 있는 옵션을 확보할 수도 있다. 각각의 경우에서 회사는 미래에 투자할 기회를 위해 오늘 돈을 지출하고 있다. 달리 표현하면, 회사는 **성장기회**(growth opportunity)를 획득하고 있다.

위장된 또 다른 투자 옵션도 있다. 당신은 금광을 포함한다고 알려진 사막 지역 매입을 고려하고 있다고 하자. 불행하게도 채굴비용이 금의 현재 가격보다 더 높다. 이는 그 땅이 거의 가치가 없다는 것을 의미하는가? 전혀 그렇지 않다. 금을 채굴할 의무는 없지만, 토지를 소유하면 채굴할 옵션을 갖게 된다. 물론 금값이 계속해서 채굴비용보다 낮게 유지된다는 것을 안다면 이 옵션은 가치가 없다. 그렇지만 미래 금값은 불확실하기 때문에, 행운이 오면 큰 돈을 벌 수도 있다.

확장할 수 있는 옵션이 가치를 가진다면, 포기할 수 있는 옵션은 어떤가? 일반적으로 투자안은 설비가 붕괴될 때까지 계속되지 않는다. 투자안 종료 결정은 자연이 아니라 경영진이 하는 것이다. 투자안이 더는 수익성이 없으면, 회사는 투자안을 포기하고 손실을 줄일 수 있는 옵션을 행사할 것이다. 어떤 투자안은 다른 투자안에 비해 폐기가치(abandonment value)가 더 높다. 표준화된 설비를 사용하는 투자안의 포기옵션은 가치가 클 것이다. 다른 투자안은 중단하는 데 실제로 많은 비용이 따른다. 예를 들어 근해 석유시추설비를 해체하는 데는 엄청난 비용이 든다.

재무관리자들이 옵션을 이해해야 하는 다른 중요한 이유는 발행되는 증권에 옵션을 부가하면 투자자나 회사에 발행 조건을 변경할 수 있는 융통성을 제공하게 되기 때문이다.

회사가 차입을 하면 옵션을 얻게 된다. 즉 회사는 채권자에게 자산을 내주고 부채에서 벗어날 수 있는 옵션을 가진다. 만기에 자산의 가치가 부채보다 작은 경우, 회사가 채무불이행을 선택할 것이고, 채권자는 회사의 자산을 인수하게 된다. 그러므로 기업이 차입을 하면 채권자는 사실상 회사를 인수하는 것이며, 주주는 부채를 상환하고 다시 사들일 수 있는 옵션을 갖게 된다. 이는 매우 중요한 통찰이다. 옵션 거래에 대해 배우게 되는 어떤 것도 기업 부채에 똑같이 적용됨을 의미한다.

이 장에서는 주식옵션 거래를 이용해 옵션이 어떻게 작동하는지 설명한다. 여기서는 간단한 탐구지만, 재무관리자들의 옵션에 대한 관심은 주식옵션 거래를 뛰어넘는다. 때문에 여기서 나중에 사용할 수 있는 몇 가지 중요한 아이디어를 얻기를 권한다.

옵션의 멋진 세계에 익숙하지 않다면 첫 만남부터 당황하게 될 것이다. 그래서 이 장을 한입에 넣을 수 있는 크기의 세 조각으로 나누었다. 먼저 콜옵션과 풋옵션을 소개하고, 기초자산의 가격에 따라 옵션의 수익이 어떻게 달라지는지 보여준다. 그러고 나서 금융 연금술사들이 옵션들을 어떻게 결합해 다양하고 흥미진진한 전략을 만들어낼 수 있는지 보여준다.

이 장의 마지막 부분에서는 옵션가치를 결정하는 변수들을 확인한다. 여기서 우리는 다소 놀랍고 직관에 반하는 결과들과 마주 하게 된다. 예를 들어 투자자들은 위험이 증가하면 현재가치가 감소하는 것에 익숙하다. 그러나 옵션에서는 정반대이다.

## 19-1    콜옵션, 풋옵션, 주식

투자자들은 흔히 보통주에 대한 옵션을 거래한다.[1] 예를 들어 표 19.1은 아마존닷컴의 주식에 대한 옵션 호가를 인용한 것이다. 표에서 콜(call)과 풋(put) 두 종류의 옵션이 있음을 알 수 있다.

### 콜옵션과 포지션도표

**콜옵션**(call option)은 소유자에게 특정 만기일(maturity date)이나 그 전에 특정 **행사가격**(exercise price 또는 strike price)으로 주식을 살 수 있는 권리를 부여한다. 만기일에만 행사할 수 있는 옵션을 관례상 **유럽식 콜옵션**(European call)이라고 한다. 다른 경우로(표 19.1의 아마존 옵션 같은), 만기일 당일과 그 전에 언제든지 행사할 수 있는 옵션을 **미국식 콜옵션**(American call)이라고 한다.

표 19.1의 세 번째 열은 2017년 4월, 행사가격과 행사일(exercise date)이 다른 아마존 콜옵션의 가격들을 나열하고 있다. 2017년 7월이 만기인 옵션의 호가를 보자. 첫 줄을 보면 2017년 7월과 그 전에 아마존 주식 1주[2]를 $820에 살 수 있는 옵션을 $95.58에 획득할 수 있다. 다음 행을 따라 내려가면, $40 더 높은 가격에($860 대 $820) 주식을 살 수 있는 옵션은 거의 $30 저

---

[1]  미국의 주요한 두 옵션거래소는 국제증권거래소(International Securities Exchange, ISE)와 시카고옵션거래소(Chicago Board Options Exchange, CBOE)이다.

[2]  실제로는 1주에 대한 옵션 1개를 살 수는 없다. 거래는 100의 배수로 이루어진다. 즉 최소 주문은 아마존 주식 100주에 대한 100개의 옵션이다.

| 월별 | 행사가격 | 콜옵션 가격 | 풋옵션 가격 |
|---|---|---|---|
| 2017년 7월 | $820 | $95.58 | $14.40 |
| | 860 | 66.03 | 24.73 |
| | 900 | 42.80 | 41.15 |
| | 940 | 25.35 | 63.63 |
| | 980 | 14.08 | 92.43 |
| 2017년 10월 | $820 | $113.30 | $28.75 |
| | 860 | 86.65 | 42.15 |
| | **900** | **64.30** | **59.55** |
| | 940 | 45.95 | 81.18 |
| | 980 | 31.75 | 110.30 |
| 2018년 1월 | $820 | $128.23 | $40.68 |
| | 860 | 103.08 | 55.60 |
| | 900 | 81.23 | 73.15 |
| | 940 | 62.58 | 94.75 |
| | 980 | 46.83 | 119.58 |

》**표 19.1** 아마존닷컴 주식의 콜옵션과 풋옵션 가격의 일부. 2017년 4월 기준이며, 이날 주식의 종가는 약 $900였다.
출처: Yahoo! Finance, finance.yahoo.com

렴한 $66.03에 거래됨을 알 수 있다. 일반적으로 행사가격이 올라감에 따라 콜옵션의 가치는 하락한다. 주식을 획득하기 위해 더 지불해야 할수록 옵션의 가치는 더 하락한다.

이제 2017년 10월과 2018년 1월이 만기인 옵션의 호가를 보자. 옵션 만기가 길어짐에 따라 옵션 가격이 어떻게 상승하는지 주목하자. 예를 들어 행사가격이 $900인 2017년 7월 만기 콜옵션의 가격은 $42.80, 2017년 10월 만기 옵션은 $64.30, 2018년 1월 만기 옵션은 $81.23이다. 행사하고 싶은지 결정해야 하는 기간이 길수록 옵션의 가치는 더 높아진다.

옵션 분석가들은 흔히 옵션으로부터의 가능한 수익(payoff)을 나타내기 위해 **포지션도표**(position diagram)를 그린다. 예를 들어 그림 19.1a의 포지션도표는 행사가격 $900, 2017년 10월 만기인 아마존 콜옵션(표 19.1의 굵은 글자)에 투자할 때 나타날 수 있는 결과들을 보여준다. 아마존 콜옵션에 투자한 결과는 주가에 따라 결정된다. 만약 앞으로 6개월 기간 말의 주가가 행사가격 $900보다 낮으면, 아무도 주식을 사려고 행사가격을 지불하지 않을 것이다. 이 경우 콜옵션은 가치가 없을 것이다. 한편 만약 주가가 $900보다 높아지면, 주식을 살 수 있는 옵션을 행사하기 위해 지불할 것이다. 이 경우 콜옵션 만기가 될 때 그 가치는 옵션을 행사하기 위해 지불해야 하는, 주식의 시장가격에서 $900을 차감한 값이다. 예를 들어 아마존 주식 가격이 $980로 오른다고 하자. 그러면 콜옵션의 가치는 $980 − $900 = $80이다. 이는 수익(payoff)이지만, 당연히 모두가 손익(profit)이 되는 것은 아니다. 표 19.1에 따르면 콜옵션을 사려면 $64.30를 내야 한다.

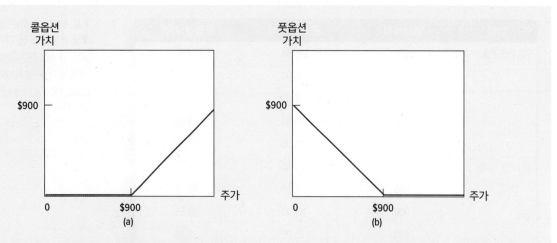

▶ **그림 19.1**   포지션도표는 주가에 따라 아마존 콜옵션과 풋옵션 소유자의 수익(유색 선이 보여주는)이 어떻게 달라지는지를 보여준다.
(a) $900에서 행사 가능한 아마존 콜옵션 매입의 결과, (b) $900에서 행사 가능한 아마존 풋옵션 매입의 결과.

## 풋옵션

이제 표 19.1의 오른쪽 열에 있는 아마존 **풋옵션**(put option)을 보자. 콜옵션이 특정 행사가격에 주식을 **살** 수 있는 권리를 부여하는 반면에, 풋옵션은 주식을 **팔** 수 있는 권리를 부여한다. 예를 들어 표 19.1의 오른쪽 열 굵은 수치, $59.55를 지급하면 2017년 10월 이전에 언제든지 아마존 1주를 $900에 팔 수 있는 옵션을 가질 수 있다. 풋옵션이 이익을 얻는 상황은 콜옵션이 이익을 내는 상황과 정반대이다. 그림 19.1(b)의 포지션도표에서 이를 확인할 수 있다. 만기 직전의 아마존 주가가 $900보다 **높으면**, 그 가격에 주식을 팔지 않을 것이다. 시장에서 주식을 파는 편이 유리하고 풋옵션은 가치가 없다. 반대로 주가가 $900보다 **낮으면**, 저가에 주식을 사서 $900에 파는 옵션을 활용하면 이익이 남는다. 이 경우 행사일에 풋옵션의 가치는 매각 대금 $900와 주식의 시장가격 간 차이다. 예를 들어 주가가 $800이면 풋옵션의 가치는 $100이다.

$$만기에서 \ 풋옵션의 \ 가치 = 행사가격 - 주식의 \ 시장가격$$
$$= \$900 - \$800 = \$100$$

## 콜옵션과 풋옵션 매도

이제 이러한 투자대상을 매도하는 투자자의 포지션을 보자. 콜옵션을 매도, 또는 '발행'하는 것은 콜옵션 매입자가 요구하면 주식을 인도하기로 약속하는 것이다. 다시 말해 매입자의 자산은 매도자의 부채이다. 만기일에 주가가 행사가격보다 낮은 경우, 매입자는 콜옵션을 행사하지 않고, 매도자의 부채는 없다. 주가가 행사가격보다 높아지면, 매입자는 행사하고, 매도자는 주식을 넘겨주어야 한다. 매도자는 주가와 매입자에게서 받는 행사가격의 차액만큼 손해를 본다. 행사할 수 있는 선택권을 갖는 사람은 항상 매입자임에 주목하자. 옵션 매도자는 매입자의 요청대로 그저 실행할 뿐이다.

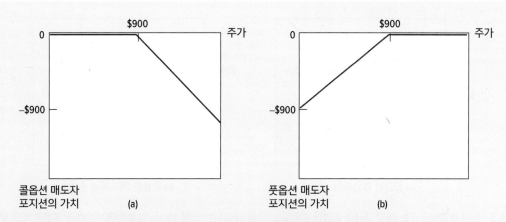

▶ **그림 19.2** 주가에 따라 아마존 콜옵션과 풋옵션 매도자의 수익(유색선이 보여주는)이 어떻게 달라지는지를 보여준다. (a) $900에서 행사 가능한 아마존 콜옵션 매도의 결과, (b) $900에서 행사 가능한 아마존 풋옵션 매입의 결과.

아마존 주가가 행사가격 $900보다 높은 $980라고 하자. 이 경우 매입자는 콜옵션을 행사할 것이다. 매도자는 $980 가치의 주식을 단지 $900에 팔아야 하고 수익은 −$80이다.[3] 물론 $80의 손실은 매입자의 이득이다. 그림 19.2(a)는 아마존 주가의 움직임에 따라 콜옵션 매도자의 수익이 어떻게 되는지 보여준다. 매입자가 버는 만큼 매도자는 손실을 본다. 그림 19.2(a)는 단순히 그림 19.1(a)를 거꾸로 뒤집은 것이다.

같은 방식으로 그림 19.1(b)의 그림을 뒤집어보면 풋옵션을 매도 또는 발행한 투자자의 포지션을 설명할 수 있다. 풋옵션 매도자는 매입자가 요청하면 주식을 $900에 산다고 약속한 것이다. 주가가 $900보다 높게 유지되는 한 매도자는 분명히 안전하지만, 주가가 그 아래로 떨어지면 손실을 본다. 발생할 수 있는 최악은 주식이 전혀 가치가 없어지는 것이다. 그러면 매도자는 가치가 $0인 주식에 $900를 지급해야 한다. 매도자의 수익(payoff)은 −$900이다.

## 포지션도표는 손익도표가 아니다

포지션도표는 **단지** 옵션을 행사할 때의 수익(payoff)만을 보여주며, 옵션을 매입할 때의 초기 비용이나 매도할 때의 초기 수입은 고려하지 않는다.

이는 흔히 혼동하는 점이다. 예를 들어 그림 19.1(a)의 포지션도표에서는 콜옵션 매입이 확실한 투자인 것처럼 보이게 한다. 즉 최악의 수익은 0이고, 아마존 주가가 2017년 10월까지 $900 이상이 되면 상승에 따른 많은 것을 얻는 투자인 것처럼 보인다. 그러나 그림 19.3(a)의 **손익도표**(profit diagram)와 비교해보자. 여기서는 만기일 수익에서 2017년 4월 콜옵션의 비용 $64.30를 차감했다. 콜옵션 매입자는 주가가 $900＋$64.30＝$964.30보다 낮으면 항상 손실을 본다. 다른 예로, 그림 19.2(b)의 포지션도표에서는 풋옵션 매도가 확실히 손실(최고 수익이 0)인 것처럼 보인다. 그러나 매도자가 받은 $59.55를 반영한 그림 19.3(b)의 손익도표는 주가가

---

[3] 매도자는 4월에 콜옵션을 매도해 $64.30를 받았다는 것을 약간의 위안으로 삼는다.

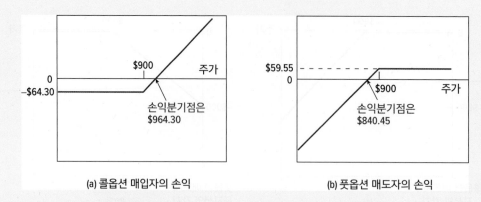

**▶ 그림 19.3** 옵션 매입비용 또는 매각 대금을 반영한 손익도표. 그림 (a)에서는 그림 19.1(a)의 수익에서 아마존 콜옵션 비용 $64.30를 차감했다. 그림 (b)에서는 그림 19.2(b)의 수익에 아마존 풋옵션 매각 대금 $59.55를 더했다.

$900 − 59.55 = $840.45 이상이면 매도자는 항상 이득을 얻는다는 것을 보여준다.[4]

그림 19.3과 같은 손익도표는 옵션 초보자에게 유용하지만, 옵션 전문가들은 이러한 그림을 거의 그리지 않는다.[5] 첫 번째 옵션 수업을 마쳤으므로 이제는 그리지 않을 것이다. 옵션을 이해하고 가치를 적절히 평가하려면 옵션을 행사할 때의 수익에 초점을 맞추어야 하므로, 손익도표 대신 포지션도표를 사용하기로 한다.

## 19-2 옵션과 재무 연금술

이제 아마존 주식을 $900에 사는 경우의 수익을 보여주는 그림 19.4(a)를 보자. 주가가 $1 상승하면 $1 이익을 얻고, $1 하락하면 $1 손실이다. 이는 뻔하다. 천재가 아니어도 45도 선을 그릴 수 있다.

이제, 아마존 주식의 상승 가능성을 그대로 유지하면서 주가 하락으로부터 완전하게 보호되는 투자전략의 수익을 보여주는 그림 19.4(b)를 보자. 이 경우 아마존 주가가 $800, $500, $0로 떨어져도 수익은 $900에 머문다. 그림 19.4(b)의 수익이 19.4(a)보다 분명히 더 낫다. 재무 연금술사가 그림 19.4(a)를 그림 19.4(b)로 전환할 수 있다면, 그 서비스에 기꺼이 비용을 지불할 것이다.

아마도 반신반의하겠지만, 이러한 재무 연금술은 실제로 존재한다. 그리고 그림 19.4를 변형할 수도 있다. 옵션을 이용하면 그렇게 할 수 있으므로 그 방법을 보자. 그림 19.5의 첫 번째 행을 보자. 첫 번째 도표는 아마존 주식 1주를 살 때의 수익을, 두 번째 도표는 행사가격이 $900

---

[4] 포지션에서 이익을 얻었다는 사실이 꼭 기뻐할 일만은 아니다. 이익은 부담한 위험을 보상해야 한다.

[5] 그림 19.3과 같은 손익도표는 최종 수익에서 초기 비용을 차감한다. 그러므로 이 도표는 "오늘 $1는 미래 $1보다 가치가 있다"는 재무학의 첫 번째 가르침을 무시하고 있다.

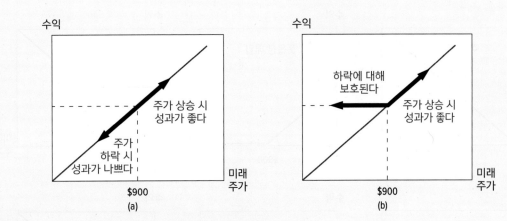

**▶ 그림 19.4**　아마존 주식에 대한 두 가지 투자전략의 6개월 말 수익
(a) $900에 1주 매입, (b) 하락 위험이 없다. 주가가 하락하면 수익은 $900를 유지한다.

인 아마존 풋옵션을 매입할 때의 수익을 보여준다. 세 번째 도표는 두 포지션을 결합한 결과를 보여준다. 아마존 주가가 $900 이상으로 상승하면 풋옵션은 가치가 0이 되어서 주식 투자에서의 수익만 받게 된다. 그러나 주식 가격이 $900 아래로 떨어지면, 풋옵션을 행사해 주식을 $900에 매도할 수 있다. 따라서 주식 투자에 풋옵션을 추가함으로써 손실로부터 보호받을 수 있다.[6] 이는 그림 19.4의 전략이다. 물론 고통 없인 이득도 없다. 손실에 대한 보험의 비용은 행사가격 $900인 아마존 풋옵션에 지급한 금액이다. 2017년 4월에 이 풋옵션의 가격은 $59.55였다. 이는 재무 연금술사에게 부과된 요금이었다.

　지금까지 풋옵션을 사용해 주가 하락에 대해 보호하는 방법을 살펴보았다. 이제는 같은 결과를 얻는 데 콜옵션을 이용하는 방법을 알아보자. 이는 그림 19.5의 두 번째 행에서 보여주고 있다. 첫 번째 도표는 $900의 현재가치를 은행 예금에 넣을 때의 수익을 보여준다. 아마존 주가와 상관없이 은행은 $900를 지급할 것이다. 두 번째 행의 두 번째 도표는 행사가격 $900인 아마존 콜옵션의 수익을, 세 번째 도표는 이 두 포지션을 결합한 결과를 보여준다. 아마존 주가가 하락하면 콜옵션은 가치가 없어지지만, 은행에는 여전히 $900가 예치되어 있다. 아마존 주가가 $900에서 $1 상승할 때마다 콜옵션 투자에서 추가로 $1가 발생한다. 예를 들어 주가가 $980로 상승하면, 은행에 예치된 $900와 $80 가치의 콜옵션을 보유한다. 따라서 주가 상승의 이득은 완전하게 누리면서도, 주가 하락에 대해서도 완전하게 보호받는다. 즉 그림 19.4(b)에서 보여준 주가 하락에 대해 보호를 제공하는 또 다른 방법을 찾았다.

　그림 19.5의 두 행은 콜옵션과 풋옵션의 관계를 말해준다. 미래 주가와 상관없이 두 투자전략 모두 같은 수익을 제공한다. 다시 말해 주식과 이를 $900에 팔 수 있는 풋옵션을 매입하면, 콜옵션을 사고 행사가격 $900에 대비해 돈을 예치하는 전략과 같은 수익을 얻게 된다. 따라서 옵션 만기까지 이 두 패키지를 소유한다면, 두 패키지는 오늘 동일한 가격에 거래되어야만 한

---

[6] 주식과 풋옵션의 이러한 결합을 **보호적 풋**(protective put)이라 한다.

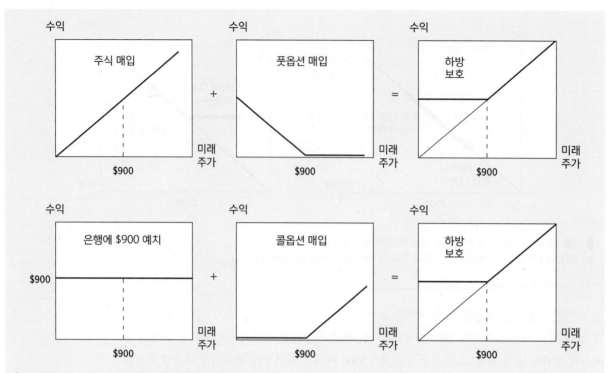

▶ **그림 19.5**  그림의 각 행은 주가가 상승하면 이득을 얻으면서 하락에 대해 보호해주는 서로 다른 전략을 보여준다[그림 19.4의 전략 (b)].

다. 여기서 유럽식 옵션 사이의 기본적인 관계를 유도할 수 있게 된다.

콜옵션 가치 + 행사가격의 현재가치 = 풋옵션 가치 + 주가

반복하면, 이 관계는 다음의 두 전략이 동일한 수익을 가져오기 때문이다.

**콜옵션 매입, 행사가격의 현재가치를 안전 자산에 투자[7]**
**풋옵션 매입, 주식 매입**

주가, 콜옵션과 풋옵션의 가치, 행사가격의 현재가치 사이의 이러한 기본적인 관계를 **풋-콜 등가식**(put-call parity)이라고 한다.[8]

풋-콜 등가식은 여러 방법으로 표현할 수 있다. 각각의 표현은 같은 결과를 내는 두 가지 투자전략으로 이루어진다. 예를 들어 풋옵션의 가치에 대해 풀려면, 풋-콜 등가 공식을 다음과 같이 변형하면 된다.

---

[7]  현재가치는 **무위험** 이자율로 계산된다. 이는 옵션의 만기일에 행사가격을 확보하기 위해 은행 예금이나 단기국채에 오늘 투자해야 하는 금액이다.

[8]  풋-콜 등가식은 마지막 행사일까지 옵션을 보유하는 경우에만 성립한다. 따라서 만기일 **전에** 행사할 수 있는 미국식 옵션에는 성립하지 않는다. 또한 주식이 마지막 행사일 이전에 배당을 지급하면 콜옵션 매입자는 이 배당금을 받지 못한다는 사실을 알아야 한다. 이 경우 관계는 다음과 같다.

콜옵션의 가치 + 행사가격의 현재가치 = 풋옵션의 가치 + 주가 − 배당의 현재가치

$$풋옵션의 가치 = 콜옵션의 가치 + 행사가격의 현재가치 - 주가$$

이 식에서 다음의 두 전략이 동일함을 유추해낼 수 있다.

**풋옵션 매입**

**콜옵션 매입, 행사가격의 현재가치를 안전 자산에 투자, 주식 매도**

다시 말해 풋옵션을 이용할 수 없으면 콜옵션 매입, 은행에 현금 예치, 주식 매도로 정확하게 같은 수익을 얻을 수 있다.

　믿기 어렵다면, 각 포지션에서 가능한 결과를 보여주는 그림 19.6을 보자. 왼쪽의 도표는 행사가격이 $900인 아마존 주식의 콜옵션에서 나오는 수익을 보여준다. 두 번째 도표는 $900의 현재가치를 은행에 예치한 데서 얻는 수익을 보여준다. 주가가 어떻게 되느냐와 관계없이 이 투자는 $900를 제공하게 된다. 세 번째 도표는 아마존 주식 매도에서 나오는 수익을 보여준다. 소유하지 않은 주식을 팔면, 언젠가 주식을 되사서 돌려주어야 할 채무를 지게 된다. 이를 월스트리트에서는 다음과 같이 말한다.

　자기 것이 아닌 것을 파는 사람은(He who sells what isn't his'n)

　그것을 되사든지 아니면 교도소로 간다(Buys it back or goes to pris'n)

따라서 일어날 수 있는 최상의 결과는 주가가 0으로 떨어지는 것이다. 그러면 주식을 사서 돌려주는 데 전혀 비용이 들지 않는다. 그러나 미래 주가가 $1 상승할 때마다 주식 매입에 추가로 $1를 더 지출해야 한다. 그림 19.6의 마지막 도표에 따르면, 이들 세 포지션에서의 **총수익**은 풋옵션을 사둔 것과 같다. 예를 들어 옵션 만기의 주가가 $800라고 하자. 콜옵션은 가치가 없지만, 은행 예금의 가치는 $900이고, 주식 재매입에 $800가 든다. 총수익은 0 + 900 - 800 = $100로, 풋옵션의 수익과 정확하게 일치한다.

　두 투자가 동일한 수익을 제공한다면, 둘은 오늘 같은 가격에 거래되어야 한다. 일물일가의

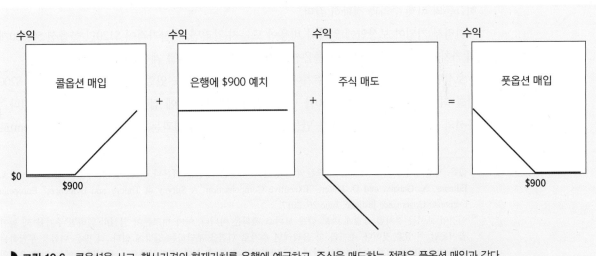

▶ **그림 19.6**　콜옵션을 사고, 행사가격의 현재가치를 은행에 예금하고, 주식을 매도하는 전략은 풋옵션 매입과 같다.

법칙에 어긋나면 잠재적인 차익거래 기회가 있다. 그렇다면, 아마존의 콜옵션과 풋옵션에서 차익거래 이익이 있는지 확인해보자. 2017년 4월에 행사가격이 $900인 6개월 만기 콜옵션의 가격은 $64.30, 6개월간 금리는 약 0.5%, 아마존의 주가는 $900였다. 그러므로 만들어진 풋옵션의 비용은 다음과 같다.

$$\text{콜옵션 매입} + \text{행사가격의 현재가치} - \text{주가} = \text{만들어진 풋옵션의 비용}$$
$$64.30 \quad + \quad 900/1.005 \quad - 900 = \quad \$59.82$$

이는 직접 풋옵션을 매입할 때의 비용과 거의 정확히 일치한다.

## 옵션 찾아내기

옵션에 커다란 이름표가 붙어 있는 경우는 거의 없다. 흔히, 가장 힘든 문제는 옵션을 찾아내는 일이다. 다루고 있는 것이 콜옵션인지 풋옵션인지, 아니면 둘을 복잡하게 섞은 것인지 확신이 들지 않는다면 포지션도표를 그리는 것이 좋은 예방책이다. 예를 들어보자.

플래티론&맹글(Flatiron and Mangle Corporation)은 사장인 히그든(Higden)에게 다음과 같은 보상안을 제안했다. 연말, 플래티론의 주가가 현재의 $120보다 $1 높아질 때마다 $5만의 보너스를 받는다. 그러나 그녀가 받을 수 있는 최대 보너스는 $200만로 제한된다.[9]

히그든은 주가가 $120를 넘기지 못하면 가치가 0인 티켓 50,000장을 소유한 것으로 생각할 수 있다. 주가가 $1 올라갈 때마다 티켓 1장당 가치도 $1씩 올라가서 최대 $2,000,000/50,000 = $40까지 높아진다. 그림 19.7은 티켓 1장당 수익을 보여준다. 이 수익 형태는 그림 19.1에 그렸던 단순한 풋옵션과 콜옵션의 수익과는 같지 않지만, 그림 19.7을 정확히 복제하는 옵션의 조합을 찾아낼 수 있다. 답을 보기 전에 스스로 할 수 있는지 시도해보자. (성냥개비 2개로 삼각형을 만드는 유형의 퍼즐을 즐긴다면 답을 쉽게 찾을 수 있을 것이다.)

답은 그림 19.8에 있다. 검은색 실선은 행사가격이 $120인 콜옵션 매입을, 점선은 행사가격이 $160인 다른 콜옵션 매도를 의미한다. 유색의 선은 매입과 매도의 결합에서 오는 수익으로, 히그든의 티켓 수익과 정확히 같다.

따라서 기업이 보상안에 얼마나 비용이 드는지 알려면, 행사가격이 $120인 콜옵션 50,000개의 가치와 행사가격이 $160인 콜옵션 50,000개의 가치 차이를 계산해야 한다.

보상안이 훨씬 더 복잡하게 주가에 따라 움직이게 할 수도 있었다. 예를 들어 보너스는 $200만를 최대로 한 뒤, 주가가 $160를 넘어서면서 점차 다시 0에 접근하도록 설정할 수도 있다.[10] 옵션의 조합으로 이러한 체계를 만들 수도 있다. 사실 이 결과는 일반 정리(general theorem)로

---

[9] 많은 기업에서 보너스 제도는 히그든의 보상안과 비슷한 패턴을 따른다. 예를 들어 다음을 참조하라 — A. Edmans, X. Gabaix, and D. Jenter, "Executive Compensation: A Survey of Theory and Evidence," European Corporate Governance Institute, June 26, 2017.

[10] 이것이 보이는 것처럼 그렇게 바보 같은 보너스 계획은 아니다. 아마 히그든이 열심히 일하면 주가를 꽤 높이 끌어올릴 수 있을 것이다. 주가를 더 올리려면 추가로 위험을 부담하는 길밖에 없다. 더 많은 위험을 부담하는 일을 막으려면 일정한 수준부터는 보너스가 작아지도록 할 수 있다. 불행하게도 금융위기 전에는 일부 은행의 CEO에 대한 보상안은 이러한 조항을 포함하지 않았다.

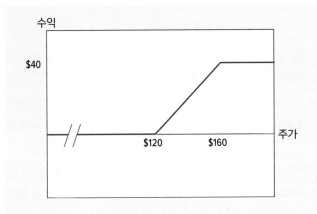

▶ **그림 19.7** 히그든의 '티켓'의 장당 수익은 플래티론의 주가에 의해 결정된다.

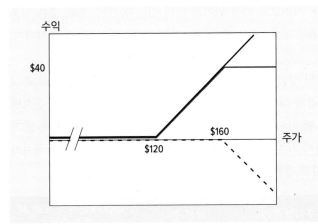

▶ **그림 19.8** 진한 검은색 실선은 행사가격이 $120인 콜옵션 매입의 수익이다. 점선은 행사가격이 $160인 콜옵션 매도의 수익이다. 매입과 매도의 결합(유색 선으로 보여지는)은 히그든의 '티켓'의 장당 수익 형태와 같다.

다음과 같이 말할 수 있다.

> 모든 조건부 수익(contingent payoff), 즉 다른 자산의 가치에 따라 결정되는 수익은 그 자산에 대한 기본적인 옵션을 조합해 만들 수 있다.

다시 말해 행사가격이 다른 콜옵션과 풋옵션을 올바르게 조합해 매입 또는 매도하면, 수많은 상승과 하락 또는 정점과 계곡 등 상상할 수 있는 그 어떤 포지션도표도 만들 수 있다.[11]

재무학의 프로들은 **금융공학**(financial engineering)에 대해 자주 말하는데, 이는 여러 투자수단을 패키지로 묶어 새로운 맞춤형 투자상품으로 창조해내는 것을 말한다. 어느 독일 회사는 앞으로 6개월 동안 달러 매입 비용에 대해 최저점과 최고점을 고정하기를 원할 수도 있다. 또는 어떤 석유 회사는 석유 가격이 떨어졌을 때 부채의 금리를 더 낮게 지불하고 싶을 수도 있다. 금융공학자들은 자신이 원하는 수익구조를 만드는 데 옵션을 집짓기 블록으로 사용한다.

---

[11] 어떤 경우에는 희망하는 패턴의 포지션도표를 만들기 위해 차입(borrowing) 또는 대출(lending)도 해야 할 수도 있다. 대출은 그림 19.5의 아랫부분과 같이 포지션도표의 수익선(payoff line)을 위로 이동시킨다. 반면에 차입은 이 선을 아래로 이동시킨다.

## 19-3    무엇이 옵션 가치를 결정하는가?

지금까지는 옵션의 시장가치가 어떻게 결정되는지는 전혀 언급하지 않았다. 그래도 만기에서 옵션의 가치가 어떠한지는 알고 있다. 아마존 주식을 $900에 매입하는 앞서의 옵션의 예를 살펴보자. 옵션 행사일의 아마존 주가가 $900 아래이면 콜옵션은 가치가 없다. 주가가 $900보다 높으면 콜옵션의 가치는 주가에서 $900를 차감한 금액이다. 이 관계는 그림 19.9의 아래쪽 굵은 선으로 그려져 있다.

만기일 이전이라도 옵션 가격은 그림 19.9의 아래쪽 굵은 선보다 결코 **낮아질** 수는 없다. 예를 들어 옵션의 가격은 $20, 주식은 $980라면, 어느 투자자라도 주식을 팔고 그 주식의 옵션을 사서 행사해 $900에 이 주식을 되사면 이익을 얻을 수 있다. 이는 이익이 $60인 차익거래 기회를 제공한다. 이런 기회를 찾는 투자자들의 옵션에 대한 수요는 옵션 가치를 최소한 그림의 굵은 선까지 재빨리 끌어올릴 것이다. 그러므로 아직 만기가 남아 있는 옵션에 대해, 굵은 선은 옵션 시장가격의 **하한**(lower bound)이 된다. 옵션 괴짜들은 이를 하한=max(주가−행사가격, 0)으로 간단히 나타낸다.

그림 19.9의 대각선은 옵션 가격의 **상한**(upper bound)이다. 이유는? 옵션은 궁극적으로 주식보다 높은 수익을 가져다줄 수는 없기 때문이다. 옵션 만기에서 주가가 행사가격보다 **높으면** 옵션 가치는 주가에서 행사가격을 **뺀** 값이다. 만약 주가가 행사가격보다 **낮게** 끝나면, 옵션 가치는 0이지만, 주식 소유자는 여전히 가치가 있는 주식을 소유한다. 예를 들어 옵션의 행사가격이 $900이면, 주식 소유자가 추가로 실현하는 금액은 다음 표와 같다.

|  | 주식의 수익 | 옵션 수익 | 옵션 대신 주식 보유 시 추가 수익 |
|---|---|---|---|
| 옵션 행사<br>(주가가 $900보다 큼) | 주가 | 주가−$900 | $900 |
| 행사 없이 옵션만기<br>(주가가 $900보다 작거나 같음) | 주가 | 0 | 주가 |

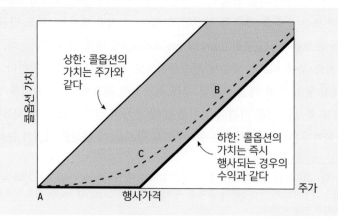

▶ **그림 19.9**  만기일 이전의 콜옵션 가치(점선). 가치는 주가에 의해 결정된다. 이 가치는 옵션이 지금 행사되는 경우의 가치(굵은 선)보다 항상 높다. 그러나 이 가치는 결코 주가보다 높을 수는 없다.

주식과 옵션의 가격이 같다면, 모두가 옵션을 매도하고 주식을 매입하려 달려들 것이다. 따라서 옵션 가격은 그림 19.9에서 어두운 부분 어딘가에 있어야 한다. 사실, 옵션 가격은 그림의 점선처럼 상승하는 기울기의 곡선에 있다. 이 선은 상한과 하한이 만나는 점인 0에서 시작한다. 그리고 하한의 상승하는 부분과 평행이 될 때까지 점진적으로 상승한다.

이제 점선의 모양과 위치를 좀 더 주의 깊게 살펴보자. 점선에 3개의 점 A, B, C가 표시되어 있다. 한 점씩 설명하면서 왜 옵션 가격이 점선처럼 움직여야 하는지 살펴보자.

**점 A** **주식 가치가 0이면 옵션 가치도 0이다.** 주가가 0이면 그 주식이 미래에 가치가 있을 가능성이 전혀 없음을 의미한다.[12] 그렇다면, 옵션 만기에 행사되지 않고 가치 없을 것이 확실하므로, 오늘도 가치가 없다.

이는 옵션 가치에 관한 첫 번째 중요한 점을 말해준다.

**행사가격이 일정할 때, 주가가 상승하면 옵션 가치도 상승한다.**

이건 전혀 놀라운 일이 아니다. 콜옵션 소유자는 분명히 주가가 상승하기를 바라며, 그렇게 되면 행복하다.

**점 B** **주가가 아주 높아지면 옵션 가격은 주가에서 행사가격의 현재가치를 뺀 값에 접근한다.** 그림 19.9에서 옵션 가격을 나타내는 점선은 옵션 가격의 하한을 나타내는 우상향의 굵은 선과 결과적으로 평행해지는 것에 주목하자. 이유는 다음과 같다. 주가가 높을수록 옵션이 결국 행사될 가능성도 높다. 주가가 충분히 높으면 사실상 행사가 확실해진다. 옵션 만기 전에 주가가 행사가격 밑으로 하락할 확률은 아주 낮아진다.

옵션을 소유하고 있고, 주식으로 교환될 것을 **알고 있다면,** 사실상 지금 주식을 보유하고 있는 셈이다. 유일한 차이점은 실제로 행사할 때까지 (행사가격인) 주식 매입 대금을 지급할 필요가 없다는 것이다. 이러한 상황에서 콜옵션 매입은 매입 대금 일부를 차입해 주식을 사는 것과 동등하다. 암묵적으로 차입한 금액은 행사가격의 현재가치이다. 그러므로 콜옵션의 가치는 주가에서 행사가격의 현재가치를 뺀 값과 같다.

이는 옵션에 관한 또 다른 중요한 점을 말해준다. 콜옵션으로 주식을 취득하는 투자자는 신용으로 주식을 사는 것이다. 옵션 매입비용은 오늘 내지만, 실제로 옵션을 취득할 때까지는 행사가격을 내지 않는다. 금리가 높거나 만기가 길면 지급을 연기하는 것은 특히 가치가 있다.

**따라서 이자율이 높을수록 또는 만기까지 남은 기간이 길수록 옵션 가치는 증가한다.**

**점 C** (주가가 0이 아니면) **옵션 가격은 항상 최소가치보다 높다.** 그림 19.9에서 점선과 굵은 선은 주가가 0인 점 A에서는 같지만 그 외에는 갈라진다. 즉 옵션 가격은 굵은 선으로 주어진 최소가치보다 커야만 한다. 그 이유는 점 C를 살펴보면 이해할 수 있다.

점 C에서 주가는 정확히 행사가격과 같다. 따라서 오늘 행사하면 옵션은 가치가 없다. 3개월

---

[12] 주식이 미래에 조금이라도 가치를 가질 수 있다면, 투자자들도 오늘 얼마의 대가를 지불하겠지만 그 금액은 아마도 아주 적을 것이다.

후가 옵션 만기라고 하자. 물론 만기일의 주가는 알지 못한다. 대략 행사가격보다 높을 가능성과 낮을 가능성은 모두 50%이다. 따라서 옵션의 가능한 수익은 다음과 같다.

| 결과 | 수익 |
|------|------|
| 주가 상승(50% 확률) | 주가 − 행사가격(옵션은 행사되지 않음) |
| 주가 하락(50% 확률) | 0(옵션은 가치 없이 만기가 됨) |

수익이 양(+)일 확률이 있고, 최악의 수익이 0이면, 옵션은 틀림없이 가치가 있다. 이는 점 $C$에서 옵션 가격은 0인 하한보다 높다는 것을 의미한다. 일반적으로 옵션의 만기까지 기간이 남아 있는 한, 옵션 가격은 하한값을 초과할 것이다.

점선의 **높이**(즉 실제 가치와 하한값의 차이)를 결정하는 가장 중요한 요인 중 하나는 주가가 크게 움직일 가능성이다. 주가가 1%나 2% 이상 움직일 가능성이 거의 없는 주식의 옵션은 가치가 클 수 없다. 주가가 반토막 나거나 2배가 될 수도 있는 주식의 옵션은 매우 가치가 크다.

수익은 대칭이 아니므로 옵션 소유자는 주가 변동성에서 이득을 얻는다. 주가가 행사가격 **미만으로** 하락하면, 하락폭이 작든 크든 관계없이 콜옵션은 가치가 없어질 것이다. 한편 행사가격 **이상인** 주가가 $1 상승할 때마다 콜옵션은 $1만큼 더 가치가 있다. 그러므로 옵션 소유자는 상향의 변동성 증가에서는 이득을 얻지만, 하향에서는 손실을 보지 않는다.

간단한 예를 이용해 요점을 설명해보자. 두 주식 X와 Y 모두 $100에 거래된다. 유일한 차이는 Y의 전망 예측이 훨씬 어렵다는 점이다. Y의 주가가 $150로 상승할 가능성이 50%이고 $70로 떨어질 확률도 50% 정도이다. 반면에 X의 주가는 $130로 상승, 또는 $90로 하락할 확률이 반반이다.

행사가격이 $100인 이들 주식의 콜옵션 매수를 제안받았다고 하자. 다음 표는 이들 옵션의 가능한 수익을 비교하고 있다.

| | 주가 하락 | 주가 상승 |
|------|------|------|
| X에 대한 옵션의 수익 | $0 | $130 − $100=$30 |
| Y에 대한 옵션의 수익 | $0 | $130 − $100=$50 |

두 경우 모두 주가 하락으로 옵션이 가치가 없어질 확률은 50%지만, 주가가 상승한다면 Y의 옵션이 더 큰 수익을 제공한다. 수익이 0일 확률은 같아서, Y의 옵션이 X의 옵션보다 더 가치가 크다.

물론 실제로는 미래 주가가 서로 다른 범위의 값을 가질 것이다. 이 점을 반영한 그림 19.10에서는 Y주가의 전망이 불확실하다는 사실이 더 넓은 미래 주가의 확률분포로 나타나 있다.[13] Y주가의 변동폭이 더 클수록 상승 잠재력이 더 커지며, 따라서 옵션의 수익이 커질 가능성도

---

[13] 그림 19.11에서도 계속해서 두 옵션 모두 행사가격은 현재 주가와 같다고 가정한다. 이는 꼭 필요한 가정이 아니다. 또한 그림 19.11을 그릴 때도 주가 분포는 대칭적이라고 가정한다. 이 역시 꼭 필요한 가정이 아니다.

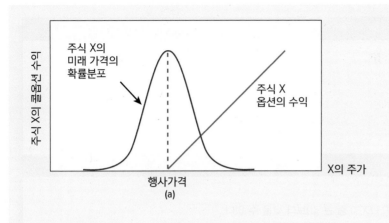

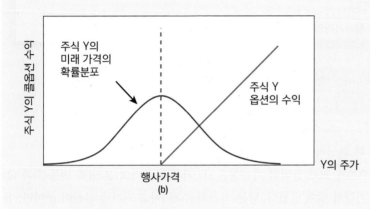

▶ **그림 19.10** (a) 주식 X의 콜옵션과 (b) 주식 Y의 콜옵션. 각각의 경우에서, 행사가격이 현재 주가와 같아서, 각 옵션은 가치 없이(주가 하락 시) 끝날 확률이 50%, '내가격'으로(주가 상승 시) 끝날 확률도 50%이다. 그러나 주가 Y의 변동성이 더 크고, 따라서 상승 잠재력도 더 크기 때문에 수익이 높을 확률은 주식 Y의 옵션이 더 크다.

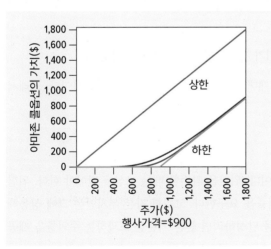

▶ **그림 19.11** 아마존 주가의 변동성이 커지면 콜옵션의 가치도 증가한다. 각각의 곡선은 처음 주가에 대한 옵션의 가치를 보여준다. 유일한 차이는 위의 곡선은 아마존의 미래 주가의 불확실성이 훨씬 높다고 가정한다는 점이다.

그만큼 증가한다.

그림 19.11은 변동성이 옵션 가치에 어떻게 영향을 미치는지 보여준다. 위쪽 곡선은 아마존 주가가 Y처럼 매우 변동성이 크다고 가정한, 아마존의 콜옵션 가치를 나타낸다. 아래에 있는

| 1. 다음 변수가 증가한다면: | 콜옵션 가격의 변화는 |
|---|---|
| 주가($P$) | 양수 |
| 행사가격($EX$) | 음수 |
| 이자율($r_f$) | 양수* |
| 만기까지 기간($t$) | 양수 |
| 주가의 변동성($\sigma$) | 양수* |
| **2. 콜옵션의 다른 특성:** | |
| a. *상한*. 옵션 가격은 항상 주가보다 낮다. | |
| b. *하한*. 콜옵션 가격은 즉시 행사할 때의 수익($P-EX$, 0 중 큰 값)보다 낮을 수 없다. | |
| c. 주식이 가치가 없어지면, 콜옵션도 가치가 없어진다. | |
| d. 주가가 매우 높아지면, 콜옵션 가격은 주가에서 행사가격의 현재가치를 뺀 값에 접근한다. | |

》**표 19.2** 콜옵션의 가격 결정요인
\* 주가가 일정할 때, $r_f$ 또는 주가의 $\sigma$ 증가가 옵션 가격에 미치는 직접적인 효과 또한 간접 효과도 있을 수 있다. 예를 들어 $r_f$ 의 증가는 주가 $P$ 를 감소시킬 수 있다. 이는 다시 옵션 가격에 영향을 줄 수 있다.

곡선은 더 작은(그리고 더 현실적인) 변동성을 가정한 것이다.[14]

옵션의 잔존기간에 주가가 크게 움직일 가능성은 (1) **기간별** 주가의 분산(즉 변동성)과 (2) 옵션의 만기까지 남은 기간의 수에 달렸다. 남은 기간의 수가 $t$이고 기간별 분산이 $\sigma^2$이면, 옵션 가치는 누적변동성(cumulative variability) $\sigma^2 t$에 따라 달라져야 한다.[15] 다른 모든 것이 동일하다면, 투자자는 변동성이 큰(높은 $\sigma^2$) 주식의 옵션을 소유하려 한다. 변동성이 같을 때는 만기가 긴($t$가 큰) 옵션을 소유하려 할 것이다.

**따라서 주가의 변동성이 증가하거나 만기가 길어지면 옵션 가치도 증가한다.**

한 번 읽고 나서 옵션의 이런 속성들을 제대로 이해하는 사람은 거의 없을 것이다. 그래서 옵션의 속성을 표 19.2에 요약했다.

### 위험과 옵션 가치

대부분의 재무 상황에서 위험은 나쁜 것이다. 위험을 감수할 때는 보상을 받아야 한다. 위험한(높은 베타) 주식투자자는 높은 기대수익률을 요구한다. 고위험 자본 투자안은 그에 상응해 높은 자본비용을 부담하며, 양(+)의 NPV를 달성하려면 높은 기준을 초과하는 수익률을 제공

---

[14] 그림 19.12에 나오는 옵션 가치는 블랙-숄즈(Black-Scholes)의 옵션가격결정모형에 의해 계산되었다.
[15] 직관적인 설명은 다음과 같다. 주가가 랜덤워크를 따른다면(12-2절 참조), 연속되는 주가 변동은 통계적으로 독립적이다. 만기 이전의 누적 주가 변동은 $t$개의 확률변수의 합이다. 독립적인 확률변수 합의 분산은 변수의 분산의 합이다. 따라서 $\sigma^2$이 일별 주가 변동의 분산이고, 만기일까지 $t$일이 남아 있다면, 누적 주가 변동의 분산은 $\sigma^2 t$이다.

해야 한다.

그런데 옵션은 그 반대다. 지금 살펴본 것처럼, 변동성이 큰 자산에 발행된 옵션은 안전한 자산에 발행된 옵션보다 가치가 **더** 크다.[16] 옵션에 대해 이런 사실을 이해하고 기억한다면 우리는 이미 많은 것을 알게 된 셈이다.

---

### 예제 19.1 • 변동성과 임원 스톡옵션

당신이 두 직장 중 하나를 선택해야 한다고 가정하자. 기성산업이나 디지털기업에서 CFO로 일하는 것이다. 기성산업의 보상안은 표 19.3의 왼쪽에 설명되어 있는 스톡옵션 부여를 포함한다. 그리고 당신은 협상을 통해 디지털기업에도 유사한 보상안을 받아냈다. 사실 이 보상안은 표 19.3의 오른쪽에 나와 있는 대로 모든 면에서 기성산업의 옵션에 부합한다. (우연히도 두 회사의 현재 주가는 정확히 같다.) 유일한 차이점은 디지털기업의 주식이 기성산업보다 변동성이 50% 더 크다는 점이다(디지털기업 주식의 연간 표준편차는 36%인 데 비해 기성산업 주식의 표준편차는 24%이다).

| | 기성산업 | 디지털기업 |
|---|---|---|
| 옵션의 수 | 100,000 | 100,000 |
| 행사가격 | $25 | $25 |
| 만기 | 5년 | 5년 |
| 현재 주식 가격 | $22 | $22 |
| 주가 변동성 | 24% | 36% |

》**표 19.3** 어떤 임원 스톡옵션을 선택하겠는가! 디지털기업의 주식 변동성이 크므로 이 회사가 제공하는 패키지가 더 가치가 있다.

직장 선택이 임원 스톡옵션의 가치에 달렸다면 당신은 디지털기업의 제안을 수락해야 한다. 디지털기업 옵션이 변동성이 더 큰 주식에 대한 옵션이므로 더 큰 가치를 갖는다.

---

[16] 이는 말도 안 되는 것은 아니다. 주어진 주식의 가격에서, 주가가 변동성이 클 때 옵션의 가치는 더 크다. 그러나 동일한 변동성은 투자자가 주식에 지불할 금액을 줄일 수 있다.

- 여기까지 왔다면, 아마도 신선한 공기와 동네 한 바퀴 달리기가 필요할 것이다. 그러니 지금까지 배운 내용을 요약해보자.
- 옵션에는 두 종류가 있다. 미국식 콜옵션은 정해진 만기일이나 그 전에 정해진 행사가격으로 자산을 살 수 있는 옵션이다. 비슷하게, 미국식 풋옵션은 정해진 만기일이나 그 전에 정해진 행사가격에 자산을 팔 수 있는 옵션이다. 유럽식 콜옵션과 풋옵션은 정해진 만기일 이전에 행사할 수 없다는 점을 제외하고는 미국식 옵션과 똑같다. 콜옵션과 풋옵션을 기본적인 집짓기 블록으로 결합하면 어떠한 수익 패턴도 만들어낼 수 있다.
- 콜옵션의 가치를 결정하는 요인은 무엇인가? 상식적으로 다음 세 가지에 달려 있다.

  1. 옵션을 행사하려면 행사가격을 지급해야 한다. 다른 조건이 같으면 적은 금액을 지급할수록 유리하다. 따라서 행사가격 대비 자산 가격의 비율이 높을수록 옵션 가치도 증가한다.
  2. 옵션을 행사하기로 할 때까지는 행사가격을 지급할 필요가 없다. 따라서 옵션은 무이자 대출을 제공한다. 이자율이 높을수록 그리고 만기가 길수록 무이자 대출의 가치도 커진다. 따라서 이자율과 만기까지 남은 시간이 증가하면 옵션 가치도 증가한다.
  3. 자산 가격이 행사가격에 못 미치면 콜옵션을 행사하지 않을 것이다. 따라서 자산 가격이 행사가격보다 얼마나 낮은지와 무관하게 옵션 투자에서 100%의 손실을 본다. 반면에 주가가 행사가격 **이상으로** 많이 상승할수록 이익은 커진다. 그러므로 일이 잘못되어도 옵션 소유자는 변동성 증가로 인해 손해를 입지 않지만, 일이 잘되면 이익을 얻는다. 주식 수익률의 기간별 분산과 만기까지 남은 기간 수를 곱한 값이 증가하면 옵션 가치도 증가한다.

- 위험한(고분산) 자산에 발행된 옵션은 안전한 자산에 대한 옵션보다 가치가 높다는 사실을 항상 기억해야 한다. 대부분의 다른 재무적 상황에서 위험의 증가는 현재가치를 감소시키기 때문에 이 사실을 잊기 쉽다.

1. 빈칸을 채워라.

   _____옵션은 일반적으로 _____라고 하는 정해진 가격에 주식을 매입할 기회를 소유자에게 제공한다. _____옵션은 소유자가 정해진 가격으로 주식을 매도할 기회를 제공한다. 만기일에만 행사될 수 있는 옵션을 _____옵션이라고 한다.

2. 그림 19.12의 (a)와 (b)를 다음 포지션 중 하나와 연결하라.
   - 콜옵션 매입자
   - 콜옵션 매도자
   - 풋옵션 매입자
   - 풋옵션 매도자

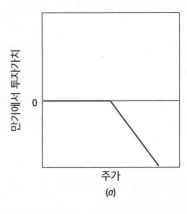 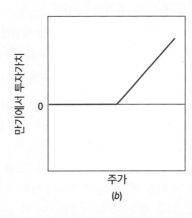

▶ **그림 19.12** 2번 문제 참조

3. 그림 19.12를 다시 보자. (b)의 투자자는 손해를 볼 수 없고, (a)의 투자자는 이익을 볼 수 없는 것처럼 보인다. 이는 맞는가? 설명하라. (힌트: 각 패널에 대해 손익도표를 그린다.)

4. (a) 주가가 0인 경우와 (b) 행사가격보다 주가가 매우 높은 경우, 만기에서 콜옵션의 가치는 얼마인가?

5. "콜옵션의 매입자와 풋옵션의 매도자 모두가 주가 상승을 바란다. 따라서 두 포지션은 동일하다." 이 말은 맞는가? 포지션도표를 그려서 설명하라.

6. 주식 1주와 해당 주식의 풋옵션 1개를 소유한다고 가정하자. 옵션이 만기가 될 때 (a) 주가가 행사가격보다 낮으면, (b) 주가가 행사가격보다 높으면, 수익은 각각 얼마인가?

7. 리빙스턴 박사는 £60만 가치의 동아프리카 금광 주식을 가지고 있다. 금광에 대해 낙관적인 박사는, 탐사에 필요한 자금을 조달하기 위해 6개월 후에 적어도 £50만를 확실히 보장받고자 한다. 이 목적을 달성할 방법 두 가지를 설명하라. 동아프리카 금광 주식의 콜옵션과 풋옵션은 활발히 거래되며 연간 금리는 6%이다.

8. 행사가격이 $100인 웜뱃 주식의 1년 만기 유럽식 콜옵션을 매입하고, 동일한 행사가격의 1년 만기 유럽식 풋옵션을 매도한다고 가정하자. 현재 주가는 $100이고 금리는 10%이다.
   a. 투자 수익을 보여주는 포지션도표를 그려라.
   b. 이 포지션 결합에 드는 비용은 얼마인가? 설명하라.

9. 콜린스는 $100의 현재가치를 차입해 행사가격이 $150인 Y주식의 6개월 만기 풋옵션을 매입하고 행사가격이 $50인 6개월 만기 풋옵션을 매도한다고 하자.
   a. 옵션이 만기에서의 수익을 보여주는 포지션도표를 그려라.
   b. 대출, 옵션, 기초 주식을 이용해 콜린스에게 동일한 수익을 제공하는 두 가지 다른 결합을 제시하라.

10. 옵션 거래자들은 종종 '스트래들(straddle)'과 '나비(butterfly)'라는 용어를 쓴다. 이들의 예는 다음과 같다.
   • **스트래들**: 행사가격이 $100인 콜옵션을 매입하는 동시에 행사가격이 $100인 풋옵션을 매입한다.

- **나비**: 동시에 행사가격이 $100인 콜옵션 1개를 매입, 행사가격이 $110인 콜옵션 2개를 매도, 행사가격이 $120인 콜옵션 1개를 매입한다.

투자자의 순포지션(net position) 수익을 보여주는, 스트래들과 나비의 포지션도표를 그려라. 각 전략은 변동성에 돈을 거는 것이다. 각 베팅의 성격을 간단히 설명하라.

11. 히그든은 또 다른 보상안을 제안받았다(19-2절 참조). 그녀는 연말 주가가 $120 이상이면 $50만의 보너스를 받고, 그렇지 않으면 아무것도 받지 못한다. (누가 왜 이런 제안을 해야 하는지는 묻지 말라. 아마 어떤 세금과 관련이 있을 것이다.)

   a. 이러한 계획의 수익을 보여주는 포지션도표를 그려라.

   b. 이러한 수익을 제공하는 옵션의 결합은 무엇인가?(힌트: 어떤 행사가격의 옵션을 많이 매입하고, 다른 행사가격의 비슷한 수량의 옵션을 매도해야 한다.)

12. 다음 포지션의 위험과 수익을 간단히 설명하라.

    a. 주식과 그 주식의 풋옵션 매입

    b. 주식 매입

    c. 콜옵션 매입

    d. 주식을 매입하고 그 주식의 콜옵션 매도

    e. 채권 매입

    f. 주식 매입, 풋옵션 매입, 콜옵션 매도

    g. 풋옵션 매도

13. 다음 중 옳은 것 **하나**는 무엇인가?

    a. 풋옵션의 가치 + 행사가격의 현재가치 = 콜옵션의 가치 + 주가

    b. 풋옵션의 가치 + 주가 = 콜옵션의 가치 + 행사가격의 현재가치

    c. 풋옵션의 가치 − 주가 = 행사가격의 현재가치 − 콜옵션의 가치

    d. 풋옵션의 가치 + 콜옵션의 가치 = 주가 − 행사가격의 현재가치

14. 유럽식 콜옵션과 풋옵션은 만기가 같다. 둘 다 등가격(at-the-money) 상태로, 주가는 행사가격과 같다. 주식은 배당을 지급하지 않는다. 어떤 옵션이 더 높은 가격에 거래되어야 하는가? 설명하라.

15. a. 주식을 공매할 수 없으면 옵션과 차입이나 대출을 결합해 정확하게 동일한 최종 수익을 달성할 수 있다. 이러한 결합은 무엇인가?

    b. 무위험 대출과 같은 최종 수익을 제공하는 주식과 옵션의 조합을 만들라.

16. 어떤 회사의 보통주는 $90에 거래되고 있다. 주식에 대해 발행된 26주 만기 콜옵션은 $8에 거래되고 있다. 콜옵션의 행사가격은 $100, 무위험 이자율은 연 10%이다.

    a. 이 회사 주식의 풋옵션이 거래되지는 않지만, 1개를 매입하고 싶다. 어떻게 하겠는가?

    b. 풋옵션이 **거래된다고** 하자. 행사가격이 $100인 26주 만기 풋옵션은 얼마에 거래되어야 하는가?

17. 풋-콜 등가식은 무엇이고, 왜 성립하는가? 이 등가식을 행사가격이 다른 콜옵션과 풋옵션에 적용할 수 있는가?

18. 콜옵션과 차입이나 대출을 이용해 6번 문제에 설명된 전략과 같은 수익을 제공하는 다른 전략이 있다. 이러한 대체 전략은 무엇인가?

19. 주식 Q의 3개월 만기 콜옵션과 3개월 만기 풋옵션을 살 수 있다. 두 옵션의 행사가격은 모두 $60이고 모두 $10의 가치를 갖는다. 이자율이 연 5%이면, 주가는 얼마인가?(힌트: 풋-콜 등가식을 이용하라.)

20. 2017년 4월에, 페이스북 주식의 가격은 약 $145였다. 주식에 대한 8개월 만기 콜옵션의 행사가격은 $145이며, $10.18에 거래되었다. 무위험 이자율은 연 1%였다. 만기와 행사가격이 동일한 페이스북의 풋옵션에 얼마를 지불하겠는가? 페이스북 옵션은 유럽식이라고 가정한다. (주: 페이스북은 배당을 지급하지 않는다.)

21. 어떤 회사의 현재 주가가 $200이다. 1년 만기 **미국식** 콜옵션의 행사가격은 $50, 옵션의 가격은 $75이다. 이 좋은 기회를 어떻게 이용하겠는가?

22. 다른 요인들이 일정하다고 가정할 때, 다음 변화에 대해 콜옵션의 가격은 어떻게 반응하는가? 콜옵션 가격이 상승하는가, 아니면 하락하는가?
   a. 주가 상승
   b. 행사가격 상승
   c. 무위험 이자율 상승
   d. 옵션 만기의 연장
   e. 주가의 변동성 감소
   f. 시간이 지나면서 옵션 만기일이 가까워짐

23. 다음 문장에 대해 답하라.
   a. "나는 보수적인 투자자이다. 나는 아마존처럼 변동성이 큰 주식보다는 엑슨모빌 같은 안전한 주식의 콜옵션을 소유하겠다."
   b. "나는 행사가격이 $45이고 만기가 3개월 이상 남은 A기업 주식의 미국식 콜옵션을 매입했다. A기업의 주가는 $35에서 $55로 치솟았지만, 다시 $45 아래로 내려갈까 두렵다. 지금 콜옵션을 행사해서 내 이득을 확정하려 한다."

24. FX 은행은 최고의 외환거래자인 루신다를 고용하는 데 성공했다. 전하는 바에 따르면, 그녀의 보수는 그녀가 올린 이익 중 $1억 초과분의 20%를 연간 보너스로 지급받는 것을 포함한다. 루신다는 옵션을 소유하는가? 이 옵션은 그녀에게 적절한 인센티브를 제공하는가?

25. 주식 콜옵션의 실제 거래 가격이 이 장에 제시된 이론이 예측하는 대로 변하는지 확인해보자. 예를 들어
   a. 몇 개의 옵션이 만기일에 접근함에 따라 어떻게 되는지 따라가보자. 가격이 어떻게 변할 것으로 예측하는가? 실제로 그렇게 변하는가?
   b. 동일한 주식에 대해 발행된, 만기가 같지만 행사가격이 다른 두 콜옵션을 비교하라.
   c. 동일한 주식에 대해 발행된, 행사가격이 같지만 만기가 다른 두 콜옵션을 비교하라.

26. 주식 포트폴리오를 사는 옵션과 개별 주식을 각각 사는 옵션들의 포트폴리오 중 어느 것의 가치가 큰가? 이유를 간단히 설명하라.

27. 에너지 시장에 대한 1개월에 걸친 연구 끝에, 내년 에너지 가격의 변동성이 역사적 평균보다 훨씬 클 것으로 결론이 났다. 이것이 옳다는 가정하에, 어떤 유형의 옵션 전략을 선택해야 하는가?(주: 석유회사 주식의 옵션이나 원유, 천연가스, 연료유의 미래 인도가격에 대한 옵션을 매입할거나 매도할 수 있다.)

28. 표 19.4는 보통주에 대한 옵션의 가격을 보여준다(가격은 가장 가까운 정수로 인용됨). 이자율은 연 10%이다. 가격이 잘못 결정된 옵션을 찾을 수 있는가? 있다면 이를 어떻게 이용할 수 있겠는가?

| 주식 | 만기까지 기간(월) | 행사가격 | 주가 | 풋옵션 가격 | 콜옵션 가격 |
|------|------|------|------|------|------|
| A | 6 | $50 | $80 | $20 | $52 |
| B | 6 | 100 | 80 | 10 | 15 |
| C | 3 | 40 | 50 | 7 | 18 |
| C | 6 | 40 | 50 | 5 | 17 |
| C | 6 | 50 | 50 | 8 | 10 |

》표 19.4  보통주에 대한 옵션의 가격(달러). 28번 문제 참조.

# 운전자본 관리

이 책의 대부분은 자본 예산과 부채정책을 포함한 장기 재무정책에 관한 것이다. 이제 유동자산과 유동부채의 재무관리를 살펴보겠다. 재무관리에 있어서 '유동'이나 '단기'라는 용어는 향후 12개월 이내에 만기가 도래하거나 대체될 수 있는 자산 또는 부채를 의미한다.

유동자산과 유동부채를 합해 **운전자본**(working capital)이라고 한다. 표 20.1은 2017년 미국의 모든 제조업체의 운전자본이 어떻게 구성되어 있는지 보여준다. 이 운전자본 대차대조표의 차변에는 현금 및 단기 투자자산, 재고자산 및 매출채권(고객 외상매출금)이 포함된다. 대변에는 매입채무(외상매입금), 단기 차입금, 납기 도래 소득세 및 장기부채의 당기 해당분(장기부채 중 향후 12개월 이내에 지불해야 하는 원금)이 포함된다. 그 외에 다양한 성격의 유동부채를 합한 항목도 있다. 유동자산이 유동부채보다 크기 때문에 **순**

**운전자본**(net working capital, 유동자산에서 유동부채를 차감한 값)은 양수였다.

표 20.1의 항목별 백분율을 보면 운전자본이 사소한 금액이 아님을 알 수 있다. 예를 들어 매출채권과 재고자산은 각각 자산 총액의 7% 이상을 차지했다. 유동자산의 총계는 자산총액의 24%였다.

그러나 이 평균 비율들이 평상시의 정상 수준이라고 성급히 판단하지 말기 바란다. 잠시 후에 볼 수 있듯이, 기업과 산업에 따라 평균 비율의 차이가 크기 때문이다. 기업 운전자본의 구성은 사업의 성격과 고객 및 공급 업체와의 관계에 따라 달라진다. 또한 기업의 누적 잉여현금흐름에 따라 달라질 수 있다. 투자한 것보다 더 많은 현금을 창출하는 기업은 종종 많은 현금과 단기 투자자산을 축적하기도 한다. 애플, 페이스북 및 기타 고수익 기업이 축적한 막대한

| 유동자산 | | | | | 유동부채 |
|---|---|---|---|---|---|
| 현금 | $389 | 3.6% | $263 | 2.4% | 단기 차입금 |
| 기타 단기금융자산 | 210 | 1.9 | 644 | 5.9 | 외상매입금 |
| 외상매출금 | 755 | 7.0 | 26 | 0.2 | 미지급 법인세 |
| 재고자산 | 827 | 7.6 | 207 | 1.9 | 유동성 장기 차입금 |
| 기타 유동자산 | 417 | 3.8 | 941 | 8.7 | 기타 유동부채 |
| 유동자산 합계 | $2,599 | 24.0% | $2,088 | 19.3% | 유동부채 합계 |
| 순운전자본 | $511 | | | | |

》**표 20.1**   2017년 4분기 미국 제조업체의 유동자산 및 유동부채(단위: $10억). 백분율은 장부상 자산 총액에 대한 단기 자산 또는 단기부채의 비율이다.

출처: U.S. Census Bureau, Quarterly Financial Report for U.S. Manufacturing, Mining, and Trade Corporations, Table 1, www.census.gov/econ/qfr/index.html.

'현금성 자산'의 규모도 살펴볼 것이다.

운전자본의 구성요소는 모두 관리 대상이지만, 이 책에서는 주로 재고자산, 매출채권, 현금을 어떻게 관리하는지 다룰 예정이다. 재고자산 관리는 결국 재고자산 유지 비용과 예상치 못한 수요를 충족하기 위해 여유 재고를 보유하는 이점 간의 균형을 찾는 문제다. 매출채권 관리는 대 고객 신용정책을 필요로 하고, 현금의 관리는 일상적 거래를 위한 현금을 보유함과 동시에 너무 많은 적정 수준 초과 현금이 없도록 조절하는 것이다.

초과 현금은 일반적으로 단기국채, 상업어음 및 repos(재구매 계약)를 포함한 단기 금융상품에 투자된다. 이 장의 마지막에서는 이러한 단기금융시장의 유가증권들을 설명하고 이들의 수익률을 비교하는 방법을 설명하겠다.

## 20-1 운전자본의 구성요소

재고자산, 매출채권, 매입채무 등에 대한 투자 수준은 재무관리자가 임의로 선택할 수 있는 것이 아니고 대부분 기업 운영의 특성과 기업이 속한 산업에 따라 결정된다.

그림 20.1은 다양한 산업에서 운전자본의 상대적 중요성을 보여준다. 예를 들어 제약회사들의 유동자산은 장부상 자산총액의 거의 75%를 차지하지만, 철도회사의 유동자산은 장부상 자산총액의 10% 미만을 차지한다. 일부 산업에서는 유동자산의 대부분이 재고자산이지만 일부 다른 산업에서는 유동자산의 대부분이 매출채권 또는 현금 및 유가증권이다. 소매유통 기업의 경우 상대적으로 많은 재고자산을 보유하지만, 자동차 제조 기업은 상대적으로 매출채권을 더

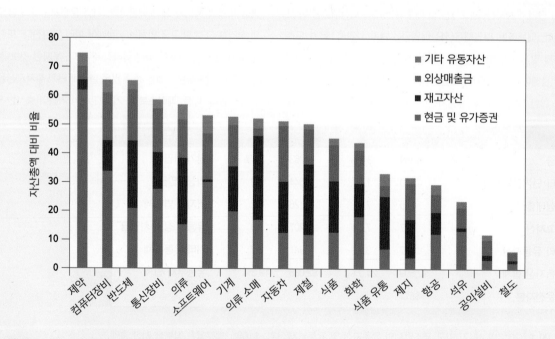

▶ **그림 20.1** 2017년 4분기 다양한 산업의 자산총액 대비 유동자산 비율

출처: U.S. Census Bureau, Quarterly Financial Report for U.S. Manufacturing, Mining, and Trade Corporations, www.census.gov/econ/qfr/index.html.

많이 보유한다. 컴퓨터와 제약회사의 경우 현금과 유가증권이 유동자산의 대부분을 구성한다.

표 20.2는 4개 미국 기업의 운전자본 항목에 대한 대차대조표이다. 이 4개 기업은 디젤 엔진을 주로 생산하는 커민스, 메이시스 백화점, 전력기업 엔터지, 트럭 운송회사인 J. B. 헌트이다.

커민스 운전자본의 구성은 표 20.1에 제시한 제조업 전체의 관련 수치와 큰 차이가 없다. 하지만 자산총액 대비 운전자본 비율은 제조업 전체에 비해 높은데, 이는 커민스가 원자재, 재공품, 판매 대기 중인 완성품의 재고자산을 많이 보유하고 있기 때문이다. $31억 4,600만의 재고자산은 자산총액의 17.5%를 차지한다. 또한 약 $350억의 매출채권을 보유하고 있지만, 매입채무는 이보다 더 많은 $410억에 달했다. 실질적으로 커민스는 유동자산의 일부를 공급업체에 지불해야 하는 $410억의 매입채무로 조달하고 있다고 할 수 있다.

메이시스의 유동자산 대부분은 재고자산이었다. 이 백화점의 가판대와 창고는 판매 예정인 상품들로 가득 차 있기 때문이다. 기타 유동자산은 그 비중이 훨씬 작았다. 유동부채의 경우 매입채무가 $530억에 달해, 커민스와 마찬가지로 공급업체에 대한 매입 대금 지급을 지연해 단기자금을 융통한다고 할 수 있다.

반면, 엔터지의 유동자산과 유동부채는 커민스, 메이시스에 비해 자산총액 대비 비율이 훨씬 낮았다. 엔터지 재고자산의 규모는 상대적으로 작은데, 이는 해당 기업의 주제품인 전기가 저장하기 힘들며, 필요시 바로 생산되어야 한다는 사실을 반영한다. 주목할 점은 엔터지의 유동부채에는 1년 내에 만기가 도래하는 $220억의 장기 차입금이 포함되어 있다는 것이다. 유동부채가 유동자산보다 크기 때문에, 순운전자본이 약 −$10억 가까이 되는데, 이는 특별히 이상하거나 위험한 것이 아니며, 음(−)의 순운전자본은 자주 발생한다.

표 20.2의 다른 3개 회사보다 훨씬 작은 규모인 J. B. 헌트는 재고자산을 전혀 보유하고 있지 않다. 이는 운송사업의 특성상 물품을 운송할 뿐이지 상품을 구매한 후 판매하기 위해 재고자산을 보유하지는 않기 때문이다. 헌트의 운전자본 대부분은 매출채권(자산총액의 21.2%)과 매입채무(자산총액의 16.8%)였으며, 단기 차입금은 사용하지 않았다.

표 20.2는 기업의 운전자본이 산업에 따라 다양하다는 점과 산업별 특성이 있다는 것을 보여준다. 이제 본격적으로 운전자본 관리를 알아보겠다.

## 20-2 재고자산

대부분의 회사는 판매 및 선적을 기다리는 원자재, 재공품, 또는 완제품의 재고자산을 보유한다. 하지만 재고자산의 유지가 필수적인 것은 아니다. 예를 들어 필요에 따라 원재료를 매일 구매할 수 있다. 그러나 그렇게 한다면 소량 주문에 따른 구매 단가의 상승을 감수해야 하고, 만약 배달이 지연된다면 생산 과정이 지연될 수도 있는 위험을 감수해야 한다. 이 경우 당장 필요한 원재료보다 많은 수량을 주문함으로써 그러한 위험을 방지할 수 있다. 비슷한 논리를 판매 제품의 재고자산에도 적용할 수 있다. 만약 다음 날의 예상 판매량만큼만 생산해 완제품의 재고자산 규모를 줄인다면 생산 공정이 자주 멈춰 생산단가가 올라갈 것이며, 예측하지 못

| 커민스(제조업) | | | | | |
|---|---|---|---|---|---|
| **유동자산** | | | **유동부채** | | |
| 현금 및 단기금융자산 | $1,444 | 8.0% | 외상매입금 | $4,128 | 22.9% |
| 외상매출금 | 3,532 | 19.6% | 단기 차입금 | 640 | 3.6% |
| 재고자산 | 3,146 | 17.5% | | | |
| 기타 유동자산 | 934 | 5.2% | 기타 유동부채 | 990 | 5.5% |
| 유동자산 합계 | $9,056 | 50.3% | 유동부채 합계 | $5,758 | 32.0% |
| 순운전자본 | $3,298 | 18.3% | | | |
| 자산 합계 | $17,992 | | | | |

| 메이시스(백화점) | | | | | |
|---|---|---|---|---|---|
| **유동자산** | | | **유동부채** | | |
| 현금 및 단기금융자산 | $534 | 2.6% | 외상매입금 | $5,338 | 26.4% |
| 외상매출금 | 219 | 1.1% | 단기 차입금 | 309 | 1.5% |
| 재고자산 | 7,065 | 34.9% | | | |
| 기타 유동자산 | 432 | 2.1% | 기타 유동부채 | 0 | 0.0% |
| 유동자산 합계 | $8,250 | 40.8% | 유동부채 합계 | $5,647 | 27.9% |
| 순운전자본 | $2,603 | 12.9% | | | |
| 자산 합계 | $20,215 | | | | |

| 엔터지(전기 공급) | | | | | |
|---|---|---|---|---|---|
| **유동자산** | | | **유동부채** | | |
| 현금 및 단기금융자산 | $546 | 1.2% | 외상매입금 | $1,599 | 3.4% |
| 외상매출금 | 1,313 | 2.8% | 단기 차입금 | 2,224 | 4.8% |
| 재고자산 | 879 | 1.9% | | | |
| 기타 유동자산 | 733 | 1.6% | 기타 유동부채 | 638 | 1.4% |
| 유동자산 합계 | $3,471 | 7.5% | 유동부채 합계 | $4,461 | 9.6% |
| 순운전자본 | − $990 | − 2.1% | | | |
| 자산 합계 | $46,398 | | | | |

| J. B. 헌트(트럭운송) | | | | | |
|---|---|---|---|---|---|
| **유동자산** | | | **유동부채** | | |
| 현금 및 단기금융자산 | $8 | 0.2% | 외상매입금 | $682 | 16.8% |
| 외상매출금 | 859 | 21.2% | 단기 차입금 | 0 | 0.0% |
| 재고자산 | 0 | 0.0% | | | |
| 기타 유동자산 | 140 | 3.5% | 기타 유동부채 | 0 | 0.0% |
| 유동자산 합계 | $1,007 | 24.8% | 유동부채 합계 | $682 | 16.8% |
| 순운전자본 | $325 | 8.0% | | | |
| 자산 합계 | $4,054 | | | | |

» 표 20.2   2017년 3분기 4개 미국 기업의 운전자본 구성요소(단위: $100만). 단기부채는 1년 이내에 만기 도래하는 장기부채의 원금을 포함한다. 순운전자본은 유동자산에서 유동부채를 차감한 금액이다. 각 유동자산이나 유동부채 항목의 자산총액 대비 비율을 백분율로 표시했다.

한 수요 증가를 맞출 수 없을 것이다.

이러한 재고자산 유지에는 장점뿐만 아니라 비용이 따른다. 재고자산의 구매, 생산에 투입된 자금은 이자수익이 발생하지 않으며, 보관비용 및 보험비용을 지출해야 하고, 재고자산 자체가 부패하거나 노후화할 수 있다. 따라서 기업들은 재고자산 보유에 따른 이익과 비용의 적절한 균형점을 찾아야 한다.

---

### 예제 20.1 • 재고자산의 균형조정

애크론 와이어 프로덕츠(Akron Wire Products)는 연간 255,000톤의 신선재(伸線材)를 사용한다. 해당 기업은 신선재의 공급업체에 한 번에 Q톤씩 주문하며, 제품을 납품받기 직전에는 사실상 재고가 없다고 가정하자. 납품받은 **직후**에는 Q톤의 재고가 생기며, 애크론의 신선재 재고자산은 그림 20.2의 톱니 모양 양식을 보일 것이다.

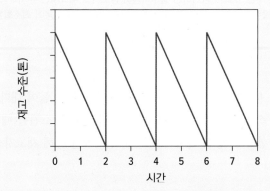

▶ **그림 20.2** 기본 재고자산 관리 방법. 원재료 재고가 거의 소진될 때까지 기다렸다가 일정 수량을 재주문하는 방법이다.

이러한 재고자산 관리 방법에는 두 가지 비용이 따른다. 첫째, 애크론이 발주하는 각 주문에는 취급 및 배송 비용이 포함된다. 둘째, 재고자산의 유지비용(carrying costs), 즉 보관비용 및 투입 자본의 기회비용과 같은 비용이 따른다. 애크론은 각 주문별 수량을 늘리는 방법으로 발주 건수를 줄일 수 있지만, 그렇게 하면 평균 재고자산 규모가 증가함에 따라 더 많은 유지비용을 지불해야 한다. 현명한 재고자산 관리란 이 두 가지 비용의 적절한 균형점을 찾는 것이다.

그림 20.3을 살펴보자. 애크론이 발주하는 각 주문당 $450의 고정비용이 포함되는 반면 재고자산의 연간 유지비용은 톤당 약 $55이다. 주문 규모가 클수록 발주비용은 낮아지지만 더 많은 유지비용을 지불해야 하는 것을 확인할 수 있다. 각 주문의 크기가 Q=2,043톤이면 두 가지 비용의 합이 최소화된다. 두 가지 비용의 합이 최소가 되는 최적의 주문 수량(이 예에서는 2,043톤)을 **경제 주문 수량**(economic order quantity, EOQ)이라고 한다.[1]

---

[1] 위의 예와 같이 사업이 일정한 비율로 원자재를 사용하는 경우, 경제 주문 수량(EOQ)을 계산하는 간단한 공식이

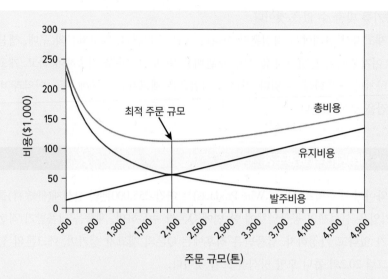

▶ **그림 20.3** 재고자산 주문 규모가 증가하면 발주비용이 감소하고 재고자산 유지비용이 증가한다. 주문 수량의 단위 증가에 따른 발주비용 절감액이 유지비용 증가액과 같을 때 총비용이 최소화된다.

위의 예는 현실과는 다소 괴리가 있는 단순화한 예이다. 예를 들어 대다수의 기업이 원자재 재고자산을 사용하는 속도가 일정하지 않으며, 재고가 완전히 소진될 때까지 기다리지 않고 미리 재고자산을 보충한다. 그렇긴 하지만 이 단순화한 예를 통해 재고자산 관리의 중요한 요점들을 알아본 것이다.

- 최적의 재고자산 규모는 발주비용과 유지비용의 균형점을 찾는 것과 관련이 있다.
- 유지비용에는 물품 보관비용과 재고자산에 투입되어 사용이 제한된 자본의 비용이 포함된다.
- 기업은 최소 재고자산 수준을 정한 후, 재고자산이 최소 수준에 달하면 미리 정해진 수량을 발주해 재고자산을 관리할 수 있다.[2]
- 유지비용이 높고 발주비용이 낮은 경우에는 발주 빈도를 높이고 재고자산 규모를 줄이는 것이 바람직하다.
- 재고자산은 매출액에 정비례해 증가하지 않는다. 매출액이 증가함에 따라 최적 재고자산 규모는 커지겠지만, 매출액 대비 비율은 낮아질 것이다.

현대의 제조업체들은 과거보다 적은 규모의 재고자산을 유지한다. 일부 기업은 부품 및 하위부품의 재고자산이 0에 가까운 **적시공급**(just-in-time) 전략을 채택했다. 적시공급은 도요타

---

있다. EOQ는 $Q = \sqrt{(2 \times 매출액 \times 발주비용 / 유지비용)}$이다. 위의 예제를 대입하면, $Q = \sqrt{(2 \times 255,000 \times 450 / 55)} = 2,043$톤이다.

[2] 이를 **발주점** 또는 **재고확인**(two-bin) **시스템**이라고 한다. 일부 기업은 대신 주기적으로 재고자산 규모를 검토하고 희망 수준까지 재고를 채우는 **주기적 재고확인 검토**(periodic review) **시스템**을 사용한다.

가 개발한 재고자산 관리 전략으로, 납품업체들이 도요타의 생산라인에서 필요한 수량만큼의 부품 및 하위부품을 조립 공장에 납품한다. 납품은 최소 1시간 간격으로 종일 이루어진다. 이와 같이 도요타가 최소한의 재고자산으로도 성공적으로 운영될 수 있는 이유는 교통 체증, 파업 및 기타 위험으로 인해 부품의 흐름이 중단되고 생산이 중단되지 않도록 도요타와 납품업체가 철저하게 관리하기 때문이다. 즉 적시공급 시스템은 이에 따른 추가적인 비용을 발생시킨다. 기업과 납품업체는 부품과 하위부품이 제시간에 도착할 수 있도록 시스템과 절차를 유지, 관리해야 하기 때문이다.

또한 적시공급 전략의 재고자산 관리는 생산 흐름이 안정적이고 예측 가능해 예기치 않은 시장의 변화나 제약 조건에 대비할 필요가 없을 때에만 효과적이다. 그러나 대부분의 경우는 재고자산의 여유분이 필요하다. 예를 들어 가스 화력 발전소는 가스 공급이 중단될 경우에 대비해 석유를 비축하기도 한다(미 북동부의 일부 발전소는 극심한 한파에 주택 난방용 가스에 대한 수요가 급증하면 천연 가스에서 석유로 재료를 변경한다). 백화점들은 소비자 수요가 예상보다 높을 경우에 대비해 여유 상품을 보유한다. 원하는 상품이 없어 고객이 불만을 품는 위험을 감수하는 것보다 재고자산 유지비용을 지불하는 것이 나을 수 있기 때문이다. 일반적으로는 불확실성이 클수록 재고자산의 여유분을 유지해야 한다.

주문을 받고 생산하는 방식으로 완제품 재고를 줄이는 경우도 있다. 예를 들어 델은 완제품을 생산해 판매를 기다릴 필요 없이, 고객이 온라인으로 자신들이 원하는 기능을 지정하면, 그에 맞춰 컴퓨터를 조립해 고객에게 배송하는 모델을 선보였다.[3]

## 20-3  신용 관리

다음으로 유동자산 중 **매출채권**(accounts receivable)에 대해 알아보자. 한 기업이 다른 기업에 상품을 판매하는 경우, 일반적으로는 판매대금을 즉시 지급받을 것으로 기대하지 않는다. 이렇게 지급받지 못한 판매대금을 **기업 간 신용**(trade credit)이라 하며, 이는 매출채권의 대부분을 구성한다. 매출채권의 나머지는 최종 소비자가 지급해야 할 **소비자 신용**(customer credit)으로 구성된다.

기업 간 신용 관리를 위해서는 다음 다섯 가지 사항을 결정해야 한다.

1. 고객에게 대금 지불 유예 기간을 얼마나 줄 예정인가? 즉시 지불을 한다면, 현금 할인을 제공할 의사가 있는가?
2. 구매자에게 공식적인 차용증(IOU)을 요구할 것인가, 아니면 영수증에 서명하는 것으로 충분한가?

---

[3] 적시공급 시스템 및 주문생산의 예는 다음의 논문에서 인용했다 — T. Murphy, "JIT When ASAP Isn't Good Enough," *Ward's Auto World*(May 1999), pp. 67-73; R. Schreffler, "Alive and Well," *Ward's Auto World*(May 1999), pp. 73-77; "A Long March: Mass Customization," *The Economist*, June 14, 2001, pp. 63-65.

3. 어떤 고객이 대금을 지불할 가능성이 높은지 어떻게 판단할 것인가?

4. 각 고객에게 얼마나 많은 신용 한도를 제공할 것인가? 의심스러운 모든 잠재 고객에 대한 신용 제공을 거절할 것인가? 아니면 대형 거래처 확보 비용의 일환으로 일정 수준의 불량 채권은 받아들일 수 있는가?

5. 만기일에는 어떻게 수금할 예정인가? 대금 지급을 거절하는 업체에 어떻게 대응할 것인가?

위의 각 사항에 대해 차례대로 논의해보자.

### 매출 조건

모든 판매에 신용을 제공할 필요는 없다. 예를 들어 다양한 유형의 일회성 고객에게 상품을 공급하는 경우 상품인도결제(cash on delivery, COD)를 요구할 수 있다. 또한 맞춤 제작된 제품의 경우 인도 전 현금 결제(cash before delivery, CBD)를 요청하거나 작업이 진행되는 동안 중도금을 요청하는 것이 합리적이다.

신용을 제공하는 거래들을 살펴보면 각 산업마다 고유한 관행이 있는 것을 알 수 있다.[4] 이러한 관행들에는 나름대로 논리가 있다. 예를 들어 내구성 소비재를 판매하는 회사는 구매자가 한 달 안에 지불하도록 허용할 수도 있지만, 치즈나 신선한 과일 같이 부패하기 쉬운 상품을 판매하는 기업은 일반적으로 대금을 일주일 내에 지불할 것을 요구한다. 마찬가지로, 고객이 저위험 사업에 종사하거나, 거래 규모가 크거나, 상품의 품질을 확인하는 데 시간이 필요하거나, 상품이 빨리 재판매되지 않는 경우에는 대금 지불을 더 유예해줄 수 있다.

일반적으로 고객이 최종 결제일 이전에 결제하도록 유도하기 위해 현금 할인을 제공한다. 예를 들어 제약회사는 일반적으로 30일 이내 결제를 요구하지만 10일 이내에 결제하는 고객에게는 2% 할인을 제공할 수 있다. 이러한 거래 조건을 '2/10, net 30'이라고 표시한다.

반복적으로 상품을 구매하는 고객에게 배송 시마다 결제를 요구하는 것이 불편할 수도 있다. 이런 경우 일반적인 해결책은 한 달 동안의 모든 판매가 월말(EOM)에 발생한다고 가정하는 것이다. 그런 경우, 상품은 8/10 EOM, net 60 조건으로 판매될 수 있다. 이 조건에 의하면, 월말로부터 10일 이내에 대금을 지불하는 경우 8%의 할인을 받을 수 있지만, 그렇지 않다면 송장 일자로부터 60일 이내에 전액을 지불해야 한다.

선결제에 따른 할인은 그 규모가 매우 큰 경우도 종종 있다. 예를 들어 2/10, net 30 조건으로 구매하는 고객이 할인을 포기하고 30일 후에 지불하기로 결정한다고 하자. 이 고객은 추가로 20일의 여유를 얻지만, 상품에 대해 약 2%를 더 지불해야 한다. 이는 연이율로 환산하면 약 44.6%의 이자율로 돈을 빌리는 것과 같다.[5] 물론 기한을 넘겨서까지 지불을 연기하는 회사는

---

[4] 다양한 산업의 표준 신용 조건은 다음의 논문에서 확인할 수 있다 ─ C. K. Ng, J. K. Smith, and R. L. Smith, "Evidence on the Determinants of Credit Terms Used in Interfirm Trade," *Journal of Finance* 54(June 1999), pp. 1109~1129.

[5] 선결제 할인을 활용하면 $100가 아닌 $98를 지불한다. 할인을 받지 않으면 20일 대출을 받는 셈이지만 상품에 대해 2/98＝2.04%를 더 지불하게 된다. 1년에 20일의 기간은 365/20＝18.25번 있으므로, $1를 기간당 2.04%로 18.25번 투자한다면, 즉 원래 투자 대비 44.6%를 올리게 된다. 만약 어떤 고객이 이 비싼 이자율로 기꺼이

더 싼 이율로 대출을 받는 셈이지만, 그럴 경우 신용도에 타격을 입게 될 것이다.

## 지급 약속

국내 고객을 상대로 반복되는 판매는 거의 항상 **청산계좌**(open account)를 통해 이루어진다. 이 경우 고객의 채무에 대한 증거는 판매 기업의 장부 기록과 구매자가 서명한 영수증뿐이다.

상품을 배송하기 전 구매자의 명확한 지불 약속을 원하는 경우 **상업어음**(commercial draft)을 이용할 수 있다.[6] 상업어음은 다음과 같이 이루어진다. 판매자는 운송 서류들과 함께 고객에게 지불을 요구하는 어음을 발행해 고객의 은행에 보낸다. 즉시 지불을 요구하는 경우 **일람불 어음**(sight draft)이라 하며, 그 외에는 **시한부 어음**(time draft)이라 한다. 일람불 어음인지 시한부 어음인지에 따라, 고객은 어음을 받는 즉시 대금을 지불하거나 어음에 '인수됨'이라고 서명해 어음을 승인한다. 그 후 은행은 운송 서류들을 고객에게 전달하고, 대금 또는 **인수어음**(trade acceptance)을 판매자에게 전달한다.

고객의 신용이 불안한 경우, 고객 대신 고객의 은행에게 시한부 어음을 인수해 고객의 채무를 보증하도록 할 수 있다. 이러한 **은행인수어음**(bankers' acceptance)은 종종 국제 무역에 사용된다. 은행의 보증은 부채의 시장성을 향상시키며, 대금 지불을 기다리고 싶지 않다면 다른 은행이나 여유 자금이 있는 다른 기업에 은행인수어음을 판매할 수도 있다.

## 신용 분석

고객이 빚을 갚을 가능성이 있는지 알아보는 방법에는 여러 가지가 있다. 기존에 거래하던 고객의 경우, 과거에 기한 내에 지불했는지 여부를 따져 보면 된다. 반면, 신규 고객의 경우에는 고객의 재무제표를 사용해 직접 고객의 상환 능력을 평가하거나, 고객의 투자자가 고객을 얼마나 좋게 평가하는지 살펴볼 수도 있다. 그러나 고객의 신용 상태를 평가하는 가장 간단한 방법은 신용 평가 전문가의 견해를 참조하는 것이다.

일반적으로 채권 등급은 상대적으로 규모가 큰 회사에 대해서만 알려져 있다. 그러나 많은 소규모 기업에 대한 정보도 신용평가기관으로부터 얻을 수 있다. 던앤드브래드스트리트(Dun and Bradstreet)는 이 중 가장 큰 기관이며, 그 기관의 데이터베이스에는 전 세계 수백만 기업에 대한 신용 정보가 포함되어 있다. 신용평가회사 역시 고객의 신용 상태에 대한 정보를 제공한다. 중소기업에 대한 정보 제공 외에도 개인에 대한 전반적인 신용 점수를 제공할 수도 있다.[7]

마지막으로 기업은 거래 은행에 신용 조사를 요청할 수도 있다. 이 경우 판매 기업의 은행이 고객의 은행에 연락해 고객의 평균 잔액, 은행 신용한도 및 일반적인 평판에 대한 정보를 요청

---

자금을 빌리려 한다면, 그 고객은 현금이 절실히 필요한 상황일 것이다(아니면 복리 계산을 못하는 고객일 수도 있다). 이 문제에 대한 논의는 J. K. Smith, "Trade Credit and Informational Asymmetry," *Journal of Finance* 42(September 1987), pp. 863–872를 참조하라.

[6] 상업어음은 때때로 포괄적인 개념의 **환어음**(bills of exchange)으로 불린다.

[7] 대부분의 신용평가 회사는 Fair Isaac and Company에서 개발한 신용 점수 모형을 사용하기 때문에 신용평가회사 점수를 종종 'FICO 점수'라고 한다. FICO 점수는 3개의 주요 신용평가회사인 Equifax, Experian 및 TransUnion에서 제공한다.

하게 된다.

물론 모든 주문에 대해 동일한 신용 분석 방법을 적용할 수는 없다. 규모가 크고 의심스러운 주문에 한해 신용 분석을 집중하는 것이 좋을 것이다.

### 신용 결정

효과적인 신용 관리를 위해 위에서 언급한 다섯 가지 고려 사항 중 처음 세 단계를 거쳤다고 가정하자. 즉 판매조건을 정하고, 고객이 계약서에 서명해야 한다고 정하고, 고객이 대금을 지불할 가능성을 판단하는 방법을 정했다고 가정하자. 다음 단계는 어떤 고객에게 신용을 제공할 것인지 결정하는 것이다.

만약 특정 고객이 주문을 반복할 가능성이 없는 경우에는 비교적 간단하게 결정을 내릴 수 있다. 그림 20.4를 보자. 만약 신용 제공을 거부한다면, 매출에 따른 이익도 없지만 대금 미지급에 의한 손실도 없다. 대안으로 신용을 제공할 수 있다. 이 경우 고객이 대금을 지불할 확률을 $p$라고 가정하자. 고객이 대금을 지불하면 추가 매출이 발생하고 추가비용 역시 발생한다. 이 경우 순이익은 추가매출−추가비용의 현재가치이다. 고객이 대금을 지불할지는 불확실하며, $(1-p)$의 확률로 채무불이행을 하는 경우 추가매출 없이 추가비용만 발생한다. 두 가지 결정에 따른 기대이익은 다음과 같다.

| | 기대이익 |
|---|---|
| 신용 제공 거부 | 0 |
| 신용 제공 | $p$PV(추가매출 − 추가비용) − $(1-p)$PV(추가비용) |

만약 신용 제공 시의 기대이익이 양수로 산출되면 신용 제공을 해야 이득이다.

예를 들어 캐스트 아이언 컴퍼니(Cast Iron Company)의 경우를 살펴보자. 판매대금이 연체되지 않는다면, 기업은 판매 건당 현재가치 $1,200의 매출을 올리고 현재가치 $1,000의 비용이 발생한다. 따라서 신용을 제공할 경우 기업의 기대이익은 다음과 같다.

$$p\text{PV}(추가매출 − 추가비용) − (1-p)\text{PV}(추가비용) = p \times 200 − (1-p) \times 1,000$$

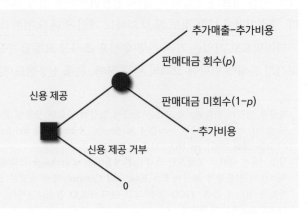

▶ **그림 20.4** 신용 제공을 거부하면 이익도 손실도 없다. 신용을 제공하면 $p$의 확률로 고객이 대금을 지불하고 추가매출−추가비용의 이익을 얻는다. $(1-p)$의 확률로 고객이 대금을 지불하지 않고, 이 경우 추가비용만큼의 손실을 기록한다.

판매대금 회수 확률이 5/6이면 캐스트 아이언은 손익평형(break even)을 이루게 된다.

$$기대이익 = \frac{5}{6} \times 200 - \left(1 - \frac{5}{6}\right) \times 1,000 = 0$$

따라서 캐스트 아이언은 판매대금 회수 확률이 5/6보다 높을 경우 신용을 제공하도록 정책을 정해야 한다.

지금까지는 반복 주문 가능성을 고려하지 않았다. 하지만 신용을 제공하는 이유 중 하나는 좋은 단골 고객을 확보하는 데 신용 제공이 도움이 될 수 있기 때문이다. 그림 20.5를 살펴보자. 캐스트 아이언은 신규 고객으로부터 신용을 제공해달라는 요청을 받았다. 하지만 고객에 대한 정보를 거의 찾을 수 없으며, 대금 회수 확률이 0.8보다 낮지 않아 보인다고 가정하자. 신용 제공을 할 경우 고객에 대한 기대이익은 다음과 같다.

$$\text{최초 주문의 기대이익} = p_1\text{PV(추가매출}-\text{추가비용)} - (1-p_1)\text{PV(추가비용)}$$
$$= (0.8 \times 200) - (0.2 \times 1,000) = -\$40$$

이를 바탕으로 신용 제공을 거부하기로 결정했다.

반복 주문 가능성이 없는 경우에, 이는 올바른 결정이다. 그러나 그림 20.5의 의사결정 나무를 다시 살펴보자. 만약 고객이 대금을 지불한다면 내년에 재주문이 있을 것이다. 고객이 한 번 대금을 지불했으므로 다시 지불할 것이라고 95% 확신할 수 있다. 대금 지불의 확률이 높기 때문에, 모든 반복 주문의 수익성이 매우 좋게 된다.

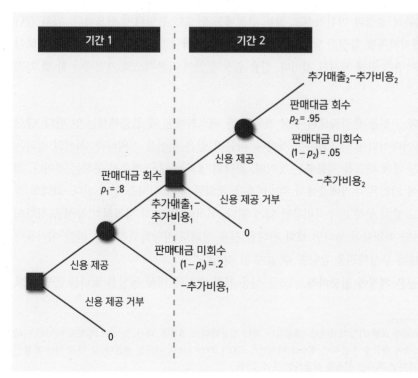

▶ **그림 20.5** 이 예에서 고객이 첫 번째 기간에 대금을 지불할 확률은 0.80이다. 그러나 대금이 회수된다면, 두 번째 기간에 재주문이 있을 것이다. 이 경우 고객이 재주문에 대해 대금을 지불할 확률은 0.95이다. 두 번째 기간 재주문의 수익성이 좋기 때문에 첫 번째 기간에 예상되는 기대 손실을 만회하고도 남는다.

$$\text{내년의 재주문 기대이익} = p_2 \text{PV(추가매출} - \text{추가비용)} - (1-p_2)\text{PV(추가비용)}$$
$$= (0.95 \times 200) - (0.05 \times 1,000) = \$140$$

재주문 시의 기대이익을 이용해 역으로 오늘 신용을 제공할지 여부를 재검토할 수 있다. 오늘 신용을 제공하면 최초 주문에 대한 기대이익과 내년에 신용을 제공할 수 있는 기회를 얻게 된다.

$$\text{총기대이익} = \text{최초 주문의 기대이익} + \text{지불 및 재주문 확률} \times \text{PV(내년 재주문 기대이익)}$$
$$= -40 + 0.80 \times \text{PV}(140)$$

이 경우, 합리적 범위 내의 어떤 할인율을 적용하더라도 신용을 제공하는 것이 이익이라는 결론을 얻게 될 것이다. 최초 주문에서 손실이 예상되더라도 신용 제공을 하는 것이 이익인 것이다. 신뢰할 수 있는 단골 고객을 확보할 수 있다는 가능성이 혹시 대금 회수를 못할 경우 예상되는 손실보다 훨씬 중요하기 때문이다. 캐스트 아이언이 향후 고객에게 추가적인 매출을 올리기 위해 노력하지 않더라도, 오늘 고객에게 신용을 제공함으로써 추가 매출을 올릴 수 있는 가치 있는 **옵션**을 얻게 되는 것이다. 그 옵션은 고객이 기간 내에 대금을 지불해 신용도를 입증하는 경우에만 행사하게 될 것이다.

하지만 앞서 살펴본 캐스트 아이언의 간단한 상황보다 실제 상황은 훨씬 더 복잡하긴 하다. 고객들이 항상 좋거나 항상 나쁘지는 않기 때문이다. 다수의 고객이 지속적으로 연체를 하기도 한다. 대금을 회수하긴 하지만 회수비용이 들고, 몇 개월 치의 이자비용도 손해 보게 된다. 또한 재주문에 대한 불확실성도 고려해야 한다. 고객이 추가적인 주문을 할 가능성도 높지만, 이는 확실한 것도 아니고 재주문한다 하더라도 얼마나 지속적으로 재주문할지는 불확실하다.

거의 모든 재무적 결정과 마찬가지로 신용 결정에도 단호한 판단력이 필요하다. 위의 간단한 예는 요리 레시피처럼 확정된 답을 제공하려는 목표가 아니라 신용 결정에 있어 고려해야 할 사항들을 보여주기 위해 제시한 것이다. 신용 결정에 있어 기본적으로 기억해야 할 몇 가지는 다음과 같다.

1. **이익 극대화.** 신용 관리자로서 부실 계정 수를 최소화하는 데 집중해서는 안 된다. 당신의 임무는 기대이익을 극대화하는 것이다. 다음과 같은 사실을 기억하라. 최선의 결과는 고객이 기간 내에 대금을 지불하는 것이며, 최악의 결과는 대금 회수를 못하는 것이다. 최선의 경우에 기업은 추가매출에서 추가비용을 제외한 추가 이익을 얻게 된다. 최악의 경우 아무것도 받지 못하고 추가비용만 잃게 된다. 이러한 두 가지 결과의 가능성을 평가해야 한다. 만약 이익률이 높다면 보다 관대한 신용 정책도 정당화되겠지만, 만약 이익률이 낮다면 수많은 부실채권을 감당할 수 없게 될 것이다.[8]

2. **위험도가 높은 계정에 집중하라.** 모든 신용 제공 신청에 대해 동일한 노력을 들일 필요

---

[8] 회수 확률이 5/6보다 크면 기업이 신용을 제공하는 것이 정당하다고 결론을 내린 첫 번째 캐스트 아이언 사례를 다시 보자. 고객이 대금을 지불하면 캐스트 아이언은 $200/1,200 = 1/6$의 이윤을 얻는다. 즉 대금 지급 확률이 $1 -$ 이익률을 초과하면 회사는 신용을 제공하는 것이 맞다.

는 없다. 만약 신용 신청이 소규모이거나 대금 회수가 확실해 보인다면, 일상적인 방식으로 신용 제공을 하면 된다. 만약 신용 신청 규모가 크거나 의심 정황이 있다면, 자세한 신용 감정을 해야 한다. 대부분의 신용 관리자들은 매 주문마다 신용 결정을 하지 않는다. 대신 각 고객에 대한 신용 제공 한도를 정해 놓고, 해당 신용 한도를 초과하는 고객에 대해 거래 승인을 위해 신용 제공 신청을 하게 된다.

3. **목전의 주문보다 멀리 내다보라.**  신용 결정은 현재만을 고려하는 정적인 결정이 아니라 미래를 내다보는 역동적인 결정이다. 현재의 작은 위험을 감수해 미래에 신뢰할 수 있는 단골 고객을 확보할 수도 있다. 따라서 신규 창업한 회사들은 중견기업에 비해 더 많은 부실채권을 감당할 준비가 되어 있어야 한다. 이는 우수 고객을 확보하는 비용 중 일부이기 때문이다.

## 채권 추심 정책

신용 관리의 마지막 단계는 판매대금을 회수하는 것이다. 고객이 체납하는 경우의 일반적인 절차는 우선 계정 명세서를 고객에게 보낸 후 주기적으로 납부를 독촉하는 편지를 보내거나 전화 통화를 하는 것이다. 그래도 고객이 대금을 지불하지 않을 경우, 대부분의 기업은 채권을 채권 추심 업체나 변호사에게 넘기게 된다.

대기업의 경우 장부 관리, 대금 청구 등에 있어 규모의 경제를 이룰 수 있지만, 소규모 기업에게는 전방위의 신용 관리 작업이 부담이 될 수도 있다. 그러나 소규모 기업도 신용 관리 작업의 일부를 **팩토링 기업**(factor)에게 외주를 줌으로써 규모의 경제를 다소 얻을 수 있다.

팩토링은 다음과 같이 진행된다. 각 고객에 대해 기업과 팩토링 회사가 신용 한도에 관해 합의를 한 후 기업은 고객에게 팩토링 회사가 채권을 인수했다고 통보한다. 그 후에는 기업이 승인된 고객에게 판매를 할 때마다 팩토링 회사에게 송장 사본을 보내고, 고객은 팩토링 회사에게 직접 대금을 지불한다. 고객이 대금 지불을 하지 않는 대부분의 경우에 팩토링 회사가 기업에게 상환을 청구하지는 않지만, 간혹 기업이 부실채권의 위험을 떠안기도 한다. 당연히 팩토링 서비스에는 비용이 발생하며, 팩토링 회사는 전형적으로 1~2%를 관리비 명목으로, 추가로 비슷한 금액을 부실채권의 위험을 감수하는 비용으로 징수한다. 채권 추심 업무 외에도 대부분의 팩토링 계약은 매출채권에 대한 금융 서비스를 제공한다. 이 경우에 팩토링 회사는 기업에게 송장금액의 70~80%에 해당하는 금액을 합의된 이자율로 선지급하게 된다. 팩토링 서비스가 매출채권을 현금화하는 유일한 방법은 아니며, 매출채권을 담보로 차입을 할 수도 있다.

유럽은 팩토링 서비스가 보편화되어 있지만, 미국에서는 채권 추심에서 차지하는 비중이 굉장히 작다. 팩토링은 의류 및 완구 산업에서 가장 많이 활용된다. 이는 이들 산업이 다수의 소규모 제조업체와 소매업체로 구성되며, 이들 간에 장기 거래관계가 없는 것이 일반적이기 때문이다. 팩토링 회사는 다수의 제조업체에게 서비스를 제공하므로 어느 개별회사보다도 많은 거래를 접하게 되고, 따라서 각 고객의 신용도를 평가하는 데 있어 더 우위를 점하게 된다.[9]

---

[9] 만약 채권 추심 서비스는 필요 없지만 부실채권에 대한 위험을 낮추고자 한다면 신용보험에 가입할 수도 있다.

채권 추심 업무와 영업부서와의 이해충돌 가능성이 항상 존재한다고 할 수 있다. 영업부서 관계자들은 본인들이 신규 고객을 발굴할 때마다 채권 추심 부서가 독촉장을 보내 쫓아버린다고 불평한다. 반면에, 채권 추심 부서에서는 영업부서가 계약을 따는 것에만 관심이 있지 판매 대금이 궁극적으로 지불되는지에 대한 신경은 쓰지 않는다고 반박한다.

반면, 영업부서와 채권 추심 부서 간의 협력 사례도 많긴 하다. 예를 들어 한 대형 제약회사의 특수화학사업부는 거래은행과의 거래가 중단된 한 중요 고객에게 사업 대출을 제공한 바 있다. 그 제약회사 입장에서는 고객의 거래은행보다 고객을 더 잘 안다고 확신한 것이다. 그리고 그 확신은 좋은 결과로 돌아왔다. 고객은 다른 은행을 통해 자금을 융통하고, 그 제약회사에 채무를 상환했으며, 더욱 충성도가 높은 고객이 되었다. 이는 재무관리 업무가 영업부서를 지원하는 좋은 사례라 하겠다.

다른 기업에게 상품 및 서비스를 제공하는 기업들이 위 제약회사와 같은 사업 대출을 하는 것이 흔하지는 않지만, 대금 지급을 유예해줄 때마다 일종의 간접적 대출을 하는 것과 같다. 기업 간 신용은 은행 대출이 여의치 않아 자금 사정이 좋지 않은 기업에게 중요한 자금 융통 방법일 수도 있다. 하지만 다음과 같은 질문에 답해야 한다. 은행이 대출을 꺼리는 고객에게 납품업체가 지속적으로 신용을 제공하는 것이 합리적인가? 합리적일 수 있는 두 가지 근거는 다음과 같다. 우선, 위의 제약회사 사례와 같이 납품업체가 고객에 대해 은행보다 더 많은 정보를 갖고 있을 수 있다. 다음으로, 목전의 거래뿐만 아니라 미래를 내다보고, 만약 고객이 사업을 접는다면 수익성이 좋은 미래의 매출을 잃을 수도 있다는 점을 인식해야 한다.[10]

## 20-4   현금

2018년 6월 현재 아마존은 현금 $167억와 단기 유가증권 $83억를 보유하고 있다. 단기 유가증권은 이자 수익을 올릴 수 있지만 현금은 그렇지 않음에도 불구하고 아마존과 같은 기업은 왜 그렇게 많은 현금을 보유하는 것일까? 매일 영업이 끝나고 현금을 단기 금융상품에 투자하는 뮤추얼펀드 등에 이체하지 않는 이유가 무엇일까?

이에는 최소한 두 가지 이유가 있다. 첫째, 은행이 제공하는 서비스에 대한 대가로 현금을 이자 수익이 없는 계좌에 남겨 놓는 것일 수 있다. 둘째, 대기업의 경우 수십 개 은행에 수백 개의 계좌를 보유할 수도 있다. 수많은 계정을 매일 모니터하며 계좌 간에 자금을 이동하는 것보다 그냥 유휴 현금을 남겨 놓는 것이 더 나을 수도 있다.

이렇게 은행 계좌의 수가 급증하는 이유 중 하나는 경영권을 분산하기 때문이다. 현금의 수

---

대부분의 국가는 수출 산업에 대한 보험을 제공하는 정부기관이 있다. 미국의 경우 수출입은행(Export-Import Bank)이 해외신용보험협회(FCIA)와 연계해 이런 보험을 제공한다. 수출 거래가 보험에 가입한 경우 은행들은 대출을 더 적극적으로 하게 된다(수출입은행의 의회 승인은 2015년 중 중단되었다. 2018년 초 현재, 의회 승인이 2019년 9월까지 연장되었다).

[10] 기업 간 신용의 수요와 공급의 결정 요인에 대한 내용은 다음 논문을 참조하라 — M. A. Petersen and R. G. Rajan, "Trade Credit: Theories and Evidence," *Review of Financial Studies* 10(July 1997), pp. 661–691.

입 및 지출에 대한 권한 없이 자회사의 경영진에게 자율 경영을 보장할 수는 없다. 하지만 어느 정도는 중앙집중화된 현금 관리가 현명하다고 할 수 있다. 만약 모든 자회사가 개별적인 현금 관리의 책임 및 권한이 있다면, 기업이 원하는 현금 수준을 유지할 수 없을 것이다. 물론 한 자회사는 8%의 이자율로 대출을 하는 상황에서 다른 자회사는 5% 수익률을 얻기 위해 투자하는 상황도 막아야 할 것이다. 따라서 고도로 경영권이 분산된 회사라도 현금 잔고와 은행 관계는 중앙에서 관리하는 경우를 많이 보게 된다.

## 매입대금 지불 방법

대부분의 소규모 대면 구매는 실물 화폐로 이루어진다. 그러나 현금으로 새 차를 사는 것을 원하는 사람은 없을 것이며, 인터넷으로 구매 시에도 현금을 사용할 수는 없다. 거액의 구매대금을 지급하거나 다른 장소에 있는 판매자에게 대금을 지급하는 방법에는 여러 가지가 있다. 그중 중요한 일부를 표 20.3에 제시했다.

그림 20.6을 살펴보면 국가별로 대금 지불 방식에 차이가 있음을 알 수 있다. 예를 들어 독일, 네덜란드 및 스웨덴에서는 수표가 거의 사용되지 않는다.[11] 이들 국가 대부분에서는 직불카드 또는 계좌 이체로 거래가 이루어진다. 반면에, 미국에서는 매년 약 120억 장의 수표를 개인과 기업이 발행한다.

그러나 전 세계적으로는 수표 사용이 감소하고 있다. 일회성 구매의 경우 신용카드 또는 직불카드로 대체되고 있다. 또한 휴대전화 기술과 인터넷의 발전에 따라 새로운 결제 시스템이 개발되고 있다.

---

**수표**  수표를 발행하면 수표에 기명된 기업이나 개인이 요청 시 지정된 금액을 지불하도록 은행에 지시하게 된다.

**신용카드**  비자, 마스터카드와 같은 신용카드는 지정된 한도까지 구매할 수 있는 신용 한도를 제공한다. 매월 말에 구매 금액 전액을 신용카드 회사에 지불하거나 지정된 최소 금액만 지불하고 미결제 잔액에 대한 이자비용을 부담하게 된다.

**충전카드**  충전카드는 신용카드와 유사하지만 매월 말일에 구매한 금액 전체를 지불해야 한다.

**직불카드**  직불카드를 사용하면 상점이 구매대금을 은행 계좌로 직접 청구할 수 있다. 현금 인출은 전산상으로 즉시 이루어진다. 현금인출기(ATM)에서 인출할 때도 직불카드를 사용할 수 있다.

**신용이체**  은행에 정기적으로 특정 금액을 특정 계좌에 이체하도록 요구하는 것을 신용이체라 한다. 예를 들어 이는 부동산담보대출금 분할 상환에 자주 사용된다.

**자동이체**  자동이체의 경우, 인출 금액과 시기를 미리 통지받은 경우 기업이 계좌에서 직접 수금할 수 있도록 설정하는 것이다. 예를 들어 전력회사가 당신의 은행 계좌에서 전기 요금을 자동 결제하도록 설정할 수 있다. 신용이체와의 차이는 인출 금액이 매번 일정하지 않다는 점이다.

》**표 20.3**  일반적으로 소액 대면 구매는 실물 화폐로 결제하지만 그 외 결제 수단은 위와 같다.

---

[11] 결제 방법의 변화에 대한 논의는 "Innovations in Retail Payments," Committee on Payment and Settlement Systems, Bank for International Settlements, Basel, Switzerland, May 2012를 참조하라.

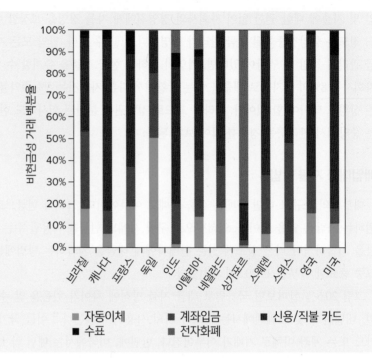

▶ **그림 20.6** 구매대금 결제 방법. 2016년 비현금성 거래별 백분율

출처: Bank for International Settlements, "Statistics on Payment, Clearing, and Settlement Systems in the CPMI Countries—Figures for 2016," December 2017, www.bis.org/

- 전자고지결제(electronic bill presentment and payment, EBPP)는 기업이 인터넷을 통해 청구서를 고객에게 전달하고 대금 결제도 진행할 수 있는 제도이며, 향후 빠른 성장을 할 것으로 예상된다.
- 가치저장카드(또는 전자화폐)를 통해 현금을 다양한 상품 및 서비스 구매에 사용할 수 있는 카드로 이체할 수 있다. 예를 들어 대중교통 요금을 지불하기 위해 개발된 홍콩의 옥토퍼스 카드 시스템은 홍콩 전역에서 널리 사용되는 전자화폐가 되었다.

기업이 전산으로 송금하고 수금하는 주요 방법은 자동이체, 계좌입금, 계좌이체이다.

공과금, 주택담보대출금 상환과 같은 반복적인 지출은 점진적으로 **자동이체**를 이용해 이루어진다. 이 경우 기업의 고객은 결제 금액을 은행계좌에서 인출하도록 승인하기만 하면 된다. 기업은 각 고객의 인적 사항, 인출금액 및 시기가 있는 파일을 은행에 제공한다. 그 후 대금 지불은 **자동교환결제**(Automated Clearing House, ACH) 시스템을 통해 전산으로 진행된다. 기업은 현금 입금 일시를 정확히 알게 되며, 수천 장의 수표를 처리하는 작업을 할 필요가 없다.

자동교환결제 시스템을 이용해 반대 방향으로 자금을 보내는 것도 가능하다. 즉 고객이 기업에게 대금을 결제하는 자동이체와 같이 전산으로 기업이 개인에게 전산으로 지불하는 **계좌입금**도 가능하다. 계좌입금은 임금 지불이나 배당금 지급 등 대규모 지급이 필요할 때 사용된다. 자동이체와 같이 기업은 은행에 세부 지침이 담긴 파일을 제공하고, 은행은 기업의 계좌에서 현금을 인출한 후 이를 자동교환결제 시스템을 통해 기업의 직원 또는 주주의 은행계좌로 입금한다.

자동이체 및 계좌이체 거래량은 최근 급격히 증가했다. 표 20.4에 보듯이 이 두 유형의 총거

| | 거래 건수(100만) | 거래 금액($100만) |
|---|---|---|
| 수표 | 12,263 | $19 |
| 자동교환결제를 통한 자동이체 및 계좌입금 | 20,839 | 43 |
| 연방전신이체 | 148 | 767 |
| CHIPS | 111 | 364 |

》**표 20.4** 2016년 미국에서 사용된 결제 시스템
출처: Bank for International Settlements, "Statistics on Payment, Clearing and Settlement Systems in the CPSS Countries—Figures for 2016," December 2017.

래금액이 수표 발행 금액의 2배 이상이다.[12]

기업 **간의** 고액 현금 지불은 일반적으로 연방전신이체(Fedwire) 또는 CHIPS를 통해 전산으로 이루어진다. 연방전신이체는 연방준비제도이사회에 의해 운영되며, 6,000개 이상의 금융기관과 미국연방준비은행을 서로 연결한다.[13] CHIPS는 은행들이 운영하는 시스템이다. 주로 유로달러 거래와 외환거래를 담당하며, 달러 표시 국제 거래 95% 이상의 결제가 CHIPS를 통해 이루어진다. 표 20.4를 보면 연방전신이체와 CHIPS의 결제 건수는 상대적으로 적지만 거래금액은 굉장히 크다는 것을 알 수 있다.

### 채권 회수기간 단축 방법

수표는 고액 결제에 거의 사용되지 않지만, 소규모의 일회성 거래에는 여전히 많이 사용된다. 수표를 정산하는 것은 번거롭고 노동 집약적인 작업이지만, 21세기 초 미국 법률의 변경으로 인해 그나마 비용이 절감되고 수금 속도가 향상되었다. 일반적으로 'Check 21'로 알려진 21세기 수표 청산법은 은행 간에 실물 수표를 주고 받는 대신에 수표의 사진을 교환할 수 있도록 했다. 덕분에 더는 은행 간에 주고 받는 실물 수표 꾸러미를 싣고 화물기들이 전국을 비행할 필요가 없어졌다. 대신 현재는 거의 모든 수표 처리가 디지털화되었다. 수표 처리 비용도 혁신적인 기술인 **수표 교환**(check conversion)에 의해 절감되었다. 이 경우 수표 사용 즉시 수표 상의 은행계좌 정보와 구매대금 정보가 수집되어 은행계좌로부터 대금이 즉시 인출되고, 수표는 고객에게 돌려주게 된다.

많은 양의 수표를 지급받는 기업은 현금을 최대한 빨리 이용할 수 있도록 여러 방법을 고안했다. 예를 들어 소매유통 체인의 경우, 각 지점이 해당 지역 은행의 수금계좌에 수표 수금액을 예치하도록 할 수 있다. 수금계좌에 모인 잉여 자금은 주기적으로 기업의 주요 거래 은행

---

[12] 자동교환결제 시스템은 전화 또는 인터넷을 통한 수표 전환 및 일회성 거래도 처리한다.
[13] 연방전신이체는 실시간 총액 결제 시스템으로, 이를 통한 각 거래는 개별적으로 즉시 결제된다. 순액 결제 시스템을 사용하면 거래들을 일정 기간 동안 모은 후 상계하고 순액만 이체하게 된다. CHIPS는 높은 빈도로 상계 처리하는 순액 결제 시스템의 한 예이다.

중 한 곳의 **집중계좌**(concentration account)로 이체된다. 집중계좌 활용을 통해 회사가 자금을 더 빨리 사용할 수 있는 이유는 두 가지이다. 첫째, 각 지점이 해당 지역 은행과 가까워 송금 시간이 단축된다. 둘째, 고객의 수표는 현지 은행에서 인출될 가능성이 높기 때문에 수표를 처리하는 데 걸리는 시간도 단축된다.

집중계좌 활용은 종종 **사서함 제도**(lockbox system)와 병행해서 사용된다. 이 경우 기업의 고객은 판매대금을 지역 우체국 사서함으로 보내도록 지시받는다. 이 사서함에 모인 수표를 현지 은행이 주기적으로 수거해서 현지 예금계좌에 입금하게 된다.

## 국제 현금 관리

지금까지의 국내 현금 관리는 각자의 통화, 은행제도, 법적 구조를 가진 수십 개 이상의 국가에서 사업을 하는 대규모 다국적 기업의 현금 관리에 비하면 평이하다 할 수 있다.

이들 대규모 다국적 기업들에게 중앙집중화된 단일 현금 관리 제도는 아무리 노력해도 이룰 수 없는 이상(ideal)이라 할 수 있다. 예를 들어 유럽 전역에서 사업을 하는 대규모 다국적 회사의 재무담당자를 생각해보자. 지점별로 현금을 관리하라고 할 수도 있겠지만, 그 비용이 많이 들 것이고 각 지점이 현금을 쌓아 놓게 될 것이다. 이를 해결하기 위해 현금 관리를 광역 단위로 할 수 있을 것이다. 이 경우 국가별로 집중계좌를 하나씩 계설한 후, 매일 잉여현금을 런던이나 다른 광역 금융 중심지에 개설한 다중통화계좌로 송금하도록 할 수 있다. 중앙 다중통화계좌에 모인 자금은 단기 금융상품에 투자하거나 현금이 부족한 공장이나 자회사의 자금을 융통하는 데 사용할 수 있을 것이다.

대금 지불 역시 광역 금융 중심지에서 이루어지게 할 수 있다. 예를 들어 각 유럽 국가의 직원에게 임금을 지불하기 위해 기업은 광역 중심지의 주거래 은행에 지불할 내역에 대한 파일을 보내게 된다. 그러면 해당 은행은 기업의 중앙 다중통화계좌에서 현금을 이체하는 가장 저렴한 방법을 찾아 날짜에 맞춰 각 국가의 직원에게 현금을 입금할 수 있도록 준비하게 된다.

각 지역의 은행과 광역의 집중계좌 간에 현금을 이체하는 대신, 각 국가에 지점을 운영하고 있는 다국적 은행을 활용해 각 지점의 잉여현금과 현금 부족분을 합산하도록 할 수도 있다. 이 경우 계좌 간 현금 이동은 없으며, 은행은 지출과 수입을 합산해 잉여현금에 대한 이자만 지불하게 된다.

만약 기업의 해외 지사 간의 거래가 발생하면 국제 거래 건수가 급증할 수도 있다. 이 경우 기업 입장에서는 상계 시스템(netting system)을 구축할 수 있다. 각 지사는 타 지사와의 거래로 인한 지출과 수입을 상계한 순금액을 계산한 후 순액 결제 센터와 한 번만 거래하면 된다. 산업 구성원들을 위한 순액 시스템을 구축한 경우들도 있다. 예를 들어 200개 이상의 항공사들은 순액 시스템을 구축해 서로 지급해야 하는 외환 거래를 해결하고 있다.

## 은행 업무비용 지불하기

수표 처리, 자금 이체, 사서함 시스템 운영, 기업의 계좌 관리 등의 현금 관리 업무 대부분은 은행이 수행하게 된다. 그 외에도 현금 관리와 직접적인 연관이 없는 외국 통화의 지급 및 수

령과 증권보관 업무 등의 서비스도 제공한다.

이러한 모든 서비스에는 월 수수료 형태의 비용이 따르지만, 무이자 계좌에 최소 평균 잔액이상의 현금을 유치하는 조건으로 수수료를 면제해주기도 한다. 은행의 입장에서는 예금 중지급 준비를 위해 미국연방준비은행에 보관하는 금액 외에는 다른 고객에게 대출을 해서 이자수익을 올릴 수 있으므로 수수료 대신 예금을 받는다고 해서 손해를 보지 않는다. 은행 서비스에 대한 비용의 일환으로 예치하는 요구불 예금을 **보상 잔액**(compensating balance)이라 한다. 이전에는 이러한 형태로 은행 서비스에 대한 비용을 지불하는 경우가 많았지만, 요구불 예금에 대해서도 이자를 지급하게 되면서, 점차 보상 잔액을 사용하기보다 직접 수수료 비용을 부과하는 경우가 많아지고 있다.

### 20-5  유가증권

2017년 12월 현재, 애플은 기업 자산총액의 약 70%에 해당하는 $2,850억를 현금 및 채권에 투자하고 있다. 이 중 $95억가 현금이고, 나머지는 다음과 같은 자산에 투자했다.

| 채권 투자 | 투자원가($10억) |
|---|---|
| 단기 유가증권 및 뮤추얼펀드 | $9.278 |
| 미국 국채 및 정부기관 채권 | 65.193 |
| 미국 외 정부 국채 | 8.797 |
| 예금 증명서 및 정기 예금 | 6.307 |
| 상업어음 | 5.384 |
| 회사채 | 156.868 |
| 지방정부 채권 | 0.963 |
| 주택 및 자산 담보부 채권 | 22.778 |
| 총액 | $275.568 |

애플의 유가증권에 대한 대규모 투자는 매년 영업을 통해 창출하는 막대한 규모의 잉여현금흐름에 따른 것이다. 그러나 이러한 투자 행태는 적어도 두 가지 추가적인 이유에서 흥미롭다 할수 있다. 첫째, 애플은 단기 채권에만 투자하지 않았다. 예를 들어 '회사채' 중에는 장기 회사채에 투자한 $1,293억가 포함되어 있다. 둘째, 기존 미국 세법에 의하면 기업들은 대부분의 투자를 해외 자회사의 계정에 남기는 것을 선택하게 되곤 했다. 미국의 법인세율인 35%는 대부분국가의 법인세율보다 높으며 미국 기업들이 해외 소득을 국내로 회수하는 데 소극적이게 만들었지만, 이제 상황이 바뀌었기 때문이다.

## 세무 전략

대부분의 국가에서 법인세에 대해 **속지주의**를 택하고 있다. 즉 자국에서 벌어들인 소득에 대해서 세금을 부과하지만, 영토 밖에서 벌어들인 소득에는 세금을 부과하지 않는다. 반면에 미국은 기업의 **전 세계** 소득에 대해 세금을 부과한다(차후 논의하겠지만 미국은 2018년에 과세 기준을 속지주의로 변경했다). 과거의 미국 세법이 적용되는 예를 살펴보자. 애플의 아일랜드 자회사가 2017년에 $10만의 이익을 냈다고 가정하자. 그 자회사는 아일랜드의 세율인 12.5%를 따라 $12,500의 세금을 낸다. 2017년 현재 미국의 법인세율은 전 세계에서 가장 높은 수준인 35%였지만, 아일랜드에 낸 세금 액수에 대해 공제를 받을 수 있다. 따라서 애플은 아일랜드 자회사가 미국 본사로 이익을 보내는 순간 미국에 추가로 $0.35 \times 100,000 - 12,500 = \$22,500$의 세금을 납부해야 할 것이다. 그러나 애플 입장에서 뭐하러 굳이 추가적인 세금을 내겠는가? 해외 소득에 대한 미국의 세금은 해외 소득이 미국으로 송금되는 경우에만 부과되므로 자금을 아일랜드에 남겨 놓으면 되지 않겠는가?

이것이 바로 애플을 비롯한 해외에서 이익을 창출하는 미국 기업들의 선택이었다[해외에 가장 큰 규모의 이익을 축적해 놓은 기업으로는 마이크로소프트, 알파벳(구글), 시스코시스템스, 화이자, 애보트 랩스, 존슨앤드존슨 등이 있다]. 그 기업들은 해외 소득에 대해 대부분 35%보다 낮은 외국의 법인세를 납부하고는, 잔액을 미국으로 송금하지 않았다. 2017년 현재 해외에 남겨진 미국 기업의 소득은 약 $2조 이상인 것으로 추정된다.

2018년부터 미국은 법인세율을 21%로 낮추고 영토 내의 소득에만 법인세를 과세하는 정책으로 전환했다. 미국 기업들은 더이상 해외 소득에 대해 과세되지 않고, 저세금의 해외 국가에 이익을 남겨둘 이유도 없어진 것이다. 하지만 2017년 말까지 번 해외 이익의 미국 송금에 대해서는 일회성 세금을 부과한다. 해외 이익 중 현금 및 유가증권에 투자한 이익에 대해서는 15.5%의 세금이 부과되고, 공장 및 설비 등 비유동성 자산에 투자한 이익에는 8%의 세금이 부과된다. 이 세금은 2018~2025년 8년의 기간 동안 분할 납부 가능하다. 즉 애플은 해외에 축적한 이익의 미국 송금에 대해 2017년 이전의 경우보다는 적긴 하지만 세금을 내긴 해야 한다.

세제가 변경되고 나서 2018년 1월, 애플은 $2,520억의 해외 소득을 미국에 송금하고 $380억의 미국 세금을 내겠다고 발표했다.

## 투자 선택

대부분의 회사는 앞서 언급한 애플과 같은 막대한 규모의 잉여현금은 없지만, 그렇다 하더라도 당장 필요하지 않은 현금은 단기 투자상품에 투자한다. 이러한 시장을 **단기 금융시장**(money market)이라 한다. 단기 금융시장은 실제 시장이 물리적으로 존재하지는 않고, 전화와 인터넷으로 연결된 은행과 딜러들로 이루어진다. 막대한 규모의 유가증권이 정기적으로 단기 금융시장에서 거래되며, 구성원 간 경쟁 또한 굉장히 치열하다.

대부분의 대기업은 자체적으로 단기 금융시장에 대한 투자를 관리하지만, 소규모 기업의 경우 전문 투자자문회사를 고용하거나 단기 금융시장에 투자하는 펀드에 투자하기도 한다. 이

펀드들은 저위험의 단기 상품에만 투자하는 뮤추얼펀드들이다.

상대적으로 저위험인 단기 금융시장 펀드들은 금융 위기 중에 특히 인기가 많다. 2008년의 신용 경색하에서 투자자들이 급락하는 주식시장에서 자금을 빼 이러한 유형의 펀드들에 투자하면서 이 펀드들의 자산 규모가 급증했다. 그 후 RPF라는 뮤추얼펀드가 리먼 브러더스의 상업 어음에 투자했다가 큰 손실을 입었다는 사실이 알려졌다. RPF는 환매를 요구한 투자자들에게 투자금 $1당 97센트를 지불해 '원금 대비 손실(break the buck)'을 기록한 역사상 두 번째 펀드가 되었다. 결국 투자자들은 단기 금융시장 펀드에서 $2,000억의 자금을 인출했으며, 이에 따라 정부는 투자자들에게 긴급 보험을 제공하게 되었다.

## 단기 금융시장 상품의 수익률

다수의 단기 금융시장 상품은 순수 할인채이다. 이 채권들은 이자를 지급하지 않는다. 투자 수익은 만기 상환되는 원금과 투자금의 차액이 된다. 불행히도 세무 당국에 이 차액이 투자에 따른 자본소득이라고 설명해 봤자, 세무 당국은 이를 이자 소득으로 간주해 소득세를 부과할 것이다.

단기 금융시장 상품에 대한 이자율은 종종 할인율로 표시된다. 예를 들어 3개월 만기 채권이 5% 할인된 금액에 발행되었다고 하자. 이는 그 채권의 가격이 $100 - (3/12) \times 5 = 98.75$라는 것을 어렵게 얘기하는 것이다. 따라서 오늘 투자하는 $98.75당 3개월 후에 $100를 돌려받게 된다. 3개월간 수익률은 0.0127 또는 1.27%이다. 이는 연리로 환산하면 5.16%가 된다. 수익률이 항상 할인율보다 높다는 것을 주목하라. 투자 상품이 5% 할인된 금액에 판매되고 있다고 하면 그 5%가 수익률인 것으로 착각하기 쉽다.[14]

장기 채권을 평가할 때는 부도 위험이 주요 고려 사항 중 하나이다. 30년이라는 기간 안에는 어떠한 상황도 벌어질 수 있으며, 현재의 가장 훌륭한 기업들도 언젠가는 어려움에 처할 수도 있다. 따라서 회사채는 국채보다 높은 수익률에 거래된다.

단기 채권이라고 위험이 없는 것은 아니지만, 장기 회사채보다는 기업이 발행하는 단기 시장성 유가증권의 부도 위험이 낮다. 이에는 두 가지 이유를 들 수 있겠다. 첫째, 단기에는 벌어질 수 있는 상황이 제한적이다. 먼 미래의 일은 불확실할 수 있지만, 일반적으로는 특정 회사가 다음달까지 버틸 가능성은 높다고 할 수 있다. 둘째, 대부분 단기 금융시장에서 자금을 융통하는 기업들은 튼튼하다. 자금을 단 며칠간만 대여하는데 이의 신용평가에 너무 많은 시간을 소비할 수 없기 때문이다. 따라서 우량회사(blue chip)들에 대한 투자만 고려하게 될 것이다.

비록 단기 금융시장의 상품들이 아주 좋은 상품들이라 하더라도 그중 미국 국채와 회사채 수익률의 격차가 큰 경우가 종종 있다. 그 이유 중 하나는 채무불이행 위험 때문이라고 할 수 있다. 다른 이유로는 상품 간의 유동성 또는 현금성에 차이가 있기 때문이다. 투자자들은 일반

---

[14] 더 혼란스럽게도 단기 금융시장의 많은 딜러들은 마치 1년이 360일인 것처럼 호가를 한다. 그런 경우, 91일 후에 만기 도래하는 채권이 5% 할인된 금액에 판매된다면, 그 채권의 가격은 원금 대비 $100 - 5 \times \left(\frac{91}{360}\right) = 98.74\%$가 된다.

적으로 단기간에 현금화할 수 있는 국채를 선호한다. 국채와 같이 신속하게 현금화할 수 없는 채권의 경우에는 더 높은 수익률을 제공해야 하는 것이다. 시장이 불안정한 시기에는 투자자들이 현금화에 더 많은 가치를 부여하기도 한다. 이 경우 유동성이 낮은 채권들의 수익률이 급격히 증가하기도 한다.

## 국제 단기 금융시장

달러 표시 채권에는 두 가지 주요 시장이 있는데, 미국 국내 시장이 하나, 런던을 중심으로 한 유로채권 시장이 하나 있다. 그리고, 유로달러 시장으로 알려진 단기 달러화 투자를 위한 국제 시장이 있다. **유로달러**는 유럽통화동맹(EMU)의 통화인 유로와 관련이 없고 단순히 유럽에 있는 은행에 예치된 달러화를 뜻한다.

미국 내에 내수 단기 금융시장이 있고 유로달러 시장이 있는 것과 마찬가지로, 일본에는 내수용 단기 금융시장이 있고 런던에는 유로엔 시장이 있다. 따라서 만약 미국 기업이 일본 엔화에 단기 투자를 하고자 한다면, 엔화를 도쿄에 있는 은행에 예치할 수도 있고 런던에 유로엔을 예치할 수도 있다. 유사하게, 유로 지역에 내수용 단기 금융시장이 있고 런던에도 유로 단기 금융시장이 존재한다.[15] 그 외에도 유사한 사례는 무수히 많다.

런던의 주요 국제 은행들은 **런던은행간 금리(LIBOR)**로 서로 달러를 빌려준다. 마찬가지로, 그들은 서로 엔 LIBOR 금리로 서로 엔을 빌려주고, **유로은행간 금리(Euribor)**로 서로 유로를 빌려준다. 이 단기 이자율들은 미국이나 다른 국가의 다양한 유형의 단기 대여금의 가격을 산출하는 데 기준이 된다. 예를 들어 미국 기업이 금리가 달러 LIBOR에 연계된 변동금리채를 발행할 수도 있다.

만약 우리가 규제와 세금이 없는 세상에 살고 있다면, 유로달러 채권에 대한 이자율과 미국 내의 달러 채권에 대한 이자율이 같아야 할 것이다. 그러나 국제 채권 시장이 성행하는 이유는 정부들이 국내 은행 대출을 규제하기 때문이다. 미국 정부가 미국 은행의 국내 예금이자율을 규제할 때에는 기업들이 유럽에 달러를 예치해 더 높은 수익을 올릴 수 있었다. 지금은 이런 규제가 철폐되었기에 두 이자율의 차이가 거의 없어졌다.

1970년대 후반, 미국 정부는 미국의 규제로 인해 기업들이 은행 업무를 해외 은행 또는 미국 은행의 해외 지점과 하게 된다는 것을 우려하게 되었다. 이러한 은행 업무를 다시 미국으로 끌어들이기 위해 미국 정부는 1981년에 미국 및 외국 은행이 **미국 역외금융시장**(international banking facilities, IBF)을 설립하도록 허용했다. IBF는 금융시장의 자유무역지구와 같다. 물리적으로는 미국에 위치하고 있지만 미국 연방준비제도이사회에 지급 준비금을 예치하지 않아도 되고 그 어떤 미국 세금도 부과되지 않는다.[16] 그러나 IBF가 수행할 수 있는 사업에는 엄격한 제약이 있다. 특히 미국 국내 기업으로부터 예금을 받거나 대출을 할 수 없도록 되어 있다.

---

[15] 아주 가끔 '유로유로'라 불린다.
[16] 이러한 이유로 IBF에 예치된 달러는 유로 달러로 분류된다.

## 단기 시장성 유가증권

표 20.5에 요약되어 있는 주요 단기 금융시장 상품을 차례대로 설명한다.

**미국 단기국채**  표 20.5의 첫 번째 항목은 미국 단기국채이다. 일반적으로 매주 발행되며, 만기가 4 주, 3개월, 6개월, 1년이다.[17] 판매는 균일가 경매로 이루어진다. 즉 낙찰된 모든 입찰자는 동일한 가격으로 채권을 인수한다.[18] 매일 수조 달러 규모의 미국 단기국재가 거래되는 훌륭한 2차 시장이 있으므로 미국 단기국채에 투자하기 위해 경매에 직접 참여할 필요는 없다.

**연방정부 산하기관 채권**  '기관 채권'은 정부기관 및 정부의 지원을 받는 기업들(government-sponsored enterprises, GSEs)이 발행하는 채권들에 대한 통칭이다. 이 채권들의 대부분은 미국 정부가 보증하지 않지만,[19] 투자자들은 일반적으로 정부가 채무불이행의 사태를 막기 위해 개입할 것이라고 가정한다. 이러한 견해는 2008년에 2개의 대규모 주택담보대출 회사인 패니메이와 프레디맥이 위기 끝에 정부 소유가 되자 더 신빙성을 갖게 되었다.

정부기관들과 GSE는 단기 및 장기의 채권을 발행한다. 단기부채는 국채와 유사한 할인채권으로 구성된다. 이 채권들은 활발히 거래되고 종종 기업들이 투자하기도 한다. 이 채권들은 전통적으로 미국 국채보다는 약간 높은 수익률에 거래되었다. 그 이유 중 하나는 이들 기관 채권은 국채만큼 시장성이 높지 않기 때문이다. 추가로 이들 채권을 미국 정부가 직접 보증하지 않는 한 미국 정부가 이들 기관이 채무불이행을 하도록 할 약간의 가능성에 대해 투자자들이 추가적인 수익을 요구하기 때문이다.

**단기 면세 채권**  주립대학 및 학군과 같은 주정부, 지방자치단체 및 기관에서도 단기 채권을 발행한다.[20] 이 채권들은 특별한 매력이 있는데, 바로 이 채권들이 지급하는 이자에 대해 연방 세금이 부과되지 않는다는 것이다.[21] 물론 이러한 지방정부 채권의 장점은 가격에 반영된다. 수년 동안 최상위 등급의 지방정부 채권 수익률은 동급의 미국 국채 수익률에 비해 10~30% 낮았다.

대부분의 면세 채권은 상대적으로 저위험이며 종종 지방정부가 채무불이행을 할 경우 대신 지급하는 보험에 가입되어 있다.[22] 그러나 2008년의 금융위기하에서는 보험사 자체가 위험할

---

[17] 3개월 만기 채권은 실제 발행 91일 후, 6개월 만기 채권은 발행 182일 후, 1년 만기 채권은 발행 364일 후 만기가 도래한다. 채권 경매에 대한 정보는 www.publicdebt.treas.gov를 참조하라.

[18] 비경쟁 입찰자에게도 소량의 채권이 판매된다. 비경쟁 입찰은 경쟁 입찰의 낙찰가와 동일한 가격으로 투자하게 된다.

[19] 예외는 Government National Mortgage Association(Ginnie Mae), Small Business Administration, General Services Administration(GSA), Farm Credit Financial Assistance Corporation, Agency for International Development, Department of Veterans' Affairs(VINNIE MAE), Private Export Funding Corporation(PEFCO)이다. 이 기관들의 채권은 미국 정부에 의해 완전히 보증된다.

[20] 이 채권 중 일부는 발행기관의 일반 채무이다. 이 외는 수익채권이며, 이러한 경우 임대료 수입 또는 기타 사용자 요금 등의 수익으로 지불된다.

[21] 이 장점은 국채의 이자가 주세 및 지방세 면제 대상이라는 사실에 의해 부분적으로 상쇄된다.

[22] 면세 채권에 대한 채무불이행은 극히 드물며, 그 대부분이 비영리 은행의 채권이었다. 그렇긴 해도 면세 채권에 대한 주요 채무불이행 사건이 있었다. 1983년, Washington Public Power Supply System(안타깝게도 이 기관

| 투자상품 | 채무자 | 발행 시점의 만기 | 시장성 | 이자율 산정 기준 | 비고 |
|---|---|---|---|---|---|
| 미국 단기국채 | 미국 정부 | 4주, 3개월, 6개월, 1년 | 매우 좋은 유통시장 | 할인 | 매주 경매 |
| 연방정부 산하기관 기준단기채권 및 할인채권 | 지니메이, 패니메이, 프레디맥 등 | 1일에서 360일까지 | 아주 좋은 유통시장 | 할인 | 기준단기채권은 정기 경매, 할인채권은 딜러를 통해 매각 |
| 면세 지방 채권 | 지방정부, 주정부, 교육청 등 | 3개월에서 1년 | 좋은 유통시장 | 대개 만기에 이자 지급 | 세금담보채 수익담보채 채권담보채 |
| 조기상환 변동금리 채권 | 지방정부, 주정부, 주립대학 등 | 10~40년 | 좋은 유통시장 | 변동금리 | 조기상환을 요구할 수 있는 풋옵션 포함 |
| 정기예금 및 양도성 예금증서 | 상업은행, 저축은행 | 대개 1~3개월, 더 장기의 변동금리 상품도 있음 | 양도성 예금증서의 경우 괜찮은 유통시장 | 만기에 이자 지급 | 정기예금 영수증 |
| 상업어음 | 일반 기업, 금융기관, 은행 지주회사, 지방정부 | 최대 270일, 대개 60일 이하 | 딜러나 발행기관이 재매입 | 대개 할인 | 무보증 상업어음으로 딜러를 통하거나 직접 투자자에게 판매 |
| 중기채권 | 주로 금융기관이나 은행. 제조기업도 포함 | 최소 270일, 대개 10년 이하 | 딜러가 재매입 | 주로 고정 금리 | 무보증 채권으로 딜러를 통해 매입 |
| 은행인수어음 | 대형 상업은행 | 1~6개월 | 괜찮은 유통시장 | 할인 | 은행이 인수한 어음 |
| 환매채 | 미국 정부 채권 딜러 | 1일에서 3개월. 만기가 없는 환매채도 있음 | 유통시장 없음 | 환매가격이 판매가격보다 높고, 그 차액이 이자율임 | 정부 채권을 딜러가 판매하면서 동시에 재매입 계약을 함 |

》**표 20.5** 미국의 단기 금융시장 상품

수 있다는 투자자들의 우려에 이러한 채권에 대한 보험도 효과가 없었다. 이 시기에는 지방정부 채권의 면세 혜택이 더 이상 중요한 장점이 아니었던 것이다.

**조기상환 변동금리 채권**  기업이 장기 유가증권에 단기적으로 투자하지 말란 법은 없다. 만약 기업이 $100만를 세금을 납부하기 위해 마련했다면, 1월 1일에 장기채권에 투자한 후 4월 15일 세금 납부에 맞춰 매각할 수 있을 것이다. 하지만 이런 전략이 위험하다는 것은 명백하다. 만약 1~4월 사이에 채권 가격이 10% 하락한다면 어떻게 할 것인가? 국세청에 $100만를 납부해야 하는데 채권 가치는 $90만밖에 되지 않는다. 물론 그 기간 사이에 채권 가격이 상승할 수도 있지만 굳이 위험을 감수할 필요가 없지 않은가? 이런 이유로 여유 자금으로 단기 투자

---

은 WPPSS 또는 'WOOPS'로 알려졌었다)이 $22억 5,000만의 채권에 대해 채무불이행을 했다. 1994년에는 캘리포니아주 오렌지카운티가 투자 포트폴리오에서 $17억를 잃은 후 채무불이행을 했다. 2011년에 앨라배마주 제퍼슨카운티는 $42억의 지방채에 대한 채무불이행을 선언했다. 지방정부 채권의 채무불이행 사례 중 최고액은 2013년 파산을 신청한 디트로이트의 $180~200억의 채권에 대한 채무불이행이다.

를 하는 기업 재무담당자들은 장기채권의 가격 변동성을 회피하게 된다.

한 가지 해결책은 지방정부의 조기상환 변동금리 채권을 구입하는 것이다. 이들은 이자율이 단기 이자율에 연동되어 있는 장기채권이다. 이자율이 조정될 때마다 이 채권의 투자자들은 채권을 발행기관에 액면가에 되팔 수 있는 권리가 있다.[23] 그렇기 때문에 이자율 조정일에 채권의 가격이 액면가보다 낮아질 수 없다. 따라서 조기상환 변동금리 채권이 장기 채권이기는 하지만 그 가격은 매우 안정적이라 할 수 있다. 이에 더해 지방정부의 채권에 대한 이자 수익은 면세라는 장점이 있다. 그렇기 때문에 위 기업의 $100만에 대해 조기상환 변동금리 채권은 상대적으로 안전하고도 면세인 단기 피난처를 제공하게 된다.

**은행 정기예금 및 양도성 예금증서** 은행에 정기예금을 하는 것은 일정 기간 은행에 돈을 빌려주는 것이다. 만약 만기 전에 돈이 필요한 경우, 일반적으로는 인출을 허용하지만 대신 이자율을 낮추는 방식으로 벌금을 부과하게 된다.

1960년대에 은행들은 $100만 이상의 정기예금에 대해 **양도성 예금증서**(negotiable certificate of deposit, CD)를 도입했다. 이 경우 은행이 돈을 빌리는 경우에 그 은행에 정기예금을 예치했다는 증거인 예금증서를 발행하게 되고, 대여자가 만기 전에 자금이 필요하다면 그 예금증서를 타 투자자에게 매각하면 된다. 해당 대출의 만기가 도래하면 신규 투자자는 은행에 예금증서를 제시하고 대여금을 회수하면 된다.[24]

**상업어음 및 중기채권** 이것들은 기업이 정기적으로 발행하는 무담보 단기 및 중기 채권들이다.

**은행인수어음** 이 장의 앞부분에서 은행인수어음을 통해 수입 및 수출 자금을 융통하는 것에 대해 설명한 바 있다. 어음은 은행에게 미래의 특정 일시에 특정 금액을 지불하라고 요구하는 서면 요구로부터 시작한다. 은행이 이 요구를 받아들이는 순간, 이는 단기 금융시장에서 사거나 파는 것이 가능한 유가증권이 된다. 미국의 대형 은행들이 인수한 어음들은 대개 1~6개월 사이에 만기가 도래하며 신용 위험이 매우 낮다.

**환매채** 환매채(repurchase agreement, repo)는 실질적으로 정부 발행 유가증권 딜러에게 빌려주는 담보부 채권이다. 환매채의 원리는 다음과 같다. 투자자는 딜러 소유의 국채 일부를 인수하면서 동시에 미래의 특정 일시에 본인이 인수한 가격보다 높은 특정 가격에 되파는 계약을 맺게 된다.[25] 대출기관(딜러)은 환매계약을 맺었다고 표현하며, 대여 기관(증권을 구입한 기관)은 역환매채를 소유하고 있다고 표현한다.

가끔 환매채의 만기가 수개월씩 되는 경우도 있지만 대개는 만기가 1일(24시간)에 불과하

---

[23] 발행 기업은 일반적으로 대출 상환을 위해 은행에 예비 신용 한도를 마련하며, 이를 통해 대출금을 상환할 자금이 있다는 것을 보장할 수 있다.

[24] 일부 예금증서는 양도할 수 없으며 일반 정기예금과 동일하다. 예를 들어 은행들은 비양도성 예금증서를 개인들에게 저렴하게 판매할 수도 있다.

[25] 환매채의 위험을 줄이기 위해 환매채의 시장 가치보다 적은 금액을 대여하는 것이 일반적이다. 이 차이를 **헤어컷**(haircut)이라고 한다.

다. 국내의 다른 어떤 단기 금융상품도 그런 유동성을 제공하지는 못한다. 1일 만기 환매채는 거의 이자 수익을 올릴 수 있는 요구불 예금과 같이 취급할 수 있는 것이다.

환매채에 며칠 또는 몇 주 동안 현금을 투자하기로 했다고 가정해보자. 그렇다고 해서 매일 환매채의 가격을 협상하기는 번거로울 것이다. 이 경우 유가증권 딜러와 **청산환매채**(open repo) 계약을 맺을 수 있다. 이 경우 만기가 특정되지 않고, 계약 당사자 중 일방이 상대방에게 통보 후 하루 만에 계약을 해지할 수 있다. 다른 방법으로는, 투자자가 거래은행에게 초과 현금을 모두 환매채에 투자하도록 지시할 수 있다.

**경매가 우선주** 일반 기업은 보통주와 우선주에 대한 배당 수입의 50%에 대해서만 납세 의무가 있는 세제 혜택이 있다. 따라서 배당금 \$1당 $1 - (0.05 \times 0.21) = \$0.895$를 세금 정산 후 유보할 수 있다. 따라서 유효세율이 10.5%에 불과한 것이다. 이는 지방채에 대한 이자 수입이 면세인 것에 비해서는 높은 세부담이지만, 일반 채권에 대한 이자 수입의 21%를 세금으로 지불해야 하는 것에 비하면 세부담이 상당히 낮다 할 수 있다.

어떤 기업이 타 기업의 우선주에 회사의 여유 자금을 투자하는 것을 고려하고 있다고 가정해보자. 해당 투자에 따른 배당금에 대한 10.5%의 세율은 매우 좋은 조건이지만, 반면에 장기 이자율의 변동에 따른 우선주의 가격 변동 가능성이 우려될 수도 있다. 이런 우려를 불식하기 위해 우선주의 배당금이 전반적인 이자율 수준에 연동되어 있는 우선주에 투자하는 것도 한 방편이다.[26]

변동금리에 배당금액을 연동한다고 해서 우선주 가격 변동에 대한 우려를 완전히 불식할 수 있는 것은 아니다. 위험이 높아짐에 따라 우선주 가격이 하락할 가능성이 여전히 있기 때문이다. 이런 경우 단순히 배당금을 이자율에 연동하는 대신에 모든 투자자가 참여할 수 있는 입찰을 통해 배당금액을 정기적으로 재조정할 수도 있다. 경매 참여 투자자들은 자신들이 해당 우선주에 투자할 경우에 희망하는 수익률을 제출하면 되고, 만약 우선주의 기존 주주 중 더 높은 수익률을 원하는 주주가 있다면 액면가에 새로운 투자자에게 우선주를 판매하면 된다.

경매가 우선주는 발행 기업이 우선주를 재매입할 의무가 없다는 점에서 조기상환 변동금리채와는 다르다고 할 수 있다. 만약 입찰에 참여하는 신규 투자자가 아무도 없다면, 기존 주주들은 어쩔 수 없이 우선주를 계속 보유해야 한다. 이것이 바로 2008년에 일어났던 상황이다. 소유한 우선주를 팔 수 없었던 많은 주주들은 은행들이 해당 우선주들을 현금과 동일한 성격이라고 허위 광고 및 판매를 했다고 주장했고, 결국 해당 우선주들을 판매했던 대부분의 은행들은 우선주들을 재매입해주기로 결정했다. 더이상 경매가 우선주가 현금을 안전하게 보관하는 수단이 아니었던 것이다.

---

[26] 우선주 발행 회사는 세후 소득에서 배당금을 지급해야 한다. 따라서 세금을 내야 하는 대부분의 기업은 우선주에 대한 배당을 변동금리에 따라 지불하는 것보다 단순히 채권을 발행하는 것을 선호한다. 그러나 세금을 내지 않기 때문에 이자비용 절세효과를 활용할 수 없는 기업이 상당수 있다는 것도 알아야 한다. 더군다나 그런 기업들은 채권 발행 시에 이자비용 절세효과에 대한 기대수익률보다 낮은 수익률로 변동금리 우선주를 발행했다. 그리고 이런 우선주들에 투자하는 기업들은 배당금의 50%에 대해 면세 대상이기 때문에 이러한 변동금리 우선주의 낮은 수익률에도 불구하고 투자하곤 한다.

이 장에서는 기업의 대차대조표상 유동자산과 유동부채를 다루었다. 유동자산 중 가장 중요한 항목들은 재고자산, 매출채권, 현금, 단기 금융상품들이다. 유동부채 중 가장 중요한 항목들은 매입채무, 단기 차입금, 장기 차입금 중 향후 12개월 이내에 만기가 도래하는 부분을 합한 단기부채이다.

• 유동자산과 유동부채가 회사의 운전자본을 구성하게 된다. 이 유동자산과 유동부채의 차액을 순운전자본이라 한다.

• 운전자본의 구성은 산업별로 큰 차이를 보인다. 예를 들어 슈퍼마켓 체인을 비롯한 소매기업들은 매장 및 지역의 창고에 대규모의 재고자산을 보관한다. 반면에 철도기업이나 트럭운수업체들은 다른 기업의 재고자산들을 운반해주지만 자체의 재고자산은 거의 없거나 아예 없다고 할 수 있다.

• 일부 기업은 재고자산 및 매출채권 자금을 단기 차입금으로 조달한다. 대부분의 기업은 단기 자금 융통에 매입채무를 활용하기도 한다. 공급업체가 상품인도결제를 요구하지 않고, 기업이 적시에 대금을 지급해 할인을 받을 수 있는 경우 저비용 자금 융통 수단이 될 수 있다.

• 재고자산은 원자재, 재공품, 완제품으로 구성된다. 원재료 재고자산이 있는 경우, 원재료 수급 부족으로 생산 공정이 멈추는 위험을 줄일 수 있는 것과 같이 재고자산 보유에 따른 이점도 있다. 하지만 재고자산의 유지에는 자금이 필요하기 마련이다. 생산 관리자는 재고자산 유지에 따른 이점과 비용을 고려해 최적의 재고자산 수준을 유지해야 한다. 최근에는 많은 기업들이 과거에 비해 적은 수준의 재고자산으로 운영하고 있다. 예를 들어 적시공급 전략을 택할 경우 부품 및 원재료의 정기적인 흐름을 통해 재고자산을 최소 수준으로 유지하고도 운영이 가능하다.

• 신용 관리(매출채권 관리)는 다음의 5단계로 구성된다.

1. 대금 할인 대상의 기준이 되는 대금 지불 기간 및 할인폭을 정하라.

2. 고객과의 계약 유형을 결정하라. 예를 들어 고객의 신용도가 불확실하다면 고객에게 은행인수어음을 요청할 수 있다. 이 경우 대금 결제는 고객의 은행이 보증하게 된다.

3. 고객의 신용도를 평가하라. 신용 평가를 직접 할 수도 있지만 개인이나 기업의 신용 상태 정보를 수집하는 신용평가기관이나 신용평가회사를 이용할 수 있다.

4. 합리적인 신용 한도를 설정하라. 기업의 목표는 부실채권 최소화가 아니라 이익의 극대화라는 것을 명심하라. 또한 기대이익 산정에 있어 장기적인 안목을 갖도록 하라. 만약 신뢰할 수 있는 단골 고객이 될 가능성이 있다면, 신용도가 경계선에 있는 고객이라도 신용을 제공하는 것이 좋을 수 있다.

5. 채권을 회수하라. 대금 지급을 완전히 연체한 고객들에게는 단호하게 대처해야 하지만 대금 지급이 며칠 늦었다고 해서 고객들에게 대금 지급을 촉구하는 내용증명 등을 보내 관계가 경색되는 경우를 만들어서는 안 된다.

• 기업들은 납품업체에 대금을 지급하고, 급여를 지급하며, 장비를 구입하고, 부채를 상환하는 등의 원활한 사업 운영을 위해 현금이 필요하다. 그러나 현금을 방치하게 되면 이자수익을 올릴 수 없기 때문에, 기업들은 초과 현금을 집중은행의 주계좌에 이체하는 시스템을 구축하곤 한다. 자금이체는 대부분 전산상으로 이루어지며, 주계좌로부터 현금이 필요한 공장이나 자회사에 현금을 이체해줄 수 있다. 그 외 여유 현금은 1일 만기 환매채나 몇 주 또는 몇 개월 안에 만기가 도

래하는 유가증권 등에 투자하게 된다. 애플이 막대한 규모의 회사채를 보유하고 있는 예에서 보듯이 영구적인 초과 현금을 보유하는 기업들은 장기 유가증권에 현금을 투자하기도 한다.

---

**연습문제**

1. 그림 20.1을 참조하라. 왜 식품점들은 재고자산이 많고, 철도회사들은 재고자산이 적은가? 제약회사에는 현금과 유가증권이 비중이 왜 높은가? 간단히 설명하라.

2. 다음 문장은 참인가, 거짓인가?
   a. 순운전자본이 음(−)인 기업은 일반적으로 재무적으로 문제가 있는 기업이다.
   b. 장기 차입금의 원금 상환이 12개월 이내에 도래한다면, 이는 유동부채로 표시된다.
   c. 매입채무는 일반적으로 기업의 부채총계의 작은 일부분일 뿐이다.
   d. 매출채권은 일반적으로 유동자산의 가장 큰 항목이다.
   e. 수익성이 낮은 기업들은 일반적으로 예방 차원에서 더 많은 현금 자산을 보유한다.
   f. 우수 경영 기업은 대부분의 초과 현금을 단기 금융상품에 투자해 장기 채권을 보유하는 위험을 회피하게 된다.

3. 다음 문장은 참인가, 거짓인가?
   a. 적시공급 전략은 재고자산 관리비용을 0으로 줄여준다.
   b. 고객의 수요가 불규칙적으로 변하는 경우 기업들은 완성품 재고자산을 더 많이 보유한다.
   c. 다른 모든 조건이 동등하다면, 실질이자율이 높을수록 재고자산 수준이 낮아진다.
   d. 다른 모든 조건이 동등하다면, 보관비용이 낮을수록 재고자산이 수준이 낮아진다.

4. 기업이 재고자산 보유 수준을 결정하는 데 고려해야 할 요소들이 무엇인가?

5. 각국의 중앙은행들은 2008년 금융위기 당시 단기 이자율을 극단적으로 낮춘 바 있다. 일부 유럽 국가의 단기국채 금리는 심지어 음수(−)였다. 다른 모든 조건이 동등하다면, 기업들이 그러한 큰 폭의 금리 인하에 대해 재고자산 전략을 어떻게 수정하겠는가?

6. 예제 20.1을 살펴보라. 이자율의 상승으로 인해 재고자산 유지비용이 $55에서 $75로 상승했다고 가정하라. 경제 주문 수량은 어떻게 변하는가?

7. P철도회사는 예기치 못한 공정 중단 및 설비 고장에 대비해 $500만의 여분 부품을 재고자산으로 보유하고 있다. 중앙 창고에 보관 중인 재고자산들의 보관비용은 연 $33만이며, 재고자산은 6.5%의 은행 단기 차입금을 조달해 확보했다.

   운영 관리자는 부품 재고자산들을 중앙 창고에서 P철도회사 노선들의 10개 허브에 위치한 창고들로 이동할 것을 제안했다. 몇 개 부품은 10개 지역 모두에서 보유해야 하기 때문에 총 재고자산 수준은 $700만로 증가할 것으로 예상된다. 보관비용 역시 연 $60만로 증가할 것으로 예상된다. 그러나 부품들이 허브에 보관된다면 수리에 필요한 인건비가 연 $40만 절감되며, 수리기간이 단축되어 고객 서비스가 향상될 것으로 예상된다.

   운영 관리자의 제안을 평가하라. 자본의 기회비용은 은행차입금에 대한 이자율이라 가정하라.

8. 보편적인 신용 매출 관련 표현들이다. 각각의 의미를 설명하라.

   a. 2/30, net 60

   b. 2/5, EOM, net 30

   c. 상품인도결제

9. 위의 8번 문제 중 일부는 현금 할인과 관련되어 있다. 그 각각의 문항에 대해 고객이 현금 할인을 받지 않고 만기에 대금을 납입할 경우 지급해야 하는 이자율을 계산하라.

10. 한 회사가 현재 상품을 상품인도결제 조건으로 판매하고 있다. 그러나 재무관리자는 2/10 net 30의 신용 조건을 제공하게 되면 별다른 추가비용 없이 매출액을 약 4% 증가시킬 수 있다고 주장한다. 만약 이자율이 6%이고 이익률이 5%라면 신용 제공을 할 의사가 있는가? 우선 모든 고객이 현금 할인 조건을 받아들인다고 가정해서 대답하고, 그 후에는 모든 고객이 30일 차에 대금을 지불할 경우의 답을 제시하라.

11. 최근까지 A회사는 net 60의 조건으로 제품 판매를 했고, 평균 대금 지불 기간은 75일이었다. 고객이 보다 신속하게 결제하도록 유도하기 위해 조건을 2/10, EOM, net 60으로 변경했다. 신용 조건 변경의 초기 효과는 다음과 같다.

| | 평균 대금 지불 기간 | |
|---|---|---|
| 현금 할인 비율 | 현금 할인 | Net |
| 60 | 30[a] | 80 |

[a] 일부 고객은 지불기간 이후에 지불하면서도 현금 할인을 제하고 지불한다.

다음의 사항을 가정해 변경된 신용 조건의 효과를 계산하라.

• 판매량은 변경되지 않는다.

• 이자율은 12%이다.

• 대금 지불을 않는 고객은 없다.

• 매출원가는 매출액의 80%이다.

12. 기업 X는 1/30, net 60 기준으로 판매한다. 고객 Y는 청구서상 $1,000의 제품을 구매했다.

   a. Y가 30일 차에 지불하면 청구 금액의 얼마를 제하고 지불할 수 있는가?

   b. Y가 30일 차가 아닌 대금 지불 만기일에 지불하는 경우, 연 유효이자율은 얼마인가?

   c. 다음 상황에서 신용 조건이 어떻게 변경될 것으로 예상하는가?

   i. 부패하기 쉬운 상품이다.

   ii. 재판매가 신속하게 이루어지지 않는 상품이다.

   iii. 상품이 고위험 기업에게 판매된다.

13. B기업은 다리미를 개당 $50에 도매로 판매한다. 생산단가는 다리미 1개당 $40이다. 도매업체 Q가 향후 6개월 이내에 파산할 확률이 25%라고 가정하라. Q가 다리미 1,000개를 주문하고 6개월의 신용을 요청했다. 주문을 받을 것인가? 할인율은 연 10%이며, 재주문 가능성이 없고, Q는 전액 지불하거나 전혀 지불하지 않거나 둘 중 하나를 택할 것으로 가정하라.

14. 20-3절을 참조하라. 캐스트 아이언의 비용이 $1,000에서 $1,050로 증가했다고 하자. 재주문의 가능성이 없다는 가정하에 다음 물음에 답하라.

   a. 어떤 경우에 캐스트 아이언은 신용을 제공하거나 거절해야 하는가?

   b. 만약 $12의 비용으로 고객이 과거에 대금 지불 기간 안에 대금을 지불했는지 아니면 연체했는지 알 수 있다면, 캐스트 아이언은 어떤 경우에 그런 정보를 구매해야 하는가?

15. 재주문 가능성이 있을 경우의 신용 결정에 관한 20-3절의 논의를 참조하라. 만약 $p_1 = 0.8$인 경우, 캐스트 아이언이 신용 제공을 해도 되는 최소한의 $p_2$는 얼마인가?

16. 기업의 신용 제공 결정에 있어 (a) 수익성, (b) 이자율, (c) 재주문 가능성의 차이가 어떤 영향을 주는가? 각각의 경우에 간단한 예를 들어 답하라.

17. B회사의 재무관리자인 아리스톨은 현재 6%에 달하는 대손율이 걱정스럽다. 그는 보다 엄격한 신용정책을 적용할 경우 매출액이 5% 감소하겠지만 대손율이 4%로 내려갈 것으로 예상한다. 매출원가율이 판매가의 80%라면, 보다 엄격한 신용정책을 택해야 하는가?

18. V기업의 신용관리자인 짐은 회사의 신용정책을 재평가하고 있다. V기업은 net 30의 기준으로 판매한다. 매출원가는 매출액의 85%이고 추가로 매출액의 5%의 고정비용이 지출된다. V기업은 고객을 1~4등급으로 분류하며, 지난 5년간 대금 회수 기록은 다음과 같다.

| 등급 | 대손율 | 대금을 지불할 경우 평균 대금 회수 일수 |
|---|---|---|
| 1 | 0 | 45 |
| 2 | 2.0 | 42 |
| 3 | 10.0 | 40 |
| 4 | 20.0 | 80 |

   해당 기간 중 평균이자율은 15%였다.

   V기업의 신용정책에 대해 어떤 결론을 내리겠는가? 이 정책을 변경하기 전에 고려해야 할 다른 요소는 무엇인가?

19. 18번 문제를 참조하라. (a) 신규 신용 신청자의 등급을 분류하는 데 각각 $95의 비용이 소요되고, (b) 신규 신청자의 등급별 비율이 거의 동일하다고 가정하라. 짐이 신용 조사를 의뢰하면 안 되는 조건은 무엇인가?

20. 다음 문장은 참인가, 거짓인가?

   a. 수출기업 중 더 확실한 대금 지불을 원하는 기업은 일람불 어음의 대가로 선하증권(bill of lading)에 서명할 것을 요구한다.

   b. 부실채권의 비율을 확인하는 방법으로 신용 관리자의 실적을 관리하는 것이 타당하다.

   c. 만약 고객이 반복적인 고지에도 불구하고 대금 지불을 안 할 경우, 기업들은 대개 채권을 팩토링 회사나 변호사에게 넘기게 된다.

21. 다음의 목록에서 적합한 용어를 선택해 다음의 구절을 완성하라: 사서함 제도, 연방전신이체, CHIPS, 집중은행 제도.

기업들은 대금 수금 속도를 높여 현금을 증가시킬 수 있다. 이를 위한 한 가지 방법으로 고객들에게 지역이 아닌 광역 사무소에게 대금을 지불하도록 할 수 있다. 그 후 광역 사무소가 지역 사무소의 은행에 대금을 지급하게 된다. 이를 _____라 한다. 잉여 자금이 있다면 지역은행으로부터 기업의 주거래은행 중 하나로 이체하게 된다. 이체는 _____ 또는 _____을 통해 전산상으로 이루어진다. 다른 방법으로는 지역의 은행에게 우편 사서함에서 바로 수표를 회수하도록 할 수도 있다. 이는 _____이라 한다.

22. 다음 문장은 참인가, 거짓인가?

    a. 단기 금융시장은 기업 간, 그리고 은행 업계 내부의 전산상 현금 이체를 의미한다.

    b. 유로달러 시장은 달러를 유로로 또는 유로를 달러로 환전하는 시장이다.

    c. 대부분의 대기업은 많은 은행계좌를 유지한다.

    d. 할인율 기준으로 제시된 수익률은 항상 실제 이자율보다 낮다.

    e. 이자율이 낮을수록 초과 현금 보유비용이 낮아진다.

23. 놉(Knob Inc.)은 전국적인 가구 유통 업체이다. 이 회사는 현재 연간 $1억 8,000만에 달하는 신용 판매에 대해 중앙 대금 청구 시스템을 사용하고 있다. 놉의 주거래은행인 퍼스트내셔널이 연간 $10만의 고정 수수료로 새로운 집중은행 제도를 구축할 것을 제안했다. 은행 추정으로는 청구서를 우편으로 발송하고 대금을 회수하는 시간이 3일 단축될 것이라고 한다. 그렇다면 놉의 현금 잔고가 얼마나 증가하겠는가? 새로운 시스템으로 증가하는 현금을 놉이 퍼스트 내셔널에 빌린 신용차입금을 상환하는 데 사용한다면, 얼마의 추가적인 이자 수익이 발생하겠는가? 차입이자율이 12%라 가정하라. 마지막으로, 구 시스템하에서 연간 채권 회수비용이 $4만 이하였다면, 놉은 퍼스트내셔널의 제안을 수락해야 하는가?

24. 가구 제조업체의 재무관리자인 앤은 사서함 제도 운영을 고려하고 있다. 그녀는 하루에 300건의 대금 지불이 사서함에 도착할 것이며, 평균 대금 지불액은 건당 $1,500일 것으로 예상한다. 은행은 사서함 제도 운영 수수료로 건당 $0.4를 부과한다. 수표 수취 및 처리 시간이 얼마나 단축되어야 사서함 제도 운영이 정당화되겠는가?

25. JAC 화장품의 재무관리자는 피츠버그에 사서함 제도를 운영하는 것을 고려하고 있다. 일평균 $1만의 수표가 사서함 제도를 통해 처리될 것으로 예상된다. 사서함 제도를 운영하면 현재보다 현금 회수 주기가 3일 단축될 것이다.

    a. 은행이 $2만의 보상잔액을 조건으로 사서함 제도를 운영하겠다고 제안했다고 가정하자. 사서함 제도를 운영하는 것이 이익인가?

    b. 은행이 보상잔액 대신 정산된 수표 1장당 $0.10의 수수료를 받고 사서함 제도를 운영하겠다고 제안했다고 가정하자. JAC의 입장에서 보상잔액보다 수수료 제도가 더 저렴하다면, 평균 수표 금액이 얼마여야 하는가? 연 이자율이 6%라고 가정하라.

    c. (b)에 답하기 위해서는 이자율을 알아야 했지만, (a)에 답하는 데는 필요하지 않았던 이유는 무엇인가?

26. 한 모기업은 자회사들의 지불 대금 수취 계좌를 1주일에 한 번 정산한다(즉 1주일에 한 번 각 자회사 계좌의 잔액을 집중계좌로 이체한다). 자금이체는 건당 $10, 수표 정산에는 건당 $0.80

의 수수료를 지불하지만, 자금이체는 즉시 이루어지는 반면 수표 정산에는 3일이 소요된다. 현금은 연 12%의 수익률에 투자할 수 있다고 하면, 자금이체를 하는 것이 더 유리하기 위해 최소한 얼마의 자금이 있어야 하는가?

27. 2008년 10월, 6개월(182일) 만기 단기국채가 1.4% 할인된 가격에 발행되었다. 연 수익률은 얼마인가?

28. 3개월 만기 단기국채와 6개월 만기 단기국채 모두 10% 할인된 가격에 거래되고 있다. 어느 국채의 연 수익률이 더 높은가?

29. 20-5절에서 연복리 5%로 발행된 3개월 만기 단기국채를 설명한 바 있다. 현재 해당 유가증권 발행 후 한 달이 지났고, 여전히 동일한 연복리 수익률을 얻을 수 있다고 가정하자. 할인율은 얼마인가? 지난 한 달간 수익률은 얼마인가?

30. 29번 문제를 다시 살펴보자. 한 달이 더 지났으며, 만기가 한 달만 남았다고 가정하자. 현재 3%의 할인율로 판매된다면 수익률은 얼마인가? 지난 두 달간 실현 수익률은 얼마인가?

31. 아래의 각 항목에 대해 설명에 가장 적합한 투자를 고르라.
    a. 종종 1일 만기이다(환매채/은행인수어음).
    b. 만기일이 270일을 넘기지 않는다(면세 채권/상업어음).
    c. 미국 재무부 발행 유가증권(면세 채권/3개월 만기 단기국채).
    d. 가격이 할인율로 표시된다(예금증서/단기국채).
    e. 경매를 통해 판매(면세 채권/단기국채).

32. 아래 세 가지 유가증권을 고려하자.
    a. 변동금리 채권
    b. 고정 배당금 지급 우선주
    c. 변동금리 우선주
    기업의 초과 현금을 이용한 단기 투자 책임자라면, 어떤 유가증권에 투자하겠는가? 기업의 법인세율에 따라 답이 변할 수 있는가? 간단히 설명하라.

33. 단기 금융투자 상품들의 현재 이자율을 찾아보고 답하라. 다음 두 달간 투자할 $100만의 초과 현금이 있다고 하면, 이 현금을 어떤 상품에 투자하겠는가? 만약 초과 현금이 각각 $5,000, $20,000, $100,000, $1억이라면, 당신의 답변이 어떻게 달라지겠는가?

34. 2006년 기준, 기관 채권들은 5.32%의 수익률에 거래되고 있었고 비슷한 만기의 고등급 면세채권들은 연수익 3.7%를 제공했다. 만약 한 투자자가 회사채와 면세 채권에 대해 동일한 **세후** 수익률을 얻는다면, 그 투자자의 한계세율은 얼마인가? 투자자들이 두 유가증권 중 무엇을 선택할지 결정하는 데 영향을 미치는 요인들은 무엇이 있는가?

35. **속지주의** 세금제도란 무엇인가? 2018년 이전의 미국 조세제도와는 어떻게 다른가? 2017년 이전의 미국 세금 제도로 인해 미국 기업들이 해외에 이익을 남기고 투자한 이유를 설명하라.

36. 미국 세무 당국은 기업들이 면세 채권에 투자하기 위해 자금을 차입하고, 과세대상 소득에서 이자비용을 공제하는 것을 금지한다. 미국 세무 당국이 그러한 차입을 금지하는 것이 타당한

가? 만약 타당하지 않다면, 기업들에게 면세 채권에 투자하기 위해 자금을 차입하라 조언하겠는가?

37. 당신은 이자소득에 대해 37%, 배당소득에 대해 20%, 지방 채권에 대해 면세인 부유한 개인이라 가정하라. 다음 각 투자에서 예상되는 세후 수익률은 얼마인가?
    a. 6.5% 세전 수익률의 지방 채권
    b. 8% 세전 수익률의 국채
    c. 7.5% 세전 수익률의 변동금리 우선주
    만약 투자자가 21%의 세금을 내는 일반 법인이라면 답변이 어떻게 변하는가? 기업이 초과 현금을 어디에 투자할지 결정하는 데 고려해야 할 다른 요소는 무엇인가?

# CHAPTER 1

**2.** a. Financial; b. financial; c. real; d. real; e. real; f. financial; g. real; h. financial

**5.** a

# CHAPTER 2

**3.** a. 2,960 × $106 − $77,869 = $235,891 million

b. 2,960 × $106/$77,869 = 4.03

c. EVA = (.65 × $2,178 + $10,523) − .05 × ($42,018 + $77,798) = $5,948 million

d. ROC = (.65 × $2,178 + $10,523)/($42,018 + $77,798) = 9.96%

**4.** a. 6.00%; b. 2.39%; c. 2.52; d. 8.67; e. .47; f. .76; g. .16

# CHAPTER 3

**7.** a. $179.08; b. $320.71; c. $148.02; d. $219.11

**13.** $23,696

**21.** PV of payments to Kangaroo is $8,938, which makes it a better deal than Turtle's.

**27.** a. $402,265;

b.

| | Figures in 000's | | | | |
|---|---|---|---|---|---|
| Year | Beginning-of-Year Balance | Total Year-End Payment | Interest | Amortization of Loan | End-of-Year Balance |
| 1 | $402.265 | $70 | $32.18 | $37.82 | $364.45 |
| 2 | 364.45 | 70 | 29.16 | 40.84 | 323.60 |
| 3 | 323.60 | 70 | 25.89 | 44.11 | 279.49 |
| 4 | 279.49 | 70 | 22.36 | 47.64 | 231.85 |
| 5 | 231.85 | 70 | 18.55 | 51.45 | 180.40 |
| 6 | 180.40 | 70 | 14.43 | 55.57 | 124.83 |
| 7 | 124.83 | 70 | 9.99 | 60.01 | 64.81 |
| 8 | 64.81 | 70 | 5.19 | 64.81 | 0.00 |

**34.** You should prefer the continuously compounded investment:

| Future Value of $1 | | | |
|---|---|---|---|
| Interest | Year 1 | Year 5 | Year 20 |
| 12% annual | $1.1200 | $1.7623 | $9.6463 |
| 11.71% semiannual | 1.1204 | 1.7657 | 9.7193 |
| 11.50% continuous | 1.1219 | 1.7771 | 9.9742 |

# CHAPTER 4

**1.** (a) Does not change; (b) price falls; (c) yield rises

**3.** $PV = 5/1.06 + 5/1.06^2 + 5/1.06^3 + \cdots + 5/1.06^9 + 105/1.06^{10} = 92.64$

**5.** a. PV today $= 8/1.06 + 8/1.06^2 + 8/1.06^3 + 8/1.06^4 + 108/1.06^5 = 108.425$

b. PV year 1 $= 8/1.06 + 8/1.06^2 + 8/1.06^3 + 108/1.06^4 = 106.93$

c. Return $= (8 + 106.930)/108.425 − 1 = .06$, or 6%

d. If the yield over any period does not change, the return on the bond is equal to the yield.

**7.** a. False. Duration depends on the coupon as well as the maturity.

b. False. Given the yield to maturity, volatility is proportional to duration.

c. True. A lower coupon rate means longer duration and therefore higher volatility.

d. False. A higher interest rate reduces the relative present value of (distant) principal repayments.

**15.** a. $d_1 = .9524$; $d_2 = .9002$; $d_3 = .8468$; $d_4 = .7951$; $d_5 = .7473$

b. i. PV $= \$50(d_1 + d_2) + \$1,000d_2 = \$992.79$; ii. PV $= \$50(d_1 + d_2 + d_3 + d_4 + d_5) + \$1,000d_5 = \$959.34$; iii. PV $= \$100((d_1 + d_2 + d_3 + d_4 + d_5) + \$1,000d_5 = \$1171.43$

**19.** a. Total nominal return $= 1.08^2 − 1 = .1664$, or 16.64%; total real return $= (1.08/1.03 × 1.08/1.05) − 1 = .0785$, or 7.85%

b. Total real return $= 1.08^2 − 1 = .1664$, or 16.64%; total nominal return $= 1.08^2 × 1.03 × 1.05 − 1 = .2615$, or 26.15%

# CHAPTER 5

**3.** a. $103

b. $103.8

c. Yes. Ask prices are already below $105 limit.

**5.** $(5 + 110)/1.08 = \$106.48$

**7.** $10/(.08 - .05) = \$333.33$

**9.** a. A. $\$1/\$2 = .5$; B. $\$1/\$1.5 = .67$

b. A. $(1 - .5)15\% = 7.5\%$; B. $(1 - .67)10 = 3.3\%$

c. $PV_A = \$1/(.15 - .075) = \$13.33$; $PV_B = \$1/(.15 - .033) = \$8.55$

**11.** If $r = 10\%$,

$PV_A = \$10/.10 = \$100$

$PV_B = \$5/(.10 - .04) = \$83.33$

$PV_C = 5/1.1 + 6/1.1^2 + 7.2/1.1^3 + 8.64/1.1^4 + 10.37/1.1^5 + 12.44/1.1^6 + (12.44/.1)/1.1^6 = \$104.51$

C is the most valuable.

If $r = 7\%$,

$PV_A = \$10/.07 = \$142.86$

$PV_B = \$5/(.07 - .04) = \$166.67$

$PV_C = 5/1.07 + 6/1.07^2 + 7.2/1.07^3 + 8.64/1.07^4 + 10.37/1.07^5 + 12.44/1.07^6 + (12.44/.07)/1.07^6 = \$156.50$

B is the most valuable.

**18.** a. $PV = 0/1.09 + 1/1.09^2 + 2/1.09^3 + 2.3/1.09^4 + 2.6/1.09^5 + (2.6/.09)/1.09^5 = \$24.48$ million

b. $24.48/12 = \$2.04$

c. $r = (P_1 + DIV_1)/P_0 - 1$. $r_{2020} = (0 + 26.68)/24.48 - 1 = .09$; $r_{2021} = (1 + 28.09)/26.68 - 1 = .09$; $r_{2022} = (2 + 28.61)/28.09 - 1 = .09$; $r_{2023} = (2.3 + 28.89)/28.61 - 1 = .09$; $r_{2024} = (2.6 + 28.89)/28.89 - 1 = .09$

# CHAPTER 6

**1.** a. A = 3 years, B = 2 years, C = 3 years

b. B

c. A, B, and C

d. $NPV_A = -\$1,011$; $NPV_B = \$3,378$; $NPV_C = \$2,405$

e. True

f. It will accept no negative-NPV projects but will reject some with positive NPVs.

**3.** a. $\$15,750$ ($r = 0$); $\$4,250$ ($r = 50\%$); $\$0$ ($r = 100\%$)

b. 100%

**5.** a. Two

b. $-50\%$ and $+50\%$

c. Yes, NPV = $\$14.58$ (NPV is positive for any $r$ between the two IRRS)

**6.** a. The IRR on Beta is higher than the cost of capital. The incremental cash flows on Alpha are Year 0: $-200,000$, Year 1: $+110,000$, Year 2: $121,000$. The IRR on these incremental flows is 10%, which is also higher than the cost of capital. Alpha should therefore be preferred to Beta.

**11.** a. 1, 2, 4, and 6

# CHAPTER 7

**1.** a, b, d, g, h

**2.** a. False; b. false; c. false

**4.**

| | 2019 | 2020 | 2021 | 2022 | 2023 |
|---|---|---|---|---|---|
| Net working capital | 50,000 | 230,000 | 305,000 | 250,000 | 0 |
| Cash flows | −50,000 | −180,000 | −75,000 | +55,000 | +250,000 |

**5.**

| | | | $ millions | | | |
|---|---|---|---|---|---|---|
| | Year | 0 | 1 | 2 | 3 | 4 | 5 |
| 1 | Investment cash flow | −6 | | | | | 0.375 |
| 2 | Sales | | 2 | 2.4 | 4 | 4 | 2.4 |
| 3 | Production costs | | 0.5 | 0.6 | 1.0 | 1.0 | 0.6 |
| 4 | Depreciation (Investment/5) | | 1.2 | 1.2 | 1.2 | 1.2 | 1.2 |
| 5 | Pretax profit (2 − 3 − 4) | | 0.3 | 0.6 | 1.8 | 1.8 | 0.6 |
| 6 | Tax (.25 × 5) | | 0.075 | 0.15 | 0.45 | 0.45 | 0.15 |
| 7 | Net profit (5 − 6) | | 0.225 | 0.45 | 1.35 | 1.35 | 0.45 |
| 8 | Operating cash flow (4 + 7) | 0 | 1.425 | 1.65 | 2.55 | 2.55 | 1.65 |
| 9 | Working capital | 0.2 | 0.24 | 0.4 | 0.4 | 0.24 | 0 |
| 10 | Cash flow from working capital | −0.2 | −0.04 | −0.16 | 0 | 0.16 | 0.24 |
| 11 | Total cash flow (1 + 8 + 10) | −6.2 | 1.385 | 1.49 | 2.55 | 2.71 | 2.265 |
| 12 | PV | −6.2 | 1.24 | 1.19 | 1.82 | 1.72 | 1.29 |
| | NPV = | 1.05 | | | | | |
| | Salvage value is net of tax | | | | | | |

**10.** 25-year annuity factor = 14.094

Equivalent annual cost = $1,500,000/14.094 + 200,000 = \$306,429$

**12.** 1. *Sell the new machine:* Receive the cash flow from the sale of the new machine, pay up-front cost of overhaul of old machine, pay the costs for five years of operating the old machine, and receive the proceeds from the sale of the old machine at the end of year 5. PV of costs = $\$59,492$.

2. *Sell the old machine:* Receive the cash flow from the sale of the old machine, pay the costs for 10 years of operating the new machine, pay the year 5 overhaul cost, and receive the proceeds from selling the new machine at the end of year 10. PV of costs = $93,376.

Equivalent annual cost of selling new machine = 59,492/5-year annuity factor = $16,504.

Equivalent annual cost of selling old machine = 93,376/10-year annuity factor = $16,526.

Therefore, (by a small margin) sell new machine.

# CHAPTER 8

3. a. $150 \times (.9 + 1.2 + 1.5)/3 = \$180$
   b. 20%
   c. Correctly ($180/1.2 = $150)
   d. $(.9 \times 1.2 \times 1.5)(1/3) - 1 = .174$ or 17.4%
   e. Overestimate

4.

| Year | Real Return (%) | Risk Premium (%) |
|------|-----------------|------------------|
| 1929 | −14.33 | −19.3 |
| 1930 | −23.72 | −30.7 |
| 1931 | −38.01 | −45.0 |
| 1932 | .45 | −10.9 |
| 1933 | 56.52 | 57.0 |
| Average | −3.82 | −9.8 |

9. a. $sA^2 = 47.48$, $sA = 6.89\%$; $sB^2 = 23.23$, $sB = 4.82\%$
   A is more risky.

   b. Portfolio returns are 11%, −1%, 4.5%, 10%, −1%, 4%, −2.5%, −5%
   $sP^2 = 30.06$, $sP = 5.48\%$

   c. Risk is less than half way between the risk of A and B.

11. a. False; b. true; c. false; d. false; e. false; f. false; g. false; h. true; i. true; j. false

12. a. $sP^2 = (.60^2 \times .10^2) + (.40^2 \times .20^2) + 2(.60 \times .40 \times 1 \times .10 \times .20) = .0196$; $sP = .140$
   b. $sP^2 = (.60^2 \times .10^2) + (.40^2 \times .20^2) + 2(.60 \times .40 \times .50 \times .10 \times .20) = .0148$; $sP = .122$
   c. $sP^2 = (.60^2 \times .10^2) + (.40^2 \times .20^2) + 2(.60 \times .40 \times 0 \times .10 \times .20) = .010$; $sP = .100$

13. $\beta A = 1.0$

   $\beta B = 2.0$

   $\beta C = 1.5$

   $\beta D = 0$

   $\beta E = -1.0$

# CHAPTER 9

3. a. See Figure 1.

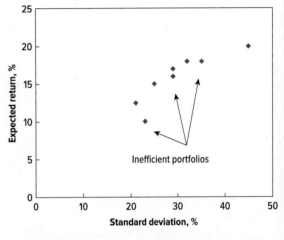

**FIGURE 1**

b. Portfolios A, D, and G. B has a higher expected return than A and lower risk. Splitting one's money evenly between C and E gives the same expected return as D and lower risk. F has a same expected return as G and lower risk.

c. F has a Sharpe ratio of (18 − 12)/32 = .1875.

d. 15% (portfolio C)

e. 16.7% (invest (25/32) of wealth in portfolio F, which has the highest Sharpe ratio) and lend the remainder.

5. a. Expected return = .6 × 15 + .4 × 20 = 17%
   Standard deviation = $(.6 \times 20)^2 + (.4 \times 22)^2 + (2 \times .6 \times .4 \times .5 \times 20 \times 22) = 18.1\%$

   b. If $\rho = 0$, standard deviation = 14.9%
   If $\rho = -.5$, standard deviation = 10.8%

   c. Better (it has a higher return and lower standard deviation)

6. (a) 7%; (b) 27% with perfect positive correlation; 1% with perfect negative correlation; 19.1% with no correlation; (c) see Figure 2; (d) no, measure risk by beta, not by standard deviation.

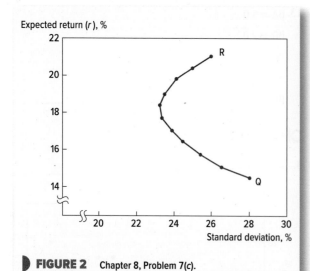

Expected return (*r* ), %

**FIGURE 2**   Chapter 8, Problem 7(c).

**7.** Sharpe ratio = 7.7/19.9 = .387.

**9.** a. False (required return depends on market risk not total variability); b. false (expected return would equal the interest rate); c. false (beta = .33 × 0 + .67 × 1.0 = .67); d. true; e. true

**14.** $r_{Ford} = 2 + (1.24 × 7) − (0.07 × 3.2) + (0.28 × 4.9 ) = 11.8\%$

$r_{Walmart} = 2 + (0.41 × 7) − (0.47 × 3.2) − (0.25 × 4.9 ) = 2.1\%$

$r_{Citi} = 2 + (1.52 × 7) − (0.01 × 3.2) + (0.85 × 4.9 ) = 16.8\%$

$r_{Apple} = 2 + (1.25 × 7) − (0.67 × 3.2) − (0.72 × 4.9 ) = 5.1\%$

## CHAPTER 10

**2.** a. False; b. false; c. true

**6.** WACC = .4 × (1 − .20) × 10 + .6 × (10 + .5 × 8) = 11.6%

**7.** a. 12% of Sun Life's risk was market risk and 88% was specific risk; 6% of Loblaw's risk was market risk and 94% was specific.

b. The variance was $18.7^2 = 349.69$; specific variance = .88 x 349.69 = 307.73

c. Confidence interval = .63 ± 2 × .33

d. 5 + .86 × (12 − 5) = 11.0%

e. 5 + .86 × (20 − 5) = 17.9%

**9.** Beta of assets = .5 × .15 + .5 × 1.25 = .70

**12.** a. (.2 × $0) + (.4 × .8 × 1,000 × $100) + (.6 × .8 × 5,000 × $100) = $272,000 per day, or $99.28 million a year.

b. The possibility of a dry hole is a diversifiable risk and should not affect the discount rate. This possibility affects forecasted cash flows, as seen in part a. The appropriate discount rate for the project is the oil company's normal cost of capital.

**13.** a. $PV = 110/1.1 + 121/1.1^2 = 200$.

b. $CEQ_1 = 105$ (i.e., 105/1.05 = 100); $CEQ_2 = 110.25$ (i.e., $110.25/1.05^2 = 100$).

c. Year 1 ratio = 105/110 = .9545; Year 2 ratio = $110.25/121 = .9112 = .9545^2$.

## CHAPTER 11

**1.** a. The loss in value that arises when an agent (e.g., a manager) acts in his own interests rather than trying to maximize NPV.

b. Benefits that accrue to an individual in the firm rather than to shareholders as a whole.

c. A manager's attempt to build a large company even if value is sacrificed.

d. A manager's preference for projects that demand his or her special skills.

e. Shareholders partly rely on other bodies such as the directors or the firm's lenders to monitor managers.

**4.** a. True; b. true; c. false; d. true

**13.**

|  | 1 | 2 | 3 |
|---|---|---|---|
| Cash flow | 0 | 78.55 | 78.55 |
| PV at start of year | 100.00 | 120.00 | 65.46 |
| PV at end of year | 120.00 | 65.46 | 0 |
| Economic depreciation | −20.00 | +54.55 | +65.46 |
| Cash flow | 0 | 78.55 | 78.55 |
| Economic income | 20.00 | 24.00 | 13.11 |

**14.** ROI = 1.6/20 = .08 , or 8%

Net ROI = 8 − 11.5 = −3.5%

EVA = 1.6 − .115 × 20 = −$0.7

**17.** EVA = 1.2 − .15 × (4 + 2 + 8) = −$0.9 million

## CHAPTER 12

**2.** a. False; b. false; c. true; d. false

**8.** This does present some possible evidence against the efficient capital market hypothesis. One key to market efficiency is the high level of competition among participants in the market. For small stocks, the level of competition is relatively low because, for reasons such as transaction costs, major market participants (e.g., mutual funds and pension funds) mainly hold the securities of larger, well-known companies. Thus, it is plausible that the market for small stocks is fundamentally different from the market for larger stocks and, hence, that the small-firm effect is simply a reflection of market inefficiency. However, another explanation is that firms with small market capitalization may contain some type of as-yet-unidentified additional risk that is not measured in the studies.

**9.** a. Not an inefficiency. Investors correctly take tax into account when valuing securities.

b. Contradicts strong form (though it is illegal for managers to use inside information).

c. Not an inefficiency. Investors correctly take forecasts of future profits into account when valuing securities.

d. Contradicts the weak form and appears to offer profit opportunities.

e. Not an inefficiency. Investors are able to spot possible acquisition candidates.

f. Contradicts the semi-strong form.

g. Not an inefficiency.

**14.** a. False; b. false (though the attempt to pick stocks may be a mug's game); c. false; d. true

**15.** Expected return = $-0.2 + 1.45 \times 5 = 7.05\%$; abnormal return = $6 = 7.05 = -1.05\%$

## CHAPTER 13

**1.** a. Subordinated; b. floating rate; c. convertible; d. warrant; e. common stock, preferred stock

**6.** a. $(760 - 100)(1 - .21) = \$521.4$ thousand; b. $760 \times (1 - .21) - 80 = \$520.4$ thousand.

**7.** a. and b. Increase. c. reduces value

**9.** a. False; b. false; c. true; d. true

## CHAPTER 14

**1.** aB; bA; cD; dC.

## CHAPTER 15

**1.** a. A1 Declaration date; A2 last with-dividend date; A3 ex-dividend date; A4 record date; A5 payment date

b. On November 8, the ex-dividend date

c. $(.89 \times 4)/\$86 = .0414$, or 4.14%

d. $(.89 \times 4)/\$6.90 = .5159$ or 51.59%

e. The price would fall to $86/1.10 = \$78.18$

## CHAPTER 16

**1.**

| | Market Value |
|---|---|
| Common stock (8 million shares at $2) | $16,000,000 |
| Short-term loans | $2,000,000 |

Ms. Kraft owns .625% of the firm, which will increase common stock to $17 million and cut short-term debt. Ms. Kraft can offset this by (a) borrowing $6,250, and (b) buying that much more Copperhead stock.

**3.** a.

| | Outcomes | | | |
|---|---|---|---|---|
| Operating income ($) | 500 | 1,000 | 1,500 | 2,000 |
| Interest ($) | 250 | 250 | 250 | 250 |
| Equity earnings ($) | 250 | 750 | 1,250 | 1,750 |
| Earnings per share ($) | .33 | 1.00 | 1.67 | 2.33 |
| Return on shares (%) | 3.33 | 10.00 | 16.67 | 23.33 |

b. New debt ratio = $D/V = 2,500/10,000 = .25$

Beta assets = $(D/V)$beta debt + $(E/V)$beta equity

$0.8 = .25 \times 0 + .75 \times$ beta equity

Beta equity = $.8/.75 = 1.07$

**7.** a. Unchanged

b. 16 million

c. $250 million

d. .64

e. No one

**17.** $r_E = 22.0$   $r_D = 12\%$   $r_A = 17.0$
$\beta_E = 1.5$   $\beta_D = .25$   $\beta_A = .875$
$r_f = 10\%$   $r_m = 18\%$   $D/V = 0.5$

**20.** a. $r_E = r_A + (r_A - r_D)(D/E) = .14 + (.14 - .095) \times (45/55)$
$r_E = .1768$, or 17.68%

b. WACC $= r_D(1 - T_c)(D/V) + r_E(D/E) = .095 \times (1 - .40) \times .45 + .1768 \times .55 = .1229$, or 12.29%

## CHAPTER 17

**2.** a. $(.3 \times .08 \times \$1,000)/1.08 = \$22.22$

b. $(.3 \times .08 \times \$1,000) \times (1/1.08 + 1/1.08^2 + 1/1.08^3 + 1/1.08^4 + 1/1.08^5) = \$95.83$

c. $.3 \times 1,000 = \$300$

**6.** Firms are less likely to be able to receive an interest tax shield if they are more likely to make a loss. Therefore, firms with low or fluctuating profits should borrow less.

**12.** a. True; b. true; c. false (the interest rate on the debt will reflect the probability of bankruptcy)

**14.** a. Shareholders' gain; b. bondholders' gain; c. existing bondholders' loss; d. bondholders' and shareholders' gain; e. shareholders' gain.

**17.** a. Bondholders' gain because the covenants prevent management from playing games at the bondholders' expense.

b. Shareholders benefit from the lower interest rate that comes from reassuring bondholders that games will not be played at their expense. The company is more likely to issue the bond with standard restrictions.

**21.** a. A preference for internal finance and for debt if external finance is necessary; b. the least profitable firms will generate the least cash.

**23.** a. True; b. false; c. true

## CHAPTER 18

**3.** Market values of debt and equity are:

$D = .9 \times 75 = \$67.5$ million

$E = 42 \times 2.5 = \$105$ million

$D/V = .39$ and WACC $= .09(1 - .21).391 + .18(.609) = .1374$, or 13.74%

**4.** Step 1: Opportunity cost of capital $= r_D D/V + r_E E/V = 9 \times .391 + 18 \times .609 = 14.48\%$

Step 2: $r_E = r + (r - r_D)D/E = 14.48 + (14.48 - 8.6)(15/85) = 15.52\%$

Step 3: New WACC $= r_D(1 - T_c)D/V + r_E(E/V) = 8.6(1 - .29).15 + 15.52(.85) = 14.21\%$

**13.** a. $-.15 \times 500,000 = -\$75,000$

b. $\$76,000$

## CHAPTER 19

**1.** Call; exercise; put; European

**2.** a. Call seller; b. call buyer

**6.** a. Exercise price; b. stock price

**8.** a. See Figure 20.1.

b. Put-call parity states that $S + P = C + PV(EX)$. Therefore, $C - P = S - PV(EX) = 100 - 100/1.10 = \$9.09$.

**20.** a. $S + P = C + PV(EX)$. Therefore, $P = C + PV(EX) - S = 10.18 + 145/1.01^{.67} - 145 = \$9.22$.

**22.** a. Up; b. down; c. up; d. up; e. down; f. down

**28.** a. A 6-month Wombat call sells for less than a 3-month call with the same exercise price. Buy 6-month call and sell 3-month. This gives you a positive inflow of $1 and a "free" call option for months 3 to 6.

b. The cost of a Ragwort stock and put is greater than the cost of a Ragwort call plus the present value of the exercise price. Buy call and invest PV(EX) in risk-free loan, and sell stock and put option to earn a risk-free profit of $20.3.

c. The cost of a Ragwort put plus the exercise price is greater than the stock price. Buy stock and put option for $90 and exercise put to sell stock for $100.

## CHAPTER 20

**2.** a. False; b. true; c. false; d. false; e. false; f. true

**3.** a. False; b. true; c. true; d. false

**8.** a. 2% discount if payment within 30 days. Otherwise, full amount within 60 days.

b. 2% discount if payment within 5 days of end of month. Otherwise, full payment within 30 days.

c. Cash on delivery

**13.** No. If Branding accepts, it loses the $40 production cost on each unit and receives revenues with a PV of $50/1.1^5$ with a probability of .75. PV of order is, therefore, $-40 + .75 \times 50/1.1^5 = -\$4.25$.

**22.** a. False; b. false; c. true; d. true; e. true

**28.** Effective yield on 3-month bill $= (100/97.5)^4 - 1 = .1066$, or 10.66%

Effective yield on 6-month bill $= (100/95)^2 - 1 = .1080$, or 10.80%

**가중평균자본비용** 기업이 발행한 모든 증권에 대한 가중평균 기대수익률. 장애율이라고도 함.

**가중평균채권만기(듀레이션)** 채권의 현금흐름 발생 시점을 해당 현금흐름할인 가중치로 곱해 산출한 채권의 평균회수기간.

**경영자 차입매수(MBO)** 기업의 인수를 그 기업의 경영진이 주도하는 차입매수의 한 형태.

**경제적 감가상각** 자산의 현재가치 감소.

**경제적 부가가치** 컨설팅기업인 스턴 스튜어트사가 최초로 사용한 초과이익의 개념. 영업이익에서 기회비용을 뺀 값.

**경제적 이익** 수익에서 수익의 기회비용을 뺀 값.

**고수익채권** 지급불이행 위험이 높은 채권(정크채권이라고도 불림).

**공모안내서** 증권의 발행과 관련된 정보를 요약해 제공하는 서류.

**공분산** 두 변인이 함께 움직이는 정도를 측정한 통계치.

**금융공학** 새로운 금융상품을 만들기 위해 기존의 금융도구들을 분할하거나 통합하는 이론과 기술을 가르치는 학문 분야.

**금융기관** 다수의 투자자로부터 자금을 조달해 개인, 주식회사, 다양한 기관에게 자금을 제공하는 중개인의 역할을 하는 금융조직.

**금융시장** 증권이 발행되고 거래되는 시장.

**금융자산** 실물자산에 대한 청구권이 있는 자산.

**기간대출** 보통 은행이 특정 소수에게 발행하는 중기 대출.

**기대이론** 선도이자율(환율)과 기대현물이자율(환율)이 같다는 이론.

**기업공개** 기업이 처음으로 보통주의 발행을 하는 행위.

**기업어음(CP)** 기업에 의해 발행된 단기 무보증어음.

**내부수익률** 순현가를 0으로 만드는 할인율.

**단기금융시장** 단기 안전투자자산들이 거래되는 시장.

**담보채권** 공장이나 장비 등 고정자산을 담보로 하는 채권.

**대리인 비용** 대리인(경영진)이 고용인(주주)의 이익을 완전히 대변하지 않을 때 발생하는 비용.

**듀퐁공식** 자기자본수익률을 총자산수익률, 총자산회전율, 순이익률, 레버리지의 함수로 표현한 수식.

**런던은행간 단기금리(LIBOR)** 런던에 소재한 대규모 국제은행들이 서로에게 단기간 대출할 때 부담하는 이자율.

**록박스시스템** 다양한 지역의 구매소비자가 수표대금을 지정된 우체국 사서함으로 보내면 사서함이 위치한 지역의 은행은 이를 모아 결제한 후 판매기업의 주거래은행으로 결제한 자금을 송금하는 금융거래결제시스템.

**만기수익률** 채권의 내부수익률.

**매도가** 딜러가 자산을 팔려고 할 때 요구하는 가격.

**명목이자율(APR)** 기간이자율에 연간 기간의 수를 곱해서 얻은 이자율.

**무담보사채** 지급을 보증하는 자산이 설정되지 않은 회사채.

**무역신용** 매출채권.

**무역인수어음** 무역거래에서 판매자가 구매자에게 발행한 환어음으로 구매자가 미래 일정 시점에 대금을 지불하겠다는 약속(인수) 서명을 포함함.

**뮤추얼펀드** 불특정 다수의 투자자로부터 자금을 조달하고 운영하는 투자회사.

**민영화** 정부 소유 기업을 사기업에게 매각하는 행위.

**배당비율** 순이익 대비 배당금 비율.

**배당수익률** 연간 배당액을 주식가격(주가)으로 나눈 값.

**배당할인모형** 주식의 가치를 미래 배당금의 현재가치로 표현하는 가치평가 모형.

**베이시스(기초)위험** 헤지전략 시 선물가격과 현물가격이 정확히 같은 방향으로 움직이지 않을 때 발생하는 잔존위험.

**베타** 시장 위험 측정 계수.

**복리** 초기 투자자금(원금)에 붙은 이자수입이 재투자되어 다시 새로운 이자수입을 창출하는 이자율 구조.

**복제포트폴리오** 특정 옵션의 수익률을 그대로 재현하는 자산의 집합.

**분리설립(spin-off)** 모회사의 주주들에게 신설 자회사의 주식을 모회사 소유지분비율에 따라 분배하는 기업분할 방식.

**분산** 변동성을 측정하는 통계치.

**브리지 론(연계대출)** 장기적인 자금조달 방법이 마련될 때까지 일시적인 자금조달을 가능케 하는 단기대출.

**비체계적 위험** 분산투자로 제거가 가능한 위험.

**사모펀드** 신생기업에게 자금을 지원하는 것이 주요 사업의 하나인 비상장회사.

**상업어음** 지급요구증서.

**상장지수펀드** 주식시장 지수와 비슷한 위험과 수익률을 추구하는 상장펀드.

**상호 배타적인 투자안** 다른 대안 투자안들의 선택을 허용하지 않는 투자안. 예를 들어 10개의 투자안이 모두 상호 배타적 투자안이라면 이 중 하나의 투자안만 선택 가능.

**선도가격** 미래 일정 시점에 기초자산을 거래할 때 사용되는 선도계약 내 약정된 가격.

**선도계약** 미래 일정 시점에 약정된 가격으로 기초자산을 사거나 팔겠다는 비상장 계약.

**선도환율** 미래 일정 시점에 기초자산인 특정 화폐를 거래할 때 사용되는 선도계약 내 약정된 고정환율.

**선물거래소** 선물계약이 거래되는 증권거래소.

**선물계약** 미래 일정 시점에 약정된 가격으로 기초 자산을 사거나 팔겠다는 상장 계약. 선도계약과 달리 선물거래소에 상장되어 거래되고 매일 시가평가방식에 따라 증거금 변화.

**선연금** 동일한 현금흐름이 각 기간 초에 발생하는 투자(연금은 연말에 동일한 현금흐름 발생)

**성장기회의 현재가치(PVGO)** 기업의 성장 가능성을 현재 시점에서 수량화한 값.

**소비자 신용** 소비자가 기업에 지불해야 할 매입채무.

**수익률** 1달러 투자로 일정 기간 동안 벌어들인 순이익과 자본이득의 합. 백분율(%)로 표시.

**수익성 지수** 순현가를 초기 투자비용으로 나눈 값.

**순운전자본(NWC)** 유동자산과 유동부채의 차액.

**순현가(NPV)**   투자안이 창출하는 현금흐름의 현재가치에서 초기 투자비용을 차감한 값으로 기업가치의 순 증감액.

**시가총액**   자기자본의 시장가치.

**시가평가방식**   선물계약에서 이익이나 손실이 발생할 경우 발생 당일 계정의 결산을 하는 절차.

**시나리오분석**   변화하는 미래 경제상황에 따른 투자안의 수익성 분석.

**시장부가가치(MVA)**   자기자본의 시장가치와 장부가치의 차이를 나타내는 값.

**시장수익률**   자산이나 증권에 대한 시장의 기대수익률.

**시장위험(체계적 위험)**   분산투자로 피할 수 없는 위험.

**신주인수권**   기업이 발행한 장기 주식 콜옵션(주식을 특정 가격에 살 권리). 보통 채권과 같이 발행함.

**신탁증서**   채권의 수탁자와 채무자 간 계약사항이 적힌 증서.

**실물옵션**   투자안을 폐기, 확장, 연기, 수정하는 등의 유연성이 포함된 투자안 평가방법.

**실물자산**   기업이 사업을 영위하기 위해 활용하는 유형 및 무형의 자산. 금융자산과 대비되는 개념.

**액면가액**   증권에 기재된 표면상 계약금액(원금).

**양도성 예금증서(CD)**   만기 전에 거래가 가능한 $100만 또는 그 이상의 예금증서.

**어음**   만기가 10년 이하인 무담보 부채.

**연금**   일정 기간 동안 동일한 현금흐름을 창출하는 투자.

**연금요소**   미래 특정 기간(t)에 발생하는 $1 현금흐름의 현재가치.

**연기금**   직원들의 퇴직을 대비해서 고용주가 부담하는 충당금.

**영구연금**   투자안이 창출하는 미래현금흐름이 동일한 액수로 무한 반복하는 형태.

**영업 레버리지도**   매출이 1% 증가할 때 영업이익의 백분율 변화.

**영업이익률**   영업이익을 매출액으로 나눈 값.

**요소**   증권가격에 영향을 미치는 할인요소 또는 팩토링 서비스를 제공하는 사업(채권매입업).

**우선주**   배당금 지급 시 보통주에 우선하는 주식. 우선주주에게 배당금이 지급되지 않으면 보통주주에게 배당금 지급 불가. 우선주 배당액은 보통 발행 시점에 확정.

**운전자본**   유동자산에서 유동부채를 차감한 금액. 순운전자본이라고도 함.

**원금**   이자를 제외하고 반드시 지불해야 하는 약정된 부채금액.

**유가증권 발행신고서**   기업이 증권감독기관인 증권거래위원회에 등록하기 위해 제출해야 하는 신고서. 기업의 역사, 사업, 금융, 미래 전략 및 계획 등이 포함.

**유동성**   짧은 기간 동안에 시장가격과 비슷한 가격으로 자산을 매각할 수 있는 능력.

**유로채권**   1) 채권이 발행되는 국가의 통화와 다른 화폐단위로 발행된 채권(예: 한국에서 발행되는 미국 달러 표시 채권) 또는 2) 유로존 정부들이 공동으로 보증한 유로존 국채.

**유한책임**   소유권자(예: 주주)의 책임이 소유권을 매수하기 위해 지불한 투자금액에 한정.

**은행인수어음(bankers' acceptance)**   은행이 미래의 일정 시점에 일정액을 지급한다는 약속을 문서화한 증권.

**의사결정 나무**   여러 상이한 대안에 대한 의사결정과 그에 따른 결과에 기반 한 의사결정법.

**이자율 기간구조**   부채의 만기와 이자율(만기수익률) 사이의 관계.

**일반준용회계원칙**   재무제표를 기록하는 표준화된 절차.

**자기변제대출**   유동자산 확보를 위한 자금조달용 대출. 확보한 유동자산은 이후 대출변제를 위한 현금 마련을 위해 매각.

**자기자본비용**   주식을 발행할 때 예상되는 자금조달비용. 주식투자자들의 평균 기회비용과 동일.

**자기자본수익률**   주식의 장부가치 대비 순이익 비율.

**자동교환결제(ACH)**   다수의 소액 결제를 위해 은행이 운영하는 전자결제 시스템.

**자본구조**   기업이 발행한 상이한 증권의 상대적 비율. 보통 타인자본과 자기자본의 상대적 비율.

**자본비용**   기업이 발행한 모든 증권의 가중평균비용.

**자본예산**   기업이 매년 준비하는 투자안의 목록.

**자본의 기회비용**   자본비용과 같은 뜻. 특정 투자안을 선택함으로 인해 포기해야 하는 최고 대안 투자의 기대수익률.

**자본자산가격결정모형(CAPM)**   자산의 기대수익률은 자산의 베타와 양의 선형성을 갖는다는 경제 모형.

**자본지출**   장기자산에 투자할 때 발생하는 비용.

**자산베타**   타인자본이 없다는 가정하에 계산된 기업의 베타.

**자유현금흐름**   영업활동으로 창출한 현금흐름에서 재투자를 위한 현금흐름을 뺀 값.

**재무 레버리지**   주식 기대수익률을 높이기 위한 부채의 사용.

**전환사채**   채권자가 원하면 다른 종류의 증권(예: 주식)으로 전환이 가능한 회사채.

**조정현재가치(APV)**   100% 자기자본 자금으로 투자한 자산의 순현가에 타인자본 자금조달 효과의 현재가치를 더한 값.

**주가장부가치비율**   주식의 주가 대비 장부가치 비율.

**주식회사**   법적으로 인격이 부여된 독립된 사업체.

**중기채**   만기가 1~10년 사이의 채권.

**증거금**   계약의 이행을 담보하기 위해 투자자가 마련해야 하는 현금이나 증권.

**증권**   실물자산에 대한 청구권을 가진 증서.

**증권시장선**   시장위험(베타)과 기대수익률 간의 관계를 보여주는 선.

**차익거래**   무위험이익을 얻기 위해 증권을 동시에 사고파는 행위.

**차익거래가격결정이론(APT)**   자산의 기대수익률은 몇 개의 중요한 위험요인에 대한 자산의 민감도와 양의 선형성을 갖는다는 경제 모형.

**차입매수(LBO)**   인수대금의 상당 부분을 부채로 충당하고 자기자본은 소수의 투자자들이 소유하는 기업인수. 이 경우 인수대상기업은 비상장회사가 됨.

**총자본수익률**   총자본 대비 세후영업이익 비율.

**총자산수익률**   총자산 대비 세후영업이익 비율.

**카브아웃**   자회사 주식을 일반 공모하는 재무의사결정.

**콜옵션**   기초자산을 미래의 일정 시점(만기) 전이나 만기 당일에 일정 가격(행사가격)으로 매수할 수 있는 권리를 매수자에게 부여하는 옵션.

**폐쇄형펀드**　투자자가 환매 청구를 할 수 없는 펀드. 투자자가 자금을 회수하려면 펀드 지분을 시장에서 매도.

**표면이자**　부채에 달린 약속된 이자지급액. 쿠폰이라고도 함.

**표면이자분리채권(스트립)**　여러 개의 무이표채로 분리된 10년 이상 만기의 국채.

**표준편차**　변동성을 측정하는 통계치로 분산의 제곱근.

**풋옵션**　매수자가 기초자산을 만기 전이나 당일 행사가격에 팔 수 있는 권리를 갖는 옵션.

**풋-콜 등가식**　유럽식 풋옵션과 콜옵션 가격의 관계를 보여주는 등식.

**프로젝트 파이낸싱**　특정 투자안이 창출하는 현금흐름에 대한 청구권이 있는 부채.

**할인요소**　미래 특정 시점에서 발생하는 $1 현금흐름의 현재가치.

**헤지비율**　옵션을 매도해 위험을 제거하기 위한 전략을 구사할 때 옵션 1건당 매수해야 하는 주식의 숫자.

**헤지펀드**　소수의 부유한 투자자로부터 자금을 모집해 공매도와 같은 고도의 전문성이 요구되는 위험한 투자전략을 구사하는 투자회사. 보통 투자실적에 따른 수수료를 부과.

**현금흐름할인(DCF)**　미래의 현금흐름에 상응하는 할인요소를 곱해서 얻은 미래현금흐름의 현재가치.

**현물가격**　선도가격이나 선물가격에 대비되는 개념으로 현재(지금 당장 자산을 인도할 때 받을 수 있는) 자산의 거래가격.

**현물이자율**　현재 시점 무이표채의 시장이자율.

**현물환율**　선도환율이나 선물환율에 대비되는 개념으로 현재 화폐의 교환가격.

**현재가치**　미래현금흐름을 현재 시점으로 할인한 금액.

**확실성 등가**　무위험 이자율로 할인했을 때 미래의 불확실한 현금흐름의 현재가치와 동일한 값을 갖는 미래의 현금흐름.

**회수기간**　미래현금흐름의 누적된 합이 초기 투자비용과 같아지는 시점.

**회수기간 의사결정원칙**　투자안의 초기비용이 특정 기간 내에 회수되어야 한다는 요건.

**회전(자동갱신)신용**　은행이 일정 기간 자동갱신을 보장한 신용한도.

**효율적 포트폴리오**　동일 기대수익률 대비 최소 위험 또는 동일 위험 대비 최대 기대수익률을 제공하는 포트폴리오.

## 책을 만든 사람들

**지은이**

Richard A. Brealey

London Business School의 재무관리 교수

Stewart C. Myers

MIT의 Sloan School of Management의 금융경제학 교수

Franklin Allen

Imperial College London의 금융경제학 교수

**감수**

**곽승욱**

숙명여자대학교 경영학부 교수

**옮긴이**

**강경훈**

동국대학교 경영학과 교수

**곽승욱**

숙명여자대학교 경영학부 교수

**김류미**

충북대학교 경영학부 교수

**김성연**

중앙대학교 경영학부 교수

**이희수**

세종대학교 경영학부 교수

**최향미**

충남대학교 경영학부 교수

(가나다 순)

13판

Brealey, Myers, Allen

# 재무관리의 이해

Principles of
Corporate Finance

2021년 8월 31일 13판 1쇄 펴냄
**지은이** Richard A. Brealey · Stewart C. Myers · Franklin Allen
**옮긴이** 강경훈 · 곽승욱 · 김류미 · 김성연 · 이희수 · 최향미
**펴낸이** 류원식 | **펴낸곳 교문사**

**편집팀장** 김경수 | **책임편집** 문승연 | **표지디자인** 신나리 | **본문편집** 홍익 m&b

**주소** (10881) 경기도 파주시 문발로 116(문발동 536-2)
**전화** 031-955-6111~4 | **팩스** 031-955-0955
**등록** 1968. 10. 28. 제406-2006-000035호
**홈페이지** www.gyomoon.com | E-mail genie@gyomoon.com
ISBN 978-89-363-2206-9 (93320)
**값** 42,000원

[13판]

Brealey, Myers, Allen

재무관리의 이해

Principles of Corporate Finance